王学理学术简历

王学理，男，陕西省蒲城县人。1960 年毕业于西北大学历史系考古专业，系陕西省考古研究院研究员、陕西省政府参事文史研究馆馆员，享受国务院特殊津贴专家。参与并主持的大型考古工作项目有秦都咸阳、秦始皇陵兵马俑、汉鼎湖宫、汉阳陵等，曾任陕西省文物局高级职称评委会委员和文物鉴定委员会委员、陕西省考古学会常务理事、西北大学文博学院兼职教授、研究生导师，现兼咸阳市文物考古研究所顾问，中国秦文化研究会顾问、中国复兴文明文化产业集团有限公司文史总监、西安汉长安城文化遗产研究会名誉会长、三秦文化研究会顾问。

先后对陕西省内外多处遗址、墓葬进行过考古调查与研究，参与过多部有关历史文化影视的策划与拍摄。

已出版的学术专著 30 余部、历史考古读物 3 部、大型考古画册 1 部、《陕西考古学文献目录》2 部，发表学术论文与科教文章 210 篇以上，论著字数累计 1000 多万字。独立完成学术专著有《秦都咸阳》《咸阳帝都记》《秦始皇陵研究》《秦俑专题研究》《秦陵彩绘铜车马》《轻车锐骑带甲兵》《解读秦俑——考古亲历者的视角》《汉景帝与阳陵》《秦都与秦陵》《王学理秦汉考古文选》《汉都长安城建史》《帝都咸阳》《两汉长安城》《汉阳陵史话》《秦始皇陵史话》《考古队长说阳陵》等，合著有《秦物质文化史》《陕西历史地理沿革》《陕西古代简史》《陕西风物志》《秦俑一号坑考古发掘报告（上下册）》《秦文化》《中国地域文化通览》《秦物质文化通览》等，编撰的大型画册有《中国汉阳陵彩俑》，编导的录像资料片是《神韵卓然见汉风》。另外，《咸阳帝陵揽胜》《王学理秦汉考古文选（第二辑）》《带您穿越逆风看秦韵汉风》等多部专著即将出版。

曾先后到瑞典、法国、德国、瑞士、美国等国参观访问，并作学术交流。

田亚岐学术简历

田亚岐，男，1960年出生，陕西省乾县人，现任陕西省考古研究院秦汉研究室主任、研究员。先后参与并主持过的考古工作项目有秦都雍城大遗址、陇县店子秦墓地、千阳沣头新石器时代遗址、宝鸡石嘴头龙山文化遗址、晁峪东周墓地、大荔李氏家族墓地、华县东阳墓地、澄城良辅墓地、乾县河里范遗址、彬县水北遗址、杨凌发电厂遗址发掘和香港考古发掘等。另外，还参加了由中国国家博物馆、北京大学等五家单位联合进行的甘肃礼县秦早期文化考古调查、发掘和研究工作以及关中秦汉离宫别馆考古调查等项目。

主要学术方向是以秦雍城为中心的早期秦文化考古学研究。先后出版《秦雍城豆腐村战国制陶作坊》《凤翔孙家南头》《陇县店子秦墓》《华县东阳墓地》等考古专题报告4部，《秦物质文化史（合）》《大荔清代石刻艺术》等专著5部。发表考古简报35篇、学术论文50余篇。

先后赴以色列希伯莱大学、韩国庆州文化财研究所、加拿大蒙特利尔博物馆等进行学术访问，并做了关于中国早期秦文化考古发现与研究的学术演讲。

1. 秦始皇陵

2. 内城南垣遗迹

3. 挡水堤与水沟东流

4. 夔纹檩当（陵园出土）

5. 鼎（陵园出土）

秦始皇陵与陵园文物遗存

1. 秦始皇陵与陵园文物遗存

2. 秦俑一号坑前锋

3. 军阵队列（一号坑）

4. 带弁甲俑群

5. 二号坑练兵场发掘现场

6. 蹲姿射俑出土

7. 战车与随车步兵俑群

秦俑一号坑俑阵列

秦始皇陵兵马俑形象

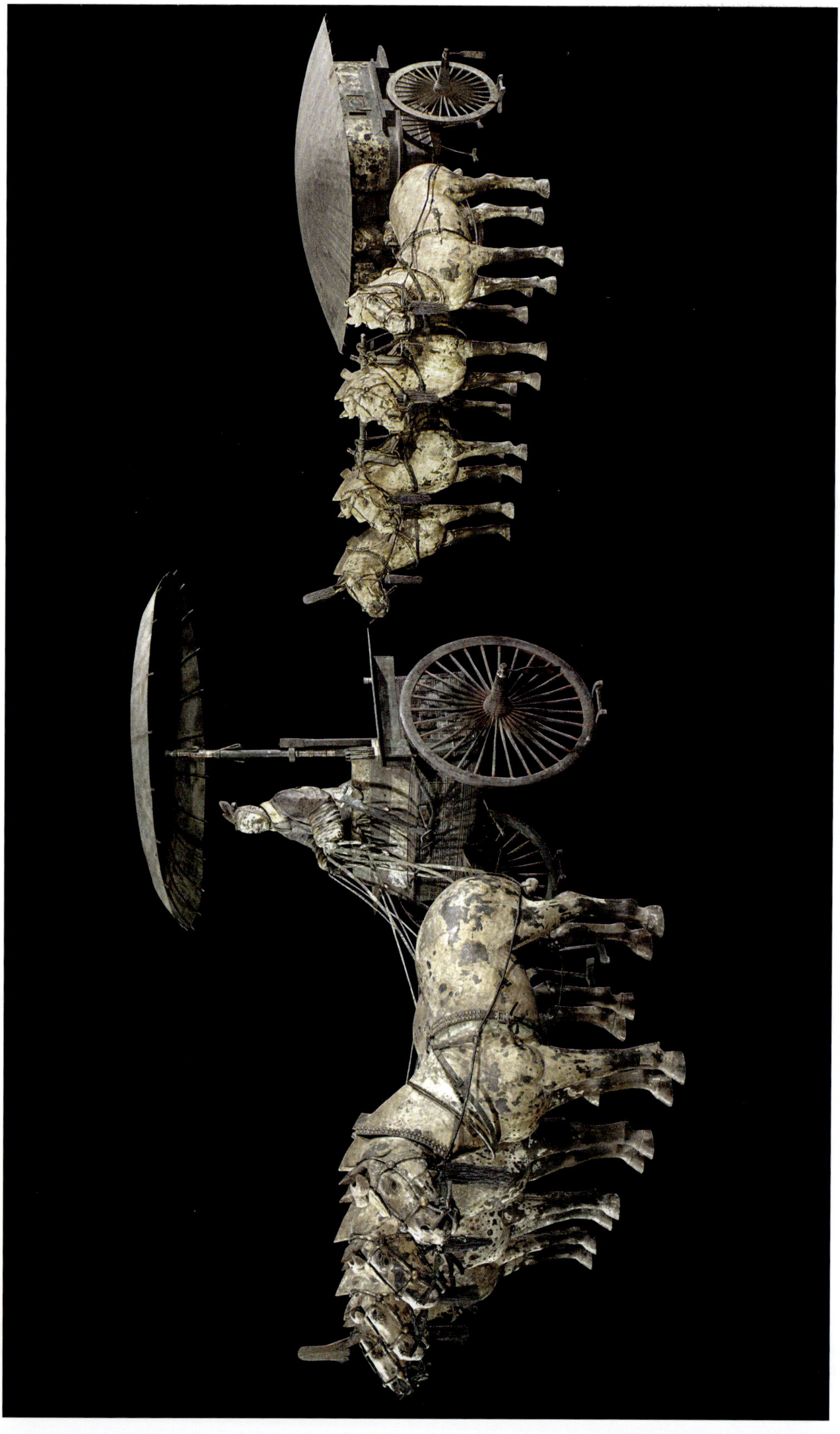

秦陵彩绘铜车马

1. 御俑

2. 盾

3. 错金铜达常

4. 铜囊

5. 一号铜立车

一号铜车马

1. 铜车彩绘花纹

2. 铜跽坐御俑

3. 二号铜安车

二号铜车马

1. 青铜吕不韦戟头

2. 石兜鍪

3. 青铜戟头

4. 石铠甲（复原）

秦始皇陵园出土的石甲与兵器

1. 长跪俑

2. 箕坐俑（K0007从葬坑）

3. 卧姿青铜鸿雁1（K0007）

4. 卧姿青铜鸿雁2（K0007）

5. 立姿青铜鸿雁（K0007从葬坑）

6. 啄食青铜鹤（K0007）

水禽坑出土陶俑与天鹅等

1. 阿房宫前殿夯土基址

2. 高足玉杯

3. 阿房宫区的纪阳寨遗址

4. 阿房宫区后围寨遗址出土的瓦当

5. 阿房宫4号建筑地下排水管道

阿房宫遗址相关遗迹、遗物

1. 秦都咸阳一号宫殿遗址发掘现场

2. 秦宫遗址出土的壁画残块

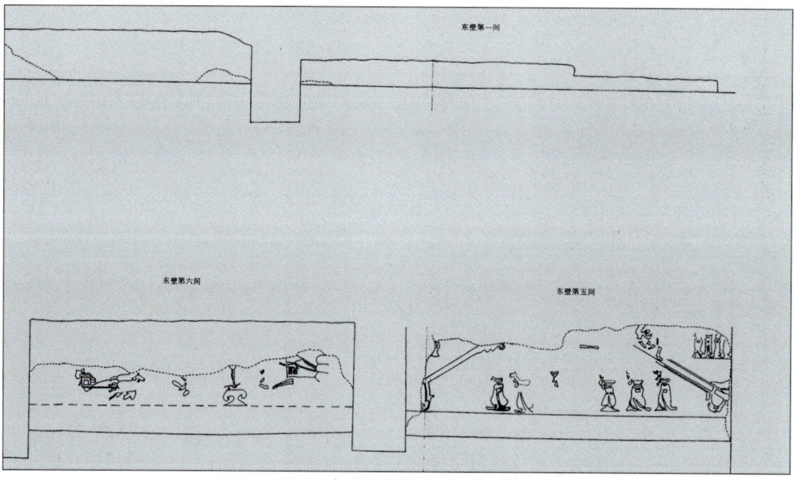

3. 壁画（3号建筑廊墙东壁）

秦咸阳1号遗址（西阙）与壁画组图

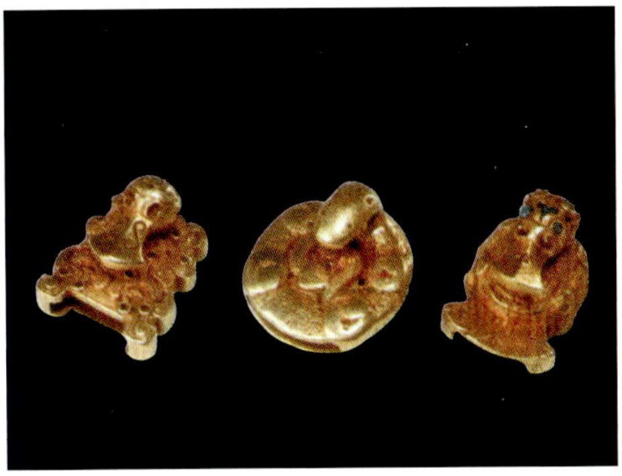

1. 金带扣

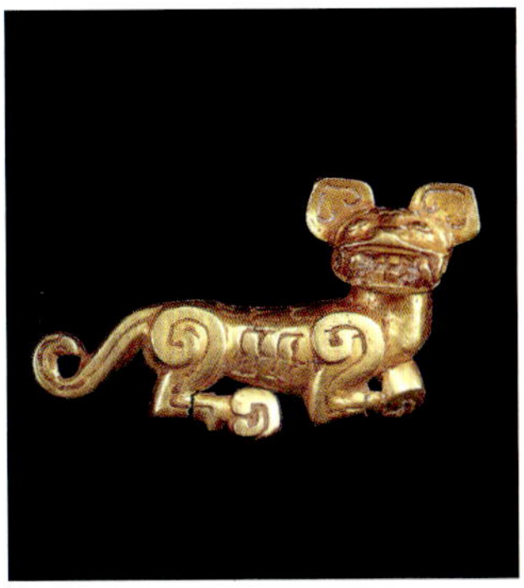

2. 金虎符

3. 金鸡

4. 玉琮

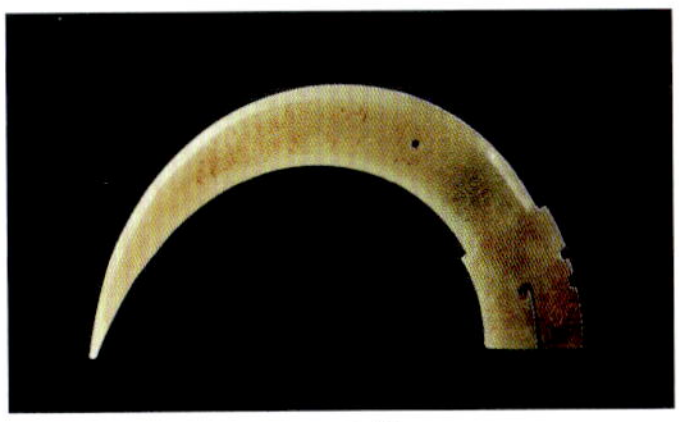

5. 玉觿

6. 凤鸟衔环铜熏炉

7. 秦公一号大墓

雍城一号大墓与陵园文物

1. 秦公镈

3. 秦公钟

2. 郁夷瓦当

平阳遗址文物

1. 大堡子山墓地乐器坑

2. 铜壶

3. 铜簋

4. 铜鼎

礼县墓地及文物

1. 灵渠

2. 泾河地貌与郑国渠故道——泾惠渠

3. 都江堰

灵渠与都江堰

1. 函关古道（河南灵宝）

2. 五尺道（四川段）

3. 昭王长城（宁夏原州段）

秦古道与长城

1. 铜鼎（秦都咸阳遗址）

2. 俑头（秦都咸阳遗址）

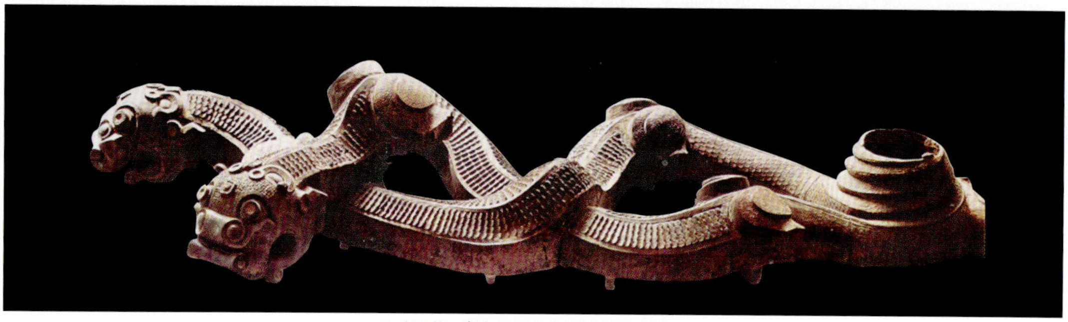

3. 铜龙（陕西历史博物馆藏）

4. 铜四轮奁盒（礼县圆顶山出土）

铜铸工艺品

陕西省考古研究院研究丛书

秦物质文化通览

（上册）

王学理　主编

科学出版社
北京

内 容 简 介

本书是秦物质文化史的浓缩与概括，共有十二章，分别叙述秦的“农业与养殖业”“手工业”“都邑”“郡县城与城市商业”“离宫别馆和行宫”“军事”“交通与邮传”“生活用器”“君主陵园”“士民墓葬”“造型艺术与声乐”等，既客观地反映了多年来秦物质文化考古的成果，又总结出学者们有代表性的学术观点。

本书适合于历史学、考古学等相关学科及大专院校相关专业师生参考阅读。

图书在版编目（CIP）数据

秦物质文化通览/王学理主编. —北京：科学出版社，2017.4
（陕西省考古研究院研究丛书）
ISBN 978-7-03-043610-8

Ⅰ.①秦… Ⅱ.①王… Ⅲ.①物质文化-文化史-中国-秦代
Ⅳ.①K871.41

中国版本图书馆CIP数据核字（2015）第044977号

责任编辑：张亚娜 / 责任校对：钟 洋 邹慧卿
责任印制：肖 兴 / 封面设计：美光制版

科 学 出 版 社 出版
北京东黄城根北街16号
邮政编码：100717
http：//www.sciencep.com

中国科学院印刷厂 印刷

科学出版社发行 各地新华书店经销
*
2017年4月第 一 版 开本：787×1092 1/16
2017年4月第一次印刷 印张：54 3/4 插页：10
字数：1268 000

定价：428.00元（上下册）
（如有印装质量问题，我社负责调换）

秦物质文化通览

主　　编：王学理

副 主 编：田亚岐

撰　　稿：王学理　田亚岐　王　辉

刘明科　曹　龙　孙伟刚

朱学文　彭　文

目　录

总　　论

秦人雄姿勃发，勇略刚毅，在中国早期的历史舞台上纵横驰骋，演绎了一幕幕威武雄壮的话剧。他们创造了前人不曾有的功业，对社会的发展起过重要作用，作出了重大贡献，产生过深远的影响。

伴随着夏、商、周三代的历史进程，秦人只是充当了近两千年时间的配角。而真正走上独立道路的那段史迹，大概只能追溯到甘肃陇上一带。由此发轫，经过游牧、农耕、定居，直到建立了国家。当他们进入关中之后，逐步发展壮大，以强大的军事力量结束了诸侯割据的局面，建立起中国第一个中央集权制的封建制国家。但又在随后的农民起义风暴中，结束了为期15年的秦王朝的帝国统治。

不循礼制，开拓进取——这是秦人在自己漫长而曲折的历史旗帜上写下的精神誓言!

据说，秦作为东夷族的一支，其祖先为舜“驯服过鸟兽，姓嬴氏”。伯益曾协助禹治水（与禹平水土），卓有建树（《史记·秦本纪》）。舜死，禹即位，“举益，任之政”。禹死前，“以天下授益”，但“益让帝禹之子启，而辟居箕山之阳”（《史记·夏本纪》）。尽管说他后来游牧于东海之滨，但实际上同中原的诸部落还一直保持着接触。

夏末，秦人“去夏归商”，助殷灭夏。在推翻奴隶制的夏王朝时，费昌还“为汤御，以败桀于鸣条”。一因灭夏有功，二因秦、殷为近族，所以在殷商之世，特别是在中衍之后“嬴姓多显，遂为诸侯”。中潏率一部分秦人在殷王朝的西部，即渭水的中游，为之固守边界。《史记·秦本纪》上记载的“在西戎，保西垂”，说的就是这段历史。

周灭殷，出使北方的蜚廉殉死在霍太山，其子恶来曾助纣为虐，也逃到了海滨。周公姬旦平定了武庚叛乱，杀死恶来，并迁徙和分散了参与反周或怀有敌对情绪的“殷顽民”。其中有相当的一部分人，就是嬴姓的“商奄之民”。这部分被迫迁徙的秦人同原居于殷商西部边陲的秦人，又统统地被赶到周人的“西垂”去。当然，周人西部的边陲地带，其经济、文化生活是落后的，是不能同姬周的关中地区相比。那里属于戎狄杂处的“荒蛮之区”，大约是今天以甘肃天水为中心的陇东高原沟谷一带。长期的游牧生活和政治处境，固然减缓了它内部的阶级分化，但却使秦人掌握了一套养马、驭车的技术与生存之道。

在车战时代，驭术的掌握至关重要，往往也能成为进身之阶。据载，秦人“造父以善御幸于周穆王”，成了一名高级奴隶。周孝王时，非子受召，在“汧渭之间”为周王室养马，“马大蕃息”。周王竟“分土为附庸。邑之秦，使复续嬴氏祀，号曰秦嬴”（《史记·秦本纪》）。从此，秦人由游牧转向定居，有了正式名分，也奠定了发展壮大的基业。

随着周王室的衰落，秦人的势力在不断发展、壮大。周宣王曾先后封秦仲为“大夫”，封秦仲长子庄公为“西垂大夫”，使之攻打以玁狁为首的戎狄部落，以解除对王室的威胁。公元前770年，周幽王被犬戎杀死在骊山脚下。平王东迁，并封护送有功的秦襄公为诸侯，赐以“岐西之地”。从这个时候起，“秦”作为一个国家，才正式与其他诸侯国“通聘享之礼”（《史记·秦本纪》）。

秦人在“立国”之后，经历了从春秋到战国时期（公元前770～前221年）541年计33代国君的艰苦卓绝奋斗，使秦国由小到大，由弱转强，成为一个“车千乘，骑万匹，带甲百余万”（《战国策·秦策一》）的军事大国。其间秦穆公（公元前659～前621年）开地千里，益国十二，遂霸西戎；秦孝公（公元前361～前338年）用商鞅变法图强，取得成功；惠文、武、昭等国君在对外军事上取得重大胜利；秦始皇（公元前246～前210年）“奋六世之余烈，振长策而御宇内”（贾谊《过秦论》），并灭战国群雄，完成了统一中国的大业，建立起封建专制主义的中央集权的秦王朝。这些秦的君主们，都在秦国历史上写下了光辉的篇章。

结束诸侯割据，完成封建统一，创立一套完善的政治制度是秦帝国留给后世的一份珍贵遗产。秦始皇在中央设立“三公九卿”制度，在全国范围内推行“郡、县、乡、里”四级行政组织。以法律的形式统一货币、度量衡、车同轨、书同文、堕壁垒、决川防、修驰道，对发展生产和文化传播都起到了积极的作用。秦祚虽短，但“百代之政”皆出之于秦，足见它对中国历史产生的深远影响。

秦人的历史是曲折的，秦国的历史是漫长的，秦朝的存在是短暂的。但是，由秦人和秦人参与的物质生活与精神生活却是丰富的，甚具特色的。当然，这一物质存留实是文化因素的凝结物，作为一份不可多得的历史遗产更具有其不可忽视的作用。

历史的卷帙翻过一页又一页，而秦代的存在早已成为历史的过去。斯人去矣，但他所创造的文化灿烂夺目，至今仍熠熠闪光。在漫长的历史长河中，它仍在不同程度上、不同意义上给后代以影响。即使对今天来说，仍有不少值得借鉴的地方。我们知道，历史是一面镜子，今天是昨天的延续，明天又将是今天的伸展。历史不能割断，也不会被割断。要发展今天，开拓明天，就需要对历史作新的了解和认识。实际上，昨天的历史是完整的一个系统，是一项复杂而需要探研的系统工程。因此，这就需要我们从多角度、全方位、多层面地深入研究，作深层的了解，以便认识它、把握它。利用已经出土的考古资料，结合文献记载，我们着眼于秦的物质文化，编写出《秦物质文化通览》一书，借以参与秦文化的研究，想来许有补益。

一、“秦物质文化”概念辨析

（一）文化、秦文化、秦物质文化

首先，我们有必要就几个有关“文化”的概念作一阐述。因为概念不清、界说不明，要想进行秦物质文化的研究是困难的，要深入研究秦物质文化史更是不可能的。

“文化”在中国典籍中最早的表述是《周易》，说“观乎天文，以察时变；观乎人文，以化成天下”。天文是天象历法、人文是指社会关系。在中国这个“以农立国”的国度里，一方面只有掌握了历法，才能够按时序季节发展农业生产，解决衣食问题；另一方面了解了人与社会的作用，通过学习以奠定道德礼义的精神基础，才能使人从愚昧走向文明。因而，也只有能动地把握住“天文”和“人文”，处理好这二者的关系，才可以教化天下——使大家都共同遵循一个好的思想、创造出一个好的制度来。不过，我们从《周易》这段话里可以看出，它是把“文”与“化”作为一个处理过程来对待的，并不是一个完整的词。而真正把二者连接在一起的时间，还是在以后的西汉末年。

刘向在《说苑·指武》中说：“圣人之治天下也，先文德而后武力。凡武之兴，为不服也，文化不改，然后加诛。”他强调的是要统治者用文、武两手治理国家。当然，他所谓的“文化”，同后来我们定义的“文化”在意义上还是有相当大的距离的。

“文化”一词虽然在中国早就有了，但作为社会意义来用的却是在国外。英国社会文化学家爱德华·泰勒（Edward Tylor，1832～1917年）于1871年在其名著《原始文化》一书中以进化论为理论基础，引证了大量的民族学材料，对原始人类的精神文化现象，特别是宗教信仰等问题，进行了深入的开创性研究，其第一章对“文化”给出的解说是：“一个包含观念、知识、信仰、道德、习俗，以及其他一切作为社会成员个人所具备的能力和习惯的复杂总体。”[1]在这里，他论述的重点是文化的精神方面，强调的也是一个成套的行为系统。其核心还只是由一套传统观念，尤其是价值体系所构成。很清楚，这些都属于观念形态方面的，是一种狭义的文化。尽管是同民族的生产方式和生活方式相适应，是人类文明承续的载体，但它并没有把物质文化当做文化的本身来对待。因此说，这只能是19世纪古典进化论者对“文化”所下的定义，同样和本书要谈的“物质文化”还存在着一定的距离，更不好借以研究“秦物质文化史”了。

我们知道，任何学科的基本概念都会有一个由不确定到确定的演化进程。同样，“文化”一词也不例外。应该说人类超本能的、有意识地改造自然、推进社会发展的一切活动及其产品，都属于广义的“文化”。当人类“再生产整个自然界”时[2]，其内容很自然地就包括了精神和物质这两方面的内容。那么，我们所言的“秦文化”就应该是主要由秦族秦人及相关人群，在其特定的历史时期中、于一定的空间内，共同创造和使用的有自身特点的考古学文化遗存。它既包括精神的产品，也包括物质的产品这两方面的内容，当是截至目前我们发现秦的遗迹和遗物的总和[3]。

当然，这里的"秦文化"实际上还是以"秦的考古学文化"而言的。其界定当然还是遵循着长期以来考古学文化命名的原则，也就是张忠培先生总结的"分布于一定区域、存在于一定时间、具有共同特征的人类活动遗存"[4]。那么，既然明指"秦文化"，就是因为具有这一文化面貌者是同历史文献记载中的"秦人"有关。从名称到内容的这一界定，固然同"齐鲁文化""荆楚文化""吴越文化""巴蜀文化""三晋文化"等在分类标准上呈现着一定的共同性，但在文化内容上则有着明显的区分性。同理，不但它同这些区域文化有区别，而且也和什么"酒文化""茶文化""服饰文化""饮食文化"等专题类的文化不同，实际上它带有特定的时空观念和具体内容的区域性专题文化的色彩。

仅就上面所言的"秦考古学文化"本身而言，它仍然是一个广义的概念。其时间延续和覆盖地域广博而鲜明，由物质文化和精神文化所构成的内容更加丰富别样。如果仅以时间而言，秦统一中国之后的秦帝国仅存在15年，而更长的时间则可上溯到春秋以至于西周，甚至还可把秦人起源的早期历史也包括在内。我们还应当看到，秦文化同秦政治并不同步，并不因秦未立国而不存在，也不因秦亡而消失。考古资料也表明：在汉武帝时期形成"汉文化"之前，即西汉前期，秦文化的因素依然存在于大汉的版图之上。可以说，在西汉前期，秦文化和各地域文化是形成"汉文化"的因素之一。制度文化兴之于秦，彰显于汉，是短命之秦留给汉的一份厚礼。所以，我们界定秦文化的首要标准是文化特征，而绝不可把时间、空间、国别或其他的因素当做第一位。

前面所谓的"秦文化"一词，还只是按照文化史学的界说而言的。实际上，它同考古学中的"秦文化"虽有某些近似之处，但还存在着一定的区别。另外，它同一般历史学、社会学、民族学等所用的"秦文化"一词也有所不同。考古学中的"秦文化"，通常是某个时期、某个区域内具有明确特征的一群遗迹和遗物共同体的总称。仅此而言，这种看得见、摸得着的具体而有形的遗存，因为本身蕴含着秦文化的因子，具有不可忽视的历史价值、艺术价值和学术价值，所以说它就是"秦物质文化"的凝结物。

（二）秦文化和秦物质文化的"同"和"异"

现在社会生活中所言"文化"之多，到了泛滥成灾的地步。似乎只有冠以"文化"，才可显示自己品位。但对什么是"秦文化"，其给出的诠释也往往令人难以理解。截至目前，学术界真正能定义"文化"的，就有好几百种。可是经过筛选归纳之后，看起来不外乎三类：第一类，历史的物质和精神财富的综合；第二类，历史的典章制度、文献古籍；第三类，历史的信仰习俗、文化艺术和宗教艺术产品。

不言而喻，“物质文化”实际是大文化概念中的一部分。尽管是“部分”，但涵盖面又是极其广阔的，往往又延伸至精神财富的层次之中。那么，这种特殊性就使它同一般意义上的文化区别了开来。现在，抽象一点说：它是物化在物质上的精神文化，属于可触知的具有物质实体的物态文化的层面，是人类在社会历史进程中所创造的一切物质，既是“表”，也具“形”。而其反映出创造性劳动的思维、意识、追求，属于“里”，也具有“义”。也就是说，既是“表”和“里”，有着“形”同“义”的区别，也就像“壳”与“核”一样。“物质文化”的无形之核是包含在“物质”外壳之中的。正如我们看到原始人类创造的陶器，历代都在沿袭之中，有变化，有消长，从而显得多姿多彩。又看到商周时期的各式青铜器，纹饰繁缛，从形体到表饰，既相同又区别，真是洋洋大观。还有历史上存在着的，或是曾经存在着的那些更多的不同质地、不同种类的器物……这些过去的遗存，都是当时在“实用第一”的前提之下，人们给予美化，留在感观上的享受。那么，我们今天观察它们，不是停留在物态的表面，而是要透过物质本身去看到它蕴含着的当时人的精神——创造意识、思维活动、审美情趣。如此一来，我们就会把物质及其彼此的关联看做是在更高层次上的凝结物。这，应当就是“物质文化”。

“物质文化”同样是一个复杂的概念。归纳只是为了识别、掌握而采取了简单化的一种方式。正因为“物质文化”一旦为历史上某个族群所拥有，在一定的时空框架内就具有某种固化性。也就是说，对这个族群常常带有恒定的作用。我们都知道，鼎、盒、豆、壶等陶器，是历史社会上的常见之物，其本身随时间、地区有变化，但在随葬的组合上则显出了区别。这种礼仪上的产生，显然是在一定意识支配下形成的习俗，即以墓葬而言，蜷曲特甚的屈肢葬、春秋以来随葬的仿铜陶礼器和日用陶器，以及战国中期以后出现的洞室墓，就构成了秦墓区别于其他国家和地区墓葬的典型特征。诸种秦物质文化的内容，当然就是“秦文化”构成的因素之一。

（三）关于“秦物质文化史”

“秦物质文化”，是物化在物质上的秦文化。但物质和文化二者又往往是历史地交织在一起的，在这一点上它同考古学所说的文化含意基本接近。这样一来，在陈述上往往会发生“秦文化”和“秦物质文化”互见的现象。另外，我们所言的“秦文化”一词，在考古学术语中虽然使用“秦”的国名或朝代名，但这只能说是一种烙印，并非全等的映象。因为就实质而言，它仍然具有考古学文化的某些特征。既然如此，“秦物质文化”当然就不能概括“秦文化”的全部意义了。

既说到“文化”，还有必要说一下它同“文明”的关系。因为这涉及“文化史”问题，20世纪80年代中就二者的概念、“中国文明”起源等问题在学术界讨论得颇为热烈。而且挂在嘴边的常常是“农业文明”“青铜文明”“原始文明”“史前文明”“早期文明”“城市文明”“秦代文明”“汉代文明”……用语。顾名思义，这个“文明”似乎就包括了文化意义和社会意义这两个方面。

在英语词汇里，“文明”和“文化”，只用一个词“culture”，显然是没有区别的。那么，关于文化的定义又相当地多。许多社会学家和人类学家都下过定义，据统计，1871～1951年的80年里，关于文化的定义就有164条。人类学的鼻祖E.B.泰勒是现代第一个界定文化的学者，他认为：“文化是复杂的整体，就广义的民族学意义来说，文化或文明，是一个复合的整体，它包括知识、信仰、艺术、道德、法律、风俗，以及作为社会成员的一份子所习得的全部能力和习惯，是人类为使自己适应其环境和改善其生活方式的努力的总成绩。”不过，这是140多年前的一种权威说法，认为“文明”等同于“文化”，以为二者是没有区别的。但随科学的进步、社会的发展，它原来的理论意义就受到了挑战。作为一种学术观点，尽管至今还有持此论的，但毕竟还是在它的对面出现了与之不同的观点，而且具有一定的合理性，这就不能不引起人们的注意。观点各别，但归结起来也不外乎是以下两种：

一种看法是二者属于“大文化”的两个部分。“文明”指物质文化，“文化”指精神文化和社会文化。

另一种看法是“文化”属于大概念，“文明”只属于其中的组成部分，而且还是文化发展到高级阶段的一种表现形式。

当然，这两种看法并非截然对立，因为它把“文化”同“文明”都放在文化这一大背景之下，这是共同的。就其界说（定义、范围），也即是要确立一个标准，以及标准确立的历史根据（包括起源、原动力等）。但这在学术界并没有达成共识，只有历史学和考古学界，基本倾向于两位西方学者首先提出的后一种观点。英国考古学家柴尔德（Vere Gordon Childe）在《社会演化》（*Social Evolution*，1951年）一书中认为，城市的出现是“文明”开始的标志。美国人类学家克拉克（G. Clark）在其《从野蛮到文明》（*From Savagery to Civilization*，1946年）一书中提出文明起源诸要素的理论，他认为，无论任何文化，只要具备了下列三项中的任何两项，就应被纳入到“文明”的范畴：①城市形成；②文字出现；③复杂的礼仪中心。尽管我国考古界的夏鼐、苏秉琦诸先生早就遵循这一理论，对古代社会进行了分析研究。而邹衡先生却把“文明”的标志定为：文字、铸造和使用青铜器、城市的形成与发展。他指出“龙山文化中没有这些因素，说明当时尚未跨入中国古代文明的门槛；二里头文化有了这些因素，说明已同商周文明直接挂钩。这样，我们就在考古材料中找到了中国文明的源头，这就是二里头文化即夏文明[5]”。但学者们以为这只是中原的源头，如何突破狭义和广义的界限，有人提出以科学技术中的系统论、控制论来研究中国社会[6]。张光直先生根据这一理论模式进一步指出：“中国新石器时代早期各区域文化彼此独立、各自发展的时候，每个文化是一个独立的系统；可是到了它们彼此接触交流、互相影响的时候，这些区域文化便形成许多子系统，而它们共同组成的大的文化体系便形成一个主系统。”[7]

当我们在研究“秦物质文化史”时，尽管可以不去理会“中国文明”起源的讨论。但从中也不难悟出这样一个道理："文明"是作为较高的文化发展阶段的产物，就广义而言还是具备了物质、制度和精神这三个要素的。那么，我们研究"物质文化"的任务就是要先从研究制约观念形态的物质条件开始，进而揭示其内在含义，并寻找、发现、阐发当时所形成的精神文化，这才形成了"史"的链条。只有物质文化史所显示的变迁，才能为建立考古学文化序列打好基础。循乎于此，方可有较高层次的精神探讨可言。

二、"秦物质文化"分段研究的内容

我们所研究的"秦物质文化"有其特殊性，因为从严格的意义上说，它并不包括秦人的渊源问题及其当时的"物质文化"。因为在夏、商时期，尤其是商代的秦人还属于商人的一支。它的文化总归于商文化共同体之内，并没有独立形成一个区域文化共同体。西周时期秦人受封为周的附庸国，处于秦地（今甘肃天水一带），其物质文化仍呈现的是周文化的面貌。仅就屈肢葬式、铲形袋足鬲等方面的区别而言，既不是"周式"，也非秦人独特固有的文化。西周晚期由于秦人渐渐强大，地域开始扩大，对周文化由全盘接受到开始消化融合，发展到逐渐产生出自己的文化特色来。正因为秦物质文化是植根在周文化大系统之中的一种文化，加之自己又长期同戎狄相处彼此相融，这就使得它在特殊的历史环境里、生活经历着不同区域、受着政治波动的影响、随着一定的经济模式制约，从而就形成了秦物质文化独有的特质。所以说，秦物质文化实际是多元文化的表现。也正因它经历复杂、内容广博，才给研究者提供了多课题选择的机会。

秦物质文化的形成，我们以为可以看做是四个大的发展"阶段"。在每个阶段，往往由于跌宕起伏的政治事件及经济变化又可再细分为不同的"期"，即从西周算起，经历春秋、战国、秦代，总共四段八期。这样的划分，同考古学研究中以关中地区中小型秦墓、青铜器为主的分期有接近之处[8]。但"秦物质文化史"的"段"可能是跨"期"的，因此不像历史分期那样地整齐。同时，又比之于上自商代晚期下迄西汉初年计达800多年的"秦文化"期限要短得多[9]。我们认为这个更为具体而纯粹的分期，是因"秦物质文化"自身固有的特点所构成，也只能如此。

那么，秦物质文化在形成和发展中有如环环紧扣的链条，其由此及彼的历史则呈现着斑斓多彩的画面。它构成的内容及特点，则应当是我们关注的一个重要方面。下面我们做一概括的论述。

（一）第一个阶段——秦襄公立国之前的陇右时期（公元前770年之前）

这是秦物质文化史的发生期，在这一阶段的秦物质文化材料主要发生在甘肃陇右地区。

甘谷毛家坪遗址，于1947年被发现。随后在30多年的时间内，经过几次复查和发掘，终于给我们揭开了西周早期秦人物质文化面貌的一角[10]。

鉴于人们对早期秦物质文化面貌的认识还比较朦胧，为使问题明晰起见，下面援引更多的考古资料来进行表述。

根据联合发掘写出的“考古报告”，按照地层关系分为A和B两组文化遗存。A组的陶器以绳纹灰陶为特征，B组以夹砂红褐陶为特征。其中B组遗存，在庄浪、天水、平凉、庆阳等地多有发现，应是东周时期新出现的一种文化遗存，很可能同春秋时期生活在这一带的冀戎有关[11]；只有A组遗存才是秦文化遗存。

作为秦文化的A组，包括居址和墓葬两部分，计发现房址2处、灰坑37个、鬲棺葬4组、土坑墓32座。居址分四期，其中一期的年代为西周早期。墓葬分五期，其中的一、二期同居址的二期年代都在西周后期。如果我们把天水县董家坪上层秦文化遗存的资料也拢过来，再同周边的文化遗存进行对比分析，虽然还不能确知秦文化的整体面貌，但秦物质文化的某些特点毕竟还是浮现在了眼前：

（1）房址残迹和小而浅的灰坑，还不能勾勒出居住的轮廓。如果结合陶器和墓葬材料看，其中不见青铜器和仿铜的陶礼器，就可以看出当年在此间生活的人群的社会级别是低层次的。

（2）西周前期的陶器，质地以灰陶为主，比例占90%，又多系夹砂。而红陶最少，全系夹砂。种类以鬲最多，盆次之，盂、罐较少。B型鬲（T1④B：29）的特点是小口，整体瘦长而重心偏下；A型鬲（H29：1、T1④B：1）是最具特色的长体筒状联裆鬲。另外，绳纹深腹盆、折肩盂（甑）、绳纹罐都是同期器形的构成特点。纹饰以绳纹为大宗，素面、附加堆纹较少。而西周后期的陶器，泥质灰陶比例有所上升。种类和器形稍有增加，盆腹变浅、豆柄变粗、盘加深。绳纹不规整。器形、体量同周原地区的先周文化郑家坡类型相似。

（3）全部32座土坑墓，均取口底等大同形的垂直竖穴。其中除M7为小孩乱骨之外，余为屈肢葬，头多向西。随葬陶器是鬲、盆、豆、罐的组合。同马家窑文化早期半山类型、晚期的马厂类型、更晚的齐家文化及商周时期的辛店文化相比，在葬式及墓向上虽同又有别；尽管和辛店文化的年代接近，但在羌戎文化中鲜有屈肢葬，可见两者文化面貌是全然不同的。因此，也应排除秦人及其文化源于甘青古部族与古文化的可能。

（4）毛家坪遗址出土的石斧（T1④A：10）、石刀（T6④A：8）、纺轮（T2④A：19、T4④A：20），表明他们过着定居的农耕生活。

（5）铲形袋足鬲是东周时期同秦文化并存于陇东戎人的文化遗留，洞室墓也始见于战国中期的秦墓，所以这些都不能作为传统的秦文化的特征。

毛家坪遗址的陶器、生产工具和葬俗，反映了早期的秦文化面貌。如再审视过去对陇右地区考古调查的"西周时期"遗址，就知道其中有相当的部分应属于秦文化遗存[12]。由此可见，早期秦文化的分布范围，大致只局限在陇右的渭河上游及其支流葫芦河流域。那么，作为一支独立的文化形态，既同西邻的寺洼文化、辛店文化俨然有别，又和东邻的斗鸡台类型、刘家文化相区别，而同周原地区的郑家坡先周文化有较多的相似点。因此有学者得出"以甘谷毛家坪遗址为代表的早期秦文化应与'郑家坡类型'文化同源，或可称其源于先周文化"的结论[13]。

滕铭予先生通过对陇右秦文化遗存与关中同期周文化的对比研究，初步勾画出早期秦文化的轮廓，基本是可从的。她认为甘谷毛家坪一期遗存的年代同郑家坡类型晚期阶段相当，大体在殷墟四期到商周之际。我们举出这些考古资料和初步推论，虽然还不足以为陇右秦人的来源及其族源提供直接的证据，但它毕竟使我们看到这一支独立的文化族群——嬴秦在商代晚期至西周时期的活动轨迹。

当商周鼎革之后，陇右地区便纳入了周人政权的统治之下。随周秦政治关系的变化，嬴秦部族分批涌入，特别是非子为周王室养马于"汧渭之间"，后又受封"邑之秦"，不但在经济上而且在文化上也改变着自己。西周时期的秦文化，与关中地区西周文化具有一定的相似性。我们便可以认为秦人除保持自己的文化传统之外，还更多地接受着周文化的影响。理论根据就是这时的秦人属于周王朝的臣民，是周的"附庸"。由现知的考古材料来看，西周时期的"秦物质文化"具有两重性的特点：一般的陶质器物，如鬲、盂、盆、罐等在形态方面是基本同于同时期周文化同类器物的风格，而在器物的色泽方面则成了以褐色为主的"秦式"，而不再是以灰色为主的"周式"；在陶质方面，是以褐色夹砂为主，而不是以泥质灰陶为主；在墓葬的葬俗方面，取东西向、以头西足东为主，而不是取南北向、以头北足南为主；在葬式方面，以屈肢葬为主，而不是以直肢葬为主；在经济生活方面，是农牧兼营，各占一定的比重。只有在语言文字方面，秦仍然把西周的文字作为自己的文字。

（二）第二阶段——秦襄公"始国"至献公迁都栎阳
（公元前770～前383年）

这是秦国社会大发展的时期，是"秦文化"形成的时代，也是"秦物质文化"初显繁荣的阶段。这一阶段的时间跨度较大，经过春秋时期（公元前770～前476年）至战国中期的初年（公元前383年）。

秦襄公"立国"之后，越过陇东高原，以一方诸侯的姿态在向戎狄盘踞的地域展开争夺战中，沿汧、渭两条清流向关中腹地深入。几经迁都，当选定雍地之后，以此作为稳定的政治基石，于制度建设、经济发展、军事外拓、礼仪与艺术等领域里，在认真地继承、接纳其优秀的文化营养，从而使自己原有的物质文化加入了充实的内容。这一阶段的秦文化，表现出两个最显著的特点：一是积极学习、吸收周文化，融通的结果是促使一个新的区域文化共同体在很快形成；二是积极融合周边其他部族的文化，带上戎、羌、狄人的文化风格，使得这一新型的区域物质文化别具特色。如此一来，一个有别于“三晋文化”“楚文化”“燕赵文化”“齐文化”和“羌戎文化”的“秦文化”，从此旗帜鲜明地树立了起来。

以春秋战国的秦遗迹和遗物为载体的物质文化，所呈现出来“秦文化”的面貌，带有多样性的色彩。

自秦襄公起，作为后起的诸侯国，一直在寻找能代表国家建设都城的理想之地。汧、汧渭之会、平阳，都是奔着这一追求而留下的轨迹。周人的壮大，农业是立国的基础。秦人以此为鉴，进入关中，接纳周余民，是迁雍后开启了全面学习周文化的一次极好的机会。

雍都的城制、布局及城防设施，学自“周制”。周公主持营建的洛邑被称为“成周”或“新邑”，据《逸周书·作雒解》“堀方千七百二丈，郛方七七里。以为天下之大凑”，“设丘兆于南郊，建大社于国中”。城内的主要建筑有太庙、宗庙（文王庙）、考宫（武王庙）、路寝、明堂等“五宫”。而雍都朝寝、宫殿、宗庙的设置，正如周礼参酌殷礼而有所损益一样，再加各项典章制度的建立，其所形成的政治中心——雍都，无论在规模、布局还是气魄上，都是此前任何一座秦都不能相比的[14]。

秦人在陇右时期，设立西畤祭天，已有考古线索可寻。但对祭祖一事，鲜有所闻。而在春秋中期设宗庙于雍都中部的高处，其建筑规正、布局严谨，有似于周原凤雏甲组建筑。中庭发现祭祀坑181个，其中埋入牛、羊、车、人，可见在把家畜做牺牲外，可能还采用了“血祭”。

春秋时期，在秦墓葬和随葬器物上尽管强烈地反映出周文化影响的影子，但最终还是形成秦文化的特色之一。大型的秦公陵园和贵族墓葬区的出现，即是例证。“西垂陵地”的形成约在春秋初期，尽管对墓主身份问题在学者间并未达成共识，但礼县大堡子山秦公大墓和赵坪圆顶山墓地的出现，把它看成秦人强烈的“追祖”意识总是可以的。只有随着时间推移，雍都陵园既是“陵随都转”传统的继续，更是形成都城规划的定制。在规划上，秦公陵墓远在城郊，外环兆沟，自成一区。而国人墓地则处于都城与公陵之间。这在以后秦都咸阳的布局上，同样也反映了出来。

这时期的丧葬习俗中，很重的成分是秦文化本身特征的出现。固然公陵的形制、棺椁及外藏系统，更接近商周大墓。但陵区有隍壕式的外兆，陵园各有中兆，陵园中的主墓呈“中”字形、东西向，更多地带有秦文化的特色。同样，中小型墓的墓形是长方形的竖穴土圹，葬式以西首为主，多为蜷曲特甚的屈肢。春秋早期出现了随葬鼎、簋、壶、盘、匜一类青铜礼器的所谓“A类墓”，中期开始有了仿铜礼器的“B类墓”。有比较普遍的从葬，人殉和人牲。有自己不同于周文化的棺椁制度和随葬制度，即棺椁的大小多少，在一般中小型墓葬中不是严格的对称。大中小型墓葬建造中常见壁龛，小型墓中有偏洞式，有用石头、木板、圆木封门，也有用白石随葬的习俗。出现专门供随葬用的“明器”和“偶人”等俑。

春秋早期的秦青铜器，无论在种类、器形或纹饰上，都更多地具有同期周器的风格，但随时间的渐进而二者的距离则越来越大。

春秋早期前段的特点：一是遵循周的礼制，器物更多地带有西周末期作风；二是秦的青铜器趋向小型化，制作粗糙；三是器形有变化，“秦风”初露。

甘肃礼县“西垂墓地”，经考古发掘的两座“中”字形大墓（M2和M3）[15]。气魄宏大、葬具奢华、文物精美，反映了秦开国之君已摆脱了昔日戎狄的礼俗，正式享用周代诸侯的礼制。没有僭越的行为，说明建国初期的秦君还在规行矩步地接受着周的礼仪文化。

姜城堡、西高泉、户县南关的几座秦墓，都是春秋早期的中小型墓葬。户县南关74M1[16]和姜城堡墓[17]的随葬铜器，是鼎、簋、壶，盘、匜（或盉）的组合。可作定性的铜礼器数量是五鼎四簋和三鼎二簋的区别，显示着大夫与士级的不同。其礼数不但遵循周制，而且器形也同西周末的铜器没有太大的区别。鼎作浅圆腹、大圜底，唯三足稍向外张，显示着“承中有变”之态。两墓的器形普遍偏小，通高在10～15厘米，制作不精。西高泉墓出铜器22件，铜壶、甬钟和铭文作“周生作尊豆，用享于宗室”的铜豆，都是周器[18]。这种不具有组合关系的秦墓铜器群，既反映了周室东迁的时间性，也是秦人进入关中之初不拒周物心态的表现。

但在春秋早期偏晚的新都平阳时期，秦风显露已经成为社会的趋向。陇县边家庄M5，是一座有棺有椁的中型墓[19]。出土五鼎四簋，纹饰以窃曲纹为主，变得繁密细缛，鼎足也缩短外张。反映了留居在旧都汧邑的秦人在物质和文化的享受上都较以前提高了。

春秋晚期，随秦文化向关中中部的扩展，中小型墓仍取长方形土坑竖穴的形制。战国中期之后，在西安地区出现了洞室墓。但墓向仍为东西、葬式屈肢。青铜礼器有维系原来组合关系的，也有品种数量不足带有随意性，但一律表现出器形小、壁薄、花纹简陋，趋向明器化，呈衰败之势。仿铜礼器的陶器，在战国中期已无组合关系可言，器形小而粗，彩绘趋于消失。

日用陶器，如果在春秋早期还能见到周式的联裆鬲系列、戎式的铲形袋足鬲系列的话，大型的彩绘兽耳壶、彩绘簋也不鲜见。但在春秋晚期以降，这些仿铜礼器就几乎绝迹，而随葬陶囷、陶釜则开了一代新风。鬲、盆、豆和喇叭口罐也成了生活中的典型之物。

如果要说秦文化抬头，以独立之态正在形成之中，宝鸡县太公庙铜器就是最好的物证[20]。它的铭文以“先祖受天命”打头，自非子封“秦”、襄公立国的“赏宅受国”，就颇显威威烈烈之势。文公、静公与宪公继之于后，文治武功也“不坠于上”……这完全是有了文化修养又目空一切的秦人口气，同昔日恭谨唯命、听从周王的谦恭态度是不一样了。长达135个字的长篇铭文，字大小一致，间距拉开，布局疏朗。字体瘦长，笔画纤细，同周金文俨然不同，属于秦金文的开篇之作。所以，这从文体风格到铸造技术上都表现出秦文化走上了自己的发展轨道。景公石磬字体与笔画结构，同太公庙武公镈、钟相近。“石鼓文”书体整齐，体态长方，布局严谨而骨肉停匀，明显地继承了西周金文大篆体或“玉箸体”的某些传统，是由大篆向小篆过渡并为秦篆的普及奠定了规范化的基础。

但进入战国时期，秦文化则更多地带有了“军事文化”的色彩。

（三）第三阶段——献公都栎阳至秦统一六国以前（公元前383～前221年）

这是秦文化的繁荣时期，当然也是秦国物质文化的繁荣时期。这一阶段秦国区域文化的发展已经确立了自身的基本面貌特征。

秦献公和孝公父子，作为新兴地主阶级的代表人物，冲破秦国长期的奴隶制统治樊篱，把自己的政治中心和军事指挥中心搬到秦魏较量的军事前线——栎阳，后又迁建咸阳城。通过“商鞅变法”，推行耕战政策，吸收和接纳各方人才，从而使国家在经济、军事、文化、外交上发生了一系列重大的变化。在这样一个政治背景和历史时期，秦文化呈现着一派勃勃生机。

栎阳城初建于秦献公二年（公元前383年），30余年后，孝公迁往咸阳。栎阳作为存在近400年的古城（从秦献公到东汉初），但遗存极不理想。经探测，城墙夯筑粗疏又未能合围，门址也残缺严重。城内13条道路和15处建筑遗址，时代混杂。城东南有墓地，时代可能早到战国中期[21]。但因未经全面的科学发掘，还不能对秦栎阳、汉初都和万年城及其遗物作出时代判断。尽管目前还不能提供更多的秦物质文化的材料，但毕竟从另一个侧面反映出秦献公父子一心东伐、无意经营的实际。同样，西汉初只是把它当做临时住所，缺乏计划性建设，以致随时间而迁延了下来。

秦咸阳城在草创之初，由渭河北先筑冀阙而兴起。惠文王“取岐雍巨材，新作宫室，南临渭，北逾泾，至于离宫三百”（《三辅黄图·序》）。再经武王、昭王、孝文王和庄襄王四代的扩建，都城范围已扩大到渭河南岸的广大地域。秦始皇统一六国期间，咸阳城因吸收外来文化的精华，使都城呈现出空前繁荣的状态。

秦东陵（又称“芷阳陵区”）是秦都咸阳外扩和城市规划的又一成果。经探测，有四座陵园[22]，另外在庆华厂一带有两座封土大墓，也可能属于入葬东陵者[23]。同关东诸侯国公墓杂于城内的情况不同，远离市中区独处一域，各有陵园和从葬设施，构成秦公葬制的一大特点。秦东陵各墓都起封土堆，继惠文王“公陵”、武王“永陵”新创之后形成制度，是对长时期“墓而不坟”传统的大突破，显示出秦人、秦文化博大气魄的一面。

在战国中期晚段偏后的时间里，“河东地区”的今山西中部、张仪伐陕（公元前325年）后的今河南西部东到郑州一带，均归秦所有。同时，西南的巴蜀地区、南方的江汉地区，也都陆续进入了秦的版图。秦物质文化面貌发生了新的变化。

此时，秦国的铜器面貌也焕然一新，其中有的铜器是作为战利品被带回秦国的，有些则是三晋的工匠在秦本土制作的。所以，在这些实用型铜器上往往带有刻铭，像凤翔高庄野狐沟一号墓出土的“十四年”铜鼎，就是中山国的器物[24]；咸阳“雍门宫”遗址出土的“安邑下官锺”、“三十六年私官鼎”、“修武府耳杯”就是在秦昭王的年代进入秦国的[25]。另外，此时的铜器还见有咸阳出土的错金银云纹鼎[26]“太后”铜车軎、“北库”铜铺首、错金银云纹戟镦[27]、高奴铜石权[28]，旬邑出土的高奴簋和笲鼎[29]，宝鸡出土的“错金银云纹嵌绿松石和琉璃的铜壶”，临潼斜口的“私官鼎”[30]，庄襄王时的“二年寺工壶”“雍工敃壶”[31]等，异常精美，其器形、纹饰表现的是三晋作风。

随占领区的扩大，在那里也有了秦铜器的制造或是为秦所有的他国铜器，如湖北随州的“三十六年邦工师”铜扁壶[32]，为秦所造；而河南泌阳的“平安君”铜鼎属于卫器，当为秦所得[33]。

秦人的丧葬习俗随着军事占领，也从本土向外延伸。中小型墓葬普遍使用竖穴墓道的偏洞室建造风格，取东西向，而死者仍采用头西足东的屈肢葬式。在山西侯马乔村墓地出现带“围墓沟”的秦墓，应视作“兆沟”从公侯下移的现象。秦墓的随葬品一般用生活器皿，铜器如扁球腹、附耳、三蹄足的盖鼎，长颈鼓腹壶，圜底、双耳（一大一小）、敞口鍪，陶器如大口圜底釜，小口广肩罐，折壁盆，带盖扁体盒，长颈平底蒜头壶，茧形壶（圈足或有或无）等。陶质以灰陶为主。在两湖江汉地区，以云梦和江陵的秦墓最为集中。往往仍用土坑竖穴墓，头向以东西者居多。因受楚文化影响，椁室带头箱四周填白膏泥，用长方形盒状棺，随葬品以陶器和漆器为主，木器和铜器也占相当数量。随葬品都是实用器，不再具备礼器的组合关系，既有典型的秦器物，也有中原文物。巴蜀地区的秦墓也多有漆器、木牍和铜钱的出土。

（四）第四阶段——中央集权制的秦帝国（公元前221～前206年）

这一阶段是秦文化的“拓展期”，形成的是“秦代物质文化”。

相对于前三个阶段而言，它在内涵和外延上都发生了质的变化。但是，我们也应看到，秦文化从血缘关系转到地缘关系，具有很大的开放性，成了多元的文化结构。尽管秦帝国建立后囊括了整个的中华版图，但真正的“秦代文化统一体”并没有形成。秦文化同列国文化共存，其相互融通的过程虽受军事的、行政的手段干预，但属于意识形态领域里的习俗、思想的趋同尚须相当的时间。终因秦祚短暂而让位于代之而兴的汉代，从而形成了博大精深的“汉文化”。

秦代的物质文化面貌，可以说是五光十色、异彩纷呈的。其特点表现在以下几个方面。

第一，多文化元素的接纳，使本来“求大”的意识得以更多的扩张。

秦始皇每破诸侯，“写仿其宫室，作之咸阳北阪上”、徙天下豪富12万户于咸阳。统一初，他对帝国都城进行了重新改造和规划。曾“因北陵营殿，端门四达，以则紫宫，象帝居。渭水贯都以象天汉，横桥南渡以法牵牛（《三辅黄图》）”，“诸庙、章台、上林皆在渭南”（《史记》），三十五年（公元前212年）又在上林苑里建造阿房宫。跨有渭河南北广阔地域的都城范围，精巧奇丽而巍峨雄壮的宫殿，既是秦人心迹的袒露更是各诸侯国建筑精英的荟萃。“善学他人、为己所用”的秦人作风，在都城建设一开始就贯彻了这一精神。商鞅为变法时“大筑冀阙，营如鲁卫”而沾沾自喜，但那还局限在“山南水北皆阳”的渭河之北这一狭小区域。而随后都城急剧扩大，到秦始皇时已达到登峰造极的地步。这就使得我们不能不看到，各诸侯国的拔尖人才及最高的技艺成果都在这里得到了充分的展现。

第二，在丧葬礼制上，皇权极致的发挥彰显着物质文化的光华。

嬴政13岁即秦王位不久，从“东陵区”（芷阳陵区）独立出来，新选址骊山之阴，即开始“丽山工程”——秦始皇陵墓的建设。这当然是在秦统一天下大势已定的情况下的大举措，是一种把握性的表现。在削平群雄之后，集中全国的人力、物力和财力，按计划扩大进行。直至秦始皇下葬时，还没有竣工。前后历经37年，形成的陵园规模、设施内容都是超乎传统、异乎群雄、魅力独具的。在56平方千米之内，以陵墓为中心，有三重城墙环绕，地面有坐落重重的寝殿、便殿、食官等礼制建筑及陵管用房。在陵墓之外，由陵基周围扩展至城外四野，探测和发掘的大大小小地下从葬坑有186个，如果加上早年平毁的城东马厩坑之数，约在300个以上。其中城东的一组兵马俑坑有四个，按“阵”“营”“战”“幕”的形式作“陈兵”展示，规模宏伟，当然是秦兵强马壮军容的再现。庞大的陵冢，原来高达69.6米，经过两千多年的风雨剥蚀和人为原因而有所降低，现在仍有51.668米[34]。据《史记·秦始皇本纪》说：“穿三泉，下铜而致椁，宫观百官奇器珍怪，徙臧满之。令匠作机弩矢，有所穿近者，辄射之。以水银为百川、江河、大海，机相灌输。上具天文，下具地理。以人鱼膏为烛，度不灭者久之。”秦始皇陵墓雄伟神奇，内藏诡秘多变，前所未有，从而开创了历代帝陵规制的先河，影响极其深远。

第三，秦文化作为主体文化，在对各地域文化全方位渗透的同时又接纳了其他文化的影响，形成了“你中有我，我中有你”的局面。

在秦中小型墓里随葬的铜礼器，仍以扁球体带盖鼎、三环纽盖的圆壶为主。这些本是三晋两周地区的“中原式”器物，却在秦本土如凤翔高庄五期墓、塔儿坡墓、始皇陵上焦村陪葬墓中有出土。陕县秦墓，除上述两种器物之外，还有直口、平盖“楚式鼎”的随葬（陕县墓M2011[35]）。

在两湖地区发掘的秦墓中，墓葬建造仍是沿用着当地原来楚文化的风格，多为竖穴墓葬。棺椁结构多采用设头箱、边箱和脚箱的布置。墓葬方向大多是南北向，葬式大多是直肢葬，即是有屈肢葬也不是原来秦人屈肢“特甚”之状。随葬品方面，除具有秦文化特色的蒜头壶、鍪及分体甗、敞口盆、浅盘洗、斜柄勺等日用器物之外，大多数器物组合和形态风格，则仍然沿用着当地的旧制。

第四，秦的政治统一，并非文化的完全统一。

秦统一前夕和有秦一代的中小型墓，在形制上以斜坡道的竖穴和洞式的“甲”字形墓的等级最高。这主要集中在秦始皇陵区，如上焦村17座陪葬墓中发掘了8座，在陵园东北角小城内探出34座，内外城西行之北61座，砖房移民点5座（其中“中”字形1，“甲”字形4），再加上陵旁及秦始皇兵马俑坑西端探出各1座，计约119座[36]。咸阳塔儿坡发掘381座墓，则是竖穴土圹或有椁、竖穴墓道的洞室（分直线洞室和偏洞室）两种[37]。即使在三晋地区的秦墓，如山西侯马乔村的37座“围沟墓”的主墓仍是以竖穴土坑墓形为主[38]。这两种墓形，在秦统一后的此一区域仍然延续着。即使在江汉两湖和巴蜀地区，有如前述，一直流行无墓道的长方形土坑竖穴形式。至于随葬品的种类、组合和形制，则不太一致。

秦在统一的文化政策下，实际上是允许了列国文化的并存。“文字异形，语言异声”，经过“书同文字”使小篆和隶书成为思想交流、传承文化的有效工具。对大范围的地域文化和各地域文化的方便作用，都是共同的。正由于“语言异声”和风俗习惯的不同并不影响政令的贯彻，所以就没有强行统一而被保留了下来。

第五，集权制具有极强的文化穿透力，推行专制主义对地域文化必然产生抑制的作用。

战国末期以来的秦简共发现8处：云梦睡虎地11号秦墓出土法律秦简1155支[39]、龙岗6号秦墓出土200余支[40]，涵盖了秦法律的主要内容；江陵王家台15号秦墓出土800支竹简，其中涉及法律的有《效律》，涉及数术和易学的是《日书》和《易占》[41]；天水放马滩1号墓，出土460支竹简，内容是《日书》和纪年文书（封丞丹向御史呈奏的“谒书”，现定名《墓主记》）两类[42]。里耶秦简37000多支，反映出的是法制化的国家行政管理情况[43]；青河30墓出土秦简389支。此外，岳山有秦简的出土，岳麓书院也有收藏。

汉长安城出土有大量的秦封泥，是封建集权制下“报告制度”的物证[44]。

而此时的“晋文化”“齐文化”“楚文化”等地域性文化的影响力和扩散作用，在很大的程度上受到了限制与覆盖。这也促使其本身发生着新的变异。

第六，推行“大秦文化”，统一思想。

确立小篆、隶书的正统地位，以秦系文字为基础统一了中国文字。

利用战国阴阳家的五德终始说，以秦得水德，水色黑，终数六，规定衣服旄旌节旗皆尚黑，符传、法冠、舆乘等制度都以六为数。

水主阴，代表刑杀，以此为依据加重严刑峻法的实施，正因为如此，后来才有重伤文化的“焚书坑儒”之举。

第七，发展交通，全国道路联网，发挥着文化沟通和物质文明的大动脉功能。

关中有“函谷关道”“蒲关道”“武关道”“西行大道”“汧陇大道”“泾水道”和翻越秦岭的“子午道”“傥骆道”“褒斜道”“故道”，再加上“直道”，就形成了以首都咸阳为辐辏中心的网络系统。特别是在关外夷平险阻，铲削过去“以邻为壑”的沟崖屏障，修筑起“东通燕齐，南尽吴楚”的“驰道”，还在边远的川、黔山区修筑了"五尺道"。同时，对车辆的轨间距作了统一尺码的规定。如此一来，陆路同水运相济的结果，不仅使政令畅通、下情上达，而且大大便利了物资交流、人员往来。时间缩短、速度加快的直接效率，使地区间文化差异随之产生了趋向平衡的动势。

第八，秦代物质文化有了过去不曾有的多样性。

如果说李斯在《谏逐客书》里举出的"昆山之玉""随、和之宝""明月之珠""太阿之剑""纤离之马""翠凤之旗""灵鼍之鼓""夜光之璧""犀象之器""驮騠之马""江南金锡""西蜀丹青""宛珠之簪""傅玑之珥""阿缟之衣""锦绣之饰"等还是秦统一天下之前的情况，那是作为一种珍奇宝物或进贡或搜罗而来，而此时作为在一个统一版图之内变成了地区之间的交流问题。况且政令一统、交通方便、商贸通达，都为物质集聚和分流提供了条件。在各地秦墓中，出土物的多样性，就为我们提供了这方面的实例。

第九，秦帝国的建立，物质文化对外部世界——四夷，已经形成了外扩的姿态。

公元前7世纪后半期，秦穆公攻伐西戎，"灭国十二，开地千里"，统治区可西达阿尔泰地区。而秦统一后照样通过戎、狄、月氏向西的游牧，沟通了与中亚、波斯及欧洲之间的经济文化交流。向西南通过巴蜀的"蜀布之路"，同印度及其附近国家来往，也有印度人来到咸阳。至于朝鲜、日本和越南受秦朝文化的影响，更是人所共知的事实。

第十，统一后秦帝国划定版图，实际是人为地在形成"中国文化封闭圈"。

连接战国时秦、赵、燕三国北边的长城，筑起西起临洮（今甘肃岷县）东至辽东的"万里长城"。《史记》载秦版图"东至海暨朝鲜，西至临洮、羌中，南至北向户，北据河为塞，并阴山至辽东"。从而有了"中国"和"异域"的区别，相对于世界的是在无形地确立了"大秦文化"这个地域文化。

由前边较长的叙述中，我们不难看出秦文化比之其他地域文化具有更加突出的进取性、兼容性和开放性。原来的秦国物质文化面貌，在吸取战国时期各区域文化精华的同时也丰富着自己的内涵。到了统一天下的秦代，以行政的力量推向全国，而这时又是以新的面貌登上了多彩文化的巅峰，成为一种主体文化（即统治文化）。即使如此，它仍然没有能够彻底地取代战国时代其他六雄各自所形成的区域文化，仍有"吴越文化""楚文化""齐鲁文化""燕赵文化"和"三晋文化"的延续和存在，并没有真正形成秦代的文化统一体。

历史经验告诉我们：军事、政治的统一，并不等于文化的统一。而文化心态的统一与融合，是同军事战争的兼并而异步完成的。这时期的城市、陵墓等，其所反映诸多方面的新物质文化成就，尽管已经超越了秦国区域文化的特征和范畴，已经属于秦代物质文化的特征和范畴。但是，秦祚既短，功亏一篑。残酷的政治，还是断送了"秦代文化"的前程。

我们在这里对秦文化，尤其是秦物质文化的产生与形成过程，分成四个连续性的大阶段，这仅仅是依据其整体发展态势所作的抽象和概括而已。至于对具体对象的分析研究工作，将在本书后面各章节中陆续展开。

三、回眸对“秦物质文化”的认识与研究历程

（一）中国金石学为物质文化研究的铺垫

关于“秦物质文化”，过去学术界没有给予明确的界定。原因是对“秦文化”“秦物质文化”的认识，是经历了一个相当长的认识过程。从朦胧到明晰，构成了一部认识史，这可以说是个规律，没有什么好奇怪的。那么，当我们在编写《秦物质文化通览》时，回顾一下历代学者为保存、发掘和研究秦物质文化资料的过程，就觉得甚有意义和启发性。

我在《秦文化》一书中，曾把“历代对秦文化遗存的著录与考释”辟为一节，简约而翔实[45]。在此，无妨作一增删性的抄录：

关于秦文化最早的文献记载，当属《史记·秦本纪》了。它记述了秦人早期的历史，特别是秦人在春秋初年建立国家之后的历史，按世系、依年代较详细地记录了秦国的政治、军事、经济、外交与文化活动。而《秦始皇本纪》则围绕秦始皇和秦二世的行迹，全面记述了秦统一六国和建立秦帝国的经过、推行全国的各项政令，而其中有关首都咸阳、宫殿、陵墓等项的规划与实施尤为详尽，不失为研究秦文化的重要线索。散见于《史记》中的秦史史料，还有《吕不韦列传》《李斯列传》《蒙恬列传》等。

汉人关于秦史的史料多取自《史记》。有关秦史的记载可作凭信者还有一些，如《三辅黄图》中记有始皇所规划咸阳的范围和主要宫殿、苑囿、桥梁等；《三秦记》也有类似的记叙。但可惜的是这两部秦汉时期的地理书，早已佚亡于唐。今天我们所见到的是后人经过多次补缀、修订的辑本，其中还有相当多的讹夺；北魏郦道元的《水经注》一书，按河流的流经给我们提供了秦城邑、宫殿、陵墓及其设施的相对位置，同样成为研究秦文化不可或缺的典籍。

秦末的大火、项羽的劫夺，造成建筑成墟、财物流散，以致后来人不能确指其所在。如果说汉代人还能根据秦遗址道明其由来的话，随着时间的流逝，人们的记忆就越来越模糊，甚至把口头传说同错简的记载混杂起来，从而出现了注家相抵牾的情况。像《史记》《汉书》多家的注释就不尽一致，而对秦的遗物更是说不上个所以然来。

晋人葛洪在其《西京杂记》中载有两则故事：一个是“高祖入咸阳宫，周行府库，金玉珍宝不可称言”，见有稀奇的青玉五枝灯、奏乐铜人、昭华之管、方镜等；一个是汉五柞宫青梧观前有石麒麟二枚，胁有文字，被断定为秦始皇陵墓上之物。

由于始皇陵墓之内“宫观、百官、奇器、珍怪，徙藏满之”（《史记·秦始皇本

纪》），可能是当时社会财富中精华集中的地方，所以有关它的传说故事更是不一而足。《拾遗记》记载：公元266年，郡民看到有凫雁向南飞，至泾泉，常戏于沙濑。有罗得者，知其为金凫，就献给日南太守张善。经考订知，原是秦始皇陵墓内之物。这种古代的笔记小说，往往事涉离奇甚或荒诞不经，故而不为治史者所采用。但我们换个角度就不难发现，它实际上映现着后人对秦代文物鉴赏的影子。

唐代初年，石鼓的出土是秦文物面世的一件大事，轰动朝野数百年。据说，如鼓形的刻石有10枚，最先发现于今宝鸡市东南10余里的石鼓山，诗人杜甫称之“陈仓石鼓”。后迁凤翔，因战乱“毁失”，宪宗时复出于县南石落务。经诸多学者研究认为，石鼓出土地的“石鼓山”并非渭河南岸的鸡峰山，而是渭北的陈仓山。刻文作猎祭的四言诗，字用籀文大篆，所以连大学问家韩愈在《石鼓歌》里都以为是“周纲陵迟四海沸，宣王愤起挥天戈。……辞严义密读难晓，字体不类隶与蝌”。他错把石鼓的时代定在周宣王时，对文字不认识，更不明白辞意了。经过历代学者的考释，终于弄明白：所谓“石鼓”，就是刻记秦国君主狩猎之事的“猎碣”，时代当在春秋中晚期。尽管它究竟属于秦的哪代君主，迄今还没有定论，但有一点可以肯定，它是距今2300年前出土的秦人文物。

我国宋代开辟了金石学的先河，学者迭出，著录丰硕。吕大临《考古图》虽著录古铜器、玉器只有200来件，但附图并加释文终究为金石学著录开了个好头。随后，王黻对宋徽宗宣和殿中所藏的839件古铜器绘图，就其款识、大小、容量、重量逐一考订，成就《宣和博古图》一书，其分类与考订的成就使之成为考古的重要工具书；薛尚功的《历代钟鼎彝器款识法帖》（又名《薛氏钟鼎彝器款识》）一书，更是文字考释的上乘之作；大文学家欧阳修的《集古录》考释金石文字400余篇，“上自周穆，下更秦汉隋唐五代”，可说是我国现存著录金石最早的学术专著；赵明诚的《金石录》对铜器、碑刻、墓志考释精慎，补正史书，尤具参考价值。此外，还有王俅的《啸堂集古录》、王厚之的《复斋钟鼎款识》等，都是当时重要的金石学典籍。这些著录和考释，一则反映了前此收藏历代文物的传统，二则说明已经萌发了研究物质文化的意向。

涉及秦文物的著录有宋代黄伯思，在他《东观余论》中就记有秦公镈。据说它是叶青臣守长安时得之，并献给北宋朝廷、入于内府的。时间在仁宗庆历年间（1041～1048年）。此镈早已不知去向，吕大临、赵明诚著录的图像和摹刻的铭文就成了极其珍贵的资料。宋代的金石大家欧阳修、赵明诚、薛尚功、杨南仲、黄伯思等，就作器者是某位秦公的问题，各持一说。1916年，甘肃天水西南乡出土一件双耳带盖的秦公簋，其铭文和传世的秦公镈基本相同，从此对某代秦公的讨论一直是个热门话题。1978年宝鸡太公庙秦公编镈和编钟的出土，再加之近几年礼县大堡子山秦公墓地的考古所见，使这一问题的研讨再现高潮。秦公祭祀乐器问题，尽管争讼千年不决，但随着考古工作的深入，接近历史真实的结论在望，这本身就表明了对秦物质资料积累的重要性。

王辟之在《渑水燕谈录》中记载：北宋元祐六年（1091年）宝鸡县民权氏浚池，得到一片瓦当，上有“羽阳千岁”的篆文，学者以为是秦武公时之遗物。尽管断代有错，但作为最早著录文字瓦当之功却是值得称颂的。

宋人的方志书中，涉及古都者以宋敏求的《长安志》、南宋程大昌的《雍录》二书较为重要。虽然其重点是讲汉唐都城长安，论述范围甚或扩大到“雍州”之地，但考订长安都邑、城郭、宫室、津渡等古迹，搜集资料颇广，当可作为研究汉唐长安的参考。因涉及都城的演变，自然也就追溯到了秦。

元代编纂的类书，关于秦汉都城资料最为丰富的要算骆天骧的《类编长安志》。但仅存明抄本，也不易看到。

如果说前人在搜集文献、整理散佚故实、对保存文化史资料方面的功劳值得称颂的话，但其中也不乏陈陈相因、辗转误抄之弊。正因如此，重视访查、核实遗迹，有益后学的行为却是金石学在传承过程中新起的一股清风。明弘治进士都穆曾奉使至秦，踏勘山川形势、故宫遗址、金石刻文，著有《西使记》《金薤琳琅》等。在《骊山记》一文中就秦始皇陵园，他说道：“自南登之，二邱并峙。人曰：此南门也。右门石枢，犹露土中。”这里所言的“二邱”实际就是始皇陵园内城的南门阙，在今天我们仍能看到它的遗迹。把文献记载同实际调查相结合，都穆毕竟开了一个好风气。

大学者顾炎武（1613～1682年）反清复明，遍游华北，晚年卜居陕西华阴，有丰硕的著作，《天下郡国利病书》《历代宅京记》和《肇域志》作为都邑史地专著，从大的地域范围陈述地理的利弊，其资料详审，对研究秦文化具有极重要的参考价值。清代还有一位官僚学者，他就是乾隆进士毕沅。在他任陕西巡抚期间，曾给古代帝王陵墓立碑，其志书《关中胜迹图志》通过文字和图，详细记录了关中政区演变和名胜古迹。因其晚出，终究给我们提供了检索的方便。

历代史记的《地理志》及其注释，秦汉前后的杂史、笔记、小说等，如前引的《三秦记》《三辅黄图》《水经注》《西京杂记》外，还有《三辅故事》《三辅决录》《三辅旧事》《关辅古语》《三辅宫殿名》《独断》《关中记》《古今注》《博物志》《拾遗记》等，尽管好些早已佚失，后人辑录本虽然零星甚或杂芜，但经过钩沉辨证，毕竟会从中提炼出秦汉文化史的材料来。

（二）20世纪初的考古踏查

在20世纪前叶，中外学者开始了对秦文化遗存的调查与研究。日本人足立喜六来到陕西高等学堂执教。1906年，他利用闲暇时间对关中的历代帝王陵墓和重要的都城遗址作了较详尽的调查，回国后写成了《长安史迹考》[46]一书。由于他是实地考察又具备地学测量技术的有利条件，所得结果一般都较为可信。仅以始皇陵而言，除形状的客观描述外，对陵冢的高程、陵基范围等的测量数据都相当准确。但其所言陵基，经现在验证，实际是墓圹上口的施工范围。

1917年，法国人维克多·萨加林等三人，也曾对中国古代的陵墓作过实地考察。他们说秦始皇陵“在中国所有现存的古冢之中，这是最突出的一个。……外形有高低三层，设计良好。整座坟像是三座小山重叠在一起”[47]。因为这只是一般性的寻访，没有能够进一步作勘测工作，故而在其书中所写也只能是一般性的描述。

“中华民国”时期，除继续依照金石学家的方法进行收集、拓绘、刊布之外，由于近代田野考古学方法的传入，对我国的金石之学的冲击比较大，人们开始用这种新的方法来获取古代各时期的物质文化，并加以研究，因此变得更为主动。由于史学大师王国维先生提倡“两重证据法”的推行，人们结合田野考古学的新方法，改变了用传统方法研究古代物质文化的状况，从而使考古研究走上了一个新的阶段。

中国人自己的考古是随组织的建立而展开的。1932年3月，国民党中央决议组建西京筹备委员会，推举张继（溥泉）为委员长，另由国民政府聘任居正、杨虎城等19人为委员。西京筹委会从1932年4月成立到1945年4月撤销的13年时间内，对西安地区和关中数县进行了文物调查、规划和保护，做了大量有益的工作。例如，整修“周陵”（即秦惠文王“公陵”）、茂陵、昭陵，在陵旁设学校管护；制止秦阿房宫、汉长安城（包括未央宫、天禄阁）、唐大明宫三大遗址内农民取土烧砖、植树绿化，在含元殿遗址周围划红线确定保护范围，开辟丹凤公园；还计划在阿房宫、未央宫、茂陵、昭陵、香积寺、灵感寺、草堂寺等处修筑六条专用公路。当时做的这些工作，也就是我们现在一再强调要保护的四大遗址。

1937年9月28日至1940年春，西京筹委会主任、干事陈子怡同夏子欣等进行了大规模的野外专题调查。其中除西安周围的名胜古迹之外，还对麟游境内的寺庙、宫殿遗址、石窟寺和墓葬进行了调查。后因日本侵华、时局吃紧，不得不停止对千阳、扶风、岐山等地的工作。这些调查成果，后来集中地反映在陈子怡的《西京访古记》和《麟游访古记》两书内。尤其前书利用西安地区的秦汉遗址、遗物，对很多问题做了考释，富有创见。而陈子怡研究有关问题的一些手稿，至今未能整理付梓，实属憾事。

1934年，陇海铁路潼西段工程局施工中在临潼、西安东十里铺、米家崖、西安车站等地出土了陶器、汉瓦当、琉璃器、唐石佛像（即口头常说的“维纳斯”）等珍贵文物300余件。由西京筹委会妥为保护，后点交给陕西考古会以做研究。

陕西考古会成立于1934年2月，是北平研究院史学研究会会长徐炳昶（旭生）同陕西省政府联合组建的一个文物考古组织。张扶万任会长，徐炳昶为发掘主任。陕西考古会先发掘了民政厅后院的遗址，出土了包括宋刻唐大明宫、兴庆宫图残石在内的一批珍贵文物；随即委派徐炳昶以考古会委员暨工作组主任身份拟订发掘宝鸡斗鸡台秦遗址的计划。

（三）秦物质文化遗存考古的起点——宝鸡斗鸡台沟东区墓葬的发掘

发掘宝鸡斗鸡台秦遗址计划的提出，源自于这样一个时代背景：当20世纪20年代，中国考古学还处在襁褓之中时，仰韶村和殷墟的发掘成了当时的两个热点。这两地文化与中国文化起源的密切关系，以及它们彼此之间面貌上的巨大差异，是当时知识界迫切需要解决的问题。以此为契机，20世纪30年代在史学界开始质疑“虞夏商周一脉相承”的正统观念。提出了“夷夏东西说”，于是在考古调查中有了城子崖龙山文化的发现。中国学者提倡仰韶文化和龙山文化并存于黄河流域东西部、相互对峙，以及中国文化的摇床应到环渤海东方大平原去寻找的史前文化二元对立学说，间接否定了中国文化西来说[48]。从地域差别和民族传统上，理解上古文化成为一种趋势。夏、商一系，周、秦二族文化也开始进入了议事日程。秦人的起源问题，成了人们日益关注的热点。1933年，北平研究院史学研究所派徐炳昶、常惠到陕西调查周秦民族史迹。先后调查了丰镐（今长安西南）、犬丘（今兴平县东南）、雍（今凤翔南）、陈宝祠（今宝鸡东斗鸡台）、姜城堡、米家崖、阿房宫等遗址，并最终选择了宝鸡斗鸡台作为发掘的重点。理由之一是“地处汧、渭二水之间，为秦民族发祥之地”[49]。从严格意义上讲，这才是秦文化考古工作的起点。

斗鸡台位于贾村原南坡下，南临渭河，西起刘家沟，东至杨家沟，为东西略长的一块平缓坡地，戴家沟位于中间，将其一分为二。发掘区以此为界，分成废堡区、沟西区、沟东区。1934～1937年，考古工作者对此进行了三次发掘，在前两区的收获不大，在沟东区清理了104座墓葬，有随葬器物的共82座。

这82座墓可分成多少文化期？它们之间顺序如何?在前人对陕西考古认识几乎空白的情况下，苏秉琦先生采用了一种全面细致、在当时可谓全新的方法，分析了这批材料。他把全部墓葬各种内容特征分解成105项、234目，如第1项（墓形）中就包括A（南北竖穴）、B（东西竖穴）、C（洞室）三目；然后又根据墓葬的共存关系，将它们重新组合，归为三大组。这三大组的形制项目绝大部分不互见，所以属于三个不同时期：瓦鬲墓时期、屈肢葬墓时期、洞室墓时期。第一期45座主要特征为南北竖穴墓，北首仰身葬及瓦鬲；第二期11座为东西竖穴墓，屈肢葬及瓦鬲瓦釜；第三期26座为洞室及陶制明器。他还敏锐地指出：“以上三个时期之间，界限厘然，说是三个时期固可，说是三个文化亦未尝不可。”今天看来，这种方法就是类型学的方法；这三种文化就是周文化、秦文化、汉文化。当时虽然还没有明确秦文化的性质，但苏秉琦先生已将它与其他文化遗存初步区分了出来。

他还根据典型器物的平行共存关系在每一大组内再分期，如瓦鬲墓可细分为锥脚袋足鬲时期、折足鬲时期、矮足鬲时期；屈肢葬组可细分为铲脚袋足鬲、模制瓦釜、小铁刀三期。当然，我们今天知道这11座墓均可归入战国晚期，近年发掘的秦墓也有铲脚袋足鬲与陶釜共出的例子，但瑕不掩瑜，20世纪30年代类型学尚处于起步阶段，在资料不足的情况下，苏秉琦先生已尝试对秦墓分期，而且方法上也是无懈可击的。

《斗鸡台》考古报告着重探讨了屈肢葬墓和瓦鬲墓的关系："此期的铲脚袋足鬲与前期的锥脚袋足鬲，在基本形制上，两者有若干共同点，如横剖面呈正圆形的圜底袋足，三足的结合方法，直或斜领，双带状耳。但两者又有全然不同的外貌。铲脚袋足鬲器体较大，灰褐色陶，铲形脚，无绳纹；而锥脚袋足鬲则器体较小，黑褐色陶，锥形脚，有绳纹。两者大约是很远的同宗，因为经过长期的独立演化，所以成为两个特殊化了的品种"，"此期的瓦釜从形制上讲，是由前期的矮脚鬲蜕变而来的新品种，但此一蜕变的中心，也许并不在此。"

关于铲脚袋足鬲的渊源，苏秉琦先生指出它与甘肃洮河流域的寺洼鬲有更近似的外貌，并在1948年撰写的《瓦鬲的研究》中进一步说明："当D型（矮足鬲）几乎业已消失之后，才随屈肢葬又突然出现于斗鸡台之A2型鬲（铲脚袋足鬲），恐怕只能向西北去找它的渊源线索了。"这个意见发表后的几十年间，通过不断地探索，我们终于意识到：锥脚袋足鬲是分布于关中西部姜戎文化的典型器物，它与姬周文化（以折足鬲或曰瘪裆鬲为代表）相结合，成为先周文化的重要组成部分，考古学上称之为"刘家文化"；而铲脚袋足鬲是西北羌戎文化对秦文化的一种影响。它们两者都是起源于甘青地区羌戎系统的青铜文化，各自反映了周、秦二族与西北古文化的关系。世纪回眸，我们不能不对苏秉琦先生深邃的洞察力而钦佩。

关于釜、鬲之间的关系，苏秉琦先生意识到斗鸡台的矮足鬲并非这类器物的最晚形态。他在《瓦鬲的研究》中又举出凤翔南古城一件弇口、鼓肩、三足收敛的陶鬲，作为鬲釜之间的过渡形式，"斗鸡台未见D4（南古城鬲），但距此不远的凤翔南古城一带即为此一阶段的演变中心之一"。他还推测由于土灶的改进，促使陶鬲的三足蜕化，由兼充食器的炊具转为专门化的炊具——釜；并根据秦人都雍的年代，估计这一转变发生在公元前5世纪左右。这实际上已经暗示了釜取代鬲的过程，是由关中秦人完成的；而南古城的秦式鬲和周式矮足鬲之间，存在着亲缘衍生关系。

在葬俗方面，苏秉琦先生指出西首向的屈肢葬与中原古代传统葬俗不合。他根据《山海经》序录记载汉宣帝时在上郡石室中发现"反缚盗械人"，当时的大臣刘向以《山海经》穿凿附会强作解释的事例，推测西汉人已不知道京畿地区不久前还流行这种葬式。显然，他已把屈肢葬墓的年代明确在了战国。

对于斗鸡台墓葬所反映的周、秦文化的性质及它们之间的关系，苏秉琦先生概括道："如果说瓦鬲墓时期的仰身北首葬所代表的，为一种旧的土著文化；则此时期的屈肢葬所代表的，似是一种新的外来文化。但我们如果根据殉葬的瓦鬲看，则此前此后两个时期，或新旧两个文化之间，亦非全无瓜葛。如果我们再进一步的话，前期所代表者大约是古华夏文化的一支，则后者所代表者亦非全然是外族文化。它如果不是一支早已华化的外族文化，当是一支早已夷化的华夏文化。"

正如《斗鸡台》绪论部分所言，从秦文公东猎汧渭之会，伐戎并收周余民有之的故事，可以看出周、秦、戎三种人在文化上的异同、远近和变化，以及他们在此地带的出入和消长。斗鸡台墓葬的发掘和研究，已经切入这一主题，并极富成效。然而，斗鸡台墓地本身具有特殊性:11座墓全属于战国晚期，除了4件铲脚袋足鬲之外，没有一件战国秦墓常见的小口鼓肩低裆鬲（秦式鬲此时已完全被陶釜取代）。因此，在缺乏可资对比的周边材料及前人研究的情况下，很容易将铲脚袋足鬲作为寻找秦文化渊源的线索，在陶釜与铲脚袋足鬲的关系问题上也不可能有清晰的表述。这是后来有学者把铲脚袋足鬲作为秦文化特征之一、并据此探讨文化来源的缘起。事实上，对秦文化而言，铲脚袋足鬲仅仅是一个外来的过客。

苏秉琦先生通过对器物形态学、工艺技术及葬式等方面的研究，将这批文物与西周墓区别开来，并将其分作早、中、晚三期。虽然苏秉琦先生没有明确指出这批东西是秦物质文化，但他已有了比较接近的推测，并第一次作了分期研究，这在秦物质文化研究的途径上，无疑具有开创之功。

20世纪40年代，由于日寇侵华，历经八年抗战，再经国内战争的动乱，田野考古工作长时间处于停顿状态。

（四）秦物质文化资料的积累时期（20世纪50～60年代）

1949年新中国成立后，随着国家经济建设的起步，考古事业很快得到了恢复和发展。在随后的时间里，对秦物质文化资料的发掘和探索也慢慢从朦胧走向了明朗。

20世纪50年代，中国科学院考古研究所分别在西安半坡清理了112座、在长安沣西客省庄清理了71座东周墓[50]。实际已经迈入了战国秦文化的门栏，但发掘者和报告编写人对这两批墓葬的年代只进行了分析讨论，并未涉及国别和性质的问题。

陕西省考古研究所成立于1958年，1963年归属于陕西省社会科学院，在20世纪60年代便同陕西省文物管理委员会分别对凤翔雍城、秦都咸阳、秦始皇陵、秦栎阳故城等一大批秦遗址展开了考古调查和试掘[51]。同时，对宝鸡福临堡、秦家沟两处春秋时期秦墓进行了发掘[52]，获得了大批资料。至此，人们基本上把屈肢葬、铲形袋足鬲、墓穴东西向、死者头向西等特征的墓确认为秦墓，把与之伴出的器物属于秦文物。一些公认原则的确立，为进一步探索秦文化、秦物质文化及其基本面貌等问题打下了基础。

20世纪60年代中期开始，“文化大革命”使田野考古停止十年，中断了秦物质文化资料的积累与探索。

（五）考古资料的继续积累与秦文化研究热的兴起（20世纪70～90年代）

经过“文化大革命”，从20世纪70年代中后期至80年代初，田野考古发掘进一步展开，而且有了重大的发现，可以说是秦物质资料的积累进入了最佳的时期。在秦本土的陕西，雍城、咸阳和秦始皇陵兵马俑的发掘推动了研究秦文化诸多构成要素的进程，取得了突破性的进展。对认识秦文化的诸多构成因素取得了突破性的进展[53]。进入80年代中期，秦文化研究进入盛期。从考古发掘到科研都取得了丰硕的成果。

在雍都遗址上，1976年秋季在凤翔县南指挥村发现了秦公1号大墓（M1），经历10年发掘，这是秦公墓葬的首次发现。随后探出围有兆沟的秦公陵园13座，内有“中”字形大墓18座、“甲”字形大墓4座。1977年在姚家岗宫殿遗址上，发现“凌阴”建筑。1982～1983年，钻探出雍都城的范围，随后对姚家岗和高王寺宫殿、马家庄宗庙、朝寝、都市等遗址都进行了钻探或发掘。

秦栎阳城两次钻探，所绘平面图有很大的不同。城墙不挖基槽，而是直接筑在扰土之上。东濒由西北往东南流向的漆沮水（今石川河），随地势而建城，使得平面呈斜形。这一状况显示，《史记·秦本纪》作“徙治栎阳”“城栎阳”“县栎阳”，说明栎阳是秦的临时都城，同泾阳一样，确切地说都是伐魏的前线指挥部。

除“文化大革命”中发表的咸阳发现第二批铜器窖藏和发掘陶窑的资料外，20世纪70年代发掘了第1、3号宫殿建筑遗址，探出一座地跨牛羊村原上下的宫城。80年代，野外工作处于停滞状态，学者凭仅有的材料苦苦地探索、深入地讨论着。王学理的《秦都咸阳》一书以从“兴”到“废”的都城史为经、以考古发现的资料为纬，既有城市蓝图的概括综述，又有具体宫殿名称地望的考证，涉及宫殿、陵墓、人口、交通、市场、行政管理、文化、艺术诸多方面，是迄今为止首先勾勒出秦都咸阳轮廓的著作[54]。

1986年起，在临潼县斜口镇韩峪乡所在的骊山西阪，钻探出四座由自然水沟和人工隍壕围起来的陵园，总面积达到150万平方米，这就是秦“东陵”。一号陵园居中，有主墓2座，均呈“亚”字形；二号陵园在一号东北，内有“中”字形墓1座、“甲”字形墓2座；三号陵园位于西北，内有“中”字形墓1座；四号在其西南，有“亚”字形大墓1座，“甲”字形陪葬墓2座。据文献记载，葬入此地的都是秦始皇之前的三代国君、太后和太子：昭襄王四十年（公元前267年）葬悼太子；昭襄王四十二年（公元前265年）葬宣太后；昭襄王五十六年（公元前251年）葬昭襄王，并将先死的孝文王生母唐八子与之合葬“芷陵”；庄襄王四年（公元前247年）葬庄襄王，秦王政十九年（公元前228年）帝太后与之会葬“芷阳”。至于“对号入座”问题，学者们多有分歧。

20世纪60年代初，考古工作者在秦始皇陵园钻探时，把内城的南区误作内城。1976年，经秦俑考古队钻探知，有内外两重城垣。在探出秦俑三个从葬坑的同时，即开始了1号坑东端的发掘和对2、3号坑的试掘。在陵园探出礼制建筑、陪葬墓、马厩坑、苑囿坑的同时，做了部分发掘。20世纪80年代初，在陵冢西发掘出两乘彩绘铜车马，大大增进了对始皇陵园平面布局的了解。

1975年年底，湖北云梦睡虎地第11号秦墓出土1100多支竹简，原来是一批法律文书。经整理，可分为《编年纪》《语书》《秦律十八种》《效律》《秦律杂抄》《法律答问》《封诊式》《为吏之道》《日书》甲乙种计10种。内容涉及刑法、民法、诉讼法、军法、行政法、经济立法等，为研究秦代严刑峻法提供了最直接的材料[55]。

除秦都城之外，不但在秦地的陇东、关中有不少秦墓的发掘，而且在中原、巴蜀、两湖地区及内蒙古等地也都发现了带有秦文化特点的遗存。

随着秦物质文化资料的增多，树立年代谱系的问题就提上了议事日程。秦都雍城南郊八旗屯墓地[56]，其墓形、葬式和随葬品呈现出有别于其他文化的特点，其连续性也为学者对秦墓分期提供了方便。韩伟先把关中的中小型秦墓分为七期，尚志儒随后把秦国小型墓分成七期（即春秋时代分为早中晚三期，战国时代分为早中晚三期，秦代一期）并论述了各期的特点[57]。叶小燕把全国范围的秦墓分作五个阶段，并论述了秦文化在发展过程中与其他文化的关系[58]。

考古学文化分期反映了该文化纵向的阶段性发展，因此应该从各类遗存，尤其是器物群自身演化轨迹中归纳得出。它不同于历史分期，不能简单套用文献史学的时代划分给考古材料来贴标签。考古分期须详略兼顾：所谓“略”者，要反映文化在宏观方面的大转变；所谓“详”者，要反映文化在微观方面的细部变化。秦器物群在战国早、中期之交发生了突变，但此前、此后又表现为连续性的渐变。那么，陈平对关中秦墓青铜容器的分析就比较好地把握住了这一点，他的两大器群、五期、十组的分法基本上照顾到从宏观到微观的各个层次[59]。所以，历史时期考古学文化分期同时还要和文献记载中移风易俗的革新运动相联系，而秦文化、秦物质文化的独特道路，同考古学中“文化”“分期”这类概念的传统解释是有区别的。

秦俑、秦简的发现，新闻媒体的介入，大大刺激了人们兴奋的神经。1976年5月，新加坡总统李光耀参观了兵马俑。美国《国家地理》杂志，以图文并茂的形式把这一重大发现传播到了英语世界。1978年9月，时任法国总统的希拉克称赞这是“世界第八大奇迹”。1979年10月1日，秦始皇兵马俑博物馆正式对外开放。1982年，秦俑首次出国展览到澳大利亚。这些外事活动，大大扩展了国内外人士对“新闻”的关注。外界看到的“是这样”，而形势逼使学者要回答的是“为什么”。所以20世纪80年代中后期对秦物质文化研究步入了一个新的阶段，即进行综合研究的阶段。

秦俑坑发现之后，较长时间对其性质和作用问题混为一体，因而众说纷纭又莫衷一是。对秦俑四坑属性的判别，其中除3号坑象征“军幕”尚无大的疑义之外，而对其他三坑的定性曾先后出现过 “三军”说（左、中、右）和“三师”说（主军、佐军、左追蓐）。后来王学理认为秦俑坑同陵园内外其他的地下坑一样，都属于外藏系统的从葬坑。为了表现秦军军事生活的主要内容，坑内放置兵马俑、战车及兵器时，选取了“军阵”（1号坑）、“营练”（2号坑）、“示战”（4号坑）和“军幕”（3号坑）等内容，用“陈兵”的形式展现出来[60]。“陈兵说”，既给秦俑坑定了性，也廓清了咸阳卫队、冥军送葬和东巡车驾的一般性猜想，还明确了四个坑不是一切皆“阵”的布置。此论尽管后出，但因证据实在，一般能得到识者的赞同，所以后来对秦俑坑的性质问题再少有文章论及。至于后来出现“兵马俑坑的主人不是秦始皇，而是宣太后”、“秦俑不是兵而是郎”的论调，因出自外行脱题的臆测，同学术研究并不能等量齐观。

在20世纪80年代初，以兵马俑为主要内容的书刊犹如雨后春笋般地纷纷问世，不少画家、雕塑家、美术史工作者也都以饱含深情之笔畅谈秦俑艺术的成就。诸多的艺术大师，如傅天仇、刘开渠、王子云、王朝闻、叶浅予、张汀、吴作人、金维诺、常任侠、何正璜等先生都加入到秦俑艺术讨论的行列里来，使盛赞秦俑的声浪一层高过一层。从秦文化的理论意义上着手，产生了一批质量较高的论文。我国台湾的陈英德曾数次赶到法国去参观秦俑展览，随后写出《中国写实雕塑的成就——秦陶俑》一文在《雄狮美术》杂志上发表，在国内外产生了广泛的影响[61]。中央美术学院的刘晓纯则在《美术史论》上撰长文谈秦俑艺术特征[62]，而王学理首次把秦俑艺术和同期的西方雕塑对比、和汉代艺术比较，通过“横”的层面和“纵”的时代，给出了“秦俑艺术”的历史地位[63]。

当“秦俑热”兴起之时，一些自然科学的有关学科，如冶金、化学、标准化、地学等也介入了对秦物质文化的探测。秦始皇陵墓有1200平方米强汞异常范围，就是取得的成果之一[64]。这些所谓“边缘学科”的参与，不但使考古工作者开阔了视野，而且也丰富了秦考古研究的内容。

同样，对秦的青铜器、兵器、瓦当等文物和遗址分类作分期研究，也涌现出一批有价值的论文和专著。

（六）秦物质文化的深入研究（20世纪90年代～20世纪末）

在20世纪末的10年，秦文化和秦物质文化研究更上一层楼。文物遗存的重大发现、研究论著的陆续发表、学术讨论会议接连召开、出版物形式多样，是构成这一时期特别活跃的显著特点。

秦俑2号坑正式发掘，掀起了一股强劲的新闻旋风。棚木遗迹全部暴露之后，除出土几尊带彩的蹲姿射俑外，内容没有超出试掘时期的范围，发掘又陷入长期停滞的状态。但在秦始皇陵园内外陆续发现甲库坑（K9801）、百戏俑坑（K9901）、小动物三连坑（K9902）、散坑（K9903～K9912）、御府帝车坑（即6号坑—K0006）、园囿戏乐坑（7号坑—K0007）[65]，同样带来探讨秦文化之热的动能。

1996年，北京路东之先生公布了收藏的大量秦封泥，随后有傅嘉仪先生收藏的秦封泥面世。西安市文物考古所、中国社会科学院考古研究所汉城考古队相继在西安北郊相家巷发掘，也都出土了大量的秦封泥。这对秦政治、官制、地理、文字的研究极有价值。随后周晓陆、路东之有《秦封泥集》一书的出版，为秦文化研究者提供了十分有价值的资料[66]。

甘肃礼县大堡子山秦公大墓曾遭到大规模的盗掘，使得大量的青铜器、金饰物流散到美国、法国、日本及我国香港等地。经过甘肃省文物考古研究所抢救，发掘了两座大墓……对解决秦人起源、西犬丘地望、秦先公陵区所在地等问题，都有重大意义[67]。

咸阳塔儿坡秦墓[68]和陇县店子秦墓[69]的发掘，对研究秦人贵族和平民墓葬提供了第一手的资料。

围绕几次重大考古发现，学术界多有专题研讨会的召开，同时有研究论著的发表和出版。秦始皇陵园与兵马俑，在内容上同其他考古学资料比较有其相对的独立性，经过20多年的研究形成了新的学科——秦俑学，也专门成立了“秦俑学研究会”与“秦文化研究会”。自1990年以来，已经举行过七次秦文化学术讨论会。会议内容广泛，已由原来有关秦俑的研究扩展到秦的政治、经济、文化、军事等方面。

秦始皇兵马俑博物馆先后组织出版了《秦俑秦文化丛书》、《秦文化论丛》（自1993年以来，截至2012年，已出版了15辑）、《秦陵秦俑研究动态》（创刊于1986年，从1991年开始，变为季刊，每年4期）等。与这三套丛书出版的同时，秦始皇兵马俑博物馆还协同其他单位出版了多部考古报告和论文集[70]。

陕西省考古文博单位和西北大学、陕西师范大学，一直是秦文化研究的主力单位，论著质量上乘。1993年在西安召开的周秦文化国际学术研讨会，出版了《周秦文化研究》论文集，内容丰富，见解深刻，反映了多位学者的研究成果。陕西师范大学何清谷的《三辅黄图校注》是多年来秦汉都城研究的结晶，是一本很有用的参考书。西北大学黄留珠等先生从社会实业、物质生活、政治制度、文化信仰、时代风貌和中外文化交流等方面论述、出版了《周秦汉唐文明》一书。陕西省考古研究院王学理参加秦俑坑发掘14年，对秦文化研究非常执著，1994年出版了《秦始皇陵研究》、《秦俑专题研究》和《秦物质文化史（合）》三部学术专著，1999年出版了《咸阳帝都记》，接着又出版了《轻车锐骑带甲兵》《解读秦俑——考古亲历者的视觉》两部关于秦俑的学术专著，还同自己的研究生梁云合写了《秦文化》一书。在秦文字学方面，王辉出版了《秦文字集证》和《秦出土文献编年》，袁仲一出版了《秦文字类编》和《秦陶文新编》。陕西省委党校的卢鹰撰写了《秦始皇嬴政》，陕西历史博物馆出版有图文并茂的《秦汉雄风》等书[71]。

（七）对秦物质文化的深层开拓（21世纪初）

当21世纪来临，秦文化、秦物质文化的研究又迎来了一个新的春天。应该说这是迈上一个新历程、新台阶。

从开初的前几年来看，秦物质文化的研究有以下几个特点。

一是以“秦俑学”为中心，以中国学者为主体，一支国际性的秦文化研究学者队伍正在形成之中。

二是围绕秦物质文化遗存的新发现，秦文化研究者能立即反应、跟踪、探索。

三是专业研究部门和教学单位的主攻方向非常明确。秦文化研究在内涵、分期与结构等框架基本建立的基础上，把目标投向秦文化的渊源和流向的探索上去。

四是围绕中心，开展专题性的学术活动。

五是研究成果丰富、面广、深刻。

在21世纪之初，秦物质文化遗存的考古调查、发掘和研究，都是围绕几个多年性项目展开，并取得了丰硕的成果。

其一，陕西秦始皇陵园考古的新成果。在陵园内城垣一周，均发现连绵不断内外廊房建筑遗址，总长度达3860米。在封土东、西、南三侧发现总长度为1203米的大型地下阻排水系统，在东、西内外城之间各发现一组南北对称的三出阙。新发现了石质甲胄、百戏陶俑、文官俑、青铜鼎、青铜禽类等大型的从葬坑17座。

“秦始皇陵考古遥感地球物理综合探测技术”课题自2001年列入国家重大科技攻关项目——863计划，先后有100多位科学家、专家参与了用遥感和地球物理探测技术进行的无损勘查，2003年11月27日由科技部评审验收。

其二，湖南湘西里耶秦简的重大发现。2002年湖南湘西龙山县里耶的战国秦汉古城一号井里出土了大量文物，其中最为重要的是发现了简牍总数达36000支，约10万字，是秦代县一级政府的部分档案，内容包括政令、各级政府之间的往来公文，司法文书、吏员簿，物资登记，涉及邮递、军备、算术、记事的诸多方面。地域涉及秦的内史、南郡、巴郡、洞庭郡、苍梧郡等。其中洞庭郡等的资料从未见诸文献记载，可补史籍之缺，具有重要的研究价值[72]。

其三，陇右的早期秦文化遗存考古项目的启动。由多家单位组成早期秦文化联合课题组，自2004年开始，启动早期秦文化考古调查、发掘[73]。

考古工作者对礼县西汉水及其支流和清水县牛头河流域部分地区的考古调查，发现了大量周秦时期和秦人相关的遗存。其中在礼县西汉水及其支流的调查中共发现各类遗址98处，其中以秦文化为主的遗址有38处。“六八图—费家庄”、“大堡子山—赵坪”、“雷神庙（西山）—石沟坪”三个相对独立、又互有联系的大遗址群，可以说是早期秦人三个活动中心区[74]。

在礼县西山、大堡子山和山坪发现三处西周到春秋的城址，为确定秦早期都邑提供了重要线索。大堡子山已陆续发现了除东南部以外的各段城墙总长约1200米。城墙的废弃年代不晚于春秋早期。发掘大型建筑基址——21号建筑基址、中小型墓葬2处（发掘9座），乐器坑1座，人祭坑4座。出土3件青铜镈、3件铜虎（附于镈）、8件甬钟，还有2组10件石磬。该镈与上海博物馆收藏的秦公镈及宝鸡太公庙出土的秦武公镈近似，年代为春秋早期[75]。

在海拔1700米的礼县鸾亭山山顶上，发现了祭祀台和山腰的东西夯土台组成的祭祀遗址，很可能是秦汉时期的西畤遗址。

通过几年的调查工作，可以确认：礼县大堡子山有城址（大堡子城址、山坪城址），有大型建筑，有秦公大墓，有贵族墓地（盐土崖、圆顶山），有秦汉祭祀遗址，共同构成了一个规模大、等级高的遗址群，为探索早期秦人的生存状态和西犬丘的所在提供了重要线索。

综合性刊物的定期出版，也为秦文化研究者搭建了一座良好的平台。西北大学周秦汉唐研究中心2000年创办了《周秦汉唐文化研究》，现已出版了8期。《秦汉研究》作为中国秦汉研究会的会刊，同咸阳师范学院合编，创刊于2007年，现已出版到第6辑。

多年来，陕西历史博物馆、西安碑林博物馆都有“馆刊”“集刊”的连年出版，多有秦文化论文的发表。秦始皇帝陵博物院，自2011年开始出版以秦俑、秦始皇陵、秦文化为主要内容的“院刊”。西安文理学院的《唐都学刊》、长安大学和咸阳师范学院的学报（社会科学版），也时有秦物质文化内容的论文发表。

秦文化研究者经过多年来知识的积累和苦心钻研，在进入21世纪之后都陆续推出了自己的新著。围绕考古新发现的论文，更是丰富多彩。

秦始皇陵、秦俑研究，在近十年来出版学术著作是最多的课题。内容涉及秦王朝的灭亡、秦官制、商鞅变法、军功爵制、秦史人物、军事制度、秦军的武器装备、秦与西汉甲胄的比较、秦汉骑兵、军事通信、服饰变化及服装供给等。史地方面，对秦都迁徙、都城咸阳、直道、阿房宫、甘泉宫地望、郑国渠的布线及其变迁，都作了进一步探讨。其中王学理对1994年出版的学术专著《秦俑专题研究》作了通俗性的解读，并对“秦俑学”的形成与动态作了概括，以轻松的笔调于2002年出版了《轻车锐骑带甲兵》，2011年又出版了专著《解读秦俑——考古亲历者的视角》[76]。

2003年，有三部研究秦史、秦文化的专著出版：滕铭予的《秦文化：从封国到帝国的考古学观察》一书，“通过对秦文化的考古学资料进行系统的整理和分析，运用文化谱系分析、文化层次分析等考古学方法，对秦文化发展的全过程进行了全面的讨论”。像这种全景式的专著，在秦文化的考古著作领域中，还是第一部[77]；徐日辉的《秦早期发展史》，在梳理有关研究成果的基础上，经过重新整合研究，勾勒出一条较为清晰的秦早期历史发展的脉络[78]；陈平的《燕秦文化研究——陈平学术文集》一书的内容正如题目，包括燕和秦两个地域文化，其中秦文化研究的论文14篇，内容涉及秦汉墓葬的分期和识别、秦墓青铜容器的分期、秦兵器铭文考释等方面[79]。

特别值得一提的是，台湾学者陈昭容出版了一本秦文字研究的专著——《秦系文字研究：从汉字史的角度考察》[80]。简牍文字方面，有西北师范大学历史系、甘肃省文物考古研究所合编的《简牍学研究》（第三辑）收录秦简研究论文4篇，即《云梦睡虎地》《云梦龙岗》[81]《里耶秦简》[82]和《四川青川〈为田律〉》等专题。

秦墓新资料的及时公布，接着就是跟踪研究，如礼县圆顶山[83]、西安明珠花园[84]、泾阳宝丰寺[85]的材料发表后，学者即对秦楚墓葬与风俗、秦文化与齐文化、秦都雍城与晋都新田城作了比较研究。

青年学者梁云的专著《战国时代的东西差别——考古学的视野》一书，于2008年出版[86]。正如朱凤瀚先生指出的：“这是东周考古方面一部很有学术价值的著作。”

如果说此前的学者，在历史学和考古学上已触及秦与东方六国差别的这一课题的话，尽管对“文化心理、政治特点、土地制度、变法运动、文字源流、用鼎制度、殉人、铸币等多方面”都有独到的研究，尽管滕铭予教授在自己的专著《秦文化：从封国到帝国的考古学观察》中也点出了秦与东方六国的不同，而梁云通过铜陶器群、鼎簋制度、墓葬等级序列、都城形态及城址的等级序列五个方面，更加系统而深入地解析了秦文化与六国文化的本质，从切实的对比中揭露出六国人的心理认同和秦人独特的发展道路。他从考古学角度出发、结合文献史学，对秦同六国文化遗存的分析比较，从而找出秦统一六国的根本原因。其认识、其结论、其研究方法，对秦文化更进一步深入的研究，都有启迪意义。

另外，在关中几处秦都城遗址上，雍城、栎阳秦阿房宫遗址的钻探工作正在开展中。

2002年，由中国社会科学院考古研究所和西安市文物保护考古所组成“秦阿房宫考古队”。这次对阿房宫前殿遗址的钻探是对以前调查工作的细化，确认了夯土台基东西长1270、南北宽426米，现存的最大高度在12米以上。北部边缘最高处有夯筑土墙，在台基上没有发现建筑遗迹，也无大火烧过的痕迹。随后钻探了1～5号建筑遗址的范围，认为是战国秦上林苑的建筑。

阿房宫前殿的探测结果，理所当然地引起了社会的关注。新闻媒体引用主持人的一些说法，渲染出一些“上了杜牧的当”（《阿房宫赋》描写得那么壮丽，实际没建成）、“委屈了司马迁”（“烧秦宫室”没有明指阿房宫）、“要给项羽平反”（原来没烧阿房宫）等论调，传得纷纷扬扬。一时间，从上到下激起一股“被愚弄”“感迷惑”的多样情绪。于是，学者也发表文章谈自己的看法。王学理结合自己过去的调查和研究，认为由于概念混淆、文献理解有误才导致了今日纠缠不休的结果，便发表了《“阿房宫”、“阿房前殿”和“前殿阿房”的考古学解读》和《读〈史记〉，识“阿房”》等文章[87]。他明确指出：“阿房宫”是群体建筑的临时性总称，属于大概念；不应把战国秦上林苑建筑从阿房宫中排挤出去；“阿房前殿”没有建成，在《史记》中有明确的记载；他还从文献解读中分离出了“前殿阿房”的建筑，指出：北墙中段有大的进深、又有建筑遗物的部分，即是“前殿阿房”的遗存。这是过去没有受到重视的新解读，对研究者理解“阿房前殿”施工程序很有意义。

回顾我国学者对秦文化、秦物质文化的认识及研究历程，可以看出这是一个艰巨而漫长之路。再简括地归纳一下就是，跨越了金石学不自觉地给予的铺垫，从朦胧转向自觉还是20世纪之初的一段时间。只有利用近代考古学方法进行科学发掘之后，秦物质文化史的研究工作才走上了正轨。这大致可以分为四个大的阶段：

第一阶段是民国时期，主要做的是一些零散的调查和小规模的发掘。这期间既有国外学者的调查整理，也有国内学者自己所做的工作。尽管20世纪30年代宝鸡斗鸡台的发掘，迈开了秦物质文化研究的第一步，但兵连祸接的国难竟使这一展示文化的行为长期止步不前。

第二阶段是从1949年新中国成立至20世纪70年代中后期，主要是对材料的大量积累和初步探索时期。

第三阶段是从20世纪80年代中期开始，这时对秦的物质文化资料作了全面系统的分析和研究，初步建立起一系列的研究标尺。20世纪90年代，对城邑、陵墓、文字等做了全面的考察和综合分析，形成了一批专门的学术著作，秦物质文化的研究也取得了较大的进展。

第四阶段是21世纪一开始，对秦物质文化的探源和文化面貌等进行了全方位的深入探索，今后将有更多的发现。

四、对秦物质文物史研究前景的寄语

（一）研究成就的要点

对“秦文化”的认识和研究，经过了漫长的历程。取得了前所未有的成绩，归纳学者的共识，总其要点如下。

（1）对秦本土各个时段中小型墓葬出土的器物，特别是陶器，进行了类型学的排比，基本上确立了较完整的发展序列。也掌握了各期墓葬随葬品的组合关系及其变迁。正因为有了年代学标尺的建立，才为新出土墓葬、器物的断代提供了参照物，也为秦物质文化史的进一步研究打下基础。

（2）对秦文化在不同时段、不同地区的分布、特点及其同其他文化互相影响的状况，有了一定的认识。

（3）对秦都与秦陵的发展脉络，取得了基本的考古学资料。在探讨都城史上，有了较广泛的研究，也取得了专题性成果。对雍城和咸阳的城制及布局、宫殿及礼制建筑、手工业及商业区、居民区及墓葬区等，有了基本掌握。对雍都秦公陵园、咸阳东陵和秦始皇陵园的探测及重点发掘，不但初步掌握了秦陵发展变化的轨迹，而且在陵制结构、地面建筑、从葬设施、同都城关系等方面的研究中，涉及政治、经济、军事、艺术等更为广泛的文化领域。从而出现了“秦俑学”，使得专题性研究走向深入。

（4）几批简牍和封泥的出土，开拓了制度和精神文化的研究领域，对探索秦代文明也取得了初步成果。

（5）对传世和新出土的青铜器、兵器、陶器、石刻、简牍、封泥、印章、货币等遗物上的秦文字，从解读到综合整理，再到用以研究秦历史、秦文化，则日益受到重视，并陆续有新成果的问世。

（6）把秦物质文化资料同文献结合起来，采取“二重证据法”，进行综合研究，已为多数学者所接受。

（7）秦文化探源的考古学工作正在积极展开，并取得了初步的成果。

（8）多种自然科学手段的介入，对探求秦物质文化的积极作用也逐渐显示了出来。

（二）对秦物质文化研究的期望

截至目前，固然在研究“秦文化”“秦物质文化”方面，经过几代学者的努力，已取得了前所未有的成就，但较之其他地域文化的研究似乎还有较大的差距。不过，当我们在脚踏实地整理秦物质文物资料时，或借以从事研究的时候，就会发现既定目标中有的项目已经完成，而且“令人满意”。这也就是所谓“成果”“成就”。但同时也发现了不足、存在的问题，既定目标中有些项目没有涉及，或部分涉及，或完成项目中仍有“不十分满意”的部分，或冒出对完成既定目标更有好处的新项目……实际上，这些需要深化、细化的问题也就是下一步要做的工作。学术研究有如爬山，回头看：辛勤攀登的结果，群峰尽在脚下；举目望：高峰在前，还需迈步再努力。登临出世界，坚信无限风光在前头。对秦物质文化的研究，我们同样在继续经受这样的历程。

滕铭予教授在其《秦文化：从封国到帝国的考古学观察》一书中，指出秦文化研究中尚存在的主要问题是：“①缺乏对秦文化内部层次结构的研究；②对秦文化与外部文化间关系的讨论中，缺乏对产生诸种关系的原因的讨论；③缺乏对秦文化发展全过程的整体研究；④缺乏对秦文化如何从一个偏居一隅的附庸小邦，发展壮大，统一六国，并建立中国历史上第一个集权制帝国等重要历史问题的考古学观察。”[88]对这些问题的研究，实际在历史学界、考古学界多多少少都已经涉及，但达到的程度正如滕铭予教授指出的是“缺乏”。此“缺乏”，还不仅仅是程度的不够，而且从物质材料到研究领域确实还存在着薄弱的环节甚或是空白。当前，在陇右地区对早期秦文化的调查、对过去调查材料的重新审视，就是很明显的例子。

秦物质文化是一项复杂的系统工程，一定要从学科上形成一个整体，有组织有计划地进行。看重老学者业务素养好、思想水平高、作风严谨的长处，发挥中年学者的主力军作用，培养扶植朝气蓬勃、谦逊诚挚的年轻学者，形成一支老、中、青三结合的专业人员队伍，切切实实，从对大课题的把握到具体的项目，分步骤实施研究，实有必要。对此，首先解决学术组织者、领导者的认识与素质问题，至为关键。对打破条块分割、本位第一、抑制优秀的不良学风，也至为重要；其次重视理论，除用马克思主义的历史唯物主义理论做指导外，应该有具体的理论方法来指导具体的研究工作；再次，方法上可采取多学科横向联合，彼此渗透，使宏观与微观相结合，具体工作与抽象理论同步进行。过去在这方面一直是比较薄弱的，很值得认真总结并加以改进。

面对过去秦物质文化课题开展不平衡的状态，田野索取资料的工作带有很大的被动性，因此就需要按课题一个个加以切实解决。过去对秦都城遗址，虽然在雍都、栎阳、咸阳做的工作要多一些，但对一些根本问题仍不能作出考古学的回答。更何况汧、汧渭之会、平阳，还都是停留在一般性调查的水平上，对一些重要线索一直处于搁置的状态。随时间的迁延，遗存遭到毁坏，秦物质文化的信息将不复存在，其前途实在堪忧！即使从文物保护的角度而言，改调查为探测，并进而重点发掘，实属必要。

由于区域经济和区域文化理论的引入，对秦物质文化的区域性特征及其发展背景、发展过程、区域特质等的研究是可借鉴的。如果对关中及陕西全境内的秦墓及其物质文化作区域分析，就会发现秦国发展过程的阶段性特征。同时也可以看到当时经济、文化发展的不平衡性、对各地的风俗特征、民族成分所产生的影响。我们也可以用同样的方法对一个墓地作区域分析，从中了解当时人群的各种相互关系。尽管有的学者开始已经涉及这一领域，但从总的情况看，还须加强。随着综合分析和研究的加强，对秦物质文化的研究将会有更为丰硕的成果问世。

考古学是历史学的组成部分，同文献史学的任务一样，都在复原历史的真实。而考古学凭借的研究资料，是人类活动的遗存和同人类发生关联的自然遗存。而这种蕴含文化信息的物质，在释读的手段上同样有其特殊性。故而研究“秦物质文化”时，如何在考古学理论指导下，运用多种方法和手段是必要的。首先，在获取秦物质文化遗存资料的考古工作中，大范围采取航测遥感技术，近年来已积累了判图的经验。不适宜发掘的帝陵，采取多种物理探测的手段也是可行的。至于在研究中，具体方法还是很多的，如“统计分析法”（简称“统计法”），通过分析事物的数量，可揭示现象的矛盾及规律的一种数学方法。它可以对大量零散的、杂乱无章的数据信息先进行简缩、概括（如制作统计图表等），随后就要对数据的特征进行描述，作量化分析，使其显现清晰的特征和规律；“文献计量法”可以利用计算机这一工具，将数学和统计学的方法运用来方便地研究文献交流过程中存在的各种规律；“比较分析法”对两个或几个有关的可比数据进行对比，揭示差异和矛盾……这些新学科的引用，将会大大提高综合研究和专门研究的水平，以期达到“以物论史，透物见人”（张忠培语）的层面。

目前对秦物质文化研究来说，存在的问题是理论薄弱、方法陈旧、资料分散、认识歧异等。如果能摒除一些不合时宜的观念，从大局出发，采取相应措施，研究局面将会有大的改观。如果再采取现代化的技术手段，如电脑检索等办法，既减轻了劳动强度、扩大了资料的应用面，又提高了资料使用率。无疑地将会大大提高研究的速度和质量。

笔者编写这本《秦物质文化通览》就是基于以上各方面的认识，并组织有关学者对现有的秦物质文化资料加以梳理，作综合分析，以期对此前的研究作一小结，以利于以后更多学者的深入研究。

注　　释

［1］〔英〕爱德华·泰勒著，连树声译：《原始文化》，上海文艺出版社，1992年。
［2］马克思：《1844年经济学——哲学手稿》，人民出版社，1979年。
［3］王学理、梁云：《秦文化》，文物出版社，2001年。
［4］张忠培：《研究考古学文化需要探索的几个问题》，《中国考古学——走近历史真实之道》，科学出版社，1999年。
［5］邹衡：《中国文明的诞生》，《文物》1987年第12期。
［6］金观涛、刘青峰：《兴盛与危机——论中国封建社会的超稳定结构》，湖南人民出版社，1984年。
［7］张光直：《论“中国文明的起源”》，《文物》2004年第1期。
［8］对秦中小型墓葬和铜器作分期研究的有一系列文章，韩伟：《略论陕西春秋战国秦墓》，《考古与文物》1981年第1期；叶小燕：《秦墓初探》，《考古》1982年第1期；尚志儒：《秦国小型墓的分析与分期》，《考古与文物丛刊》1983年第3期；陈平：《试论关中秦墓青铜容器的分期问题》，《考古与文物》1984年第3期；滕铭予：《关中秦墓研究》，《考古学报》1992年第3期。
［9］滕铭予：《秦文化：从封国到帝国的考古学观察》，学苑出版社，2003年。
［10］裴文中、米泰桓：《甘肃史前考古报告》，《裴文中史前考古学论文集》，文物出版社，1987年；甘肃省文物管理委员会：《渭河上游天水、甘谷两县考古调查简报》，《考古通讯》1958年第5期；甘肃省博物馆张学正：《甘肃古文化遗存》，《考古学报》1960年第2期；甘肃省文物工作队、北京大学考古学系：《甘肃甘谷毛家坪遗址发掘报告》，《考古学报》1987年第3期。
［11］赵化成：《甘肃东部秦和羌戎文化的考古学探索》，《考古类型学的理论与实践》，文物出版社，1989年。
［12］裴文中、米泰桓：《甘肃史前考古报告》，《裴文中史前考古学论文集》，文物出版社，1987年；甘肃省文物管理委员会：《渭河上游天水、甘谷两县考古调查简报》，《考古通讯》1958年第5期；甘肃省博物馆张学正：《甘肃古文化遗存》，《考古学报》1960年第2期；甘肃省文物工作队、北京大学考古学系：《甘肃甘谷毛家坪遗址发掘报告》，《考古学报》1987年第3期。
［13］壹家堡遗址四期遗存同郑家坡遗址晚期遗存的年代相当，在殷墟文化四期前后。而且两者的文化性质相同，因此将这一类遗存统称之为“郑家坡类型”。滕铭予：《秦文化：从封国到帝国的考古学观察》，学苑出版社，2003年。
［14］本书后有专节论述，也可参考《考古与文物》1988年第5、6期合刊。
［15］戴春阳：《礼县大堡子山秦公墓地及有关问题》，《文物》2000年第5期；甘肃省文物考古研究所、礼县博物馆：《礼县圆顶山春秋秦墓》，《文物》2002年第6期。
［16］曹发展：《陕西户县南关春秋秦墓清理记》，《文博》1989年第2期。
［17］王光永：《宝鸡市渭滨区姜城堡东周墓葬》，《考古》1976年第9期。
［18］宝鸡市博物馆等：《宝鸡市西高泉村春秋秦墓发掘记》，《文物》1980年第9期。
［19］陕西省考古研究所宝鸡工作站等：《陕西陇县边家庄五号春秋墓发掘简报》，《文物》1988

年第11期。
[20] 卢连成、杨满仓：《陕西宝鸡县太公庙村发现秦公钟、秦公镈》，《文物》1978年第11期。
[21] 中国社会科学院考古研究所栎阳发掘队：《秦汉栎阳城遗址的勘探和试掘》，《考古学报》1985年第3期。
[22] 陕西省考古研究所等：《秦东陵第一号陵园勘查记》，《考古与文物》1987年第4期；又《秦东陵第二号陵园调查钻探简报》，《考古与文物》1990年第4期；程学华：《秦东陵考察述略》，《秦陵秦俑研究动态》1992年第1期；陕西省考古研究所等：《秦东陵第四号陵园调查钻探简报》，《考古与文物》1993年第3期。
[23] 王学理：《咸阳帝都记》，三秦出版社，1994年。
[24] 陕西省考古研究所雍城考古队：《凤翔县高庄战国秦墓发掘简报》，《文物》1980年第9期；同期又刊李学勤：《秦国文物的新认识》一文。
[25] 咸阳市博物馆：《陕西咸阳塔儿坡出土的铜器》，《文物》1975年第6期。
[26] 王学理：《咸阳帝都记》，三秦出版社，1994年。
[27] 陕西省博物馆、文管会勘查小组（王学理）：《秦都咸阳故城遗址发现的窑址和铜器》，《考古》1974年第1期。
[28] 陕西省博物馆：《西安市西郊高窑村出土秦高奴铜石权》，《文物》1964年第9期。
[29] 卢建国：《陕西铜川发现战国秦器》，《文物》1985年第5期。
[30] 陕西省博物馆：《介绍陕西省博物馆收藏的战国时期的秦器》，《文物》1966年第1期。
[31] 李光军、宋蕊：《咸阳市博物馆收藏的两件带铭文铜壶》，《考古与文物》1983年第6期。
[32] 随州市博物馆：《湖北随州市发现秦国铜器》，《文物》1986年第4期。
[33] 驻马店地区文物管理委员会等：《河南泌阳秦墓》，《文物》1980年第9期；同期刊有李学勤：《秦国文物的新认识》一文。
[34] 王学理：《秦都与秦陵》，三秦出版社，2007年。
[35] 中国社会科学院考古研究所：《陕县东周秦汉墓》，科学出版社，1994年。
[36] 王学理：《秦始皇陵研究》，上海人民出版社，1994年；秦始皇帝陵博物院：《秦始皇帝陵园考古报告》（2009～2010），科学出版社，2012年。
[37] 咸阳市文物考古研究所：《塔儿坡秦墓》，三秦出版社，1998年。
[38] 山西省文物工作委员会写作小组：《侯马战国奴隶殉葬墓的发掘》，《文物》1972年第1期。
[39] 孝感地区第二期亦工亦农文物考古训练班：《湖北云梦睡虎地十一号墓发掘简报》，《文物》1976年第6期；又《湖北云梦睡虎地十一座秦墓发掘简报》，《文物》1976年第9期。
[40] 湖北省文物考古研究所等：《云梦龙岗6号秦墓及出土简牍》，《考古学集刊》第8辑，中国社会科学出版社，1994年。
[41] 荆州地区博物馆：《江陵王家台15号秦墓》，《文物》1995年第1期。
[42] 甘肃省文物考古所、天水市北道区文化馆：《甘肃天水放马滩战国秦汉墓群的发掘》，《文物》1989年第2期。同期刊有何双全《天水放马滩秦简综述》一文。
[43] 湖南省文物考古研究所：《湖南龙山里耶战国—秦代古城一号井发掘简报》，《文物》2003年第1期；湖南省文物考古研究所、湘西土家族苗族自治州文物处：《湘西里耶秦代简牍选释》，《中国历史文物》2003年第1期。
[44] 周晓陆、路东之：《秦封泥集》，三秦出版社，2000年。

［45］ 王学理、梁云：《秦文化》，文物出版社，2001年。
［46］ ［日］足立喜六著，杨炼译：《长安史迹考》，商务印书馆，1935年。近年有王双怀等重译，名《长安史迹研究》，三秦出版社，2003年。
［47］ 奥德瑞·托平著，叶正沛译：《中国最难以置信的发现——秦始皇的地下卫队》，原载美国《国家地理》1978年第4期。
［48］ 陈星灿：《中国史前考古学史研究》，生活·读书·新知三联书店，1997年。
［49］ 苏秉琦：《斗鸡台沟东区墓葬》，《苏秉琦考古学论述选集》，文物出版社，1984年。
［50］ 金学山：《西安半坡的战国墓葬》，《考古学报》1957年第3期；中国科学院考古研究所：《沣西发掘报告》，文物出版社，1962年。
［51］ 陕西省社会科学院考古研究所渭水队：《秦都咸阳故城遗址的调查和试掘》，《考古》1962年第6期；陕西省社会科学院考古研究所凤翔队：《秦都雍城遗址勘查》，《考古》1963年第8期；陕西省文物管理委员会：《秦始皇陵调查简报》，《考古》1962年第8期；陕西省文物管理委员会：《秦都栎阳遗址初步勘探记》，《考古》1966年第1期。
［52］ 中国科学院考古研究所宝鸡发掘队：《陕西宝鸡福临堡东周墓葬发掘记》，《考古》1963年第10期；陕西省文物管理委员会：《陕西宝鸡阳平镇秦家沟村秦墓发掘记》，《考古》1965年第7期。
［53］ 有关秦雍、咸阳、始皇陵的简报和研究文章甚多，在此不再一一征引，分别见本书各章节。
［54］ 王学理：《秦都咸阳》，陕西人民出版社，1985年。
［55］ 孝感地区第二期亦工亦农文物考古训练班：《湖北云梦睡虎地十一号秦发掘简报》，《文物》1976年第6期；又《湖北云梦睡虎地11座秦墓发掘简报》，《文物》1976年第9期；《云梦睡虎地秦墓》编写组：《云梦睡虎地秦墓》，文物出版社，1981年。
［56］ 雍城考古队：《陕西凤翔高庄秦墓地发掘简报》，《考古与文物》1981年第1期。
［57］ 韩伟：《略论陕西春秋战国秦墓》，《考古与文物》1981年第1期；尚志儒：《秦国小型墓的分析与分期》，《考古与文物丛刊》1983年第3期。
［58］ 叶小燕：《秦墓初探》，《考古》1982年第1期。
［59］ 陈平：《试论关中秦墓青铜容器的分期问题》，《考古与文物》1984年第3期。
［60］ 王学理：《一幅秦代的陈兵图——论秦俑坑的性质及其编成》，《文博》1990年第5期。后收入《秦俑专题研究》，三秦出版社，1994年。
［61］ 陈英德：《中国写实雕塑的成就——秦陶俑》，《雄狮美术》1982年第11期。
［62］ 刘晓纯：《致广大与尽精微——秦俑艺术略论》，《美术史论》1982年第2期。
［63］ 王学理：《雄浑的气魄，写实的艺术》，《中国考古学研究论集——纪念夏鼐先生考古五十周年》，三秦出版社，1987年。
［64］ 常勇、李同：《秦始皇陵中埋藏汞的初步研究》，《考古》1983年第7期。
［65］ 陕西省考古研究所：《秦始皇帝陵园考古报告（1999）》，科学出版社，2000年；又《秦始皇帝陵园考古报告（2000）》，文物出版社，2006年；又《秦始皇帝陵园考古报告2001～2003》，文物出版社，2007年。
［66］ 周晓陆、路东之：《秦封泥集》，三秦出版社，2000年。
［67］ 戴春阳：《礼县大堡子山秦公墓地及有关问题》，《文物》2000年第5期；甘肃省文物考古研究所、礼县博物馆：《礼县圆顶山春秋秦墓》，《文物》2002年第6期。
［68］ 咸阳市文物考古研究所：《塔儿坡秦墓》，三秦出版社，1998年。

［69］ 陕西省考古研究所：《陇县店子秦墓》，三秦出版社，1998年。

［70］ 秦俑博物馆等多家单位合作或个人出版的考古报告、论文集、知识性读物有《秦始皇陵兵马俑研究》《秦俑学研究》《秦陵铜车马发掘报告》《秦陵铜车马修复报告》《秦始皇陵园考古报告（1999）》《秦俑秦文化研究——秦俑学第五届学术讨论论文集》《秦始皇陵兵马俑辞典》《中华秦文化辞典》《秦始皇陵·兵马俑·铜车马》《秦始皇帝陵》《秦俑艺术论集》《秦俑百题》等。

［71］ 石兴邦：《周秦文化研究》，陕西人民出版社，1998年；何清谷：《三辅黄图校注》，三秦出版社，1995年；黄留珠主编：《周秦汉唐文明》，陕西人民出版社，1999年；王学理：《秦始皇陵研究》，上海人民出版社，1994年；王学理：《秦俑专题研究》，三秦出版社，1994年；王学理、尚志儒等：《秦物质文化史》，三秦出版社，1994年；王学理：《咸阳帝都记》，三秦出版社，1999年；王学理：《轻车锐骑带甲兵》，百花文艺出版社，2002年；王学理：《解读秦俑——考古亲历者的视角》，学苑出版社，2011年；王学理、梁云：《秦文化》，文物出版社，2001年；王辉：《秦文字集证》，艺文印书馆，2010年；王辉：《秦出土文献编年》，新文丰出版有限公司，2000年；袁仲一：《秦文字类编》，陕西人民出版社，1993年；袁仲一：《秦陶文新编》，文物出版社，2009年；卢鹰：《秦始皇嬴政》，陕西人民出版社，2001年；陕西历史博物馆：《秦汉雄风》，浙江人民美术出版社，1999年。

［72］ 湖南省文物考古研究所、湘西土家族苗族自治州文物所：《湖南龙山里耶战国—秦代古城一号井发掘简报》，《文物》2003年第1期。

［73］ 在国家文物局和甘肃省文物局的大力支持下，甘肃省文物考古研究所诚邀北京大学考古文博学院、国家博物馆考古部、陕西省考古研究院和西北大学考古文博学院组成早期秦文化调查联合课题组。

［74］ 早期秦文化联合考古队：《西汉水上游周代遗址考古调查简报》，《考古与文物》2004年第6期。

［75］ 赵化成：《甘肃礼县大堡子山遗址考古获重大发现》，中国文物信息网，2007年2月9日2版。

［76］ 王学理：《轻车锐骑带甲兵》，百花文艺出版社，2002年；又《解读秦俑——考古亲历者的视角》，学苑出版社，2011年。

［77］ 滕铭予：《秦文化：从封国到帝国的考古学观察》的“内容提要”，学苑出版社，2003年。

［78］ 徐日辉：《秦早期发展史》，中国科学文化出版社，2003年。

［79］ 陈平：《燕秦文化研究——陈平学术文集》，北京燕山出版社，2003年。

［80］ 陈昭容：《秦系文字研究：从汉字史的角度考察》，中央研究院历史语言研究所，2003年。

［81］ 中国文物研究所、湖北文物考古研究所：《龙岗秦简》，中华书局，2001年。

［82］ 李学勤：《初读里耶秦简》，《文物》2003年第1期。

［83］ 甘肃省文物考古所等:《礼县圆顶山春秋秦墓》，《文物》2002年第2期；张天恩：《甘肃礼县秦文化调查的一些认识》，《考古与文物》2004 年第6期。

［84］ 陕西省考古研究所：《西安北郊明珠花园秦墓发掘简报》，《考古与文物》2002年第6期。

［85］ 咸阳市文物考古研究所：《泾阳宝丰寺秦墓发掘简报》《文博》2002年第5期。

［86］ 梁云：《战国时代的东西差别——考古学的视野》，文物出版社，2008年。

［87］ 王学理：《“阿房宫”、“阿房前殿”和“前殿阿房”的考古学解读》，《周秦汉唐研究》第3辑，三秦出版社，2006年，又转载于《文博》2007年第1期；王学理：《误解的匡正——读〈史记〉，识“阿房”》，《司马迁与史记论集》，陕西人民出版社，2006年。

［88］ 滕铭予：《秦文化：从封国到帝国的考古学观察》，学苑出版社，2003年。

第一章　农业与养殖业

秦人的远祖伯益（又作“柏翳”“伯翳”，即“大费”），在舜帝时曾跟随禹平治水土，后又“调驯鸟兽，鸟兽多驯服”，从而被赐以嬴氏（《史记·秦本纪》）。禹平治水患，使人民安居乐业，还“令益予众庶稻，可种卑湿”（《史记·夏本纪》），伯益俨然成了种植水稻的技术员。他“调驯鸟兽”，实际也是对野生动物在进行人工驯化。这些既属于原始农业的必然性特征，也是氏族部落时代秦人同农业发生关联的反映。“嬴”是秦人伯益的食邑，春秋时期成了齐国的嬴邑，秦改为嬴县，治地位于今山东莱芜市的西北。这一带属于大汶口文化覆盖的范围，便可以想见嬴氏伯益对发展中国早期的农业、畜牧业都有着杰出的贡献。

商末周初，秦人分三批到达甘肃的陇右地区[1]。其中第二批西迁的“商奄之民”，因带有流放的性质，就被直接送到生产第一线，从事农业劳动。甘谷毛家坪、天水董家坪及陇东数百处秦文化遗存的发现[2]，不但由日用陶器组合表现出有相对的定居生活，而且这坦荡的河谷平川也给他们提供了宜农宜牧的有利条件。特别是陶仓的出土，更是农业生产和食用粮食的有力证据。后来非子邑秦，得地授民，有了稳定的基地，不庸赘言，这对农牧业的大发展更是起着促进的作用。

公元前770年，秦襄公立国。自进入关中之后，接收周逸民，使农业迈上“快车道”，所以秦穆公支援晋国度饥荒运粮时竟能“船漕车转，自雍相望至绛”（《史记·秦本纪》），成功地上演了一场“泛车之役”（《左传》僖公十三年）的大剧。商鞅变法，“内务耕稼”“为田开阡陌封疆”，给农战政策的推行又打下坚实的基础。尔后有巴、蜀的入秦，与关中沃野相配，开辟水利，扩大耕地，粮食丰收，又为秦的统一战争提供了源源不绝的物质保障。

春秋之后，黄河中游以上的秦人占领区，华、戎杂处的局面发生根本的改变，农业区与牧区在空间上也逐渐分离。尽管种植业比重最大，但林、牧、副、渔诸业在经济生活中仍具有重要地位，是种植业经济必要的补充形式。

秦人立国后由小到大、由弱转强、完成统一大业的历史表明，作为经济基础的农业始终是其成功的支撑点。而当削平封建割据的群雄之后，虽然大江南北、黄河上下的农业区纳入了秦帝国的版图，但秦始皇没有给久经战争之苦的农民大众以喘息的机会，徭役繁重，年轻的劳动力离开土地，人民啼饥号寒，使农业生产遭到彻底的破坏，最终导致了帝国大厦的倾覆。

第一节　农史追踪

一、陇右时期农牧兼营的生活

西周初年，居于西垂的秦人过着怎样的经济生活，学者的认识有个深化的过程。原来多以为秦人处于陇右地区的沟谷中，同戎人杂处，过着游牧的生活。这主要是受两方面的影响，一是根据非子居犬丘为周王室养马的史实，推断秦人从事游牧。特别是，周孝王有“昔伯翳为舜主畜，畜多息，故有土，赐姓嬴。今其后世亦为朕息马，朕其分土为附庸”（《史记·秦本纪》）的话，更令人坚信畜牧是秦人的历史传统。实际上，“好马及畜，善养息之”的特长同畜牧业是两个概念，二者并不等同。况且非子养马，是受周天子之命，从事的是一项专业性较强的具体工作，这同西垂秦人的生产、生活方式、经济来源并不一致。二是由于秦人早期生活在渭河上游，同戎狄杂处且本身又保持着原始族类的生活习俗，所以在关东诸侯的眼里就“夷翟遇之”。由于“卑秦”既久，这就很容易使人把它同甘青地区的原始族类文化联系起来。

其实生活在西垂的秦人不属于游牧民族，因其主流还是过着定居的农耕生活。甘谷毛家坪、天水董家坪秦遗址中的房基地面、灰坑表明，他们并不是迁徙无常、游移不定的人群。使用鬲、盆、豆、罐、甑、甗、釜等日用陶器，特别是陶仓的出现，反映出农作物中的粮食属于其饮食的主要来源。再从区别于土著文化——寺洼文化的这支秦文化遗址分布看，多在渭河及大的支流河谷平原，显然利用着农耕的有利条件在从事着农业生产。

西垂秦人除过以农业为主的经济生活之外，确实也从事着家庭养牧业。甘谷一带的渭河、渭河支流的牛头河与葫芦河，其河谷平原宜于农业种植，而周边的丘陵草原则是放牧的好地方。除非子为周王室养马具有规模化的形式之外，善于养马的秦人也是以家庭为单位进行着多种畜类的放牧。

二、春秋时期的农业

（一）取岐丰地，扩大农业区

周平王东迁雒邑，对护送有功的秦襄公封为诸侯，还“赐之岐以西之地”，并说：“戎无道，侵夺我岐、丰之地，秦能攻逐戎，即有其地。”君无戏言，这口头的许诺就成了后来秦人扩大占领区的合法借口。立国后的秦人上层统治者，面对“陇山以东，及乎伊洛，往往有戎”（《后汉书·西羌传》）的局面，凭借武力分两步走，发起伐戎之战。文公伐戎，地至岐，有了立足之地，还收取了“周遗民”。武公伐彭戏氏，至华山下。伐邽、冀之戎，灭小虢，在占领区设县。经过几代国君80余年时间的经营，终于拥有包括陇东在内的关中地区。

原来的周民经过这翻天覆地的变化，换了新的主人。很自然，这些被称作“周余民”的人就构成了秦统治区人口的主体。周人继承了“好稼穑”的优良传统，掌握着先进的农业技术，得到了善于学习周文化又重视农业经营的秦人的优待，故关中的农业生产并没有在周退、秦进、戎乱中受到太大的破坏。农业生产长足的发展，也为秦国国力的增强起着关键的作用。

立足关中的秦国，发展农业生产、提高劳动效率，除优待劳动者、发展生产技术之外，对生产工具的改进也是一个重要因素。春秋时期，秦国已经用铁。《诗·秦风·驷驖》中的“驷驖孔阜”一句，就是形容四匹马的颜色犹如铁色。而且春秋早期的铁器也多有出土，见有陕西陇县边家庄秦墓和甘肃灵台景家庄秦墓的铜柄铁剑、长武县秦墓的铁匕首；中晚期的人工冶炼，已能脱碳铸铁，见有陕西凤翔秦公一号大墓的铁铲、铁锸10多件，宝鸡益门二号墓有20多件铁器。从铁器的出土地看，其覆盖面是以秦的雍都为中心，北到甘肃灵台，南到宝鸡，西起陇县，东至长武，遍及秦国的中心区域。而作为农业生产工具的铁铲与铁锸，在秦国乃至全国都属于最早的发现，这对荒地的开垦、土壤的改进，以及提高劳动效率，无疑是具有重大意义的。

同铁农具采用的时间相当，牛耕技术在春秋末年也出现了，一变过去手持脚踩耒耜的翻土方式，对深土耕耘、节省体力、扩大生产规模、提高效率大有意义。在墓葬的随葬品中，也多见有陶牛，即是用于农业生产的反映。

（二）农业政策的调整

原来在周的井田封赐制之下，等级森严的土地占有，使国、野分治，都、鄙对立，耕作土地的庶民被大大小小的领主所控制，存在着强烈的人身依附关系。当平王东迁之后，秦人与戎人在王畿地区展开了拉锯战，使得原来的生产关系遭到破坏，土地制度也随之发生动摇。这时，秦赏土地给庶民，考虑到土地受地形、肥瘠的限制，对产量与贡赋均有影响，便采用了三年一换田的办法以恢复地力。那么，生产者也因另开垦生荒或再去种轮休地，而要定期迁徙，这就是“爰土易居”的“爰田制”。因为它像车轮一样地转，也叫“辕田”；或因到期另行颁布，又称“爰颁”；或因迁居关系，而称“爰居”。“爰田制”的推行，既淡化了过去公、私田对立的状态，缓和了阶级矛盾，又使生产者的身份、地位有所改变，自然就大大地提高了劳动者的积极性。

“周余民”同中下层秦人，是为关中秦国的生产者，被称作“庶人”，属于社会经济生活中的一支重要力量。管理庶人的人被称作“庶长”，后来进入秦的官职行列，演化出左庶长、右庶长、驷车庶长，直至大庶长。而庶长身兼农耕与军事二任，爰田上的庶人也能够“出车徒，给徭役”参军作战，使得兵、农兼务。这正是土地制度、生产关系发生了与生产力相适应的变化。

秦人居陇右时期，非子邑秦、成有西垂，形成两大政治中心。但实际上那还只是上层人物居住并带有聚落性质的“片”，而在广阔地域之上，还是秦、戎杂处，成散“点”分布。长期的相处中，秦、戎既有对立斗争，也有交流融合。当时的社会经济形态大约是：秦人以农业为主，农、牧兼营，而戎狄部落还处在从游牧向定居生活转化的阶段。当秦穆公举兵伐戎，“益国十二，开地千里，遂霸西戎”（《史记·秦本纪》）之后，情况则发生了根本性的变化。农业发达的关中地区，便同游牧业的西北地区连成一片。先进的农耕文明，必然促进农牧交错地带的经济转型。对游牧区的经营、开发、改造，以适应自然特点，使半农半牧的结构得到合理的配置，从而促进了农牧业的协调发展。

秦国农业的发展，到穆公时已达到很高的水平，粮食积聚充实，国力大增，才可能有救晋饥荒的“泛舟之役”。公元前451年，秦取楚的南郑之地，不仅表明秦人势力已正式南越秦岭，而且农业生产除旱作之外又增加了稻作，使生产类型有了多样性的变化。

由于私田的开辟，公田也化为私有，“爰田”也徒具形式。秦简公七年（公元前408年）开始按土地亩数来征收租税，这就是历史上有名的“初租禾”（《史记·六国年表》）。面对新形势，国家为了获得贡赋，不得不改变剥削形式——由劳役租赋变为征收租税。那么，这一土地私有化政策的意义就在于：国家承认了土地占有权的合法性，从而使土地国有制遭到破坏。自耕农在自己的土地上耕作，自由支配，不误农时，讲求技艺，不再受国家过多的控制，就能有较高的生产积极性。这无疑大大地推动了社会经济的发展。

三、商鞅变法后的农业

推行法家学说，对秦国法制管理与促进农业发展具有革命性的作用。秦简公实行“初租禾”，标志着新兴地主阶级与自耕农阶层在“爰田制”下成长起来，由土地占有、使用者演变为所有者。为了有效地管理广泛出现的自耕农阶层，秦献公推行了一系列有利于农业发展的措施，其中最直接的有两项：公元前378年，“初行为市”，允许商业活动，促进了农业与商品经济的互动；公元前375年颁布了“为户籍相伍”（《秦纪》）的户籍编制管理政令。五家为“伍”的单位编制，就在于监督、生产与征兵。

新兴地主阶级与自耕农的大量出现，具有巨大的潜在能量。商鞅相秦后，“爰自在其田，不复易居”，正式以法律的形式肯定了爰田的私有化，对推进社会经济的发展是有利的。

秦孝公居都栎阳，面对关中东部农业相对落后，“人不称土”，于公元前359年颁布《垦草令》，从发展农业入手开始了商鞅变法。出自“急耕战之赏”，商鞅不但废除了过去井田制下对庶民的限制、毁弃妨碍耕作的阡陌，鼓励耕者多产粮食、战士勇敢杀敌外，还以“利其田宅而复之三世”（《商君书·徕民》）的优惠条件招致山东之民，鼓励其开垦无主之田。他“制辕田”，实际上推行的是一种新的田地赏赐制度。为了推行“农战政策”，国家制定“以军功赏田宅”的授官爵标准，严格限制争夺农业劳动力的商业活动，编制“什伍”组织控制劳力，分户作一夫一妻的个体家庭，精简政府机构提高办事效率。“内务耕稼，外劝战死之赏罚”（《史记·秦本纪》），耕战皆利，就能收到富国强兵、东雄诸侯的效果。对当时的历史发展产生了深刻的影响，在土地制度发展史上也有着极重要的意义。

定都咸阳后，“为田开阡陌封疆”，去掉国有土地的阡陌封疆，使土地私有制形态制度化。商鞅“复立爰田，……爰自在其田，不复易居”（《汉书·地理志下》孟康语），彻底改变了国有土地轮换耕作之制，固定了农户使用土地的所有权。这样做，就极大地调动了新兴地主阶级与自耕农的生产积极性。国家为保障财政收入，于孝公十四年（公元前348年）实行“初为赋”（《史记·秦本纪》《六国年表》），在田租之外又增加了按户征收军赋。但这并不是董仲舒把汉朝实行的“口赋”当做秦的那种人头税。

秦惠文王时，取得河西地，使“八百里秦川”的农作区成为一统。《战国策·秦策》说“秦以牛田，水通粮”，表明秦国已普遍使用牛耕。畜力胜过人力，耕作深、速度快，因此在畜养和保护上也给予法律性规定，有敢“盗马者死，盗牛者加取”（《盐铁论·刑德》）。秦简上也明确强调：各县对牛的数量要严加登记。如果由于饲养不当，一年死三头牛以上，养牛的人有罪，主管牛的官吏要受惩罚，县丞和县令也有罪。如果一个人负责喂养十头成年母牛，其中的六头不生小牛的话，饲养牛的人就有罪，相关人员也要受到不同程度的惩处。对养牛人要在一年之内作四次评比考核（四、七、十和正月），其中的正月是大评。对饲养的好坏要给予奖赏或惩罚，牛瘦了腰围减一寸，就笞打主事考十下。也正因为在无战争的稳定环境中，由于牛耕的推广与铁农具的使用，耕地面积在不断扩大，农业技术有所提高，就使农业产量呈增长的趋势，到了“粟如丘山”的程度。至于“万石一积”的粮仓，在秦国到处都有设立。咸阳的粮仓最大，竟是“十万石一积”！栎阳虽次，也是“二万石一积”（云梦秦简《效律》）。

当秦惠文王拥有全部关中之地后，又西南夺取巴蜀，再攻楚汉中，取地六百里，使秦本土与陕南、巴蜀连成一片。移民入川，发展经济，两地文化交流，巴蜀成为提供粮饷与兵源的重要基地，对秦统一事业起了重大作用。张仪对楚王说秦“虎贲之士百余万，车千乘，骑万匹，积粟如丘山。……秦西有巴蜀，大船积粟，起于汶山，浮江以下至楚三千余里。舫船载卒，一舫载五十人与三月之食，下水而浮，一日行三百余里，里数虽多，然而不费牛马之力，不至十日而距扞关”（《史记·张仪列传》、《战国策·楚策一》）。昭襄王二十七年（公元前280年），司马错“发陇西，因蜀攻楚黔中，拨之”（《史记·秦本纪》）。十万人的一次军事行动，就需军食“六百万斛”，而供应“百余万”虎贲之士常年食用，若没有“积粟如丘山”（《战国策》）的粮食储备，是今人难以想象的。

以上所言的“粟”，实是各种粮食和谷物的统称。秦地农作物的种类相当多，西周之前多有“百谷”之称（《易·离》《尚书·舜典》《诗·大田》）。春秋之后的史籍，则有了“五谷”的称谓（《论语》《庄子》《孟子》《楚辞》《周礼》）。虽然由“百谷”到“五谷”反映的是人们优选种植对象的结果，但具体到经济价值高、产量稳定的作物是哪五种，说法并不一致。从《吕氏春秋·审时》看，主要指粟、黍、麦、稻、菽五种，这在云梦秦简《仓律》中也得到证实。此外，当时也普遍种麻，其籽可食，皮可作衣着原料。

“五谷”中，粟（即“谷子”，又称“禾”“稷”）不但是关中，而且是古代黄河中下游地区的主要粮食，可称之为“百谷之长”，属于耐旱作物；黍（黏性的小米，关中称“糜子”“黄米”，古籍中多写作“秬”“穄”“秫”）的生长期比粟短，而且更耐旱，更适宜在瘠薄土地上生长，其栽培条件与地理分布与粟接近；麦有小麦、大麦和燕麦的区别，关中早有种植，云梦秦简《效律》就有“禾、麦亩一斗”的种粮用量规定。战国时期，小麦的种植才在黄河下游地区形成规模；稻的栽培与种植地区主要在长江流域及其以南区，但《诗·七月》就有“十月获稻，为此春酒”的句子，《吕氏春秋·审时》篇中的六种农作物中仍包含有稻；菽是豆类作物，品种也是多样的，如果同“荅”并称，前者指的是大豆，后者则是小豆。秦地除过广种五谷之外，还有高粱的种植。陕西长武碾子坡先周遗址中，就发现了高粱[3]。另外，麻既是经济作物，也属于粮食作物。其雄株的表皮具有很强的韧性，古代将其作为纺织制衣的原料；雌株的麻籽，是一种古老的食粮。

第二节　水利工程

水利灌溉事业是农业生产发展的一项重要条件，秦政权十分重视水利灌溉事业。都江堰、郑国渠和灵渠，被盛赞为秦的“三大水利工程”。此外，重要的水利工程见诸史籍者，还有“始皇造道陵南，可通陵道到由拳（今浙江嘉兴）塞，同起马塘，湛以为陂，治陵水到钱塘越地，通浙江”（《越绝书·记吴地传》），“兴咸渠，在咸阳县西十八里，自秦汉以来，疏凿为漕渠，起咸阳，抵潼关三百里，无车挽之劳”“始皇通汨罗之流”[4]。“秦始皇东巡会稽，经秣陵，因凿钟山，断金陵长垄以疏淮”（《古今图书集成·江宁府记事》）等。由此不难看出秦对水利事业的高度重视。上述水利工程，其中如著名的都江堰至今仍在沿用，而郑国渠虽然早已废弃但至今依然有迹可寻。

一、都　江　堰

早在秦昭王时期，著名水工、蜀守李冰负责修建了著名的水利工程“都江堰”（图1-1；彩版一四，2）。

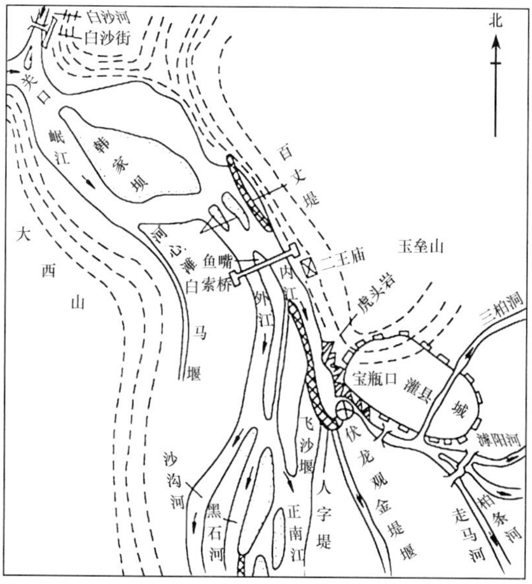

图1-1　都江堰渠道枢纽布置及鱼嘴结构平面图

都江堰位于岷江中游的灌县城西。工程主要由分鱼嘴、宝瓶口和飞沙堰三部分组成。分鱼嘴就是在岷江中的天然滩脊上，采用竹笼装满卵石而沉积堆砌成的分水堤埂，因形似鱼嘴，故名“分鱼嘴”。分鱼嘴迎合水流将岷江水流分为两支：东边一支叫“内江”（又名“都江”），西边一支叫“外江”。内江流到飞沙堰的末端，原有玉垒山斜出的一块砾岩挡住水的去路。于是李冰在这里开凿了一个人工孔道，叫“宝瓶口”，使内江通畅地向前流去，并由此开出许多分支渠道灌溉农田。在分鱼嘴和宝瓶口之间的飞沙堰，是人工修建的溢洪道。被开凿的岩石孤立于内、外江之间，叫做“离堆”。当洪水来时，分鱼嘴就失去分水的作用，使内江过多的水翻过飞沙堰流入外江，使大部分水量从外江泄走，这时离堆起着第二道分鱼嘴的作用。在枯水期间，大部分水量则流进内江，从而保障灌溉区有充足的用水。每当霜降时节，外江断流掏修，至立春时节才开堰。然后把内江断流掏修，到清明时节再开堰。此后两江并用，所以春耕用水足够全区灌溉。在江边用“杩搓”截水，“杩搓”是用竹条把三根粗木头绑成的三脚架，并列在一起，另用竹篓装满卵石，叫做“压盘石”，压定杩搓脚，在它的外面再用竹签、竹篱等填筑成一道临时的挡水坝。杩搓除截水外，也可用来调节水量。都江堰就是这样一个具有防洪、灌溉等多种效益的水利工程。

都江堰工程的完成，使成都平原300多万亩土地得到灌溉，从此成了“水旱从人，不知饥馑，时无荒年，谓之天府”（《华阳国志·蜀志》）的地方。

都江堰不仅在设计规划方面具有高度的科学性，功效显著，而且在施工方面也经济合理，如重要的建筑材料均取之于当地。另外，如工程的主要部分如分鱼嘴、木杩搓等，均利用当地十分充裕的木、竹、卵石制成，不仅坚固耐用，而且方便岁修施工，成为利用当地自然条件的最好典型，是科学地利用自然条件的伟大创造。

都江堰的建成，充分表现了我国古代劳动人民的勤劳和智慧，也标志着秦国科学技术和经济生产的巨大进步。它不仅是秦国重要的水利工程，而且也是我国古代著名的水利工程之一。虽然历经了两千年之久，在不断修理、增建的情况下，它仍发挥着巨大的作用，在世界有名的灌溉系统中也享有盛名。

古代人民为了纪念李冰和他的儿子二郎这两位伟大的水利学家，还在都江堰专门建立了“二郎庙”。每年都按时祭祀，表达了劳动人民对真正“以民为本”的官员的尊敬。

1974年3月3日，修建都江堰枢纽工程时，在渠首分鱼嘴附近的外江里，发现了李冰石像（现已安放到伏龙观）[5]。石像是一座大型圆雕，身高2.9米，肩宽0.96米，肩至足高1.9米，用灰白色砂岩琢成，重约4吨。像的底部有一个方榫头，残长18厘米。戴冠，面微带笑容，神态自然。身着长衣，衣袖宽大下垂，腰间束带。两手袖在胸前，双脚前部露出衣外。在石像的两袖和衣襟上，有浅刻隶书题记三行：“故蜀郡李府君讳冰”（衣襟中）、“建宁元年闰月戊申朔廿五日都水掾”（左袖上）、“尹龙长陈壹造三神石人除水万世焉”（右袖上）。“建宁元年”是东汉灵帝在位第一年，即168年。都水掾、长都是当时负责水利工程维修和管理的专职官吏。这尊东汉后期的李冰石像，是陈壹所造“三神石人”之一。其作用不仅是“除水”（即“镇江”），实际上还起着测量水位的“水则”的作用。像用李冰，显然是汉代对这位伟大的水利学家的缅怀和纪念（图1-2）。

图1-2　李冰石像

二、郑　国　渠

战国末年，由韩国来的水工郑国的主持，在关中地区中部，为引泾水而修建了一条长达300余里的“郑国渠”。渠修成之后，使“关中为沃野”，盐卤地皆变为肥沃良田，无论雨水多少都可以使粮食稳步生产，从此再“无凶年”（《史记·河渠书》）。

《史记·河渠书》载：郑国渠“凿泾水自中山（在今陕西泾阳县西北），西抵瓠口为渠，并北山，东经洛，三百余里。欲以溉田……因填阏之水，溉泽卤之地四万余顷。”（图1-3）。

所谓“瓠口”，即古焦获泽（也作“焦护泽”“焦获泽”。地在泾阳县西北）。所言“北山”，指的是泾阳县的北仲山，三原县北的嵯峨山，富平县北的将军山、频山，蒲城县北的尧山、金粟山。

在这里，我们结合《水经注》中对郑国渠流经的具体地名的记载及考古调查的材

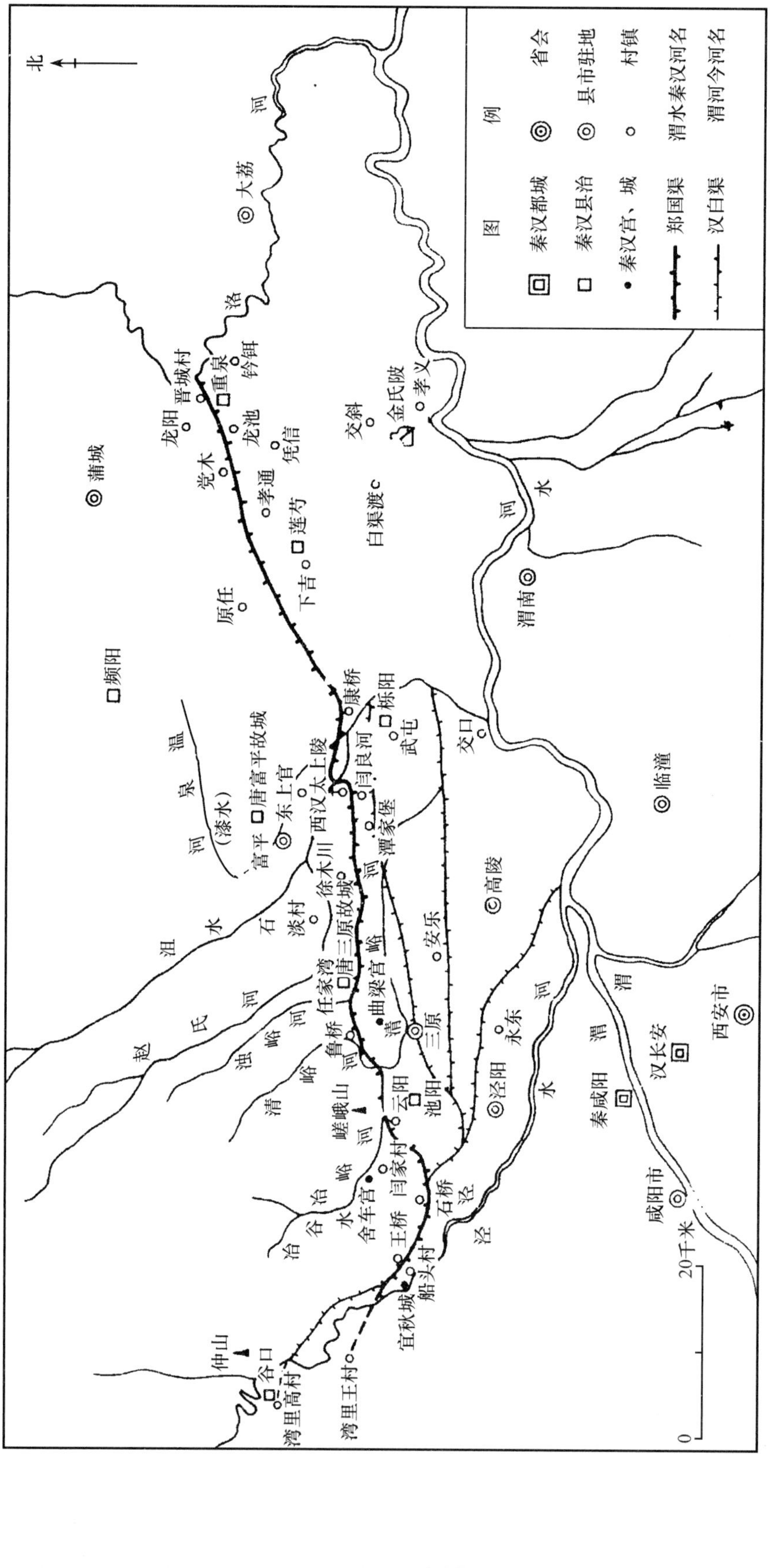
北
图例
秦汉都城
秦汉县治
秦汉宫、城
郑国渠
汉白渠
省会
县市驻地
村镇
渭水秦汉河名
渭河今河名
大荔
洛河
蒲城
晋城村
重泉
龙阳
龙池
党木
孝通
凭信
莲芍
下吉
交斜
金氏陵
孝义
白渠渡
渭河
渭南
频阳
原任
康桥
栎阳
温泉河
唐富平故城
东上官
西汉太上陵
闫良河
武屯
交口
临潼
富平
（漆水）
谭家堡
石川河
淡村
三原故城
安乐
高陵
沮水
赵氏河
任家湾
曲梁宫
清峪河
浊峪河
三原
鲁桥
永东
云阳
池阳
嵯峨山
泾阳
冶峪河
冶谷水
闫家村
石桥
舍车宫
王桥
泾河
泾水
秦咸阳
汉长安
西安市
咸阳市
船头村
宜秋城
仲山
谷口
湾里高村
湾里王村
0
20千米

图1-3　郑国渠示意图

料，可以确认：引水的渠口在今泾阳县西北王桥镇船头村西北、礼泉县北屯乡湾里王村东南之间的泾河东岸。渠口宽15～20米、深7米；渠堤自西北向东南延伸高3～5米[6]。总干渠向东，经王桥、石桥，东北经马家堡至云阳镇西北。后沿嵯峨山南麓向东，与冶峪河河道重。东至清峪河入冶峪河口，东北流经三原县北鲁桥镇南。向东，在楼底坡遇自北而南的浊峪河重合，直至康家堡。继续向东，今泾惠一支渠到闫良镇北的一段，仍是郑国渠的故道。沿原南东流，绕原头在姚河附近横绝石川河（沮水），于中合村、马家堡一线向东又横绝温泉河（漆水），东过西安市阎良区康桥镇。东北流向，经蒲城县南卤泊滩，在县东南的龙阳镇晋城（秦重泉县）北入洛河。全长126.03千米。

郑国渠之所以成为世界水利工程史上的壮举，就在于设计科学，内容配套。它由引水渠、总干渠、支渠和“横绝”等主要工程项目组成。其科学价值在于：

首先，渠口选在峡谷之口，使引水渠同泾水主流形成适当的夹角，并“立石囷壅水”，加速了流速。干渠紧傍“北山”，就能最大限度而有效地控制南侧的全部灌区，扩大了灌溉面积。

其次，测量精确，选线合理。测知渠口的海拔是445米，然后沿430米到入洛处365米间的二级阶地上自西而东迳流，平均坡降6.4‰。保证了各支渠自流引水、均匀浇灌。沿途接纳了北山南下的诸流（冶峪、清峪、浊峪、漆、沮等水），采用“横绝”工程措施，增加了干渠的总量，又合理地利用泾水这“泥河”的特点，淤漫盐碱地、改变土壤，增加了产量。

郑国渠建成，经济效益是极为显著的，灌溉“四万顷土地”（合今276.4万亩[7]），亩产量达到“一锺”（合今251斤/亩[8]），每年可获得谷子七亿斤左右，正如伟大的史学家司马迁说的“于是关中为沃野，无凶年，秦以富强，卒并诸侯”（《史记·萧相国世家》）。时隔40多年，楚汉相争，萧何“转漕关中，给不乏”，把粮食运到荥阳前线，有力的支持刘邦，取得了战争胜利，被推为首功，足见郑国渠的作用。即使今之泾惠渠及其支流的某些渠道还在沿用着郑国渠的故道。

郑国渠等水利工程的修建，有力地促进了农业的发展，增强了秦国的经济实力，从而为秦统一六国打下了坚实的经济基础。

三、灵　渠

当统一六国之后，秦始皇即派尉屠睢率50万大军，分五路进攻瓯越（东越）、南越和西瓯。而岭南河道纵横，交通不便，进军异常艰难，士卒三年不解甲驰弩，粮饷不济。为解决军粮运输问题，秦始皇派史禄凿渠通漕。这就是所谓的“灵渠”（图1-4；彩版一四，1）。

据资料知，灵渠始建于秦始皇二十八年（公元前219年）或稍后一点时间，位于广西兴安县境内，经过四年左右时间开通。有南北二渠，南渠自海阳河（湘江上游）

图1-4　灵渠：泄水天平

里的小天平到大溶江（漓江上游）的灵河口，计33.15千米；北渠是湘江一段大弯间的人工渠道。两段灵渠在大小天平处相接，不可分离，都是人工开凿的运河，加起来全程长达37.4千米。灵渠因漓水又称“灵河”而得名，还叫做“兴安运河”。它由南渠、北渠、铧嘴、大小天平、泄水天平与陡门等几个部分组成。

在广西的东北部，奇怪的是两条相邻的河流中间隔着越城岭，而流向却正相反，即漓江上源的大溶江发源于越城岭主峰（2141米）猫儿山南麓，由北向南流；湘江上源的海阳河发源于都庞岭的海阳山北麓，由南向北流。这就是说，以越城岭为轴线，以南端的兴安县为枢纽，作一升降的旋转，就使两地发生了反向的倾斜。尽管五岭横亘，阻断了中原腹地与百越地带的交通，但越城岭的扭曲，却在兴安县腰部出现了海拔仅有200米左右的低地，从而形成历史地理学上有名的“湘桂走廊”。史禄选择了“湘桂走廊”上的始安水故道，在海阳河的分水塘处筑起一道拦河的矮坝——大小天平，再凿通到兴安水段的渠道，通过铧嘴使海阳河水七分入湘、三分入漓，终于达到了“引湘入漓”的目的。在凿渠工程中，还有一项值得称道的是“北渠”。它是由大天平尾部北陡门起，离开湘江，迂回在平畴沃野之间，流程3.25千米，再回到湘江。这么做的目的是降低渠道坡度，平缓水势，便于行船。而且南北两渠通过大小天平的平抑，才可使湘江和漓江的船只相互通过。所以，由渠道选址到分水大坝的创设，再到两渠的相互依存看，足以表现出史禄和他的一班匠师们的聪明智慧与创造才能。

“灵渠”穿越了五岭阻隔，克服了艰难运输的困扰。在涨水季节可通行六七吨的船只，枯水时只可通行三吨的船。尽管每日通行量不过40来艘，但是，在两千多年前的困苦条件下，中原的粮食与补给还是源源不断地被输送到了进军的前线！

灵渠建成，秦始皇三十三年（公元前214年），把“尝逋亡人、赘婿、贾人略取陆梁地”（《史记·秦始皇本纪》），进行了大量的移民。第二年，又把那些断案不公的官吏（“治狱吏不直者”）流放到五岭以南（“南越地”），同蛮越相处。这些措施对开发岭南与促进文化交流，无疑有着积极的作用。

第三节　农耕工具

春秋战国时代是我国农业史上的重要变革时期。秦人从西犬丘进入关中，原来以农耕兼畜牧的生产生活方式转向以农耕为主的生产方式，周人先进的农耕生产技术和生产工具被秦人全盘接受。铁器的应用，更是农耕生产工具大变化的动因。

一、工具质的变化

考古发现秦本土的农工工具，同西周时期周人所用的无异。春秋时期以青铜质地为主，种类有斧、锛、凿、刻刀、角刀、钻、削、锯、手钳、镢、铧等。例如，陕西凤翔雍城遗址附近的一个窖藏就曾出土青铜生产工具数十件，其类型之多，制作之精致，充分反映了当时农耕工具是以青铜为主的实际。而战国早期农耕器具中，以竖銎镢最为流行，生产活动中铁器的应用正在增加。战国晚期又出现了许多新的器类。扇形空首斧、靴形空首斧，属于砍伐工具；四棱锤、工具刀、截具等，则是加工工具；六角锄、板锄、镰刀、夯锤等，则是土作农耕器具。

春秋战国时期，秦国把铁用作制造农具是件大事。都雍以来，铁工具与生活用品多见铁制。1954年，在西安半坡的战国秦墓中，出土铁器24件，其中有带钩21件、锄1件、凿1件、板片1件。对98号秦墓的铁凿检测认为，它经过多次加热锻打，推测是含碳量较高的钢[9]。从现象看，铁带钩数量多，说明此时铁还是贵重的金属，人们较为珍惜。但墓葬不同于耕地，铁凿的出土毕竟表明铁农具已经用于耕作。事实表明铁器在秦手工业、农业及土木建筑等生产领域中被广泛应用，而且也逐步向各个生产环节和不同的劳动作业中渗透（图1-5）。

二、农具种类

锸　汉代写作“臿”，是秦人开荒、掘地、翻土的生产工具。使用时，多取脚踏锸肩部分。

《释名·释器用》：“锸，插也，插地起土也，或曰销。销，削也，能有所穿削也；或曰铧，铧，刳也，刳地为坎也。”《史记·秦始皇本纪》也有“禹身自持筑锸”的话。

锸因地区不同，各地的名称又有铲、划、钱、锹、铧等不同称谓和写法。锸的形状有二，可分为“直口锸”（一字形锸）和“凹口锸”两种，都属于长柄木板的前端部分。多出土于秦建筑遗址中，墓葬中多是填土里的遗留物。目前考古发现的都是铸铁制成。直口锸体扁薄，平面呈横长方形，长条形竖銎，高、宽之比多有不同；凹口锸平面作“凹”字形，体扁平，顶部中空，开成长条形竖銎，以纳木叶。例如，凤翔高庄秦墓一次发现铁锸7件，M6：1出土一件，体扁薄，两侧边斜收，高6、宽14、厚1.4厘米；马家庄一号建筑群遗址的填土出一铁臿，呈长方形，剖面为“V”字形，宽13.2、高6.6厘米，銎口长12.6、宽1.3、厚5厘米[10]。陇县店子秦墓出土一件直口铁锸，宽21、高5.6、銎20、口宽0.8厘米[11]。1974～1976年，仅秦始皇陵附近就出土这

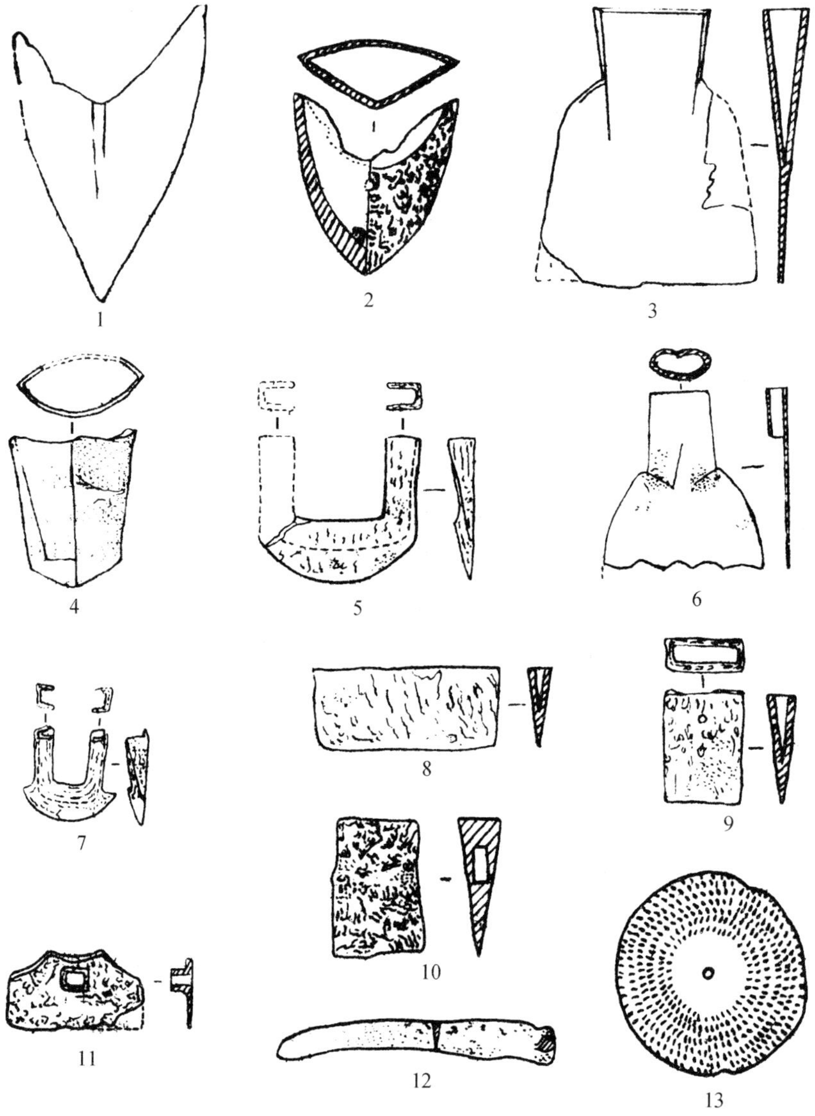

图1-5　秦墓中出土铁、石质工具与用器

1、2、4. 铁犁铧　3、6. 铁铲　5、7、8. 铁锸　9. 铁锛　10. 铁斧　11. 铁锄
12. 铁镰　13. 石磨
（除3、6为咸阳出土外，余均为临潼秦始皇陵附近出土）

种铸铁铁臿61件（1号坑9、2号坑6、寝殿遗址1、食官遗址4、居赀役人墓地22、上焦村秦墓1、上焦村马厩坑1，余为采集），这些铁臿有的呈“一”字形，两面刃，上端有方銎，有的呈“凹”字形，刃部稍呈弧形，上端方孔凹下。马厩坑的一件稍大，宽14.8、高7.8厘米[12]。

铲　是铲土除草用的农具，相当于今日之锹。使用时，多取双手前推的姿势。形制多样，多为竖銎口，平面铲体扁薄，大致呈方形或梯形，秦汉考古中分为长銎、短銎、长体和板状四种。陕西凤翔秦公一号大墓、陇县店子秦墓、秦都咸阳二号宫殿遗址和秦陵周围的遗址中都有出土。秦俑坑出土的是长木柄大铁铲，石料加工厂的是通柄小头铁铲[13]。铲均为铸铁制成，有肩方档形，一般规格为高13.5、宽12.5厘米，上端方銎5.8厘米×2厘米×3厘米。铁铲出现于春秋晚期，此后逐步开始取代青铜铲，到秦汉时期青铜铲已近乎消失。

锄　锄既能除草，又可作碎土之用，是农业生产中最常用的生产工具。使用时，取下插后拉的姿势。

锄体扁薄如板状，厚薄略同，唯刃部较薄。上部有孔，横向安装长柄。秦始皇陵周围遗址中曾出土5件，均为铸铁制成，“凹”字形接口，弧形面刃。

犁铧　《释名·释器用》：“犁，利也，利发土，绝草根也。”由新石器时代的耒、耜演变而来，用以翻土。犁是生产力水平提高、农业生产得到发展的标志性工具。初用石、兽骨制成，至春秋战国已发展为铁制，且用畜力牵引。

犁与铧配套使用，犁是木构部分，铧是装犁头入土的金属部分。铧形制大同小异，平面呈等腰三角弧形，前端呈尖弧形或三角形尖刃，后端呈张口的两翼。接地的背面光平，而正面鼓起，中部略显凸脊，后部为深銎以纳犁头。秦始皇陵附近的秦遗址中出土了4件铁铧，分二型：一型铧体呈弧形筒状，首为双面三角形。二型为双翼形，铧的正面中间自首向双翼中间鼓铸起一条摆线。鱼池遗址的铁铧通高27、翼高11、宽24.7厘米。

从战国中晚期开始，铁器农具特别是犁铧的使用和普及，标志着当时的社会生产力水平已经发展到了一个新阶段。

镢　又作“钁”，是由石锛演变而来，是挖土开荒的重要生产工具。同锸、铲的装柄方式不同，采取横向，与锄相似。

春秋以前多为铜质，战国以后被铁质取代，关中地区已普遍使用铁镢，青铜镢已退出历史舞台。1977年陕西凤翔南指挥乡八旗屯村曾出土青铜镢一件，其形制为圆筒形长銎，銎正面中部有加固木柄的钉孔，镢身长条形，前窄后宽，正中有一竖直长脊，脊横断面近半圆形。镢身长22、宽2.8～5、銎长6厘米[14]。1978年在甘肃景家庄秦墓中也出土了一件春秋时期的青铜镢，形制与凤翔所出土者类似，只是銎、脊均为方形，镢身前后宽窄一致[15]（图1-6）。

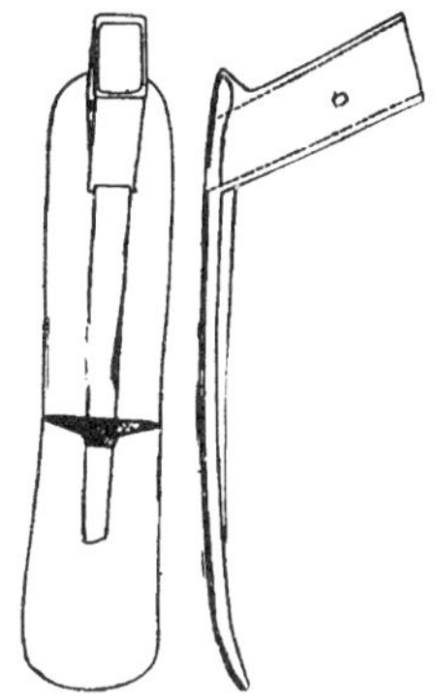
图1-6　甘肃景家庄秦墓出土青铜镢

镰　镰体呈横长条形，直体或弯体。《释名·释器用》：“镰，廉也，体谦薄也。其所刈，稍稍取之，又似廉者也，故名。”新石器时代即有之，用以收割庄稼。商周时代出现少量铜镰，到战国铁器的广泛使用，青铜质地的镰被铁镰所取代，大大地提高了收割能力。秦始皇陵园西侧赵背户居赀役人墓地出土“一”字形铁镰，内为薄刃，背稍厚，接柄一端有圆孔。

此外，据文献记载，春秋战国时期还有耨、铫、耰、铚、艾等农耕生产工具，只是考古发现中较少遇到。

第四节 储粮设施

黍、稷是食粮中的主要品种。秦穆公或“输粟于晋”，或“请粟于晋”，商鞅“以粟出官爵”，都表明粟是平民之食。《吕氏春秋》中说到当时的粮食品种有禾（或“稷”“粟”，即谷子）、黍（即糜子）、稻、麻、菽（豆类）、麦等。那么，对粮食的储存就有一个科学管理问题。

征粮于民以供秦王朝及军队，但储粮的仓廪设施却鲜有记载。而所见有关仓库的明确记述的，多半在战国末年。秦穆公救济晋的饥荒，曾有过“泛舟之役”。张仪对楚王说“秦西有巴蜀，大船载粟，起于汶山……舫船载卒，一舫载五十人与三月之食”（《史记·张仪列传》）。“司马错率巴蜀从十万，大舶船万艘，米六百万斛，自巴涪水浮江伐楚”（《华阳国志》）。试想想：如果秦国在春秋战国时期没有大型粮仓，或是分散型的储粮设施，要在短期间征用大量的粮食是绝对不可能的。特别是，没有粮食与军用物资的储备，要在一个地区内临时征用，那是绝对支持不了秦国频繁的军事活动的。所以，我们相信秦国早已有了粮仓的存在。

秦国随占领区的不断扩大，及统一中国，粮仓必多。以下所列的仓储，仅见于文献中提及的一些。

一、官仓与民仓

（一）都 仓

1. 太仓

是朝廷直接掌管收储粮食的大型粮仓。云梦秦简有“大（太）仓课都官及受服者”（《厩苑律》）的条文，知其权限很大。汉兴，循而末改。萧何在首都长安修筑未央宫时，也建造了“太仓”（《汉书·高帝纪》）。据《三辅黄图》说汉太仓“在长安城外东南”。其规模之大、储量之多，由“太仓之粟，陈陈相因，充溢露积于外，至腐败不可食”（《史记·平准书》）一语即知其大概。纳谷入仓，按规定是以“一万石”作为一个储藏单位——“积”。规定“入仓，万石一积而比黎之为户”，其结构起码要隔以荆笆，设有仓门。由于咸阳是国都，聚集的粮食数量多，仓库规模也大，所以明令“咸阳十万石一积”（云梦秦简《仓律》《效律》）。同样，征收到咸阳的刍稿（喂马匹的干草）也是“二万（石）一积”，规模与容量比其他地方的要大一倍（《仓律》）。

2. 霸上仓

《史记·高祖本纪》载：汉元年十月，刘邦先入关，秦王子婴降。西入咸阳，“封秦重宝、财物、府库，还军霸上”，并与关中父老约法三章，“秦人大喜，争持牛羊、酒食献享军士。沛公又让不受，曰：‘仓粟多，非乏，不欲费人’”。刘邦屯军霸上，就近取食仓粟，地当霸河东岸的秦芷阳地。

3. 栎阳仓

栎阳系秦献公之都，是东伐魏国的前线指挥部，驻军与城市人口必多，储粮较一般县邑要多，而分散置于乡野“离邑”的仓更是不能望其项背。它有次于咸阳的仓库，“二万石一积”（秦简《仓律》）也当是旧都的“太仓”。栎阳当郑国渠灌区，有丰饶的平原，粮源广阔，储备也丰富，故秦亡后，项羽三分关中，司马欣为塞王都栎阳。后刘邦还定三秦，治其旧地，理其故城，仍以栎阳为都，均同有充足的粮食储备有关。只有到了高祖七年（公元前200年）未央宫落成，才始迁长安。

（二）地方官仓

1. 陈留仓

郦食其给刘邦献策“袭陈留，得秦积粟”（《史记·汉高祖本纪》）。“积粟”就是粮仓，因为秦陈留县在今河南开封市开封县东南，军事地位重要，是“天下之冲，四通五达之郊”，故而“今城中又多积粟”（《史记·郦食其列传》）。

2. 敖仓

今河南荥阳市东北广武镇桃花峪村有敖仓城，依敖山而建，地当黄河和古济水分流之处。为了把中原粮食漕运关中，秦借用战国时期凿通人工运河鸿沟的便利，在城中设有“敖仓”。郦食其对刘邦也说过：“夫敖仓，天下转输久矣，臣闻其下乃有藏粟甚多。”敖仓城遗址至今犹存，它北临滔滔的黄河天险，北墙、东墙大部及西墙北段已陷入黄河之中，仅有南城夯土及西墙还残长各有400米。

3. 成都仓

《后汉书·公孙述传》：“成都郭外有秦时旧仓。”地在今成都市。

4. 宛仓

刘邦围攻宛城不下，当时南阳守舍人陈恢曾逾城进说，有“宛，大郡之都也，连城数十，人民众，积粟多”（《史记·高祖本纪》）的话。据知，宛仓在今河南南阳市。

5. 督道仓

《史记·货殖列传》上记“宣曲任氏之先，为督道仓吏”。据韦昭的说法，“督道”是秦时设立在边境上的小县，任氏的先人曾是督道仓的小吏，主管租谷的储藏。

边县有仓，其他郡县同样也会设有粮仓。见文献记载，如主父偃对汉武帝说过秦始皇“使蒙恬将兵而攻胡，却地千里，以河为境。地固泽卤，不生五谷。然后发天下丁男以守北河。暴兵露师十有余年，死者不可胜数，终不能逾河而北。是岂人众之不足，兵革不备哉？其势不可也。又使天下飞刍挽粟，起于黄、腄、琅琊负海之郡，转输北河，率三十锺而致一石。男子疾耕不足于粮饷，女子纺绩不足于帷幕”（《汉书·主父偃传》）。这段话里涉及顺路沿线的粮仓就有琅琊、黄县、腄县、北河等地。

6. 琅琊仓

当设在秦的琅琊郡治，即今山东青岛市黄岛区西南琅琊镇夏河城村。村北有城址存在，胶南竖立有文物保护碑“夏河城城墙”。

7. 黄仓

秦黄县属胶东郡，治设今山东龙口市东黄城集。

8. 腄仓

秦腄县在今山东福山县，原属胶东郡。

9. 北河仓

清代之前，黄河在今内蒙古磴口县以下分为两支，北支为正流，相对于南支而称“北河”。北河在秦代属九原郡，这里建仓，在于供应军队守边。

（三）民　　仓

从自耕农到中小地主，在以家庭为单位的经济体制下，户户都有粮食存储设施。富裕之家藏粮必是仓满囷满的，西安东郊汉墓出土的陶囷上书写有“小麦囷”“白米囷”“黍粟囷”，即是这一储粮设施的自铭，也是家有多种藏粮的反映。

新石器时代遗址中，多有窖穴遗迹，其中有相当一些被认为是藏谷物的。民间藏粮多用地窖、囷、瓮等。《史记·货殖列传》记宣曲任氏“秦之败也，豪杰皆争取金玉，而任氏独窖仓粟”，正是民间用窖藏粮的例证。

（四）仓储文物

古代的粮仓是什么样式?作为一种地面建筑形式，其主体可分为两类，即圆筒状（包括椭圆、盒状）和屋状（包括长方）。《吕氏春秋·仲秋纪》“修囷仓”句，高诱注：“圆曰囷，方曰仓。”《考工记》也有“囷圆仓方”的注解，但《荀子·荣辱篇》高又说：“圆曰囷，方曰廪。”实际上，廪也是方仓，是因用途有别。《周礼·廪人》郑玄注：“藏米曰廪。”《说文·仓部》：“仓，谷藏也。”《释名·释宫室》也说：“仓，藏也，藏谷物也。”正因为精米要求储藏条件高，保存期短（“米藏五年”），而粟是带皮壳的谷物，保存期较长（“粟藏九年”），所以二者有别，相应地在体量上谷仓就比米廪要大。

仓，有时同廪、庾通用。《史记·平准书》：“汉兴七十余年之间，国家无事。非遇水旱之灾，民则人给家足，都鄙廪庾皆满。……太仓之粟，陈陈相因……”西汉京师仓遗址中同时出土有“华仓”“京师仓当”和“京师庾当”等文字瓦当[16]。

仓储还因质料和大小不同而名称有别，以竹荆编者曰“篅”（《说文·竹部》）、“笹”（《广雅》），以苇编者曰“囤”（《释名》）或“囷”（《说文·口部》）。大囷名“京”（《管子·轻重丁》尹注）。

无论是仓或囷，上有盖顶，下或作台阶、圈足或柱足，辟门开窗，留通风孔、透气眼，顾及空气流通，防淋防潮。随着时代的推移，其形状、材质、设施、规模等，均呈先进化的趋势。

作为明器的陶囷最早出现在春秋晚期的凤翔高庄秦墓中[17]，随后在秦始皇陵东侧上焦村第7号秦墓里也出土有圆形陶囷[18]（图1-7）。

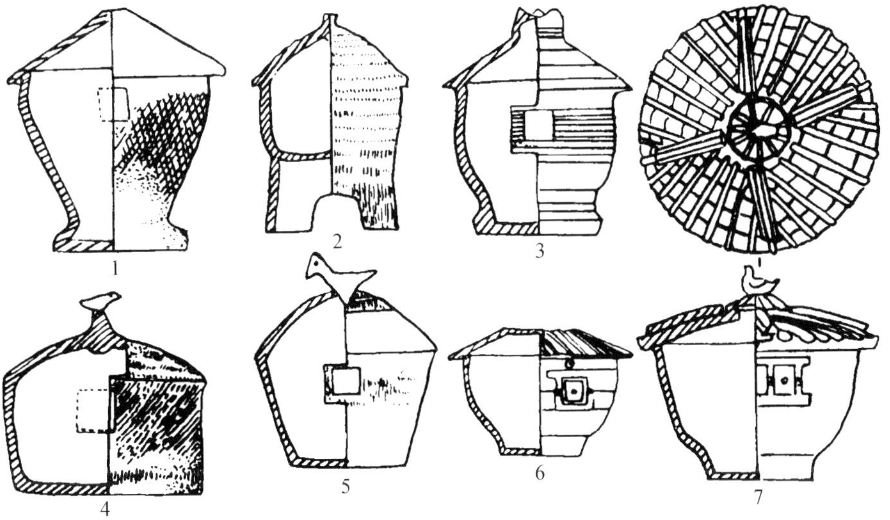

图1-7　秦墓中出土陶囷模型

1、4. 铜川枣庙出土　2. 长安客省庄出土　3、5. 凤翔出土

6、7. 临潼下焦村出土

高庄秦墓出土陶囷10件，均作圆盒状。上覆攒尖的圆顶，周围出檐。身下腹收敛，或呈弧形，或斜收。底部有平底、圈足外侈和平底外张的三种。方形仓门开在上部靠近檐处。标本M12∶2，通高19.5、腹最大径17.4、檐最大径20.1厘米。

上焦村秦墓陶囷有2件，同样呈鼓腹的盒状。上盖作攒尖的圆状屋顶，中心留圆孔，周围有板瓦相接的瓦沟。底径小而作平底。方形仓门开在腹上部。标本M16∶9，盖顶立一小鸟，通高38、最大腹径39、盖径44、足高4.5厘米；M7∶10，在仓门上阴刻一“囷”字，高22.5、最大腹径27.5、盖径33、足高3.5厘米。

屋状方形陶仓最早的实例，是咸阳杨家湾四号西汉早期墓出土的两个彩绘屋形方仓。平面作长方形，仓顶作庑殿式建筑，身四壁斜收，小平底。仓门与气孔留正面屋檐下。通身彩绘，上部为垂云纹，下部饰流云纹。此外，还有陶囤2件，陶方瓮60件[19]。这说明仓、囤、瓮都是用以储存粮食的。

从囷早仓晚的这一事实中，我们能否说秦以前的“仓”实际就是储粮建筑的统称?或是群囷的集中地，故曰“囷仓”。囷的储量是以“万石”为一个单位，洛阳汉墓的陶囷上常常书写有“小麦万石”“大麦万石”“大豆万石”之类的文字[20]。它除分类储藏，表现主人富有的含义外，“万石”大概表明的就是一囷仓的集合体。因为秦时一斗约合今二升，“万石”则折合2千石，显然是一个囷无法盛下的。事实上，我们在咸阳故址也没有发现像西汉京师仓那种容积上万立方米的大型长方仓。那么，这个群囷单位就应该是“积”[21]。

民间储粮食设施是两种，一是囷，二是地窖。以苇编织成圆筒形的囷，还可一节节地向上叠加，多放在谷场上，往往带有临时性质。放在屋内者，多以荆笆编织，置在积高之处，底部留小洞眼以泄粮。这种形式的仓称为囤。至今民间还用砖砌和土坯做的囷，称作“土圆仓”。秦汉时代也有用大陶瓮储粮的。

用地窖藏粮是一种古老的传统，原始社会遗址中常见的一种袋状窖穴，一般的口径1、底径1.5～2.1、深2米左右。除储藏物品外，有些则被认为是用来储粮的，像在西安半坡新石器时代遗址的一个窖穴中还保存有已腐朽成壳的粟米达数斗之多。

地窖古代称作“窌”。《周礼·考工记·匠人》“囷窌仓城”注：“穿地曰窌。”《荀子·富国》注：“窌，窖也，掘地藏谷也。”《华阳国志》三记张仪、张若在营筑成都、郫城、临邛城时，又“造作下仓”。此“下仓”被认为是在地下作仓，即今之地窖。任氏以“窖仓粟”，《居延汉简》卷二有“野告粟四斗”的释文，说明秦汉时期从内地到边郡都还有窖藏的习惯。考古发掘中，在河南汉洛阳城、辽宁辽阳三道壕西汉和江苏高邮邵家沟东汉的村落遗址中，都发现有窖的遗迹[22]。

二、仓储原则的确立

国家仓储的粮食，主要是来自“受田者”的“百姓”（中小地主）、农民交纳的田租。但田租不单是禾稼（粮食），还有刍（饲草）、稿（禾秆）。国家征收田租是按照受于土地的数量，“按亩计征”而不是根据垦种的实数，虽然我们不知道秦国受田总数，也不明确统一后租粮的具体税率，但从县仓“万石一积”“咸阳十万石一积”“栎阳二万石一积”看，“积”只是一个储藏单位，并非都邑仅此一积。那么，全国仓储的数额将是很庞大的。而且禾与刍稿分储，一个粮仓内也不是多品种的混杂。云梦秦简《法律答问》：“有禀菽麦，当出未出，即出禾以当菽麦。”其中禾、菽、麦并列，而禾又是禾、黍、稻的统称。还见有荅（小豆）、麻等，而且同一种粮食还有颜色的区别。可知分类单存，也是储库存粮的又一原则。

仓库的作用在“藏”，而且是第一位的任务。但也从自身的方便条件与需要出发，还有发挥“造”的功能。

入库和储藏的粮食基本上都是带皮壳的原粮，是不能直接食用的。必须经过加工，其比率是“【粟一】石六斗大半斗，舂之为粝米一石；粝米一石为凿（糳）米九斗；九【斗】为毁（毇）米八斗”（云梦秦简《仓律》）。只有对禾（粟）层层去皮（舂），才能由粝米（糙米）经凿米（精米）变成毇米（细米）。同样，对小麦经过磨，才能出面粉。因为实行国家对粮食专营、禁止私售，所以粮食的加工、酿酒、制酱也多半是在官府手工业作坊进行的。

对粒食去皮的方法用“舂”，《说文》：“舂，捣粟也。”秦的徒刑最重者有“城旦舂”，《汉旧仪》说“舂者，治米也。”舂的工具用杵。1970年冬，秦始皇陵园内城北门外就出土过一件石杵头，作圆柱状，顶端浑圆，另一端平齐，中有装木柄的铆窝，孔径3.5厘米[23]。当时被当做副食、同豆配合制酱的小麦，加工则用石硙磨成粉。秦的石硙文物发现了两件，分别出土于栎阳故城和始皇陵园，但都属于一合硙的底扇，径55、厚2～8厘米[24]。其特点是：①斡中部鼓起，高出周边；②以插铁芯的轴孔为圆心，齿道分段向外辐射排列；③中心部无齿。只是栎阳硙的齿作枣核状小窝，按同心圆排列七周，而咸阳硙则作四圈槽道，有似光芒四射，同后来的“人”字形槽齿及中底外高的石磨相比，具有早期石硙的特点。但它毕竟是战国中期出现的石硙的实例，尤其是出土在秦之故都，同咸阳储粮“十万石一积”、栎阳“二万石一积”需要加工的史实吻合，从中也不难看出粮食加工业具有相当大的规模。

三、粮仓的管理

云梦秦简《秦律十八种·仓律》是关于粮仓管理的具体法令，有25条，择要地选释如下。

谷粟入仓后，首先得由县啬夫或丞、仓啬夫、乡佐共同盖印封缄仓门，标识库粮名称及其数量。遵照县仓“万石一积”“栎阳二万石一积”“咸阳十万石一积”的法律性规定，对粮食的出仓、入仓、增积都要随主管人员的去留而查封缄、验题识、重称量、赔不足、缴剩余。

谷物、刍稿入仓时，就要建立粮管档案（廥籍）上报内史。平时要记录粮食出入仓、增积的变化数字、禾谷的不同色种与数量、经办人的姓名等，年终上计。

粮管人员要做到相对稳定，据《效律》规定，仓库人员如变动，是要“效其官”的。效，即核验。发现作弊或是不效的，都要治罪。对管理失职和造成库粮损失的，如“户扇不致，禾稼能出”、“空仓中有荐，荐下有稼”、“有禀菽麦，当出未出”、“吏有故当止食，弗止，尽禀出之”、“城旦为安事而益其食”、实官“有不从令而亡、有败、失火”、粮食霉烂、发生鼠害等，都要追究一般人员和主管官吏的责任并处罚赔偿。

对种粮数额、舂米比率、领用口粮的各种人员（官吏、驿站、刑犯等）的月食标准，都有明确规定。违者受罚。

出自安全考虑，中央还建立有一套防卫设施。《内史杂》规定：“有实官高其垣墙。它垣属焉者，独高其置刍廥及仓茅盖者。令人勿近舍。非其官人也，毋敢舍焉。善宿卫，闭门辄靡其旁火，慎守唯敬。”“毋敢以火入臧（藏）府、书府中，吏已收臧，官啬夫及吏夜更行官。毋火，乃闭门户。”粮仓周围有高墙，紧闭门户，附近不得住人，夜间有巡逻，不能持火靠近，以防盗、失火。

粮仓设在都城的，是全国最大的太仓；而县仓或在治所，或分散于乡野。县仓由县廷主管，但其实施业务的上行文书却要通过县廷才能上达中央的内史或太仓。内史掌握国有经济，“内史课县”（云梦秦简《厩苑律》），因此各县每年年终（秦以农历十月为岁首，当阳历八、九月）“至计而上廥籍内史”（云梦秦简《秦律十八种·效》）。县的实官（粮仓）编制廥籍由县丞审核、签印，再由“县上食者籍及它费太仓”（云梦秦简《仓律》）。这虽属职能部门之事，但它却同秦国的政治体制保持了一致。因为粮食供应面广，分配就由各级的国家粮仓进行，所以从中央到地方设置粮仓就大大方便了就地的储谷和发放。

“内史”固然是“掌治京师”的行政长官（《汉书·百官公卿表》），但秦封建国家专门设立“治粟内史”来“掌谷货”，并列于九卿，位在三公之下，其作用相当于现在的粮食部长兼中央银行行长。治粟内史有两丞，官署在咸阳。其属官有太仓令丞，是主管太仓的负责人。秦咸阳渭南区出土之“泰仓丞印”“秦泰令印”封泥，其下当有分管具体事务的一些仓吏。像咸阳仓、栎阳仓、霸上仓等，既储禾粟，又藏刍稿，除管理的官吏，事务人员外，还有警卫“夜更行官”。

各县的实官（粮仓）是中央下设在县级的粮仓，受双重领导，管理上归县丞，业务上属内史的太仓。县仓在县邑，其主管官吏是仓啬夫，又称“主廥者”[25]。其属吏有佐、史、禀人等，承担着日常具体事务。仓啬夫又称“都仓啬夫”（云梦秦简《效律》），表明是县仓的主管。佐，是仓啬夫的副手；史，大概是秘书；禀人当属出纳员[26]。

在乡野的离官（乡仓），其主管是“离邑仓佐”负责粮食的禀给发放。级别低于仓啬夫，略等于佐、史。

秦王朝的粮仓管理系统，自上到下，彼此对应，表解如表1-1所示。

表1-1 秦王朝的粮仓管理系统

行政关系	中 央	县	乡
粮仓名	太仓	实官	离官
官吏	治粟内史	仓啬夫、佐、史、禀人	离邑仓佐
所在地	首都	县邑	聚

第五节 农业理论与生产管理

发展农业与奖励军功，使秦由弱转强、由小变大，最后统一中国。但农业发展上升到理论高度的只见有两部著作，这就是《商君书》和《吕氏春秋》。但二者并不是专门的农学著作，其中只是收录了有关于农业问题的篇章。

一、重农政策的制定

商鞅重农思想的出发点在于为国家，“圣人之为国也，入令民以属农，出令民以计战”（《商君书·算地》）。重农政策的着眼点，当然也是在于发展国家经济。

《商君书》中论农政的有四篇，即《垦令》《农战》《算地》和《徕民》。

阐述在秦国推行农战政策的重要性，《农战》中首先强调它关系到“国之所以兴”，不要用“劳民”的“巧言虚道”一类空话，而要鼓励人民通过“农战”来争取官和爵。相反，对不参加农战的儒生、商人和手工业者则要加以抑制。

在《垦令》中，商鞅提出重农政策的二十种办法。其中涉及地税制的，主张“訾粟而税”，即国家按农民收入粮食的数量来征取地税；关于抑商的，规定“商无得籴，农无得粜”“贵酒肉之价，重其租，令十倍其朴（本）”“重关市之赋”“以商之口数”分配徭役；加重刑罚，伍什连坐，整饬社会风气，归心于农等。另外，还用取消贵族特权、防止官吏贪污、推行“愚农”政策（“不贵学问”取消娱乐“民无得擅徙”）等措施，把全民的注意力用在农事上。

《算地》主要是对国君而言，要计算土地的承载力和军事实力。“为国分田，数小亩五百，足待一役，此地不任也。方土百里，出战卒万人者，数小也。”即分配给每个农民五百小亩土地，每方百里出战士一万人，尽管军队出征仍能做到粮米足而财物有余。

后商鞅时代，《徕民》篇的作者鉴于秦国地广人稀、赋税重、徭役多的现实，主张招徕地少人多的三晋之人到秦国来，给予优惠待遇，使之从事农业生产，而令秦国原有的人去打仗。这样做，农、战双轨，国必富强。

《商君书》并非农学专著，谈农业是从推行耕、战政策而讲农政的。

二、《吕氏春秋》的农业理论

《吕氏春秋》中有《上农》《任地》《辩土》和《审时》4篇是专讲农业的，第一篇讲农业政策，后三篇讲农业技术，均属于秦代留传下来的一份珍贵的文献资料。

《上农》四篇是一个整体，据夏纬瑛先生研究，“大致取材于《后稷农书》”[27]。《后稷农书》应是战国时代一些重农主义者托后稷之名所写，但它毕竟反映了秦以前农业的成就。

《上农》在于让人们知道：重视农业不只是为了地利，而政治目的还在于使民安心务农、保持纯朴本色，使社会安定、主上尊贵。男耕女织，敬时爱日。生产量应该达“上田夫食九人，下田夫食五人，可以益，不可以损。一人治之，十人食之，六畜皆在其中”的标准。为提高产量，就要力耕疾作，除上田和下田合理搭配之外，还得要农耕与畜产的结合。为了“安农”（把农民固定在土地上），《上农》还制定了一些制约的措施。

《任地》篇讲的是农作之道。首先提出十大问题，然后从土壤学的角度指出按土壤性质种植的方法、掌握作物生长规律，务必做到不违农时。

为耕作而首先须辨土。《辩土》一开始就提出对刚性的垆土先耕、对软性的奭土后耕、对高旱的“上田”需保墒、对低湿的“下田”需排水。以后则逐步谈及耕种要适时、播种与管护要得法等技术问题。

庄稼的丰歉与时令关系密切，因此在《审时》开头就说：“凡农之道，候之为宝。”种植要适时，这对以后庄稼成长、籽粒都有直接影响。列举成败之例，说明了“得时之稼兴，失时之稼约”的道理。

《吕氏春秋》中谈农业的四篇文论，并没有直接解答具体的技术问题，也不完全具备可操作性。而是强调要人认识客观，意识到“夫稼，为之者人也，生之者地也，养之者天也”的大道，按照自然规律去发挥人的主观能动性。秦国本来用上了牛耕田，也使用了铁农具，但这在书中并未涉及，因而后来的学者也怀疑它的真实性，或者断定为客卿所为。那么，发展农业只有从宏观上看才具有指导意义，这大概就是此书编纂的主旨。

三、法制化的生产管理

商鞅把农业看做国家兴衰的决定性因素，认为“国不农，则与诸侯争权不能自恃也，则众力不足也。故诸侯挠其弱，乘其衰，土地侵削不振，则无及也”，“国之所以兴者，农战也（《商君书·农战》）”。因此，在变法时就制定了《为田开阡陌令》《分户令》等与农业有根本联系的经济法规。

商鞅变法以后还制定了《田律》《厩苑律》《仓律》《徭律》《效律》《司空

律》等多种经济法规，对农业实行全面有效的管理。这些法规的内容，概括起来有以下几点。

第一，鼓励和强制农民垦荒耕种，以扩大耕地面积和提高粮食总量。

商鞅继承了李悝“尽地为之教”的思想，在土地国有制下，主张大面积的垦田和授田给农民。《商君书·垦令》为鼓励农民而制定了垦荒、发展生产的二十条法令。指出“为国之教，务在垦草”，把鼓励垦荒、发展农业生产所面临的土地问题提到了巩固政权的高度。面对秦国“地大而不垦”的局面，商鞅主张用免除兵役、徭役和免征十年田赋的优厚条件，招引三晋农民来秦受田。在《算地》篇中，他提出了对每个农民有授田“数小亩”的建议。云梦秦简《田律》规定，“入顷刍稿，以其受田之数，无垦不垦，顷入刍三石，稿二石”，以法律手段，强迫农民开垦与耕种。正因为农耕面积迅速扩大，西汉初年萧何才会有“长安地狭”之叹。

第二，各级官吏必须随时关注农情，重视农业生产。

云梦秦简《田律》规定：“雨为澍，及秀粟，辄以书言澍稼。秀粟及垦田□无稼者顷数。稼已生后而雨。亦辄言雨少多，所利顷数。旱及暴风雨、水潦、□虫、群它物伤稼者，亦辄言其顷数。近县令轻足行其书，远县令邮行之，尽八月□□之。”这就是说：下了及时雨和谷物抽穗，应立即书面报告受雨、抽穗的顷数和已开垦而没有耕种的田地的顷数。禾稼生长后下了雨，也要立即报告雨量多少和受益田地的顷数。如有旱灾、暴风雨、涝灾、蝗虫及其他虫害等灾害损伤了庄稼，也要报告受害顷数。距离近的县，文书由走得快的人专程递送，距离远的县由驿站传送，在八月以前送达。对农情的及时了解和掌握，为秦政权制定适宜于农业生产发展的有关政策提供了依据。例如，《史记·秦本纪》记载，秦始皇四年，“蝗虫从东方来，蔽天，天下疫”。于是秦政府规定是年“百姓内（纳）粟千石，拜爵一级”。及时减轻农民负担，并奖惩各级官吏，亦不失为一项救灾利农的积极措施。

第三，尽量挖掘劳动者的潜力，保证农民有必要的耕作时间。采取一定的保护措施，避免农业生产遭受破坏。

云梦秦简《司空律》规定：“一室二人以上居赀赎责（债）而莫见其室者，出其一人，令相为兼居之。”就是留下这个“居赀赎债”的人，政府为了不误农时，将准许“种时、治苗时各二旬”回家农作，即播种和管理禾苗的农忙时节放假二十天。对居赀赎债的人尚且如此，一般人从事农作的时间可见更能得到保证。《戍律》规定：“同居毋并行，县啬夫、尉及士吏行戍不以律，赀二甲。”即同居者不要同时征服边戍。县啬夫、县尉和士吏如不依法征服边戍，要受到处罚。之所以制定该条律文，目的是征发边戍时使农业生产免遭影响。

为了不使农业生产遭受破坏，秦律《徭律》规定：“县所保禁苑……其近田恐兽及马牛出食稼者，县啬夫材兴有田其旁者，无贵贱，以田少多出人，以垣缮之，不得为徭。”意即苑囿若邻近农田，恐有动物及牛马出来吃去禾稼，县啬夫应酌量征发在苑囿旁边有田地的人，不分贵贱，按田地多少出人，为苑囿筑墙修补，不得作为徭役，即令马被人惊吓吃了别人的禾稼，法律规定"吏主者，徒食牛者及令、丞皆有罪"。

从上述律文可以看出，秦政权是以重赏重罚的手段来促进牛耕生产的。与此同时，对于危害牛耕生产的行为，则严加惩处，如《法律答问》规定："甲盗牛，盗牛时高六，□（系）一岁，复丈，高六尺七寸，问甲可（何）论？当完城旦。"《厩苑律》还规定："假（借）铁器，销蔽不胜而毁者，为用书，受勿罪。"说明秦政权从法律上保证以优惠条件向生产者提供铁制农具，以促进农业生产力的提高。因为秦律一再规定，损坏借用公物是要按价赔偿的，唯独借用铁农具，因破旧不堪使用，只需写出书面报告而不必赔偿。对于各种种子的用量，在秦律《仓律》中亦有明确而具体的规定："稻、麻亩用二斗大半斗；禾、麦一斗；……"如果损害禾苗庄稼亦有具体的赔偿规定，如云梦秦简《法律答问》规定："甲小未盈六尺，有马一匹自牧之，今马为人败，食人稼一石，问当论不当？不当论及赏（偿）稼。"

第四，奖励牛耕生产，以优惠的条件提供铁制农具和足够的优良种子。

云梦秦简《厩苑律》规定："以四月、七月、十月、正月肤田牛。卒岁，以正月大课之，最，赐田啬夫壶酉（酒）束脯，为旱（皂）者除一更，赐牛长日三旬；殿者，谇田啬夫，罚冗皂者二月。其以牛田，牛减絜，治（笞）主者寸十。有（又）里课之，最者，赐田典日旬；殿，治（笞）卅。"《牛羊课》规定："牛大牝十，其六毋（无）子，赀啬夫、佐各一盾。"《厩苑律》规定："今课县、都官公服牛各一课，卒岁，十牛以上而三分一死；不（盈）十牛以下，及受服牛者卒岁死牛三以上，吏主者、徒食牛者及令、丞皆有罪。内史课县，大（太）仓课都官及受服者。"《仓律》规定："种：……禾、麦一斗，黍荅亩大半斗；菽亩半斗。利田畴，其有不尽此数者，可也。其有本者，称议种之。"又规定："县遗麦以为种用者，肴禾以藏之。"

由以上所述可以看出，秦时极为关注农业生产，并注重以法律措施来促进农业生产的发展。

第六节　饲养与畜牧业

秦人在陇原时期，过着农、牧兼营的生活。进入关中之后，从接收"周遗民"经营农业，到商鞅变法推行耕战政策，再到兴修水利、提高产量、扩大农作物面积，始终把农业当做支撑统一战争的基点。而生活在关中平原上的乡野间，以家庭为生产单位的人们，特别是其中的富有之家，同样会把饲养家畜、家禽当做经济来源的补充手段。牛、马、猪、羊、狗、鸡等所谓"六畜"，有的属于使役工具，有的纯属宰杀肉食对象。饲养方法上以"圈养"（豢养）为主，在半山区对成群的牛羊则"放牧"与"圈养"结合。

《史记·货殖列传》说："关中自汧、雍以东至河、华，膏壤沃野千里，自虞夏之贡以为上田。……天水、陇西、北地、上郡与关中同俗，然西有羌中之利，北有戎翟之畜，畜牧为天下饶。”秦国西部尽管受地理条件的制约（雨量少、气候寒冷、不宜种植、只生牧草），但有“羌中之利，北有戎翟之畜”，畜牧业就成了“为天下饶”的又一支柱产业。在那里的一种情况是，从事畜牧本属当地人唯一的生产生活方式；另一种情况则是政府的经营行为。

一、边地的畜牧业

《史记·货殖列传》：“龙门、碣石北多马、牛、羊、旃裘、筋角。”从今河北昌黎山的碣石山到今山西河津县的龙门山，向西延伸至今陕北、甘肃陇东一线，构成一条广阔的半农半牧区。其北为畜牧区，其南为农业区。司马迁早就画出的这一经济活动区位，在当时秦国版图之内都有体现。而半农半牧区地势平坦，有大片的草场、草山，处于西北边地，具有畜牧生产的历史传统，但也是民族纠葛的地带。

原居陇东一带的戎人过着游牧的生活，但游移不定，而且带有掠夺性。非子邑秦之后，同戎人长期进行战争。只有穆公开地千里、益国十二，才正式秦霸西戎。这时，除原地人保持着牧业的生产方式外，国家也从此建立起了比较稳定的畜牧业基地。

秦畜牧业存在着私养和公养的两种形式。前者属于民间，是一种部落的或个体经营的方式，其产品（马、牛、羊等）除留作自食之外，更多的是供应市场销售。关中广大的农耕区，牛的繁殖不足以满足农户的需要，因而就需要通过中介贸易从牧区获得。而牧区和农区间经常性的牲畜贸易，以半农半牧区为相互联系的纽带，也促进了畜牧业的商品化经营，所以一些大的牧业商人便应运而生。

乌氏倮本来是以畜牧为业的，把牲畜卖给内地，换回丝绸织品，又从戎王那里得到10倍的牛马，以至于牛马多的不便计数，只得按山谷相量。他最后富裕到连秦始皇也给予了他享受诸侯的待遇（“比封君”），还能同大臣比肩去朝见皇帝（“以时与列臣朝请”）。

在戎人居住的边地，畜牧业发达，农牧产品的贸易也活跃。乌氏倮的牛马，供给了农业区使役，也支持了战场对马匹的需要，因而受到秦始皇的重视，便是可以理解了。

秦国家对马匹的大量需求，只是把民间渠道作为一种补充，而真正赖以支撑的则是国家养马场。

二、生机勃勃的养马业

（一）厩苑的设立与管理

秦养马具有普遍性，从中央到地方实际上有着一套完备的养马机构。中央一级

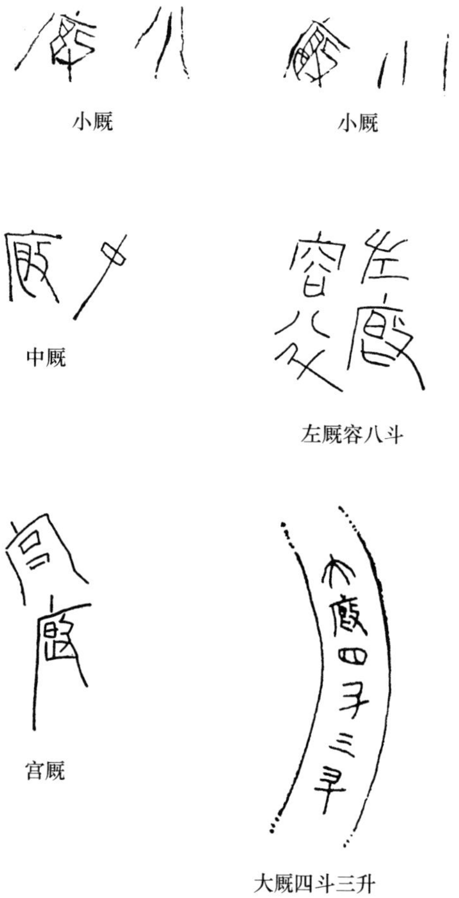

图1-8　秦厩器物刻辞（始皇陵园）

的，纯属皇室的养马场；县级有厩司御一职（《史记·滕公列传》），设有“厩驺”；边郡有六牧师令，设军马场以应边防之需。

在北地、陇西这些边郡设立有苑，在内地从中央到县邑设有厩。苑马规模大，数量多，以放养为主。厩马规模小，采取圈养的形式。前者的任务是选优繁殖、放牧增膘、初行调教；后者除本地养育外，还选取苑马，经过训练，直接投入力役和征战。

由秦始皇陵园马厩坑的发掘资料可知，秦代在京城内曾设有中央厩苑。但厩苑的数目，在文献中未见有明确的记载。秦始皇陵东马厩坑出土器物上的刻辞上有“宫厩”（罐）、“中厩”（陶罐）、“小厩”（盆、罐）、“大厩”（铜盆：“大厩四斗三升”）、“左厩”（盆：“左厩容八斗”）5个厩名（图1-8），在周晓陆、路东之先生编的《秦封泥集》中出现的厩名，除此之外还有“右厩”“官厩”“御厩”“章厩”“中厩”“下厩”“下家马”7个（图1-9）。至于其中还有个“泰厩”，但在文献中作“太厩”，也即是马厩坑刻辞中的“大厩”，在此重复可不计。另外，傅嘉仪先生编的《新出土秦代封泥印集》中，还收有“都厩”“上家马”和“泾下家马”3种封泥。“家马”固然属于“掌舆马”之太仆的属官，其分管的“上家马”“下家马”和“泾下家马”则分布在郡县。罗福颐先生在《秦汉南北朝官印征存》一书中，还收有“章马将厩”“左马将厩”“右马将厩”“左中将马”“小马将厩”等，当是该厩的主管官印，算不上厩名。如果再联系《史记·李斯列传》中提到的“外厩”，那么，秦中央之厩应该是十二所。

《周礼·校人》谓：“天子十有二闲，马六种。”闲是马阑，即马厩，就是说天子有十二个厩苑。《周礼》固然为后人的拟作，记载的多是春秋战国的情况。由此可以推断，秦王朝很可能承袭了《周礼》上所说的“天子十有二闲”的制度。

秦代中央的御厩，在文献中无明确记载，仅从“大厩”“中厩”“小厩”“宫厩”“左厩”“外厩”等厩名中就可以看出分级分区饲养。秦始皇陵园东的马厩坑数目虽多（400多个），但个体规模却很小（单马独坑）。而陵西重城之间的两处马厩坑情况则与此不同，不但规模宏大，建筑考究，结构特异，群马共处，而且厩吏的品级

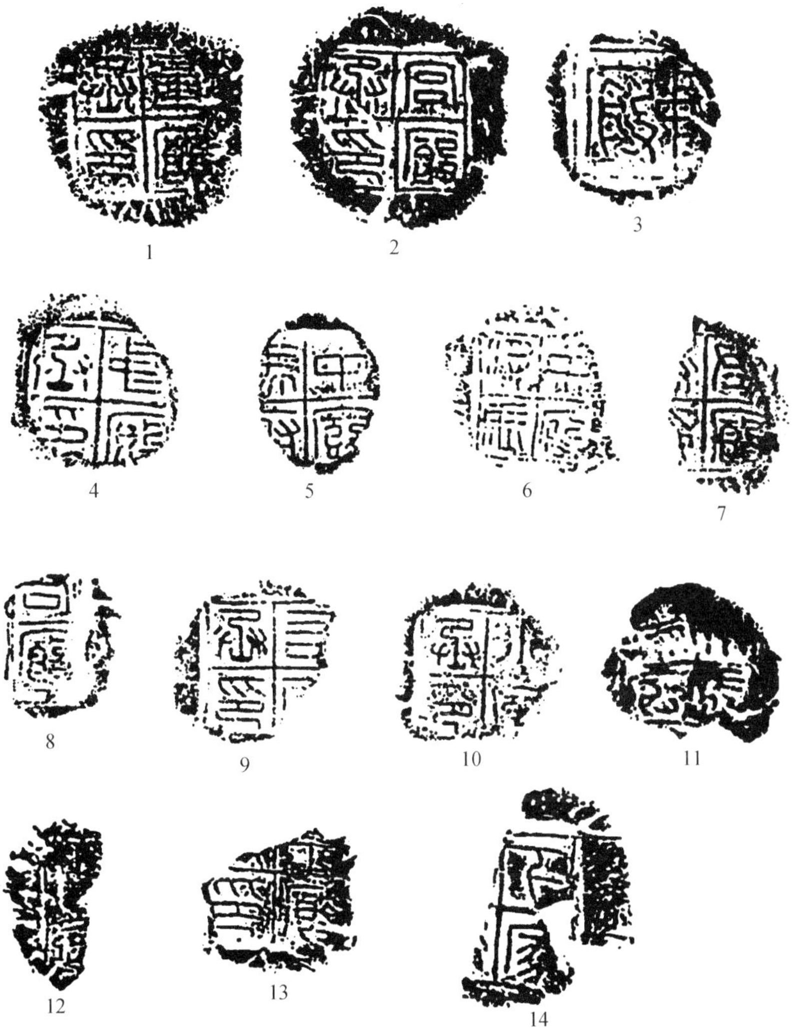

图1-9　《秦封泥集》中出现的厩名

1. 章厩丞印　2. 宫厩丞印　3. 中厩　4. 中厩丞印　5. 中厩马府　6. 中厩将马　7. 左厩丞印　8. 右厩　9. 右厩丞印　10. 小厩丞印　11. 小厩将马　12. 下厩□□　13. 下厩丞印　14. 下家马丞

也高，可能是宫中之厩。应该说，这两者都属于“天子之厩”，只是在用途上有所区别。从陵西的大型马厩坑和陵园东的马厩散坑看，估计埋活马总数约在七百匹，显然是秦代中央厩马的缩影。

秦王朝除在京师内有中央厩苑外，地方之厩就见“县有厩刍”（《秦会要·厩马》）。云梦秦简中提到的“厩啬夫”即是养马场的地方官。夏侯婴也曾担任过“沛厩司御”（《史记·夏侯婴列传》）。放牧于外县的这些马牛，即所谓“上家马”“下家马”和“泾下家马”，同样也是“公马牛”。而在边郡设的厩苑，即是所谓“边郡置六牧师令”（《通典·职官七》）。

刍稿是马的饲料，秦把征用刍稿也列入赋税之中。

地方的厩马，很可能是专供邮政传递的“驿厩”。而供军用的战马，则取之于边郡“六牧师令”辖下的苑马。

秦始皇陵兵马俑坑出土的陶质战马，有车马和乘马两种，估计约676件。这些陶马，一般的齐耳通高1.6、体长2米左右。其中的“车马”，低矮结实，胸宽圆润，四腿如柱，蹄甲粗大。“乘马”则体躯稍大，耳如削竹，腿胫细长，体躯轻便。至于在陵冢的北侧和西侧，还有许多铜车马和木车马从葬坑的分布（图1-10）。1980年冬在陵西侧出土两乘彩绘铜车，每车驾四匹铜马。这些数量可观的陶马和铜马，塑造得膘肥体壮，活灵活现。据研究，都是来自甘、青一带的“河曲种”，属于挽、乘兼用的良马。产地在今甘肃、青海和四川交界处，当黄河上游的第一弯曲地带。此种马的特点在于持久耐劳，对环境具有适应性，抗病能力也强。当年张仪曾形容秦马“探前趹后，蹄间三寻腾者，不可胜数”（《史记·张仪列传》）。而俑坑陶马的形象，正是“骏良駃騠”风采的再现。

图1-10　车马（秦俑坑）

（二）相　马　学

马是古代“驿传”（遽）和战争中重要的乘载、动力工具，从车战时代到骑兵驰骋疆场都离不开马。马的优劣，对战士战斗效能的发挥至关重要。因此，识别“良马”的相马之术在鉴定畜牲中成为一个专门的学问。而相马专家也代不乏人，《吕氏春秋·观表》一书中曾列举出“古之善马者”就有十人之多。他们各有专长，如“韩风氏相口齿，麻朝相颊，子女厉相目，卫忌相髭，许鄙相尻，投伐褐相胸胁，管青相唇吻，陈悲相股脚，秦牙相前，赞君相后”。但是，在相马专家群里，伯乐不仅熟悉马的专科特长，而且能从整体上把握马的体征，从而知道马的优劣。

伯乐，姓孙名阳，是古代春秋时期郜国（今山东省菏泽市成武县）人。据说，管天马的星官名伯乐，而由于孙阳对马的研究非常出色，人们便忘记了他本来的名字，干脆称之为“伯乐”。后到秦国，连《庄子·马蹄》一书也径称他是“秦人也”。他在擅长养马、御马的秦国，同他极力推荐的九方皋，为秦穆公相马，并著有我国历史上第一部马外形学著作——《相马经》。

《吕氏春秋·精通》说：“伯乐学相马，所见无非马者，诚乎马也。”可见那时还没有可资参考的材料，完全要靠自己勤于观察、刻苦钻研，通过比较摸索，发现规

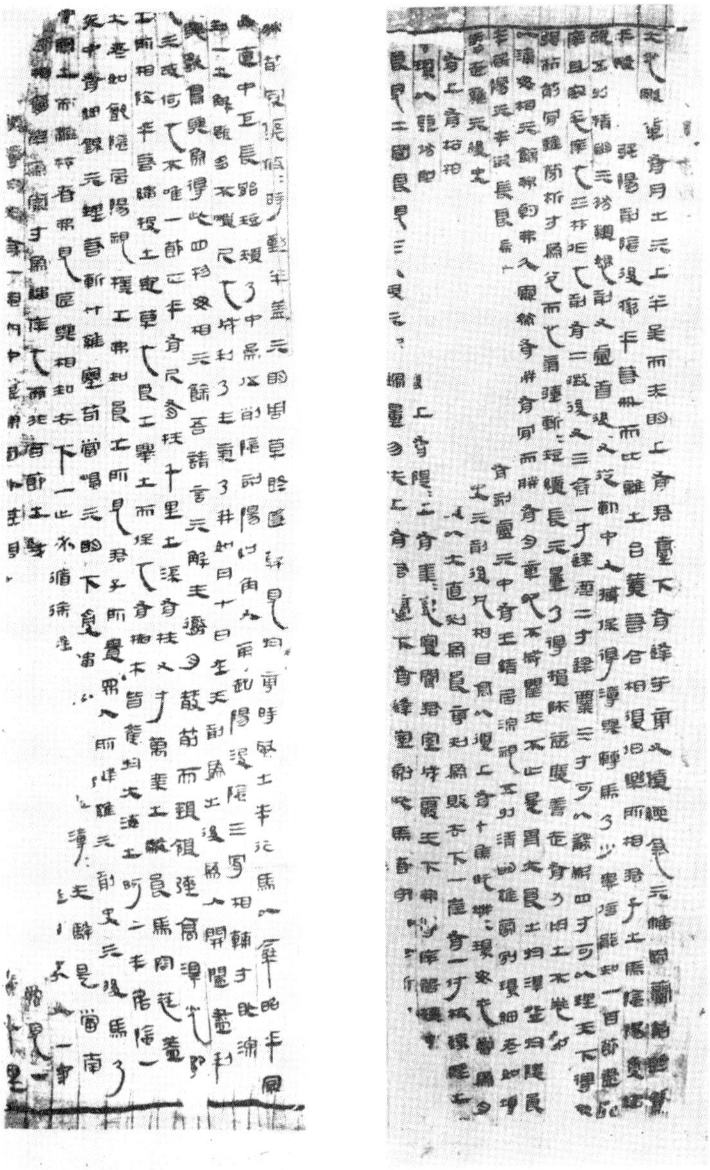

图1-11 长沙马王堆出土《相马经》

律，才给予理论总结。尽管《周礼·夏官》校人把马分为种马（繁殖用）、戎马（军用）、齐马（仪仗用）、道马（驿用）、田马（狩猎用）和驽马（杂役用）六种，但这只是后人进行简单的分类，而且讲的是厩养管理问题，还上升不到相马学的理论高度，说不定它还是伯乐分类的一部分。

《相马经》长期被相马者奉为经典，在隋唐时代影响较大，随后失传。所幸有考古的发现，即可证明其历史的存在。1973年11月到1974年年初，在湖南长沙马王堆三号汉墓，终于出土了一部失传已久的《相马经》帛书。该帛书上抄写有77行、约5200

个隶书（还含有小篆和秦隶）墨字，部分有残缺[28]（图1-11）。有的学者据帛书中“伯乐所相君子之马”“法曰”“吾请言其解”等用语，断定这是汉初“承袭前代相马诸家之说的一部著作的抄本”，但不是古代《相马经》的全部[29]。

根据多数学者的看法，从“伯乐所相君子之马”的文句中，说明作者所论述的是以伯乐的相马理论为基础的。还说“吾请言其解”，说明作者的意图，是要进一步阐述伯乐的相马法。可见马王堆汉墓帛书《相马经》这部古书实际是传承、吸收和发挥了伯乐《相马经》的成就而写成的。其内容包括经、传、故训三部分。但侧重点在于从头部相马，以为眼大有神的是良马。它把相马法的要领在第一篇里概括为：“得兔与狐、鸟与鱼，得此四物，毋相其余。”在第三篇里具体地说，就是：“欲得兔之头与肩，欲得狐周草与其耳，与其肫，欲得鸟目与颈膺，欲得鱼之耆（鳍）与脊。”这说明作者的相马，不仅注意眼睛，而且还注意到头、肩、耳、肫、膺、鬐、脊等部位。作者还将良马分成“一般良马”“国马”（或称“国保”即“国宝”）和“天下马”（或称“天下保”，即“天下宝”）三等。在详细叙述马目的相法之后，根据相马法中的一些话，引出了十五个连贯的答问。例如，“法曰：眼大盈大走、小盈小走，大盈而不走何也？”又如，“能为变者良也，能变而不良者何也？”这又说明作者针对原来相马法上的结论，而提出的疑问，以便作进一步的解释。作者在15个相连贯的答问中，从马眼盈满程度、眼的光泽、眼的活动能力、睫毛和眼外肌的功能等，说明同马是否善走的关系。还把马的躯体和目力能否适应环境变化，归因于“起居”（生活条件）是否相宜、“通利”（消化代谢）是否正常。从中可以看出到了战国时代，相马术已相当的细密，言简意赅，形象生动。

帛书《相马经》的出土，展现了伯乐《相马经》的丰富内涵，也证明了伯乐《相马经》作为我国最早的一部相马专著在中国养马学、相马学等领域里具有重要的地位。

三、畜牧业的法制化管理

重视耕战的秦政府，对官府的牲畜，在牧养、训练、使用和采购等方面，都有一套管理制度，而且是以立法的形式来保障其实施的。

云梦秦简有《厩苑律》和《牛羊课》，是关于畜牧的专项条款。另外，在《田律》《仓律》《效律》《金布律》和《司空》等律文中也有涉及。从牛马的户口登记、注销制度、牧场建设管理、饲粮征收支付、牲畜调教役使、牝牡比例与繁殖率，到饲养工作的考核、奖惩，甚至对诸侯国牲畜入境的检疫……都有着详细的规定[30]（图1-12）。下面选释一些律文。

图1-12　陶牛模型与饲马情况复原

1. 铜川枣庙出土　2. 凤翔八旗屯出土　3. 根据秦岭马厩坑复原

（一）对牲畜饲料的征收、支付规定

简文："入顷刍稿，以其受田之数，无垦不垦。顷入刍三石，稿二石""乘马服牛禀，过二月弗禀，弗致者，皆止，勿禀、致。"（《田律》）

解意：规定农民必须按照授田数目缴纳饲料，不论垦种与否。征收来的饲料，则须按牲畜头数定量发给，一般两个月未领取者，过期则不领发。

简文："入禾稼、刍稿，辄为廥籍，上内史"。

解意：对入仓的谷物、刍稿，都要登记上账，上报内史。

（二）对马的保护、使用规定

简文："驾传马，一食禾，其顾来有（又）一食禾，皆八马共。其数驾，毋过日一食。驾县马劳，有（又）益壶（壹）禾之。"（《仓律》）

解意：驿传驾车之马，八匹一次喂。一次饲粮食一次，回程再喂一次。如果连驾数次，但不要过日再喂。若是路远马劳，还可再加一次。

简文："伤乘舆马，决（决）革一寸，赀一盾；二寸，赀二盾；过二寸，赀一甲。志马舍乘车马后，毋敢炊饬，犯令，赀一盾。已驰马不去车，赀一盾。"（《秦律杂抄》）

解意：赶车的舆夫把马皮伤了一寸就要罚一盾的钱，伤二寸以上就要罚副铠甲的钱。对未阉割的牡马不允许驾车，也不许鞭打，违犯了也要罚一盾的钱。对驾过车的马不及时卸套也要罚一盾的钱。

（三）对军马的调教

简文："蓦马五尺八寸以上，不胜任，奔挚不如令，县司马赀二甲，令、丞各一甲。先赋蓦马，马备，乃鄰从军者，到军课之，马殿，令、丞各二甲；司马赀二甲，废。"（《秦律杂抄》）

解意：供骑兵之军马，在奔驰羁系时，不听从指令又不符合战术动作要求的，即使征调入伍的马匹在考核中评为下等的，都要对县令、丞处罚。革职司马，永不叙用。

简文：“课驶騠，卒岁六匹以下到一匹，赀一盾。”（《秦律杂抄》）

解意：考核驯教良马的官员，一年内只驯六匹以下，罚一盾的钱。

（四）关于牲畜的饲养、评比奖惩制度

简文：“以四月、七月、十月、正月肤田牛。卒岁，以正月大课之，最，赐田啬夫壶酒束脯，为旱（皂）者除一更，赐牛长日三旬；殿者，谇田啬夫，罚冗皂者二月。其以牛田，牛减絜，治（笞）主者寸十。有（又）里课之，最者，赐田典日旬；殿，治（笞）卅。”（《厩苑律》）

解意：即一年中每季度初都要评比一次，评比同样也在乡里举行。对优秀的奖励，对成绩低下的惩罚。

（五）对牲畜使用及饲养器具的管理规定

简文：“官府叚（假）公车牛者……或私用公车牛，及叚（假）人食牛不善，牛訾（胔），……其主车牛者及吏、官长皆有罪。”（《司空》）

解意：借用公车牛的，无论是官府或是私人，喂牛不善而使它消瘦了，对主管人和领用的官吏都要治罪。

简文：“马牛误识耳，及物之不能相易者，赀官啬夫一盾。”（《效律》）

解意：在马牛身上烙印的标记错了，饲养器具的标记也不得随意更换，否则要罚官啬夫。始皇陵马厩坑的器物上就有“甲”“五”“左厩容八斗”“三厩”等刻辞。

（六）对牲畜的繁殖

简文：“（牛）艰生者，食其母日粟一斗，旬五日而止之。”（《金布律》）

解意：牛产仔困难者，每天给母牛饲粮食一斗，十五天再停止。

简文：“牛大牝十，其六毋（无）子，赀啬夫、佐各一盾。羊牝十，其四毋（无）子，赀啬夫、佐名一盾。”（《牛羊课》）

解意：十头大母牛中若有六头未怀胎生小牛，十只母羊中有四只未怀胎生小羊，则对有关管理官员处罚。

（七）严厉打击偷盗牲畜等破坏行为，以便保护饲养业

简文：“甲盗牛，……问甲可（何）论？当完城旦。”（《法律答问》）

解意：即盗牛者将被判服苦役。《盐铁论》有“秦之法，窃马者死，窃牛者枷”的话，可见当时对影响饲养业的行为是严加处置的。

（八）关于牲畜死亡、注销户口及赔偿处理办法

简文：“将牧公马牛，马［牛］死者，亟谒死所县，县亟诊而入之，其入之其弗亟而令败者，令以其未败者（值）赏（偿）之。……其大厩、中厩、宫厩马牛殹（也），以其筋、革、角及其贾（价）钱效，其人诣其官。其乘服公马牛亡马者而死县，且诊而杂买（卖）其肉，即入其筋、革、角及□（索）入其贾（价）钱。钱少律者，令其人备之而告官，官告马牛县出之。”（《厩苑律》）

解意：牛马死了若不及时处理，尸肉腐败了也要照价赔偿。如果属于中央饲养机构的牛马死了，连皮、肉、筋都要折价上缴，还要本人亲自送缴上级官府。牛马死后其皮肉处理价钱若是少于法律规定的数目，本人还要负责赔偿损失，然后才能通过上级官署批准注销。

第七节　林　　业

所谓“林业”应该包括保护与生产两大方面，以期达到利用的目的。前者指对天然或人工培植林木的保护与管理，后者指栽培与种植。而利用，既有对生态环境的营造，也有对木材的使用。秦人对林木的生产，缺乏文献记载。更多的是看到对原始林木的滥采滥伐，用于宫室建筑。

一、林木生存状况

秦地存在大面积的原始森林，植被极佳，具有丰厚的林业资源。当平原地区过早地被开辟为农业区之后，森林则存在于部分山区。

《汉书·地理志》说陇右“山多林木，民以板为室屋”。

秦岭西端有“褒斜林木竹箭之饶”，东端的华山一带仍是“崇山隐天，幽林穹谷”。函谷关柏林荫蔚，称之为“松柏之塞”；山阴桃花灼人，是为“桃林之野”；西岳苍翠，松涛阵阵。人们不由发出“终南何有？有条（楸）有梅（楠）”（《诗·秦风·终南》）之问，“南山檀柘”更是闻名遐迩。

巴蜀广汉地区同样是“山林竹木疏食果实之饶”（《汉书·地理志》），山区“多梓柏大竹”（《华阳国志·蜀志》）。

关中林木品种繁多，不可胜数，文献所见大约有松、柏、漆、桐、栗、桑、杨、山楸、楠、杞、棠棘、楚、栎、梓榆、檖、檀、柘、柳、枣、竹、杂木等。果树及花

木，普遍生长。

除天然林木外，也有人工培植。在皇家园林苑囿、城市绿化、大道两侧、官舍府邸、陵园墓地，以及私人庭院，无不有计划性的栽种。在修筑驰道时，规定："道广五十步，三丈而树。厚筑其外，隐以金椎，树以青松。"（《汉书·贾山传》）在秦始皇陵上，同样也植树，"树树以象山"。

公元前212年，秦始皇根据丞相李斯奏请的焚书运动，但"种树"的书并不包括在烧毁之列。林学专著受到保护，这从另一个侧面反映了秦统治者对发展林业的重视。

对于树木有效地爱护与管理也是法制化的一大特色。时序到了夏之二月，农事兴作。《吕氏春秋》作者教民"无竭川泽，无漉陂池，无焚山林"（《仲春纪》）。还把"治唐圃，疾灌浸，务种树"（《尊师》）作为"尊师"的实际行动。把"无焚山林""务种树"看做是一种美德，以此育人，并形成中国人的优良传统。

商鞅曾制定一条"弃灰于道者"要处以刑罚的法律（《史记·李斯列传》）。把垃圾倾撒在道路上，不单是妨碍交通，更要紧的是影响了市容卫生。过去人们把这一条当做秦"滥用刑罚"加以责难，殊不知这是"城市管理法"中一个重要的条文，比起现在某些"以法治市"的空喊有效得多，比起借罚款名义中饱私囊的官吏要高尚多少倍!

二、园　　林

古代园林中多畜养禽兽，故称"苑"，有时直作"苑囿"。秦有"五苑"，其设置最迟在秦昭王之时，甚或更早一些。苑中既有蔬菜的种植，还产橡实、栗、枣等副产品及草蓍之类，这也反映了秦重视园林的生产功能。

五苑当在畿辅一带，地当渭河两岸，临近水滨。很可能就在今咸阳市窑店镇之南，西起西隆村、东到泾渭之交一线以南的渭河北岸，再傍渭河南岸到灞、渭之交的这一广阔地域。当然，"五苑"并非一苑之名，很可能是散布着的几处名苑的总称。

苑中不可能只畜养珍禽异兽以供人孤零零地游乐，以人工栽培与天然的树木，加上各类奇花名果，在山环水绕、宫观掩映、花木扶疏中，构成天人和谐的园林之美。以秦都咸阳为中心，营造多处御苑。其中以"上林苑"范围最大、景观最美、内藏最多。这里是渭河南岸的丰、镐之地，早有周的"灵囿"存在。秦惠文王、昭王把这里专辟为王室的苑囿。秦始皇时又先作"阿房前殿"，后建"前殿阿房"，进而扩大阿房宫的规模，竟有"离宫别馆一百四十六所"（《三辅故事》）。就是这样经过几代人的全力经营，从而使上林苑成为中外园林史上的杰作。

秦上林苑的范围，大约东界灞、浐二河，西至沣河东岸，北起秦都咸阳的渭南新区，南到周都丰镐、秦杜县、曲江一线。它既据有渭水之南的广阔地域，面对峰峦叠翠的终南锦屏，又容纳沣、浐、灞、潏、滈、涝等北注于渭的六条河流，连同泾水、渭水，合称"关中八川"，汇集于都城周围，泉源充沛，溪涧如织，土壤肥沃，物产丰富，林郁干云，鹤翔鱼跃，显现着一派盎然生机。

在秦上林苑之东南有“宜春苑”（今西安市大雁塔东南曲江池偏南），南有“杜南苑”（今西安市长安区潏河与交河合流的香积寺一带）。另外，有东苑（在今咸阳故都之东部）、阳陵苑（今西安市临潼区斜口镇的“东陵陵区”）、鼎湖苑（今蓝田县焦岱镇）、华阳苑（今陕西南洋县华阳镇）、高栎苑（今雍州武功县东南二十余里高壤房）、具苑（雍都秦雍都）等。禁苑在内史之地当然远远不止上列10处。

关外之秦苑多半沿用了原六国之旧，从封泥中看到的苑还有：东苑（“东苑丞印”）、卢山苑（“卢山禁丞”）、沙丘苑（见云梦龙岗秦简）、平阿苑（“平阿禁丞”）、白水苑（“白水之苑”）、平原苑（“平原禁印”）、阿阳苑（“阿阳禁那”）、青莪苑（“青莪禁印”）、广襄苑（“广襄禁印”）、庐山苑（“庐山禁印”“庐山禁丞”）、云梦（“右云梦丞”“左云梦丞”）、桑林苑（“桑林丞印”）、突原苑（“突原禁丞”），等等[31]。

除了秦国家的人造园林之外，民间多有经济林木的经营。《史记·货殖列传》上有“渭川千亩竹”“燕、秦千树枣”的话，其规模之大、经营之专业可见一斑。

还有一种很特殊的情况，在边界上大量栽树，竟起到防守的作用。《汉书·韩安国传》中有“蒙恬为秦侵胡，辟数千里，以河为竟，累石为城，树榆为塞，匈奴不敢饮马于河”的记载，这就是有名的“榆谿塞”。

林业发展带来的社会效益与经济效益是多方面的。它提供给社会的不仅是木材，还有人们物质与精神赖以生存的资源。改善气候、美化环境，容易让人感受到。而促进园艺、蚕丝、鲜果、蔬菜多科的发展，就直接服务于人们的生活需要。

三、对林业资源的耗费

秦代的林业生产，不是积极的培植、养护，不是遵循树木生长规律与周期、科学地栽种与砍伐轮休，而是大加砍伐，造成对天然林业资源的过量耗费。

中国建筑是土木结构，支撑秦建筑的主体是木材。而秦人进入关中以来，大兴土木，木材的用量异常庞大，仅从几个方面举一些实例来看。

（一）宫殿建筑用料

秦穆公在雍城建造宫殿，极尽侈靡，“以境地多良材，始大宫观。戎使由余适秦，穆公示以宫观。由余曰：‘使鬼为之，则劳神矣。使人为之，则苦民矣’”。秦惠文王在都城咸阳，也“取岐雍巨材，新作宫室。南临渭，北逾泾，至于离宫三百”（《三辅黄图序》）。据《史记·秦始皇本纪》载：秦始皇“每破诸侯，写放其宫室，作之咸阳北阪上，南临渭，自雍门以东至泾、渭，殿屋复道周阁相属”。建造阿房宫和骊山陵墓，“乃写蜀、荆地材皆至”。当项羽引兵西屠咸阳时，杀了秦降王子婴不说，“烧秦宫室，火三月不灭”（《史记·项羽本纪》）。我们发掘咸阳原上一号宫殿遗址时，看到烧结的铜构件、土红色的墙壁，就不难想象大火之猛，使坐落重重的建筑群在延烧中化为灰烬。仅仅都城一地的建筑就焚烧了三个月，其木材量之巨大难于计算，那么，在全国范围内建造离宫别馆和行宫，“关中计宫三百，关外四百余”，其木材用量又是多少呢？

修筑阿房宫的木料，据唐诗人杜牧形容的是“蜀山兀，阿房出”，可见秦本土的木材不敷应用，不得不采自巴蜀一带。

（二）大墓用料

已发掘凤翔秦公一号大墓，葬具用木棺椁。主椁室长14.4、宽高各5.6米，是安放秦公遗体之处。四壁及椁底均为双层柏木枋，椁盖则是三层，中部有一道单层枋木垒砌的隔墙，将主椁分为前后两室。椁室外周有所谓“黄肠题凑”，其枋木均由柏木材心做成，每根的横截面都是边长21厘米的正方形，两端中心有21厘米长的榫头，重逾300千克，长度分别为5.6米和7.3米。估计这长短不同的枋木有两千多根，用材量在数百立方米。而在椁室外围还堆有防潮的积炭，厚达3.3～3.8米，其烧用的木材更是一个不小的数字！那么，在雍都探测出的秦公陵园有14座，除有“中”字形大墓21座、“甲”字形墓3座及刀形墓1座（M43）外，还有“目”字形和“凸”字形的车马坑23座，如果再加上数千座中小型秦墓，木材的用量是难以估算的。

如果把秦惠文王、武王“作大丘垅”仅仅理解成在地面上堆起陵冢的话，还显得有点儿不太全面。因为墓圹内规模、结构尽管有变化，同此前此后相比，难分伯仲，但陵园的地面建筑显然是增大了。那么，自定都咸阳以来的秦君陵墓从惠文王算起，就有武王、昭王、孝文王、庄襄王和秦始皇，分别葬在“毕陌”“东陵”和“丽山”三个陵园中。陵园建制和陵墓规模随时间的推移而呈上升的趋势。这些帝王与皇后陵墓，再加上宗室陪葬墓，其木材用量就非常庞大。但要统计确切的数量来，那几乎是不可能的。

秦始皇陵墓的规模是中国陵墓之冠，当年曾“写荆、蜀地材皆至”，把从湖北、四川的木料运来作为地面建筑、地宫用料、从葬设施之用，其用量绝不会是个小数目。仅以秦俑三坑为例，木材覆盖面积大约是19520平方米，用作立柱的圆或方的木料直径0.3～0.4、高3.2米，枋木径0.3～0.35、长1.7～10.05米，地栿径0.3～0.6、长9～12米，棚木径0.2～0.5、长5～12米，门道均用木头封堵，木质为松科材料，总计约有18764根，合计50914.3立方米[32]。

（三）用作生产与生活的燃料

自商周以来，到秦汉之后，从青铜冶炼到钢铁铸造，燃料都是上好的木料。

从皇家宫廷、官府衙署，到普通百姓，常年炊事、冬天取暖，都仰赖于木材。如果说老百姓还能用材草作为燃料减轻林业资源消耗的话，历代皇家则直接在消耗着林木资源。

四、忧患意识的呼唤

平原的原始森林在人类争夺生存空间的长期奋战中逐渐消失了，龟缩在深山幽谷中的也在不断受到蚕食。森林由浅而深地被砍伐，分布面积在日益缩小。

如何保护与合理地利用森林资源，在《吕氏春秋》一书中已提出办法。根据林木的生理特点，对砍伐时间有明确规定，即在孟春之月，“禁止伐木”；仲春之月，“毋焚山林”；季春之月，“无伐桑柘”；孟夏之月，“无伐大树”；季夏之月，“入山行木，无或斩伐”。只有到了仲冬之月，才可以伐林木、取竹箭。云梦秦简也有“春二月，毋敢伐材木山林，……不夏月，无敢夜草为灰”（《田律》）的条文。

当然，这些规定是以不违农时为出发点的，在客观上对林木起到了保护作用。

第八节　渔　　业

古代渭河与主要支流，水量充沛，水质纯洁，水生动物繁多，鱼类衍生快速。人们把捕捞作业当做生活来源的补充手段之一，西安半坡遗址的人面鱼纹盆、宝鸡北首岭的船形壶及鱼网纹，都显示了人鱼之间的依存关系。

秦人进入关中，看到“汧殹沔沔，丞皮淖渊。鰋鲤处之，澫有小鱼。其斿散散，帛鱼皪皪”（石鼓文《汧沔》）的情景，当然也随之投放鱼饵，或钩或捕了。捕鱼作为一种行业，不是为了自食，而是投放到市场去出售。

汉中与巴、蜀，“民食鱼稻”，其地为鱼米之乡，渔业向来发达。秦统一中国之后，各地湖泊、沿海一带，养鱼、捕鱼，把渔业生产推向商品化与规模化的经营。以渔利而富的人比比皆是，《史记·货殖列传》载：“水居千石鱼陂……此其人皆与千户口等”“通都大邑……鲐鮆千斤，鲰千石，鲍千钧……此亦比千乘之家。”

为保证渔业生产的正常发展，《吕氏春秋》按照季节对渔业活动也提出了一些具体要求。仲春之月，“无竭川泽，无漉陂池”，避免断绝水源伤害鱼类。季冬之月，才“命鱼师始渔”。云梦秦简《田律》规定：“不夏月，毋敢夜草为灰，取生荔、麛（卵）鷇，毋……毒鱼鳖，置穽罔（网）。”意思是：不到夏季不准烧草作为肥料，不准采集刚发芽的植物，不准捕捉幼兽、鸟卵和幼鸟，不准毒杀鱼鳖，设置陷阱。“鼋鼍鱼鳖鳅鳣孕别之时”，是绝对禁渔的。要做到“不夭其生，不绝其长”（《荀子·王制》）。《吕氏春秋》还告诫人们：“竭泽而渔，岂不得鱼，而明年无鱼。”捕鱼的季节，一般是在季夏和季冬之月，即农历六月到十二月。只有这样，才符合鱼类生长规律。

注　释

［1］　王学理：《东西两犬丘与秦人入陇》，《王学理秦汉考古文选》，三秦出版社，2008年。

［2］　甘肃省文物管理委员会：《渭河上游天水、甘谷两县考古调查简报》，《考古通讯》1958年第5期；甘肃省文物工作队、北京大学考古学系：《甘肃甘谷毛家坪遗址发掘报告》，《考古学报》1987年第3期。

［3］　中国社会科学院考古研究所泾渭工作队：《陕西长武碾子坡先周文化遗址发掘记略》，《考古学集刊》第6辑，中国社会科学出版社，1989年。

［4］　《秦会要订补》引《长安志》十三《六砚斋二笔》。

［5］　文物编辑委员会编：《文物考古工作三十年》，文物出版社，1979年，第355页。

［6］　关于郑国渠的论述，均引自王学理《咸阳帝都记》一书。对郑国渠渠首引水方式，他在注释中列举了两种考古调查后的说法：

一种是秦中行文（《秦郑国渠渠首遗址调查记》，《文物》1974年第7期）、《人民日报》1986年7月3日、《中国文物报》1986年8月22日和《农业考古》1987年第2期报道。均说发现拦河大坝2300多米，坝底宽100多米，顶宽10～20米，离地面残高5～6米。并说坝体“由60%黄沙土、30%黑红土、10%细砾石混合堆积而成”，是“未作夯砸的土坝”。在大坝内侧（北部）的“三角形地带为蓄水区，是我国已发现的最早的水库”。很明显，作者认为郑国渠是通过在泾河上筑坝建库蓄水而引水的。

另一种是《文博》载文（1989年第1期），说陕西省泾惠渠管理局组织水利专家在古瓠口地带，即泾河大湾道附近，发现渠口断面两处，间隔百米，高程一致。还在引水口东南发现长500余米、高7米左右的古渠道遗迹一处。其结论是“郑国渠是无坝自流引水”，并通过分析认为“筑坝建库蓄水”不能成立。因为《史记》记载是“凿泾水”为渠，而非“栏”或“截”。文献中明确写着“用填阏之水溉泽卤之地”，当然就不是塘库中的清水了。如若是“土坝”，但没有溢洪道和渠道输水的设施（将水库水引入渠道），这也是不符合建库蓄水的工程要求的。另外，还存在一些问题，如库区范围小，是难以蓄洪和防淤的；作为“土坝”，其质量和“水库”淤积的论证还不足，等等。这些都是“筑坝建库蓄水”之说难于解释的。

对这两种说法，我们赞同“凿泾自流引水”的观点，以为其提供的论据也较为充分。而前者所谓筑堤蓄水再引流在滔滔不绝的泾水上修筑拦河大坝谈何容易？这在古代是绝对办不到的。如此推断也不符合“凿泾”“填阏”的文献记载。如果这样做了，泥沙淤库之患也在所难免。这样一个明显的起码道理，在具有治水经验的郑国也是绝对不会采用的。所以，开渠自流是必然的引水方式。

［7］　秦制：“六尺为步”（《史记·秦始皇本纪》）、“二百四十步为一亩”（《太平御览》750引《一行算法》）。据测定，1秦尺=0.231米，那么，折算如下：

1秦亩=$(6\times0.231\text{米})^2\times240$=461.0391平方米

合今亩为461.039平方米 ÷ 666.67平方米=0.691亩

4万顷合今亩数为：4 000 000 × 0.691亩=2 764 000亩

［8］《左传》昭公三年："釜十为锺。"杜预注："六斛四斗。"据商鞅方升测知，秦一斛为20 100毫升，今一升为1000毫升。则秦1锺=20 100毫升 × 6.4 ÷ 1000毫升=128.64升。这实际是1秦亩（合今0.691亩）谷子的产量，合今亩产为128.64升 ÷ 0.691=1.86石。

据知，1市石谷子重约135斤，亩产折为衡制为135斤 × 1.86=251.1斤/亩。

从农业科研部门获知，1949年关中平原（含灌区）的产量是146.55斤/亩，1996年高达698.32斤/亩。但这是各种粮食的综合产量，如果是谷子的单产量，数字也还要下降。但无论如何总可说明郑国渠浇灌后，使谷的产量提高，大大地超过了新中国成立前的产量。

［9］金学山：《西安半坡的战国墓葬》，《考古学报》1957年第3期；华觉明等：《战国两汉铁器的金相学考察的初步报告》，《考古学报》1960年第1期。

［10］秦雍城出土铁锸材料：吴镇烽、尚志儒：《陕西凤翔高庄秦墓葬发掘简报》，《考古与文物》1981年第1期；陕西省雍城考古队：《凤翔马家庄秦宗庙遗址发掘简报》，《文物》1985年第2期。

［11］陕西省考古研究所：《陇县店子秦墓》，三秦出版社，1998年。

［12］王学理：《秦始皇陵研究》，上海人民出版社，1994 年。

［13］秦铲材料：韩伟、焦南峰：《秦都雍城考古发掘研究综述》，《考古与文物》1988年第5、6期合刊；陕西省考古研究所：《陇县店子秦墓》，三秦出版社，1998年；秦都咸阳考古工作站：《秦咸阳宫第二号建筑遗址发掘简报》，《考古与文物》1986年第4期；王学理：《秦始皇陵研究》，上海人民出版社，1994 年。

［14］吴镇烽、尚志儒：《陕西凤翔八旗屯秦国墓葬发掘简报》，《文物资料丛刊》第3辑，文物出版社，1980年。

［15］刘德祯等：《甘肃灵台景家庄春秋墓》，《考古》1981年第4期。

［16］陕西省考古研究所：《西汉京师仓》，文物出版社，1990年。

［17］吴镇烽、尚志儒：《陕西凤翔高庄秦墓葬发掘简报》，《考古与文物》1981年第1期；陕西省雍城考古队：《凤翔马家庄秦宗庙遗址发掘简报》，《文物》1985年第2期。

［18］秦俑考古队：《临潼上焦村秦墓清理简报》，《考古与文物》1980年第2期。

［19］陕西省文管会等：《咸阳杨家湾汉墓发掘简报》，《文物》1977年第10期。据称：在第二号坑出土"陶囤2、陶仓。……25个方仓"，第三号坑"放置35个方仓，排列成四行，每行9个（缺一个）"。知囤、仓和方仓是三种粮食盛器。"简报"中描述陶方仓"方肩、圆口、小底，并有一个盒状套盖。肩阔40 × 50、高70、口径26厘米"，但对囤与仓未描述。所谓"陶方仓"，实际上是"陶方瓮"，此物在汉阳陵9号陪葬墓里也有出土。"简报"所给陶方瓮的数据，应是原物之大。在墓葬的随葬品中，陶囤和陶仓作为明器，是缩小了的模拟物，但在实际生活中远远大于陶瓮的若干倍！

［20］洛阳区考古发掘队：《洛阳烧沟汉墓》，科学出版社，1959年。

［21］《云梦睡虎地秦墓竹简》："入禾仓，万石一积而比黎之为户。"注："积，堆，在此为储藏谷物的单位。"作为堆起的禾秸，称之为"积"。至今，农村还呼"麦积子""麦积""草积"。但储存粮食时，就不能用"堆"。文中的"仓"只能作粮库解，并不是方仓。"积"也不是一囷。

［22］黄展岳：《1955年春洛阳汉河南城东区发掘报告》，《考古报告》1956年第4期；李文信：

《辽阳三道壕清理了一处西汉村落遗址》，《文物参考资料》1955年第12期；江苏省文物管理委员会：《江苏省高邮邵家沟汉代遗址的清理》，《考古》1960年第10期。

［23］ 陕西省临潼县文化馆：《秦始皇陵附近新发现的文物》、《文物》1973年第5期。

［24］ 栎阳垲材料见：陕西省文物管理委员会：《秦都栎阳遗址初步勘探记》，《文物》1966年第1期；秦始皇陵园出土石垲材料参见王学理：《秦始皇陵研究》，上海人民出版社，1994年。

［25］ 云梦秦简《效律》："大啬夫，丞智（知）而弗罪，以平罪人律论之，有（又）与主廥者共赏（偿）不备。"

［26］ 云梦秦简《效律》记禾粟入仓后"籍之曰：禾若干石，仓啬夫某、佐某、史某、禀人某'"。从中即可看出啬夫、佐、史、禀人地位的次序。其中仓啬夫最高、禀人最低。《周礼·地官司徒》说廪（禀）人"掌九谷之数"，《仪礼·少牢馈食礼》注作"掌米入之藏者"，《国语·周语》韦昭注作"掌九谷出用之数"。显然，《周礼》的廪人权限很大，渐次降低，到秦时只是仓库收藏出纳的一般人员。咸阳博物馆收藏有秦庄襄王二年（公元前248年）的"寺工壶"，铭有"廪人莽"是否同较核这一酒器的容量有关?

［27］ 夏纬瑛：《吕氏春秋上农等四篇校释》后记，农业出版社，1956年。

［28］ 马王堆汉墓帛书整理小组：《马王堆汉墓帛书〈相马经〉释文》，《文物》1977年第8期。

［29］ 谢成侠：《关于长沙马王堆汉墓帛书〈相马经〉的探讨》，《文物》1977年第8期。但也有不少人认为，此帛书是战国楚人所作。

［30］ 睡虎地秦墓竹简整理小组：《睡虎地秦墓竹》，文物出版社，1978年。

［31］ 秦封泥资料：周晓陆等：《秦封泥集》，三秦出版社，2000年；傅嘉仪：《新出土秦封泥印集》，西泠印社，2002年。

［32］ 王学理：《秦始皇陵研究》，上海人民出版社，1994年。

第二章　手　工　业

秦手工业的发展和所取得的成就，在整个秦物质文化史上写下了辉煌灿烂的一页。无疑对秦的社会经济繁荣、进步及军事上的逐渐强盛，都有着重要的意义。这既是统治者苦心经营的结果，也是劳动人民聪明才智和伟大创造力的结晶。

第一节　客观形势对发展手工业的促进作用

西周中晚期，正当东方的奴隶制度开始瓦解、封建体制逐渐形成之际，偏居西北一隅、不与中国会盟的“秦”，此时只是西周王朝的“附庸”还不能称其为“国”。整个“秦”还比较落后，过着半农半牧的游牧部族生活。到了西周末期，社会局势的变化，为秦的强大提供了极为有利的条件，手工业的迅速发展当然也不例外。

首先，在西周王朝内部出现了裂痕，权力的争夺，为西周王朝的迅速瓦解开了先声；同时，又受到北部以猃狁、西部以犬戎为核心的少数民族部落的长期骚扰，而无力还击。在东方各诸侯国按兵不动、不愿听从西周王室调遣的同时，秦人却同西周王室保持着密切的联系，不但多次出兵回击西戎、捍卫周天子的主权，还在西周王室无法留在关中的危难时期，秦襄公以兵护送周平王东迁洛邑（今河南洛阳）。因护送有功，周平王将岐山以西之地赠予秦，并封之为诸侯国，使之可与东方其他列国互通聘享之礼。这对当时的秦人无疑是一种极大的鼓舞。但是，秦人要在这块封赏的领地上站稳脚跟儿，摆脱少数民族的攻击，就必须靠发展自己的实力来与之抗衡。那么，要发展军事实力，根本的出路就在于要有一个坚强的手工业作为后盾。同时，秦国要发展自己社会经济，也只有发展多种手工业门类才能为其提供所需的生产工具和生活用品。

其次，秦人进入关中地区之后，在这块广阔的土地上，许多曾经是西周王朝统治时期的遗民，在他们中间有不少手工工匠，过去曾为西周手工业的繁荣和发展作出了贡献。秦国的统治者很明智的笼络和尊重他们，充分发挥了这些人的才能和智慧，尤其是在秦文公（公元前765～前716年）时期，广收“周遗民”的新举措，更加收到了明显的效果。

再次，秦人所占据的整个关中地区有着极为良好的自然条件，古人认为这里“田肥美，民殷富，车万乘，奋击百万，蓄积饶多，此所谓天府。天下之雄国也”（《战国策·秦策一》）。关中地区人口众多，也为手工业生产提供了充足的劳动力。

以上诸点，既为秦国早期手工业继承与发展前代手工业的客观条件，又为后来秦王朝时期的手工业走向辉煌奠定了坚实的基础。

战国晚期到秦王朝时期，针对手工业的发展，从中央到地方政府，设立有制造作坊，并制定了一套法制化的管理制度与监督机制。以铜器、兵器、车马器的制造为例，在中央就设有少府、寺工、属邦、诏事等工室，作为主管的官署机构。兵器制造权严格地掌握在中央手里，地方与私人不得生产。兵器生产的作坊，除首都咸阳之外，在旧都雍城、栎阳、上郡和蜀郡都有设立。

第二节　手工业门类

一、青铜制造业

（一）秦国对西周青铜铸造的继承与历史性变化

中国是世界上最早出现铸造青铜器的国家之一。考古发现证明在距今6000年的新石器时代，人们已经认识到使用铜器的优点和意义，至此，便开始出现了最原始铜器铸造手工业的雏形。例如，在西安半坡、临潼姜寨仰韶文化遗存中，都曾发现过成分不纯、仅属于天然次生的红铜片。

在长期与自然界的斗争中，铜物质所具有可熔、可锻和实际应用的特性，逐渐被古人在劳动实践中所了解并掌握。新石器时代晚期，人们便学会了以木炭作为燃料从孔雀石中提炼红铜的方法。甘肃永靖大河庄齐家文化遗址中曾出土过青铜小刀；安阳后岗龙山文化遗址中，亦发现有铸铜炼渣的遗痕。进入奴隶社会之后，具有一定规模的青铜制造手工业开始出现，《左传·宣公三年》有“昔夏……贡金九牧，铸鼎象物”的记载。在河南偃师二里头遗址中，出土了一批小件青铜器。这些考古发现证明了上述文献的记载并非传说。到了商周时期，青铜制造手工业已经不仅仅表现出器类和数量的增加、应用的广泛，同时更显示出它作为古代人所创造的高超的青铜艺术文化。铜器的使用，已经进入了社会的各个领域和不同的社会层次。从被称作“青铜器宝库”的西周周原遗址所出的众多青铜器上，就可以肯定上述的说法。

秦国早期的青铜器类仍然没有脱离青铜礼器、生产工具、兵器等这些大的器类范围。但就某一个器种而言，与西周相比，却单调了许多。例如，礼器中的鼎、簋，在考古中都有发现，但器形远不如西周纷杂。青铜礼器中的酒器即便到春秋时期，被秦人沿用下来的也并不多，周人常用的爵、角、觚、觯、斝、尊、方彝、觥、罍、瓿、枓、勺、禁等，并没有发现。考古中比较常见的是鼎、簋、壶等，而敦、钫、蒜头壶、带钩和大型的建筑构件等均是新出现的器种。但无论如何，秦的这些青铜器毕竟不能同洋洋大观的周器相比。不过，秦国在春秋早期的青铜器，有着浓郁的西周遗风却是异常明显的。随后，在某些青铜器的造型风格上才开始表现出自己创新的高超技艺[1]。

20世纪90年代，在甘肃礼县大堡子山和圆顶山发掘的春秋时期的秦墓葬，特别是圆顶山秦墓的铜器很有代表性。1998年以来，考古工作者在甘肃礼县圆顶山发现的3座铜器墓和1座车马坑，共出土青铜礼器370件（组）。器类有鼎、簋、尊、盨、甗、方壶、圆壶、盉、匜、盘、车形器、棺饰、兵器等[2]。从这批铜器的纹饰方面观察，鼎多系列鼎，一般是立耳，敛口，垂鼓腹较浅，圜底较平，三蹄足较矮。腹部纹饰分为上下两区，上区多饰窃曲纹，下区饰环带纹或垂鳞纹，耳饰重环纹，足上部饰兽面纹；鼎的主纹饰有多种组合，如有的颈饰窃曲纹，腹饰波带纹；有的颈饰窃曲纹，腹饰垂鳞纹。鼎足更加粗壮并且根部大幅度外移，蹄底阔而成台状；簋基本是子母口，内敛，鼓腹，圈足下有三矮足，兽耳有珥，带盖。口沿附近及圈足饰一周窃曲纹，腹中下部为瓦纹，耳上有圆雕兽首，珥有窃曲纹。腹下垂趋缓甚至完全变圆，纹饰均以蟠虺纹和瓦棱纹为主；壶，圆角长方体，带盖，盖上有捉手，口微侈，长颈，竖耳，腹垂鼓，圈足。捉手和圈足上饰窃曲纹。盖沿饰龙纹，颈饰波带纹，腹饰双身交结龙纹。这三种铜器的形制和纹饰，明显是西周晚期常见的形式。另外，壶、盨、盘、盒、车形器，乃至车马器和剑柄等，蟠虺纹皆处于主要位置。有些器物纹饰图案线条宽疏，但其穿插组合却仍是蟠虺纠结的格式。用动物形象作附饰，成了青铜器的一大特色。较突出的有方壶、盨、盉和四轮盒。方壶上共附饰动物46只，有大有小，情态逼真，充满活力。M1所出四轮盒，造型极其精巧，是在长方体盒下安装四个轮子，像车却没有辕。盒顶部的四角上有四只站立的小鸟，可以转动。盖面由对开的两扇小盖组成，可通过旋转盒四角安装的立鸟而锁定或开启。当四只小鸟方向同盒的方向一致时，盒盖可开。否则，如方向同盒向错位时则盒盖锁定。打开盒盖的两个手柄，分别为熊形纽和跪坐的人形纽。盒侧面四角上趴着四只仰天长啸的小虎，形象生动、神态逼真。而承载盒体的四只带轴圆轮至今还能转动。全器通高8.8、盒长11.1、宽7.5、高2.9、轮径4厘米。发掘简报将此器定名为“四轮方盒”，这些器物都表现出秦人在春秋早期就具备了精湛的青铜器制作技术。

1978年，宝鸡文物考古工作者在陕西宝鸡县太公庙村发现了秦武公（公元前697～前678年）钟和镈。其中秦公镈为大型的青铜铸器，造型精美，器身两侧的扉棱由九条夔龙及一凤鸟盘曲而成。舞部一龙一凤回首顾尾，镈身饰有蝉纹、凤纹、窃曲纹和菱形条带纹等；秦公钟上亦饰夔龙和夔凤纹，秦公钟和秦公镈上均铸有长篇铭文[3]（图2-1）。

2006年，早期秦文化联合考古队在甘肃礼县大堡子山被盗秦公墓附近发掘了一处乐器坑，出土了与太公庙同制的青铜钟镈与石磬，其中有秦子镈3件、甬钟8件[4]。

同样的青铜镈，上海博物馆于1998年收藏一件；日本美秀（MIHO）博物馆收藏龙纹镈一件、秦公钟两套各4件。此外，美国和台北收藏家也各有秦镈一件。镈的基本形制来源于西周，但上面铸有四条镂空的扉棱，主体纹饰是回首龙纹，刻有大段铭文，做工精致，整体显得异常华丽。故可称此为“秦式”。

1

2

图2-1　陕西宝鸡县太庙发现的秦公钟及镈铭文

1. 秦公钟　2. 秦公镈铭文

陕西户县宋村两座秦墓（74M1、82M1）出土青铜礼器30件，其中的铜鼎、簋、壶、盘、匜等，从器形、纹饰到整体布局，都是西周铜器的翻版。重鳞纹、波带纹、窃曲纹、瓦棱纹、重环纹，都是周器的传统纹样。只是在制造技术上显示出秦器还不成熟（不规整、薄厚不等、纹样粗疏）。

兵器是秦人早期青铜器制造的主要门类。西高泉春秋秦墓出土的三角形戈是目前已知最早的秦国兵器。而礼县圆顶山春秋秦贵族墓地出土青铜兵器则有剑5件，其中4件为铁剑。这些剑中，有3件仅存铜茎，有一件仅存金首金格。铜剑茎上，皆饰镂空蟠虺纹；戈5件，均为圭首短援长内式。镞形制多样，两翼明显收削，有阔翼镂空筒脊式，有后锋狭长的凸脊式，但更多的是缩棱脊式，可以看出它是在向三棱式镞过渡。

从以上几批春秋早期的秦国青铜器看，周人高超的青铜制造工艺，实际就是秦人立国初期青铜制造业的起点。所以说，秦国的青铜制造业是在继承周人的青铜制造技术的基础上发展起来的。

春秋中晚期，秦青铜器、兵器、车马器在墓葬中多有出土。尽管铜礼器不外乎鼎、簋、壶、盘、甗、匜、尊、盉等，纹饰除过原有的，也出现了蟠螭纹、蟠虺纹。但从整体看，秦器形体小而壁薄，渐次趋向明器化。

自春秋战国之际开始，秦的青铜器则以新的实用性面貌出现。生活日用铜器大量出现，在制造技术方面出现了彩绘、金银错、鎏金、镶嵌、镂空等多种装饰工艺手法，从而使得精致、轻便的青铜器显得多姿多彩。

秦国以金银错的技法制作出多种多样的日常用品。诸如车马器的盖弓帽、铜泡、车軎、铜带钩、铜镦、虎符等，尽管是些小件，但以金银错出灵动的纹样与文字，显得珍奇华贵。1971年，在秦都咸阳遗址东侧出土过一个错金银的铜鼎，扁球体，有三个细而长的腿，通高13.7、腹径16.8、口径11.9厘米。在鼎的盖、腹、耳及腿上，用金银错出变相的勾连卷云纹、蕉叶纹与一组组团花，构图饱满、光彩灿然[5]（彩版一六，1）。

风翔秦雍城遗址出土的铜器精巧、奇丽。1997年县博物馆收藏到的一件铜熏炉，高34、底座边长18.5厘米。盖作凤鸟衔环，炉作镂空的扁球体，又有四个鸟头衔环座对等地分布在不同方向，扣住上下两个半球。底座呈镂空的方形盝宝顶，上有八棱柱撑起熏炉。熏炉布满镂空的蟠螭纹，纠结缠绕。底座上的花纹则是镂空的人与鸟相盘桓。整体造型奇特，工艺精湛，华丽而灵动[6]（彩版一一，6）；同样，高王寺窖藏中出土的"宴射壶"，是一件战国中期采用镶嵌手法制作的青铜器珍品。盖上有鸭形纽三个，肩部对侧分别是兽首衔环，通高40、腹径23厘米。壶身镶嵌的花纹从上到下分为四层：第一层在颈部，有习射图三幅；第二层在肩部，是弋射图三幅；第三层在腹部，是宴乐图三幅；第四层位于腹下部有狩猎图两组。整体纹样华丽、动态构图清新[7]（图2-2）。1979～1980年，雍城考古队在陕西凤翔西村发掘出一批战国秦墓，其中S1号车马坑出土了一件铜钳。钳系青铜铸件，保存十分完好，钳呈尖嘴，口内平齐，柄把作扁长方体，在柄把的末端扣铸有一椭圆形孔，以备装系。该钳左右两个部件的系连，不是采用当今的联轴方式，而是在两个部件的系连处各做有一长方形套口，由套口相互套合而成。从套合处看，不见铸接或焊接的迹象，显系一次浇铸而成[8]（图2-3）。

1

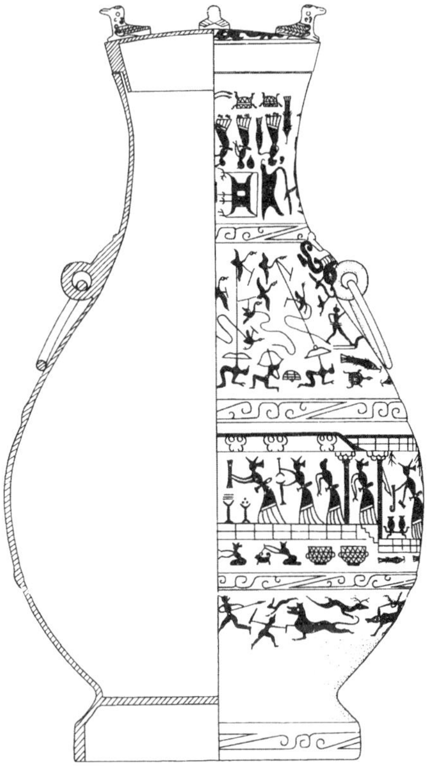

2

图2-2　高王寺窖藏出土铜镶嵌宴射壶

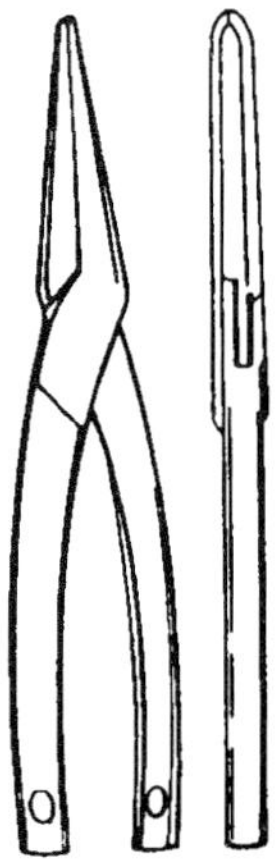

图2-3　陕西凤翔战国墓S1号车马坑出土铜手钳

（二）战国至秦王朝时期青铜技艺的高度发展

自秦孝公之后至秦王朝，随着秦国社会内部的改革，军事上的取胜和对六国的统一，遂为青铜铸造手工业提供了良好发展的便利条件，从工艺技术上来说，这一时期的青铜制造手工业在前期的基础上有了飞跃发展。尽管青铜器的数量和整个社会对青铜制品的使用远不如以前，但体量大、制作精往往是前无古人的。

1994年，陕西历史博物馆征集到一件大型的青铜龙构件，总长240、宽100、高40厘米。由一环状的涡旋体伸出两条龙，身体纠缠，头向前，眼圆睁，鼻头浑圆，作张口之状，身上布满鳞甲。从环状的涡旋体有竖孔、另一端呈平齐的圆筒看，这是一大型装饰物的部件，令人难于想象它整体的庞大与威严[9]（彩版一六，3）。

秦始皇统一中国后，收缴天下兵器，把铁质的就地销毁，铸造农具用以发展生产。把铜兵器运到咸阳，铸造成12个大铜人，立在咸阳宫前，威威赫赫，显示帝国雄伟与气势。据考，这“重各千石”“坐高三丈”的大铜人重合30 750千克、高合7.26米[10]。那么，这重达近31吨的铜人，如果不是用“地坑造型，失蜡浇铸”，一般范模岂能承受铜液的强大张力？

秦始皇陵园的文物，作为中央手工业作坊的产品，应是战国晚期到秦王朝青铜技艺的典型，代表着手工业高度发展的水平。

1980年，秦俑考古队在秦始皇陵西侧的一座从葬坑内，发掘出两乘大型的彩绘驷马铜车（即每套车包括四匹套驾的马，一个御俑）[11]。铜车、铜马和铜俑的大小尺寸约相当于真车、真人和真马的1/2。两车一前一后面西而立，前车名曰“立车”（汉代称“轺车”），舆呈横长形，两犄较高，舆中立一圆伞，伞下立一御俑；后车名曰“安车”，舆分前后两室，前室有一跽坐的御俑，后室作薄壳顶的屋形，车通长317、高106.2厘米。前车较小，装备铜弩和盾牌，用作开道的导车，后车宽敞可躺卧，封闭良好，所以又称“辒辌车”。两车冶铸精巧，通体彩绘，辖軎银制，铜马则戴金银络头。缰绳、项圈、当卢纯金，象镳纯银，使整个车马华丽而鲜明。每辆车由3000多个零件组装而成，其组装的方法采用了铸接、焊接、子母扣连接、活铰连接、套接、铆接、销钉连接、镶嵌、转轴连接等多种工艺，其零部件有大有小，长短不一，厚薄不等。铜车马体量硕大，造型准确，真实而细致，气韵生动，从塑型、制模、浇铸、机械加工、完全组装，到表面彩绘，如果没有冶金学、机械学的知识，没有长期制作经验的积累，没有高效的生产能力，是不可能产生这一历史性的艺术结晶的。

秦中央手工业的产品，是当时高度发展着的青铜制造业的代表。军工生产作为手工业的大宗，产品就包了兵器、车马器和军服。我们对秦俑坑作过部分发掘（一号坑的T1、T2、T10～13、T19～22，二号和三号坑试掘期），出土青铜兵器的数量就多达46 844件之多，其中包括短兵器如剑和金钩，长兵器如矛、戈、戟、铍、镦等，远射兵器有箭、镞矢、弩机等。另外，还出土了其他一些青铜铸器如钟、鼓环等（图2-4～图2-6）。

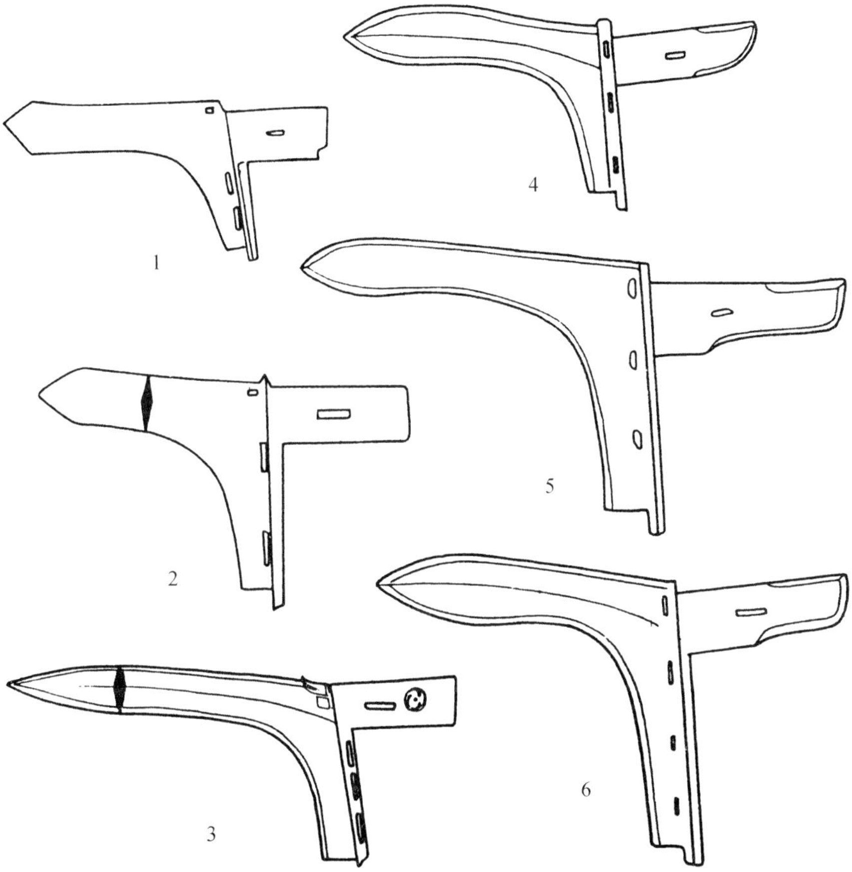

图2-4 秦青铜戈头

1. 宝鸡西高家春秋时期M1出土戈 2. 凤翔高庄春秋时期M18：17 3. 凤翔高庄春秋时期M10：33 4. 战国时期商鞅戟 5. 内蒙古广衍故城出土的“十二年上郡守寿戈” 6. 广州十四年属邦戈

秦俑兵器从冶铸造型、机械加工到表面处理，都是标准化的产品。仅以兵器的外形测定而言，据76束箭的统计，一般长在70厘米左右，由竹笴（杆）前端装青铜箭头后设羽、栝而成。后端羽毛部分有13厘米长的一段，按《考工记》说“五分其长而羽其一”折算，则箭全长应是69.3厘米。由此可见秦箭符合制作规范的要求。同样，杀翼式三棱铜镞的首、铤之比，也符合杀矢“刃长寸，围寸，铤十之”的规定标准（《考工记》）。

远射程兵器的配套设施，表现在长兵器上就是长戟的组合化与铜铍的定型化。五柄始皇三年到五年戟的戈头，通常长度在26.5～26.85厘米，而宝鸡检选的八年诏吏戈

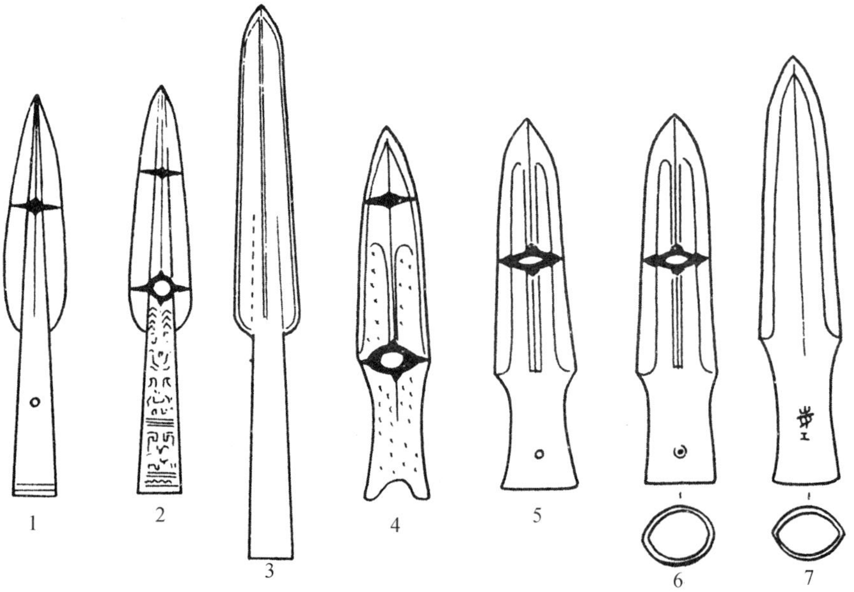

图2-5　秦青铜矛头

1. 春秋Ⅰ式（陕西陇县边家庄墓）　2. 秦秋 Ⅱ式（凤翔八旗屯墓）　3. 秦秋Ⅲ式（户县宋村墓）
4. 战国Ⅰ式（凤翔高庄墓）　5. 战国Ⅱ式（江西遂川）　6. 战国Ⅲ式a（秦俑坑）
7. 战国Ⅲ式b（秦俑坑）

长27.1厘米、内蒙古广衍故城十二年上郡守寿戈22.6厘米、广州罗岗十四年属邦戈26厘米、江西遂川二十二年临汾戈23.7厘米、宝鸡凤阁岭二十六年陇西戈26.3厘米、四川涪陵二十六蜀守武戈26.2厘米，可见地方产品以中央的为标准，只是因技术原因多少会有些误差。秦俑坑出土的16柄长铍，铜铍头作平脊，楔形铤，“一”字格，通长35.2～35.55厘米，仅有一件长36.45厘米。铸造的时间虽然先后经过5年（秦王政十五年到十九年，即公元前232～前228年），但型制、大小如出一炉，加工程序也似一人所为。铍格径39.2×19.88～40.6×18.32、厚6.94～7.6毫米，穿孔同铍基正好套合。帽状的铜镦，口径深浅一致，均具有互换性。柲径都是35毫米，唯柲的全长在3.59～3.83米，稍有差别，但总可说是合乎标准的一杆刺兵[12]。

铸造钱币，也是秦铜器手工业的重要组成部分。战国早期之前，秦无金属货币，也是用贝作货币。战国中期后段，不规范的铜质货币开始少量出现。战国晚期形成较为规范的“半两钱”。秦统一六国之后，秦始皇在原来“秦半两”的基础上，逐渐形成了全国统一的“半两钱”。考古工作者曾在雍城南郊发现5件战国时期的铜钱母范，有6个阴文“半两”的钱模。此模造型精良，字体规范，表现了当时秦国铸钱的较高水平；还有发现于秦代芷阳宫遗址的另一件阳文铜钱范，共有两行14个“半两”钱模，表现了秦代铸钱技术较前又有了一定程度上的提高[13]（图2-7）。

（三）规范要求

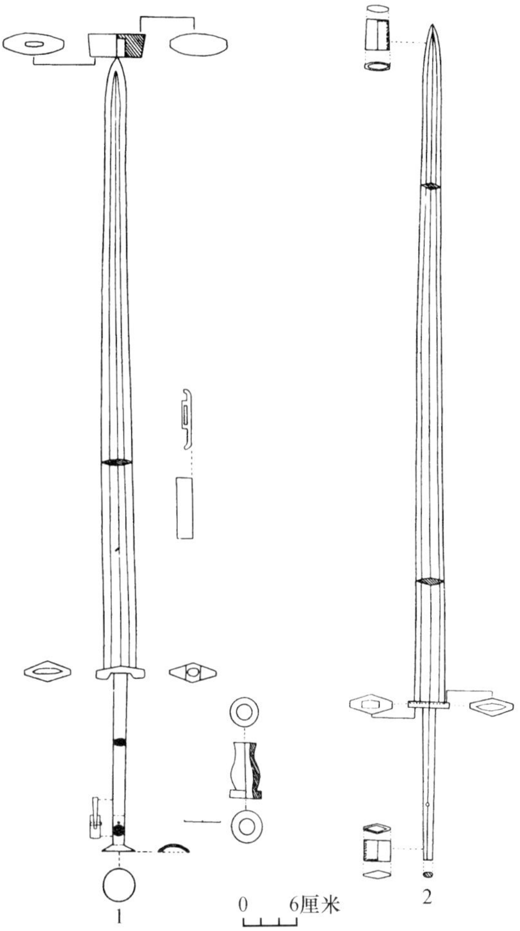

图2-6　秦俑一号坑出土青铜剑

1. 柱茎圆首剑（一号坑T1G3：0481）　2. 扁茎剑（一号坑T2G1：0291）

青铜器的制作要经过一系列比较复杂的工艺过程。从所有秦文化系列的青铜器观察，自秦国早期到秦王朝末期，青铜器制造手工业所采用的工艺手段大致是相同的。凡是结构较小或者是结构较为简单的铜器，大体上经过单模一次铸造而成，这类铜器主要包括较小的铜礼器、实用器、明器和装饰性的铜器等。凡是大型铜器或因其结构、器表装饰、铭文较为复杂的，大体上要经过多范分铸，然后再进行铸接、焊接或者采用其他联结方式而成。铜容器大部分采用陶范铸造，有少量的铜器则使用铜范铸造。青铜器在铸造成型后，要经过仔细锉磨和抛光处理。秦俑坑内出土的铜兵器，有的还经过铬盐氧化处理，从而增加了防腐抗锈的性能。

纯铜质软不能制作器物，古人在铸造青铜器的实践中逐渐认识到：添加有些金属会成为合金，就会改变原来的刚度。对铜添加锡和铅等元素，就成为青铜合金。那么，青铜器的硬度是随着锡含量的增高而增加，同时铜的熔点也在变低。如果锡的含量过多，则会使青铜器变脆。加铅之后，虽然降低了一些硬度，但韧性有所增强。从许多青铜器看，当时人们已经对这个物理属性已能熟练地掌握并加以应用。

春秋战国时期，齐国产生的一部官书叫《考工记》，内容多是官府手工业中对制度性生产操作规程和技术规范，是指导、监督和评价手工业的技术准则。实际上，也是多国长时间手工业生产经验的总结。书中对各类配料有以下的一些说法，“钟鼎之齐六分其金而锡居一，斧斤之齐五分其金而锡居一，戈戟之齐四分其金而锡居一，大刃之齐三分其金而锡居一，削杀矢之齐五分其金而锡居二，鉴燧之齐金锡半”。那么，把这段有关不同器物铜、锡合金比例的话作表如表2-1所示。

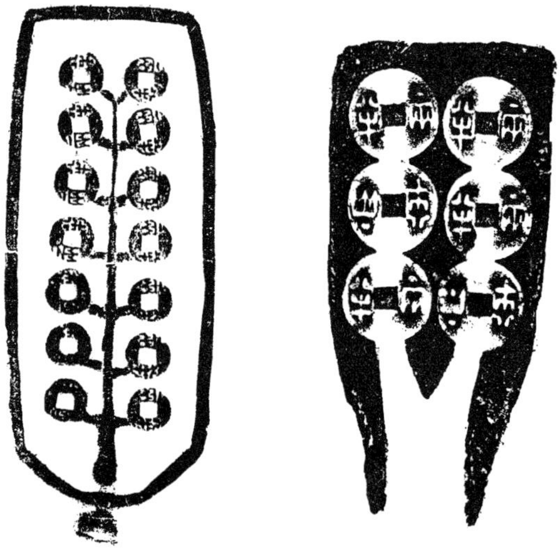

1　　2

图2-7　铜钱范

1. 秦芷阳宫遗址出土的阳文铜钱范　2. 雍城南郊发现的战国时期的铜钱母范

表2-1　《考工记》关于“六齐（剂）”的铜锡之比对照

合金名称	铜：锡	含铜量/%	含锡量/%
钟鼎之齐	6：1	86	14
斧斤之齐	5：1	83	17
戈戟之齐	4：1	80	20
大刃之齐	3：2	75	25
削杀矢之齐	5：2	71	29
鉴燧之齐	1：1	50	50

我们选出几件秦俑坑的矛镦、镞首、铜剑和铜矛做成分化验，结果如表2-2所示。

表2-2　秦俑兵器化验结果

兵器名称	含铜量/%	含锡量/%	铜：锡
矛镦	84.83	15.15	5.6：1
镞首	80.11 ~ 83.06	11.1 ~ 12.57	6.61：1 ~ 7.2：1
铜剑	71 ~ 76.32	18.2 ~ 22.13	3.4：1 ~ 3.9：1
铜矛	69.62	30.38	2.3：1

表2-1、表2-2作对照，我们可以看出：秦青铜剑的铜锡之比是3.4：1～3.9：1，其含铜量界于“戈戟之齐”和“大刃之齐”之间，比较接近于“大刃之齐”，显然适合于砍杀、拚刺的功能要求；镞首的铜锡比为6.6：1～7.21：1，而同“削杀矢之齐”的铜锡比相去甚大。因为含铜量高达80%以上，其穿坚的力量就较差。但是，只要我们看到铜镞的合金中锡铅总量达到18.7%～20.28%时，尽管还不及“削杀矢之齐”，却获得了“戈戟之齐”的坚韧性能；秦矛头的含锡量较高，铜、锡比例是5：2，正符合“削杀矢之齐”。而矛镦的铜锡比接近6：1，其含铜量远远高于矛头。这种反差很大的现象，说明秦矛头作为一支锋利的刺兵的着力部，正是加强的重点。

锋利、坚韧，是人们对于冷兵器起码的性能要求。据知，纯铜的布氏硬度只有35，若加锡5%～7%，硬度就增加到50～65；若加锡7%～9%，硬度就增加到65～70；若加锡9%～10%，硬度就达到70～100。秦俑坑青铜剑经测定，其硬度为106，大约相当于中碳钢调质后的硬度。秦矛和秦镞的硬度都在100以上。因为镦是护长兵器柄端的附设物，非力的对抗部，因此其含铜量高、含锡量低，远逊于剑、矛、镞的配比。人们由于器物用途的不同而赋予其一定的硬度要求，能做到控制含锡量，说明秦的青铜冶铸技术达到了相当高的造诣[14]。

把铜制品用在建筑上，既实用又美观。1973～1974年，陕西省雍城考古队在凤翔姚家岗的一处大型宫殿遗址附近，发现三窖共计64件铜质建筑材料。这批青铜构件按照其形制可分为阳角双面蟠虺纹双齿方筒形、单面蟠虺纹双齿片状、小拐头等10个类型。其用途当是大型宫殿建筑的壁柱、壁带和门窗等木质结合部，起着连接加固的作用。此物即古代木构建筑物上的“金釭”，除作连接的构件外，还具有装饰美化的功能（图2-8）。

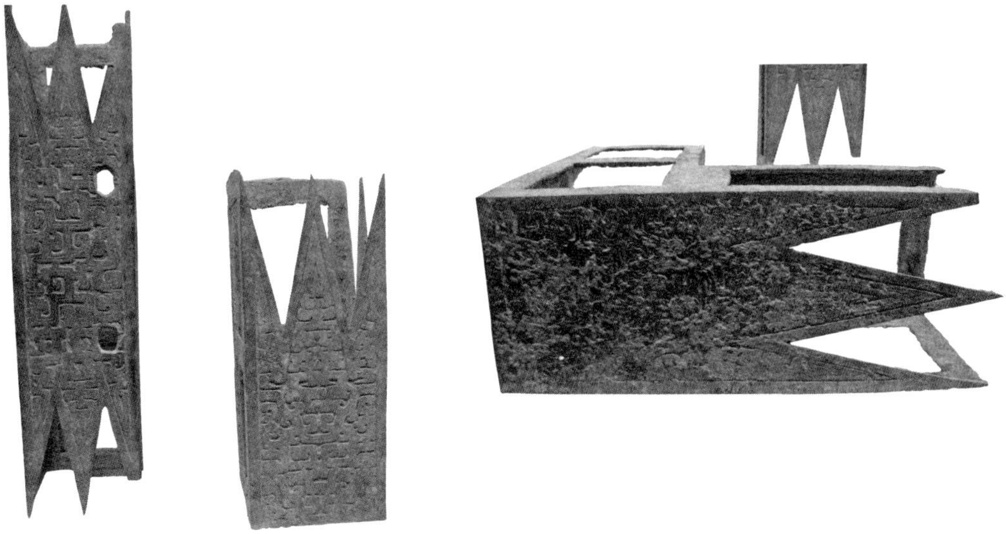

1　　2

图2-8　凤翔姚家岗出土的金釭

秦都咸阳的宫殿建筑遗址和临潼零河水库，都曾发现过木制门窗上使用的三向铜铰链和铜合叶等。

二、冶　铁　业

（一）冶铁业发展史略

铁是一种应用范围较广且具有良好使用功能的金属。铁的出现在我国已有很悠久的历史，但涉及冶铸技术开始的时间，一直是学术界探讨的问题。在考古发掘中，1972年河北藁城台西村商代遗址、1977年北京平谷刘家河商代墓葬中，各发现一件利用自然的陨铁制成的铁刃铜钺。说明早在公元前14世纪前后的商代，人们就已经认识了铁金属。它确证中国历史上人们对金属价值的认识自此开始[15]。但人工冶铁起于何时，还有待深究。河南三门峡市上村岭虢国墓地2001号和2009号大墓的玉柄铁剑和铜柄铁刀，经检测确是人工冶炼的块炼渗碳钢[16]。这应该是目前我国最早的人工炼铁的例证，时间可推定在春秋初年到西周末期。

至于我国广泛应用人工铁的时间还不很清楚。从早年发现的10多件铁器材料看，楚、吴地区至少在春秋晚期，人们不但已经掌握了冶铁技术，而且还开始制造和使用各种铁制品，如江苏六合程桥、湖南长沙龙洞坡、常德德山等地春秋晚期的墓葬或遗址中，就发现了冶炼的铁块、铁条、铁削、铁锤、铁锛等。

秦国的冶铁业始于何时，看来也是比较早的。《诗·秦风·驷驖》中描述秦襄公整治武备的情景，有人认为“驷驖”就是铁，这是文献上关于秦人最早用铁的记载。对此，也有人曾持否定态度。但是，考古材料提供了秦国在春秋早期采用人工铁的证据。陕西陇县边家庄秦墓出土了一件铜柄铁剑，甘肃灵台景家庄秦墓出土一件铜柄铁剑，礼县大堡子山秦公陵园车马坑K1出土一件锈蚀严重的铁制品，赵坪M2出土有铜柄铁剑和鎏金铜柄铁剑[17]。看来，秦国在春秋时代已开始用铁，其时间大大超过其他国家和地区。

过去学术界认为我国用铁在战国中期，最早不会早于战国早期。但是，秦人用铁不但早到春秋早期，而且在春秋中晚期用铁成了上升的态势。秦公一号大墓发掘出了一批铁器，有铁铲、铁锸、铁斧等，而根据出土器物的铭文推测，秦公一号大墓的主人系秦景公，他所处的时代为春秋晚期。在马家庄一号宗庙遗址的祭祀坑K3中，还出土过一件春秋中晚期的铁锸一件。而宝鸡益门二号墓尤为重要，出土有兵器、工具、装饰品及马具等随葬品计200余件，其中包括金柄铁剑3件、金环首铁刀13件、金方首铁刀2件、金环首料背铁刃刀2件，共计铁器20件。经陕西省文物保护研究中心鉴定，铁器为人工加工过的冶炼铁[18]。益门二号墓的时代与秦公一号大墓相当。那么，这些重大的考古发现无疑把秦国最早使用铁器的时间提前了几百年，不但说明与当时冶铁业比较发达的楚国同时，而且表明秦国在春秋晚期偏早的时间里就已经有较大范围的铁器应用，应当说它还处于领先的地位。

由于秦国处于关中腹地，原料采集受到限制，加之制造铁器的工艺要求比铜器难度大，所以铁原料和铁制品还比较紧缺，因而秦国早期的铁器制造手工业并不发达，其规模也比较小。从春秋晚期到战国早期的秦文化遗存中，除了秦公一号大墓和益门二号墓出土的铁器数量可观之外，在其他秦遗址或墓葬之内还是少有发现。

战国中期之后，铁器制造手工业在原先的基础上有了长足的发展。表现在铁器数量的增加，工艺技术的提高等诸多方面。其产品的种类，除生产用具之外，铁釜作为炊器已大量出现，并且形成了逐渐取代陶釜的趋势。陇县店子墓地属于战国中晚期的墓葬，随葬品中就曾发现几件实用的铁釜[19]。

秦孝公迁都咸阳之后直至秦末，秦的铁器制造业得到迅速的发展。铁器数量和质量不断提高，铁器手工业作为一个独立的新兴生产部门与青铜产业平行发展。在秦都咸阳的一、二、三号宫殿遗址，黄家沟平民墓中，都出土过铁斧、锸、锛、镰等生产工具，铁釜、带钩、小刀一类生活用具，铁活铰、钉、环等建筑物零部件。其中有些铁钉是锻件，还经过淬火处理；秦始皇陵园出土的铁器有400余件，其种类包括了农业生产工具（铁铧、锸、锄、镰等）、手工工具（铁锤、斧、锛、凿、錾、铲、抬钩等）和生活杂器（釜、钵、箅、勺、铲、灯、刀、削等），另外还有铁刑具和兵器。兵马俑坑虽放置的是陶俑、马和战车，但在一号坑东端的五个探方内，还出土有铁栓板、锤、锸、斧、铲、釜、錾、钩、削等，显然是施工中的遗留物。铁锸是铸件而铁錾则是经过淬火处理的锻件（图2-9）。

（二）冶铁技术的精进

在冶铁发展史上，铁器的工艺技术曾经经历了一个比较缓慢的发展过程。铁的种类依含碳量的多寡可分为三，即铸铁（生铁）、锻铁（又名“熟铁”“纯铁”“块炼铁”）和钢。生铁的含碳量最高，达到2%～4%；熟铁的含碳量最低，在0.2%以下；钢的含碳量介于前二者之间，为0.2%～1.7%。生铁质坚而脆，几乎没有塑性，只有经柔化处理之后才可浇铸出各形工具。熟铁内含较多杂质，软而韧，具有延展性，容易变形，强度与硬度较低。熟铁含碳量在0.2%以下的，还可称之为低碳钢。不过，古人的冶铁历程是先掌握了锻铁技术，尔后才有了铸铁。这是因为早期人们用木炭将铁矿石在较低的冶炼温度下，将铁矿石固态还原获得海绵铁，再经过锻打就能直接制造各种形制的工具。铸铁固然是由竖炉熔炼铁矿石，使铁水直接流入陶范铸造器物，但早期的铸铁都是高碳低硅的白口铁，性脆硬，易断裂，强度不够，因而只能铸造农业生产工具和各种工具。

如果对块炼铁加热锻造，使之与炭火接触，有少量碳渗入铁中，经过反复加热与捶打随之便硬化成块炼渗碳钢。用以制造兵器和工具，其性能就会赶上甚至超过青铜，也为以后钢铁兵器取代青铜兵器创造了先决条件。

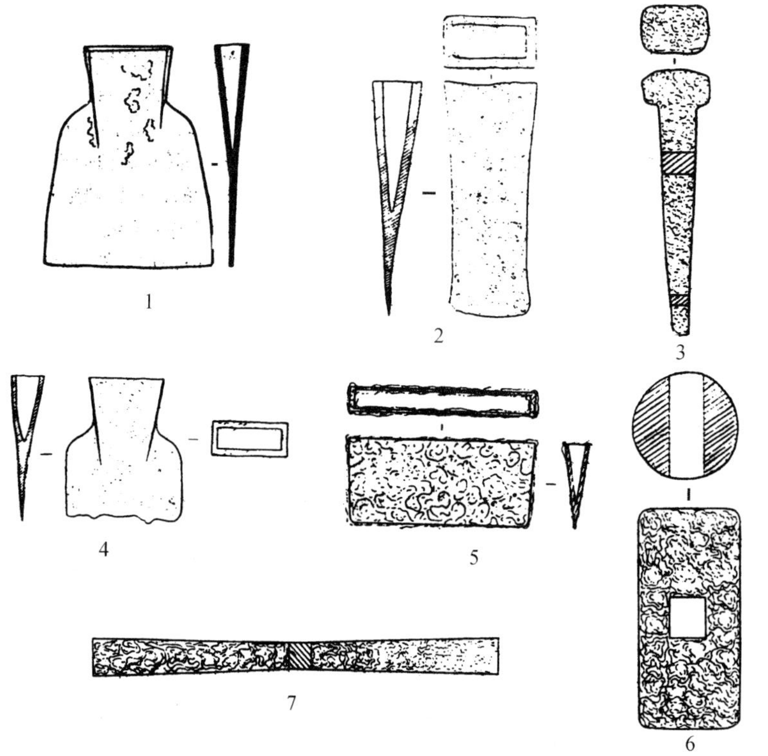

图2-9 秦公一号大墓和秦俑坑出土铁器

1. 铁铲（秦公一号大墓出土） 2. 铁斧（秦俑坑T10K：01351）
3. 铁錾（秦俑坑T19K：01354） 4. 铁铲（秦俑坑T1K：01413） 5. 铁锸（秦俑坑T1096：01370） 6. 铁锤（秦俑坑T19K：01359） 7. 铁削（T19G8：01374）

甘肃灵台景家庄春秋早期秦墓的铁剑，已知是块炼渗碳钢。尽管从铸造到成型后的外加工，工序复杂，费时费工，不能成批生产，但从冶铸技术而言，秦国炼铁业毕竟是走在了时代的前面。

秦国在春秋中晚期，使块炼渗碳钢技术得到了广泛的应用。而凤翔秦景公大墓的生铁铁锸和铁铲表明，秦人在春秋晚期偏早阶段已掌握了生铁冶铸技术。其生产效率的提高，为大规模普及铁器的使用提供了有利条件。这从秦都咸阳遗址和秦始皇陵园出土铁器数量多、种类齐全中也得到了证明。

淬火技术、退火柔化处理的掌握，增加铁器的硬度与耐久性，显然也是冶铸技术的又一次飞跃。

（三）冶铁作坊的规模与管理

秦代，规模较大的中央官府冶铁手工业便成了国家一个重要的生产部门，出现了中央冶铁手工业作坊。在秦都咸阳北阪宫殿区的西侧，在聂家沟西北发现有铁碴、铁碎块、炉渣、红烧土和木炭，推断这里是一处秦中央政府经营的冶铁手工业作坊区。

但秦都咸阳工作站长期以来未做切实的工作，至今说不清其规模与结构，只能做一般描述。按理，这些作坊一般都有较大的工作场地和配套设备，其冶铁的工序一定也具备了系列化的程度。

秦大规模的发展中央官府冶铁手工业，而对地方和私人冶炼手工业进行着严格的限制。战国末期，随着军事上的逐渐取胜，遂将原属于六国的一些初具规模的冶铁手工业作坊收归秦中央所有。秦始皇还用强迫的办法，将这些冶铁户迁徙到偏远的地区，如“宛孔氏之先，梁人也，用冶铁为业。秦伐魏，迁孔氏南阳”。“蜀卓氏之先，用冶铁富。秦破赵，迁卓氏”（《史记·货殖列传》）。从文献记载看，将关东地区的大冶铁业家强行迁走之后，又鉴于国家对许多地方尤其是那些偏僻地区的铁矿藏资源还无力开发，为了利用这些人已经掌握的生产技术和经验，便有限制地允许他们重新开矿冶铁。但繁重的课税高达“二十倍于古”（《汉书·食货志》），这对冶铁业的发展自然会产生很大的负面影响。

秦设有“主铁官”一职，是秦王朝经营和管理冶铁机构的主要官员，专门负责对冶铁手工业的管理。司马迁在《史记·太史公自序》中，概述其祖先司马昌曾是秦始皇时代的主铁官。云梦睡虎地秦墓竹简记秦有“左采铁”“右采铁”（《秦律杂抄》），周晓陆等的《秦封泥集》中也有“铁市丞印”“铁兵工丞”，可见从采矿冶铸到铁器上市都有专职管理的机构与管理官员，兵工生产同样也纳入法制化的管理渠道。这些情况，也是秦冶铁手工业高度发展的反映。

在中央和地方官府冶铁作坊内，从事生产的不外两类人：一是掌握技艺的自由人，像工师和工，也包括服兵役的“更卒”；二是有技艺的官奴隶，其中有罪犯隶臣妾及鬼薪、城旦等刑徒，还有他们的子女（“奴产子”）与“寇降”的战俘。两类人中，前者只占少数，后者是在严刑峻法下造成的社会罪犯，是封建专制国家获取大量的无偿劳动力的一大途径。

具有自由民身份的工师，据《吕氏春秋·季春纪》载：“令百工审五库之量……百工成理，监工日号，毋悖于时”“陈祭器，按度程”。（又见《礼记·月令》）可见工师具有双重身份，一方面是管理手工业作坊的工官，掌握着一定的权力；另一方面却是具有专门技艺的劳动者，成为工匠的师傅。工匠精于技术，勤于作务，通过自己的手艺改善社会地位，尽管是有限的，但毕竟是条可作攀沿的曲径。因此工匠中的出类拔萃者，就可能升到工师的地位。

秦政府重视手工业的技术力量，把握着三个环节：第一，培养新工。秦简《均工》：“工师善教之，故工一岁而成，新工二岁而成。能先期成学者谒上，上且有以赏之。”第二，控制劳力。《均工》：“隶臣有巧可以为工者，勿以为人仆、养。”《仓律》：“女子操缗红及服者，不得赎。”第三，招徕“客工”，继续执行商鞅变法以来的徕民政策。这些做法都保证了秦国包括冶铁在内的手工业技术新、旧队伍的稳定和后继有人；同时，对促进各地区经济和技术的交流起着积极的作用。

重视技术是服从于发展军工生产的目的。因此，法律干预官营手工业又成为另一种手段。二者相辅相成……甚而前者还是多于后者。秦简《工律》《司空律》《效律》里多有惩罚工匠的条文，苛繁细琐，显然是套在工匠们颈上的道道枷锁，动辄得咎。

三、黄　金　业

黄金是一种稀有的珍贵金属。早在先秦时期，古人已对黄金有了比较明晰的认识。《尔雅·释器》：“黄金谓之璗，其美者谓之镠”“锌金谓钣”“绝泽谓之铣。”《说文》：“金，五色金也。黄为之长，久薶不生衣，百炼不轻，从革不违。”在河北藁城台西商代遗址、安阳殷墟遗址和岐山凤雏村西周甲组宫殿基址的考古发掘中，都曾出土过金箔。经对部分标本进行金相组织观察，其晶粒度大小不均匀，说明它是经过锤锻加工和退火处理的。表明最晚在这个时期对黄金的冷加工和再结晶退火技术已经被古人所掌握。到了西周中期，我国已出现了黄金冶铸技术，如《周礼·夏官·方相氏》：“掌蒙熊皮，黄金四目，玄衣朱裳，执戈扬盾。”考古发现的材料证明，此时的黄金制造手工业已初具规模。

秦国的黄金制造手工业，在春秋战国时期的各诸侯国中表现得最为突出。不管是从黄金产品的数量还是从造型、制造工艺水平上看，都已达到了相当高的程度。

1976～1986年，先后在秦都雍城地区出土黄金文物的就有三处：一是马家庄秦宗庙遗址；二是秦公一号大墓（图2-10，1）；三是凤翔西村战国墓葬群[20]。所出土的器类有金带钩、金节约、金方策、金虎、金串珠、金泡、金戴胜等百余件（图2-10，3），另外一些铜铁器的柄部也有金柄，这批金器的制作年代当属于春秋中期至战国中期。

除秦公一号大墓出土一件金箔系锻打之外，其他所有金器全是铸造成型的。制作工艺精湛，纹路清晰，内容丰富。秦公一号大墓内出土的金戴胜，高度仅1.05、长1.03

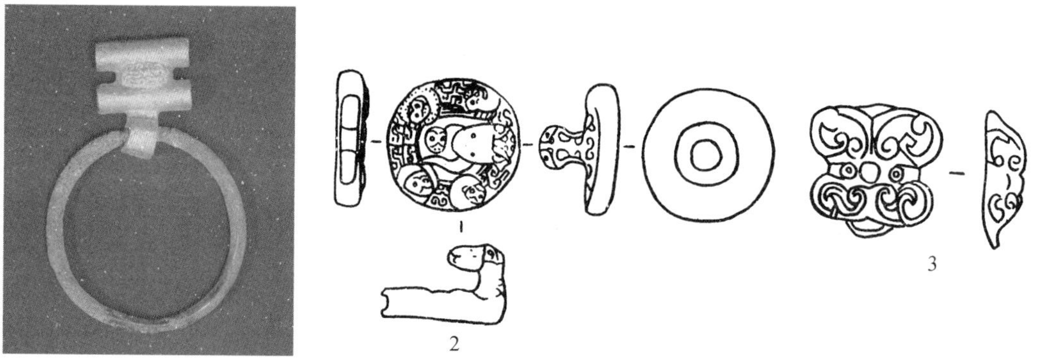

1　　2　　3

图2-10　秦公一号大墓、宝鸡益门秦墓和凤翔西村秦墓出土的金器

1. 秦公大墓出土的车马器　2. 金带钩（宝鸡益门秦墓出土）　3. 金兽马面装饰（凤翔西村秦墓M162出土）

厘米，其造型准确，形象生动，栩栩如生。在一件不到方寸的金带钩上，竟然同时铸有九条龙纹！

此外，在宝鸡益门堡春秋晚期的秦墓里，出土的金柄铁剑的柄部，所饰细腻的蟠螭纹和兽面纹上又以绿宝石和原始玻璃珠等镶嵌出眼目和口角，同时还加以镂孔，使纹饰颇具立体感。金带钩铸造成盘龙纹的鸳鸯形，其中一件为雌鸳鸯，作回首状，背饰羽状纹及镞形纹，胸前饰龙纹，头以绿宝石镶嵌出目、冠等。金方泡，以蟠螭纹组成兽面，眼目为绿宝石镶嵌。这批金器豪华富丽，精美绝伦[21]。

礼县圆顶山春秋时期的贵族墓葬里，也出土了和宝鸡益门堡秦墓酷似的金柄铁剑[22]。

秦王朝统治时期，金器制品由礼器和装饰器向实用器发展，纹饰趋向简略，有些还是素面。秦始皇陵西侧从葬坑出土的两套铜车马，马额的当卢是纯金制品，骖马的卵形项圈是由84个金银管间隔焊接成的一个闭合圈，马鞲的铜片上缀的也是金、银泡；秦俑一号坑第7过洞前部车马附近，也出土过环形金节约1件[23]。

金器铸造的温度相当高，工艺技术复杂，其制作比铜器和其他金属器的难度更大。根据凤翔、宝鸡、礼县、始皇陵等地所出金器的规范程度和造型风格来看，这些金器在地方官府手工业或私人作坊里，由于当时客观条件的限制，是不可能造出来的。只有秦国官府作坊在“寺工”领导下，才有统一制作的条件。

鎏金技术开始于战国时期，是把“金汞齐”涂在铜或银的器物表面，经过加热，使水银蒸发，而金附着在器表上。咸阳塔儿坡遗址有两件鎏金器座，中空，下饰柿蒂纹，通体鎏金，高5、底径10.2厘米。另外，还有漆器铜口沿（即“釦器”）也是鎏金的[24]。

在春秋中晚期，出现了在金属表面预留的瓦槽内嵌入金银丝（或片）的技术，叫作“金银错”（或称“错金银”）。由于错金银的文字或纹饰图案同金属器物形成对比，就显得异常美观。最早看到的错金铜器如“栾书缶”、错金鸟尊，而错金银的技术在战国中期以后得以普遍的应用。陕西凤翔高王寺铜器窖藏中的射猎宴享纹铜壶，用红铜错出的图案清新，画面栩栩如生，是秦雍都上层社会独享之物。秦始皇陵西侧一号铜车的伞杠彩绘虽已经脱落，但上下两段错金银的变相夔龙与夔凤纹，勾连纠结，生动醒目。铜弩臂后端金银错勾连云雷纹、夔龙和夔凤纹，弩机的望山和悬刀两侧错出流云纹和卷云纹，显得华丽多彩。

四、制　陶　业

（一）同国计民生有直接关系的一个手工业生产部门

陶器是古代社会尤其是汉代以前人们通常最普遍使用的器类之一，在我国有着悠久的历史。早在新石器时代早期，人们就已经掌握了制陶技术。

从秦人立国到秦王朝覆灭，经历了六七百年，在秦人的整个社会中，不管是上层统治者，抑或是一般平民，所有的人都或多或少地离不开陶器。制陶所需陶土取材较易，制陶技术也容易掌握。陶器除了作为生活日用品之外，还要满足当时随葬风气甚盛的需要。因为铜制器的限制，转向以仿铜的陶礼器作为代用品，在某种程度上也刺激了陶器的生产。另外，建筑材料在陶制品生产中也占相当的比重。正因为社会用量大而面广，所以制陶就成了秦人一项很普及的社会工作，自然也成了一个主要的手工业生产部门（图2-11、图2-12）。

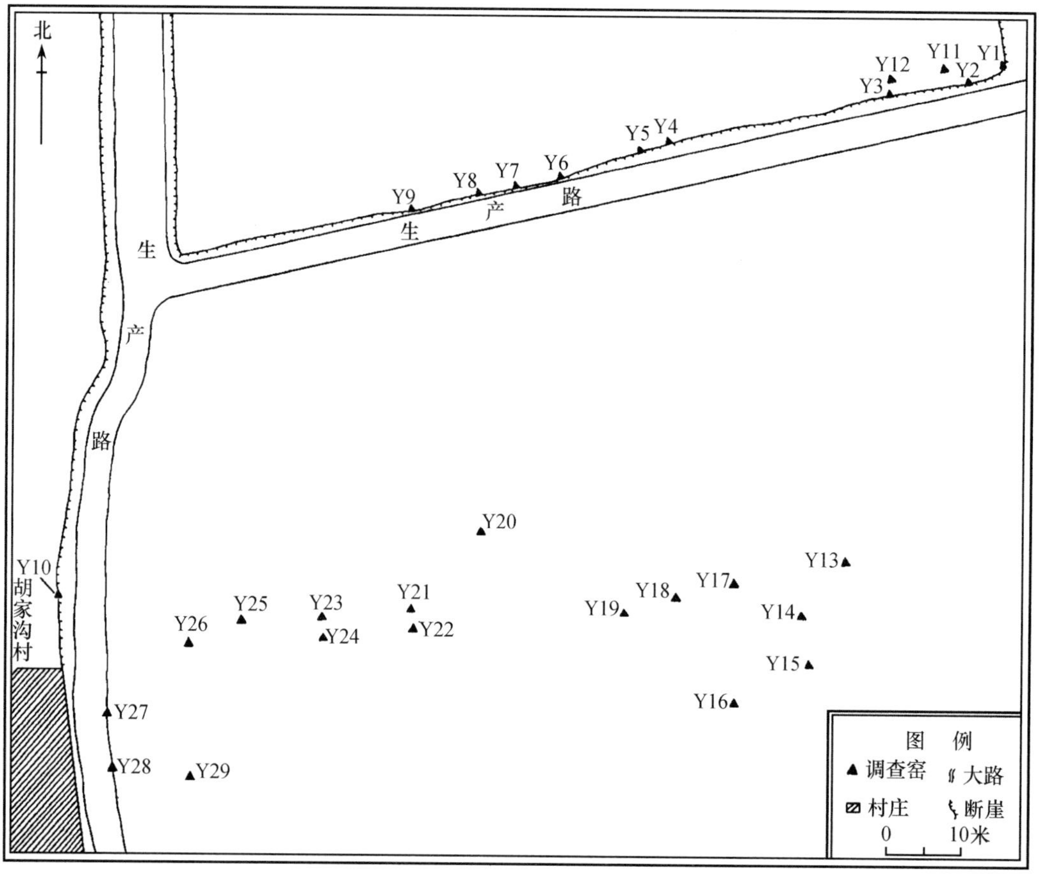

图2-11　秦都咸阳窑群之一（胡家沟）

陶器的制造手工业也分为中央官营、地方官营和民间私营这三大类。

《周礼·冬官·考工记》有“陶人为甗”“旊人为簋”的记载，两种器皿的制造分别由专职官员管理，可见要求之高、用量之大。

多年来，在秦都咸阳遗址和秦始皇陵出土的一批砖瓦和陶器上，发现了许多陶文，这些陶文的特点是在人名前冠以官职名，也有的只有官名而省去人名，或者仅有人名而省去官名，如“都仓”“都昌”“左司空系”“左司高瓦”“左禹”“右司空係”“右司空婴”“大匠”“大颠”“寺水”“宫水”“宫章”“宫强”“大水

图2-12　陶拍工具

沈”“左水疢”“右水”“北司”，等等[25]（图2-13）。都昌和都仓的“仓”和“昌”都是人名，“都”是都司空（宗正属官）的省文。左司空（少府属官）、右司空（少府属官）、大，都是官名。“宫”是宫水省文，为宫署名。都水、大水、左水、右水、北司都是专管烧造砖瓦的官署机构，不见于文献当中。为了配合营造像咸阳都城等大型工程项目，烧造砖瓦的门类很多，每个门类都有主营的工官，这些人是工师的直接指挥者。另外，还有一批服务于制陶作坊的手工业工人。

图2-13　秦都咸阳遗址和秦始皇陵出土砖瓦上的陶文

1. 左司　2. □左□□　3. 左颓　4. 左悁　5. 右司空係　6. 右司空婴　7. 右师　8. 右司空御

秦俑的陶马、陶俑身上发现文字192个，多数系刻文，少数是印文，书体小篆，文字比较草率。陶文内容可分三大类：一是带“宫”字的陶文，二是带地名的陶文，三是其他文字。带“宫”字的68件，有11种，即“宫强”“宫得”“宫系”“宫臧”“宫颇”“宫朝”“宫欬”“宫穨”和“宫嫧”[26]。历年来在秦皇陵园内出土的砖瓦上，也曾发现一些带有“宫”字样的陶文，如“宫水”“宫强”“宫章”“宫系”“宫甲”“宫得”“宫屯”“宫炤”等，而其中一些戳记同时也见于砖瓦和陶俑上，他们都是秦代中央官署管理制陶作坊的官名[27]。这些人原来的身份当是烧造砖瓦、陶器的陶工，因具有制陶的丰富经验，所以才调来始皇陵从事制陶工作。

在秦始皇陵一号坑西端门道的铺地砖上有“大𨾊”一名，在另一处陵园建筑遗址的板面上，有“大𨾊”，还有“匠”“大匠”“大瓦”和“大”等陶文戳记。“大匠”是秦始皇时代主造砖瓦的官署，“大䍧”应为人名，即大匠控制下的制陶作坊的工匠名。而“匠”“大瓦”“大”等可能都是“大匠”的省称。另外，还有如“越悁”等36种陶文名，他们也是被中央官署的制陶作坊从各地召调来的有相当技术的陶工。

制陶业的规模化生产，在秦都咸阳和秦始皇陵有着集中的发现，而且陶窑的构造也很清楚（图2-14、图2-15）。1980年在陵西北的陈家沟发现陶窑遗址一处，出土铁工

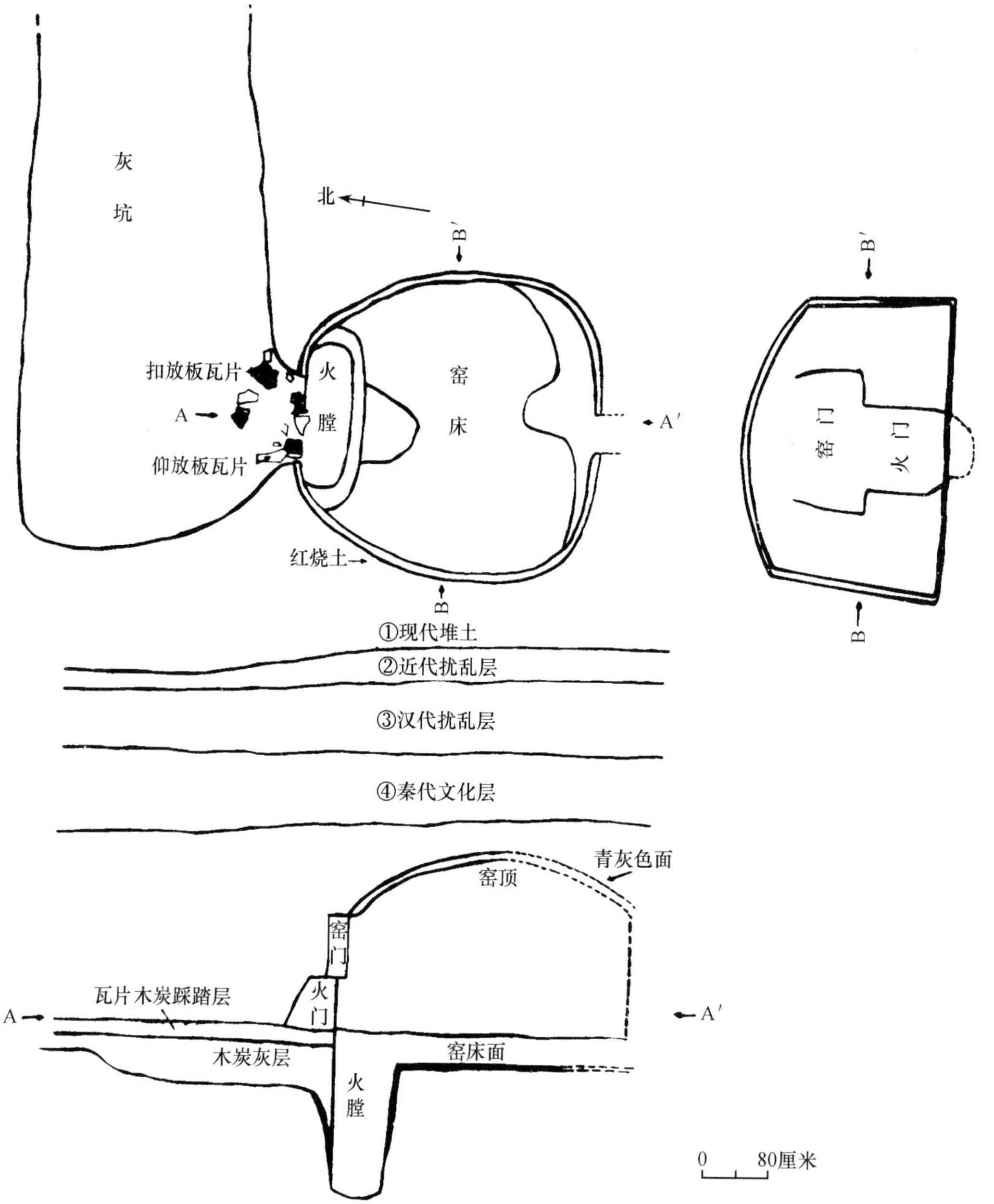

图2-14　秦陶窑平、剖面图

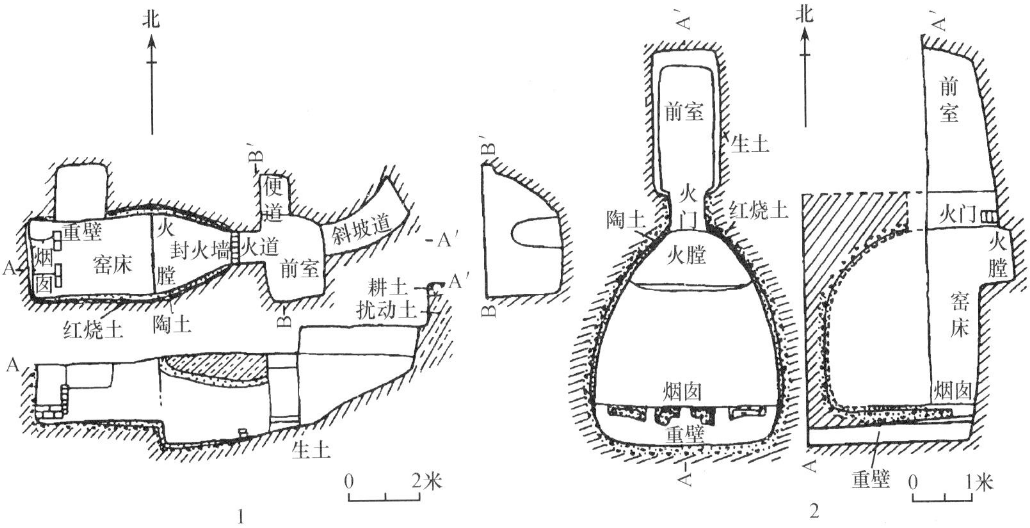

图2-15　秦陶窑遗址平、剖面图

1. 80西Y2　2. 80上Y5

具、铁刑具、瓦当、筒瓦、板瓦等遗物，还有灰坑、沙坑和墓葬等[28]。另外，在秦始皇陵周围的赵背户村、上焦村、西杨村、下和村、鱼池村等地都发现有秦代窑址[29]。这些窑场上劳作的人则是秦代中央官府制陶手工业作坊内的直接生产者，他们的身份绝大部分为刑徒，少数是自由民。秦代中央官府制陶手工业的规模是相当大的，仅从秦始皇陵附近出土的砖瓦陶文中，就已经找出工师名70余个。假设每一工师主持一个窑场，每个窑场按100人算，总人数可达到7000人。

除上述由中央官府制陶手工业作坊生产的陶质产品以外，由各地官署所属的制陶作坊制作的陶器也占有一定的比例。陇县店子的陶罐上有带“亭”字的刻铭，边家庄秦国公墓地中有陶工墓葬的发现，这些都可以被看做是秦国时期地方官署制陶手工业的直接材料[30]。

在秦都咸阳遗址和秦始皇陵出土的砖瓦和陶器上，发现由秦都咸阳及其他县邑制陶作坊的陶文戳记多种。例如，在咸阳发现的有“咸市阳于”“咸䜌阳更”等，显然是咸阳市亭管辖下的产品。

除中央和地方官署所属的制陶手工业作坊之外，由私人经营的制陶手工业作坊亦占一定的比例，如在凤翔高庄战国秦墓中出土的陶缶上有“北园吕氏”刻记铭文[31]；西安半坡战国墓葬出土的陶罐上出有“咸□里□”戳记铭文[32]；咸阳黄家沟战国墓出土的陶罐铭文有“咸亭右里道器”[33]；在渭北的秦都咸阳遗址中则见有“咸亭郿里絭器”“咸郿里芸”“咸郿里跬”“咸郿里射”“咸郿里絭”“咸郿里角”“咸郿里举”“咸郿里就”“咸郿里驵”“咸沙□壮”“咸郿里善”“咸郿里疆”“咸亭完里丹器”“咸亭泾里忿器”“咸亭右里道器”等55个里名的戳记陶文[34]（图2–16）；秦始皇陵的陪葬墓、马厩坑出土的陶罐上也有“咸亭当柳昌器”和“咸亭芮柳婴器”戳记铭文的发现[35]。

图2-16　陶文

1. 咸“郾里”陶文　2、3. 咸亭“当柳里”陶文（咸亭当柳恚器、咸亭当柳昌器）
4. 咸亭“阳安里”陶文（咸亭阳安骍器）　5～7. 阳亭“右里”陶文　8. 咸亭“泾里”陶文
（咸亭泾里岔器、咸亭泾里僓器）　9～11. 咸亭“沙里”陶文（咸沙里豕、咸沙□壮、咸沙里卫）

私人制陶作坊的服务对象，除一小部分满足自己使用外，其余均作为社会商品在市场售出。

（二）制陶内容的转移

从目前的考古材料看，从春秋早期到战国早期，秦的陶制品主要以日常生活实用器和随葬的明器为主，而其他方面的陶质器物发现较少。这个时期的特点是陶器种类多，数量大。其中炊器有鬲、甗等，盛器有盆、盂、罐、匜、盘、壶等，礼器有鼎、簋、双耳壶等。用于墓葬的随葬器类中，有一部分系生活实用器，也有一部分纯系专作的明器。

从战国中期至战国晚期，秦的陶质器虽然仍是以实用器为主，但明器逐渐减少，而陶质建筑材料的生产数量却在急骤地增加。

到了秦代，陶质生活用器逐步被金属器所取代，陶明器消失。除民间制陶作坊继续生产一部分生活用器外，此时的中央官府和地方官署的制陶作坊已经发展成为专门生产建筑材料和大型陶塑制品的新型手工业门类。

1980年冬在秦始皇陵西北的陈家沟发现陶窑遗址一处，出土了瓦当、筒瓦、板瓦等遗物，却没有发现陶器之类。而秦俑坑陶俑和陶马的出现，竟成了秦代制陶技术和工艺水平的最高典范。这些生灵的模拟物，塑造得形神兼备，栩栩如生，标志着秦代制陶和雕塑技艺达到了相当高的水平，展示了当时陶艺的辉煌成就。

（三）制陶工艺与窑场

秦国时期的制陶业相对较为落后，到了秦代，制陶工艺比较规范，达到标准化、系列化的程度。陶制品的整个制作工艺，大体上可分为制坯和焙烧两个阶段。

陶坯的制作是根据不同产品而采用不同的方法来进行的。一般生活用器，仍不脱离传统的轮制或泥条盘筑法。而对于陶俑、瓦当等，则大多采用模制、堆塑、手捏等多种手法结合的工艺。

2003年在雍城遗址上的豆腐村发现的陶窑为地面馒头形熟土结构，形制较小，窑群间相对密集，相邻窑距较小，发掘出的5座窑东西呈“一”字形排列，其中2座仅有底座，另3座也只有窑身的下半部。Y1的取土沟长35.9、宽2.95、深4.75米，是最大的一个取土场地，同时它又兼作浸泡与拌泥的场所；在沟的两侧分布多个袋状坑，其用途为暂存细搓的泥条，之后再以盘筑方式在坑上近距离内制作成砖瓦等建筑材料的土坯，经晾干之后入窑烧成，出窑后正品即被运抵宫殿及其他建筑兴建地，废品及窑灰则被倾倒于附近的废弃坑内，判断Y1取土沟也是在过深而不宜继续取土时被改用废弃物填埋坑的。根据炉灰推测当时的燃烧材料因烧制时段不同而分别为一般软质柴草、树枝和杠木等，没有发现以煤做燃料的遗留物。这次发现可使我们较清楚地看到秦人烧制筒瓦及瓦当的工艺流程：踩土、拌泥、搓泥条、盘筑、成形晾晒、入窑烧制、出炉、遴选，正品外运、次品弃埋。这是早期秦人陶窑烧造工艺的首次发现，甚有意义[36]（图2-17）。

为供应秦始皇陵园建筑需用，在陵区普遍设立生产砖瓦的窑场。从郑家庄往南，经过赵背后，到陈家，长达2、宽1千米，形成了一个比较集中的窑群区。另外，在上焦村、西村、下和村等地还有一些分散的窑址。这些陶窑的结构，可分为单一和组合两种类型。单一型陶窑，只是一个前室和一个后室；组合型的陶窑，是二窑或三窑的后室共享用一个前室。两类陶窑的前室都属于烧火者的工作及燃料堆放的场地，后室则包括火门、火膛、窑床、火道和烟囱等。

1　　2

图2-17　豆腐村遗址制陶作坊遗址

1. 发掘工地局部　2. 发掘现场鸟瞰

（四）陶质建材

1. 秦瓦

瓦是秦各个时期不同建筑物必不可少的材料。考古发掘中，在凤翔雍城、秦都咸阳、秦始皇陵园、阿房宫，以及辽宁绥中、北戴河秦行宫等遗址上，都有数量可观的发现。

瓦可分为板瓦和筒瓦两大类，板瓦又可分为弧形板瓦和槽形板瓦两种。弧形板瓦的横剖面为弧形，瓦里抹光素面，瓦背为绳纹、篮纹或者素面；槽形板瓦为瓦壁直立，瓦底水平，横剖面为直角槽形。筒瓦的截面为半圆形，有的筒瓦带有瓦当而后端有唇，有的只有唇而无当，有的无唇亦无当（图2-18）。

制瓦的原材料为普通的黄黏土，采用泥条盘筑法制作。板瓦一律采用内模制法；弧形板瓦是先做成圆筒形，然后切割成四块瓦；槽形板瓦是先做成长方体，然后切割成两块瓦；筒瓦采用单独用外模或者内模结合的制法，先制作成圆筒形，然后切割成两块瓦[37]（图2-19～图2-21）。

2. 瓦当

筒瓦遮挡着两行板瓦之间的缝隙，防止屋面雨水渗漏。当筒瓦铺盖到屋檐时，就接一节带瓦当的筒瓦。显然，这瓦当是椽头筒瓦顶端下垂的那部分，用途在于保护木椽，避免淋雨而朽坏。随着秦的建筑规模不断扩大，瓦当的用途除实用外，还赋予了它装饰美化建筑物的作用。瓦当以多种形式、多种图案的出现，竟成了一种艺术品（图2-22）。

瓦当的艺术题材，同样也是来自于不同时期秦人的社会生活。战国以前的秦瓦

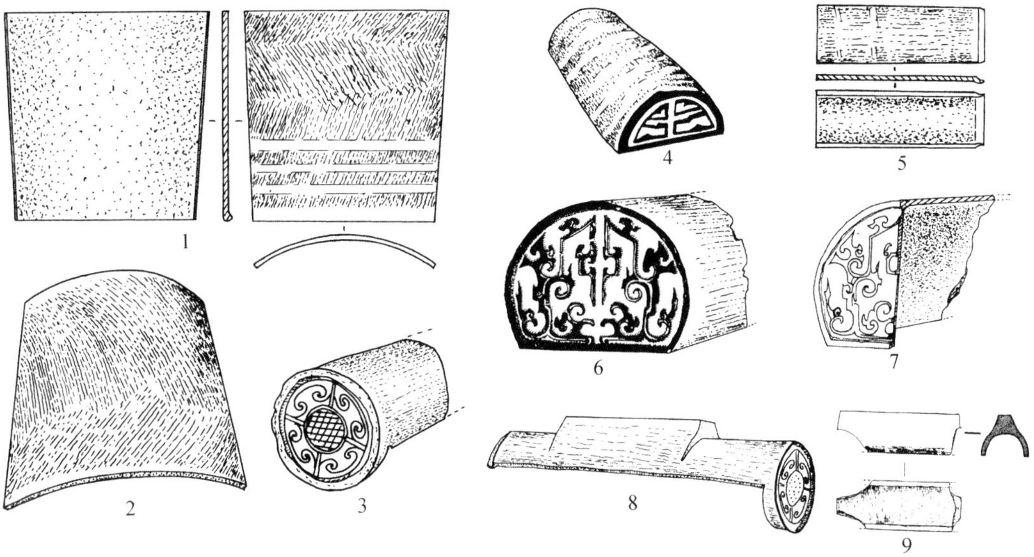

图2-18　秦始皇陵板瓦、筒瓦、背瓦素描

当，有数量较多的半瓦当。进入战国，除半瓦当外，圆瓦当占相当比例，以动物、云纹、夔纹图像为主，不见文字瓦当；战国后期，云纹图案瓦当成为大宗，半瓦当基本消失，文字瓦当骤增。

在秦始皇陵曾出土过巨型夔纹瓦当，形状为大半圆形，高48厘米、当径61厘米，为秦汉瓦当罕见之作，被称为“瓦当王”[38]。类似的瓦当，还在河北秦皇岛市金山嘴秦行宫遗址、辽宁绥中石碑地和黑山头秦宫殿遗址中都有不少的出土。像金山嘴遗址的巨型夔纹瓦当，通体长63.5、高38、底边（弦）长48厘米。当面最大直径53厘米。2000年，在陕西眉县第五村成山宫遗址上采集到一件瓦当，面径竟达到78.3、高53厘米[39]。此类巨型瓦当有起名曰“遮朽”的，其实瓦当的作用就在于遮朽，用于遮护椽头。但此巨型瓦当不可能用在檐前，从当面之大可知是用来遮护檩头或屋脊顶端的。既然多用在硬山或悬山屋顶之上，所以取名可从这方面考虑，似应称之为“檩当”较妥[40]。

3. 秦砖

秦雍城豆腐村遗址出土战国中期陶砖系目前发现最早的秦砖，经考古检测，其形制厚重、不规范，而且不具备大的承重力。

从秦都咸阳的北阪、渭南闫家寺宫殿建筑遗址，到始皇陵园寝便殿、食官遗址，其地面都是经过处理了的土地面，从未见用砖砌的。这些宫殿建筑的承重墙都是用土坯砌筑，室内隔墙一般也是用笆竹的抹泥墙。至于大跨度的屋顶承重部位，则主要依靠大小木柱来支撑。但秦俑坑的坑底，则用条砖铺地，据《秦始皇陵研究》一书统计，三个坑底铺砖面积有9537.656平方米，用条砖230 350块。

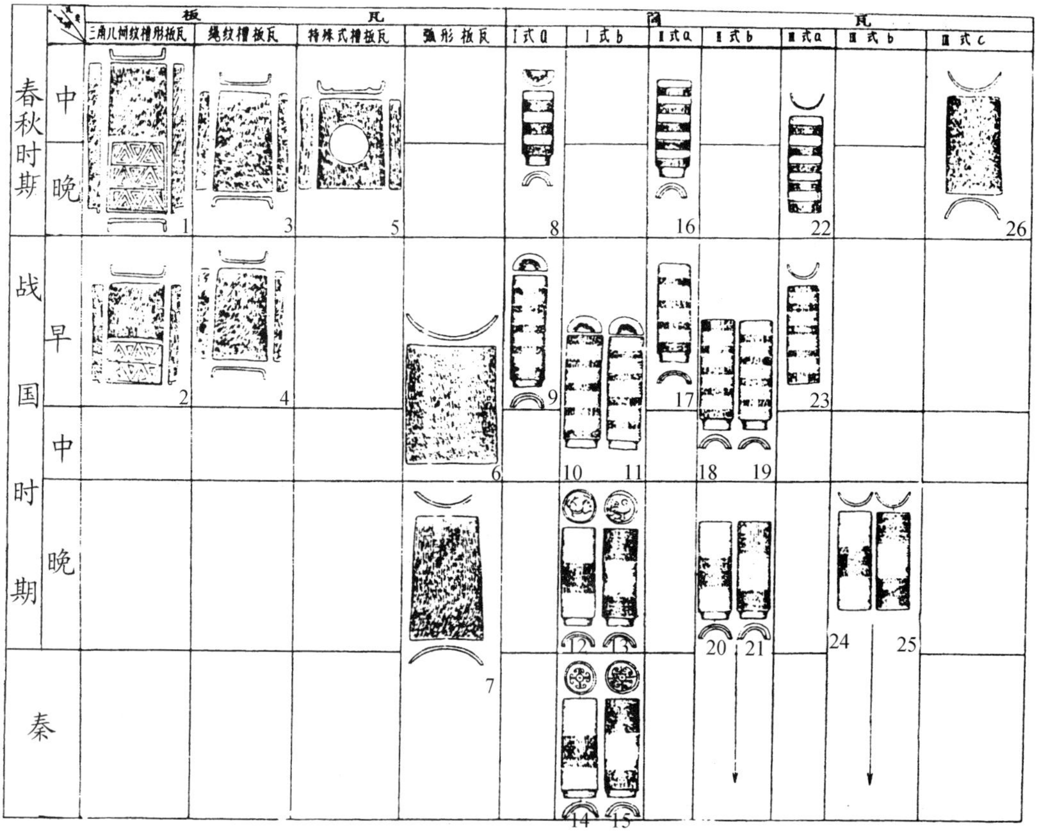

图2-19　秦瓦形制、纹饰演变图

1. 凤翔马家庄（简称“凤马”）T95：3　2. 凤马T32：27　3. 凤马T107：17　4. 凤翔河北里采集　5. 凤翔翟家寺采集　6. 凤翔棉织厂T12：2　7. 凤棉T2：1　8. 凤马采：8　9. 凤马采　10. 凤棉T10：5　11. 凤棉T18：7　12. 凤棉T9：6　13. 凤棉T15：4　14. 凤翔孙家南头采集　15. 凤翔高王寺采集　16. 凤马T107：23　17. 凤棉T14：5　18. 凤翔瓦窑头采集　19. 凤瓦采集　20. 凤棉T10：9　21. 凤高采　22. 凤马T110：3　23. 凤瓦采　24. 凤高采　25. 凤高采　26. 凤马T65：1（均1/10）

秦砖一般见有长方形的条砖、薄方砖和空心砖三种。条砖呈青灰色，表饰细绳纹，制作规整，密度大，质地坚硬，其烧成为950～1000℃。有一种大型条砖重达14.5千克，当地群众言其重而称之为“铅砖”。实际上，它不过是“主要由云母类黏土矿物与多元低共熔混合物组成”罢了，其中并含有较多的石英，少量的长石、白云母、黑云母、赤铁矿和极少量的岩屑等矿物[41]。但陵园条砖的长宽规格并不统一，约有八九种之多。秦俑坑的铺地条砖有三种不同的规格，以28厘米×14厘米×7厘米的一种为通用型，其长、宽、厚的尺码依次减半，已具备了配比的关系（图2-23）。尽管如此，在铺地时却用平摆的对砌法，并不错缝儿。就连一号坑东南角坑边坍塌后，用砖补壁时也是不咬缝儿地叠垒而上。这情况再结合各处宫殿的土地面看，秦代在建筑中还没有真正用砖，即以铺地面而言，其砌筑技术还处在原始阶段。

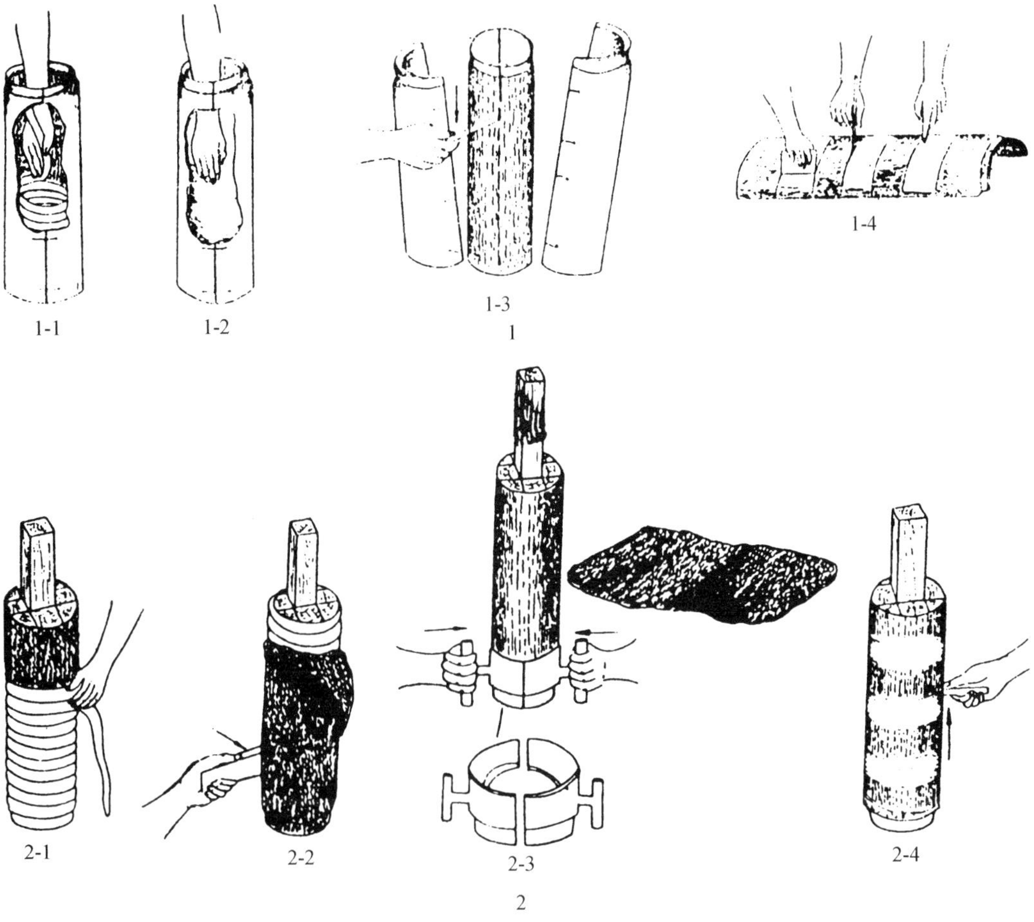

图2-20　模制筒瓦示意图

1. 内用模制筒瓦示意图　1-1. 盘筑泥条　1-2. 再外覆编织物拍打　1-3. 取掉外覆编织物、用瓦唇模压出瓦唇　1-4. 切割　2. 外用模制作筒瓦示意图　2-1. 盘筑泥条　2-2. 抹光挤压　2-3. 取外模、切割　2-4. 划抹光带

（采自尚志儒《秦瓦研究》《文博》1990.5）

有边长不等的一种薄方砖，有素面的，或表面多有几何形图案的。在凤翔雍城凹里宫殿建筑遗址、秦都咸阳、秦始皇陵园鱼池村的军防遗址，都有较多的花纹方砖的发现。花纹图案多种多样，变化繁复，蔚为大观。有以圆圈、菱形、回纹、三角形、米格、方格斗云纹、“∽”、圆点、直线等简单纹样组成单元图案，再以此作四方连续排列。因为这种花纹薄砖具有很强的装饰性，一般用作贴墙壁，也有铺地的（图2-24）。秦都咸阳一号宫殿建筑遗址的第8号，用素面砖铺地达19.82平方米。

空心砖，体积较大，多用作建筑中的踏步。在秦都咸阳和阿房宫遗址上都有龙纹抱壁空心砖的出土[42]。

另外，在秦始皇陵园还出土一些异形的杂砖，如五棱砖、拐子砖，都是适合一些特殊的需要而制的。

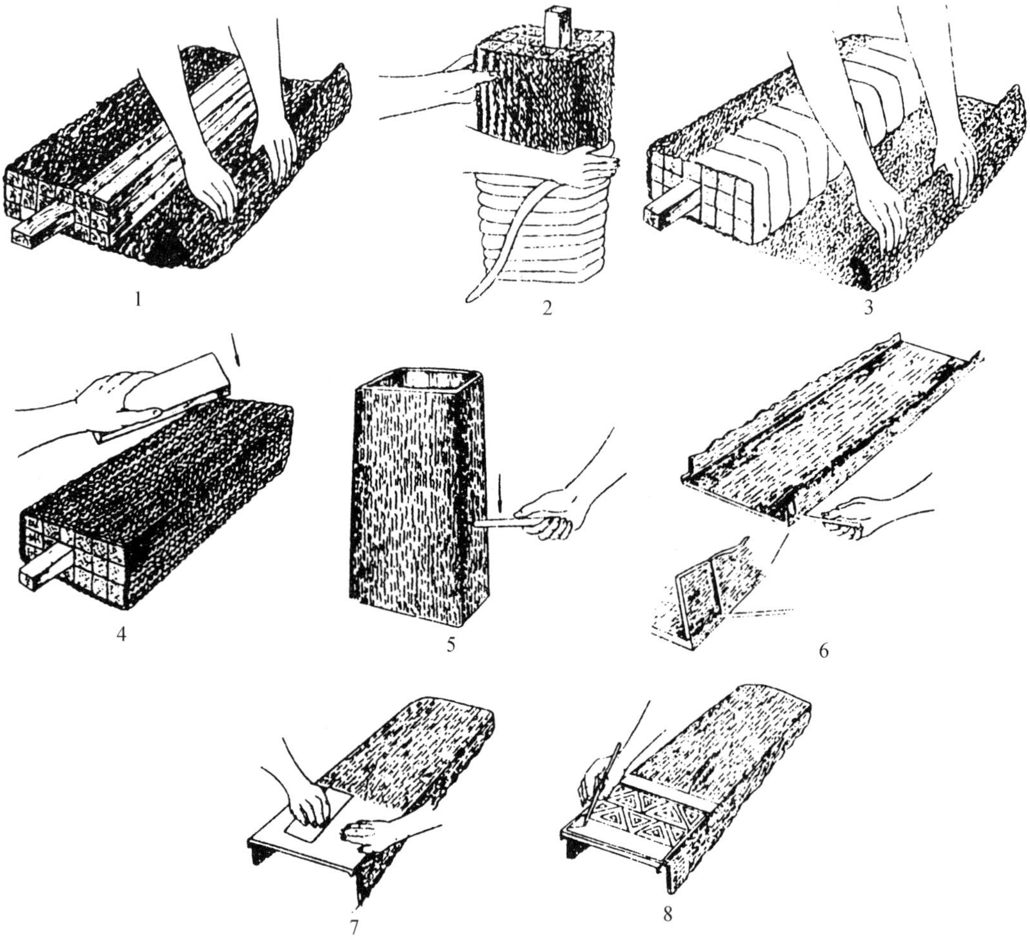

图2-21　槽形板瓦制作示意图

1. 内模外覆绳索纺织物　2. 盘筑泥条　3. 泥条外再覆一层编织物　4. 拍打　5. 取出内模切割　6. 割出前端小出檐　7. 抹光瓦前端3/7部分　8. 刻划三角几何纹

（采自《秦瓦研究》）

4. 排水管道

发现的秦排水管道一般为陶质，圆筒状，在有些秦遗址内还发现有五角形管道。

陶管系泥条盘筑法制成，内壁素面，外表饰绳纹。秦不同时期所使用的排水管道形制基本一致，长130～150、筒径40～50厘米，其中一端口径与筒径相等，另一端较小，35～40厘米，这样便于陶管之间互相连接。

另外，在一些建筑遗址中，还发现了直角状陶弯管，为连接排水管道的转角处所用（图2-25）。考古发掘证明在咸阳的宫殿遗址中已经有了比较完备的排水系统，排水池做成漏斗式装置。

秦始皇陵园的西内城下，曾发现五列并排的屋脊形陶水管道（即常说的“五角形

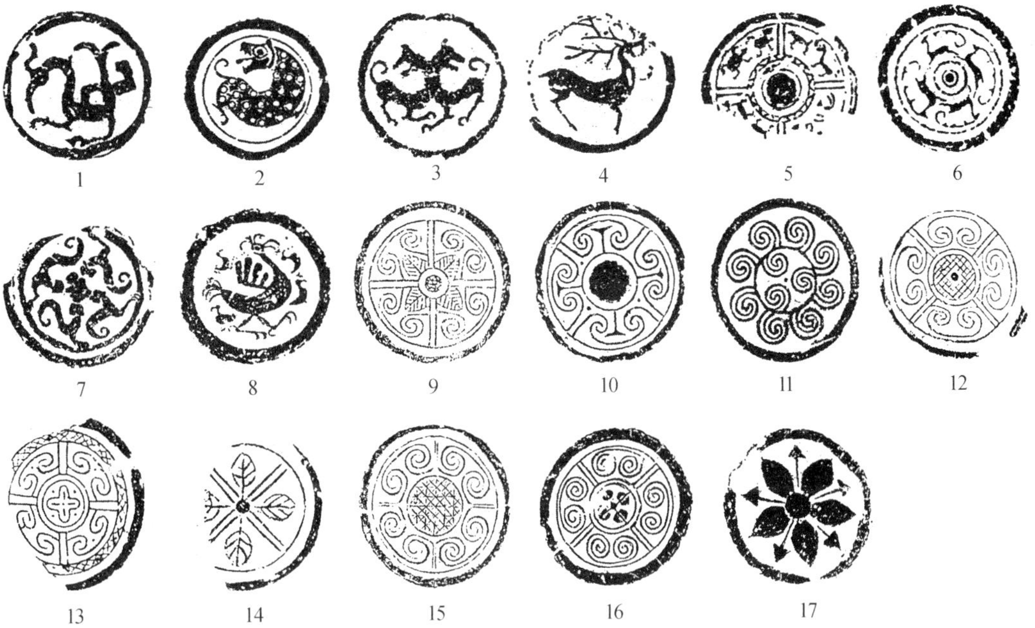

图2-22　动物纹与几何纹瓦当图案

图2-23　秦俑坑铺地条砖

水道”“屋脊形水道”），足见地面排水量之大（图2-26）。

在陵园，还出土有青石水道。这种石水道，是在很规矩的厚石板上刻出半圆筒的水道，一条或两条，形直或曲折，然后使两块相似的石板水道相扣。使用时，合合相接，构成排水系统。这种陶质和石质的水道，都是在修陵墓时专门制作的[43]（图2-27）。

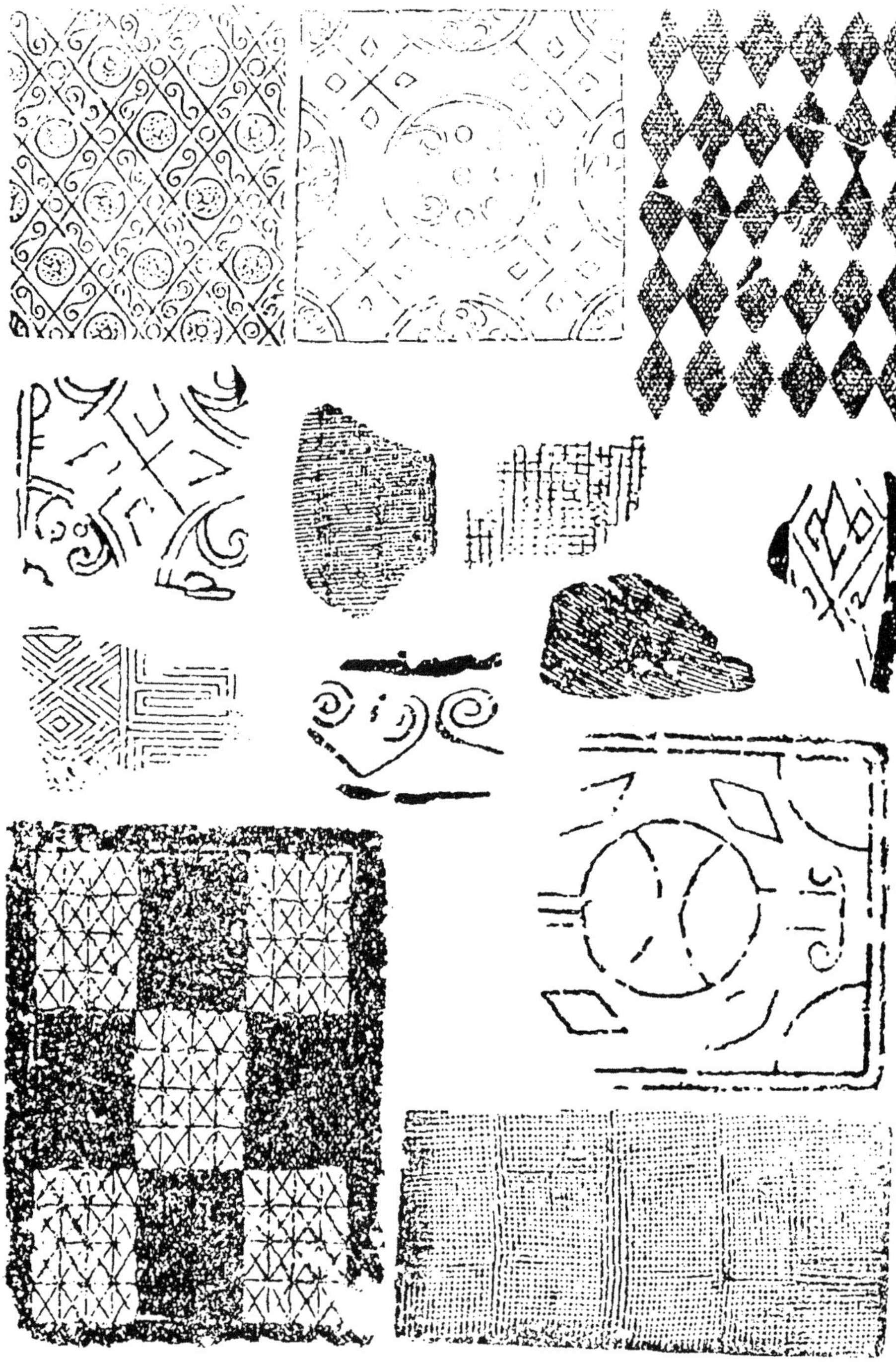

图2-24　花纹砖

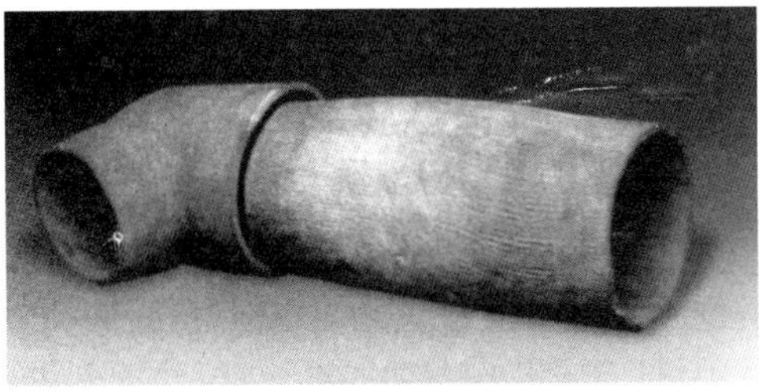

图2-25　秦圆形陶水管

图2-26　秦屋脊形陶水管道

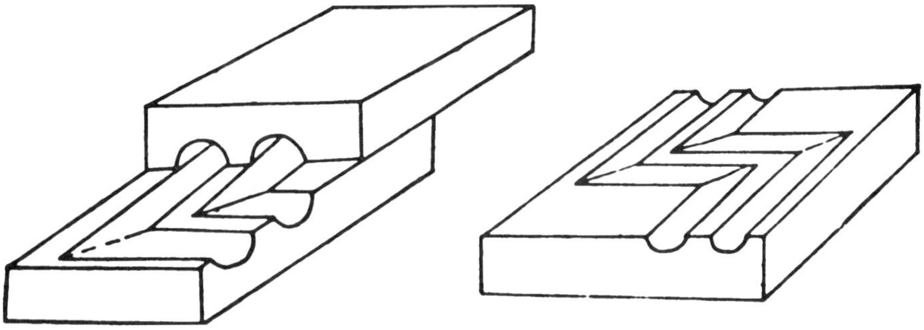

图2-27　青石水道

五、玉雕石刻业

（一）玉　　器

玉器的制作工艺在我国有着悠久的历史，据《尚书·舜典》记载：舜摄帝位“在璿玑玉衡，以齐七政。肆类于上帝，禋于六宗。望于山川，编于群神，辑五瑞。既月，乃日觐四岳群牧，班瑞于群后。岁二月，东巡守，至于岱宗。柴望秩于山川，肆觐东后。协时月正日。同律度量衡，修五礼、五玉……”。考古发现的材料证明，夏、商、周时期，玉器生产的规模和数量仅次于陶器。

秦人进入关中地区之后，春秋早期继承了周人制作玉器的传统和风格，形式拙朴，线条细密规矩，但在雕刻技术和器类数量上又远远地超过了西周时期。当战国中晚期玉器艺术达到新的高峰之时，秦国玉器却日渐式微。秦人对玉的认识没有儒家的一套“君子之德比玉”观念，只是把它视为装饰性的“宝”而已（图2-28）。

秦国在春秋时期主要生活在关中西部，所以秦人的玉器也多半在宝鸡地区、凤翔雍都一带有所发现。春秋早期秦国大夫级贵族墓葬，如陇县边家庄5号墓出土有玉泡、玉圭。有串饰两组，其中一串在颈部，由玉玦2件、玉牌7件、玉鱼1件、玛瑙珠80粒和

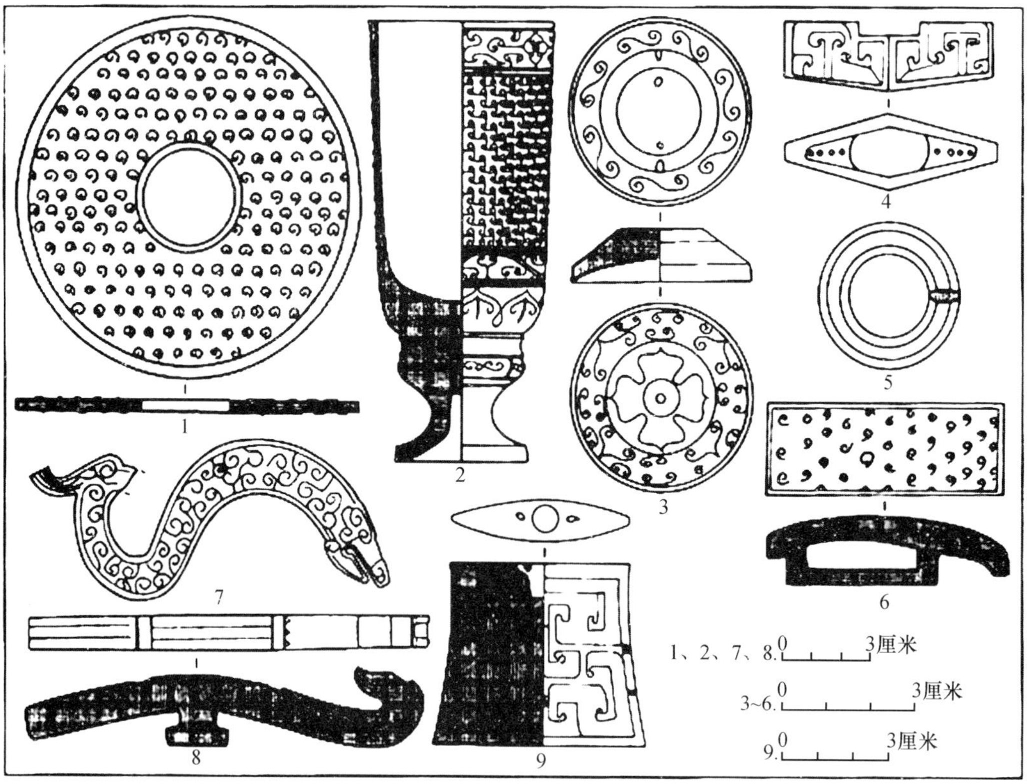

图2-28　秦代玉器

1. 璧（荣成成山出土）　2. 高足杯（阿房宫遗址出土）　3. 剑首（西安潘家庄M154：1）
4. 剑格（西安潘家庄M154：2）　5. 环（西安潘家庄M165：1）
6. 剑璏（西安潘家庄M189：1-1）　7. 龙形佩（咸阳塔儿坡秦墓37337：1）
8. 带钩（西安茅坡M15：1）　9. 剑珌（西安潘家庄M154：3）

若干绿松石组成[44]；户县宋村3号墓主人的玉器有玉圭、玉戈、玉管、玉牌，头部发现饰一串由一个穿圆孔的方玉片、三个鳞形玉牌、九枚绿松石管和74颗鸡血色石珠组成。墓中有4位殉人也口含玉玦、石玦、蚌琀等[45]；春秋早期墓出土玉器的，还有宝鸡阳平镇秦家沟、宝鸡福临堡的秦墓，出土有玉圭、玉玦、玉鱼等。

雍都遗址出土玉器的数量多而集中，如八旗屯春秋早期秦墓BM27出玉璧、玉玦、石璧，BM102的殉人随葬有玉琀、玉珠、玉璧和石圭；马家庄秦秋中晚期宗庙遗址和祭祀坑中出玉器一批，计有玉璧81件，玉玦21件，石圭34件，煤精环2件，玉璜21件，由于器形较小、制作粗糙，可知是祭祀用玉；姚家岗凌阴遗址中也出土玉璧、玉玦、玉圭多件。高庄墓地时代属春秋晚期，出土有玉璜90件、白玉玦2件、蓝色玉璧1件、玉襟钩1件、串饰11件[46]（图2-29）。

凤翔南指挥的秦景公大墓（凤翔秦公一号墓），时间到了春秋晚期，虽然经过多次盗掘，仍出土各类随葬品3000多件，其中玉器就有璧、璜、圭玦、白玉戈、璋、石鱼、透雕蟠螭纹玉佩、煤精玉饰、青石马头等多件[47]。

图2-29　秦雍城遗址出土玉器

1、7. 玉璧　2. 玉觿　3. 玉琮　4～6. 玉璜

宝鸡益门二号秦墓，时代为春秋晚期偏早，随葬的金柄铁剑最为有名，而玉器还相当地多，计有璧10、环7、璜24、各式玉佩78件、觿13件、带钩1件，另有玛瑙饰1件、绿松石串饰1件、料串饰2件[48]。

由前面所举数例中可以看出，春秋时期秦国玉器不出礼玉的范围，典型者如谷璧、玉璧、玉玦、玉琮、玉璋、玉戈等，其次是佩戴的玉蝉、玉觿、玉环、玉带钩、玉耳匙和各种玉佩饰等。这批玉器的雕琢工艺技术精细，大部分器表上饰有布局细密匀称的蟠螭纹、卷云纹和兽面纹。有的纹饰系阴刻，有的则为浅浮雕。益门秦墓的虎形玉佩饰，方首卷尾，通体雕蟠螭纹及卷云纹，甚具艺术趣味。从整体而言，秦玉造型与图案纹饰设计一般还合理美观，阴刻线雕与平面浮雕的线条较为流畅，从而反映出技术娴熟，表现出当时秦国玉器雕琢工艺的辉煌成就。

战国时期，秦人重视耕战不尚奢华，玉器发现极少。这一社会风气一直影响到统一后的秦帝国时期（图2-30）。

玺印作为个人的信物，但对于帝王贵族则成了权力的象征。秦代开始用玉制印，

1

2

图2-30　玉佩

1. 战国龙形玉佩（1991年出土于咸阳渭城湾村）　2. 玉璧（旬邑秦墓）

秦始皇的大印独称“玉玺”或“御玺”。《史记·秦始皇本纪》：“（九年）长信侯毐作乱而觉，矫王御玺及太后玺以发县卒及卫卒、官骑、戎翟君公、舍人，将欲攻蕲年宫为乱。”《集解》引蔡邕语：“诸侯大夫印称玺”，可知春秋战国时代王后之印称玺是各国通例而非秦人独创。但卫宏又说：“秦以前民皆以金、玉为印，龙虎纽，唯其所好。秦以来，天子独以印称玺，又独以玉，群臣莫敢用。”据传，秦始皇的御玺是用灭赵后取得的“和氏璧”刻成，印文是李斯篆书的“受命于天，既寿永昌”八字。

出土的秦代玉器数量极少，而且同祭祀有关。1975年8月，山东烟台芝罘岛阳主庙遗址出土2组8件玉器，每组分别为玉璧1件、玉圭1件和玉觿两件[49]。玉璧刻谷纹和涡纹，并涂有朱砂，显然是祭祀的礼玉。很可能是秦始皇东游海上登芝罘祀“八神”之一的“阳主”时所瘗埋（《史记·封禅书》）。1971年西安北郊联志村秦代窖藏，出土玉人、圭、璋、璧、璜、觿、虎等85件，均为碧玉。其中的男女两玉人是长条的扁平状，用阴线刻出眉、眼、鼻、口和腰带，高7.4～7.5、宽1.4～1.5、厚0.4～0.5厘米；联志村玉虎也是扁平的片状，用阴线刻出头及四肢；可能是“六器”之一的玉琥[50]；三件玉璜中仅一件雕刻兽首。其余的圭、璋、璧都是素面的，而少数玉器仅有粗糙的阴刻线花纹。由制作简单判断，此窖穴玉器可能同祭祀有关。这种片状的玉人，在宝鸡市马营镇凉泉村东的汉墓中，也出土过一件男性玉人，头顶右侧的椎髻挽起，高

12、宽2.1、厚0.5厘米[51]。

玉有软硬之分，“软玉”的硬度为6.5，“硬玉”的硬度为6.5～7。两种玉的外形相似，但比重有别，硬玉为3.25～3.4，而软玉只有2.9～3.1。我们平常所说的玉，实际是软玉，是含水的钙镁硅酸盐。硬玉另有一个名字叫“翡翠”，属于钠铝硅酸盐。真正的玉石晶莹剔透，颜色纯丽，光彩熠熠，且质地坚硬而耐磨，但较脆。故在加工制作时，需要特殊技术，必须花费相当长的时间和劳动力。《诗·卫风·淇奥》说：“如切如磋，如琢如磨。”秦的玉器制作工艺过程首先是选料，然后琢制或锯成粗坯，再细致修整，最后雕刻纹饰。制玉是很艰辛的，是一项专门技术，况且由于玉料的产地并不很普遍，雕琢玉器的工艺技术又比较复杂，因此玉雕制品在当时是很珍贵的物品，平民墓中很少发现。在秦公一号大墓的匣殉中，曾发现有小型的刀和凿，可能是制玉所用的工具。其匣殉的主人生前当属专门为国君制玉的工匠，他们的生前身份很可能相似于《周礼·考工记》中的“玉人”和“雕人”。秦代的玉器手工业不见于文献记载，从《汉书·百官公卿表》看，少府是秦的旧官，其属官有东园匠和尚方，其职责之一可能就有负责玉器制作等方面工作的。

战国晚期之后至秦王朝统治时期，由于石雕工艺发展，制作玉器的规模和数量比以前有所减少。

（二）石　器

玉是矿石中最高贵的一种，所谓“玉乃石之美者”。在古人眼里，把质地细腻的石材与玉同等对待。所以，边家庄5号墓里出土有石圭、石管、石璧、石条形饰、石贝多件。而凤翔雍城中的马家庄宗庙遗址和祭祀坑中，既有璧、玦、璜等一批礼玉，也有石圭34件，煤精环2件。

秦的小件石制品加工工艺和玉雕大体一致，仅是质料上的差别。

战国晚期以前的秦国，以玉器为多，石器较少。秦公一号大墓内出的一件石马头，系黑色大理石琢制而成，形象逼真；秦公陵园钻探时发现一对石俑，系砂岩琢制而成，虽然没有表现出石俑的细部特征，但却从其线条上明显看出系一男一女，显然是秦国石雕工艺处于初期水平的作品。

战国晚期之后，随着秦代山陵制度的兴起，作为装饰陵寝的大型石雕也随之而起。秦始皇陵园的地面有无石象生？固然不敢轻易给予肯定或否定，但《西京杂记》上说汉五柞宫的青梧观前二尊石麒麟，从胁下的文字知是始皇陵上之物，这是否提供了一个信息呢？

秦代把大型的石料加工后用于陵墓。秦始皇陵墓用石材量相当大，在寝、便殿和食官遗址中见到的踏步、铺地石、水道仅仅是用石的一部分。由于骊山的岩石是些古老的变质岩和花岗岩，难于加工；靠近陵墓的山前洪积区前沿，虽然有第三纪的碎屑岩、角砾层之类，却是些不堪雕琢的疏松之物；而骊山南是秦岭的寒武纪大理岩，却因岩层厚，加之造山运动使岩石支离破碎，更无实用价值。那么，陵墓用石材就不能不仰仗外地。《史记·秦始皇本纪》有“发北山石椁，乃写蜀、荆地材皆至”的记载。晋人潘岳看到地区在《关中记》中也写道：“骊山无此大石，运取于渭北诸山。故其歌曰：‘运石甘泉曰口，渭水为不流。千人唱，万人相钩。’”采石于“渭北诸山”、一支庞大的运石队伍竟是“千人唱、万人钩”，石量之大非同小可。在今陵区的郑家庄、晏寨、毛家、陈家、焦家、胡家寨等村庄都散见有不少的青石残块（石灰岩）、郑家庄又有石材加工场地遗址的存在，说明把大量的石材用在陵墓之内。用作砌石、铺地、渠道，或雕刻成各种装饰品、艺术品，我们不得而知，但墓内形为石室（“石椁”）是得到了科学的验证[52]。

六、漆器制造业

（一）秦漆器的考古发现

漆器制造是我国古老的传统手工业。它的特点是抗酸、耐腐蚀、轻巧、华丽、坚固耐用。制造要求：不仅使之具有很广泛的实用价值，还颇具极高的观赏价值。因此，古代人们始终把它当做器用的上乘佳品，历来备受青睐也就不足为怪。

在秦以前，漆器生产的工艺水平已相当高。早在浙江余姚河姆渡的新石器时代文化遗址中，就曾发现一件面涂生漆的碗[53]；河北藁城台西商代遗址中，曾发现一批商代初期的漆器，虽大部分已经残破，但通过残片仍可以辨别出在朱红底色上绘制有饕餮纹、焦叶纹、云雷纹和夔纹等黑色花纹图案。有的花纹上还镶嵌着磨制成圆形、三角形的绿松石，有的还贴上很薄的金箔，装饰得十分考究和精致[54]。

秦处关中腹地，生长有漆树，《诗·秦风·车邻》就有“阪有漆，隰有栗”的诗句。据研究，“春秋以前，大约沿秦岭、渭河流域向东到黄河中下游，即分布在陕西、河南、湖北、山东的一条线上”[55]。秦据有巴蜀之后，“陇、蜀之丹漆旄羽”（《盐铁论·本议篇》）更是扩大了漆的来源。生漆是漆树上的分泌物，是制造漆器的主要原料。荒唐的秦二世曾想漆咸阳城，滑稽多智的优旃给予讽刺，说“漆城虽于百姓愁费，然佳哉！漆城荡荡，寇来不能上”（《史记·滑稽列传》）。想“漆城”，说明漆资源丰富。秦二世确实也开凿了一条运漆的渠道，《括地志》载：“漆渠，胡亥筑阿房宫工开此渠，而运南山之漆。”

为了满足秦上层统治者的需要，当时在制造金属器皿受到原料限制的情况下，就不惜耗费众多的物力、财力，投入到制作工艺相当复杂的漆器制造来，这就大大促进了漆器业的发展。秦的漆器手工业在商周时期已具备的工艺技术水平之上，又有新的创新和发展，而且漆器风格也与以前有所不同。由于年代久远，北方的漆器又不容易保存。因此考古发现的许多漆器已经炭化，有的只能见到部分残骸。而湖北云梦、江陵，河南泌阳，以及陕西秦始皇陵园兵马俑坑的考古发掘，都给我们提供了可贵的实物资料。

春秋时期秦国具有代表性的漆器，要数凤翔秦公一号大墓内的一批制品（图2-31）。该墓出土有漆几案、漆猪、漆盒、漆勺等。保存较为完整的漆器，均为木质胎。从一些残片看，还有部分漆器是夹纻胎质。器底髹黑、红两种颜色的漆，然后再绘出橙黄、红和黑色的各种几何形图案。

图2-31 漆木卧兽（凤翔秦公一号墓）

1986年，甘肃天水放马滩发掘战国秦墓13座，出土漆器有盘、樽、奁、耳杯、锤等，计11件。其中1件盘和3只耳杯保存较好，均系木胎髹以黑漆。在一耳杯底部刻“田贷”两字[56]。

河南泌阳秦墓，在1978年曾出土漆器17件[57]。盒、耳杯、舟、樽均彩绘。

四川出土秦国漆器也是很有代表性的。青川县战国墓群在1979～1980年的三次发掘中，在72座墓葬中出土漆器177件，竟占随葬器物的41%。保存较好者只占少数，器形完整，色泽如新。胎骨多为木胎，系旋、雕、挖、卷、削而成。工艺技法分彩绘、雕绘、镶嵌和针刻等种。纹饰有龙、凤、鸟、兽、鱼、云纹、花草及各种几何图形。漆器文字有“成亭”等，显然是成都市亭管辖下的商品[58]；荥经县西是“严道古城遗址”，周围多有古墓葬。1981～1982年两次发掘6座战国早期的墓葬，出土奁盒、耳杯、双耳长杯等漆器，均单色，无彩绘，胎厚质粗。奁上有“成草（造）”“成”等刻造；曾家沟第21号墓出土漆扁壶、双耳长盒、圆盒、奁、耳杯等。尤其一件木质漆剑作圆盘首，被认为是荆楚人带来严（庄）道的[59]。

1975～1978年在湖北云梦睡虎地进行的三次发掘，共发现560余件漆器。这不仅填补了战国与西汉之间的漆器空白，而且对于研究秦代漆器工艺具有十分重要的学术价值。睡虎地M11出土漆器近40件，其中有盂2、圆盒2、樽1、卮1、耳杯23、圆奁1、六博棋1副（木棋盘和骨棋子26颗）；1977年，在M31、M33、M34和M36中又出土了一批漆器[60]；木匠坟秦墓出土漆器13件，包括圆盒2、圆筒仓1、双耳长盒1、扁壶1、卮1、耳杯6[61]；龙岗M10出土漆圆奁1件，器物上涂漆是内红表黑。在表面与盖顶上，用红漆绘花纹[62]（图2-32）。

湖北江陵扬家山135号秦墓出土漆木器80余件，大部完好。有耳杯、盘、圆盒、盂、奁、匕、木俑、梳、篦、车等。容器上的色漆多是内红外黑，在黑地上用红、褐、黄漆画鸟、龙、梅花点、云气、菱形几何等纹样[63]（图2-33）。

江陵凤凰山70号秦墓出土的漆盂，铭文纪年为秦始皇二十六年（公元前221年）。箍扣为银质，镶嵌花纹图案，是一件具有较高水平的扣器[64]。

以上在巴蜀、荆楚地区发现的秦国漆器，当与秦举巴蜀、攻拔郢都后移民有关。因而在漆器上往往表现出既有秦文化的特点，也有受当地习俗的影响。

秦始皇陵的陪葬墓经过发掘的，有漆器迹象的存在。经钻探的，也有漆皮的发

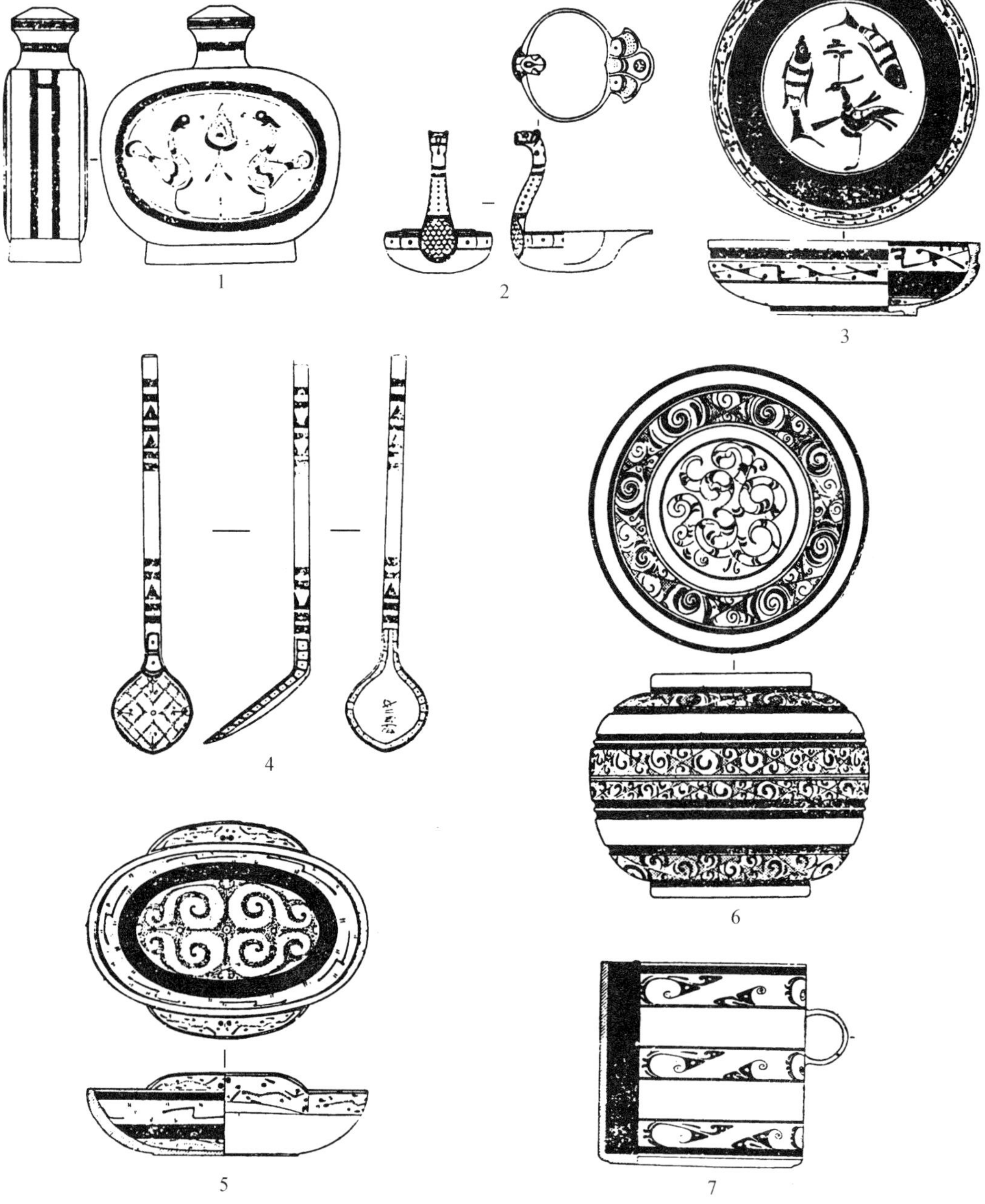

图2-32　云梦睡虎地秦墓出土漆器

现。而秦俑坑文物虽非实用器物，但用漆量之大是异常惊人的。为了在7000尊左右陶俑、陶马表面施彩，从工艺技术处理上需涂一层生漆。另外，木质战车和兵器都经过髹漆处理。木车表面或铺垫物涂漆后彩绘，长兵器之柲与弢、弩弓之干与箭箙、盾牌与鼓迹等也是漆后绘画的[65]。

（二）漆器的制作技术、生产的管理与产品的销售

图2-33 江陵扬家山秦墓出土漆盘

秦的漆器制作，主要有木胎和夹纻胎两种，以前者为主。尚未发现竹胎漆器。制造漆器的工序较为繁杂，根据木质材料的差别，或旋挖，或斫削，或用薄板卷合胶粘，都是首先要加工制作木质粗胎，然后再髹之以漆。底漆需经过往复数次地涂，待漆干燥后再行绘画，最后要经过细致的局部修整和打磨。这种木胎漆器一般比较厚重，也是考古中常见的物种。对胎质极薄的漆器，则以金、银、铜等金属来镶嵌口沿部分，称之为“扣器”，以便起到加固的作用，这当然是一种高级的制品。夹纻胎（以麻布为胎）漆器的制造难度更大，但制成器物轻巧精美。至于金银平脱漆器，那是汉代出现的技术。《盐铁论·散不足》说“一杯棬用百人之力，一屏风就万人之功”，绝非夸饰之词。

春秋战国时期，秦对漆器手工业管理情况，不见文献记载，发现的实物资料亦无铭文。从大批漆器出土于秦公大墓看，漆器手工业还只局限于中央直属的手工业作坊。而地方官署或私人，可能还不具备经营的条件。

到了秦代，有中央官府手工业也有地方官署手工业作坊在生产漆器。江陵凤凰山70号大墓出土的漆器，铭文作“廿六年左工最元”。“廿六年”系始皇纪年，即公元前221年。秦中央“九卿”之一的“少府”，其属官有“左右司空”。“左工”就是在“左司空”监督下制作漆器的工人，其名曰“最元”。河南泌阳秦墓两个漆圆盒底部分别针刻“卅五年□工造”“卅七年工左匠造”等文字。“卅五年”和“卅七年”均系秦始皇纪年，即公元前212年和公元前210年。“左匠”是左司空监造下制造漆器的直接负责人。

私人经营的漆器作坊也可能已经出现，但目前还没有更多的证据。

在江汉秦墓中有大量漆器的随葬，说明漆器的使用不仅局限在社会上层，连中下级官吏到富有之家也都具有广泛性。云梦睡虎地11号秦墓的墓主喜，身份只不过是个县令史，竟随葬漆器近40件！

社会需求，刺激生产。云梦睡虎地和江陵凤凰山秦墓的漆器有“咸市”“许市”“咸”“郑亭”的铭文，不但说明咸阳、许昌等地的市亭漆器手工业作坊已经具备了相当大的规模，并掌握高超的工艺技术，而且其产品作为商品已经推向市场，并远销到外地。

七、纺　织　业

（一）织物概况

纺织是我国古代传统的手工业门类之一。早在新石器时代，人们就已经开始学会利用自然界野生葛、苎麻的纤维和蚕丝作为原料从事织造。从考古发掘数量可观的陶、石纺轮来看，当时纺织技术已相当普及。当然，这只是人们生产和生活需要而产生的个体行为，还没有形成集体的规模化的生产。到了商周时期，纺织技术不断提高，如在宝鸡茹家庄西周墓中出土了平纹组织和斜纹的提花织物[66]。纺织产品的用途不仅局限于人们的衣着，同时还满足于装饰和日常生活中其他方面的所需。《周礼·天官·幂人》就有“掌共巾幂，祭祀以疏布八尊，以画布巾幂六彝，凡王巾皆黼”的记载。由覆盖尊彝的巾幂不同，可见布有粗（疏布）和细（画布）的区别。

秦的纺织业在官府有手工业工场，主要生产丝织品；在民间还是同农业相结合的家庭副业，纺织品主要是麻布。

秦国的纺织手工业，基本上还是继承了商周时期的传统工艺技术。这个时期具有代表性的纺织品，主要还是发现于秦公一号大墓之内。从出土的一批标本看，既有丝织品，又有麻织物。前者主要发现于主椁室内，其用途除墓主人的衣着和陪葬品之外，还有主椁内壁上的幕布等；后者主要发现于陪葬者的箱、匣殉之内，当属陪葬者的衣着等。

战国晚期之后，秦代纺织手工业有了长足的发展。蚕丝织物，在秦的丝织品中所占的比例相当大，因为它具有纤维长、弹性好、光泽鲜艳、质地柔软和易采集等特点。丝织品的种类除绢、纱之外，还有锦等工艺较为复杂的复合织物，且已出现了毛织品。

在咸阳原一号秦宫遗址的窖穴中，出土了一包已经炭化了的衣服。包袱由双层构成，面系平纹绢，里为麻布，另用丝绳捆扎。由11种丝、麻制作的衣服虽然已经炭化，但仍可辨认出丝绸的质地，其种类大致有锦、绮、绢等。衣服形制分为禅衣、袷衣和丝绵衣三种，其质料分别是禅衣——平纹绢；袷衣——面为平纹绢或绢地锁绣和锦，里为平纹绢；丝绵衣——与袷衣相同。

把图案花纹织进丝织品中，在这里找到了实例。在锦和绢地锁绣（又称“编织绣”）上的图案是大的宽条菱形纹同小形的杯菱纹间隔横向排列，上下夹以几何条带。在几何图案的空间，以三角、圆点、弧线及多种连线填充。在杯菱图案的两侧，有举爪回望的两只相对的豹纹图案，从而打破二方连续的机械构图，有静有动，动静结合，显得规整大方。这种质地细微的编织绣线径每根只有0.6毫米，两根合股，拈向5拈。可以想见，原来色彩斑斓、图案华丽，不但是技艺高超的丝织品，而且是实用的工艺美术品，无论在纺织史还是美术史上都具有重要意义[67]（图2-34）。

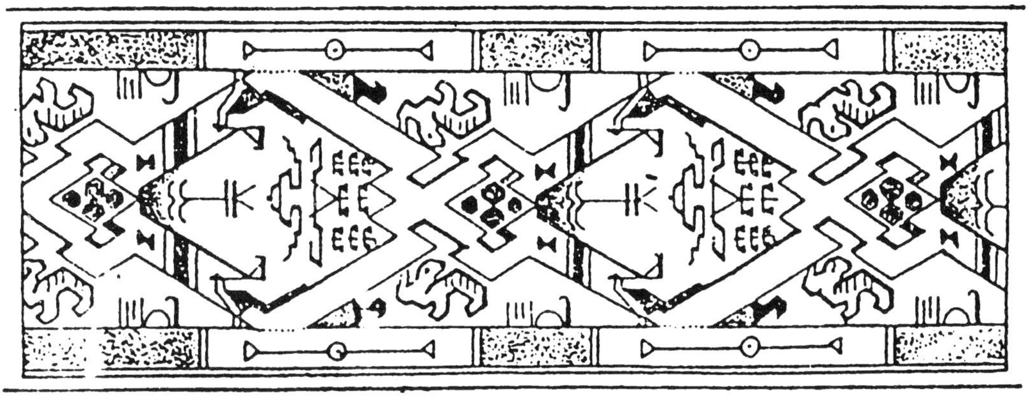

图2-34 咸阳一号秦宫遗址（窖穴中出土）丝织品图案

据已知的秦纺织品标本，能够辨别出的织物有以下几种。

（1）绢：系丝织物，为平纹组织，其经线密度28～80根/平方厘米，根径0.08～0.2毫米/根；纬线密度22～66根/平方厘米，根径0.1～0.5毫米/根。厚重而组织致密的称之为“缣”，粗厚坚实的一种称“绨”。

（2）纱：是平纹、方孔组织的丝织物。经密度为30～35根/平方厘米，纬度为27～35根/平方厘米。

（3）绮：是一种平纹提花织物，即地为平纹组织，提花部分是突起的二重组织。

（4）锦：是一种经线起花的高级织物。有花纹的还有“绣”“绫”“罗”等称呼。花纹素淡又极其轻薄的称作“縠”“纱”。

（5）麻织物：麻布一般为平纹组织，细麻布（布缌）的经密度可以达到40～45根/平方厘米、纬密度35～40根/平方厘米。而江苏六合和仁春秋晚期战国早期的一件铜匜被麻布包着，经鉴定系苎麻纤维，经线24根/厘米、纬向20根/厘米[68]，看来是粗麻布。

（6）缯布：属于再生布。云梦睡虎地4号秦墓木牍上有黑夫和惊两弟兄的家信，索要钱买衣服，就是这种缯布。

（7）刺绣：在丝织品上绣各种图案花纹，云梦秦简《工人程》就有“女子用箴（针）为缗绣它物”的。

（二）原料种类与产地

《周礼·天官·典丝》载：“掌丝入而辨其物，以其贾楬之。掌其藏与其出，以待兴功之时。颁丝以外内工[69]，皆以物受之。凡上之赐予，亦如之。及献功，则受良功而藏之。辨其物而书其数，以待有司之政令。上之赐予，凡祭祀，共黼画组就之物。丧纪，共其丝纩组文之物。凡饰邦器者，受文织丝组焉。岁终，则各以其物会之。”又据《周礼·天官·典枲》：“掌布缌缕纻之麻草之物。以待时颁功而授赍。及献功受苦功。以其贾楬而藏之。以待时颁。颁衣服授之，赐予亦如之。岁终。则各以其物会之。”以上所言的黼画组就、丝纩组文、文织丝组、布缌（细麻布）缕纻（苎麻纤维织成的布）等织品，点出织品的原料有丝、纻。

丝与麻是古代纺织业的主要原料，因此，桑和麻的种植在黄河流域较为普遍。在陕西西安半坡和华县泉护村新石器时代遗址的彩陶器上都留有麻布的印痕，那么多纺轮即是捻线的证据。麻籽作为粮食，属于“五谷”之一[70]。《诗·大雅·生民》有“麻麦蒙蒙，瓜瓞唪唪”句，麻麦并举，麻列首位，地在关中。

西汉以前在中原种植的麻是“大麻”（又名“火麻”“黄麻”）[71]，雌雄异株。作衣物原料的用雄株（即“牡麻”，又名“枲麻”“花麻”，俗称“水麻”），其皮纤细，织出的布叫“夏布”；雌株的“子麻”（又名“苴麻”、“秋麻”）籽粒可食，皮也可织细麻布，但粗硬又不洁白，一般作丧服，即“披麻戴孝”的所谓“麻衣”。用枲麻中的粗纤维，织褐衣，供贫贱人穿。云梦秦简《金布律》有作“大褐”“中褐”“小褐”及“幏布”时用枲多少的规定。这些文献资料，均说明从秦国到统一六国后，麻的产地从西北扩大到了江汉流域。

北方多有种桑养蚕的传统。《诗·豳风·七月》有“女执懿筐，遵彼微行，爰求柔桑”“蚕月条桑，取彼斧斨”之句，正是关中姑娘们从采桑叶养蚕到织染制衣的生动写照。齐、鲁一带，桑麻种植尤为普遍，《史记·货殖列传》载：“齐带山海，膏腴千里，宜桑麻”，邹、鲁“颇有桑麻之业”，所以就出现了“千亩桑麻”的大规模经营场面。

四川的盐亭被认为是黄帝元妃嫘祖的故里。据说，她教民养蚕缫丝。曹学全在《蜀中名胜记》中也有“成都古蚕丛之国，其民重蚕事，故一岁之中，二月望日，鬻鬻花木蚕器，号蚕市”的记载。古蜀国的蚕桑十分兴盛，汉画像砖上多有桑园的内容，“蜀锦”也驰名中外。秦据巴蜀之后，这里植桑养蚕、种麻纺织当有大的发展。

新石器时代，人们就已经开始利用葛藤织布。1972年，江苏吴县草鞋山遗址第10层发掘出三块葛布残片，经上海市纺织科学研究院等单位鉴定，其纤维原料可能是野生葛，属于纬线起花纹（山形和菱形的斜纹）的螺纹编织物[72]。我国在6000多年前就已经开始利用葛藤做衣服，《诗·周南·葛覃》有“葛之覃兮，施于中谷，维叶莫莫。是刈是濩，为絺（细葛布）为绤（粗葛布），服之无斁”的句子，表明西周时期利用葛藤纤维的纺织技术有了更大的提高。秦岭有葛藤的生长，蓝田县“葛牌”一地的取名，即是缘于葛条（就是藤条）攀附柳树密得像牌楼而来。秦人是否使用了葛布，很值得考究。

秦中央有“少府”，其属官在汉代设立有“东织”和“西织”，统一管理中央纺织手工业的“供养”。地方官署纺织手工业作坊的产品除“上贡”和留作自用之外，同中央级作坊一样，其产品主要是满足官府需要，只是把剩余的部分当做商品推向市场出售。而地方富豪业主所拥有的私人手工业作坊规模在迅速增大，其产品除自供外，其余大部分向朝廷进贡或出售。民间的纺织则以家庭为单位，其产品主要是满足自己的生活消费。

八、制　盐　业

盐是人们食用的调味品，生活必须，不可一日缺少。所谓“十口之家，十人食盐。百口之家，百人食盐”（《管子·海王篇》）。

秦人将盐、铁并论，可见其在当时的社会生活中占据的地位非同寻常。其种类，大体可以分为海盐、池盐（颗盐）、井盐和岩盐等。据《周礼·天官·盐人》：“掌盐之政令，以共百事之盐。祭祀，共其苦盐、散盐。宾客，共其形盐、散盐。王之膳羞，共饴盐。后及世子，亦如之。凡齐事。鬻盬以待戒令。”文献中所说的苦盐即池盐，是将盐水池利用自然挥发以采盐，这种盐味极咸而苦；散盐即海盐，是以海水晒煮而成的盐，其味略淡；形盐，即岩盐或井盐。井盐，是先凿井取卤，然后设灶煎熬而成的盐；饴盐即戎盐。《神农本草经》云：戎盐味咸。

秦国统治时期，由于关中闭塞，盐的多方来源受到限制。当时秦人的用盐主要以本地所产的岩盐或池盐为主，同时有少许巴蜀地区所产的井盐由秦岭栈道进入关中。到了秦代。制盐业得到了很大的发展，全国的盐产品相互流通，沿海地区所盛产的海盐则源源不断地流向关中地区，大大缓解了原先属于秦国辖地范围内用盐紧张的状态（图2-35）。

从古文献中，见不到秦国当时盐业生产和经营管理的情景，而属于秦王朝统治时期有关此方面的材料较多。例如，据《华阳国志·蜀志》记载，当时人们已经能够利用地下天然井（火气）来进行井盐加工。秦代除国家直接经营一部分盐业外，余皆由各地大盐商经营。这些人各自控制着本地盐的生产及销售，规模极大，往往“一家聚众

图2-35　井盐画像砖（成都扬子山一号墓）

或至千余人”（《盐铁论 · 复古篇》）。秦王朝往往对他们课以重税，“秦用商鞅之法，改帝王之制……又专川泽之利，管山林之饶盐铁之利二十倍于古”（《汉书 · 食货志》）。又据《汉书 · 百官公卿表》：“少府，秦官掌山海池泽之税，以供给养。”

第三节　秦对手工业的经营和管理

手工业作为社会产业的一个支柱，既要满足国家经济生活、军事建设和统治阶级的享受，又要满足广大社会与人民的生活需求，因此，它是以适应社会生产和生活为其存在的前提的。所以，一直受到国家的重视，也得到劳动人民的关心。

关于秦对手工业的经营和管理情况大体可划分为两个时期。

第一个时期，是从秦襄公立国成为诸侯到秦献公执政时期（公元前777～前362年）。

在这个时期内，秦国对手工业的经营和管理手段基本上是承袭周代传统制度和模式来进行的，而这种经营管理制度则带有浓厚的奴隶制色彩。

从古文献的记载看，当时手工业门类的设置较为齐全。据载：“国有六职，百工与居一焉。……知者创物，巧者述之守之，世谓之‘百工’。百工之事，皆圣人之作也。……凡攻木之工七、攻金之工六、攻皮之工五、设色之工五、刮摩之工五、抟埴之工二。”（《周礼 · 冬官 · 考工记》）其所谓攻木之工，包括：轮人、舆人、弓人、匠人、车人、梓人；攻金之工，包括：筑氏、冶氏、凫氏、段氏、桃氏；攻皮之工，包括：函人、鲍人、韗人、韦人、裘人；设色之工，包括：画缋、锺氏、筐氏、㡛氏；刮摩之工五，包括：玉人、楖人、雕人、矢人、磬氏；抟埴之工，包陶人、旗人。

秦国的手工业生产除国家直接经营的官府作坊之外，还有各级中、小奴隶主（即地方官府）与私人所经营的作坊。由国家经营的官府手工业作坊，其服务对象是直接满足以国君为首的秦国奴隶制统治者上层内部需要；由地方中、小奴隶主经营的手工业作坊，其产品有一部分作为赋税向国家官府纳贡，另一部分满足于他们自己使用或于市出售。上述两类手工业生产所需的直接劳动力，除终身为国家官府或中小奴隶主劳役的奴隶者以外，还有短期服劳役的自由民。由私人所经营的手工业作坊生产的产品，除一部分作为财税上缴之外，其余的大部分产品则当成商品自由出售。

秦国的上层统治者重视各种经营形式下的手工业作坊和所有门类的手工业生产，同时为手工业的生产提供多种便利的条件。但对产品质量的严格要求是当时手工业管理的一个重要方面，据《礼记 · 月令》：“孟冬之月，命工师效工，必功致为上。物勒其名，以考其诚，功有不当，必行其罪，以穷其情。”由此可见在当时人们已经有了强烈的产品质量意识。

第二个时期，是从秦孝公执政到秦王朝时期（公元前361～前221年）。

这个时期除继续保持秦国部分传统的手工业经营管理模式之外，新的封建体制下的手工业经营和管理形式亦开始出现。由于秦孝公时期进行了一系列的社会改革，进一步增强了秦国的国威，在取得东进的胜利之后，将国都迁至咸阳，为秦国的发展奠定了坚实的基础。政治改革也收到了明显的效果，“秦民大悦，道不拾遗，山无盗贼，家给人足，民勇于公战，怯于私斗，乡邑大治”（《战国策·秦策》）。加之到了战国末期，秦国在很多战争中的不断取胜，使许多列国开始屈服于秦国，这就为秦的手工业发展提供了更多的资源、先进技术和更多的劳动力。

随着新兴封建政权的建立，手工业生产和经营管理门类也有了新的设置，尽管从古文献中见到有关方面的直接记载不多，但从汉代的有关文献和新考古材料的发现，对了解当时秦的手工业经营和管理情况则提供了更加直观的新材料。这个时期内的手工业可分为：中央官府直接管理的大型作坊、由地方各级政府管理下的地方性官署手工业作坊、官府监督下的私人手工业作坊和私人自己经营的作坊。与第一个时期不同的是，秦的统治者只大规模地发展中央直属手工业，而对地方和私人经营的金属手工业则给予严格的限制。

第四节　手工工具

手工业生产和农业生产中的铁器，基本取代了青铜和各种非金属工具。《管子》关于耕者必有铁耒、耜、铫、镰，女子必有铁刀、铖铢等的记载，足见铁制生产工具到了战国晚期已经相当广泛和普及。战国晚期一方面是新的器类的出现，另一方面则表现为同类器具中形制的多样化，种类以斧、锛、镢、锸、铲、砍刀、刮刀、削刀为常见。木作工具中的凿、扁铲、铲刀、锯，加工工具中的钻头、冲牙、錾、砧等，都出现于这一时期，并且凿、錾、锯等都有多种不同的形制，而斧形凿、长柄耙、铸范、夹具等，则是矿冶劳动作业中的专用工具。农耕器具中铧冠、横銎镢、横銎多齿镢、半圆锄和人字锄等的出现和使用，反映出先秦时期农耕器具的基本类型至此都出现了铁制品，表明从土地整理、耕种、田间管理到谷物收割等农耕活动的各个环节，都开始了铁农具的应用[73]。这些工具除一部分出土于遗址外，绝大多数出土于贵族墓葬，一般的平民墓葬中少有发现。

锤　为石料加工工具，也可当做木工工具使用。多出土于战国晚期以后的秦建筑遗址或墓葬中，如1976年，在秦始皇陵东侧第三号兵马俑坑的发掘中，出土铁锤2件。秦始皇陵郑庄打石场遗址出土的7件铁锤可分为三型，一型呈椭圆柱体，体窄，面有穿木柄的长方形孔；二型呈长方形柱体，方孔；三型呈鸭嘴式，方孔。

凿　凿孔或挖槽用的工具。凿较为常见，多出土于建筑遗址、窖穴或墓葬，形式多样。整器呈长条形，竖銎，侧面呈楔形，一般为单面刃，也有双面平刃的，刃缘较器身宽。春秋到战国初期多为铜制，战国以后出现铸铁制和锻铁制两种，与先前相比，形制略有变化，銎口呈方形或梯形，銎部宽于或等于刃部，最为常见。

锛　为加工木料的工具。考古中较为常见，形制大同小异。体作长方形，竖銎，体较扁薄，一面垂直，一面斜直，单面刃，刃略外弧，銎部或宽于刃部，或等于刃部。早期为铜制，战国以后多为铁制，有铸制和锻制两种。多出土于遗址和墓葬中。凤翔秦公一号大墓和陇县店子秦墓地都有出土。秦始皇陵园出土16件均为铸铁制成，楔形两面刃，上端有贯木方銎，近銎端刃上偶见小孔，銎内贯木。

钳　凤翔西村秦墓出土的一把青铜钳[74]，保存十分完好，钳呈尖嘴，口内平齐，柄把作扁长方体，在柄把的末端各铸有一椭圆形孔，以备穿系，通长21厘米。该钳左右两个部件的联系，不是采用当今的联轴方式，而是在两个部件的联系处各铸有一长方形套口，由套口相互套合而成。从套合处看，不见有铸接或焊接的迹象，显系一次浇铸而成。体现了秦国高超的青铜铸造工艺。

角刀　用于切割或铲、刮用的手工业生产工具。1973年3月陕西凤翔雍城遗址上的一个窖穴里曾出土2件。其形制相同，大小有别。条形薄片状，末端窄，往前渐宽，斜角刃，刃尖锋利。此类角刀主要作切割用，兼可铲、刮等。末端有敲砸痕，可见曾用锤敲打过，不过以手直接握持使用亦很方便。

铜钻　主要用于钻孔、冲眼的生产工具。1983年陕西凤翔雍城遗址曾出土一件，方銎、尖首、四棱体。此器尖端使用痕迹明显，既可用锤敲击冲眼，亦可旋转钻孔。

斧　是主要用于砍伐树木的工具。春秋到战国早期主要见于青铜制造，战国中晚期逐步被铸铁工艺取代。形制多样，青铜斧多侧视为楔形，弧形双面刃，长方形銎，銎口沿有一道箍，斧身两侧有竖脊一道，銎一面有一长方形小孔；或呈亚腰形，体较短。铁斧与铜斧形制差别较大，如秦始皇陵遗址上出土的21件铁斧保存的比较完好，但无一件与铜斧相似。有14件形状似铲，无銎，使用时把木柄缚夹在斧的上端外周。长12～16、宽4～9、厚0.2～0.8厘米。有6件较前者窄长，长14.4、宽9、厚0.2～0.6厘米。还有3件上端缚柄处中间有圆孔，系加固木柄穿钉用，长18.4、刃宽10.4厘米。

铜锯　用于锯解竹、木、骨角等的工具。流行于春秋晚期至战国初期。此类锯在河北平山、河南信阳、湖北随州、江西新余市等地的春秋战国墓葬中均有出土，使用时可能是夹在木柄中，相当于手锯。

铜削　小型括削工具，在采用竹简作书写材料时常用以刮削竹筒，因而也被视为一种文具。形状多为弓背、尖首、细柄环首。流行于春秋晚期至战国时期。陕西宝鸡益门一号春秋晚期的秦墓曾出土金环首铁削刀 15件，其中13件为金制环首，铁制身、柄，形制基本相同，大小有别。刃部略内凹，前部收成尖锋，厚方背，刀身断面作等腰三角形。长柄较直，断面呈长方形。椭圆形金制环首，与柄衔接处作方形，有方形榫孔，与柄之末端铆合。有的在出土时近柄部有革质编结痕迹，或为刀鞘类遗物。

注 释

[1] 张天恩：《早期秦文化特征形成的初步考察》，《炎帝与汉民族论集》，三秦出版社，2003年。
[2] 甘肃省文物考古研究所等：《礼县圆顶山春秋秦墓》，《文物》2002年第2期。
[3] 卢连成、杨满仓：《陕西宝鸡县太公庙村发现秦公钟、秦公镈》，《文物》1987年第11期。
[4] 早期秦文化联合考古队：《2006年甘肃礼县大堡子山祭祀遗迹发掘简报》，《文物》2008年第11期。
[5] 陕西省咸阳市文物局：《咸阳文物精华》，文物出版社，2002年。
[6] 《三秦瑰宝——陕西新发现文物精华》，陕西人民出版社，2001年。
[7] 曹明檀等：《陕西凤翔高王寺战国青铜器窖藏》，《文物》1981年第1期。
[8] 李自治、尚志儒：《陕西凤翔西村战国秦墓发掘简报》，《考古与文物》1986年第1期；李自治：《记陕西凤翔出土的战国铜钳》，《考古与文物》1986年第11期。
[9] 同［ 6 ］。
[10] 王学理：《秦代科技珍闻》，见《王学理秦汉考古文选》，三秦出版社，2008年。
[11] 秦始皇兵马俑博物馆、陕西省考古研究所：《秦始皇陵铜车马发掘报告》，文物出版社，1998年。
[12] 王学理：《秦俑专题研究·秦代军工生产标准化的初步考察》，三秦出版社，1994年。
[13] 田亚岐：《凤翔出土秦半两钱母范》，《陕西金融》第2期；又陕西省钱币学会编：《秦汉钱范》，三秦出版社，1992年。
[14] 王学理：《秦俑专题研究·秦俑坑青铜兵器的科技成就管窥》，三秦出版社，1994年。
[15] 彭曦：《商代用铁说可否成立？》，《社会科学战线》杂志出版之《文史论集》1981年第2期。
[16] 河南省文物考古研究所、三门峡市文物工作站：《三门峡虢国墓地》，文物出版社，1999年。
[17] 秦国在春秋早期用铁的考古材料，陕西省考古研究所宝鸡工作站：《陕西陇县边家庄春秋五号墓发掘简报》，《文物》1988年第11期；刘得祯等：《甘肃灵台景家庄春秋墓》，《考古》1981年第4期；戴春阳：《礼县大堡子山秦公墓地及有关问题》，《文物》2000年第5期；甘肃省文物考古研究所等：《甘肃礼县圆顶山98LDM2、2000LDM4春秋秦墓》，《文物》2005年第2期。
[18] 宝鸡市考古工作队：《宝鸡市益门村二号春秋墓发掘简报》，《文物》1993年第10期。
[19] 陕西省考古研究所：《陇县店子秦墓》，三秦出版社，1998年。
[20] 陕西省雍城考古队：《凤翔马家庄秦宗庙遗址发掘简报》，《文物》1985年第2期；秦公一号大墓的考古发掘资料目前正在整理过程中；李自治、尚志儒：《陕西凤翔西村战国秦墓发掘简报》，《考古与文物》1986年第1期；李自治：《记陕西凤翔出土的战国铜钳》，《考古与文物》1986年第11期。
[21] 张天恩、田仁孝：《宝鸡先秦考古的重大发现》，《宝鸡文博》1992年第2期。
[22] 礼县博物馆：《秦西垂陵区》，文物出版社，2001年。
[23] 秦始皇兵马俑博物馆、陕西省考古研究所：《秦始皇陵铜车马发掘报告》，文物出版社，1998年；陕西省考古研究所等：《秦始皇陵兵马俑坑·一号坑发掘报告》，文物出版社，1989年。
[24] 咸阳市博物馆：《陕西咸阳塔儿坡出土的铜器》，《文物》1975年第6期。

［25］《关中秦汉陶录》卷一，《续关中秦汉陶录》卷一；陈直：《两汉经济史料论丛》，陕西人民出版社，1958年；吴梓林：《秦都咸阳遗址新发现的陶文》，《文物》1964年第7期；秦都咸阳考古工作站：《秦都咸阳一号宫殿建筑遗址简报》，《文物》1976年第11期；王学理：《秦始皇陵研究》，上海人民出版社，1994年；王学理：《咸阳帝都记》，三秦出版社，1999年。
［26］陕西省考古研究所等：《秦始皇陵兵马俑坑·一号坑发掘报告》，文物出版社，1989年。
［27］王学理：《秦始皇陵研究》第五章《历史的物证》，上海人民出版社，1994年。
［28］秦俑考古队：《临潼县陈家沟遗址的调查简报》，《考古与文物》1985年第5期。
［29］秦俑考古队：《秦代陶窑遗址调查清理简报》，《考古与文物》1985年第5期。
［30］陕西省考古研究所：《陇县店子秦墓》，三秦出版社，1998年。
［31］雍城考古工作队：《凤翔县高庄战国秦墓发掘简报》，《文物》1980年第9期。
［32］金学山：《西安半坡的战国墓葬》，《考古学报》1957年第9期。
［33］秦都咸阳考古队：《咸阳黄家沟战国墓发掘简报》，《考古与文物》1983年第6期。
［34］王学理：《秦都咸阳》，陕西人民出版社，1985年。又《咸阳帝都记》，三秦出版社，1999年。
［35］秦俑考古队：《秦始皇陵东侧上焦村马厩坑的钻探试掘简报》，《考古与文物》1980年第4期；秦俑考古队：《秦始皇陵东侧陪葬墓发掘简报》，《考古与文物》1980年第2期。
［36］陕西省考古研究院等：《秦雍城豆腐村战国制陶作坊遗址》，科学出版社，2013年。
［37］尚志儒：《秦瓦研究》，《文博·秦文化秦俑研究特刊》1990年第5期。
［38］陕西省考古研究所秦汉研究室编：《新编秦汉瓦当图录》，三秦出版社，1987年。
［39］刘怀君：《眉县秦汉瓦当图录》，三秦出版社，2002年。
［40］王学理：《秦始皇陵研究》，上海人民出版社，1994年。
［41］陕西省考古研究所等：《秦始皇陵兵马俑坑一号坑发掘报告（1974～1984）》，文物出版社，1988年。
［42］王学理：《秦都咸阳》，陕西人民出版社，1985年。又《咸阳帝都记》，三秦出版社，1999年。
［43］陕西省考古研究所等：《秦始皇陵兵马俑坑一号坑发掘报告（1974～1984）》，文物出版社，1988年。
［44］陕西省考古研究所宝鸡工作站等：《陕西陇县边家庄五号春秋墓发掘》，《文物》1988年第11期。
［45］陕西省文管会秦墓发掘组：《陕西户县宋村春秋秦墓发掘简报》，《文物》1975年第10期。
［46］吴镇峰、尚志儒：《陕西凤翔八旗屯秦国墓发掘简报》，《文物资料丛刊》第3辑，文物出版社，1980年；雍城考古队：《凤翔马家庄一号建筑群遗址发掘简报》，《文物》1985年第2期；陕西省雍城考古队：《陕西凤翔春秋秦国凌阴遗址发掘简报》，《文物》1978年第3期；雍城考古队：《凤翔县高庄战国秦墓发掘简报》，《文物》1980年第9期；赵丛苍：《记凤翔出土的春秋秦国玉器》，《文物》1986年第9期。
［47］秦公一号大墓简报资料至今未发表，多见学者论文中有零星的引用。
［48］宝鸡市考古工作队：《宝鸡市益门村二号春秋墓发掘简报》，《文物》1993年第10期。
［49］烟台博物馆：《烟台市芝罘岛发现一批文物》，《文物》1976年第8期。
［50］《周礼·春官·大宗伯》："以玉作六器。以礼天地四方。以苍璧礼天，以黄琮礼地，以青

圭礼东方，以赤璋礼南方，以白琥礼西方，以玄璜礼北方。”

[51] 西安联志村的玉人等玉器，见西安市文物保护考古所编：《西安文物精华——玉器》，世界图书出版公司，2004年；宝鸡汉墓出土的秦代玉人材料，见《西安晚报》2013年8月28日《秦代玉人现身宝鸡汉墓》。

[52] 王学理：《秦始皇陵研究》，上海人民出版社，1994年。

[53] 牟永抗：《试论河姆渡文化》，《中国考古学会第一次年会论文集》，文物出版社，1979年。

[54] 琉璃河考古队：《1981～1983年琉璃河西周燕国墓地发掘简报》，《考古》1984年第9期。

[55] 林剑鸣：《我国古代劳动人民对生漆的发现和利用》，《西北大学学报（自然科学版）》1978年第1期。

[56] 甘肃省文物考古研究所等：《甘肃天水放马滩发掘战国秦汉墓群的发掘》，《文物》1989年第2期。

[57] 驻马店地区文管会等：《河南泌阳秦墓》，《文物》1980年第9期。

[58] 四川省博物馆、青川县文化馆：《青川县出土秦更修田律木牍》，《文物》1982年第1期。

[59] 四川省博物馆：《四川荥经秦汉墓发掘简报》，《文物资料丛刊》第4辑；四川省文管会：《四川荥经曾家沟战国墓第一、二次发掘》，《考古》1984年第12期；四川省文管会：《四川荥经曾家沟21号墓清理简报》，《文物》1989年第5期。

[60] 孝感地区第二期亦工亦农文物考古训练班：《湖北云梦睡虎地十一号秦墓发掘简报》，《文物》1976年第6期；云梦县文物工作组：《湖北云梦睡虎地秦汉墓发掘简报》，《考古》1981年第1期。

[61] 云梦县博物馆：《湖北云梦木匠坟发掘简报》，《江汉考古》1987年第4期。

[62] 湖北省文物考古研究所等：《湖北云梦龙岗秦汉墓地第二次发掘简报》，《江汉考古》1993年第1期。

[63] 湖北荆州地区博物馆：《江陵扬家山135号秦墓发掘简报》，《文物》1993年第8期。

[64] 湖北省博物馆：《湖北省文物考古工作新收获》，《文物考古工作三十年》，文物出版社1979年。

[65] 陕西省考古研究所等：《秦始皇陵兵马俑坑·一号坑发掘报告》，文物出版社，1989年。

[66] 李也贞等：《有关西周丝织和刺绣的重要发现》，《文物》1976年第4期。

[67] 王学理：《秦都咸阳》，陕西人民出版社，1985年。又《咸阳帝都记》，三秦出版社，1999年。

[68] 吴山菁：《江苏六合和仁东周墓》，《考古》1977年第5期。

[69] 外工，即国中嫔妇。内工，即宫中女御与众女工等。都是治丝者的通称。

[70] “五谷”有多种不同说法，有指稻、黍、稷、麦、菽，又指麻、黍、稷、麦、菽。两者的区别仅在于稻和麻有无。因为古代经济文化中心在黄河流域，尽管关中腹地有“滮池北流，浸彼稻田”（《诗·小雅·白华》），已经种稻，但“麻籽”还是主要食粮之一，所以“五谷”中最初无稻。

[71] 张骞出使西域时，引进来的是“胡麻”“亚麻”。

[72] 南京博物院：《江苏吴县草鞋山遗址》，《文物资料丛刊》第3辑，文物出版社，1980年。

[73] 白云翔：《先秦两汉铁器的考古学研究》，科学出版社，2005年。

[74] 李自治、尚志儒：《陕西凤翔西村战国秦墓发掘简报》，《考古与文物》1986年第1期。

第三章 都 邑

都邑的出现是人类社会进入文明阶段的重要标志之一。大约在新石器时代父系社会晚期，我国中原地区就首先出现了城邑建筑。它的出现是氏族社会生产力发展的结果。

古籍记载，早在传说时代中国就形成了都邑建筑。例如，《尚书》《左传》《周礼》及《史记》等早期文献，都记载了传说中的最古老的都城宫室，即所谓三皇五帝之都邑。对此，古代人曾作过很多有意义的探索，如南宋郑樵《通志·都邑略》、宋代《册府元龟》《太平御览》等书，均对古代文献记载做了整理、分析，系统地记述了三皇五帝之都的地点。

郑樵的探讨最有成效，他在《通志·总序》中说："都邑之本，金汤之业，史氏不书，《黄图》难考。"于是他"上稽三皇五帝之形势，远探四夷八蛮之巢穴"，作《通志·都邑略》。在《通志·都邑略》中，他载录三皇之都为："伏羲都陈（河南陈州）；神农都鲁（曲阜），或云始都陈；黄帝都有熊（河南新郑），又迁涿鹿。"五帝之都为："少昊都穷桑（曲阜）；颛顼都高阳（河南濮阳）；帝喾都亳（偃师），亦谓之高辛；尧始封于唐（河北唐县），后徙晋阳，即帝位都平阳（山西临汾）；舜始封虞（河南虞城），即帝位都蒲坂（山西蒲州）"。同时《通志·都邑略》还说："禹封于夏，受禅之后都平阳，又徙安邑。"[1]

《册府元龟·都邑》则说："夏禹初受封阳翟，后都平阳，或在安邑，或在晋阳。"《孟子·万章篇》："禹避舜子（商均）于阳城。"赵岐注："阳城在嵩山下。"《史记·封禅书·正义》也说："禹都阳城，避商均也。"

这些记载虽相互矛盾，不可据以为信史，但却清楚地表明，远在传说时代的中国古老土地上，确实诞生了最早的都邑建筑。虽然那时的都邑并不如我们想象的那样繁华，也没有后世那样规模宏大，它们还只是一座座政治、军事性的堡垒。然而就是这些不起眼的城堡，却是人类社会发展史上一次巨大变革。它标志着人类的历史已从野蛮时代转变、过渡到文明时代，人类社会又揭开了崭新的一页。

考古发掘资料表明，远在新石器时代龙山文化时期，中国大地上就出现了严格意义上的城堡建筑。例如，陕西神木石峁[2]，河南登封王城岗[3]、淮阳平粮台[4]、郾城郝家台[5]、安阳后岗[6]、辉县孟庄[7]，山东邹平丁公[8]等处龙山文化城址，以及湖南澧县城头山屈家岭文化城址等[9]，这些城都建有城墙，开有城门，城内还有大型的夯土建筑。

陕西神木县的石城遗址主要文化遗存及石峁遗址分布范围，具有高度的一致性，可以断定是目前国内所见规模最大的龙山时期至夏阶段的城址。2012年调查表明，石峁石城是保存较好的石砌城墙，分为外城、内城。内城墙周长约2000米，外城墙周长约2840米，面积约425万平方米。城墙保存基本完整，且大致可以闭合，有城门和疑似"马面""墩台""角楼"等城防建筑。考古队发掘了外城东门址，其体量巨大、结构复杂、技术先进，发现了壁画、玉器、大量龙山晚期至二里头早期的陶器残片等重要遗物。结合地层关系及出土遗物，初步认定石峁城址当始建于龙山中期，延续至龙山晚期至二里头早期阶段，属于龙山晚期至夏代早期之间的一个超大型中心聚落。其规模远远大于年代相近的良渚遗址（300多万平方米）、陶寺遗址（270万平方米）等已知的城址，是目前所知我国规模最大的新石器晚期城址。

辉县孟庄的城址平面呈正方形，城墙的长、宽均为400米，城内总面积16万平方米。主城墙顶宽5.5、底宽8.5米，残存高度0.2～1.2米，部分地段保存高度为2米。这座龙山时期城址的面积比以往在河南发现的其他龙山文化城址都大，城内除主要为龙山文化堆积外，还有二里头时期的文化层、商代二里冈期及东周文化层[10]。说明这座城址使用的时间相当长。

据推测，上述龙山文化时期城址的始建时间在距今5000～4500年。这个时期正是中国氏族社会开始瓦解，进入原始社会后期部落联盟的阶段。其相对年代与传说时代的三皇五帝基本相当。考古资料证明古籍中关于传说时代即建有都邑的记载是可信的。

龙山文化时期的城堡，仅是中国都城发展史上萌芽时期的产物。进入夏商周时期，各国的都城虽有较大发展，但它们仍处在都城发展的初始阶段。这一阶段一直延续到春秋战国时期。

秦人是东夷族的一支，原本居于东部沿海地区。随着历史的推移，由东向西，他们来到了甘肃陇东，从来到天水和西汉水地区之后，曾在这块土地上徜徉了相当的时日。先居于西犬丘，后又邑于秦，直至襄公越陇山而进入关中地区，约有300年。然后回流，又由西向东，统一了中国。在这迁延千年而充满神奇色彩的大旋转中，秦人在甘肃沟谷中那段秘闻更是令人感兴趣的历史之谜。那么，秦人最早是什么时间来到陇东的？对此，史学、民族史和考古学界尚未取得一致认识，遂出现了"夏末说""商末说"。而学者只有通过对陕、甘两省考古学商文化的澄滤，才发现有更多的证据支持了商末周初秦人分批进入陇东的这一推断[11]。

非子为周王室养马，沿汧水上溯，越陇阪，进入清水流域。因其养马成效卓著，受到周孝王的器重，打算让他继承大骆为"适嗣"，但遭到申侯的极力反对。其所持的理由是"昔我先郦山之女，为戎胥轩妻，生中潏，以亲故归周""今我复与大骆妻，生適子成。申骆重婚，西戎皆服，所以为王"。于是，孝王让非子邑于"秦"、号曰"秦嬴"。"亦不废申侯之女为骆适者"，使成居西犬丘，以和西戎（《史记·秦本纪》）。孝王这样做的结果，其实是把非子另置一地，别地为宗，从而形成以非子和成各为宗主的两个支系。"西犬丘"和"秦"两个大的聚落中心，就形成了秦人在立国之前的政治中心。

周宣王时，以秦仲为“大夫”，立23年死于戎。

仲子庄公继续伐戎，为“西垂大夫”。

庄公儿子襄公因兵送周平王迁都雒邑有功，封为“诸侯”。从“始国”起，可“与诸侯通使聘享之礼”。在他即位的第二年，即越过陇坂（陇山）东徙关中。从此，秦人就大踏步跨上中国古代史的舞台，并扮演着极其重要的角色。为了适应形势的发展，进入陕西境内的秦人，自秦襄公起，曾七次迁都。

第一次：秦襄公徙居“汧”，故城在今陇县南汧水右岸的磨儿原上，建都时间14年（公元前776～前762年）。

第二次：秦文公卜居“汧渭之会”，所营城邑当为汧河汇入渭河大夹角处的古陈仓城。建都时间48年（公元前762～前714年）。

第三次：秦宪公徙居平阳，故址当在今陈仓区太公庙村至秦家沟一线的台地上。建都时间37年（公元前714～前677年）。

第四次：秦德公“卜居”雍城，遗址在今凤翔县城南。建都时间294年（公元前677～前383年）。

第五次：秦灵公居泾阳，城址当在泾阳县口镇一带，建都时间41年（公元前424～前383年）。

第六次：秦献公城栎阳，故址在今临潼县闫良镇东南的武家屯附近。建都时间33年（公元前383～前350年）。

第七次：秦孝公徙都咸阳，故址在今咸阳市东10千米窑店镇一带。建都时间143年（公元前350～前207年）。

第一节　早期秦人的两大聚落中心——西犬丘、秦

一、对早期秦都概念的界定

“西犬丘”和“秦”，均是秦人早期作为聚落中心的邑城。既然有很多学者要把它们作为“秦都”，那么，在叙述问题之前，就有必要对“秦都”的概念予以界定。

“西犬丘”和“秦”，同为秦人早期的宗邑。孝王召使非子为周王室养马并“邑之秦”后，由于秦内部是以非子和成各为宗主，成为两个支系，实际上也就出现了两地并存的局面。

但是，这种拥有两个宗主的局面并未维持多久，又复归为一。究其实，最根本的原因是蕴藏在秦族内部极其牢固的民族凝聚力，而其直接原因则是西戎对大骆一宗的覆灭。由史籍可知，西犬丘是秦人世代相承的宗邑，至少从非子以后起，每当犬丘出

现危险或陷落，秦人就会不分宗系，不论彼此，都能够不惜一切代价地去保卫它，甚至为此而献身。非子传三世至秦仲，时当周厉王。《秦本纪》："秦仲立三年，周厉王无道，诸侯或叛之。西戎反王室，灭犬丘大骆之族。"秦仲虽奋起反抗，还得到周宣王的支持而封其为"大夫"，但还是未能赶走西戎，反而在二十三年时被戎人所杀。他的壮烈牺牲，让儿子庄公誓报父仇。于是，庄公率领兄弟五人，与周宣王派的7000人合力猛攻，终于打败西戎。周宣王封其为"西垂大夫"，使之住守西犬丘（即"居其故西犬丘"），从而结束了两宗并存的局面。

古代帝王所在的国中，才可称之为"都"。那么，"秦"和"西犬丘"，能不能算作"都城"？

尽管非子养马有成，受到周王褒奖，"分土为附庸，邑之秦"（《史记·秦本纪》），有土有人民。但这只是给了有"采邑"的政治享受和经济实惠，绝不是周天子"封诸侯，班赐宗彝"而形成独立的政治实体（《史记·周本纪》）。没有册封，不能名正言顺，当然"秦"和"西犬丘"都算不上是"秦都"。说确切些，那只是早期秦人两个最大的聚落中心，究其实也不过是秦军事首领驻守的据点而已。

当秦襄公八年（公元前770年）兵送周平王东徙雒邑有功，平王才"封襄公为诸侯"，秦正式"始国"。只有到了这个时候，秦作为一个国家，才能"与诸侯通使聘享之礼"（《史记·秦本纪·正义》）。据《括地志》引《帝王世纪》："秦襄公二年徙都汧"，这才正式用了"都"的称谓。由此可见，"秦"和"西犬丘"在西周时期并不能称之为"秦都"，更同"国都"不能混为一谈。

二、寻找秦早期邑地的重要线索

秦人自商末周初进入今甘肃之后，特别是非子邑"秦"、成营"西犬丘"以来，他们一直活动在天水地区和西汉水流域的礼县、西和一带。后世流传的秦州（今天水市）、秦城、秦安、秦亭、秦谷等地名，显然都同秦人早期的活动有关。

天水地区的西周秦文化遗存，早已引起了考古工作者的关注。裴文中先生、甘肃省文管会都做过调查。1982～1983年，甘肃省文物工作队与北京大学考古系联合对甘谷县盘安镇毛家坪和天水县董家坪遗址进行了发掘。通过前后的野外工作，发现西周时期秦文化遗存在甘肃东部地区有着广泛的分布，在数百处周代遗存中占有相当数量。特别是，联合考古队对毛家坪两次发掘，并及时有"考古报告"的发表。其居址和墓葬提供的地层关系、葬制葬式、出土陶器等资料，是探寻秦人早期活动的重要依据[12]（图3-1、图3-2）。

1992～1993年，礼县爆发了大规模、长时间疯狂盗掘古墓的活动，致使位于礼县县城以东13千米处的大堡子山秦公大墓也遭到滥挖。但它同时也给寻找秦人早期的邑居，提供了线索。

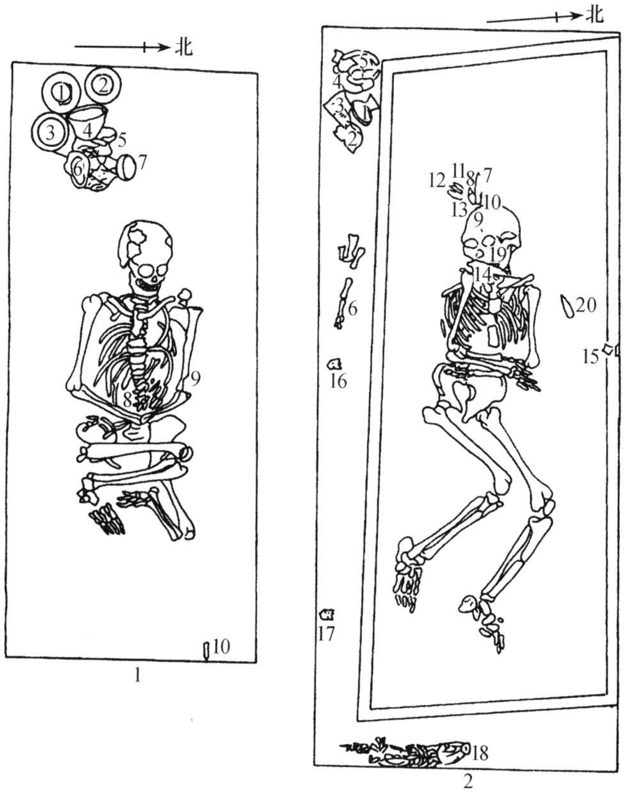

图3-1　毛家坪M6与M4平面图

1994年3月，甘肃省文物考古研究所对大堡子山秦公大墓进行了抢救性清理发掘。自2004年起，甘肃省文物考古研究所与北京大学考古文博学院、国家博物馆、陕西省考古研究院、西北大学考古文博学院等单位组成联合课题组，启动早期秦文化考古调查、发掘与研究项目，先后对礼县西汉水及其支流和清水县牛头河流域部分地区进行了考古调查，发现了大量周秦时期和秦人相关的遗存。其中在礼县西汉水及其支流的调查中共发现各类遗址98处，新发现70余处遗址。在调查的47处周代遗址中，以秦文化为主的遗址就有38处，其中有“六八图—费家庄”“大堡子山—赵坪”“雷神庙（西山）—石沟坪”三个相对独立、又互有联系的大遗址群，也可以说是早期秦人在这一带的几个活动中心区[13]（图3-3）。

三、文献所记西犬丘的大体位置与考古发现

西犬丘城邑的具体地点，《水经注·漾水》条下有详细记载：“西汉水又西南合杨廉川水（按：廉为广之误）。水出西谷，众川泻流，合成一川。东南流，迳西县故城北。秦庄公伐西戎破之，周宣王与其大骆犬丘之地，为西垂大夫，亦西垂宫也。”

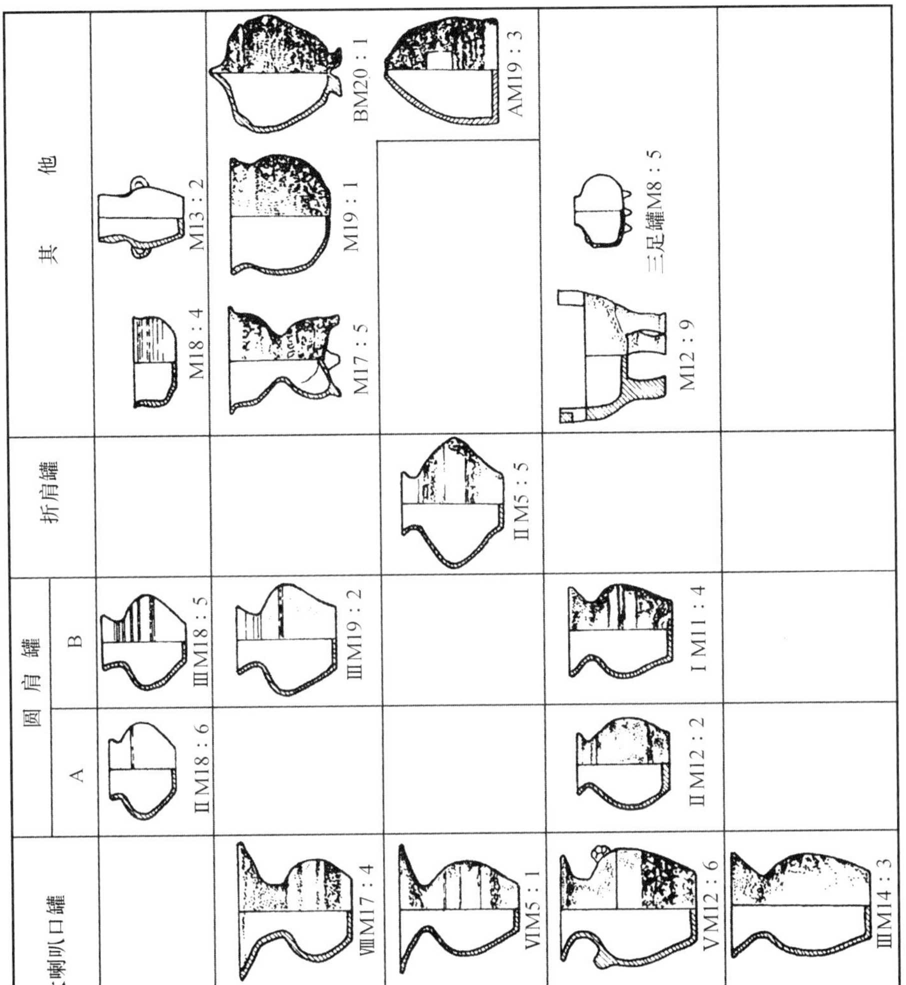

图3-2　毛家坪A组遗存墓葬三至五期陶器（采自陈平文）

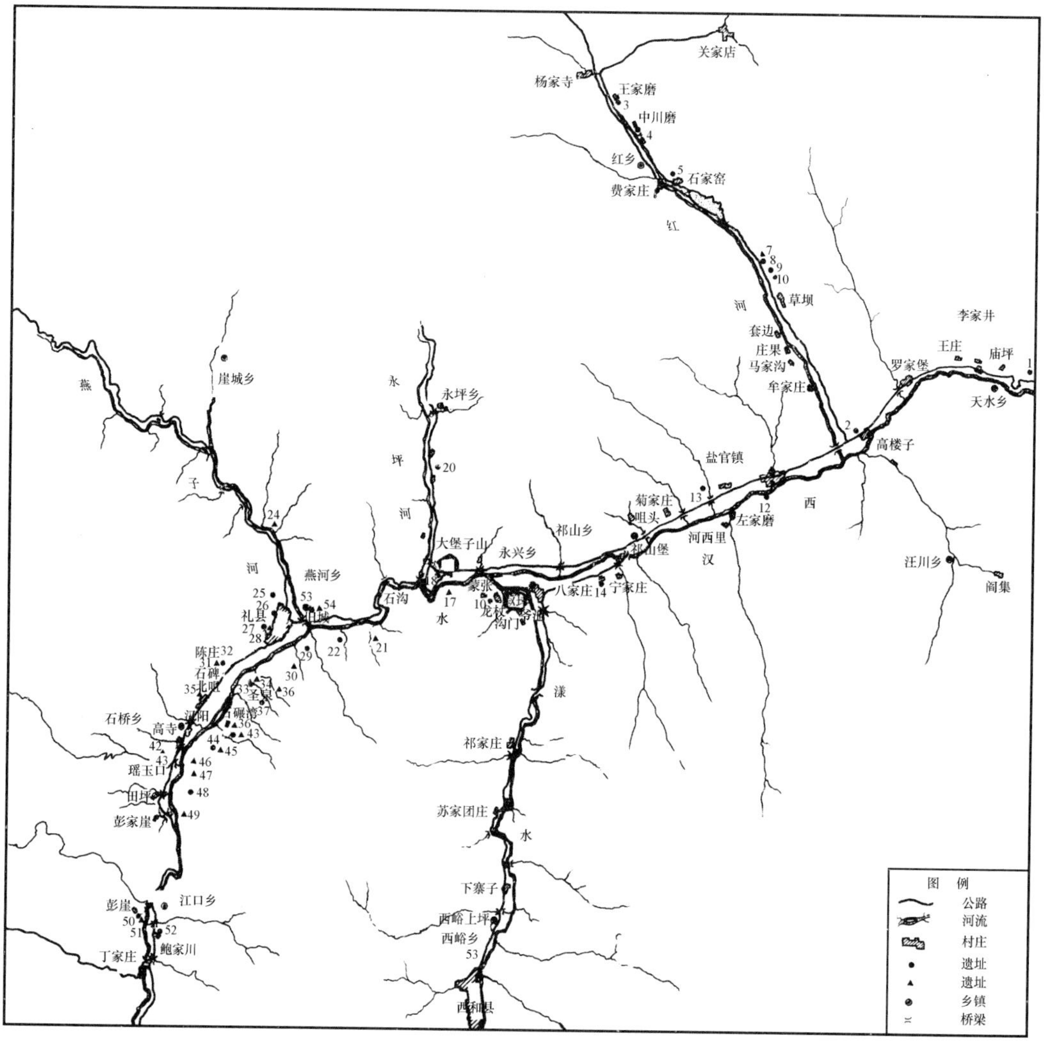

图3-3　西汉水上游周代遗址分布图

（采自早期秦文化联合考古队图）

《水经注》所说的杨廉川水，又名西谷水，据考证即今礼县盐关堡东北的红河。西犬丘城邑在盐关堡东南2.5千米的西汉水南岸。今盐关堡一带，俗称盐关川，这里地势开阔，川道悠长，有作为西犬丘城邑的良好条件。

1994～1998年，甘肃礼县大堡子山秦公大墓的发现及其附近赵坪圆顶山秦贵族墓地的考古发掘，对从考古学上探讨秦人早期文化，包括秦之都邑实在是一个重大的突破。“西犬丘”就在礼县西汉水沿岸的礼县大堡子山一带——这个地理范围也得到了学者们的认可。

大堡子山西距甘肃礼县县城13千米，因山西端高处有一清代修筑的土堡而得名。地当永兴、永坪二乡的相接处，礼县至天水的公路绕经山腰，北面是一片广漠的峁原，山脚下又有西汉水由东向西流过。固城河沿山西麓由北而南，注入西汉水。大堡子山正好处在这两水之间的夹角处，秦公陵园就坐落在大堡子山的缓坡地带。

1994年3月，甘肃省文物考古研究所对大堡子被盗的大墓进行了抢救性清理发掘。发现了两座“中”字形大墓及两座车马坑。在获得的青铜器铭文中有“秦公作宝用鼎”“秦公作铸用鼎”“秦公作宝簋”“秦公作铸尊壶”等，证明这里是一处大型的秦公陵园。学术界普遍认为：秦人都邑西垂、西犬丘也应在此附近寻找。

2000年，由礼县人民政府出面，邀请北京、陕西、上海等地及本省的秦文化考古专家聚集礼县，座谈了西垂文化的保护和开发利用等问题。会上大家提出了组织力量联合攻关，于是自2004年以来，由甘肃省文物考古研究所、北京大学考古文博学院、国家博物馆田野考古部、陕西省考古研究所、西北大学考古文博学院组成联合考古队，对这里进行了全面的考古调查和发掘，并取得了丰硕成果（图3-4）。

对大堡子山遗址调查、钻探面积150万平方米，发现的遗迹有夯土城墙、建筑基址、墓葬、车马坑、灰坑等[14]。大堡子山城墙依山坡而建，平面呈不规则的长方形，东西城墙断续长约1000米，南北城墙长约250米。保存较好的一段城墙位于东北角，长约6、高3～4、夯层厚0.08～0.1米。城墙内遗址总面积约25万平方米，已钻探出夯土建筑基址26处和堆积较丰富的文化层及少量小型墓葬等，被盗的秦公大墓、车马坑和新发现的乐器坑也位于城内。东北城墙外为中小型墓地，分布密集，钻探出400余座。

21号建筑基址位于城内南端较高处，西面背靠黄土断崖，东面俯视河川。夯土基址呈南北纵长分布在二级梯地（现已退耕还林）土层之下，梯地高差约3米。上一级梯地建筑基址以上地层堆积厚约2.5米，下一级梯地多数探方耕土下即见基址。从发掘情

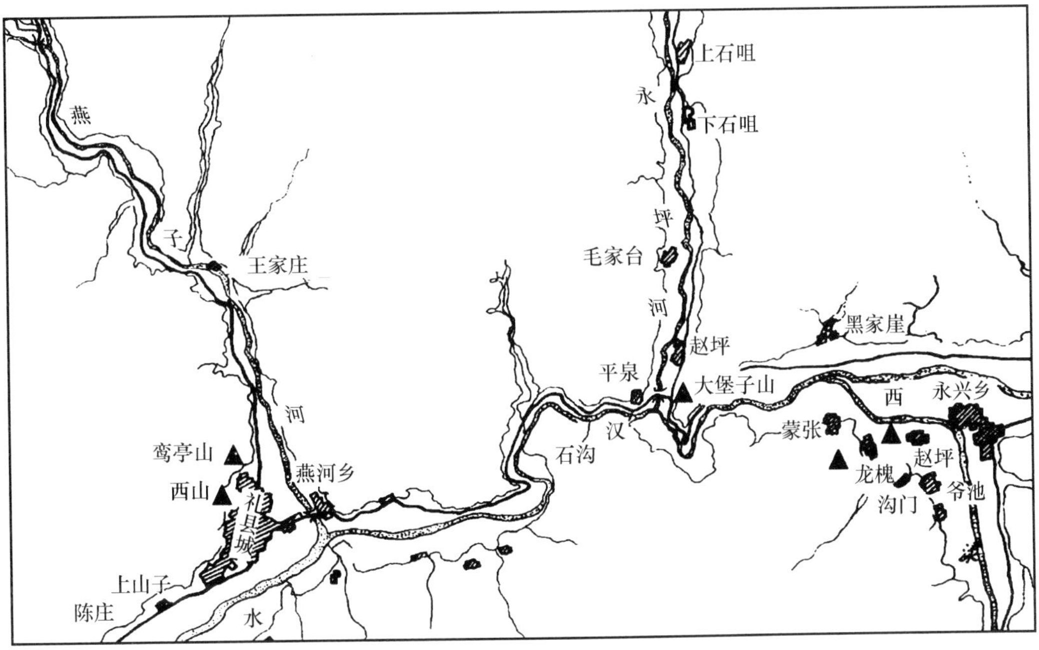

图3-4　礼县重要遗址位置图
（采自早期秦文化联合考古队图）

况看，该建筑四周为夯土墙，西墙地面以上残高0.3～0.6、墙宽约1.5、地下墙基宽约3米；东墙北半部、北墙及南墙东半部只剩夯土墙基部分，宽约3米。整个建筑基址南北长103、东西宽16.4米（包括夯土墙基在内的宽度），东西墙之间的正中发现18个大型柱础石，间隔约5米，与东西墙一字平行排列。该建筑基址保存状况虽然较差，但基本结构大体还是清楚的，房址内没有发现隔墙之类的遗迹，似为大型府库类建筑。从地层堆积、遗迹之间的打破关系及夯土内的包含物初步分析，大约始建于春秋早期晚段或春秋中期早段，战国时期废弃，汉代遭严重破坏；20世纪70年代因平整梯地，该建筑东墙、北墙及南墙东段地上部分基本被毁，只剩下墙基部分。

乐器坑位于被盗秦公大墓M2的西南部，相距约20米。长8.8、宽2.1、深1.6、坑口距地表深约2.1米，东西方向。坑内南排木质钟架（仅存朽痕）旁依次排列3件青铜镈、3件铜虎（附于镈）和8件甬钟，镈和钟各附带有1件青铜挂钩；北排磬架（仅存朽痕）下为2组10件石磬，均保存完好。青铜镈一大二小，最大的一件通高65厘米，舞部及镈体部以蟠龙纹为主要装饰；四出扉棱为透空的纠结龙纹，造型华美；鼓部素面，有铭文20余字。该镈与上海博物馆收藏的秦公镈及宝鸡太公庙出土的秦武公镈近似，年代为春秋早期。

与乐器坑同时发现的还有人祭坑4座，每坑埋人骨架1～2具，肢体屈曲，其性质当为杀人祭祀。乐器坑与人祭坑，也应属于祭祀的性质。

在西汉水对岸的山坪也发现一座城址。夯土城墙断续残存约400米，并发现早期秦文化堆积，初步判断这里也是一座早期秦文化遗址。

礼县城西的西山城址依山岭坡势而建，平面呈不规则长方形，稍偏西南东北向，东部略宽于西部，长1000、宽80～120米，面积约10万平方米。目前已发现的城墙长约1200、宽5～6米，保存较好的部分残高3米，系夯土筑成。根据对城墙的试掘解剖，发现该城的主要使用年代在两周之际。2005年3～7月，西北大学师生在雷神庙以西、遗址区的东北部，发现房屋基址7座，灰坑94处，古道路2条，窑址3处，墓葬800座。第一次揭露出大规模且具备城墙和带有陶水管道的夯土建筑，显示了又一处早期秦人较高等级的中心聚落遗址[15]。

在鸾亭山上，发现有周代祭祀坑遗址和周代墓葬。从大量出土的文物可知，该遗址在周代就有人类居住、活动，到汉代成为一处专门祭祀的场所。很有可能就是史书记载的秦襄公始建、西汉仍然沿用的“西畤”。

这些重要遗址或城址，与20世纪已调查过的盐土崖贵族墓地、圆顶山贵族墓地共同构成了一个规模庞大、规格很高的遗址群，可以推测这里是秦人早期的一处重要城邑，为寻觅西犬丘提供了重要的线索。

就目前的考古发现，学者对西犬丘城址的所在位置也有过各种推测。或认为在大堡子山墓地不远处的汉水北岸一带，或以为犬丘非赵坪遗址莫属，或说在礼县东北的盐官镇至大堡子山、永兴乡一带[16]。更多的学者则取谨慎的态度，认为还要有更多更深入的考古工作，才可使问题明朗化（图3-5）。

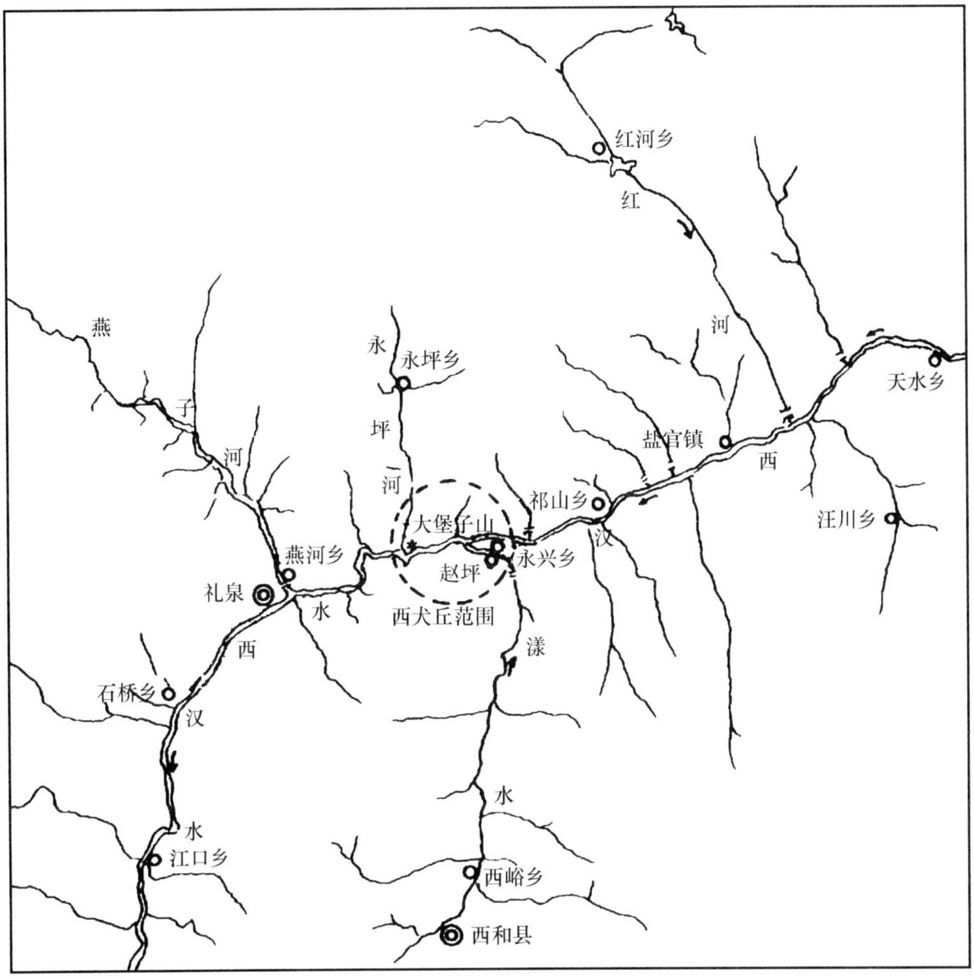

图3-5　西犬丘位置图

四、文献对秦邑的记载及后世调查研究的歧异

非子给周王朝养马于“汧渭之间”，又受封于“秦”，还成了有封土的“附庸”。自非子起，后有秦侯、公伯、秦仲几代，都是在这处封邑里度过的。

由野外调查入手，有学者认为秦邑在今张家川县城南。1998年7月，徐卫民在徐日辉的带领下，曾去考察，认为那里符合“秦邑位于清水县东北”的记载。所谓“秦水”就是今日张家川县境之后川河，它是清水的支流。清水古称东亭水，又名桥水，今名牛头河。狭义的秦川即秦水所经的河谷之地，又名张家川。广义的秦川则包括清水的流经地，即“清水上下，咸谓之秦川”，为今张家川、清水两县地。据《水经注》所云，秦亭是在清水二源汇合后之秦川上，即狭义的秦川谷地上。二源的汇流点在今张家川县城南，也就是说，秦亭当在今张家川县城南附近之东岸。他们看到那里依山傍水，地形开阔，并发现了一处面积较大的夯土遗迹。

2002年6月，张天恩同刘明科又在徐日辉先生的带领下，再次到张家川县城南进行实地考察。特别是对夯土遗迹进行了仔细的观察，在夯土层中看到的陶片时代太晚。而且从一处墓穴观察，下深1米多就见到河床积水。这就是说，这里水位太高，并不具备早期建都的地理条件。据此，把张家川县南属秦邑的看法基本上给否定了。

秦邑的具体地点，《史记·秦本纪·集解》引徐广说："今天水陇西县秦亭也。"《正义》引《括地志》亦说："秦州清水县，本名秦，嬴姓邑。"又引《十三州志》："秦亭，秦谷是也。"清乾隆《清水县志》卷二秦亭山条下说："东四十里，俗名亭乐山。"又清乾隆《甘肃通志》卷六亭乐山条下说："在县东三十里有秦亭遗迹，即非子始封处。"以上县志、省志所说的秦亭遗迹，当地群众也都有这样的传闻。但据赵化成先生的实地勘察，很难相信这些记载是靠得住的。他调查后说："从今清水县城向东，溯牛头河（即古清水）而上约10千米，再向北翻过几道山梁即可到达。这里确有名之为亭乐山的小山堡，山下有秦亭大队。但这一带地势狭窄，一条无名小溪仅宽一二米，溪流两岸无发育较好的台地，我们在这一带做过仔细调查，没有发现任何较早的陶片和文化堆积，由此看来，此处虽当属'秦'地，但作为非子封邑当属误传，也应予否定。"

另据《水经注》等较早的记载看，非子封邑——秦，并不在今清水县城以东，而应在县西。《水经注·渭水》："其水（指东亭水，即清水）……又迳清水城南，又西与秦水合，水出东北大陇山秦谷……而历秦川，川有秦故亭，秦仲所封也。秦之为号，始自是矣。秦水又东南，历陇川，迳六盘口，清水城西，南注清。清水上下咸谓之秦川。" 据记载，非子所居之宫叫秦川宫。《七国考》引《郡国志》："秦川宫者，昔非子封秦，于此筑宫室。"今清水县城是宋及明清的县治，清水故城在今县城西数里之处。今清水县城一带（包括古清水城），古亦谓之秦川，这里地势开阔，有发育较好的台地，过去考古调查中曾发现过周代遗址。根据秦早期文化联合考古队对牛头河流域的调查，发现在清水县附近以李崖、庙崖为中心的周文化遗址最为集中。文物多有周代晚期秦文化的特征，而且也有汉魏城墙的露头。汤峪河以东植被茂密，东接马鹿河，邻近关山牧场。看来"以李崖为代表的大型遗址应是非子封邑的所在"[17]（图3-6）。

第二节　汧　　城

汧城是秦人从甘肃东部进入陕西境内的第一座城邑，《帝王世纪》说"秦襄公二年（公元前776年）徙都汧"，即此城。这是襄公立国之后，为了与戎人争夺领地而采取的东扩行动。此时，襄公把秦国的大后方西陲之地交给兄长世父留守。但由于这次

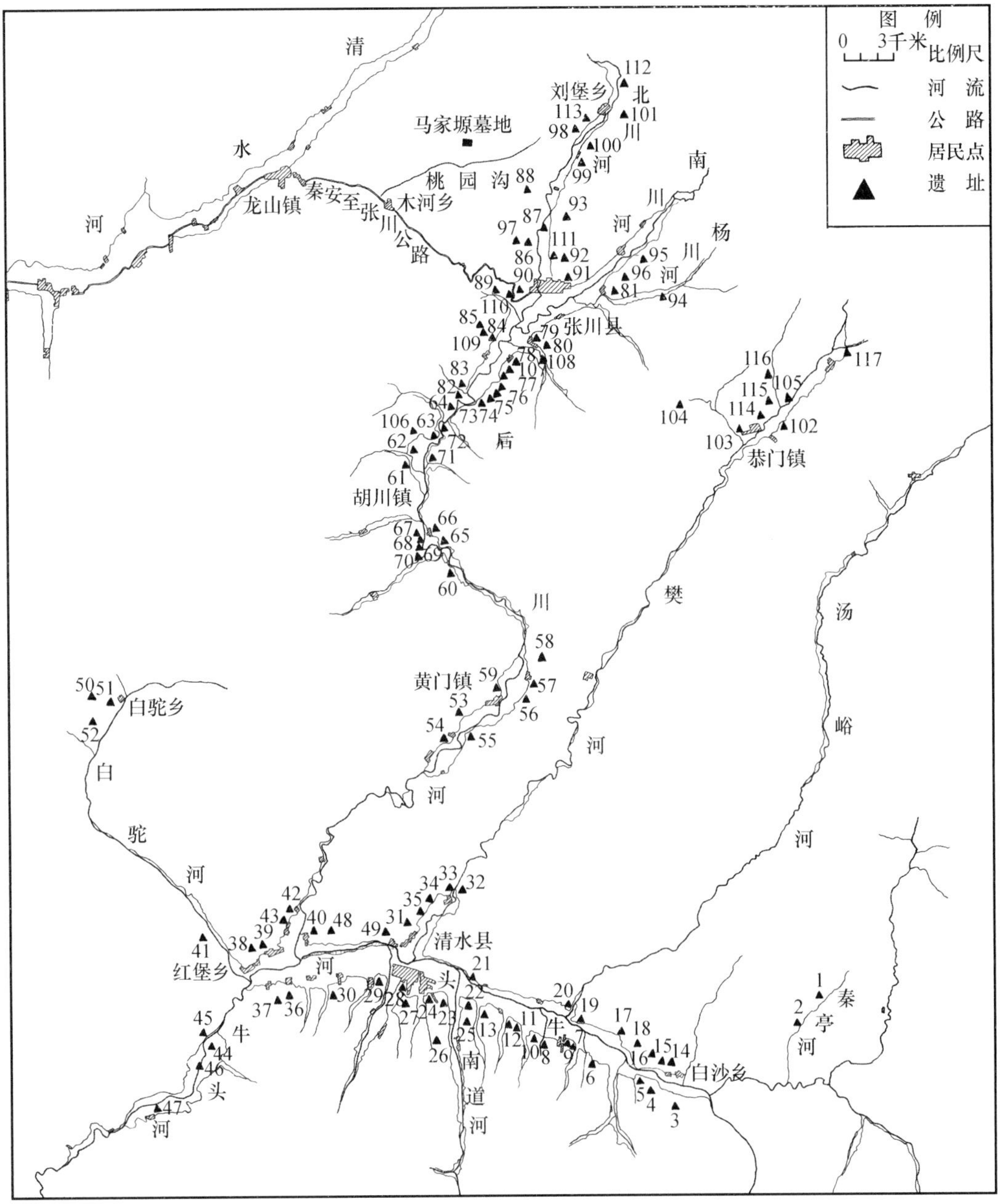

图3-6　牛头河流域遗址分布图

（采自早期秦文化联合考古队图）

迁徙在《史记》正文之中没有记录，因此，后世学者疑而难定，或置而不论。不过近20年来，随着考古工作的展开及一些重要遗迹的发现，遂使襄公迁居汧城之事大体可以信而有之。

一、文献所记汧城的大体位置

从文献记载看，襄公所迁之“汧城”应与古汧水有关。《史记·秦本纪》襄公二年下《正义》引《括地志》云：“故汧城在陇州汧源县东南三里。《帝王世纪》云秦襄公二年徙都汧，即此城。”清康熙五十三年所修《陇州志》亦有“襄公，庄公子，二年徙都汧城，在陇州汧源县”的记载。

史载，汧源县之设置始于隋代。《隋书·地理志》载：“汧源，西魏置陇东郡及汧阴县，后改县曰杜阳。后周又曰汧阴。开皇三年郡废，五年改曰汧源。”据前引《陇州志》（康熙五十三年）和《陇州续志》（乾隆三十年）知，汧源一名一直沿用到元代延佑四年。《陇州续志》又称“延佑四年省汧源县入陇州”，此后陇州之名也一直沿用到民国初年始改名陇县，直至今日。又据《陇州续志》引《通志》曰：“西魏所置在今州东南八里，北周明帝二年（558年）移州及汧阴县于今所。”可知今陇县县城所在地为北周故陇州汧源县之治所，《括地志》所说的陇州汧源县治也即此。

《括地志》所言秦汧城在汧源县“东南三里”，可见当时对汧城的位置已经搞不清楚了。若以“三里”推算，陇县东南三里之处应即东南镇的郑家沟村一带。这里虽有一片古代遗址，但以地表采集的绳纹板瓦、筒瓦、云纹瓦当及“回”字纹残砖看，它是一处秦汉之际的遗址，或即汉晋之汧县故城，与秦“汧城”的时代不符。

二、寻找汧城的重要线索

汧城的具体位置究竟在什么地方？陇县边家庄春秋早期秦国墓地的发现，为寻找这座湮没了二三十个世纪的古城提供了重要线索。

边家庄墓地位于陇县东南镇边家庄村西的汧河南岸台地上，西北距县城约5千米。一条蜿蜒的小河沟经墓地西北，由西南而东北注入汧河。这里从20世纪70年代中期就不断有青铜器出土，因而引起了人们的关注（图3-7）。

1977年春，该村村民在村后断崖上取土时，挖掘残墓一座，计出青铜礼器列鼎5件、镬鼎1件、簋4件、壶2件、盘1件、盉1件、甗1件，及青铜兵器、车马器、杂器、石器等共100余件[18]。

1982年冬，村民取土，挖掘残墓一座，出土铜铃、马衔、马镳、车軎等铜器及石贝等文物500余件[19]。据分析应是一座五鼎四簋墓。

1986年春，村民取土又挖掘残墓一座，出土青铜器列鼎5件、簋4件、壶2件、盘盉各1件、甗1件及铜柄铁剑及车马器等各类文物数百件[20]。

1986年冬，考古工作者对已暴露出的墓葬进行了抢救性清理，共发掘28座，出土鼎、簋、甗、盘、盉、壶等青铜礼器及其他各类文物3000多件。其中五号墓已见报道，出土青铜礼器列鼎5件、簋4件、壶2件、盘1件、盉1件、甗1件及车器、杂器、石

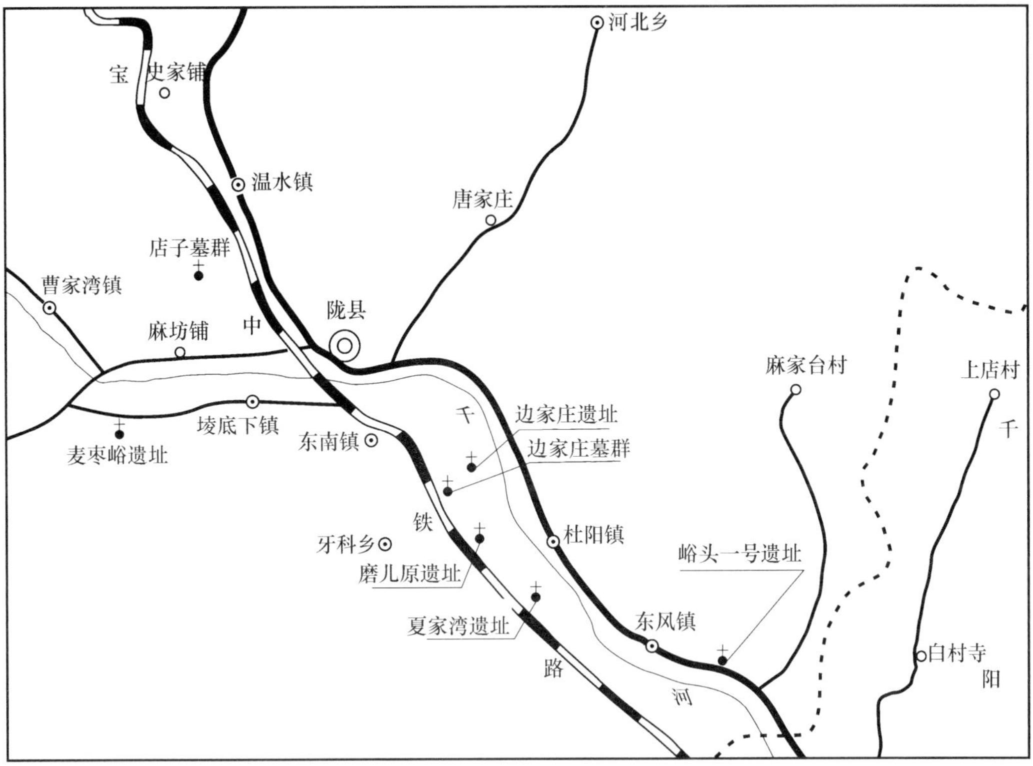

图3-7　边家庄地形图

器、陶器等各类文物780余件组[21]。

1989年冬，文物走私犯盗掘墓葬一座，挖得五鼎四簋等青铜礼器及其他各类文物多件。另外，1929年这里曾出土过二三十件青铜器，为陇县福音堂的瑞士传教士购去，至今下落不明[22]。

在以上33座墓中。出青铜礼器的墓11座，占总数的1/3，其中五鼎四簋的大夫级墓8座，三鼎二簋的士级墓3座。青铜礼器的基本组合是鼎、簋、壶、盘、盉、甗。铜器上最常见的纹饰为窃曲纹、重环纹、瓦纹、鸟纹及蟠螭纹，是西周晚期到春秋早期的流行纹饰。这批墓葬的年代大多属于春秋早期，只有少数可到春秋中期。由墓地出土器物分析，该墓地盛于春秋早期，至中期就衰落了。

在一片地域范围不大的墓地上，33座中就有8座随葬青铜器，而且有春秋早期大型秦墓礼器的基本组合，说明这片墓地非同寻常，肯定附近会有与之相对应的都邑居址存在。

三、汧邑的历史地位及保存现状

在边家庄墓地附近的磨儿原，考古工作者还发现了一处春秋至战国时代的遗址。

1989年春，尚志儒、赵丛苍等在这里进行了考古调查，由遗址内采集的陶罐、鬲等残片看，其时代的上限大体与边家庄墓地相当，此处当是“汧城”的所在。

磨儿原遗址位于边家庄墓地东南1.5千米，与后者处于汧河西岸同一片台地上。遗址东濒汧河，南临川口河。两河交汇的原地当即汧邑城址。汧城原来有多大，尚不清楚，但在东南部的台地断崖上还可以见到部分夯土城墙。其中东墙的南段保存约百米，南墙的东段保存约200米，东南角亦保存了部分残墙，残高1～2米不等。残墙上可以看到的夯层，一般厚10厘米左右。采集到的器物除属春秋早期的罐、鬲等残片外，还见有战国时期的陶盆残片、素面半瓦当及内饰麻点外饰绳纹的板瓦、筒瓦、空心砖等建筑材料残片，说明这一城址曾有较长的使用时间。

2007年，第三次全国文物普查时，在原确认出的东城墙的夯筑层内发现了汉代板瓦残片，随后，由国家博物馆、陕西省考古研究院和北京大学联合举行的“关中离宫别馆考古调查”时也同样在城墙夯土中见到夹杂有汉代筒瓦残片，而且在附近地面散落有大量的汉代布纹瓦片。因此，出现了对该城属于“秦城”的质疑，他们断定为“汉城”。不过，在城内为汉代文化层所叠压，城墙又被一座小型汉墓所打破，若加上以前调查材料分析，此城的年代还需考古学最后的验证。

由文献记载看，秦襄公居“汧城”后的第14年，文公即迁都至“汧渭之会”，汧城似乎已不再是都邑的所在。但据边家庄墓地埋葬情况看，汧邑的地位还相当的重要，还维持了相当长的时间。

秦文公虽然能够长驱东进至“汧渭之会”，但因当时四周尽是戎族，脚跟儿很难站稳。汧城作为他的后方基地，进可以攻，退可以守，因此决不会因文公的东进而废止。据此，可以认为这座城址的建筑年代上限虽可早至襄公二年，但下限决不会止于文公四年。

秦立国的初年，虽然东进，先后徙都“汧渭之会”和“平阳”，但戎人对其安全的威胁依然很严重。因此，汧邑对秦人的开拓事业仍具有重要的战略意义。经营汧都的襄公、迁都“汧渭之会”的文公，死后要还葬西垂，这一现象反映了秦人的葬俗，还是对东进乏胜的心理？不论如何，即以交通而言，其地位就十分显赫。当初，秦人由西犬丘东进关中，越过陇山而先至汧邑。如今，往来故地，仍然也得溯汧水而上，经汧邑、越陇山而到达西垂。所以，汧邑之地虽然不再为都，仍然还是秦人往来于新旧居处的通道上一处要地。后来秦人在关中的势力渐次强大，武公时已东至华山，几乎囊括了整个关中地区，东进之势已不可挡，汧城失去昔日的地位也在情理之中。德公迁居雍城后，新的大型都邑已在关中西部崛起，汧邑也就随之日见衰落，成为普通居邑。

第三节　汧渭之会

一、学者对地望的探索

《史记·秦本纪》载：“文公元年，居西垂宫。三年，文公以兵七百人东猎。四年，至汧渭之会。曰：‘昔周邑我先秦嬴于此，后卒获为诸侯。’乃卜居之，占曰吉，即营邑之。”由此记载看，文公即位之初，并未在汧邑执政，仍然居住在礼县的西垂宫，第三年率军东进，第四年才到达汧渭之会，并在这里选点营邑而定居了下来。

汧渭之会是秦人东进关中后建立的第二个政治中心。但是，其具体地望在哪里？长时以来，一直众说纷纭。归纳起来，有以下多种看法[23]。

一是“眉县说”。《史记·秦本纪·正义》引《括地志》云：“眉县故城在岐州眉县东北十五里，毛苌云：眉，地名也。秦文公东猎汧渭之会，卜居之，乃营邑焉，即此城也。”《太平寰宇记》所记与《括地志》相同，只是文字简略而已，显然是《括地志》的翻版，都把“汧渭之会”的具体地望注释在今眉县的渭河以北一带。林剑鸣先生的《秦史稿》一书仍然沿袭了《括地志》的眉县之说。今人张大可《史记全本新注》虽然摆脱了眉县之说，但又陷入更加含糊和自相矛盾之中。

二是“陇县说”。马非百先生在《秦集史》都邑表中，依据《一统志》，认为“汧渭之会”在今陕西陇县。

三是“陈仓城说”。《元和郡县图志》：“陈仓古城在今县（今宝鸡市）东二十里，即秦文公所筑。”北京大学李零先生认为，“非子所邑之秦，既与文公所筑城邑为一城或者相近，则其地亦当在陈仓附近，殆在千河汇入渭河西夹角处的卧龙寺西北一带”；台湾学者张光远先生在其《秦国文化与史籀作石鼓诗考》一书中，亦把“汧渭之会”十分明确的标注在今汧河汇入渭河交汇处西夹角的古陈仓；高次若、刘明科经过对秦早期史料和考古资料的综合分析，又经反复踏察，得出了和李零先生一致的意见，并进一步肯定“汧渭之会”就是古陈仓上城，具体位置可能就是斗鸡台北边的长乐原（已被陕棉12厂所压）。他们认为“汧渭之会”和“陈仓城”，实际上是一地二名，并在《再论汧渭之会及相关问题》一文中进一步阐明了这个观点。天津古籍出版社在出版的《史记》全注全释一书中，也同样明确地指出“汧渭之会”就是“陈仓城”。

四是“李家崖”说。刘宝爱先生曾根据文物普查时所发现的秦早期遗物，以及对发现地的地望分析后认为，“汧渭之会”地点当在今汧河西岸的宝鸡县（今宝鸡市陈仓区）汧河乡李家崖一带。

五是“魏家崖”说。宝鸡县土产公司蒋五宝先生根据多年来文物调查时所发现的秦早期金器、铜器和陶器等文物，认为“汧渭之会”地点当在与上述李家崖隔河相望的魏家崖一带。徐卫民先生据蒋五宝提供的资料，也把“汧渭之会”认定在当今汧河汇入渭河交汇处东北角的魏家崖一带。

六是“凤翔孙家南头”说。焦南峰、田亚岐两位先生根据凤翔长青的考古发现，认为“汧渭之会”当在今日凤翔长青镇的孙家南头村一带。

七是“陈家崖”说。2010年，由国家博物馆、陕西省考古研究院和北京大学联合举行的“关中离宫别馆考古调查”项目，在距魏家崖不远处的陈家崖村发现了大型春秋聚落遗存的分布，同时又考虑该地正好处在汧河入渭河交叉点的东北角，认为这里极有可能是当时“汧渭之会”地点。

以上诸说，各自成理，但也有矛盾之处，故有详审的必要：认为“汧渭之会”确切地点在眉县的说法不可能具备任何一方面的条件，同时所依据文献分析也不能成立。据《水经注·渭水》：“眉县有召亭，故召公之采地也。”2003年年初在眉县杨家村发现的西周晚期单氏家族青铜窖藏亦证明了文献记述的可信性。眉县系古地名，它的地域范围按照文献记载向西就不可能超越虢国的辖地，西距汧、渭两河交汇处尚有百里之遥，况且文献所指的“眉县古城东北十五里”应在“汧渭之会”后的下一个都邑——平阳故都的东侧，这更不符合秦自西向东迁徙的情理，而且两都相近，更没有迁徙的必要。显然，“汧渭之会”地在眉县的说法是靠不住的。

“汧渭之会”，顾名思义当是汧河和渭河交汇之处。汧水由西北向东南而下，截断渭北原区，形成了东是凤翔原（亦称雍岭，三畤原）、西是贾村原的态势，南流注入渭河。过去人们便把“汧渭之会”就定位在今宝鸡陈仓区汧河镇西、宝鸡市卧龙寺一带。应该说这一地理特点，基本上还符合两河交汇的原意。当然也不能框定得太死，如果把“汧渭之交”的东岸及汧河上溯一段定成“汧渭之会”也未尝不可。不过，范围还是不宜过大。那么，无论从地望到历史变迁上讲，还是从以上诸说之中看，秦文公营邑的“汧渭之会”既不在眉县，也不可能远在西北的陇县。至于凤翔长青镇孙家南头虽有宫殿遗迹和墓葬出现，但前者偏重于祭祀的性质，且距汧河口还有10千米之遥，当属于“汧渭之会”的郊区。况且此地正处于汧河东岸，地归汧邑。因此，关于“汧渭之会”确切地点有待进一步考证。

除过眉县、陇县和凤翔孙家南头之外，“汧渭之会”在“陈仓说”“李家崖”“魏家崖”和“陈家崖”诸说还毕竟都集中在“汧渭之会”的这一区域之内。但是，要落实“汧渭之会”的确切地点还有进一步详审的必要。

李家崖位于汧河西岸，但处在高峻的贾村原东侧。这里地域空间狭小，向来在考古调查中发现的遗物较少，作为建立都邑的条件并不具备。

魏家崖处在汧河入渭的东夹角，过去在文物普查中曾发现过金器、青铜器和陶器。其中的金虎、金铺首同凤翔秦公一号大墓、宝鸡益门墓出土的同类器物，从形制到工艺特征，都极为相似，时代属于春秋晚期[24]。尽管魏家崖的地形、地貌特征符合“汧渭之会”存在的基本条件，但金器、青铜器和陶片的时代都偏晚，至少处在春秋晚期或者更晚一些。

对陈仓古城的记载始见于《元和郡县图志》。据称："陈仓古城在今县（今宝鸡市地辖）东二十里，即秦文公所筑。"地当今宝鸡市陈仓镇戴家湾一带。由文献记载知，古陈仓有上下城之分，前者属秦，后者属汉。20世纪30年代，苏秉琦先生于戴家湾遗址主持斗鸡台墓地的发掘工作，在宝鸡峡引渭总干渠之北，共发掘82座墓葬，其中有春秋秦墓11座，余皆为西周、战国和汉代墓葬[25]。尽管秦墓的时代与秦文公活动的年代基本吻合，但因其形制较小，所出土随葬器物均以"瓦鬲"最多，反映出墓地主人身份等级普遍较低，还不能证明这里为当时秦都邑所对应的陵园。从秦文公十九年得陈宝，在"陈仓北阪祠之"（《史记·封禅书》）的记载看，这北阪之城属于陈仓上城，地在苏秉琦先生发掘区之北的贾村原南坡地带。可惜由于多年来人为的改造，使之成为多级阶地地貌。不过，多处周、秦文物遗存和秦墓资料还是提供了探寻秦城的线索。

2008年11月至2009年4月，梁云一行首先对王家崖水库之南汧河两岸进行了周详的调查。在河西岸的贾村原下阶地上，五星、王家崖、肖村、闵家崖、仝家沟、三星的秦遗址南北相接，但面积都在5万平方米以下；汧河东岸的高嘴头和蒲家沟两遗址，远在王家崖水库之东，接近马道口，不予考虑。而南端的陈家崖遗址北起宝鸡陈仓区千河镇陈家崖，南到冯家嘴，西至魏家崖，东西长500、南北宽400米，面积大可20万平方米。遗址上多见槽形板瓦、筒瓦和半瓦当等建筑遗物及夯土遗迹，还采集到陶范、秦式鬲足、陶盂。在春秋早期的灰坑中还发现背面有细斜绳纹与抹光弦纹带交错的筒瓦。从陈家崖遗址地处汧河入渭的东北角方位看，再结合遗址包含物的内容与年代，这里更符合秦文公"汧渭之会"营邑的条件（图3-8）[26]。

不过，陈家崖遗址西有魏家崖遗址，南边的冯家嘴距贾村原也不远，联系三者文物内涵的时代有相近之处，就须考虑"汧渭之会"的邑城范围与布局了。

二、"汧渭之会"的都与郊

秦文公四年到达"汧渭之会"，卜居后即"营邑之"。那么，笔者认为这个"汧渭之会"绝不是文公所营邑之名。而今人习惯了这个地域性的笼统的称呼，久而久之竟把它当成了新都之名！《史记·秦本纪》以"汧渭之会"作代称来说秦事，正是当时无名的表现。在荒芜的生僻之地始建据点，历史上没有地名的情况有很多，像秦人处陇右时期，其所居的"西犬丘"，原来就没有这个名称。既然邑居的形态渐次形成了，相对于原来非子所居的"犬丘"（今陕西兴平），就取了这个名称。同样的例子，像秦始皇在上林苑里建造"朝宫"，在未正式命名之前，就采用了"阿房宫"这个临时性称呼。不料想，这个代号竟成了久享盛名的"阿房宫"之名。古人取名是很慎重的，不像今人没文化还要故弄风雅地一窝蜂似地"借用""套用"，或用些不三不四、不中不洋的怪名称。"汧渭之会"作为代码，也许不是秦人起造的，而由司马迁为了表述的需要才按地域范围浓缩而成。

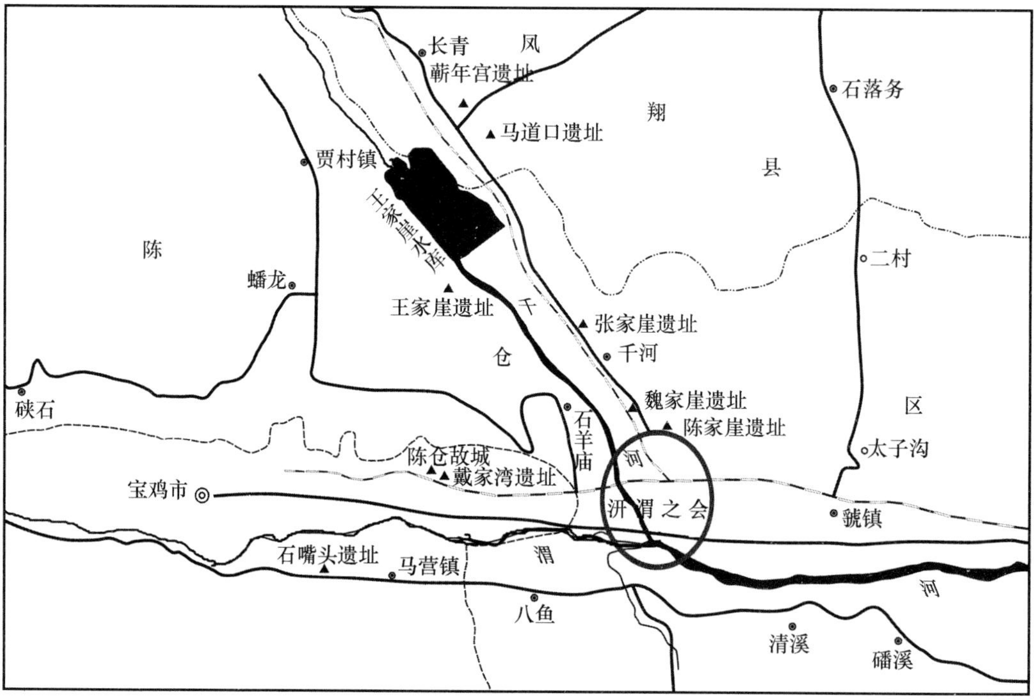

图3-8　汧渭之会位置图

汧河入渭处的两岸，春秋时期秦遗址星罗棋布，以河口地带最为集中，其中以汧河东岸、渭河北岸的陈家崖遗址为最大。陈家崖西及魏家崖，南到冯家嘴村，夯土、灰坑、建筑文物在农田中有多处发现。西侧大范围之内被现代建筑所覆盖，这即是繁华之地历来人文鼎盛的反映，由此而来的是秦遗址遭到彻底破坏也就显而易见。所以我们可以断言，“汧渭之会”并不是一个具体的城邑之名，只是一个有地理范围的统称而已。广义的“汧渭之会”，包括汧、渭交汇的附近地域。而狭义的“汧渭之会”当然指的是汧河入渭的三角地带。汧河下游的左岸峡谷、渭河接纳汧水后的南北两岸都应包括在内。两相比较，前者的范围似乎更为宽广一些，不必局限在“汧渭之间”这一狭小的范围之内。也正因为这样，当年秦文公到达先祖非子养马、后为诸侯的周邑之地，其心情畅快的程度必定是溢于言表的。而其所谓“卜居之”“营邑之”，就应当指的是在“汧渭之会”这一较广阔的地域上选择定居点、进而才有营邑的行为。

“汧渭之会”的邑居范围，由秦文物遗存看，自陈家崖遗址向西，跨越汧河，到戴家沟与刘家沟之间的贾村原南坡地带，自然形成了一个完整的文化圈。于此，对“汧渭之会”这个政治中心我们就只能在限定的范围中去追寻了。

《史记·封禅书》说“文公获若石云，于陈仓北阪城祠之”，这指的是十九年“得陈宝”之事。所谓“于陈仓北阪城祠”，并不是在陈仓北阪上筑城祠之，我们应该理为：在“陈仓北阪城”内设祠祭祀之。因为“陈宝祠”既非“畤”，又非“庙”（宗庙），只是秦人多神崇拜的又一个祭祀对象罢了。因此就没有为之单独筑城的必要，况且秦人也并无先例可借。即便是神圣的“畤”或“庙”，都会有专门的建筑形式，也不会专门为之筑城。至于说“若石”神来“集于祠城，则若雄鸡”的话，那不过是司马迁在强调“光辉若流星”的动人场景，并不等于给陈仓城定性为“祠城”。关于这一点，唐人也很清楚。《括地志》就说“宝鸡神祠在汉陈仓县故城中”。

秦文公到达“汧渭之会”后，所营之邑就是陈仓城。《元和郡县志》载，陈仓城“有上下二城相连，上城是秦文公筑，下城是郝昭筑”。陈仓下城的地望明确可考。《宝鸡县志》载：“汉陈仓城在今县东二十里，旧志汉陈仓在县东十五里前凸后凹”处。1936年，陇海铁路向宝鸡延伸，为保护城址，在此处开凿隧道150米，杨虎城将军还为此题写“斗鸡台隧道”。1958年，省考古工作者在此进行勘探，发现北墙残长200、西墙残长100、东墙残长60米，墙基确定为汉代遗存。1983年，铁路扩建，“斗鸡台隧道”要拆除，考古工作者在上方进行抢救性发掘，发现路面、水井、房址、磨盘、陶水管及戟、戈、剑、箭头、弩机、铜泡等大量兵器。史载与考古发现相勿合，证明这里是陈仓下城无疑。2007年6月和8月，在陈仓下城和长乐原之间的团结村建楼时，发现两件西汉时期的青铜鼎，上有铭文“陈仓”二字，这就进一步证明了秦汉时陈仓上下城位置之关系。而陈仓下城西北至长乐原的缓坡地带直至原（亦叫陈仓山）顶的崖面上，见有秦墓葬，坡跟下的砖厂也曾挖出过小型春秋秦墓，采集到大喇叭口罐陶片。由此可见，“陈仓上城”很可能就在这一带。”

秦文公营邑之城是陈仓城，开始作为邑居，并没有正式命名，可能在战国时才设置为县。但这里距“汧渭之会”最有代表性的陈家崖遗址有相当一段路程，因此人们对它是否为都就难免产生一些怀疑。不过，我们释疑的理由有以下几项。

第一，从秦文公所营之邑的军事形势看，更多地带有军事堡垒的性质。那么，陈仓城址的选定必然是出自战略地位的考量。

我们知道：秦享国之后，进入关中，要在强敌如林的环境中生存下去，必然要付出血的代价。襄公“备其甲兵，以讨西戎”的结果，最终还是战死在岐西之地上。秦文公接任四年后，才到达“汧渭之会”。陈仓城的建立，实际上是在与戎、狄势力争夺岐西之地的军事背景下进行的。因为当时汧河以东的凤翔原直至岐地，还被强大的戎、狄势力所控制，雍城以南至“汧渭之会”的东夹角还是小虢的天下。如此一来，汧河自然就形成了一道秦人立足汧河以西的天然屏障。斗鸡台以北、以西的平原乃至汧河谷地的大片土地，就成了秦人图谋东进的大后方。斗鸡台西南通向大散关，是直达陕南、四川的通道。斗鸡台紧靠平原的坡下，有一条小溪，被《水经注图》称之为“陈仓水”，流入渭河，就构成一道卫护邑城的防线。

第二，从秦文公扩展“汧渭之会”的范围与手段看，汧河下游入渭的两岸，有相当数量的春秋时期秦遗址，实际是秦人夺取岐西之地为前哨阵地的见证。

我们可以想见的是他如果一开始就在这里大规模地建设国都，显然是缺乏战略眼光与战术技巧的。而秦人采取散点居留，既对扩大邑城陈仓具有伸缩的空间，也对向东扩张留出了弹性的时间。所以在随后的时间里，由于秦挤压式的推进、逐步地叠加，就使这些“汧渭之会”的定居点连片扩大，遂成了都城的近郊。那么，我们今天看到陈家崖遗址范围大、文化层堆积厚，应该是时跨春秋、频繁活动的结果。

第三，从秦文公在“汧渭之会”的建设上看，他在48年中，以陈仓为政治中枢，不但对伐戎扩土、立畤设祠、治国纪史多带有开拓性的建树，而且使国都建设初具雏形。

这就是除提高陈仓城的政治地位、建立祭祀中心（祠陈宝）外，使“汧渭之会”的郊邑迅速繁兴，也把墓葬区和郊祀之地纳入到国都规划中来。凤翔长青镇马道口和孙家南头的考古发现，给我们提供了“汧渭之会”城郊的有力证据。2004年，在今凤翔县城西南约15千米处的孙家南头村汧河东岸台地上，发掘了一处大型春秋秦墓地。在70万平方米的范围内，分布着200多座古墓葬，除少数系先周和西周墓葬外，其余皆为春秋早、中期的秦墓。此外，还有春秋早、中期秦的窑址和古井等。这批秦墓可分成三个等级，其中多数为小型墓葬仅一棺，均不出铜器，随葬器物分别为一组陶器、少量陶器、一件陶器、无任何随葬物等四种情况。比小型墓葬高一个等级的墓略深，一棺一椁结构，既出一组陶器，又出2或3件鼎、盆等铜器，还有一个两马拉车的从葬坑。最高等级的墓葬形制较大，墓圹深达11米，为二椁一棺，墓圹有5个洞龛（内各有一个殉人），墓室头箱内放置数量可观的随葬器物，其中铜器有5鼎、4簋、2壶、1盘、1盉、1甗、1盆等，还随葬一组陶器和其他小件。另有车马坑，坑内有两车，分别以两马和四马套驾。所有秦墓均为屈肢葬，少数墓有腰坑，随葬陶器均为典型的秦人风格，说明墓主人都是正宗的秦人。该墓地各类墓葬的组合形式当与陇县边家庄墓地极为相似，说明它也是一座大型的秦贵族墓地，其最高级别的墓主人至少是大夫级。像这样规模大、数量多，且有高等级墓葬的墓地，它必然是“汧渭之会”中心城市郊区的贵族墓葬区。

综上所言，秦文公在“汧渭之会”营建了以陈仓城为政治中心的多所建筑，祀天、祭祖、墓葬都有了专属的区域。这就使我们不能不从总体把握上来看这座城邑的规划。

三、“汧渭之会”的多祀地——鄜畤、陈宝祠

《史记·封禅书》：“秦襄公既侯，居西垂，自以为主少皞之神，作西畤，祠白帝。……其后十六年，秦文公东猎汧渭之间，卜居之而吉。文公梦黄蛇自天下属地，其口止于鄜衍。文公问史敦，敦曰：‘此上帝之征，君其祠之。’于是作鄜畤，用三牲郊祭白帝焉。”《史记·秦本纪》：“十年（公元前756年），初为鄜畤，用三牢。”祭祀隆重得超过了诸侯之礼，僭用了天子三牲（牛、羊、豕）的“太牢”。在文中已经点明了文公在居都“汧渭之会”后继襄公又设一祭白帝场所的由来与时间。

秦人的祭祀是勤谨的，活动是频繁的，甚至比周人有过之而无不及。在“汧渭之会”立都建立城邑之后，就设有“鄜畤”和“陈宝祠”。

（一）鄜 畤

鄜畤设于何处，陕西的学者有不同的看法。一种意见是从历史背景看，认为在都邑附近。根据是考古工作者曾在金陵河西岸后稷桥故址旁的太白庙进行考察时，发现了一通清代重修太白庙的碑文，文中有“文公作鄜畤祠白帝……太白之神意即所谓白帝”的话，以为这可能与鄜畤有关。查证宝鸡县志后，发现宝鸡县原有两个太白庙，除这座之外，另一座是在今十里铺中学院内，位于戴家湾西长乐原的西南隅。不过，它原是20世纪40年代在太白庙旧址上建立起来的，后被学校建筑物全部压在下面，周围也已被大型水利工程——引渭渠改变了现状，已不可详考。最后认定陈仓上城位于长乐原的前提下，便把鄜畤放在了太白庙。

持另一种意见的学者认为，今凤翔县长青镇的马道口村和孙家南头村，处于汧河东岸，一南一北，相距不过1.5千米，其间不但有大范围的宫殿建筑遗址，也有春秋时期墓葬的存在，秦文公所立的鄜畤当在这一带[26]。理由：①地理位置与文献记载吻合。立畤于所梦的“鄜衍”，正是山阪之地（《集解》《三辅记》李奇注）。“用三牲郊祭”，说明祭祀白帝于鄜畤时用“郊祭”，因此鄜畤就不可能在文公之都。②蕲年宫同“汧共厨”鼎均是祭天祈穰的有力物证。那么，1973年，在凤翔县西南的长青乡马道口村出土一件西汉的“汧共厨”铜鼎。1983年，考古工作者在长青乡孙家南头发现一处秦汉宫殿遗址，还采集到“蕲年宫当”瓦当。随后，考古发掘还出土有“蕲年宫当”“竹泉宫当”和“来谷宫当”[27]。

（二）陈 宝 祠

《史记·秦本纪》载：文公“十九年得陈宝”。《史记·封禅书》：“作鄜畤后九年，文公获若石云，于陈仓北阪城祠之。其神或岁不至，或岁数来。来也常以夜，光辉若流星，从东南来集于祠城，则若雄鸡，其声殷殷云。野鸡夜鸣。以一牢祠，命曰陈宝。”《正义》引《括地志》云：“宝鸡神祠在岐州陈仓县东二十里故陈仓城中。”很明确，陈宝祠就设在秦陈仓城之中。

“陈宝”为何物？《封禅书》描述来时“常以夜，光辉若流星”，而且秦文公也获取了这个“若石”的神物，命名曰“陈宝”，并把它供奉在“陈仓北阪城”。对于这个看得见的实物，苏林说它的质地和颜色是“质如石，似肺”。根据现象和实体，马非百在《秦集史》中详引章鸿钊先生的考释结论：秦文公所祠之“陈宝”，实际是一颗坠落的陨石。

对于陈宝祠的影响和作用，苏秉琦先生有一段很重要的论述。他说：“第一，此祠在我国古代的神祇祀典中，恐为最富于浪漫色彩的一个。第二，此祠在海内古神祇中，除天、地、龙王之类，似建立最早。第三，此祠自秦文公初建至现在，虽史料残缺，不尽可考，然其间存续之迹，大半可辨，享祀之久，海内无二。”接着，苏秉琦先生引用了《汉书·郊祀志》上的一段话指出：“在古代社会中，祭祀是与战争同样重要的第一等大事，何以秦人把它（陈宝）看得如此重要，竟与祀天之典不相上下？及秦兼并天下后，尚唯雍四畤上帝为尊，而光景动人民唯陈宝。”[28]秦汉时期，关中西部的陈宝祠与西畤、鄜畤、密畤，吴阳上下等畤一样闻名，所谓“唯雍四畤上帝（即白、青、黄、炎四帝）为尊，其光景动人民唯陈宝”（《史记·封禅书》）。一颗流星划过夜空，光彩灿烂，并不奇怪。而带着声光落地的陨石，在古人看来则是不可理解的神奇。但这被秦文公所利用，使一个祭祀陈宝的活动产生如此大的影响，并能使之持续700多年以致沿袭到了西汉年间，这不仅使人认识到秦祀具有“多神崇拜”的特点，而且也体会到宗教被政治左右所产生的力量。

第四节　平　　阳

秦自襄公起，顺汧水而下，以后基本是沿着渭水北岸向东迁徙自己都城的。平阳就是进入关中后建立的第三个政治据点。

《史记·秦本纪》载：“宁（宪）公二年，公徙居平阳。”平阳是秦宪公于公元前714年新立的都邑，又叫“西新邑”（《史记·秦始皇本纪》）。武公“居平阳封宫”、出子“享国六年，居西陵”（《秦纪·索隐》“一云居西陂”）。这个“西陵”在什么地方，今已无法稽考。但根据出子是大庶长废掉太子武公而改立的小孩子，不可能在六年之内能更立新都。因此，这个“西陵”很可能是平阳靠西坡的一处宫室。如此，则宪公、出子、武公均以平阳为都达37年之久。

一、史载平阳的位置

平阳封宫，战国秦汉间作为离宫长期存在过。衡器有“平阳斤”（《考古图》），上刻始皇二十六年诏书及秦二世补刻诏辞，当为秦平阳宫或平阳城中之物。《积古斋钟鼎彝器款识》卷九有“平阳封宫”铜器一件，刻“平阳封宫”四字，可能属于汉平阳宫的用器。

平阳故城在今何处，前人有以下两说。

第一说，《史记·集解》引徐广曰：“郿之平阳亭。”《太平寰宇记》：“《三辅黄图》云右辅都尉理所，秦宁（宪）公徙居平阳即此地，今县东十五里渭水故郿城是也。”

第二说，《史记·正义》：“《帝王世纪》云秦宁（宪）公都平阳。按，岐山县有阳平乡，乡内有平阳聚。《括地志》云‘平阳故城在岐州岐山县西四十六里，秦宁（宪）公徙都之处’。”

《汉书·郊祀志》：汉成帝时“雍大雨，坏平阳宫垣”。因为平阳宫北倚今凤翔原，所以宫墙就容易被来自原上的洪水所冲毁。

这里需要注意的是，《史记·集解》引徐广说的“郿之平阳亭”和《太平寰宇记》“今县东十五里渭水（北）故眉城”，地点当在今眉县火车站附近。但是，《史记·正义》引《括地志》把“郿县故城”当做秦文公东猎的“汧渭之会”，显然是把两个都邑的地望给搞混了。北魏改郿县为平阳县，《集解》与《太平寰宇记》未作详审，以致误托成说。同样，《括地志》把“汧渭之会”和平阳都放在“眉县东北十五里”不仅信误未辨，而且自我矛盾。那么，寻平阳故城，当在岐山县西南23千米处求之。

二、考古线索

尽管平阳城址至今还没有找到，但是，在这个区域里的考古发现则为确定其地望提供了较为有利的线索（图3-9）。

首先需要关注的是，1978年1月，原宝鸡县（今陈仓区）太公庙村村民冉怀绪在自家后院断崖上取土时，发现一套青铜乐器，计有秦公钟5件，秦公镈3件。宝鸡市博物馆得知消息后，即前去清理，发现出青铜器的地方在村子老城墙外一处断崖的窖穴里。窖穴距崖面约3米，5件青铜钟在窖内一字形排列，3件镈围绕钟作半圆状，坑内尚有炭灰及少量兽骨。断崖高差约4米，断崖下基本与渭河河滩处于一平面上。断崖之上全为太公庙村民宅覆盖，再向北直至原底（当地人称“三畤原”或“凤翔原”）地形开阔平坦[29]。

出土的这套乐器为秦宫室重器，5件秦公钟的形制是一致的，唯大小有差。最大的通高48厘米，重24千克，最小的通高27.6厘米，重6千克。3件镈的形制基本上也是一致的，最大的通高75.1厘米，重62.5千克，最小的通高64.2厘米，重46.5千克。8件乐器上分铸5套铭文，内容完全一致，3件镈上各铸一套，3件秦公钟上分铸两套。但其中较小的3件钟上范铸的铭文缺少一段，说明这套乐器尚少一件。

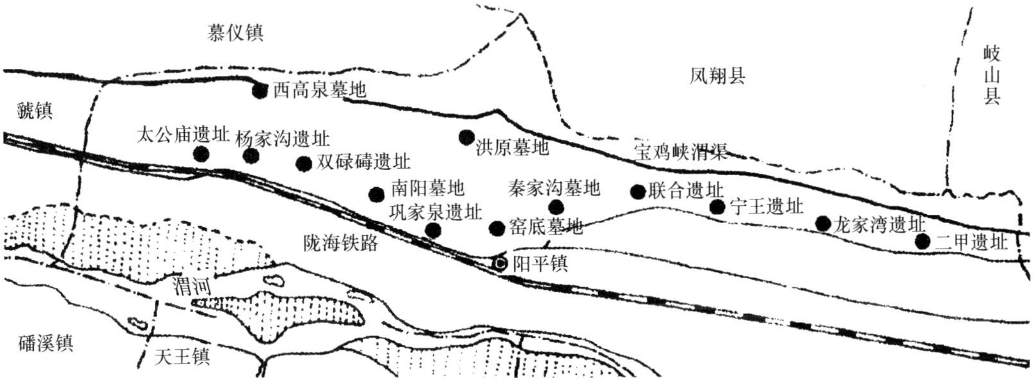

图3-9　平阳遗迹分布图

铭文长达135字，铭中开首有“秦公曰：我先祖受天命，赏宅受或（国）。剌剌邵文公、静公、宪公不坠于上，邵合皇天，以事蛮方”的句子。“先祖”既“受天命”又“赏宅受国”，显然非秦襄公莫属。先祖之下紧接着是文公、静公和宪公三世。其中静公“不享国而死”，宪公在《秦本纪》中作宁公，这与秦世系相吻合。铭文叙事仅到宪公，可见作器者当属宪公之子。而宪公生武公、德公和出子共三子。既在平阳作此“国之重器”，显然只有东伐彭戏氏至华山，诛三父夷三族，西伐邽、冀之戎，县杜、郑，灭小虢的秦武公了。出土秦武公钟、镈的太公庙村，北距古岐州岐山县城近25千米，西距今宝鸡市陈仓区阳平镇2.5千米余，同“岐山县西［南］四十六里”相近。而且在钟镈出土地还发现有不少的灰坑，显系长期居住所致。所以，这一带必定同平阳故址有关。

同样，在都邑出土礼乐之器的，那就是甘肃礼县大堡子山秦公墓地2006年发现的乐器坑。3件青铜镈、3件铜虎、8件甬钟、2组10件石磬，均保存完好。镈文有“秦子乍宝和钟”之句，既然M2和M3是秦襄公夫妇，文公作为儿子是以“秦子”的身份祭祀先君的。而且镈钟的造型、风格同宝鸡太公庙的镈钟酷似，时代都属春秋早期，大堡子山遗址同秦早期邑城西犬丘有关，而太公庙乐器窖藏不也提供了寻找平阳的线索吗？另外，大堡子山乐器坑东北有秦公大墓，而太公庙乐器东北方是否也有秦公大墓的存在？尽管这里为现代民宅所压，无法进一步探测，相似的情况毕竟给了人们以启示。

事实上，在平阳地域约3平方千米范围内的二阶台地上，历年多有春秋时期的秦贵族铜器墓葬和国人墓葬的发现，这同样也使平阳城遗址慢慢明朗化。

例一，秦家沟墓地：1963年年底至1964年年初，陕西省文管会在阳平镇秦家沟村北与洪原村接壤处发掘了春秋秦墓5座，全为长方形土圹竖穴墓，并有二层台。青铜器全部出在M1、M2之中，计有鼎、簋、方壶、匜、盘、铃、车马器等共39件。陶器有盆、鬲、豆、匜、罐、壶、盘等[30]。

例二，1969年在大王村清理残墓一座，出土1鼎、2簋、2壶[31]。

例三，西高泉村墓地：1978年，考古工作者在西高泉村清理春秋早期秦墓3座[32]。M1系春秋初年秦墓，出土的壶、豆系西周遗物，甬钟也属西周作风，三角锋的戈是春秋前期的标准型式；M2出土仿铜陶质2鼎4簋等；M3出土仿铜陶质四鼎四簋等随葬物，是典型的春秋早期风格。

例四，西高泉小学西墓地：1978年冬，中国社会科学院考古研究所在西高泉村小学西台地上发掘秦墓70多座小型墓葬，全为土圹竖穴屈肢葬式，随葬物以鬲、壶、罐、釜、盆等陶器为主[33]。

例五，南阳墓地：1998年4月，宝鸡市考古队在南阳村发掘春秋秦墓4座，其中5鼎4簋铜器墓1座，3鼎2簋铜器墓1座，3鼎4簋铜器墓1座。共出土随葬器物70件（组）。铜器共21件，有鼎、簋、壶、盘、匜、铃、环、戈等，但器形小，制作粗糙，应是明器。陶器31件，多为仿铜陶礼器[34]。

2004年4月，南阳村村民郭明贤等人挖土时，又在村北挖出春秋秦墓一座，出土青铜鼎3件[35]

例六，2004年元月，宝鸡市陈仓区博物馆和秦兵马俑博物馆在洪原清理了一座春秋秦墓。

例七，2013年4月至12月，陕西省考古研究院在太公庙村附近再次进行考古钻探，发现了秦公大墓和车马坑，以及疑似陵园兆沟的设施。其中最大的一座墓呈“中”字形，墓道向东西两端延伸，形制同凤翔秦公一号大墓基本一致，总长约106米，其中墓室长46米、宽20米，深10多米。随后，在大墓南侧探出一“凸”字形车马坑，全长72.5米，其主体部坑长54.5米、宽20米。从中可见在秦的平阳故城有秦公陵园的存在。另外，在墓葬区附近还发现了有城址的线索，从时代和性质推测，极有可能是秦的平阳故城。

从先秦资料看，君主陵墓都是在都城周围安排的。或处城内或在城外，但均属于都城的组成部分，秦国也不例外地是“王陵近都”的布局。但秦的王陵不在城内，而处于城外。那么，从“王陵”与“都城”互为依存的关系上，我们来探索平阳陵园与平阳都邑。

例八，2013年12月，洪原村村民罗红社建房时发现一春秋秦墓，出土三件青铜鼎与一件方甗。以上这几批墓葬的例子，不仅时代多在春秋早期，同平阳立都的时代相近，而且出土青铜礼器规格高，有的是5鼎4簋级别，南阳墓葬还是直肢葬式，且有腰坑殉狗，说明墓主非秦宗室贵族莫属。《史记·秦本纪》和《秦始皇本纪》记载，秦武公、德公、宣公和成公四位“葬阳”或“宣阳聚”，这个“阳”应当就是“平阳”。武公有一个儿子名叫“白”，没有立君，但封在平阳。他死后，也可能葬在平阳的秦君墓地里。以前，有学者将平阳陵区与雍城陵区视为一个陵地，这无论从地理环境和文献的记载上都是不大妥当的。这次的钻探发现也证明了这一点，虽然史载中的平阳陵园葬有四位国公，现钻探只发现了一座大墓，不过，依据西垂与雍地的秦公陵园布局，其他三座秦公墓应当就在附近。

我们再以出土秦公钟、镈的太公庙为中心，来看这些墓葬的相对位置：太公庙正北400米是西高泉，正东400米是南阳村，东北400米是大王村，秦家沟和洪原村在南阳东北600米处。从这些墓葬分布密集又处于从东到北的扇面分布推断，平阳城址大概就坐落在太公庙一带的渭河北岸到三畤原之间的二级台地上。这个台地西起李家村，东至秦家沟，东西近10千米，南北约1.5千米，不但比“汧渭之会”更加平坦广阔，而且三畤原下西高泉的自流泉水也提供了天然的资源。在太公庙村和临近的秦家沟、洪塬、大王、南阳、窑底、李家村、贾家崖等村庄，都分布着上迄仰韶文化，下至宋元明清的文化堆积，且相当丰富。即使现在，仍然是村舍相接、人口密集，均具关中之首。那么，秦宪公把都城从“汧渭之会”东徙到平阳，这里不正是《帝王世纪》和

《括地志》记“在岐州岐山县西［南］四十六里”的地方？从地形地貌观察，城址当在西高泉至秦家沟一线紧靠三畤原的原脚之下，而具体到西高泉东西两侧的可能性就更大。不过，根据目前对太公庙周边区域的基础调查资料，并结合文献记载和传统的考古发现，整个平阳都城、秦公陵园、国人墓地和郊外礼制性建筑遗存大体分布于今太公庙村以东约6平方千米的范围之内。

固然太公庙秦公编钟及附近高等级贵族墓葬的不断发现，对寻找平阳都邑遗址有着重要的作用。但由于这些资料是间接性的、分散的，学者们的认识就免不了有分歧。有人甚至于把这块台地东尽头的宁王村战国、西汉遗址，当作寻找平阳遗址的重心。宁王遗址文化层厚达1.5～2米，地面上也散见有槽形板瓦、外饰绳纹带和抹光带的筒瓦、式样繁杂的云纹（涡纹、羊角纹、花瓣纹等）瓦当、几何纹空心砖、瓦当纹饰的空心砖、绳纹空心砖，还发现有“长乐未央”和“郁夷”等文字瓦当。特别是这枚“郁夷”瓦当，可能与史载之西汉郁夷县有关（王莽之乱后改郁夷县为“郁平县”），但有学者就把它与秦之平阳都邑联系了起来。

实际上，“郁夷”瓦当本身所反映的文化信息是很复杂的。《水经注》中说：“汧水东南历慈山，东南经郁夷县、平阳故城南。”依此汧水走向与《凤翔府志》记载，慈山当是今之汧河左岸之灵山或紫荆山，或汧河右岸之武成山。若从“郁夷县、平阳故城”的先后排序看，郁夷的位置在平阳之西，二者并非一地。前些年，田亚岐与梁云在汧河入渭处的东夹角发现陈家崖秦汉遗址，很可能同郁夷有关。但是，《太平寰宇记》说：“郁夷故城，盖在今陇州西五十里大宁关（即今固关镇）侧，近汧水源。”宋陇州即今陇县，诚如此，郁夷故址当在今陇县西之陇山大阪汧水源头一带。东汉建武二年（公元26年），赤眉军自陇坻东进，大破邓禹军于郁夷，即此。那么，除过前引这些相互抵牾的史料记载之外，需要提及的是，宁王砖厂发现的这枚郁夷瓦当并不是考古发掘所得，宝鸡市博物馆藏的一枚郁夷瓦当同样是上世界六、七十年代以前的征集品，还不能排除出土于汧河口附近如陈家崖的可能性。所以，仅凭郁夷瓦当还不足以证明宁王遗址就是汉代郁夷县的所在。退一步讲，即使把宁王遗址当作郁夷县故址，平阳势必在宁王以东。在这里，秦大墓的发现，就完全排除了宁王为平阳的这一推测。

长期以来，考古工作者苦苦寻觅不得平阳城址很有两种可能：一是由于这一带人口村落密集，古城址历代遭受破坏并压在了现村庄之下；二有可能毁于西汉末年的洪水。据《汉书·郊祀志》载：“汉成帝时，雍大雨，坏平阳宫垣。”平阳古城遗址，是否被这次大水毁掉了？

未来在这一带全面细致的考古工作将是这一问题的答案。

第五节 雍 城

雍城是秦国历史上极为重要的一座都城，秦自“德公元年（公元前677年），初居雍城大郑宫”至献公“二年（公元前383年），城栎阳”止，历时294年。如果按秦孝公十二年（公元前350年）“筑冀阙宫廷于咸阳，秦自雍徙都之”（《史记·商君列传》）算起，雍城作为秦都的时间应该有327年。司马迁在记述德公居雍后，接着说“后子孙饮马于河”，《正义》也说：“卜居雍之后，国益广大，后代子孙得东饮马于龙门之河。”足见雍城非同寻常，它是秦国发展史上的一座里程碑。

远在汉唐时期，雍城一带就有秦遗物出土。唐代出土的石鼓，更引起了历代金石学家、文人墨客的极大兴致，将其称之为“秦雍邑刻石”。随着时代推移，出土文物日见增多，有些还被著录在金石学著作之中。

随着现代考古学传入中国，考古学家们开始涉足凤翔进行考古调查。1934年，“国立”北平研究院史学研究所所长徐旭生、“国立中央研究院”历史语言研究所石璋如，以及苏秉琦、常惠、何士骥等先生，在赴宝鸡发掘斗鸡台“瓦鬲墓”期间，曾驻扎于当时的凤翔府城。他们先后在凤翔进行过短期的考察活动，虽然没有留下具体的工作日志与论述，但毕竟开了秦都雍城考古的先河。

新中国成立之后组建的中国科学院考古研究所渭水队此时曾在凤翔做过多次考古调查；从1959年下半年开始，陕西省考古研究所凤翔发掘队正式成立，张正岭、赵学谦、吴梓林、徐锡台等前辈学人先后参加了雍城的调查和试掘工作。在这一工作时段，其注视的目标是寻找“城”，由于当时秦文化考古工作刚刚开始，有关遗存的面貌和特征并不为人所了解，当见到城墙和建筑材料之后，自然把位于雍水河左岸的“南古城”当成秦雍城的宫城所在。其实现在看来，“南古城”虽位于秦雍城遗址范围之内，但它不是东周时期的秦雍城，而可能系西汉时期雍县县邑或者同期官署建筑。这一时期的考古工作历经了艰难困苦的创业期，为此后秦雍城的大规模考古工作铺垫了坚实的基础。

自1974年开始，正值“文化大革命”时期，一度停滞的秦雍城考古工作在当时政治理论的争辩声浪中重启。那时考古学界希望通过考古新材料来证明一个时兴的理论观点，即社会主义革命是在资本主义统治薄弱的俄国首先取得胜利的，而代表新兴地主阶级利益的法家思想及其杰出人物之所以能在秦国出现，出现的主要原因是因为那里没有奴隶制，或是奴隶主统治薄弱。这样的时代背景却促成了后来秦雍城大规模考古工作的延续。1986年起，由陕西省考古研究院韩伟、吴镇烽、尚志儒、李自智、焦南峰、马振智、刘莉、叶进、田亚岐、王保平等，陕西省文管会范培松、凤翔县雍城文管所曹明檀、赵丛苍等，先后对雍城城址进行了大规模的调查、钻探和发掘。初步摸清了雍城的位置、规模，确认了城内的三大宫殿区及城郊宫殿等建筑遗址，勘探出位于城南规模宏大的秦公陵园及雍水河沿岸的国人墓葬区，调查出郊外的部分宫殿建筑遗址区。正式发掘了秦公一号大墓和马家庄秦宗庙遗址等。这一时期在秦雍城遗址范围内获得了丰富的标识性考古材料与认识，大力推动了春秋时期秦国历史的探索和研究。

20世纪末至21世纪初，秦雍城考古工作进入对既往考古资料的全面整理及在传承既往“宏观”工作取得重要收获的基础上，利用“微观”工作的方法对秦雍城遗址细部进行更为全面掌握的全新时期。这一时期，主要由陕西省考古研究院研究员田亚岐领队，有宝鸡市考古研究所刘军社、王颢、张程，宝鸡先秦陵园博物馆景宏伟，凤翔县博物馆王长虎、曹建宁、孙宗贤、王周应等参加，先后开展了对秦雍城城址，秦公一、六号陵园，国人墓地与郊外建筑遗址的全面调查，对豆腐村与铁丰村战国制陶作坊遗址、秦公六号陵园外侧陪葬墓、秦公一号大墓一号祭祀坑和孙家南头春秋秦墓地进行了考古发掘。此外，还把基本建设和雍城保护与展示规划制定的相应考古项目也被列入了工作计划。当雍城遗址被列入全国百处大遗址之后，今后将围绕秦雍城保护、展示与工作，进一步探索研究与传承保护这座久负盛名的秦都圣城。

截至目前所知，秦都雍城由城址、秦公陵园、国人墓葬区和郊外秦汉行宫建筑遗址构成，总面积达51平方千米。而它整个轮廓及其布局正随着考古工作的进一步深入开展将逐步清晰显现。

一、完备都城制的形成

（一）对雍都地理环境的选择

秦自襄公“始国”，经过文公、宪公，其都邑均设在汧渭河谷台地之上，这样的都邑位置，虽然易于持守，但要有较大发展，却不能提供足够的条件。

崛起于汧陇之间的秦国，并不甘心仅仅占有关中西部，屈居一隅，而是雄心勃勃，虎视眈眈，决心使“子孙后世饮马于河”，逐鹿中原。但都邑平阳不仅地处渭河盆地，地势低洼，而且夹于渭河、秦岭与雍岭（凤翔原）之间，地窄路隘，无论是东进西守，抑或向南北拓展都受到极大限制。因此，另行选择一座地势开阔，既可固守，又利于东进的新都已是不容迟缓的了。当他们走上雍岭，眼前就出现了一片辽阔的原野。这里不仅地势较高，向东具有俯冲之势，而且还是通向西北、西南的交通枢纽，加之这里在西周时期就是郑井古国和郑桓公始封之故地[36]，人文聚集，相当繁荣。于是，经过四次迁徙（汧→汧渭之会→平阳→雍）终于找到了当时最理想，也最符合秦国当时需要的建都之地。

秦都雍城所处的大环境较为优越，位于东经107° 27′，北纬34° 24′ 的交叉点上。早在新石器时代就有人类在此生活、繁衍。西周时代为周畿腹地，北枕汧山山脉，南濒雍水，西依灵山（或称雍山），东接广袤的关中平原。向西有大道直通甘、青，南经宝鸡可抵巴、蜀，东流的渭水具有舟楫之便。可见这里不仅宽阔平坦，土地肥沃，河流密布，植被茂盛，环境优美，而且形势险要，交通发达，是秦人为进一步发展而优选的结果（图3-10）。

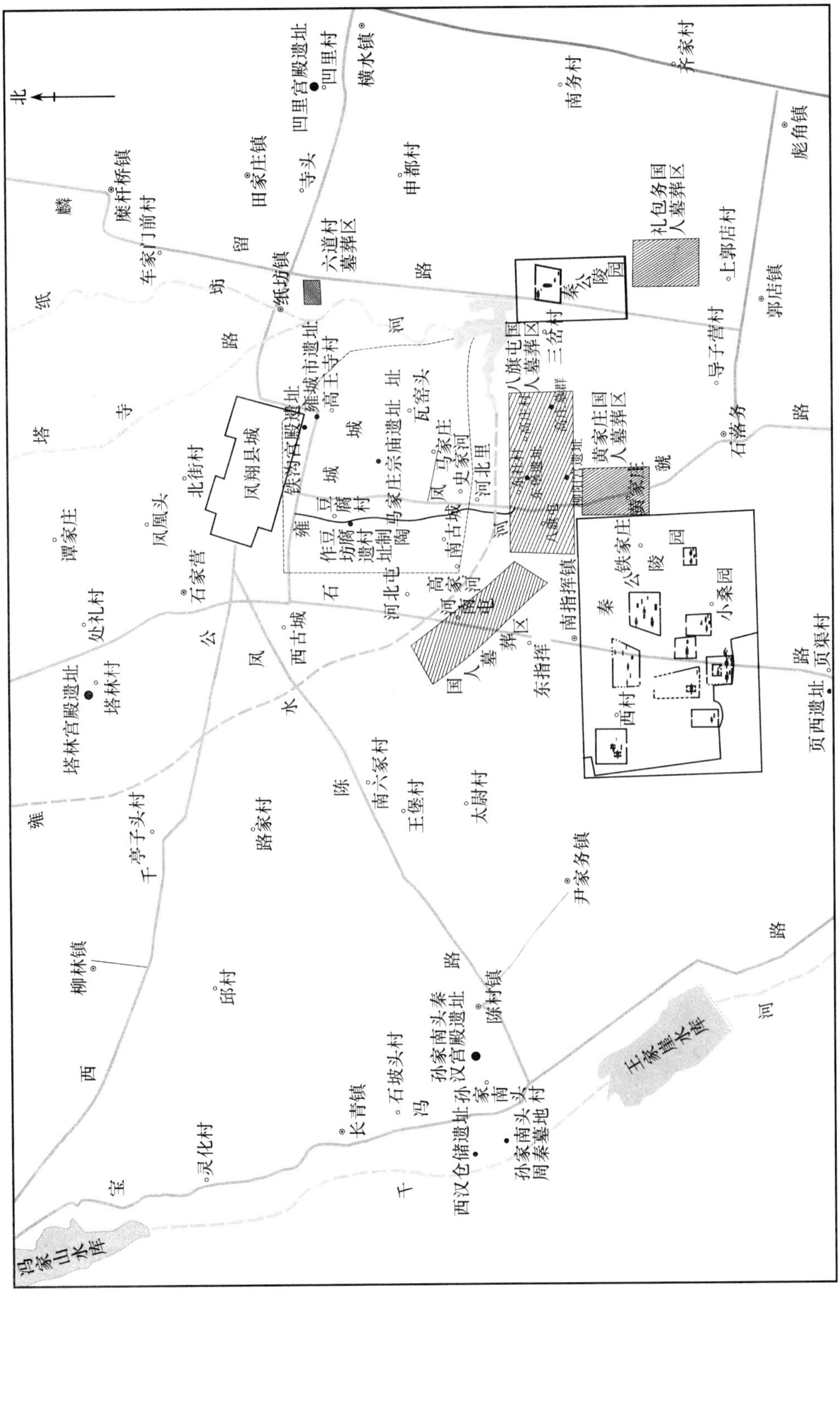

图3-10 雍城平面布局示意图
（采自雍城考古队资料）

如果说秦襄公受封立国是秦国历史上的一件划时代的事件的话，那么，秦建都雍城更是又一件具有划时代意义的大事。从此以后，秦人才真正揭开了争霸中原、称雄海内的历史画卷。也只有在此以后，秦族才真正跨入了中华民族大家庭的行列，创造中国历史，推动中国社会发展，为中华民族的文明、发达、进步、昌盛做出杰出贡献。

（二）雍城建都史略

雍城建都史略如图3-11所示。

第一期（德公至宣公、成公时期，即公元前659～前660年）。

这是雍都的创建期，一切都是从无到有的建造过程。

据文献记载，秦置都雍城始于德公元年（公元前677年），此时虽然秦国在这里选择了较大的环境空间，四周分别以雍水河、纸坊河、塔寺河，以及凤凰泉河环围，也为后来雍城逐步扩建奠定了基础，而起初实际所使用范围仅局限在整个城址的东南角即今瓦窑头村一带。尽管面积不足1平方千米，但由于当时的河水丰沛，河谷纵深，自

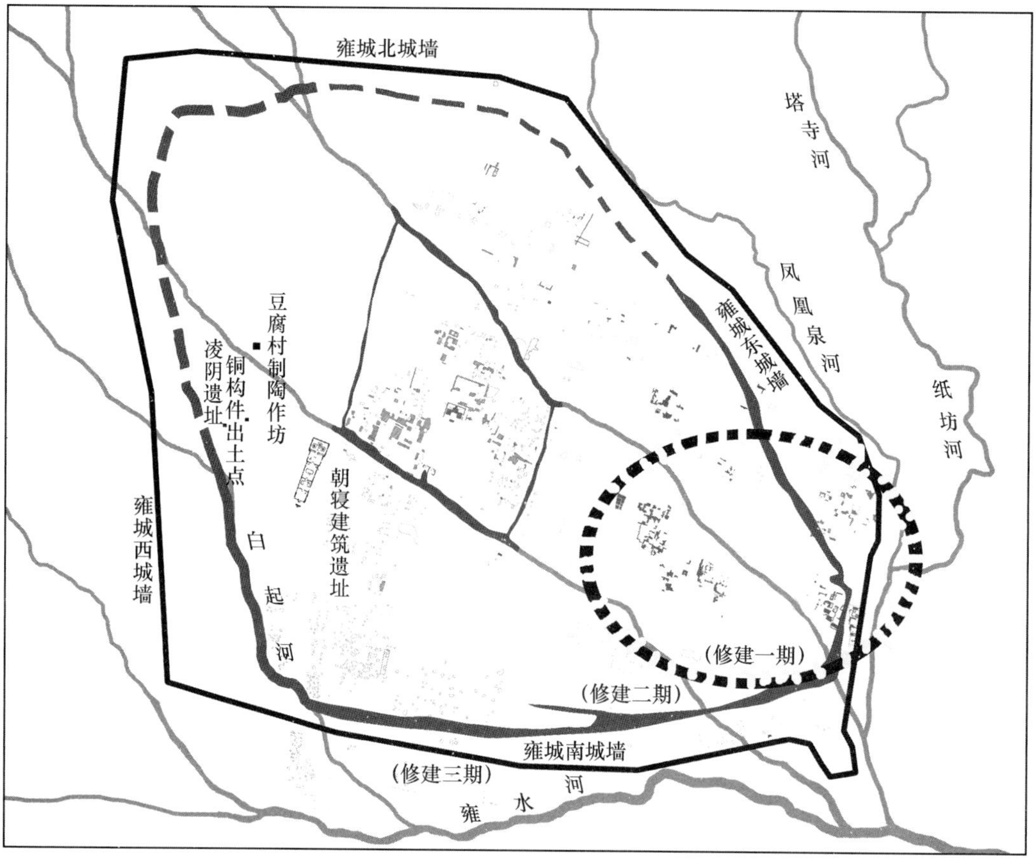

图3-11 雍城建筑过程示意图

（采自雍城考古队资料）

然河流便成为“以水御敌于城外”的主要城防条件，即将临水的河谷挖深，使河堤陡直，使河岸增高以加强城防安全系数，同时也起到抵挡河水上岸的作用，形成以水围城的状态[37]，这种情形与礼县大堡子山、圆顶山秦西犬丘城的防御体系如出一辙，这应当是文献所说的“城堑河濒”。

在对整个城址区进行考古发掘时确认，因地势西北高而东南低的原因，除城外的多条大河环围之外，也有多条小河自城的西北方进入，从城的东南方分别注入塔寺河与雍水河，于是雍城各个时期均顺应了这种自然环境的摆布，如城市的道路往往在河的两岸，呈西北—东南走向。此时的城内聚居区也相对处在河谷较高台地之上，呈现“沿河而建，顺河而居”的情景。

在瓦窑头遗址区发现一处雍城早期的大型宫室建筑遗址，可能就是文献所记载的“雍太寝”，也即是“德公元年（公元前677年），初居雍城大郑宫”的所在。

在大型建筑附近，有中型的木构房屋建筑，可能为贵族所居住。

在上述两类建筑的外围，由三处相对集中的半地穴式居址单元并伴随着大量生活灰坑和用于作坊生产的窖、井等设施组成，此当为平民聚落区。

尽管使用各类不同等级的建筑者有贵贱与卑微之分，有各自集中聚居的特点，但这一时期的雍城聚落没有相互隔离的设施，所有人作为城内和谐共处的成员生活在同一个大聚落区域之内[38]。

第二期（穆公、康公、共公、桓公、景公、哀公、夷公、惠公时期，即公元前659～前491年）。

这是秦雍城城市布局结构定性与扩建的时期。

秦穆公通过对外战争、节节取胜的同时，国力渐趋强盛，最终形成“益国十二，开地千里，遂霸西戎”（《史记·秦本纪》）的局面。

面对新的形势，原先都城的位置与规模都显现出难以适应的问题。首先，早先的城市规模已无法容纳人口急剧增长的需要；其次，列国之间群雄争霸，战争频仍，交往繁密，都城的政治、军事、外交的地位均有上升的必要；再次，当初建城的区间临塔寺河、雍水河与纸坊河的交汇处，遇大水时河堤漫漶，对城市安全构成严重威胁。鉴于此，秦国的统治者遂产生放弃今瓦窑头一带，而产生了向整个城市选址中部（即今马家庄一带移动）扩容的想法。

经考古调查与发掘，能够确认新区范围由一条自然河流与人工沟壕贯通的环壕所环绕，而在其外围又形成另外一重环壕，且多系在自然河流基础上的人工开凿。据解剖，人工壕沟宽度在13～15、深4～6米。这两条环壕形成较为规则的“回”字形。外围沟壕东西2600米（南沟），南北2380米（东沟），涵盖范围达到7平方千米。在新城区内，有早年发掘的马家庄秦宗庙遗址和另外几处大型建筑遗址。还有新发现的高台建筑及按照“前朝后市”而设的“市场”等。

两重环壕内各类聚居区分布，呈现着截然不同的情景。内壕系大型宫室及其附属建筑分布区，当为秦公和贵族所居；内沟与外沟之间，则分布着平民生产与生活的聚居区。很显然，这两条壕沟恰似内城与外城的雏形，也当是城市聚落区间分而治之的显著标志。

通过对城址及其周边地理环境的考察，我们发现新城内的建筑布局同样顺应着自然环境的制约与摆布。河流是当时城内便捷的水上通道，河堤沿岸往往有临河道路。同时，城内各条陆路之间也是纵横交错、相互连接的。城内道路一方面借助于穿城而过的多条河流，河岸则是街区道路。在集中的聚落之间还有连接的通道。逾河则有桥涵设施。当时临河而建的聚落，形成多个相对集中的片区，"沿河而居"则方便地利用了向河中自然排洪的功能，同时通过地下引水管网将河水引向城中各个区间，用于诸如作坊生产、聚落生活及苑囿池沼用水等[39]。

第三期（秦悼公、厉共公、怀公、灵公、后出子、献公、孝公十二年，即公元前490～前350年）。

这是雍都城制完善的重要时期。

雍城立都的初期，是以德公元年（公元前677年）"初居雍城大郑宫"开头，其"卜居雍"的所谓雍城实际是"以河为御"的单一的军事防御设施。到了第二期，城区向西扩展，以内、外壕沟区分不同社会阶层，形成多功能区域的分隔。城建进入第三期，才有了土筑的地上之城。那么，如果从瓦窑头一带的墙体夯土层内发现秦雍城初期的陶片算起，经过了近188年的时间，这才发生了"悼公二年（公元前489年），城雍"（《史记·秦本纪》）的重大举措。

不过，新修筑的城墙并非独立存在，而是同早先城内壕沟结合为一体，从而形成其多重的防御体系。至此，雍城才称得上是一座功能齐备、规模达到11平方千米的大都市。从功能区划分看，这一时期在夯筑的大城圈形成之后，过去以内、外两重壕沟所分隔的城市分区便成为主城的区域，分布着各类大型建筑和贵族聚居区；外重壕沟与城墙之间的区域则是平民聚落聚居区，而当时所有人群均居于城内。

二、总体布局

雍城是一座经过精心选址与设计的都城，是春秋战国时期秦国政治、经济、军事、文化的中心。总体格局是由城池、礼制建筑、王陵陵区、国人墓地及郊外的离宫别馆五部分组成。

（一）城址的考古探测显示

城址的考古探测显示[40]如图3-12所示。

1. 城垣四至

经考古工作者对雍城勘探表明，城址位于今凤翔县城中心之南、雍水之北，因地

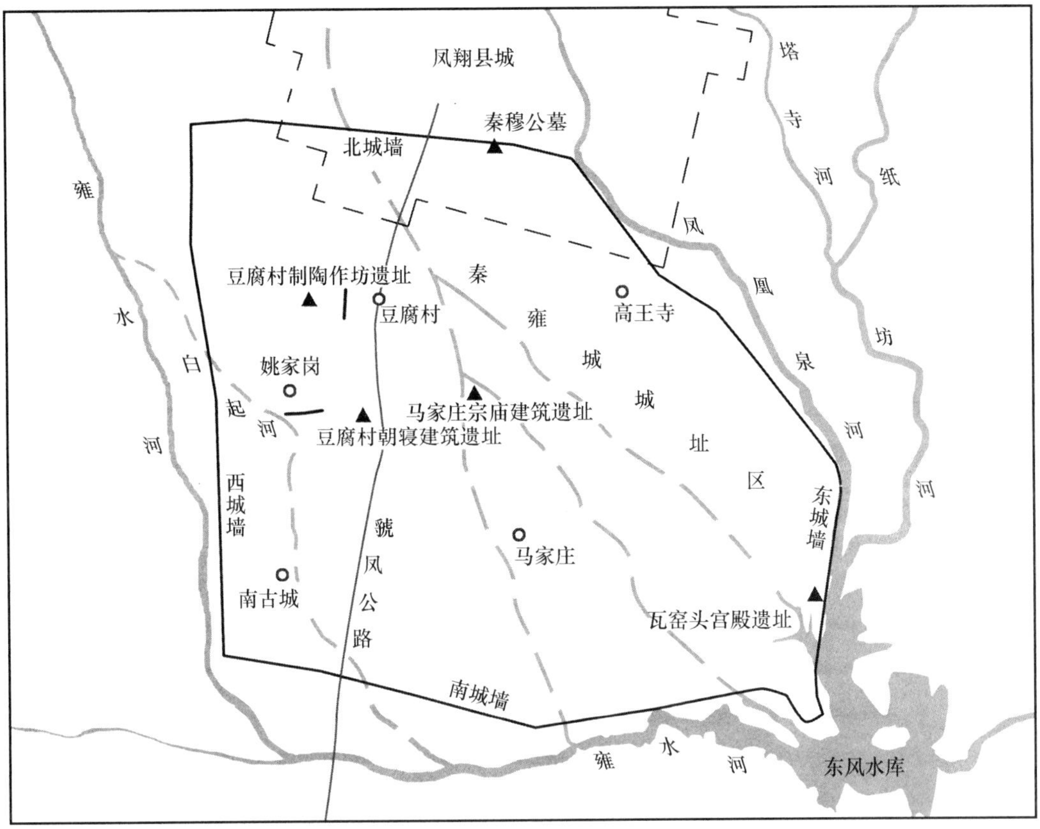

图3-12　雍城内宫区分布图

（采自雍城考古队资料）

势关系呈南北向的平行四边形。曲折的东墙长3300米，宽度最大的南墙长3200米，城内占地11平方千米。

（1）西垣。目前保存较好。走向北由今凤翔县6909库向南，经气象站、姚家庄村西，到南古城村南，长2990米。垣墙有宽有窄，一般宽度13米左右，埋于地下的深度为1.5～2米。

（2）南垣。自西往东，沿雍水河北岸修筑，从邓家崖村西起，经河北里、史家河、王家河、海家河到东风水库，长3490米。垣墙有宽有窄，破坏严重，一般宽度在10米左右，埋于地下的深度为3米左右。

（3）东垣。紧依纸坊河，蜿蜒曲折。走向由北向南，自凤尾村，经义坞堡、瓦窑头，到苏罗村东南，长3746米。垣墙有宽有窄，一般宽度在6～10米，埋于地下的深度为2.5～3米。

（4）北垣。大部分被今凤翔县城所压，残长2170米，走向由今凤翔县609库向东，经汽车站、师范学院北墙外、穆公坟北，至凤尾村。垣墙有宽有窄，一般宽度在8米左右，埋于地下的深度为2米。

2. 城门

因城墙破坏严重，无门发现。仅在东城外有道路，但未见通向城内的门址。

3. 城壕

城的东垣墙和南垣墙外侧，或因城外有纸坊河与雍水，不便于取土筑城，故未挖掘城壕。从防御的角度看，墙外的自然河流是第一道天然屏障。而只有在西垣墙的外侧，才开掘了一条人工城壕。

4. 城中道路

城内有几条河流穿过，沿岸筑路，同桥梁相交，形成纵横交叉的道路网络。共探测并发掘出六条道路遗迹，但分别筑于秦、汉、唐、明、清时期。而下层接生土的春秋战国道路，宽在9～11米。

（二）宫殿建筑与居室遗址的分布

雍城内外分布有多处宫殿建筑，大规模的基址就有23处之多，其中大型建筑遗址，如朝寝、宗庙、陵阴、早期宫寝、市场等有六七处。

城郊建筑遗址较多，截至目前在城东就发现了32处，并有3处相对集中的居址建筑群，既有贵族居室，也有国人居室，还有为数不少的半地穴式建筑。雍城周围分布的大中型建筑，东有横水凹里遗址，东南有瓦岗寨河滩遗址、瓦窑头大型宫室建筑遗址，南郊有高庄遗址、东社遗址，西南有马道口遗址、孙家南头堡子壕遗址，西郊有河南屯—河北屯遗址等。

东社遗址出土有“年宫”“棫阳”等文字瓦当，此地可能在秦汉时期著名的棫阳宫范围之内。

孙家南头有西汉大型漕运的仓储建筑遗址，秦穆公时运粮给晋国的“泛舟之役”当是以此地汧渭为口岸的。

城郊遗址既有离宫别馆，也有祭祀天地日月的场所。

（三）郊外的祭祀与离宫遗址

祭祀活动于雍郊进行。20世纪80～90年代以来，考古工作者先后在雍城南郊的雍水两岸、千河东岸及雍城东郊和南郊发现宫殿和其他遗址的分布，如南郊三岔建筑遗址、西郊塔陵村战国宫殿遗址、西南郊六塚村战国建筑遗址等。孙家南头郊外宫殿建筑区遗迹特别丰富，战国时期的蕲年宫、来谷宫、橐泉宫、竹泉宫和西汉羽阳宫瓦当、羽阳宫“汧共（供）厨”铜鼎，都在这里相继被发现，说明秦汉时期多位皇帝到雍地郊祀，在“蕲年宫”的基础上修建了多座宫殿建筑。

雍山血池一带，在雍城西20千米，有一处汉代建筑遗址，很可能同汉高祖刘邦设立的“北畤”有关。

在今县城东20千米的川口河（即“横水河”）西岸的台地上，有凹里村建筑遗址，占地650平方米，曾发现大量秦汉时期的瓦当、筒瓦、板瓦、陶水管道与陶器。当是雍城东大道上的一处行宫遗址。

雍岭“汉王城”遗址有西汉早期建筑遗存与夯土遗迹，可能是皇帝到雍城郊祀时的行宫所在。

千阳县南寨镇冯家堡村的“尚家岭”宫殿建筑遗址，有主体建筑夯土与围墙，出土大量建筑文物，当是战国至秦汉时期西行大道上的一处行宫与驿站遗址。

（四）近郊墓葬区

秦公陵园位于雍水河南岸，隔河与雍城相望。计有14座秦公陵园，其中的前13座陵园有外兆沟从北、西、南三面卫护，成为一组陵域。只有第14号陵园在雍城的东南，自成一区。

国人墓地分布于雍城的四周。

（五）手工业作坊遗址的线索

在史家河、马家庄和今凤翔县城北街一带发现了青铜作坊遗迹的线索。炼铁作坊在史家河、东社、高庄一带。制陶作坊则分布在城内的豆腐村、铁丰、瓦窑头，以及城外的姚家小村、八旗屯等地。制造生活用陶，发现于邓家崖东岗子。豆腐村制作建筑用陶，是一处大型遗址。

作坊遗址一般分布于城墙四周的内侧，临近作坊的小型建筑可能是工匠族系的居址。

三、主要的宫廷建筑

历时近300年的秦都雍城虽然已成为历史的陈迹而被掩埋在地下，但它作为秦都时正是秦国处在上升和发展的时期，因此，其宫寝殿宇，宗庙亳社也一定建造得宏伟高大。《史记·秦本纪》载有这样一段文字：秦穆公时，戎人之国王欲窥探秦国实力，曾派遣一位十分能干的人物由余到秦国。秦穆公示之以宫室、积聚。由余观后感慨地说“使鬼为之，则劳神矣，使人为之，则苦民矣”。可见雍城宫寝建筑的宏伟富丽。

下面介绍雍城的三大宫区。

（一）瓦窑头宫区

瓦窑头一带是雍都早期的“朝寝”宫殿区（图3-13）。

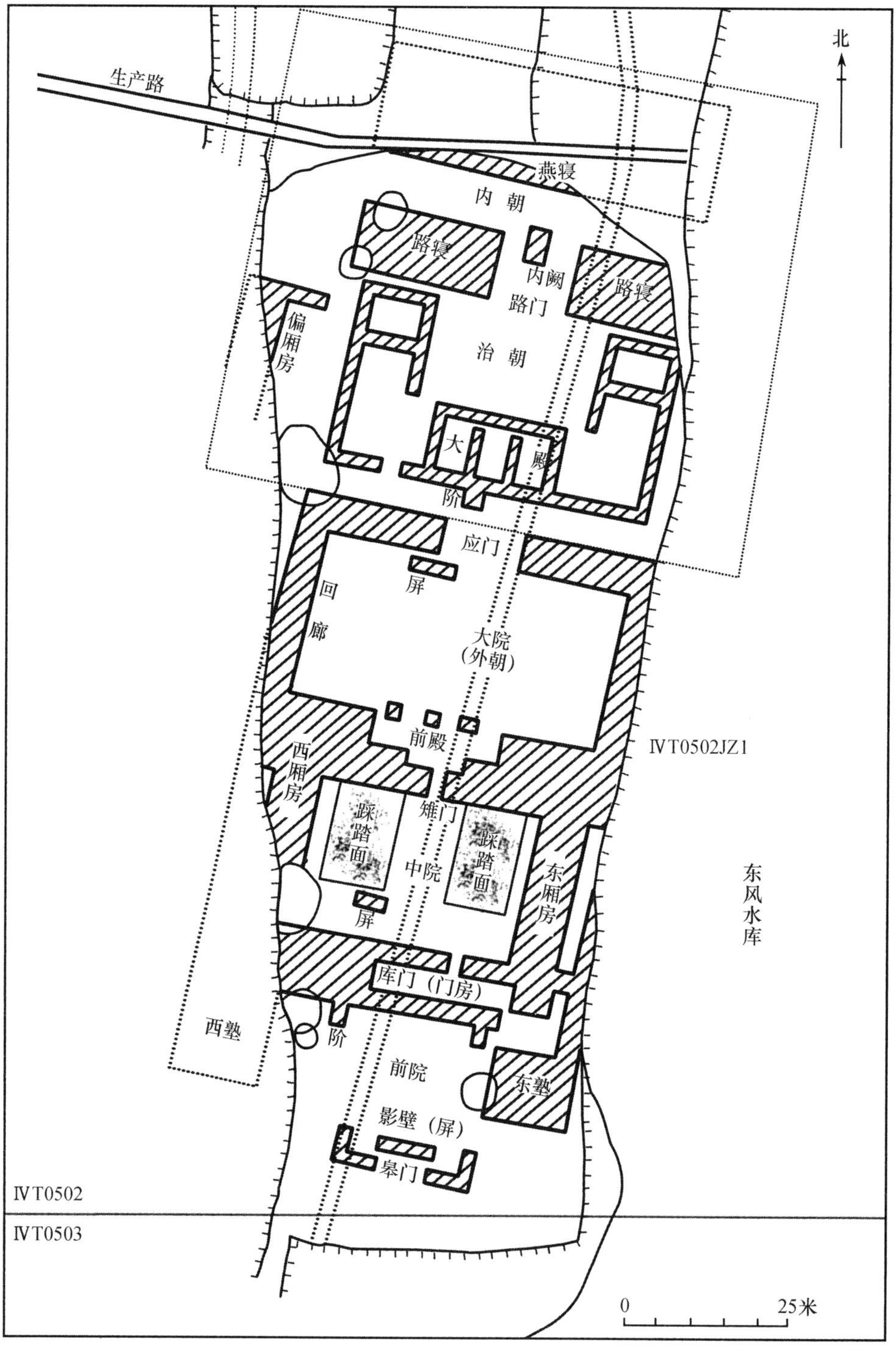

图3-13　早期朝寝平面图（瓦窑头）
（采自雍城考古队资料）

《史记·秦本纪》载："德公元年初居雍城大郑宫。"《正义》注引《括地志》云："岐州雍县南七里故雍城，秦德公大郑宫城也。"无疑大郑宫应是雍城内最早的建筑。大郑宫固然是雍城中重要的宫殿，但除前引《史记》叙述之外，后世典籍很少道及，因此，对它的情况很少有人知道。

2012年，陕西省考古研究院在雍城城址东南角的瓦窑头发现了大型宫室建筑遗址，呈南北向的长方形，北部及南段的东西两侧遭到严重破坏，南北残长186、东西残宽62（南端）~95（北端）米。为"五门""五院"的组合式结构，呈"前朝后寝"的格局。其形制结构与岐山凤雏村西周宗庙遗址四合院式的组合相类同，显然是秦国承袭西周"宫寝合一"的礼制建筑，属于春秋早期秦公朝政与宗庙祭祀之地。从地层和建筑文物判断，可能是雍都早期的大郑宫遗址[41]。

凤翔境内在殷商时期就有一个部族井方。西周初年，受周王封建，成为井国。穆王时曾在井国的居邑域（金文或称下減）建郑宫、春宫等二座行宫。因此，井国又称为郑井国。西周晚期，周宣王又封其庶弟于此，于郑棫国都邑域地的基础上更立新都棫林，此即郑桓公所建之郑国。因为这里原先有郑井国，又是郑桓公所居之故地，当秦德公于此建筑宫殿时，便把他所建的新宫命名为大郑宫。大郑宫的得名，一方面固然是沿袭此地原有宫室的旧名，另一方面，则是为了表示自己是岐西之地的合法占有者，显示自己是周王朝的正统封国，与姬周统治者有着密切的关系。

（二）马家庄宫殿、宗庙区

位于雍城中部偏南，由四个同一时代的建筑群构成，宫殿与宗庙同处于一个区域之内是其建筑的特点。一号建筑遗址居中，东15米为二号，西侧500米处为三号，二号东50米是四号。其中二号建筑群破坏严重，仅存门塾、隔墙、围墙等残迹。平面呈矩形，布局规整，至少是一处由两个以上院落组成的大型建筑群；同样，四号建筑群在高起的地面上仅见散水石，夯墙残缺不全。一些祭祀坑中，有动物肢骨、朱砂。遗址上多有板瓦、筒瓦、陶水管道等。

1. "朝寝"建筑

"朝寝"建筑属于马家庄三号遗址，经考古工作者于1983年冬至1984年夏的调查、钻探，地当豆腐村东南约600米处，西临凤（凤翔）至虢（虢镇）公路，东距马家庄宗庙遗址约500米，西距姚家岗凌阴遗址约600米[42]（图3-14）。

（1）布局。朝寝建筑遗址的现地表，高于周围的地面。除南部有部分遭受破坏之外，保存基本完好。遗址平面布局规整，呈南北向长条状，南北长362.5、北端宽86、南端宽59.5米，面积21 849平方米。遗址四周有围墙，墙内由南而北有五进院落、五座门庭。

第一进院落南北长52、东西宽59.5米，面积3068平方米。围墙厚1.5~2米，南墙

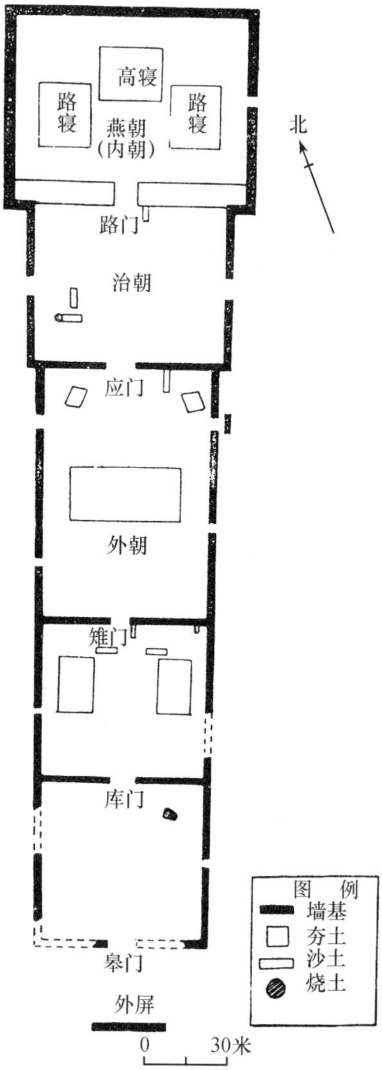

图3-14　雍都后期朝寝建筑平面图

正中有一门，宽8米。门南正前方25米处有东西向夯土墙，长25、宽1.5米，似为“屏”。“屏”南5米的范围内发现大量很薄的圭状石片。东墙正中有一门，宽2米。

第二进院落长49.5、北端宽60.5、南端宽59.5米，面积2970平方米。东西围墙均宽1.5米。西墙正中开一门，宽2.8米，东端中段遭破坏，不知是否有门。南墙宽2米，正中开一门，与第一院落相通，宽6米。院内北部有两座夯土建筑、两段夯墙。

第三进院落长82.5、北端宽62.5、南端宽60.5米，面积5074平方米。东西围墙均宽2米，北段各开一门，宽4米，东门外有一段夯墙，似屏。两墙南部又各有一门，但不对应，宽2.5～2.6米。院中心有一建筑，长32.5～34.5、宽17.2～17.5米，面积586平方米。北墙周围有散水分布。南墙有一门，与第二院落相通，宽4米。

第四进院落长51、宽70米，面积3570平方米。东西围墙的中部各有一门，宽6米，南墙有一门，宽10米，与第三院落相通。西南部有两小段呈“⊥”形布局的夯墙。

第五院落长65、宽86米，面积5590平方米。墙宽3.5米，东墙正中有一门，宽2.8米。院内三个长方形建筑呈“品”字形排列，建筑长22、宽17米，面积374平方米。院南部又有两座建筑，均长35.85、宽7.5米，面积269平方米，两座建筑间有一条宽7.6米的通道，与第四院落相通。

（2）性质的认定。这座建筑位于马家庄宗庙遗址之西，是雍城最大的建筑遗址之一。李如圭《仪礼·释宫》曰：“周礼建国之神位，右社稷、左宗庙，宫南乡而庙居左，则庙在寝东也。”据此，似可认定这座遗址属朝寝建筑。研究者还根据遗址布局情况，并结合文献记载，认为这一基址应是“五门三朝”制的建筑。五门即基址五进院落的南门，其名称由南而北依次是皋门、库门、雉门、应门、路门。三朝即外朝、治朝、内朝，是指第三、第四、第五三进院落，第三进院落即雉门以内是“外朝”的范围；第四进院落即应门以内是“治朝”范围；第五进院落即路门以内是“内朝”（燕朝）范围。秦公采用天子五门制，显系一种僭越行为。

2. 宗庙建筑

宗庙是秦公祭祀祖先的处所。《尚书·太甲》上：“社稷宗庙，罔不祗肃。”它是奴隶制国家最神圣的地方。除祭祀活动外，军国大事也要在宗庙决策。因此，统治者对宗庙的建造是极为重视的。

秦国宗庙，建于雍城的中部，地处高阜，视野开阔，位于马家庄村北500米处。20世纪50年代起，这里就不断有瓦、瓦当的发现，1976年和1980年经过两次钻探，基本确定了遗址范围，1981～1984年，考古工作者对这个遗址进行了发掘，编号为马家庄一号建筑遗址[43]。

作为礼制建筑的这一宗庙遗址，坐北朝南，由祖庙、昭庙、穆庙、中庭、围墙及门塾等部分组成，平面呈长方形，东、西、南、北环以围墙，形成一个全封闭式的建筑群。布局井然有序，规矩整齐，以门道穿过堂室为轴形成对称结构。基址南边和西边虽有部分遗迹遭受破坏，但据周围对应的遗迹，可做若干复原。南北复原长度84、东西宽为90米，面积7560多平方米（图3-15）。

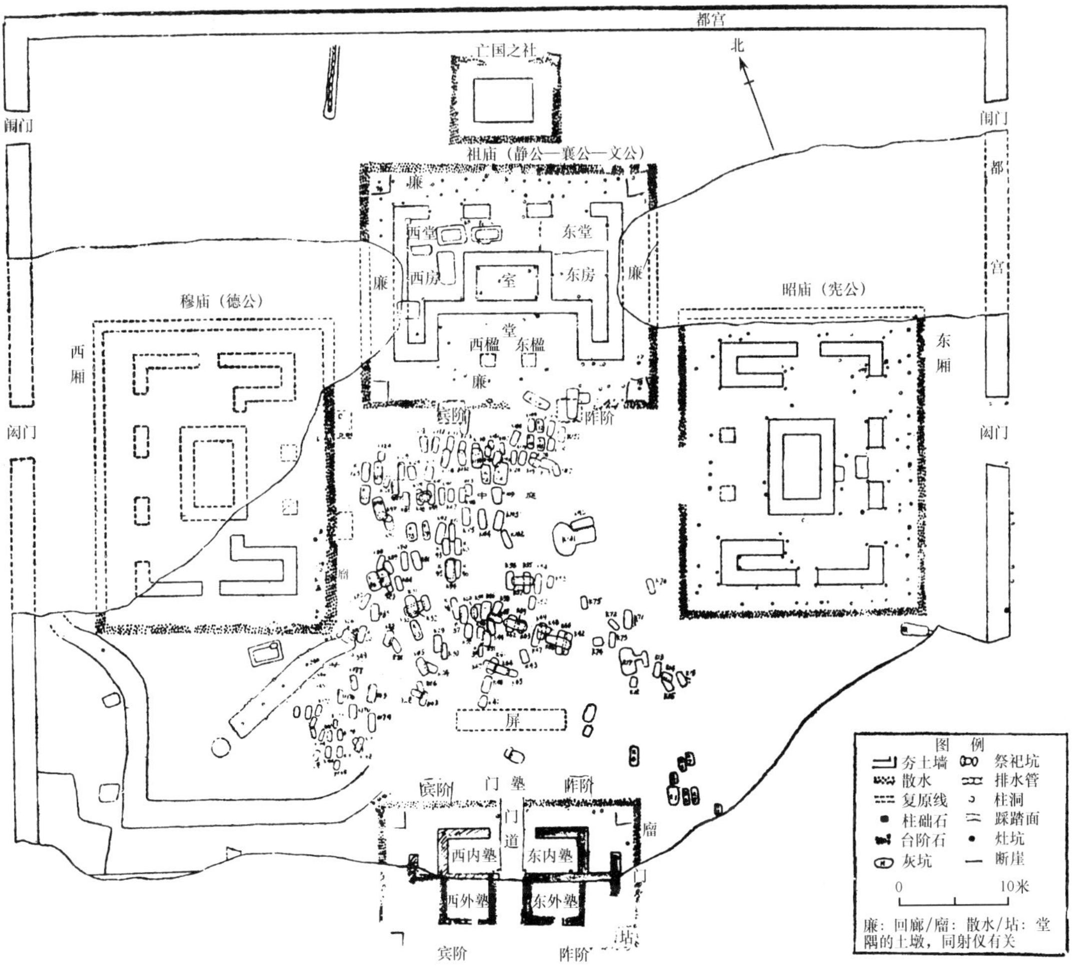

图3-15 雍都宗庙建筑遗址平面图

（1）门塾。遗址南部为大门，史书称为“都宫门”。中心与其北边的祖庙中心处在同一中轴线上。正与《朝庙宫室考》中“太祖之庙门与都宫之门，直达而出，皆南向”[44]的记载相吻合。它有一组完整而考究的门塾建筑，由门道，东、西塾，东西半塾等部分构成。大门南半部已经破坏。现在保存最南边的遗迹为“中墉”，可对称复原大门全貌。东西面阔18.8、南北进深约9.5米，门道距大门正中，宽3.35、长14米左右，为一长方形通道。发掘所见在门道中部有宽约2.5米的一条踩踏面，踩踏面两侧各有对应排列的柱洞一列。

门道两旁，为对称的东、西“塾”。有南、北两部分，平面均为正方形，两内塾（北）门户东西相向，两外塾（南）之门皆向南。东、西塾两侧，为平面呈“[ ]”形的四个部分，是东西半塾。两内半塾门皆向北，两外半塾门户向南。

大门建筑的四周，有阔1.62～1.8米的回廊。回廊之外环以散水，内高外低。根据大门平面布局推测，其建筑是四坡屋顶的穿堂门。

（2）屏、路。在大门北散水外沿以北6.5米处，有一东西长约10、宽0.6米的“屏”遗迹，与《朝庙宫室考》“天子外屏，诸侯内屏”吻合。

通往宗庙中各庙的路，从大门门道进入，在北散水处向左右分开，以未被破坏的西边通往穆庙的路为例，是由大门北散水往西，距西围墙3米处，呈90°折而向北，距穆庙南散水5米处，斜拐向西。路宽1.6～2.8米。路两边共发现柱洞33眼，可知是为避日晒雨淋而在路两边的立柱。柱上覆盖屋顶，形成走廊。通往东边昭庙的路，亦应如此。

这条起自大门门道、两边通向昭、穆庙及东、西围墙两门的长廊，是《尔雅·释宫》中的“宫中路”。

（3）祖庙。在宗庙内偏北部的中轴线上，有一座平面似倒“凹”字形（缺口向南）的建筑，东西面阔20.8、南北进深13.9米。前檐无墙，正中部位有两个对称的夯土墩，是这座建筑中双“楹”的基础。

“凹”字形正中缺口处为“堂”，面阔三间，不设檐墙。堂内东西阔12.8、南北进深4.3米，当心间阔3.6米，东、西次间各4.6米。《仪礼·释室增注》说：“堂上设席行礼。”故堂为宗庙祭祀中的重要活动场所。

堂之北，为一封闭式的长方形空间，面阔5.75、进深3.75米，称为“室”。室、堂之间有门相通。据文献记载，室当为藏主、接神之处，它在宗庙中无疑具有特殊的作用。

堂之东西两旁的墙，称为东、西“序”。序东为“东夹室”，西为“西夹室”。东、西夹室平面均作曲尺形，阔皆5.2、进深6米。东、西序偏北处均设有出入堂、室的“户”。夹室的功用亦是安放神主的地方。

在室与东、西夹室之北，是为北三室。平面均作长方形明间，中室面阔5.6、进深4.15米。东、西二室面阔皆6.4米。北三室的作用，可能与射燕之礼有关。

（4）昭庙、穆庙。在祖庙之南的东西两侧，有两座对称的“凹”字形建筑，东边的为“昭庙”，缺口朝西；西边的为“穆庙”，缺口朝东。面积与祖庙无大差别，南北面阔21、东西进深13.9米，格局基本相似。

“凹”字形缺口处为堂，无檐墙，设双楹柱，堂之两边为曲尺形南、北夹室。堂后为室。室后为东西三室。

昭、穆二庙与祖庙不同之处：一是通往南、北夹室的门不是开在堂之两边隔墙上，而是开于堂之后墙与室相接处；二是室中除与堂之间有一道门外，并与东（西）三室辟有一门；三是在南、北夹室近后三室处，南、北各开一门供出入。

在祖庙和昭庙、穆庙建筑的四周，皆有供人行走的回廊，即《仪礼》中所称的“廉”或“堂廉”。回廊宽2～2.8米，皆有一或二排柱洞。回廊周围有以鹅卵石铺筑的散水。散水宽0.8米左右，一般由7或8列卵石铺成，内侧稍高，外侧较低，便于雨水排出。

三座建筑内门柱、壁柱、角柱、廊柱、擎檩柱等柱洞密集分布，建筑外散水呈长方形封闭相连，可见三庙均为四坡式屋顶，其规模是很宏伟的。

三座庙堂前散水处，各有片状麻石铺成的斜坡漫道。漫道内高外低，坡度平缓，长、宽各2米左右，是供通往堂基的台阶。阶在古代文献称左为“阼阶”，右为“宾阶”。祖庙的阶在堂的东、西两次间正前方均有发现，知此建筑阼、阶具全。昭、穆庙各在堂之南次间发现一处，即昭庙只发现了阼阶，穆庙仅发现了宾阶。昭庙的宾阶和穆庙的阼阶亦应有之，可能已经被破坏。

（5）中庭。从祖庙南散水外沿至大门北端散水外沿，由昭庙西散水外沿到穆庙东散水外沿，是一片长方形空旷地带，南北长34.5、东西宽30米。中间缓低，四周略高。这片广阔的空场称为“中庭”。

在中庭的南、西、北部，有大量各种类型的祭祀坑。发掘中未见踩踏面，说明这一块地方是不曾随便走动的，它不同于一般建筑中的院落，而是严格按照礼制规定设置，为宗庙的重要组成部分。

在中庭南端之西，近穆庙南散水处，有一西南东北向的坑，长14.6、宽1.05～2，深0.9～1.3米。坑两边及中间有三排用于支撑屋顶的柱洞，东北端有三级土台阶，供人出入。这是一座只有屋顶而四周无围墙的棚式建筑，其用途可能是作为祭祀时“制礼作乐”的地方。

（6）亡国之社。祖庙之北，有一个平面呈长方形的建筑，东西长5.4、南北宽3.8米。四面无檐墙，四角各有角柱一对，周围环绕长方形散水，为一亭台形式的建筑。南边偏东处有门，正与祖庙北三室中门相对。关于此建筑的用途，被认为是安置亡国之神主的“亡国之社”。

（7）都宫。环绕宗庙的围墙，史书上称为“都宫”。东西墙残宽75.5、南北长87.5、厚1.9～2.1、残高0.15～0.25米。发掘时墙两边均堆积有大量瓦片，在西北角和东墙南部有较密集的柱洞，可知墙顶覆盖有瓦，并有附属建筑。

在西南角内，有一处与围墙相连的近曲尺形的夯土基址，周围有柱洞，可能系角楼之类的建筑。

在东、西围墙中部，各开有面阔4.4、进深1.9米的门，《朝庙宫室考》称为“闳门”。东西围墙北部，距北围墙8米处，亦各开有一门，东边的门阔2.55、进深2.1米，西边门阔2.55、进深2.1米，称为“闱门”。

（8）祭祀坑。宗庙遗址内，发现了牛、羊、人、牛羊、人羊合坑及车坑、空坑等7类祭祀坑共181个。其中牛坑86个，羊坑55个，人坑8个，牛羊、人羊合坑各1个，空坑28个，车坑2个。

这些坑绝大多数分布在中庭，少数在昭、穆庙南侧的空地处，个别在祖庙和昭庙内部。

祭祀坑基本都是长方形竖穴土坑，牛坑稍大些，长0.94～2.14、宽0.42～1.35、深0.92～2.6、羊坑长0.62～1.5、宽0.36～0.68、深0.44～2.4米。牛、羊坑的头向绝大部分为南北向。在8座人坑中，除两个在中庭部分外，其余6个都在祖庙和穆庙建筑内，坑口开在当时地面上。6座为东西向，南北向只有两坑。包括人羊合祭坑在内，坑内人骨皆不全，很可能是将活人杀祭的。有的人骨附近涂有朱砂，坑内并有玉璧、骨璧和陶器等。空坑内骨骼全朽，不知牺牲为何物，可能是食肉祭祀坑。

两座车坑中，一座位于中庭中部东侧，靠近昭庙西散水处。平面似“H”形，坑东西长2.5、宽0.3～2.2米，有车无马，车辕向东，舆在西，单辕双轮；另一座在中庭东北角，东西向，长3.9、宽1.6、深2.1米。惜盗扰严重，坑内出土有金、铜质车马器，并有少许马骨，坑内车、马俱全。

以上各类祭祀坑，多数排列有一定规律，有的是三个一排，有的是二个一排。这并非一种偶然现象，可能与当时的祭祀礼仪有关。同时，这些祭祀坑的坑口高低不一，有的在踩踏面以下，有的在当时实用地面上，有的还打破建筑的夯土台基或室内地面，许多坑之间存在着打破关系，说明开坑年代早晚有别。早的当为建筑落成时的牺牲，晚的则是建筑废弃后举行的祭祀，而多数是建筑使用时的遗迹。

（9）对几个问题的分析。秦国这座宗庙，基本保持了奴隶社会高等级宗庙、宫室的布局特点。与现今发现的二里头时期宫廷中的殿堂、凤雏西周甲组建筑遗址的布局有着一脉相承的关系。二里头时期宫廷F1的主体殿堂，是目前最早的殿堂，其内部布局是围绕着前堂，分别布置五室、四旁、两夹，平面呈“凹”字形。凤雏甲组建筑遗址的后院、室、旁、夹的平面布局同样呈“凹”字形。由此来看，马家庄宗庙则与上述类似，前堂周围有室、旁、夹，只是在前堂、夹室之后又发展出北堂、东西堂等结构，并且全部覆盖在一个屋顶之下，显然比凤雏甲组建筑，要宏伟得多。

这座宗庙总体布局，与史籍记载的诸侯宗庙大体相同，每个单体建筑所分隔的区间，分别具有宗庙中的祭祀、燕射、接神、藏祧的功能。《谷梁传》记载：“天子至于士皆有庙，天子七庙，诸侯五，大夫三，士二。”《仪礼·聘礼》贾公彦疏曰：“诸侯有五庙，太祖之庙居中，二昭居东，二穆居西。”以马家庄秦国宗庙遗址与史籍相对照，庙之数目有所出入。这是因为，史籍中记载的是周人制度。在周天子的庙里，有太祖庙一，昭二（祭祀享位天子的显考、王考，即曾曾祖父，祖父），穆二（祭祀享位天子的皇考、考，即曾祖父、父），在二昭二穆之上，又列文武二世室（后更立二祧庙），祀文、武二王。但在秦人庙中，却不再有文、武二世室，以诸侯身份建立三庙：祖庙一，祀始封君秦襄公，昭、穆庙各一，祀在位诸侯的王考、考（祖父、父）。王考以上秦襄公以下之祧主，则藏于太祖庙中。

那么，这位建庙的享国秦公究竟是谁，据分析，他可能就是"春秋五霸"的秦穆公。根据有以下几项。

其一，宗庙遗址中出土的陶豆、壶、鬲、囷、甗和玉璜等器物，与凤翔秦人墓中的同类器比较，可推定此庙建造时间在春秋中期。

春秋中期的秦国国君有穆公、康公、共公、桓公和景公，时限为120年左右。在这五位国君中，秦穆公最有作为。穆公在位期间，秦国的经济飞速发展，曾在雍城建造规模宏伟的宫室。《礼记·典礼》记载："君子将营宫室，宗庙为先。"秦穆公既然有能力营造足以使外国使臣惊叹的宫室，那么首先建立宗庙则是理所当然的。

其二，秦穆公时，秦国军事力量强大，他曾"益国十二，扩地千里"，成为"春秋五霸"之一。按照礼制规定，在诸侯国宗庙里，要设置安放亡国之神主的"亡国之社"。秦穆公战功显赫，所攻灭之敌国甚多，因此将亡国之社安置在祖庙北边的中轴线上，除告诫国人居安思危之外，还有炫耀武功之意。如此壮举，在春秋中期的秦国诸君中，非穆公莫属。

穆公之前，包括始封君秦襄公，共有九位国君，除去穆公兄弟辈的国君宣公、成公和其父德公的兄弟辈国君武公、出子之外，九公中父子辈的国君有五代，即襄公、文公、静公（不享国）、宪公、德公。则马家庄宗庙中三庙各祀诸公是祖庙享始君襄公，昭庙享穆公之王考宪公，穆庙享穆公之父德公，而穆公之显考文公和皇考静公之祧主，按照礼制规定应藏于祖庙中。

秦穆公之前经营雍城的国君有三位，第一位为穆公父德公，在位仅2年，他营建的大郑宫在雍城西部。在大郑宫范围内，目前还未发现有宗庙建筑遗址。德公之后，穆公二位兄长宣公和成公，总共在位16年，可能未进行大规模的建筑，仍居大郑宫。因之，秦穆公建立的这座位于雍城中部的宗庙，很可能是秦建都雍城后所建的第一座宗庙。

这座宗庙使用时间相当长，庙中祭祀坑有的晚到春秋晚期，祖庙建筑也被战国早期的祭祀坑打破，表明其废弃时间当在春秋晚期。但战国时期，这里仍然有祭祀活动。遗址内未见火烧痕迹，亦没有留下任何朽坏的木柱，显然是有计划拆迁的。随着时间的推移和国君的更替，新宗庙必然会代替旧宗庙。

马家庄宗庙遗址，是迄今发掘的规模最大、保存最好的先秦礼制性高级建筑群。它在商周至秦汉建筑发展过程中，占有承上启下的重要地位，对探讨秦国建筑史，先秦宗庙宫室制度，以及秦人早期都城的布局，都有极为重要的意义。

3. 姚家岗凌阴遗址与建筑构件窖藏

（1）凌阴建筑

《诗经·豳风·七月》：“二之日凿冰冲冲，三之日纳于凌阴。”注疏曰：“凌阴，冰室也。”可知凌阴是古代用来藏冰的地方。虽然典籍中有提到凌阴，但这种古代的冰窖究竟是什么形状，构造怎样，有些什么设施，一直是研究者所关心的问题。1977年，考古工作者在雍城遗址中部偏西的姚家岗村发掘出一座保存完整的先秦凌阴建遗址[45]。

①形制

姚家岗凌阴遗址建筑在一个夯土台基上，平面近于方形，四边围一周夯土墙。夯墙东西长16.5、南北宽17.1、厚0.2～0.56米，残留高度不等，最高可达1米，最低仅余0.16米。夯墙内壁用细泥抹光，外壁只见原始夯筑痕迹（图3-16）。

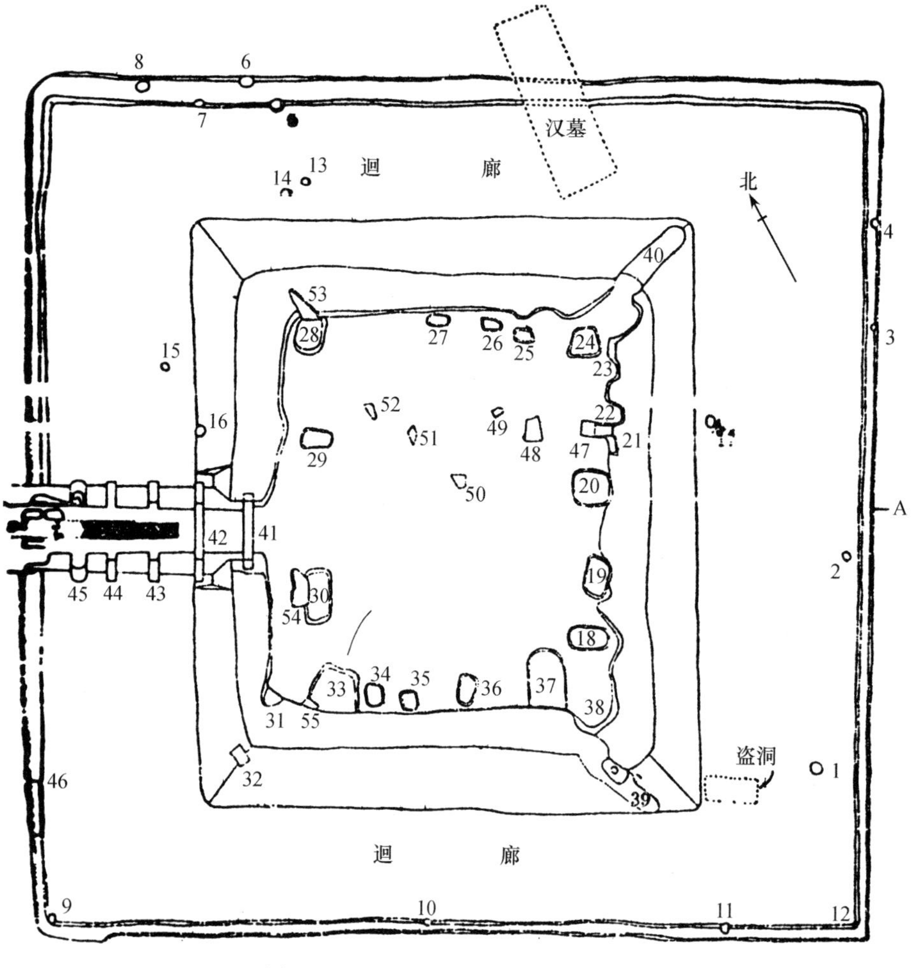

图3-16　凤翔姚家岗凌阴遗址平面图

1～38. 柱洞　39～40. 冲刷沟　41～46. 槽门　47～55. 片石

（采自《文物》1978.3）

西夯墙上留有两个缺口，其中较大的一个位于夯墙的中部，宽1.7、高近1米；另一个则位于南部，宽1.17米，缺口下部挖有一道长1.06、宽0.045～0.075米、高0.05米的沟槽。

夯土台基中部，有一个上口东西长10、南北宽11.4米略呈仰斗形的窖穴，窖内壁呈斜坡状内收，坡长1.84米。窖壁上部经夯筑（约占窖壁全高的2/3），下部仍为生土。

在窖壁坡底围一周宽0.7～0.8米的二层台，台面经夯筑。夯土厚0.16～0.24厘米，下部为生土，通高0.32米。

二层台的范围之内为窖底，窖底东西长6.4、南北宽7.35米，底铺有与二层台等高的砂质片岩一层。窖穴容积约190立方米。

仰斗形窖穴与四周的夯墙之间是凌阴建筑的回廊。东西回廊宽3～3.2米，南北回廊宽2.1～2.2米。西回廊正中有一条东西向的通道，呈等腰梯形。通道下宽0.8、上宽1.7、深1.8米。通道由内向外有五道相互平行的槽门，每道槽门相距1～1.2米，第一槽门开凿在二层台上，因此靠近边槽附近的二层台面均被加高，达0.62米。其余槽门的边槽上口，均开在西回廊的地面上，除第五个槽门外，下口都达通道底部。靠近窖底的第一、二号槽门均设有底槽。槽门亦呈等腰梯形，略宽于通道。第三、四、五三道槽门则只有边槽而无底槽。上述所有槽门的沟槽（包括边槽与底槽）的横剖面均为倒置的等腰梯形，以便于插入和提出板门。

凌阴遗址还装有排水设施。发掘时，在窖底西部通道第二、三号槽门之间的底部，发现有陶质圆形排水管道一列。经钻探得知，此列水道东高西低直通姚家岗西南部的白起河。

基址共排列柱洞38个，有方形、长方形、圆形和椭圆形四种。柱洞大小及深度极不一致。最小的仅有0.13米，最大的可达0.7米×1.1米。最浅的仅0.1米，最深的竟达1.1米。一般说来，方形和长方形的柱洞口径较大，多排列在紧靠二层台的窖底面上，形成一个长方形的柱网，建筑物上部的重量即靠柱网及四面檐墙支承。发掘中，大量板瓦、筒瓦均堆积在这个柱网的中心部位，正好说明柱子的承重情况。圆形和椭圆形的柱洞口径较小，多在回廊和土墙中。

②营筑方法

姚家岗凌阴遗址位于1973年、1974年出土青铜建筑构件窖藏的西边，相距最远不超过100米，它们都在姚家岗遗址的范围内。姚家岗遗址是雍城内一处较大的遗址，正如前述，它的主体建筑是秦德公的大郑宫。凌阴建筑施用的瓦及堆积中出土的璧、玦等玉器纹饰都具有早期特征。因此姚家岗凌阴建筑的时间距德公建大郑宫不会太远。

凌阴建筑因与一般建筑的用途不同，所以其营筑办法也与一般宫室有别。建筑虽然也有屋顶、围墙、回廊，但其主要部分却在地下。以考古发掘掌握的资料看，凌阴的建筑过程大体可分为五个步骤。

第一步是夯筑台基，即在选择好的地方，从地面下挖一个长宽约有17米的竖坑，使坑深达1.2～1.3米，然后把整个坑分层填土夯筑，直至地面，形成一个与地面齐平的夯土台基。

第二步是挖出窖穴，即在台基的中部向下挖一个仰斗形竖坑，坑壁打破夯土并伸入到生土之中，在其底部沿着坑壁留一周生土二层台，并将台面夯筑，初步形成一个藏冰的窖穴。

第三步是构筑槽门与排水设施，即在挖好的窖穴西部正中挖一条通往白起河的通道，在通道的东端挖出五道槽门，并铺置管道排水。

第四步是夯筑围墙，即在方形台基的四边夯筑一周围墙，使窖穴与围墙之间形成一个宽度超过2米的回廊。

第五步是建筑屋顶，即在整个建筑范围内根据需要挖出擎檩柱、承重柱、廊柱、檐柱等，并以四周的围墙为檐墙建筑屋顶。从建筑倒塌的迹象观察，这个建筑是具有四坡流水的半地穴式建筑，部分屋顶施瓦，并盖有厚厚的稻草。

③封藏方法及对科学技术的应用

由于冰是特定季节与环境的产物，所以对它的封藏和开启与季节有密切的关系。《诗·豳风·七月》："二之日凿冰冲冲，三之日纳于凌阴。四之日其蚤，献羔祭韭。"讲的就是关于藏冰与启冰的时间。"二之日"是指二月，这是周历。周历的二月是夏历的建寅十二月。这四句诗是说"腊月里把冰砖冲冲地击捣，正月间将冰砖块块藏在冰窖。二月办了牲口去老爷寝庙，为开冰羔羊韭菜一齐送到"（蓝菊荪：《诗经国风今译》）。

发掘时，在窖穴上部及窖口四周发现有大量的腐殖质土层及一层层涂抹过的泥痕，说明藏冰的上部亦有草荐覆盖，并涂泥密封。

《周礼》之中有"凌人"一职，为天官冢宰的下属，是当时管理冰政的官吏。古籍虽没有注明凌阴由谁执掌，但根据"凌人"的职责，凌阴当由"凌人"掌管。"凌人"司设的管理人员有"下士二人，府二人，史二人、胥八人、徒八十人"。下士管理众事，府主藏文书，史主作文书，胥管十徒，八胥有徒八十名。胥、徒是凌阴出纳的主要劳动者。

《周礼·凌人》："凌人掌冰，正岁十有二月令斩冰，三其凌。"各家注疏均以正岁十有二月是指夏历，"此时寒盛，冰坚腹厚"，正是胥、徒凿冰封运的最好时节。"三其凌"是指为了有足够的冰可用，封藏冰量要大于实际用量的三倍。孔颖达以为是"三倍其冰"，即"应十石加至四十石"。如此，则姚家岗凌阴的藏冰的实际用量是190立方米的1/4，即47.5立方米。

《周礼》还规定，正月里"凌人"开始制作盛冰的大盆，以备二月出冰。凡是王后、世子等人宴飨的膳食羞、酒醴的酒浆等都得用大盆供冰。凡祭祀天地、社稷、宗庙，以及诸侯朝觐，举行赐礼等也都供冰。国君死了，要以冰镇尸体，盛夏时节，还要颁赐冰块给群臣。秋天天气转凉，用不上冰了，便清除凌室，以待十二月更纳新冰。

凌阴是储冰的房屋，为了确保储冰不受过大的损失，就必须严格控制冰室的温度，即使炎热的夏天，也要保证室内的低温条件。只有这样，才能满足统治者盛夏对冰的需求。为了达到这一目的，秦人在设计、修建这座凌阴时就充分利用了他们所掌握的科学技术知识，以求建设更加科学的储冰设施。

室内藏冰最主要是要防光、防热、防水、防风。姚家岗凌阴建筑正是在这四个方面表现出了设计者的聪明才智。

凌阴建筑四周筑一封闭式的矮墙，用草垫覆盖藏冰，并涂抹厚泥将窖穴严密封闭，完全避免了阳光对冰的直接照射，起到保护藏冰的作用。

凌阴建筑很矮，屋顶上覆盖着很厚的稻草，有些地方还施瓦，西部通道设置五道槽门，而在第三、第四、第五道槽门之间放入大量的稻糠，这些作法都具有隔热的功能。

窖穴底部铺了一层片状岩石，它既使冰窖藏冰比较卫生，又可使消释的冰水很快流到岩石下面渗入土中。第一道槽门的上口开在二层台上，而二层台仅比窖穴底部高0.62米，由于冰窖是仰斗形的竖坑，上部藏冰数量很大。如此构筑的第一道槽门，可以使上部消释的大部分冰水及时排出，尽量减少窖内积水，以减缓藏冰的消融。

凌阴建筑经过上述构筑以后，基本上形成了一个与外界隔绝的封闭体。唯一与外界连通的是埋在通道下部的排水管道。此列管道，由长0.71米、首端径0.3米、尾端径0.24米的若干水管套合而成，一直通向遗址西南部的白起河。如果将这一列排水管道的首端直接埋在冰窖下部，那么白起河谷的吹风就会直接通过管道进入凌阴。如遇到窖顶封闭出现破损，就会使空气对流，必然破坏对藏冰的保护。正是稽于这种实际情况，凌阴的设计者便把这一排水管道的首端安置在通道第二槽门以外，与藏冰隔绝，从而避免了气流进入冰窖，加强了保护藏冰的作用。同时消释的冰水可通过第一、第二道槽门的边槽、底槽缝隙排出，顺利流入埋在那里的管道，排入白起河。不难看出，这样的设计和构造既合理又科学，颇具匠心。

姚家岗凌阴遗址的发现，不仅有助于我们对周秦有关制度的研究，也为探讨周秦文化的关系提供了重要资料，而且是了解秦人对科学技术运用的实物标本。

（2）姚家岗建筑构件窖藏

位于雍城中部偏西，西距雍城西城墙仅50米。20世纪70年代在此先后发现宫殿建筑遗址，发掘出铜质建筑构件窖藏和凌阴遗址等[46]。铜质建筑构件窖藏共计出土64件，可分为阳角双面蟠虺纹曲尺形、阳角三面蟠虺纹曲尺形、阴角双面蟠虺纹曲尺形、双面蟠虺纹楔形中空形、双面蟠虺纹单齿方筒形，单面蟠虺纹单齿方筒形、双面蟠虺纹双齿方筒形、单面蟠虺纹双齿方筒形、单面蟠虺纹双齿片状、小拐头等十个类型。其用途在大型建筑上是与木构材料结合使用的，这是研究雍城时期大跨度建筑结构的重要实证。

（三）铁沟—高王寺宫区

位于雍城北部，在铁钩、凤尾村、翟家寺等地曾发现多处战国建筑遗址，出土文物有槽形板瓦、筒瓦和虎雁纹瓦当；在高王寺村曾发现战国铜器窖藏，出土铜器12件，有春秋晚期鼎、战国早期镶嵌燕射壶、敦、盖豆、盘、匜、提梁壶、甗等，判断这批铜器当为战国中期以前秦国与吴国、楚国相互礼仪之物[47]。在今凤翔城城以北的小沙凹村曾出土楚国宗庙之器，这里可能是秦国举迁楚国贵族在雍城城外居住的佐证。

雍城北部，距城北墙不足100米，东距高王寺约100米，与马家庄宗庙遗址南北对应，距离近1000米。经详细勘探，知其是一个近似长方形的全封闭空间，四周围以夯墙。西墙长166.5、南墙长230.4、东墙长156.6、北墙长180、墙宽1.8～2.4米，面积约34 030平方米。钻探时于四周围墙中部都发现有“门塾”建筑，门塾一般宽21米以上，进深14米左右。墙体两侧均有瓦片堆积，应是夯墙上的覆瓦。围墙之内为露天的空场，没有发现夯土等遗迹。唯西南角有大片夯土面及夯土残块，可能是一处附属建筑。1983年，曾清理出“西门塾”基址[48]。

西门塾基址位于西墙中部，平面呈“凹”字形。凹面向西，由门道、南北门塾、廊房等部分组成，南北面阔21.4、东西进深12.8米。基址四周均发现瓦片堆积，说明门塾原为一座大屋顶的四坡式建筑。门道之内发现空心砖残块，应是进门的踏步。出土物中除大量瓦片之外，还有“半两”铜钱、陶器残片，其中一件陶器残底有一方印文戳记“咸□里□”四字。瓦的种类较多，板瓦既有槽形板瓦，也有弧形板瓦；筒瓦既有带当筒瓦，又有无当筒瓦。纹饰粗、中、细绳纹均有。瓦当既有圆瓦当，又有半瓦当，既有各种动物纹样，又有素净不纹者。据出土物种类及纹饰推测，这座建筑的建造使用年限当从战国早期至秦汉之际。

从雍城城建的发展史来看，规模由小到大，方向是由东南部逐渐向北、西北部扩展。城内的政治中枢随时间的推移，形成三大宫区。其中以瓦窑头宫区建造的时间最早，其次是西北方向的马家庄宫区，最北端的铁沟—高王寺宫区时间最晚。

考古材料结合文献记载，雍城考古队的研究者认为，瓦窑头宫区可能是“雍高寝”的所在，居此的有德、宣、成、穆、康等诸秦公；马家庄宫区可能是“雍太寝”，为桓公前后的若干秦公所居；铁沟—高王寺宫区可能是“雍受寝”，是躁公前后诸秦公的居址。

考古调查发现，在上述三处宫区范围之内，除过有较大型的一类宫室建筑（有夯土基础和大量陶质建筑材料）之外，还有另一类较为密集的聚落型建筑（或为中小型地面居室建筑，或为半地穴居室结构）。这两类建筑，似乎形成了单元性的组合体系。可以推断，大型建筑与寝宫有关，系秦国王权的中心，为秦公所居。中型建筑，或为国家官署和贵族居室。小型建筑或为国人居所了。这种等级建筑的组合，实际反映出当时城内所居者不仅有秦国国君、秦国贵族，还有下层的“国人”。这对“筑城以卫君，造郭以守民”的传统观点是个“突破”，因为多年的城外考古只见国人死后葬身的墓地，而始终未见其所居的踪迹。那么，这在秦国的都城人群分布上是个特殊吗?

四、郊外礼制建筑遗址

（一）橐泉宫、蕲年宫

橐泉宫与蕲年宫（蕲、祈古字通，或作“祈年宫”）的关系、位置和建筑时间，史籍记载颇多分歧。

（1）《史记·秦本纪》：“三十九年，缪公卒，葬雍。”《集解》引《皇览》曰：“秦缪公冢在橐泉宫蕲年观下。”明确指出橐泉宫与蕲年观（宫）建在一起，而且蕲年观（宫）是橐泉宫的一个部分。

（2）《史记·秦本纪》同条记载下《正义》引《庙记》又云：“橐泉宫，秦孝公造。蕲年观，德公起。盖在雍州城内。”不仅两宫是各自独立的建筑物，而且连修建的时间也不相同。

（3）《水经注》渭水下记雍水曰：“水出雍山，东南流历中牢溪，世谓之中牢水，亦曰冰井水。南流迳胡城东，俗名也，盖秦惠公故居，所谓蕲年宫也。孝公又谓之橐泉宫。”这里又说两宫名字只是同一宫殿在不同时期的不同名称，与第一种说法既有相同之处，又有不同。

（4）《史记·秦始皇本纪》：“九年……嫪毐将欲攻蕲年宫为乱。”《集解》云：“蕲年宫在雍。”并从《汉书·地理志》右扶风雍县“橐泉宫，孝公起。蕲年宫，惠公起”的说法。

（5）《三辅黄图》引《庙记》云：“蕲年宫城外。”

总括以上记载，蕲年宫、橐泉宫的关系：前者为后者的一部分；两个不同的宫室；同一宫室在同一时期的不同称呼。其始建时间，橐泉宫仅秦孝公造一说，蕲年宫有德公造、惠公造二说。具体位置，蕲年宫有雍、雍州城内、雍城郊外三说，橐泉宫仅雍州城内一说。

但是，根据对有关文献及考古资料分析，这两座宫殿应建在雍城郊外。

《史记·秦始皇本纪》载：“九年……四月，上宿雍。己酉，王冠，带剑。长信侯毐作乱而觉，矫王御玺及太后玺以发县卒及卫卒，官骑、戎翟君公、舍人，将欲攻蕲年宫为乱。”《吕不韦列传》曰：“人之告嫪毐，毐闻之。秦王验左右，未发。上至雍郊，毐恐祸起，乃与党谋、矫太后玺发卒以反蕲年宫。”前者记述九年四月秦王宿于雍，己酉这一天王行加冠之礼，嫪毐为乱之谋被秦王发觉，于是毐率众进攻蕲年宫。而后者是说秦王得知嫪毐将欲作乱，到了雍城郊外，嫪毐恐大祸临头，发卒以反蕲年宫。嫪毐为乱，矛头直指秦王政。秦王在何处，他就攻击何处。“王冠”之时，嫪毐进攻蕲年宫，表明秦王加冠礼后仍留在宫中；“上至雍郊”，嫪毐攻击的仍是蕲年宫，说明蕲年宫就在“雍郊”。

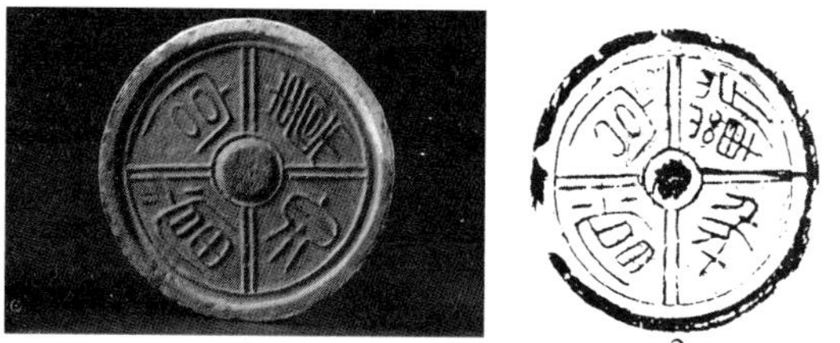
1　　2

图3-17　橐泉宫当和蕲年宫当
1. 橐泉宫当　2. 蕲年宫当（孙家南头）

1982年夏，考古工作者在凤翔县长青乡孙家南头堡子壕的秦汉建筑遗址内采集到一枚“蕲年宫当”瓦当，1985年冬又于此地采集“橐泉宫当”一枚（图3-17）。孙家南头堡子壕位于汧河左岸的二层台地上，东北距雍城15余千米。这两枚瓦当的发现为确定两座宫殿的位置，了解它们之间的关系，提供了直接证据。传世亦有“橐泉宫当”瓦当，旧不知出处，有此新出之瓦当，知其也应出自孙家南头堡子壕[49]。史载，多有橐泉宫器物的传世，像《长安获古编》卷二载橐泉铜销，铭曰：“橐泉铜销，一斗，重三斤，元康元年造。”又载橐泉宫铜鼎，铭曰：“雍橐泉宫金鼎，盖一，容二升，重一斤八两，名百卌二。杜阳五十四斤十四两。”《小校经阁金文》卷八载有橐泉宫灯，铭曰：“橐泉宫铜灯，重一斤十二两，元康二年考工令史孺监省。”元康是汉宣帝年号。以上三器皆汉宣帝时橐泉宫用器。西汉在内地设的官马厩有橐泉厩，《汉书·百官公卿表》注引如淳曰：“橐泉厩，在橐泉宫下。”

孙家南头堡子壕秦汉建筑遗址，总面积至少有两万多平方米。1996年，陕西省考古研究所雍城考古队对堡子壕遗址进行了试掘，其文化层堆积层厚约2米。汉代夯土层直接压在农耕土下，厚约1.5米。汉代夯土层下面是0.2～0.3米的秦文化堆积，内含有战国时期的绳纹陶片、云纹瓦当碎片等。再下为深0.5米左右的夯土层，夯层0.08～0.12米，夯窝密结而呈圆窝形，直径约0.05米，土质纯净。在统一秦前后的文化层中，出土“蕲年宫当”10枚，“橐泉宫当”7枚，“来谷宫当”4枚，“竹泉宫当”4枚，戳印文字的板瓦、筒瓦200余件[50]（图3-17）。

根据瓦当出土的地层情况分析，孙家南头堡子壕秦汉建筑遗址就是秦汉时期蕲年宫与橐泉宫的所在地，而文献失载的“来谷宫”和“竹泉宫”也处于同一地点。起码汉代的蕲年、橐泉二宫建筑，实际是建在先秦两宫的原址之上的。

先秦时期的蕲年宫、橐泉宫始建于何时，从前面所举材料来看还有分歧。

蕲年宫在典籍中有“德公”“惠公”两说，从该遗址的地层叠压关系和堆积层中所含瓦片、云纹瓦当残块分析，这是一处战国中期至西汉时期的建筑遗址，堆积中绝无战国以前的遗物。因此，该遗址的始建年代绝对不会早到秦德公时期，应以“惠公”之说较为可信。

橐泉宫典籍以为孝公起，而孝公晚于惠公，“孝公”说当可信从。

前已述及，蕲年宫和橐泉宫的关系有三种不同的说法。根据孙家南头堡子壕秦汉建筑遗址两宫瓦当共出的情况分析，第一种说法较令人信服，即先秦时期，惠公先建蕲年宫，孝公时扩大规模，建立新宫，名曰橐泉宫。原蕲年宫成为新建橐泉宫的一部分，有时则称蕲年观，因此《皇览》就说“秦缪公墓在橐泉宫蕲年观下”。反映了蕲年宫与橐泉宫所属关系的变化。

综上所述，可得出：蕲年宫建于秦惠公时期，橐泉宫起于孝公。新起的橐泉宫与蕲年宫建在一起，并使蕲年宫成为它的一部分，而这两座宫殿的位置则是在雍城西南15千米的汧河左岸的孙家南头堡子壕村的台地上，并从战国中期一直沿用到西汉后期，历时数百年之久。

（二）棫　阳　宫

棫阳宫也是秦汉时的重要宫殿。对于它的始建年代及地理位置亦有不同说法。凡是道及棫阳宫，典籍均说建于秦昭王，唯独程大昌的《雍录》以为秦穆公造。

对其地理位置历来有两说：一说在今扶风县东北。《三辅黄图》曰：“棫阳宫，秦昭王所作，在今岐州扶风县东北。”《长安志》《清一统志》等亦从此说，近人也有持此说者，《中国历史地理集》第二册西汉“司隶部”图中亦标于扶风县东北；另一说以为在汉之雍县，即今凤翔县境内。《汉书·地理志》云：“雍县有棫阳宫，秦昭王所起也。”同书的纪传中亦有相同记述。

棫阳宫究竟建于何地，从对典籍记载的分析研究及考古资料看，《汉书》的说法是正确的。棫阳宫与大郑宫一样，其名称的渊源有着悠久的历史。今凤翔县境内北部山岭，东西走向，西通汧阳、陇县，东延岐山、扶风。因其在县境之北，俗称之为“北山”。但在远古时期，则称“榆次山”“俞山”。《山海经·西山经》说：“又西七十里，曰榆次之山，漆水出焉，北流注于渭，其上多棫橿……”郭璞注曰：“棫，白桵也，音域。”《水经注》：“漆水出扶风杜阳县俞山东，北入于渭。”俞山即《山海经》榆次之山。汉代杜阳县在今麟游县，漆水发源于其西部山区，上游又叫杜水。由此可见，今麟游西部，济阳东南部，凤翔北部的山脉古代叫俞山无疑，因为山上多生长棫橿，故叫棫山。榆、俞与棫同音，可以通假。西周时期，凤翔为郑井国故地，宣王时成为郑桓公的封地，两国都邑均在今县城东北田家庄乡的劝读村西南一带。因为郑桓公居此时间很短，而且又是在郑井国衰落后被封到此地的，所以其都邑仍用郑井国的都邑。这座都邑金文及文献累见其名，且称谓略有不同：周穆王时期的长佃盉称“下域”；孝王时的蔡簋和夷厉之世的师族簋称“域”。而另一件穆王时期的戒簋称“棫林”；《世本》又称“棫林”。这些名称，表面看来好像不尽相同，其实只是字形结构有所差异，所指实即一地。

劝读村位于凤翔北山（即古代棫山）南麓的原地上，南临源于棫山的横水北岸，东与周族发祥地周原遗址遥相呼应，距周原腹地岐山京当约25千米，并与之同处一个原地。这里有面积约15万平方米的西周遗址，遗址内西周早、中、晚三个时期的遗物均很丰富，堆积层一般在2米以上，有的甚至可达5米。陶质的鬲、罐残片俯拾皆是，带有灼痕的卜骨碎片也时有发现。1973年，农民在遗址中部平整土地，曾发现数处大型宫殿或宫寝建筑的石柱础，这些柱础直径1米以上，是用几大块多边形毛石块聚拢而成。这种情况与扶风召陈西周宫殿建筑铺置的石柱础完全相同。因此，此遗址当是这座古都邑内的重要建筑。正因为劝读村具有这样的自然环境，因此在古代用字还不规范化的情况就有上述数种写法。此地位于棫山之阳，山上多棫檀，故经传此字从木，为棫林；此地近水，故字又可从水，为減。此处不仅靠近周原，又有周王宫室、庙寝之类重要建筑，故字又可从周，作䧚[51]。

从上面分析知道，凤翔境内早在西周时期就有棫山之山名，又有下減、域、䧚林、棫林等地名，说明秦建立之棫阳宫当距这些地方不远。

图3-18　棫阳瓦当（东社）

对棫阳宫位置确定有决定意义的是，1962年和1982年考古工作者曾两次在秦都雍城发现棫阳宫瓦当。1962年发现于南古城的瓦当有残失，当面仅有一“棫”字。1982年，采集于东社遗址的瓦当“棫阳”二字十分完整（图3-18）。根据两枚瓦当的出土地点分析，棫阳宫建在汉代的雍县当可无疑，而其具体位置很可能就在雍城南郊的东社、南古城及史家河这一范围内。

棫阳宫所在的这一范围内有几处秦汉时期的遗址，从内含的陶片、瓦片分析，其上限绝超不过战国。因此，程大昌说棫阳宫建于秦穆公时期不可从信，而典籍认为起于秦昭王时期则比较符合遗址内涵情况。秦昭王起棫阳宫时，一则因为其北部有古之棫地，二则宫在棫山之南，故名为棫阳宫。虽然这座新宫沿袭了旧有的棫地之名，但地理位置已南移20多千米，是新地起新宫。

棫阳宫的规模怎样，无明文记载，《汉书·郊祀志》云：“是岁，雍县无云，如雷者三，或如虹气，苍黄若飞鸟，集棫阳宫西。”看来是极其高大宏伟的。陈直先生在《三辅黄图校注》中说：《小校经阁金文》卷十一五十页，有“雍棫阳共厨鼎”，是汉代棫阳宫配有专用的铜器。

（三）年　宫

“年宫”在典籍中未有任何记载。1962年在发现“棫”字瓦当的同时还采集到一枚“年宫”瓦当。瓦当的采集者认为“年宫”就是史籍中的蕲年宫，“蕲”字被省略。陈直先生也从此说，他在《秦汉瓦当概述》及《三辅黄图校注》中均指出：“‘年宫’应即‘蕲年宫’之省文。”

对于这一说法，有研究者反驳说：“一个行政区域或宫殿名称的省略简写，按照一般的约定俗成的汉语语法习惯，应先省去其表示行政区划的单位或宫殿等众所周知的建筑通称，例如：今人将凤翔县简称为凤翔，古人将棫阳宫省文为棫阳。同理，‘蕲年宫’不可能省文为‘年宫’。堡子壕遗址的发现及‘蕲年宫当’的出土，更充分说明‘蕲年宫’和‘年宫’并不是一个宫殿，‘年宫’应当是史籍失载的为数众多的秦汉宫殿中的一个”[52]。

图3-19　年宫瓦当（南古城）

发现“年宫”瓦当的南古城（图3-19），以及附近的史家河、东社一带都有战国秦汉时期的建筑遗址，虽然农民在平整土地中已将其中绝大部分毁掉，但仍有零星遗迹可寻。“年宫”当建筑在这一范围之内。它与蕲年宫、橐泉宫、棫阳宫相同，都为秦宫汉葺。“年宫”瓦当的发现可补史籍之阙如。

（四）雍山血池祭祀遗址

“雍州积高，神明之隩，故立畤郊上帝”（《史记·封禅书》）。周人早在雍地郊祀，曾有“吴阳武畤”（今凤翔县吴山之南）和“雍东好畤”（今乾县好畤村北），但已“皆废无祀”。春秋战国时期，秦人先后在雍地建立了“鄜畤”、“密畤”、“吴阳上畤”和“吴阳下畤”，即所谓“雍四畤”。西汉早期，汉高祖刘邦增设“北畤”，从而形成完整的“雍五畤”，以祭祀白、青、黄、炎（赤）、黑等“五帝”。这当然成了国家级的最高祭礼。武帝时期幸雍共10次，其中祠雍五畤就达到9次之多。自从武帝元鼎五年（公元前112年）立了甘泉“泰畤”之后，遂使雍地祭祀传统地位趋于衰落。汉元帝中后期，采纳匡衡等人建言，“罢雍五畤”，使雍地的国家最高祭祀退出了历史舞台。

考古发现的血池祭祀遗址，田亚岐已在2016年12月9日《中国文物报》头版上著文，披露了他们的发掘成果（《陕西凤翔发现秦国国君和西汉皇帝的国家大型祭天场所》）。

凤翔县柳林镇血池村以东至沟南村之间的山梁与山前台地上，分布在东西排列、南北走向的三道峁梁及阳坡，面积达470万平方米，东南距秦雍城大遗址约15千米。2015年上半年，陕西省考古研究院雍城考古队联合当地文博部门，通过调查和小范围的局部勘探，发现祭祀坑、道路系统、建筑基址、夯土台基等遗迹。2016年7月～12月，发掘面积2000平方米。此次发掘确认雍山的这处秦汉“畤”遗存由两部分组成，即：沟南村的夯土台遗迹属于“畤”的坛场部分，血池村的遗迹属于各种祭祀从葬坑。

沟南村夯土台遗迹

圜丘状的“夯土台”通高5.2米，基座直径23.5米，台顶面原来有小型建筑。围绕“夯土台”的是一个圜状的围沟“壝”，直径31米，深1.5米。在“壝”的外侧有三重台阶平地。“夯土台”周边有辐射状的道路遗迹通上下，当是文献所谓“神道八通”。

血池祭祀遗迹

雍山血池遗址数量最多的遗迹是分布较为密集各类祭祀坑。其中一是“车马”祭祀坑，坑内随有制作精巧的小型“木马车”；二是不规则形的祭祀坑，坑内全部为马、牛、羊的牲肉埋葬，还从葬器物2100余件（组），内容主要是玉器，如玉人、玉璜、玉琮、玉璋、玉璧残片，青铜车马器，如盖弓帽、车軎、车軎、马衔、马镳、铜环、铜泡、铜管、弩机、铜镞以及小型木车马等；三是极少数的“空坑”，这是否含有“血祭”的成分?

另外，在山梁高处发现有不少夯土基址和战国至西汉早中期的板瓦、筒瓦、瓦当等建筑材料。可能是供皇帝亲往主祭时的“斋宫”、祠官的常驻的管理与祭具存放场所。

根据出土建筑材料等判断，血池祭祀遗址的年代应属于西汉时期，是否同汉高祖刘邦的雍“北畤”有关？如果联系到雍郊的离宫别馆，如凤翔凹里村秦汉建筑遗址、孙家南头战国时期的蕲年宫、来谷宫、橐泉宫、竹泉宫、羽阳宫，以及千阳尚家岭遗址，再加之驿站、仓储、码头等设施的发现，都应从秦汉皇帝前往祭畤“雍五畤”的行为来研究。同时，“畤”作为秦汉祭祀文化的组成部分，应引起足够的重视。

五、豆腐村战国制陶作坊遗址的考古发掘

（一）遗址位置与范围

2005年年底至2006年5月，由陕西省考古研究院、宝鸡市考古工作队和凤翔县博物馆联合组队，在位于凤翔秦都雍城西北部今豆腐村，对制陶作坊区进行了抢救性发掘，取得了重要收获。该遗址范围较大，南北长220、东西宽150米，总面积3.3万平方米。分别在遗址范围的东侧和南侧又发现断续的夯墙遗迹，初步判断它可能分别与雍城西城墙和北城墙连接，以此形成“雍城内城作坊区”[53]。

目前已在秦文化层中发掘并能确认出的遗迹有陶窑、深层纯净土采集坑、泥条存储袋状坑、为作坊输水的地下陶水管道、水井和用于其他拌和材料存放的长方形竖穴坑等。陶窑为地面馒头形结构，形制较小，窑群间相对密集，窑距较小。发掘的5座陶窑呈东西一字排列，多已残破（图3-20）。

（二）出土文物

发掘出土的2000多件遗物中，主要有方砖、槽形板瓦、弧形板瓦、筒瓦、瓦当、贴面墙砖、陶鸽、陶俑，以及制作和烧制时所需的各类工具，如打泥石夯、陶捶、水容器和支垫等，此外还发现尚未焙烧的泥坯。在出土文物中，最具特征的是一批动物纹瓦当，有鹿蛇纹、凤鸟纹、蟾蜍纹、獾纹、虎雁纹、鹿纹、虎鹿兽纹和虎纹等，另

图3-20 豆腐村制陶作坊

外还有一批云纹和素面瓦当。

在此次发掘出的文物中，早期方砖系首次在雍城被发现。以往在雍城发现的秦汉瓦当中，大多数是通过多年来在地面采集或民间征集而来，作为秦汉这段较长的历史时期内的各类瓦当，其制作风格、形制特征和图案内容都因时间的差异而有区别，尤其像对各类图像瓦当的年代判断就比较困难，而通过本次对豆腐村遗址的发掘，则从地层层位关系上明确了出土数量非常多的瓦当时代。

（三）发掘意义

根据目前已取得的考古收获，初步确认豆腐村遗址即为战国早期向雍城各类建筑专门提供瓦类陶质建材的作坊所在。豆腐村作坊遗址的发现对秦都雍城陶质建材的来源，尤其是制作和烧制工艺及流程的探讨提供了重要的实物资料。首次出土了方砖，其厚重、不规矩，缺乏承载力，显示出了秦砖的原始性。半圆形贴面砖、人俑和各种脊兽的发现，为了解当时的建筑提供了重要资料。

结合20世纪80年代在该遗址附近发现的铜建筑构件和新近发现的夯墙初步判断，在当时雍城的西北角可能存在一个相对封闭和独立的手工业作坊区，其门类除陶质建筑材料外，还有类似金属冶炼、木材加工，以及用于军事、祭祀和日常所需物资的制作。

六、“秦穆公坟”遗址的考古调查与勘探

位于今凤翔城内毡匠巷的一处高地，因清代陕西巡抚毕沅的题记而得名。长时间以来，人们总认为那就是赫赫有名的秦穆公之坟墓。

自20世纪80年代雍城南指挥、三岔秦公陵园相继发现之后，学者对古人所认定的“秦穆公坟”遗址的定性提出了质疑。2008年夏，陕西省考古研究院雍城考古队通过实地详细调查与勘探，事实表明它并非坟墓，更不是什么“秦穆公坟”。准确而言，那是战国时期雍城城内靠近北城墙处的一座高台建筑。该夯土台系夯筑，其结构为正方体的内收台阶结构，已知底座边长为38米，由于风雨剥蚀，其阶数及台高不详[54]。

第六节　泾　　阳

泾阳是否为秦的一处都城，是一个有争议的问题。

《秦纪》：肃灵公“居泾阳，享国十年”。王国维先生在其《观堂集林·秦都邑考》中说“灵公之时，又拓地于东北，与三晋争霸，故自雍东徙泾阳”。他是把泾阳作为秦都来看待的，并指出“泾阳者，当泾水之委”。

王学理1985年出版《秦都咸阳》一书时，赞同王国维先生的意见。随后写《咸阳帝都记》时，专门调查了“谷口宫”。在泾阳县西北口镇街西南、冶峪河东岸的二级台地上，发现一处秦汉建筑遗址，南北长900、东西宽700米，文化层堆积2米多。北部一段夯墙残长120、基宽2.4、残高3.3米。地下埋有排水的陶管道，地面多有板瓦、筒瓦、云纹瓦当、“宫”字瓦当、几何纹铺地方砖等遗物。他在《秦都与秦陵》一书中，针对王国维肯定灵公“居泾阳”却回避“徙都”的态度，明确指出灵公徙都泾阳，是同以后的栎阳一样，更多地带有对付晋国的军事性质，具有国君以为前线指挥所的作用。如果按照国君理政处所而言，泾阳也可勉强称都[55]。

一、泾阳当为秦的临时都邑

泾阳的战略地位很重要，处于雍都东向河西地的山前大道。我们知道：自穆公把秦的东界推到黄河西岸时，还能在“拉锯式”的武力较量中采取主动进攻的态势。但晋的反扑同样也是异常猛烈的，像公元前625年，晋伐秦，取得了汪（今陕西澄城县西）和彭衙（今陕西白水县东北）（《左传》文公二年）；公元前617年，晋伐秦，取少梁（《左传》文公十年）。

在秦、晋两国对河西地的争夺战中，如果说康公尚能保持穆公时余威的话，而共公之后就走上了下坡路。桓公二十六年（公元前578年），晋第一次率诸侯军队攻打

秦。战于麻隧（今陕西泾阳县北），秦军败退，晋军渡过泾河，一直打到侯丽（今陕西礼泉县东）（《左传》成公十三年）。景公十八年（公元前559年），晋军第二次又带领诸侯军队伐秦。秦军节节败退，晋军竟渡过泾河而打到了棫林（今陕西凤翔县东北）。这里，距雍城不是太远。秦都岌岌可危，秦人在没有军事较量能力的情况下采取于泾河上游投毒的非常手段，使晋军多死，又加之诸侯军内部不合，晋军只得退还，这才使秦雍都躲开了不致陷落的厄运（《左传》襄公十四年）。

既然秦晋的争夺战，是在关中平原的北缘展开的，而这又是发生在秦的本土，无疑把雍都推到了被攻击的战程之内。那么，灵公把指挥中心拉出都城是对宗庙安全的考虑，屯居泾阳自然也是新增的一道外围防线。出自政治与军事形势，技高一筹的灵公“居泾阳”时，其选址也不可能脱离交战的这一通道。

灵公享国只有10年时间，而何时“居泾阳”的？史无明载。他是由秦国“大臣”拥立的君主，本是有想作为的人，对庶长们操纵政治早已不满。很可能在即位不久，他就离开了旧势力盘踞的雍都。从他随后在少梁反击晋国增设据点、在籍姑筑城抗魏等行动看，把泾阳作为军事前沿指挥所的时间不下八九年。尽管灵公身后是其叔父悼子父子继位，但“堑洛、城重泉”都是在战事的东线进行的，可见简公、惠公大概也是以泾阳为军事指挥中心的。如果此推论符合事实，那泾阳为都有30多年的时间。

在出子立与废的秦国内乱之前，同晋争夺河西地的几位秦君，凭借灵公选定的泾阳作为据点，才取得了一些胜利，足见泾阳在当时政治生活中地位的重要。

二、对泾阳位置的推定

秦灵公所都的“泾阳”在哪里？顾名思义，在泾水之阳。由于泾水呈西北—东南的流向，其阳位只能在左岸。

王国维先生最早给出的范围是“泾水之委（今之泾阳县）”。今泾阳县，是隋开皇三年（583年）从东南30里的南北朝泾阳县迁来的（《泾阳县志》）。在那里没有秦建筑遗址的发现，可见王国维先生所言的“今之泾阳县”实际是今之泾阳县境内。泾河曲折，在流出仲山之后，有20多千米的一段，成为泾阳和礼泉两县的界河。只有下游一段贯穿泾阳县的南部，后由高陵县西南注入渭河。那么，在这一广阔的泾阳地域说都城，比起灵公所居的“泾阳”这一具体的“点”来，就显得宽泛了很多。

经考古调查，在泾阳县北的口镇发现一处宫殿建筑群遗址，位当冶峪河流出车箱阪（又名长岭阪）后的东岸二级阶地上，总面积约90万平方米。带“宫”字的瓦当、夯土墙残段，表明这一处建筑遗存是秦汉的“谷口宫” 遗址（图3-21），根据有以下几项。

首先，秦汉谷口县辖地在今礼泉县的东北和泾阳县的西北，北同云阳县（治今淳化县北铁王乡城前头村）为邻，东南接池阳县（治今泾阳县西北二里）。县治“在九嵕山东、仲山西，当泾水出山之处”（《长安志》）。在今礼泉县北屯镇北泾河口西

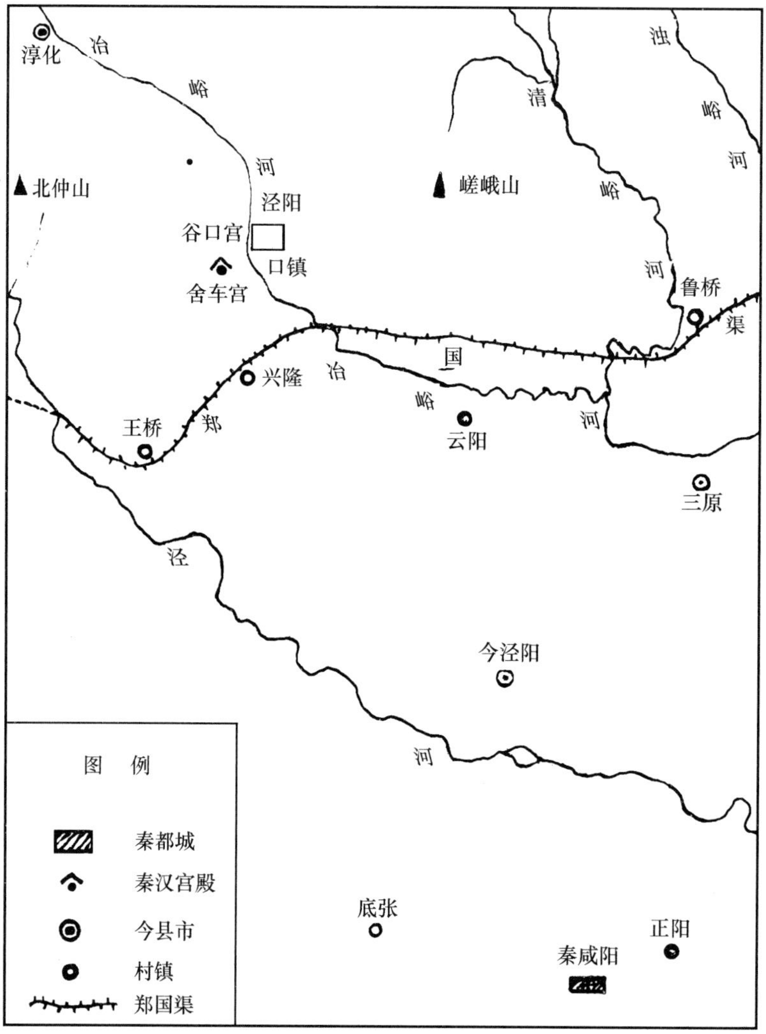

图3-21　秦泾阳位置示意图

岸，仍有秦汉城遗址的存在。谷口县有谷口，“仲山之谷口也。汉时为县，今呼之冶峪是也。以仲山之北寒凉，故谓此谷为寒门也”（《汉书·郊祀志》颜师古注）。由此来看，冶峪河是个沿用已久的河流名称。它发源于淳化县北甘泉山东之蝎子掌山，自北而南流出车箱阪，向东南入三原县。那么，回看车箱阪，两岸壁立，水从中流，正是一门洞开，此地不正是战国时的谷口（古寒门）？今之口镇，也应是谷口一名演化的结果。今口镇有“宫”址，舍“谷口宫”其谁？

其次，秦谷口宫的设立，必然同其所处的军事地位有关，也是前此防务设施的延续。范雎对秦昭王分析秦国的地理形势时说“北有甘泉、谷口，南带泾渭，右陇蜀，左关阪”（《战国策·秦策三》）。由此可见甘泉、谷口是北边军防的重地，因而立宫本身也是双重功能的反映。那么，早在秦灵公时，选定此地作为巩固河西地、对付晋国进犯，必定是出自这一军事的考虑。再从晋国率诸侯兵两次伐秦、渡泾河的地点看，行军路线选在北山（梁山山脉）的山前地带。渡泾之处，不可能在过河又登原的泾水下游，而必定沿着泔河河谷，直西对着秦的雍都。所以，秦灵公所居的“泾阳”也一定选在这一兵家必经的险要之处。出土文物属于秦汉时代。而“宫”字瓦当与“谷口宫鼎”，对此建筑遗址的定性与定名更是有力的证据。

谷口，一直是秦汉时期保卫国都的军事重镇。秦谷口宫建于何时，史无明载，我们也不应排除秦灵公居泾阳时建造的可能性。因此，探索秦灵公时的泾阳城的所在，也只能在谷口宫遗址上去寻找。

第七节　栎　　阳

公元前384年，秦献公即位。面对秦国奴隶制的腐败政治与东邻魏国大兵压境的形势，在第二年“城栎阳”，便建起一座新的城市（《史记·秦本纪》）。

秦献公、孝公父子在栎阳执政的33年时间里（公元前383～前350年），对秦国开始大胆的社会改革，初步取得了成效。随之出兵攻魏，也收复了部分的河西地。尽管孝公十二年（公元前350年）在咸阳“筑冀阙”另建新都，但栎阳的战略地位一直受到重视。这里是秦国东面的主要门户，既处交通要冲就必然形成商贾云集的经济贸易中心，同时也是防魏的军事重镇。秦末，起义军入咸阳，项羽三分关中，栎阳成了塞王司马欣的都城（《史记·项羽本纪》）。后来楚汉相争之时，萧何营筑长安城，栎阳一度还是西汉的临时政治中心。过了七年，汉高祖迁都长安[56]。十年“太上皇崩，葬其北原”[57]。析栎阳置万年，治仍设栎阳城，故又名“万年城”（《续通志》）。经过西汉和东汉300余年时间，栎阳城最后才被废弃了。

在今陕西西安市临潼区渭北的清河南岸有个栎阳镇，但这是北魏的广阳县旧址。隋改名万年县，唐改名栎阳县，以致地名流传至今。据《括地志》载：“栎阳故城一名万年城。在雍州栎阳县东北二十五里，秦献公之城栎阳，即此也。”那么，以今栎阳镇为地理坐标，秦栎阳故城就落在武屯镇关庄到玉宝屯一带。而这里地势平坦，不远处即由西北流向东南的石川河谷所切割，地表遗存很难看到。

为找寻秦栎阳故城，当1961年的金色季节，王学理同吴梓林利用秦都咸阳考古的间隙，从栎阳镇步行到武屯，再向东直至石川河（即古“沮水”）作了详细的地面调查。找到了不少的秦汉时期的文化遗存，其中以瓦类的建筑文物为最多，而葵纹瓦当更使人感到新奇。这次短期的踏查，基本上锁定了秦栎阳遗址的目标。于是，陕西省博物馆馆长武伯纶先生到省考古研究所，根据我们反馈的消息，令陕西省文物管理委员会开展了短期勘探，确定的城址是南北长2232米、东西宽1801米的长方形，随后发表了简报[58]。1980～1981年，中国社会科学院考古研究所栎阳发掘队又进行了较大规模的勘探和部分发掘，确定了栎阳城遗址的南墙和西墙[59]（图3-22）。前后两次考古钻探，所得结果有很大的不同。于是，2013年4月，中国社会科学院考古研究所与西安

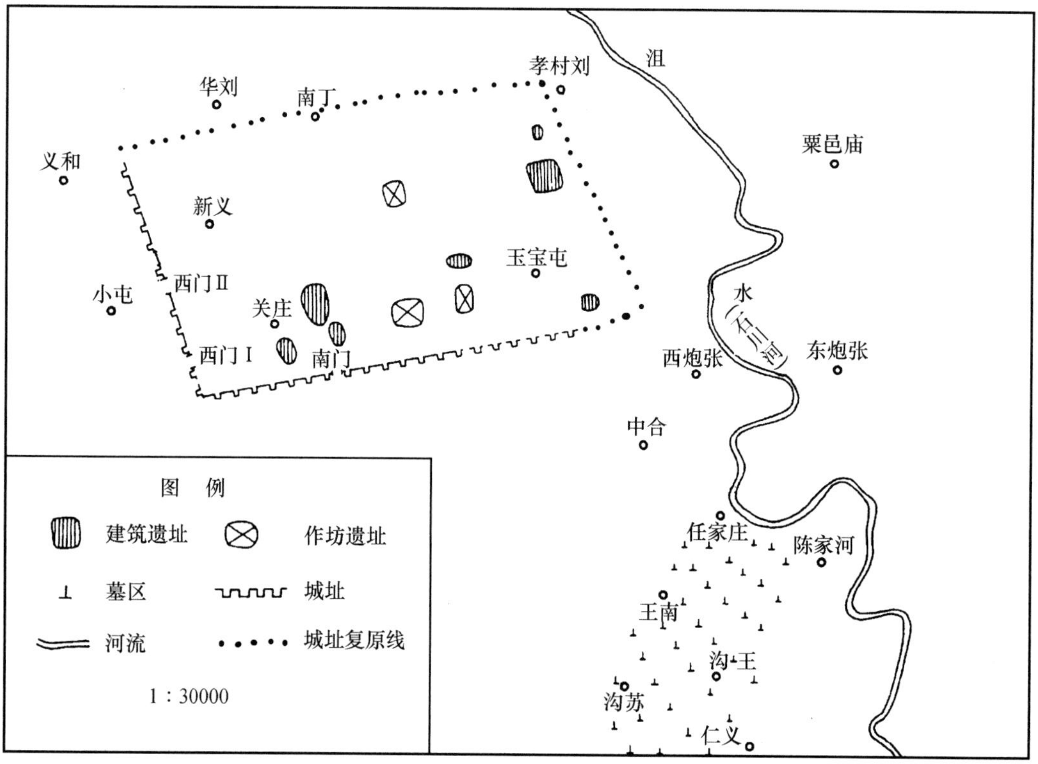

图3-22　栎阳城平面示意图

市文物保护考古研究院联合组成的阿房宫与上林苑考古队，重启了秦汉栎阳城的考古工作，通过勘探和发掘，肯定了1980～1981年的探测成果，编为“一号古城”，又新发现了两座城址，分别编为“二号古城”和三号古城。

一、“一号古城”探测结果

（一）城　垣

仅发现西、南二垣，东垣、北垣未探出。

1. 南垣

方向89°，残长1640、宽6米，距地表是西深东浅，西部1.5～2、东部1～1.5、残高0.4～0.6米。夯筑，夯层不清，质地松软，垣基筑于扰土之上，扰土之下为生土。

2. 西垣

方向339°，残长1420米，垣体是南宽北窄，宽者16、窄者8米，距地表面是南浅北深，浅者1～1.5、深者2～2.4米，亦筑于扰之之上。

两垣夯土均不纯净，垣基底部杂有碎陶片，既有表面斜细绳纹、里面素面的板瓦残片，又有表面细绳纹、里面麻点纹的筒瓦残片及漩涡纹残瓦当，据此可推知城垣的营作时间约当战国中晚期。

（二）城　　门

探出的三处门址，在西垣有两处，南垣有一处。

1. 南门址

经发掘，方向344°，门道一个，通四号干道。南北长13、东西宽5.5米。据复原，门道东西两旁各有一个夯土墩，南北长13、东西宽4米。西旁土墩现残高0.35米，东旁已毁坏。从门址堆积层发掘出土的遗物分析，上限不晚于西汉初，废弃约当东汉时期。

2. 西门址

1号门址有一个门道，通一号干道。东西长13、南北6.7米。2号门址位于1号门址北680米，亦有一个门道，通二号干道，东西长11、南北宽7.3米。

（三）干　　道

13条干道中，有东西向的6条，南北向的7条。对一号干道开探沟，其地层堆积可分6层，其中第4层的路土厚20～30厘米。内含汉代碎瓦片，不见汉以后遗物，应是汉代形成的路土。第6层亦为路土，厚15～20厘米，内含战国中晚期至秦汉之际的瓦片，当是那时形成的路土。两层路土中间夹以5～10厘米厚的淤积浅灰土，说明彼此之间相隔有一段时间。勘探还表明，一、二、三号干道为东西向，是横贯全城的主干道；四、五、六、七、九号干道，为城内南北向的主干道。其中一、二、三、四、七、九号等6条主干道为秦汉时期，其余7条干道则为汉代。

（四）建筑作坊遗址

栎阳建筑与作坊遗址集中分布在关庄东、玉宝屯西，四支渠南，关玉路北。主要遗址有15处，试掘了其中的Ⅰ、Ⅲ、Ⅵ、Ⅶ号遗址。通过勘探与试掘，上述遗址可分为五类，即Ⅰ、Ⅱ、Ⅲ、Ⅳ、Ⅶ、Ⅻ、XⅢ、XⅣ号等8处为秦汉时期的建筑；Ⅸ、Ⅹ、XⅤ号等3处为后代建筑遗址；Ⅷ号为秦汉时期居住和手工作坊遗址；Ⅴ号为汉代居住和手工作坊遗址，Ⅵ、Ⅺ号2处为秦汉时期的作坊遗址。

二、正在探测中的两座古城

通过复探，“一号古城”城址南北约2430米，东西至少约1900米左右。东墙、北墙仍未找到。

“二号古城”：在一号古城遗址东北御宝屯一带，有一条东西向墙基，向东延伸至石川河边北折后被石川河冲断，其向西延伸。经勘探，墙基东西长约3100米左右，西墙向北延伸到石川河南岸后被冲毁无存，墙基南北长约3800米左右。解剖中，在的墙基中出土有五铢钱，环城南路也被新莽时期的墓葬破坏。由此可知此城建筑的年代上限不早于武帝元狩五年（公元前118年），废弃的时间大约在汉末到新莽时期。

“三号古城”：二号古城西墙向西约1500米处，发现夯土遗存（F1）。在地层及遗迹中出土有花纹砖、葵纹瓦当、动物纹瓦当、云纹瓦当、素面瓦当等建筑材料，并在H51中出土槽型板瓦残块。而且在F1之下仍叠压有早期夯土遗存，并有东西向人工沟渠的存在，出土有动物纹半瓦当等遗物。根据地层堆积及出土遗物判断，F1的修建上限不早于战国中期，至迟到西汉早期该建筑已被破坏成为废墟。在F1东北发现一座东西105米、南北约100米左右的近方形院落。该院落东、北、西侧为宽10米左右廊房遗迹，北侧廊房中间有宽约5.6米门道，南侧中间门道宽约7.3米，两侧为边长14米左右的近方形夯土台基，向外通过宽约2米左右围墙分布与东西廊房连接。院内尚未勘探发现建筑遗存。在院落北门向北260米内发现南北向四座夯土建筑基址，其大小规格不同。

三、秦汉栎阳城的范围与秦栎阳城的确认

秦汉栎阳城遗址分布范围较大，通过勘探与试掘，目前已基本确定栎阳城遗址的四至范围。其东界在今石川河以东，西距二号古城东南角约1700米左右。遗址南界边缘大体位于武屯街道的任家村、王北村、任赵村、三合村、耿东村、耿西村一带，距一号古城南墙约1500米左右；西界大体位于武屯街道耿西村、新兴街道槐树村、仁和村、屈家村、张大夫村、官路村一带，向北至石川河，距一号古城西墙约2600米左右；北界边缘大体位于康桥镇的槐园、菩萨坡一带，距二号古城北墙约1000米左右。由石川河在这一地区位置看，秦汉栎阳城遗址可分为河西、河东与河北三区，面积合计约36.51平方千米。

在三座古城遗址中，一号古城的时代为汉初到汉代中期，二号古城的时代为西汉中期到新莽或者东汉早期。而三号古城出土的动物纹瓦当、槽型板瓦，不仅与凤翔秦雍城遗址的同类遗物形制大体相近，且前后时代基本衔接，又首次出土了清晰的“栎阳”陶文，可见其建筑上限不早于战国中期。到了西汉早期，该城已遭到破坏。从时间范围看，这同文献所载的秦建都栎阳时间基本相合。那么，三号古城就应当是战国时商鞅变法发生地的秦栎阳城遗址。

从战国到秦汉时期，在栎阳地区之所以出现时间上前后相承的三座古城，应该说是同石川河（沮水）的侧蚀、泛滥改道有关。《长安志》卷十九富平县条载："秦穆公城在县南三十里，南面、西面崇一丈五尺，东面、北面无墙。"秦穆公都城在雍，地在今陕西凤翔县城南，已被考古工作勘探出。但雍城同富平县东西相距三百余里，既然秦献公所筑的栎阳城同富平毗邻又位于县东南30里，正与《长安志》的里数吻合。故疑所言"秦穆公城"即"秦献公城"，是误"献"为"穆"所致。如此说来，至少在宋代从地面上已找不到栎阳故城的东、北二垣了。栎阳故城地处渭北灌区，河渠纵横。有石川河流经东、北，汉白渠也"首起谷口，尾入栎阳"（《汉书·沟洫志》）。勘探表明，在古城遗址的北部与东部地下淤沙分布面积很大，堆积层也厚，显然是水患所形成的状况。由此可见，秦栎阳在西汉早期缓后一段受到水患威胁，西汉政府不得不筑新城（一号城）。西汉中期，出自避水患又得另迁新址（二号城）。

第八节 咸 阳

咸阳不仅是秦国到统一后秦帝国的重要都城，而且也是中国历史上重要的古都之一。如果说秦定都雍城而使"后世子孙饮马于河"（《史记·秦本纪》），是秦国发展史上的一座里程碑的话，那么秦徙都咸阳则是秦"席卷天下，包举宇内"，"囊括四海""并吞八荒"（《秦始皇本纪》），最终并灭六国，统一天下的又一座里程碑。

从秦孝公十二年（公元前350年）徙都，至二世亡秦（公元前207年），咸阳经过了七代国君长达144年的经营，雄踞关中，虎视天下，位于列国之首。特别是秦并天下之后而一跃成为全国的首府，成了"天下辐辏"的中心，其形成的规模空前、繁荣昌盛达到了顶点，堪称当时世界东方的一颗明珠，放射出奇丽的光彩。

在长达一个半世纪里，作为政治、经济、文化的中心，咸阳经历了战国时期的秦国到统一后的秦帝国两个历史时期。而作为都城，从它的"兴起"到"废毁"，则可划分为四个阶段，即创建期（秦孝公十二年至二十四年，即公元前350～前338年）、发展期（惠文王元年至庄襄王三年，即公元前337～前247年）、鼎盛期（秦始皇统治时期，即公元前246～前210年）和衰败期（秦二世元年至秦亡，即公元前209～前207年）[60]。咸阳所处的时代，正是中国历史上由诸侯割据、群雄并峙、纵横捭阖、纷争抗衡的列国乱世过渡到中央集权的、统一的多民族封建帝国的建立、而又急剧毁灭的时代。因此，这座历史名城在中国古代史上，也就成了最具辉煌，但又最为沉重的一页。

陕西省考古研究院于1958年成立，次年秋天即派出渭水队来到秦都咸阳故地。半个多世纪过去了，这里的田野考古工作大致可分为以下四个阶段。

第一阶段（1959～1963年）——属于确定范围、试掘验证的阶段。

对秦都咸阳有计划的考古勘探和发掘，始于20世纪50年代末至60年代初。陕西省考古研究院于1958年9月成立，王家广应邀于11月由北京来任所长。1959年，即派出由张正龄、吴梓林为正副队长的考古调查发掘队（也称“渭水考古队”）对咸阳滩毛、窑店一带进行考古调查。王家广所长还亲自跑野外实地考察，并写下了“秦王宫殿今何在，渭水城边一寸晖”、“宫殿何处觅，瓦当时在目”的诗句。随后，王学理来到渭水考古队，同吴梓林再行复查，对秦都咸阳早期（渭河北岸）的地域范围与基本内涵有了轮廓的认识。并就制陶作坊区、咸阳原上一号宫殿建筑遗址进行了试掘。另外，在长陵火车站南沙坑中出土了两批窖藏铜器。这一奠基的工作为秦都咸阳的考古打下了基础。

第二阶段（1973～1980年）——处在“文化大革命”立山头、争名位的阶段。

1973年，曾被下放农村而归队的王学理对渭河北岸的秦都遗址进行了一次全面复查，经陕西省文化局批准，由已并入陕西省博物馆、文管会的原陕西省考古研究所的同志与咸阳市博物馆联合，于9月15日成立了“咸阳考古工作站”。王学理、廖彩樑、马建熙、孙德润等对北阪宫殿区进行全面钻探，随之发掘一号建筑遗址（原编六号）。中途，咸阳地区文管会介入，发掘了三号建筑遗址的核心部分。

第三阶段（1980～1992年）——零碎工作与长期停滞的阶段。

陕西省考古研究院于1980年从陕西省文管会、陕西省博物馆中分出，恢复了原建制，重新组建“秦都咸阳考古工作站”。由陈国英、吕卓民、钱文秀、尹申平等参加，随后其他业务人员陆续离开，独留陈国英一人发掘了二号宫殿建筑遗址。后来除对原编的陶窑再进行调查和部分发掘之外，自1983年后就长期处于停滞状态。1992年之后，干脆就彻底停止了工作。

第四阶段（2011年至今）——全面启动考古工作。

按秦咸阳城大遗址保护考古工作计划，陕西省考古研究院与咸阳市文物考古研究所合作，开展了对11号公路、秦汉大道、宫城周围的调查与勘探。该项目由侯宁彬、耿庆刚、王志友、岳起、谢高文等参加。

根据20世纪60年代的调查试掘、70年代的发掘、80年代前期的零星资料，“文化大革命”前后长期在秦都咸阳遗址上调查、发掘、测绘的王学理对此进行了系统的整理和研究，1985年在参加秦始皇陵兵马俑发掘的同时，终于出版了《秦都咸阳》一书，首次阐述了这座都城从“兴”到“废”的历史，并勾绘出它的轮廓及其布局。1999年又推出学术专著《咸阳帝都记》，对被学术界认同的观点做了进一步的引申和研究（图3-23）。

图3-23 研究秦都咸阳的两部开篇之作（《秦都咸阳》《咸阳帝都记》）

一、咸阳的定都与建设

（一）对地理环境的选择

当商鞅变法初步取得成效、对魏战争也获得胜利，遂使东境威胁的缓解，为了彻底地进行政治改革，秦孝公又不能返回奴隶主旧势力盘踞的老巢——雍都的情况下，就有必要另外选择一个稳定而又能长久作都的基地。那么，关中腹地成为首选，自在必然。于是，他把目光投向了咸阳。我们揣度秦孝公、商鞅考虑的根据大概有以下几项。

第一，就当时军事斗争形势而言，随着秦进魏退的变化，双方争锋的焦点已由“河西地”移到“函谷关”以东。原处于第一防线偏后的栎阳，已不能完全适应变化了的要求。因为服从于军事斗争目标的这一都城，已经完成了临时性的任务。而咸阳前有泾渭环绕为天然屏障，后有广阔平原赖以资助，守在中央的黄土台原，居高临下，具有“据河山之固，东向以制诸侯”的战略条件。

第二，按地理条件论，栎阳地势高亢，距渭河又远，无险可凭，况且东近“泽卤之地”，生产、生活条件都不甚理想。而咸阳位当关中平原的中心地带，恰在沣、渭交汇以西的大三角地带，有着大片的良田沃土，早为人们所开发利用，是个农产丰富的“奥区”。“南山檀柘”（《汉书·地理志》）“有条有梅”（《诗·秦风·终南》），是诗人们称颂终南山能提供丰富的山货和林产品的赞语。那么，咸阳依仗这衣食之源的优越地位，就更加有利于秦国基地的稳固。

第三，由交通状况看，咸阳濒临渭水，是南北两岸东西并行的大道交叉处：由渭北的一条古道，可东出临晋关（又称蒲津关，魏置，在今陕西大荔县东黄河西岸），渡河可东至蒲阪（今山西运城西南蒲州镇），直抵魏的腹地；由渭南的一条古道，东出崤函关隘（东自崤山，西到潼津，通函谷，关址位于今河南灵宝县西南），便可同诸侯争锋中原。同时，渭河又具漕运之利，顺流而下可直入黄河，早在春秋时代秦穆公就用作漕运，有救晋的“泛舟之役”的壮举（《史记·秦本纪》）。那么，咸阳正当水陆津梁，形势险要，有进退战守的军事作用和立国守成的政治作用。

第四，具体到从今长陵车站东到窑店镇一带的地理位置，就更能体现秦孝公、商鞅的要求。因为这里的地形是由渭河台地、黄土台原和介于两者之间的二道原组成。东自泾渭交汇处后退，向西到了柏家嘴，最佳的地势就出现在眼前：从这里开始，直至渭城湾，东西长达10千米，由原底至当时渭河岸则宽达6千米多，都属于河川台地。地面坦荡宽阔，临水宜农，且有舟楫之利。台原标高450～500米，只有在窑店一带才“让”出了南北宽达1500、东西长约9000米（窑店镇—刘家沟）的二道原（标高400～420米）。这块“北陵”之地，泾渭环带，背山面川，“山南水北皆阳”，正是理想的建都之处。

大概基于上面的一些考虑，秦孝公十二年（公元前350年），筑冀阙宫廷，便把国都正式迁到了咸阳。

定都咸阳，对秦国说来，是一项具有战略意义的措施。秦在咸阳发布的一系列政令和措施，都带有根本的性质。根据《史记·秦本纪》和《史记·商君列传》记载，其主要内容包括经济和政治的两方面。具体有以下几项。

“开阡陌封疆”，在田间修建南北与东西相交的道路（阡陌），树立田界的标志（封），并连接以矮墙（疆）。田制规正了，国家依田亩收取租税，按壮丁征收军赋，从而就能做到“赋税平”。

“集小乡、邑、聚为县，置令、丞”，从而消除了奴隶主贵族的割据势力，更便于集权中央。

“平斗桶权衡丈尺”，实际是由国家颁布标准器，做到度量衡制度的统一。

“令民父子兄弟同室内息者为禁”，旨在革除社会陋习，建立新风尚，按丁男确立家庭单位，更有利于耕战政策的推行。

（二）城建史略

秦孝公十二年（公元前350年）“作为咸阳，筑冀阙，秦徙都之”（《史记·秦本纪》）。咸阳作为一代名都从此诞生，城市建设也由此开始。

秦惠文王“取岐雍巨材，新作宫室，南临渭，北逾泾，至于离宫三百”（《三辅黄图·序》）。如果说秦孝公在迁都之后的12年里，前段时间进行第二次变法的重点偏重于行政体制改革、发展农业生产的话，后段时间则把重点转向对魏国的开战上。那么，在秦惠文王当政的27年间，国家建设的重心则由取得河西地之后开始转向函谷关以外的扩张。与此同时，他也注意到了对都城建设的投入。所以，这一时期咸阳在渭北地区已颇具规模。

咸阳再经过武王、昭襄、孝文、庄襄四王64年（公元前310～前247年）的发展、充实、扩大，竟使得这座“山南水北俱阳”的都城，变得名不符实了。当然，在这一阶段，变化最大的还是要数秦昭王时期。他除在渭北继续土建工程之外，还在渭南修建了著名的章台宫、兴乐宫、六英宫、华阳宫，以及芷阳宫、长安宫等，较远一点的有步高宫、步寿宫、橐泉宫、蕲年宫、棫阳宫、羽阳宫、长杨宫、高泉宫、虢宫等。可见宫殿建筑从都城向郊外扩展，远郊已经有了行宫别馆。为了便利渭河两岸的来往，除水上的渡船之外，还建造了“横桥”（称“渭水桥”，也即汉的“中渭桥”）。

秦王嬴政对咸阳大规模的建筑，前后有三次大的举动。第一次是在统一战争的过程中，“秦每破诸侯，写放其宫室，作之咸阳北阪上，南临渭，自雍门以东至泾、渭，殿屋复道周阁相属。所得诸侯美人钟鼓，以充入之”（《史记·秦始皇本纪》）。

第二次是统一中国之后，“徙天下富豪于咸阳十二万户。诸庙及章台、上林皆在渭南”，在渭南兴建了信宫（后改为“极庙”“帝者祖庙”）、甘泉前殿，还修筑了甬道把渭河南北的建筑连接起来（《史记·秦始皇本纪》）。这次大兴土木的重点，是“因北陵营殿，端门四达，以则紫微宫象帝居，渭水贯都以象天汉，横桥南渡以法牵牛”（《三辅黄图》），旨在突出帝居之宫在都城中至高无上的地位。

第三次是三十五年之后，“以为咸阳人多，先王之宫廷小，……乃营作朝宫渭南上林苑中”（《史记·秦始皇本纪》）。

前两次，都城建设的重点还在渭河之北的咸阳北阪上下。而后一次，显然是做了把政治重心彻底南移的打算。但是，作为朝宫的阿房宫前殿仅仅夯筑了地基，而主体工程远远还没有完成，秦始皇还不得不“听事，群臣受决事，悉于咸阳宫”。就连秦二世的主要政治活动还得在渭河北岸宫中进行，他最后也被逼自杀在望夷宫中（《史记·秦始皇本纪》）。

秦始皇除在咸阳扩建咸阳宫、兴建兰池宫、信宫（极庙）、甘泉前殿等宫室外，在咸阳四周兴建了大量的离宫别馆和行宫，如兰池宫、望夷宫、宜春宫、曲台宫、凌云宫、林光宫、梁山宫、回中宫等。此外还修建了连接咸阳之旁200里内的270多座宫观的“甬道”，并以“帷帐钟鼓美人充之，各案署不移徙。行所幸，有言其处者，罪死”（《史记·秦始皇本纪》）。

统一后的咸阳成了全国政治、经济、文化、交通中心，改变了渭北一隅的状况。形成的规模之大，能够把渭水当做“城中河”，这在当时世界上的其他国家也是不多见的。不过，当时国家的政治重心仍然还是以渭北为主，只是把寝庙和皇家苑囿分列于渭南的东西两区。从鸟瞰的角度看咸阳，诸多宫殿建筑以渭水为轴线，有如飞禽之两翼，南北伸展，横空而行。正如《三辅黄图》所说“渭水贯都以象天汉，横桥南渡以法牵牛”，这简直是艺术性的概括。首都壮丽繁华的景象，达到了空前程度，无怪乎来此服役的刘邦见到都城的宏伟和秦始皇的威仪，也不禁发出了“大丈夫当如此”的感叹（《汉书·高帝纪》）。

秦二世坐享其成，想以漆漆城，只不过是荒唐之举。待到项羽入关，“引兵西屠咸阳，杀秦降王子婴，烧秦宫室，火三月不灭，收其货宝妇女而东”（《史记·项羽本纪》）。世界上第一座封建帝国的壮丽都城——咸阳，就在秦末的这把大火中毁于一旦。

（三）城制规模与布局

早期的咸阳，据有渭北之地。《汉书·五行志》说惠文王时“南临渭，北临泾”。《水经·渭水注》载：成国故渠在这一地段自西向东的流经是“又迳惠帝安陵南，陵北有安陵县故城也。……渠侧有杜邮亭。又东迳渭城北。……又东迳长陵南”。

文献记载只给我们提供了早期咸阳中心区的相对位置，而考古资料给我们揭示了它的大致范围。随着渭河由“西南—东北”的流向，早期咸阳占据的渭河一级阶地及二级阶地（二道原）平行而呈斜行的狭长地带，从而决定了咸阳形制的地理特点。东西跨度虽大，但两端南北展开的距离则不相等，如西界北起黄家沟，南越长兴村、滩毛村，南段已陷入河底，估计宽在6000米以上；东界南北较短，仅在三义村附近的二道原上下，长不过150米。其南北两边呈平行的“𝔖”形，即北线西起黄家沟村原边东行，在胡家沟北折，到毛王沟沿成国渠故道南侧东北行，至山家沟以北；南线起自滩毛以南渭河中心，东行，在西隆呈南北走向，过辉堵村（即“灰堆”），穿窑店镇，再沿牛羊村南至山家沟。在这个东西宽6600、南北长200～6000米的范围内，即是早期咸阳的中心区。其间分布着各种类型的战国、秦代的建筑基址、手工业作坊遗迹、窖藏，出土了大量的文化遗物，成为研究秦都咸阳的凭借。在这一“秦都文化带”的两侧，大体为农业与郊野区。

《史记》说商鞅所筑的“冀阙宫廷”，当在今咸阳原上牛羊村一带。经王学理于1973年探测，宫城基本呈长方形，其北城垣长843、南城垣长902、西城垣长576、东城垣长426、厚5.5～7.6米。墙基在今地表下1.4～2.2、宽4.6米。在南城垣及西城垣中部，各发现门址一座。对城垣解剖表明，此宫城夯土层中包含有战国时期的绳纹板瓦、筒瓦残块及生活陶器残片，可知城建于战国时代。在宫城之内，探测出大型宫殿建筑基址6座，城北有1座。

早期咸阳遗迹和遗物的分布及其内容的差别，也给我们揭示了六大分区的布置，这就是以北阪宫区为中心及中央官府控制的手工业作坊区形成的东北分区，可称“宫城区”；另一个则是由制作日用陶器的民营作坊、其他手工业工场和市民、商业组成的西南分区，可统称“工商区”；在宫城西侧和居民区北端，紧临的是“嫣王—黄家沟平民墓区”。再向西推进是任家嘴、塔儿坡两个墓地构成的“西部墓区”；西北为早期“王陵区”；工商区东、宫城区南的临渭地域，是“居民与农业的杂居区”。再合并简述，就成了东南部属“阳区”，西北部属“阴区”。

秦始皇统一六国之后，首都范围急骤扩大。据《史记·秦始皇本纪》引《庙记》：“咸阳北至九嵕、甘泉，南至鄠、杜，东至河，西至汧渭之交，东西八百里，南北四百里，离宫别馆，相望联属。”《长安志》引文竟具体到“始皇表河以为秦东门，表汧以为秦西门”的地步。显然，在当时人的眼里把秦内史在关中的地方都当做咸阳来看待的。实际上，它划定的范围在东西两侧已经超出了咸阳远郊的地域。以黄河与汧河作为京都之东西二门，其间相去八百里，不要说在中国，就是在全球范围内从古到今也不曾有。其实在这里的“表”是作标识之义讲，同后面将讲到阿房宫“表南山之巅以为阙”的“表”字一样，具有象征的意义。所以，这个“东门”和“西门”也就不是实际存在的门。首都范围扩大了，渭水成了“市中河”。但我们并没有发现一座能把渭河两岸众多宫殿建筑包围起来的咸阳城，更没有见到北起咸阳原宫区以北，越渭河、南到西安草滩农场以南，西自咸阳路家坡、东至杨家湾，大可290平方千米。所以，我们认为“渭水贯都”之“都”，未必就是都城，而指的是首都的地域范围。

“大咸阳”既包括了早期的“渭北区”，也包括后来向南扩展了的“渭南区”。在布局上，除北区未变之外，“诸庙、章台、上林皆在渭南”。而“东陵陵区”（芷阳）和“丽山园”（秦始皇陵）的出现，虽然仍属于都城规划中的组成部分，但已表示出远离都城的倾向。渭南的城市居民墓葬区，则分布在宫殿区的东侧（西安北郊尤家庄墓地）、南侧（山门口墓地）和东南侧（半坡墓地）。

从文献记载到考古资料，二者辩证地结合，需全面研究。王学理在《秦都咸阳》一书中，最早写出来的结论是秦都咸阳是个有范围而无轴线、有宫城无郭城而更不存在跨越渭河的大城；在布局上，宫殿、寺府、手工业区、商业区、居民区及墓葬等古都组成要素均呈散点的交错型；政治中枢随时间进程在转移，但中心建筑也处在未确定的状态。渭北的“冀阙宫廷”同渭南的“章台宫”，有似一条朦胧的中轴线，渭南新筑的兴乐宫、甘泉宫、信宫（极庙）分居两侧。而这一状况的出现，是由于秦国处在特定的历史条件之下形成的。

咸阳作为秦帝国的首都，范围确实很大。其“市中区”至少包括了今西安市北郊、西郊和咸阳市东窑店镇之间渭河两岸的广阔地域。随时间进程，都城范围在扩大，以渭河为界，可分为南北两区，“渭北区”以长兴到三义为东、西区间，北起咸阳原的二道原腹部，往南直抵渭河北岸（今西安市北东西草滩农场一线）；跨越渭河，向南至阿房、汉城、灞西一线，则构成“渭南新区”；郊区延伸颇远，西北直至今咸阳市东郊的塔儿坡、市北的“公陵”，东南可达今临潼区西韩峪乡秦芷阳故地。秦都咸阳南北长19千米，东西斜跨约63千米（图3-24）。

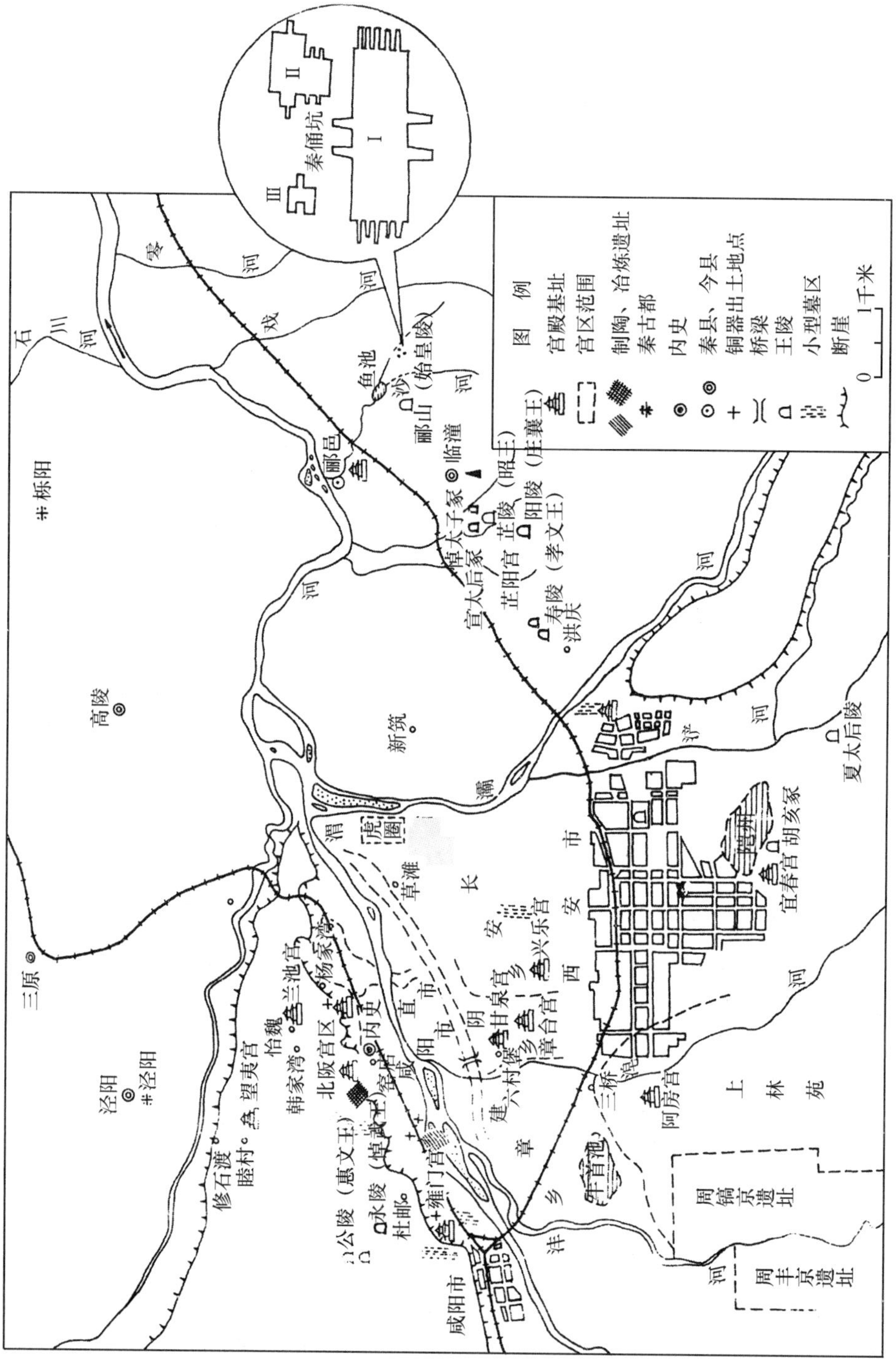

图3-24 秦都咸阳布局示意图

（采自《咸阳帝都记》）

二、主要宫殿建筑

《史记·秦始皇本纪》载："咸阳之旁二百里内，宫观二百七十。"所谓"咸阳之旁二百里"，不是咸阳东西二百里，而指的是咸阳近郊的一个闭合圈。其大体范围是："从今咸阳市塔儿坡（"雍门宫"所在地）起，循咸阳原（北坂）东北行，至泾渭之交。折而向南，过渭河，斜穿西安市的东北郊和西北郊。再从三桥镇南的阿房宫遗址转往西北，越渭河，返抵今咸阳市东郊"[61]。在这样一片地域不算大的范围内，宫观密集，竟达到270座，这实在是空前所无的密集！

（一）从冀阙宫廷到咸阳宫

《史记·商君列传》载：商鞅"作为冀阙、宫廷于咸阳，秦自雍徙都之"。咸阳定都时的第一建筑就是"大筑冀阙，营如鲁卫"。冀阙毕竟是个标志性的礼仪建筑，而国君举行大典、朝会、觐见贵宾，还得修造"宫廷"建筑群。此后不断进行扩建，形成群体建筑，昭襄王时已统称之为"咸阳宫"。为适应秦国力发展与统一战争的需要，《括地志》就有"秦于渭南有舆［兴乐］宫，渭北有咸阳宫，秦昭王欲通二宫之间，造横桥"的记载。秦始皇又扩"筑咸阳宫，因北陵营殿，端门四达，以则紫宫，象帝居"（《三辅黄图》）。

咸阳宫位于咸阳原上这"北陵"之地，有如天帝居"紫宫"（紫微垣）样的大殿，正门开向四方，直通宫门。宫城之门，据文献记载有司马门、棘门和雍门三处。在这处朝宫里，曾发生过多少惊天动地的政治事件。"荆轲刺秦王"，为人们所熟悉；统一六国，宣诏天下，即在此宫进行；秦始皇"置酒咸阳宫"，在这里因"分封"与"统一"的争论而引发了焚书的文化灾难……

秦的"冀阙宫廷—咸阳宫"遗址，在今咸阳市窑店镇牛羊村的北原上。1961年11月，经吴梓林和王学理的试掘，取得壁画、建筑构件后才得以确认。1973年，又探测出这一群体建筑遗址有宫城环绕。随后，考古工作站选点对一、二、三号宫殿建筑遗址进行了考古发掘（图3-25）。

1. 一号宫殿建筑（冀阙之西阙）遗址

一号建筑遗址，平面上呈南向的"凹"字状，地跨牛羊沟。东西两端各是一个大夯土台，东台被早年平毁，仅剩西台（见彩版一〇，1）。

西夯土台东西长60、南北宽45、高6米，台面由西向东呈缓坡状。这是一座战国以来盛行的高台建筑形式[62]。居室分布在夯土台面及其四周，各种不同用途的空间紧密地连在一起。顶部是主体殿堂，编号为"1室"。出1室东门为过厅（2室），2室以南有一居室（3室）。1室以西为斜坡道，可上1室西侧高起的平台，台以西又有南北二室

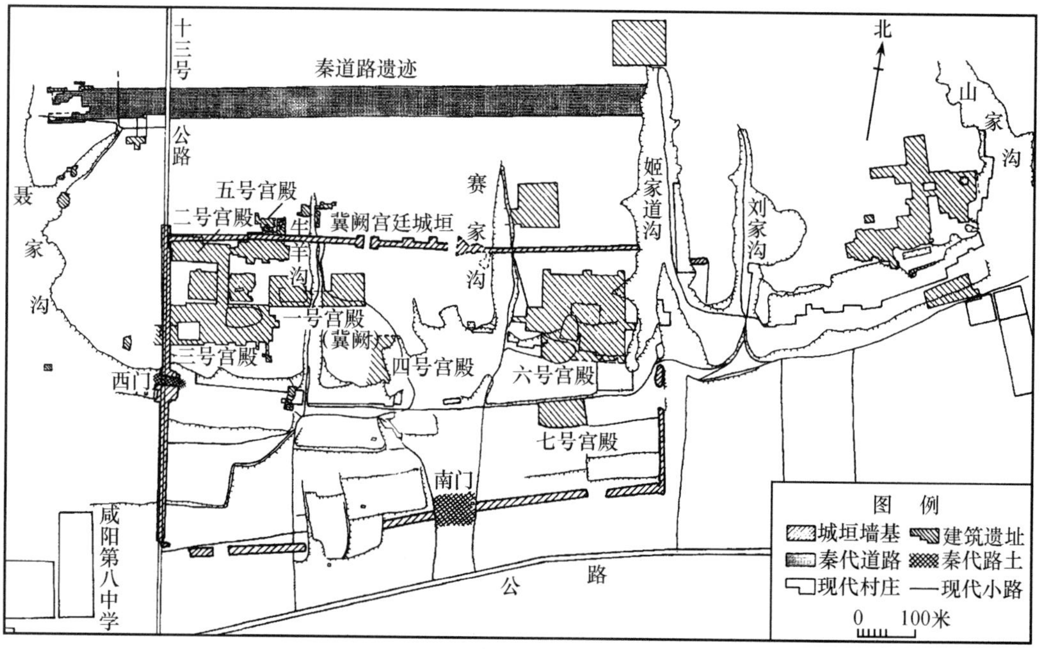

图3-25　秦冀阙宫廷城垣及建筑遗迹

（王学理测绘）

或三室，南为4室，北为5室（图3-26）。

夯土台基下部北侧有两大室（6室、7室），南侧由东向西似为盥洗沐浴用房（8室）和居室（9～11室）。台基下部的南、西、北三面都有回廊及散水，东部台边被由北而南的牛羊沟破坏。

此外，1室北门处有走廊；6～7室与北廊间有过道。台基上下分别发现四个排水池和七个窖穴。

1室平面为长方形，室内东西13.4、南北12米，东开一门，居中，门宽3.23、门洞长2.1米，南北各有对称二门。

生活设施的文化遗存，出土有壁炉、冷藏窖、倾水池、排水管道等。建筑文物有素面、几何纹方砖，条纹子母砖，龙纹、鱼纹、几何纹空心砖，大量的筒瓦、板瓦和葵纹、云纹瓦当，铁的或铜的建筑构件。还有少量的陶罐、钵等生活用品。

戳印在板瓦上的“陶文”占大宗，其次是筒瓦，砖上少见。一号宫殿建筑遗址共出陶文标本259件，其中印文257件、刻文2件。文有“昊”“堇”“秦”“臧”“右齐”“右禹”“右火”“左胡”“左嘉”“左禹”“左登”“咸芮里喜”“咸如邑顷”“咸成阳申”“咸少原婴”等，字体均为小篆（图3-27）。

出土有壁画残块440块，是用黑、赭、黄、朱红、石青、石绿等色彩，由线、块、联珠纹组成各种几何纹图案（彩版一〇，2）。

在3号窖穴的木炭层中，出土有一包已经炭化了的丝织品，原是由锦、绮、绢料作的禅衣、夹衣和丝绵衣。尽管衣物炭化、色彩不明，但锦和绢地锁绣图案仍可辨识。

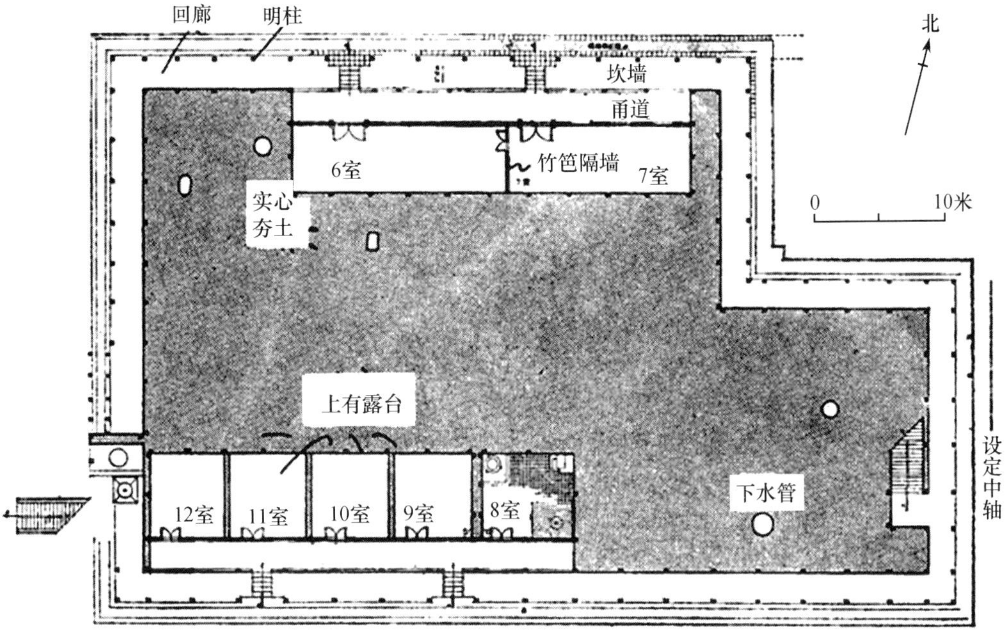

底层平面图

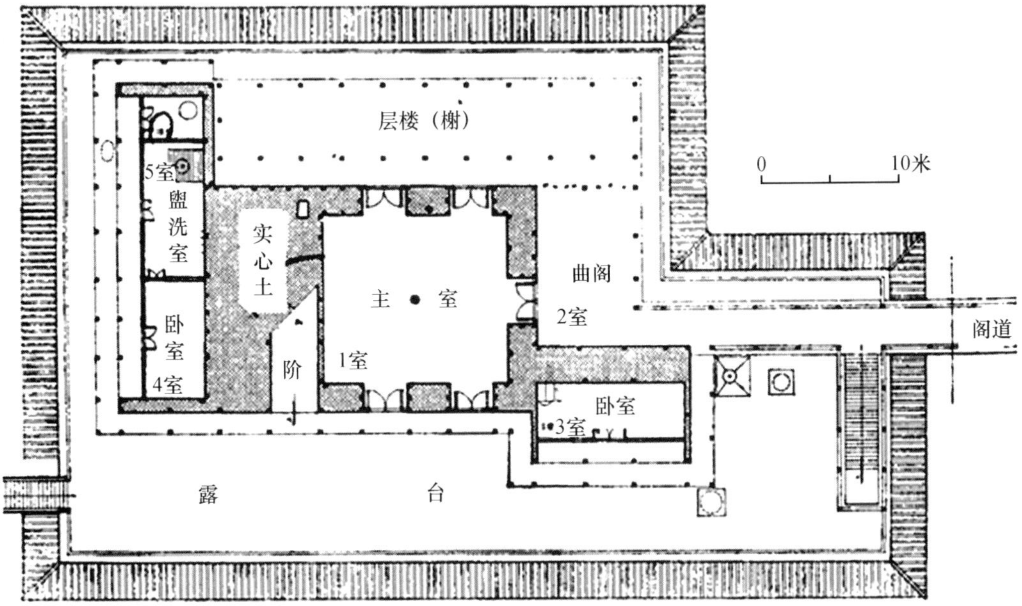

上层平面图

图3-26　一号遗址（西阙）底层及上层平面图

1. 底层　2. 上层

由变化了的宽条带菱形纹作二方连续的图案，以此为母体构成宽幅。两侧幅缘有花边，中心部分的菱纹内外有杯纹、花序、细腰、六边形、折线及对豹与对鸟图案作对称或连续排列。

图3-27　咸阳秦宫一号建筑遗址出土陶文

1. 左胡　2. 右齐　3. 咸小原婴　4. 咸如邑顷　5. 戎　6. 胡　7. 见　8. 胡　9. 戎　10. 左贝　11. 齐　12. 之
13. 咸成阳申　14. 咸芮里喜　15. 秦

2. 二号宫殿建筑遗址

二号建筑位于一号建筑西北，相距约93米，基址西宽东窄，东西长127、南北宽32.8～45.5米，已揭开的基址东西两端仍向外延伸，东南又与第一、第三两座建筑的回廊相连[63]。

二号基址原来也是一处高台建筑，于20世纪50年代后夷为平地。夯土台面西半部正中的F4是这组建筑的主体殿堂，F1～F5为其他建筑。F3、F5建于夯土台顶部，保存较差。F4平面为方形，东西19.8、南北19.5米。F1、F2位于夯台东半部北侧的底层，并下深至台基夯土之中，是这座建筑的两处地下室。F1平面近方形，中有宽1.9米的夯墙相隔，分成东西两室，东室为（3.18×5.7）平方米，西室（3.38×5.49）平方米，两地各设置用排水和蓄水窖一处。池中心有地漏，下接圆形陶水管道。蓄水池均椭圆形，J1口径0.9～1.17、深6.8米；J2口径0.9～1.25、深6.7米。两室各有一门，门外有过道，过道东端设台阶六级，上达回廊。

高台基址底部依台修筑回廊一周，其中南、北、东三面回廊保存较好，西廊较差。此外在夯土台面的中部和东南部发现五处排水池（P・S1～P・S5）（地漏），北廊中部发现一处椭圆形渗水窖（J3），窖口径2.39～2.96米，另一处（J4）位于P・S5

的东南角，径1.1～1.2、深10.02米。其中J3的西部有圆形陶管道与P·S5相接，系后者的入水窖，J3窖口置西高东低的半筒带流瓦槽。回廊和庭院地表还发现竖直的陶管遗迹18处，陶管均大半埋入地下。计南廊5处，北廊12处，西廊1处，庭院2处。陶管均为单节宽沿和直口圆筒，口径17～18、长67～69厘米。其中13号竖管内存有径13厘米的一根圆形木炭，据此，发掘者推测，这些遗迹是插放旗杆的设施。

遗址出土大量的砖瓦建筑遗物，其中单龙抱璧、或双龙交尾、或双龙绕三璧空心砖，云纹瓦当甚具艺术趣味。戳印在板瓦（瓦沟）、筒瓦（瓦背）、空心砖和素面方砖上的陶文标本226件，文作“胡”“壮”“秦”“右”“古”“田”“周”“序”“文”“疥”“匄”“角”“庚”“邱”“得”“左戎”“左胡”“右齐”“右贝”“咸成阳申”“咸卜里戎”“咸重成□”等（图3-28）。

壁画残块出自回廊堆积层中，见有动植物纹样和几何图案。

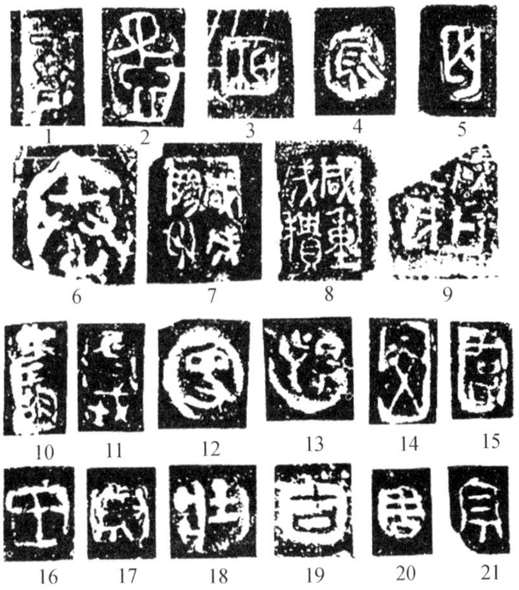

图3-28　咸阳秦宫二号建筑遗址出土陶文

1. 右齐　2. 壹　3. 矾　4. 原　5. 匄　6. 秦　7. 咸成阳申　8. 咸重成穳　9. 咸卜里戎　10. 左胡　11. 左戎　12. 更　13. 得　14. 文　15. 右贝　16. 田　17. 右亭　18. 壮　19. 古　20. 周　21. 亭

3. 三号宫殿建筑遗址

三号宫殿建筑遗址地势隆起，位于一号宫殿建筑遗址西南10米、二号宫殿建筑东南73米处。三处建筑原来有廊道相通[64]。

三号基址遭到严重破坏，东西残长123、南北宽60米。仅发掘了基址东端的东、南、北三边的底部及回廊。夯土基址北有3室，东有3室，南有5室。绘有壁画的廊道，长32.4、宽5米，位于10号房之南，呈南北向，分为9间。在壁面上用朱砂、石绿、石黄、赭石等矿物质颜料绘画人物、车马、房屋、树木、动物、各种几何纹样和神灵异怪图案。可贵的是有些画面保留了完整的场面，驷马驰车一乘接一乘，通过马的奋蹄和路旁树木的对比，即可陪衬出奔驰速度之快。同样，由骑士弯弓即可看出射箭的力度。至于动物的灵动机敏、树枝的婀娜多姿……都表现得惟妙惟肖。

各种图案的花纹砖、动物纹空心砖（龙、虎、鹿、蛙）、图案瓦当，都足以反映出三号宫殿建筑的富丽堂皇（图3-29）。

图3-29　咸阳秦宫三号建筑壁画及画像砖

遗址内出土陶文标本57件，单字居多，以陶工名姓为主，如“少”“鹿”“王”“重”“角”“秦”等，多字的有“左杜”“左戎”“左嘉”“右禾”“右嘉”“右齐”“咸下处疾”“咸卜里戎”“咸芮里喜”等。

除经过发掘的以上三座高台建筑基址外，还有几处建筑遗址，这些都处于宫城之内。由一号遗址的“两观”建筑形式和出土物时代，可以推断为“冀阙”的遗制（图3-30）。“文革”中，有人定性为荆轲刺秦的咸阳宫，显然是错的。因为材料不实，这只是“冀阙”的一半，而这“西阙”的主室面积只有160平方米，无论如何也展不开生死搏斗的[65]；二号遗址的壮阔雄伟，很可能是这一群体建筑的主体宫室，当同处理政务有关；三号遗址华丽奇巧，当属优游闲适之宫。总之，宫城内的建筑各有回

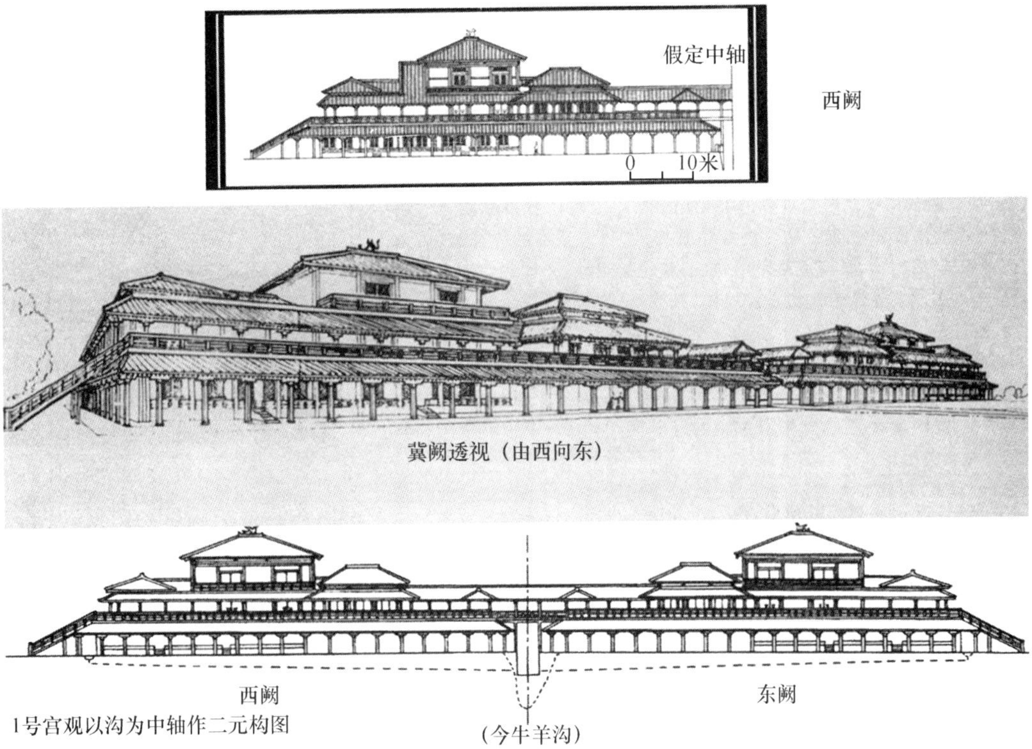

图3-30　冀阙遗址复原组图

（杨鸿勋图）

廊又彼此相连，应属于一座大型完整的宫殿体系。尽管各个宫殿的定性、用途，迟至目前还不能得出令人信服的结论，但归结为秦孝公时的冀阙宫廷、昭王后的咸阳宫，是大致不错的。

（二）仿六国宫殿

《史记·秦始皇本纪》载秦始皇“每破诸侯，写放其宫室，作之咸阳北阪上。南临渭，自雍门以东至泾、渭，殿屋复道，周阁相属。所得诸侯美人、钟鼓以充入之”。“阪”同“坂”，属古地理学名词。《说文》：“坡者曰阪。”高起的“原”同低洼的“隰”相对，“阪”即是二者之间的过渡地带，如泾河南岸上咸阳原的北坡呼作“长平阪”。所谓“咸阳北阪”就是指渭城湾到杨家湾之间的咸阳原南坡之地。

《后汉书·皇后纪》也说：“秦并天下，多自骄大，宫备七国。”仿作之六国宫室应该是散布在西至秦雍门宫，东到泾渭之交、南临渭水的咸阳北阪之上的。这从考古调查也得到证实，在西起毛王沟东到杨家湾的咸阳原二级阶地上多有秦建筑遗址的分布，尤以聂家沟往东到三义村的一段最为稠密，达30处。1973年，王学理用大平板绘图仪把这一带钻探出的建筑遗迹进行了测绘。因为是“周阁相属”的关系，虽有建筑体量上的主次之别，却也难于分开各自的坐落。所以，仿造之六国宫室是同秦的其他宫殿混杂在一起的，想来一定距咸阳宫不是太远。宫城西侧的毛王沟附近出土过楚国形制的瓦当，路家坡出土“陈爯”金版；东侧柏家嘴，据说有燕国“云山纹瓦当”的发现；在宫城之北的韩家湾乡怡魏村附近，出土有战国时期齐地风格的“双兽树枝纹”半瓦当，是同秦的素面半瓦当、太阳纹、云纹瓦当、空心砖及汉初瓦当混在一起的。这些情况说明：仿建之六国宫室已“秦化”，有“杂糅”，有“并蓄”；“秦宫”未毁于火者，汉修葺之后，照样使用。至于具体到宫殿予以确指者是难于考究了。

（三）章　台　宫

章台宫是因宫内有章台而得名。章台，既是宫名，又是街名。《史记·樗里子甘茂列传》载：“昭王七年，樗里子卒，葬于渭南章台之东。……至汉兴，长乐宫在其东，未央宫在其西，武库正值其墓。”汉长安城中有街名“章台”，《汉书·张敞传》：“张敞走马章台街。”颜师古注曰：“孟康曰‘在长安中’。臣瓒曰：‘在章台下街也’。”

章台宫是秦王在渭南的第一座朝宫，一些大的政治活动多在此举行。《史记·苏秦列传》记载苏秦警告楚威王时说：“今乃欲西面而事秦，则诸侯莫不西面而朝于章台之下。”楚威王虽然未曾到秦，但他的儿子楚怀王曾在章台之宫拜谒昭王。《史记·楚世家》：“楚王至，则闭武关，遂与西至咸阳，朝章台，如蕃臣，不与亢礼。”后竟客死于秦地。赵国的使臣蔺相如携带和氏璧来到咸阳，也是在章台宫见到秦昭王的（《史记·廉颇蔺相如列传》）。

汉未央宫遗址在今汉长安故城的西南部，位于今未央区大刘寨村西南。宫城东西长2300、南北宽2000，周长8560米，约占汉长安城总面积的1/7。在前殿遗址之下，压有战国晚期与秦代文化层，出土有砖瓦类建筑文物，可以断定这里是秦章台的遗存（图3-31）。

（四）兴　乐　宫

《三辅旧事》载：“咸阳宫在渭北，兴乐宫在渭南。秦昭王欲通两宫之间，作横桥。”说明此宫至迟在昭王时期已经兴建了。

秦末项羽屠咸阳，焚宫室，咸阳毁于一旦。但在这次巨大的浩劫中，兴乐宫却幸免于难。汉初修饰一新，更名长乐宫。《史书·叔孙通列传·集解》引《关中记》说：“长乐宫，本秦之兴乐宫也。”汉初，诸侯朝会都在此进行。汉惠帝之后，未央宫建成，皇帝始居未央宫，于是取代长乐宫而为朝宫，长乐宫变为太后所居，但仍称“东朝”，或称“东宫”。

章台

章台宦者

高章宦丞

图3-31　秦章台（汉未央宫前殿）遗址与封泥

兴乐宫有鸿台。据《三辅黄图》载：“秦始皇二十七年筑，高四十丈，上起观宇，帝尝射飞鸿于台上，故号‘鸿台’。”宫中又有“秦酒池”，池上有肉炙树，秦始皇造。汉武帝行舟于池中，酒池北起台。天子于上，观牛饮者三千人。

秦兴乐宫在汉代不仅改宫名为长乐宫，而且范围也较前扩大了。《三辅旧事》说它“周回二十里，前殿东西十九丈七尺，两序中三十五丈，深十二丈”。汉长乐宫至唐天宝以后废弃，其遗址位于汉长安故城内的东南部，龙首山北坡。地当今未央区阁老门、唐寨、雷寨、罗家寨、张家巷、讲武殿一带。经探测，宫垣东西长2900、南北宽2400、周长10 600米，约占长安城总面积的1/6。

（五）信宫—极庙—始皇庙

信宫是秦始皇统一天下后第二年，即公元前220年就开始建造的一项宫殿工程。据《史记·秦始皇本纪》“焉作信宫渭南，已更名信宫为极庙，象天极。自极庙道通郦山”记载知，信宫位于渭河南岸，本来是带有“信宿”性质的离宫，后来改成象征“天庙”的南斗星座。作为生祠的极庙，秦二世又奉为“始皇庙”，成了“帝者祖庙”。

当秦二世接受群臣的意见"独奉酌祠始皇庙"时，把先王庙都轶毁了。也正因为要"四海之内皆献贡职，增牺牲，礼咸备，毋以加"，就使得这座"始皇寝庙"的规模都超乎一般宫殿的雄伟。其遗址当在汉长安故城北部偏中的位置上。

（六）甘泉宫—南宫

秦昭王三十五年（公元前272年），"宣太后诱杀义渠王于甘泉宫"（《后汉书·西羌传》），这是关于秦甘泉宫最早的记载。在渭南的甘泉宫曾发生过许多有名的历史事件，像秦王政九年（公元前238年），假阴人嫪毐和太后私通的丑行败露后，秦王车裂嫪毐、灭其三族、囊捕两个私生子，并把太后迁到雍都的棫阳宫去。次年，在吕不韦免相后，嬴政接受了齐人茅焦的劝说，才把太后迎回咸阳，使之"复居甘泉宫"（《史记·秦始皇本纪》《吕不韦列传》）。阴谋弄权的赵高，还曾使秦二世居"禁中"近妇人，"在甘泉，方作觳抵优俳之观"。

秦在渭河南岸设有甘泉宫，这是绝对的历史事实。因为秦始皇三十五年（公元前212年）起造"甘泉前殿，筑甬道，自咸阳属之"，遂成了皇帝大朝的地方（《史记·秦始皇本纪》）。近年在汉长安城内相家巷发现的大批秦封泥，对这一结论是最有力的支持。

《太平寰宇记》《三秦记》及《初学记》引《关中记》，都说汉武帝造的桂宫"一名甘泉宫"。从中似可看出汉桂宫就是在秦甘泉宫的旧址上建造的，故而在时人眼里认为桂宫实际就是甘泉宫，所以在相当长的时间里还习惯于旧称呼。

汉桂宫系后妃之宫，位于长安城内，未央宫之北、北宫之西，地当今西安市未央区夹城堡、民娄村、黄家庄一带。测知汉桂宫遗址南北长1800、东西宽880、周长5360米。中日联合考古队在1997年11月至1998年5月，对桂宫的南部二号建筑遗址发掘表明，其主殿与东西两侧的庭院建筑确为后妃使用的重要宫殿建筑。由此也不难确认秦甘泉宫原在的位置。

因为早在秦昭王时就于渭南建造起甘泉宫，开始也未必取名，便相对于渭北诸宫而称之曰"南宫"。在六村堡乡相家巷秦遗址里曾出土大量秦封泥，其中就有多枚"南宫郎丞"封泥（图3-32）。始皇从雍都迎回太后入咸阳，使"复居甘泉宫"，晋人徐广说入居的是"南宫"，可见到秦始皇时已经是两名并存。汉高祖刘邦由洛阳迁都长安，在未央宫起造之前，就居住在"南宫"（《汉书·高帝纪》）。由此可见，秦的甘泉宫并不尽毁于秦火，所以就成了汉武帝太初四年（公元前101年）改建桂宫的基础。于此，我们可以就宫名与宫址的变化得出这样的结论：秦南宫→甘泉宫→汉桂宫。当然，在宫名更替的过程中，往往也有新旧名称并存的情况。

图3-32　"南宫郎丞"封泥
（汉长安城遗址相家巷出土）

发掘汉桂宫遗址时，在北部发现汉地层之下压有秦建筑堆积，出土“南宫郎丞”封泥的相家巷就在附近。说明这座太后所居的“南宫”不但设郎官负责宿卫，其长为丞，必受郎中令的节制，而且一度也为秦皇的办公处所。

（七）阿　房　宫

秦始皇统一六国之后，作为政治中枢的咸阳宫按照天帝所在的“紫宫”（即北天的三垣之一的中垣，即“紫微垣”，所以又称“中宫”“紫微宫”）曾进行过重点建设。但后来，他转向了甘泉前殿。三十五年（公元前212年）起，又在渭河南岸的上林苑里营造阿房宫，以此作为帝国朝会、庆典、决事的“朝宫”。其地点位于今西安市西约15千米的三桥镇一带。可惜这一浩大工程中作为前期工程的前殿还没有建成，秦朝就灭亡了。不过，他的这一构想，倒是开了以后汉初未央宫、武帝建章宫、唐初太极宫、高宗大明宫、玄宗兴庆宫的滥觞。

关于阿房宫兴建的时间和方位、指导思想和总体设计、主体建筑的规模和进展等，司马迁在《史记·秦始皇本纪》中对其蓝图与实施进程作了下面的介绍：

“三十五年（公元前212年）……于是始皇以为咸阳人多，先王之宫廷小。吾闻周文王都丰，武王都镐。丰、镐之间，帝王之都也。乃营作朝宫渭南上林苑中。先作前殿阿房，东西五百步，南北五十丈，上可以坐万人，下可以建五丈旗。周驰为阁道，自殿下直抵南山。表南山之巅以为阙。为复道，自阿房渡渭，属之咸阳，以象天极阁道绝汉抵营室也。阿房宫未成。成，欲更择令名名之。作宫阿房，故天下谓之阿房宫。隐宫徒刑者七十余万人，乃分作阿房宫，或作丽山。发北山石椁，乃写蜀、荆地材皆至。……二世元年（公元前209年）……复作阿房宫。”

对阿房宫前殿遗址考古钻探没有发现建筑，通过各种报纸和电视等新闻媒体，作了不当的渲染下，曾引起社会上颇多的争议。针对这一状况，就有必要从司马迁这段文字记载中，梳理出几个相关的概念来，以订正认识：

第一，既定性“朝宫”，必然是个有主体宫室的群体性建筑。待宫建成后才正式命名，人们临时把它称作“阿房宫”。

第二，阿房宫有“前殿”，如同甘泉宫有“甘泉前殿”、汉未央宫有“未央前殿”一样，它属于朝宫的中心建筑。

第三，在阿房前殿的基础上，“先作前殿阿房”。但这个附属建筑，后被天下误称作“阿房宫”。

阿房前殿作为阿房宫的重要组成部分，先期进行。而施工程序上，首先夯打地基。在这处夯土高在台基上，宋代人看到的遗迹是在东西北三面有墙，南面无墙，人称之为“阿城”。今考古钻探只是对古文献记载确凿的证实，并非创新或发现。

对阿房宫遗址，前人曾进行过多次地面踏勘。而真正采用考古钻探手段探测的，还是在1994年11月。当时，鉴于陕西省高等级公路管理局擅自挖掘阿房宫前殿夯土筑路造成破坏，出自对大遗址的保护，西安市文物局根据中央指示对保护区约10平方千米的范围内进行了文物普探，随后发表了报告（图3-33）。2002年以来，秦阿房宫考古队又正式选点钻探和试掘，并陆续有简报和简讯的公布[66]。现根据原来学者调查和新的钻探资料，综合如下。

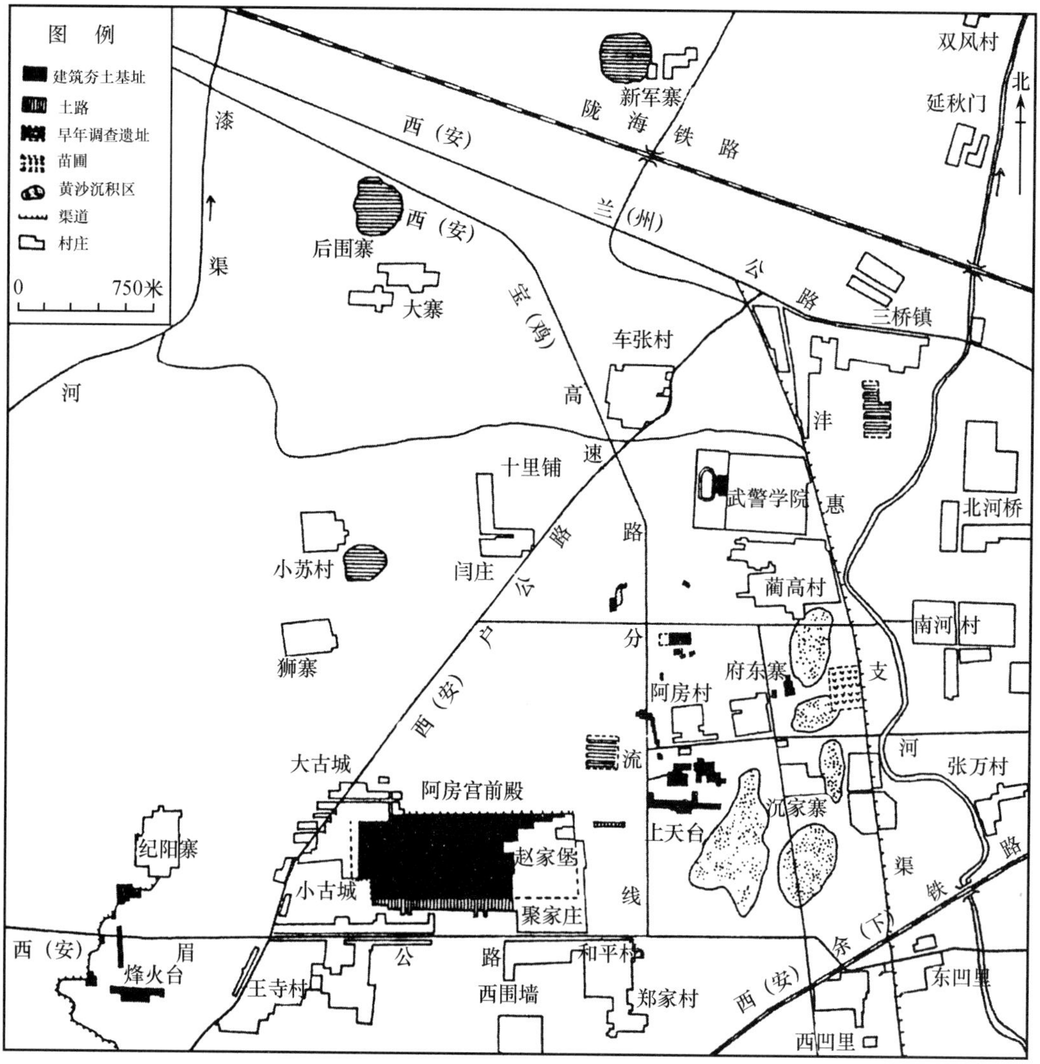

图3-33　阿房宫遗址分布图

1. 阿房宫前殿遗址

西起大小古城村东到赵家堡、聚家庄的大夯土台基，东西长1270、南北宽426、厚12米，面积541 020平方米。在夯土台基的东、西、北三个边缘筑有墙垣，其中北垣残高2.3米，但宽度不等。北垣中段东西长323、南北宽15米。原来屋顶建筑倒塌后向南铺陈，以板瓦和筒瓦为主的堆积物竟宽达7米！北垣东段长661、西段长286米，但不同于中段的，一是变窄，均宽11.5米；二是在墙垣南北两侧都有大量的瓦砾堆积物，铺陈只有4～4.5米（彩版九，1）。

王学理在论著中早给予定性，认为："阿房宫"是群体建筑的临时称呼，但绝不能把"阿房前殿"当做阿房宫。至于现在看到的巨型夯土台，那是"阿房宫前殿"的前期工程，属于高台建筑的基础部分；台基上三边（东、西、北）的土墙，那是围护前殿的特殊垣墙，俗称"阿城"。但那绝不是阿房宫的宫墙；而"阿城"北垣中段的一处建筑物，即是《史记》上说到"前殿阿房"，是阿房前殿上的附属工程。可惜长时间以来并未引起学者们的注意[67]；夯台上的主体建筑物——"上可坐万人"的前殿、诸多附属建筑、阿城南垣及门阙等计划工程，还谈不上实施，秦朝就灭亡了（图3-34）。

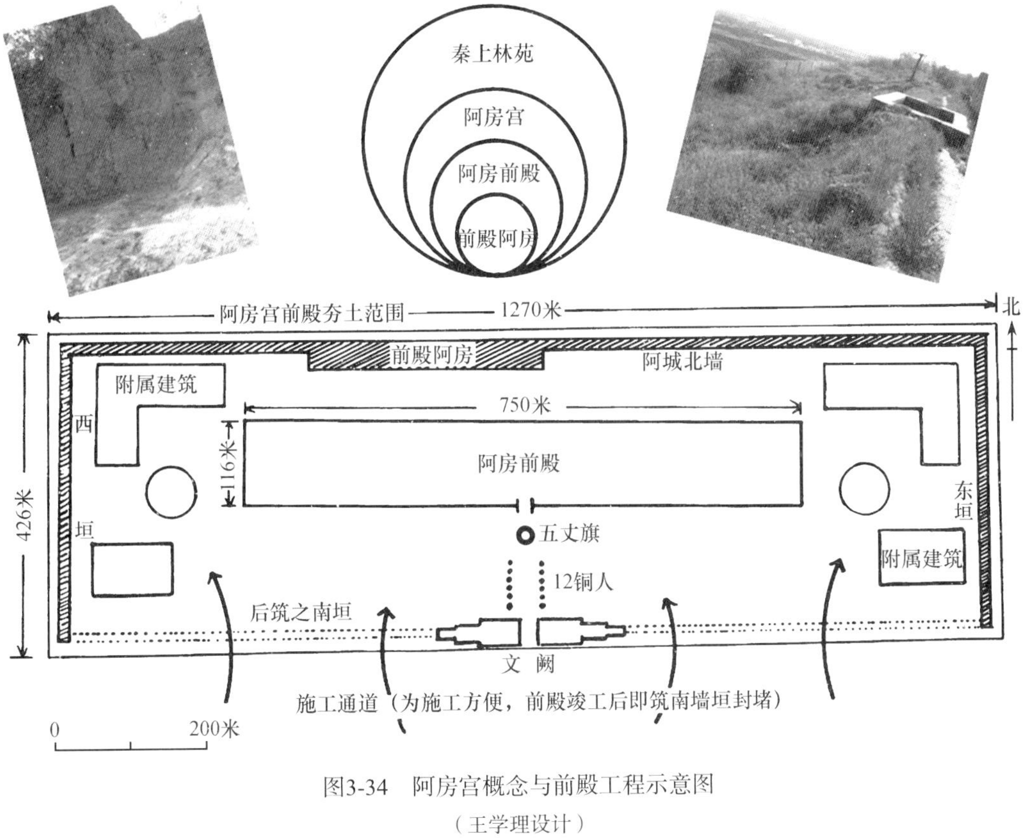

图3-34 阿房宫概念与前殿工程示意图

（王学理设计）

2. 阿房宫范围内其他建筑物遗存

（1）上林苑1号建筑遗址（纪阳寨遗址）。位于阿房宫前殿遗址以西1150米，可分为南部宫殿区和北部园林区。宫殿建筑夯土台基现存部分东西长250、南北宽45米，面积约11 250平方米，部分夯土台基在现存地表之上高达7米。在建筑堆积物中出土有大量的铺地砖、拦边砖、板瓦、筒瓦和瓦当等建筑材料（彩版九，3）。

图3-35　“烽火台”建筑夯土

（2）上林苑2号建筑遗址（误称“烽火台”遗址）。在1号建筑遗址南500米处，因遭严重破坏，仅存建筑基址和少量柱础石。出土有铺地砖、拦边砖、板瓦片、筒瓦片等，是个有三层居室的高台宫殿建筑（图3-35）。

（3）上林苑3号建筑遗址（后围寨遗址）。位于阿房宫前殿遗址北3800米处的后围寨村，是一座高台建筑遗址。下部为夯土台基，上部为建筑物。夯土台基，现存东西84、南北92，厚1.2～2米（其下为生土和细沙）。上部建筑仅存于遗址西北部，通高7米。分为底部、中部、顶部三层建筑。底部建筑无存，现存基址东西最大长度54、南北最大长度42米；中部建筑现存基址东西最大长度24、南北最大长度28米，其上残存部分廊房遗迹；顶部建筑无存，现存基址东西最大长度19、南北最大长度21米。出土了大量战国时期制作粗糙的板瓦片和筒瓦片、绳纹铺砖和山形云纹及素面的半瓦当。此外，在该座建筑的底部建筑中还出土了一些表面为斜粗绳纹、内面为素面的板瓦片和表面饰中粗绳纹或粗绳纹内为粗布纹的筒瓦片。在中部建筑倒塌堆积中还出土了西汉五铢钱。

1973年，当地农民平整土地时，在遗址东南部出土近30米长的屋脊式排水管道。

（4）上林苑4号建筑遗址（传“始皇上天台”）。

位于阿房宫前殿遗址东500米。经发掘知，其中部偏西为高台建筑，其东面、北面、西面均有附属建筑，而其南面和东南面为池沼遗迹（图3-36）。

①高台宫殿建筑。

高台建筑下部为夯土台基，上部为宫殿建筑。夯土台基东西111、南北74、夯土厚2.5米。

宫殿建筑部分由下向上分为三层，通高15.2米。底部建筑无存，其基址东西50～73、南北62、高8.1米；中部建筑基址现存长5.1、宽1.9～2.5、高0.9米；顶部建筑无存，现存基址东西21、南北13、高6.2米。

文化层内出土有表面为细密交错绳纹的板瓦片和表面为细绳纹、内面为麻点纹、泥条盘筑痕迹的筒瓦片。在高台宫殿建筑遗迹东侧勘探和发掘出了两组排水管道（彩版九，5）。水管道均用圆形水管铺成，水管表面为细绳纹，内面为麻点纹，有泥条盘筑痕迹。东组水管道由两条水管并列铺设组成，现存长度27米（已发掘23米）。西组排水管道由一条水管铺设而成，水流方向为自南向北、后西折、再向北流，经勘探现存长420米（已发掘25米）。

②附属廊道建筑。

考古工作者对高台宫殿建筑北面的附属建筑进行了局部发掘，知其基址东西长

图3-36 阿房宫“始皇上天台”遗址与地下管道

91、宽75米，现存部分高出其南侧廊地道面0.82米。廊道基址南北长65、宽7.5米。封闭廊道，宽0.8米。南侧有开放式廊道，宽1.3米。廊道上铺密集的小方格铺地砖。该遗址曾遭遇过大的火灾，在倒塌的堆积物中，清理出了大量的砖、板瓦、筒瓦及瓦当等建筑材料和少量货币、铁钉等。

考古工作者对高台建筑遗址南坡进行了试掘，出土有大量的板瓦、筒瓦。板瓦表面均为细密交错绳纹、内面为素面；筒瓦泥条盘筑，表面均为细绳纹、内面为麻点纹。

此外，该建筑遗址还有大量斜粗绳纹板瓦片和少量厚重素面铺地砖残块、五角形排水管道残片及汉代半两钱、直角铁钉等出土。

据考古资料，上林苑4号宫殿建筑群建于战国时期，曾部分毁于秦末大火，汉代修葺后一直沿用。

（5）上林苑5号建筑遗址。

位于阿房宫前殿遗址东北角外500米处，建筑遗迹被破坏殆尽。仅有断续残存的夯土台基，其南北最宽0.3、东西最长27、基址夯土厚0.4～0.5米。现地表以下5.6米深处有排水管道，横剖面呈“品”字形，可分为东、西二组：东组管道由东西向和南北向管道组成，呈曲尺形，已发掘69米（其中东西向59、南北向10米）；西组管道（南北向），位于东组水管道西21.5米，现发掘长度18米。除出土水管道外，还有砖、瓦和瓦当。有葵纹、云纹、蘑菇形纹等纹样，还有不少素面瓦当。瓦的切痕清晰、制作粗糙、表面绳纹很乱，更多地反映出该建筑遗址具有战国秦建筑的特点。

（6）上林苑6号建筑遗址（误传的“磁石门”）。

位于前殿遗址东北方向2000米处的陕西武警学院内，是一座南北长、东西窄的高台宫殿建筑遗址。下部夯土台基形状不规则，现存南北最大长度57.5、东西最大宽度48.3、夯土厚3.7米；上部建筑物已无存，故仅存基址，南北最大长度45、东西最大宽度26.6、残高1.5～2.4米。局部发掘，出土了大量的既有战国时期的又有西汉前期的板瓦、筒瓦及少量瓦当等建筑材料。澄清了长期以作为“阿房宫磁石门遗址”的讹传。

（7）上林苑7号建筑遗址（好汉庙遗址）。

位于上林苑3号建筑遗址东北2000米处。其下部夯土台基东西长105、南北宽42～62、厚4米；上部建筑物无存，仅存基址。建筑基址东西长52、南北宽24～27、现存高2.8米。该遗址出土了大量山形云纹半瓦当和个别文字瓦当，还出土了大量细密绳纹和粗绳纹的瓦片。

（8）上林苑8号建筑遗址（秧歌台遗址）。

位于阿房宫前殿遗址北2300米处。20世纪70年代初，该建筑夯土台基仍高3米多，但平整土地时，已破坏殆尽。现存基址东西95、南北90、夯土厚仅为0.1～0.3米。从遗址建筑形制、遗址内出土和采集的空心砖残块、子母砖残块、瓦当及厚重的圆形水管道残片等遗物看，该遗址建于战国时期，沿用到汉代。

（9）磁石门遗址。

在三桥镇之北的新军寨附近，20世纪50年代文物普查时还有大面积的夯土存在，可惜已经平毁。因位于阿房宫遗址最北端，有可能是磁石门遗址。

此外，考古工作者在前殿遗址北约2100米处还清理了汉代涵洞式（子母砖砌）大型排水管道。

在前殿遗址西北方向的大苏村公路两侧发现了散落的汉代板瓦片和筒瓦片。在前殿遗址北面的狮寨一带发现了内含汉代瓦片的堆积层。

在狮寨北面的小苏村一带采集了战国时期的瓦片和瓦当。

上述几处建筑遗存，在战国时代为秦国的上林苑建筑，在统一的秦帝国时代则归属于阿房宫，汉代即划入上林苑。

在阿房宫前殿遗址东南约2000米（东凹里村南）一带，发现一处汉代上林苑建筑遗址，范围约90 000平方米。见有板瓦、筒瓦、云纹瓦当及“上林”“与天无极”等文字瓦当。

3. 湖泊池沼

北自蔺高村，向南经府东寨和苗圃间、沈家寨，再到“上天台”东南，分布着五处形状各异、大小不同的湖泊遗址，总面积约27.14万平方米。其湖相沉积是在地表1.2米以下，有大面积黄色细沙、泥沙分布。原来也许是地下聚水的天然湖泊，但也不排斥引滮河之水的可能。上林苑中有“十池”，设“监”管理（《汉书·百官公卿表》）。秦印有“上林郎池”的传世（《待时轩印存》），足见《三辅黄图》记载湖泊的准确。曲流周折，湖泊处处，茂林修竹，花卉园圃，宫殿掩映，在秦都咸阳南区出现的是一派自然与人工结合的大好风光。

我们结合历史文献与考古资料，对阿房宫的看法有以下几点。

第一，秦始皇选定在渭南建朝宫，就不会是一座孤零零的宫殿，而应包括原上林苑的建筑，并按计划将扩大范围和规模。人们如果说到“阿房宫”仅局限在“前殿”遗址，显然是不全面的。同样是过去把“作宫阿房，故天下谓之阿房宫”误解的延续，是历史性的错误。

第二，“前殿”是阿房宫里的主体建筑，但没有全面展开。在开头前3年多的时间里，进行的工程项目：首先投入大量的人力，夯打基础；其次在三面筑以墙垣复以苫瓦，并在北垣中部建造了“前殿阿房”。但“东西五百步，南北五十丈，上可坐万人”的“前殿”还未动工时，秦朝就灭亡了。尽管“阿房前殿”只是“阿房宫”的一部分，后人不应当以“前殿”未建而否认“阿房宫”的存在。

第三，秦上林苑自建“朝宫”起，原来离宫别馆的性质和作用发生了根本性的改变。始皇对原有的建筑设施必然要加以利用、改造、扩大和增建。考古所见上林苑诸宫殿建筑遗址的时代，上自战国下至汉初就是最好的说明。但我们不能根据没有全面发掘、没有可靠的地层关系的部分资料，仅用瓦的纹饰作为判断的凭借，跳过该遗址处秦的一段时光，还难断言战国秦上林苑建筑不属于阿房宫。因为从秦统一至秦亡的15年间，人们不应当忽视秦对过去宫殿的利用和改造。退一步讲，即便是从建“朝宫”动议开始至秦亡，中间仍有6年的享用时间，怎么能说“上林苑建筑”同秦阿房宫没有关系？

第四，秦末，项羽火烧咸阳，上林苑也难逃厄运。其中现存建筑，部分地遭到焚毁也不是不可能。

第五，随阿房宫前殿遗址考古钻探资料的公布，在社会上掀起一股炒作的浪潮。说什么“一千多年来，上了杜牧《阿房宫赋》的当”“要为项羽平反”“委屈了司马迁”等论调，声言“阿房宫没有建成”“阿房宫是个半拉子工程”……显然同《史记》原文不符。

（八）望 夷 宫

望夷宫是个特殊的离宫之一。据《三辅黄图》所记，此宫因“北临泾水，以望北夷”而得名。可见它不尽是往返林光宫时，作为中途的停歇点，还更多的带有防卫首都的军事性质。

《史记·秦始皇本纪》载：公元前207年，刘邦率数万大军破武关，京都震恐。赵高骗秦二世到望夷宫斋祭泾水，去求神灵的保佑，接着派女婿咸阳令阎乐率兵杀入望夷宫，逼迫二世自杀，演出了一场血腥的政变丑剧。

《集解》在“二世乃斋于望夷宫”文下引张晏曰：“望夷宫在长陵西北长平观道东故亭处是也。临泾水作之，以望北夷。”《正义》引《括地志》：“秦望夷宫在雍州咸阳县东南八里。”“长平观”“故亭”均是小地名，不知其处，但肯定望夷宫在汉高祖长陵西北方向的泾阳县界。在今泾阳县南部，秦设池阳县，苻秦二年（352年）增设泾阳县，北周建德三年（574年）才撤池阳尽归泾阳县。《泾阳县志》认为泾阳县治“在县东南三十里的故县村”。那么，长陵西北的原边已属泾阳县界，可知《三辅黄图》同三国时魏人张晏的说法是一致的。从而可以确认秦望夷宫位于长陵西北最高处的泾阳地界。

经调查，在泾阳县东南蒋刘乡同咸阳市东北韩家湾乡交界的咸阳原边，有多处秦建筑遗址，呈东西向展开，长达6.6千米。西起泾阳的福隆庄、余家堡，到咸阳的东史村北、徐家寨等四处，都有大片夯土和建筑遗物的存在[68]。

福隆庄在泾阳蒋刘乡之西，有大面积的秦建筑遗址及建筑遗物的分布。

余家堡北临泾河岸，因水向南侧蚀使南岸不断崩塌。秦宫殿建筑悬于60米高的断崖上，夯土有多处暴露。余家堡遗址由村北向东北分布，迤逦不断，长达1000、南北宽100余米。在村东北600米处有一大型宫殿建筑夯土基址，东西长98、南北宽34、中心厚达3.2米。经过火焚，为红烧土覆盖。地表有大量夔纹、云纹、素面的瓦当，回纹、素面的空心砖，回纹、光芒纹、素面的方砖，筒瓦和板瓦及春秋时期的槽形板瓦等。余家堡东南200米处，是一片汉代建筑遗址。

东史村位于咸阳市韩家湾乡，遗址东西长850、南北宽500米。地下1.5米为瓦砾层，地表有大量板瓦、筒瓦、瓦当和铺地砖等遗物。时代为秦汉。

徐家寨西北50米有一处秦汉遗址，东西长150、南北宽100米。地表有大量的建筑遗物，还发现一段长18米的瓦碴路面，显系秦宫汉葺者。

如此看来，拱卫首都咸阳，确在其北境临泾一线的高地上建设有军事性的据点，用来“望夷”，其外侧有泾河环护无疑是一道天然的城隍。但这些串珠似的建筑又是以宫殿的形式出现，从而赋予其双重性质。泾阳县蒋刘乡余家堡北临泾河河谷，秦式的高台建筑遗址范围大、建筑遗物丰富，其东南还存在汉代建筑遗址，这正反映出此处地理位置对拱卫秦汉首都的重要，秦望夷宫遗址即此的可能性是比较大的。

（九）兰　池　宫

秦始皇时，引渭水作池，池旁筑离宫，为兰池宫。《三秦记》：“秦始皇作长池，引渭水，东西二百里，南北二十里，筑土为蓬莱，刻石为鲸鱼，长二百丈，亦曰兰池陂。”由于引水为池，流经曲折，长及“二百里”，旁及支流，渠网纵横，可宽“二十里”，所以称作“长池”。这里风景秀丽，环境宜人，秦始皇常常游乐于此，甚至夜宿兰池宫。《史记·秦始皇本纪》载：三十一年（公元前216年）“始皇为微行咸阳，与武士四人俱，夜出逢盗兰池，见窘，武士击杀盗，关中大索二十日”。

《元和郡县志》说“秦兰池宫，在（咸阳）县东二十五里”。唐咸阳县城在今咸阳市东北摆旗寨，按其方位、里程，兰池宫应在今咸阳市渭城区正阳镇杨家湾附近。据考古调查，今杨家湾是个簸箕形的大湾，北、西、东三面有高约5米的岸畔，唯南面平坦开阔直达渭河滩地。20世纪50年代，这里平整土地时，发现淤泥甚厚。1987年渭河热电厂二期工程扩建，经钻探知秦汉以来的堆积层很厚，浅处30米可见生土，深处约70米。这应是秦“兰池”遗址。在与杨家湾为邻的柏家嘴西原边有一处高地，探出六处大片夯土遗迹，曾采集到大量秦宫遗址中常见的空心砖、铺地砖、瓦当、陶片及红烧土等。因此地恰在秦兰池西岸，当系因池而造的兰池宫之所在（图3-37）。

图3-37　“兰池宫”瓦当拓片

兰池宫在秦末也遭到焚毁。汉景帝六年（公元前151年）曾“伐驰道树，殖兰池”。徐广解作：“‘殖’一作‘填’”（《史记·汉景帝本纪·集解》），可见秦驰道废弃、兰池湮塞、兰池宫也成废墟。后因汉周勃、周亚夫父子葬于兰池之北，遂将秦兰池改名“周氏陂”“周氏曲”或“周曲”。潘岳《西征赋》中有“兰池周曲”之句，这同今天看到杨家湾的“弯曲”地形是一致的。

约在西汉武帝时期，于兰池之旁另筑新宫。秦兰池宫在陂西，汉兰池宫则在陂南[69]。名称依旧，地非同处。

（十）雍　门　宫

这是秦咸阳北区西郊一处很重要的宫殿，同兰池宫一样，夹辅秦咸阳，东西相对。《史记》说到秦咸阳的范围，往往是以这里为西界的起点，如“自雍门以东至泾、渭，殿屋复道，周阁相离”（《秦始皇本纪》）[70]。

帝太后与嫪毐私通生子事发，秦始皇九年（公元前238年）“验左右”“下吏治，具得情实”（《史记·吕不韦传》），遂把母后“闭之于雍门宫”（《战国策·秦策四》）。九月，夷嫪毐三族，迁太后于旧都雍地。第二年，才迎回咸阳，复居甘泉宫。

雍门宫在今咸阳市东北塔儿坡一带，有宫殿遗存，曾出土铜器窖藏，战国时期的安邑下官锺、修武府温杯、錞于等即是其中最有名者。1980年，咸阳市文管会、博物馆在塔儿坡西南约千米处，发现不同时代的墓葬51座，在三座空心砖汉墓里，不但发现有吕不韦铸的“文信”铜钱，连有些空心砖也是来自前代建筑上的。这说明秦雍门宫地望当在汉孝里之西，其建筑遭到了彻底的破坏。

（十一）宜　春　宫

图3-38　“宜春禁丞”封泥

宜春宫是秦“宜春苑”中的一座离宫，秦汉皇帝常游乐于此。“宜春禁丞”封泥的出土，表明它是一处皇家的禁苑（图3-38）。

秦汉时期的“宜春苑”位于今西安市东南曲江池地区，因苑内湖岸曲折而长又称之“隑州”。赵高逼杀秦二世后，“以黔首葬二世杜南宜春苑中”。汉武帝时，司马相如陪武帝游猎上林苑归来，路经宜春苑二世墓时，触景生情，写下《哀秦二世赋》。赋中写道“登陂阤之长阪兮，坌入曾宫之嵯峨。临曲池之隑州兮，望南山之参差”（《史记·司马相如列传》）。《索隐》：“隑即碕，谓曲岸头也。”张揖曰：“阤，长也。”苑中有曲江之象，中有长州，又有宫阁路，谓之曲江，在杜陵西北五里。汉宣帝杜陵在今曲江池东南，同张揖记载相同。

《三辅黄图》：“宜春宫，本秦之离宫，在长安城东南，杜县东，近下杜。”《长安志》：“杜县故城在长安县南十五里，其城周三里一百七十三步。《史记》曰：‘秦武公十一年初县杜’，即此地也。汉宣帝时修杜之东原为陵曰杜陵县，更名此为下杜城。”宋长安县治在今西安市城内，距杜城正合15里。又秦二世墓在今曲江池南岸，封土堆呈圆形，高5米，墓北立有毕沅书“秦二世皇帝陵”石碑。司马相如登临宜春宫之“重楼”当同秦二世之墓相近。

经过考古调查，在今曲江池南的春临村西南，发现秦汉建筑遗址。以其方位、里数及时代判断，与秦汉宜春宫极相合，故疑此即宜春宫遗址。陈直先生曾说：在临春西南的秦汉遗址上采集到一瓦，在筒部有“十二二月令”五字的刻款（《秦汉瓦当概述》），还出土有“富贵毋央”瓦当一枚（《关中秦汉陶录提要》），可能都是宜春宫建筑上的用瓦。此宫为“秦宫汉葺”者，所以瓦、瓦当虽为汉物，然建筑却为秦宫。

（十二）芷阳宫（霸宫）

芷阳宫原名“霸宫”，春秋时期秦穆公为纪念他“益国十二，开地千里，遂霸西戎”（《史记·秦本纪》）的所谓“霸功”，把发源于蓝田谷中的滋水（又名谷水）改名霸水，并在水旁建宫称为霸宫。战国晚期，秦昭襄王对霸宫进行了修葺、扩建，改名“芷阳宫”，在其地设置了芷阳县。

《三秦记》：“霸城，秦穆公筑为宫，因为霸城，汉于此置霸陵。”《汉书·地理志》：“霸陵，故芷阳，文帝更名。莽曰水章也。王莽好古，改霸陵县为水章县，以恢复‘秦穆公章霸功之义’。”县治未变，其故址与秦昭襄王的芷阳县应为一地

（图3-39）。

图3-39 “芷阳丞印”封泥

据考古调查，秦芷阳宫可能在今临潼县韩峪乡油王村一带。1982年，考古工作者在油王村南发现古建筑一座，夯土基址南北长29、残宽3米，清理出一座长方形水池，池底出土的一陶罐残片上有阴文模印“芷”字。池西有一可能用于储存食物的地下室，秦器残片甚多，一陶罐肩上亦刻有一“芷”字。“芷”，系芷阳之省文，当是芷阳制陶作坊的产品。同时，还在遗址出土了10多件动物纹、植物纹、云纹瓦当，都是很典型的战国晚期瓦当。因此，这一建筑遗址应是芷阳宫的一部分[71]。《陕西通志》：“芷阳宫，在霸上。”《太平寰宇记》：“灞岸在通化门东三十里，秦襄王葬于坂，谓之霸上。”《读史方舆纪要》：秦芷阳宫在西安“府东三十里”。固然对“霸上”“霸岸”的地域范围在理解上还有值得商榷之处，但“芷阳”陶文出土地和秦“芷阳陵区”的确认，秦芷阳县、芷阳宫大致就落在韩峪乡油王村一带的灞河东、骊山西麓的芷阳坂（又称铜人原）上。这里距唐代兴庆宫东的通化门及清代西安城东关约30里，文献记载与文物遗迹于此都得到了印证。

（十三）北　宫

文献中没有关于秦北宫的记载，但文物中多见有刻铭。上海博物馆藏有作田字界格的“北私库印”。1987年，陕西礼泉县出土有始皇与二世的两诏铜椭量，上面刻“北私府”等字。可知二者系“北宫私库”“北宫私府”之省。特别是近年在汉长安故城中出土的秦封泥有“北宫”“北宫榦丞”“北宫宦丞”“北宫私丞”“北宫工丞”“北宫弋丞”[72]等印文，更为北宫的存在提供了直接的证据（图3-40）。

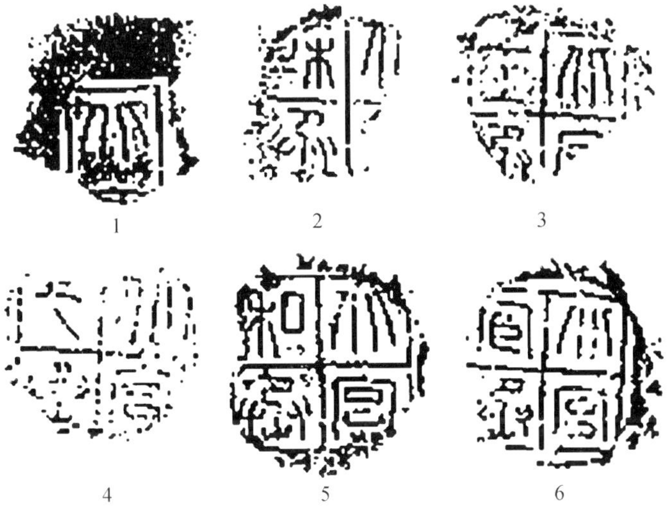

图3-40 北宫封泥

1. 北宫 2. 北宫榦丞 3. 北宫工丞 4. 北宫弋丞 5. 北宫私丞 6. 北宫宦丞

《周礼·天官·内宰》郑玄注："北宫，后之六宫。"因北宫系皇后之宫，才有"宦者""私府""私库"及其"丞"的设立[73]。汉因袭此制，在长安也有专供后妃居住的"北宫"。《三辅黄图》："汉北宫，在长安城中，近桂宫，俱在未央宫北，周四十里。高帝时，制度草创，孝武增修之。中有前殿，广五十步，珠帘玉户如桂宫。"但当汉武帝建成桂宫之后，汉的北宫专居贬废后妃的性质就更加明确。据《汉书·外戚传》知，西汉初年，吕后死，诸吕被翦，孝惠张皇后（张嫣）废处北宫。哀帝时，王莽贬赵皇太后（赵飞燕）为孝成皇后，也退居北宫。不过，秦之北宫同汉之北宫绝不在一地，因后宫同帝宫并相重要，当距咸阳宫不远，而且渭南确有秦"南宫"的存在，所以秦之北宫可能设在渭北区。

（十四）曲　台　宫

《汉书·邹阳传》：邹阳奏书谏吴王"臣闻秦倚曲台之宫，悬衡天下，画地而不犯，兵加胡越"。应劭解释说："始皇帝所治处也，若汉家未央宫。"

由名称也可说明，曲折变化的高台是这一宫殿建筑的最大特征。秦始皇既居此宫能够"悬衡天下"，有似汉帝所居的未央宫，表明其政治地位重要。由时间上看，此宫当建在统一六国之前，大概位于北阪宫区之内[74]。

（十五）六　英　宫

董说《七国考》引《广记》："主父入秦，直至昭王所居六英之宫而人不觉。"主父就是"胡服骑射"、在中原地区组建第一支骑兵部队的赵武灵王。据《史记·赵世家》记载，他在公元前299年传位于赵惠文王，自号"主父"。曾身着胡服，诈称使者，来到秦都咸阳刺探情况。当秦昭王发觉时，"主父驰已脱关矣"。显然六英宫位于渭北的咸阳北阪上，因为这里地势开阔，同陕北山原相接，其间泾水易渡，单骑便于驰驱。若在渭南，有渭河阻隔，一旦发觉，岂可"脱关"！

据说，帝喾时的一种乐曲名叫"六英"，也作"六莹"（《周礼·春官·大司乐·疏》引《乐纬》《列子·周穆王》《淮南子·原道训》）。天帝也曾飨秦穆公"钧天广乐"，说明秦人已接受中原的礼乐教化。那么，秦六英宫的取名，可能与此有关。

（十六）长　安　宫

长安宫系秦惠文王造，据《太平御览》卷958引郭氏《玄中记》载："长安宫广四百里，南及终南山。"不难看出此宫在渭河之南，而范围又极其广阔。

因为秦惠文王时的政治活动还是在咸阳的渭北区，所以在渭南建造的长安宫被当做离宫。《水经·渭水注》："长安有秦离宫。"范雎来到咸阳就是在秦离宫见到昭王的，《史记·范雎列传·正义》明确指出"长安故城本秦离宫，在雍州长安北十三里”。长安宫作为秦都咸阳早期的一处离宫，其范围包括了今汉长安在内、远及终南的广大地域。主要宫殿则集中在以后的汉长安城内，地当秦长安乡。但随渭南宫殿的增多、政治活动频繁，其宫区被分割、其名声也由显而隐。所以，《三辅黄图》说“高祖七年方修长安宫城，自栎阳徙居此城。本秦离宫也”，已显得很笼统。《庙记》载：“长安宫中有鱼池、酒池。池上有肉炙树。”这一情况同于兴乐宫，说明长安宫与兴乐宫有着直接的关系。

（十七）华　阳　宫

《七国考》：“孝太子妃曰‘华阳夫人’。华阳，秦太子宫名，在陕西西安府旧长安城内。”汉长安城故址内出土有“华阳丞印”封泥[75]（图3-41）。

图3-41　“华阳丞印”封泥

秦孝太子即后来即位的孝文王嬴柱，系昭襄王之子，初封为“安国君”，后立为太子。其爱姬是楚国人，称作“华阳夫人”。华阳宫以嬴柱的爱姬命名，可见这是一处太子宫，后成为华阳太后的专有宫殿。“华阳丞”应当就是华阳夫人的家丞。

（十八）阎家寺秦宫殿遗址

渭河南岸草滩镇东南的闫家寺村，东临灞河，处在地势平坦的平原上。遗址范围较大，是一处多座的高台建筑群。在正轴线的北部，是一座大型的夯土台基，方圆数百米，构成主体建筑。再南去500多米，在轴线两侧，有4座小土台基分开，两两左右对称。可惜遗址范围、形制、结构等还未查清，大台基即被工厂的专用铁路截断，1956年曾作过部分清理，现高不及3米。由原来考察知，其构筑方法和渭北已发掘的“冀阙”建筑完全相同，时代属秦。在这里，后来成了汉长安城外东北部的一片旷野。

这一宫殿遗址至今没有正式公布清理资料，它同南面4座台基是何关系还不得而知。所以，造成对定性、定名上的争议。

（十九）钟　　宫

《三辅黄图》：“在户县东北二十五里，始皇收天下兵器，销为钟鐻，此或其处也。”[76]

（二十）云　　阁

云阁又名“凌云阁”（《长安志》引《汉宫殿疏》）。《三辅黄图》：“云阁，二世所造，起云阁欲与南山齐。”张衡在其《东京赋》中有“（秦）乃构阿房，起甘泉，结云阁，冠南山”之句，由此可知，这一楼阁建筑位于秦都咸阳的渭南区，也不在阿房宫范围之内。

（二十一）安　台

图3-42　“安台丞印”封泥

是一处失载的秦台名。汉城内的秦封泥中有“安台丞印”多枚[77]（图3-42），再结合过去著录的“安台丞印”和“安台左壂”封泥（吴式芬、陈介祺《封泥考略》），就纠正了把“安台”当做县名的认识。实际上，“安台”是台，有如秦咸阳之章台（在章台宫中）、鸿台（在兴乐宫中）、咸阳台（在咸阳宫中）等（图3-42）。

台作为一种建筑形式在东周时期的各诸侯国已较普遍，秦的宫廷建筑已把高台建筑技术发展到登峰造极的地步。“左壂”是主管筑土为台工程的官署。安台又设丞，可知同宫廷一样具有朝会、设宴的功能。

秦安台当距章台宫较近，因北、西、南三方没有太大的空间，很可能处于东南。因此，汉长安城南出中门取名“安门”，直北则是城内的主干道“安门大街”。这些很可能同安台的所在地有关。

三、都城御道与桥梁

（一）御　道

秦昭王在渭水上架桥，说是为了连接咸阳宫和兴乐宫的。实际上，是出于方便渭河南北二区日益紧密联系的一种根本考虑。那么，这条北接“冀阙宫廷”的南正门——“棘门”，经渭水桥，入诸庙章台的这一南北大道，就成了首都的主干道。经勘测，路迹仍有部分保留。今咸阳市窑店镇南东龙村东150米处，下深1.4米，就有路迹出现。路面宽50、路土厚达0.3米。长度不明，但走向清楚，即北指牛羊村一号秦宫遗址，南入渭河直对汉城。有意思的是，在相对的渭河之南，也探出一条长1250米的大道，南端位于汉长安故城的横门遗址之外，北入渭水北移后的淤沙堆积之中[78]。

作为君主专用的“天子之道”，莫过于几种类型的“御道”，即“阁道”、“复道”和“甬道”。

1. 阁道

在《史记》里只有两处说到咸阳的有阁道，这就是阿房宫“周驰为阁道”，北阪上仿作诸侯宫殿间“周阁相属”。既作“周驰”“周阁”，必是环周的意思。围绕“前殿”确有几处路土建筑遗迹的发现，纪阳寨南11号建筑有“长廊式的阁道建筑”，同10、12、13号建筑都有连接[79]。再从王学理测绘咸阳北阪上从牛羊村到刘家沟之间秦建筑遗迹看，均呈90°的正方向转折，但占地面积很大的多个单体的或是群体建筑遗迹之间，往往是相通的，有些在中间形成空白地带，确也表现着“周阁相属”的情况[80]。这就足以说明，阁道只能是咸阳北阪宫殿群和阿房宫两处建筑中特有的地面道路。

阁道建于地面，是在道路上架设顶篷，两侧或立护栏，中间形成廊道，以便行人。每隔一定距离，建筑一座可四望止息的亭阁。由于阁道回环曲绕于各建筑群落之间，再加本身之华美典雅，不但实用，而且具有点缀作用，使整个建筑避免了单调呆滞，增加了变化，获得了整体美的效果。也正因为这种道路形式产之于秦，附属于宫廷建筑，同复道、甬道配合，专供秦始皇游乐行幸于咸阳宫廷之间，服务于帝王贵族，所以为以后两汉统治者及豪门贵族所承袭并多有发展变化。

2. 复道

复道确是一种架设在空中的道路。如淳说“上下有道，故谓之复道”（《汉书·高帝纪》注引）。有说复道是下走车上行人，或说尊贵者行上层的。虽然路线划分在实际使用上也不尽然如此，但这毕竟说明秦代复道是名实相符的两层。

咸阳“自雍门以东至泾渭，殿屋复道，周阁相属，所得诸侯美人、钟鼓以充入之”。秦始皇三十五年（公元前212年）“为复道，自阿房渡渭，属之咸阳。以象天极阁道，绝汉抵营室也。……令咸阳之旁二百里内，宫观二百七十，复道、甬道相连。帷帐钟鼓美人充入之，各案署不移徙”（《史记·秦始皇本纪》）。从引文中可以看出，咸阳北区在统一后即于各宫殿间建有复道，随后建造阿房宫前殿时也以复道连通咸阳。当秦始皇听信方士卢生有关“真人”的胡诌之后，竟把复道、甬道扩大到整个咸阳二百里内的宫殿之间。出自“所居宫毋令人知”的考虑，复道就成了连接咸阳各宫殿的密闭式空中道路，以供秦始皇行幸专用。

3. 甬道

甬道，是一种两侧筑有屏障的地面道路。据《史记》裴骃《集解》引应劭的说法是“筑垣墙如街巷”秦始皇二十七年（公元前220年）“作甘泉前殿，筑甬道，自咸阳属之”、秦始皇三十五年（公元前212年）“乃令咸阳之旁二百里内宫观二百七十，复道、甬道相连”（《史记·秦始皇本纪》）。

如果说“阁道”设在地面，围绕各宫殿群落，供皇帝车马“周驰”，虽有护栏，犹如曲廊，人行道中，可小憩阁中，里外通明的话。“复道”则升空，只可上视下，里视外，属于半隐蔽的状态。而“甬道”却里外隔断，同前二者带有的悠游性质俨然有别，纯属急驱的秘密通道。也正因为出自“外人不见”的考虑，才往往有“复道、甬道相连”的情况。

（二）桥　梁

在咸阳，大的桥梁，主要有三座，分别是跨越渭河的“横桥”、北过泾水的“长夷泾桥”和东过灞水的“灞桥”。因古代木构桥梁难以持久，所以没有遗迹可寻。而内蒙古和林格尔东汉墓壁画上的“渭水桥”，又给我们提供了形象的材料[81]。壁画的梁下榜题“渭水桥”，桥上的车骑间有“长安令”三字，表现的是董卓未焚之前的横桥形象：多跨的梁式桥，在每跨的端点各有四根并排的立柱，柱上施两跳斗拱以承托木梁，梁上横铺木板，再在桥面两侧立以护栏。因为这幅壁画是绘在拱形的券洞顶部，桥身本来是平直的却变成带有斜形的边跨，虽然也没有表现更多的间跨，但其间架结构还是很清楚的（图3-43）。若结合山东、苏北的画像石及成都的画像砖，可知此类多跨的梁式木桥在当时是很普遍的。

鉴于此三桥在本书第七章中，对其历史、构造、位置要详加阐述，故于此从略。

图3-43　渭水桥壁画（内蒙古和林格尔汉墓）

四、城市管理

（一）行政、治安组织

首都的居民由皇室宗族、官员及眷属与宾客、宫廷侍女及杂役、京师的禁卫军、手工业劳动者、中小地主、农民、奴隶、服徭役者等九部分人组成。人口在50万人左右[82]。这个数字高于临淄（42万人）和郢都（30万人）的人口，应该说是可信的[83]。“咸阳人多，先王之宫廷小”，这是秦始皇对首都现实所产生的感触。当然，比起晚此200多年的西汉京城长安盛期末，还要高出近5万左右[84]，从情理上讲不是不可能的。

咸阳的城市居民，以家庭为单位，按“什”“伍”编制户口。分别由“伍老”和“什长”管理，一统于法。商鞅变法时，推行“连坐法”，使彼此监督，以防“奸邪”的滋生，以后实际成了固定不变的基层政治单位，做到兵、民合一，以利于统一战争的进行。

有市籍的商人，实际是受着双重管理的约束。一面按家庭编制什伍，受“列伍长”的直接领导；另一面从事商业活动，按行业要接受市府“长”或“丞”的管理。至于是否还建立有“商会”性质的组织，因为没有文献凭借，就不好推断了。

秦有一个地区性的社会治安机构——“亭”，既不是“乡”下“里”上的一级地方行政组织，也同乡不属一个系统。亭与乡平行，归县尉统管。其辖区也不尽受“十里一乡”的限制，往往在县、市内有数亭并列，构成一个严密的社会治安网。

秦的地方政权组织，其垂直关系由上而下：郡→县→乡→里[85]。

咸阳，作为首都及其所在的内史之地（今日关中平原和商洛的一部分），在编制上则有其特殊性。不再设郡，有直辖县26个，内史治所设在咸阳。

首都咸阳所在的京畿范围较大，周边是由池阳、弋阳、高陵、芷阳、杜、鄠、废丘等七县构成的密闭圈。圈内的京畿，同样也不再设县。

京畿的渭北区，只见有“里”一级的基层单位。而在渭南区，里之上还有“乡”一级的建制。

王学理搜集秦都咸阳遗址上历年出土的“亭里陶文”资料，重新释读。经过比对研究，率先解开了秦咸阳的行政区划。在《咸阳帝都记》一书中，他整理出渭北区的里名有郿（屈）里、郃（完）里、右里、泾里、当柳里、阳安里、沙寿里、东里、芮柳里、咸里、燧（隧）阳里、市阳里、旨里、少原里、蒲里、故仓里、成阳里、如邑里、壮邑里、巨阳里、陈里、禾里、广里、矤里、訚里、商里、利里、反里、重成里、平泆里、臣西里、卜里、高里、白里、闇里、桓五、于里、中里、牛里、夤里、直里、戎里、重里、新安里等55个（图3-44～图3-46）。

渭南区由东到西，依次有长安、阴乡和建章三乡。乡下辖里，在阴乡见有“樗里”。

（二）仓储设施

商鞅变法之后，秦的仓储管理逐渐走上制度化。《吕氏春秋·仲秋季》：“是月也，穿窦窌，修囷仓。乃命有司趣民收敛，务蓄菜，多积聚。”修治囷仓，穿窦通水，保持仓库干燥，准备多多收敛谷物。这时，从中央到地方，不但有官仓、民仓，还有军仓。设置完备，形成系统化的粮仓体制，而且其制度以法律形式确立下来。云梦睡虎地秦简中，专有《仓律》一节，对粮食的收藏、保管、使用等各个环节，都做了明确的规定，计有律条26，可谓详备周全。

府库种类齐全，管理上形成系统，分工上各有专职。“少府”是中央的“九卿”之一，是主管全国水产、税收的领导机关。有“少府”封泥的出土（图3-47）。但“少府”是官、库同名的，也就是说下设库也用“少府”名，即《汉书》应劭说的“名曰禁钱，以给私养，自别为藏”。库管官员有“丞”，下领仓卒。

储粮的都仓有“泰仓”，见有“泰仓”“泰仓丞印”封泥（图3-48）。“万石

图3-44　咸阳郿里陶文

1.咸亭郿里綦器　2. 咸郿里壮　3. 咸郿里诏　4. 咸郿里駔　5. 咸郿里跬　6、12. 咸郿里害　7. 咸郿小有　8. 咸郿里宣　9. 咸郿里逋　10. 咸郿里彊　11. 咸郿里段　13. 咸郿里礐　14. 咸郿里纪　15. 咸郿里队

为积”，是一个储藏单位。但首都仓库大，明令粮食是“咸阳十万石一积”、刍稿“二万（石）一积”（云梦秦简《仓律》《效律》）。分储的仓库，还见有“霸上仓”“栎阳仓”。至于民仓，则更普遍一些，使用囷或地窖，设备也较为简陋。

首都的武库是秦中央政府直接掌握的大库。武库的作用归结起来有四项：储存军工产品、兼造兵器、供应军需材料和发授武器。我们看到有“少府”“内史”直接制作的兵器，而更多的是在他们领导下由“寺工”“诏吏”主造的兵器。这些统统都是直接存放在咸阳武库里的（图3-49）。

“大内”是设立在京都的国家物资总库。收藏、保管着国家的服装和铜铁器及其

图3-45　咸阳䢽里陶文

1. 咸亭䢽里□器　2. 咸亭䢽里丹器　3. 咸䢽里昧　4.咸䢽里奢　5. 咸䢽里欣　6. 咸䢽里犺　7. 咸䢽里夫

8. 咸䢽里□　9. 咸䢽里黄

原材料，并负责发放和回收的任务。《金布律》规定发放衣服的时间、做褐衣用料数量、剩余品交回大内要同账簿相符。在咸阳服役的，则凭券向大内领衣。

“少内”是国家主管财政的机构，收储钱财的仓储也应是“少内”，大抵如金库。《十钟山房印举》卷二收有阑格的秦“少内”半通印。另外，也见有“芷阳少内”印。秦简《法律答问》：“‘府中公金钱私贷用之，与盗同法’。可（何）谓‘府中’？唯县少内为‘府中’，其他不为。”

“御府”是专供皇帝享用而设立的专用仓库。封泥有秦“御府之印”“御府丞印”（图3-50）。御府属少府，“主天子衣服”（《汉书》师古注）。公子高为保族人不受株连，曾上书秦二世。请从死，说“先帝无恙时，臣入则赐食，出则乘舆。御府之衣，臣得而赐之。中厩之宝马，臣得赐之”（《史记·李斯列传》）。府库有几

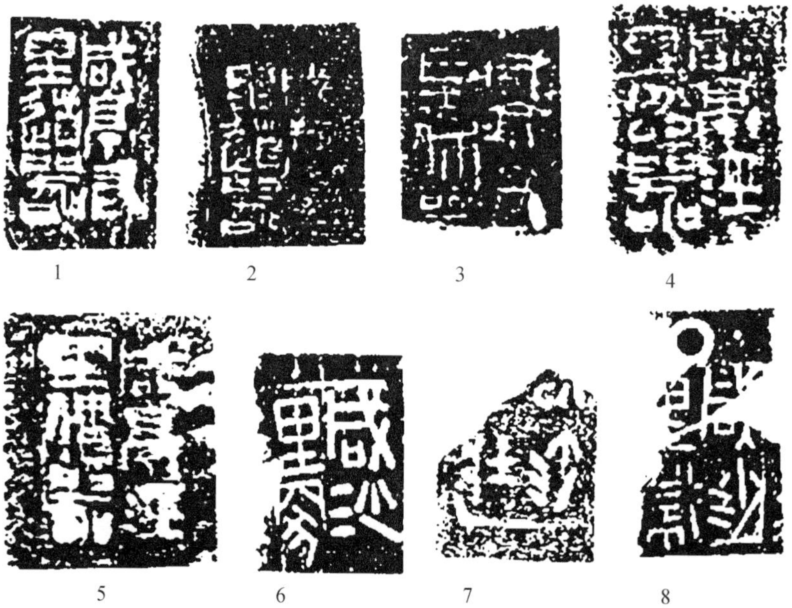

图3-46　咸里陶文组图

1、2. 咸亭右里道器　3. 咸亭右里傰器　4. 咸亭泾里忿器　5. 咸亭泾里僓器

6. 咸沙里豖　7. 咸沙里壮　8. 咸沙里卫

图3-47　“少府”封泥印文

图3-48　“泰仓”“泰仓丞印”封泥

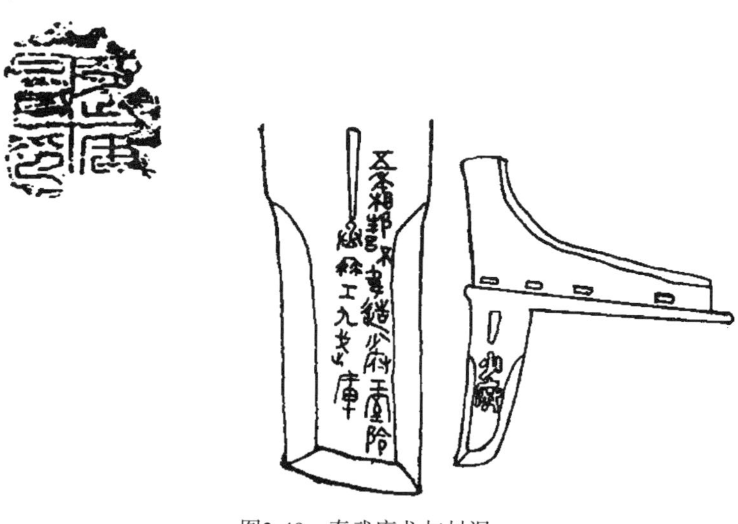

图3-49　秦武库戈与封泥

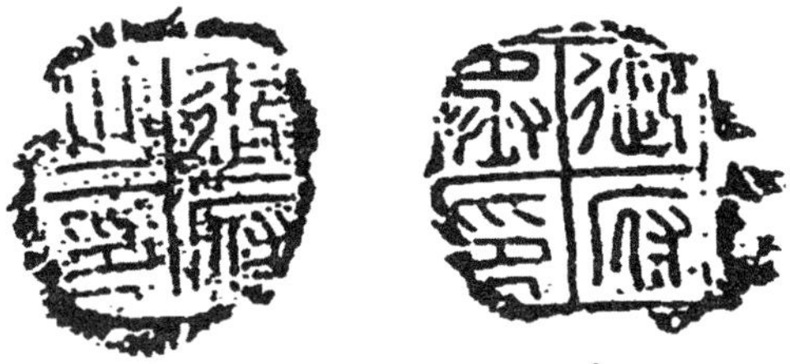
1　　2
图3-50　“御府”封泥印文
1. 御府之印　2. 御府丞印

处？不得而知。1961年，我们清理咸阳长陵车站北沙坑的窖藏铜器中，有一铜铺首背刻“北库”二字，足见御府之库绝非一处。想来，在秦始皇陵区出土的彩绘铜车马、诸多金银用品及饰件，必定也是府库中的藏品。

随着社会物质财富的增多，府藏分工也按类细化。《周礼》所谓“内府”掌贡赋货贿、精兵良器。“外府”掌邦布之出入。秦时的外府、内府大概只是分类上的统称而已。御中诸府都可泛称内府，而从内府提取之物暂存的仓库都可称作外府。至于秦有“中府丞印”封泥，按颜师古有“中府，王之财物藏也”的说法（《汉书·田叔传》颜师古），秦之中府不属于御府，也许就不在咸阳。

第九节　秦都城研究概述

一、简略的回顾和对现状的陈述

秦都咸阳城是秦的政治、经济、军事和文化中心，在研究中国古代史、都城史中，是非常重要的一环。因为它是中国都城史的转折点，具有承上启下的作用。传统性、典型性的特点表明，在对以前都城继承、改造的基础上不断发展，从而形成自己固有的风格。

对秦都城遗址的发现、研究，长时间来受到学术界的关心自是必然的趋势。

（一）研究成果简介

在20世纪初，国学大师王国维先生首开秦都研究之先河。他依据史料排出了西垂、犬丘、秦、汧渭之会、平阳、雍、泾阳、栎阳、咸阳九处都邑的序列。指出九都中唯西垂一地名疑不能定[86]。虽然字数不多，但这是最早涉足秦都邑研究的文章。

中国历史地理学家史念海先生在《古代的关中》《中国古都和文化》等专著和论文中，都涉及对秦都的研究，提出了许多精辟的见解[87]。

继陈直教授《三辅黄图校证》出版发行[88]之后，过了15年，何清谷先生又出版《三辅黄图校注》一书。前书对秦都咸阳进行了文献校证，后书有了更进一步的研究，特别是对秦的离宫别馆的所在位置提出了自己的见解[89]。

以雍城、栎阳、咸阳考古资料为线索，一些学者如石兴邦先生依据田野考古资料和王学理提供给他的学术论点，1993年为“周秦文化国际学术讨论会”提交了一篇题名《秦都城和陵墓的建置及其相关的历史意义》的论文。对关中秦的雍城、栎阳和咸阳做了概括的介绍[90]。其他如曲英杰先生的《先秦都城复原研究》[91]、杨宽先生的《中国古代都城制度史研究》[92]，都对秦的都城有所涉及。而李自智先生对秦都的形成、迁徙问题等方面研究，提出了秦“九都八迁”的观点[93]。

王学理大学毕业后就步入了秦都咸阳的考古调查和发掘，把毕生的精力都倾注于秦汉考古事业。20世纪80年代出版的《秦都咸阳》一书，是研究秦咸阳也是秦都城的第一部专著。他首先提出咸阳“有宫城无郭城”的观点，在结构上是个有中心无轴线、呈散点布局的集聚性都城，并对城市构成要素的勾画和观点，都得到了学术界的认同。10年后，他又用大量的考古新资料、多角度解析、深化学术见解，用深入浅出的笔调写出了大部头专著《咸阳帝都记》。2008年又推出新著《秦都与秦陵》，对秦都城和陵墓做了系统性的概要式研究。王学理在秦都研究方面建树颇多，被认为“起到了领军的作用”[94]。

年轻学者徐卫民，利用新发现的考古资料和其他学者的研究成果，对秦都城进行了一次梳理。特别是在他接到王学理赠送的《咸阳帝都记》一书之后，对其博士论文《秦都城研究》[95]做了大量的扩充、修改。其“咸阳”一章，从迁都原因、设计思想、城域规模、宫殿建筑、行政区划到人口数量、交通道路等，都是在前者体例和观点基础上的研究。《秦都城研究》一书可说是对多位学者研究秦诸都的成果做了历史性的综合性概括。

（二）秦都城考古现状与期待

近30年来，秦都城考古取得了不小的成就。尽管野外工作开展有先后，进程不平衡，但毕竟使得解决秦文化研究中的这一大课题呈现出一线希望。

对陇右地区早期秦文化的考古调查、发掘与研究项目，于2004年正式启动。由甘肃省文物考古研究所、北京大学考古文博学院、国家博物馆、陕西省考古研究院、西北大学考古文博学院等单位组成联合课题组，先后对礼县西汉水流域和清水县牛头河流域部分地区的初考古调查，就发现了大量的周秦时期同秦人相关的遗存。礼县西汉水及其支流的47处周代遗址中，以秦文化为主的遗址就有38处之多，其中的“六八图—费家庄”“大堡子山—赵坪”“雷神庙（西山）—石沟坪”三个相对独立、又互有联系的大遗址群，凸显出早期秦人活动中心区的地位，也许对探索西犬丘有所帮助[96]。

对大堡子山秦公大墓的劫后清理与陵园调查发掘工作取得了丰硕的成果，今后应以礼县为中心、紧傍西汉水及其支流的永坪河与燕子河，以及对大堡子山、西山、圆顶山、鸾亭山一带进行细致的考古工作。

张家川回族自治县木河乡桃园村战国墓的发现，对解决秦、戎文化的交流，提供了一个信号，一条线索。那里的考古工作正在进行，除墓地本身外，扩大调查范围尤有必要。

对清水县的早期秦文化调查，取得了积极的成果，对进一步确认“秦邑”的所在值得学术界关注。

陇县边家庄、店子秦墓地的调查与发掘，为人们肯定和寻找“汧邑”的地望提供了实物资料。而今的“汧渭之会”地貌、地物发生了极大的改变，对其具体地点尚存争议。但宝鸡太公庙秦公钟的发现及西高泉、洪原、秦家沟、南阳村秦贵族墓地的发掘，为人们寻找平阳都城提供了依据。而这些发现、文物成果甚或认识成果，还远远不足以勾勒出“汧”“汧渭之会”和“平阳”这三个秦都的面貌。所以，下一步寻觅城址的工作有待加强，以便作出考古学的回答。

凤翔秦都城雍城的城市整体布局轮廓已基本确定，朝寝、宗庙、凌阴、市场、其他宫室建筑、作坊、聚落、道路系统等主要遗存的分布已经清楚。再从功能区的划分上看，有关城址、秦公陵园、国人墓地和郊外建筑遗址的内涵也比较清晰。学术界关注的《雍城城址》《雍城秦公陵园与一号大墓》《秦雍城国人墓葬》《秦雍城豆腐村战国陶作作坊遗址》《凤翔孙家南头——周秦墓葬与西汉仓储建筑遗址》等系列考古发掘报告，也将陆续出版。

对栎阳城的勘探和局部发掘，使得城垣、主要宫殿、城中道路，都比较清楚。但保存状况不佳，有些迹象不清。秦献公和孝公陵墓还没有着落。

秦都咸阳考古，是1949年以来，在中国城市考古中开展田野工作最早的一个。但半个世纪以来，走走停停，工作甚不理想。除原来制陶作坊区试掘，黄家沟平民墓地的部分发掘，一、二号宫殿建筑部分发掘外，秦都咸阳考古工作站自1980年以后仍处于“调查”的状况，不但对咸阳城的有无不能作出考古学的回答，而且坐失良机地使秦“兰池”和“兰池宫”遭到渭河电厂扩建而彻底毁灭……这是田野考古中严重的教训！尽管根据多位学者形成的资料出版了《秦都咸阳考古报告》，终因对当时情况不明而交代不清[97]。

20世纪90年代以来，学者们就秦都城的有关问题展开了广泛的讨论，学术论著多有发表。对有些问题，已取得共识。而有些还在随田野工作的进展，处在不断探讨之中。由于史料记载的缺失和考古发现的局限性，在许多问题上的聚讼依然存在。下面仅就几个焦点问题，对学者的认识做一归纳。

二、对早期秦邑的探索

（一）“秦”与“西犬丘”不应入“秦都”之列

李自智先生有篇《秦九都八迁的路线问题》的论文，提出秦都有九个，从“秦”开始，经过八次迁都而最后定都“咸阳”[98]。

与李自智先生的观点不同，王学理认为称得上“秦都”的只有七个。因为“秦”

和“西犬丘”是秦人在“立国”之前的两个聚落中心，属于周孝王对非子和成这两位弟兄的封邑，充其量不过是以他们为中心的政治据点，因而不应称之为“秦都”。因为《史记·秦本纪》明确记载说是“邑之秦”。这就再真实不过地等同大夫的“采邑”“食邑”不可称之为“都”一样。侯志义先生在《采邑考》一书中，以史料为据，指出“大夫因公职留居国都者，在国都皆有府第。……也可以称‘宫’，称‘朝’。”同样设有“外朝”（处理“公事”）和“内朝”（处理“家事”），但那个国都是天子之都，并非大夫之都。他可以在自己的采邑内立宗庙（三庙）、立社，但这也绝对不是称“都”的根据[99]。另外，我们再看看史实：非子得到的只是封土，取得的是“复续嬴氏祀，号曰秦嬴”，而并没有更大的封号。周宣王即位后，“以秦仲为大夫”，给的任务是“诛西戎”。即使是秦庄公继任为“西垂大夫”后，能够做到的仍是“居其故西犬丘”。那么，还处在俯首听命的西周时期，秦人怎么可以僭越而把“秦”和“西犬丘”称之为“都”呢？当秦襄公八年（公元前770年）“平王封襄公为诸侯，赐之岐以西之地。……襄公于是始国”时，他的眼睛盯住“岐以西之地”，早在五六年前就经营“汧”邑去了。一旦“立国”，就名正言顺地以“汧”为都，也用不着有什么“迁”与“不迁”的问题。所以，在秦襄公封为“诸侯”之前的“秦”与“西犬丘”两邑按历史定义是称不得秦都的[100]。

（二）秦　邑

秦邑何在？

现在的主流观点多半是承袭了《史记·集解》引徐广之说，即把秦邑的地点大体圈定在陇山以西，即甘肃省的清水县和后来分置的张家川回族自治县境。即使在这一范围之内的具体地点，同样还未取得一致的认识。

林剑鸣[101]、段连勤[102]、张天恩[103]、杨东晨[104]、田静、史党社先生等多认为当在清水县[105]，赵化成先生等认为当在清水县城西之秦川宫一带[106]。

而徐卫民[107]、徐日辉先生[108]认为“秦”在张家川境内。

高亨先生认为“非子所封之秦，即今天水市的故秦城”[109]。

另外，还有一部分学者认为当在陇县以东的今宝鸡地区，如李零先生认为，非子所邑之秦不在甘肃清水一带而在“汧渭之会”的古陈仓城一带[110]；张光远、钱穆先生亦如此认为[111]；祝中熹先生认为，非子所封之秦必在陇山以东的汧渭之间[112]。

今清水县城一带（包括古清水城），古亦谓之秦川，这里曾发现过周代遗址。秦早期文化联合考古队发现在清水县附近以李崖、庙崖为中心的周文化遗址最为集中。文物多有周代晚期秦文化的特征，而且也有汉魏城墙的露头。看来“以李崖为代表的大型遗址应是非子封邑的所在”。

（三）西　犬　丘

甘肃礼县大堡子山的考古发现，使困扰学术界的西犬丘的大体地理范围得到了确定。但是，具体城址在哪里，尚有分歧。截至目前，仍有几种意见：或认为在大堡子山墓地不远处的汉水北岸一带[113]，或以为犬丘非赵坪遗址莫属[114]，或说在礼县东北的盐官镇至大堡子山、永兴乡一带[115]，或认为在礼县红河乡费家庄—六八图一带[116]。

2006年以来，联合考古队在大堡子山、山坪、西山坪三处均发现了城址，但由于这些城址时代都比较晚，因此仍无法确定它们就是西犬丘的具体所在。

三、存疑的关中秦都

（一）有无汧都

“汧”作为秦国第一都邑又不见正史记载，常常造成诸多疑惑。这个争论是出自《帝王世纪》，但后来的《史记·正义》引《括地志》的说法同样也是出自《帝王世纪》中的那段话。然而《帝王世纪》中关于秦襄公二年徙都汧的那段话并非十分明了，还存在一个理解的问题。大概源于《帝王世纪》的影响，自晋以来，史料对襄公徙都汧的历史是肯定的，而且对其大体位置的注释也是比较清楚和一致的。

王国维在《秦都邑考》中未将“汧”排列在秦都之中[117]。马非百在《秦集史》中虽有襄公二年徙居汧的记述，但这并非就等于《帝王世纪》中的“徙都汧”，且在《都邑表》中将“汧”排除在外，实际上亦否认汧的都城性质[118]。

李零先生认为，“襄公徙都汧的说法是靠不住的”，“文公徙汧”是指“文公徙汧渭之会”，所谓“襄公徙都汧”中的“襄公”乃是“文公”之误[119]。祝中熹认为襄公徙“汧”就是指文公徙“汧渭之会”，地点在陇县[120]。他们两人在否定襄公徙“汧”上是一致的，不同之处在于，李零先生认为文公徙“汧”应是指“文公徙汧渭之会”，地点在古陈仓城；祝中熹认为“汧”与“汧渭之会”是一个含义，地点在陇县。张大可先生亦认为，文公在“汧渭之会”所作都邑即汧邑，故城在今陇县南[121]。

近年来，雍际春先生依据秦人早期在陇东的活动历史，从史料和考古资料两个方面，对这个问题进行了比较专题性的全面考证，认为秦国早期根本不存在迁都汧的问题，汧邑虽然是秦人所营古城，但却不是都城，它实际上是秦人首领非子及后裔为周王室主马汧谓之间而兴筑的古城[122]。

近10多年来，考古工作者在陇县东南5千米处的边家庄发现了一处春秋早期墓地，先后发掘墓葬33座，5鼎4簋等级的8座，3鼎2簋等级的3座，表明这是一处等级较高的秦贵族墓。根据陵随都移的基本规律，考古工作者判定在其附近可能有与其相对应的城邑居址。后来又经考古工作者踏查，确在边家庄东南1.5千米处的磨儿原发现一处时代与边家庄墓地相当的城址，认定这个城址当是文献中所记载的“襄公二年徙都汧，即此城”所指者[123]。这个城址在汧河南岸，距陇县县城13千米，和史书记载的方位基本吻合。

（二）泾阳、栎阳算不算秦都

泾阳、栎阳是否作为秦的都邑，学者们是有争议的。王国维先生认为秦灵公曾从雍徙泾阳的，并指出泾阳就是现在的泾阳县城。但他在文后又指出“是灵公虽居泾阳，未尝定都也”[124]。

栎阳城址的南、西城墙、三处门址，以及城内道路和建筑基址的考古发现[125]，相当的学者是承认“献公即位，镇抚边疆，徙治栎阳”这一观点的，并指出栎阳确曾为秦都。

另一种观点则认为，司马迁在《史记·商君列传》中记叙秦都咸阳时，省去了泾阳、栎阳二都。认为秦不曾置都泾阳和栎阳，其都邑直接由雍迁至咸阳的。秦灵公是居泾阳，但未迁都泾阳；秦献公、秦孝公“徙治栎阳”，并未迁都到那里。持这种观点的有王子今[126]、田亚岐和张文江先生[127]。

此外，还有徐卫民先生认为泾阳、栎阳当为秦的临时都邑之说[128]。

泾阳和栎阳作过秦都，是王学理一贯坚持的看法。这在他前后出版的《秦都咸阳》《咸阳帝都记》和《秦都与秦陵》三部专著中，都用了相当的篇幅进行了论证。正是因为他最早对泾阳和栎阳的考古调查，才引起了有关部门相继去进行考古钻探[129]。不过，王学理以为这两处秦都是在特殊的历史背景下产生的。秦灵公同后来的献公父子都具有振兴国家、抵御晋魏的思想基础，其“居泾阳”“徙治栎阳”就是付诸行动的结果。当我们在看待这两都时，一定要看到那绝非一般意义上的“居住”，也和君王行幸、悠闲离宫的短期行为有所不同。只有着眼于他们的政治抱负和军事目的，才能指论中的。我们知道：国君所居，表示着政治中心的所在。像前边的秦庄公“居其故西犬丘”、文公“居西垂宫”又“卜居”汧渭之会、宪公“徙居平阳”、德公“初居雍城大郑宫”一样，都是以国君为中心而言住所的。那么，既然最高权力机关都转移了，国君居住的集聚之地不属都城那算什么？所以，“居泾阳”“徙治栎阳”实际上就是以那里为都了。正因为是临敌的边防前线的政治中心，还带有更多的军事性质，引起学者的疑惑不是不可以理解的。

四、秦都咸阳城问题上的研究

（一）关于咸阳有无城郭

对咸阳城的有无，持两种观点：一种认为“由于渭水的冲刷，咸阳古城遗址已很难究寻”[130]，“咸阳宫以及咸阳城址已因渭水长期泛滥和不断向北移动而被冲毁”[131]；另一种针对性的意见是“渭河北移冲掉了秦咸阳城南边八里宽的一部分”，并断言“秦咸阳城南界距渭河北岸1500米左右”[132]。前论可称之“水毁说”，后论当名之“临水说”。此外，还新冒出来一个“水郭说”，即在长陵车站一带存在一个没有城墙的郭城，它“采取四面环水的形式，并在出入的要冲之处，设有类似城门之类的建筑，以便把守”[133]。

王学理认为以上有城三说，并不是考古学的回答，且有自相矛盾之嫌。除无历史实例的“水郭说”不值得讨论之外，“水毁”“临水”都不能说明城与渭北诸宫、作坊的关系。他早年曾多次沿渭河北岸调查，力图从地层和土壤结构上找到城墙遗迹，但铁鞋踏破仍没有获得任何蛛丝马迹的线索。再加之亲自测绘出咸阳北阪的冀阙宫廷城址，就在《秦都咸阳》一书中率先提出了秦都咸阳“有宫城无郭城”的理论。书称：“早期的咸阳城是以孝公时期的‘冀阙宫廷’为基点向外展开的。而且仅有宫城，并不曾形成真正的外郭城，充其量也不过是向西南扩展的附郭而已。”在《咸阳帝都记》一书中，他从无郭城的历史根源、重宫不建郭的认识根源、详宫略城的文献记载等方面进行了深入的分析。

（二）关于秦咸阳的范围、形制和规模

当人们在研究秦都咸阳时，都城范围是否以“咸阳”为限？考古学术界并未展开。仅有两人发表意见，但认识还是有相当大的分歧。

刘庆柱在谈“秦咸阳城市布局问题”时，因为持有“秦咸阳城在渭河北岸”的看法，所以仅仅对渭北区划出“宫殿区”“手工业作坊和居民区”[134]。

王学理则根据秦都咸阳在144年间由北而南、从小到大的发展史，把视野扩大到“渭水贯都”的范围来进行综合考察。指出：秦孝公都咸阳时，政治中枢在渭北；昭王时，政治重心即开始南移，国事活动时在渭北，时在渭南；秦始皇统一后，初定渭北，随之转向渭南区。同样，随着秦君朝会地点的变化，不但渭南原有宫殿的性质功能发生了变化，或不再具备离宫的性质，而且整个都城结构也在发生了变化。他首先提出了“大咸阳”的概念，认为只有从地跨渭河两岸、时越世纪半的“统一后大咸阳”范围内，包罗了七大宫廷建筑群、手工业生产区、商业市场区、居民区、陵墓区及交通道路等内容，进而来谈秦都咸阳的布局，才称得上周全妥当。

正因为咸阳有宫城而无郭城，历史造就了这一集聚性城市。虽然后有秦始皇出自政治的考虑，按照“法天”意识作过总体规划，仍不能改变形成的现实。所以，咸阳在布局上就呈现出有朦胧南北轴线关系的散点交错型结构。

进入21世纪，王学理连续发表了《从秦咸阳到汉长安的城制重叠》[135]和《西安曾是秦都咸阳的渭南新区》[136]两文。针对长期以来人们把历史的咸阳与长安、当今的咸阳与西安的误解和误传，指出秦汉都城在地域上密不可分，在时空框架上具有可变性，再次重申秦都咸阳包括了今咸阳以东渭河两岸的广阔地域。由史学文献结合

亲身的考古实践，明确了秦都咸阳的“市中区”至少包括了今西安市北郊、西郊和咸阳市东窑店镇之间渭河两岸的广阔地域。限定的范围，应以长兴到三义为东、西的区间，北起咸阳原的二道原腹部，往南跨越渭河，至阿房、汉城、灞西一线。当然，作为“秦都郊区”的范围外延可伸展得颇远。向西北，可远达今咸阳市东郊的塔儿坡、市北的“公陵”；向东南，可远及今西安市临潼区的韩峪乡秦芷阳故地。南北长19千米，东西斜跨约63千米。从此，纠正了长期以来人们对秦咸阳和汉长安在认识上的偏差。此论一出，社会反响强烈，对他的见解深表赞同。

（三）咸阳考古的回眸与缺憾

秦都咸阳在中国都城考古中，是开展田野工作比较早的一个。除马衡先生率考古团于1930年发掘燕下都老姆台外，新中国成立后最早调查发掘都城的唯有秦咸阳。

陕西省考古研究院于1959年秋天即派出渭水队来到秦都咸阳故地。半个多世纪过去了，这里的田野考古工作因受政治运动的影响，走走停停，始终在不正常中运行。

20世纪80年代，因各种原因，发掘零乱。之后，“考古报告”的编写工作迟迟不能进行，辗转多年，几经催促，终于2004年出版了“考古报告”[137]。

作为完整的都城考古报告，首先需要回答的问题是城的位置与形状，随之是对“组成要素”的划区与展开、文物状况与时代标尺建立的根据，等等。但《秦都咸阳考古报告》给人的整体印象是模糊的、材料是零碎的、彼此是缺乏联系的，而自成单元的遗址考古又是肤浅的，其所钻探或试掘的材料仍停留在初级调查过的水平上。

秦都咸阳的文物遗存，固然本身是异常珍贵的，但还存在一些问题。

1. 对有无郭城的问题，没有通过切实的田野工作做出考古学的回答

城市考古，首先应当解决“城”的有无。而秦咸阳“有宫城无郭城”的观点，虽然最早是由长期参与秦咸阳考古调查与发掘的王学理提出来，并得到学术界的认同，但该《考古报告》并没有对咸阳城的有无做出考古学的回答，只是套用了“无城”的说法。在“余论”中（P708），还把秦的“堑洛”长城，当做防御赵国之用。

2. 地层关系不清，损失了时间坐标

在发掘1号高台建筑时，咸阳地区文管会不划探方而随意揭顶、遇到“墙”就顺势掏挖。没有地层关系，使得战国、秦、汉混杂，把堆积物笼统地作为“汉代扰乱文化层”。同样，在发掘2～4号宫殿遗址（P283、P357、P450～453、P567）时，也存在这一做法。对收入《考古报告》中的33处建筑遗址虽然也给出钻探范围，但没有地层关系。本来跨代遗址是建立断代标尺的好机会，但失去良机，却借助过去的著录、各家之说，以至于拿始皇陵园的文物作标准，来找“秦咸阳”文物的时间坐标（P776）！

3. 考古资料有缺失

《考古报告》称：在1号建筑中“共分布窖穴7处”（P300）。实际上，是“8处”。在《简报》中，还凭空把宫殿遗址区采集的“水神骑风纹”空心砖混作1号宫殿遗址的发掘品，而在后来的《考古报告》中又放在了手工业作坊区（P220）。

4. 缺失部分文物出土信息

原《简报》中说：“台基上部5～8厘米厚的表土以下就是秦代文化层，包括建筑物被焚后倒塌的堆积”（P13）。但他把“秦代文化层”堆积中的黄褐釉瓷碗（残）和布纹瓦当做汉代遗物倾倒入牛羊沟的垃圾堆里去[138]。尽管知情者后来对其《简报》作了补正[139]，但在正式出版的《考古报告》中，仍未给补上。

5. 在《考古报告》中不应该缺的图，反倒缺少了

仅举数例如下：

（1）本来我们测绘有“长陵车站—滩毛”一带的手工业作坊区平面图，但《考古报告》中没有显示。尽管这一区域中的陶窑、窖穴、水井遗迹及文物总量，占了这本《报告》的200面，但现在都成了孤零零的对象，使人看不出它们的位置与彼此的关系；

（2）发掘的宫殿遗址中，1号建筑在《考古报告》中虽然给出了探方编号，但没有“探方分布图”（P283）。使人不明白相对的位置；

（3）黄家沟墓地（分两区P575），在Ⅱ区中有“墓葬分布图”，但在Ⅰ区中没有显示。

（4）胡家沟作坊见有27座窑，虽然有“窑址分布平面图”，却没有看到“结构图”，也没有文字描述。如果说“全部破坏了”的话，那后边的“登记表”又怎么会有数据的呢（P205、208）？

（5）聂家沟既然有4座瓦窑，西北方还有坩埚和铸铜器的陶范残块的出土，附近4个灰坑中也见有陶范、铜渣、木炭和烧土块，另外“铁渣遍地，铁块、炉渣、红烧土和草木灰皆有”（P207）。对这样一个被认为是“兼有制瓦、冶铜、铸铁几种行业并各自分区的作坊遗址”，既然已定性，其重要性不待言说，却连个分布范围的“平面图”都没有，更未见文物内容一二!

6. 对一些问题交待不清

《考古报告》称：1号大道宽54米多、长960米（P212）。但这么一条宏伟的“大道”，为什么它的东、西两端嘎然而止？其去向何在？既然别人在汉长安城“横门”遗址外有长达1250米大道的发现，渭河北岸东龙村东又有“棘门大道”的线索，而

“考古工作站”为什么舍不得离开住地附近的“宫殿区以北地形较高的二道原”去查一查?

7. 陶文释读混乱

（1）凭想象，见“咸”和“阳”就连接。把“咸隧阳更（便？）”读成“咸阳隧更（？）”，把“咸亭隧阳丑器”（图447—拓35），读成“咸阳隧亭丑器”。竟在同一印面中用了自右而左、自下而上、自上而下的三种读法！对第120页的“咸亭鄜里□器”（拓252）、“咸亭郑里丹器”（拓254—258）、“咸亭当□□□”（《报告》图121—拓262）等多方印文既用“竖读”，而对“咸亭阳安骍器”（《报告》图121—拓261）的“咸”、“亭”、“阳”三字并存的情况（《报告》图29）就犯了难。本来还有一方“咸巨阳鬲”的印文存在，但在《报告》中未见收录。如果按彼读之法，就成了“咸阳巨鬲”，岂不成了“咸阳有个大锅”吗？同样，如把“咸巨阳臣”读成“咸阳巨臣”（《报告》图121—拓266）、把“咸巨阳久”读成“咸阳巨久”（拓263）、把“咸成阳申”读成“咸阳成申”（《报告》图357—拓219）等，岂但“里名”不显，就连“工名”也使人不知所以了（图3-51）。

图3-51　咸阳陶文读误举例

同上误读一样，见“咸”和“原”两个字同处于一方印面的，都连成“咸原”（《报告》图123—拓281、插图296—拓190、191），以为符合“咸阳原”（《报告》图31）；见“咸”和“邑”二字的，就连成“咸邑”（《报告》图297—拓197～195），同样以为符合“咸阳之邑”（《报告》图32）……望文生义的结果，其谬更甚。本来像“咸重成突”、“咸重成枚”等戳印很清楚（图33），但自右向左横读的结果，就冒出来个“咸成”（《报告》图122—拓277、278），不但失去了“重成”这一里名，而且出现了谁也不知道“咸成”“重突”“重枚”。

（2）不认得的字就乱画（插图516—拓1、4）。既不像，也看不懂。

8. 常识性的错误

秦始皇和秦二世，本来各有一诏文的铜版。但《考古报告》把这两块诏版拓片放在一起，都当成了“二世元年铜诏版”（P153）。

9. 附录五，既属于“秦都咸阳文物考古文献目录”，却未收已经发表了的重要论著

收入此“目录”的时间起自1994年，而《考古报告》是2002年5月写“编后记”、2004年3月正式出版的。那么，收入“目录”的下限时间最少可以截止在2002年5月。但它没有录入2002年5月前出版的《秦都咸阳》和《咸阳帝都记》两部专著，也没有收入这一时期多位学者很有分量与见地的论文。相反的是，“执笔者”把一些“简讯”和提法过时、错误的“文章”，不厌其烦地在引用、不断地加入到页下注中去。

10. 失去发掘机会，留下永远的遗憾

“兰池宫”和“兰池”（又名“长池”），是秦都咸阳渭北区东部近郊一处重要的风景建筑群。“兰池宫”的部分建筑固然毁于秦火，但汉代仍在“兰池”周围建有新宫，至迟在唐代初年这里仍是游人消闲的地方，这已为考古材料所证实。

如果说渭河发电厂建于“文革”时期不可能有“文物抢救”的话，但“秦都咸阳考古工作站”于1973年成立以来，不对厂区进行“抢救性发掘”，坐看电厂二期、三期扩建工程在进行，眼睁睁地使“兰池”遗址遭到蚕食鲸吞，这无论怎样都是说不过去的。但最后编写《报告》时，却把农民打井发现鱼骨、圆木的传说当作判断这一人工陂池的根据（P14），便有推脱掉责任之嫌。

既然《考古报告》中提到聂家沟见有4座瓦窑，西北有坩埚和铸铜器的陶范残块的出土，附近4个灰坑中也有陶范、铜渣、木炭和烧土块，另外见“铁渣遍地，铁块、炉渣、红烧土和草木灰皆有”（P207），但并未作详细交待。人们不禁要问：范围多大？结构怎样？文物内涵如何？……

既然有迹可寻的交通干道，为什么不去考古勘探而要光凭地面“踏查”？宫殿建筑、手工业作坊区、商业区、民居区、道路、供排水系统等，都是秦都咸阳的组成要素。但是在这部《考古报告》中，很多却是停留在前人调查、试掘时期提供线索的阶段。可谓是失去了发掘机会，给秦都咸阳考古留下了遗憾。

注　　释

［1］　郑樵：《通志·都邑略》卷41，《万有文库》本，商务印书馆。

［2］　《十大考古新发现揭晓　陕西神木发现400万平方米遗址》，《北京晚报》2013年4月9日。

［3］ 河南省文物研究所、中国历史博物馆考古部：《登封王城岗遗址的发掘》，《文物》1983年第3期。

［4］ 河南省文物研究所、周口地区文化局文物科：《河南淮阳平粮台龙山文化城址试掘简报》，《文物》1983年第3期。

［5］ 袁广阔：《辉县孟庄发现龙山文化城址》，《中国文物报》1992年12月6日第1版。文中提到郝家台龙山文化城址。

［6］ 同［5］。文中提到安阳后岗龙山文化城址。

［7］ 同［5］。

［8］ 山东大学历史系考古教研室：《邹平丁公发现龙山文化城址》，《中国文物报》1992年1月12日。

［9］ 单先进、曾传松：《澧县城头山屈家岭文化城址被确认》，《中国文物报》1992年3月15日。

［10］ 同［5］。

［11］ 尚志儒先生最早在《早期嬴秦西迁史迹的考察》（《中国史研究》1990年第1期）一文中提出：大约在夏朝末年至西周初期，即公元前16世纪～前11世纪中叶，先后分批迁往甘肃东部及陕西关中地区。最早迁入甘肃东部的秦人应散居于天水、甘谷和礼县的西汉水流域一带。这里发现的为数很可观的早期秦文化遗址即为这一部分秦人的遗留。商末周初，原居于山西东南部霍县一带的中潏一族，归于周室，于是就由黄河中游的河内之地西迁渭水上游的天水地区和西汉水流域的礼县一带，成为周室镇守西垂的属国。大约就从那时起，秦人便在西土有了新的居邑之地。

《史记·秦本纪》载申侯对周孝王说："昔我先郦山之女，为戎胥轩妻，生中潏，以亲故归周，保西垂，西垂以其故和睦。"对于"西垂"一名，历来有两种解释，一说"西垂"是指西部边陲，一说"西垂"是一个具体地名。对此，段连勤先生曾有过详细论述，认为这里的"西垂"即西犬丘，是一个具体地名。《史记·秦本纪》又载："非子居犬丘，好马及畜，善养息之。犬丘人言之周孝王，孝王召使主马于汧渭之间，马大蕃息。孝王欲以为大骆适嗣。"这里的"犬丘"即"西犬丘"，又称"西垂"。其地望《集解》引徐广与《正义》引《括地志》均误以为在汉代之槐里（兴平县西南）。明人董说、近人王国维、郭沫若等人已正其误，并考证"西犬丘"在汉代的西县地，即今西汉水流域的礼县、西和县一带。

诸多学者都认为中潏时秦人已经到达了西垂（西犬丘），非子也是在那里为周王室养马的。相反，王学理在《东西犬丘与秦人入陇》一文中（载《王学理秦汉考古文选》，三秦出版社，2008年）中做了具体分析，指出："非子居犬丘"指的是今陕西兴平，同甘肃礼县的"西犬丘"绝不是一地。而秦人入陇的时间，最早不是夏末商初，也不曾到达礼县一带。事实上，多年来陇东的考古调查并没有提供夏商方面的证据。秦人自商末到周初分三批进入陇右地区，即"中潏在西戎，保西垂"，是第一批；西周初年，周公东征平叛，迁"商奄之民"属于第二批；非子为周孝王养马于"汧渭之间"，进入清水流域，属于第三批。

[12]　张学正：《甘肃古文化遗存》，《考古学报》1960年第2期；甘肃省文物工作队、北京大学考古系：《甘肃甘谷毛家坪遗址发掘报告》，《考古学报》1987年第3期；赵化成：《寻找秦文化渊源的新线索》，《文博》1987年第1期；赵化成：《甘肃东部秦和羌戎文化的考古学探索》，《考古类型学的理论与实践》，文物出版社，1989年。

[13]　早期秦文化联合考古队：《西汉水上游周代遗址考古调查简报》，《考古与文物》2004年第6期。

[14]　赵化成、王辉：《甘肃礼县大堡子山遗址考古获重大发现》，《中国文物信息网》2007年2月9日。

[15]　赵丛苍、王志友、侯红伟：《甘肃礼县西山遗址发掘取得重要收获》，《中国文物信息网》。

[16]　王世平：《也谈秦早期都邑犬丘》，《陕西历史博物馆馆刊》第2辑，三秦出版社，1995年；张天恩：《礼县等所见早期秦文化遗存有关问题刍论》，《文博》2001年第3期；徐日辉：《秦早期发展史》，中国科学文化出版社，2003年。

[17]　梁云、游富祥等：《牛头河流域考古调查简报》，《中国历史文物》2010年第3期。

[18]　尹盛平、张天恩：《陕西陇县边家庄一号春秋秦墓》，《考古与文物》1986年第6期。这座墓发掘的时间，在各种著作中都说是1979年春发现的，实际上应是1977年春。因为这批铜器出土时，尚志儒先生清楚地记得，自己正在雍城考古队发掘。闻讯后，他便很快赶赴现场，踏勘了残墓，又看到了出土器物——青铜礼器均放置在生产队库房的二层楼上。

[19]　肖琦：《陕西陇县边家庄出土春秋铜器》，《文博》1989年第3期。

[20]　资料现存陇县图博馆。

[21]　陕西省考古研究所宝鸡工作站、宝鸡市考古队、陇县图博馆：《陕西陇县边家庄五号春秋墓发掘简报》，《文物》1988年第11期。

[22]　张天恩：《边家庄春秋墓地与汧邑地望》，《文博》1990年第5期。

[23]　学者观点引自以下材料：林剑鸣：《秦史稿》，上海人民出版社，1981年；马非百：《秦集史》，中华书局，1982年；李零：《“史记”中所见秦早期都邑葬地》，《文史》第20辑，中华书局，1983年；张光远：《秦国文化与史籀作石鼓诗考》，台湾故宫季刊第14卷第2期；高次若：《先秦都邑陈仓城及秦文公、宁公葬地觯刍论》，《秦文化论丛》第3辑，西北大学出版社，1994年；高次若、刘明科：《关于汧渭之会都邑及其相关问题》，《周秦文化研究》，陕西人民出版社，1993年；刘明科：《秦国早期频繁迁都问题思考》，《秦俑研究第五届学术讨论会论文集》，1999年；刘明科、高次若：《再论汧渭之会及其相关问题》，《秦都咸阳与秦文化研究》，陕西人民教育出版社，2003年；刘宝爱：《“汧渭之会”刍议》，《宝鸡文博》1997年；蒋五宝：《“汧渭之会”遗址具体地点再探》，《宝鸡文理学院学报》1998年2月；徐卫民：《秦都城研究》，陕西人民教育出版社，2000年。焦南峰、田亚岐：《寻找“汧渭之会”的新线索》，《中国文物报》2003年4月11日。梁云：《鄜畤、陈宝祠与汧渭之会考》，《秦始皇陵博物院》，三秦出版社，2011年。

[24]　宝鸡市考古工作队：《宝鸡市益门堡秦墓发掘纪要》，《考古与文物》1993年第3期。

［25］ 苏秉琦：《苏秉琦考古学论述选集》，文物出版社，1998年。

［26］ 梁云：《鄜畤、陈宝祠与汧渭之会考》，《秦始皇陵博物院》，三秦出版社，2011年。

［27］ 焦南峰、田亚岐：《寻找“汧渭之会”的新线索》，《中国文物报》2004年3月5日。

［28］ 苏秉琦：《苏秉琦考古论述选集》，文物出版社，1984年。

［29］ 宝鸡市博物馆卢连成、宝鸡县文化馆杨满仓：《陕西宝鸡县太公庙村发现秦公钟、秦公镈》，《文物》1987年第11期。

［30］ 陕西省文管会屈宏钧等：《陕西宝鸡阳平镇秦家沟秦墓发掘记》，《考古》1965年第7期。

［31］ 大王村残墓资料，见县文物志修订稿。

［32］ 卢连成等：《陕西宝鸡县西高泉春秋秦墓发掘记》，《文物》1980年第9期。

［33］ 卢连成于1977～1978年率国家考古所队在西高泉村发掘秦墓70多座，因种种原因发掘资料未发表，现存西安研究室。

［34］ 宝鸡市考古队、宝鸡县博物馆：《陕西宝鸡县南阳村春秋秦墓的清理》，《考古》2001年第7期。

［35］ 宝鸡市陈仓区博物馆：《陕西宝鸡市陈仓区南阳村春秋秦墓清理简报》，《考古与文物》2005年第4期。

［36］ 尚志儒：《郑、棫林之故地及其源流探讨》，《古文字研究》第13辑，中华书局，1986年；又：《奠井国铜器及其史迹之研究》，《中国考古学研究论文集·纪念夏鼐先生考古五十周年》，三秦出版社，1987年。

［37］ 陕西省雍城考古队：《秦都雍城钻探试掘简报》，《考古与文物》1985年第2期；陕西省考古研究院等：《秦雍城址东区考古调查取得重要收获》，《2012年中国重要考古发现》，文物出版社，2013年。

［38］ 田亚岐、王炜林：《秦雍城聚落结构与沿革的考古学观察》，《庆祝张忠培先生八十寿辰纪念文集》，科学出版社，2014年。

［49］ 田亚岐：《秦都雍城布局研究》，《考古与文物》2013年第5期。

［40］ 材料来自陕西省考古研究院雍城考古队。

［41］ 田亚岐：《秦雍城城址东区考古调查取得重要收获》，《2012年中国重要考古发现》，文物出版社，2013年。

［42］ 陕西省雍城考古队：《秦都雍城钻探试掘简报》，《考古与文物》1985年第2期。

［43］ 陕西省雍城考古队：《凤翔马家庄一号建筑群遗址发掘简报》，《文物》1985年第2期；尚志儒、赵丛苍：《〈凤翔马家庄一号建筑群遗址发掘简报〉补正》，《文博》1986年第1期；韩伟：《秦公朝寝钻探图考释》，《考古与文物》1985年第2期。

［44］ 韩伟：《马家庄秦宗庙建筑制度研究》，《文物》1985年第2期。

［45］ 陕西省雍城考古队：《陕西凤翔春秋秦墓凌阴遗址发掘简报》，《文物》1978年第3期。

［46］ 凤翔县文化馆、陕西省文管会：《凤翔先秦宫殿试掘及其铜质构件》，《考古》1976年第2期；陕西省雍城考古队：《陕西省凤翔春秋秦国凌阴遗址发掘简报》，《文物》1978年第3期。

［47］ 韩伟、曹明檀：《陕西凤翔高王寺战国铜器窖藏》，《文物》1981年第1期。

［48］ 尚志儒：《秦都雍城的总体布局与考古发掘》，《中国文物报》1990年6月28日。
［49］ “蕲年宫当”参见陕西省雍城考古队：《一九八二年凤翔雍城秦汉遗址调查简报》，《考古与文物》1984年第2期。采集的“橐泉宫当”瓦当现存陕西省雍城考古队；（清）程敦：《秦汉瓦当文字》卷一第9页，民国石印本。
［50］ 焦南峰等：《秦文字瓦当的确认和研究》，《考古与文物》2000年第3期。
［51］ 尚志儒：《郑、棫林之故地及其源流探讨》，《古文字研究》第13辑，中华书局，1986年。
［52］ 马振智、焦南峰：《蕲年、棫阳、年宫考》，《陕西省考古学会第一届年会论文集》，《考古与文物》1983年丛刊第三号。
［53］ 陕西省考古研究院等：《秦雍城豆腐村战国制陶作坊遗址》，科学出版社，2013年。
［54］ 同［53］。
［55］ 王学理：《秦都与秦陵》，三秦出版社，2008年。
［56］ 《史记·高祖本纪》：刘邦留“太子守栎阳。诸侯子在关中者，皆集栎阳为卫”。又《汉书·高帝纪》：汉王二年，冬十一月，“汉王还归，都栎阳”。《史记·汉兴以来将相名臣年表》：“高祖七年，长乐宫成，自栎阳徙长安。”
［57］ 《汉书·高帝纪》，颜师古注引《三辅黄图》。
［58］ 陕西省文物管理委员会：《秦都栎阳遗址初步勘探记》，《文物》1966年第1期。
［59］ 中国社会科学院考古研究所栎阳发掘队：《秦汉栎阳城遗址的勘探和试掘》，《考古学报》1985年第3期；刘瑞、李毓芳等：《西安秦汉栎阳城考古——确定战国栎阳城位置并发现汉唐白渠》，《中国文物报》2015年9月4日。本节引用材料均出此。以后所引，恕不一一注出。
［60］ 王学理：《秦都咸阳·前言》，陕西人民出版社，1985年。
［61］ 王学理：《咸阳帝都记》，三秦出版社，1997年。
［62］ 秦都咸阳考古工作站：《秦都咸阳第一号宫殿建筑遗址简报》，《文物》1976年第11期。
［63］ 陕西省考古研究所：《秦都咸阳考古报告》，科学出版社，2004年。
［64］ 咸阳市文管会、咸阳市博物馆、咸阳地区文管会：《秦都咸阳的第三号宫殿遗址发掘简报》，《考古与文物》1980年第2期。
［65］ 王学理：《以讹传讹“咸阳宫”，一扫蒙尘显“冀阙”——对秦都咸阳1号宫殿遗址定性的匡正》，《文博》2011年第2期。
［66］ 西安市文物局文物处、西安市文物保护考古所：《秦阿房宫遗址考古调查报告》，《文博》1998年第1期；阿房宫考古工作队：《上林苑1、2号建筑遗址考古发掘取得重要收获》，《中国文物报》2005年12月9日第1版；又：《陕西西安发掘上林苑3号和5号建筑遗址》，《中国文物报》2006年11月1日第2版；《西安秦汉上林苑四号、六号建筑遗址发掘》，《中国文物报》，2007年7月6日第5版。
［67］ 王学理：《“阿房宫”、“阿房前殿”与“前殿阿房”的考古学解读》，《文博》2007年第1期。
［68］ 尹申平：《泾阳县秦都咸阳望夷京遗址》，《中国考古学年鉴·1985》，文物出版社，1985年。

［69］《秦汉瓦当文字》收有“兰池宫当”，陈直先生定为“汉物”，应是汉兰池宫的建筑用瓦。《文选·西征赋》李善注引《长安图》云：“周氏曲在咸阳东南三十里，今名周氏陂，陂南一里，汉有兰池宫。”宋敏求《长安志》所言也与《长安图》相同。汉武帝欲令杨仆讨伐东越，而杨仆“受诏不至兰池宫”，受到汉武帝斥责（《汉书·杨仆传》）。

［70］但《史记》三家注对“雍门”所在地的注释是错的，如《集解》引徐广曰“在高陵县”。《正义》又说在“今岐州雍县东”。王学理在其专著《咸阳帝都记》中考订秦门时，首先注意了颜师古“在长安西北孝里西南”的记载，并对地望做了考订，再证之以今咸阳市东塔儿坡的秦遗址文物，从而呈现出秦有“雍门宫”的存在，由此也断定“雍门”即是“雍门宫”的东门，从而确定了秦都咸阳的西界。

［71］张海云：《芷阳遗址调查简报》，《文博》1985年第3期。

［72］《汉书·百官公卿表》载九卿之一的少府，其属官有“考工室”“左弋”等十六官令、丞。秦封泥“北宫工丞”可能是考工之省。据《史记·秦始皇本纪》有佐弋竭、《秦汉瓦当文字》有佐弋瓦知，“北宫弋丞”可能是北宫佐弋丞之省。佐弋是佐助弋射之事的。颜师古释佐弋为地名，显然是错误的。

［73］《汉书·百官公卿表》：“詹事，秦官。掌皇后太子家，有丞。属官有……中长秋、私府、永巷、仓、厩、祠祀、食官令、长、丞。诸宦官皆属焉。”吴式芬、陈介祺的《封泥考略》卷一第47页有“长信私丞”，即长信宫私府丞或长信宫私官丞的省文。“私府”在西汉也名“中宫藏府”，或作“私官”，主宫中衣服。第48页有“长信宦丞”，即长信宫宦者丞的省文。宦者即阉人，春秋时谓之“寺人”（《诗·秦风》）。后宫内由宦者作杂役，设丞管理，有署。《续封泥考略》有“北宫宦者”封泥，所以，秦“北宫私丞”“北宫宦丞”就是北宫私府和宦者之丞。

［74］清《畿辅统志》属官修的地方志书，重点在河北，把秦曲台宫说在永寿县留村，显然不确。

［75］周晓陆、路东之：《秦封泥集》，三秦出版社，2000年。

［76］《三辅黄图》虽有记载，但在清人孙星衍的校本中未收。毕沅也认为“锺宫”为“锺官”之误。陈直先生按《元和郡县图志》记载，指出户县东北的锺官故城（又名“灌锺城”）实为水衡都尉锺官令铸钱之地，是上林铸钱三官之一。尽管误“官”为“宫”，此地是否有宫殿建筑存在？今暂存疑。

［77］同［75］。

［78］同［61］。

［79］西安市文物局文物处、西安市文物保护考古所：《秦阿房宫遗址考古调查报告》，《文博》1998年第1期。

［80］同［61］。

［81］盖山林：《和林格尔汉墓壁画》，内蒙古人民出版社，1978年。

［82］同［61］。

［83］战国末年在列国相继涌现了很多繁华的城市。齐都临淄有7万户，苏秦按每户以三个丁男计算，战时就可抽出21万人来补充军队。那么，每户至少有6～7人，或更多。保守估计，临淄

城将有42万人。那里的市民都很富有，从事吹竽、鼓瑟、弹琴、击筑，以及斗鸡、走狗、六博、蹴鞠（踢球）等文体娱乐活动。街上摩肩擦踵，尽管有“六轨之道”，街道仍显得狭窄（《史记·苏秦列传》）。楚都郢城（今湖北荆州市纪南城）存在411年，是楚国鼎盛时期政治、经济、军事、文化中心，为南国最大的城市和工商业都会。从楚怀王时的《鄂君启节》看，可用150艘商船走遍湘、沅，上溯漓江之源，贩运岭南、南海的特产与珍奇，每年将数以千吨计的物资输入楚国，再通过陆路辗转中原。舟车相继的壮观，行商的规模，反映的是市井的繁荣和手工业的兴盛。歌台暖响，“阳春白雪”与“下里巴人”，道出郢都文化的深厚。诗人屈原与他的诗篇光耀千秋，是这座城市的骄傲。郢都繁华，人流如潮，“车毂击，民肩摩，市路相排突，号为朝衣鲜而暮衣敝也”（桓谭《新论》）。纪南城的考古发现，证实文献记载的不虚，估计城区人口可达30万人。

［84］《汉书·地理志》载，西汉的户口以平帝元始二年（2年）为最多。全国当时有民户12 233 062家，计59 594 978人，平均每户是4.871 632 1人。但京都所在的长安县有户80 800家、人246 200口，平均只有3.047 029人。这同全国平均每户的人口不符，也同晁错说的“今农夫五口之家”（《汉书·食货志》）有更大的差距。想来一定是同瞒报、漏报或误报有关。而且长期以来，学者们竟把长安县这不实的“民户”数目当做首都长安的“官户”人数。

实际上，对三公、九卿、列卿的中央机关掾吏，京师的军事防卫，皇族及宫闱侍奉人员（宫女、宦者），享受免除赋役特权者（通一经的人及博士弟子、贵族子弟、丰沛籍者、功臣子孙等），外戚、王公贵族和官宦之家，手工业者，具有市籍的商贾，城市居民与农民进行估算，汉都长安常住人口为405 943人。如果再加上流动人口，估计可达到45万人左右（王学理：《汉都长安城建史》，陕西人民出版社，2011年）。

［85］王学理：《亭里陶文的解读与秦都咸阳的行政区划》，《古文字研究》第14辑，河北教育出版社，2003年，中华书局，1986年；王学理：《咸阳帝都记》，三秦出版社，1999年。

［86］王国维：《秦都邑考》，《观堂集林》卷十二，河北教育出版社，2003年。

［87］史念海：《古代的关中》《河山集》（一），三联书店，1961年；又《中国古都和文化》，中华书局，1998年。

［88］陈直：《三辅黄图校证》，陕西人民出版社，1980年。

［89］何清谷：《三辅黄图校注》，三秦出版社，1995年。

［90］石兴邦：《秦代都城和陵墓的建置及其相关的历史意义》，《秦文化论丛》第1辑，西北大学出版社，1993年。

［91］曲英杰：《先秦都城复原研究》，黑龙江人民出版社，1991年。

［92］杨宽：《中国古代都城制度史研究》，上海古籍出版社，1993年。

［93］李自智：《关于秦都邑迁徙的几个问题》，《秦俑秦文化研究》，陕西人民出版社，2000年。

［94］王学理：《秦都咸阳》，陕西人民出版社，1985年；又《咸阳帝都记》，三秦出版社，1999年；又《秦都与秦陵》，三秦出版社，2008年。

［95］徐卫民：《秦都城研究》，陕西人民教育出版社，2000年。

［96］同［17］。

［97］ 王学理：《简评〈秦都咸阳考古报告〉》，载中国秦汉史研究会编《秦汉研究》第3辑（2009年），陕西人民出版社，2009年。
［98］ 李自智：《秦九都八迁的路线问题》，《中国历史地理论丛》2002年第2辑。
［99］ 侯志义：《采邑考》，西北大学出版社，1989年。
［100］ 同［94］。
［101］ 林剑鸣：《秦史稿》，上海人民出版社，1981年。
［102］ 段连勤：《关于夷族的西迁和嬴秦的起源地、族属问题》，《先秦史论文集》（《人文杂志》增刊）1982年。
［103］ 张天恩：《礼县等地所见早期秦文化遗存有关问题刍论》，《文博》2001年第3期。
［104］ 杨东晨：《周代东夷嬴姓族的西迁和嬴姓国的业绩》，《秦西垂文化论集》，文物出版社，2005年。
［105］ 田静、史党社：《秦人早期历史的相关问题》，《秦文化论丛》第6辑，西北大学出版社，1900年。
［106］ 赵化成：《寻找秦文化渊源的新线索》，《文博》1987年第1期。
［107］ 同［95］。
［108］ 徐日辉：《秦建国前活动地考察》，《秦俑秦文化研究》，陕西人民出版社，2000年。
［109］ 高亨：《诗经今注》，上海古籍出版社，1980年。
［110］ 李零：《〈史记〉中所见秦早期都邑葬地》，《文史》第20辑，中华书局，1987年。
［111］ 张光远：《秦国文化与史籀作石鼓诗考》，“台湾故宫”季刊第14卷第2期。
［112］ 祝中熹：《地域名“秦”说略》，《秦文化论丛》第七辑。
［113］ 高次若、刘明科：《关于汧渭之会都邑及相关问题》，《周秦文化研究》，陕西人民出版社，1998年。
［114］ 辛怡华：《非子一支在“汧渭之间”的崛起》，《秦文化论丛》第15辑。
［115］ 王世平：《也谈秦早期都邑犬丘》，《陕西历史博物馆馆刊》第2辑，三秦出版社，1995年。
［116］ 同［104］。
［117］ 同［86］。
［118］ 马非百：《秦集史·都邑考》，中华书局，1992年。
［119］ 同［110］。
［120］ 同［112］。
［121］ 张大可：《史记》全本新注，三秦出版社，1990年。
［122］ 雍际春：《早期秦文化研究》三秦出版社，2006年。
［123］ 同［21］。
［124］ 同［86］。
［125］ 中国社会科学院考古研究所栎阳工作队：《秦汉栎阳城遗址的勘探和试掘》，《考古学报》1985年第3期。
［126］ 王子今：《栎阳非秦都辨》，《考古与文物》1990年第3期。

［127］ 田亚岐、张文江：《秦雍城置都年限考辨》，《文博》2003年第1期。

［128］ 同［95］。

［129］ 王学理曾多次去淳化汉甘泉宫遗址，路过泾阳县北的口镇，在冶峪河流出车箱阪（又名长岭阪）后的东岸二级阶地上，发现一处宫殿建筑群遗址。文化层堆积有2米以上，地下埋有排水管道，地面上有板瓦、筒瓦、云纹瓦当、带“宫”字的瓦当、几何纹铺地方砖等建筑遗物和灰陶瓮、罐、盆类生活用品残片。1997年，为拍摄专题影视片他再去口镇一带。断定这一处建筑遗存就是秦的“谷口宫”遗址，但延续时间至少到汉代中期以后。谷口宫必定是在秦灵公所居泾阳的基地建造的，随后，他把这一考证结果写入《咸阳帝都记》一书。

王学理在《秦都与秦陵》一书中写道：1961年，在金色的秋天里，利用秦都咸阳考古的间隙，我同吴梓林一道到了当时的临潼县河北一带。步行到今之栎阳镇，路转弯处有座古桥，印象之深，至今仍历历在目。到了秦遗址区，我们看到不少秦汉时期的文化遗存，其中以瓦类的建筑文物为最多，而葵纹瓦当更使人感到新奇。石川河（即古“沮水”）西岸的枣树林，郁郁葱葱，红晶垒垒，令人难忘。这次短期的踏查，基本上锁定了秦栎阳考古的目标。尽管那还是初步的，也没有发表资料。但消息还是不胫而走。省博物馆馆长武伯纶先生在省考古研究所根据我们反馈的消息，于1964年6月，令陕西省文物管理委员会派员勘探，随后也发表了一篇简报（《秦都栎阳遗址初步勘探记》，《文物》1966年第1期）。20世纪80年代初，中国社会科学院考古研究所栎阳发掘队又对此进行了较大规模的勘探和部分发掘（《秦汉栎阳城遗址的勘探和试掘》，《考古学报》1985年第3期）。前后两次考古钻探，所得结果不同。故而本书没有采信。

［130］ 武伯纶：《西安历史述略》，陕西人民出版社，1979年。

［131］ 杨宽：《西汉长安布局结构的探讨》，《文博》1984年第1期；又《西汉长安布局结构的再探讨》，《考古》1989年第4期。

［132］ 秦都咸阳考古工作站：《秦都咸阳几个问题的初探》，《文物》1976年第11期；刘庆柱：《论秦咸阳城布局形制及其相关问题》，《文博》1990年第5期。

［133］ 孙德润：《秦都咸阳故城形制》，《泾渭稽古》1995年第1期。

［134］ 同［132］。

［135］ 王学理：《从秦咸阳到汉长安的城制重叠》，《文博》2007年第5、6期。

［136］ 王学理：《西安曾是秦都咸阳的渭南新区》，《西安晚报》2008年4月3日。

［137］ 陕西省考古研究所：《秦都咸阳考古报告》，科学出版社，2004年。

［138］ 其实，在秦始皇陵食官遗址中就出土过黄褐釉瓷罐2件、瓷器盖5件，还有很多瓷片。材料见秦始皇陵考古队：《秦始皇陵西侧“丽山飤官”建筑遗址清理简报》，《文博》1987年第6期。同样，秦代有布纹瓦，也不是什么新鲜事儿。

［139］ 王学理等：《秦都咸阳发掘报道的若干补正》，《文物》1979年第2期。

第四章　郡县城与城市商业

《史记·秦本纪》载：孝公十二年（公元前350年）秦徙都咸阳，“并诸小乡聚，集为大县”，凡41县。后至惠文王前十年（公元前328年）“魏纳上郡十五县”，始有上郡。后元九年（公元前316年），“起兵灭蜀，并以司马错为守，又置蜀郡”[1]。自此以后，秦国地方政权的郡县结构，便成定制。

随秦统一战争的进行，领土在扩展，占地设郡，秦的郡县之数也在不断增加。全国统一之后，通过继续实行“郡县制”还是“分封制”的廷议。秦始皇采纳了丞相李斯的主张，仍然把郡县之制推向全国。

郡是最高一级的地方行政机构，置郡守、郡尉和监御史三官长。郡下设县，县下置乡、里。《史记·秦始皇本纪》仅记着始皇二十六年（公元前221年），共设有36郡，但没有指出郡名。近世经过史学家、历史地理学者多方研究，提出有40郡[2]、46郡[3]、48郡[4]和54郡[5]等几种看法。至于郡的具体所指、郡治、范围等，一直是不停研究着的课题。

第一节　郡县城与其他类型的城

秦郡、县均设置有城，这是毫无疑问的。按杨守敬《秦郡县图序》，那时全国共有八九百个县。据后晓荣最新的统计，全国县的数目，可考者约为756县[6]。如此众多的郡县之城，绝大多数应是利用原来旧城设郡置县的。只有小部分是对原城址扩建，或择址更筑的新城。《水经·潍水注》载：始皇二十六年“灭齐以为郡，城即秦皇之所筑也”。此郡就是指琅琊郡，郡城是秦灭齐后，在齐地上建造的新城。《水经·洛水注》：“昔周迁殷民于洛邑，城隍逼狭，卑陋之所耳”，后来吕不韦被封为“文信侯，食河南洛阳十万户”“秦又广之以封不韦”（《史记·吕不韦列传》）。可见这座洛阳城就是在原来基础上扩建的。

秦的郡、县城应具有一定的规模和相应的布局。《水经·江水注》：“秦惠文王二十七年（公元前311年）遣张仪与司马错等伐蜀。……仪筑成都以象咸阳。”《华阳国志·蜀志》：“仪与若城成都，周回十二里，高七丈。造作下仓，上皆有屋，而置楼观、射兰（注：吴何本作‘圃’）。成都县本治赤里街，若徙置少城——内城，营广府舍、置盐铁市官及长丞，修整里阓、市张肆列，与咸阳同制。”《成都记》也说成都城“每面三里”，城内不仅有官署府舍，设置盐铁市官，修整居里市门，张列市肆，如同咸阳，而且还有供统治者游乐的场所。

此外，从出土的众多郡守监造的铜兵器铭文中，还可以看到，郡城内设有青铜冶铸机关，有工师、丞及冶炼工人，如上郡有图工师、漆工师[7]、漆垣工师[8]，蜀郡则有蜀东工[9]、蜀西工[10]等。城内并建有武库，把铸造好的武器储存起来，以备调用。上郡就有“上郡武库”。城内设置有制陶业，生产工具与生活用品等各类手工业作坊。张若建筑的成都少城，起初只是县城的规模，但也“营广府舍，置盐铁市官及长丞”。看来，秦的县城也有手工业作坊、官府、市、居里等。出土的秦器之上往往有“市亭”一类的戳记，不少都是郡县城内的手工业作坊生产的，如湖北云梦出土的“安陆市亭”[11]、四川青川郝家坪出土的“成市”[12]都具有这种性质。

秦城之中，除都城、郡城和县城之外，还有一些其他类型的城，如皇帝驻跸之城以及其他有专门用途或在军事要地所建的城，等等。

《平凉府古迹考》记载：“赤城在（崇仪）县西南五十里。秦始皇猎至此，筑城以驻跸，上赤故名。”

《元和郡县图志》说：“饶安县本汉千童县，即秦千童城，始皇遣徐福将男女千人入海求蓬莱，置此城以居之，故名。”这座“千童城”当然可以看做是徐福渡海的基地。

《读史方舆纪要》：“昭王三十年，使白起伐楚，起定黔中，留其将张若守之，若因筑此城（临沅）以拒楚。”这座“临沅城”，显然是作为军事防守而修筑的。又《古今图书集成·职方考》513《西安府合阳县古迹考》载：“王离城在县东北五十里，即今王壁村。秦将王离击赵，据险筑此城，四面悬绝。”很清楚，这座城也是完全意义上的军事城堡[13]。

秦和其他各诸侯国一样，进入战国以后是其快速发展的时期。秦统一全国后，这种势头并未减弱，只不过是把分散的力量，集中起来进行更大规模的工程，如建造秦都咸阳、修筑秦始皇陵，等等。

战国时期，秦国建城业的快速发展，是由经济、军事的发展而引起的，而城市的发展又促进了经济的繁荣。但统一以后大规模的筑城工程（包括筑长城、修骊山、戍五岭），没有给久经战乱的中国老百姓以喘息的机会，沉重的劳役负担迫使大批强壮劳动力离开土地和家园，这就直接破坏了社会的生产机制，无疑也大大地加快了秦王朝的覆灭。

秦王朝虽然很快灭亡了，但它创造的都城、郡、县三级城市的格局，曾长期影响着中国古代城市的规模、结构和发展变化，这确实是一份厚厚的历史文化遗产，也是对中国古代社会结构的重大贡献。

第二节　郡县统属一览

一、内史辖县简况

内史不在郡数之内，治设秦都咸阳

文献记载，辖县41个

（1）长安：秦都咸阳渭南区有“长安乡”，始皇弟成蟜为“长安君”，楚怀王封项羽为“长安侯”。《元和郡县志》说：“长安本秦旧县。”秦县治当设在长安乡，地当今西安市西北汉长安城故址的东南。

（2）杜县：《史记·秦本纪》：秦武公十一年（公元前687年）“初县杜、郑”。在今西安市南山门口街道办杜城村有遗址，面积3000平方米，出土有仰韶、西周遗物。1973年，在北沈家桥东北出土秦“杜虎符”。附近有战国到秦汉遗址，面积约20万平方米。

（3）鄠县：本夏扈国，秦改鄠邑。《元和郡县志》载：“故鄠城在县北二里。”

（4）芷阳：秦穆公筑“霸宫”，昭襄王改“芷阳宫”。宣太后、悼太子和庄襄王等人，均埋葬在“东陵”，即在芷阳地。芷阳县故城当今西安市东浐河东，在临潼区斜口街道办韩峪、油田村一带。东侧1.5千米，就是东陵陵区[14]。

（5）丽邑：秦始皇筑陵，于十六年（公元前231年）设邑。汉更名曰新丰。地当陵北的原下。在西安市临潼区新丰镇刘家寨、沙河村南，有三处建筑遗址。城址略呈长方形，南北长670，东西宽约600、残高2～2.5米，夯土中多夹杂有秦砖瓦残块。城内有建筑与街道遗迹，多发现汉铁锛、斧、铜弩机、五铢钱等[15]。

（6）蓝田：秦献公六年（公元前379年）设县，《读史方舆纪要》载：“在县西十一里。”

（7）弋阳：在今咸阳市渭城区正阳镇张家湾村北，汉景帝阳陵西二里。

（8）高陵：秦孝公设县，《长安志》：“在今县西南，故城周二里。”

（9）泾阳：先为秦都，后降为县。故址在今县西北口镇。

（10）池阳：秦设县，楚汉之际废。《元和郡县志》说“在今泾阳县西北二里”。

（11）云阳：在今淳化县北40里的城前头村北，城址尚存。

（12）谷口：秦设县，在今礼泉县东北50里的北屯镇附近，城址犹存。

（13）栎阳：春秋时为晋栎邑，公元前562年秦夺其地。秦献公二年作都，孝公十二年（公元前350年）迁都咸阳后改为县。故址在西安市阎良区武屯镇东北，有文物遗存[16]。

（14）频阳：秦厉公二十一年（公元前456年）设县。《水经·沮水注》说“城北有频山，……县在山南，故曰频阳也”。应劭曰：“县在频水之阳，今县左右无水以应之。”今富平县美原镇西南5里的古城村仍有城墙遗址。

（15）重泉：秦简公六年（公元前409年）“堑洛，城重泉”（《史记·秦本纪》），设县。地在蒲城县东南50里龙池乡重泉村。

（16）衙县：秦宪公、出子均死葬于“衙”，此地也是景公第公子鍼的封邑。春秋时，秦晋曾战于彭衙。今白水县北60里纵目乡，还有“南彭衙村”和“北彭衙村”。

（17）北徵：春秋时晋设邑。《左传·文公十年》“秦伐晋，取北徵”，设县。汉改“徵县”。在今蒲城东北与澄县的交界处，地即洛滨镇避难堡。

（18）郃阳：魏国筑城，秦设县。今合阳县东坊镇和阳村东北有郃阳县城旧址。

（19）夏阳：韩城县南芝川镇西少梁村有基址，名曰“西少梁堡”。东南隔涺水有东少梁，属周梁侯国（嬴姓）“少梁邑”。

（20）临晋：公元前461年，秦灭大荔戎，筑城名曰临晋，后设县。地在今大荔县东偏南28里处。西南有秦邑怀德。

（21）宁秦：在今华阴县东5里。春秋时为晋阴晋邑，战国时属魏。秦惠文王五年（公元前333年）魏被迫献出，六年秦设宁秦县。经勘查知，阴晋故城略呈椭圆形，西墙长285、北墙残长140米，试掘中出土有很多战国时期板瓦、筒瓦、瓦当，还有一枚魏国的方足布[17]。

（22）郑县：秦武公十年（公元前688年）设县，在今华县城北附近。

（23）武城：《左传·文公八年》（公元前619年）：“秦伐晋，取武城。”从春秋到战国，秦与晋、魏多次争夺武城。秦设武城县，《史记·秦本纪·正义》引《括地志》：“故武城，一名武平城，在华州郑县东北十三里。”《华州旧志》：“武平故城在州东十七里，逶迤邱阜，俗讹为五女冢。”

（24）下邽：秦武公伐邽戎后设县，在今渭南市临渭区固市镇南4里，今名故县村。

（25）废丘：周称犬丘，秦设废丘县，汉初改槐里县。地在今兴平县东南10里的阜寨村附近，有文物遗存。

（26）斄县：为殷周时邰国，后稷封地，秦孝公设县。故城遗址在武功县西南与扶风县交界处的永安村，南临渭河，有大量文物遗存。

（27）美阳：秦孝公设41县之一，当美山之南，故名。地在今扶风县法门镇、美阳村和美水东侧的北桥村、东桥村。这里有多处战国到秦汉遗址，1962年在法门寺周围发现古城，其南墙长700、西墙500、北墙850米。城周围许多村庄和岐山的青化、孙家等地，曾多次出土“美亭”戳印的陶器。

（28）郿县：在眉县东北15里的渭河之北。

（29）武功：是“秦孝公作四十一县”（《元和郡县志》）之一，在眉县东40里的渭水之南。

（30）陈仓：秦文公筑，先为秦都，后改为县。今宝鸡市区。

（31）平阳：《史记·秦本纪》：“宁公（宪公）二年（公元前714年）徙居平阳。”先为秦都，后改为县。地属宝鸡市陈仓区，在虢镇东15里。

（32）故道：在凤县双石铺东北凤州镇。刘邦从故道出，即此，后戡定三秦。

（33）虢县：原设在凤翔县境，今属宝鸡市陈仓区。

（34）雍县：先为秦都，献公二年（公元前383年）迁都栎阳，孝公时改为县，在今凤翔县南7里的南古城。

（35）好畤：在今乾县东10里的好畤村。

（36）漆县：秦设县以漆水得名，在今彬县西。

（37）栒邑：在今旬邑县东北25里的职田镇。

（38）杜阳：今麟游县西50里招贤镇，当杜水之北，地面有大量文物遗存。

（39）汧县：秦襄公二年（公元前776年），“徙居汧”，后改为县。故城遗址在今陇县东南3里。

（40）商县：战国时为“商于之地”。秦孝公二十二年（公元前340年）封卫鞅于商，始皇时设商县。城址在丹凤县西约2千米的西河乡古城村，位丹江北岸台地上，南北长1000、东西宽约300米，出土有“商”字瓦当等建筑与生活遗物[18]。

（41）胡县：《史记·范雎列传》：“王稽辞魏去，过载范雎入秦。至湖。”《索隐》引《地理志》“京兆有湖县。本名胡，武帝更名湖，即今湖城县也”。湖城县治在今河南灵宝市西北。

此外，据秦封泥、铜器铭文，内史的辖县还应该有戏、阳陵、寿陵、废丘、犛、怀德、白水等。

二、秦国境内的郡县城

（一）上　郡

原属魏国。《史记·秦本纪》：惠文王十年（公元前328年）“魏纳上郡十五县”，为秦有上郡之始。治设今陕西榆林市榆阳区鱼河镇（鱼河堡）。

文献记载，辖县8。

（1）肤施：原为战国赵的肤施邑。秦惠文王三年（公元前335年）灭中山，迁其王于此。后地入秦，昭王三年（公元前304年）置肤施县，治所在陕西榆林市榆阳区，当无定河北岸的鱼河镇。

（2）阳周：治所在今陕西子长县西北。

（3）高奴：治所在延安市城东延河东岸。《读史方舆纪要》以为在延安府西北百里，约在安塞县境内。

（4）雕阴：战国魏邑，后入于秦，在陕西今甘泉县道镇寺沟河村。

（5）北河：在陕北无定河上。

（6）漆垣：《汉书·地理志》上郡有漆垣县，从十二年上郡守寿戈有“漆垣工师乘”知为秦县之续。据考，在今葭县境内[19]。

（7）广衍：内蒙古自治区准格尔旗勿尔吐沟有秦汉古城，即是秦汉广衍县城[20]。

（8）洛都：《汉书·地理志》载为上郡属县。

据秦封泥与铜器铭文提到的上郡辖县，还有翟道、定阳、中阳、武都、饶、廪丘、高奴、平周等。

（二）北　地　郡

为义渠戎故地，秦昭王伐义渠后立郡，介于陇西、上郡之间，据有甘肃省东北部。治设义渠（今甘肃宁县西北）。

辖以下几县。

（1）义渠：秦惠文王十一年（公元前327年）设县，治今甘肃宁县西北。

（2）阴密：秦昭王曾迁白起于阴密。治今甘肃灵台县西南。

（3）鹑觚：传说蒙恬筑长以觚爵奠，有鹑集觚上，县因以为名。治今甘肃灵台县东北。

（4）泾阳：周宣王时，猃狁内侵，至于泾阳。秦设县，治今甘肃平凉市西北。

（5）泥阳：治今甘肃宁县东南。

（6）郁郅：秦惠文王伐义渠，取郁郅，设县。治今甘肃庆阳县。

（7）乌氏：以戎名县，治设今宁夏固原市原州区东南。

（8）朝那：治今宁夏固原市区州区东南。在开城镇马杨村东500米处有湫渊遗址，有大量的秦汉建筑文物遗存，是秦投诅楚文之处。据《史记·集解》引苏林说“方四十里，停不留，冬夏不增减，不生草木”。

（9）富平：治设今宁夏吴忠市黄河东岸。

（10）朐衍：以戎名县，治今宁夏盐池县。

（11）直路：有秦直道经过，县治在今陕西富县西直罗镇。

（12）除道：接近直路县。

（三）陇　西　郡

秦昭公二十八年（公元前279年）置，据今甘肃省陇右地区。治设狄道（今甘肃临洮县）。

辖以下几县。

（1）狄道：秦穆公用由余之计，伐绵诸、绲戎、翟豲之戎，益国十二，开地千里，并在当地设“县”“道”管理。狄道治今临洮县西南。

（2）临洮：县治设今甘肃岷县。是秦帝国万里长城的起点。

（3）西县：为秦西犬丘故地，秦统一六国后改为县。治设今礼县东北红河乡附近。

（4）冀县：《史记·秦本纪》：秦武公十年（公元前688年）“伐邽、冀戎，初县之”。治设今甘谷县东。

（5）上邽：秦武公设邽县，后改上邽县。治设今天水市。

（6）枹罕：治今临夏县东北。

（7）下办：治今甘肃成县西。

（8）榆中：蒙恬北逐戎人，自榆中并河以东，属之阴山，以为三十四县。榆中县治设今兰州市城关区东岗镇。

（9）绵诸道：今清水县西南贾川乡林河村。

（10）成纪：治今静宁县西南。

（11）獂道：秦孝公元年（公元前361年）出兵“东围陕城，西斩獂王”（《史记·秦本纪》）。治今武山县东南四门镇附近。

（12）故道：治设今陕西凤县双石铺乡张家窑村与龙家坪之间。

（四）汉　中　郡

《史记·秦本纪》秦惠文王更元十三年（公元前312年）：“庶长章击楚于丹阳，虏其将屈匄，斩首八万。又攻楚汉中，取地六百里，置汉中郡。”辖境相当于今陕西秦岭南、巴山北的汉江流域，西至留坝、勉县，东至湖北西北部的郧县、保康。治设今汉中市南郑县。

辖以下几县。

（1）南郑：秦武公十一年（公元前687年）在杜、郑设县（《史记·秦本纪》）。这里的“郑”不是华县一带原来的“郑”，而是那里的国人为逃避犬丘侵袭而南逃的“南郑”。厉公二十六年（公元前651年）在此筑城，躁公二年（公元前441年）南郑反叛。惠公十三年（公元前387年）伐蜀，又取得南郑。县治设今南郑县东北2里。

（2）褒县：县治在今汉中市西北30里的打钟坝。汉昭帝改名褒中县。

（3）房陵：战国属楚，秦置房陵县。以“纵横千里、山林四塞、其固高陵、如有房屋”得名。地在今湖北房县。

（4）上庸：地在房县之西，即今湖北竹山县，治设今田家坝镇北坝。原为商周时期的“西土八国”之一的庸部落国，春秋时为楚国所灭，设上庸县，后归秦。

（五）蜀　　郡

据《华阳国志·巴志》载：蜀王伐苴侯，苴侯奔巴，巴求救于秦。秦惠文王派张仪、司马错伐蜀，灭其国，后置蜀郡。秦伐蜀的时间为惠文王后十一年（公元前314年），治设成都县（今四川成都市）。

辖以下几县。

（1）成都：张仪筑城，有大少二城相并。大城名为府南城，少城名府西城。

（2）郫县：原为蜀王杜宇之都郫邑，秦灭蜀后置县，治在今郫县北。

（3）繁县：地当今四川彭州市，原系西周时期的彭国，秦设繁县。治今新都县新繁镇东北30里。

（4）葭萌：古为苴侯国，蜀王封其弟葭萌为苴侯，秦灭蜀后置县。治所在今四川广元市西南。

（5）武阳：地在今四川彭山县东，原为蜀国故地，张仪伐蜀后置县。

（6）临邛：秦设县，地当今四川邛崃市，张仪与张若筑城。据《华阳国志》载：城“周迴六里，高五丈”。

（7）严道：秦严道县即今四川荥经县，地处四川盆地西缘。秦惠文王封樗里疾为县令，号“严君”。治在今六合乡古城村。

（8）湔氐道：在今四川松潘县。

（六）巴　郡

公元前314年，张仪等救苴侯于巴，又执巴王以归，接着设立了巴郡，治江州。

巴郡辖以下几县。

（1）江州：原为巴王之都，秦设县后，既是巴郡治所，又是县治的所在。江州城为张仪所筑，位于今重庆市。

（2）垫江：秦灭巴后置县，治今重庆市合川区合阳镇。

（3）鱼复：生活在三峡地区、崇尚鱼的鱼复族，在今重庆市奉节县一带建立鱼国。秦设县，属巴郡。

（4）阆中：公元前330年，巴子国迁都阆中，随后称巴王。公元前314年秦灭巴后，置阆中县。有阆中城，又名张仪城，当是张仪所筑。

（5）枳县：治在重庆市涪陵区中心。

三、秦帝国诸郡列表

秦郡除前面秦国本土的内史、上郡、北地、陇西、汉中、蜀郡和巴郡之外，在并灭六国过程中，不停的据地设郡，随着边境的开发与郡治的调整，文献记载中总的郡数也在增多。特别是现代考古学资料日益增多，使过去失载的郡名一一被呈现了出来，也使过去疑似的秦郡也得到了证实。

现将地域范围可指的55郡列一秦郡表，其他3郡列入“待考”项下，如表4-1所示。

表4-1　秦帝国诸郡列表

序号		郡名	治所所在地	治所今地	郡名出处
秦本土之郡	1	内史	咸阳	陕西咸阳市渭城区窑店镇	岳麓书院秦简[21]、王学理《咸阳帝都记》
	2	上郡	肤施县	陕西榆林市榆阳区鱼河镇	《史记·匈奴传》《史记·秦本纪》《汉书·地理志》《水经·河水注》
	3	北地郡	义渠县	甘肃宁县西北	《史记·匈奴传》《汉书·地理志》
	4	陇西郡	狄道县	甘肃临洮县南	《史记·匈奴传》《汉书·地理志》《水经·河水注》
	5	汉中郡	南郑县	陕西汉中市南郑县	《史记·秦本纪》《汉书·地理志》
	6	蜀郡	成都县	四川成都市	《水经·江水注》《汉书·地理志》
	7	巴郡	江州县	重庆市	《水经·江水注》《汉书·地理志》
原赵国境内	8	太原郡	晋阳	山西太原市西南	《汉书·地理志》、岳麓书院秦简（一作“泰原”）
	9	云中郡	云中县	内蒙古托克托东北	《史记·匈奴传》《汉书·地理志》《水经·河水注》
	10	九原郡	九原县	内蒙古包头西南	《史记·赵世家》《汉书·地理志》
	11	雁门郡	善元县	山西左云县右玉镇南	《史记·匈奴传》《汉书·地理志》
	12	代郡	代县	河北蔚县	《元和郡县图志》《史记·匈奴传》《汉书·地理志》
			高柳县	山西大同东	《水经·湿水注》
	13	恒山郡	东垣县	河北石家庄市东北	岳麓书院秦简
	14	邯郸郡（赵郡）	邯郸县	河北邯郸市西南	《水经·漳水注》《元和郡县图志·磁州邯郸》
	15	钜鹿郡	巨鹿县	河北平乡县西南	《水经·浊漳水注》《汉书·地理志》
	16	清河郡	清阳县	河北清河县东南	罗振玉《齐鲁封泥集存》有“清河太守”、《史记·苏秦列传》、《樊哙列传》、岳麓书院秦简
	17	河间郡	（汉）乐成	河北献县东南	岳麓书院秦简
	18	常山郡	元氏?	河北元氏县西	
			东垣?	河北正定南	

续表

序号		郡名	治所所在地	治所今地	郡名出处
原魏国境内	19	河东郡	安邑	山西夏县西北	《史记·秦始皇本纪》《史记·秦本纪》《汉书·地理志》
	20	河内郡	朝歌	河南淇县东	《史记·项羽本纪》、岳麓书院秦简
	21	砀郡	砀县	安徽砀山县南	《汉书·地理志》《水经·睢水注》
	22	东郡	濮阳县	河南濮阳西南	《水经·睢水注》、《汉书·地理志》、岳麓书院秦简
	23	三川郡	雒阳县	河南洛阳市东北	岳麓书院秦简（一作“叁川”）
	24	上党郡	长子县	山西长子县	《史记·秦本纪》、《汉书·地理志》、岳麓书院秦简
	25	颍川郡	阳翟县	河南禹州	《史记·秦始皇本纪》、《史记·秦本纪》、《汉书·地理志》、岳麓书院秦简
原齐国境内	26	齐郡（临淄郡）	临菑县	山东淄博市东	《汉书·地理志》《水经·淄水注》
	27	济北郡（泰山郡）	庐县	山东长清	秦封泥有“济北太守”[22]、《齐鲁封泥集存》有“泰山司空”、岳麓书院秦简
	28	琅琊郡	东武县	山东诸城	岳麓书院秦简
	29	胶东郡（即墨郡）	即墨县	山东平度东南	秦封泥有“即墨太守”[23]、《史记·项羽本纪》：田安为胶东王，都即墨
原楚国境内	30	东海郡	郯县	山东郯城西南	《水经·泗水注》《史记·秦始皇本纪》
	31	薛郡	鲁县	山东曲阜市	《水经·济水注》《水经·泗水注》《汉书·地理志》
	32	泗水郡（四川郡）	沛县	江苏沛县东	《水经·济水注》
	33	淮阳郡（陈郡）	陈县	河南淮阳	《水经·睢水注》、《汉书·地理志》、岳麓书院秦简、《史记·陈涉世家》
	34	南阳郡	宛县	河南南阳市	《史记·楚世家》作“楚郡”、《史记·陈涉世家》全祖望注作“楚郡”、《水经·清水注》、岳麓书院秦简
	35	九江郡	寿春	安徽寿县	《水经·江水注》、《汉书·地理志》、岳麓书院秦简
	36	衡山郡	邾	湖北黄冈南	《史记·项羽本纪》：吴芮为衡山王都邾，岳麓书院秦简

续表

序号		郡名	治所所在地	治所今地	郡名出处
原楚国境内	37	南郡	郢	湖北江陵	《史记·白起列传》《史记·秦本纪》《汉书·地理志》、岳麓书院秦简
	38	州陵郡	州陵	湖北钟祥县西北胡集镇	岳麓书院秦简中多有“州陵守绾”
	39	洞庭郡			里耶秦简、岳麓书院秦简
	40	长沙郡	临湘县	湖南长沙市	《水经·涟水注》《汉书·地理志》
	41	苍梧郡			里耶秦简、岳麓书院秦简
	42	黔中郡	黔中	湖南沅陵县西	《括地志》
			临沅	湖南常德市	《水经·沅水注》
	43	会稽郡	吴县	江苏苏州	《史记·项羽本纪》《史记·秦始皇本纪》《汉书·地理志》
原燕国境内	44	广阳郡	蓟县	北京市西	《水经·漯水注》
	45	上谷郡	沮阳县	河北怀来东南	《史记·匈奴传》《汉书·地理志》《水经·漯水注》
	46	渔阳郡	渔阳县	北京密云西南	《汉书·地理志》《水经·沽水注》
	47	右北平郡	无终县	河北蓟县	《汉书·地理志》《水经·鲍邱水注》
	48	辽西郡	阳乐县	辽宁锦州市西北	《汉书·地理志》《水经·濡水注》
	49	辽东郡	襄平县	辽宁辽阳市	《汉书·地理志》《水经·辽水注》
百越旧境内	50	桂林郡	桂林县	广西贵港境内	《史记·秦始皇本纪》《汉书·地理志》
			广郁县	广西凌乐县东	《水经·郁水注》
	51	南海郡	番禺县	广东广州市	《水经·泿水注》《史记·秦始皇本纪》《汉书·地理志》
	52	象郡	象林	越南会安附近	《水经·泿水注》
			临尘县	广西崇左县境内	《史记·秦始皇本纪》《汉书·地理志》
	53	闽中郡	冶	福建福州市	《史记·东越列传》
	54	江胡郡			岳麓书院秦简
待考	55	庐江郡			岳麓书院秦简
	56	巫黔郡			秦封泥有“巫黔邸”“巫黔右工”
	57	陶郡			
	58	鄣郡			

第三节　城市商业

秦的商业活动一直比较落后。进入战国，当关东诸国集市交易日益频繁、规模逐渐扩大、呈现出一派繁荣景象的时候，秦国的统治者还在极力限制商品及商业活动的发展。商鞅变法意在图强，但在商鞅颁布的法令中，只重“耕织”与“军功”，称之为“本业”，推行着一套奖励“耕战”的政策。贬斥商业活动是“事末利”，还明文规定“僇力本业，耕织致粟帛多者复其身。事末利及怠而贫者，举以为收孥”。这就是说，对能全力从事耕织、多生产“粟帛”的隶臣可以恢复自由人的身份，而将从事商业活动的人与一贫如洗的懒汉列为一等，并全部收录其妻、子，没为官奴婢。由此可见处罚之严厉。

秦始皇统一天下后，继续推行抑商政策。始皇二十八年（公元前219年）东巡，登上海滨的琅琊山，筑琅琊台（在今山东胶南县西南），在刻石的文辞中有“皇帝之功，勤劳本事，上农除末，黔首是富”（《史记·秦始皇本纪》）的话。所谓“上农除末”虽然也是重农抑商，但比之商鞅来，更甚一等，他在于“除末”，是在铲除商业经营活动。秦始皇三十三年（公元前214年），略取陆梁地，为戍桂林、象郡、南海三郡，“发诸常逋亡人、赘婿、贾人”，以“谪罪”之名把商人流放岭南，或戍边、或安家落户。但北方人不服水土，死亡率很高，“秦民见之，如往弃市”。因为征发人数不足，遂一再扩大征发对象，即“先发吏有谪及赘婿、贾人，后以当有市籍者，又后以大父母、父母有市籍者，后入闾取其左”（《汉书·晁错传》）。扩大的结果，不但有“有市籍”的人被征发，就连本人虽无“市籍”，而其祖辈、父辈有“市籍”的也强行征发。对商人采取了如此极端严厉而残酷的手段，显然是过头了。

即便是在这样的高压政策之下，尽管秦国的商业受到了限制，但毕竟还是在缓慢地发展着。

一、市场管理

秦国集市交易，起始的时间也应当说是比较早的。《史记·秦始皇本纪》：“献公立七年（公元前378年），初行为市。”对这不应理解为秦人直到献公时才发生了集市贸易，而应当看做是秦国官方规范市场、推行市制的开始。正如前述雍城有“市”遗址的存在，只是表明商业活动已被纳入到城市的管理之中。由此可见到了献公的时候，才给了商业以合法的地位。

（一）管理机构

秦市的管理机构名为“市亭”。云梦睡虎地出土的陶器，多有“安陆市亭”印文，漆器上烙印则省为“安市”。咸阳一带所出秦陶器上多见“咸市”“咸亭”，四川青川墓出土的秦漆器上有“成市”，以“安陆市亭”证之，应是“咸阳市亭”“成都市亭”的省称。器物加上这些印文，证明这些是在市场上销售的商品（图4-1）。

“市亭”以亭啬夫担任市政长官[24]，负责掌管市务，征收市租、税收，维持秩序。

图4-1　“市亭”陶文

1. 咸亭右里道器　2. 咸亭泾里僓器　3. 咸亭东里倕器　4、5. 亭　6、9. 焦亭　7. 咸亭鄘里桊器　8. 杜市　10. 犬亭　11. 杜亭　12、15. 丽亭　13、14. 栎市

市内的店铺都分类排列，叫“列肆”，列肆中间的人行道称为“隧”。列肆内的商贾都要编入市籍，以五户为一“伍”，称“列伍”，设“列伍长”为市内商贾的首领。

出土的秦陶器文字中记有许多工匠人名，人名前冠以所居里名，最前面还有“咸市”“咸亭”，或称作“咸”，用以表明这些工匠的市籍。按照规定，只有有市籍的人才能正式从事商业和手工业，即所谓“商贩作务”。有了市籍的人得向国家交税。……即便是有市籍的人，国家对其控制得还是很严格的[25]（图4-2）。

图4-2　“咸阳亭印”封泥印文

1. 咸阳亭印　2. 咸阳亭丞

（二）维持治安

秦人推行的是集中市制[26]，即在固定的市场之内，定点、定时、定品类交易。雍城、栎阳、咸阳及郡县城内都设有官府建造的“市”。根据雍城发现的“市”场结构看，“市”的周围筑有围墙（阛），四边开门（即市门——阓）。据四川新繁出土的市井画像砖知，市内有“十”字形道路（隧），隧的两旁列肆相对，市楼（旗亭）位于四通（隧）之街的中心[27]，市楼上立旗。管理机关的“市亭”就设在市楼上，这样既可观察掌握市场秩序，又可防止盗贼，纠察不法，以维持社会治安。秦律规定，刑徒出外服役，不准前往市场和在市门外停留休息，如果路经市场中间的，应绕行，不得通过[28]（图4-3）。

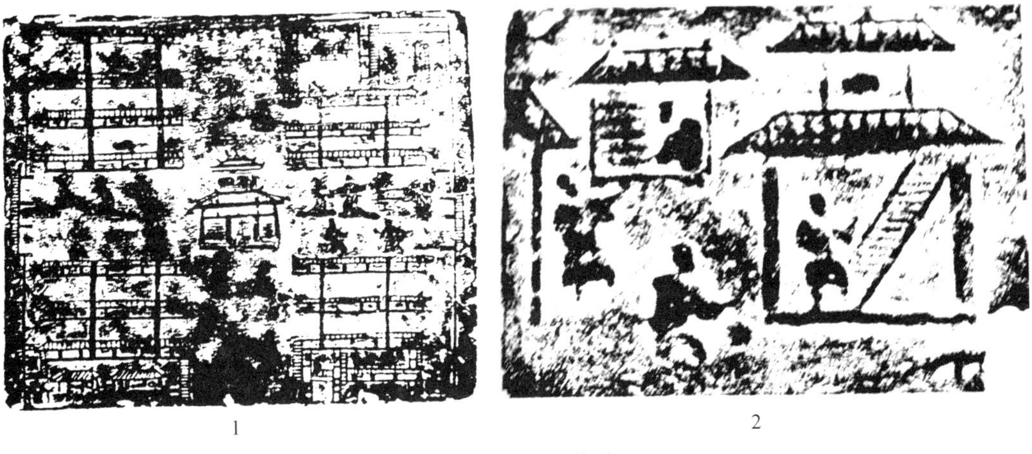

图4-3　市井画像砖

1. 市井画像砖　2. 市楼画像砖

（三）平准物价

秦市实行划分区域的贸易（即“张市列肆”），既有利于平准物价，方便“司市”征取税收（云梦秦简《关市律》），还可以防止投机取巧，哄抬市价。云梦秦简《封诊式·告臣》记载：一次奴隶交易是“以市正贾（价）”成交的。“市正价”也就是官方规定的法定价格[29]，在市场交易的物品必须明码标价，《金布律》说：“有买及买（卖）殹（也），各婴其贾（价），小物不能各一钱者，勿婴。”“婴”，就是系，也即是悬挂。规定凡出售的商品都要系上价格标签。小件物品价格不足一文钱的，可以不系挂标签。市亭还敦促列伍长对商贾抬高市价的不法行为进行告发，否则就要受到处罚，秦还在渭桥北设立“直市”，以平准物价[30]。这样严密的控制管理，就在于保证市价平稳、预防波动，以免影响交易秩序。

（四）官府市的现金管理

秦代的官府手工业产品，除大量供应皇室、官府和军队外，还有不少产品也投入市场售销。这些官府手工业产品，既有中央官府手工业作坊生产的，又有地方官府手工业作坊生产的，都属于官营产品。售钱要上缴国家，因此，秦律对这种产品的售销现金管理十分严格，有着严密的监督措施。《关市律》中规定：“为作务及官府市，受钱必辄入其钱銗中，令市者见其入，不从令者赀一甲。”意思是，为了防止官商把货款装入私囊，规定官府市在出售货物时要公开收款，把所收之钱当着买主的面投入存钱的陶銗之内。不按照规定做的要罚一甲。所谓“銗”是一种存放现金的小罐，类似后世的“扑满”，上有一小穿孔，钱只能入而不能出。等积存到一定数量后，由有关人员当面点清数目，如数上缴。

二、商品种类

秦市贸易的物品种类很多，手工业产品最多的是各式各样的陶器、漆器制品，这些交易物品大多都有“市亭”的戳记和烙印。另外，还有铁器、木器、纺织品、化妆品、日用杂货等。

农产品有禾、黍、稷、麦、稻、荅（小豆）、菽（大豆）、棠、粱、麻等。家畜有马、牛、猪、羊、鸡、鸭等。畜产品有肉、皮、筋、角、脂、胶等（见云梦秦简之《厩苑律》《仓律》《司空律》等）。

土特产品有卮（野生植物，可制胭脂）、姜（姜）、丹砂（朱砂）、石、玉、铜、铁等原料，还有竹、木、枣、栗等山货（《史记·货殖列传》）。

商品之中除私人商品外，官营商品也占相当比例。云梦秦简《关市律》中对官府贸易收取现金和存放均有明文规定，足见官府的商业活动也很频繁。

第四节　货币与度量衡

一、统一的货币

（一）秦统一货币的历史趋势

商周以“贝”为货币，起着等价物的作用。两周后期出现“原始布”，形成金属货币的固定形态。春秋时期，周王室衰微，随着各诸侯国农业、手工业、商业的发展，商品交换跨越国门，平民与市场的联系日益紧密。战国时期，金属铸币取代贝币和其他种类的实物货币，从而形成几个各具特色的货币体系与货币流通区域，这就是“布币区”（三晋）、“刀化区”（东方滨海区的齐、燕）、“金版蚁鼻区”（长江中下游的楚国）和“圜钱区”（秦与两周地区）。诸国的货币形态与币值单位各不相同，楚国使用金版，是一种称量货币，同时还把铜的蚁鼻钱（又称“鬼脸钱”）作为辅币。三晋地区和东周流通多形态的布币（有空首、平首尖足、平首方足、圆首圆足），货币单位称“釿”“寽”。齐国、燕国用刀币，单位称“化”。秦国使用“半两”圆钱，单位为“两”。

因为币制不一，对各国间的商品交换与货币流通带来妨碍。在战国末期，各国已产生了趋同的意向。齐国除刀币之外，也铸出了圆形的“賹化”钱（賹六化、賹四化、賹化3种）。燕国用刀币和圆形方孔的圜钱，三晋地区的赵国也铸行了圆形圆孔的圜钱和刀币，还造出以“铢”为单位的圆首圆肩圆足的三穿布。楚国铸的布币是平首、平肩、平裆、方足、带郭的“殊布”和四足相接的“连布”。

秦始皇统一六国之后，即实行货币统一的政策。《史记·平准书》载：“及至奉［秦］，一中国之币为三［二］等：黄金以镒名，为上币；铜钱识曰‘半两’，重如其文，为下币。”另外，还有布帛币。统一货币措施：

①统一形制：废除了六国原有的货币，一律禁绝珠、玉、贝、银、锡等充作货币。把流通货币分为二等，黄金为上币，以“镒”为单位，把秦国原来的半两圜钱作为下币。

②统一重量：钱文标示重量为“半两”，就要做到“重如其文”才算合格。

③统一铸造权：由国家铸造，私铸即为犯法。

④统一钱币立法：《金布律》《关市律》《效律》等，对钱币的收藏、使用、流通、交易和核算都有法律规定。

秦统一货币，实际是以法律的形式，把秦国的币制与形式推向全国。

（二）秦币制的推行

1. 秦国货币

秦国使用金属货币最早的记载，应是《史记·六国年表》说秦惠文王二年（公元前336年）的“行钱”二字。《秦纪》载：“惠文王生十九年而立。立二年，初行钱。”秦国开始铸造并采用圜钱，这被视为政治生活中的大事，连《史记·秦本纪》与同书《六国年表》中都记下了周天子致贺的事实。但此前，商鞅变法时就多次提到钱币对国家的影响。《商君书》说“民无一日之徭，官无数钱之费”（《徕民篇》）、“其农贫而商富，故其食贱者钱重。食贱则农贫，钱重则商富”（《外内篇》）、“虽有千金，不能用一铢”（《定分篇》）。这里的“钱”“铢”已是固定的货币形态与单位，可见在秦惠文王二年之前，秦国已经有了金属铸币的流通了。秦处周的故地，对周人杂乱的货币形态是熟知的，从用海贝到铜贝、铜铲，再到铜饼的过程中，秦人也随之采用过。及至商鞅变法时，对原来流行的币制也来了一次整饬。到惠文王二年，秦国终于有了自己的金属铸币钱形——半两钱，所以周天子才给予祝贺。

惠文王二年年初行钱之形与重量，以考古资料证之。1978年，四川青川县郝家坪战国秦墓（M50）出土7枚半两铜钱，由同出的木牍文字知，这是一座秦武王四年（公元前307年）的木椁墓[31]，以此上溯29年，即可断言《六国年表》所说惠文王二年“初行钱”是可信的，而且行的就是“半两钱”。

青川郝家坪半两钱测重尺寸如表4-2所示。

表4-2　青川郝家坪半两钱测重尺寸表

标本号	穿宽／厘米	直径		重量	
		今制／厘米	秦制／寸	今制／克	秦制／铢
1	0.8	2.9	1.05	9.5	14
2	0.8	3.1	1.12	8.6	10.1
3	0.85	3.1	1.12	5.8	8.8
4	0.9	3.2	1.15	4.8	7.2
5	0.85	3.2	1.15	4.2	6.3
6	0.8	3	1.08	3.8	5.7
7	0.8	2.6	0.94	2.1	3.1

从表4-2可以看出，青川出土的半两钱直径在2.6～3.2厘米，重2.1～9.5克，薄厚、轻重、大小均不一致。这座墓还出土“王命丞相戊、内史匽：民愿更修为田律”木牍，时间为秦武王二年（公元前301年）。说明这些半两钱至少也是武王时期铸造的。这是迄今为止所知唯一有确切年代可考的半两钱。此钱“半两”二字甚古朴，“半”

字上部的两个拐角较大，且方正，呈直角，下部末一横画短，整个字显得头重脚轻。“两”字上横画甚短，与下部显得很不协调，这些风格与秦半两有明显区别。

近年在陕西凤翔、咸阳和四川郫县、茂汶等地均有发现，亦为惠文王铸行“半两钱”增加了实物佐证。在本书第十章墓葬分期的第六、七期墓中，都伴出有“半两”铜钱。但从出土情况看，第六期墓“半两”钱较少。凤翔高庄秦墓（凤高M6）只出土15枚，直径一般在3.2厘米左右，重6.75克。第七期墓比较普遍，少则数枚、十余枚、数十枚，M7竟出土200余枚！这些半两钱，大小不一，薄厚有差。最大者钱径2.65厘米，重6.75克（M6）；最小者直径1.15厘米，重不足0.2克（M7）。

既然这些半两钱，有大有小，轻重不一，亦不甚规整，这就说明秦在初行半两钱之时还比较混乱。朱活先生指出，青川半两就是秦惠文王时巴蜀地区岁出“蛮夷赋”的“赋钱”，很可能铸于当地，有的还可能是私铸。巴蜀地区在武王时期便能铸行半两，说明此前即有秦铸半两传入。以往传统的认识说秦半两始于秦始皇统一货币之时，因此就把许多出半两钱的墓首先置于统一秦之后的大范围之内，继而又见所出半两“重如其文”，于是就判定这些不“重如其文”的半两钱为汉初铸行的八铢“半两”“四铢”半两，进而以此将墓定为“汉代墓”。这种现象尤以20世纪50～60年代为甚。根据近二三十年的考古资料分析，秦始皇当年统一货币，只是一方面罢黜与秦币不合者，即废除六国各种形制的货币，另一方面则在先秦半两的基础上，力求统一为：“识曰半两，重如其文”的秦半两，而绝不是开始铸行的那种半两钱。如前述，第六、七期秦墓内出土的半两钱差别很大，且均有一定数量，这一现象说明，当时的半两钱大约可以分为实用钱和冥钱两种。凤翔高庄出土的多数钱，连浇铸的毛茬都未打掉，足见其不是市场上通行的货币，应是明钱。其形如榆荚，也可以称之为“榆荚钱”。史载吕后六年（公元前182后）西汉政府铸行五分钱，形制很小，世称之为“榆荚钱”。因此后人一见到这种形同榆荚钱的半两钱，不作丝毫对比分析，无一例外地置于吕后“五分钱”之列。这样做的结果又把好大一批秦墓定为汉墓。

考古发现的秦半两钱方穿无郭，有大有小，有轻有重，有薄有厚，形制极不统一。而面值均曰：“半两”。《金布律》提到：“百姓市用钱，美恶杂之，勿敢异。”这说明各地方机关及私铸，因技术等因素，就有了“美恶”的差别（图4-4）。

除“半两”钱而外，秦国可能在个别地区还铸行过“两甾”钱。《说文》：“甾，六铢也。”两甾即12铢，亦即半两。1955年四川巴县冬笋坝战国墓M49、M59各出土过一枚两甾钱。M49那枚出土时，放在半两钱的上面。外圆内方，有郭[32]，同样也是流通之钱（图4-5，1）。

传世有“文信钱”10余枚，在洛阳、西安和咸阳出土5枚。钱作圆形方孔，面上有向外的四曲纹（实为“行”字），无郭，幕平素，直径2.4～2.5厘米，重2.9～3.4克。1955年洛阳西工河南县城103号灰坑中出土“文信钱”石范1件，同战国、两汉陶片混杂在一起。关于文信钱，有说是汉初的地方铸币，但更多的人认属于文信侯吕不韦所

图4-4　战国秦“半两”铜钱分期

1～3. 秦惠文王二年（公元前336）“初行钱”　4～9. 秦昭王—始皇免吕不韦相间（公元前306～前237）
10～12. 统一前始皇执政期（公元前236～前221）

图4-5　“两甾”“文信”与“长安”钱

1. 两甾钱　2. 文信钱　3. 长安钱

私造；传世还有一种“长安钱”，圆形方孔，无内外郭，幕平素。直径2.1～2.3厘米，重1.8～2.1克。1973年，在洛阳废品公司仓库中拣选到1枚，钱径2.4、穿长1厘米，重4.4克。一般认为，长安钱当是始皇弟长安君的铸钱。这两种钱形都属于特殊的货币，也许是带有纪念品的性质，未必进入流通领域[33]（图4-5，2）。

见于著录的，还有“铢重一两十二”“铢重一两十三”“铢重一两十四”等所谓的“圜钱”。这种钱正面虽然为“铢重一两”，但“十二”“十三”“十四”显然属于编号。此外，还有“半睘”“十二铢”、三孔布式的“十二铢”等“钱”，统统可能属于称量单位的砝码，而绝非流通的货币。

战国秦半两在“初行钱”开始一段时间内，所铸之钱面径较大，一般在3.1厘米以上；钱体厚重，一般在5.4克以上，应该是“径一寸二分”和“重如其文”，这是一大特点；第二，周边不太圆；第三，钱文高挺，字形狭长，字体显出大篆风韵。“半”字下横笔较短，“两”字往往无上横划或显短，两“人”字上部显示如竖笔；第四，浇铸茬口较宽。

战国秦半两钱限于铸造技术等原因，或有超大、超重，或有不足者。在战国晚期后段，钱重大多在8铢左右，或者8铢以下。

2. 秦代的半两钱

时代明确的秦代半两钱在全国有多处发现，如内蒙古赤峰蜘蛛山秦长城、准噶尔旗广衍故城、湖北宜城楚皇城、安徽贵池县、四川高县等地，而尤以秦都咸阳地区出土的最具典型意义。由笔者发掘参与的秦都咸阳遗址北区，有滩毛村秦陶窑遗址出土3枚，钱径大者3.2、小者2.7厘米；长陵车站南沙坑第二批窖藏3枚，径2.9厘米[34]；第三批窖藏出土144枚，钱径有2.3、2.8和3.1厘米3种；嫣王、黄家沟战国末秦墓出土15枚，钱径分2.2、2.5、2.8和3.1厘米4种；二号秦宫遗址出土23枚，钱径2.3厘米的重2.5克，径2.7厘米的重5.3克[35]。

在渭河南岸的秦都咸阳新区，墓葬出土的钱币单纯，都是半两钱。1998～2001年，考古工作者在西安北郊的尤家庄、北康村、翁家庄发掘秦墓320座，在10座墓中共出土54枚。其中A型44枚，钱径2.25～3.26厘米，穿径0.76～1厘米，重1～6.6克；B型5枚，钱径2.1～2.2厘米，重0.06～0.09克；C型2枚，钱径1～1.2厘米，重0.2～0.25克[36]。

秦都咸阳的塔儿坡陪葬墓区，在5座墓中出土半两钱31枚，其中A型14枚，钱径3～3.2、穿径0.7～1厘米，重3.3～6.35克；B型17枚，钱径2.7～2.95、穿径0.65～0.95厘米，重2.2～5.8克[37]。

秦始皇陵园出土钱币，同样多是半两钱。鱼池遗址窖藏中出土538枚，钱径2.65～2.81厘米，重2.3～5.49克[38]；在陵西清理的99座居赀役人墓中，只有两座墓共出土半两钱43枚，其中面径2.3～2.75厘米的重1.35～4.1克，面径2.6～2.75厘米的重4.4克，面径2.95～3.2厘米的重4.7～7.6克[39]。另外，在郑庄石料加工厂遗址出土2枚，秦俑二号坑和上焦村M15各出土1枚。

我们再从钱范上来看半两钱制。阿房宫遗址出土的铜范半两钱面径3.1～3.2厘米，临潼芷阳遗址铜范半两钱径2.7厘米[40]，雍城遗址东社半两钱铜范钱径3.3～3.4厘米。另外，在四川高县、安徽贵池出土的铜范钱径都是3厘米，属于小穿大型半两钱（图4-6）。

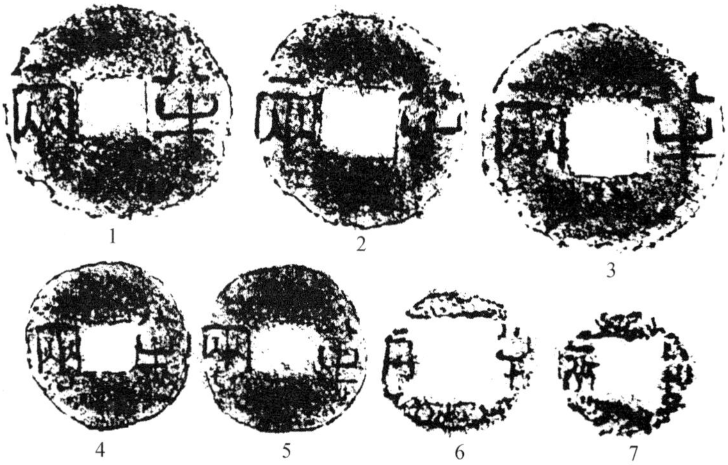

图4-6　秦“半两”铜钱分期

1～3. 统一后秦始皇统治期（公元前221～前210）　4～7. 秦二世统治期（公元前209～前207）

从以上资料可以看出：秦代半两铜钱，存在着大小、厚薄、轻重及成色的不同。钱面径小者1～1.2厘米，重仅0.2～0.25克，显然属于冥钱。而进入流通领域的半两铜钱，最小的钱径2.1厘米，重0.06克。最大的面径3.26厘米，重达7.6克。一般地讲，秦代半两钱的大小和轻重正介于战国秦与汉初半两之间，钱的直径在2.5～3厘米，重4～6克，相当于当时的5～6铢。因为各种原因，今日看到的秦代“半两”已非“重如其文”了。

秦代半两钱特点：一是体量不大、面径中等；二是制作较为规矩，外圆内方，个别出现外郭；三是正面钱文凸起，背面光平。文字用小篆，字体趋方。“半”字下横划较长，“两”字上横划长，两个人字上部竖笔渐短，出现“连山式”；四是浇铸的毛茬一般被磨平，存留者浇口也显窄（图4-6）。

秦币之中还有一个把布帛当做等价物的问题，这在云梦秦简出土以前是不知道的。《金布律》规定：“布袤八尺，幅广二尺五寸。”又规定：“钱十一当一布。”秦律文很多地方钱数都是十一的倍数，说明秦人原本是以布为货币单位的。把布折算为钱，表示了“半两”钱逐渐取代布的过程。秦以布为货币是接续周人的传统的，《诗经·氓》有“氓之蚩蚩，抱布贸丝”之句，说明周人是以布帛作为流通货币的。《汉书·食货志》记齐太公为周立“九府圜法”，其中就规定“布帛广二尺二寸为幅，长四丈为匹”。可能如此幅长的一匹即为一布。

二、统一的度量衡

（一）秦统一度量衡的必然趋势

春秋战国时期的度量衡制中，丈、尺、寸、分是个基本级数，其中除尺长22.5厘米左右是各诸侯国比较接近的通行制之外，量、衡的单位名称与量值还存在不少的差异。像容量单位就有20余种，名称各不相同。齐有旧量（公量）和新量（家量）的区别。量级单位递进有升（250毫升）、豆（4升）、区（4豆）、釜（4区）、钟（10釜）。韩、赵、魏用益、斗。秦量级的升、斗、甬（桶），用10进位；衡制中的斤、镒是个基本单位，但各国有别，秦分铢（0.65克）、两（24铢）、斤（16两）、钧（30斤）、石（4钧）5级，楚用“忻”，东周用“釿”（11~13克）、“寽”（100釿），燕和赵用朱、两、斤制，卫仍用“镒、釿”制，中山国是冢、石、刀制。

图4-7　秦商鞅量

秦国在商鞅变法时，对国内度量衡制度进行了一次改革。《史记·商君列传》载：商鞅“平斗桶权衡丈尺。……居五年，秦人富强”（图4-7）。

秦始皇统一天下后，就立即统一全国度量衡。《史记·秦始皇本纪》云：二十六年，初并天下，即“一法度衡石丈尺，车同轨，书同文字”。

统一度量衡是秦王朝的一项重大措施，标准器都由国家颁发下去，上面都有皇帝颁布的诏文。始皇诏文是（图4-8）

“廿六年，皇帝尽并兼天下诸侯，黔首大安，立号为皇帝，乃诏丞相状、绾：法度量则不壹歉疑者，皆明壹之。”

秦二世即位，又将原器调回，加刻二世诏文后又颁发下去。二世的诏文是（图4-9）

“元年，制诏丞相斯、去疾：法度量尽始皇帝为之，皆有刻辞焉。今袭号，而刻辞不称始皇帝，其于久远也，如后嗣为之者，不称成功盛德，刻此诏。故刻左，使毋疑。”

有上述诏书的文物，现已发现的有量、权、诏版三种。把刻有诏文的铜版镶嵌在权、量等器物上，昭示人们要遵守度量衡法制。铜诏版往往有单独出土的，在秦都咸阳遗址上三次发现于长陵火车站的南沙坑窖藏中（1961年出1完整的始皇诏版，1962年出有残片，1982年出1完整的二世元年诏版）。另外，甘肃镇原县、山东邹城县分别出土有两帝铜诏版。诏版一般作成长方形，有的四角有钉孔，原先可能钉在木制量上。往往木器腐朽，诏版脱落。1961年11月，咸阳遗址出土秦始皇二十六年诏版，

图4-8　秦始皇诏版（秦都咸阳窖藏）

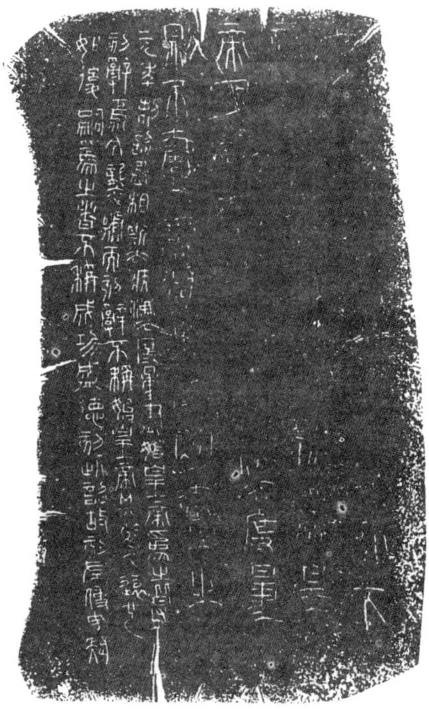

图4-9　秦二世诏文

是秦遗址上第一块出土物，具有重要意义。诏版长9.9、宽6.2厘米[41]。有些权、量上的诏文是刻铸上去的，如商鞅方升、高奴铜石权。再同战国时期各诸侯国度量衡制接近的趋势看，所谓秦统一度量衡，实际上是用法制化的手段把秦国之制推向了全国。

由于度量衡在使用中受到磨损，产生偏差，为此秦明令规定，每年都要对度量衡进行检验，校正。秦王政初年，吕不韦执掌政权，为了“易关市，来商旅”，检验度量时注意到气候、温度的影响，时间选在每年昼夜温差不大的二月和八月，各一次。《吕氏春秋·仲春记》：仲春之月“日夜分，则同度量，钧衡石，角斗桶，正权衡”，同书《仲秋记》也有同样的记载。从云梦秦简看，当时对度量衡的颁发、校验和监督是非常认真而严格的。《工律》规定：凡度量衡器在发放时就必须认真检验，检查是否符合标准。各县及工室的度量衡器由有关官府负责检验，每年至少校验一次，如果发现超过标准有误差者，对负责人或使用者要给予处罚[42]。例如，著名的北私府铜椭量，两侧外壁刻秦始皇二十六年诏书。秦二世元年收回重新校验后，在外底加刻元年诏书，柄上刻“北私府”“半斗”数字。秦始皇时期如此严格的管理度量衡，这样做的目的是为了便于收租取税，发放官吏的俸禄，在客观上也有利于市场的商品交换，促进商业活动的发展。

除传世的秦权以外，在陕西咸阳、西安、临潼、宝鸡，甘肃秦安，山东文登，江苏盱眙，山西左云，河北围场，内蒙古赤峰和敖汉旗都有出土。这表明秦代确向全国推行统一的衡制，在广阔疆土上确实进行着有效的实施。现有秦权、秦量70余件，制造精良，量值准确。而且秦朝的统一度量衡单位制度一直沿用了两千多年，行成了我国计量单位制度独特的系统。

（二）尺度的统一

唯一能确认秦尺的只有一例，这就是甘肃天水放马滩1号墓出土的一柄木尺（M1：24）[43]。该木尺长90.5、宽3.2、厚2厘米。除两端各留出一段空白作为圆弧和手柄外，阴阳两面各有26条等距的刻度线，每5度为一组，用“×”标示。刻度部分总长60厘米，线间距2.4厘米即为一寸。那么，一秦尺为24厘米。

长期以来对秦尺常以“商鞅方升”（又称“商鞅量”）测算。方升左壁刻有“十八年，齐□（率）卿大夫众来聘，冬十二月己酉，大良造鞅，爰积十六尊（寸）五分尊（寸）壹为升”的铭文，与柄相对的一面刻“重泉”二字，底部刻秦始皇二十六年诏书，左壁刻“临”字。可见秦孝公时的定量已得到秦始皇的承认，以此来测定秦的尺度当然是很恰当的。

“爰积十六尊（寸）五分尊（寸）壹为升”，即以16×1/5立方寸的容积为一升。经实测，秦1升的容积为202.15立方厘米。那么，将16×1/5立方寸和202.15立方厘米进行换算，即202.15÷16.2＝12.478立方厘米/立方寸，进而开立方换算出 1秦尺＝23.192厘米[44]。

商鞅方升是秦孝公十八年（公元前334年）商鞅任大良造时铸造的一件法定标准器，也是商鞅变法留给后世的一件珍宝。当时“以度审容”的科学方法铸造了这件量器，竟成了今天我们推算秦代尺度的凭借。那么，参照洛阳金村古墓东周铜尺、刘歆铜斛尺、新嘉量等测算，再考虑商鞅量的铸造与流传的影响因素，应该说1秦尺＝23.1厘米既是商鞅时的度值，也应当是秦统一后的度值[45]。至于放马滩木尺度值偏大，很可能是丈量土地用的。

（三）量制的统一

秦量器有铜制与陶制两种。

铜诏量有柄，有方形和椭圆形。铜量文字是刻出的，而陶量则有印模和契刻两种。常见的陶诏量用四字一印，在量坯未干、入窑烧之前连续捺印始皇诏文。

传世与出土的秦量有20多件。经实测的几件秦量器，获得以下一些数据。

（1）商鞅量：实测容积1升是12.4774×6.9742×2.323＝202.147立方厘米，按商鞅“16.2立方寸为升”则1升是202.15立方厘米。

（2）礼泉“两诏秦椭量”[46]：外壁两侧分别刻始皇、二世诏文。以水为介质，

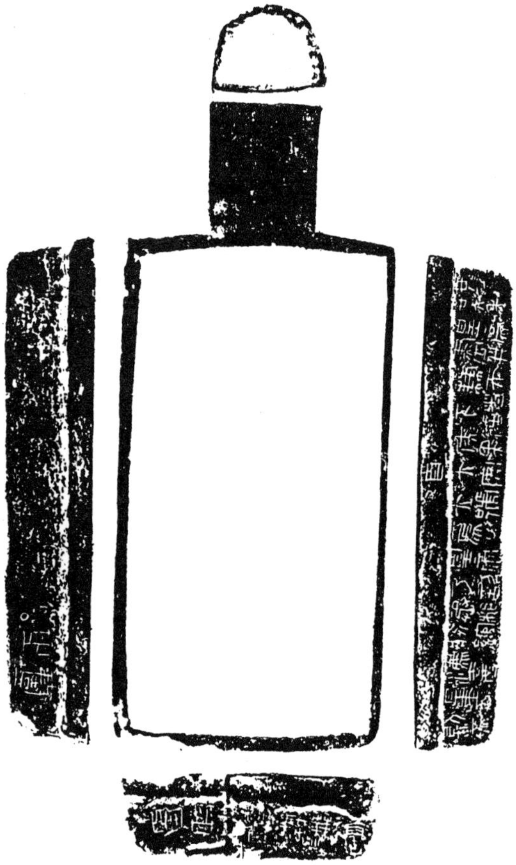

图4-10　秦始皇诏铜方升

测量容980毫升。按柄上“半斗”的自铭知，这是秦半斗之数。那么，1斗是1960毫升。

（3）云梦睡虎地秦斗[47]：秦斗作圆筒状，出自M7，用小米测定，容积为2000毫升，这正是1斗之值。

（4）上海始皇方升[48]：上海博物馆藏。外壁刻始皇诏，测出容积为215.65立方厘米（图4-10）。

（5）上海两诏铜椭量[49]：上海博物馆藏。测出容积折算为650毫升，当是“参（三）分之一斗”。折算得1斗＝1950毫升。

学者们综合各种测定，认为秦1升容200毫升。

从文献记载，秦量器大约有一升、二升、二升半、四升、参（三）分之一斗、半斗（二分之一斗）和一斗等种。之所以有这样一些级别，应是同其用途密切相关。如云梦秦简《仓律》说：“免隶臣妾，隶臣妾垣及为它事与垣等者，食，男子旦半，夕参，女子参。”这就是说，达到免老年龄（60岁以上）的隶臣隶妾，或担任筑墙及与之相当劳作的隶臣、隶妾，男子早饭口粮半斗，晚饭三分之一斗；女子早晚饭各三分之一斗。而《墨子·杂守》则载有另一种不同的口粮标准。“斗食，食五升；参食，食参升小半；四食，食二升半；五食，食二升；六食，食一升大半（一又三分之二升）；日再食。”分得如此详细的吃粮标准，如“参升小半”“二升半”“一升大半”，只有用定型的量器才能方便、准确、迅速盛取粮食，因此，估计那些不同的诏量，主要是用来发给口粮或类似的生活必需品。《秦金石刻辞》卷三，二十九前著录一件铜方升，形制与商鞅方升极似。秦始皇诏书刻于左、前、右三外壁上。诏书前还刻编号“廿四”二字。这样，保管和使用就方便多了。

（四）权衡的统一

“权衡”是古代测定物体重量的整套器具，由权与衡组成，统称之为“秤”。“衡”是有刻度的木杆，系绳索便于提絜；“权”即秤的砝码，也叫砣、秤锤，悬在衡杆上，随秤物的轻重移动。有诏秦权，质料有铜，有铁，还有陶。诏有仅刻始皇文的单诏权，也有始皇与二世的两诏权。铜权诏文绝大多数为錾刻，铁权则有铸有刻或嵌以铜版。权上有加记重量的，如“八斤”“十六斤”“禾石”。也有加记地名的，如“平阳”“美阳”。

图4-11　“重卅斤”铜权（战秦）

秦代木杆的衡多已腐朽无存，而金属权在陕西、甘肃、河北、山西、内蒙古、辽宁、山东、江苏等省区多有出土，数量达到59件之多[50]，反映出秦统一度量衡的彻底性。

秦铜诏权大多为半球形，顶上有纽，少数有弧棱，有的中空如钟形（图4-11）。北宋《考古图》的“平阳斤”，是最早见于著录的一件。

1964年西安阿房宫遗址出土的“高奴禾石铜权”，是战国秦最早出土的一件称量谷物的大权[51]。铜石权作半球形，体一侧铸阳文“三年，漆工熙，丞诎造。工隶臣牟。禾石，高奴”等十二个字。是秦昭王三年（公元前304年）铸造，发往高奴（今陕西延长），用于称禾刍的石权。另一侧刻秦始皇二十六年及二世元年两诏，并加刻“高奴石”三字，再一次申令此权的使用地与法定重量。自铭“禾石”是用作称禾之权，自重30.75千克。按秦石是120斤，则1斤 = 256.25克（图4-12）。

图4-12　高奴铜石权及其铭文（阿房宫遗址出土）

陕西临潼秦始皇陵园西侧的食官遗址内，先后出土过铜权3枚。

标本一：1975年出土的铜权，形状像钟，顶端有桥形纽，权身有17个棱面，刻有秦始皇二十六年和二世元年统一度量衡的两个诏文。权通高7.3厘米，其中纽高1厘米，壁厚0.4～0.5厘米。该权因经火焚，内腔锈蚀严重，初测重量为325克。

标本二：1978年2月17日，岳家沟农民岳公娃浇灌麦田时发现，现藏秦俑博物馆。器形完整，无锈斑。权体为钟形，中空，环形纽，权体铸成17个棱面。通高7厘米，其中纽高1厘米，纽横宽1.5厘米，纽环内径0.6厘米；权体肩部径4、底部径5.5、壁厚0.4厘米，重254.6克。肩部刻一“左”字；权体刻始皇二十六诏和二世元年统一度量衡的诏文。

标本三：1980年10月，晏寨社办工厂取土时发现。铜权出土于建筑遗址屋内的地面上，已压扁变形。权体中空，高体方肩，外形似钟，上有小纽，表面有17个棱面。通高7、纽高1、壁厚0.3、上径3.6厘米，底部略大，重256克。权体棱间一面铸阳文，文字残缺较甚，但“元年”“皇帝为之”等字句仍能辨认，当为二世元年诏。另一面刻阴文，“二十六年皇帝尽并兼”等字清晰，为始皇二十六年诏。肩部刻一编号“右”字。

上述3枚铜权均铸于二世时代，前两枚权上的诏文均为刻文，从字体看系一次刻成，无先后区别。第三枚铜权，二世元年诏是铸文，始皇二十六年诏系刻文，显然是二世时加刻的。字体均为小篆。三权的重量不一，分别重325克、254.6克和256克。第一枚铜权因锈蚀严重，土锈没有清除，重量数值不足为据。后两枚铜权的重量差1.4克，数值接近，当为秦一斤的数值。

图4-13　八斤铜权始皇诏

秦权往往有置用之地，如“高奴”石权、“大騩”和“旬邑”两诏铜权。权的自铭重量，有半两、五斤、八斤、十六斤、廿斤、廿四斤、石。按实测也有明显的级别，有一斤、五斤、十斤、十五斤（半钧）、二十斤、三十斤（一钧）、六十斤（半石）、九十斤、一百二十斤（石）等。其中“大騩”（藏南京博物院）“旬邑”两权均折合秦九斤，为十分之三钧，可能是特殊用途的权（图4-13、图4-14）。

对部分秦权实物作过称量，从而折算出斤值，如表4-3所示。

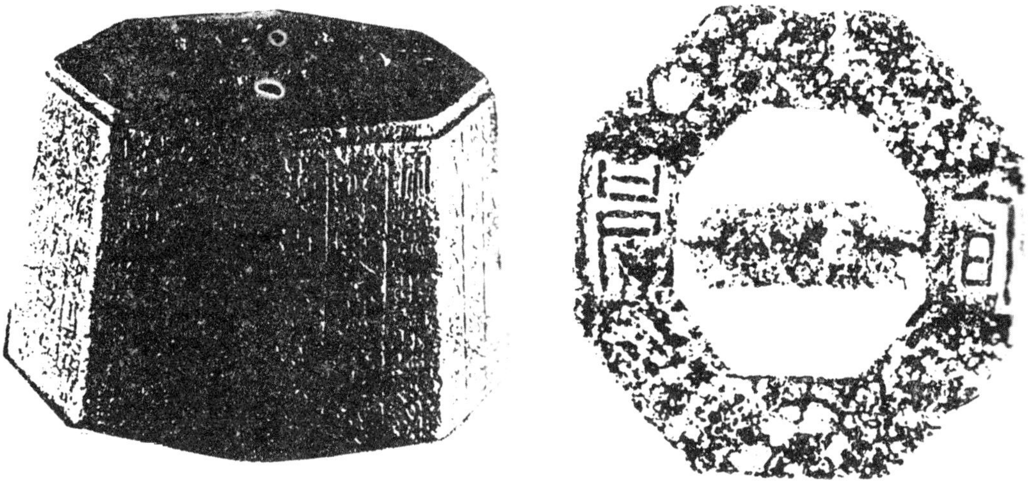

图4-14　旬邑权及顶面铸文

表4-3　秦权量值记录表

序号	器名	量别	重量／克	秦斤量值／克	资料来源
1	始皇诏权一	八斤权	2165	270.6	《图集》图版182
2	始皇诏权二	八斤权	2000	250	《图集》图版185
3	始皇诏权三	五斤权	1247	249.4	《图集》图版186
4	始皇诏权四	五斤权	1264.6	252.9	《图集》图版187
5	始皇诏权五	五斤权	1245	249	《图集》图版188
6	始皇诏权六	五斤权	1265	253	《图集》图版189
7	始皇诏权七	斤权	252	252	《图集》图版190
8	始皇诏权八	斤权	248	248	《图集》图版191
9	始皇诏权九	斤权	252	252	《故宫博物院院刊》1979年第4期图版8
10	始皇诏权十	二十斤权	4995	249.8	《图集》图版176
11	始皇诏铁石权一	石权	31 810	265.1	《图集》图版167
12	始皇诏铁石权二	石权	30 500	254.2	《图集》图版168
13	始皇诏铁石权三	石权	31 500	262.5	《图集》图版169
14	始皇诏铁石权四	石权	32 257	268.8	《图集》图版171
15	始皇诏铁石权五	石权	28 150	234.6	《图集》图版173
16	始皇诏铁石权六	石权	31 431	261.9	《图集》图版174
17	始皇诏铜石权	石权	30 430	253.6	《图集》图版170
18	始皇诏十六斤权	十六斤权	4185	261.56	《图集》图版177
19	始皇诏十六斤权	十六斤权	4020.96	251.31	《图集》图版178
20	始皇诏十六斤权	十六斤权	4175	260.9	《图集》图版179
21	大騩权	九斤权	2300	255.5	《图集》图版180
22	始皇诏八斤权	八斤权			

注：《图集》全称为《中国古代度量衡图集》

上述诸多例秦权，测出1斤之值很不一致，显然同秦“统一度量衡”的精神不符。究其原因，这些金属物在长期流传过程中难免有碰撞、磨损的发生。再加之埋在地下千多年之久，锈蚀、清理，也难免有减重或增量的出现。经学者对多枚秦权测算，求得平均值，得出的结果是1斤＝252～253克。

注　释

［1］秦何时设置蜀郡书无明载。常璩《华阳国志·蜀志》依据《汉书·司马迁传》有“在秦者错与张仪争论。于是惠王使错将兵伐蜀，遂拔，因而守之”的记载，认为“司马错灭蜀，在惠文王后九年。错既于灭蜀后即为郡守，则蜀郡之置亦必在是年甚明”。今从其说。

［2］40郡者，见《晋书·地理志》《通典·州郡一》。

［3］46郡者，见谭其骧：《秦郡界址考》，《长水集》，上海人民出版社，1987年；林剑鸣：《秦史稿》，上海人民出版社，1982年。

［4］48郡者，见王国维：《观堂集林·秦郡考》，河北教育出版社，2003年。

［5］54郡者，见后晓荣：《秦代政区地理》，社会科学文献出版社，2009年。

根据里耶古城的考古发现，秦朝还存在“洞庭郡”。黔中郡是否存在，还是个争议的话题。而在2008年，岳麓书院根据从中国海外紧急抢救的2098枚秦汉竹简中，有一枚秦简刻有“丙辰朔己卯南郡假守贾报州陵郡”。而“州陵守”“州陵假守”至少还出现过3次；另外一枚秦简则清晰地篆写有“清河假守”。这说明在目前秦朝48郡说之外还发现有两个新郡，这就是州陵郡和清河郡。

［6］同［5］。

［7］李学勤：《战国时代的秦国铜器》，《文物参考资料》1957年第8期。

［8］内蒙古语文历史研究所崔璿：《秦汉广衍故城及其附近的墓葬》，《文物》1977年第5期。

［9］尹显德：《四川青川出土九年吕不韦戟》，《考古》1991年第1期。

［10］《小校经阁金文拓本》卷十铜戈，铭文为“蜀西工”。

［11］孝感地区第二期亦工亦农文物考古训练班：《湖北云梦睡虎地十一号秦墓发掘简报》，《文物》1976年第6期。

［12］四川省博物馆、青川县文化馆：《青川县出土秦更修田律木牍——四川青川县战国墓发掘简报》，《文物》1982年第1期。

［13］杜葆仁、禚振西：《秦城址考古述略》，《文博》1986年第1期。

［14］王学理：《咸阳帝都记》，三秦出版社，1999年。

［15］林泊：《陕西临潼汉新丰遗址调查》，《考古》1993年第3期；王学理：《秦始皇陵研究》，上海人民出版社，1994年。

［16］中国社会科学院考古研究所栎阳发掘队：《秦汉栎阳城遗址的勘探和试掘》，《考古学报》1985年第3期。

［17］黄河水库考古工作队陕西分队：《陕西华阴岳镇战国古城勘查记》，《考古》1959年第11期。

［18］ 陕西省考古研究所等：《丹凤古城楚墓》，三秦出版社，2006年。
［19］ 李学勤：《战国时代的秦国铜器》，《文物参考资料》1957年第8期。
［20］ 内蒙古语文历史研究所　崔璿：《秦汉广衍故城及其附近的墓葬》，《文物》1977年第5期。
［21］ 陈松长：《岳麓书院藏秦简中的郡名考略》，《湖南大学学报（社会科学版）》2009年第2期。
［22］ 周明泰：《续封泥考略》卷六，北京京华印书影印本。
［23］ 周晓陆、陆东之：《秦封泥集》，西安：三秦出版社，2000年。
［24］ 裘锡圭：《啬夫初探》，《云梦秦简研究》，中华书局出版，1981年。
［25］ 李学勤：《东周考古与秦代文明》第十六章《社会等级》，文物出版社．1984年。
［26］ 宋镇豪：《中国古代"集中市制"及有关方面的考察》，《文物》1990年第1期。
［27］ 刘志远：《汉代市街考——说东汉市井画像砖》，《文物》1973年第3期。王学理：《秦都咸阳》，陕西人民出版社，1985年。
［28］ 睡虎地秦墓竹简整理小组：《睡虎地秦墓竹简》，文物出版社，1978年。
［29］ 何清谷：《秦始皇时代的私营工商业》，《文博》1990年第5期。
［30］ 《长安志》："直市在渭桥北，……平准物价，故日直市。"
［31］ 四川省博物馆：《青川县出土秦更修田律木牍——四川省青川县战国墓发掘简报》，《文物》1982年第1期。
［32］ 西南博物馆、四川文管会王家祐：《四川巴县冬笋坝战国和汉墓清理简报》，《考古通讯》1958年第1期。
［33］ 1980年，咸阳市汉墓里也出土过1枚文信钱，直径2.4厘米，与五铢钱叠放在一起。见咸阳市文管会、咸阳市博物馆：《咸阳市空心砖汉墓清理简报》，《考古》1982年第3期。"长安钱"与"文信钱"石范，见蔡运章等：《洛阳钱币发现与研究》，中华书局，1998年。
［34］ 陕西省博物馆、文管会勘查小组（王学理）：《秦都咸阳故城遗址发现的窑址和铜器》，《考古》1974年第1期。
［35］ 陕西省考古研究所：《秦都咸阳考古报告》，科学出版社，2004年。
［36］ 陕西省考古研究院：《西安北郊秦墓》，三秦出版社，2006年；又：《西安尤家庄秦墓》，陕西科学技术出版社，2008年。
［37］ 咸阳市文物考古研究所：《塔儿坡秦墓》，三秦出版社，1998年。
［38］ 始皇陵秦俑坑考古发掘队：《陕西临潼鱼池遗址调查简报》，《考古与文物》1983年第4期。
［39］ 秦俑考古队：《始皇陵西侧赵背户村秦刑徒墓钻探清理简报》，《文物》1982年第3期；又：程学华等：《秦陵徭役刑徒墓》，陕西旅游出版社，1992年。
［40］ 张海云：《陕西临潼油王村发现秦"半两"铜母范》，《中国钱币》1987年第4期。
［41］ 陕西省社会科学院考古研究所渭水队：《秦都咸阳故城遗址的调查和试掘》，《考古》1962年第6期。

［42］　云梦秦简《效律》对衡制、量制不符合标准、误差超过规定标准，都要受罚。“衡石不正，十六两以上，赀官啬夫一甲；不盈十六两到八两，赀一盾。甬（桶）不正，二升以上，赀一甲，不盈二升到一升，赀一盾。”这就是说，衡制中的石（120斤）误差超过16两，赀一甲；误差超过8两，赀一盾。量制中的桶差二升赀一甲，差二升以下的赀一盾。校验严格，处罚也分得清清楚楚。

［43］　甘肃省文物考古研究所、天水市北道区文化馆：《甘肃天水放马滩战国秦汉墓的发掘》，《文物》1989年第2期。

［44］　马承源：《商鞅方升和战国量制》，《中国古代度量衡论文集》，中州古籍出版社，1990年。

［45］　唐兰：《商鞅量与商鞅量尺》，《中国古代度量衡论文集》，中州古籍出版社，1990年。

［46］　陈梦东：《陕西发现一件两诏秦椭量》，《文博》1987年第2期。

［47］　云梦县文化馆：《云梦睡虎地秦墓出土陶量——秦斗》，《文物》1978年第7期。

［48］　国家计量总局：《中国古代度量衡图集》图版九八，文物出版社，1981年。

［49］　国家计量总局：《中国古代度量衡图集》图版一零六，文物出版社，1981年。

［50］　丘光明：《计量史·秦权一览表》，湖南教育出版社，2002年。

［51］　陕西省博物馆：《西安市西郊高窑村出土秦高奴铜石权》，《文物》1964年第9期。

第五章　离宫别馆和行宫

秦都咸阳内不仅有众多宏伟壮丽的宫殿建筑群，同样在城郊、关中，以及关外许多通都大邑、坦途要道、风景名胜处都建有大量的离宫别馆或行宫。《史记·秦始皇本纪》载："关中计宫三百，关外四百。"《汉书·贾山传》："秦起咸阳，西至雍，离宫三百。"《三辅黄图》："南临渭，北逾泾，至于离宫三百。"又引《庙记》云："北至九嵕、甘泉，南至长杨、五祚，东至河，西至汧、渭之交，东西八百里，离宫别馆相望属也。木衣绨绣，土被朱紫，宫人不徙。穷年忘归，不能遍也。"《三辅旧事》则曰："始皇表河以为秦东门，表汧以为秦西门，中外殿观百四十五，后宫列女万余人。"

不论关中有"宫三百"也罢，"中外殿观百四十五"也罢，或"关外四百"也罢，这应该说是包括了首都的正宫，以及京师以外的离宫别馆和行宫在内的宫殿总数（图5-1）。

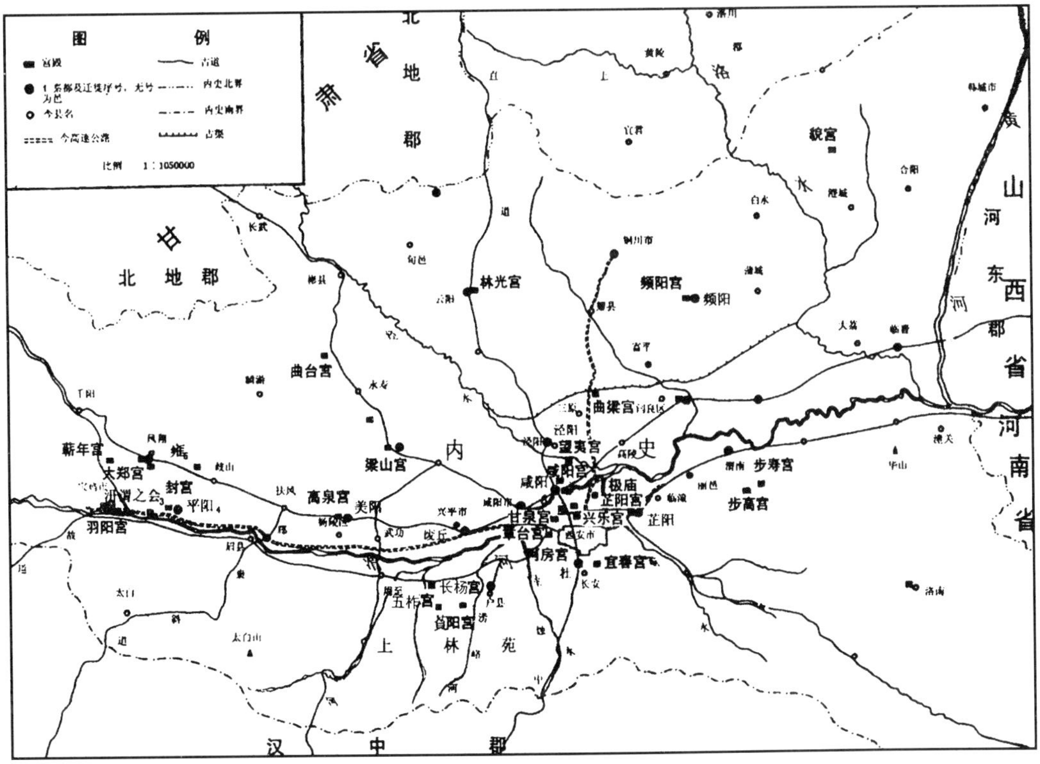

图5-1　关中秦宫分布示意图

第一节　关中离宫别馆的分布

一、栎　阳　宫

秦献公二年（公元前383年）“城栎阳”（《史记·秦始皇本纪》），“徙都之”（《集解》引徐广）。栎阳作为秦都的时间，共有34年。而栎阳有多少宫殿，其名称与布局如何，均不得详知，见载者唯有栎阳宫。另有“栎阳高平宫”鼎的传世（藏陕西户县博物馆）。《水经·沮水注》：“白渠东迳万年县故城北，为栎阳渠，城即栎阳宫。”

《括地志》：“秦栎阳宫，在雍州栎阳县（东）北三（二）十五里，秦献公造。”这里所说的栎阳县是唐武德元年（618年）复置的一个县址，名称虽同而地非一处。因为秦汉的栎阳县在东汉时废弃而并入万年县，城池也遭到了毁灭。今西安市临潼区渭河北的栎阳镇，原为后魏的广阳县治，隋改为万年县，唐又成了栎阳县治的所在。由这里向东北25里，即是秦栎阳城。当然，秦献公建造的栎阳宫也就在秦栎阳城内。

由于项羽封秦降将司马欣为塞王，都栎阳，才使得栎阳宫免遭战火。汉高帝二年（公元前205年）“都栎阳”（《汉书·高帝纪》）。因为“长安未有宫室，居栎阳宫”（《括地志》），就带有临时性。只有到了七年（公元前200年）二月，才“自栎阳徙都长安”（《汉书·高帝纪》）。刘邦同一班大臣住进了汉长安，而太上皇仍然留在栎阳，直至十年（公元前197年）“太上皇崩栎阳宫”（《史记·高祖本纪》）。随着政治重心的转移，栎阳地位下降，汉末期栎阳宫室就完全荒废了。

栎阳故城在今西安市阎良区武屯镇的关庄、玉宝屯一带。城址东西长2500、南北宽1600米，有建筑及手工业作坊遗址15处，因遭严重破坏，已不能确知何属栎阳宫。出土遗物多属战国中晚期和汉初。

二、步　高　宫

传世文物有“步高宫行镫”（《小校经阁金文》卷11），说明秦有步高宫。《三辅黄图》：“步高宫，在新丰县，亦名市丘城。”这个汉新丰县，也即是秦丽邑，辖地颇广，其西界在骊山西麓，同霸陵县接壤；向东延伸较远，可到赤水河一带同郑县（华县）相邻；北以渭河为界，同高陵、栎阳二县相望；南及骊山，同蓝田县接界。汉新丰县有这么大的地域范围，竟包括了今渭河南岸的临潼与渭南两个市区！但秦步高宫究在何地，学者们正在苦苦寻觅。

1987年7月14日，陕西师范大学何清谷教授带人去渭南市阳郭镇张胡村做调查，发现了一片规模很大的秦建筑遗址，何清谷先生说："在村东南第四级梯田畔上看到大片夯台基，高1米，南北长约80米，夯层厚9～10厘米，……在梯田畔上，我们顺手采到筒瓦、大板瓦、云纹砖、云纹瓦当数十件。这显然是一处大型建筑遗址。再由此向东北下坡，在原腰的梯田东缘见一段突起的土墙，高约4米，长约30米，厚约5米，全部夯土版筑，夯层厚9～11厘米，……这可能是宫城东段的一段残墙。从原边到张胡村西约2千米的范围内，田头路边残砖碎瓦俯拾即是。……这些都是秦都咸阳发掘中常见的遗物。"[1] 1990年11月9日，渭南市文管会又到此地调查，大体确定了遗址的范围及分布状况，即"在长1000、宽400米的范围内，发现大量的秦代瓦片，其中有典型的秦葵纹瓦当，秦板瓦、筒瓦、陶水管道等，在中心区还发现有长100、宽80米的大型夯土台。从这夯土台上向东望去，正与1988年11月在崇宁镇靳尚村发现的秦宫遗址隔沈河川遥遥相望"[2]（图5-2）。

《水经·渭水注》："首水（有本作酋水）出倒虎山，合五水，迳秦步高宫东，历新丰原东而北，迳步寿宫西，北入渭。"首水，据《水经注通检今释》即今渭南市临渭区南的一条沈河。《元和郡县图志》："首水，出（渭南）县西南石楼山，北入渭。"又说：倒虎山在渭南县"东南十五里"。何清谷先生依据实地踏查，把流经张胡村的那条河水的支流、汇合及位置与《水经注》首水对照后认为，它就是《水经注》所说的首水，亦即《水经注通检今释》所言的沈河（今作"游河"）。这条河在史家村以南有两条支流：东南支流称清水河，溯水而上，至五渠沟水库，又见五条分支流由东南的二郎山向北流来。这五股水汇合的地方即《水经注》所谓"合五水"之处；西南支流称稠水河，是由石楼山等峡谷中流出汇合而成。这两条支流，即清水河和稠水河在张胡村以下的史家汇合后，北流，穿过渭南新旧城之间，东北注入渭河。

新发现的大型宫室台基，位于被确认的古首水两支流汇合的原上。清水河在东，与《水经注》首水"迳秦步高宫东"相合，因此张胡村东北的夯土台基当即秦步高宫遗址。

张胡村步高宫遗址位于老渭南县城西南，相距三十里，与《长安志》、清雍正《陕西通志》引《雍胜略》所记方位、里数也完全相同。唯《元和郡县图志》说"秦步高宫，在（渭南）县西南二十里"。较它书记载偏少，可能只是估计而非实测。

三、步　寿　宫

据文献记载，秦步寿宫与步高宫仅有一水之隔，但方位与距离须确定。《水经·渭水注》："首水（有本作酋水）出倒虎山，合五水，迳秦步高宫东，历新丰原东而北，迳步寿宫西，北入渭。"这条材料说明了两座秦宫的具体位置，即秦步高宫位于首水之西，而步寿宫则位于首水之东。今渭南市临渭区西南30里阳郭镇的张胡村东北，已发现有步高宫大型建筑台基。这就为寻找位于首水之东的步寿宫提供了重要线索。

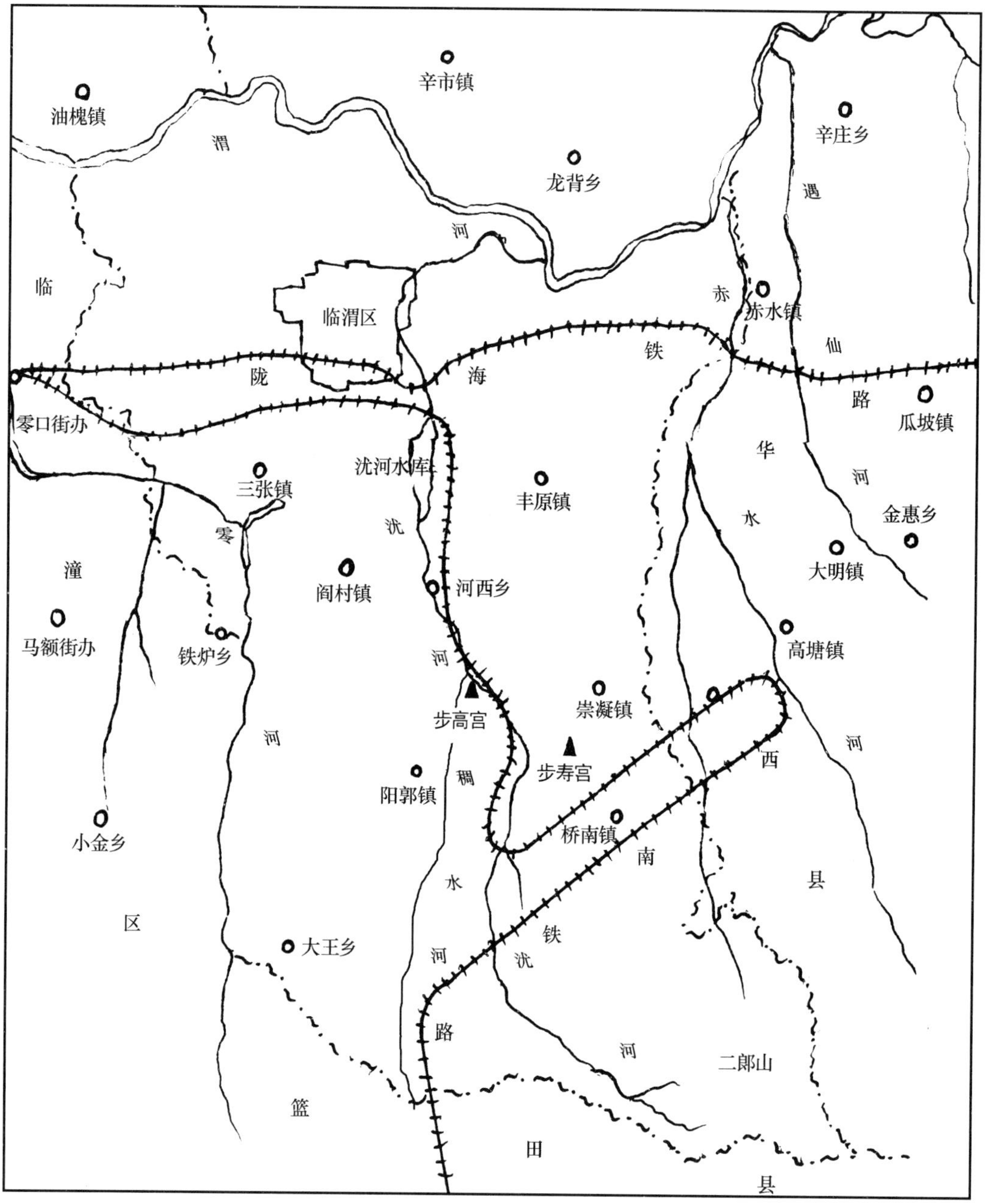

图5-2　步高宫、步寿宫位置图

1988年，考古工作者在渭南市临渭区南崇宁供靳尚村发现了一处大型宫室建筑遗址，东西长600多米，南北宽300多米。其中心区是两座东西并列的主体建筑基址，东边的长28、宽36米；西边的长40、宽35米，均建于平整的台地上，在它们的南面及西面环以深沟。基址的夯土层清晰，规整密实，夯层厚约5.7厘米。在夯土断层和附近地面有大量建筑材料，其中有龙凤纹空心砖，几何纹、云纹方砖等，这些材料都是秦宫建筑中常见的遗物。因此，这一遗址被断定是一处秦代的宫殿基址[3]。

靳尚村秦步寿宫遗址位于沈河川（即古首水）之东，与张胡村的步高宫遗址隔沈河川遥遥相望，前者位置偏北，后者位置偏南，这种位置关系，正与《水经注》所记的两宫位置完全相同。

四、梁山宫和梁宫

梁山宫是秦始皇建造的一座规模宏大的行宫。《汉书·地理志》注："梁山宫，秦始皇起。"《史记·秦始皇本纪》："始皇帝幸梁山宫，从山上见丞相车骑甚众。"《三秦记》说梁山宫城用"文石"砌筑，又名"织锦城"。

梁山，在今陕西乾县西北，向西南迤逦至扶风县北境。主峰在乾县，山上有唐高宗李治与武则天合葬的"乾陵"。也就是在乾陵附近，考古工作者先后发现了两处秦宫殿遗址。

1988年4～5月，咸阳市文物普查队在乾陵西北发现了一处大型宫殿遗址，即秦梁山宫基址。遗址位于乾县吴店乡与梁山乡交界的"瓦子岗"上，南距乾陵约5千米。瓦子岗为一漫缓的龟背形台基，地形南北长约1800、东西宽约1000米。在台基中央南北600、东西400米的范围之内，秦代筒瓦、板瓦残片俯拾皆是，总面积达24万平方米，规模宏大。遗址中部有一高大的夯土台基，底边东西长37.4、南北宽25米，夯土高出地表5米。夯层厚7厘米，夯窝径6厘米。土台周围地下还有大面积的夯土层。普查队采到大量散水石、砺石、文石及各式各样的云纹瓦当、素面半瓦当、葵纹瓦当、交龙绕璧空心砖、腾龙玉璧空心砖和龙凤纹空心砖。由此看来，这是一处规模宏大，等级甚高的秦代行宫遗址[4]。

1992年11月，乾县干部何汝贤在县城西郊人称"鳖盖"的地方发现了一处宫殿遗址，面积约60万平方米，位于乾县西郊至漠谷河东岸之间。他从群众栽果树挖出的成千上万件秦汉瓦片中，发现了数块压印篆体"梁宫"二字的秦代筒瓦和板瓦[5]（图5-3）。

《括地志》说梁山宫所在山丘"俗名望宫山。在雍州好峙县西十二里，北去梁山九里"，又说"好畤城在雍州好畤县东南十三里"。唐好畤县故城在今乾县东之好畤村附近，由此西去12里，即至今乾县城西郊，其北正对梁山。那么，今乾县西"鳖盖"的地方之所以有此俗称，就缘自高起而言，当是梁山宫所在的另一俗称"望宫山"。至于县北的"瓦子岗"遗址可能是秦始皇恢复了祠天的"好畤"遗址。

《金石索》收有"梁山錩"一件，刻"元康元年（汉宣帝年号，公元前65年）"，可见梁山宫在西汉中、后期仍在沿用。

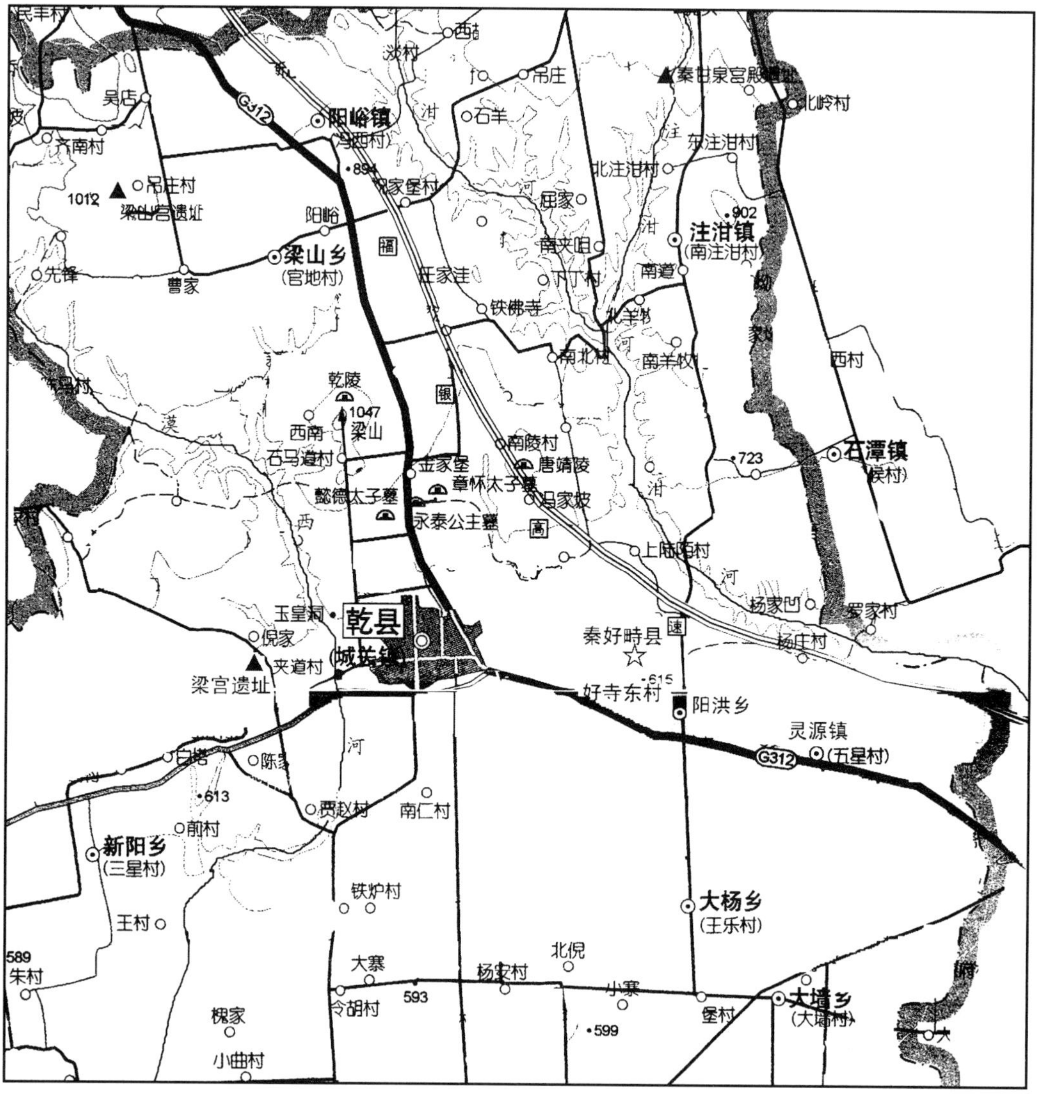

图5-3　梁山宫、梁宫与甘泉宫位置图

五、长　杨　宫

长阳宫是秦昭襄王建于秦岭北、渭河南的一座离宫。《三辅黄图》："长杨宫，在今周至县东三十里，本秦旧宫，至汉修饰之以备行幸。宫中有垂杨数亩，因为宫名，门曰射熊观，秦汉游猎之所。"《汉书·地理志》周至县注："有长杨宫，有射熊馆，秦昭王起。"《史记·秦始皇本纪》二十六年说到内史之地宫室殿屋分布范围时，《正义》引《庙记》作"南至长杨、五柞"。

《水经·渭水注》：槐里"东有漏水，出南山赤谷，东北流迳长杨宫东，宫有长杨树，因以为名"。漏水即今周至县东的赤峪河，由秦岭北麓的赤峪流出，东北流经今终南镇东，北流入黑河。据此，知长杨宫与今终南镇均位于赤峪河之西。《水经·渭水注》又云："田溪水出南山田谷，北流长杨宫西，又北迳周至县故城西。"又，《史记·司马相如列传》正义引《括地志》云："长杨宫在雍州周至县东南二里。"周至县故城是指西汉周至县治所，即今终南镇。田溪水即今周至县东田峪河，发源于秦岭北麓的田峪，北流经终南镇西，再北流入黑河。据此，知长杨宫与今终南镇都在田峪河东，且终南镇位于长杨宫北。

据调查，"今终南镇东南3千米有竹园头村，村南有地名圪垯顶，原有高达3米多的大型夯土台基，10年前平整土地时用挖土机铲平，当时周至县文化馆对此进行抢救性清理，得到大量秦汉建筑材料。《新编秦汉瓦当图录》中收有在此遗址采集的秦云纹瓦当2枚，汉云纹瓦当3枚，标志方向的白虎、朱雀、玄武瓦当各一枚，还有'汉并天下''与天毋极''长乐未央''宫'等文字瓦当。在圪垯顶土堆下看到几大堆秦汉残砖碎瓦，在附近农民一家厕所墙上看到盖着数十页秦汉绳纹板瓦。赤峪河下游，由于水利灌溉的需要河道曾多次变动。在1968年出版的地图上，还标有赤峪河支流从竹园头村南东北向流，今此支流已并入村西1千米的赤峪河正流。因此，把竹园头村南的秦汉宫殿遗址定为长杨宫遗址，基本上符合《水经注》的记载"[6]（图5-4）。

另外，周至县东48里处的尚村镇临川寺，出土有云纹瓦当、临川寺与西凤头村附近发现"长生无极"和"长乐赤央"瓦当、神策庄（属户县，位于临川寺村东）发现"延年益寿"瓦当与云纹瓦当。临川寺也曾一度改名"射熊铺"，所以一般人认为这里是长杨宫的"射熊馆"遗址。但也有人认为这里是五柞宫，位在周至县东北48里，而不是在县东南38里。

据最新的考古调查认为，汉五柞宫在秦长杨宫之南偏东。《水经·渭水注》："（耿）水发南山耿谷，北流与柳泉合。东北迳五柞宫西。长杨、五柞二宫相去八里，并以树名宫。"《雍胜略》："五柞宫在周至县东南三十八里，汉武帝造。"这些里程数同《三辅黄图》所记周至县距长杨宫"三十里"是一致的。在集贤镇村东屠宰场一带，原有两个土岗，高10多米，因多年取土竟成了一处洼地。在洼地的断层中，仍能见到夯土，并夹杂有陶水管道、云纹瓦当、回纹铺地砖、板瓦等。这里北距竹园头村也正好8里。所以说，汉五柞宫遗址在今周至县东南集贤镇的集贤村附近。

（晋）葛洪在《西京杂记》中说："五柞宫有五柞树，皆连三抱，上枝阴覆数十亩，其宫西有青梧观。"（元）骆天骧《类编长安志》引《水经注》："南山耿谷北，长杨、五柞两宫之间，有青梧观。"

长杨宫、五柞宫和萯阳宫以终南为屏，地处秦岭北之上林苑中，连峰错列，溪谷相杂、林木葱郁，禽兽繁多，可说是风景优美、气候宜人，是秦汉时期帝王游幸的离宫，也是皇家通过围猎进行搜、苗、狝、狩一类军事演习的野外场地[7]。

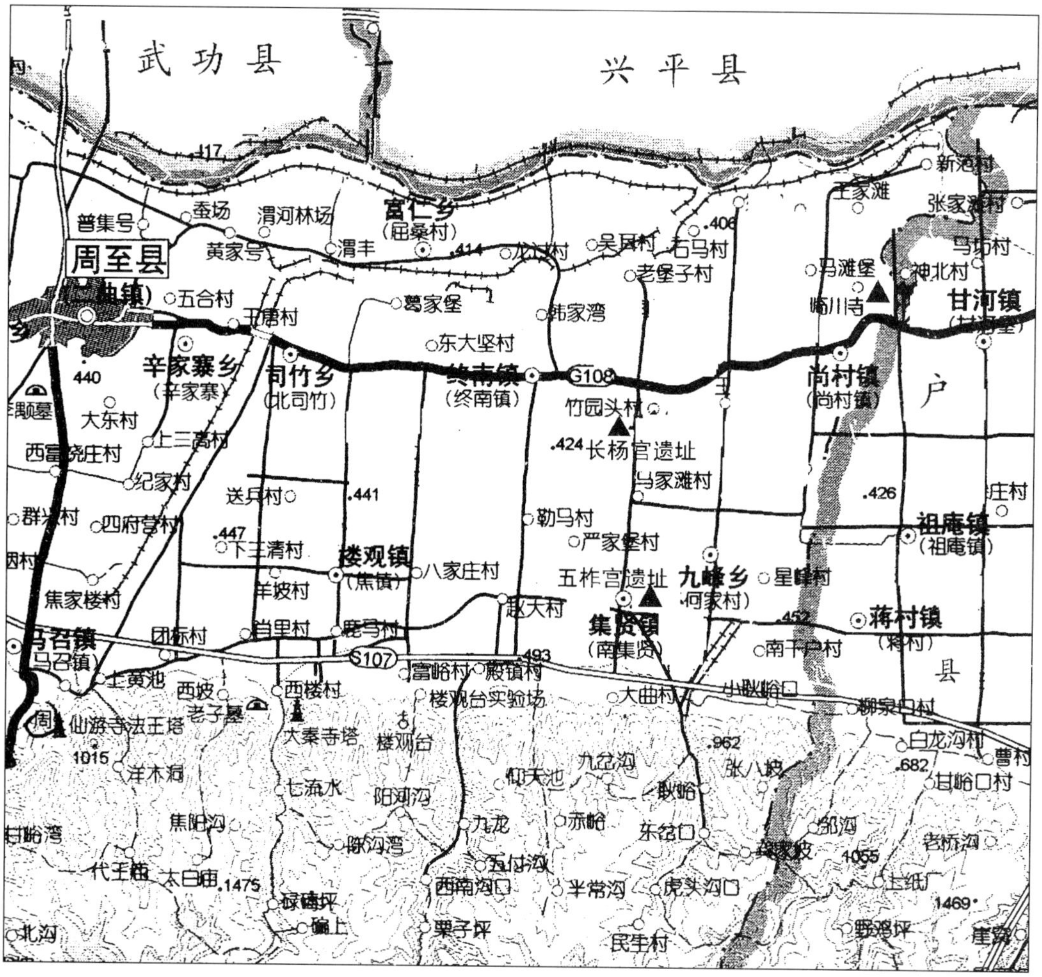

图5-4　长杨宫、五柞宫位置图

六、萯　阳　宫

《三辅黄图》："萯阳宫，秦文王所起，在今鄠县西南二十三里。"《汉书·地理志》《水经注》《雍录》论载同此。但秦无"文王"，只有惠文王与孝文王。因秦孝文王已是"生五十三而立"的垂暮老人，在位只有3天，而且他有着与其他秦王不同的"褒厚亲戚，弛苑囿"（《史记·秦本纪》）的善举，所以是不可能建造离宫别馆的。但对变法后雄心勃勃的秦惠文王来说，曾"取岐、雍巨材，新作宫室。南临渭，北逾泾，至于离宫三百"（《三辅黄图》序），在渭南起造萯阳宫绝对是可能的。所以，《大清统一志》也就认定了秦文王在此实是"秦惠文王"之误。过去有"萯阳宫印"封泥著录。

由于萯阳宫远离咸阳，未遭秦火厄运，至汉犹存。武帝游猎，常宿"长杨、五柞、倍阳”诸宫（《汉书·东方朔传》）。宣帝“甘露二年（公元前52年）冬十二月，行幸萯阳宫属玉观”（《汉书·宣帝纪》）。成帝元延二年（公元前11年）冬，“行幸长杨宫……宿萯阳宫，赐从官”（《汉书·成帝纪》）。可见萯阳宫的存在，自秦惠文王始，终西汉一朝，前后长达300余年。

《水经·渭水注》：“渭水又东合甘水。水出南山甘谷，北迳秦（惠）文王萯阳宫西，又北迳五柞宫东。又北迳甘亭西，在水东鄠县。”今陕西户县西有甘河（“甘水”），南出自秦岭北麓甘峪沟（即“甘谷”）。从甘水由南向北的流经次序（先萯阳宫，后五柞宫）和二宫的相对地理位置（宫在水东/宫在水西），结合已知五柞宫遗址（今周至县东南集贤镇集贤村），再据萯阳宫“在今鄠县西南二十三里”度量，推知秦萯阳宫的主宫位于今户西南甘河出秦岭的富村窑一带。今富村窑原名“富阳窑”，显然是“萯阳”的音转。在今曹村的鸡子山上已有秦汉宫殿建筑文物的发现[8]，有可能是“属玉观”遗址。

七、林　光　宫

《雍胜略》：“林光宫，秦时宫也。故址在甘泉山上。”《关中记》：“林光宫亦曰甘泉宫，秦起。在今池阳县西北故甘泉县甘泉山上。”《文选·西都赋》李善注引《汉宫阙疏》：“甘泉林光宫，秦二世造。”《三辅黄图》作“林光宫，胡亥所造，纵广各五里，在云阳县界”。《括地志》：“秦之林光宫，汉之甘泉，在雍州云阳县北八十里”（《史记·匈奴列传·正义》引）、“云阳故城在雍州云阳县北八十里”（《史记·秦始皇本纪·正义》引）、“汉云阳宫在雍州云阳县北八十一里，有通天台，即黄帝以来祭天圜丘之处”（《史记·孝武本纪·正义》引）。在此，有几个问题是长期以来含混不清的，即第一，林光宫同甘泉宫是两宫，还是一宫两名？有无时代的区分？第二，固然都承认是“秦起”，但具体说则有始皇与二世的不同；第三，林光宫、甘泉宫与云阳城同在唐云阳县北80里之处，彼此的位置有无区别？

唐李泰在其《括地志》一书中把林光宫、甘泉宫、云阳宫虽作了一字（汉）的区别，但人们未作时空分析，就很方便地把它们混为一谈，正如他引《关中记》的话说“年代久远，无复甘泉之名，失其实也”。时隔整整600年，对一地数宫、异地同名，统称之曰“秦造”。但有两点说得较对，一是林光宫为秦始皇所造，二是有一处作了时间的区分，即“云阳宫，秦之林光宫，汉之甘泉”。

后世学者虽有调查，但对秦、汉两宫所在的位置总是难于取得一致意见[9]。经研究，我们有以下看法。

首先，同地两宫并存，继而融合为一。秦作林光宫在前，武帝建元中（公元前140~前135年）“汉于林光宫旁起宫”（《汉书·郊祀志》师古注）名曰甘泉宫。因为地在秦汉的云阳县，所以甘泉宫又很方便地称作“云阳宫”。于是，就有了林光、甘泉二宫在一地并存的情况[10]。但是，甘泉宫范围不停在扩大，竟把同时还继续利用着的林光宫包括了进去。可以说汉宫是对秦宫的增修、改造与扩展，因而《元和郡县志》将其称作“甘泉上林宫”。事实上，在遗址中也常常有“甘林”文字瓦当的出土。不用说，“甘林”就是“甘泉上林”之省，也即是林光宫与甘泉宫融合的新容颜（图5-5）。

1

2

图5-5　甘泉宫瓦当

1. “甘林”瓦当　2. “甘泉上林”瓦当

其次，秦、汉两宫位于山上。文献所记，均言宫在“甘泉山上”。这甘泉山就是今淳化县北26千米的黄花山，是桥山山脉南向的余支，其主峰好花圪垯海拔1809米。山顶遗址区长、宽各200米，其北段即峰顶有东西两个平台。西台中部有一夯土台，周长30、高3米，内有秦汉建筑材料；东台长宽仅有70～80米。这里出土的文物，有建筑文物，有兵器和工具。另外，山上还有“孟家湾”“箭杆梁”“鬼门口南”“庙趟”“十七号杆”等五处遗址，但面积狭小，所见文物较少，均不具备建大型宫殿的条件。而“卫”字瓦当的发现，则表明是卫尉下属的官署所在，属于守护甘泉宫的兵卫之地。所以，秦林光宫、汉甘泉宫不在“山上”。而文献中所言的“甘泉山”，当是一个大的地域范围。

再次，云阳县同林光宫、甘泉宫在文献记载中，往往相提并论，且得到考古的证实。经考古勘查，在今淳化县北25千米的凉武帝（地）村、董家村和城前头村之间有故城遗迹，东西长1948、南北宽890、周长5668米（合5.7千米）（图5-6）。城墙残高5、宽7～8米。《括地志》有“云阳故城在雍州云阳县北八十里，秦始皇甘泉宫在焉”的记载，说明林光宫、甘泉宫就在云阳县城之内。城外东侧有两个夯土台基，东西相距70余米，高约16米，底围202米，多有秦汉时期砖瓦，当是“通天台”（东）和“通灵台”（西）遗址。在云阳城遗址内外文物相当丰富，除夯土台西南地面上现存有石鼓、石熊之外，建筑材料见有铺地砖、空心砖、条砖、子母砖、画像砖、板瓦、

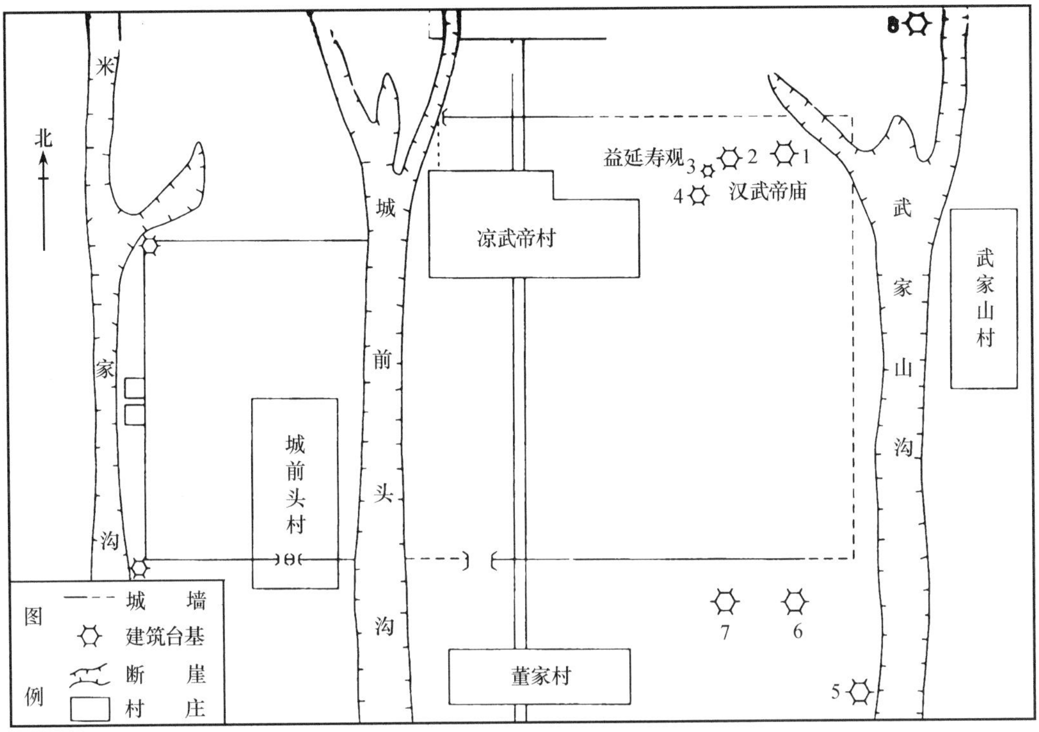

图5-6　云阳城与林光、甘泉宫探测图

筒瓦。董家村附近出土动物纹瓦当有蟾蜍玉兔纹及龟、蛇、雁、鹿等纹，是典型的秦代图像瓦当。云纹瓦当的装饰性也很强，图案变化多，计达40余种；凉武帝村一带出土的文字瓦当有"甘林""上林""长生未央""千秋万岁""长毋相忘""富贵□□""卫"等。另外，淳化县收藏瓦当400余件，鲜见的文字瓦当有"益延寿""宜富贵当千金"等，采集的瓦片上也多刻有"北司""甘""甘居""居甘"等字。很明显，这些都是秦汉云阳县吏民生活的直接证据（图5-7）。

那么，作为离宫别馆的秦林光宫和汉之甘泉宫，都是些群体建筑。据《三辅黄图》载，著名的汉代宫观建筑除甘泉宫主体建筑甘泉前殿之外，还有高光宫、长定宫、竹宫、棠梨宫、通天台、通灵台、迎风馆、露寒馆、储胥馆、彷徨观、鳷鹊观、封峦观、仙人观、石阙观、封峦观等。由于秦林光宫规模小，到汉代已经同汉宫融为一体。但甘泉宫宫区的范围也在不断地扩大，《关中记》说"林光宫亦曰甘泉宫，秦起。在今池阳县西北故甘泉县甘泉山上，周回十余里。汉武帝建元中增广之，周回十九里一百二十步，有宫十二、台十一"。众多主体的、附属的宫殿建筑散布在广阔的山野之中，从而形成了"甘泉苑"。

供皇帝游猎的甘泉苑，按陈直先生的意见也可以繁称作"甘泉上林苑"。其范围据《三辅黄图》载："西入扶风，凡周回五百四十里。苑中起宫殿台阁百余所。"既然《三辅黄图》前说甘泉宫"去长安三百里，望见长安城"，而云阳城在长安、甘泉宫的中途，怎么距离反而大了呢？《元和郡县图志》说"汉之甘泉宫在云阳县西北

图5-7　云阳城遗址出土陶文

八十里甘泉山上”，可见甘泉苑“至云阳三百八十一里”的记载是错的，可能误入“三百”二字。另外，因为扶风远在淳化县北甘泉宫的西南，所以“西入扶风”一语应理解为甘泉苑西界已入“三辅”之一的“右扶风”地界，如永寿。而北界筑有守卫门户的“石关”，当今北面的旬邑县石门关遗址，其地形险峻，两侧悬崖壁立，山口仅宽百米，正是秦直道通过的地方。

秦林光宫所在的甘泉山，登者必自入淳化县境的“车箱阪”萦纡曲折而上[11]。阪上平原宽敞，宫殿楼观相属。借山造景又富丽堂皇，休闲幽静的功能更为突出，同首都建筑那种庄严肃穆的气氛俨然有别。此地受到秦汉统治者的重视，不仅因为这是一处距都城不算太远的避暑胜地，更重要的还在于它具有战略意义。这里是防御匈奴、保卫咸阳、长安的前哨阵地。其南有驰道通咸阳，其北筑直道达九原，可使内地同当时的北部防地连为一气。出自首都与秦汉宫殿安全的考虑，北部诸峰都有设防。

八、谷口宫

范雎对秦昭王分析秦国的地理形势时说：“北有甘泉、谷口，南带泾、渭，右陇蜀，左关阪”（《战国策·秦策三》）。这里固然是从秦国首府所在地的内御防线说的，但也表明谷口是一处重要的军事要地。实际上，谷口宫作为一处离宫的本身也带上了防卫的性质。它同秦始皇向北推移防地、建立的林光宫一样，具有双重的功能。

秦汉时的谷口县辖今礼泉县东北和泾阳县的西北，北邻云阳县（今淳化县北铁王乡城前头村），东南接池阳县（今泾阳县西北二里），即《长安志》说的“地在九嵕山东、仲山西，当泾水出山之处”。县治设在今礼泉县东北50里的北屯镇北泾河口西岸，城址至今犹存。

谷口在谷口县境之内，《汉书·郊祀志》颜师古注：“仲山之谷口也，汉时为县，今呼之冶峪是也。以仲山之北寒凉，故谓此谷为寒门也。”冶峪河发源于淳化县北甘泉山东之竭子掌山，自北而南入泾阳县口镇，东南流入三原县。冶峪河出车箱阪（又名长岭阪）处的口镇就是战国时谷口的所在地——古寒门。在口镇街西南、冶峪河东岸的二级台地上，就有谷口宫遗址。其范围南北长约900、东西宽700米，总面积63万平方米，文化层堆积厚达两米。北部一段夯墙残长120、基宽2.4、残高3.3米。地下埋有排水的陶管道，地面多有板瓦、筒瓦、云纹瓦当、“宫”字瓦当、几何纹铺地方砖、陶水道等建筑遗物（图5-8）。

图5-8　谷口宫铜鼎铭文拓片
（淳化庄头村出土）

九、甘泉宫（乾县）

此甘泉宫是设在秦都咸阳渭河北岸远郊的一处离宫，虽与渭河南市中区的甘泉宫（南宫）同名，但性质有别。为区分二者，以免混淆，故后者又称南宫。

《史记·外戚世家·正义》引《括地志》："秦始皇作甘泉宫，去长安三百里，黄帝以来祭天圜丘处。"《史记·秦始皇本纪·正义》引《括地志》："云阳县西八十里，秦始皇甘泉宫在焉。"[12]

经考古调查，此宫遗址位于今乾县东北注泔乡的南孔头村，处在五凤山南麓一个缓坡的原地。南北长400、东西宽250米，总面积10万平方米。其北部中央是座夯土高台建筑，主体宫室东西残长100、南北宽80，高约4米。在台基东西两侧各有一座残高11米的"阙式台基"，形为两观。南部有东西相对的两座建筑基址。在遗址范围内采集到的文物有陶井圈、筒形下水道及其拐头、交龙抱璧空心砖、方形绳纹铺地薄砖、云纹瓦当、瓦片等，均是典型的秦建筑材料[13]。

早在秦文公作鄜畤之前，"雍东有好畤"（《史记·封禅书》），后废祠，秦孝公十三年（公元前349年）设立好畤县，辖今乾县和永寿南部，县治故城在今乾县东南阳洪镇的好畤村，北距甘泉宫所在的南孔头村10千米，可谓"雍州积高、神明之隩"，同样是一处祠天的圣地。

甘泉宫取名得之于"甘泉"。这里有泉流而名之曰"甘泉水"，进而演化作"泔河"。西魏大统四年（538年）柝宁夷县（今礼泉县东北）在此置甘泉县。这个"孔头村"之名，实际是沿袭"甘泉宫"而又称"宫城村"的，但随后又音变成"空城村"→"空头村"→"孔头村"……

十、高 泉 宫

《汉书·地理志》："美阳有高泉宫，秦宣太后起。"《陕西通志》："高泉宫在扶风东美阳县故城。秦宣太后尝居之。"《小校经阁金文》《陕西金石志》著录有"高泉宫共厨铜鼎"盖。

美阳县系秦孝公时设，因在美山之南故名，治在今扶风县北法门镇美阳村。美阳故城平面不太规正，略作抹角的三角形，南墙长700、西墙长500、北墙长850米。城周围的灵护、庄白、刘家和岐山的青化、孙家等地多有戳印"美亭"印文的战国陶器出土，说明美阳市亭就设在美阳。那么，既然这里是美阳故城，高泉宫肯定也在附近。高泉宫距咸阳较远，免遭秦末大火之祸，汉代曾在这一带祭祀炎帝，它当同秦的吴阳下畤有关。

十一、平　阳　宫

秦宪公二年（公元前714年）把都城从今宝鸡市东卧龙寺西北的“汧渭之会”向东迁徙到了今宝鸡市陈仓区东部的太公庙附近，建立了平阳城。秦在这里经历了出子、武公二世，计37年时间。在平阳筑有“封宫”，史书称为“平阳封宫”，也称“平阳宫”。《史记·秦本纪》和《秦始皇本纪》均提到武公“居平阳封宫”，其所言的“封”，可能同建高台以便筑宫的做法有关，即所谓“聚土为封”（《周礼·地官·封人》）；或是为了祭祀而“封，坛也”（《礼记·祭法》）。总之，秦人在立国早期还没有足够的力量在都城内外建很多宫殿群时，就设立一座多功能的宫殿及其附属建筑成为指挥中心，也足以应付政治的需要。我估计在人工堆筑的高台上建起的“平阳封宫”，大略就具有这种性质和作用。

平阳封宫历经战国、秦、汉，存在时间很长。竟由秦世的朝宫而演变成秦、汉两朝相继的行宫。汉成帝时“雍大雨，坏平阳宫垣”（《汉书·郊祀志》），从此颓圮失修。著录文物见有“平阳封宫”铜器、“平阳宫鼎”和刻有两诏的“平阳斤”等[14]。这些均系秦时平阳宫或平阳的专有之物（图5-9）。

图5-9　平阳石权

平阳故城在今陕西宝鸡市陈仓区杨家沟乡太公庙村到阳平镇一带[15]。由于地当今凤翔、宝鸡、岐山、眉县交界处，归属多变，历代文献记载不同，实则一地有数说[16]。此处北倚凤翔南原，在南临渭水的台地上，作为高台建筑的封宫位于平阳城内，在美丽的环境中更衬托出一种庄严的气势。20世纪60年代，在秦家沟发掘过秦墓，也有不少灰坑的发现。1978年1月，在太公庙村又出土秦武公钟、镈等公室重器，也可能同封宫的祭祀有关。

十二、羽　阳　宫

羽阳宫是秦武王起造的一座行宫。《汉书·地理志》很明确地记在陈仓县之下。

陈仓县，秦置，辖今宝鸡市、陈仓区东部及太白县西部，治设宝鸡市金台区卧龙寺火车站西北。陈仓县于唐至德二年（757年）改名宝鸡县。在宝鸡市东，自宋代以来多次出土过汉羽阳宫的文字瓦当，如北宋王辟之在其《渑水燕谈录》卷八中说“元祐六年（1091年）正月，直县门之东百步，居民权氏浚地得古筒瓦五，皆破，独一瓦完。面径四寸四分，瓦面上隐起四字曰‘羽阳千岁’，篆字随势为之，不取方正……”。宋宝鸡县“直县门之东百步”约当今宝鸡市区马道巷口附近。《陕西金石志》收有道光中宝鸡出五六枚“羽阳千岁”瓦和藏于长安谢氏家的“羽阳万岁”瓦。特别是1940年在宝鸡东关修铁路时，竟掘出包括“羽阳千岁”“羽阳千秋”“羽阳万岁”和“羽阳临渭”四种的瓦当“约有万余片”[17]。“羽阳临渭”瓦当最清楚地标志出羽阳宫处于渭水之滨，而“羽阳”瓦当的出土地则有宝鸡市东关，马道巷和卧龙寺几地的不同，东西跨10多千米。而《汉书·地理志》的记述，也只是笼统的一句话。看来秦汉羽阳宫位于今宝鸡市东卧龙寺车站西北的陈仓县故城大致是可靠的。此间也是秦文公“汧渭之会”旧都的所在地（图5-10）。

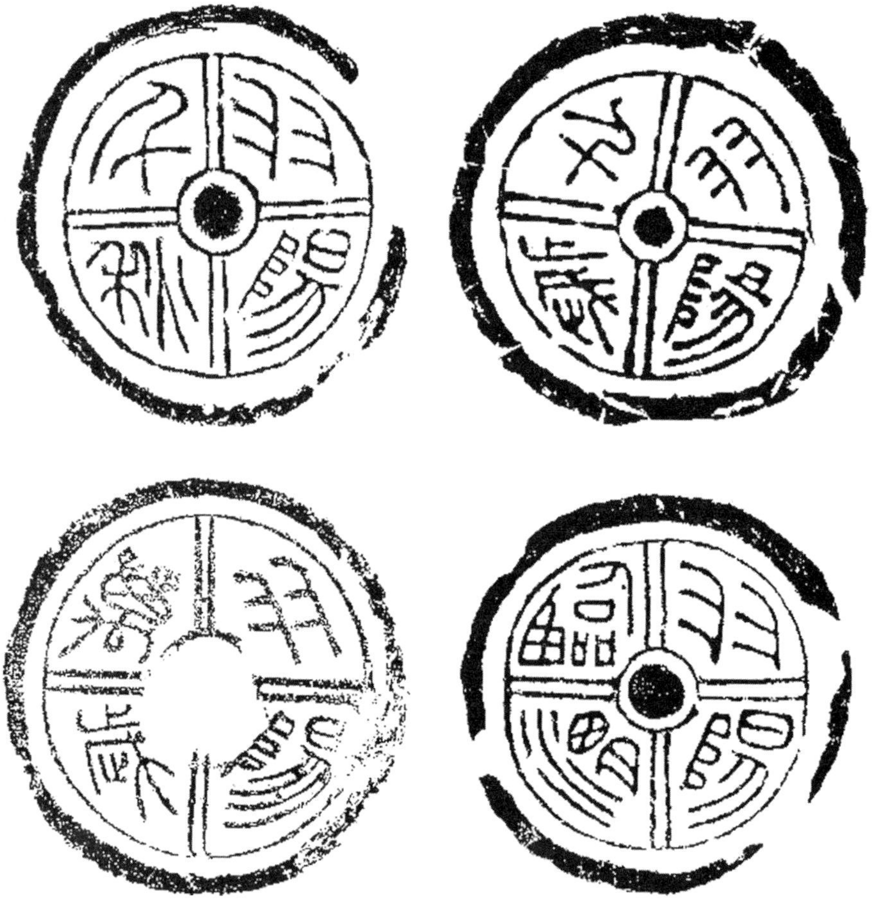

图5-10　羽阳宫瓦当拓片

1973年，凤翔县长青乡马道口出土“雝（雍）羽阳宫鼎”一件，附耳，三蹄足，腹有棱，通高17.1厘米，口径下刻有铭文。但还不能依据出土地就断定秦汉羽阳宫就在此地，因为“雍”是包括陈仓在内的大地名，即使雍县与陈仓县已经分置，作为大地域的这一名称仍然在沿用着。根据鼎上三次分刻的铭文可知，它先后用在“郡邸”“雍羽阳宫”和汉“高唐”县，当同汉武帝幸雍祀五畤、宣帝在羽阳宫祀陈宝、元帝幸雍祀吴阳上畤有关[18]。

羽阳宫所在的陈仓一带，北负三畤原，南临渭水，群峰叠翠，是秦人去西垂故地必经之道，建立行宫，地理条件优越。而“雍五畤”是秦汉以来祭祀上帝的地方，羽阳宫也就成了帝王西行必然驻足之处。

十三、虢　宫

虢县，春秋时秦武公十一年（公元前687年）灭西虢置，西汉因之。东汉废，北周改洛邑县。隋复虢县，唐废而又复。辖今凤翔东南及陕西宝鸡县千河以东，治设虢镇。

《汉书·地理志》虢县注：“虢宫，宣太后起。”《三辅黄图》：“虢宫，秦宣太后起，在今岐州虢县界。”宣太后系秦昭襄王之母，楚人，在昭王即位初期，曾同相邦魏冉掌握大权，故能于秦国西部的美阳建造高泉宫，在虢县的渭水之滨兴建起又一座离宫。虢宫当在今宝鸡市陈仓区虢镇附近。

十四、貌　宫

秦汉“貌宫”遗址位于澄城县北17千米的良周村，东西长约1000、南北宽800米。中心部分有土沟环绕，似人工开挖，形为东西长的矩形，面积为（650×330）平方米。经省文保中心钻探，东部有多处建筑夯土分布，地面存留有大量的建筑遗物。采集到谷壁纹空心砖、几何纹方砖、滴水砖、筒瓦、板瓦，各式云纹瓦当。文字瓦当见有“与天无极”“宫”“貌宫”（图5-11）等[19]。戳印陶文主要在筒瓦上，少数在板瓦内侧和陶器残片上，文为“大匠”“犬亭”“鬼”“木”“禄”“匄”（以上筒瓦）“栎市”（陶瓮）等。

图5-11　“貌宫”瓦当拓片

“貌宫”遗址位于黄龙山与洛河间的平坦原地，近有壶梯山，风景颇佳。因处“河西地”，曾是秦晋、秦魏争战的重地，洛河两岸各有长城。从出土文物和遗址的人工环沟看，大概是战国晚期秦的一处兼有防御性质的行宫。沿用至汉武帝时，大概也同祀汾阴后土途经此地有关。

十五、频　阳　宫

《水经·沮水注》说沮水“东迳当道城南，城在频阳县故城南，频阳宫也。秦厉公置”。根据《史记·秦本纪》记载，厉共公二十一年（公元前456年）“初县频阳”，那么，建造频阳宫也大约是这个时候，其位置在今富平县美原镇西南的古城村一带。

第二节　内史地待考的几处宫殿遗址

一、咸阳西行大道上的宫殿

古代横贯关中的一条主干道，是同渭河的流向平行的，以咸阳为中心而向东西两个方向延伸。咸阳以西，路线经行在渭河北岸，通向陈仓、雍都、陇西；咸阳以东，路则在渭河南岸，是东通函谷的驰道。沿东西大道途经诸多驿站之外，还建造了不少供帝王驻跸的行宫。

咸阳西行的大道上，在今兴平、武功和杨陵区的路段上，发现了六处滨渭的秦汉宫殿建筑遗址，彼此相隔7.5～10千米；其间的秦文化遗址较为稠密，延续时间也较长，汉后一段时间仍在沿用（图5-12）。

汉黄山宫，据《汉书·地理志》颜注，建于孝惠帝三年（公元前192年）。《水经·渭水注》作“渭水又东北迳黄山宫南”，说明宫在水北。今兴平县东南田阜乡侯村西北侧有一处秦汉文化遗址，东西长1000、南北宽400米，面积达60万平方米，文化层厚约2米。见有夯土层、窑址、墓葬等。多出土绳纹筒瓦、板瓦、虎纹空心砖、铺地砖、饕餮纹半瓦当、各类云纹瓦当、“长生无极”瓦当及圆形、脊形陶水管道。1984年2月，农民取土时，还发现刻铭“横山宫”铜灯一盏。1992年发掘时，除生活陶器和各式瓦当等建筑遗物外，最珍贵的是出土有“黄山”瓦当和直径达76.5厘米的夔凤纹瓦当[20]。古“横”与“黄”相通，故“横山宫”即“黄山宫”（图5-13）。

汉黄山宫可能是在西周犬丘、秦废丘的基础上建造的，而该遗址的确认从而也纠正了把黄山宫记在“兴平县西三十里”的错误[21]。

兴平县境渭河北岸的秦文化遗址，除侯村的汉黄山宫遗址外，由东向西还分布有小寨、杨村、南佐、汤坊、大金家村，武功县普集乡梅花寺村等处。其中以小寨遗址面积也比较大，有10万平方米。常见的建筑遗物是绳纹筒瓦、板瓦等。

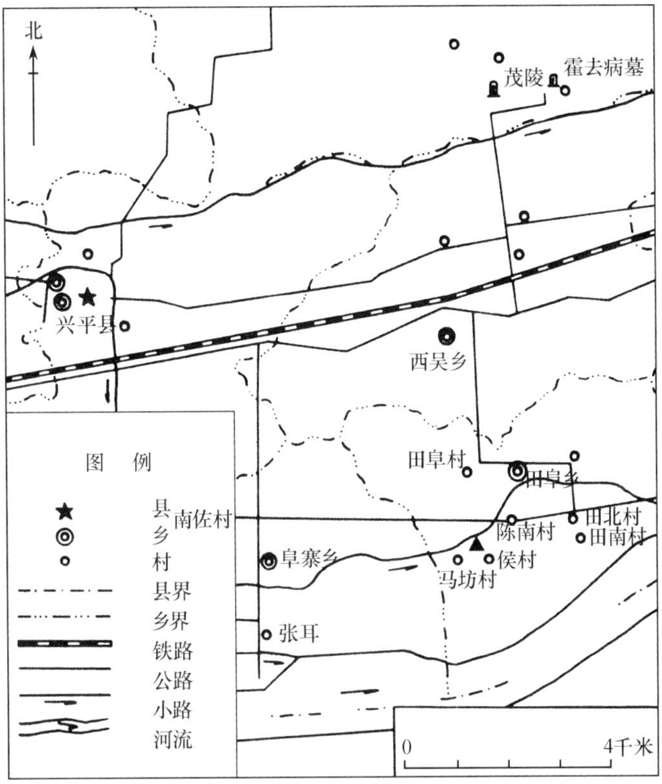

图5-12　侯村秦汉宫殿建筑遗址位置图

二、滨沣的东马坊秦宫遗址

此宫殿遗址位于今阿房宫西侧6千米处，当沣河西岸，与河东岸纪阳寨秦“烽火台”建筑遗址东西相望，地属今陕西长安县西北高桥乡东马坊村西北，面积不详。残存夯土台基一座，东西长只有50、南北宽32、高7.6米。台基中部有房迹残留，其居住面东西长17，断墙残高1.4米，原来是围绕台基分层建筑、构架梁柱，形成很多隔间。经过火焚，堆积物见有红烧土和秦代绳纹筒瓦、云纹瓦当、板瓦片、空心砖、脊形陶水道[22]。

在马坊村西南有一处面积达15 000平方米的居住遗址，可见到战国秦的陶片，纹饰有绳纹、几何纹等。

东马坊宫殿是独立的，附近有居住遗址，但作为“表南山之巅以为阙，络樊川以为池”的阿房宫的近郊，在当时是否也算在阿房宫区之内？

三、槽坊遗址

槽坊遗址位于长安区高桥乡槽坊村西南150米处，面积约15 000平方米。地面遗留

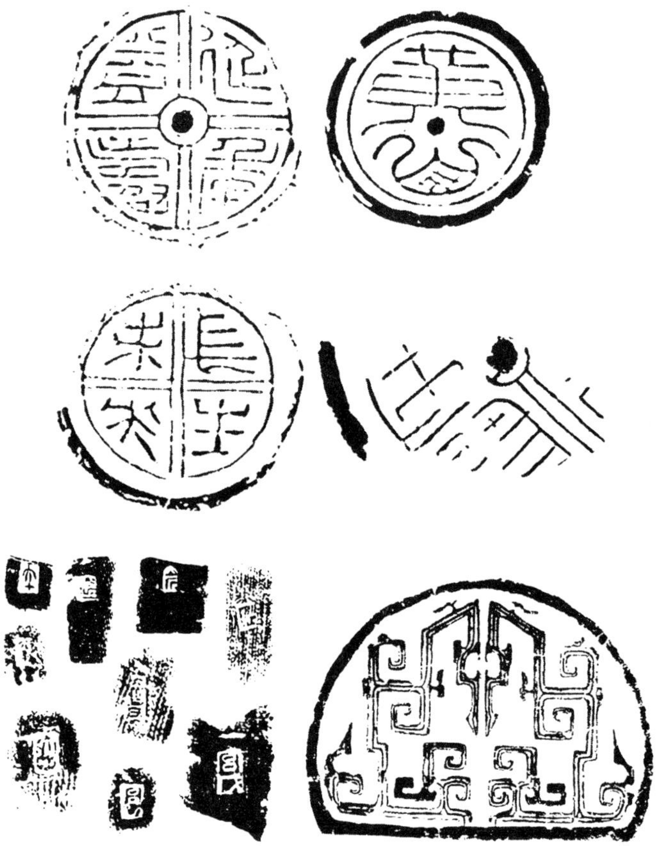

图5-13　黄山宫遗址出土瓦当与陶文

有泥质灰陶片、夹砂黑陶片，纹饰有绳纹、几何纹。

四、凤翔凹里秦汉遗址

凹里宫殿遗址位于凤翔县东横水乡凹里村，地当水口河（下游为横水河）西岸的台地上。因遭历年取土破坏，仅剩下遗址西北部650平方米的范围。但从地下一条南北长200米的陶水管道看，此建筑的原来规模是相当大的。采集的文物有筒瓦、槽形板瓦、素面半瓦当、圆瓦当、回纹铺地方砖、陶水管道和陶罐等。其中瓦当数量多，内容丰富，既有“长生无极”等文字瓦当，也有双獾纹、鸟鱼纹等动物纹瓦当，而图案瓦当与涡纹瓦当更是多彩多姿，极富装饰性[23]。

凹里建筑遗址处于雍都之东20千米，当是雍都郊外的一处建筑，后成为秦汉的离宫。

五、尚家岭秦汉建筑遗址

尚家岭秦汉建筑遗址位于陕西省千阳县城东10千米处的南寨镇冯家堡，东临汧河支流涧口河，南有蜿蜒开阔的汧河河湾滩地，总面积约22 000平方米。2010年1～6月，发掘了战国晚期到西汉时期的建筑基址两处及局部的外围墙[24]。其中Ⅰ区建筑规模较大，夯土台基东西长32、南北宽17米，建筑东西面阔30.7、南北进深15米。四周有廊柱，中部有冷藏窖。环绕Ⅰ区的夯土围墙平面布局为长方形，其中东墙早年消失，北、西、南三面墙虽有残缺，但可以复原，距夯土建筑基址距离分别是56.6、17.2、10.3米；Ⅱ区位于西部，由南侧围墙与夯土建筑构成。围墙略有曲折，大致与夯土建筑基址平行，残长17.5、宽2.5米，夯层厚度8～10厘米。在建筑基址中，出土了大量的砖、板瓦、筒瓦、素面半瓦当、葵纹瓦当、大夔凤纹瓦当、方形回纹空心砖等建筑材料。

依据考古发掘层位关系及出土大量砖、瓦、瓦当等建筑材料的类型学分析，Ⅰ区夯土建筑基址的始建年代为战国，秦代至西汉继续使用并有多次修缮，从现场发现大量烧土、炭灰等痕迹推断，该建筑曾遭大火后而被毁，Ⅱ区的建筑的废弃年代当与Ⅰ区相同。

尚家岭秦汉建筑遗址是继陇县磨儿原、凤翔孙家南头、宝鸡魏家崖等处秦汉大型聚落遗址之后，在汧河流域又一重要的考古发现。该建筑遗址处于陕、陇间的“汧水道”上，是秦汉皇帝西行与祭祀时的必经之地，同“回中道”有关，当是一处行宫建筑。

六、秦直道上的行宫遗址

（一）“营盘山”行宫遗址

位于陕西志丹县永宁镇任窑子村西约200米处，当秦直道东侧5米。夯土台基南北长350、东西宽约80、高15米，面积约2.8万平方米。西侧断面垂直，其他三面呈三级台阶状。四周断面及地表发现大量山云纹瓦当、绳纹板瓦、筒瓦、素面或回纹铺地砖、菱形几何纹空心砖、月牙形绳纹砖、陶水管、陶井圈、石柱础等[25]。

（二）红花园行宫遗址

位于陕西安塞县化子坪乡红花园村东200米处，当秦直道东侧数10米。面积约10万平方米，现存夯土台基高达10米，夯层厚10～30厘米。地表散布有大量的绳纹筒瓦、板瓦、葵纹瓦当、四纹铺地砖、几何纹条砖、空心砖、陶水管道、大型柱础石等建筑材料及陶器残片。板瓦上可见“宫”“工”“水”“左”“右”等陶文[26]。

七、祝原秦宫殿遗址

祝原秦宫殿遗址位于陕西洛南县西永丰镇北的祝原村，地当华山山脉南侧的洛南盆地西部。传为“李密冢”的建筑遗址，北距洛河南岸1千米，四周地势开阔，其主体是一大型的夯土台基，坐西面东，高11、东西长55、南北宽45米，面积2400平方米。四周均有附属建筑遗迹：东侧是阶状平地，大量的绳纹瓦砾与础石延伸100米；西侧在20米之内，散布有瓦砾与础石。另外，在西南20、西北200米处都有建筑遗物瓦砾与石柱础的存在。遗址区出土的筒瓦外细绳纹、内麻点纹，板瓦外为交错绳纹、内素面，铺地砖光素或有平行浅绳纹，空心砖转角处抹光，均具战国时期至秦代风格。室内地面平整、光洁、坚硬，呈淡红色，伴有打磨地面的卵石出土，正是秦建筑的做法。遗址中未发现汉代及其以后的遗物，台基中大量的红烧土、遗物的开裂状况，显示了此离宫建筑毁于秦末的大火[27]。

第三节　关外行宫寻迹

一、秦　川　宫

《七国考》引《郡国志》：“秦川宫者，昔非子封秦，于此筑宫室。”

秦人的先祖非子“居犬丘，好马及畜，善养息之”，那是在今陕西兴平县。后来，周孝王“召使主马于汧渭之间，马大蕃息。……邑之秦，使复续嬴氏祀，号曰秦嬴”（《史记·秦本纪》）。这段时间，非子先在今凤翔与宝鸡的“汧、渭之间”这一平畴沃野上，略带试验性质地在扩大牧养马群的规模。当“马大蕃息”、取得周王室的嘉奖之后，再沿汧水继续上溯，越过陇山，最后到达甘肃省清水一带。周王对养马取得卓著成绩的非子，再次给予封赏。使之有邑于“秦”。于是，有土地有人民的非子便在这秦川之地建筑起宫殿来，这就是所谓的“秦川宫”。

秦川宫位当今甘肃省清水县西一带。

二、西　垂　宫

《史记·秦本纪》与《秦始皇本纪》记秦文公元年（公元前765年）“居西垂宫”。《三辅黄图》载文也同于此。

一般学者都承认“西垂”本来并不是一个具体的地名，而是作为“西部边陲之地”的泛称。像秦之先祖中潏于商代末期“在西戎，保西垂”，为商守卫西疆。秦庄公受周宣王之命伐西戎，封为“西垂大夫”，居西犬丘。秦襄公“兵送周平王东迁雒邑，封爵，始国”，仍居西垂，死后还要归葬西垂……西垂，秦也称“西邑”，还是指秦人早年游牧于陇右沟谷的那些地方。否则，那就会把中潏“在西戎，保西垂”和庄公为“西垂大夫”看做是在守一城一地！

当然，中潏为商所守的“西界”，绝不像今天国境线那样地清楚（“未定界”的情况除外）。即使在这么有相对范围的带状地域之内，想来必定也有一个或几个固定的地点作为驻守的场所。从“在西戎”三字上，我们就可以看到司马迁遣词造句之妙！因为戎人分布甚广，同周人及其他族人杂处，行动上又聚散无常。而中潏在关中西部乃至陇东一带驻守，同样也受着戎人的包围。“在西戎”三字，正是对这一实际的高度概括。当然，“保西垂”，则是中潏“在西戎”执行保卫商西土任务的一个同义词。

也正因为中潏“在西戎”执行着守边任务时，有着固定的据点，久而久之便在建设过程中形成了较大的聚落中心，以至有了城邑的建制。人们很自然地把“西垂”的地域概念转化为具体城邑的称呼，符号化的代称也随之变成了专称。那么，“西犬丘”也称之为“西垂”，大概就是这么来的。只有在这个时候，“西垂”“西犬丘”才由广泛的地域概念转化成具体的地名，所以这就体现了一个地名在历史演化中的形成过程[28]。

西犬丘是秦人在陇右地区的政治中心，建有西垂宫，地在今甘肃礼县一带。

三、回　中　宫

回中宫是秦设于“回中道”上的一座行宫。初建年代不详，其所在地也是长期以来聚讼纷纭的问题。

《史记·匈奴列传·正义》引《括志志》：“秦回中宫在岐州雍县西四十里，即匈奴所烧也。”《史记·秦始皇本纪》《玉海·宫室》《通鉴·秦始皇纪》注引均同此。《秦集史》引《三辅黄图》作“回中宫在汧”。

“回中宫”的位置，除陕西汧陇说之外，还有陕西陇县、甘肃平凉、固原、泾川、宁夏泾源等多种说法。

《史记·秦始皇本纪》：二十七年（公元前220年）“始皇巡陇西、北地，出鸡头山，过回中”。《通鉴》作“过回中宫”。汉文帝十四年（公元前166年），匈奴骑兵“入朝那萧关，杀北地都尉（孙）卬，虏人民畜产甚多，遂至彭阳。使骑兵入烧回中宫，候骑至雍甘泉”（《汉书·匈奴传》）。汉武帝曾“郊雍，通回中道，巡之。春，至鸣泽，从西河归”（《史记·封禅书》）。我们从这些文献记载中可以看到这么一些有意思的情况：活动的地域限定在陇西和北地两郡间，驻足点是鸡头山和回中宫，两条路线是汧水道和泾水道。把它们串联起来，很自然地就形成一个回环的闭合圈。圈线与线上的各点，连接起来畅顺通达，不带跳动性。那么，我们寻找回中宫的

图5-14　回中宫遗址夔纹瓦当

所在地就应当在此连线中求之。

宁夏泾源县果家山秦建筑遗存的发现，同“回中道”“回中宫”有着直接的关系，比其他几地更具有说服力。有考古材料显示：在宁夏泾源县香水镇果家山二级台地上，发现秦建筑遗址的面积达50万平方米，文化层断断续续长达5千米。在田野、沟崖上，散布着大量的铺地砖、排水管道、夔纹瓦当等[29]（图5-14）。其中的夔纹大瓦当，最大直径有47厘米，这只有在陕西秦始皇陵、辽宁绥中、秦皇岛金山嘴等秦行宫建筑遗址中才能看得到。由此，我们可以作出这样的判断：第一，果家山遗址是一处大型的秦汉行宫建筑遗址；第二，这里处在秦始皇“巡陇西、北地，出鸡头山，过回中”的经行路线——回中道[30]上；第三，其地理位置，正处在当年匈奴经朝那湫（今宁夏固原市原州区开城镇马场村东）、入萧关（今宁夏泾源县北的瓦亭峡一带）、烧回中宫的路上；第四，在这条路线上，也经常有秦文物的出土[31]。基于以上理由，我们即可认定：果家山遗址就是“回中道”上“回中宫”的所在。

公元前166年，回中宫被烧毁之后，回中道上的瓦亭峡一带仅是易守难攻的战略要道，不复再有离宫的存在了。

四、碣石宫建筑群

秦始皇三十二年（公元前年215年）“之碣石，使燕人卢生求羡门、高誓。刻碣石门”。在此，建有碣石宫（图5-15）。

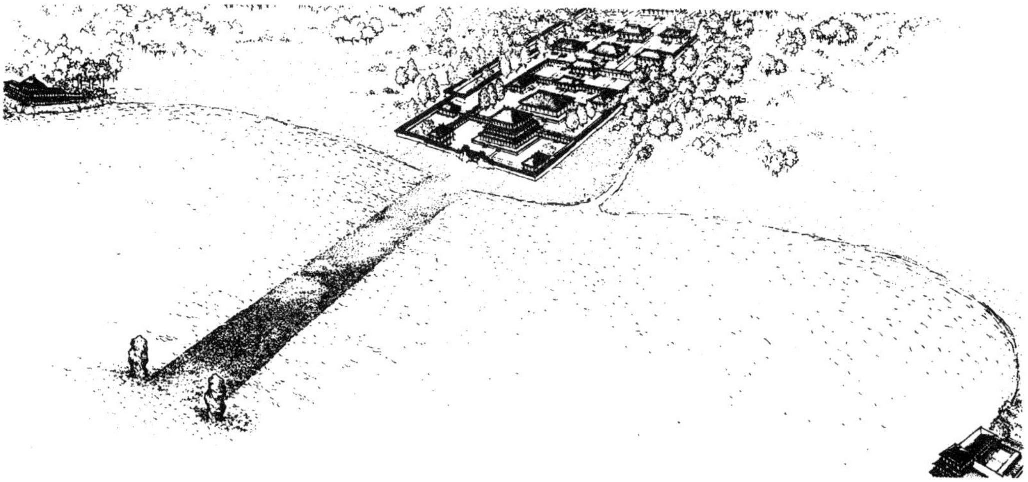

图5-15　绥中秦碣石宫遗址主体及东阙复原鸟瞰图

（采自杨鸿勋图）

秦始皇先登临望海的碣石山（即今河北昌黎县西北的仙台山），因为碣石山顶有巨石特出，其形如柱，有似穹隆，不但名称由此而来，而且也是全方位望海的佳境。登碣石山，始皇不仅是欣赏海陆的奇景，而重在派方士卢生去寻求羡门和高誓二位仙人。随后，一行便去了碣石门，刻石颂秦德。《书·禹贡》："夹右碣石，入于海""太行、恒山至于碣石，入于海。"这就指出了碣石临海的地理特点。

碣石门在山海关外15千米的渤海之滨，是屹立于海中的一对自然礁石，高达24米。其北正对的是碣石宫主要宫区——辽宁绥中县万家镇墙子里石碑地宫城建筑遗址，中间有石铺的甬道相通。经发掘知，宫城所在的石碑地是一处地势高敞开阔的岗地，南北长500、东西宽近300米[32]（图5-15）。在城内南部有两个大夯土台基，1号台基边长42、高8米，是有三级廊道的阶梯式建筑，是为"前殿"；2号台基位于1号东北150米处，南北长15米，东西略宽，上有居室。在石碑地建筑遗址中的出土遗物全为砖瓦，未见日用器皿与生产工具。建筑遗物有树纹、变形夔纹半瓦当，长筒瓦当，云纹和"千秋万岁"圆瓦当，回纹方砖，大空心砖。其中有高浮雕夔纹巨型瓦当8个，通长68、当面直径52、高37、厚2.5厘米（图5-16、图5-17）。

图5-16　石碑地遗址出土的建筑遗物

图5-17　碣石宫遗址出土陶文拓片

1～5. 石碑地采集　6. 石碑地出土　7、9. 瓦子土采集　8. 黑山头采集

10. 大金丝屯采集　11. 止锚湾出土

秦碣石宫同样是一座群体性的建筑，计发现有6处建筑遗址。均是以石碑地的宫城为中心（图5-18），在沿海14平方千米的范围之内，分布有多处从属建筑（图5-19）。

西侧2千米处的岬角——黑山头，在南100余米的海面上，有东西对峙的礁石，间距40余米，称之为“龙门石”。黑山头顶部平坦，有结构复杂的多层高台建筑，被认为是秦碣石宫的“西阙楼遗址”[33]；

在相对应的部位，即石碑地东侧1千米处，是止锚湾建筑遗址。海岸高地上有建筑遗址与遗物，南面200米处的海中，也有一块大礁石，俗称“红础子”。止锚湾建筑遗址，被认为是遭到破坏的秦碣石宫“东阙楼遗址”。

瓦子地遗址在宫城北1千米处的高岗上，面积约10余万平方米。发现有绳纹瓦片堆积、红烧土、础石、陶井圈、陶罐等，这里很可能是禁军的住地。

瓦子地之北、西北，各距2千米、3.5千米，分别是周家南山和大金丝屯遗址，都有秦汉建筑遗物。

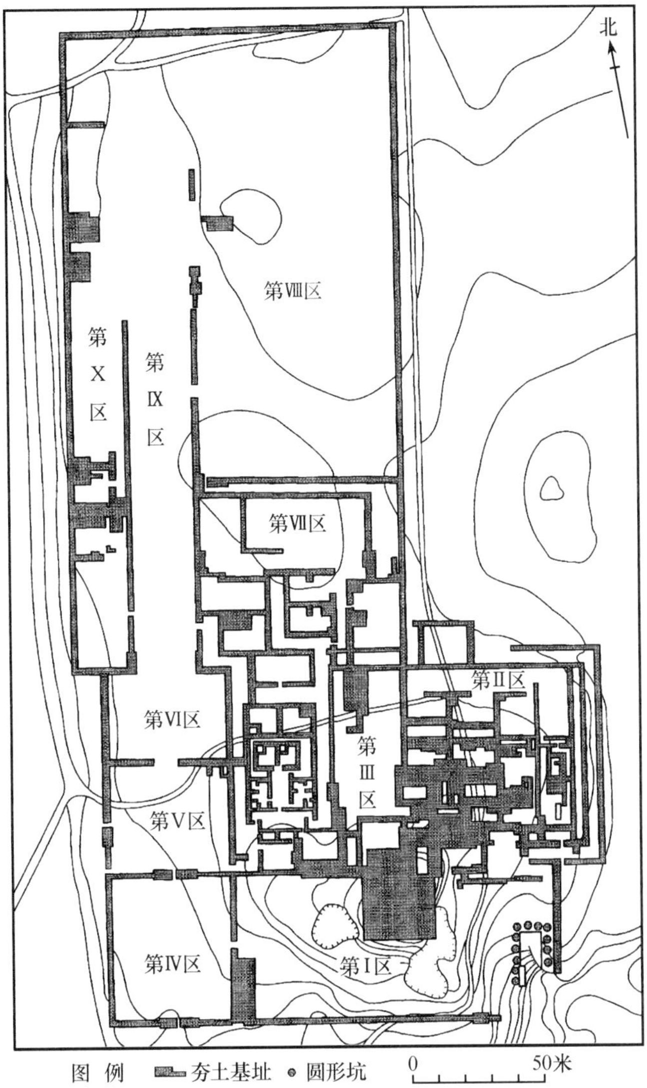

图5-18　绥中石碑地秦汉宫殿建筑遗址平面图

在“姜女石”海岸附近的6处秦汉建筑遗址中，以石碑地建筑群规模最大，时代最早。又以此为中心，东有止锚湾、西有黑山头两遗址，三者构成彼此呼应的整体。南对24米高的“姜女石”（又称“姜女坟”），中间有河光石铺就的甬道。表明此海蚀石柱就是“碣石”，北面的建筑遗址就是“碣石宫”（图5-20）。

五、北戴河行宫遗址

行宫遗址位于北戴河海滨乡单庄村东南方向约1千米处的金山嘴及其附近。金山嘴系一伸入海中的高岗岬角，其东南西三面环海，北与陆地相连，形如一个半岛。对遗

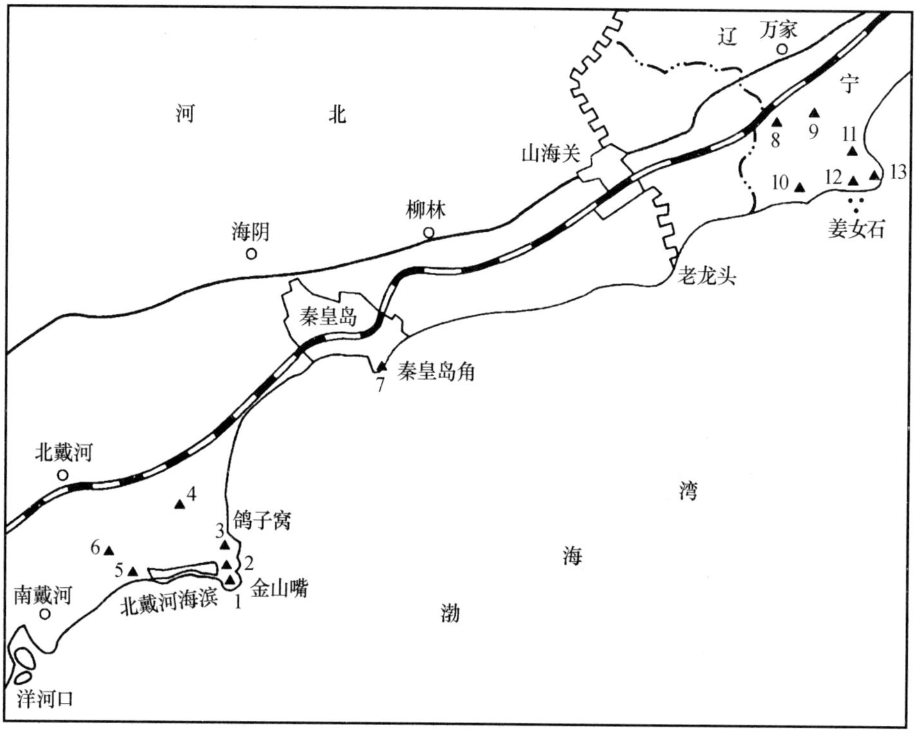

图5-19　渤海湾西岸秦汉建筑遗址分布图

1. 金山嘴遗址　2. 横山遗址　3. 人大专家疗养院遗址　4. 石油疗养院遗址　5. 剑秋路西侧遗址　6. 联峰山中峰遗址　7. 秦皇岛角遗址　8. 大金丝屯遗址　9. 周家南山遗址　10. 黑山头遗址　11. 杨家屯遗址　12. 石碑地遗址　13. 止锚湾遗址

址的调查始于1984年10月，后又多次进行调查。1986年，河北省文物研究所对横山遗址进行了钻探和发掘[34]。

已探知行宫遗址分布在以金山嘴为起点的南北轴线上，共有3个地点，一在金山嘴上；一在北约300米的横山；另一在横山北约500米的高地上（图5-19）。

金山嘴遗址，在海滨金山嘴路东横山上，面积6万平方米。从1986年开始，经过6年的调查发掘，发掘面积达15 836平方米，揭露出建筑遗址4组16个单元，以及陶井、水井、灶、水管道、窑穴等遗迹，出土了大量板瓦、筒瓦、柱础石、菱形纹空心砖、巨形夔纹半瓦当、云纹瓦当等建筑构件和少量的陶盆、陶甑、罐、瓮等生活用具。

宫殿遗址规模宏大，坐北朝南，其范围纵横各长100米。殿基东西长57、南北宽13、四壁厚2.3米。有一道厚1米的隔墙，将内部隔成东西两个大厅。每厅东西排列着3行明础柱石，每行4石，形成的横向间距5.7米，竖向间距4米。柱石巨大，直径为1.3米。殿外设有回廊。在遗址东面，是一组大型四合院建筑群，有一座面阔6间的东配房，长31.5、宽8.2、墙厚近2米。

鹰角石附近有大量的建筑遗存，出有大瓦当和格纹空心砖。而联峰山顶有建筑，两侧山坡有甬道和踏步，可能是临海祭祀之处。

横山建筑遗址的规模宏伟，但结构粗略。

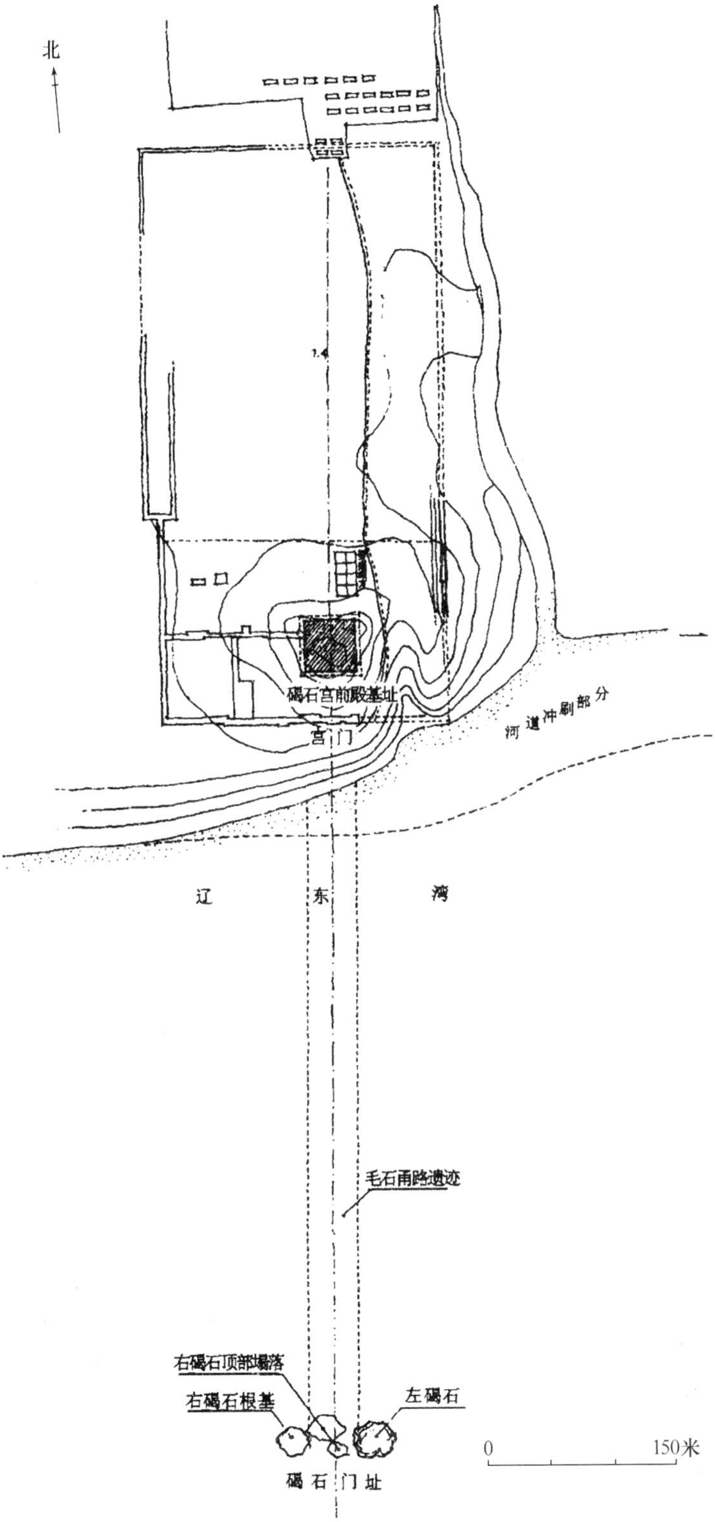

图5-20　绥中秦碣石宫遗址主体复原平面图

注　释

[1] 何清谷：《关中秦十宫觅踪》，《陕西师范大学学报（社科版）》1988年第2期。

[2] 左忠诚等：《渭南发现秦大型宫殿遗址》，《陕西日报》1990年12月2日第1版。

[3] 王兆麟：《渭南发现秦皇行宫遗址》，《西安晚报》1988年11月18日。

[4] 郭兴文：《乾陵附近发现的两处秦宫遗址》，《西安晚报》1988年5月18日第1版。

[5] 刘向阳、田志明：《乾县发现秦始皇梁山宫确凿遗址》，《中国文物报》1993年4月11日第1版。

[6] 依据何清谷先生的调查，今赤峪河正流在长杨宫所在地竹园头村西1千米，这与《水经注》此水"东北流迳长杨宫东"的记载不符。但如果考虑到因暴雨、洪水冲击迫使秦岭北麓的河流经常改道这一事实，上述那种小范围的"不符"是完全可以理解的。只是郦道元著述《水经注》时，赤峪河主流是从今终南镇、竹园头村东而北流注入黑河的。那么，考虑到《三辅黄图》和《元和郡县图志》两书均说"秦长杨宫在县东南三十三里"的记载，所言的县城均指今周至县。再由县城到竹园头村南的距离度量，正好是15千米，因此推定秦长杨宫遗址位于今周至县终南镇东南竹园头村南是可信的。

[7] 班固《西都赋》："天子乃登属玉之馆，历长杨之榭，览山川之体势，观三军之杀获。原野萧条，目极四裔，禽相镇压，兽相枕藉。然后收禽会众，论功赐胙。"《汉书》帝纪中就有武帝、元帝、成帝游幸长杨宫的记载。像武帝多次狩猎，又亲手同兽搏斗。元帝在射熊馆布置车骑，大举狩猎。成帝也曾向"胡人"夸南山"多禽兽"，竟"命右扶风发民入南山，西自褒斜、东至弘农，南区敺汉中，张罗网、置罘捕熊、罴、豪猪、虎、豹、狖、玃、狐、兔、麋、鹿，载以槛车，输长杨射熊馆，以罔为周阹去，纵禽兽其中，令胡人手搏之，自取其获。上亲临观焉。是时，农民不得收敛"。违误农时，民怨沸腾。扬雄从射熊馆归来，对成帝的这一荒唐行为写了一篇有名的《长杨赋》给予讽谏（《汉书·扬雄传》）。

[8] 清康熙二十一年（1682年）康如琏撰修的《户县志》载："秦萯阳宫在县西三里，秦文王所造也。……父老相传今陂头东岳宫即其旧址。旧志西南二十三里误矣。"此后，乾隆四十二年（1777年）的《户县新志》、民国二十二年（1933年）的《重修户县志》，均从康说，而且广为流传，以为户县西1.5千米的陂头村渼陂旁的东岳宫就是秦萯阳宫旧址。今又设陈列室、塑绘秦始皇迎太后入萯阳宫事。传说无证，考之无据，实不可信。

那么，秦萯阳宫遗址究竟是在"县西三里"还是在"县西南二十三里"？因为自唐至宋，户县、周至间曾两度设立过终南县，因而对确切位置的理解就出现了偏差。1982年，为编修《户县志》，曾于县西南白庙乡曹村的东门外发现元仁宗延佑六年（1319年）的《创建崇真碑》一通。碑文载有"秦之萯阳宫故址在焉，信夫天壤间自昔为佳处也"。户县县志办的李养民经过4年的调查，2002年10月终于在鸡子山上找到秦汉时期的云纹瓦当两件、文字残瓦当1件，还有各类绳纹板瓦、筒瓦、回纹和雷纹铺地砖、青绿釉陶鼎残片及建筑饰件等。看来，秦萯阳宫建筑群在今户县西南二十三里的富村窑到鸡子山的可能性很大。

[9] 姚生民：《汉甘泉宫遗址勘察记》，《考古与文物》1980年第2期；王根权：《甘泉宫考

辨》，《考古与文物》1990年第1期；王根权、姚生民：《淳化县古甘泉山发现秦汉建筑遗址群》，《考古与文物》1990年第2期；姚生民：《淳化县文物志》，陕西人民教育出版社，1991年；姚生民：《关于汉甘泉宫主体建筑位置问题》，《考古与文物》1992年第2期。

［10］《小校经阁金文》卷11第91页收有“林光宫行镫，建昭元年造”“甘泉内者镫”。“建昭”系汉元帝年号。

［11］《元和郡县志》载，车箱阪“在县西北三十八里”。这里是从唐云阳县（治在水冲城，即云阳镇东）计方位及里程的，可见车箱阪实际指的就是淳化县境的黄土原。又名长岭坂。1988年12月，在泾阳县口镇东三里的县水泥厂出土唐墓志有“葬于谷口之原”句。口镇西北即是台原地带，迎面有东西横亘的长岭阪，其狭窄的峪口就是南北向的车箱阪。

［12］《括志志》以唐云阳县为基点，对秦林光宫、汉甘泉宫和秦甘泉宫的方位表述是有区别的，如前者是“云阳县北八十里”（一作“九十里”），对后者是“云阳县西八十里”。但长期以来人们受云阳甘泉宫“至此一处”认识的影响，以致将两处混在一起了。

［13］秦始皇甘泉宫遗址是1988年4月陕西省文物普查时，由咸阳市文物局发现的。5月份开了一次论证会，笔者也有幸被邀请参加，作了实地考察，随后听取汇报，并就考证结论发表了意见。这次论证成果见曹发展：《秦甘泉宫地望考》，《泾渭稽古》1993年第2期。

［14］著录的“平阳封宫”铜器，见《积古斋钟鼎彝器款式》卷9，“平阳宫鼎”见《小校经阁金文》卷11，刻有两诏的“平阳斤”见《金索》录引《考古图》。

［15］参见本书第三章第四节平阳。

［16］《史记·秦始皇本纪》：武公卒“葬雍平阳”。《水经·渭水注》：“汧水东南历慈山东南，经郁夷县，迳平阳故城南。”《史记·集解》引徐广作“眉之平阳亭”。《括地志》：“平阳故城在岐州岐山县西四十六里。”清雍正《陕西通志》：“平阳封宫在眉县故平阳城内。”……由于以上诸县区划的变化，所记平阳的归属也跟着变。实际上，作为平阳故城的所在地秦时属雍县，西汉属郁夷县，东汉属眉县，唐属岐山县，清初复眉县，今又成了宝鸡市的陈仓区。

［17］陈直：《秦汉瓦当概述》，《文物》1963年第11期。

［18］王光永：《凤翔县发现羽阳宫铜鼎》，《考古与文物》1981年第1期；李仲操：《羽阳宫鼎铭考辨》，《文博》1986年第6期。

［19］姜宝莲、赵强：《陕西澄城良周秦汉宫殿遗址调查简报》，《文博》1998年第4期。

［20］陕西省考古研究所：《陕西兴平侯村遗址》，三秦出版社，2004年。

［21］黄山宫方位记在兴平县西者，见有《三辅黄图》《元和郡县志》卷一、《雍录》等；记在县西南的有《元和郡县志》卷二、钱坫《新斠地理志集解》等。

［22］西安市文物局：《长安县东马坊的先秦建筑遗址》，《考古与文物》1986年第4期。

［23］陕西省考古研究所雍城考古队：《陕西凤翔凹里秦汉遗址调查简报》，《考古与文物》1989年第4期。

［24］田亚岐提供，又见陕西省考古研究院2010年《考古年报》。

［25］姬乃军：《陕西志丹县永宁乡发现秦直道行宫遗址》，《考古》1992年第10期。

［26］ 杨宏明、谢妮娅：《安塞发现秦行宫遗址》，《中国文物报》1991年10月27日。

［27］ 秦建明、陈良含：《陕西洛南祝原秦宫殿遗址调查简报》，《考古与文物》1994年第4期。

［28］ 王学理：《东西两犬丘与秦人入陇》，《考古与文物》2006年第4期。后收入《王学理秦汉考古文选》，三秦出版社，2008年。

［29］ 20世纪80年代，泾源县香水镇农民在果家山挖出过一块直径为47厘米的巨型瓦当。1985年，宁夏考古人员在果家山试掘，确定该遗址位于泾河北岸，东距泾源县城0.5千米的果家山二级台地上，报道材料见王治平：《果家山秦汉瓦当与回中宫》，《固原师专学报》1994年第2期。

［30］ 秦始皇在统一中国后的第二年，即循汧水道而上，先到祖先发祥地的天水礼县拜祖，再抵陇西郡郡治狄道（今甘肃临洮）视察。又东北行，宿回中宫，经鸡头山（今甘肃平凉市西崆峒山），到达北地郡治义渠县（今甘肃庆阳市西南、宁县西北）。然后沿泾水道返回咸阳。秦始皇西巡的这条环形路线被称之为“回中道”，也有说是因这条道路上有“回中宫”而得名。笔者以为不是路因宫而名，而是宫因路而名。也许是出自西巡的考虑，在规划的路线上先筑行宫时就定了名的。

［31］ 1967年，在宁夏固原县头营乡坪乐大队出土有秦代铜鼎、壶 、卣、戈、剑、铃、镦等11件文物。鼎口沿上錾刻“咸阳一斗三升”6个字，显系秦都咸阳宫廷之物，报道见锺侃：《宁夏固原县出土文物》，《文物》1978年第12期。

［32］ 辽宁省文物考古研究所：《辽宁绥中县“姜女坟”秦汉建筑遗址发掘简报》，《文物》1986年第8期。

［33］ 杨鸿勋：《宫殿考古通论》，紫禁城出版社，2001年。

［34］ 《北戴河发掘出秦始皇父子行宫遗址》，《中国文物报》1986年10月31日；河北省文物研究所、 秦皇岛市文物管理处、北戴河区文物保管所：《金山咀秦代建筑遗址发掘报告》，《文物春秋》1992年增刊；邱河顺：《为碣石研究提供新贵料——秦皇岛发掘一处秦汉建筑遗址》，《中国文物报》1992年7月5日；瑜：《河北省秦皇岛发现秦汉时期建筑遗址》，《北方文物》1993年第1期。

第六章　军　　事

第一节　军事力量兴亡的轨迹

一、秦军战斗史略

恩格斯曾指出："军队是国家为了进攻或防御而维持的有组织的武装集团。"秦人建军不但是立国的基础，而且也是建国后政权赖以存在的支柱。

大概秦人建立自己的军队还是西周末年的事。尽管早在周孝王时，非子已经得到分土封邑的赏赐，不但有了"秦嬴"的称号，而且成为周的"附庸"，但还谈不上有什么军队。周宣王"封秦仲为大夫"，虽然他的地位有所提高，仍没有军事实力。他奉命伐西戎的兵力，还是周王室交给他的。即使到公元前822年，秦仲被西戎杀死后，周宣王召集秦仲的长子庄公及其昆弟五人再度伐戎时，还得"与兵七千人"。但随后到了秦庄公之子襄公即位时，情况就大不同于前了。

公元前770年，周幽王被犬戎杀死于骊山脚下，"诸侯叛之"。而秦襄公不但"将兵救周战，甚有功"，而且还能以兵送周平王"东徙雒邑"避犬戎之难。刚刚站稳脚跟的东周王室，面对强大起来又具有"进攻或防御"能力的秦襄公，只好封襄公为"诸侯"，使之可同其他诸侯国家"通聘享之礼"。同时，也不得不正视被戎人"侵夺的岐丰之地"以至于关中都成了"烂摊子"的现实。不但对秦襄公"赐之岐以西之地"，还与之盟誓：若能从戎人手里夺得岐丰，"即有其地"。这时，秦襄公有了"合法的身份"，握有军队，被历史学家称之为"始国"。秦国作为一个国家正式建立了起来，并得到政治上的承认，当然也就取得了同齐、晋等诸侯国一样的平等地位（《史记·秦本纪》）。

秦部族这一历史性的变化表明：秦国的军队，是随军事部落首领从"附庸"到"大夫"再到"诸侯"的地位上升过程中，是同戎人作殊死战斗中建立起来的。其来源不外乎两个途径，一是周王室给的，二是本部族成员组建的。

从秦国政权建立到秦王朝灭亡，军队作为"执行政治任务的武装集团"（《中国大百科全书·军事卷》），其存在，是同秦国家政治生命相始终的。秦军活跃在政治和军事舞台上五个半世纪的时间里，实际上是经过三个历史阶段而完成了三项历史使命的，即一是为建立和健全秦国的政权（由奴隶制到封建制）而战；二是为并灭六国，统一天下而战；三是为保卫秦帝国的国家边防而战。

现依秦国家的阶级属性，来略述一下秦军的战斗任务及其战绩。

（一）同戎狄之战在于为奴隶制秦国争取立足之地

秦襄公八年（公元前770年）虽被封为“诸侯”，但周平王赐给的“岐以西之地”仍然处在戎人的控制之下。秦人自己在这里插不下足，还不得不局促在今甘肃天水市西南礼县一带的“西垂”故地上活动。经过4年时间的拉锯战，到了秦襄公十二年（公元前766年），他才率兵攻打戎人到了达岐山（在今陕西岐山县境内）。可惜襄公死于这次东征之中，并没有取得占有岐地的胜利。

“居西垂宫”的秦文公，经过一番准备，在即位的第三年（公元前763年）再次出兵东伐戎人。这次，他是以“东猎”的名义，率兵700人，经过一年多时间，才进至“汧渭之会”[1]。

秦文公率领的一支游猎队伍，采取楔入的方式，出渭水河谷，挤进了汧、渭两河交汇的金三角地带。在进行政权建设、立法定罪、提高素养的同时，一面生产，一面练武，经过13年的准备，秦文公十六年（公元前750年），终于向戎人发动了大规模的军事进攻。这次战争给“丰王”（戎狄首领）以沉重的打击，占领区切实地扩大到“地至岐”。控制了“岐以西之地”，取得秦人伐戎的第一次胜利。其重要意义还在于，秦人在适宜农耕而又富庶的“周原”（今横水、漆水之间的岐山南、渭河北的广阔地域），把好稼穑的“周余民”接收了过来，这对促进自己的农业和文化的发展，奠定国家的基础都具有特别的重要性。

秦宪公即位（公元前715年）后。为打破戎狄的包围，于次年（公元前714年）将国都从“汧渭之会”迁徙到“平阳”（今宝鸡市陈仓区虢镇东太公庙至宁王村一带）。第三年，即派大军主动进攻邻近而又活动在今三原、兴平、长安一带的一支戎人——“亳”，占领亳都——“荡社”（或称“汤社”），迫使亳王逃往西戎。此次战役的胜利，使秦的势力向东又扩展了一步。

秦武公元年（公元前697年）秦军主动向关中东部出击，攻向居住在彭衙一带（今白水县境内）的戎人彭戏氏。一直追到华山脚下，直至把他们消灭。过了10年，秦武公相继征服了盘踞在秦国西方的邽（今甘肃天水市南）、冀戎（今甘肃甘谷县南），还拔掉了国都平阳附近戎人的一个据点——小虢。

秦国初期经过连续四代国君80年的军事斗争，四面出击，完成了在关中驱逐戎人的历史使命。这时秦国的统治范围大致是个条带的形状，即以关中平原为中心，东至陕西华县以东，同东周王室毗连；向西就是老根据地的甘肃天水一线。至此，可以说秦国军队的浴血奋战，终于给秦国争得了立足之地。而此后对戎人之战则是为了扩大领土而战的，如秦穆公当政期间（公元前659～前621年），先率兵东征，打败散布在今陕西和山西平陆一带的茅津戎，又以武力强迫秦、晋间的浑戎迁往伊川（今河南省西部）。特别是秦穆公三十七年（公元前623年），用由余之计打败西戎，并灭12国，开地千里，使得东起黄河，西至陇东的广阔地域都为秦国所有。

但在战国初年，有些戎狄部落又壮大起来，秦国又不得不用兵对付他们。伐戎之战，在秦厉公时几乎是连年征讨，多有胜利。十六年（公元前461年），秦出兵伐大荔戎，取王城（今大荔县朝邑东）；十八年（公元前459年）灭大荔戎，占有其地（《后汉书·西羌传》）。隔了不到两年时间（公元前457年），秦厉公还亲率大军出征绵诸（《史记·六国年表》）。直到秦厉公三十二年（公元前445年），秦大军征伐北地郡的义渠戎，俘获其王（《史记·秦本纪》）。诸戎经过一次次的沉重打击，被征服，使得秦国在较长的历史时期内保持了国内的稳定。

（二）抗拒晋、魏、收复河西地，争夺并确保秦国的地盘

秦国虽据有关中，但并不满足于"诸侯"地位。向东方扩展、称霸中原，则是它追求的远期目标。但是，晋国挡住了东去的道路，这当然就势必招致秦国的反对。

自从秦国扫除了关中诸戎之后，秦、晋的军事争斗始终是围绕黄河西岸的接壤地带而展开的。

秦穆公十五年（公元前645年），秦、晋两国之间发生了历史上有名的"韩原之战"（今陕西韩城市西南）。原来前年晋国发生饥荒时，秦国给予了粮食支援，这本来是国际间人道主义的援助，是件感谢不尽的善举。可是偏偏在第二年秦国遇上了灾害，这就不得不向晋国"请粟"。在"国难当头"的节骨眼儿上，晋国不但未给予救济，反而还有大臣虢射一派人主张乘人之危出兵袭秦。于是，秦穆公当机立断，在九月率兵同晋惠公率领的晋军在韩地相遇。晋军兵多将广，团团包围住秦军，晋大夫梁由靡截住秦穆公的去路。在这紧急关头，突然秦军中冒出一支特别的队伍，奋勇向前，击败晋军，不但救出秦穆公，还生俘了晋惠公，秦军大胜而归（《史记·秦本纪》《史记·晋世家》《左传》僖公五十年）。这时，秦穆公答应了夫人穆姬（晋惠公夷吾之姐）的苦苦哀求，在王城（今大荔县东）释放了晋惠公。按盟约，晋国以太子圉为人质送到秦国，还割让了河西八城给秦（《史记·秦本纪》）。晋国的忘恩负义，反倒使秦国的领土从此扩展到了黄河西岸。

腰杆硬起来的秦穆公，为了达到称霸的目的，以军队为支柱，也极力干预晋国的政治。像秦穆公二十三年（公元前637年），晋惠公病死，在秦为人质的太子圉竟私自逃回晋国继位为怀公。他的离心离德当然不会取得秦穆公的信任，于是秦穆公就先后两次派兵护送重耳夺取君位。晋献公的公子重耳，在晋乱中逃离，流亡国外13年，在秦穆公的帮助下，终于立为晋文公。

公元前632年，晋、楚两国在中原发生了争夺霸主的"城濮之战"（今河南范县）。秦穆公派小子慭（yin印）随晋军到了前线，帮助晋国取胜。随后在"践土会盟"（今河南原阳西南），晋文公被周天子册命为"侯伯"。次年，秦国又参加了晋

同诸侯的“翟泉会盟”（今洛阳城内）。接着晋、秦组织联军向郑国进攻。秦穆公三十年（公元前630年）九月，联军迫近郑国边境，晋军驻函陵（新郑县北），秦穆公率军扼汜南（中牟县南）。由于秦穆公听取郑大夫烛之武，“亡郑以陪邻”“阙秦以利晋”的见解后，决计不给晋国当马前卒。不但下令单独撤兵，还派杞子等三大夫率兵帮助郑国守城（《左传》僖公三十年）。这当然也引起了晋国的不满。

秦穆公三十三年（公元前627年），晋文公死，两国间就接连发生了三次大战，这就是“殽之战”“彭衙之战”和“王官之战”。秦穆公派大将西乞术、白乙丙、孟明视三人率军袭郑，企图争霸中原。兵至滑（河南偃师南），因郑国商人弦高假名“劳师”使郑国争取到准备的机会。而秦军袭不得，便在班师的路上消灭了晋的属国——滑。这一下激怒了晋襄公，他就联合了“姜戎之师”，利用殽（今河南洛宁县西北的殽山）的有利地形，同秦兵大战。结果，晋军大胜而秦全军覆没，西乞术等三秦将也被生俘（《史记·秦本纪》《左传》僖公三十三年）。

秦在殽之战中遭到惨败，尽管晋国放还了三秦将，但秦国仍在准备不足的情况下，于公元前625年（秦穆公三十五年）派孟明视率军攻晋。晋襄公亲自率军迎战，同秦军激战于彭衙（陕西白水县境）。秦溃不成军，再次遭到失败（《史记·秦本纪》《左传》僖公三十五年）。

秦穆公三十六年（公元前624年），秦穆公率秦军东渡黄河，没有遇到什么抵抗，就占领了晋的王官（今山西闻喜西及临晋、平阳间的小郊邑）。随后，从茅津（今山西平陆西南的黄河渡口）渡黄河，到殽地，为三年前阵亡于殽之役的将士发丧三日，并为墓垅上树立标识——封，这才班师回国（《史记·秦本纪》）。

公元前621年（秦穆公三十九年），秦穆公卒，康公即位。在此以后230多年的时间里，秦国经14代国君，处于奴隶制衰落、封建制产生的时期，政治腐败，国力衰竭，同晋国多有战争，而又多以失败告终。

秦康公元年（公元前620年），晋国赵盾派先蔑、士会到秦国迎接公子雍继承襄公的君位，随后由于襄公夫人穆嬴的哀求而背约，竟立了年少的夷皋为灵公。当秦康公派军队护送公子雍行至晋国的令狐（今山西猗西）时，碰到了赵盾率领的晋军，说是前来迎公子雍的。但半夜突然遭到赵盾率领晋军的袭击而溃败，这就是历史上有名的“令狐之役”。

秦康公二年，秦派兵攻晋，战取武城（今华县东17里）。

秦康公四年（公元前617年）春，晋伐秦，夺取少梁（今韩城县南）。

夏，秦伐晋，取其北征（今澄城西南）。

秦康公六年（公元前615年），冬，秦军攻占晋的羁马（今山西永济南），同晋军于河曲对峙，胜负未分而退。

不久，秦兵攻占瑕（今河南灵宝市阳平镇阌东村西北约2千米处的湖水西岸上）。次年，晋夺回瑕，遂派大夫詹嘉固守，紧紧堵住秦国东出“桃林之塞”的通路[2]，使得秦人不得“结外援，东西图己”。

公元前579年，宋执政的华元约会晋、楚在宋召开“弭兵之会”，订立休战盟约，联合讨伐不听命的第三国。晋联合了鲁、齐、宋、卫、郑、曹、邾、滕、周等十国的攻秦之军，于秦桓公二十六年（公元前578年），派吕相至秦宣布绝交书。五月，晋军深入秦国腹地，同秦国战于麻隧（陕西泾阳北）。秦军大败，秦将成差及不更女父被俘。晋师渡过泾河，至侯丽（泾阳县境）而返。晋厉公还亲自到新占领的新楚（今陕西大荔、朝邑境内）迎接凯旋的晋军。

公元前559年（秦景公十八年），晋悼公又联合了齐、宋、卫、郑、曹、邾、滕、薛、杞、小邾共同伐秦。越过泾河，攻至棫林（今陕西凤翔县东北）一带。这是“麻隧之战”后，秦国的又一次惨败，竟使得国都——雍岌岌可危。

春秋后期，晋、楚两国国内矛盾尖锐，都想借机暂时停止争夺霸主的战争。公元前546年，宋国的向戌约会晋、楚，并约请了14个诸侯国在宋国再次召开“弭兵大会”，规定各小国都要向晋、楚同样朝贡。并明确齐、秦两个大国，也保持有同等的地位。这一平分霸权的决定，实际是诸侯国对秦国地位的承认。而大国间暂时的妥协，也换来了中国社会一个暂时的和平。

从公元前475年（秦厉公二年）起，中国历史进入战国时期，社会发生了根本性的变化。公元前453年，晋国发生内乱，韩、赵，魏三家灭掉智氏，从而形成了三个独立性的封建政权。公元前403年，韩、赵、魏三家正式列为诸侯，对西邻的秦国也构成了直接的威胁。而在这三国之中，同秦为敌的莫过于毗邻的韩、魏两国。实际上，两国中直接阻挠秦国向东发展的还是魏国。因为魏国据有今陕西东部、山西西南及河南北部这一广阔地域，而且首都就设在黄河东岸的安邑（今山西夏县西北禹王城）。由于秦自厉公之后，继任的躁公（公元前442～前429年）、怀公（公元前428～前425年）、灵公（公元前424～前415年）、简公（公元前414～前400年）、惠公（公元前399～前387年）、出子（公元前386～前385年）等几代国君，政治腐败，国力日益衰落，面对经过封建改革而强大起来的魏国，军事上屡遭失败，到了国家难保的地步。秦简公二年（公元前413年），魏大举攻秦，到达了郑（今陕西华县）。次年，魏军占领秦的繁庞（陕西韩城东南）。自秦简公六年（公元前409年）到第二年，魏将吴起攻取了秦的临晋（陕西大荔东）、元里（陕西澄城南）、洛阴（陕西大荔西）、合阳（陕西合阳东南）等城。魏在河西地上设立河西郡，派大将吴起为河西守。

处于弱势的秦国，到了秦简公七年（公元前408年），只得退守洛水西岸。并沿河西岸筑起一道防御工事，这就是《史记》上说的“堑洛”，即把洛河及右岸的沟壑作一铲削，成为垂直的陡崖，或在沟坎浅的地段上筑墙，使之同堑段衔接。还在堑洛长城沿线建立起报警的烽燧设施，并筑重泉城（陕西蒲城县东南龙池乡重泉村），派重兵固守，同魏军处于对峙状态。

秦惠公也曾想改变一下秦魏对峙的局面，于十一年（公元前389年）出兵50万人进攻魏的阴晋（今华阴东）。不料被吴起率领的“兼车五百乘，骑三千匹”击败，竟成了兵书上“励士之功”的榜样（《吴子·励士》）。

秦国的积弱，对外挨打被动。不甘羞辱的秦献公（公元前384～前362年）即位不久，就实行了一些政治改革，遂使国力增强，在同韩、赵、魏的军事斗争中，由失败开始转向胜利。

秦献公十九年（公元前366年），为收复河西地，利用韩、魏两国国君在宅阳（今河南荥阳东南）相会之机（《史记·魏世家》），主动出击。于洛阳打败韩、魏联军，初战告捷（《史记·六国年表》）。

秦献公二十一年（公元前364年），秦军渡过黄河，在石门（今山西运城西南）打败魏军，斩首6万。“石门大捷”使诸侯震惊，连那徒具“天子”虚名的周显王也给予祝贺，并赐以秦“伯”的称号（《史记·秦本纪》）。

秦献公二十三年（公元前362年），秦乘韩、赵、魏三国混战之机，在少梁打败魏军，攻取庞城，俘获魏将公孙痤（《史记·六国年表》《魏世家》）。由于秦国夺回了一部分河西地，魏国迫于形势，就把国都从安邑迁往大梁（今河南开封）[3]。魏国为了守住大部分河西地，还派大将龙贾，自郑（陕西华县）起，沿洛水东岸向北筑起一道防秦的西长城，把魏的河西、上郡等广大地区圈在自己的长城之内[4]。

秦孝公利用商鞅变法，取得了初步成效，即于秦孝公五年（公元前357年）出兵，在西山打败韩国军队（《史记·六国年表》）。秦孝公七年（公元前355年），秦孝公与魏惠王在杜平（今陕西澄城东）相会。次年，秦国利用魏国集中兵力进攻赵都邯郸之机，出兵攻魏，战于元里，斩首7000，取得魏国少梁，这是商鞅变法以来第一次对魏战争的胜利。

秦孝公十年（公元前352年），商鞅升为大良造。他率兵东渡黄河，围降魏的旧都安邑。还攻魏的要塞固阳（今陕西合阳），魏的守军投降。

秦孝公二十一年（公元前341年），魏国在马陵（今河南范县西南马陵）之战中被齐军打败，太子申被俘，后又遭到齐、宋联军的进攻，实力遭到重创。商鞅于九月，率兵伐魏，适逢赵国也于十月出兵攻魏，终于大败魏军。

秦孝公二十二年（公元前340年），商鞅利用齐、赵向魏进攻之机，率兵攻打魏的西鄙。并以欺诈的方式俘虏了魏公子卬。大败魏军，又收得一部分河西地。

秦孝公二十四年（公元前338年），秦与魏战于岸门（今山西河津县南），俘魏将魏错。

在秦惠文王统治时期（公元前338～前311年），收复了河西之地，返使魏献出上郡，从而取得了具有战略意义的胜利。

秦惠文王八年（公元前330年），大良造公孙衍率军乘魏国受到齐、赵夹击而不能自拔的机会，发起了“雕阴（陕西富县北）之战”。先是魏军从赵地定阳（今陕西省宜川县西北）西进，企图由雕阴向南攻秦，以减弱秦国对于魏西长城方面的压力。但此时魏国的霸权地位已经衰落，两军遭遇，魏军被斩首4.5万人，大将龙贾还当了俘虏。魏国战败，只得献出除少梁这个孤立的据点之外的河西地。

秦惠文王九年（公元前329年），秦军驰骋于已经取得的河西地上，顺利越过黄河，攻入魏的河东地。先后占领汾阴（今山西荣河北）、皮氏（今山西河津西）、曲沃（今山西曲沃）和焦（在曲沃附近）。第二年，又占领蒲阳（永济县北）。秦军深入魏国腹地之后，发起猛烈的攻击，魏国节节败退。为了求和，魏国只得将自己在河西北部的上郡全部15县及孤城少梁献给了秦国。

秦国占有全部河西之地后，凭借黄河天险，据有关中及陕北大部，进可攻，退可守，处于极其有利的战略地位。为了向东兼并诸侯，秦于公元前327年（秦惠文王十一年）归还魏的焦、曲沃等地。改少梁为夏阳，并掉头西向，进攻境内的义渠戎，战略的目的是迫使其臣服，稳定后方，再东制诸侯。

（三）出函谷争地盘，兼并战争统一天下

经过商鞅变法而强盛起来的秦国，对于诸侯国的兼并，除外交途径之外，军事进攻却是主动的。

秦惠文王十三年（公元前325年），秦惠文正式称王。魏国感到了威胁，积极联络韩、赵、齐抗秦。而秦惠文王在更元元年（公元前324年）除在上郡修筑关塞外，命张仪率军攻取魏的陕。于公元前323年，拆散了韩、赵、魏、燕、中山的“五国相王”抗秦的联盟，出兵攻占魏河东之地的曲沃（今山西闻喜县东北），平周（今介休县西）。

秦惠文王更元六年（公元前319年），秦取韩的鄢。次年，又在函谷关击退魏相公孙衍组织的赵、燕、韩、楚、魏五国伐秦的联军。

秦惠文王更元八年（公元前317年），齐、宋联军在观泽大胜魏军。秦王的异母弟樗里疾利用魏国“后院起火”之机，率秦军对赵、魏、韩联军猛烈反击。他把三晋军赶到魏国的河南长城，在修鱼（河南原阳县西）一举打败他们，斩首8万，还俘获了韩将申差。

当秦惠文王对东方取得初步胜利之后，接着调兵西南，夺取的目标就是四川盆地。更元九年（公元前316年），秦派张仪、大将司马错、都尉墨率兵，从石牛道越过大巴山进入蜀地。同蜀军大战于葭萌关，擒杀蜀王，随后又灭掉苴和巴。秦惠文王即派公子通为蜀侯、陈庄为相、张若为为郡守，迁秦人万家实之。既安定了秦的大后方，又对秦以后的发展准备了雄厚的物质基础（《华阳国志》等）。

由于齐、楚两个大国在前四年的“五国伐秦”中结成了联盟，就使得秦国不敢贸然进犯东方，于是就调转矛头指向三晋，以便扫除东进路上的障碍。

秦惠文王更元十一年（公元前314年），秦派樗里疾攻魏，再次占领曲沃和焦。同年，因韩王中了楚国之计，以为伐秦会得到楚国援助的，不听劝阻就轻易宣布同秦绝交。秦国大怒，“益甲伐韩”，发动了“岸门大战”。两军相接，楚并不出兵，韩国遭到“修鱼之战”后的又一次惨败。韩只好送太子仓入秦为质，向秦求和（《史

记·韩世家》）。

更元十二年（公元前313年），秦攻赵，在蔺（山西离石县西）败赵军，俘赵将军赵庄（《史记·赵世家》）。

秦败三晋之后，形成以秦与魏、韩为一方，齐与楚为另一方的两大集团对立局面。秦欲攻齐，派张仪去楚，许诺割地600里要楚与齐绝交，以破坏齐楚联盟。楚怀王中计，索地不得，大怒，于公元前312年（秦惠文王更元十三年）举兵伐秦。两军激战于丹阳（河南丹水之之北），楚军大败，被斩甲士8万，大将屈匄及裨将逢侯丑等70余人被俘。秦军占领汉中，随后设汉中郡，从此使秦的本土同巴蜀连成一片。

公元前308年，秦武王派左丞相甘茂率兵攻韩的宜阳（今河南宜阳县西），次年拿下这个河洛地区具有战略意义的重镇，斩首6万，同时也攻取了黄河北岸的武遂。

秦武王绝膑而死，国内发生诸弟争立的内乱，秦昭襄王（则）凭借魏冉的扶植登上了秦王的宝座。在对外关系上，秦开始采取同楚联合的方针。但不久又宣告破裂。

秦昭襄王四年（公元前303年），秦派客卿通率兵救楚。击退齐、韩、魏三国伐楚的联军。

公元前302年，由于楚太子横在秦国做人质时，杀死了秦国的一个大夫而逃走。从此两国结怨而导致了联盟的破裂。秦不但对齐、韩、魏三国攻楚坐视不救，使楚兵大败于垂沙（池水旁）、大将唐蔑（或作唐昧）被杀，而且还同齐国修好。

秦昭襄王六年（公元前301年），派华阳君芈戎、庶长奂于率兵伐楚，于第二年破楚军，杀死大将景缺，攻取了楚的襄城（云梦秦简《编年纪》作新城）。公元前299年，楚怀王被骗至武关西，被秦劫持到了咸阳。

在此后数十年间，秦与各国间虽然战和不定，但都是以有利于国家为前提的。

秦昭襄王九年（公元前298年），齐、韩、魏、宋、中山攻秦至函谷关，经3年攻入关内。秦只好归还魏的封陵，韩的武遂，联军才告退。

虽然秦退让了五国之师，但在伐楚之战中，主动攻析（今河南内乡西北），斩首5万，取得10余城（《史记》的《秦本纪》《楚世家》）。

秦昭襄王十三年（公元前294年），秦派白起、向寿率兵攻韩、魏，占武始（河北武安县南）、新城（今河南密县东南）。白起攻伊阙（今河南洛阳龙门），次年败韩、魏联军，斩首24万，虏魏将公孙嘉，陷伊阙。在这一年，秦还攻下魏的垣（但未占领）。

公元前293年，秦攻取韩的宛。

秦昭襄王十七年（公元前290年），秦取魏的轵（河南济源东南）。

公元前289年，秦伐魏。取蒲阪等大小61城。

秦连年对韩、魏的进攻，势如破竹。使这两个国家连连遭到沉重的打击。韩自愿割武遂200里，魏割河南400里地给秦。这样巨大的求和代价，才换得秦国暂时停止了进攻。而秦取得宛这个中原重镇之后，不但具有便于进攻东方的战略意义，而且经济上也获取了强大的支柱产业。

秦昭襄王二十年（公元前287年），韩、赵、魏、燕、齐五国合纵攻秦的联军组成，共同推举赵的奉阳君为帅。燕派2万人，齐、魏屯兵于成皋、荥阳之间。但他们还未真正同秦接战，出自保存实力的考虑，就纷纷不战自退。相反，秦国的军队不停地向魏国进攻，相继取得了新垣、曲阳、安邑，第二年还取得了韩国的夏山（据云梦秦简《编年纪》）。

秦的军事胜利，证明了各诸侯国这时已经无力同秦对抗了。于是，各国又转而向秦靠拢。秦也通过外交途径，先后同楚顷襄王、赵惠文王、魏昭王、韩釐王相会，燕昭王也同赵王相会。从自就组成了由秦操纵的，由韩、赵、魏、燕和秦的"五国伐齐联军"。秦昭襄王二十三年（公元前284年），在燕上将军乐毅的指挥下五国联军向齐发起了进攻。激战于济西。齐触子在被联军打败，逃走，达子率军战死于秦周（齐都临淄附近）。燕军乘胜攻克齐72城，仅剩下聊城、莒城、即墨3城仍在抵抗。齐愍王在逃往莒的中途死于楚将淖齿之手，燕军直入齐都城临淄，火烧齐宗庙宫室，掠珍宝财物一空。秦军在这一战中夺得了定陶，随后便封给了魏冉。

齐国受到五国联军的进攻，元气大伤，尽管在公元前279年反攻并收复失地，但再也不是秦的对手了。这时，秦把攻击的目标转向了三晋。

秦昭襄王二十四年（公元前283年），秦军攻取魏的林（今河南郑州东北）、安城，直逼大梁。次年，取赵的兹氏（今山西临汾）等两城。公元前281年，又取离石（今山西离石）。

秦在打击了三晋之后，又掉头转向楚国。秦昭襄王二十七年（公元前280年），派司马错由陇西出发，经过蜀地和巴郡的补充，水陆并进，攻入楚的黔中地。在占领黔中之后，又迫使楚割让上庸、汉北地，还攻取了邓（今河南邓县）。

为了稳定侧翼，以便大举攻楚，秦昭王在公元前297年同赵惠文王举行了历史上有名的"渑池之会"。随后，兵分两路，分别由白起攻楚之鄢（今湖北宜城西南）、蜀守张若攻巫、笮、黔中。白起一路，在距楚之郢都（今湖北江陵北）不远的鄢城大战中，引西山长谷水"灌城东北角，百姓随水流，死于城东北者数十万，城东皆臭"（《水经注·沔水》），楚军主力也损失数十万之众。次年，白起又乘胜攻下安陆（今湖北云梦、安陆一带）和郢。秦军在攻至西陵（今湖北宜昌县）时，纵火烧毁了楚先王的陵墓——夷陵，进兵洞庭湖边，楚被迫迁都到了陈（今河南淮阳）。秦以郢为南郡。张若率领的另一支秦军，于秦昭襄王三十年（公元前277年）攻占楚的黔中郡和巫郡。

为兼并天下，秦昭襄王想从消灭魏开始。三十一年（公元前276年），秦停止了攻楚，将主力派往进攻魏都大梁的前线，并攻下魏的两城。次年，攻大梁，打败救魏的韩军，斩首4万多。由于魏献出了温，秦国才暂时退兵。公元前274年，秦又攻取魏的蔡（河南上蔡），中阳（河南中牟西南）等城。秦昭襄王三十四年（公元前273年），秦将白起率军同赵、魏联军大战于华阳（今河南郑州西），大胜，并占领之。接着，秦军又逼近大梁。因为有燕、赵的救魏，在一时难以取胜的情况下，便接受了魏献出南阳地而退兵。

秦未能立即灭魏，因为有赵的支持，于是秦掉转矛头攻赵。秦昭襄王三十七年（公元前270年），秦的中更胡伤率兵攻赵的阏与（今山西和顺县西），赵派善于用兵的赵奢解围。秦大败而归。

秦昭襄王三十九年（公元前268年），接受客卿范雎“远交而近攻”的建议，派五大夫绾率兵伐魏，拔怀（今河南武陟西南）。公元前266年，又取魏的邢丘（河南孟县东）。

秦昭襄王四十二年（公元前265年），秦发兵攻取韩的少曲（今河南孟县境内）、高平（今河南济源西南）。次年，秦将白起攻韩的隆城（今山西新绛县东北），拔5城，斩首5万。公元前263年，白起兵攻太行山以南地区。次年，攻取韩的野王（今河南沁县）。

韩国失去了野王，就断绝了同上党郡（今山西长治附近）的联系。秦昭襄王四十七年（公元前260年），秦国左庶长王龁率兵攻上党，赵将廉颇驻守长平（今山西高平）坚垒不战。随后，赵王中了秦的反间之计，改派名将赵奢之子、只会“纸上谈兵”的赵括替代了廉颇。于是，秦上将军白起和尉裨将王龁把诱出的赵军截断两处，实施围困。经过46日，最后射杀赵括，把投降的40万赵军全部活埋。残酷的“长平之役”，赵国被杀45万人，秦军也死伤过半。

秦昭襄王四十八年（公元前259年）十月，白起率领的秦军主力再攻上党，王龁军攻赵国的武安、皮牢（今山西翼城东北），司马梗军攻太原。因为范雎的进言，秦昭王允许韩、赵割地讲和，就命令白起撤兵，从而失掉了灭赵的机会。

公元前258年，秦派五大夫王陵率兵攻赵之邯郸，不下，将卒多有伤亡。白起又遭谗言被赶出了咸阳，赐死于杜邮亭。于是，范雎推举同党郑安平与王龁率军攻邯郸。次年，由于魏公子无忌矫虎符夺得晋鄙之军，赵国平原君又从楚搬来救兵，遂使邯郸之围得解。秦主将王龁败逃，郑安平也投降了敌人。

秦昭襄王五十一年（公元前256年），秦攻韩，取阳城（今河南登封东南）。因为秦的河东守王稽暗地勾结“诸侯”，出卖秦国，在魏、楚联军的打击之下，竟使河东、太原两郡失守。次年，为追究战败之责，范雎、王稽均被处死（云梦秦简《编年纪》）。

公元前251年。71岁的秦昭襄王离开了人世。

秦统一中国的战争形势发展迅速，再经过孝文王、庄襄王和嬴政三代国君30年的时间，就建立了秦帝国。在这一过程里，步骤明确，顺理成章。开始的主攻目标是三晋，随后才涉及其他大国。

秦庄襄王元年（公元前249年），相国吕不韦率兵消灭了东周，将东周君迁往阳人（今河南临安西），其地并入秦国。同年。大将蒙骜率兵伐韩，取成皋、荥阳，建立三川郡，使秦国的东界接近魏都大梁。

公元前248年，蒙骜率军继续东伐，先后取魏的高都和波，赵的榆次、新成、狼孟等37城。

公元前247年，秦派大将王龁攻韩之上党，蒙骜攻晋阳，重建太原郡。魏信陵君无忌率领的赵、魏、韩、楚、燕五国联军在河外（黄河以南）迎击蒙骜，蒙骜逃走。魏无忌追到函谷关，把秦军逼回关内（函谷关以西），才始行撤退。

秦王政二年（公元前245年），秦攻取魏的卷（今河南原武城北）。

公元前244年，秦取魏的畼、有诡。同年，蒙骜攻占韩国的13城。

公元前242年，秦攻占魏的酸枣、燕虚、长平、雍丘、山阳等20城，设立东郡。

公元前241年。秦攻占魏的朝歌（今河南省淇县），并攻陷魏的附庸——卫国首府濮阳（今河南省濮阳市），迁卫君角由濮阳至野王（今河南省沁阳市）。这时，赵、楚、魏、韩、燕五国再次联合起来抗秦。由赵将庞煖率领五国军队攻秦的蕞地（今陕西临潼县北），遭到秦的痛击。

公元前240年，秦取赵国的龙、孤、庆都和魏的汲（今河南卫辉市）。

秦王政九年（公元前238年），秦将杨端和占领魏的垣、蒲阳、衍氏。

至此，秦取得的土地至少有15个郡以上。东方诸国再也联合不起来抗秦。从秦王政十一年起至二十六年，前后只用了10年时间，诸侯国就次第被秦所消灭。

秦王政十一年（公元前236年），当燕、赵交战之机，秦派兵攻赵。王翦一路取阏与（今山西和顺县）、橑阳（今山西左权县）。王翦、桓龁、杨端和一路取河间六城（在今河北、山东之间），随后又占领邺（今河北磁县东）。秦王政十三年，攻赵平阳，“杀赵将扈辄，斩首十万”，取武城（山西夏津西）（《史记·秦始皇本纪》）。

公元前233年，秦将桓龁率兵出上党，攻取赵的赤丽、宜安（今河北藁城西南）。赵为保卫首都邯郸，从北方边防上调回大将李牧。秦、赵在肥（今河北藁城西南）激战，结果秦军惨败，桓龁畏罪逃往燕国。

公元前232年，秦军两路攻赵，一军至邺，一军至太原。直扑番吾（今河北高平县东），结果再次被李牧率领的赵国精锐之师所击败。

秦王政十六年（公元前231年），韩献南阳地给秦。次年，秦派内史腾率兵攻韩，俘韩王安，迁于吱山，韩国亡（《史记·秦始皇本纪》《编年纪》）。

秦王政十八年（公元前229年），秦派王翦、杨端和分别率兵攻赵，赵将李牧、司马尚坚持抗战一年之久。后因赵王听信谗言竟把二人处死，结果仅过三月，秦兵就进入邯郸，俘赵王迁，赵国亡。

秦王政二十年（公元前227年），秦将王翦，辛剧率兵攻燕、代。在易水之西，秦败燕、代两国联军。燕太子丹谋刺秦王未成，秦增兵攻燕。次年，陷燕都蓟（今北京市），燕王喜与太子丹逃往辽东郡。

秦王政二十二年（公元前225年），秦将王贲包围魏都大梁。久攻不下，秦军就掘开黄河堤坝，引水淹大梁。三月后，城坏，魏王假投降，魏国亡。

秦王政二十三年（公元前224年），秦将李信轻敌自信，率20万秦军攻楚，大败而归。次年，秦王政派王翦带60万军队，攻入楚都寿春。楚王负刍被俘，燕将项燕自杀。秦军乘胜向江南广大的楚地及降服于楚的越地进攻，越军降。至此，楚国被灭。

秦王政二十五年（公元前222年），秦将王贲率军攻辽东，俘燕王喜，燕国灭亡。还攻代郡，在此称王的赵公子嘉也被俘。

次年，灭燕、代的秦军南下攻齐，昏庸无能而任佞臣的齐王建投降，齐国亡。

秦国从公元前230年灭韩起，到公元前221年灭齐至，前后不到10年，就用武力统一了中国。

（四）南戍五岭，北筑长城，为国守边防

秦灭六国之后，在其东南和南部边境上还分布着尚有刚刚迈入奴隶制社会的“百越”部族，如“东越”（即“瓯越”）是以今浙江省的温州一带为中心，占据着瓯江流域；“闽越”居住在今福建省的福州一带；“南越”和“西瓯”则分别散布在今广东和广西。另外，在越南北部还有“雒越”。

秦始皇二十八年（公元前219年），派尉屠睢率领50多万大军，分五支驻守“百越”的北界，即《淮南子·人间训》说的“镡城之领（岭）”“九疑之塞”“番禺之都”“南野之界”“余干之水”，对其形成半月形包围。然后主攻方向则分为东西两路南攻，经过三年就平定了百越。

东路军进攻的目标是闽越。进军路线是由今江西省东部出发，兵分两支，分别由赣水流域的余干（今江西余干、乐平县一带）、南野（今江西南康县西南）这两处越人必经的南北通道口进军。在凌厉的攻击下，闽越地被占领。秦王朝在这里设立了闽中郡，治设侯官（今福建闽侯县），东越也随之并入秦的版图。

秦的西路军主攻目标是岭南的南越。据《淮南子·人间训》载：这一路军也是兵分两支。一支“塞镡城之岭”（今湖南靖县西南），占据通往南越和西瓯的要道；另一支“守九嶷之塞”（今湖南宁远县南），据有九嶷山地区是翻越南岭至广东连州的要冲。这两支队伍取道湟溪，进入南越西北部，后顺北江而下，一举攻下了番禺（今广州附近）这个南越的中心。

平定南越的战斗是个异常艰难的过程。秦军开始取胜，“杀西呕君译吁宋”，但不久就遇到了困难。像岭南河道纵横，行军和运输极为不便，北方士兵又不服水土，多有疫病，加之越人的顽强反抗，使秦军损失严重。因为越人“莫肯为秦虏”，往往利用秦“士卒劳倦，越乃出击之”（《汉书·严安传》），竟“杀屠睢，伏尸流数十万”。旷日持久，秦军粮草匮乏。过着“三年不解甲弛弩”（《淮南子·人间训》）而时刻有可能牺牲的困苦生活。

为了解决进攻南越的供应问题，秦始皇派了史禄在今广西兴安县境内开凿了一条全长60里的运河——“灵渠”（因漓水古称“灵水”而得名。也因地近兴安县城，后又称“兴安运河”）。把长江水系和珠江水系巧妙地连接起来。于公元前214年建成的这条人工渠道，使南下部队的军需物资（粮食、服装、武器、医药等给养）源源不

断地运到了攻伐“百越”的前线。秦尉任嚣、赵陀等“将楼船之士南取百越”（《史记·主父偃列传》），终于占领了包括“西瓯”和“雒越”在内的全部领土。

在对南越进军和取胜的过程中，秦始皇还采取两项措施，一是大量地向这里移民“尝逋亡人，赘婿，贾人略取陆梁地”（《史记·秦始皇本纪》）。同时，在岭南的广东、广西这“陆梁”地设立了南海郡（地在广东境内，治设番禺）、桂林郡（地在广西境内，治设桂平西南）、象郡（包括广东西南广西南部及今越南的中部），使秦的南疆到达了“北向户”（因地处北回归线之内，北门面向太阳）。秦始皇三十四年（公元前213年），秦政府还把50万罪犯谪戍到这里戍边和开垦，同越人相处，共同开发岭南。又一个措施是在岭南修筑了不少城关，如秦城（今广西境内的大、小融江间）、“严关”（秦城北30里处）、“横浦关”（在大庾岭上，又称“梅关”“台关”或“红梅关”等）、“诓口关”（今广东黄德县南）、“阳山关”（今广东阳山县东北）、“湟溪关”（今广东阳山县西北40里茂溪口）等，使之同水、陆交通紧密结合，在此派有重兵把守，既便于戍守，又可同内地加强联系，更具有极高的国防意义。

当秦王朝建立前后，在蒙古高原地区生活的匈奴已从原始社会末期向奴隶社会过渡。这个“习战攻以侵伐”的民族（《汉书·匈奴传》），活动范围甚广，北至贝加尔湖，南到阴山，不但趁机占据了河套地区的“河南地”，还经常“侵伐”内地，掠夺人口、牲畜和财产。当秦军开赴岭南的同时，秦始皇还派大将蒙恬率军30万众北伐匈奴。秦始皇三十二年（公元前215年），“悉收河南地”（《史记·秦始皇本纪》）。第二年，秦军又越过黄河，击败匈奴，夺取高阙（今内蒙古杭锦后旗东北）、阴山（今内蒙古狼山）、北假（今内蒙古河套以北、阴山以南、大青山以西地区）。三十六年（公元前211年），在河套以北、阴山一带设立了九原郡，还把内地37万户迁到了北河、榆中一带（今内蒙古伊金霍洛旗以北）支边屯垦。

尽管匈奴在秦军的打击下，放弃了阴山、河南地及头曼城，向北退却了700余里，但对内地的威胁并不可能彻底解除。于是，秦始皇令蒙恬率军在秦、赵、燕原有长城的基础上，“起临洮，至辽东延袤万余里”，筑起一道秦的“万里长城”（《史记·蒙恬列传》）。并派兵驻守亭障，对阻止北方游牧民族的进扰、保护中原农业生产和生活的稳定起了积极的作用。

（五）对抗起义军，随所保护的秦王朝被推翻而覆没

无论是秦国或是统一六国后建立的秦王朝，其军队不管是包括边防、野战、卫戍在内的正规军，或是由郡、县尉统帅的地方军，在作战、守边、保卫首都和地方安全中，都发挥了重要作用。但也在镇压农民起义中所起的反动作用，也因此而决定了它必然最终崩溃的命运。

秦二世曾“尽征其材士五万人屯卫咸阳。令教射狗马禽兽”（《史记·秦始皇本纪》）。地方武装调到首都驻防，训练科目是“射狗马禽兽”纯粹是为游猎娱乐服务的。

二世元年（公元前209年），一支由周文率领的几十万农民起义军横扫淮河、黄河流域，突破函谷关，直逼咸阳时，秦二世接受少府章邯的建议，赦免“骊山徒”，并授予兵器来对抗农民军。富有作战经验的章邯率领数十万“骊山徒”及“奴产子”组成的军队，对孤军深入的农民军反扑，“尽败之”。周文率军退出关中，在曹阳（河南灵宝东北）固守抵抗达二三月之久，后因战斗失利，又后退渑池西，浴血奋战二余日，终因寡不敌众，被章邯军打败，周文自杀，“军遂不战”（《史记·陈涉世家》）。

秦二世为镇压农民起义，从北方调回数十万防匈奴入侵的边防军，交由秦将王离率领，由上郡东渡黄河，经太原至井陉，深入赵地，镇压黄河以北的起义军。

章邯率领的秦军攻势猛烈，在敖仓打败田臧的军队，又于十二月攻打农民军的根据地——陈。秦军在南阳切断由宋留率领的西征农民军，并把撤向新蔡的义军全部击溃。

二世二年（公元前208年）7月，项梁率领的起义军相继在东阿（山东阳谷东北）、濮阳（河南濮阳西南）打败章邯军。由项羽、刘邦率领的另一支起义军在攻下城阳（山东菏泽东北）之后，在雍丘（河南杞县）同秦军激战。刘邦的部将曹参杀掉秦的三川郡守李由（秦丞相李斯之子），项梁又在定陶（山东定陶县西北）大破秦军。而章邯军夜袭定陶义军，杀死项梁。后领兵转向河北，同王离率领的秦军会合，随后在巨鹿（河北平乡县西财）同义军展开一场决定性的“巨鹿战役”。

秦军聚集于河北足有30余万之众，并将赵王歇等率领的义军逼进巨鹿城。由王离、涉间率兵团团包围义军，章邯又筑甬道在巨鹿南运粮。此时，被封为义军上将军的项羽派英布和蒲将军领军2万人渡漳水救巨鹿，自己率领全部兵马由安阳北上进攻秦军。项羽军渡河后，包围王离军，切断供粮的甬道，经过九次大战，秦军大败，大将军苏角被杀，王离、涉间自杀。随之，项羽破秦军于盱（漳水支流），蒲将军在漳水南又败秦军。章邯受到秦二世的责备，走投无路，于公元前207年率众20万人投降了项羽。

巨鹿之战，义军击溃秦王朝反动军队的主力，乘胜前进，扫荡各地的秦守军。特别是刘邦率领的一支队伍，攻陈留，收积粟，大战曲遇（河南中牟东），破杨熊军。再破南阳，打败城守的桓齮军，直驱武关（陕西丹凤县南）。随后，破峣关（陕西蓝田东南），“北至蓝田，再战，秦军竟败”（《史记·留侯世家》）。蓝田一战，秦军破败，随秦王朝的灭亡而寿终正寝。

二、战略和战术的运用

纵观秦人从立国跻身于诸侯之林，到战胜割据一方之群雄，直至建立起强大的秦帝国，有似一帧长幅的历史卷轴。秦国由小到大，从弱转强，秦军叱咤风云，吞强灭国，其所经历程，可说是更富戏剧色彩：创江山，披荆斩棘五百余载，而保天下、守社稷仅仅只有15年时间就倾覆瓦解。这起伏跌宕、波澜壮阔的经历中，其故事之曲折，其气势之雄伟，也可说是历朝无出后者。然而在这万变的长河里，在这秦国的政治舞台上，前仆后继，竟推出了不少杰出的政治家和军事家！其文韬武略，战功赫赫，彪炳史册，其史迹其智慧在中华文化宝库中永远是一份珍贵的遗产。

尽管秦国没有留下像吴《孙子兵法》和《孙膑兵法》那样专门的兵法著作，但从一些军事家或政治家论兵的个别篇章和言论中，同样闪耀着那个时代秦兵家思想的光芒。

曾辅佐秦孝公（公元前381～前338年）实行变法、执政21年、使秦国富强的商鞅（公元前390～前338年）是战国中期卫公的同族，因而称卫鞅或公孙鞅，秦封之于商而称商鞅。他不但是一位历史上杰出的思想家、政治家，而且还是一位了不起的军事家。曾率兵攻魏，元里一战，斩首7000，就夺取了魏的少梁。围降了魏的旧都安邑，攻下长城的要塞固阳，还攻魏之西鄙、智擒公子卬，收复了一部分河西地。这一连串的胜利，表现出商鞅高超的智慧和军事指挥才能。据（《汉书·艺文志》载，商鞅著有一部兵书，名曰《公孙鞅》，计27篇，汉列于《孙子兵法》和《孙膑兵法》之后。但可惜的是早已佚亡了，仅有他的一部法家著作——《商君书》留传了下来。

《商君书》的内容主要是阐述商鞅一派法家主张革新、建立封建国家的政治思想和具体方针、策略及政策性规定。其中涉及军事制度的，只集中在《战法》《立本》《兵守》《境内》等篇中。他在论述战争的策略时，强调“战法必于政胜”“王者之兵，胜而不骄，败而不怨”，揭示出强兵的根本办法是建立一个好的制度、人民重视战争和具有良好的战守设备。具体到守城，他提醒军队守城的重要性，办法是把壮男、壮女和老弱组织为三军“为国家肯出死力”。在《境内》篇中，记军事制度的内容比较多，如全国登记户口，按爵位赐赏奴仆的办法，军队组织，军官等级及其卫兵的数目，战争中立功行赏、有罪处罚的标准。还有升爵增禄的规定，论功行赏的措施，有爵位者犯罪的审判和处理，攻城的战斗布置，敢死队的编制及奖赏处罚，等等。从这里，我们可以看出《商君书》涉及军事的篇章，并不是谈战略战术的“兵法”。即使说到军事指挥和作战方法，也只能是些有关军法的规定。纵观其核心，不过是些重战思想的政策罢了。我们认为，这正是法家不尚空谈、重在实用而具有可操作性的反映。不谈理论，或少谈理论，并非没有指导性的理论思想。而那只是由上层的少数人掌握，贯彻下去则面向广大的士庶人等，就得具体明晰。韩非子说“令境内之民皆言治，藏商、管之法者家有之”（《韩非子·五蠹》），足见其普及性、实用性、实效性都是异常明显的，对当时的秦国和整个社会起到了积极的影响。

同样，后来的《吕氏春秋》一书也不是一部军事理论著作，当然是称不上“兵法”的。它是秦始皇亲政前，由丞相吕不韦集合其门客于公元前239年集体编写的一部由阴阳五行体系贯穿起来的杂家论集。它“兼儒墨、合名法”（《汉书·艺文志》），汇集先秦各派学说，为当时秦国统一天下、治理国家设计了一个政治蓝图。书中论述相当广泛，不但有哲学、政治、社会道德、论理等问题，还广泛征引古史旧闻、天文历数、音律和自然科学知识。另外，像《上农》《任地》《辩土》《审时》

四篇，则是先秦的农学论文。至于论兵的几篇，虽也涉及一些“兵法”问题，但只能使人们从中窥见其军事观点而已。

《吕氏春秋》的作者是站在人民利害的立场上，主张通过战争手段统一天下、以建立中央集权的封建国家。他批评“非攻”“偃兵”之说，就兵的起源表明自己的战争伦理观。说：“古圣王有义兵而无有偃兵。兵之所自来者久矣，与始有民俱。……兵诚义，以诛暴君而振苦民”（《孟秋纪·荡兵》）。“兵之来也，以救民之死”（《怀宠》）。

战争不可避免，但在性质上则有义与不义的区别。《吕氏春秋》的作者定的区分标准是“兵苟义，攻伐亦可，救守亦可；兵不义，攻伐不可，救守不可”（《荡兵》）。“攻无道而伐不义，则福莫大焉，黔首利莫厚焉。禁之者，是息有道而伐有义也，是穷汤、武之事而遂桀、纣之过也”（《振乱》）。

把兴“义兵”、伐暴提到认识的高度，当然并不是吕不韦等人的创造。因为大军事家孙武一开始就反对穷兵黩武地滥用战争。他说：“兵者，国之大事，死生之地，存亡之道。不可不察也”（《孙子兵法·始计》）。《司马法》也从“仁为本”，“义治之”出发，是主张“以战止战”的（《司马法·仁本》）。

不过，《吕氏春秋》的“义兵”思想，毕竟是个进步，也是从“兵法”上谈“义”的。“夫兵有本干：必义，必智，必勇”（《决胜》）。这里的“义”包含正义与否，也包括民心的向背。该文对智的阐述，实际就是在讲作战的指导思想和战略战术问题。勇，则是受智的制约和驱使。逻辑关系非常明确，阐释也很精当。

具体的兵法思想，对于指导战争的统帅来说尤为重要。《决胜》说：“凡兵，贵其因也。因也者，因敌之险以为己固，因敌之谋以为己事。能审因而加胜，则不可穷矣。（胜）不可穷之谓神，神则（能）不可胜也。夫兵（不贵胜，而）贵不可胜。不可胜在己，可胜在彼。圣人必在己者，不必在彼者，故执不可胜之术以遇（不）（可）胜之敌，若此则兵无失矣。凡兵之胜，敌之失也。胜失之兵，必隐必微，必积必抟。隐则胜阐矣，微则胜显矣，积则胜散矣，抟则胜离矣。……此所以战胜。”

在《论威》篇中讲“凡军欲其众也，心欲其一也，三军一心则令可使无敌”。“凡兵欲急疾捷先。欲急疾捷先之道，在于知缓徐迟后而急疾捷先之分也。急疾捷先，此所以决义（字衍）兵之胜也。”这在作战指挥方面都是异常可贵的思想资料。特别像“夫兵有大要，知谋物不谋之（与）不禁也，则得之矣”。兵贵神速，以克敌制胜的这些论述，同《孙子兵法·始计》讲的“攻其无备，出其不意”的话，可说是相同的。

战争本身是残酷的，是吞噬人民生命和财产的恶魔。秦人伴随战争，从越过陇东高原进入关中起度过了570多个漫长的战争春秋。据秦孝公至昭襄王百年间的“战绩”记载，就有140多万人成了秦军的刀下之鬼，而秦国人民同时也付出了高昂的生命代价。但反过来看，从杀敌制胜讲，战争却是倾城倾国的指挥艺术。通过一些战例，我们就可以透彻地看到秦国是如何熟练地运用兵法而指挥战争的。

战例一：秦晋“韩原之战”

春秋时期实行的是车阵战。公元前645年，秦晋两国发生的“韩原之战”（今陕西韩城市西南）。即是一个颇具故事情节的战例。由于晋军兵多将广，一开始就将秦穆公率的秦军包围。“晋人已环穆公之车”，甚至晋大夫梁由靡已扣住穆公指挥车的左骖马，晋惠公的车右路石奋以长兵器直捣穆公的铠甲，竟“中之者六札”。在这万分危急的关头，有一彪人马300多人突然闪出，同晋军展开了殊死的搏斗，终于救出秦穆公，打败晋军，还生俘了晋惠公（《史记·秦本纪》《吕氏春秋·爱士》）。这一战役秦胜晋败，自有其政治因素外，单从战略战术上讲，就可以看到：第一，两国国君直接参与指挥作战，既可说明两国对这一场大战重要性认识的一致性，还显示了车阵战又一特点，即主帅容易暴露的弊病；第二，士卒英勇作战，充分发挥了人的作用；第三，战前，晋国发生灾荒，秦国并没有出兵伐晋。而秦国遇饥荒，晋国不救反乘人之危而攻秦，失去人心。秦穆公善于抓住晋国君臣矛盾明显、士兵斗志不高的有利的战机，果断出兵，从而创造了深入敌国腹地、以少胜多的战例。

战例二：秦楚鄢郢之战

战国以来，战车虽然没有退出战场，但步骑兵已成为作战的主力，所以这一时期大规模的野战和包围战就应运而生。在诸多兵种里，秦国尤以步骑兵进攻的阵地战见长。攻破楚都鄢、郢之战，就是很典型的例子。

自秦昭襄王二十年（公元前287年）韩、赵、魏、燕、齐五国攻秦失败之后，秦国一跃而成为军事强国。秦昭襄王为了称雄诸侯国，就把齐、楚、赵作为攻击的重点目标。随着形势的变化，秦国总是巧妙地利用各国的矛盾，灵活地选择自己的打击点，以求速胜。五国伐秦无结果，反而变成了由秦国操纵的五国伐齐。在齐和三晋相继遭到秦的打击而衰败之时，秦国就及时地将攻击的矛头转向强大的楚国。这些就是秦、楚大战前的形势。

为了攻楚，秦昭王做了两方面的外围准备：一方面是兵力调遣，作相对的集中。在二十七年（公元前280年），秦派司马错从陇西带兵出发，经蜀郡和巴郡补充10万大军和1万艘大船，载着600万斛大米，顺江而下，直扑楚的黔中地，取得上庸、汉北地和邓（河南邓县）；另一方面是秦、赵两国君主在渑池结盟（公元前279年），从而以稳定了秦的侧翼局势。

二十八年（公元前279年），攻楚大军分两路出击，一路由大将白起率领攻楚的鄢（湖北宜城西南）；另一路由蜀守张若率领，向巫、黔中进攻，随后顺长江而下，直驱楚的统治中心。楚为保卫首都郢（湖北江陵北），调集大军扼守北部的门户——鄢。白起在攻城不下之时，就对西山长谷水筑坝拦截，然后决堤直灌鄢城。城坏，死者数十万人，使楚的主力遭到了严重的损失。第二年，白起又乘胜攻楚，取安陆（湖北云梦、安陆一带），随之攻下楚都郢，楚不得不迁都到了陈（河南淮阳）。秦兵攻西陵（湖北宜昌县下），烧坏楚的先王陵墓夷陵，进兵洞庭湖边，设立了南郡。公元前277年（秦昭襄五三十年），张若的军队又攻占了楚的黔中郡和巫郡。尽管以后楚又夺得黔中十五邑，但已经无力在大别山以南同秦抗衡了。

鄢、郢之战是战国时期秦、楚两国间的重大战争，对彼此都产生了深刻的影响。就战争本身而言，秦国方面已做了充分准备：第一，兵力机动。外围配合，两路进攻。白起的一支为主力，张若则从楚的后侧攻击，使楚首尾不能相顾。第二，充分的兵力和物力资源。第三，心理攻击和军事攻击相配合。

战例三：进军五岭，北逐匈奴和反秦之战

这些都是在秦统一之后发生的较大规模的运动战战例。秦进军五岭和北逐匈奴的经过，前面已做较详细的介绍，无需再赘述。不过从中可以看出：如果对整个南方的山川地理形势没有透彻的了解，如果没有博大的气魄，就很难制定出这些具有全局观点的战略部署的。从进军路线、战斗安排到战后的处置，充分显示了秦高超的军事指导思想和很高的军事指挥水平。

在反秦的农民战争中，进攻性的运动战，也是成功的。起义军装备很差，技术低，同训练有素、技术装备精良的秦军比，有着天壤之别。但起义军采取运动战的形式，不固守一点，避实击虚，从大泽乡起，迅速占领蕲、酂、苦、柘、谯等县，消灭敌人，壮大自己，才进而占领了陈郡的首府。同样，在陈建立农民起义政权之后，派出三路大军向秦的统治中心进攻，其中周文率领的一支队伍，竟能绕过荥阳重镇，避开秦的主力，迂回运动，顺利进军关中。即使在陈胜被害后，吕臣还能率领苍头军在陈几进几出，消灭秦军，同样创造了灵活机动的战略战术。

在有秦一代的血与火的战争中，不管是自觉地还是不自觉地运用“兵法”，遵循战略战术原则，但终竟是从战争中学习战争，才会涌现出许多杰出的军事家和指挥家来。

秦国国君直接与闻军国大事，其中很多人又率兵对敌，如秦庄公、襄公、宪公、武公、穆公、昭襄王、秦始皇等，堪称为名副其实的“军事统帅”。

作为统兵的武将，且不论其官爵高低，称号如何，单以杰出的军事指挥家而言，可数的就有商鞅、樗里疾、甘茂、向寿、魏冉、芈戎、吕不韦、张唐、司马错、白起、王翦、王贲、李信、蒙骜、蒙武、蒙恬、章邯、王龁、麃公、桓龁、冯劫、公孙衍、樊於期等。此外，《新唐书·宗室世家表》中提到的还有李兴族。《通志·氏族略》提到的暴荐、大罗弘、士思穆都做过秦的将军。除了白起做过“上将军”为人们所熟知外，还有窦经、杜赫也担当过秦的“大将军”（《新唐书·宰相世系表》）。

第二节　军事制度

一、兵　役　制

关于春秋时期秦国的兵役制，限于资料的缺乏，还难说清楚。但早期明显的还带有奴隶制的军事特点，而且车战的战争方式也决定了秦的作战之士仍旧由“甲士”和“步卒”（即“徒”）这两部分人组成。很自然，“甲士”是征集来的秦国中小奴隶主和富裕的自由民；“卒”则是奴隶和穷苦的自由民。《石鼓文》中描绘有大规模的狩猎场面，追猎速度凭借的车，显然是车战的又一种演练的形式。同样，《诗经·秦风》中的《驷驖》《小戎》等篇，把秦公游猎时车马的盛况描述得淋漓尽致。这些都反映着秦人把车马用于战场上的事实。《无衣》诗中有“岂曰无衣，与子同袍。王于兴师，修我戈矛，与子同仇”的句子，这些着甲执兵（戈、矛、戟）的战士，不正是站在车上同敌人进行格斗的“甲士”吗？

西周奴隶制政权采取“分封制”的统治形式，“寓兵于农”则是其兵源的一种。周天子分封诸侯时，把王畿以外的土地连同土地上的人民赐给他们，即所谓“授民授疆土”。诸侯们又把得到的领地的一部分分赐给卿、大夫作为采邑。那么，同“裂土封疆”的做法相适应是，因井田而制军赋，从而保证了国家“税”和“赋”的落实。“税以足食，赋以足兵”（《汉书·刑法志》），都是按占有土地的数额要向国家交纳贡物的。“军赋”，《周礼·大司马》郑注：“给军用者也。”《小司徒》注：“赋谓出车徒，给徭役也。”这就是说属于“国人”的这些平民和奴隶主，要自备作战的服装和武器，还得亲自服兵役。不过，参军作战对这一阶级的人说来是一种权利和义务。而奴隶是不会有这种享受的。我们若以“兵车一乘、牛十二头，甲士三人，干戈具备”的“乘马之法”来计算，那么，“百乘之家”的卿大夫就拥有兵车百乘、武装力量7500人；“千乘之国”的诸侯拥有兵车百乘，武装力量7.5万人；“万乘之主”的周天子拥有兵车万乘，其武装力量就达75万人。这些应是兵源的后备力量，并非军队的实数[5]。

这些具有自由民身份的“士”，除平时种田之外，在一年之内按四季要定期进行军事训练，即“春振旅以搜，夏拔舍以苗，秋治兵以狝，冬大阅以狩”（《汉书·刑法志》）。

但秦国没有实行土地分封，土地一直还是由国君直接控制着。自襄公立国至迁雍之前，一直为扩大地盘在奔忙着。一边对关中的戎人在讨伐、在挤，一边由汧河而下，再沿渭河向更为广阔的关中腹地搬迁。在这种不稳定的状态下，虽然还维持着周遗民原来的生活习惯，但不可能在原来的“王畿”之地按原来的办法收取赋税。而秦人除学习西周文化、更多地适应农业经济生活外，还保持着善于养马、训马、御马的历史传统。特别是秦国建国的特殊经历与长期受陇右经济生活的影响，顺势发展的结果是，除同期共存的车兵之外，秦骑兵较早地登上了战争舞台。当然，在奴隶制军队里，御手和骑士都具有较高的身份，而这只能由秦人担当。

兵源同土地制度密切相关，在这里我们先看一下秦国是如何处理这个关系的。

秦国虽然据有西周的故地，但并没有实行“井田制”，而实行着带有军事屯田性质的“爰田制”。所谓“爰田制”，就是国家按土地的肥瘠情况区分为上地、中地、下地三个等级，分给奴隶耕种。经过三年，再更换每个劳动者的土地和居住地。因为这时得到土地的奴隶不再像“井田制”下种了自家“私田”之后还要给“公田”以“助”的形式——服劳役——提供剩余劳动。而现在是以“彻”（或称“赋”）的形式——按耕种土地的数额，交纳劳动产品（实物）或服军役。这样一来，相对地说劳动者在一定程度上具有了土地的支配权，而所受“彻”的剥削也较“助”要轻些，还可以参军作战。秦国对这些农业奴隶采取军队方式进行编制，平时种地，战时打仗，有“兵农合一”的味道。秦有“庶长”一职，其来源就是最早管理庶人奴隶的军事首领。以后再发展出大庶长、左庶长、右庶长和驷车庶长等名目，既是爵种又是官名。《续汉书·百官志》刘昭注：“自左庶长皆将军也。所将庶人更卒，故以为名。”由于秦国奴隶的社会地位有了改变，有着向封建制前进的变化，能“出车徒、给徭役”，使秦国的兵源有了保障。

在春秋时期，秦国的又一兵源是来自它有较多的奴隶来源。秦国曾发动了一系列对戎、狄的战争。像文献上多有“伐戎”“伐荡杜”，“伐彭戏氏”“伐邽冀戎”“灭小虢”“伐茅津”的记载（《史记·秦本纪》）。通过这些战争，除占有戎、狄的土地外，还把大批俘虏变成自己的种族奴隶。随之，又按“爰田制”分配土地给他们，战时又拉之入伍。

商鞅变法时，于公元前350年宣布“开阡陌封疆”（《史记·商君列传》），废除了奴隶制土地国有的标志；同时又“制辕田”（即《汉书·地理志》），使劳动者不再定期还田，也无需“易居”。这两件有着紧密联系的大事，同是变法的主要内容。这不仅使劳动者对土地比以前有了更多的支配权，而且自己也有了较多的人身自由。再加上一系列奖励军功、晋爵赏地的措施，在耕战政策的推动下，使得“兵农合一”，从而大大地增强了秦国的军事活力。这些种地的奴隶，按什伍的军事组织编制起来，遂之产生出一种新的称呼——“农战之民”[6]，或“农战之士”[7]。

从战国到统一，秦实行的是郡县普遍兵役制，也就是全民的义务兵役制。秦始皇于十六年（公元前231年）曾“初令男子书年”（《史记·秦始皇本纪》），云梦秦简也有“自占年”的简文（《编年纪》）。这是第一次对有名籍的男子进行的全国性人口普查，目的是统计征调入伍的人数。第二年，内史腾攻韩，俘韩王安，灭韩国，得地为颍川郡。随之有连年的并灭诸侯国的战争，可见“男子书年”（自占年）是统一战争前进行兵役登记的必要准备。

秦国男子服兵役的形式有三种，据《汉书·食货志》载董仲舒的话说，就是［秦国商鞅之法]“月为更卒，已复为正一岁，屯戍一岁，力役三十倍于古”。这就是说，一个男子一生须两次为国家服兵役，一次是守卫首都一年的称“正卒”；一次是戍守边疆一年的称“戍卒”。另外，还要在本郡或本县境内服役一个月，称作“更卒”。“正”“戍”的区别，仅是首都与边地的不同，实际上都是正式服兵役的士卒，因此都可以称之为“正卒”。

法定的兵役期是两年，但实际在执行上并不受此限制。如果战事旷日持久，或是战争规模超常巨大的，“卫士”和“戍卒”到期并不更换，以至于还会再次征发服过两年兵役的人，甚至征发老小服役的情况也不是没有的。云梦秦简《编年纪》中记载喜就曾三次参军（秦始皇三年、四年、十三年）。在秦赵“长平之役”中，曾“发年十五以上悉诣长平”（《史记·白起列传》）。战争紧急时，服兵役的不限于庶人，连小官吏也不能免，如秦始皇十一年（公元前236年），王翦攻阏与、橑杨，“军归斗食以下，什推二人从军”（《史记·秦始皇本纪》）。据《汉书·百官公卿表》颜师古注：“斗食者，岁奉不满百石，计日而食一斗二升。”从《汉书·食货志》说“食，人月一石半”知，一天只吃五升粮。可见“斗食”之官，同县丞、尉这些“秩四百石至二百石”的“长吏”比，地位属于仅仅略高于老百姓的“少吏”而已。既然“斗食”的小吏中竟有2/10的人要从军，只有第四级爵的“不更”才能免役[8]，那么，征发范围广，人数自然也就多。但“不更”爵免役的也还只是官方的一纸“文告”而已，事实上并非如此。在秦始皇陵园的居赀役人墓地中，就发现了不少享“不更”爵的尸骨，说明他们并未免役，还照样属于服徭役的“郦山徒”。

关于秦代起役和免役的年龄问题，同样也缺乏直接的文献记载。那么，我们先看两个例子：一个是长平之役时，曾征发过15岁的男子从军；二是云梦秦简《编年纪》记喜的事，从秦昭王四十五年（公元前262年）“喜产”到秦始皇元年（公元前246年）“喜傅”，刚好是他15周岁。视乎此，能否说这就是秦起役的年龄？

《史记·项羽本纪·集解》引三国时孟康的话说：“古者二十而傅，三年耕有一年储，故二十三年而后役之。”《盐铁论·未通》载桑弘羊的话说：“古有十五入大学，与小役；二十冠而成人，与戎事。”这里所谓的“古”，大概也应包括秦在内。那么由此上推，十五岁“傅籍”是秦接受“古者”惯例而法定的年龄，也是役龄的起点。当然，这对于未“成人”者只是令服“小役”（一般性徭役或军事杂役），只有到了20岁才允许参加战斗。事实上，这也不是绝对的，往往会提前的，像喜在“傅”后的第三年就参战了。总而言之：15岁是秦的起役年龄，可以随时被征发入伍。但在实行普遍征兵制度下，未必人人都是15岁当兵。至于“发年十五以上悉诣长平”的事实，只能认为是在战事紧急的情况下开往“河内”参战的一个特例。

停役年龄，《汉旧仪》说秦制是“男子赐爵一级以上，有罪以减，五十六免；无爵为士伍，年六十乃免老”。可见免老的年龄界限是两个，有爵者56岁，无爵者60岁。这个服役年龄下限的规定，一直延续到西汉一代。

综前所言，秦代男子是15岁“傅”籍后随时都可能征发去服兵役，但在20岁前只限“小役”，之后就可参战，至56岁或60岁免老。在役龄之内的每个人，在其一生中服兵役是两年一个月。而这些或只是政府的规定，在实际执行中却不受此限制。因为“法定”是“定法”者制约庶民的借口。自己超然法外历来合法！

二、军事组织的编成

（一）不同时期、不同内容的“三军”

马端临在《文献通考·兵考》中说秦襄公“修其车马，备其甲兵”，可见秦国从此开始建立起自己的常备武装。秦穆公又“作三军，设三帅”（《史记·秦本纪》），俨然是以大国的编制来建立起秦国的正规军。《周礼·夏官司马》说：“王六军，大国三军，次国二军。”春秋时代的各诸侯国多设有三军，但称呼上有些不同，如晋称上军、中军、下军，楚称左军、中军、右军。齐、鲁、吴三国同于晋制。三军中，以中军将为三军的“统帅”。各军设有副帅“军佐”。按《周礼·地官·小司徒》“五人为伍，五伍为两，四两为卒，五卒为旅，五旅为师，五师为军”的编制规模计算，三军约有战车千乘，士兵3万多人。那么，这是否也为秦穆公三军之兵额的总数呢?

秦穆公所处的时代盛行车战，其车兵自然是脱产的、专业化、正规化的军队。三十年（公元前630年），秦师偷袭郑国时路过周北门，左右免胄而下。“免胄而下”，车士从车上下来，表示礼节，从中可看出其具有正式的军士身份。

正因秦国有着设置步兵和骑兵的传统，所以，秦穆公建军时，组建的“陷阵”（《文献通考·兵制》）就是步兵。其数目据吴起估计，有3万人[9]。骑兵的编制与数目不详，不过在二十九年（公元前631年）秦国护送重耳回晋国时，就曾派出“革车五百乘，畴骑二千，步兵五万”（《韩非子·十过》）。那么，车兵、步兵、骑兵兼而有之，是秦国在春秋时期区别于其他诸侯国军制的一大特点。而且军队人数也远远超出周代大国三军的规定。在各兵种里，因为骑兵对于作战环境的选择具有很强的适应性，这就成为秦穆公“益国十二，开地千里，遂霸西戎”的支柱（《史记·秦本纪》），也是奠定秦国冲出函谷、耀兵中原、统一天下的基础。

战国末期，秦国军队已经形成了陆军和水军两大类。由步兵、骑兵为主，组成的陆军成了军队的主力，其数量多，作战频率高，也因为产生的历史长，就能一直活动在广阔的北中国。但根据其使用兵器和战斗分工的不同，从而便形成了步（徒），弩、车、骑等四个兵种。

秦设水军的时间相应地比陆军要晚，完全是适应同南方水乡的楚及巴蜀作战的需要而产生的。正因其起步迟，当秦国强盛之后，是在陆军作战积累了丰富经验的基础上创建的，因而其规模、装备也更加雄伟。水兵干练，称之为“楼船之士”（《汉书·严安传》）。若顺汉水（即古“夏水”）下长江，到达楚的郢都也不过四五个日程（《史记·苏秦列传》）。秦的舫船，据说是两船相并，具有作战和载重的两种性能。“载五十人与三月之食，下水而浮，一日而行三百余里。”从秦的蜀郡汶山（岷山）到楚地三千余里，不出十天就可以到达扞关（今湖北宜昌市西）（《史记·张仪列传》）。秦将司马错就是率领“巴蜀众十万、舶船万艘、米六百万斛，浮江伐楚”的（《华阳国志》三，《初学记》二十五引《蜀王本纪》）。

处于战国时代这一特殊时段，秦国国君是军队的最高统帅。统一之后，军事管理正规化，其常备军可分为中央军和地方军两个档次。中央军直接由朝廷掌握，军事长官是中央“三公”之一的“太尉”（一名国尉），其统属的军队包括野战、边防和京都禁卫军这三部分。地方军队则是“傅籍”之男，经过地方军事训练而编入武装部队，直接受各郡、县尉统率的。在统一战争中，中央军作野战对敌，一或戍卫边防，显然是一支强大的军事力量，发挥着重要的作用，其士卒称之为“锐士”，或是“奋击”。地方军则随时可调归中央，接受中央调遣，是中央军的补充和预备队，其战士则称之为“材官蹶张之士”。

野战军既是从事大规模征战的部队，其作战场地绝不局限于旷野。自然也包括攻城战斗在内。大兵出国逾境，“不有亡国，必有破军杀将”之虞（《六韬·论将》）。关系重大，所以历来对将帅的选择和任用都非常审慎与重视。秦国帅军出征，不是国君自将，就是国君亲自选将。穆公在秦的历代国君中，是亲自领兵作战最多的一位。秦始皇亲自“驰如频阳”，请王翦挂帅伐楚的例子也很具典型性。将，可以是一支部队的统帅，也可以对大部队多设几位将军，上面再名“上将军”或“大将军”统领之。

秦的各级军吏统属关系及其编制情况，仅从《商君书·境内》还不能得出令人满意的结果论[10]。但是，历史文献记载中多次重复而可以确定的军职大致是：在野战军中，统兵的高级将领多称“将军”。也有“大将军”“上将军”（如白起）之称的。此外，还有“裨将军”（《史记·蒙恬列传》），或“裨将”（《汉书·项羽传》）的；中下级军吏有“校”，即校尉。分左右两职，称“左校”“右校”[11]；有都尉”[12]，也有领郡兵参战的“郡尉”；“侯”，也就是“军侯”[13]“司马”，主管车的是“车司马[14]；“屯长”[15]，或即“敦长”[16]；“仆射”，是管五辆车的官[17]。这些军吏的编制系统及其官阶品秩，现在还不是很清楚。

商鞅变法时，曾按什伍组织编制户口，各有“长”，同时，也把“什”“伍”推向军中，故“五人来簿五伍”（《商君书·境内》）。什、伍既然是地方的基层单位，所以同一什、伍的人在军中安排在一起，于是也就成了军队中最基本的编制单位。

战国时期的军事行为，主要是野战军的机动。军争的目标既是并灭六国，其数量和素质也都应是第一流的。张仪说：“秦带甲百余万，车千乘，骑万匹，虎贲之士跿跔科头，贯颐奋戟者，至不可胜计。”他也换过另一种说法“虎贲之士百余万，车千乘，骑万匹”（《史记·张仪列传》）。无论怎样，在他的话里既为我们点出了秦国野战军的数量，也反映出各兵种的配比关系。

战国时期，秦边防军是不太正规的。前一时段防御的直接对象是东面的韩、魏，军争的主要力量也还是野战军。为争夺河西地而开展的拉锯战，要“包商洛、崤函”，就得设关塞亭障。因此，秦的军队兼有驻守和进攻这双重任务。在后一时段，还要在北境筑长城以防匈奴的侵扰，防御就带有持久性，军队的组织和编制也得由野战转化而来。特别是在统一之后，对南越和匈奴也都是先由进攻而后转入防守的，所以它在编制上保持着原来的连续性就是非常明显的。只是士兵的征发，才由“戍卒”另外加上“谪戍”罢了。

秦帝国的建立，边境线突然加长。“地东至海暨朝鲜，西至临洮、羌中，南至北向户，北据河为塞，并阳山至辽东”（《史记·秦始皇本纪》），这就为守边带来沉重的负担。尽管那时边防守护的重点不是在东西，而是在南北两面。正如西汉晁错说的，是“秦时北攻胡貉，筑塞河上，南攻扬越，置戍卒焉”（《汉书·晁错传》）。这话正是当时军事形势的实际。大概北筑长城、南戍五岭，投入的兵力分别各为50万人[18]。合起来，这些守边的“戍卒”约计百万之数。

所谓“常备军”，这本是个宽泛的称呼。其中包括着机动作战的正规军，但也有京城的卫戍部队。而后者虽然编制上还属军队，但性质上却相当于保安部队。它的任务是在中央保卫京城，守护皇宫和各衙署，故而另称作“禁卫军”（或“宿卫军”）。

负责地方治安警备的，是地方常备军——郡兵。当然，保卫京师时，也可以调遣野战军和地方的“郡兵”来做城防部队。

中央的禁卫军，按由里到外（也即是由殿内到宫城，再到都城）的掌管范围可分三部分，其长官分别是“郎中令”“卫尉”和“中尉”。

皇帝的亲兵——卫队，组织严密，分工细致。其武官人选特为重要，非至亲至贵莫能担任。侍卫长官“郎中令”，是中央“三公”之下的“九卿”之一。负责皇帝殿中侍卫和出行安全，其属官有三署，即①大夫——包括太中大夫、中大夫、谏大夫等。多至数十人，任务是“掌议论”（备咨询）。②郎——包括议郎、中郎、侍郎、郎中等，多至千人。其中中郎有五官、左、右三将。郎中有车、户、骑三将。任务是“主执戟侍宫殿”“守门户、出充车骑”。③谒者——“掌宾赞受事”（传达）（《汉书·百官公卿表》）。

1　2

图6-1　卫尉属官封印泥文

1. 公车司马丞　2. 卫士丞印

卫尉，是掌管宫门屯卫兵（“卫士”）的武官，位列“九卿”中的第三，仅次于郎中令。其属官可考的有公车司马令（掌管殿司马门、担任宫中的夜间巡逻，总领征召的检查和呈递）、卫令（《汉书·百官公卿表》《通志·职官》《史记·秦始皇本纪》）（图6-1）。

中尉，是首都卫戍部队的首长。其任务和属官是“掌徼循京师，有两丞、侯、司马、千人”（《汉书·百官公卿表》）。这即是说，凡宫殿之外，京师之内的治安警卫均由中尉负责。可见其管辖范围，正同卫尉相为表里。

郡、县无专门的治安部队，却设专管安全的武职——郡尉（又称“都尉”）和县尉。地方的常备军责无旁贷地负责安全警卫任务，但得听从地方武官的调遣安排。郡尉“掌佐守典武职甲卒”。县尉也与之相当。

县下的农村基层，是“大率十里一亭，亭有长。十亭一乡，乡有三老，有秩、啬夫、游徼”（《汉书·百官公卿表》）。乡的“游徼徼循禁盗贼”，显然是管地方治安的。而亭则是专设的地方治安机构，亭长下设亭父、求盗各一人。他们的任务是平时要练习五兵（弓、弩、戟、刀、剑），接待往来官吏，兼管政府输送、采购，传递文书等事。《汉书·高祖本纪》应劭注说：“旧时亭有两卒，一为亭父，掌开闭扫除，一为求盗，掌逐捕盗贼。”《续汉书·百官志》刘昭注引《汉官仪》说：“亭长课徼巡，尉、游徼、亭长皆习五兵。五兵：弓弩、戟、刀剑、盾，甲铠。鼓吏赤帻行縢，带剑佩刀，执盾被甲，设矛戟，习射。十里一亭，亭长、亭侯。五里一邮，邮［亭］间相去二里半。司奸盗，亭长持三尺板以劾贼，索绳以收执贼。”

（二）秦兵马俑坑提供的兵种实例

秦始皇陵的兵马俑从葬坑，为我们提供了战国秦的陆军各兵种及临战队形的形象材料。虽然在编成的数目并不如实，组合上也带有很大的象征性，但在军阵成分的构成和服装军械等方面应该是不差毫厘的。

步兵是由着甲或只穿战袍的武装战士组成的。着甲步兵俑的战袍长仅及膝，袍外擐长甲护腹，披膊仅够遮护肩头的铠甲，颈绕围领，下着短小的膝缚和轻便的行縢。既使身体得到良好保护，又减少了战士的负重量，这比起“衣三属之甲，冠胄带剑”的“魏氏武卒”，或是“鲛革犀兕以为甲，鞈如金石”的楚国甲士来，显得结实、便捷，利于战斗动作的有效发挥。最大的优点就表现在，更能把力量和技巧放在格斗拼杀上。由于他们手执戈、矛、戟、铍一类长兵器，在战场上表现得勇猛敏捷，才赢得“锐士”的称号。

弩兵，是手执弓弩、单独编列的兵种。他们单着战袍，或袍外擐甲。秦弩兵都是受过射术和队列训练的“材官蹶张之士”（图6-2）。

骑兵，由甲士配备战马组成。骑士身穿短铠甲，着长袴、登合鞮、戴武弁、执弓弩。其坐骑都是些无镫、无桥的低鞍马。尽管其装备尚不完备，还属于中国早期骑兵的形象，但从军服同武器配套的合理安排上，足以反映出在秦代军工生产中处理设计与战斗动作二者关系时的缜密考虑（图6-3，1、2）。

车兵，由一乘单辕的驷马战车和两个甲士组成。战车上配备御手一人，专司驾车。两甲士分别为“车右”和“车左”，系战斗员（图6-3，4～7）。

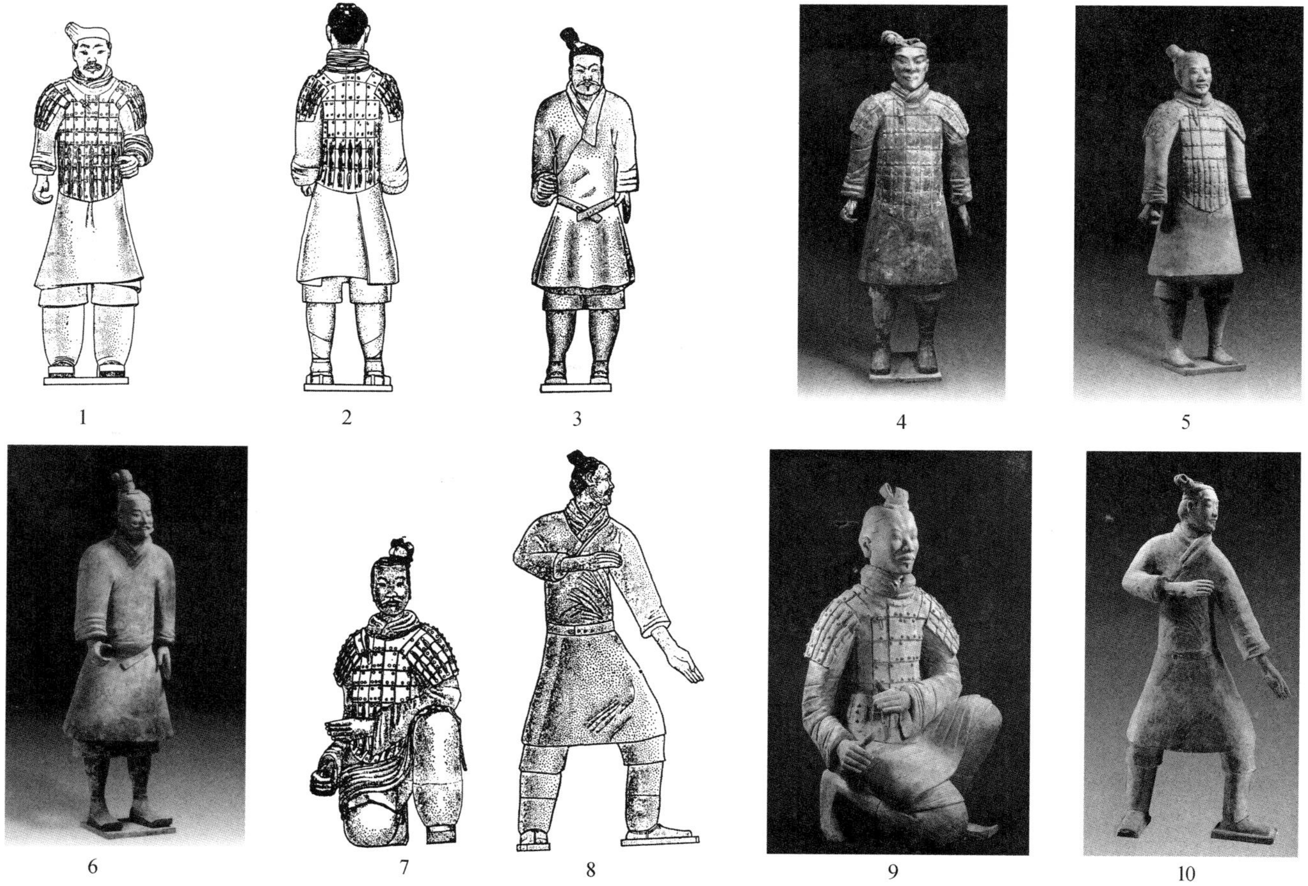

图6-2　秦士兵俑

1～3. 秦步兵俑（一号坑T1G3：17、一号坑T10G5：6、一号坑T10G7：8）　4、5. 甲俑（着袍擐甲）　6. 袍俑
7、8. 弩兵俑　9. 跪姿射俑　10. 立姿射俑

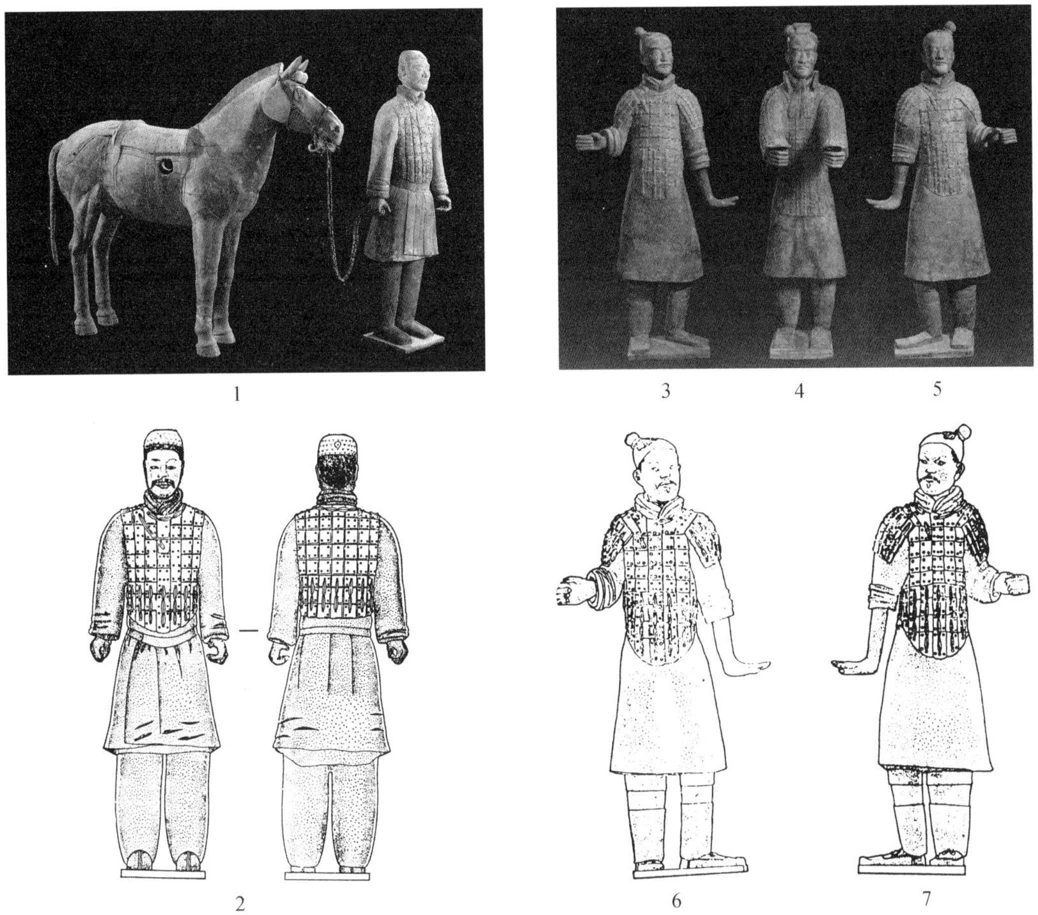

图6-3　秦骑兵与车兵俑

1. 骑兵及其乘马　2. 骑兵俑　3 ~ 5. 轻车兵俑一乘　6. 秦俑二号坑车右俑（T1：1）
7. 秦俑二号坑车左俑（T1：3）

秦俑一号坑是由步兵、车兵和弩兵组成的长方形矩阵。其中容纳约5700多个各级军吏（图6-4）和士兵俑、战车40多乘。整体由“表”和“里”（体）两部分组成，其阵体朝东，是由战车（包括各作战单位的指挥车）和重装步兵间隔排列，计有38路纵队，从而形成既有宽大界面又有极远纵深的作战实体。环卫阵体的“阵表”部分，是由两个兵种的四部分兵力组成，即“前锋”（图6-5）和“后卫”由轻装弩兵的横队组成，仅仅是面向相反；两“翼”则是由执弩的甲俑组成，分在阵体两侧，一律面外而立。翼队用在对付敌人截击，后卫队则除防敌包抄后路之外，还有回军转阵、“以后为前”的作用。多兵种的混编配合，在于协同作战，这显然是战国时期特别是秦国较为常用而先进的阵法（彩版一，1；彩版二）。

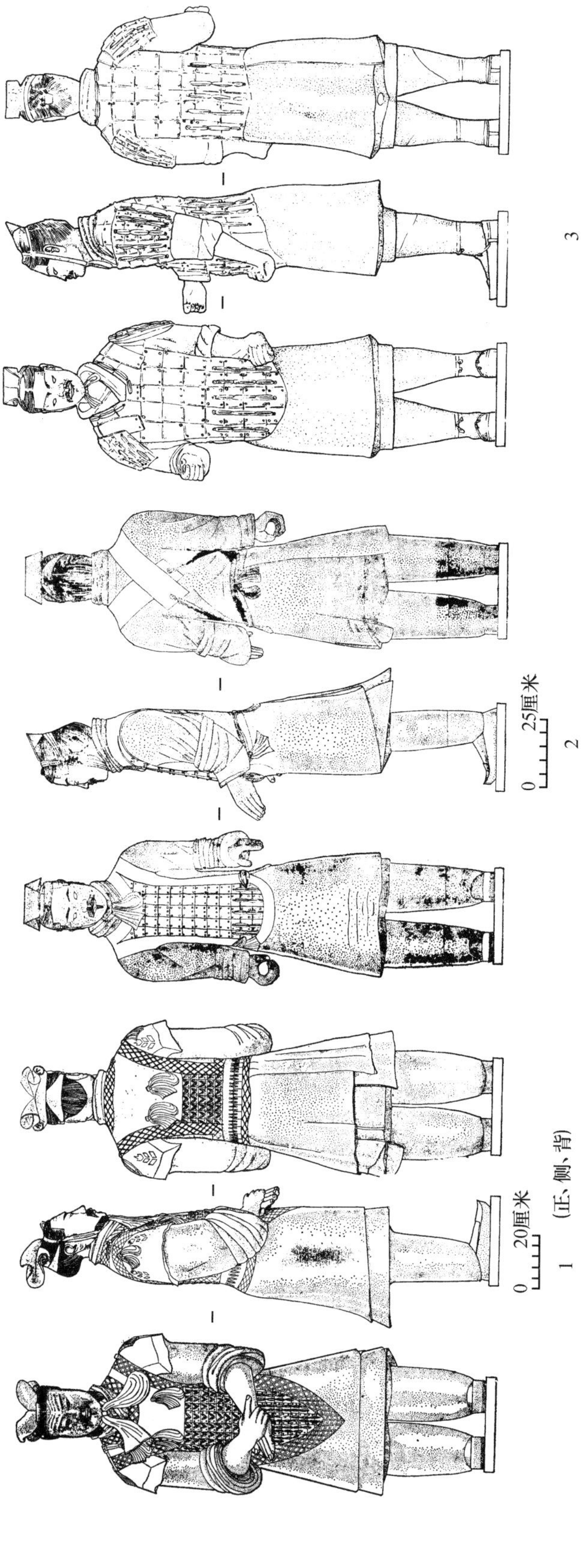

图6-4　秦军吏俑

1. 高级军吏俑（教射，坑2T4：1）　2. 中级军吏俑（坑3驷乘车俑44号）　3. 下级军吏俑手势（隶属步兵，坑1T20G10：88）

图6-5　一号坑矩阵前锋队列

三、军　　权

战国时，军队的调动权完全掌握在国君之手。调发的凭证，就是一个铜铸的虎符。

虎形的符，由脊腹中分成两半，每半个上都有相同的铭文。当国君要任命将帅时，就将左半个符交给统兵的主将，右半个留存在自己处。领兵之将的出征任务由国君定，任何人不得私自调兵遣将。如果军队调发，或是召回，就要将国君的一半符拿去同主将的一半符相合，名之曰“合符”或“会符”。符合无误，主将就服从调遣。否则，有诈，主将就会拒绝。魏公子信陵君盗取虎符，夺取晋鄙军救赵却秦的故事就是一个很有名的例子（《史记·信陵君列传》）。

秦国规定，调动军队，包括征调县卒在内，凡在50人以上的，必须有秦君的命令，其信物同样是虎符。没有合符，任何人是无权擅自调动军队的。否则就要按“擅发”之罪论处。

传世的秦国兵符，在《小校经阁金文拓本》及《历代牌符录》中收有“阳陵虎符”“新郪虎符”“秦甲兵虎符”和“秦王命虎符”等拓片（图6-6）。实物只有三件铜制品，其中两件在国内，一件在国外。

新郪虎符，于1973年出现在法国巴黎的一次中国古代艺术品拍卖会上。据旅居法

图6-6　秦虎符

1. 新郪虎符　2. 阳陵虎符　3. 杜虎符

国的华侨艺术家侯锦郎先生在我国台湾《故宫季刊》上发文透露，现为法国巴黎陈氏所收藏。通长8.8、前脚至耳尖高3、后脚至背高2.2厘米，重95克。模铸，伏虎形，前后脚平蹲，头前伸，耳上竖，尾上卷。铭文字数，体有错银铭文39字（其中合文1；图6-6，1）。

甲兵之符，右才（在）王，左才（在）新郪。凡兴士被甲，用兵五十人以上，必会王符，乃敢行之。燔隊（燧）史（事）虽母（毋）会符，行殹（也）。

阳陵虎符，传出于山东山峄县，长8.9、高3.14厘米，原为罗根玉收藏，现归国家博物馆所有。卧姿与新郪虎符接近，唯对合处已经生锈，左右两半不能分开。错金符铭顺虎体分在中缝两侧，内容完全相同。完整文体计12字（图6-6，2）。

甲兵之符，右才（在）皇帝，左才（在）阳陵。

1973年在西安南郊山门口乡北沈家桥出土了一枚“秦杜虎符”（左侧），现收藏于陕西历史博物馆（图6-6，3）。长9.5、高4.4、厚0.7厘米。虎作走形，昂首，尾端卷曲。背面有槽，颈上有一小孔。秦杜虎符特点突出：作半立姿势的虎形同其他兵符作卧虎状俨然有别，文字错金，书体格式不是同虎背平行地顺读，而是同虎立姿一致地自上而下竖读。身侧有铭文9行，共39字：

兵甲之符，右才（在）君，左才（在）杜，凡兴士被甲，用兵五十人以上。必会君符，乃敢行之。燔燧之事，虽毋会符行殹（也）。

以上三符，右半个的持有者都是秦的君主。那么，按“君”“王”“皇帝”的时间顺序看，秦杜虎符的时间最早，新郪虎符居中，阳陵虎符在最后。左半个符是颁行给军队首领的，驻守地分别是“杜”“新郪”和“阳陵”。

三符均属真正的秦符，颁行守军的驻地也同历史文献记载吻合。

《史记·秦本纪》载：秦武公十一年（公元前687年）“初县杜、郑”。《正义》引《括地志》：“下杜故城在雍州长安县东南九里，古杜伯国。”秦杜虎符出土地的北沈家桥东南尚有“杜城村”。在秦的诸公、诸王中，以至到秦始皇称帝，称“君”的只有秦惠文王。而且是在“公”之后、“王”之前唯一的一个过渡称号。可知秦杜虎符是秦惠文王初年颁发给杜地的兵权信物。

新郪，在今安徽太和县西北，战国时本属魏地。《战国策·魏策一》论苏秦对魏襄王说：“大王之地，南有鸿沟、陈、汝南、有许、鄢、昆阳、邵陵、武阳、新郪。”《史记·苏秦列传》也提到魏有“新郪”一地。新郪入秦的时间，难于确定。《史记·魏世家》载，安釐王十一年（公元前266年）“秦拔我郪丘”。唐司马贞认为郪丘即是新郪，虽然应劭也说二者为一，却把时间当做汉改。秦有“新郪丞印”封泥，说明两地不同一，也未改名。魏亡于秦始皇二十二年（公元前225年），所以王国维推断新郪虎符“当为秦并天下前二三十年间物也”（《观堂集林·秦新郪虎符跋》）。而安徽省阜阳市博物馆原馆长韩自强先生考为汉淮南王刘安所私铸，非是。

西汉景帝阳陵在今陕西咸阳东接高陵县的鹿苑原上，据说得名于当时的“弋阳县”。王国维据汉高祖封傅宽为阳陵侯推定，汉阳陵是沿秦阳陵而来（《王国维：《观堂集林·秦阳陵虎符跋》）。所以说秦阳陵虎符是秦始皇颁给内史驻守阳陵某将军的兵符。

调发和罢除军队的权力为国君所独揽，统兵的将帅一旦被任命，不但有了指挥作战的实权，而且还掌握了国家几十万大军。这对国君说来，无疑是一件极其担心的大事。那么，王翦就非常清醒地意识到：“今空秦国甲士而专委于我，……顾令秦王坐而疑我邪？”（《史记·王翦列传》）。所以，战事一结束，就赶快把军权交回国君。

四、秦军的作战能力

战国时期，各国重视军队建设，都是在多兵种、广积粟的新起点上展开武装对抗的。据苏秦统计；“燕地方二千余里，带甲数十万，车六百乘，骑六千匹，粟支数年”；“赵地方二千余里，带甲数十万，车千乘，骑万匹，粟支十年”；“魏地方千里，……武士二十万，苍头二十万，奋击二十万，厮徒十万，车六百乘，骑五千匹”[19]；“韩地方九百余里，带甲数十万”“齐地方二千余里，带甲数十万，粟如丘山”；“楚地方五千余里，带甲百万，四千乘，骑万匹，粟支十年”（《史记·苏秦列传》）。

关东诸侯武器装备精良，护体设施齐全，是早已享名的。“天下之强弓劲弩皆从韩出，溪子、少府时力、距来者，皆射六百步之外，……韩卒之剑戟皆出于冥山、棠溪、墨阳、合赙、邓师、宛冯、龙渊、太阿，皆陆断牛马，水截鹄雁，当敌则斩。坚甲、铁幕、革抉哎芮（盾牌）无不具备”《史记·苏秦列传》。“魏氏之武卒，以度取之：衣三属之甲，冠胄带剑，赢三日之粮，日中而趋百里。……楚人鲛革犀兕以为甲，鞈如金石，宛鉅铁地，惨如蜂虿。轻利僄遬，卒如飘风”（《荀子·议兵》）。铁桶似的装护，就成了士卒勇敢的凭借，所以“韩卒超足而射，百发不暇止，远者括蔽洞胸，近者镝弇心。……韩卒之勇，被坚甲、蹠跖劲弩、带利剑，一人当百，不足言也”（《史记·苏秦列传》）。

单从兵种和数量而言，秦国也称得上是兵强马壮的大国，“秦地半天下，兵敌四国。被险带河，四塞以为国。虎贲之士百余万，车千乘，骑万匹，积粟如丘山”（《史记·张仪列传》）。然而同大国之强兵相比，秦国似乎又更胜一筹。据荀况说：“齐之技击，不可以遇魏氏之武卒。魏氏之武卒，不可以遇秦之锐士，……有遇之者，若以焦熬投石焉”（《荀子·议兵》）。确实，秦军之强也表现在单兵的勇敢精神上，其“虎挚之士，跿跔科头，贯颐奋戟者，至不可胜计也。秦马之良，戎兵之众，探前趹后，蹄间三寻者，不可胜数也。山东之卒，被甲蒙胄以会战，秦人捐甲徒裎以趋敌，左挈人头，右挟生虏。夫秦卒之与山东之卒也。犹孟贲之与怯夫也；以重力相压，犹乌获之与婴儿也；夫战，孟贲、乌获之士，以攻不服之国，无以异于堕千钧之重，集于鸟卵之上．必无幸矣”（《战国策·韩策一》）。

秦军是一支进攻性、机动性都极强的劲旅。秦俑一号坑矩阵容纳6000多个兵马俑，布阵严谨。其阵体雄壮而密不透风，阵表疏阔而机动应变，正符合“阵以密则固，锋以疏则达”（《尉缭子·兵令上》）的布阵原则。二号坑属营房建制的象征性模拟，因不同兵种而宿止，也有其他兵种混杂的安排。但把射兵习射场地置于诸营之前，是否出于列陈进攻方便的考虑？四号坑作横长形的安排，正是大排面作战队形的布局[20]。秦国就是利用严密的军事组织、多兵种的相互配合、大规模的步骑兵野战和包围战极其凌厉的攻势，才驰骋疆场，做到了攻无不克战无不胜而取得统一战争胜利的。

秦穆公始作三军，命三帅，置陷阵，遂霸西戎。秦哀公一次能派出500乘兵车，长驱直入取得救楚的胜利。商鞅变法后，秦在河西地的军争中，一往无前，都足以显示出秦军超强的作战能力。秦昭王以后，兵耀中原，更能反映出在大范围内的兵力机动和迂回包围的战略水平。在长平之役中，秦竟能“出奇兵二万五千人绝赵军后，又以一万五千骑绝赵壁间”（《史记·白起列传）。秦的水军，在长江、黄河上也掌握着主动权，因此就能以强硬的口气正告魏国：“乘夏水，浮轻舟。强弩在前，锬戈在后。决荥口，魏无大梁；决白马之口，魏无外黄、济阳；决宿胥之口，魏无虚、顿丘。陆攻则击河内，水攻则灭大梁”（《战国策·燕策二》）。

秦军战斗力强，战士勇猛，能取得攻战必克的效果，除政风肃然、耕战政策有效的推行、军队组织严密、战略战术得当、武器精良这些原因之外，还同提高战士素质的措施有很大的关系。其中有奖励军功一途，很自然地就能大大激发战士愿为统一战争出死力的积极性。奖功的规定：凡在战争中能杀敌甲士一人并取得首级者，赐爵一级”（《史记·鲁仲列传·集解》）；或“赐田一顷，宅九亩”（《商君书·境内》）；得一甲首者愿意做官的给五十石俸禄的官，得二甲首的给百石之官；斩一敌甲首者，还可役使一人（或一家）为农奴，即“除庶子一人”《商君书·境内》）；得五甲首的可“隶五家”（《荀子·仪兵》）。

按照秦的二十等军功爵制[21]，还规定了相应的待遇，像得一级爵的即可役使农奴性质的“庶子”一人，七级爵可以享受同县令相当的待遇，爵至九级的“税役三百家”。如果犯了罪，也可以用来抵罪，即把高爵变成低爵。得爵位的一人，还可以用爵为亲属中有奴隶身份的人求得赎免[22]。

第三节 装 备

一、兵器的种类及其效能

战国以来，秦的兵器研制水平有很大的提高。生产也相当的快，差不多囊括了当时盛行的兵器的所有种类。始皇陵的秦俑从葬坑出土的各式实用青铜兵器，当是秦代兵器的代表。秦俑坑的兵器，如果是金属部件同木质、皮革、绳绦复合而成者，如弓弩，除金属完整地保留下来之外，有机体均已腐朽成了痕迹。尽管遗迹的长宽之度稍有出入，但还是基本上保持原貌，能够正确地呈现出一件兵器的本来结构。

（一）远射程兵器

楚国的大诗人屈原有“带长剑兮挟秦弓”的佳句，可见这类兵器是早负盛名的。秦的远射程兵器主要是弓和弩。后者只是前者加上装有铜机关构件的长臂而已。

秦弓弓干当是选用弹性良好的材料复合而成，外层以皮革条带缠扎，表面髹之以漆。弣径粗于渊和箫部，但箫端未见带红色之珥。弓干的中心（即箫部）有朱红色一圈，表示弩臂含弓的位置。弓干长130～140、径3～5厘米（图6-7）。

弩臂系木制，长60～76厘米。前端有缺口以含弓，稍后两侧有珥，用革带缠缚使弓干同木臂紧紧结合。弩臂后端装有由铜钩牙、望山、悬刀和键四部分组成的铜弩机。秦陵一号铜车装的一张铜弩弓，在臂前端横穿一“绳”，同弦平行，较为少见，实是弓射后减缓反弹、避免弓体开裂的一种约束设施。

完整的一支秦箭，总长68～72厘米。用木质或竹材作为箭杆（笴），前端装三棱铜镞，后端设括，再附之以三片羽毛。箭杆表面涂有两种颜色的漆，分前后两段。前

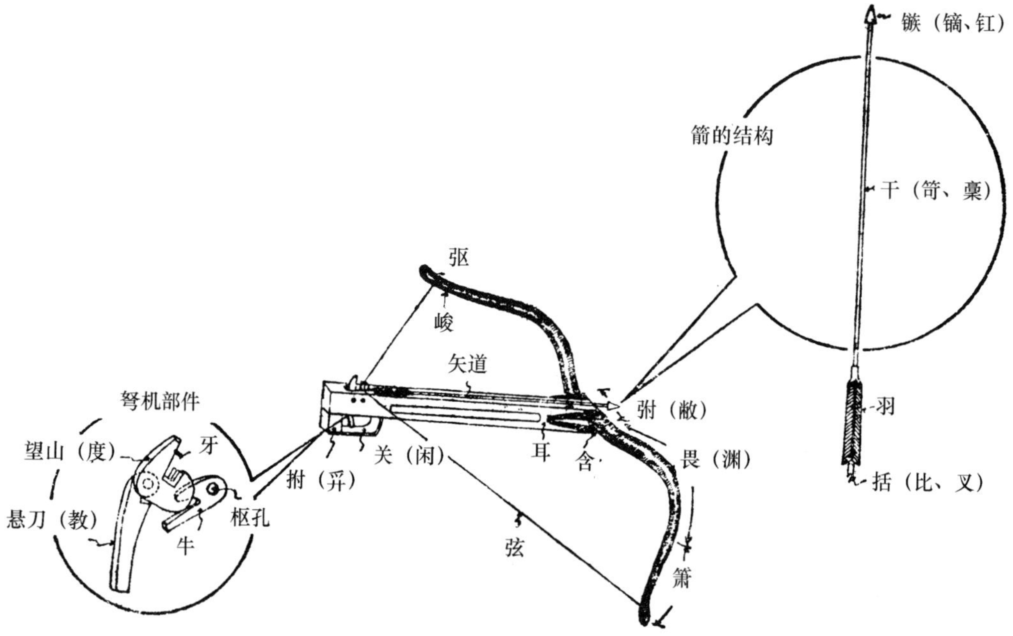

图6-7　秦弩复原图
（采自《秦始皇陵研究》）

段长50厘米左右，涂朱红色，约占箭长的7／10；后段褐色，长18厘米左右，占总长的7.5／10。这应该同制作时计算箭的重心有关。

按《考工记》载。弓可分为上、中、下三制，其弓干之长分别折合152.3、145.5、138.6厘米[23]。战国中期的楚弓还基本遵循此制，此后则有加大的趋势[24]。对照秦弓，同样也是处于此一变动之中的，但其性能之优劣程度不是取决于弓之长度，而是同材质和做工有很大关系。弓干之材有七种，柘居首位。秦有“南山檀柘”之饶，必有为弓之便。秦弩的臂加长到60～72厘米，机件加大、箭长增加，同张力“十二石”[25]、射程“六百步”[26]的“弩”比，也可射出千米之外了。

（二）长　兵　器

装有长柄（柲）用以在近距离内格斗刺杀的长兵器，主要是矛、戈、戟、铍等。其兵刃部分，无例外的都是青铜制品。

秦的矛、戈、铍三种长兵器是单兵，也可作为复合兵器，如在戈柄前端安装上矛头，就成了一柄戟。

秦青铜矛头宽而扁。筒形骹起脊，表面有平素无文的，也有两侧带风槽的。矛头通长15厘米，以銎受柲，并以铜钉固定。在骹上，往往刻“寺工”二字（图6-8，1）。

青铜戈头系长胡四穿，弧援无脊，刃内。内上有条形穿一个，阑两端有上下齿，通长27厘米（彩版七，1、3）。

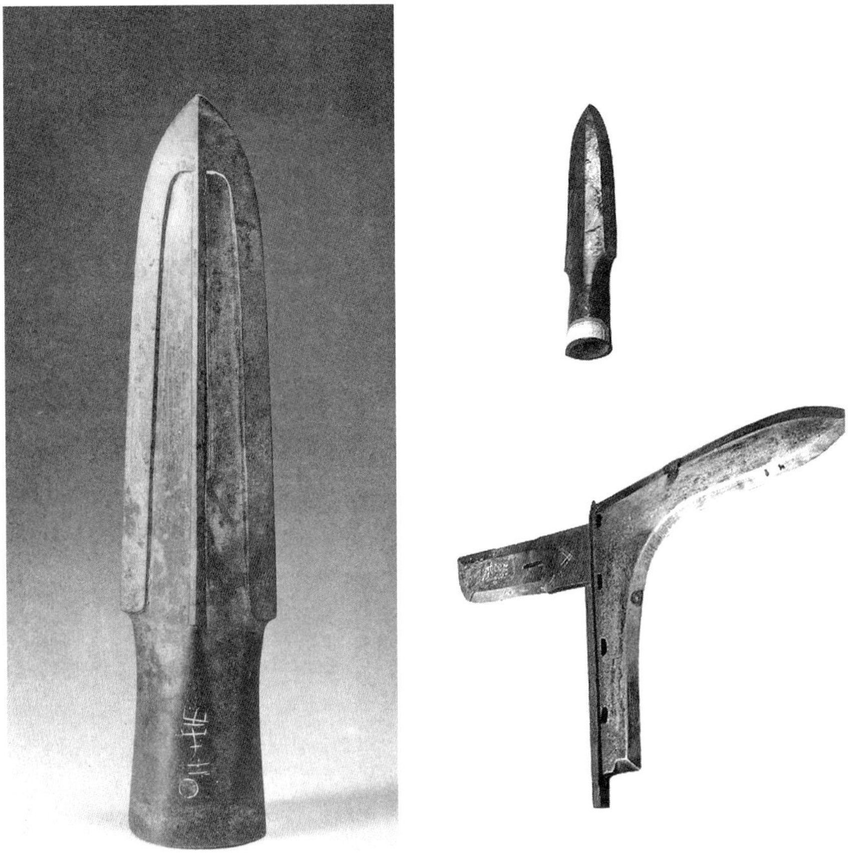

1 2

图6-8 秦俑坑出土兵器

1. 寺工矛 2. 秦戟（戈与矛组合）

春秋时期，出现了一种戈、矛合体的联装戟。秦俑坑出土完整的联装戟长达2.9米，下端安装有铜镈（图6-8，2）。

秦戟（戈）的内部多刻有铭文，内容系铸造时间、督造者、主造机关及其负责人、工长及工人姓名。秦俑坑出土的青铜戟都是秦始皇初年相邦吕不韦督造的“寺工”戟（戈），其铸造年代见有秦始皇三年（公元前244年）至七年（公元前240年）。如“五年，相邦吕不韦造，寺工砻，丞义，工成”。“寺工”是秦始皇时代主造兵器和车马器的中央官署。

从戟（戈）铭上我们可以看到，除秦中央铸造兵器之外，一些郡也允许铸造。截至目前，除过著录者外，出土和发现的秦戟（戈）计有18件之多。这些兵器属于中央铸造的是“寺工”“诏吏”“属邦”“少府”等。归地方铸造的见有上郡临汾、蜀郡、陇西等，其铸造年代从秦始皇二年（公元前245年）一直可以排到秦二世元年（公元前209年），说明在这长达36年的时间里一直没有停止过武器的生产[27]。

图6-9　秦始皇十九年青铜铍头

在过去的著录中，或称“戈”或称“戟”的。歧异之由，则是戈、矛组装的木柄腐朽致使二者分离的结果。

铍是少见的一种长柄刺兵，过去虽有铜铍头的传世和发现，但因无木柄的存留，常使人把它误作为“短剑”或是矛头。秦俑坑出土铜铍16柄，在身上均刻有秦始皇十五、十七至十九年的年号、“寺工”和工人的名字，在茎上则錾刻编号。青铜铍头长35.2～35.55、基宽3.1厘米。当铍头插入带镈的木柲之后，总长度可达到3.59～3.82米（图6-9）。

《方言》：“锬谓之铍。”注：“今江东呼大矛为铍。”《说文解字》：“锬，长矛也。”《史记·秦始皇本纪·集解》引徐广曰：“锬，一作铦。”骃案“如淳曰：‘长刃矛’。”由此可知，铍在原韩、赵、魏、楚、燕、秦等国所在的地区都有制造和使用，但在秦地应称之为“锬”，或“铦”。可以想见，这种“长刃矛”或“大矛”的铍，一出现在战场上，同过去见惯了的矛大不相同，锋芒毕露，确曾在秦军战士手里作为进攻型的刺兵器是度过了一段显赫时光[28]。难怪连大文字学家许慎也把铍当成了矛的异形，名之曰“大矛”。在秦俑一号坑里，前锋是执弩的轻装战袍俑，而主体队列里把执铍的铠甲俑单独编列。同文献中“强弩在前，锬戈在后”（《史记·张仪列传》）的记载相印证，这反映的正是秦军战斗队列里兵器配备的真实。

（三）短　兵　器

秦剑的发展，度过了由短到长的轨迹，其状如蓝叶，身扁而窄，中起脊，由脊、从、锷构成，截面作对称的扁状八面体。通长81～94.8、身宽3.14～3.6厘米（图6-10）。青铜剑身在铸造时，因铜、锡比例适中，才获得了坚硬而具有韧性的效果。在形状上，不仅因窄而长甚为轻巧，特别是锋后有一段双刃内收而成为“束腰”，起到“风槽”的作用，无疑大大增加了穿刺的力量。

秦俑兵器，除前边提到的实战兵器之外，还有几种非实用性的“礼仪兵器”。这就是安装有长木柄的殳、钺和单手握持短柄的“秦钩”（铜弯刀）。

兵器在不使用的情况下，都要装入专用的防护设施里。束箭入箙，弩戴韬，戟套弢，剑有鞘。这些防护物中，除箭箙有其特殊结构外，余者则形如其器。箙呈长方体的袋状，口径5×17～3.6×2.1、底径8×19.1、深32～39厘米，个别者长及50厘米。箙盛箭数一般为100支，符合“每弓者一箙百矢”的限额（《周礼·夏官司马》郑玄注）（图6-11、图6-12）。

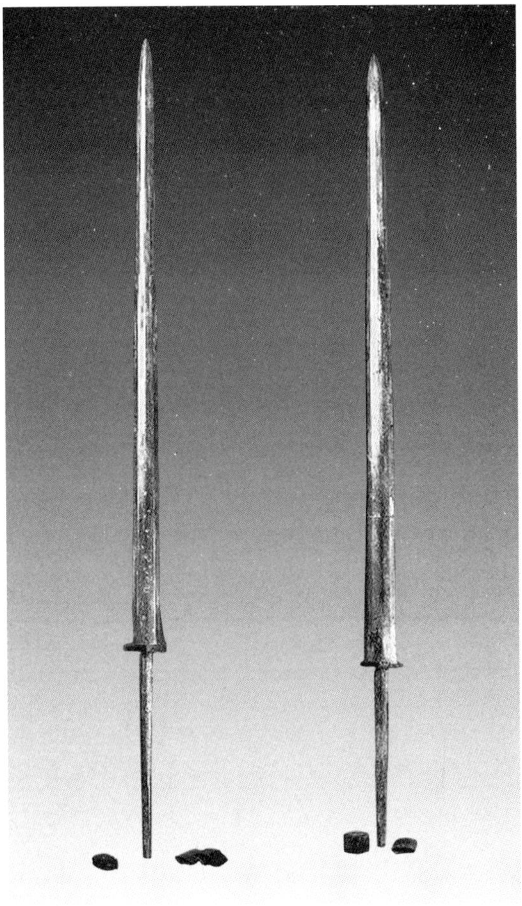

图6-10　青铜长剑

当战国末期，关东六国使用钢铁兵器的时候，秦国则继续沿用着铜兵器。但在实战性的基础上，秦把它发展到制造的顶峰。秦国的青铜兵器都是精工之作，如青铜剑的成分，铜占74.7%、锡占22.13%，二者之比为3∶1稍强。正符合《考工记》关于“大刃之齐”的配比要求。组织细化的结果，使洛氏硬度达到22°～24°，与四川涪陵小田溪战国剑相比显然是个很大的进步[29]；铜镞首的锡含量是11.44%～11.7%，不及合金的1/8，大大少于“五分其金而锡居二，谓之削、杀矢之齐”的规范要求，但其含锌量分别是0.38%和0.29%，都大于剑的锌量，同样也获得了加强刃力、调剂各成分间刚柔关系的作用，还弥补了锡量的不足。这些例子，足以反映出秦国的冶铸水平是相当高的。

秦兵器制作得相当规正，像三棱铜镞的三个鼓面作相等的等腰三角形。经测试的84件铜镞，获得252个数据，差值仅在0.02～0.55毫米。剑、矛、铍的横截面，无论是以两刃或两脊作连线，所得的两个面都呈镜面对称。剑、铍刃部磨纹同脊垂直而纹道平行，无交错现象，表面的光洁度都达到9▽～10▽（花）。

铜剑、镞表面光洁而呈深灰色。经选样进行激光显微光谱、X射线荧光、电子探针、光谱分析，其表面有一层致密的含铬化合物的氧化层。剑表面的铬盐氧化层厚10～15微米，铬量为0.6%～2%；镞的铬盐氧化层厚10微米，含铬量为0.87%～2.23%。那么，青铜兵器表面进行铬盐氧化处理的结果，就使之具备了抗腐蚀的能力。这显然是中国人对世界冶金史的一大贡献[30]。

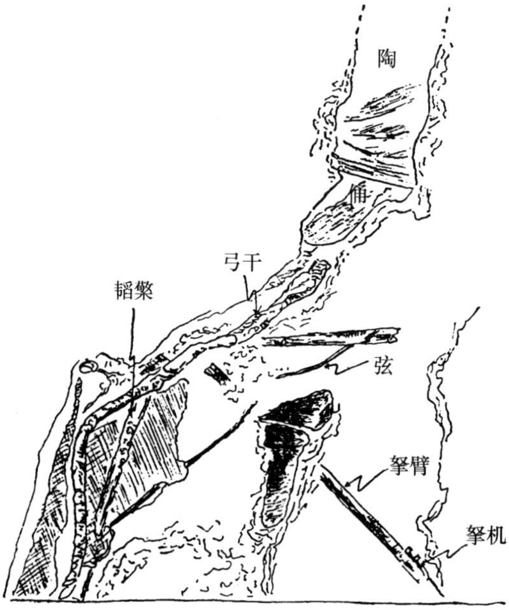

图6-11　秦俑坑弩弓与韬迹图

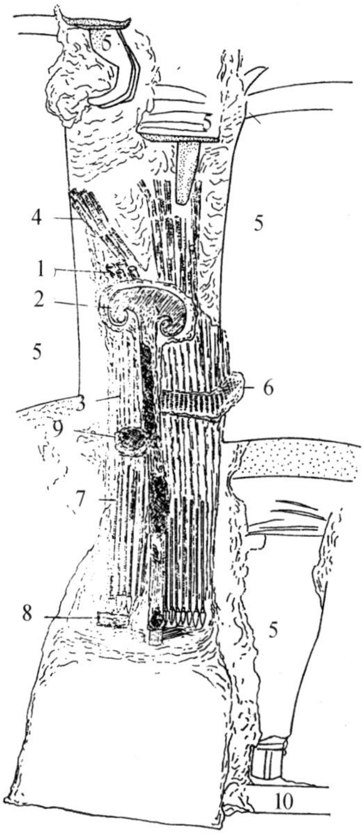

图6-12　秦俑坑箭箙迹象图

1. 箭杆断面残迹　2. 箭箙之形革扳　3. 箭杆前部朱红色　4. 箭杆后部褐色　5. 陶俑　6. 箭箙口沿　7. 铜镞　8. 箭箙底部朽木托板　9. 箭箙挂板　10. 陶俑脚踏板

二、护体设施

（一）士兵自备内衣

云梦四号秦墓里出土两方木牍，都是两名士兵给家里要钱要衣的家信[31]。其中黑夫的信是这样写的：

……黑夫寄益就书曰：遗黑夫钱。毋操夏衣来。今书节（即）到，母视安陆丝布贱，可以为禅裙襦者，母必为之，令与钱偕来，其丝节贵，徙［以］钱来，黑夫自以布此。黑夫等直佐淮阳，攻反城久，伤未可智（知）也。愿母遗黑夫用勿少。

一名叫惊的士兵在信中说：

……钱衣，愿母幸遗钱五六百，結布谨善者毋下二丈五尺。……用垣柏钱矣，室弗遗，即死矣。急急急……

这两封士兵的信说明：当兵的衣服是自备的，自做或购买都可以。但从秦俑军服整齐、甲袍定制看，如果由士卒自备是很难整齐划一的。如果服装样式不一、颜色斑驳陆离，岂不影响军容？那么，如何看这一矛盾的现象？还是让我们从对读中来理解文义吧。

“禅”即单衣，指有面无里的衣服。“襦”，是一种短衣，《急救篇》颜师古注：“自膝以上。”按照我国古代的深衣之制，“上曰衣，下曰裳”（《诗·邶风·绿衣》毛传）。“裙”，即下裳，男女同此，以后才专指妇女的裙子。那么，秦士兵黑夫向家里索要的“禅襦裙”用现在的话说，就是一件单长衫和短裤。当然，它不能算是军用服装，只能视作内衣，充其量也不过是脱掉战衣或常服后的一种“便衣”

“結”，《说文解字》：“治敝絮也。”結布，就是粗次布，相当于现在说的再生布。

这么看来，无论黑夫要的“禅襦裙”，还是惊要的“結布”，都系下层劳动者的穿着。所以，我们绝不能从这两封士兵索衣的信上得出士兵自备战服的结论。尽管云梦秦简中多有“赀甲”“赀盾”的律条，那只能看做是对犯罪者罚金的等级规定，不可能是缴纳实物的。

军服由国家统一配发，这只能是结论。

（二）军　　服

秦军服装统一，便于作战，显然是从设计到制作都由国家制服手工工场来完成的。秦兵马俑的服饰，同样把将卒的戎装直观地呈现在人们面前[32]。

1. 帽

有四种。按照军吏等级的高下有不同，和士兵的也有所区别。

一是“切云冠”——系一幅方巾折叠成前似羊角状的卷筒，有缨蕤结于颏下。

二是“长冠”——汉名“斋冠”“刘氏冠”。状是在额上斜起的长板，有缨蕤结于颏下。

三是“武帻”——又名“幅巾”，似半瓢状的软帽。

四是“武弁”——又名“袙”，形如武帻，两侧垂耳，有带扣结于颏下。

“切云冠”系将俑之冠，“长冠”为佐俑和下级军吏所戴。“武帻”是执弩负矢的甲士的轻便小帽，“武弁”则加于骑士之顶。这些冠带简便，固然外形不同以示区别，但“韬发”却是第一作用。截至目前，在秦俑坑未发现兜鍪（盔、胄）。但秦始皇陵园的甲库坑里出土有大量的石胄，结合秦兵过洛阳“免胄而下”的记载看，秦军之冠当有兜鍪。

2. 围领（曲领）

是一条粗壮的织物，围绕住脖子，自右至左地交叠在颈前，压于袍襘之下。作用是防止中衣上拥和铠甲口沿部分对脖颈的摩擦，当然也是战斗时护颈的设施[33]。

3. 曲裾袍

其特点是交领、曲裾、右衽、厚实、长仅及膝。因为有长短、夹复和掩法深浅的差别，可分为三种。

战袍：曲裾大襟，因有里有面，中间有填充物，故可称“絮衣”“复衣”。

双重战袍：穿时，两襟并掩或分开单掩。外为“袭”内为“襗”（又名“亵衣”）。襗长于袭，所以秦俑战袍下摆呈二层台状。

褶：小襟，短身。衣摆平直。

战袍是一般军吏和士卒的护体、防卫性军服。着袭、襗者则多是军官。褶则是骑马甲士的特种服装。

4. 铠甲

秦俑的铠甲都是上甲衣，并不像魏氏武卒那长而大的“三属之甲”。秦俑军队指挥官和士兵的铠甲形式区别得甚为明显。将佐之甲，不但札叶细小，同皮革连缀，而且形制华丽，制作精工，护体面积也大。步卒、骑士、御者之甲也各具特色。

将甲，系革、札结合的细叶甲。其前甲低垂于两胯之间，形似弧曲的倒三角形。后甲的下摆平沿，长仅齐腰。因札叶护腰腹部，故在胸、背部露出大块革制部分，上作绘绣并缀以带头花。在札叶周边的革质部分彩绘出几何纹样繁缛的规矩图案。披膊或有或无，有者则显宽博，革质上经过绣绘，或缀以札叶。

辅佐之甲，同样是革、札结合的形式，唯其前幅呈低垂的弧曲尖状。身后虽无甲叶遮护，却有宽博的革带，前连接甲幅，后作交叉式绑扎。

步卒甲的札叶较大，由前甲、后甲和披膊三大部分组成。

骑士之甲衣（包括侍卫者之甲），是有前后幅的一种短型铠甲。没有披膊，整套有似今之“坎肩”。

一领完整的御手铠甲，整体修长。特点是除前后甲幅之外，还有臂钎、护手甲和盆领。护体面积比其他人的都大，因为他驾驭战车往往是敌方攻击的重点，一旦受伤或牺牲，就意味着这乘战车被毁，甚或影响到整个战斗队列。

5. 护腿设施

长裤（或称“袴”“绔”），较厚实，上隐袍内，下及脚面。

膝缚在袍下，有分裆的，也有不分裆的。

其他的则是行縢（又名“邪幅”“绑腿”“裹腿”）、胫衣和跗注。前者是用幅布自膝以下，由里向外缠绕至脚踝。后两者顾名思义即可知其形状，但却比便捷的行縢要粗壮厚实得多。

6. 鞋

合鞮，是革制的单梁靴，有纽有綦，为骑士所穿。

屦和履，都是单底鞋，区别仅在前者有纽綦，后者俱无。

下面以将卒身份和兵种的不同，介绍一下秦军战服的全角及其配备。

战服的全形配备公式是：

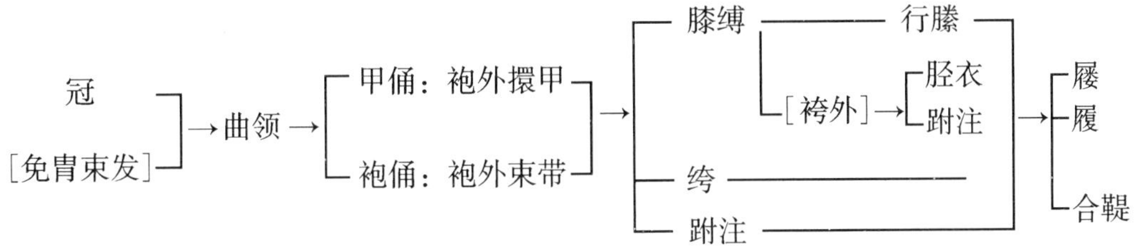

将服：头戴切云冠，围曲领。着袭袍，擐细叶甲（但绝不是鱼鳞甲），穿跗注，登勾履（图6-13）。

佐服：戴长冠，围曲领，袍外擐背带式甲。护膝缚，穿胫衣（或长绔、或跗注）登勾履（图6-14）。

车士服：戴武帻（或长冠），围曲领，袍外擐甲，护膝缚，穿胫衣，登屦（或履）（图6-15）。

御手服：戴长冠（或压武帻），围曲领，袍外擐长甲（或具臂钎、护手甲及盆领）穿绔或着胫衣，登屦（图6-16）。

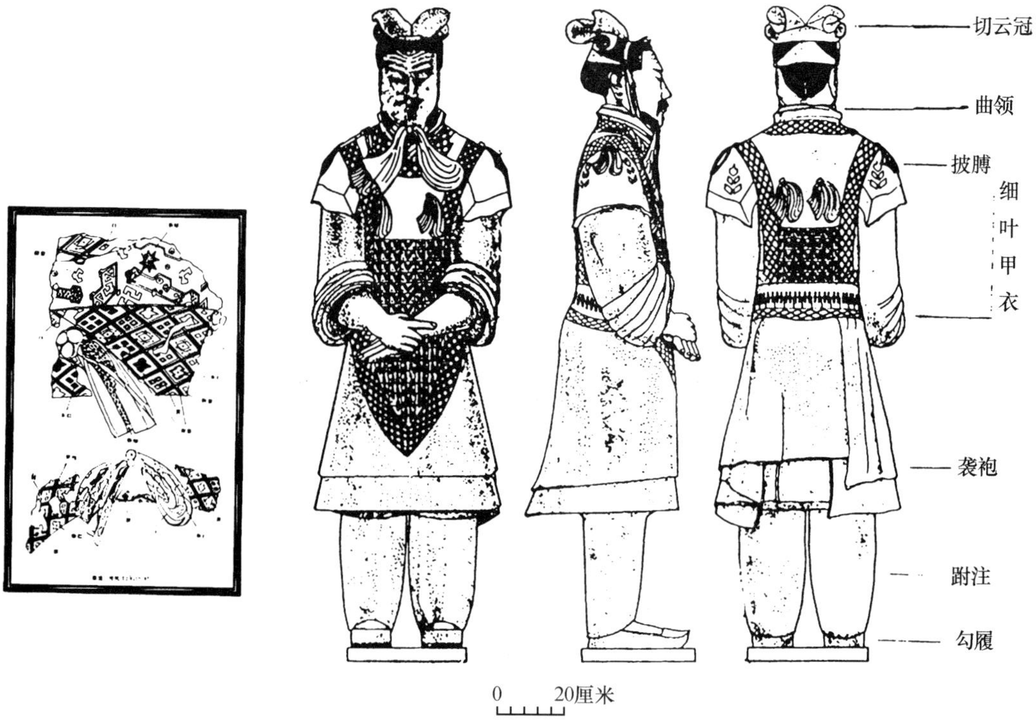

图6-13　将服及花纹图案

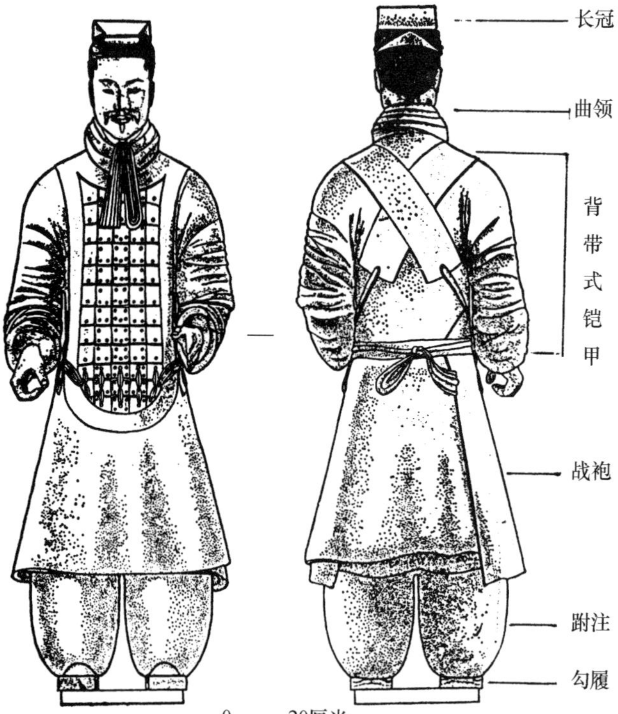

图6-14　佐吏服

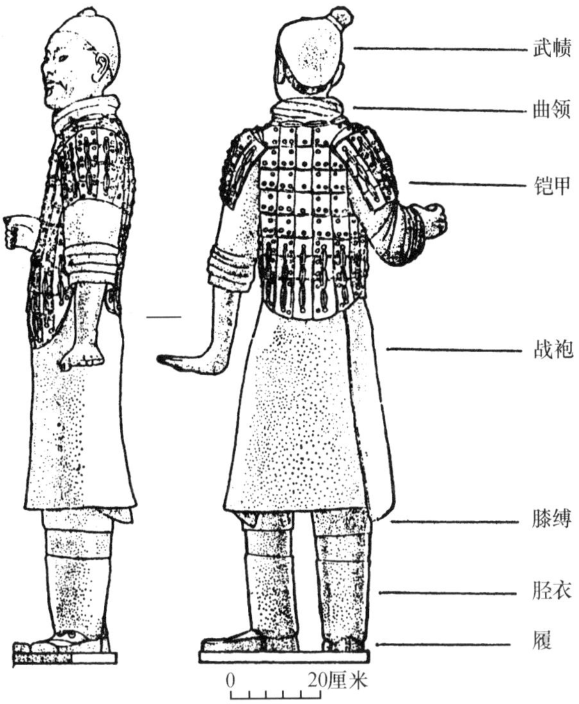

图6-15　车士服

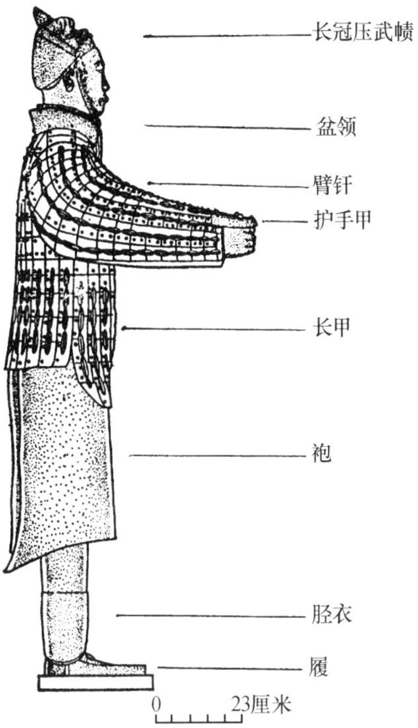

图6-16　车御服

随车步卒服：免冠（下级军吏则戴长冠），围曲领，袍外擐甲，护膝缚，裹行縢（或胫衣、跗注），登屦（图6-17）。

随车着袍步卒服：免胄束发，围曲领，着袍，勒带，裹缚，缠行縢登屦（或履）。更多的是铠甲武士俑随车，表现了秦隶属步兵战斗作用比前更为重要（图6-18）。

带武帻甲士：服装同随车甲俑。在一号坑是单独编列的甲士，在二号坑里则属于车士（图6-19）。

射兵服：既有免胄束发的甲士，也有免胄束发穿袍勒带的步卒。

骑士服：戴武弁，围曲领，穿褶，擐短甲，着长裤，登合鞮（图6-20）。

从秦俑服装看，秦军的战服以披甲者为多，几乎囊括了所有的兵种。穿战袍者，仅是弓弩手中的部分。防护的重要部位是上身，兜鍪无一发现，护首者仅有简单的冠、弁、帻而已。作为主要兵种的弩兵的全部、步卒的大部，在这里都属于绾髻辫发的免胄者。相反，关东六国士卒的防护服却像铁桶一样严密，如魏国武卒“衣三属之甲，冠胄带剑”，楚兵“鲛革，犀兕以为甲，坚如金石”，韩卒“坚甲盾、鞮鍪、铁幕”。比较之下，秦军战服轻便简单，必定是把提高军队的素质放在第一位，而减少了人对防护设施的依赖性。

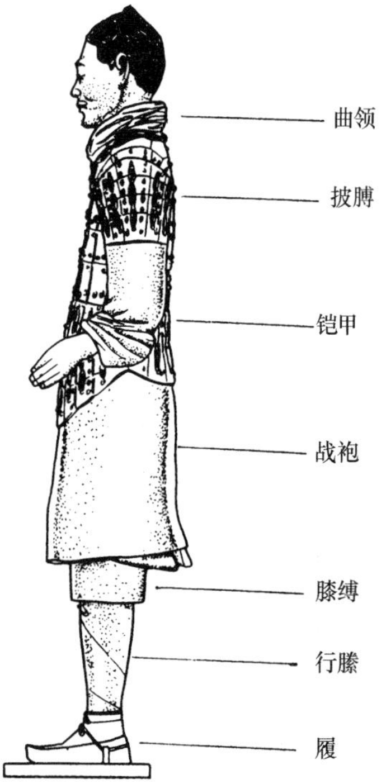

图6-17　随车之重装步兵服

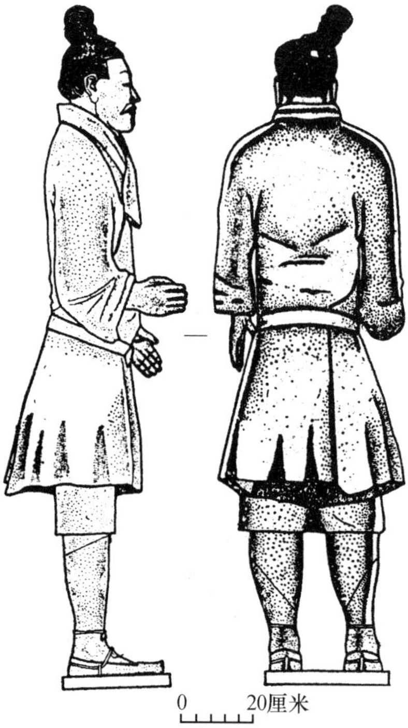

图6-18　随车之轻装兵服

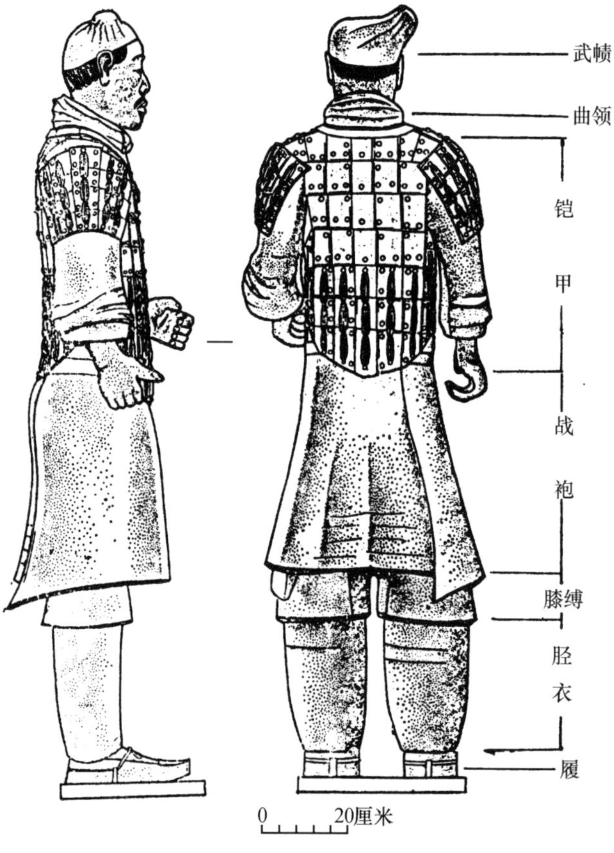

图6-19　执铍戴帻的重步兵服

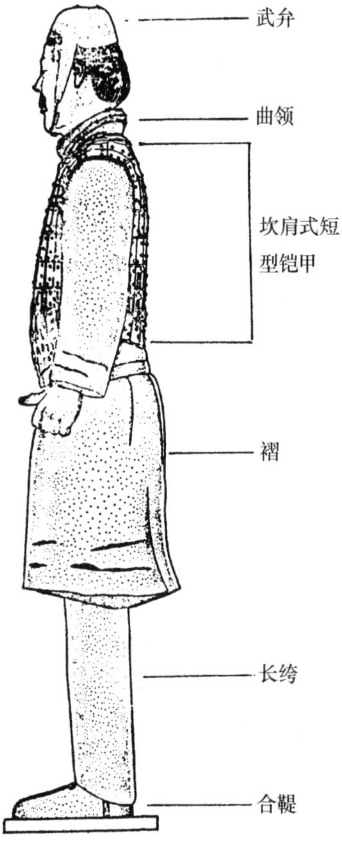

图6-20　骑士服

三、运载工具

秦国作为“千乘之国”的大国，具有更为优胜的条件，一是秦人养马御车的悠久历史，从乘骑到驾车都有先天的特长；二是牧马场地广阔、规模巨大，能保障军队对车马的需求。

战车是车兵作战的凭借。其制作技术复杂，而需求量又大，所以就需要在国家手工业作坊里生产。《吕氏春秋·季春纪》载：“命工师，令百工，审五库之量，金铁、皮革、筋角、齿羽、箭干、脂胶、丹漆，无或不良。百工咸理，监工日号，无悖于时。”从中不难看出，秦的军工生产是在有组织、有计划、专业化、规模化的基础上长期进行的。由原材料的储备，掌握各种技艺的工人各执其事，定额定时的限量，到强制性的管理，简直构成了一幅制造业的流程图画。制造车辆的技术性特强，轮、盖、舆、辀等部件，不可能是工匠个人一包到底。既有分工，又是专职（《周礼·考工记》）。秦俑坑战车上有朱红色书写的“寺工”两字，这同兵器上的铭刻一样，都是军工生产管理机构下，“物勒工名，以考其诚”（《吕氏春秋·孟秋纪》）的标志。

秦车同商周以来的车，在外形结构上没有太大的区别。都是双轮、单辕、横长形车舆。车门开在后面。秦车包括辕在内，总长3.5米；车宽，按轴的长度算有2.5米。舆底至地面高约70厘米。

车驾四马，夹辕并排入套。由辕侧向外计，马名两服两骖。车马的鞁具、挽具一应齐全（图6-21）。

骑兵的坐骑，就是乘马。马具包括鞍鞯和缰索。但秦的马鞍非常简单，鞍鞯合成一物。因为是在马背上铺一方形的软垫，四角用条带做攀胸、肚带和鞦。没有木质或金属的鞍桥，也没有马镫，显然是中国早期骑兵用的低鞍。

军马中无论是车马或是乘马，在那时都属于作战的有生力量。因为对国家的军事实力具有重大影响，所以马政是历来备受重视的关键环节。

主持国家养马业的是中央九卿之一的“太仆”。《通典·职官》：“太仆，周官，秦因之，掌御马，有丞两人。”在太仆之下，按内容分别设置有属官，从而形成一套马政机构。

从秦中央到郡县，都设有养马场。始皇陵园东侧马厩坑出土的器物上，见有“大厩”“中厩”“宫厩”“左厩”“小厩”等刻铭（图6-22）。秦汉时代尉氏县（属今河南开封市）陵树乡还有秦的“乐厩”[34]。这些都是皇室各养马机关所属苑囿的名称。秦国家的军马，应该说主要是来自“六牧”。因为在六牧师令之下，专门设有厩苑饲养。苑设“苑啬夫”一职，如果“苑啬夫不存，县为置守，如厩律”（云梦秦简《内史杂》），即是说苑啬夫暂缺时，由苑所在的县可派人代理。秦的县也设有养马机构“厩驺”，县有专职负责养马的厩司御、厩啬夫、仓啬夫等官员。可见，县厩同样是提供军马的来源。

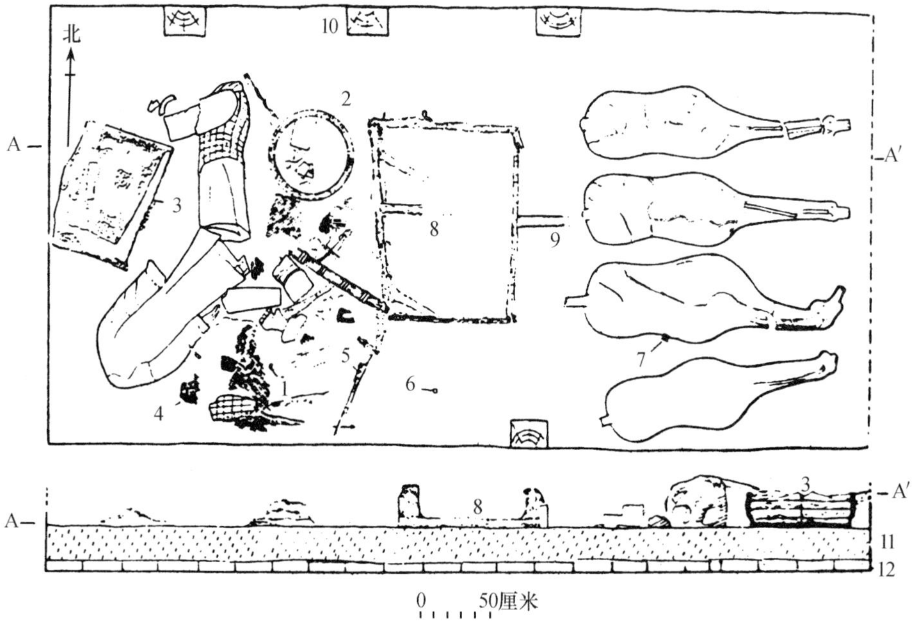

图6-21　秦俑战车遗迹剖面图

1. 残陶环　2. 彩绘漆木环　3. 木箱　4. 麻布纹　5. 铜镞　6. 剑璏　7. 铜带扣

8. 舆　9. 残辕　10. 立柱　11. 淤土　12. 砖铺地

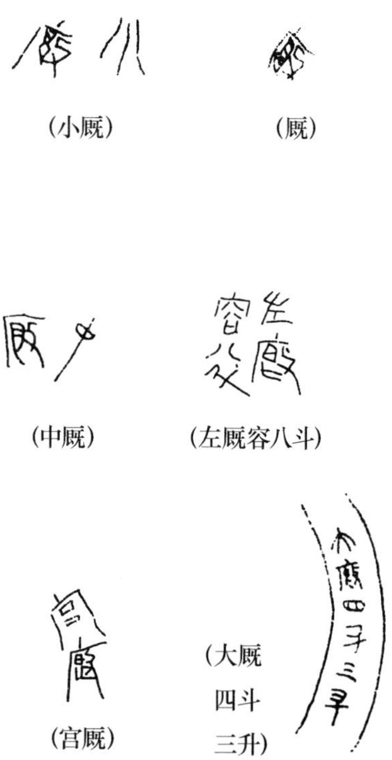

图6-22　秦陵马厩坑器物上的厩名

为了保障各厩苑源源不断地向国家提供良马，首先，秦政府为马政立法而制定了《厩苑律》。给马建立档案、注册户口。生有登记、死要注销，即所谓“马籍”。据此，饲料供应有定额，按期要检查考核。“秦之时……入刍稿，头会箕赋”（《淮南子·汜论训》）。又载：“秦为乱政虐刑，以残贼天下……百姓疲敝，头会箕敛，以供军费”（《史记·张耳陈余列传》）。云梦秦简《金布律》还有“官府受钱者，千钱一畚”的条文。“畚”即畚。无论“头会箕赋”，或是“头会箕敛”，都是用畚箕按人头向国家缴纳作为马匹草料的“刍稿”。也不论授田后的种与否，都得“顷入刍三石，稿二石”（云梦秦简《田律》）。到了秦二世时，“度不足，下调郡县输菽粟刍稿”（《史记·秦始皇本纪》）。马的饲料按照法律形式面向社会摊派，虽然加重了人民的负担，但从国家讲，则保证了饲料的充分来源。其次，对养马机构的法制化要求：不但负责养马事宜，还要承担军马的训练。“蓦马五尺八寸以上不胜任，奔絷（挚）不如令，县司马赀二甲，令、丞各一甲。……到军课之，马殿。令、丞赀二甲；司马赀二甲，法（废）”（云梦秦简《秦律杂抄》）。供乘骑的军马高五尺八寸以上，合今1.34米。这从秦俑坑陶马高1.39米上也得到了证实，也表明这一高度在秦汉时期属于通用的一个标准[35]。秦始皇兵马俑坑中的陶马，无论是车马或是乘马，个个剪鬃缚尾，四腿如柱，目似悬铃，膘肥体壮，确是些良马品种，大有“探前趹后，蹄间三寻腾者”的神态（《史记·张仪列传》）。

战马在秦军队中的用场有三，即拉战车、供骑乘和辎重运输。不过，随着时代的推移，兵种的变化而前后有所区别。

由于军马使役的强度大，就存在一个消耗与补充的问题。特别是秦军是一支攻击型的部队，骑兵在长途驰驱中因迅速、劳顿、击毙而使得马的减员相当厉害。可惜的是在有关秦史资料中，缺乏这一方面的记载，那我们只有借助旁证材料进行类比了。汉武帝元狩四年（公元前119年），大将军卫青和骠骑将军霍去病率10万骑兵击匈奴，加上步兵和辎重部队有数十万人，分别从定襄、代郡出发，深入漠北，“军马死者十余万匹”（《汉书·食货志》）。可见汉军虽然取得了征战匈奴的胜利，却把自己带去的坐骑全部扔到了战场上。那么，春秋战国间的战争，虽不是纯骑兵的战争，却是包括车、步、骑在内的多兵种联合作战，其中车、骑的用马必不在少数。《孙子兵法·作战》也说“驰车千驷，革车千乘，带甲十万”，这当然只是动用兵力的常数。但战国中期以后，参战军队早已超过此数而又往往有增无减，死伤之数肯定也达到了惊人的程度。像公元前293年，秦将白起破韩、魏联军的“伊阙之战”，斩首24万。公元前273年，白起败魏军的“华阳之战”，斩首15万人。公元前260年的“长平之战”，秦竟坑杀赵卒40万之众。秦在统一战争中，骑兵上升为主要兵种，如公元前225年，李信带兵20万人攻楚失败。次年，改用王翦攻楚，带兵竟至60万。那么，秦国在历次对外战争中究竟投入了多少马匹，恐怕为数不少于200万匹左右吧！

第四节 军防设施

一、关 防

春秋时期，各诸侯国的边界虽已设立关塞，但平时多不驻兵。因为车阵战是需要在广阔的平原地区对阵展开的，一般情况下只有遇上战争，才加强对关塞的防守[36]。但到了战国时期，有了很大的不同。随战争方式由车阵转入步骑的野战，于是险要的咽喉地带就成了防御和争夺的重点。这时才把关塞提高到“邦国之固”“社稷之宝”的高度来认识[37]。因此，各国都非常重视在边境和交通要道上利用地形建设关塞，屯驻重兵把守。

秦作为诸侯国，在战国晚期之前，占有渭河流域的广阔地带。《战国策·秦策四》载：楚国使者、“战国四公子”之一的黄歇对秦昭王说“王襟以山东之险，带以河曲之利，韩必为关中之侯”。这是“关中”最早的文献记载，时间约当战国晚期。《史记·项羽本纪》“人或说项王曰：‘关中阻山河四塞，地肥饶，可都以霸’”。这“关中”还属于一个区域地理的概念，但所指的范围多有不同。《集解》引徐广曰：“东函谷，南武关，西散关，北萧关。”唐徐坚的《初学记》说：“秦地西有陇关，东有函谷关、临晋关，南有峣关、武关，为关中。”《资治通鉴》的胡三省注则作：“西有陇关，东有函谷关，南有武关，北有临晋关，西南有散关。”晋潘岳《关中记》则认为东自函关，西至陇关，二关之间谓之“关中”。至于两关之间，还有函谷关和散关的说法。对“关中”虽有两关、四关、五关的解释，反映着实有广、狭两种含义。但通常指的还是四关之间的广阔地域，所以在战国时期还流行着秦为“四塞之国”这一种笼统的比喻。这些大概都同中国人早就形成的方位概念有关，总习惯于找出四方的标志物，称之为“四塞”（《史记·张仪列传》）。《战国策·齐策四》注就有“四面有山关之固，故曰四塞之国也”。从某种意义上讲，这“关中”也就成了“秦国”的同义语（图6-23）。当然，“关中”

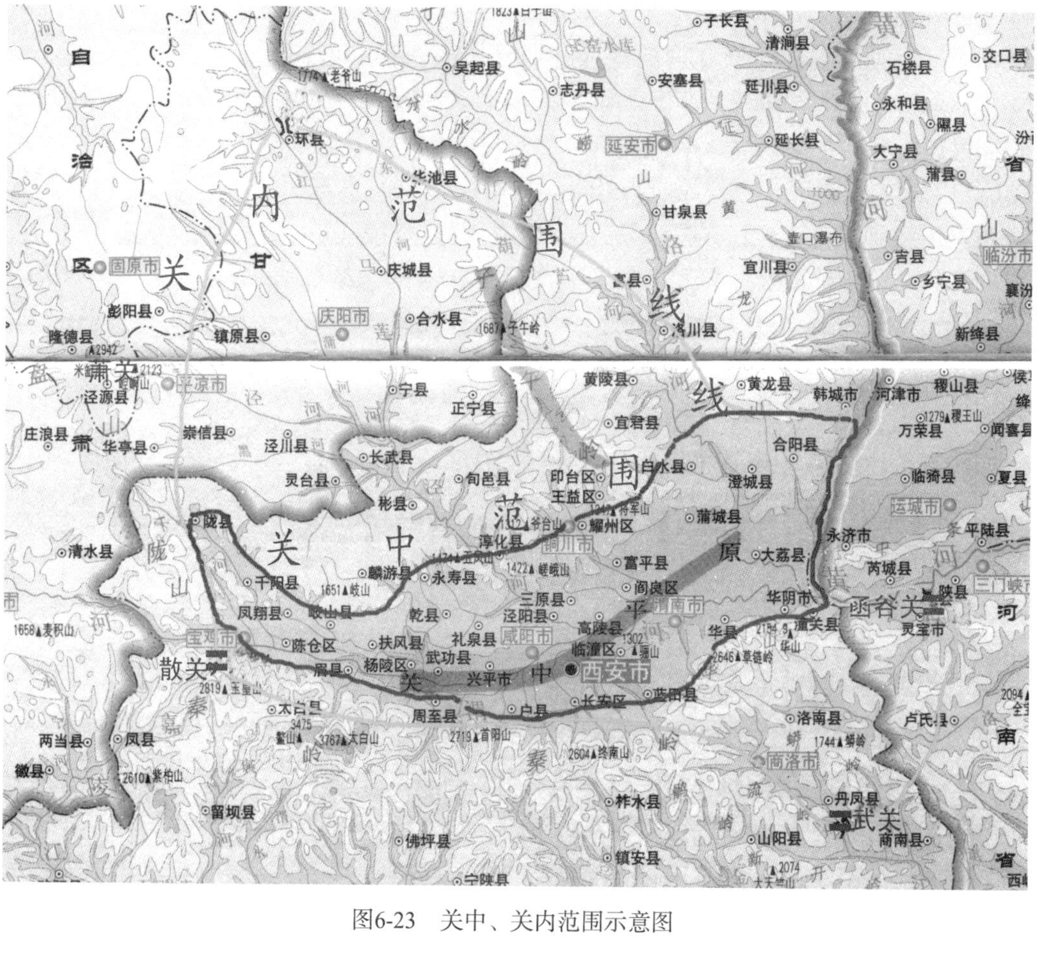

图6-23　关中、关内范围示意图

无论后来从名称到具体位置均有着多种变化，但当时人所言的“关中”，毕竟也是有“关隘”可指的[38]。

及至秦并灭六国之后，不仅各诸侯国壁垒森严的关塞统统都归并到了秦帝国的版图之内，而且连原来的秦关也从此失去了本初的国防意义。

关，是在交通要道上设立的防守据点。秦国原来重要的关梁，有以下一些。

1. 萧关

当秦昭王二十七年（公元前280年）攻灭了义渠戎之后，使北部国界向外扩展，设立了陇西（治今甘肃临洮县）、北地（治今甘肃庆阳县马岭镇）和上郡（治今陕西榆林市东南鱼河镇），并修筑起一条绵亘数百里的“拒胡长城”（《史记·匈奴列传》）。

作为秦国“北大门”的萧关，就是这时设立在进出昭王长城的要道之上的。沿关中的泾河岸边土原上行，有几条线路可抵达长城上的几处关口，如北入支流马莲河（今甘肃宁县、合水段）、环江（今甘肃庆阳、环县段）河谷，抵达环县境内的长城。由这里出关，可北去今宁夏、内蒙古，东向陕北、河东一带；或沿泾河主流西行，经今甘肃平凉地区、宁夏南部，直达固原的多个长城关口。由此可去今甘肃、宁夏、内蒙古、新疆一带。

对于萧关所在的具体位置，在学术界多有争论，考古调查也未能提供一个标准的答案。有说在今宁夏回族自治区固原市或彭阳县的，也有说在甘肃镇原县或环县的。即使圈定在某个县市的，也会有多处地点可指。多个萧关的并提，大概是把汉、宋、明所筑同名异地的萧关混在了一起的结果。如果泛指“萧关”的话，我们应当把这些看做是以上诸多关隘的集合体。因为“拒胡长城”的修建是对付北方胡人的，内外通行的关口也不可能局限在一处。换言之，诸关口都应当是“萧关”的组成部分。因为相对“关中”而言，毕竟它们都是处在北部的防守要地上；若以秦国北部防守与交通重点关口而言，能直接挂上关系的大概只有两处。

一处是在今宁夏固原市原州区南到泾源县瓦亭之间。《史记·匈奴列传》载：“汉孝文皇帝十四年（公元前166年），匈奴单于十四万骑，入朝那、萧关，杀北地都尉（孙）印，虏人民畜产甚多，遂至彭阳。使奇兵入烧回中宫。侯骑至雍甘泉。”此文中的“朝那”当是“朝那湫渊”（简称“朝那湫”，位于固原市原州区开城镇马场村东），并非偏在东边彭阳县古城镇的那个“朝那故城”。因为匈奴是先入朝那、萧关，再南下烧“回中宫”（今宁夏泾源县城郊果家山有城址）的，从此可以知道“萧关”必定处在固原市原州区南。从“朝那湫”到泾源县六盘山镇的古瓦亭，是一段险要的峡谷地带——“瓦亭峡”。这里地处六盘山东麓边缘，当“弹筝峡”（瓦亭至东南的三关口一段峡谷）的北口，群峰环拱，深谷险阻，易守难攻，具有独特的军事地理优势。其北有昭王长城，作为第一道防线，向南则在峡口设关，再加上沿线的烽燧建筑，从而形成天然的军事防御体系。汉武帝六次出巡边塞，都是由此经过，并祭奠了以死相拼的民族英雄孙卬。从唐代反击突厥、吐蕃，到明清屯兵，这里都是一处戍守的要地[39]。

另一处在今甘肃环县城北2里，萧关被认为位于长城上。调查资料显示：关址犹存，在四五平方千米之内，以“城关”为重心，同周围的峰燧、亭障结合，从而构成高下、纵深机联系着的一套严密的立体军事防御体系。果儿山、城子岗、沈家台和城东沟口原来建有城障，又以果儿山、城东原与玉皇山的三大烽燧呼应。长城经果儿山，山上的烽燧高出河谷160多米，外有小城和壕沟围护，显然是环江口西北的制高点。在今地面上，除长城、障城、烽燧等残迹外，还多有秦汉瓦片、“五铢”钱、“大泉五十”钱范和带字瓦当（“长乐无极”“长乐未央”）的发现[40]。

由文献记载再结合两处关隘位置看，后者虽是长城的进出口，作为萧关还显得过于悬远。那么，萧关的具体位置应当在今宁夏泾源县北的瓦亭峡一带。

2. 陇关

由甘肃平凉市至陕西陇县、宝鸡一段的六盘山南段，别称“陇山”（又名“陇坻”“陇阪”）。由于山势险峻，岭高谷深，在此设关正是关中西部防戎、胡内侵的险要之地。关名“陇关”，也叫“故关”。地在今陕西陇县西北的陇山老爷岭上，据《三秦记》载：“其坂九回，上者七日乃越。”关城早已废圮，从一路可通而不变的情况看，关址就在山顶的最高处。陇县西70里的“固关镇”，显然是“故关”的传讹。又因为汉武帝当年经此曾遭遇过雷震，遂改名为“大震关”。

3. 大散关

秦昭王任范雎为相，穿越秦岭修筑大道，由东而西，依次有子午道、傥骆道、褒斜道、陈仓道，形成“栈道千里，通于蜀汉”（《战国策》）的局面。大散关处在秦岭西段的大散岭上，属于“陈仓道”的北口，当陕西宝鸡县西南川陕公路19.5千米处的清姜河岸。因置关于终南山的西端，紧接和尚原，又临散关水，故称“大散关”（又名“散关”）。北起益门谷口，南到秦岭梁南坡的煎茶坪，是一段幽深绝险的峡谷，崎岖盘桓，清江河曲折而北流，“关当山川之会，扼南北之交”（《宝鸡县志》）。

图6-24　大散关

大散关是川陕咽喉，向来为兵家必经之地，前后曾发生激战70多次。刘邦“明修栈道（指褒斜道），暗度陈仓（指通过散关的陈仓道）”，即此。宋、金攻防百年，吴玠、吴璘坚守散关，在东侧的和尚原上击溃金军10万。大散关遗址范围，南起秦岭梁，北至二里关，为陕西省重点文物保护单位。现在二里关前立有题“秦岭”二字的石碑一块，关门遗址东面立有“古大散关遗址”石碑一块（图6-24）。

4. 函谷关

春秋时的“桃林之塞”，占有今陕西潼关之东到河南灵宝县西境，当崤山和潼津之间，是晋国防秦的重要关隘。秦在献公之后，随占有土地的不断扩大而择地设立“函谷关”，位在今河南灵宝县东北。据《史记·汉高祖本纪·正义》颜师古曰：“今桃林南有洪溜涧，古函谷也。其水北流入河，西岸犹有旧关余迹。”又引《西征记》：“道形如函也，其水、山原壁立数十仞，谷中容一车。”这里地势险要，西据高原，东临绝涧，南接秦岭，北塞黄河。处在深谷之中，两壁陡峭，树木遮天蔽日。东西数百里内道路一线，“马不并辔，车不方轨”，从战略高度看是进可窥视东方、退可防守其国，属于攻守咸宜的重要关口。正因为这里是一处举足轻重的军事要塞，成为古来兵家必争之地。战国末期，秦国就曾在这里多次挫败过诸国的进攻。秦之后，函谷关址也屡有变动[41]（图6-25；彩版一五，1）。

图6-25　函谷关

5. 武关

公元前340年（孝公二十二年）“封鞅为列侯，号商君”（《史记·秦本纪》），“秦封之于於、商十五邑”（《商君列传》）。《史记·楚世家》有“秦封卫鞅于商，南侵楚”的记载，而且苏秦对楚威王也有秦军“出武关”“下黔中”的记载，可见秦武关为商鞅所建，时间在公元前340～前338年，地当今陕西商南县湘河镇一带。

《史记·秦始皇本纪·集解》引文颖说：“武关在析（县）西百七十里弘农界。”楚析邑在今河南淅川县老城东30里的马蹬镇，已有古城遗址的发现，同秦武关形成东西一线，里程也相合。正因为武关在两国交界处的秦国一方，秦昭王才很方便地把楚怀王骗至武关，并将其劫持到了咸阳。

武关属于秦国东南的重要门户，有关中通往今河南南阳和湖北襄樊的古“蓝—武大道”经过，实是当年秦通向韩、楚的要冲。公元前219年，秦始皇东巡郡县后“自南郡由武关归”。公元前207年，刘邦也由武关进入关中。

汉武关设在今陕西丹凤县南35千米的“少习”山前，地当今县东南的武关镇。关西地势平坦，关东路在山腰间盘曲，崖高谷深，狭窄难行。明武宗时期，对唐武关城进行了大规模的整修。今存明清时土筑关城，略成方形，周长1.5千米。东、西、南各开一门，以砖石包砌券洞。西门上有“三秦要塞”四字，东门上有“武关”二字，内门额上有“古少习关”四字。另有石垒墙长计4836米，有烽火台56处。

6. 峣关

秦关在今商州市西北，北周移至今蓝田县东南，改名“青泥关”，后又易名“蓝田关”。关址位于蓝桥镇蓝桥河村的河北岸半山上，居高临下，前据峣岭，后靠蒉山，地形险要。在悬崖陡峭上留有两道安装关门的石槽遗迹。过去学者注释峣关时，多指在“武关之西”，实应为“武关之西北”。西去长安、东去商州，必经此关，是关中东南防守的第二道门户。

7. 临晋关（又名“蒲津关”，简称“蒲关”）

位于今陕西大荔县朝邑东部，春秋时属于秦地。因为处于黄河西岸“以临晋国”，故设县取名临晋县。战国初，魏文侯一度占据河西地，除修筑临晋城，还在黄河西岸筑起一道防秦的长城。待秦夺回此一地区之后，就在临河的要津上筑起高垒设关，以对河东魏之蒲坂（在今山西永济西）上的“蒲坂关”。秦昭王在黄河上作“河桥”，开了历代连舟为浮桥的先河。汉武帝时改临晋关为蒲津关，简称蒲关。

临晋关址虽在今陕西大荔县东黄河西岸的朝邑地，但由于黄河河道的移动而难觅踪迹。不过，此间地处山河要隘，扼津蒲渡口，是秦晋间的交通要道，是历代兵家的必争之地。史载：公元前205年，刘邦曾通过临晋关渡河，下河内（今河南省沁阳县一带），击虏了殷王卬。唐初，李渊父子引兵自太原南下，蒲津守将不战而降。特别是1989年 8月，山西省对蒲津渡遗址进行发掘，出土的“开元铁牛”就为寻找相对于河西岸的临晋关提供了重要线索[42]。如此看来，临晋关当在今陕西大荔东30千米处，但已经沦入了河底。

8. 五岭关塞

秦帝国因东西有大海与荒野之隔，其防守的重点就放在南北两端。“北据河为塞”、筑长城，以防游牧的匈奴对从事农耕业汉族的侵扰。“南至北向户”，戍守五岭，以对付“百越”。本来秦在灭楚之后就可以乘胜“南征北越之君”（《史记・白起王翦列传》），但因中原战争尚未结束，直至统一之初，还把迤逦东西数百里的五岭暂作为秦、越的分界线。随后，秦才进军岭南。

《淮南子·人间训》记载，尉屠睢率领50万大军，分别驻扎在“一军塞镡城之岭，一军守九疑之塞，一军处番禺之都，一军守南野之界，一军结余干之水”。根据岑仲勉先生的考定，驻扎秦军的这五处都位于南岭之上：“镡城之岭”即今之越城岭，“九疑之塞”即今之萌渚岭，“番禺之都”即今之骑田岭，“南野之界”即今之大庾岭[43]。我们从秦始皇二十八年（公元前219年）开始，兵分东西两路统一百越来看，秦王朝早在这一带就设立有关塞城堡的，其所指也应当是具体的：

余干——五路大军中的一路军，集结在通过武夷山、南下闽越的水陆要道上。据推测，可能是沿今信江到达闽北的。秦末，闽越王无诸联络江西鄱阳令吴芮反秦，也是取道“余干之水”，可见秦军的驻守地，大概在今江西余干和乐平市一带。

南野——秦的南野（一作“南埜”）县治，位于今江西南康市西南的章江南岸。而“南野之界”，还应当在大余县（南安）之南。因为这里位处赣江的上游，是出入大庾岭的咽喉之地。地理位置重要，故秦派兵扼守。岭上的“小梅关”（又称“梅关”“台关”或“红梅关”“横浦关”等），在明嘉靖中砌筑以砖，并戍守之，当是秦“南野之界”的延续。大庾岭南侧，还设有“诓口关”（今广东黄德县南）、“阳山关”（今广东阳山县东北）、“湟溪关”（今广东阳山县西北40里茂溪口）等。

镡城——越城岭位于湖南与广西交界处，呈东北—西南走向，长达200多千米。岭的主体在今广西北部的全州和资源两县之间，东侧有湘江自南而北贯穿湖南境内。那么，溯湘水，过越城岭，向南就可沿“湘桂走廊”直通西瓯地区。秦始皇派史禄在今广西兴安县境修筑的连接湘水和漓水的人工运河——灵渠，就是秦军驻守“镡城之岭”时完成的。镡城作为一处军事要地和关口，必定也是设立在越城岭北端临近湘江的地方[44]。在越城岭南端设立有“严关”（今广西兴安县溶江镇北），还建有保卫灵渠的秦城（今兴安县西南约25千米的溶江镇境内灵渠与漓江交汇处）。

秦城如今还可以看到城墙和壕堑的遗迹，分“大营”和“小营”两部分。前者位于大溶江与小溶江汇流处附近，现存遗址三处。以其最北端的马家渡城址为例，它是版筑土墙，长约100、高1.2、厚5.4米，城外有壕堑。在秦城墙边和城内，发现了大量的麻布纹筒瓦、大瓦和带绳纹的碎砖。秦城遗址范围内，多有汉晋古墓发现，说明在很长的时间里，这里曾是繁华的城镇。秦城遗址于2006年4月，被定为全国重点文物保护单位。

九嶷——在今湖南宁远县南、广东连州市之间有九嶷山，西连接萌渚岭。秦在此设塞，驻扎军队。

番禺之都——秦番禺县，治所在今广州市。如果秦军驻扎在这里，显然是越过五岭之后的事，是不合乎攻南越之前的驻防性质。所以“番禺之都”应指骑田岭为是。

当秦始皇统一岭南之后，设立了南海、桂林和象郡等三郡，此前的南岭五处军防地也失去了作用。

二、要　　塞

塞，是“寨”，也即是“堡”。后世往往有“堡寨”“堡砦”“堡障”连称的。因此，塞一般都有城，就是塞城。它多设立在边界的阨险之处，属于军事防守的据点。内地也有设立，往往以此形成一道道防线，或可作军事信息传递的设施。

秦国所设的塞，见载的东有郑所之塞（今陕西华县以东）、殽塞（今河南三门峡市东南），松柏之塞（一说为“函谷关”），北边有焉氏塞（今宁夏固原县东南），上郡塞、河上塞、紫塞、固阳塞、高阙塞等，南边还有商塞（一作“商阪之塞”，在陕西商洛县南）。经考古调查，在长城遗址附近，多有塞城的发现。

关塞上的建筑设施，有亭和障。亭是瞭望台性质的高台建筑，障则是有尉驻扎的城堡。亭、障驻兵，沿边防线还建有烽燧用以报警。

在关塞上，除有重兵把守外，还专设官吏管理。定时开闭关门，对往来行人也要盘查。所以，守关不仅是要防御邻国的突然袭击，而且也是对商旅征税以增加国家收入的地点。

三、长　　城

（一）秦国东部的河洛防御工事——堑河、堑洛

秦国在自己的东部边境，利用地形地势修筑的军事防御工程有过三次。

第一次，始于秦厉公十六年（公元前461年）。《史记·秦本纪》：“堑河旁。以兵二万伐大荔，取其王城。”《史记·六国年表》：“堑河旁。伐大荔。补庞、戏城。”既然都说是“堑河”，而且又显示了相关的时代背景，那么就可以从文中所言的“王城”和“庞”两地，来推断“堑河”的地望。我们知道，春秋晚期，秦国攻伐大荔之戎，用武力占领了“王城”。其地在今陕西大荔县的朝邑镇东，而“庞”在今陕西韩城市东南。由此来看，所堑的河段只能南自今陕西大荔东、北到韩城市东南之间。

第二次，是秦厉公“堑河旁”之后，时隔43年，秦灵公八年（公元前417年）又“城堑河濒”（《史记·六国年表》）。这次没有明指在黄河的哪一段，也没有记载是哪座城，看来很可能是对原来堑河工程的全面维修和加固。

第三次，是秦简公七年（公元前408年）“堑洛”（图6-26）。《史记·六国年表》：“堑洛，城重泉”（但《史记·秦本纪》记在秦简公六年）。

前两次是秦国沿黄河西岸，作了“堑”的工程。所能堑的地段，据文献提供的只有庞和王城两地，而且也仅仅局限在从韩城到大荔之间。这当然是符合当时的军事背景和古今地理实际的，因为黄河在韩城北部处于晋陕高原的峡谷地带，向西又有黄龙

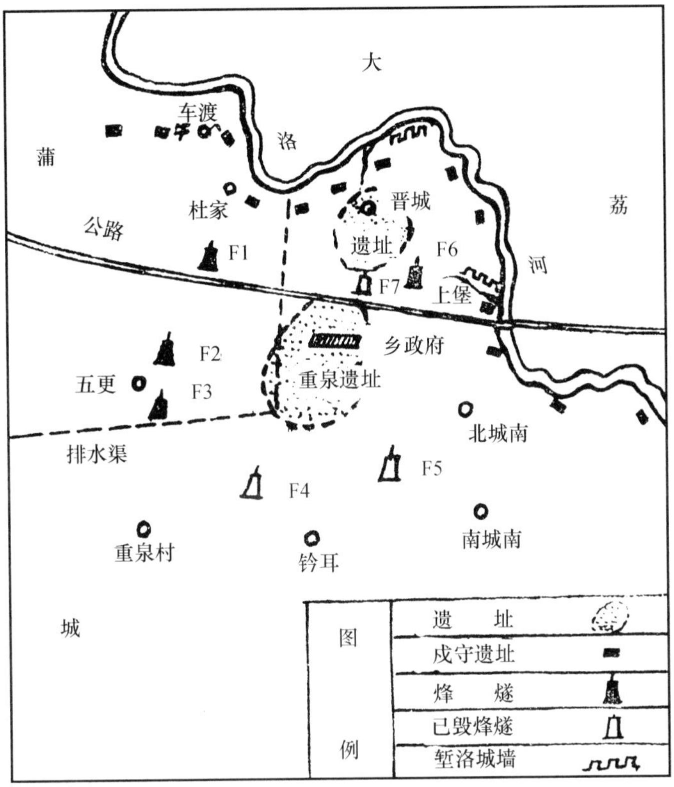

图6-26　蒲城钤耳乡堑洛遗址位置图

（采自彭曦文）

山，这种由“山”与“河”形成的天然屏障是无需设防的。而在大荔以下，黄河又折而东去，已经脱离了秦晋对峙的重点防区。我们如果再从秦晋多次军争都是发生在黄河这一中间地段看，其战略地位的重要性就无须赘言了。但是，黄河冲出龙门山之后，进入松软的黄土平原地带，河面变宽、流速减缓。那么，秦是怎样做防晋的“堑河”工程呢？看“堑河旁”“堑河濒”的文义，想必一定是在黄河西岸经过铲、削，使之壁直（也可能部分地用石垒砌），并把挖下来的土再堆到岸上去，无疑地相对增加了防御的高度。

不过，我们还应看到“堑河”与建“城”（新筑或修补原有的）本是同时进行的一体化工程，有着配合的关系。像秦厉公取王城、补庞城，秦灵公除再次“补庞”外还建立了籍姑城（今陕西韩城市北），后来秦简公在“堑洛”的同时还建立了重泉城（今陕西蒲城县重泉村）。这些都说明，秦把在河岸建立城邑作为防守的军事据点，在附近“堑河”以增强守备作用。可惜两千多年来，黄河在这平软的沙滩原野上东西摆动，大大改变了它原来的地理地貌，很难找到堑河及古城的踪迹就不足为怪了。

“堑河”不单是对河岸的斩削，而应同城守相连。只有纵观“堑洛”工程的全貌，才能体现秦国“东长城”的雄姿。经过多年来学者们的探索，基本确认了在洛河右岸，经蒲城、白水、宜君、黄陵等县，秦简公修建了一条防魏国攻击的长城。这段长城同一般在地面上高筑城墙的办法相比，有其特点。它除把滔滔奔流的洛河作为第一道天然防线（地堑）之外，为增强防御工事的能力，还对洛河西岸城守地带——河西3千米处建立的重泉城，通过对洛河西岸“堑”这种掘与铲的施工方式，使河岸变陡壁立，或在部分地段垒堰砌壁甚至筑起掩体的矮墙，从而形成了筑墙与堑壁结合而成的特殊长城。所以，后来人们就将其称之为“堑洛长城”。

正因为堑洛长城的特殊筑法，只是人为地改变了部分地段的地貌，而更多地保留着原始地质的土壤结构。经过两千多年的风雨剥蚀，就使得今天很难把它同当年的“堑洛”联系起来。但是，对秦国这段东长城的起讫端点、实际走向、经行路线，虽然多年来有多位学者进行过研究、调查，因为不是通过考古学的探测手段，仅凭文献推断、地面踏查和对地表迹象的推断，还得不出一个令人信服的结论。

现将几种有代表性的观点陈述于下，以有益于进一步的辨识。

史念海先生认为秦东长城的南端起于陕西华阴县东南华山之下的小张村。逶迤而向东北，经华阴庙东北，跨过沙渠河至渭河之滨。渭河以北，沿洛河南岸向西，入蒲城境内，再沿洛河西岸向北延伸至白水县黄龙山麓。目前，只有渭河以南华阴县小张村至华阴庙东城子之间保存着低矮的夯土墙可以辨认。史念海先生说：蒲城县东，在洛河右岸还发现了一段长城遗迹，其长虽仅有324米，但遗址中的残砖瓦已足以证明这是秦国的旧建筑。这条长城遗迹隔着洛河，对面就是大荔县的长城村。长城村不仅以长城为名，其地就有一条长城。这条长城为魏西长城。这里的魏西长城其实就是由秦堑洛长城改筑的[45]。

彭曦先生从1991年到1993年春，对“堑洛”遗址曾进行了三次徒步考察[46]。在大荔、蒲城、白水、宜君、黄陵境内的洛河右岸，发现堑洛是“以自然河沟为依托，大量工程是用自然河岸堑削为城”的，在不少地段上为“补阙堵漏”而出现了土城、下堑上夯的城和石砌之城。在内侧多设有烽燧和戍守建筑，地面文物遗存也相当丰富。仅以堑洛遗迹为例，在蒲城钤铒乡晋城村东北一段长约400米，人称之为“外洛城”；平路庙乡前阿村一段超过400米，南黎起村一段长1000米；蔡邓乡水电站南河岸为石崖，上有烽隧遗迹7个。白水县西固乡方山塞石长城长550、高1.2～2米，外有石堑壕；雷牙乡耀家河石长城，总长约2000米，石块有重达200千克的；雷牙乡西沟村至北干村的石长城，还有“之”字形的上下城道。黄陵县田庄镇的南城村，当洛河向外突出的内湾处，有大量的秦墓群，正是戍守长城的见证。

在大荔、蒲城和白水的秦堑洛长城走向上，彭曦的调查和史念海先生有不同之处。像蒲城县钤铒镇北的城南村，向北到大荔县长城村的一段城墙，呈南北走向，但这并不是秦堑洛“两过洛河”的遗留。实际上，这属于魏的西长城。因为秦的堑洛长城随着河流的走向始终是同右岸平行的，如果“两过洛河”，就会出现“背水”而使自己处于孤立的境地。这显然是有违军事布防常识的。

秦处于洛河之西，其所谓“堑洛”，顾名思义，其工程只能在由西北向东南流的洛河右岸进行。但是，洛河于大荔县东南注入了东西向的渭河。那么，渭河之南正是一条通向函谷关的东方大道，而秦国在这一咽喉地带的遭遇更是悲惨的。因为自秦简公六年（公元前409年）起，魏将吴起从秦国手里夺回了临晋（治今陕西大荔县东）、元里（治今陕西澄城县交道镇元里村）、洛阴（即“雒阴”，治今陕西大荔县铁镰山西端）、合阳（治今陕西合阳县东南）等城，秦国迫于严峻的军事形势才筑起滨洛长城。特别是魏国在“伐秦至郑”、取得全部河西地之后，设立河西郡，派大将吴起为守，这无疑是插入秦国领土的一把利刃。秦国在渭河之南同样设防，以防魏军长驱直入咸阳。

史念海先生认为在今华阴县城西和城东，本来有两道长城。城西的一条，起自华山峪口循长涧河西岸直抵县城西北3.5千米的古城村。再向前接触渭河滩地，也就无遗迹可寻；城东的一条，由城南小张村起，向东经战国时期的阴晋城遗址（今陕西华阴县华阴庙东北），跨沙渠河，抵达渭河滩，这就是王先谦校《水经注》说“长城自华阴达于河”的那一条。他说秦东长城的南端起于陕西华阴县东南华山之下的小张村，而且调查时，还“看到华阴庙东城子东北的一段残迹。这段残迹相当短促，又复低矮，然夯土层分明可见，当地人犹以古城相称”。但是，中国社会科学院考古研究所在20世纪50年代勘查试掘华阴、大荔魏长城时，并没有发现华阴城东有长城的存在，而断定县西的那段长城为魏长城[47]。同时，史念海先生也以为“西面的一条较近于华县，当地的长城应是魏的西长城”。

新近，有学者据文献记载，肯定渭河之南确有的两道长城的存在。但“魏西秦东”的情况不合理，两城同时并存也不符合历史事实。笔者以为正确的结论应该是华阴城西的长涧河西岸，起自朝元洞至风箱城，长达6千米的一段长城，并非魏长城，而是秦长城。这是秦简公七年（公元前408年）失去全部河西地、退守洛水西岸后“堑洛，城重泉”的继续。而华阴城东虽无遗迹，但王先谦肯定华阴城东有长城的话也不能轻易否定。这应是经过47年后（公元前361年），在秦进魏退形势下，“魏筑长城，自郑滨洛以北，有上郡”的产物[48]。

由秦在渭河之南筑长城的事实，我们可以说那是秦滨洛长城的延伸部分。换句话说，把华山下作为秦东长城的起点是完全可以成立的。如此一来，华山之北、黄龙山之南，洛河就成了秦、魏两国的军事分界线。

（二）秦国的“拒胡长城”——秦昭王长城

战国时期（公元前475～前221年），秦国北境存在着一个“义渠戎”。它是古戎人“西戎”的一支，据有今甘肃陇东的庆阳一带，也曾扩张到今宁夏固原和陕西北部。几百年来，义渠不断内侵，也曾攻入到秦国的腹地，给秦国的安全构成了极其严重的威胁。秦惠文王更元七年（公元前318年），义渠还趁魏、赵、韩、燕、楚五国攻秦之机，起兵偷袭，“大败秦人于李帛之下”（《战国策·秦策》）。义渠从背后侵扰，的确让秦烦心。为解除这一心腹之患，秦于公元前314年曾调集重兵由东、西、南三面攻入义渠，先后夺其25城。公元前306年，秦昭王立为国君，昭王母宣太后摄政。从此改变了正面征讨的策略，而采用怀柔、拉拢的政策。公元前272年，“宣太后诱杀义渠王于甘泉宫”，接着发兵彻底消灭了义渠，并在其地设置了北地、陇西、上郡等三郡。

秦灭义渠之后，固然北土扩大，但却同据有今内蒙古西部鄂尔多斯和陕北的匈奴接壤。这个强悍的游牧民族，势力范围东到辽河流域，西达河西走廊，地跨今内蒙古的大部分、宁夏和陕北。匈奴内侵，气势汹汹，严重地干扰了内地的农耕秩序，使生产、生活遭到破坏，给人民生命和安全带来威胁。在同匈奴交界的燕、赵两国，都在北边修筑了长城，以抵御它的进犯。同样，在一时难于同匈奴抗衡的形势下，秦国只好步燕、赵后尘，在自己的北边也修筑了一道“防胡”的北长城。

据《史记·匈奴列传》载：秦昭王在“陇西、北地、上郡，筑长城以拒胡”。这条边墙既是由西南向东北的走向，排列次序也应是起自秦陇西郡，经过北地郡再到达上郡。文献记载固然笼统，但经过多年的勘查，秦长城所涉及陇西、北地和上郡之地，相当于今之甘肃、宁夏、陕西和内蒙古四省区的20个县旗，地图的平面测量长约2000千米。因为长城修筑在起伏的山岭之上、河川之侧，实测总长为3000多千米（彩版一五，3）。

《大清一统志》兰州府载：“长城，在狄道州北，秦筑长城所起。”清狄道州即今临洮县，在今县城西北的洮河东岸有大量的战国秦文物遗迹存在。秦长城由县南的洮河东岸起，绕城北而向东南，沿东峪沟，经渭源、陇西、通渭三县。折而东北经静宁县西北，入宁夏经西吉、固原、彭阳三县。向东复入甘肃，经镇原县西北，北折，经环县、华池县。由洛河上游的三道川东入陕西吴旗县，由县南经志丹北境，穿过靖边县白于山东部，向北经横山、榆林、神木数县市。再由神木县向北，入内蒙古的准格尔旗，沿巴龙梁北上，经神树沟、德胜梁，北至坝梁。沿南北流向的虎斯太河，继续沿黄河东西流向的区段南岸，最后抵达位于黄河西岸的托克托县十二连城（即赵武灵王的云中郡城）[49]（图6-27）。

另外，在陕西靖边县南、安塞北，秦长城又从横山（白于山向东的余脉，处于横山县芦河与子洲县大理河的分水岭）南端向东分出一个“南支长城”。经安塞县、子长县，达绥德县，再折而向北，抵榆林南的鱼河堡附近[50]。对这段秦长城，还有待于实地查清。

在考察与研究战国秦长城的诸多学者中，彭曦教授是最杰出的一位。他以大量的实地考察、测绘资料为基础，从考古的地层学和器物学入手，在比较研究中对秦长城的走向、防御体系、构筑技术、历史作用、变迁损毁、保存现状等问题，都有精到的见解。

战国秦长城，是秦昭王继厉共公“堑河旁”、灵公“城堑河滨”和简公“堑洛”之后的一大杰作。所不同的是，它不再是因为与晋争“河西地”作为战略防御的措

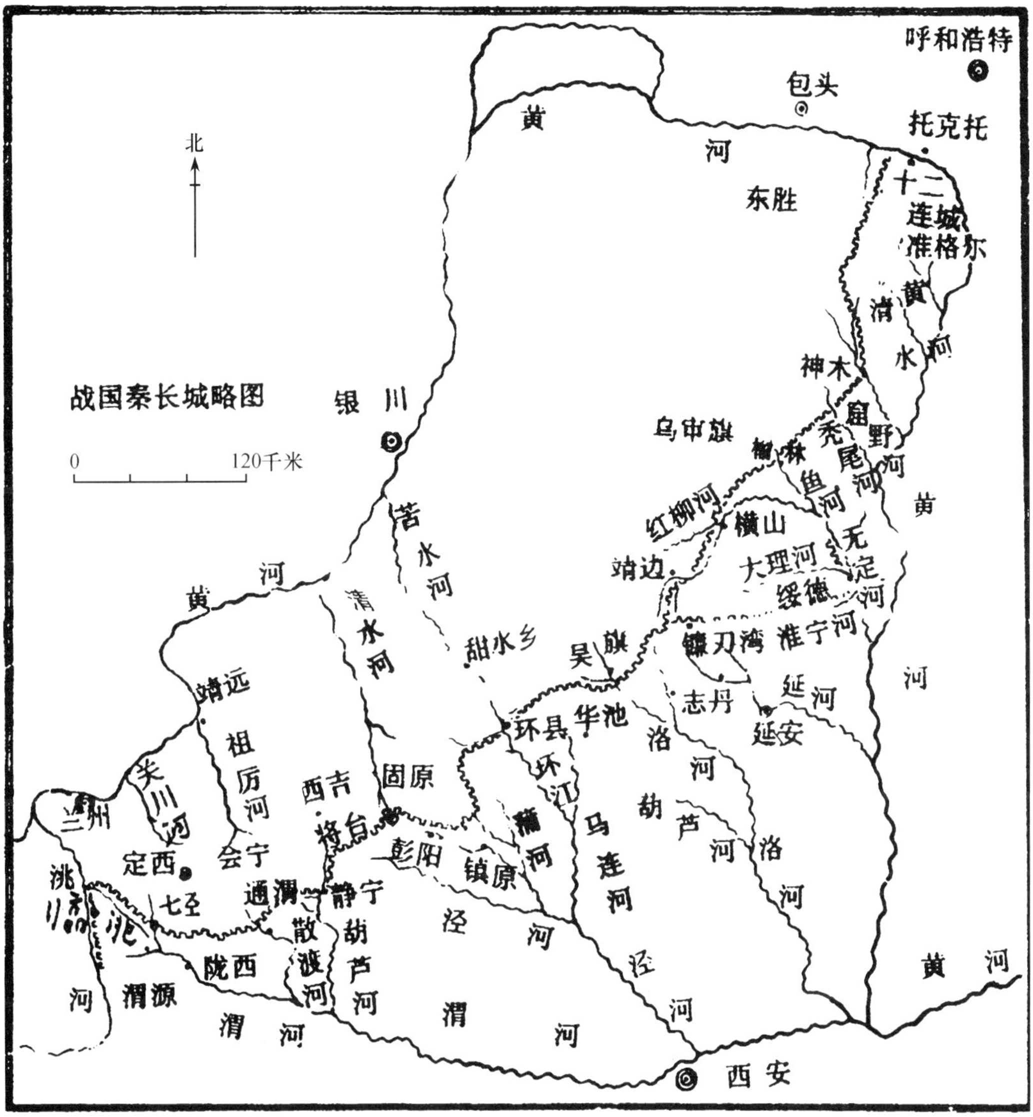

图6-27 战国秦长城略图

（采自彭曦文）

施，而是为了进一步融合诸戎文化以防御外侧游牧民族匈奴的侵犯而建。所以，此长城在长期的历史中，曾为保护中原农业文化的发展，作出过巨大的贡献。

秦长城的构筑，在施工方法上有三种：一是还保留了此前“堑河”“堑洛”的做法——“以堑作城”。巧用河沟，像甘肃临洮县的洮河（东岸）、静宁县的甘沟、葫芦河，宁夏的马莲河、滴滴沟，甘肃镇原县的虎家沟、安家川河、黑刺沟，环县的黑泉河、杨家沟、城西川、城东沟，华池县的郝林沟，陕西吴旗（吴起）县的三道川、靖边县的西芦河、神木县的牸牛川，内蒙古的虎斯太河和黄河最北大湾的东西段，堑削河岸，使之壁直陡峭。另一种情况是，在部分山坡地段，进行堑削山坡，使其变陡。二是利用内高外低的地形，下堑上夯为城。三是夯筑城墙。虽然堑削沟岸和陡坡，并不夯土筑城，但同有城地段连接，就形成了一道连贯的、坚固的防线。作为军事防御工程，尽管它曲折回环，但在选线上绝对采取“分水岭”地带的原则。西段长城，位于北流的关川河、祖厉河、清水河、苦水河和南流的渭河、泾河、洛河之间的分水地区；东段长城则沿鄂尔多斯台地的南缘，将荒漠地区和东南流的正川、清水、窟野、秃尾、无定诸河分开。在分水带上筑城或堑削，既能居高御下地使内高外低，又尽可能地把所有制高点都包罗在城的内侧，从而大大地提高了军事防御能力。今天看到的大量城墩遗存，正表明了当时大量利用自然地势、加以人工改造，在军事工程上也是节省人力和材料的科学方法。

城上有“墩”，以作戍卒守望之用，每千米内有3或4个，每个面积20～40多平方米。估计全线有城墩6300～6500个，同时值班的守卒可有7万～10万人之巨！

烽燧建立在长城沿线的内侧，相距1～2千米，烽间距2～3千米，都保持有良好的视野空间。内传烽燧，相距3～5千米，多建立在较大河流的分水岭上。估计全线烽燧有1000多个，守护戍卒也在5000～10000人。

障塞有大小之别。经调查知，平均相隔约5千米，必有塞址。早期的障塞多无城垣，如通渭县古城沟何家坪遗址、环县演武殷家沟口台地遗址、吴旗周嵻岘遗址等，必建立在长城内侧的山梁或河谷台地之上，把周围施以堑削。而有垣障城，如西吉的明庄、乔洼一段，至彭阳、镇原孟庄原一段，共发现不足20个。但多设立在大河川道之处，往往塞址面积很大，核心遗址面积可达到数万至10万平方米。而且延续时间长，被后代修葺利用。在这一类塞址的临沟近水处，多设立有烧制建材如瓦、排水管道和生活器皿的窑场。陶窑数量少则3个，多则8～9个。其遗留的板瓦、筒瓦，数量之多，十分惊人!而对比战国赵、燕长城，几乎很难发现遗留的陶片。秦城遗址的陶片上有錾刻“家处”二字的，可能反映了戍边守城者在城内侧有家居之地。附近也有墓葬区。典型的要塞，如渭源七圣、上盐滩，固原清水河谷，镇原的三岔梁台，环县环江河谷，吴旗洛河河谷、周嵻岘等，附属各台地上都有大小不同的障址和烽燧，从而形成城、烽、障构成的纵深1～2千米的立体防御布局。

秦昭王修筑的这条长城，在阻挡北部游牧民族的入侵掠夺、保护农耕生产、稳定社会方面发挥了重要的作用。战国秦长城，位于黄河的最大支流——渭、泾、洛、无定河的源头，也就是说长城把这四条河流置于内侧，堵住了游牧民族铁骑入侵的通道。而沿长城一线内侧的重要关塞，以后也都发展成了现在的名县重镇，如渭源、陇西、通渭、静宁、将台、固原、彭阳、镇原、环县、桥川镇、榆林、神木等。今内蒙古黄河大湾顶端南岸的十二连城，其北城应是古云中郡治遗址。在这些城镇，都有战国秦的陶片、瓦片遗留。

这条长城在秦始皇统一六国之后，仍在发挥防御作用。长城的固原区段和镇原、环县、华县、吴起区段内，有汉、宋、明代的遗存。特别是固原区段内，许多内侧的塞址有汉代的夯土围城，并发现“五铢”钱币及“千秋万岁”汉瓦当。其长城也为汉、宋、明代不断修葺。陕西靖边至神木区段，明显为明代在战国秦长城基址上的重修。今榆林镇北台就是明代在秦长城的一个巨型烽燧基址上重修的敌台。

（三）万里长城——秦始皇长城

秦始皇统一全国后，为了加强北部边境的防务，于三十三年（公元前214年）修筑了一条举世闻名的“万里长城”（图6-28）。见于《史记》记载的有以下诸条。

《史记·秦始皇本纪》三十三年：“西北斥逐匈奴。自榆中并河以东，属之阴山，以为四十四县，城河上为塞。又使蒙恬渡河取高阙、阴山、北假中，筑亭障以逐戎人。徙谪，实之初县。”

《史记·蒙恬列传》：“秦已并天下，乃使蒙恬将三十万众北逐戎狄，收河南。筑长城，因地形，用险制塞，起临洮，至辽东，延袤万余里。于是渡河，据阳山，逶蛇而北。暴师于外十余年，居上郡。”

《史记·匈奴列传》：“秦灭六国，而始皇帝使蒙恬将十万之众北击胡，悉收河南地。因河为塞，筑四十四县城临河，徙谪戍以充之。……因边山险，堑溪谷，可缮者治之，起临洮至辽东万余里，又渡河，据阳山北假中。”

虽然从文献中看到秦统一后所筑长城的起点、经过和终点都很清楚。但具体到实地考察，问题就很多。起码有两个认识问题需要澄清。

第一，据文献“起临洮……渡河，据阳山，逶迤而北”，但在今甘肃兰州市沿黄河经宁夏到内蒙古外套地带，并没有发现长城遗迹。能否说蒙恬在这一带修筑过长城?

第二，统一后的万里长城同战国秦长城，是否起自同一地点?

对于前一问题，我们以为，不能因为在今兰州市沿黄河顺流而下经宁夏到内蒙古东套没有发现长城遗迹而持否定态度。

如果我们比照实际调查所得的综合性资料，再回到对文献的理解上，就会产生一个全新的认识。也就是说，我们只有把“因地形，用险制塞”“因河为塞”“城河上为塞”这些用语同“起临洮至辽东，延袤万余里”联系起来，就可以看出：在司马迁眼里，无城墙的“用险制塞”“因边山险，堑溪谷”同夯打的土墙，联为一体，就是“延袤万余里”的长城。从这一意义出发，黄河沿兰州至河套一段虽无夯土城墙，必定对山险、大河、溪谷进行了堑削，并因以筑塞。这就需要在今后的考古工作中，绝对不要单纯地以寻“城”为限，而应把握构成“长城”的诸要素，扩大范围，全面考察。

同时，由这里也不难看出：秦始皇令蒙恬修筑长城时，在工程技术上并没有抛弃固有的传统，仍然沿用了战国以来秦国“堑”（削铲）“筑”（夯打）“砌”（垒石）的做法，而只是工程规模更加巨大而已。

还有一个古今地形地貌变化的因素也要考虑。在贺兰山的西侧和北端，为腾格里沙漠与乌兰布和沙漠所覆盖，沙漠的东缘已逼近了今宁夏石嘴山市和内蒙古的磴口。

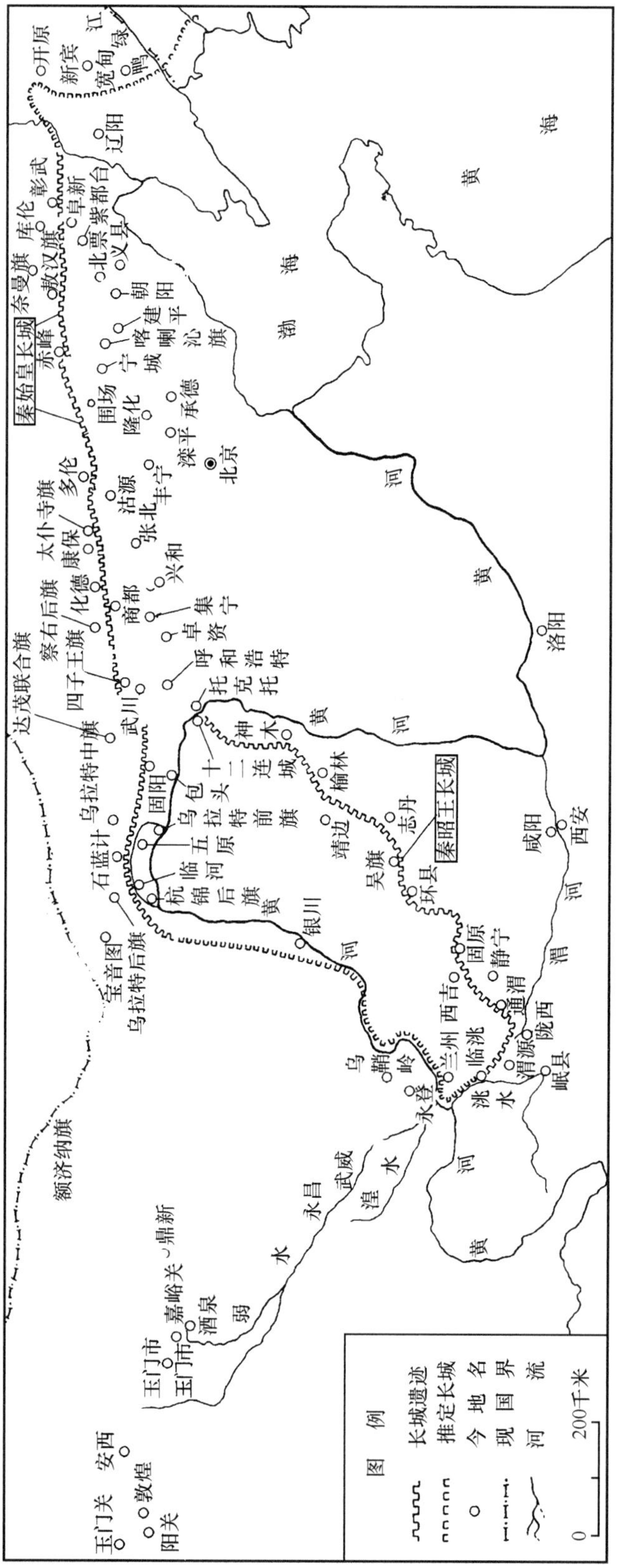

图6-28　秦始皇万里长城遗迹分布图
（采自《中国考古学》）

而这一带，在秦汉时代还是个适宜人居的地方。在磴口县北和西北，汉曾设立过临戎、三封和窳浑三个县。在磴口和石嘴山之西，汉政府还有大量的屯田[51]。这足以说明这一带在两千多年前远离沙漠，而且从一些墓葬文物上，都表明秦筑长城的事实。

对后一问题，我们以为，战国秦长城同万里长城在甘肃的起点不是同一地方。固然两长城的作用都是防匈奴内侵，但秦、匈接壤的地带前后有着小和大的区别。秦昭王灭义渠，在陇西、北地和上郡筑长城，把匈奴隔在外侧广阔的河南地。至于洮河以西，虽有诸羌，但都势力弱小、分散，也没有臣服于匈奴，更未对秦构成威胁，因此也没有在今岷县以下的洮河岸筑长城的必要。及至统一后，秦帝国收取了河南地的情况就明显有了新的变化。

《史记·蒙恬列传》载："秦已并天下，乃使蒙恬将三十万众北逐戎狄，收河南。筑长城，因地形，用制险塞，起临洮，至辽东，延袤万余里。"这当然指的是秦始皇时蒙恬修筑的"万里长城"。其起点在临洮，但这个"临洮"并非今甘肃的临洮县，而是岷县。因为今临洮县，在秦汉时称狄道县。秦始皇八年（公元前239年），平定长安君成蟜的反叛，曾"迁其民于临洮"。统一六国后的版图，也说是"西至临洮、羌中"（《史记·秦始皇本纪》）。这里所言的临洮，都是指今甘肃的岷县。

始皇时，蒙恬按统一规格和要求，对原来的长城再作修整、加固与连接，都应是不争的事实。

1.万里长城的走向

蒙恬受命修筑的这条"万里长城"，除新修的几段之外，大致沿用了战国时秦、赵、燕三国的旧长城。西起甘肃，中经宁夏、内蒙古、河北、辽宁，最终于朝鲜大同江入海处，长达5000千米。

秦始皇万里长城的西段，不再是以战国秦长城为基础，而是另有所筑。因为秦帝国版图的扩大，当年横贯甘肃、宁夏南部、陕北、内蒙古的西南至东北向的"秦昭王长城"已包括在了内地。尽管也曾对它"缮而治之"，但已不再是防御的主线。而蒙恬新修筑的长城，最大的特点："因地形，用险制塞。"也就是说，它凭借黄河天险、以障塞城堡为主而构成，并不全是墙体的连属。

那么，这条秦代长城具体经线大致是西起甘肃岷县，沿洮河北上，在永靖又沿黄河右岸过兰州市、靖远县，抵宁夏中卫县境，过黄河，沿贺兰山北上，经乌拉布和沙漠，在内蒙古绕过黄河外套的"高阙塞"[52]，由内蒙古的狼山、查石太山至大青山北麓，经乌拉特前旗、固阳县北，与大青山南麓的赵长城相距50多千米。从呼和浩特东行利用了一段赵长城以后，在卓资县西部另筑墙体，白灰腾梁西南部向南则利用东西横亘的大山险阻防守，再东行伸入河北尚义、张北、沽源，至河北省丰宁县森辕图村南，与燕北外长城相接，向东全是利用燕北外长城，经丰宁、围场，至赤峰市、敖汉旗、奈曼旗，再东行至库伦旗西南伸入辽宁阜新市境内。在围场大兴永东台子、小锥山、赤峰三眼井、蜘蛛山、敖汉旗老虎山、奈曼旗沙巴营子等地都曾发现了秦代的城址及带有秦始皇诏书的铁权或陶量[53]。

阜新以东的秦长城走向目前尚不清楚，有人认为秦代沿用了燕国的赤北长城，其走向是由阜新东行，经过彰武、新民、法库、开原与铁岭一带，越过辽河继续东进，经清原、新宾、桓仁、宽甸，过鸭绿江直到朝鲜境内[54]。

对于长城的东端的终点，长期以来因国际政治关系采取回避态度。实际上，中国早期的文献记载是确定无疑地一致。如《水经注·河水》："始皇令太子扶苏与蒙恬筑长城，起自临洮，至于碣石。"对这个"碣石"，《史记·夏本纪·索隐》援引了这么一些史料：《地理志》云"碣石山在北平骊城县西南"。《太康地理志》云"乐浪遂城县有碣石山，长城所起"。又《水经》云"在辽西临渝县南水中"。唐人司马贞的判断："盖碣石山有二，此云'夹右碣石入于海'，当是北平之碣石山。"那么，从时间上往前推，只有《晋书 ·地理志》的作者最早确认了《太康地理志》的说法。其"秦长城之所起"一语，实指乐浪遂成县。同样，后来的《通典》也给予了肯定："碣石山，在乐浪郡遂成县，长城起于此山。长城东截辽水，而入高丽，遗址犹存。"今鸭绿江右岸丹东地区的宽甸满族自治县，从县城直延到长甸河口的一段石筑边墙——"秋果壁长城"（有写作"酋国壁"），在明代边墙外侧，具有早期性质，同时与朝鲜平安北道的大宁江长城隔江相望而且又连成一线。同样，在鸭绿江彼岸的朝鲜于1984年发现了"大宁江长城"。据说，此长城从东仓郡往南延伸，经泰川郡、宁边郡、博川郡，终断于大宁江与其支流博川江汇合处附近。朝鲜学者认为从地形、河水流向等来看，清川郡以南还应该有长城。如果再继续向南寻觅，就有可能追到平壤西南龙岗的古碣石[55]。

2. 秦始皇对三国长城的连接

秦始皇的万里长城的构成，依原有基础再经加筑，大体可分为三个大的段落。

西段——甘肃岷县至内蒙古河套的固阳。

秦统一六国之后，"蒙恬将十万之众北击胡，悉收河南地。因河为塞，筑四十四县城临河"，北境已向外大大推移。大大地超越了秦昭王在秦国北境陇西、北地、上郡修筑的"拒胡长城"。那么，新增修的部分在最西端应该是，长城在今甘肃岷县（秦临洮）沿洮河北上，到永靖县又沿黄河右岸过兰州、靖远，在宁夏中卫穿过黄河，再沿贺兰山向北。入内蒙古境，穿越乌兰布和沙漠，再逶迤于狼山北面的岗峦之上，经由"高阙塞"（今乌拉山与狼山之间的缺口——石兰计北口）向东到固阳县东北。

中段——西起内蒙古杭锦后旗北的古高阙塞，东至兴和县。

赵武灵王"胡服骑射"，组建了独立的骑兵部队，国势渐强。公元前306年，"北破林胡、楼烦。筑长城，自代并阴山下，至高阙为塞。而置云中、雁门、代郡"（《史记·匈奴列传》）。有学者指出：当时赵国的疆域未达到今内蒙古狼山的石兰计山口，仅及乌拉山西北的乌梁素海南部。而且《水经注·河水》引《虞氏元》说

"赵武侯（即赵武灵王）自五原河曲筑长城，东至阴山"。况且河南地，仍为匈奴所占据。可见赵长城的西端的终点不在高阙塞而在偏东些的乌梁素海之南、乌加河的东岸[56]。此看法是可从的。

那么，赵长城，起自今内蒙古乌拉特前旗，经包头市北的昆都仑河上游大庙附近，经土默特旗、呼和浩特市、卓资北部，依大青山南麓，过集宁市南，由兴和县北部进入河北省境，到达张北县南的赵国重镇"无穷之门"，全长1300余里。

蒙恬取得河南地之后，在高阙左右筑长城，西同自贺兰山北上的长城相接，东去经临河北，沿乌加河北岸向东延伸，同阴山南的赵长城形成东西向的平行状态，向东止于固阳县空村山。在阴山南北的秦、赵长城间，因黄河由北而南，也正是原赵长城的西端。

东段——西起张家口，东到朝鲜人民共和国平壤市。

燕将秦开曾"为质于胡，……归而袭破走东胡，东胡却千余里。……燕亦筑长城，自造阳（治今河北沽源县南独石口）至襄平（燕辽东郡治，即今辽宁辽阳市）。置上谷、渔阳、右北平、辽西、辽东郡以拒胡"（《史记·匈奴列传》）。燕国的北境长城，西起今河北张家口市，沿大马群山向东北，经沽源县南，穿过内蒙古多伦县南部，复入河北围场县北部。再经内蒙古赤峰市北部、敖汉旗。向东过辽宁阜新市北境，直抵辽河。这大概就是燕长城"至襄平"的终点。

秦始皇修万里长城时，要比燕北长城靠北一些。过去称为"康保三道边"的，其中由内蒙古化德东去，赤峰最北面一道长城，应是秦始皇时期所筑。沿辽河右岸东北行，在辽河由北向西转折处过河，在抚顺市北境绕了一个大转弯，再由本溪市东部呈南北向直下。于宽甸县东南跨过鸭绿江，直趋朝鲜清川江北岸的博川一带。东西全长2400余里。

3. 长城沿线的文物遗迹摘要

西段：在包头市地段的秦长城累计约长120千米，多半修筑在丘陵山峦的北坡地带，依山就险，因坡取势。山谷隘口及平川地带多用夯土筑成，土筑城垣多数毁坏无存；而山地则多用石块或土石混筑，在乌拉特中旗南部还发现用石块垒砌的墙面有多次修缮的痕迹，基宽4、高4～5米。这段秦长城内外，在连绵的山巅上，隔1～2千米设一用石块垒成的烽火台——"烽燧"，隔5千米则有一座大烽火台或军营遗址。山谷间的信道上则构筑一系列的"障塞"城堡。目前尚有八九座古城遗存。

中段：由内蒙古沙漠北缘和乌兰布起，经杭锦后旗北境、五原，南障黄河后套，然后北依阴山，过固阳县北部的西斗铺、银号、大庙，再过武川县南的南乌不浪和察右中旗，顺大青山，绕过集宁市北境，到达兴和县。这段长城，是秦统一之后，蒙恬北逐匈奴，辟地数千里，在战国时期赵长城的基础上，加以重新修缮而成的，仅包头境内的这段秦长城就长达85千米。这段长城依托大青山和阴山，主要是用石块垒砌。在乌拉特中旗南部，在色尔腾山峦的北坡上倚山就险，因地取势，就地取材，发现用石块错缝干垒砌筑，有的墙面还存在多次修缮的痕迹。这段墙体外高内低，横断面呈梯形，一般较厚、较高，顶部较宽。基宽4、顶宽2、外壁高3.9～4、内壁高2.5米。现保存较好的一段是康兔沟至天面此老（蒙语，意为骆驼山）一段，长约12千米，其中有长2千米的一段长城还保持着原始的状态，当是现存“石筑长城”的标本。沿长城内外，在连绵的山巅上，还用石块垒成供传递军情用的烽燧，山谷间的通道则构筑了一些关隘城堡设施，沿黄河岸还夯筑了一系列障塞，使秦统一以后的长城中段形成纵深防御体系（图6-29）。

图6-29　秦长城（包头北固阳县）

1976年和1977年冬，考古工作者分别在围场县大兴永东台子、小锥山、赤峰三眼井、蜘蛛山、敖汉旗老虎山、奈曼旗沙巴营子等地，都发现秦长城城址，城址内出有各种秦式卷云纹瓦当、筒瓦、板瓦、残铁器，以及燕、秦时期墓葬群等。1976年，在赤峰三眼井出土秦铁石权一枚，作馒头状，顶有环纽，底径23.8、高17.1厘米，重31.431千克，铸凸起阳文的始皇诏书12行[57]。在小锥山长城附近出土的秦权上，也有始皇廿六年的诏文。

东段：这段长城沿用战国燕长城旧迹，自内蒙古化德县往东，经过太仆寺旗、多伦县南、河北围场县北，内蒙古赤峰市北境及奈曼旗、库伦旗南镜至辽宁阜新市北。这段长城全长350千米。所经过地带的自然条件差别较大，筑城之法往往因地制宜、就地取材而有多种筑城方法：①石筑为城，下宽上窄，墙体一般宽2～4米；②新筑，夯土墙体宽5～6米，有的地段或在夯土墙上再垒石为城；③利用天然地形作屏障，不再筑城。在燕长城沿线，近年来屡有秦遗址、墓葬及有秦始皇诏书的秦权、秦量、陶器和建筑材料的发现，都足以证明秦对燕长城的利用。辽河以东，即铁岭以东至鸭绿江段，尚未见到明确的长城遗址，多半树榆为塞。其走向也是参考其他考古发现材料和文献记载进行推论的。至于延伸到朝鲜境内平壤大同江北岸的“大宁江长城”，朝鲜学者已有调查材料公布。

秦始皇长城东段沿线也修筑了许多城池、障和烽火台一类的防御建筑设施（图6-30）。

图6-30 秦长城烽火台（府谷）

注 释

［1］ “汧渭之会”的地域范围，顾名思义在汧水和渭水交汇地带。但具体位置，尚有不同意见。一说在今宝鸡市陈仓区卧龙寺以东、汧河乡以西。卧龙寺西北有名的“陈仓城”即是秦文公所筑；另一种说法是依据考古资料，定在今凤翔西南长青乡的堡子壕一带。我们赞成在陈仓城，理由见本书第三章第三节。

［2］ 桃林塞是指秦函谷关（今河南灵宝市东北龙涧河畔的王垛村）以西至湖县旧址（今河南灵宝市西北）之间的函谷古道。由于在这一段山谷道路的两旁及其以南衡岭原、铸鼎原上桃树成林，而得名。

［3］ 王学理：《魏徙大梁与秦陷安邑》，《文博》1984年第3期。

［4］ 《史记·秦本纪》：“魏筑长城，自郑滨洛，以北有上郡。”《史记·六国年表》：“（魏）筑长城，塞固阳。”魏国西长城的这段文献记载中提到的“上郡”和“固阳”塞的地望，长时期颇有争议。史念海先生辩证颇详，以为战国秦、统一秦，迄至两汉的“上郡治所在今陕西省榆林县南。汉时有稒阳县，其遗址在今内蒙古自治区包头市附近，今其地仍设有固阳县。……当时为赵国的土地，魏国怎能把他自己的长城建筑到赵国的土地去？《史记》所说的稒阳应即现在的陕西省合阳县。魏国当时也置有上郡。魏国的上郡就在河西，不

能远至今陕北，其治所也不能远在今榆林县”（史念海：《论西北地区诸长城的分布及其历史军事地理》，《中国历史地理论丛》1994年第2、3辑）。

［5］　这里计的周天子、诸侯和卿大夫的武装力量是一个虚数，因为它是按照土地面积而规划出军赋的数额，实际上在等级制下的军队都有着严格的控制。《周礼·夏官司马》说“王六军、大国三军、次国二军、小国一军”。那么，据“万二千五百人为军”计算，则王有军队7.5万人，诸侯有军队3.75万人，卿大夫有军队2.5万人。

［6］　《商君书·农战》：“农战之民千人，而有《诗》《书》辨慧者一人焉，千人者皆怠于农战矣。农战之民百人，而有技艺术者一人焉，百人者皆怠于农战矣。”

［7］　《商君书·壹言》：“故民之喜农而乐战也，见上之尊农战之士，而下辩说技艺之民，而贱游学之人也。”

［8］　《后汉书·百官志》注引刘劭《爵制》：“四爵曰不更。不更者，为车右，不复与凡更卒同也。”

［9］　《吴子·图国》：“秦置陷阵三万。”

［10］　《商君书·境内》：“五来［束］簿为伍，……五十人一屯长，百人一将，……五百主，短兵五十人。二五百主，将之主，短兵百。千百之令，短兵百人。八百之令，短兵八十人。七百之令．短兵七十人。六百之令，短兵六十人。国尉（？），短兵千人。［大］将，短兵四千人。”短兵，是军吏或行政长官的卫队。在这里，撇开参战的“千百之令”“八百之令”“七百之令”“ 六百之令”等各级行政官吏不论外，我们可以看到“五人为伍”是最基本，也是最小的军事编制单位。那么，由小到大的各组军吏：伍长→屯长→将→五百主→二五百主（主将）→国尉→（大）将。因为“大将”并不直接带兵，“国尉”在中央政府掌管全国兵政，也不参与领兵作战。所以直接指挥作战的军吏，像五百主、百将、屯、二百主也就成了“将之主”。但是，在有秦一代的历史中，不论如何变化，而“五百主”“二五百主”的称呼仅此一见。实际上，“百人之长”并不称将，也无“百人将”这一说。就“大将”而言，也只是一种不具有实职的泛称而已。如此一来，秦的各级军吏统属关系，又朦胧了起来。那么，《商君书》之说是否为一时的情况，以后在名称上又有了新的变化？此谜的破解，只有寄希望于来日的出土物加以解决了。

［11］　《史记·陈涉世家》：“秦左右校复攻陈。下之，吕将军走，收兵复聚。鄱盗当阳军黥布之兵相收。复击秦左右校，破之青波，复以陈收楚。”《索隐》按：“即左右校尉军也。”

［12］　《史记·王翦列传》：“荆人因随之，三日三夜不顿舍，大破李信军，入两壁。杀七都射，秦军走。”《战国策·赵策》：“秦赵战于长平，赵不胜，亡一都尉。”

［13］　《史记·项羽本纪》：“章邯……阴使侯始成使项羽，欲约。”《集解》张晏曰：“侯，军侯。”《索隐》：“侯，军侯。官名，始成其名。”

［14］　军中司马，同军侯的地位大体相当。“司马”，是泛称，也有专职。《史记·曹相国世家》：“西击秦将杨熊军于曲遇，破之，虏秦司马及街史各一人。”《史记·靳歙列传》：“战蓝田北，斩车司马二人、骑长一人。”《集解》张晏曰：“主官车。”

［15］　《商君书·境内》：“五（十）人一屯长。”《史记·陈涉世家》“二世元年七月，发闾左

适戍渔阳九百人，屯大泽乡。陈胜、吴广皆次当行，为屯长。”

［16］ 云梦秦简《秦律杂抄》：“不当禀军中而禀者，皆赀二甲。法（废），非吏殴（也）戍二岁；徒食、敦（屯）长、仆射弗告、赀戍一岁，令尉、士吏弗得。赀一甲……”

［17］ 仆射是车兵中的下级军吏，《孙子兵法·作战》：“陈车之法。五车为队，仆射一人；十车为营，卒长一人。”

［18］ 秦戍五岭的边防人数，在《史记》和《淮南子》中都记作50万。唯独筑长城的兵数不一致，有三说，即10万、30万和50万。此处从后者。

［19］ 《史记·张仪列传》：“张仪说魏王曰：魏地方不到千里，卒不过三十万。……卒戍四万，守亭鄣者不下十万。”在这里，张仪同苏秦两人说的有所不同。

［20］ 王学理：《一幅秦代的陈兵图——论秦俑坑的性质及其编成》，《秦俑专题研究》，三秦出版社，1994年。后收入《王学理秦汉考古文选》，三秦出版社，2008年。

［21］ 秦爵二十级是商鞅变法时，在秦国原有官爵的基础上做了系统的整理而明确规定的。这些爵名按照由低到高的位次：（一级爵）公士、（二）上造、（三）簪袅（又称“谋人”）、（四）不更、（五）大夫、（六）官大夫、（七）公大夫、（八）公乘、（九）五大夫、（十）左庶长、（十一）右庶长、（十二）左更、（十三）中更、（十四）右更、（十五）少上造、（十六）大少造、（十七）驷车庶长、（十八）大庶长、（十九）关内侯、（二十）彻侯。

［22］ 云梦秦简《军爵律》规定：“欲归爵二级以免父母为隶臣妾者一人；及隶臣斩首为公士，谒归公士而免故妻隶臣妾一人者，许之。”

［23］ 《周礼·考工记》：“弓长六尺有六寸，谓之上制，上士服之；弓长六尺有三寸，谓之中制，中士服之；弓长六尺，谓之下制，下士服之。”

［24］ 王学理：《秦俑兵器刍论》，载《秦俑专题研究》，三秦出版社，1994年。

［25］ 《荀子·议兵》：“魏氏武卒，……操十二石之弩……”

［26］ 《史记·苏秦列传》：“天下之强弓劲弩皆从韩出，溪子，少府时力、距来者，皆射六百步之外。”

［27］ 同［24］。

［28］ 王学理：《长铍春秋》，载《秦俑专题研究》，三秦出版社，1994年。

［29］ 小田溪战国剑经化验，铜占82.21%，锡占14.67%，其中锡只及1/6。显然，质软于秦剑。参见四川省博物馆等：《四川涪陵地区小田溪战国土坑墓清理简报》，《文物》1974年第5期。

［30］ 王学理：《秦俑坑青铜兵器的科技成就管窥》，载《秦俑专题研究》，三秦出版社，1994年。

［31］ 湖北孝感地区第二期亦工亦农文物考古训练班：《湖北云梦睡虎地十一座秦墓发掘简报》，《文物》1976年第9期。

［32］ 王学理：《秦俑军服考》，《考古与文物》丛刊第三号《陕西省考古学会第一届年会论文集》，1983年。

[33]　史游《急救篇》作"曲领"。颜师古注："禁中衣之领，恐其上拥颈也，其状阔大而曲。"

[34]　《后汉书·郡国志》陈留："尉氏有陵树乡，乡北有泽。泽有天子苑囿，有秦乐厩，汉诸帝以驯养猛兽。"

[35]　《汉书·景帝纪》中元四年（公元前146年）："御史大夫绾奏，禁马高五尺九寸以上。齿未平。不得出关。"服虔曰："马十岁，齿未平。"

[36]　顾栋高：《春秋列国不守关塞论》，见《春秋大事表》卷九。

[37]　《盐铁论·险固篇》载：汉昭帝御史大夫桑弘列举了战国时代七国的重要关塞之后，说"梁关者，邦国之固，而山川社稷之宝也"。

[38]　"关中"的说法，向来不尽一致。一般的说法是东有函谷关，西有大散关，北有萧关，南有武关。但《七国考》则作"秦地西有陇关，东有函谷关、临晋关，北有萧、居庸、天井关，北临胡庭，南有峣关、武关，故曰关中"。这其中的几处，像居庸关在战国时属燕，称"句庸关"，地在今河北昌平县西北，过于悬远；而天井关（一名"太行关""楚雄关""平阳关"）在今山西晋城县的太行山上，本属魏，入秦时间也甚晚。这显然同秦无涉，是不应该计入秦关之列的。

[39]　北宋时期，为防御西夏进攻，于1105年把萧关北移100千米，在今宁夏同心县又新筑了一座关址，为区别起见，史称此关为"北萧关"。

[40]　彭曦：《战国秦长城考察与研究》，西北大学出版社，1990年。

[41]　除以上的秦函谷关之外，还有两处同名的函谷关。一处是汉武帝时的楼船将军杨仆，家在宜阳（当时宜阳属新安），以居关外为耻，于元鼎三年（公元114年），愿尽捐家资，将函谷关迁到新安（在河南新安县东一里）。于是，就有了人称的这处"汉函谷关"（也名"新函谷关"）；另一处是在东汉末年，董卓胁迫汉献帝迁都长安，于建安十六年（公元211年），废秦函谷关，在华阴县东秦"桃林之塞"上另选关址。因有潼水而取名曰"潼关"（即"魏函谷关"）。关址当今陕西潼关县城北约10千米的寺角营村北。

[42]　蒲津渡遗址在山西永济市城西15千米的蒲州城黄河古道上，西距黄河堤岸2.8千米，隔河遥望陕西省大荔县朝邑镇，东距古蒲州城西墙约51米，南距古蒲州城西门（即蒲津门）近百米。1988年、1991年考古工作者对蒲津渡进行了全面的调查、勘探和科学发掘。根据发掘结果，唐蒲津渡遗址最深处距今地表6.5米。在靠当时河岸处有一道曲拱梯形石堤，堤基下有密密成排竖钉的柏木桩，垒砌石条间灌注有铁锭，又以米浆白灰泥黏合缝隙，十分牢固。这道石堤可以明确地看出系分两次砌筑。1988年8月，在紧靠石堤处发现了4尊铁牛、4个铁人、2座铁山、3个铁墩、6根铁柱。还发现一座4平方米的砖屋遗址，门槛向东，当是管理渡口之所在。铁牛头西尾东，面河横向两排。4牛4人形态各异，大小基本相同，据测算，铁牛每尊高约1.9、长约3、宽约1.3米，牛尾后有横轴，直径约0.4、长约2.3米。牛重约30吨，底盘和铁柱各重约40吨。

据《通典》《唐会要》《蒲州府志》载，唐玄宗开元十二年（724年），为加强对河东地区及整个北方地区的统治，倾国力对蒲津桥进行了一次大规模的改建。曾任命兵部尚书张说主持其事。改木桩为铁牛，用以固定浮桥。金元之际，浮桥毁于战火，仅剩下两岸的铁牛。后因三门峡水库蓄洪而使河床淤积，河水西移，铁牛被埋入河滩。

［43］　岑仲勉先生针对法人鄂卢梭的《秦代初平南越考》一文，写了《评〈秦代初平南越考〉》。收入岑仲勉的《中外史地考证》，中华书局，2004年。

［44］　有相当一部分学者把“镡城”注释成今湖南清县、靖县、靖州的，但那在南岭之西，又无险可凭。所以，不太可靠。

［45］　史念海：《河山集二集·黄河中游战国及秦时诸长城遗迹的探索》，生活·读书·新知三联书店，1981年。

［46］　彭曦：《秦简公“堑洛”遗迹考察简报》，《文物》1996年第4期。

［47］　中国社会科学院考古研究所陕西工作队：《陕西华阴、大荔魏长城勘查记》，《考古》1980年第6期。

［48］　张文江：《渭南地区秦魏诸长城考辨》，《文博》2004年第1期。

［49］　关于战国时期秦长城的考古调查材料见载的有《甘肃省文物考古工作三十年》，《文物考古工作三十年》，文物出版社，1979年；《宁夏境内战国、秦、汉长城的遗迹》，《中国长城遗迹调查报告集》，文物出版社，1981年；《鄂尔多斯高原东部战国时期秦长城遗迹探索记》，《考古与文物》1980年第1期；《黄河中游战国及秦时诸长城遗迹的探索》，《中国长城遗迹调查报告集》，文物出版社，1981年。

宝鸡文理学院的彭曦教授，从1987年起，用了两年时间、行程万余千米，对战国的秦长城进行了徒步的实际考察。他同以往长城学者最大的不同之处在于：把长城作为防御的系统工程来对待，不限于查清长城的经行路线，还对与之配套设施的墩、烽、障、塞等悉加测绘收录。通过对长城遗迹与遗物的分析、辨识，结合历史文献的梳理和参证，解决了历代研究长城中悬而未决的问题，订正了过去认定上的错误。他以大量翔实的资料，写出《战国秦长城考察与研究》一书（西北大学出版社出版，1990年），具有极高的资料性和学术性。本书有关战国秦长城的论述，多采自该书。

［50］　马正林主编：《中国历史地理简论》下编第二章《长城的修筑与发展》，陕西人民出版社，1987年。

［51］　史念海：《论西北地区诸长城的分布》，《长城国际学术研讨会论文集》，吉林人民出版社，1995年。

［52］　高阙塞，位于今内蒙古杭锦后旗之北。《史记·匈奴列传》：“赵武灵王既袭胡服，自代并阴山下，至高阙为塞。”《水经注·河水》：“山下有长城，长城之际，连山刺天，其山中断，两岸双阙，峨然云举，望若阙焉。及状表目，故有高阙之名也。自阙北出荒中，阙口有城，跨山结局，谓之高阙戍。”

高阙的所在地，学者意见多有分歧。有的根据《水经注·河水》，结合实际勘查，推定在内蒙古狼山中部的乌拉特中旗石兰计山口（唐晓峰：《内蒙古西北部秦汉长城调查记》，《文物》1977年第5期）；有说在今内蒙古包头市西北，乌拉特前旗东北，大青山的西南分支乌拉山西部（严宾：《高阙考辨》，《历史地理》第2辑，1982年）。其他论者，还见有何清谷：《高阙地望考》，《陕西师大学报》1986年第3期；沈长云：《赵北长城西段与秦始皇长城》，《历史地理》第7辑，上海人民出版社，1990年；李逸友：《高阙考辨》，《内蒙古文物考古》1996年第1、2期合刊。

[53] 中国社会科学院考古研究所：《新中国的考古发现和研究》，文物出版社，1984年。

[54] 冯永谦：《北方史地研究》，中州古籍出版社，1994年。

[55] 朝鲜境内的一段长城，据朝鲜学者文称："1984年6月，在调查平安北道一带的历史遗址过程中，于泰川郡鹤塘里寻找道直岭山城时，从当地居民口中得知：大宁江的东堤，自古以来便被称作'万里长城'，传说这条长城自博川郡向北延伸，直至鸭绿江，并继续伸展到鸭绿江以北。"后经朝鲜考古工作者实地调查发现，和当地群众所说的情况完全一致："现已确认的部分，其总长度约为300朝里（120千米），……长城沿博川郡的中南里、元南里，宁边郡的馆下里、古城里，泰川郡的龙兴里、鹤塘里、德化里、丰林里、阳地里（旧龙田里），东仓郡的鹤峰里、鹤松里、凤龙里、鹤城里、新安里（旧和丰里城兴洞）的大宁江及其支流昌城江，以及昌城江的支流城兴川的东岸，约300朝里的区间内蜿蜒着。"所发现长城的结构是"这里的长城则是根据复杂多变的地形地势，采用了多种多样的筑城形式和方法。由于在江边辽阔的平原地带很难找到石头，便更多利用泥土与石头的混合。从东仓郡的新安里六班（城兴洞）到里所在地附近，以及新安川北部——昌城江东侧山麓、麓城里的江东山麓、鹤峰里和阳地里的部分地区，还有丰林里的山区，至今尚残存着一些石头城墙。大部分城墙虽已倒塌，而墙却仍堆在原来墙基处及其下方，远远望去，似乎城墙依然存在。……在博川郡的中南里、宁边郡的古城里、泰川郡的鹤塘里等平原开阔、石头稀少的地带。主要是用土或土石混合进行筑城。……像德化里和鹤塘里一带以及中南里的部分区间，江岸即是绝壁，城墙只是修到岸边，崖顶便不再构筑城墙"（孙永钟：《关于大宁江畔的古长城》，〔朝鲜〕《历史科学》1978年第2号，经顾宇宁译，载《博物馆研究》1990年第1期；又，孙永钟：《关于大宁江长城的调查报告》，《朝鲜考古研究》1987年第2号，经南宇明译，载《博物馆研究》1990年第4期）。

[56] 陈可畏：《论战国时期秦、赵、燕北部长城》，《长城国际学术研讨会论文集》，吉林人民出版社，1995年。

[57] 国家计量局等：《中国古代度量衡图集》，文物出版社，1984年。

第七章　交通与邮传

交通是伴随人类的出现而产生的。在人类历史的早期，主要是陆路交通和水路交通。前者，是从最早的羊肠小道发展到人为有意修筑的康庄大道。这期间，实际上是经历了漫长的历史时期，而且处在增减的变化之中；后者，则是由最初的涉渡小河发展到了漂洋过海。交通工具，也随着各个时候陆路交通和水路交通的状况而处在变化之中。

交通的发达、进步与人类历史的进步是同步的。在古今中外的历史上，交通的发达与否，直接关系到一个国家或一个地区政治、经济和文化的繁荣昌盛。交通对于社会发展的重要性，历史证明不容忽视，也不可小视。

中国古代早期，就有了以首都及各大小城邑为中心的全国交通网络。西周时期，将这种有意修筑的通向全国各地的交通干线称之为“周道”。所谓“周道千里”，就在于将周天子的都邑同各诸侯国紧密地联系在一起，使贡物、信使不绝于道。为西周王朝的统治和经济文化的发展奠定了坚实的基础。

春秋战国及秦代，交通由小而大，逐步发展、繁荣和发达起来，最终形成了全国性的交通网络。陆路、水路交通得到空前发展，适应了中国历史上第一个封建专制的中央集权制国家的需要。

第一节　四通八达的交通设施

城市的交通道路，是一个城市的血管命脉，连接着各建筑及其他活动场所，其规格也有定制。《周礼·考工记》说匠人营国时，都城“方九里，旁三门，国中九经九纬，九涂九轨”。固然《考工记》并非齐国在一个时期形成的官书，跨越了整个春秋战国时期，但也确实反映出周代城市布局的规划思想。在这里，方城的四旁各辟三门，共计有十二门。城中有纵向的和横向的街道各三条，而每条街有道路三条（即“九经九纬”）。每条道路的宽度是一乘车宽的九倍（即“九涂九轨”）。还规定“经涂九轨，环涂（即环城道路）七轨，野涂五轨”，表明城内、环城和乡村道路的宽度有着分级的安排，即城内路宽，环城路窄，郊区路更窄。

公元前221年，秦始皇借助国家在政治上统一的大好形势，不失时机地推出了“车同轨”的伟大举措。“车同轨”包括两方面的含义，其一是统一全国道路建设标准，其二是规范全国畜力车子的制作标准，这表明秦王朝迅速启动了修建全国性驰道网的项目，随着驰道的修筑和建成，中国古代的道路建设也因此步入了一个封建帝国时代全国性规划建设和宏观调控水平的阶段。同时为了皇帝或皇室权贵和享乐的需要，修建了与皇宫、离宫别馆直接贯通的阁道、复道及甬道等特殊道路。另外，为了北部边防的安全，还特别修筑了一条国防大道——“直道”。

秦几经迁都，雍城以前的几个都市只知其大体位置，对于城垣及其内部布局还不很明确，因此这里从略。下面简略地介绍雍城以后秦都的交通情况。

一、整齐划一的城市交通

（一）雍都的街道

秦都雍城建于秦德公元年（公元前677年），止于秦献公二年（公元前383年）迁都栎阳时，294年间一直属于秦的都城，是政治、经济和文化的中心所在地。即使后来以咸阳为都城时，雍城仍然有着重要的地位。这里属西周的岐周范围，地控巴蜀、陇右，且有重要的军事地理位置，加之雍都地区土地肥沃，文化发达，人口众多，因此对城市及道路的建设尤为重视。

雍城平面基本呈方形，坐北朝南，东西长3480、南北宽3130米，总面积约10 892 400平方米。城内有几处大型宫殿区、作坊区、商业（市）同居民区，等等。从发现的这些遗址来看，它们都分布在城内主要大道隔成的空间里，而这种空间有点儿像后世的“坊里”。

雍城故都内的道路，据早年工作者说：已探明东西向4条道路和南北向的4条道路，道路宽15米左右。每个封闭的“坊里”之中还有小的十字形街道，供里中居民出入使用。整个城内街道东西南北交错，整齐划一，平坦宽阔，犹如棋盘一样整齐分布[1]。但据2011年最新发掘，这“四纵四横”的布局未必确切，有先后时代相混的情况。只有“压在第5层以下，生土之上的即为雍城时期道路，路面宽9～11米，路土中包含史前、西周和东周时期陶器残片、瓦片等”[2]。

（二）栎阳的街道

秦都栎阳城故址，位于今西安市阎良区武屯镇东北。中国社会科学院考古研究所栎阳发掘队于1980年4月至1981年12月，经考古勘查发现城内有道路13条，其中东西向的道路6条，南北向的道路7条，道路宽一般在15～20米。这些大道也将城内分隔成整齐的坊里，道路就成了整个城市的框架，所有建筑被有序的排列开来[3]。

勘探结果表明，城内有道路13条，其中东西向的道路有一、二、三号3条，由南到北排列，实际上是横贯全城的干道。而南北向的四、五、六、七、九号5条路，实为城内的大街。从考古学上观察，一、二、三、四、七、九号6条路的地层堆积和出土遗物基本相同，路土和文化层中有汉代粗绳纹瓦片、五铢钱，也有战国中晚期和秦代流行的细绳纹瓦片、涡卷纹瓦当残块、半两钱等。因此，这些路的时代应为秦汉时期。其余7条路的地层堆积和出土遗物基本相同，路土及其以上文化层中有汉代粗绳纹瓦片、云纹瓦当残块、五铢和王莽钱币等，因此，这些路的时代应为汉代（图7-1）。

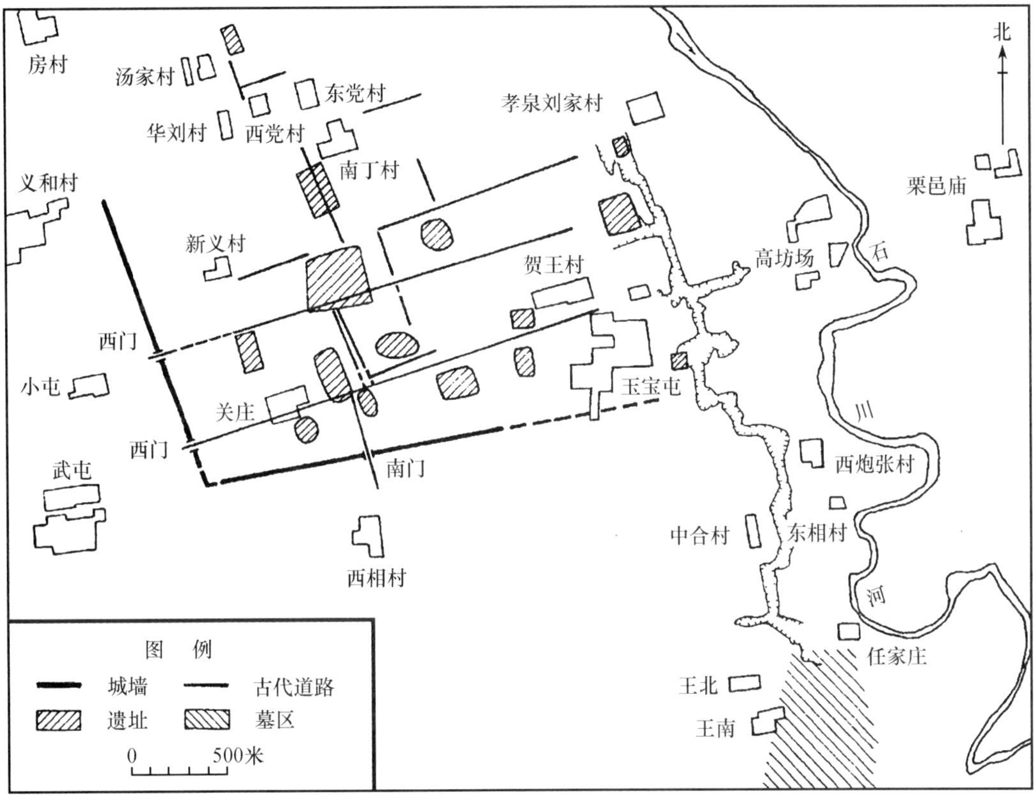

图7-1　栎阳城内道路示意图

（三）秦都咸阳的道路建筑

秦孝公变法图强，秦孝公十二年（公元前350年）迁都咸阳。

早期的秦都咸阳位于今咸阳市东的窑店镇一带。以后城市规模扩大，其范围西起今咸阳市东的长兴、滩毛村一带，东至柏家嘴，北至高干渠，南跨渭河南岸，包括今西安市北郊至西郊三桥镇及其附近一带地区。著名的咸阳宫在渭水之北，兴乐宫、章台宫及诸庙、上林在渭水南，规模宏大而又富丽堂皇，隔水相望。早期来往全靠渡船，很不方便。据《三辅故事》说："昭襄王造桥，长二百八十步，使二宫以桥相连。"这座桥就是秦汉时期的中渭桥，属于长安渭河三桥中最早的一座大桥。由内蒙古和林格尔东汉墓壁画中的渭桥图像和四川汉代画像砖上的汉代桥梁图形及咸阳王道村秦汉桥梁遗址来分析，中渭桥当是一座大型的木结构长桥。桥柱为木质，一排四根为一组，梁柱结合，梁枋上再铺设桥面板和栏杆，桥两端建亭阁，这样就构成了一座完整、宏伟的桥梁。长桥飞架，将南北两处主要宫殿区连接起来，犹如鹊桥方便了织女牛郎一样。“渭水贯都以象天汉；横桥南渡以法牵牛”（《三辅黄图》）就是极典型的比喻[4]。

在秦都咸阳虽没有外郭城的发现，但在大型宫殿建筑间有大量的复道、阁道、甬道和辇道等道路建筑的存在。

《史记·秦始皇本纪》载：“咸阳之旁二百里内，宫观二百七十，复道、甬道相连，帷帐钟鼓美人充入之，各案署不移徙。”又《三辅黄图》中说：“阿房宫，亦曰阿城。惠文王造，宫未成而亡。始皇广其宫，规模三百余里。离宫别馆，弥山跨谷，辇道相属，阁道通丽山八十余里。”类似有关复道、阁道等的记载，在《史记·秦始皇本纪》中多处出现。

“甬道”实际上是一种封闭式的通道。

“复道”可能是最早的立交形式的道路，可上下行走，互不相扰。在大量的汉代画像石和画像砖图案中，我们可以见到这种复道建筑图，它是采用木结构的梁架式建筑，上层有两面坡的屋顶覆盖，遮挡风雨，人行其中又可以远眺外面，而外面却不能尽观其内。在秦都咸阳一、二、三号宫殿遗址的发掘中就发现各个宫殿之间是用这种道路连接、围绕和贯通的。这种复道的底层发现有很多的壁柱，壁柱与壁柱分布规律而密集。密集壁柱的使用，与其抬梁和承重有很大的关系。

“阁道”也是有房屋覆盖的道路。往往每隔一定距离，建造一座亭阁式的建筑，这样做的目的一是美观，避免简单复道或廊道的呆板，增加变化的结果，更能显示其壮观华丽的气派；二是阁道上的亭阁建筑可以做短暂停留时休息的场所，同时可驻足远望道外的景色。

这种封闭式木结构的甬道、复道和阁道代有相传，汉唐以来只是略有变化而已。就是在今天很多园林中看到的曲折华丽的回廊一类建筑，也应当看做是古建筑的孑遗。同样，在我国西南多雨的一些古桥梁建筑中，桥面上也有房屋式的顶，被称之为“桥屋”，实际上也是一种立体性质的复道。如果结合古文献、图像资料和考古发现，就可理解这种特殊道路的建筑风貌。

“辇道”，是宫廷中连接宫殿的一种比较小的道路。之所以称为辇道，是因为这种路上所行驶的交通工具是古代一种特殊的车型——辇车。其形体比较轻巧，属于人力小车。

在秦咸阳几十年考古中，因人事多变，后期用人不善，工作浮浅，乏善可陈。在宫城北墙之外，从聂家沟到姬家道之间，发现有一条长960米的路面，宽在40～50米，高10～15厘米。但同建筑是什么关系，其构筑如何，都没有交代，成了“断头路”。至于说还有一段“支路”“岔路”，那更是不知所踪。

据《咸阳帝都记》一书中的描述：在汉长安故城横门遗址外，有一条南北向的大道遗址，长达1250米。相对位置的渭河之北，即今咸阳市渭城区窑店镇东龙村东150米处，深入地下1.4米，也有一条南北向的大道遗迹，面宽50米，厚30厘米。南北两段路迹相接，应当是秦咸阳跨越横桥的南北干道。

从秦都咸阳考古提供的不完全资料中，我们只能朦胧地感到，在这座都城中，道路纵横宽广，布局整齐划一，构成了都城布局中的骨干框架，而宫廷之间大量修建的甬道、复道、阁道及辇道，曲折蜿蜒，不但是使建筑富于变化，把相互独立的各景点紧密地联系在一起，而且也使都城在威严之中透漏出一点洒脱和自然。

二、以都城咸阳为中心的全国交通干线

秦国都城的迁徙，秦国疆域不断地扩大，因此以都城为辐射中心的交通道路网也在发生着变化，或改线，或延伸（图7-2）。

在《咸阳帝都记》一书第六章“以首都为中心的道路交通网”中，对秦“内史通天下的大道”有着较为全面的梳理[5]。今以该书的框架和内容为据，稍作精炼与增改。

（一）西线诸道

西线诸道如图7-3所示。

1. 咸阳—陈仓—汧水道

这是一条秦咸阳西通雍都、再接汧水道，走出关陇的通路。其经线：出咸阳西门，经杜邮、废丘（陕西兴平县南）、斄（即邰，今武功县西南）、郿县（今眉县东北）、虢县（今宝鸡市陈仓区汧河东）、陈仓（今宝鸡市行政中心北），折向西北，沿汧河河谷上溯汧县（今陇县），折西南，越陇关（又名陇山关，故关，大震关），进入陇东地区。如果沿通关河上游西北行，经今甘肃张家川，可至秦安一带秦人的故土。

2. 泾水道

由咸阳出发，经秦望夷宫，越泾水，过池阳（今陕西泾阳县）、云阳秦林光宫（今淳化县北），沿泾水西北行，经漆阳（今彬县）、循马莲河谷北上，至北地郡治义渠（今甘肃宁县西北）。由此可分别到今甘肃的合水、庆阳、宁夏固原等地。

秦伐义渠，多是沿泾水道进军的。

3. 咸阳—陈仓—渭水道

由咸阳到陈仓之后，进入深切的渭河峡谷，沿北岸西行，过“燔史关”到“虎谷”“苦谷”则转向南岸，抵达邽县治所（今甘肃天水市北道埠）。逾过陇山，进入狭长的河谷平地后，沿耤河西行可达陇西郡治狄道（今甘肃临洮县）。

还有一条“南路”，在邽县渭河南岸的嶓冢山（今天水市、礼县间）前。据说，

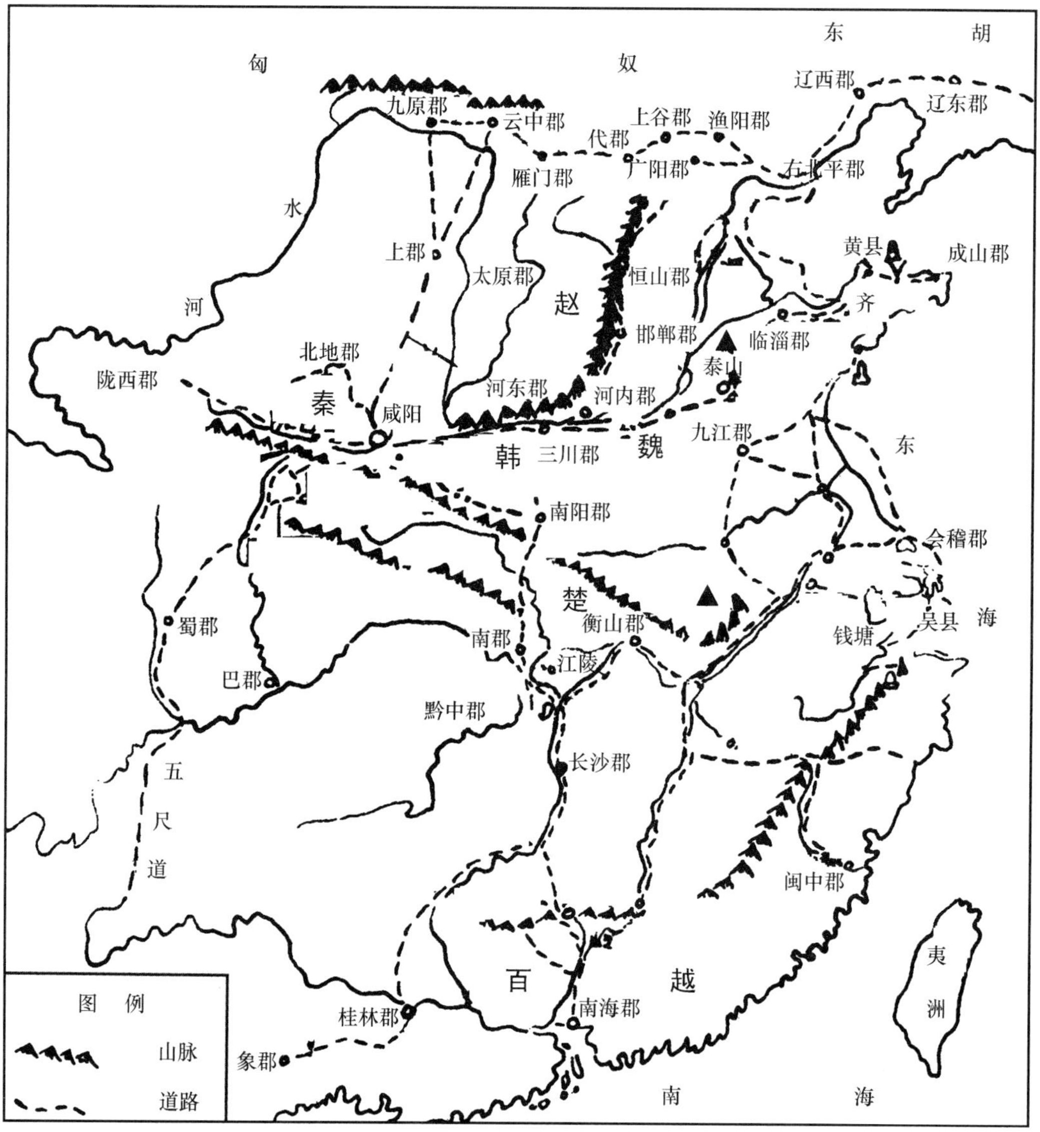

图7-2　秦代主要交通路线图

由邽县入东柯、永川河，经现在的甘泉、街子、麦积、党川、利桥乡，于嶓冢山下东去，直入咸阳，又可南达汉中郡[6]。

渭水流在陕、甘两省间，峡谷险峻，人迹罕至，但我们的先民还是随水开出一条道路来。甘肃天水放马滩一号秦墓出土的秦邽县地图上，已明确标示出一条顺沿渭河的道路，其东可延伸到邽县东界，地在今宝鸡市西20千米的胡店附近。而且沿线有关隘和亭鄣类符号。注明为“燔史关”的地方，据何双全先生考定为今陕西宝鸡县凤阁岭一带。有可为佐证的是1978年2月，在凤阁岭建河一座洞室秦墓中出土有铜戈、弩机、铁剑等武器[7]，从戈铭知系秦昭王二十六年（公元前281年）造，藏之于中央“武库”的[8]，有可能是调发给驻关守军的。设关防守，正显示了这条渭水道的重

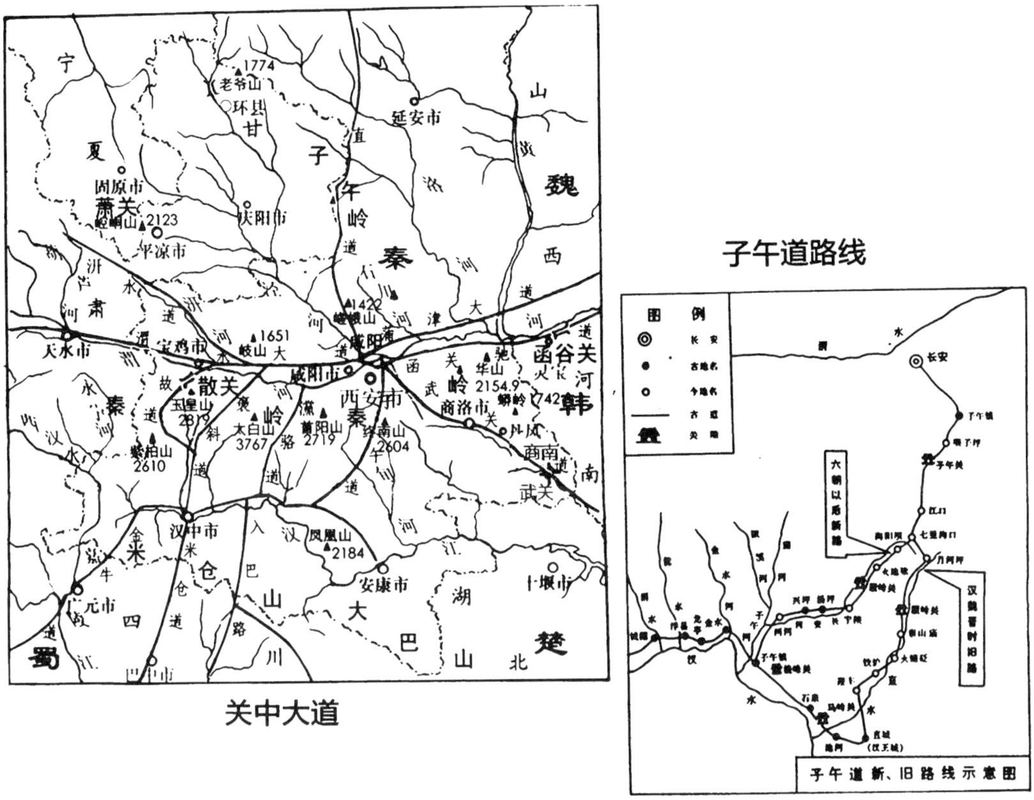

图7-3　内史诸道与子午道路线

要。尽管道险路窄难以通车，毕竟是方便人马行进的捷径。

4. 咸阳—陈仓—楚水道

从咸阳到陈仓城西，循陇山的余脉——陵原北上，沿金陵河行至县功镇，西折经吴山、香泉、赤砂、通洞，西北抵达今甘肃清水县。

金陵河在《水经注》中称作“楚水”“世谓长蛇水”。经行此道，虽不能通车，但在连接秦人早期活动的今甘肃天水地区和陕西宝鸡地区来说，还堪称近便。

由首都咸阳西去陇西、北地两郡，主要是两条通路，一条是沿渭水北岸经旧都雍，再溯汧水抵达秦人的陇东故地的“汧水道”；另一条是溯泾水而上至北地郡治义渠（今甘肃宁县西北）的“泾水道”。

5. 回中道

秦始皇在统一中国后的第二年，即循汧水道而上，抵陇西郡郡治狄道（今甘肃临洮），折而东南到祖先发祥地的天水。再东北行，到达北地郡（治今甘肃庆阳西南）。然后经鸡头山（今甘肃平凉市西崆峒山）、过回中宫，走泾水道回到咸阳。这条环形的路线被称为“回中道”，有说是因这条道路上有“回中宫”而得名。笔者认为并非路因宫而名，而是宫因路而名。也许是出自西巡的考虑，在规划的路线上筑行宫而定名的。在"回中道"上，也常有秦文物出土。1967年，在宁夏固原县头营乡坪乐大队出土有秦代铜鼎、壶、卣、戈、剑、铃、镦等11件文物。鼎口沿上錾刻"咸阳一斗三升"6个字[9]。

回中道上还有个"回中宫"，但其位置历来有着甘肃平凉、固原、泾川、陕西陇县、宁夏泾源等多种说法。20世纪80年代，泾源县香水镇农民在果家山挖出过一块直径为47厘米的巨型瓦当。1985年，宁夏考古人员在果家山试掘，发现有铺地砖、排水管道、夔纹瓦当等，很有可能就是回中宫遗址。

（二）通汉水、巴蜀的山间诸道

早在夏商时期，巴蜀地区自成一个文明中心，并同中原息息相关。殷末，从这里走出一支军队，还参加了周武王伐纣的战争。在牧野之战的宣誓中，有"庸、蜀、羌、髳、微、卢、彭、濮人"等8个少数部族的士兵（《尚书·牧誓》），其中的"彭"有可能就是巴人。他们作战很勇敢，《华阳国志·巴志》说"巴师勇锐，歌舞以凌殷人"。巴蜀原是臣服于殷商的，后同岐周联盟，周原甲骨就有"伐蜀""克蜀"的刻辞。蜀人参加过成王在镐京大会诸侯（《逸周书·王会解》），还给夷王献过"琼玉"（《竹书纪年》）。这些举例，足见四川盆地与关中平原间的道路开辟，已经有了许久的历史。

关中通往汉水流域，翻越秦岭的主要道路有陈仓道、褒斜道、傥骆道和子午道4条。由汉中盆地通往成都平原，翻越大巴山的有金中道、米仓道和白水道3条。南北贯通，殊途同归。人们从史书记载上只知道，沟通川陕的这诸多道路都有筑路时间可稽，有早于秦者，也有晚于秦者，但实际早已有路，为秦所用，或为后来选线更筑创造了条件。

通往汉水、巴蜀的山道多选在南北向的山谷中，除过河要架设梁柱桥外，遇到绝崖峭壁不能辟地筑路之处，就在陡壁上接连凿孔，横插木梁，上铺木板，形成"栈道"。因为在这悬空的栈道上，有时往往遇山泉飞泄，碎石易于滚落之处，还要覆盖顶篷，以方便行人安全又能避雨遮阳，这就是所谓"阁道"。"栈道千里，通于蜀汉"（《战国策·秦策三》），可说是筑路工程史上的一大奇迹。

1. 子午道

这是一条由咸阳渭南新区出发，正南入子午谷，翻越秦岭，到达汉水流域，分别往东通安康、西去汉中直至四川的道路。全程千余里。

秦汉时期的子午道，具体经由路线：从秦杜县（治今西安市南郊杜城村附近）出发，向南到长安子午镇，入子午道的北口（即"子口"，子午谷口），沿谷而上10余千米，翻越土地梁，顺沣河上流，经碨子坪、子午关（又名"关石""石羊关"），越秦岭正脊到宁陕县界。顺旬河而下到江口，再过腰竹岭，顺池河南下到石泉县池河镇。方向改成西北行，经上马岭、石泉县、饶峰岭，到子午道的南口（即“午口”，西乡县子午镇）。西行绕过黄金峡大弯曲，经龙亭、洋县、城固，抵达汉中。

晋以后的子午道在秦岭之南有一段改变，即从宁陕县江口镇起，向西南偏移，经县城、汤平、两河，再接西乡县之南子午镇。这段路省略了绕道池河、石泉的弯路，故称之为“新路”。

子午道长达千里，穿行山间，多次翻越分水岭，道路崎岖，仅谷道就长达440千米[10]，是蜀道各线中官员、行旅少有来往的一条路。因此，早期文献记载中提及者多同军事活动有关。为秦始皇陵墓运输水银从旬阳县公馆到两河关，再沿旬河水运到宁陕，后上江口镇以北的这段子午道，才运到施工现场[11]。汉高祖刘邦在鸿门宴之后，去南郑屈就汉王位，随从数万人，就是由杜县南上子午道的《史记·高祖本纪》。东汉（《石门颂》）也说“高祖受命，兴于汉中。道由子午，出散入秦”。他接受张良的建议，烧毁所过栈道，给项羽以示不返关中的假象。

子午道作为交通道路，开辟于秦，而真正沟通南北经济、文化的功能者则是在东汉以后才得以加强的。现在西安通四川万源的公路，除过西安到长安县砲子坪一段走沣峪外，西乡以上的大段都是沿子午道旧路修筑的。

2. 傥骆道

在西行的道路上，由今周至南过秦岭，直驱汉中，是关中去汉水最近的一条路。其入山的北口在周至西南15千米的骆峪，南口在洋县北15千米傥水出山处，故名“傥骆道”或“骆谷道”。傥骆段长215千米，而作为两个端点（咸阳—汉中）间全程则有375千米。

傥骆道攀越秦岭，要穿行骆峪河、黑河上游、陈家河、八斗河、大蟒河、酉水、傥水等8条河谷及分水岭。因山高、谷深、路陡，途程极其艰险。经行路线大体循周至县的骆峪河上行40千米过官岭梁，经洛阳宫、老君岭、厚畛子。溯黑河正源而上秦岭正脊，到了汉、渭的分水岭。从都督门向西南，过太白县东境的兴隆岭入洋县，过华阳，越牛岭，顺傥水，至县城，再西折去汉中。骆谷上游，山路多绕行于河之两岸，凿山设栈，遗迹犹存[12]。德骆道是关中通往汉中最短的一条道路，但又十分艰险，要翻越五六座分水岭，猛兽出没，人烟稀少。特别是越秦岭主脊的一段，盘山路曲折回旋，竟有84盘，长达40余千米。

3. 褒斜道

这是一条利用褒、斜二水穿越秦岭河谷、连接关中与汉中、远及巴蜀的古道。入山的北口在眉县西南，当斜水（今石头河）出山处的斜峪关。出山的南口，在汉中市北褒城石门。全长约250千米。秦时由咸阳西行干道过渭河，南向入褒斜道，畅通汉中盆地，再接米仓道或金牛道入川。

褒斜道经线：由斜峪关入斜谷，溯斜水（今石头河）南行太白县境，到老爷岭，西向，至碾子沟门，就到了褒斜的分水岭。翻越鳌山（古衙岭山）北麓的五里坡，进入褒水上游，向南绕行，顺水而下，出太白县境，在留坝县今武关驿镇与故道重，经石门，直抵汉中。褒斜河谷深切险峻，悬崖壁立，于是在道路工程中就利用“褒斜林木”（《史记·河渠书》）架设栈道，以利通行。至今在太白县境桃川镇西店子上村、王家堎乡锈石崖还留有栈道遗迹。东汉明帝永平六年（63年），在褒谷口的岩石上凿出的“石门”，南北长16、东西宽4～4.25、高4.75米，使之成为世界上最早的人工隧道。

在沟通关中平原和汉中盆地的诸道中，褒斜道的开辟时间最早，历史地位也最为重要。周人“伐蜀”（周原甲骨文）、巴蜀之师随武王伐纣（《史记·周本纪》），都是此路贯通的证明。秦惠文王遣兵伐蜀，拓宽道路，“栈道千里，通于蜀汉”，使四川的大批物资源源不断地运到关中，同时也给那里带去了先进的科学技术和文化。汉武帝曾大力整修褒、斜二水，拟漕运，终因水流湍急而作罢，但把陆路和栈道修治得宽阔平夷。后汉顺帝令益州刺史罢子午道，再整修褒斜道。三国时诸葛亮六次出兵伐魏，其中有两次是经褒斜道到达关中的。建兴十二年（234年），以木牛流马运米到斜谷口邸阁，当同前此的整修道路有关。

自汉之后，褒斜道时或堙塞，屡有修复。斜谷道在五代以来失修，自褒谷北上者多走故道出散关达宝鸡。因斜谷道少有行旅，至今有栈道遗迹犹存。

4. 陈仓道（故道）

自陈仓故城（今宝鸡市东）西南行，渡渭河，溯清江河出散关（宋以后习称“大散关”，位于宝鸡市西南秦岭正脊北坡），越秦岭，沿故道水（今嘉陵江上游）河谷西南行至今凤县，折向东南，过柴关岭，经留坝县，入褒河谷，与褒斜道南段重合，抵达汉中。因路经过秦的故道县（今凤县）故称“故道”，或因经过秦岭要隘大散关而又称之为“散关道”。

《史记·河渠书》说“抵蜀从故道。故道多阪，回远”。陈仓道虽然路程较其他诸道要远一些，全长300千米，但沿途坡道迂缓，易于车马行走。公元前206年，刘邦“明修栈道，暗度陈仓”，即是由汉中，走故道，突入陈仓，还定三秦的。

五代之前，由褒谷北上，到留坝县北栈河入褒处分道，或东北走褒斜道出斜谷，或西北走故道出陈仓。宋以后，斜谷道湮废而行旅多从故道。自故道的草凉驿起，南至褒城北的鸡头关，栈道相连，元明以来称其为“连云栈”“秦栈”，为区别汉中南下四川的栈道就通称“北栈”。今宝成铁路的“宝鸡—凤州”段、川陕公路的“凤县—汉中”段，大致是沿陈仓道修筑的。

5. 金牛道（石牛道）

金牛道是褒斜道和陈仓道向南延伸去成都平原的路段。其经由路线：自褒城南下，沿汉水北岸经今勉县境，再由宁强大安驿南下，折向西南，越番冢山，过七盘岭[13]，由四川广元市朝元区进入嘉陵江河谷，出市中区，过剑门关，直驱成都。

这条道路通行时间很早，是秦蜀交往的纽带，但大力整修却同秦惠文王灭蜀的军事行动有关。大巴山阻隔南北，“蜀道难，难于上青天”。据说，秦惠文王欺诈蜀王，称有5头可以屙金的石牛相赠，还有5名美女相随。贪财好色的蜀开明王极高兴，就派了5个大力士沿途夹道迎接。随后，秦军就沿此道灭了蜀国。所以，勉县以西到剑阁县剑门关口这段蜀道也叫“金牛峡”（或“石牛峡”）[14]。传说，汉中北箕谷口之石门、宁强的五丁关、剑阁县剑门关都是蜀“五丁”所凿。

在金牛道的险绝之处多架设栈道，筑有栈阁。为区别于褒斜道、故道上之栈，称之为“南栈”“蜀栈”。同北栈连称“川陕栈道”[15]。

6. 米仓道（巴岭路）

川陕的界山，东有大巴山，西有米仓山。以今汉中为集结点，南行穿过米仓山的道路分为以下三条（图7-4）。

图7-4　米仓道

米仓古道西路：自汉中西行，在上水渡过汉江，西南行，沿濂水（汉江支流）河谷逆流而上，经两河口后分三条线路，第一条南行，经濂水、塘口、庙坝，过米仓山（又名仙台山、玉女山），再经四川南江县，顺巴江河谷，到达四川巴中地区，明清称之为“米仓道”（或“大巴路”）；第二条自两河口西行至魏家桥，折向南，行至云河、庙坝，越米仓山；第三条自两河口西经魏家桥、元坝，折向南，溯八道河而上，经黎坪，越米仓山，至四川旺苍县，或向西入金牛道入川，或折向南至巴中。

米仓古道中路：从汉中市南大河坎渡口过汉江，沿今211省道经红庙塘至喜神坝，再分三条线路。其中第一条离开211道，向东南，经小坝，过米仓山大分水岭，入四川南江县，过关坝，至上两区；第二条继续沿211道，经岩房坪，入四川南江县；第三条向西，经西沟，与庙沟同米仓古道西路的第一条线路重合。1993年8月，文物工作者对米仓道中路进行考察，通过实地踏勘、走访调研等多种形式，沿途发现古桥梁3座、桥址4处、摩崖石刻2方。

米仓古道东路：由汉中市南大河坎渡口过汉江，基本沿冷水河向南，经牟家坝，过青石关、回军坝、西河口，顺碑坝河南行，过朱家坝（今碑坝），进入四川通江县，再抵巴中。

米仓道三路作为官路开通较晚。但形成于夏商，在秦汉时期民间往来则显频繁。因沿途危峰峻壑，猿径鸟道，鸷兽成群而商旅稀少，往往要结伴而行。

2012年3月5～17日，由四川省文物考古研究院组织中国国家博物馆、中国社会科学院考古研究所、中国人民大学、陕西省考古研究院、汉中市博物馆等多家单位的专家学者，对米仓道进行了实地考察。这次考察的路线是陕西省汉中市南郑县，四川省巴中市的南江县、巴州区、通江县和平昌县，在沿线230多个文物点中，同古道直接相关的文物点约100个，还新发现了15个文物点，获得了有关古道、栈道、桥梁、古村寨、古城堡、古遗址、古驿站、关隘、墓葬、摩崖石刻、石窟寺等方面的大量资料。在平昌县西兴镇天堂村的石崖上，有明万历四十三年（1615年）阴刻楷书“长安古道”四个大字。

7. 荔枝道

由西乡县南下，过米仓山，经四川万源到达州（今达县），直至涪陵荔枝园。而由西乡北上入子午道，可抵达长安。这是一条唐天宝年间为杨贵妃送荔枝修整的“贡道”，又称“间道”。

还有一条南北通道，从长安取骆谷道经洋县，南下越米仓山到四川通江。

8. 白水道

陈仓故道在今凤县出甘肃两当、徽县、成县、武都，同自天水南下的陇道合，南接白水道，沿白龙江（古羌水）、白水河谷，经四川广元白水关（即“关头”）东南抵葭萌（旧昭化），入剑门关，到达成都。

（三）咸阳—栎阳—蒲津大道

咸阳—蒲津是周秦时期开辟的通往河东地区的一条交通干道，对秦统一六国，汉征伐匈奴、隋唐抵御突厥，促进经济、文化交流，都起过重要的历史作用。

渭水北岸的这条东西大道，在秦献公都栎阳时，就“东通三晋，亦多大贾”（《史记·货殖列传》），是一条官吏往来，商业贩运的通道。迁都咸阳后，则向西延伸，其经地就以首都咸阳为起点，东过泾河。东北走向，经高陵、栎阳故都。向东过沮水，经下邽。过洛水，经临晋，东抵黄河，渡蒲津，达蒲坂，去秦的河东郡、上党郡。沿中条山北麓东行，走轵道［从轵（今河南济源）——穿过太行山麓南端与黄河北岸之间的狭长走廊，出宁邑（今河南修武）］，进入河内郡，到达赵都邯郸所在的冀南平原。其经地同现在的地名对照，在关内路过今咸阳市东北部，高陵、临潼、渭南、大荔等5个市县，至今一些村镇还叫“官道”“官路”等，显然这些名称都同当年那条古道经过有关。

历史上发生在蒲津道上的重大事件，足以反映出它的作用是令人瞩目的。

周文王曾迎亲于莘国（都城今陕西合阳，辖境含大荔朝邑、渭南一部分）、调解过虞（今山西平陆县北）芮（今朝邑南）的土地之争、攻伐过耆国（今山西长治市南），都是经行此道的。

春秋时期，秦晋的争战与交往，更离不开这条主干线。像公元前708年，秦宪公兵伐芮国，执芮伯；公元前655年，秦穆公伐晋，战于河曲；公元前645年，“韩原之战”[16]，秦虏晋惠公，晋献黄河西岸8城；公元前636年，秦派兵三千，护送晋公子重耳由秦归晋，夺取君位；公元前625年，“彭衙（今陕西白水县境）之战”，晋襄公领兵击败秦军；公元前624年，秦穆公率军渡河，与晋战于王官（今山西闻喜县西），并占领临晋（今陕西大荔县）、平阳间的鄗邑；公元前617年春，晋伐秦，夺取少梁（今陕西韩城南），夏，秦占晋地北征（今陕西澄城县西）；公元前578年，晋宣布绝交书，后进军秦的腹地，战于麻隧（今陕西泾阳北），秦军大败，秦将成差被俘，晋厉公迎师于新楚（今陕西大荔、朝邑境内）。

战国时期，秦、魏两国更是利用这条大道展开多次殊死斗争。公元前413年起，魏越黄河，攻郑县（今陕西华县），围繁庞（今韩城县东南）、取临晋（今大荔县东，原名王城，秦灭大荔戎后改）、元里（今澄城县南），并占领了洛阴（今大荔西）、合阳（今合阳县东南）两城，设立河西郡，派名将吴起为河西守。秦退守洛河一线，筑重泉城（今陕西蒲城县东南龙池镇重泉村）防守；公元前352年，商鞅率军穿过河西，攻取魏旧都安邑，随后攻魏之西鄙，俘公子卬；公元前330年，秦大良造公孙衍率军在雕阴（今陕西县北）打败魏国，俘龙贾。魏除少梁外，献出所占的河西地；而秦控制下的咸阳—蒲津大道，正好用来向河东的魏国进攻。公元前303年，秦攻取蒲阪、晋阳和封陵（均在今山西永济境内）先后占领魏的汾阴（今山西万荣西北）、皮氏

（河津西）、曲沃（今曲沃）、焦（在曲沃附近）、蒲阳（永济北）。魏国在这条道路上节节败退，只好献上郡的全部15县及黄河西侧的少梁。至此，秦国全部占有河西地，在战略上具有极有利的地位；公元前262～前260年，秦昭王派白起，师出临晋、蒲坂，与赵军大战长平（今山西高平市西北[17]），坑杀赵卒45万，初建上党郡，治设长子（今山西长子县西南）。

秦庄襄王又重建太原郡，使道路宽敞通达。所以，秦始皇第三次出巡时（公元前218年），由咸阳东出函谷道，返回时即是“从上党归”。

咸阳—蒲津大道沿用历史长久，直至新中国成立后同蒲铁路向南延伸过黄河与陇海铁路接轨，于是陕西同山西的往来道路改走风陵渡，这才使得大荔朝邑东渡黄河的路线遭到冷落。

（四）咸阳—函谷关间的驰道

陕西古代，东出关中的道路主要是渭水南岸的一条，西去则是沿渭水北岸行进的。其分界正好在今西安和咸阳两市之间。这条同渭水平行的道路，横穿富庶的关中平原中心地区，是连接中原和西陲两大文化区的纽带。从新石器时代遗址沿河分布的情况看，这条中枢干道早已形成。

秦建都咸阳之后，随首都范围的扩大，特别是在惠文、昭襄以来政治重心渐移渭河南区的情况下，东方大道的通行频率激增，路况也得以极大的改善。尤其在秦始皇统一六国之后的第二年，在丞相李斯的主持下（《史记·秦始皇本纪》《史记·李斯列传》），把这条路修成高标准、高速度的“驰道”，使“道广五十步，三丈而树，厚筑其外，隐以金椎，树以青松”（《汉书·贾山传》），达到了空前的规模，大大地加强了首都咸阳同东方各大经济都会及江湖滨海地区的联系，对促进中国文化的统一具有积极的作用。

“驰道”是多车道的高速路，质量要求是标准化的。服虔注：“隐，筑也，以铁椎筑之。”既是“厚筑其外，隐以金椎”，在当时的历史条件下，必定是黄土、砂石与石灰搅拌，除路基要夯实外，还要在路肩培土施以铁椎，使路面抬升，既坚固平整又便于排除积水。在路的两侧栽植青松，并非是贾山批评奢侈的那种“驰道之丽至于此”，它实际属于保障专用路线畅通的“隔离带”，具有实际意义，而美化作用则是在使用的前提下出现的视觉效果。“道广五十步”，即路面宽300秦尺（秦“六尺为步”），合今69.3米。“三丈而树”，据清末王先谦《汉书补注》说：“三丈中央之地，惟皇帝得行，树之以为界也。”即路中心宽三丈（6.93米）的一道名曰“中道”，是专供皇帝车马驰骋的“驰道”（蔡邕《独断》）。《三辅黄图》“汉令：诸侯有制得行驰道中者，行旁道，无得行中央三丈也。不如令，没入其车马，盖沿秦制”[18]。可见诸侯、令使即使有皇帝的命制特许进入驰道，也只能沿“中道”两侧行驶，而不能行于“三丈”的御道。“中道”与“旁道”固然体现着封建等级制的区别，但在交通上因“高速”和“中速”的分别，形成了多车道的高速路，其重要意义还在于它是世界交通史上最早出现的“高速公路”。

由咸阳渭南区东行的驰道，过灞水，经芷阳（今陕西临潼县斜口西）、丽邑（临潼新丰镇西）、郑县（今华县）、宁秦（今华阴县东），到了渭水注入北来东折的黄河之处，走出咽喉地带，经黄巷坂、桃林塞（今陕西潼关县东北黄河南岸的吴村），进入豫西丘陵山地，走“豫西通道”，即沿黄河南岸至函谷关（今河南灵宝县东北）、陕城，抵崤山。分南北两路，北路向东，经崤坂（今河南洛宁县西北崤山之阴），沿涧河河谷，至洛阳。再向东，进入豫东平原，接近韩魏故都；南路走洛河北岸，经宜阳，抵洛阳盆地。从洛阳还可经孟津，北渡黄河，过温、武陟，入河内郡。

函谷大道东连豫西通道，在历史上起过重要的作用。公元前1122年，周武王率军伐纣时，就是师出函谷，由孟津渡河，进军牧野的。春秋战国以后，军事行动、信使往来，更加频繁。

公元前627年，秦穆公派大将西乞术、白乙丙和孟明视率兵袭郑（今河南新郑市），至滑（今河南偃师南）而返，顺道灭掉晋的与国——滑，晋败秦于崤（即崤山，在今河南洛宁县西北）之役；公元前615年，秦军攻占晋之羁马（今山西永济南），与晋军对峙于河曲，战不利，向南撤军，渡过黄河，却占了瑕（今河南陕县西南），由函关道回师；公元前318年，秦出兵函谷关，击败魏、赵、燕、韩、楚“五国伐秦”之举。次年，樗里子率军在修鱼（今河南原阳县西）打败三晋联军，使魏相公孙衍策划的合纵活动归于破产；但公元前296年，齐、韩、魏、宋、中山五国攻入函谷关，秦只得归还封陵给魏、武遂给韩。公元前294年起，秦出函谷关，攻打韩、魏，先后攻陷伊阙（今河南洛阳龙门）、宛（今河南南阳市）、轵（今河南济源东南）、垣。

直至秦始皇时出兵关东，统一天下，并征发徭役，使民夫及财富源源不断地通过这条主干道输入咸阳。而秦始皇在五次出巡中，有三次就是经由东方大道出函谷关的。

（五）咸阳—武关道

战国时，秦在同楚接壤处设立“武关”。从此出发，西北通首都咸阳，东南则下韩之重镇宛城（今河南南阳市）和楚之荆襄地区。这条连接关中和东南地域的大道因为经过蓝田谷和武关，所以也称“蓝武道”，或“武关道”。

其实，武关道作为关中通向东南的主干道早在西周前已经开通。秦人立国后，在雍都就把这条道路作为军事大道充分地为统一战争服务。同样，定都咸阳以来，武关道的起点就自然从这里算起。

秦武关道的路线是起自咸阳渭南区，向东过灞水，折而向东南，循白鹿原东灞水右侧，经蓝田县，南过灞水约5千米，登上七盘岭，绕芦山北侧，经六郎关，过蓝桥，溯蓝桥河谷而上，过峣关，入今商州市境。再上秦岭，过牧护关（又作“牧虎关”“模糊关”），顺丹江支流的七盘河而下至黑龙口，入丹江正流的河谷，过境商州，到秦商县（今陕西丹凤县西商镇）。离开丹江河谷，向东南顺丹江的另一支流武关河，经唐武关（今丹凤县武关），南下再入丹江河谷，沿北侧东南行，穿今商南县境，过秦武关（今商南县东南湘河附近[19]），进入今河南淅川县。经荆紫关、老城，去南阳，或下邓州、襄樊，入荆州，达楚都郢城所在的江汉平原。自宛东行，走夏路，出方城，进入华北平原的南端——汝水、颍水流域，北上到达韩故都新郑，东进便是楚国名都上蔡、陈。由南阳盆地或荆襄出发，即可远达岭南地区。

秦经营武关道，主要是同楚国有关。两国的军事较量也多是经行这一交通干道进行的，早在公元前635年，秦穆公就联合晋国攻打鄀国（今河南淅川县西境），直至公元前622年占鄀灭鄀，据有其地。公元前611年，秦康公助楚灭庸（今湖北竹山县）；公元前506年，吴国联合唐、蔡攻楚，入郢都，楚大夫申包胥到秦国，哭秦廷七日，秦哀公派兵车五百乘援楚。在当时穿行灞水、丹江河谷，翻越险峻的秦岭山脉，如没有畅通的道路，要使尚处于车战时代的庞大队伍远征，根本是不可能的。

战国时期，武关道上更是秦楚相互攻伐，充满着刀光剑影的厮杀。公元前313年，张仪赴楚，用诈以商于六百里地相许，拆散齐、楚联盟。次年，楚怀王怒而发兵攻秦，激战于丹阳（今河南境内的丹江之北），楚败，被斩甲士8万，大将屈匄及裨将逢侯70余人被俘，还失掉了汉中地（楚之汉中地包括今陕西安康地区和湖北西北部）。于是，楚又倾全国兵力，进军蓝田，又遭惨败；公元前299年，楚怀王在节节败退之际，接受秦昭王修好的邀请，赴会武关结盟，结果被劫持到了咸阳。楚拥立了曾在秦为人质、杀死秦大夫而逃归的太子横即位，是为楚顷襄王。次年，秦怒而发兵出武关，伐楚攻析（今河南内乡县西北），大败楚军，斩首5万，取析等15城而归；公元前292年，秦大将白起又奉命沿武关道南下，攻韩，次年取原属楚后属韩的中原重镇宛（今河南南阳市）；公元前285年，秦出武关，同楚顷襄王相会宛城，结盟攻齐；公元前279年，在秦赵“渑池相会”后，兵分两路攻楚，白起率一路走武关道攻鄢（今湖北宜城西南），水淹城坏，死数十万。次年，取安陆（今湖北云梦、安陆一带）、郢都，设南郡；公元前231年，秦王政派南路军出武关，经宛城，与北路军夹击，灭韩；公元前223年，秦大将王翦率60万大军，再经武关道伐楚，攻入楚都寿春（今安徽寿县），俘楚王负刍，接着又攻占广大楚、赵地区，楚亡。

秦修筑始皇陵墓，其巨量木材有相当一部分是通过武关道，从湖北大山中采伐的；公元前219年，秦始皇“东行郡县”、又南向“衡山、南郡”，由武关道返回咸阳；公元前210年，秦始皇最后一次出巡，由武关道出行东南，走云梦、上会稽、北至琅琊、芝罘。回銮途中，“崩于沙丘平台（今河北省广宗县西北）”；具有意味的是这条道路竟成了灭秦的进军线，先是农民起义军陈胜令铚人宋留率兵定南阳，入武关。随之是刘邦领兵至丹水，破武关，战蓝田，兵至霸上，秦王子婴降于轵道旁，结束了秦王朝的统治。

在武关道上的一些路段采用了栈道建筑。1984年4月和10月，陕西省考古研究所在对战国秦汉时代关中通向东南方向的武关道进行实地调查时，在蓝田县和商县境内秦岭山地发现栈道遗迹[20]。

蓝桥河栈道遗迹：由蓝田县水陆庵向蓝桥方向，经曲折深峻的峡谷，在清水河口至甘塘一带蓝桥河西岸约3500米长的崖壁上，发现古代栈道遗迹10处。

流峪河栈道遗址遗迹：沿黑龙口—张家坪—马楼—蓝田公路翻越秦岭，从张家坪以东的魏家沟口起，就断续可见流峪河岸与公路隔河相对的明显的栈道遗迹。在李家槽口经上石家、大岔口、栗树坪至柿圆子之间8.5千米的区段内，栈道遗迹尤为密集。有的地段还可看到残留的嵌入壁孔的石梁。

黑龙口栈道遗迹：在由黑龙口向秦岭方向公路的左侧，发现栈道壁孔8个。

武关道栈道遗迹：从现存遗迹看，虽已使用石材，但道路宽度有限，一般2～3米，似是主要供以牲畜驮负的运输队通行的路线。

（六）直　道

秦直道是秦始皇三十五年（公元前212年）修建的一条通向北边的国防大道。工程尽管浩大，路线新辟，却完全是适应了防务的形势和帝国长久的考虑。

战国时期，活动于阴山南北、过着游牧生活的匈奴族，经常骚扰燕、赵、秦等国的北边，掠夺人民、牛马和财富。秦始皇统一六国之后，为了安定北部的广大地区，便采取了两项密切配合的措施：一是军事进攻，二是修筑长城。公元前214年，秦始皇派大将蒙恬“将三十万众，北逐戎狄（匈奴）收河南。筑长城，因地形，用制险塞，起临洮（今甘肃岷县），至辽东，延袤万余里”（《史记·蒙恬列传》）。修筑宽阔捷便的直道，并与之配备有一套报警设施的亭障烽燧。一旦边防遇警，就可立即派兵增援，辎重相随。

《史记·秦始皇本纪》：“三十五年，除道，道九原，抵云阳，堑山堙谷，直通之。”《蒙恬列传》：“始皇欲游天下，道九原，直抵甘泉。乃使蒙恬通道，自九原抵甘泉，堑山堙谷，千八百里，道未就。……太史公曰：‘吾适北边，自直道归，行观蒙恬所为秦筑长城亭障，堑山堙谷，通直道，固轻百姓力矣’。”万世“史圣”司马迁，不辞劳苦，实地考察了直道的全程，给治史者留下重调查、求真知的优良作风，但在他的笔下除记下九原郡治（今内蒙古包头市西郊麻池古城）和甘泉宫（今陕西淳化县北）这两个端点外，却没有说明长达一千八百里的途中经地。笼统地记载与道路的废弃，致使后人不知之所在。

一些志书关于直道遗迹的零星记述，也引发了今人探索的兴趣[21]。据勘察材料知，秦直道的起点是今陕西淳化县北之秦林光宫遗址，其南有长150千米的驰道直通首都咸阳，向北经旬邑、黄陵、富县、甘泉、志丹、安塞、靖边、横山、榆林、内蒙古伊金霍洛旗、东胜，到达包头市的九原郡治，计13个县、市，已发现遗迹的道路全长约750千米。其选线主要是沿子午岭主脊东侧向北（今淳化县甘泉山—志丹与安塞县交界处），再沿横山西侧芦河左岸北上，经毛乌素沙漠，过鄂尔多斯东部的平地，抵九原。其主要经地由南而北依次开列如下（图7-5）。

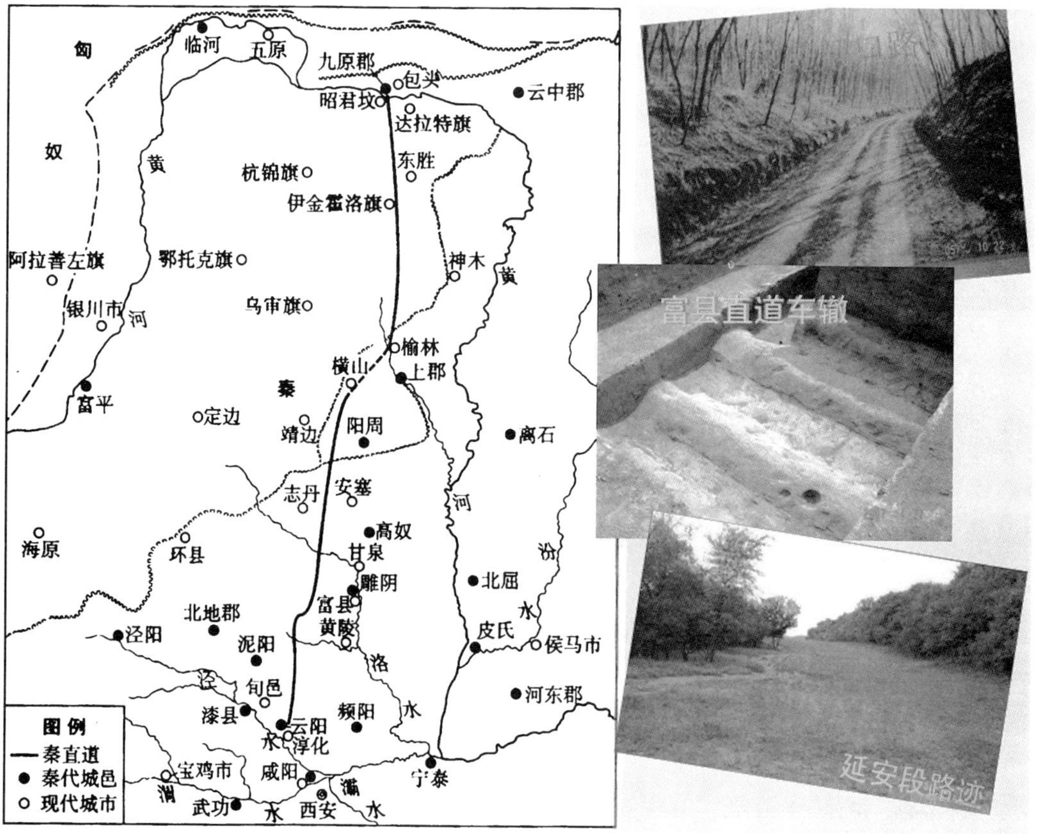

图7-5　秦直道

1. 秦直道的经行路线

（1）子午岭上的秦直道经地

淳化县境：凉武帝村（秦林光宫址）⟶甘泉山⟶鬼门口⟶艾蒿湾⟶

旬邑县境：七里川⟶石门关⟶凤子梁⟶马栏⟶两女砦⟶杨家胡同梁⟶

说明：陕西省考古研究院张在明研究员于2008年调查时，在凤子梁段（石门关至马栏）未发现考古依据，应存疑；盘头坡至石门关段未发现路土，但不排除河流冲刷等自然原因；两女砦段北发现早期路土，为确定直道走向提供了重要线索。

甘肃正宁：刘子店子⟶斜梁⟶

再入陕西旬邑境：沿子午岭向北，经陕、甘两省交界处的雕灵关⟶北过洪山寺梁⟶

黄陵县境：沿陕甘交界的子午岭向北，经艾蒿店⟶五里敦⟶芦堡⟶南桂花⟶北桂花⟶沮源关（兴隆关）⟶子午亭⟶离开子午岭后东拐，在古道岭（蛐蜒岭）南侧东行，在东段椿树庄穿岭而过，北入富县（注：出沮源关后沿子午岭西侧

北去，有一条古道，经甘肃华池等县，再东入陕西定边县南，被认为是宋代的路线，并非秦直道）⟶

富县县境：直道在椿树庄穿过蚰蜒岭，向北，经槐树庄⟶车路梁（后和尚原—望火楼）⟶

甘泉县境：墩儿梁⟶过洛河“圣马桥”，经方家河村⟶孟家湾⟶

志丹县境：“圣人条”（东境的艾蒿岭）⟶吕川⟶

（2）横山地区的直道经地

安塞县境：王窑乡东北圣人条⟶化子坪西⟶鸦行山西侧⟶

靖边县境：白于山东端小河乡郑石湾村⟶龙沟乡⟶经“阳周故城”（杨桥畔镇西北，陶罐刻文有“阳周塞司马”），过葫芦河⟶沿明长城东北行⟶

横山县境：在明长城与葫芦河之间东北行⟶过无定河⟶

榆林市境：榆阳区的毛乌素沙漠中北行，在马合镇入内蒙古界⟶

（3）鄂尔多斯草原上的直道经地

伊金霍洛旗境：红庆河（红城河）⟶掌岗图⟶

东胜市境：两顷半村⟶城梁⟶吴四圪堵⟶碱房滩（解放滩）⟶

包头市境：黄河⟶九原郡（包头市西南麻池古城）[22]。

由今陕西淳化县北的秦林光北上子午岭、经过今毛乌素沙漠、内蒙古鄂尔多斯的直道，同以汉长安为中心的南北向超长建筑基线比对，我们就可看到：连接首都咸阳和九原郡这两个端点的线形，也正是在汉长安城—朔方郡（今内蒙古乌拉特旗东南）的连线（地理坐标为东经108° 42′ 50″）左右摆动，其中子午岭上的直道几乎同超长基线重合[23]。作为一种“沿脊线”，其弯道半径不少于40米，最大坡度也在10%以下，现存路基宽度30～55米。至于其更深层的文化内涵需另当别论，毕竟从“直”上体现了道路取名的用意。“直”是同曲、邪相对的，既然端直的道路少了迂回曲折，再加之平坦宽阔，方便了车马的驰驱，从而就达到“直通之”的目的。子午岭主脉及其支脉呈南北走向，系风化石和砂岩结构，顶部大多平坦宽阔，筑路工程与视野条件极佳。良好的路况，再同沿途设在山顶上的烽燧、驿站成套配合，使传递信息速度加快，军队运输及时，对增强防卫能力无疑是极其有利的。

2. 秦直道最新的考古调查

在陕西境内有遗迹可寻的秦直道长达498千米，其中富县段长达125千米，是科学考古最扎实的一段。2007年4～5月，陕西省考古研究院继续对秦直道遗址富县段进行考古调查，发现直道沿线的行宫遗址1处，其他秦汉遗址3处，并对发现的路面及车辙遗迹进行了小规模的发掘。

2009年3～7月，陕西省考古研究院秦直道考古队为配合国家青（岛）兰（州）高速公路建设，对陕西富县桦沟口段（位于陕甘交界处，是自南而北下子午岭支脉后过葫芦河前的一段）进行了考古发掘。取得了路面、护坡、车辙、盘山道、建筑遗迹、文物等多方面的资料。测知路面一般宽30～40米，最宽处达58米。发掘的地层显示，路基下部约为秦代和西汉早期，路面为西汉中晚期。这表明这段秦直道始建于秦代，沿用至两汉或稍晚废弃。

2010年7～10月，为解决秦直道在黄陵县兴隆关的走向问题，通过调查与发掘得知，在兴隆关之南仅有一条线路，一直沿用至唐宋或更晚；在兴隆关以北则向东行，最宽的一段堑山路面达66米，北穿蚰蜒岭，继而北行，且一直沿用至西汉晚期；东汉开始，东线废弃，改从兴隆关北行，一直沿用至唐宋；而所谓的西线则与秦直道无关。

陕西淳化的秦云阳和内蒙古包头市的秦九原郡治，是秦直道南北的两个端点，都有故城遗址存在。作为秦林光宫所在的云阳故城，鉴于前有介绍，可于此从略。即以九原郡治而言，它就是今包头市南的麻池古城。有南北两城，呈西北—东南向相邻。北城南北690、东西720米，当是战国及秦的九原城。南城南北660、东西640米，当是汉五原郡五原县城。

凡在秦直道附近发现的古文化遗址、古城建筑设施、众多烽燧和障城、关隘、兵站，以及石窟寺等，或多或少都与秦直道有直接或间接的联系，在一定程度上也反映着秦直道在各个历史时期的盛衰，对于研究秦直道都有着重要的意义。

今淳化县北甘泉山上鬼门口形势险要，作为主峰的北峰海拔1808.9米，居高临下，更具俯瞰四方的气势。上面有一圆锥形台基，底围30余米，高3米多；在主峰的南坡和东坡，还有4个建筑平台，间距10米左右。这里出土有“卫”“甘林”“长生未央”文字与云纹瓦当、铺地砖、空心砖等建筑文物，还有铜弩机和铜带钩等文物的发现。这里当是林光宫北、直道旁的防卫设施。

旬邑县的石门山海拔1855米，主峰东侧两山对峙，在垭口设关，有直道从中穿过。1986年，在境内子午岭山区的秦直道遗址上，位于陕西旬邑与甘肃正宁交界处的“雕灵关”南侧，相距1600～2000米，有个“大古梁”的地方，发现一座大型的秦代建筑遗址，平面呈葫芦状，东、西、南三面环沟，北面有30米宽的出口紧贴直道，占地约7000平方米。遗址内发现大量的秦代建筑材料，砖瓦残片俯拾皆是，两侧分布有瓦棺秦墓葬。这里显然是一处兵站遗址。

1988年，延安地区文物普查队对黄陵、富县、甘泉三县境内的秦直道进行了考察。黄陵县兴隆关烽燧，在秦直道北侧200米处，呈方锥台，底边残长5、残高0.8米；富县太平梁水磨坪有秦汉城址，位于直道东侧，平面呈方形，东西约100、南北约60米，可分为内外两城，夯筑，残高0.5～2、宽2～4米；甘泉县桥镇乡安家沟村有一处秦汉建筑遗址，地当洛河南岸的台地上，同河北岸的“圣马桥”引桥遗址相对。总面积12 000平方米，多见绳纹板瓦、筒瓦、云纹瓦当和罐、盆、甑等生活用陶器残片。

直道上有名的古城当数秦的阳周县。《史记·蒙恬列传》载，蒙恬曾在此驻兵，后被囚于“阳周狱中”。阳周故城遗址当今陕西子长县西北的石家湾乡曹家坬附近，平面呈长方形，东西约1500、南北约1000米，夯筑城墙残高1～4米。城内出土秦代陶器、车马饰和铜镞等。

在秦直道附近发现的行宫遗址有两处：一是陕西志丹县永宁镇任窑子村西约200米处的“营盘山”行宫遗址，另一处是陕西安塞县化子坪乡红花园村东200米处，当秦直道东侧的红花园行宫遗址。

3. 秦汉时期对直道的利用

远在修筑直道之前，咸阳就有一条北去上郡、云中（今内蒙古呼和浩特市南）、九原的通路。苏秦曾说燕文侯：“且夫秦之攻燕也，逾云中、九原，过代（治设今河北蔚县）、上谷（治设今河北怀来东南），弥地数千里”（《史记·苏秦列传》）。赵武灵王也曾着胡服“将士大夫西北略胡地，从云中、九原直南袭秦。乃诈自为使者入至秦，自略地形”，当秦昭王得知后，“主父驰，已脱关矣”（《史记·赵世家》）。秦始皇第四次出巡，归来是经由云中、上郡而回到咸阳的。蒙恬之所以能在两年多时间内修通这条堑山堙谷长达1800里的直道，就是在原来多条通路中优选，利用有效路段，部分取直，并增大规模而加以规范化的。尽管“道未就”，已是壮观可用的。当修通直道之后，秦始皇第五次出巡病倒平原津（今山东平原附近），死于沙丘平台（今河北广宗西北），秦二世、赵高、李斯这些搞政治阴谋的丑类驱赶载尸的辒辌车，从井陉（今河北石家庄市北）不南下走蒲津道，而北上绕道九原，目的就是拖延时间，以便除掉在直道途中驻守上郡的公子扶苏和大将蒙恬，再由直道回到咸阳发丧。

直道修于秦而通于汉。西汉多出兵直道抗击匈奴，像汉文帝“遣丞相灌婴发车骑诣高奴（今陕西安塞县西北）击之”“发边吏骑八万五千诣高奴”、文帝“自甘泉之高奴”（《史记·孝文本纪》）。汉武帝于元封元年（公元前110年）“行自云阳，北历上郡、西河（山、陕交界北部的黄河两岸）、五原（即秦之九原郡），出长城，北登单于台，至朔方，临北河（黄河河套）。勒兵十八万骑，旌旗径千余里，威震匈奴。……还，祠黄帝于桥山（上郡阳周县），乃归甘泉（宫）”（《汉书·武帝纪》）[24]。

（七）五　尺　道

秦在稳定了巴蜀统治之后，孝文王于公元前250年开始经营巴蜀以南地区。派了因修筑都江堰而造福万民的蜀郡太守李冰，又开始修“僰人道”。起自僰道县（今四川宜宾），溯横江而上，直抵朱提（今云南昭通）（图7-7）。

秦统一全国后，为了进一步略通云南，又派常頞把李冰修筑的僰人道从僰道向前推进，延伸至味县（今云南曲靖），全长达1000多千米。由于山高谷深，河川纵横，施工难度大，道路宽仅五尺，故称之为“五尺道”（图7-6；彩版一五，2）。

公元前135年，汉武帝又派唐蒙拓宽“五尺道”，“山道广丈余”，称之为“朱提道”。隋唐时期，又在此基础上进一步加宽，并设置驿站，起自石门关（今云南盐津

图7-6　秦五尺道

图7-7　灵关道（牦牛道，凉山州段石板）遗道

豆沙关），途经盐津、大关、昭通、鲁甸、宣威、石城（今曲靖），一直抵达拓东城（昆明），称之为“石门关道”。

五尺道全程北起自巴、蜀两郡的交界处，即从今四川宜宾向南，经昭通，到味县（今云南曲靖），南抵滇池，长2000余里，对西南边疆的开发和民族间的交通与融合有着重要的意义。到了近代，便成了川、滇东路的重要干线，在中国交通史上占有重要的位置。在筠连、盐津发现有多处早期开凿痕迹和道路加宽遗迹，有早晚道路打破关系。盐津县豆沙关的一段五尺道，现残存长约350米，宽 5 尺，每级尺阶宽窄高矮不等，路面留有马蹄痕数十个，崖壁上还另有唐袁滋摩崖石刻。另外，在今曲靖市麒麟区以北40余千米的炎方至松林一段，尚有“五尺道”遗址20 000米。

（八）通岭南的“新道”

秦始皇三十三年（公元前214年）为出兵平定南越而开通“新道”，并设立了南海郡、桂林郡和象郡。《淮南子·人间训》记载了秦始皇对岭南用兵的情况，“使尉屠睢发卒五十万为五军，一军塞镡城之岭；一军守九疑之塞；一军处番禺之都；一军守南野之界；一军结余干之水”。《史记·张耳陈余列传》：秦“北有长城之役，南有五岭之戍”。固然秦代五岭的具体所指还比较模糊，各代解释有别，今日的“五岭”指的是南岭山脉中五座著名的山岭，即大庾岭（位于今江西大余县、广东南雄县交界处）、骑田岭（位于今湖南宜章县、郴州市交界处）、都庞岭（位于今湖南省永州市道县、江永县交界处）、萌渚岭（在今湖南江华县西南与广西贺县交界处）及越城岭（在今湖南新宁、东安县与广西全州县交界处）。南岭山脉东西横亘于今湖南、江西与两广之间，向东延伸至闽南，是岭南北交通的最大障碍。但在群山之中的低谷、断裂盆地，或低矮的分水岭处，就成了南北交往的天然孔道。当然，这也是秦的进军路线。

岭南新道是在原有的过岭山路的基础上加以扩建，把南北水道联系起来，以水为主，成了水陆相兼的交通要道。它以秦楚大道南端的南郡（治今湖北江陵县）为起点，渡江水（长江）南行，共有四条入岭南的路线：一是顺江水下行，自豫章（今江西南昌）溯余干水（今江西信江）河谷而上，入武夷山，顺闽江而下，东抵闽中郡（郡治东治，今福建福州市），北达东鸥（今浙江温州）；二是自南郡顺水而下，过彭蠡湖（今鄱阳湖），溯赣水谷地而上，经南野县（今江西南康县南），跨过横浦关（今粤赣交界大庾岭山口之梅关），沿溱水（今北江）南下，越湟溪关（今广东英德县境内）达南海郡（郡治番禺，今广州市）；三是自湘江谷地上溯至九嶷，南下越过阳山关（今广东阳山县东北骑田岭山口），顺湟水达湟溪关至南海郡；四是沿湘水南下，过灵渠后，取陆路南行，达今广西南部。

《史记·秦始皇本纪》记载：始皇三十四年（公元前213年），始皇帝曾发配有罪官吏到岭南，同戍卒、罪人一起展开修筑"新道"的工程。对加速岭南的开发及与中央政府的联系，对岭南经济和文化的发展与繁荣起了有力的推动作用。

岭南新道也是秦取南粤后所兴建，其道史无明确记载，近人虽多有考证，然亦不能详。此道穿越五岭而入南越，在山区内的道路也往往修以栈道。

三、水上交通

（一）内河航运业

水上交通，原始社会的先民们早已注意到了，并且很好地加以运用。考古发现在山东等地靠近河道和沿海的浅水区，距今4000年左右龙山文化的人们就已经能凿木为舟，供水上交通使用。

在商周甲骨文中，就有舟船的象形文字。舟字如木梭船形，中为船舱。春秋战国时期在巴蜀文化及其周围地区流行一种船棺葬风俗，其葬具就是做成独木舟的形状。春秋战国时期青铜器和漆器上有大量的"水陆攻战图"、楚墓中出土的"龙凤导引图"中男女主人公乘的是龙舟。当时的船有龙舟、独木舟、平板船等。既有战船，也有交通用的客船。而楼船和舫船一类则属于大型船只了。在古代文献记载中，我们还可看到在吴越战争中已经使用了水兵。凡此种种，都足以反映出当时水上交通比较发达，交通工具也相应地健全。

春秋时期秦国虽为内陆，但内河航运也比较发达，据《史记·秦本纪》载，秦穆公时，晋国饥荒，求救于秦，秦国曾运粮于晋，这次运粮活动规模浩大，动用大量船只，沿着渭水向东进发。至河、渭交汇处，经黄河上溯，入汾河，运进晋国。这一运粮大船队，自雍至绛，绵延几百里，浩浩荡荡，蔚为壮观，这就是历史上有名的"泛舟之役"。由此不难看出，当时水陆交通、渭河航运发达的程度。

战国中晚期，秦灭巴蜀之后，占据了西南地区，在对楚国的战争中，使用战船，一舫可载50人，装三月之食，顺水而下一日行三百里（《战国策·楚策一》）。从秦国的蜀地沿汉水下长江，5天就可至楚国都城——郢（《战国策·燕策二》）。说明秦时已可使用汉水及长江水陆航运。秦将司马错伐楚时，曾率10万大军，乘大船万艘，载米600万斛，沿江而下（《华阳国志》三、《初学记》）。可见秦不但广泛地开辟使用内河航运，而且已拥有自己的水军，秦国的“楼船之士”（《汉书·主父偃传》）数目也已相当可观。

（二）秦代的运河——灵渠

秦统一中国之后，水上交通得到了空前发展，旧时六国所开辟的水上交通线得以大规模的恢复和发展，疏通了很多河道，把部分水上交通线纳入到全国交通的主干线，秦始皇的几次南巡活动，都比较顺畅，便是很好的说明。

秦的内河航运主要可分为两种：一则是充分利用天然河道，一则是开凿运河。这种运河在作用上，都往往与灌溉农田、防洪或交通有关。

秦始皇统一全国后，即发50万大军征发岭南百越地区。但秦军至此，遇到越人的猛烈袭击，进展不顺，供给困难，“无以转饷”，于是就兴建了著名的人工运河——灵渠。据《史记·平津侯主父列传》载：公元前214年，秦始皇“使尉屠睢将楼船之士南攻百越，使监禄凿灵渠运粮，深入越，越人遁逃”。这条灵渠的修筑，采取挖开越城岭的山脚的办法，把湘水和漓水连接起来，不仅保证了秦平定南越的胜利，而且开辟了一条新的水路交通线，将中国的南部与中原及当时的首都联系了起来。

灵渠，又名兴安运河，位于广西壮族自治区兴安县境内，桂林市北57千米处。全长37.4千米，分为南渠和北渠两段。整个工程，是由铧嘴、大小天平、南渠、北渠、秦堤和陡门构成。铧嘴是用巨石在湘江中铺筑成的一个前端尖锐如犁铧的石坝，使湘江上游的海洋山水南北分派，北渠的水注入湘江，南渠的水注入漓江，水量的分配大致是“三分漓水七分湘”；大天平和小天平是两道石堤，用以调节分派的流量：陡门是水闸，当时灵渠曾建有36个陡门，以提升渠道水位，确保船只通行。据记载，当时每天通过的船只约40艘（图7-8）。

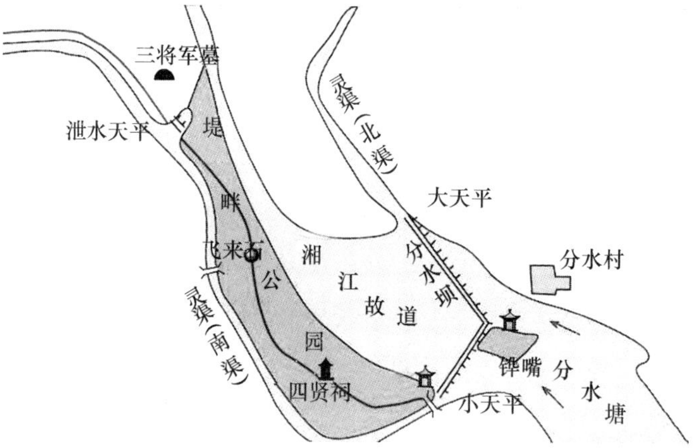

图7-8　灵渠平面图

灵渠设计科学，结构精当，它沟通了长江水系和珠江水系，对于维护国家统一，促进岭南地区经济文化的发展意义极大。灵渠岸上有三将军墓和四贤祠，纪念为开凿和修整灵渠有重大贡献的三将军（秦代的张将军、刘将军、李将军）和四贤（秦代的史禄、汉代的马援、唐代的李渤和鱼孟威）。新中国成立后，政府对灵渠进行多次修整，可灌田数万亩，现已成为旅游胜地。灵渠现为国家重点文物保护单位，是兴安最重要的旅游景点。

四、航　海　业

秦朝的航海事业在东周的基础上又获得了进一步的发展。秦的航海可通过秦始皇频繁的海上巡游活动和徐福东渡日本的事件得到直接的反映。

秦始皇统一全国后，曾先后五次巡视各地，其中有四次是巡游海上的。公元前219年，即秦始皇二十八年，秦始皇第一次巡游海上，这也是我国古代史上第一次有计划有组织的大规模航海；他先上邹峄山（今山东邹城市境内），立石颂秦德，然后封（筑坛祭天叫“封”）泰山，禅（辟基祭地叫“禅”）梁父（泰山下的小山），再东游海上，到渤海湾的黄（今山东黄县）、腄（今山东福山县）两港，又东到芝罘（今属山东烟台市）、成山（今山东半岛荣成市的成山头）。由此南行到琅琊港（今山东青岛市黄岛区境内）留住3月，建琅琊台，下令自内地迁徙百姓3万户于琅琊台下，免征12年赋税。后又经彭城（今江苏徐州市），渡淮河、浮长江，至洞庭湖湘山（君山）。返程，入武关，回到咸阳。之后，秦始皇又三次巡游海上，最后一次病死在途中。秦始皇的巡游海上，尽管主要出于其政治、军事和经济的企图，但同时也促进并刺激了秦朝航海事业的发展。

除秦始皇巡游海上之外，秦朝社会还出现过几次较大规模的航海活动。徐福东渡日本就是其中有影响的重要事件或活动之一。

徐福，本名徐市，又作芾。据清人梁玉绳的考证，市即黻，音转为“福”。是战国末年齐国的一个方士，曾受命于秦始皇入海求神异物，这件事在《史记》中有五处提到。徐福第一次出海空手而还，为蒙混过关，便对秦始皇谎称自己出海见到了海中大神，并当面转达了秦皇需要延年益寿药的意愿，但海神嫌秦皇托我带来的礼品太少，所以只能看看长生不老药而不能带走，若秦皇真心想要仙药，就必须献上大量五谷及百工男女数千人才行。秦始皇于是信以为真，龙颜大悦，便命徐福率振（儿童）男女数千人和百工，以及大量五谷种子再次入海求药，结果徐福第二次出海后就再也没有回来。

徐福的求药虽然是假，但为此出海航行却是真的。据考证，徐福一行很可能是从琅琊港出发北上，经成山角向西至芝罘和蓬莱，沿庙岛群岛继续北上，经辽东半岛南端的老铁山，向东南至朝鲜半岛西南海岸，再向东至朝鲜半岛东南角釜山，乘北流的黑潮之力穿过对马海峡。再由左旋回流推进，渡过玄界滩，就达到日本北九州岛海岸。向东进入濑户内海，东至大阪湾，最后到达和歌山县新宫町熊野津[25]。

徐福率童男女和百工粮种成功东渡日本，以有力的事实证明了中国在秦朝时期的航海能力已居于世界领先的地位。秦人向海外勇于开拓的精神对后人无疑是极大的激励，他们把中国先进的文化和生产技术带到日本，使日本迅速进入了文明社会阶段，并且加强了中日两国人民海上的友好往来。据此而论，秦朝也可以说是开创了中国航海业的新时代。如果说夏、商、周是中国航海事业的初创时期，那么到了秦统一中国后，中国航海事业就步入了初步发达的繁荣期。

五、发达的邮路通信

秦王朝在统一文字、度量衡、车轨、道路的基础上，又致力于邮传制度方面的统一和规范，因为邮传有赖于交通状况的改善。秦朝邮传的统一，同样对中国后代邮政业的发展具有深远的影响。

（一）邮传制度的确立

所谓“邮传”，就是传递公文书信和邮人食宿、换乘的总称。内容包括着“邮”和“传”两部分。前者，指食、宿的处所，有邮、邮亭、邮馆、邮置、驿站等多种称谓；后者，多指交通工具与传递的方式，分为遽（车传）、徒（步传）和驿（马传）三种。

首先，秦朝统一了邮驿的称呼。把秦以前的“遽”（以车传递）、“驲”（以马传递）、“邮”（以人传递）、“置”（驿站）等不同邮驿项目或称谓，一律统称之为“邮”。“邮”也因此成为通信系统的专有名词；其次，在邮传方式上，大都采用接力传递文书的办法，由政府规定固定的路线，有负责邮递的人员一站一站接力传递下去。只有近距离派人送递，称之为“步传”；再次，为了保证公文和书信及时、迅速而准确地到达目的地和签收，还特别制定了一系列严厉的法律。

秦以法治国、以吏为师，办事讲究效率，同样也使邮传制度化。传递方向主要是上下行的双向，即把皇帝的“制书”（即“命书”）、“署急”文书迅速下发全国或某一重要地区、机关和个人，另一方面则要把各地有关政治、军事、经济情报等“奔命书”报告给中央。为了确保邮传的通畅，在中央设立有九卿之一的“典客”主管。据《汉书·百官公卿表》：“典客，秦官，掌诸归义蛮夷，有丞。景帝中六年更名大行令，武帝太初元年更名大鸿胪。属官有行人、译官、别火三令丞及郡邸长丞。武帝太初元年，更名行人为大行令。”这里的“行人令”和“大行令”虽系汉大鸿胪的属官，故可看做是原在秦“典客”之下，属于专管邮传之事的官吏。因为邮传具有全国性，因此在国道和地方干道上同驿道相异，每30里设一驿站，有主管官吏，另有“传舍啬夫”“厩啬夫”等吏员。因而就形成了内史和全国的邮传由中央统一领导，直接委派主管官吏，各县则监督本地给予协助的条条管理系统。

秦文书可分为两大类：一类为急行文书；另一类是普通文书。急行文书包括皇帝诏书和注明加急字样的官方文件等，必须立即传达，不能有片刻稽留。普通文书也要按规定日期送出，不许积压耽搁，耽误的当以法律处置。为传递文书，秦政府专门制定了《行书律》，规定："行命书及书署急者，辄行之；不急者，日毕，勿敢留。留者以律论之。"[26]对于秦君主的"命书"和"书署急"这两种紧急文书，应随接即送。对非紧急文书，要当天送完。滞留文书者，要依法论处。还规定："行传书、受书，必出其起及到日月夙莫（暮），以辄相报殹（也）。书有亡者，亟告官。隶臣妾老弱及不可诚仁者勿令。书廷辟有曰报，宜到不来者，追之。"因为公文的传送，贵在速度，重在着落，更要保证文书传递的安全和保密，所以规定：接送文书的要记时间，以便回复；丢失文书的，要急速报官；老弱的隶臣妾和不足信赖的人，不能派他们送文书；征召文书没有按时到达的，要追查。

对于"伪书""伪传"（假通行证）虽经检查却没有发觉，还县县依次传递，直至关卡才截获的，都要受到处罚。秦简《法律答问》中举了一个咸阳"发伪传"的例子："今咸阳发伪传，弗知，即复封传它县，它县亦传其次县，到关而得，今当独咸阳坐以赀，且它县当尽赀？咸阳及它县发弗知者当皆赀。"很清楚，秦对传递的文书及传送文书持有的通行证，都要经过县县开看，并重新封印。这当然属于防伪的措施之一。汉长安城遗址出土的秦封泥，给我们提供了传递文书上加盖印章的实物凭证。

邮传在国家生活中对强化封建的中央集权制、促进各种信息的交流与各地的文化联系，都具有重要的意义。所以，受到秦始皇的特别重视，由中央的"典客""行人令"，到沿大道各郡、县的"厩啬夫""传舍啬夫"等小吏，就构成了一个不同于地方系统的邮传管理系统。并制定《行书律》《传食律》，以保障邮传事业的进行。其邮传机构及其传递方式，既是独立的，但也同"司奸盗"的"亭"发生着横向的联系。

（二）邮传方式与邮亭、传食

《史记·留候世家·索隐》引《汉旧仪》："五里一邮，邮人居间，相去两里半。"《续汉书·百官志》刘昭注列《汉官仪》："设十里一亭，亭长、亭候；五里一邮，邮间相去两里半，司奸盗。"亭，本来是在交通线上每隔十里设置的一个治安机构，但因检查邮传中的奸盗而成为"邮亭"。邮是专办公文转递业务的，却兼有"司奸盗"的任务。可见亭与邮虽有共同的任务，毕竟是各有自己的工作重心的。不过，从转递公文角度而言，都可看做是从事邮传的具体机构，其距离的差别当同规模、设置有关。

《史记·蔺相如列传》有秦王"舍相如广成传舍"的记载。舍，本是首都招待贵宾食宿的住所，《史记·孟尝君列传·索隐》："按传舍、幸舍及代舍，并当上、中、下三等之客所舍之名耳。"秦简《传食律》规定关于驿站供应饭食的标准问题，说明“传”就是转递公文的机构。既然舍以传名，就有了“传舍”。另有用乘马传递的“驿”，《续汉书·舆服志》就有“驿马三十里一置”的规定。

邮、亭、传、驿四种传递公文的机构，均设于交通大道上。前二者是短距离设站，由“五里一邮”到“十里一亭”，以步递转运，使传递同治安兼备；而后两者分别以车递（“传递”）与马递（“驿递”）进行，是纯粹的传递机构。每隔30里置站，正是马力所及需要换乘的限额，从而确保了传递的快速度。

亭、传的所在地都设有宅舍，供给来往使者、邮人止宿，因而称之为“亭舍”“传舍”“邮舍”。还有“食厨”供应饮食，有“厩置”“乘传”以便换乘。

《晋书·刑法志》引《魏新律序》：“秦世旧有厩置、乘传、副车、食厨，汉初承秦不改。”云梦秦简《传食律》《仓律》中就有“公使有传食”的规定。而传舍食厨供应饮食的对象，包括“御史卒人使者”及“使者之从者”这些传递者及使者。饮食标准依爵的有无及爵级高低有所区别，如“不更以下到谋人”（即秦爵四级“不更”到三级的“簪袅”）与“宦奄”（即“宦官”、阉人）同级，每餐的饮食内容包括“粺米（即加工后的精米）一斗，酱半升，菜羹、刍稿各半石”；“上造以下到官佐、史无爵者，及卜、史、司御、寺、府”等人同一标准，每餐供给“粝米（即稍加工的粗米）一斗，有菜羹、盐廿二分升二”（《传食律》）。

（三）邮传的凭证

传递公文者的凭证就是“传”，秦汉时期统称之为“符传”。其作用不仅是止宿亭传、就食食厨和更换车马的信物，而且是通过关梁要津不可或缺的凭证。安徽寿县1957年出土的鄂君启金节，有车节3件，舟节1件（图7-9）。从错金铭文知，它是公元前

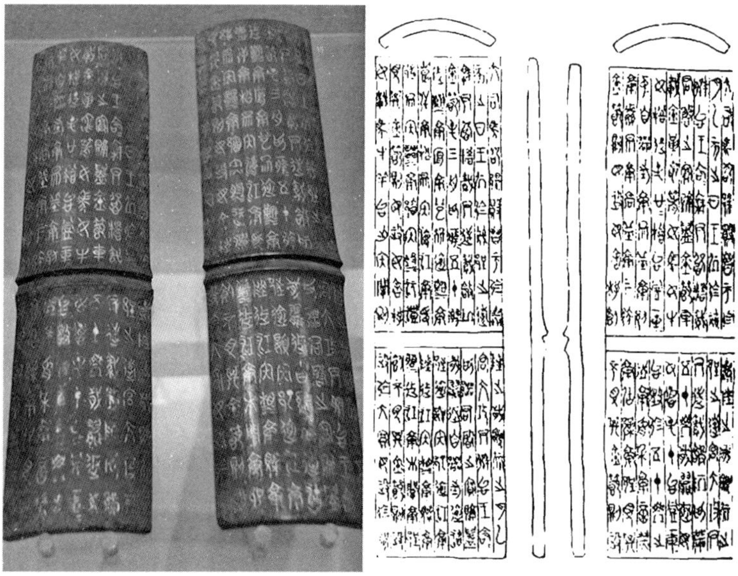

图7-9　楚鄂君启节（舟节）

323年楚王颁发给封君鄂君启分由水陆两路从鄂（今湖北鄂城县）至郢过关的免税凭证。

“符传”因用途不同，而在形制、质地和名称上有所区别。军符是铜质、虎形，中分两半，如传世的“新郪虎符”“阳陵虎符”和出土的“杜虎符”。一般符系竹或木制成，行人用“验”（《史记·商君列传》），游说之士用“符”（秦简《游士律》），官吏用“符券”商贾用“符传”（同前秦简《法律答问》）。邮传则用“传”，或称“封传”。

“封传”因传递的简牍文书经过封印而得名。汉时，由加盖印章和封泥的多寡，在用车的等级及驾马数上就有了区别。用一匹马驾轺车而“乘传”的是“一封传”。最多的用四马驾的“置传”，持的是“五封传”。所谓“封传”，即《汉书·平帝纪》如淳引《汉律》说的：“诸当乘传及发驾置传者，皆持尺五寸木传信，封以御史大夫印章。其乘传，参封之。参，三也。有期会累封两端，凡四封也。乘置、驰传，五封也，两端各二，中央一也。轺传，两马再封之，一马一封也。”这也可能是对秦封传完整化的结果。

以秦都咸阳为辐射中心，全国形成一个大的交通网络。有“驰道”，可“东穷燕齐，南极吴楚，江湖之上，滨海之观毕至”（《汉书·贾山传》）；或从咸阳出发，起自云阳，直达九原郡，是长达1800里的“直道”，构成南北向的国防大道；越五岭，过两广，则有“新道”；通往帝国的大西南，则有“五尺道”。因为地方向中央汇报或请示，必须以书面形式报送。那么，这几条纵横国内的干道，无疑地就成了秦帝国的通信干线。也正因为邮路的畅达，成了上书制度健全的保障，才使得秦始皇每天批阅奏章量之大，使用的竹木简竟重达120斤之多！

因为秦有规范的邮驿保障，才维持了通信制度的有效和畅通，从而起到巩固中央集权制度的作用。也因为秦中央政府通过健全的邮驿，有效地连接了各地，及时了解到边防和民间的动态，就能采取果断的对策和措施。

第二节　各种类型的交通工具

秦时的交通比起前代有了长足的发展，陆路和水路交通工具一应俱全。陆路交通工具以马及马车为主，而水陆交通则以舟船为主。

一、陆路交通工具

（一）马的作用

马，在商周时期已用来驾车，在春秋战国时更是大量的使用。不论是平时出行，或是车战，都离不开马。战国至秦，骑兵的产生更是将马的代步作用发挥到了极致。

秦人在商周时期就是以养马而著称于世的部族。西周孝王时期，秦的祖先非子为周室养马，作出了贡献。正因为如此，秦才得以封国而成为“附庸”的。在大量的秦墓和秦遗址中也都有马的发现，这就是秦人与马结下不解之缘的例证。

在陇县边家庄发掘了一批春秋早中期的铜器墓，除出土有一大批青铜器外，同时也发现了大量的马镳、马铃、当卢及青铜车饰件。说明当时不但养马，而且驭马以用其力。在陇县店子上发掘了近300座秦墓中发现，一般平民墓中虽无马的殉葬，但仍用马饰或其他代用品来象征此意[27]。在宝鸡益门二号春秋晚期秦墓中，出土了大量的金银、铁、铜器，其中不少是马饰，如金马饰，金马镳、节约、金环、金泡、金络饰等均属纯黄金制品，非常精致美观[28]。

图7-10　骑马击虎图
（洛阳金村铜镜花纹）

秦的瓦当图案中有不少马的图案，如淳化等地发现的战国或秦代瓦当图案中就有马纹。凤翔秦公一号大墓发掘中发现一件雕刻精美的墨玉马头。在凤翔、长武上孟村等地秦墓的发掘中发现泥塑的马。最有意思的是过去在洛阳发现的一枚铜镜，背面纹饰为一勇士骑马击虎豹的形象，说明骑马之风很盛行[29]（图7-10）。

秦始皇兵马俑坑出土驷马战车100多乘和骑兵俑近100件，这些骑兵俑和马都是同真人一般大小。制作得栩栩如生，惟妙惟肖，真实地反映了当时马用于战争的现实，马是陆上军队作战的凭借。

云梦睡虎地秦墓竹简中不但规定了对马的饲养、管护、考核等制度，而且对马的年龄、马病的防治，都有一套完整的法律规定。从中也可以看出，自中央至地方有一套完整的管理体系和组织形式。所以说秦时养马业极为发达，不但用马来殉葬王公陵墓、将军大臣墓葬和充作祭祀宗庙社稷的牺牲，而且用来骑乘、挽车、邮驿，特别是把马大量地用于战争，或挽车，或装备骑兵，这在先秦以来的战争史上具有划时代的意义。

（二）车的种类和御车术

陆路交通中最重要的交通工具之一就是车。车有牛车、马车和辇车。而秦人的驭车能力之高，同养马一样著名。周穆王西巡狩，会西王母于天池，乐而忘返，后因徐偃王作乱，秦人造父为“穆王驭”，日夜兼程，“一日千里”（《史记·秦本纪》）返回周地，平息了东夷的叛乱（图7-11）。

驭车是一项专门的学问。古时被列为“六艺”之一，六艺包括“礼、乐、射、

图7-11　车舆示意图

1.陕西凤翔秦墓出土双辕车模型复原图（采自《文物资料丛刊》三）　2.轺车（汉代车模型，甘肃武威汉墓出土）　3.辎车（汉代画像石图）　4.辇车（汉代画像石图）　5.鹿车复原图　6.舆复原图

驭、书、数”六种技术门类。要能成为一个优秀的御手，只有经过专门的训练学习，才能有丰富的经验和娴熟的技艺。否则，是难以胜任的。

《左传》哀公二年：晋、郑“铁之战”，邮无恤（亦称邮良、王良）为驭，“两靷将绝”，而能止之，使车照常驰驶不误，可见当时御手技术高超的程度。

古代乘车，一般三人。居于左者为一车之主，是为“车左”；居于右者，为骖乘，又称“车右”；居中者才是御手。车上乘员各自任务明确，如果遇到阻碍，由骖乘下车排除，御手即可专心驾驭。

汉代车的种类是很多的，当时乘车也分等级。所谓“建其斿旐，尊卑上下，各有等级”（《后汉书·舆服志》）。皇家驭用的车有玉辂、乘舆、金根、安车、立车等类。都市内一般官吏及市民所用，则有轺车、辎车、骈车（图7-12）。

乘姿有立乘和坐乘两种。

轺车本是一种轻便的立乘车子。《汉书·平帝纪》说：“立轺并马”，是两匹马拉的单辕（辀）车子。《释名·释车》说：“轺，遥也。遥望也。四向远望之车也。”但是，汉石刻或砖刻画像的轺车多有坐乘的。因为轺车四面没有帷帐，即使坐

图7-12　秦汉时期常见的几种马车

1. 立车（高车、垂拳带的轺车）（孝堂山石祠画像）　2. 轺车（沂南画像石）
3. 辎车（成都扬子山二号汉墓出土）　4. 軿车（山东福山画像石）

乘也可以远眺。后来又发展为两面有扶手横板的轺车，叫作“施耳轺车”。车前驾二马、三马的车子，见于成都北郊出土的《轺车骖驾》和《车马过桥》画像砖，不但座位舒适，而且乘坐的人仍可“四向远望”。可见这已不再是一般的导从之车，而成为主车。

无顶的敞篷车，若是遇到下雨就没有办法，所以在车厢当中设一把如伞的车盖，安插在车厢的中间，有雨可以避雨，无雨则可以遮阳，并随时可以取放下来。《周礼·夏官》疏说：车盖有两种意思，一为御雨遮阳，一为分别等级的“表尊”。四川汉代画像砖（石）上，轺车最为多见，驾一马、二马、三马和四马的都有。汉代成都少城西南的车官城，就是专门生产各式车辆的制车作坊，如德阳出土的《轺车》画像砖，车厢较小，中间立一柱，以撑伞盖。车上乘坐二人，右边身着官服者为乘车官吏，左边执辔的为御者，车下轮毂清晰，车前驾一马，扬蹄疾驰，其轻便快速的特点明显可见。

汉代车的种类因用途的多样而车型不一。安车是辎、軿车的一种；有一种轻车，是用于战争的戎车；车上无盖，中心树立大斧的叫作斧车。还有武刚车，也是作战用的车辆。在军队中特设有一种车身狭而长的快车，叫作追锋车。在西汉晚期，劳动人民创造发明了用人力推着走的独轮车，叫作鹿车。

（三）牛　车

以牛驾车在今天来说似乎是很落后和简陋的事，但在春秋中期前后则是一种发明创造。在秦都雍城故址的凤翔八旗屯，曾发掘了一批春秋战国时期的秦墓，BM103中有一辆比较小的陶车模型。陶车有左右箱板，无前后板，可能属于驾一牡牛的双辕车。

牛车在当时亦称大车，有的也称方箱车。《诗·无将》《正义》曰："冬官车人为车，有大车。郑云'大车，平地再任之车'，则此是也。其车驾牛，故《酒诰》曰：'肇牵车牛，远服贾用。'此小人之所将也。"牛车在当时主要以载货为主，同时又作为一般庶民百姓坐乘之用。牛车一般为双辕，而且辕均为直辕，与今农村之大车略同，车箱为方箱。

先秦及秦时牛车一般不为贵族所乘，但至汉初，由于连年战乱，经济萧条，出现了皇帝不能乘四匹一样色泽的马车，而"将相或乘牛车"。除汉初牛车为贵族之外，主要仍流行于中下层人之中。东汉末年，战乱频仍，马匹难以供给，所以牛车又被大量用来在宫廷和官府挽车，连汉献帝也曾乘坐牛车。魏晋时期，由于士人们鼓吹清静高雅，牛车也是一种时髦风尚，仕女们因其安稳，也常乘坐郊游。唐初，牛车仍是很流行的一种代步工具。

当然，由于社会地位和经济实力的不同，牛车的装饰和设施也不尽相同，有着鲜明的等级和贫富差别。

（四）辇　车

秦汉宫廷中，皇帝后妃们行走，有时用一种专车来代步，这种车子就是"辇车"。这种车早在商周时期就已经出现并使用，甲骨文和西周金文中就有"辇"的记载。"辇"字在甲骨文和金文中是非常象形的，就是两个人在车前的横轭后推车，车是单辕、双轮小舆的木车形象[30]。

1986年在陇县边家庄春秋早中期一座铜器墓中就发现了一辆木辇车，是两个木质人俑推车的形状。车是单辕，辕前有横木，两个人俑在横木之后，推车而行。商周及先秦时，把这种人力车统称为"辇车"。苏林曰："一木横遮车前，二人挽之，三人推之"（《汉书·刘敬传》注）。汉时卓王孙迁蜀，即夫妻推辇而行。当时这种辇车大量的流行于宫廷之中，宫廷中特建有"辇道"，方便通行。辇车一般是在比较短的距离中应用，并不适应大范围、长距离的使用。民间仅部分使用，应用面并不很广（图7-13、图7-14）。

汉代还有步辇，如乐山崖墓石刻《挽辇》画像，辇形如栈车，但较窄小，车辕亦短，一人挽辕拉，另一人在后面推。

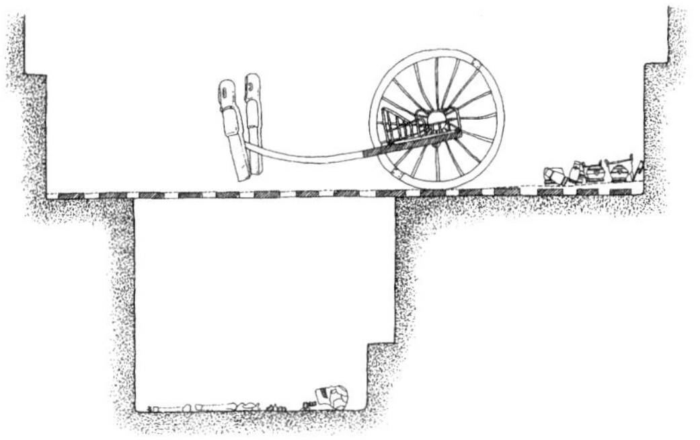

图7-13　木辇车与墓室剖面图（边家庄5号春秋墓）

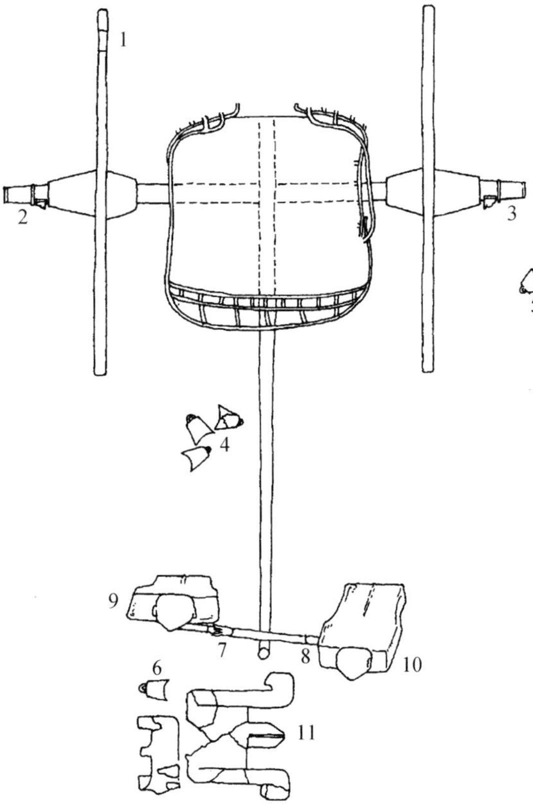

图7-14　木辇车平面图（边家庄5号春秋墓）

1. 铜车牙饰　2、3. 铜軎、辖　4～6. 铜铃　7、8. 铜兔（衡饰共四个）

9、10. 木俑　11. 椁饰

（五）马　　车

商周至秦代，真正大量使用的还是马车。

公元前770年，秦襄公因护送周平王东迁洛阳有功，而被周天子封为“诸侯”。此后，他承担起历史赋予的使命，“备其甲兵，以讨西戎”（《诗经·驷驖》毛氏传）。为同戎、狄斗争，收复失地，因而建造兵车，专门用于作战和交通。《诗·小戎》：“四牡孔阜，六辔在手，骐駵是中，騧骊是骖。”又：《石鼓文·车工》：“吾车既工，吾马既同，吾车既好，吾马既骀。”从中不难看出秦国这时不但已经有了兵车，而且规模宏大，配备精良，阵容已是相当整齐的了。

公元前763年，已继位三年的秦文公，率700人“东猎”，至汧渭之会，将其政治中心由西垂迁至关中西部。这是多么浩大的一次大迁徙，没有大量的车马相随，是不可思议的事情。

1985年考古工作者在凤翔秦都雍城宗庙遗址的发掘中，发现用马车作为祭祀祖先的祭祀品。1976年发掘的户县宋村春秋大夫级秦墓中，随葬有一套完整的马车，并配有御手相殉，可见马车使用的普遍。

1976～1983年发掘的秦都咸阳一号、三号宫殿遗址中，发现绘有非常艳丽的壁画，在这些壁画中绘有正在奔驰疾驶的马车，正是四马前挽的驷车，栩栩如生，异常生动。

秦始皇兵马俑坑中的木战车是四马前挽，车左、车右和御手配置齐全。车是单辕，有衡、有轭，车有左右箱板、前轼，而后面留有供上下用的门道。这应该说是秦代原大战车的再现。

秦代车中最精彩的发现，莫过于秦始皇陵西侧出土的两乘彩绘铜车马。这是1980年12月在秦始皇陵西侧20米处发掘的。车马的大小约相当于真车、真马的1/2，驾具齐备，装饰华丽，是不可多得的交通史文物（彩版四至六）。

两辆车中一号为驷马立车、二号为驷马安车。前者车上有一圆伞，伞下有一站立的铜御俑。车为单辕、双轮，长1.96米。车舆呈横长方形，舆广1.26、进深0.7米。有四匹铜马挽曳，即两骖两服，马高0.9、身长1.1米。二号铜车马亦为单辕双轮，前驾四匹铜马，全长3.28米。车舆呈“凸”字形，分为前后两室。前室近似方形（36.2厘米×35厘米），内有跽坐的驭官铜俑高0.51米。后室面宽0.77、进深0.88、舆高1.04米。舆的四周围有箱板，上有一椭圆形的车盖。舆的两侧及前边各有一个可自如开启的窗，后边有门，装有单扇扉。车通体彩绘变形夔纹、卷云纹及各种几何形纹样。马通体涂白色。两乘铜车马都以大量金银为饰，如银质的辖軎、盖弓帽、金当卢、金银络头、金银缰索和项圈等。秦陵彩绘铜车马从结构到装饰，应该说是秦宫廷用车的真实模拟[31]。

（六）修车工具的配备

车上配备有一套完整的修理工具，因为这是不可缺少的必备品。关于一车所应备之工具，在《管子·轻重乙篇》中有云：“一车必有一斤，一锯、一釭、一钻、一凿、一銶、一轲，然后成为车。”而《海王篇》中则说一车必备之工具为斤、锯、锥、凿四种。1980年，考古工作者在陕西凤翔县西村发掘了一批战国墓群，其中第118号墓的车马坑中，有一辆木质车、两匹马骨、一具御手骨架，还有成套的兵器和工具。而这套完整的青铜工具是手钳、斧、锛、凿和锯子等。其中青铜手钳保存十分完好，制作极精，显得简捷、科学、合理而实用[32]。

二、水上交通工具

（一）水运活动

秦在统一全国以前，主要是陆路交通，随之水路交通也有了很大的发展。

作为国家力量，动用船只，往往就能组成大型的船队。春秋战国时期，秦国势力向东发展，越黄河而有晋地，就已开始用船渡河，有名的“泛舟之役”就是很好的例证。

公元前280年（秦昭襄王二十七年），秦派司马错从陇西出发，经由蜀郡向楚黔中进攻。用10万人马，乘大船1万艘，运米600万斛，顺江而下，取得大胜。船只之多，体量之大，又以楼船为主，可以想见是多么壮观的一支战斗船队。

据《汉书·伍被传》记载：徐福为秦始皇“入海求仙药，多赍珍宝童男女三千人，五种百工而行”，遂一去不返。据说，他东渡日本时，率几千人，其所乘的应是大楼船。秦始皇几次出巡中，南巡渡长江、过淮水、涉湘江、达洞庭湖等，同样应该也是使用了楼船的。

秦始皇第二次“巡游”中，在琅琊刻石后，向西南，经泗水，令6000人下泗水求周鼎，不得。又继续南下渡淮水，而至长江中游的衡山和南郡。由南郡到湘山祠（湖南岳阳县西），这一段路是利用长江的水道浮江而行的。第五次“巡游”至会稽返回后，秦始皇等从江乘（今江苏镇江市北）渡江，至琅琊，乘楼船泛海而行，在芝罘东海中曾射杀一条巨鱼后，才登陆上岸。

秦始皇东巡时曾有80余辆的车队，丞相以下大臣千余人，浩浩荡荡。然后弃车登船，其所需大型的楼船、舫船必定是个不小的数目。东海海面上一时间成了船舫的世界，旗旌蔽日，好不威风！

综合文献记载和考古资料，秦朝的水上交通工具大致包括舟船和筏等两大类。其中舟船又包括独木舟和木板船两大类，而木板船中又可依据用途和形制的特点区分出若干小类，从造船新技术发展角度考虑，此时期的木板船除航海帆船外，还出现有较为大型的楼船。

秦朝的中原逐鹿和北伐依靠的是马车和骑兵，而南征则凭借的是战船。如秦始皇曾派大将率领用楼船组成的舰队攻打楚国。在“南取百越之地，以为桂林、象郡”（贾谊《过秦论》）的过程中，“使尉（佗）屠睢将楼船之士南攻百越”，利用先进的水上战船——楼船的运输和战斗能力，为南征战争胜利铺平了道路。与此同时，秦始皇还“使监禄凿渠运粮，深入越”（《史记·平津侯主父列传》《淮南子·人间训》），据说通过船只运输了50万石粮食，保障了南征战争中的后勤（粮草）补给顺畅和将士们的饮食需求。此中亦足见船舶利用在统一和巩固秦朝政权中的重要作用。

除军事行动外，秦朝的船舶在帝王将相的出行和其他社会生活动中，也是不可或缺的水上交通工具。三十七年（公元前210年），秦始皇“浮江下，观籍柯，渡海渚。过丹阳，至钱唐。临浙江，水波恶，乃西百二十里从狭中渡。上会稽，祭大禹，望于南海，而立石刻颂秦德”（《史记·秦始皇本纪》）。据推测，秦始皇在内河航行乘坐的木船已不是简单的小型木板船，而是较大型的带有楼房的客运船。而泛游于海湾或近海地带的坐船，则应是大型的客帆船。

（二）船形结构

与陆路交通工具马车迅速发展的情况相似，秦朝的水上交通工具尤其是木板制船舶的制作和应用也取得了技术上的突飞猛进，并初步形成了中国造船业发展史上的第一个高峰期。由于秦代的历史短暂，有关秦代船舶制作应用方面的资料欠缺，仅据《史记》等有限的文献记述也不难看出，秦朝的内河江湖船只和航海船舶的制作和应用，显然都达到了一个相当的规模和水准（图7-15）。

西汉初年的船只模型发现较多，由于去秦代不远，也许可资证秦船的形态研究。江陵凤凰山8号和168号西汉早期墓中，都出土了相同的木船模型。其中8号墓出土的一

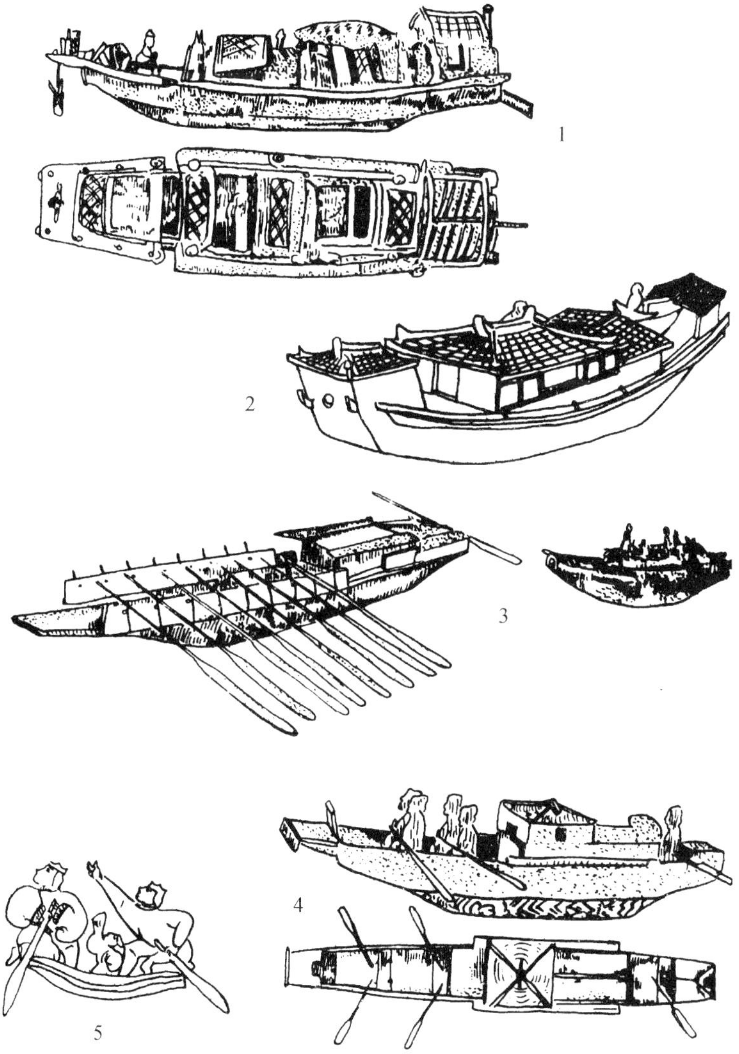

图7-15　秦汉时期的楼船、舫、艇等船模型示意图

1. 设舵楼的船（广川汉墓出土陶船）　2. 陶舵楼船（广东汉墓出土）　3. 西汉平底木船模型（江陵、广川汉墓出土）　4. 舸（广川汉墓出土）　5. 艇（山东武氏祠画像石）

件，俯视船身平面呈梭形，首尾两端齐平，全长71厘米。船面上有一悬山顶的仓房。船体中部和后部各有伸出舱外的横木架，可能是架设左右舷板。另外，还发现木浆五只并有桨架，表明当时的划桨船已经使用以桨架为支点的长桨；还在船尾设置稍桨，这种稍桨则兼有划动和控制航向的两种功能，因而又被称为"舵桨"，实际上这就是现在人们所讲的橹的前身了。

1956年，在广州西村皇帝岗1号木椁墓中出土有木船模型，时代属西汉中期。船模型长80、宽11、深11厘米，船的水平部分长34厘米，两端翘起。船的中部有两个舱：前舱方形，上有四回式盖顶，左边开一方形门；后舱稍矮一些，长方形，篷盖为两坡式。船首舱内横架木板两块作为坐凳，上坐木俑一个，坐凳上，持一桨作舵用。这支桨和船首的木俑所持的桨形式不同。它要比前者宽一些；是一支桨舵。这只船应是一只交通船或游览用的船[33]。

1955年，在广州东郊东汉砖室墓中发现一件陶制船模，长56厘米，尾部有望楼，两舷设有撑篙用的边走道（俗称桥楼），首部每舷均设有三个桨架。船上有陶俑6个。船尾有舵，船首吊着一只锚。这船估计长20米左右，是一只内河客货船。上述两只船模代表了两汉时期珠江上的船只。前者是一只小船，没有甲板；后者是中型船只，已有部分甲板[34]。

像这样的发现还是比较多的，从西汉早期的这些发现，足以窥见秦时水上交通工具的一斑[35]。

楼船是一种具有多层建筑和攻防设施的大型战船，外观像楼，所以称之为楼船。秦汉时期的大船不仅已铺了甲板，而且在甲板上还加了一层或几层楼房。大型楼船高可十余丈。三国时期吴国的五层战船，可载兵3000人。楼船外观巍峨威武，船上列女墙、战格，树旗帜，弩窗矛穴，戒备森严，攻守得力，宛如水上堡垒。

早在春秋时就出现了楼船。战国时的双层战船也是楼船的雏形。战士乘楼船作战，可以居高临下，处于有利的地位。楼船是战船发展的一个重要阶段。汉代的楼船是很有名的。公元前113年，汉武帝坐楼船巡游汾河，与群臣在舟中宴饮，当场作《秋风辞》一首，其中有"汎楼船兮济汾河，横中流兮扬素波"。欧洲资本主义发展最早的英国，直到13世纪才出现了在首部和尾部建楼的船。

楼船由于重心高，抗风浪能力差，有一定的危险性，所以多用于江湖（主要是长江）、近海。

（三）造 船 业

讲到秦汉的船，这里首先应该提及的是1975年，广州中山四路发现了年代上限在秦朝的造船台遗址[36]。这是一个规模巨大的船舶工场，船场建在当时的海滩上。在船场的中心部位发现三个平行并列的造船台，其中船台的滑道长88米以上。船台旁边有相应的木料加工厂。

发现的1号、2号两个船台，都是由枕木、滑板和木墩组成的水平式船台，结构基本相同；两行平行铺设的厚重滑板构成一组滑道；滑道下垫枕木，以保持地基均匀受压，避免局部下沉，保证船台基础稳固和必要的水平度；滑道上平置两两相对的木墩，用以承架船体。木墩原高约1米，这一点与近代造船的台墩高低大体相近，它主要是为方便船下钻孔、打钉、捻缝而设置的。

当时这里造船用木有格木、杉木两种，都是造船用的优质木材。而船台各部位则依功能不同，使用不同的木材。木墩用格木，滑板用香樟，大枕木用杉木，小圆枕木用蕈木（阿丁枫）。造船选材方面，船工们已积累了丰富的经验。造船用的工具大多是铁质的锛、凿和船板捻缝专用的净凿、锯等；另外，还使用不同类型的铁钉及画线用的铅块、木垂球等，这些都从不同角度反映了当时的造船技术状况。

秦汉广州造船厂生产的船只，当是吃水较浅的平底船，适合内河及沿海航行使用。此外，这个造船场还可以造宽6～8、长20～30米，载重数十吨的大型木船。

广州造船场，是秦始皇统一岭南后建造的，能够生产成批内河和沿海船只的大规模造船基地，延至西汉文景帝时废弃掉了。这是研究秦时水上交通工具状况的最好资料。

中国是世界上造船历史悠久的国家之一。原始社会晚期，已有了独木舟。到了春秋战国时期我国的造船业已相当发达了。用在军事作战上的两层结构的战船——楼船，也在这一时期出现了。随着国家的统一，生产的发展和科学技术的进步，到秦汉时期我国造船历史的发展已进入第一个高峰的阶段，这个遗址正是这个阶段的一个重要的例证。它揭示了2100年前我国造船业的宏大规模和高超的工艺技术水平。

总的来讲，战国及秦代，秦的水上交通工具是不断发展的，工艺水平也是由低而高，尤其是秦代的水上交通工具可能大量地继承和吸收了楚及吴越的技术，有了空前的发展。加之随着国内的统一、国力的强大，造船业也有了空前的规模，船的形式、体量也有了大的变化。不仅有大量的内河及沿海行船，而且已有了体积较大，建筑精良的远洋船。在此基础上也才可能有徐福渡海的壮举。

另外，随着船体建造技术的不断进步，航行水域的日益扩大，对船舶设备也提出了越来越高的要求。船的推进设备如桨、橹、帆；掌握航向的操纵设备如舵；系泊设备如锚等，在秦汉时期都得到了广泛的使用和发展，从船舶设备的齐全与日臻完善，可以反映出当时造船的技术水平。为了适应长途航行的需要，汉代帆船有了迅速的发展。

三、桥　　梁

水上架设浮桥，在我国有着悠久的历史。周文王“亲迎于渭，造舟为梁”（《诗·大雅·大明》），这是公元前1184年在渭河上架浮桥的最早记载。

秦、晋两国来往，在黄河上“造舟为梁”，架设了我国最早的桥梁，名曰“蒲津桥”。因为这是用舟船连接，在上面搭建木板，是浮在水面上的，所以称之为“浮桥”，或称之为“舟桥”“浮航”。郭璞在《尔雅·释水》中对造舟作桥的解释是“比船为桥”。邢昺《疏》：“比船于水，加版于上，即今之浮桥。”由于在河两岸都不建桥墩，带有一定的危险性，只是出于特殊需要，搭建方便、用后即撤，实际上是一种临时性的渡河措施。“蒲津桥”的具体地点，在今山西永济市蒲州古城西门外，而河西岸即是陕西省大荔县朝邑镇。

早在春秋时期，秦公子鍼（后子）因曾受桓公的宠爱，积聚了大量财富。当兄长景公在位时，他又有一定的势力，秦国犹如“两君并存”。出于恐怕遭到放逐的心理，鍼于景公三十六年（公元前541年）出奔于晋，随从车辆多达千乘。他设“享礼”招待晋侯时，“造舟于河，十里舍车，自雍至绛”。光取奉献的礼物，就在雍、绛两都之间往返了八次（《左传》昭公元年）。《元和郡县志》：“同州朝邑县桥本秦后子奔晋造舟于河，通秦、晋之道。”

到战国时期，秦国国君秦昭襄王，为进攻韩、赵、魏诸国，在蒲津曾两次造桥。（宋）陈傅良在《春秋后传》记“赧王二十八年（公元前287年），秦始作浮桥于河”，这是第一次。隔30年之后，秦又在这里造桥。而《史记·秦本纪》说秦昭王五十年（公元前257年）“初作河桥”。实际上，这一次造桥，是在公子鍼造桥之后隔了289年。文中说“初作河桥”，大概是规模超前罢了。《正义》说“此桥在同州临晋县东，渡河至蒲州，即今蒲津桥也”。此地既扼秦、晋往来渡河的要津，就成了历来建浮桥的首选之处。唐开元铁牛已经出土，展示了当时的盛况[37]。

关于史载的关中秦桥，最有名的莫过于秦都咸阳与汉都长安间的几座渭水桥了。渭水之桥，秦名“渭桥”，因桥南对着汉都长安的横门，汉名“横桥”“横门桥”“石柱桥”。自从汉景帝在灞水入渭处之西侧建了“东渭桥”（今西安市未央区草滩镇东、后村东）、汉武帝在城西渭水上建了“西渭桥”（今咸阳市秦都区钓台镇马家寨村西）之后，横桥又有了“中渭桥”之称，于是合称为“渭水三桥”。实际上，以“中渭桥”而言就有好几座。诸渭桥的修建时间与通用的时间也不尽一致。其中一些桥梁遗址已经被发现，或者正在发掘之中（图7-16）。

（一）渭　水　桥

1. 关于“横桥”的文献记载与释读

在宽阔的渭河上首次架设桥梁，是秦人定都咸阳之后的事。建桥的具体时间正史失载，杂记有两种说法：

> “秦于渭南有兴东宫，渭北有咸阳宫，秦昭王通两宫之间，作渭桥，长三百八十步。”（《史记·孝文本纪·索隐》引《三辅故事》）
>
> “横桥，秦始皇造，跨渭水为桥。”（《三辅黄图》）

据《咸阳帝都记》一书作者考证，在咸阳这段渭水河道上建桥始于秦昭王（公元前306～前251年），秦始皇时（包括秦王时，公元前246～前210年）进行了增修与扩建。其规模之大，气势之雄伟，虽然时间经过了两千多年，唐诗人杜牧仍能发出“长桥卧波，未云何龙？复道行空，不霁何虹？高低冥迷，不知西东”的赞叹（《阿房宫赋》）。

横桥的规模，据《三辅旧事》载：“桥广六丈，南北三百八十步，六十八间，八百五十柱，二百一十梁。桥之南有堤，缴（激）立石柱。”《三辅黄图》作“桥广六尺，南北三百八十步，六十八间，七百五十柱，百二十二梁（今本作“二百一十二梁”、《长安志》引作“二百二十”、《玉海》引作“百二十”），桥之南北有堤，激立石柱。柱南京兆主之，柱北冯翊（《初学论》引《三辅故事》作“右扶风”）主之，有令、丞，各领徒一千人（《水经·渭水注》引作“千五百人”），桥之北首垒石水中。关于桥的主要参数在各书或引文中大致相同，但桥面宽度却有“六丈”与“六尺”的不同。想来，长达“三百八十步”的桥，宽仅“六尺”是难于容载车马的，当以“六丈”为是。按秦“六尺为步”，1秦尺合今0.231米。折算的结果：

横桥长度：0.231米×6×380=526.68米

横桥宽度：0.231米×60=13.8米

横桥工程所显示的技术特色有以下诸点。

第一，是一座多跨的木排架梁式桥，跨数多达68跨（间），总长度526.68米，比现在咸阳市西南渭河上的钢筋水泥公路桥还多出80多米。这在世界桥梁建筑史上也是稀有的。

第二，桥腿固然用木柱，但在激流中立有石墩（或言“铁墩”[38]），增加了横桥整体的稳定性。

第三，“桥之南北有堤”，即桥所在的渭河两岸砌有护岸堤。因为渭水流经黄土及沙壤地带，质地异常疏松。采取砌堤护岸措施，以防浪涛侧蚀，对稳定桥基具有重要作用。这是黄土地带建桥经验的积累和创造，对后世有深远的影响。至今在桥梁、码头和水利工程中，砌筑“泊岸”的做法，都应看做是对古代这一优良传统的借鉴。

第四，“桥之北首垒石水中”，桥南也应如此。因为渭河河床是缓沟状，两岸不是壁立陡峭而是具有较宽的河漫滩。和林格尔汉墓壁画上，在桥的中段水流翻浪并有行船竞渡，而两端河滩宽阔，花木扶疏，反映着当时的真实，古今亦然。正因如此，就在桥之两端垒石作“引桥”，势所必然。

第五，桥面宽“六丈”（13.8米），接近我国现代大中城市内“四车道”的城市桥梁设计要求（15米）。因为它不但便利南北市民的往来，更主要的还是一条“御道”。可惜的是画面上没有表现出“阿房渡渭”的复道和甘泉宫通咸阳的甬道来。

渭水桥因汉长安城有横门而得名，二者相去当然不远。《三辅黄图》：“长安城北出西头第一门曰横门。门外有桥曰横桥。”《汉书·文帝纪》苏林注：渭桥“在长安北三里”。汉长安故城的横门遗址在今西安市西北六村堡乡相家巷村东、关庙村北侧。由此北去“三里”（魏），即1300.68米，就是横桥南端的桥头[39]。中国社会科学院考古研究所汉城队在横门外探出一条大道长1250米，再向北即是淤沙堆积，不见路土，说明路端快接近桥头的河漫滩了。

今咸阳市窑店镇南的东龙村东150米处还残存着一段南北向的秦大道遗迹，保存在地下1.4米深处，路土厚0.3、路面宽50米。该路段向南过渭河，同横门外大道相接，直对汉长安城横门遗址；该路北端直指牛羊村的秦“冀阙宫廷”遗址。这些足以说明它就是秦汉时期经过横桥、连接渭河南北的交通大道，也为探寻横桥的具体位置提供了方向性的线索。

2. 汉长安城北七座渭水桥的考古发现

2012年4月，当地群众在取沙中，有古桥木柱露出。中国社会科学院考古研究所、陕西省考古研究院和西安市文物考古研究所联合组成“渭河考古队”，在汉长安城遗址北侧、渭河南岸的西席村、高庙村发现三组7座秦汉时期的木梁柱多跨平桥[40]。

根据发现古桥的先后，依次编号。西席村北有5座桥，东西并列。向南1200米，正对汉长安城厨城门，故称之为“厨城门桥”。“一号桥”居中，东去220米是“三号桥”；一号桥西200米，是“二号桥”，再向西80米左右为“厨城门四号桥”；在二号桥和四号桥之间为“五号桥”。

位于高庙村北的古桥，正对着汉长安城北墙的洛城门，称为“洛城门桥”（图7-16）。

发现的第七座古桥在草滩镇王家堡。

截至2013年12月下旬，渭河考古队已对厨城门一号桥、三号桥、洛城门桥进行了考古勘探与发掘，各项发掘工作目前仍在进行之中。

（1）厨城门桥。

“厨城门一号桥”发掘面积1200平方米，知桥为南北向，长880米，两侧桥桩间距约15.4米（约合秦汉六丈六尺，是推算桥宽度的参考系）。出土木桥桩70余根、五边形石构件，大量的半两、五铢、“大泉五十”铜钱，少量唐“开元通宝”“乾元重宝”、宋“皇宋通宝”、清“康熙通宝”等钱币，还有绳纹板瓦、筒瓦、青砖块等。石构件上刻文有“第四”“第五”“官”“官石”“夏德石”等。桥桩顺河流方向东西排列，间距不等，南北两排桥桩间距3～7米。桥桩材质系桢楠、铁杉、圆柏等。

“厨城门三号桥”，发掘面积460平方米，该桥为南北向木梁柱桥，其东西两侧桥桩间距8.3米，南北桥桩间距6～7米。由于发掘区南北两侧多为建筑或现代垃圾堆置，无法开展考古勘探与发掘。在发掘区东北，发现一条绳索，长约12、直径0.048米，蜿蜒埋于沙层中，西端系在一木梁上。桥桩周围堆放大量卵石，当为护桩之用。堆石残留有铁榫迹，可知原用铁网罩住。在卵石之间沙层中，包含有较多的绳纹瓦片、青砖残块、钱范残块、陶器残片、褐釉瓷与青花瓷残片。

经^{14}C测年，一号桥建于战国到西汉早期，沿用至唐、宋，前后延用1000余年。至于有“康熙通宝”铜钱的出现，说明渭河的主河道一直从有文献记载的秦至清代中晚

图7-16　厨城门外渭河桥

1. 桥桩　2. 迎水石　3. 刻字　4. 沙砾

期，都没有大的变化。四号桥建于战国晚期，三号桥为唐代。

（2）洛城门外渭水桥。

位于高庙村北，桥址南距洛城门750米，西距厨城门桥1700米。发掘面积500平方米，南北向，长度不明，已发现东西3排桥桩，相邻两排的间距9～10米。东西两侧桥桩间相隔15米左右，当是桥宽不小于此数。考古工作者在此采集到较多的汉代板瓦、筒瓦及“U”形铁构件。此桥始建时间当晚于厨城门一号桥，由于此桥受水流影响，毁坏严重，推测使用年限在秦汉至北朝时期。

（3）草滩王家堡古桥。

考古工作正在进行中。

（二）泾　水　桥

由首都咸阳北去林光宫，需下长平阪，过泾水。修筑秦始皇陵墓所用的大石，采自北山，传有“运石甘泉口”之谣。北通九原的“直道”是首都通往北边的国防大

图7-17　“长夷泾桥”印

道，也需北渡泾水。这种频繁的往还，涉泾当自津要。除船渡之外，必有桥梁。

罗福颐《官印征存》（《待时轩印存》，1932年）收有“长夷泾桥”秦印一方，白文小篆，作“田”字界格（图7-17）。《说文解字》：“夷，平也。”那么，“长夷”当是“长平”，恰有地名“长平坂”。在秦都咸阳的原上北行，到望夷宫，临近泾水的南岸坡地，即是长平坂。《汉书·宣帝纪》：甘露三年（公元前51年）“上自甘泉宿池阳宫。上登长平坂”。注“如淳曰：‘坂名也，在池阳南。上原之坂有长平观，去长安五十里。’师古曰：‘泾水之南原，即今所谓眭城坂也”。《三辅黄图》：“长平观，在池阳宫，临泾水。”实际上，长平观确实“临泾水”，但并不在池阳宫，所以《元和郡县志》说：“长平阪在泾阳县西南五里，池阳宫在县西北八里。”经考古调查得知，望夷宫遗址在今泾阳县蒋刘乡余家堡。由此北下“泾水之南原”，大概就是泾水桥的位置。固然泾水桥址不知其具体的所在，但长平坂、眭城坂、临泾之地确是古今一条大道必经的津渡，而且今有地名仍叫“修石渡”，尽管说这同修始皇陵时采北山之石有关，但历代由此渡水不也是有建桥的可能？

泾水的桥名，原来也许就叫“长夷泾桥”。由咸阳北去林光宫，需渡泾水，长平坂系必经之地，沿线则有望夷宫、长平观、池阳宫的设立。在泾水上架设桥梁，并置管理机构，正如渭水上横桥“有令丞各领徒一千五百人”（《三辅旧事》）一样。“长夷泾桥”印即专用于泾桥，同所有津渡、桥梁、关隘相似，都用专印，是秦“查验制度”的表现。

（三）灞　　桥

灞水由东南蓝田谷中流来，从西安东侧北流入渭。在古代，因流量巨大，列为“关中八川”之一。本名“滋水”，秦穆公为显示霸功，故而改作“霸水”。丰镐、咸阳、长安等周、秦、汉、唐诸朝都城均处于水之左岸，就是因为这条巨川具有屏蔽拱卫的作用。函关、武关道入都之前，必阻隔于灞水。同样，由京城东去，也得束于津渡。因此，在灞水上架设桥梁，一直为历代所重视。

秦都咸阳南区通函谷关的是一条东西干道。芷阳、东陵、丽邑、始皇陵均居路侧，往来频繁。《史记·秦始皇本纪》说“自极庙道通郦山”，此“道”必定是渭南二级阶地上的东西大道，也就是后来的“驰道”。因为这条路在今“西安—灞桥”路之北，到汉世出长安城清明门也是走的此一旧道。过灞水，设桥的位置约在浐、灞两水交汇后的下端。据考，约在今西安市未央辖区东部的袁洛村东南与灞桥区段家庄西北之间的灞河上，即“浐灞生态区”的北部。在河东今有地名曰“桥梓口”或“桥子口”，笔者认为是“桥之口”之误，这表明它是秦汉灞桥东口不远处的一处古老地名。桥东10里是“霸城——霸陵”，当是秦“霸宫——芷阳宫”的所在；桥西则有秦子婴奉玺符来降汉的“轵道亭”，正西“十三里”对的就是汉长安城的清明门（《史记·秦始皇本纪·集解》裴骃、《汉书·高帝纪》均引苏林语）。

2002年，在段家村西北的灞河东岸河床上，发现汉代的水上建筑遗存，除木构件之外，还出土有汉代砖瓦、陶井圈、陶片、汉五铢钱、铜箭头、铁器等文物，在粗绳纹砖上有“亭”字陶文。

秦汉灞桥大概是木桥，《汉书·王莽传》载，地皇三年（22年）“二月，霸桥灾，数千人以水沃救不灭”。据说是“寒民舍居桥下，疑以火自燎”。王莽重修后，改名“长存桥”。

第三节　交通管理

自商周以来，对全国性的交通要道，就已设置专门的机构和人员进行管理。春秋战国时期，由于诸侯割据，关隘林立，多如牛毛，人们出入关隘，都必须持有专门的符节，方可通过，秦也不例外。而交通管理是复杂和多方面的，包括道路建设、水陆路开辟、关隘、邮传设置等，是一个系统工程，有其独立的体系。

一、关于国道的管理

秦代的国道，主要是指“驰道”和“直道”而言。另外，后来又修建了“五尺道”“新道”等。

国道的修筑，是由中央政府直接派员监修的。秦始皇亲自下令，使大将蒙恬率人修筑直道。筑路劳动力除戍卒之外，还有服役的百姓和刑徒。

道路修成后，沿线建筑有专供皇帝路过休息的行宫，如在甘泉县箭杆岭等地直道沿线上就发现了多处宫殿遗址，其作用性质应属行宫一类。

在驰道和直道上行走，有严格的法律规定，即皇帝行中央三丈，而吏民行旁道，诸侯以下无如令行驰道中者，没入其车马。此法令见《汉书·鲍宣传》如淳注和《三辅黄图》，虽然说的是汉时情形，但这种法律实乃袭用秦律。

据《汉书·成帝纪》载：“元帝即位（成）帝为太子。上尝急召，太子出龙楼门，不敢绝驰道，西至直城门，得绝乃度，还入作室门。上迟之，问其故，以状对。上大悦，乃着令，令太子得绝驰道云。”由此可见，对在驰道上行走，是有严格的等级区别的，即使贵为太子的储君也不能随意横穿驰道，而一般的官员或吏民，更是不可能的。

驰道和直道，不只是专供皇帝行走，皇帝以下的官员，邮驿人员、兵士也要通行，怎么办？前已有云，皇帝仅行中央三丈，而两侧旁道则可供其他人员往来。不然，如果北方边塞有事，士兵就无法通行了，这样就丧失了直道的军事意义。

为了直道、驰道上通邮驿和一般人员的食宿，就在沿线设立相应的馆舍和驿站。驿站是30里一传，馆舍是10里一亭。驿站中有专供住、食的粮食、器皿等。有专门的马匹和车辆。《睡虎地秦墓竹简》中的《秦律·传食律》中，对传马的给养、使用及因公出行人员的给养量等都有详细的明文规定，反对多吃、多占及浪费、贪污等违法行为的发生。如《传食律》云："御史卒人使者，食粺米半斗，酱（驷）四分一升，采（菜）羹，给之韭葱。其有爵者，自官士大夫以上，爵食之。使者之从者，食粝米半升；仆、少半升。"意思大体是说：御史的卒人出差，每餐粺米半斗，酱四分之一升，有菜羹，并供给韭葱。如果是有爵位的人，爵为大夫，官大夫以上的，按其爵级规定供应饭食。出差者的随从，每餐粝米半斗；驾车的仆，粝米1/3斗。秦代道路管理中其他方面的情形，也都有详细而明确规定。

二、关于地方道路

秦时的道路已形成了以首都和各郡府县邑等大、中、小城市为中心的全国道路网络。其中除全国的大型交通干线——国道外，大量的是地方国营道路。

地方国营道路，是由各郡、县召集本区民夫修筑的，由地方长官监修。不误农时，一般是利用每年农闲时，即冬季三个月投入施工。这在《礼记·月令》和《吕氏春秋》中都有明文规定。

道路旁仍依据一定的距离设有驿站和馆舍，供应差遣人们的住宿、饮食、传换等。还配备有马匹、车辆、粮草和器皿。

一般道路同驰道、直道的两旁一样，也都种植有护道的"道树"。道树一般是在春季种植，规定不能随意砍伐，违者要承担法律责任。

道路修通后，要保证质量，如果不善护理，造成毁坏，对主管官员要追究法律责任，民夫必须返工重修。

三、禁止夜行

秦汉时期都禁止夜行，即使是地位较高的大臣、将军、使者都不得例外。

秦孝公死后，惠文王即位，商鞅在得不到重用，又要被杀的紧急时刻，深夜离开首都逃往自己的封邑——商邑。可是到了商邑城下，守城吏按照秦律不到规定的时间不给开门，致使商鞅被赶到的追兵所获，最后惨死于车裂之刑。这就是"作法自毙"一词的由来。

著名的成语中有“鸡鸣狗盗”一词。说的是赵国的春申君从秦国逃出，为摆脱追杀，连夜从咸阳出逃到了函谷关。关门不开，随从们有人学鸡鸣，关城之内的鸡也跟着齐鸣。守城吏以为天将亮，故开放城门，致使春申君得以逃离秦国。

禁止夜行，这在汉代仍是一条严格的规定。据《史记·李将军列传》云：“广尝夜从一骑出，从人田间饮。还至霸陵亭，霸陵尉醉，呵止广。广骑曰：‘故李将军。’尉曰：‘今将军尚不得夜行，何乃故也！’止广宿亭下。”将军夜行都不得，一般吏民更是不能夜行，违者重处。由此可见，春秋战国以至秦汉，道路管理中一直是禁止夜行的。

四、车舆的管理

乘坐车舆，在秦代有着严格的等级制规定。自天子而至诸王，下及百官，各有等差，不能得越等，从而形成一套完善的车舆等级管理制度。

秦汉以前，车形构造主要分车厢、车辕、车毂三大部分。车厢有方形、长方形、六角形。乘车者从后部上车，立乘者执缰无坐。加铺茵席的安车，较为宽敞，可坐。车轮分有辐和无辐两大类，有辐者分装三十六、三十、十九辐。高级车乘，附件加多，装饰华丽，如有车盖、车帷（帏）。车盖有伞形、方形的。车体多处彩绘或以金银为饰。

皇帝出行，有一套称之为“卤簿”的銮驾制度。《后汉书·舆服志》：“古者诸侯贰车九乘。秦灭九国，兼其车服，故大驾属车八十一乘，法驾半之。属车皆皂盖赤里，朱轓，戈矛弩箙，尚书御史所载。最后一车悬豹尾。豹尾以前比省中。”这是秦卤簿的大致轮廓，从中我们知道它可分为“大驾”和“法驾”两种，均具备“属车”（也称“副车”“贰车”，或“佐车”），并有甲兵护驾。秦始皇陵西侧，1980年在从葬坑里出土有前后相随的铜车马各一辆。据王学理研究，对前导的一号车定名为“驷马立车”、后随的二号车定名为“驷马安车”，并指出这是秦卤簿中“五时副车”的模拟品。二号车是这组编列中的主车，也是“辒辌车”的一种[41]。

一般官员出行，乘坐主车，也是前有导车（车上装斧钺，称之为“斧车”）。

平民则多乘牛车。这种也称之为“大车”的车，往往是载物与乘人并用的。

五、关禁制度

“关禁”起源很早，春秋战国时期各国出自防御的需要，其关禁制度更是繁细有加。其目的不过是，一在稽查行旅，二在征课赋税。

秦统一六国后，为了防止六国旧贵族的复辟活动，也为了巩固刚刚开发的边地，在水陆要冲，边陲要塞，层层设卡，以行督察征税之责。

图7-18　张掖都尉綮信（汉）

当时出入关口，皆需持“传”。传即符信，汉时也叫“过所”，这是当时通行人员必须具有的身份证明。传有木制和缯帛两种，在甘肃武威和居延肩水关出土的汉简中，就有这类文物。《古今注》云：“凡传皆以木为之，长五寸，书符信于上，又以板封之。”又据《汉书·文帝纪》注如淳云：“两行书帛，分持其一，出入关合之，乃得过。”

官吏出入关，虽不用符或传，也得有明确标志身份的证明。例如汉代居延肩水关出土的“汉张掖都尉綮信”即是这类文物（图7-18）。

如果没有传符：棨信一类证明，随意出入关禁，就被视为不轨行为，查出即绳之以法。

注　释

[1]　韩伟、焦南峰：《秦都雍城考古主要收获》，《考古与文物》1988年第5、6期合刊。

[2]　据田亚岐等供述。

[3]　中国社会科学院考古研究所汉城工作队：《秦栎阳城勘探与试掘》，《考古学报》1985年第2期。

[4]　王学理：《秦都咸阳》，陕西人民出版社，1985年；王学理：《咸阳帝都记》，三秦出版社，1999年。内蒙古文物考古队：《和林格尔东汉壁画墓》，文物出版社，1977年；段清波：《西汉西渭桥发掘记》，《考古与文物》1992年第3期；王子今、马振智：《秦汉复道考》，《文博》1984年第3期。

[5]　王学理：《咸阳帝都记》，三秦出版社，1999年。

[6]　何双全：《天水放马滩秦墓出土地图初探》，《文物》1989年第2期。

[7]　王红武、吴大焱：《陕西宝鸡凤阁岭公社出土一批秦代文物》，《文物》1980年第9期。

[8]　凤阁岭出土秦戈的年代多存争议，因刻文浅细、锈蚀而有残损，故摹本释文互异。简报作者只定为秦戈而未对作器年代释评。李学勤先生定为秦始皇二十六年，李仲操先生断为秦昭王二十六年，黄盛璋先生的考订较李则更为精博一些。

[9]　锺侃：《宁夏固原县出土文物》，《文物》1978年第12期。

[10]　李之勤等：《蜀道话古》，西北大学出版社，1986年。

[11]　王学理：《秦始皇陵研究》第二章，上海人民出版社，1994年。

[12]　王开主编：《西安古代交通志》，陕西人民出版社，1997年。

[13]　七盘岭是秦蜀分界处，也称百牢关。但只有《汉中府志》《褒城县志》说七盘岭在褒城北鸡头山北山。

[14]　此系《读史方舆纪要》的说法。而《剑门关志》则认为汉水源头所在的宁强县宽川与五丁关

间的五丁峡，即是金牛峡。

［15］ 王学理对褒斜栈道、小三峡长宁河等处的栈道遗迹作过几次考察，固然获得不少认识，但总觉浮浅。1997年12月16日，因电视系列片《中国皇帝》摄制组到达广元市朝天区明月峡，拍摄“秦蜀古栈道”复原景观，才有了真切的体会。在嘉陵江右岸石壁上凿孔筑栈建阁，固然是随势就曲、有着高低起伏的变化，毕竟与水面保持一定距离。工程艰巨，确也壮观。

［16］ 韩原，一说在今陕西韩城县西南的平原上，一说在今山西河津、万荣县之间。王学理考订，以韩城南兰川附近的韩原为是，见《“韩原之战”地望考释》，《陕西历史博物馆馆刊》第21辑（2014），三秦出版社。

［17］ 公元前260年，秦、赵两国为争夺韩之上党，双方陈兵百万，在长平展开激战。赵军败，秦武安君白起“坑杀”降卒45万。1995年10月，山西省考古研究所会同地方文物部门在山西高平市北7千米处的永禄村，对一号尸骨坑进行了发掘，推算出该坑有尸骨约130多具。由走访得知，附近还有尸骨坑28个。从尸骨无一完整看，有砍杀的刃痕、骨折、砸痕，更多的是箭痕。这里经常出土战国时期的三棱铜镞，而且丹河左岸有村名叫“箭头村”。可知，所谓“阬杀”赵卒并非是活埋，而是杀而坑埋之。形容当年惨状是“流血成川，沸声若雷”（《战国策·秦策三》）、“露骸千步，积血三尺”（《太平记》），看来并非夸张。地方政府就地建有“长平之战博物馆”。

［18］ 《汉书·鲍宣传》注引如曰：“令诸使有制得引驰道中者，行旁道，无得行中央三丈也。”

［19］ 春秋时，秦为了向江汉流域扩展，曾联合晋国攻打丹、淅水之间的鄀国，而楚国认识到秦打通东南通道的企图，就立即出动申、胥之兵对抗。公元前622年，秦穆公终于消灭了鄀国，使秦、楚两国疆域直接毗连。于是，战国时，秦针对争战夺地的形势，就在边界上设立了武关，其地当在今陕西商南县南的湘河一带。六朝时，迁关到丹凤县稍偏东南80余里的竹林关附近，这里扼丹江及其支流银花河的交汇处，是入汉江、下襄樊的水路，系交通的要津。唐贞元七年（791年），将武关又改移到今丹凤县东南70里的武关街。

武关道在今丹凤县城以下一段，秦汉时与后来的线路稍有不同：陆路如前述，水路则一直沿丹江，过竹林关，向东，同武关河入丹江处陆路相接。唐时，路从武关街向东南，改经今商南县的试马寨、县城、富水镇，进入河南西峡县，经内乡、镇平两县，到达南阳市，同今公路312国道走向一致。

［20］ 王子今：《古武关道栈道遗迹调查简报》，《考古与文物》1986年第2期。

［21］ 对秦直道的调查是多年来多位学者多次分头进行过工作：

为撰写《陕西军事历史地理》，陕西师范大学史念海教授于1995年曾对子午岭段进行了一次考察，撰文《秦始皇直道遗迹的探索》，刊《文物》1975年第10期。文中认定，直道起自秦林光宫（今陕西淳化县北梁武帝村的汉甘泉遗址），沿子午岭主脉北行，经旬邑县石门关、黄陵县艾蒿店、陕甘两省交界处的五里墩至黄陵县兴隆关（沮源关）后，沿子午岭主脉西侧的甘肃省华池县东，至铁角城、张家崾崄，又直北经陕西定边县东南，复折东北，再经过内蒙古乌审旗、红庆河、东胜县西、昭君坟东，至包头市西，到达秦九原郡治九原县。

长期生活在延安作画、中央美术学院的靳之林先生，因沿“秦直道”作画，认定直道至黄陵县西境后，是沿子午岭东侧的富县、甘泉、志丹、安塞、子长北上，由榆林市西境进入内蒙古，直达包头市西。随之，记者卜昭文在《瞭望》周刊1984年第43期、《光明日报》1984年8月19日，作了专稿报道。《陕西日报》1984年8月21日第一版头条新闻报道，充分肯定了靳之林的观点。

史念海先生第一次给秦直道划出了沿途经地的路线。而靳之林先生经实地考察，第一次提出自黄陵县西境沮源关到内蒙古红庆河之间的另一条路线。

出自编写《陕西古代道路交通史》的需要，陕西交通史编志办组织有关人员于1986年6月中旬至7月下旬，对靳之林认定的路线进行了重点考察。特别是王开先生详尽考述了这一路段的经地、道路遗迹、出土文物、群众传说，结合地方史志，写出了《"秦直道"新探》一文，刊登于《陕西交通史通讯》1986年第5期、《兰州大学学报》1987年第2期，随之被中国人民大学报刊资料选辑转载于8月号《秦汉史》。1988年，经修改后又提交给汉中召开的石门国际学术讨论会，刊于《成都大学学报》1989年第1期。

在陕西交通史编史办首倡和组织下，考察秦直道取得了初步的成果，集中反映在1986年第5期《陕西交通史通讯》上。该期刊登有王开、陈耀邦、兰草、姚生民、姬乃军、张建海、李进等人的文章。随后，包括甘肃庆阳地区在内，陕西的延安、榆林等地区都对境内的秦直道进行了详细的调查。可以说1988～1991年，学者们在各种报刊上登载秦直道调查报告、发表见解，是最热闹的时期。特别是王开先生，虽然年事已高，以古稀之躯，凭着惊人的毅力，1985~1988年，曾七次深入考察，使人们对秦直道的认识从朦胧中转到了明晰。

在前人取得大量成果和认识的前提下，后来者只是使工作细化。但是，1998年9月4日，《三秦都市报》记者白亮发表了题为《一个使秦直道"现形"的人》的采访专稿，说榆林市交通部门的贺清海"突然萌发了"考察秦直道的念头，抓住"天将降大任于鄙人也的机遇"，"终于使秦直道在空间和时间上都'现形'了"。

随后，贺清海出版了《秦帝国全天星台遗址及其源流考》一书。声称：秦始皇命大将蒙恬驻守上郡时主持修造的一大工程——"地上天国"星台群，历时6年完成。由1424个圆形或椭圆形土台组成，东临黄河，西跨明长城内外，南止秀延河下游，北达鄂尔多斯高原，面积2.8万平方千米，分别与天空332个星宿或星官一一对应，又分别对应秦帝国的疆域山川，郡县城障、宫廷苑囿、文武百官、军队、监狱、社会百业、日常生活等。同时，这些星台还与各种神话等精神世界相呼应，构成完整的"地上天国"。目前现存的遗址星台群总体轮廓为"女娲补天形"。"女娲"头北足南，"身高"约809秦里（折337 千米），"体宽"约365秦里（折152千米）。"身高"与"体宽"的个位数合为九五之尊。女娲形"地上天国"自下而上共分九层，每层各有其名，各含不同的若干星宿或星官，印证了"天有九层"的古老传说，也表明当时"盖天说"仍占据统治地位。文中作者不懂装懂考古，将文物遗迹的时代全搞错，还以"考古"名义，不停地向全国很多单位与领导人发函、造势，严重地扰乱了研究秩序。

［22］鲍相（廖文俊）：《鄂尔多斯秦直道遗迹的考察与研究》，《包头教育学院学报》1990年第1期。

［23］秦建明、张在明等：《陕西发现以汉长安城为中心的西汉南北向超长建筑基线》，《文物》1995年第3期。

［24］桥山和黄帝陵的所在，有两种说法：一说在今黄陵县西境的子午山，《元和郡县志》："子午山，亦曰桥山，在县东八十里。黄帝陵在山上，即群臣葬衣冠之处。"《读史方舆纪要》："沮水至县北，穿山而过，因以桥名。"另一种说在秦的阳周县，即今子长县石家湾乡曹家坬村城墙梁上。《史记·封禅书》注引应劭："上郡阳周县有黄帝冢。"《汉书·地理志》上郡阳周县："桥山在（阳周县）南，有黄帝冢。"《水经·河水注》："奢延水又东，走马水注之。水出西南长城北，阳周故城南桥山。昔二世赐蒙恬死于此，王莽更名上陵畤，上有黄帝冢故也。"

黄帝葬桥山，山上有陵。《史记·五帝本纪》："黄帝崩，葬桥山。"桥山及黄帝陵所在的阳周县属上郡，这是史书上明载着的。而上郡的南界在今富县南60里的长城原一带。原南的汉富县在今洛川县东南，翟道在今黄陵县（即北魏以后的中部县）西北，据《汉书·地理志》这两县都属左冯翊县。因此说葬黄帝的桥山不在中部县，当然也不能把今黄陵县说成是阳周县。据《嘉靖一统志》载："阳周故城，在安定县北90里。"安定县是元代以来的称呼，民国时改子长县。

［25］王学理：《徐福东渡考略》，《汉唐文史漫论》，陕西人民出版社，1986年；又收入《王学理秦汉考古文选》，三秦出版社，2008年。

［26］睡虎地秦墓竹简整理小组：《睡虎地秦墓竹简》，文物出版社，1978年。

［27］尹盛平、张天恩：《陕西陇县边家庄一号春秋秦墓》，《考古与文物》1986年第6期；田仁孝：《宝鸡益门堡秦墓出土重要文物》，《中国文物报》1992年11月20日第1版；店子上的有关资料，见陕西省考古研究所：《陇县店子秦墓》，三秦出版社，1998年。

［28］宝鸡市考古工作队：《宝鸡市益门村二号春秋墓发掘简报》，《文物》1993年第10期。

［29］陕西省考古研究所秦汉研究室编：《新编秦汉瓦当图录》，三秦出版社，1986年；焦南峰等：《秦都雍城考古主要收获》，《考古与文物》1988年第5、6期合刊。

［30］刘军社：《说辇》，《考古与文物》1992年第2期；高明：《古文字类编》，文物出版社，1984年。

［31］王学理：《秦陵彩绘铜车马》，陕西人民出版社，1988年；秦始皇兵马俑博物馆、陕西省考古研究所：《秦始皇陵铜车马发掘报告》，文物出版社，1998年。

［32］李自治：《记陕西凤翔出土的战国铜钳》，《考古与文物》1986年第3期。

［33］广州市文管会：《广州皇帝岗西汉木椁墓发掘简报》，《考古通讯》1957年第4期。

［34］广州市文管会：《广州市东郊东汉砖室墓清理纪略》，《文物参考资料》1955年第6期。

［35］谢国桢：《两汉社会生活概述》，陕西人民出版社，1985年。

［36］广州市文物管理所：《广州秦汉造船工场遗址试掘》，《文物》1977年第4期。

［37］ 1989年7月至1991年6月，永济市博物馆工作人员根据文献在永济城西15千米的蒲州古城西门外黄河东岸，进行了大规模发掘。发掘面积2000余平方米、土方6000余立方米，出土唐开元铁牛四头、铁人四尊、铁山两座、七星铁柱一组及若干历代文物。

牛的总重量不少于290吨。如果再把两岸的八尊铁人、铁山、铁柱、铁缆加起来，总重量当在600吨（60万千克）以上。据《新唐书·食货志》载，唐代中期铁的年 产量为207万千克。唐代官秤大致1斤约合656～672克（郭正忠《三至十四世纪中西的权衡度量》），今以660克计算，则唐代年产铁136.62万千克。也是说，当时蒲津浮桥的铁制品竟消耗了唐帝国铁年产量的50%左右。这足以表明，黄河上交通的重要并备受唐皇朝的重视！

［38］ 《水经·渭水注》：“秦始皇造桥，铁镦重不能胜，故刻石作力士孟贲等像以祭之，镦乃可移动也。”《太平御览》引文同此。《三辅旧事》：“桥北京（立）石水中，旧有忖留神像。”据传说，此像是鲁班用脚画出的，这实际是出于后人对这一雄伟工程的赞颂。

传说用铁镦，看来并非一块整铁，而是个组合件。例如，在高陵县耿镇白家嘴西南的唐东渭桥遗址中，见到用木桩联结作桥墩，周围皆以青石条和卵石围砌，再以铁汁浇灌，使之凝结成一个整体。而相邻的两石条间，则以铁栓板相连接。那么，文献记载中的渭水桥墩既有“铁墩”与“石墩”的不同，必然是人们对这一组合件称呼时各有侧重罢了。

［39］ 东汉1里，合今433.56米。

渭河在秦汉时代的长安段，流经偏南。三国时期魏人苏林说渭桥“在长安北三里”的话是可信的。据《汉书·成帝纪》载：建始三年（公元前30年），渭水涨溢，虒上（河边的地名）的小女子陈持弓急入横城门，误入“未央宫钩盾中，吏民惊上城”。一个小女孩急入未央宫，倾城受惊，都快速占据高地，足以说明渭水距汉长安城横门不远，水面同汉城的高差也不是很大。而现在的渭河经过两千年，已北移5千米以上。

［40］ 《秦汉渭桥遗址为同期世界最大木桥》，《陕西文化遗产》2013年1月25日。另见《中国文物信息网》的有关报道。

［41］ 王学理：《五时副车铜偶所反映的秦代銮驾制度》，《考古与文物》丛刊第一号《秦陵二号铜车马》，1983年。

陕西省考古研究院研究丛书

秦物质文化通览

（下册）

王学理　主编

科学出版社
北　京

内 容 简 介

本书是秦物质文化史的浓缩与概括，共有十二章，分别叙述秦的“农业与养殖业”“手工业”“都邑”“郡县城与城市商业”“离宫别馆和行宫”“军事”“交通与邮传”“生活用器”“君主陵园”“士民墓葬”“造型艺术与声乐”等，既客观地反映了多年来秦物质文化考古的成果，又总结出学者们有代表性的学术观点。

本书适合于历史学、考古学等相关学科及大专院校相关专业师生参考阅读。

图书在版编目（CIP）数据

秦物质文化通览/ 王学理主编. —北京：科学出版社，2017.4
（陕西省考古研究院研究丛书）
ISBN 978-7-03-043610-8

Ⅰ.①秦…　Ⅱ.①王…　Ⅲ.①物质文化-文化史-中国-秦代
Ⅳ.①K871.41

中国版本图书馆CIP数据核字（2015）第044977号

责任编辑：张亚娜 / 责任校对：钟　洋　邹慧卿
责任印制：肖　兴 / 封面设计：美光制版

科 学 出 版 社 出版
北京东黄城根北街16号
邮政编码：100717
http：//www.sciencep.com

中国科学院印刷厂 印刷

科学出版社发行　各地新华书店经销

*

2017年4月第　一　版　　开本：787 × 1092　1/16
2017年4月第一次印刷　　印张：54 3/4　插页：10
字数：1268 000

定价：428.00元（上下册）
（如有印装质量问题，我社负责调换）

第八章　生活用器

早期生活在陇右的秦人，农牧兼营，解决了生存的最根本的问题——食物供给。进入关中之后，秦人在周逸民的帮助与带动下，从事农业生产，这便为早期秦国的逐渐强盛和后来庞大的封建帝国的形成，奠定了较为坚实的基础。特别是在商鞅变法以来，与之相伴随的各个手工业门类的发展，又为秦人不断追求社会文明和物质生活的进步，提供了最为基本的生活设施和条件。

饮食结构随生活条件与风俗习惯的变化，使日常生活用具和服饰等相应地都产生了调整。他们除沿袭原有的器用之外，又增加了新的内容，从而形成了一套与当时生活相适应的制度。

秦人所使用的生活用器，一方面可以展示出秦国、秦帝国于不同历史时期在手工业方面所取得的非凡成就，另一方面又能表现出秦人生活的习俗和秦文化的显著特征。

第一节　秦人饮食与饮食文化面貌

一、饮食文化兴起概况

饮食是与人类生活最为密切的一件事，从原始的愚昧状态到社会进化的一个显著标志就是饮食器具的出现。早在原始社会的初期阶段，由于生产力十分低下，人们的饮食生活自然相对很落后。“食草木之食，鸟兽之肉，饮其血，茹其毛”（《礼记·礼运》），还不懂得熟食的方法。只有经过较长时间与自然界的斗争和社会实践，才使人们逐步认识到火对于日常生活的作用和意义。稍后，人们便慢慢地学会将动物和植物放在火上烧烤后再吃的方法。除此之外，还有利用石烙和石烹来熟食的方法。石烙，就是把生食物放在石板之上，通过对石板进行加热使食物变熟；石烹即在土坑或容器内装入水与食物，再将烧热的石块反复投入，使水沸腾，以便将食物煮熟。虽然上述几种方法都比较笨拙落后，但它已经表明当时人们的饮食生活水平向前迈进了一大步。

随着社会生产力的发展，尤其是到了原始社会的末期，陶器出现之后，使饮食的技术和内容发生了显著变化，也为人类的生活提供了最为直接和最为便利的条件。从考古发掘出的材料来看，在新石器时代末期，已经出现了用于蒸煮食物的陶鼎、甑、灶和盆等器类。然而，从耐火程度上来讲，这些陶器只能用于熟制植物类的食品，还不能达到以高温火候来烹制肉食类的性能。而此时对肉类的熟制过程，可能仍继续采用较为原始的烧烤的方法。不论怎么说，只要有了炊器，一批用于盛食、盛水的容器如钵、盆、盂、尖底瓶、罐也就应运而生了。

商周时期，饮食技术和条件比之以前又有了进一步的发展。随着铜器的出现，所有的食物都可使用炊器直接烹制，同时金属器类又扩大了对食物加工的工艺范围和方法。除一般的蒸煮之外，还能够采用煎、炒、炸的方法使食物熟制，此时容器类的内容更加丰富，不但要满足盛食、盛水和盛酒的需要，同时还要满足不同饮食层次和礼仪形式的需要。

二、秦人饮食器具的演化

秦人在立国之前的社会生活中，相对于中原地区，尤其是对于西周王朝统治区域来说，是比较落后和闭塞的。当关中地区已经采用以青铜器作为炊器的时候，秦人仍停留在用火直接烤食物和刚刚使用陶器的初期阶段。当其进入关中地区之后，中原地区先进的饮食技艺则被他们很快地接受下来。尤其是原先属于周人统治区域的关中地区的生活环境，为其发展饮食并形成独有的饮食文化提供了良好便利的条件。

首先，关中地区有着丰富的物产。据周代文献《诗经》记载，粮食作物名称虽然有21个，除同物异名或同物异种外，归纳起来也不过六七种，这就是黍（秬、秠）、粟（谷子，别称“稷”，优者称“粱”，另有“糜子”）、麦（小麦称“来”、大麦称“牟”）、豆（菽）、稻（稻、稌）、麻（可食的籽称“苴”或“蕡”）等；蔬菜类有葵、韭、芹、蒲、荷、薇、芥、葑、菲等。除狩猎能获得肉食品之外，随着家庭饲养业的广泛兴起，牛、猪、羊、犬和鸡，还有局部地区有着养鱼、捕鱼的营生。这些野生和家养的动物资源，一方面为秦人提供了丰富的肉食产品；另一方面动物的骨皮还为他们提供了其他方面的用途。

其次，在原先较为发达的周人居住区，有着先进的饮食技艺和经验，又有着良好的生活习俗。秦人进入关中地区后不久，便很快地接受到了这些并将其不断地推崇和发展。

再次，周人居住区先进的饮食器具，又为丰富和提高秦人饮食水平创造了较为便利的条件。

战国晚期至秦代，由于铁制和釉陶类饮食器具的出现，以及对粮食产品加工细致的缘故，秦人的饮食技艺和效果又有了较大的飞跃。人们在讲求食品的色、香、味俱佳的同时，由于对饮食器皿使用的广泛和普及，秦人还常常要求通过对各类不同食物的合理搭配来烹制和调剂食物，以达到饮食生活不仅丰富多彩，而且还有助于人类健康和社会进步的效果。

整个春秋战国乃至秦统一时期的日常饮食器具大体上可分为铜器和陶器两大系统，由于随葬需要，所以又有一批和实用器相类的明器出现。当然，秦人的日常饮食器具的齐备，是经过了一个漫长而有规律的发展过程的。

春秋早期到中期，秦上层社会的日常器具主要以实用铜器为主，从考古发掘出土的资料看，成套相配的组合器物有鼎、簋、方壶、甗、盘和喇叭口罐等，个别春秋早期的秦墓还出土盉（边家庄M1：12、M5：13），中期又出现了盂（福临堡M1：2——有捉手的盖、八旗屯M27：5——习见的敞口）和匜（福临堡M1：11）。从器物的风格上看，仍然保持着浓郁的西周传统作风。这是由于秦人刚刚进入关中不久，不得不接受西周传统文化的影响。但也因为各种原因，其饮食文化不仅落后于西周时期，更比不上东方其他六国。

春秋晚期，铜器减少，出现了较多的仿铜陶器，实用陶器亦随之增加。器类增加了敦、豆、小口罐等。西周传统的组合形式已经发生变化，表明在西周传统的基础上开始向秦器作风演进，有了逐渐摆脱西周传统风格的倾向。这时的铜器变得矮小、胎薄。在墓葬的随葬品组合方面，往往是由陶器和铜器互补而凑成的一套。由此可见，这个时期的铜器在衰落而陶器的制造则较为发达。

战国中期，出现了全面的新旧交替的器物。传统的铜礼器趋向明器化，偏晚一些时间则完全微型化。同时，接受外来文化影响，新型器类增加而内容丰富，有来自东方的矮足鼎、方壶、簋，有来自巴蜀的釜、鍪。这些器具颇具特色，并向完全的实用器发展。

战国晚期，饮食器具仍为铜、陶互补，且一批典型的鍪、蒜头壶等铜器和茧形壶、小口圆肩罐等陶器相继出现，并广为流行。从墓葬出土的随葬品来看，这个时期不见明器，全为实用器。随葬品的组合，也显示出无规律的随意性。由于频繁的和规模较大的战争不断发生，以及秦人在战争中的节节胜利，使秦的生活风俗逐渐超出关中地区，波及六国各地。

秦统一六国后，秦代的势力迅速覆盖了原先六国的地区，从而形成一个具有丰富多彩的饮食文化风格。但作为一个完全纯正的秦人生活习俗，却始终局限于关中地区。而原先属于六国统治的区域范围，虽然接受了部分秦人习俗，然而，他们固有的习惯依然存在。由于秦代统治者为了防范民间铸造兵器，而对金属原料严格限制，导致了这个时期内的日常饮食器类自始至终以陶质器为主，金属器仅发现少许的铁釜或者一些质地轻薄的铜器。

第二节 青铜礼器

一、礼器的社会功能

“衣食足而知荣辱。”当秦人立国、进入关中之后，同诸侯通聘享之礼，周人上层的礼制也成为学用的对象。

"国之大事，在祀与戎"（《左传》成公十三年）。秦人为了立国，同样把祭祀和打仗当做国家的头等重要的事情。所谓"重器不出门"者，就是对家族有重大意义的器物如不能保住，就意味着一个家族的消亡。由此可知，青铜礼器不仅体现在秦人的日常生活中，更多地体现在秦人祭祀活动的各种礼仪之中。尽管从物质的层面上，人们多是把它当做生活日用品去介绍，但在秦人的文化中，这些更多的则是秦人礼制的象征。

青铜礼器是奴隶主贵族用于祭祀、宴飨、朝聘、征伐及丧葬等礼仪活动的用器，用以代表使用者的身份等级和权力。因此这些用于祭祀和宴饮的器物，被赋予特殊的意义，这就是所谓的"藏礼于器"，这类器物被叫作"青铜礼器"，简称"礼器"，或称"彝器"。因为礼器中最重要的部分是和祭祀有关的器物，所以在许多青铜器的铭文中，把宗庙中的许许多多礼器都称之为"宝尊彝"。因此，"尊彝"也就又成了青铜礼器的通称。

二、简而精的几种铜礼器

对青铜礼器的划分尽管有多种门类，但大多数将其分为饪食器、酒器、水器、乐器四个大的门类。目前已发现的秦人的青铜器虽然不多，但从礼器角度观察，最多最重要的依然是体现主人的身份地位和用于祭祀的功能。由于这些礼器参与各种礼仪活动，虽然是秦人生活中不可或缺的重要组成部分，但它和日常生活中的用品又不能相提并论。因此，本节着力对青铜礼器中除饪食、饮酒、盛水、娱乐之功能以外，对具有典型和代表意义青铜礼器从礼制的独特层面予以介绍。

考古发现表明，周人的礼制虽然在秦享国后的生活中保留了下来，但已远不如周人那么严格。商周时的青铜礼器虽然在秦考古中有发现，但种类趋于简单化。主要体现在鼎、簋、壶和乐器的使用上。这几类铜器形制及纹饰在秦文化中却极富代表性，发展延续了一个相当长的时期（图8-1）。

鼎可说是个长寿礼器，自从周人那里继承过来后，同秦的历史相始终。以战国中期为界线，由浅腹、矮蹄足的"立耳鼎"一变为三纽盖、扁球体的"附耳鼎"（图8-2）。

和鼎形变化的时间相当，壶由双耳、长颈的长方圆角变成鼓腹的圆壶。而带盖、敛口、鼓腹的双耳圈足簋，至少沿用到春秋晚期，宋代出土于天水的秦公簋可以作为代表[1]（图8-3）。

（一）鼎

鼎是传统的炊器之一，早在秦人立国之前的商周时代，鼎便被当做常置器具来使用，具体可分为镬鼎、升鼎和陪鼎三大类，其用途是烹煮肉食或者宴享时的盛食或盛汤之器。

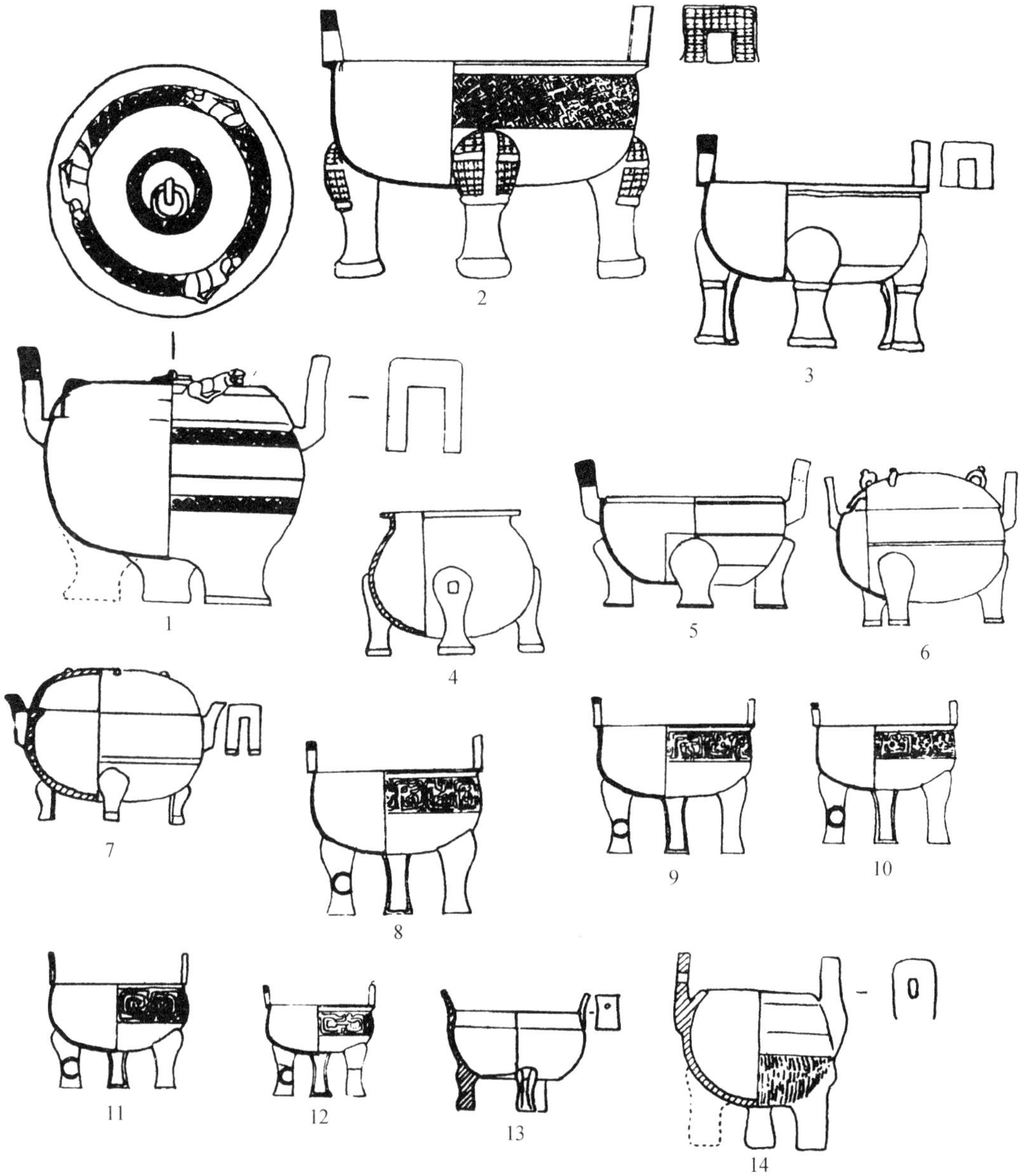

图8-2 鼎

1. 铜鼎（咸阳任家嘴84M1：13） 2. 铜鼎（宝鸡福林堡M1：6） 3. 铜鼎（陇县边家庄79M1：1）
4. 铜鼎（凤翔高庄M18：8） 5. 铜鼎（咸阳任家嘴84M1：14） 6. 铜鼎（凤翔高庄M16：6）
7. 铜鼎（凤翔高庄M39：11） 8～12. 铜鼎（陇县边家庄79M1：2～6） 13.陶鼎（凤翔高庄M12：14） 14. 陶鼎（凤翔西村79M8：1）

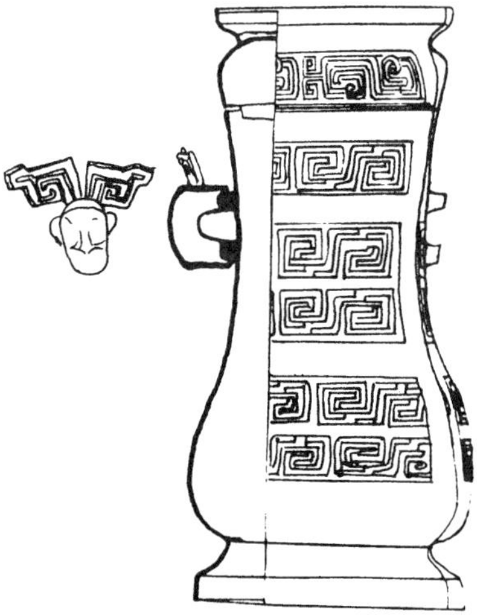
图8-3　方口铜壶
（宝鸡福临堡M1：7）

镬鼎的形体特大，系厨房用器，专用于烹煮肉牲。据《淮南子·说山训》：“尝一脔肉，知一鼎之味。”又如《周礼·天官·烹人》：“掌供鼎镬。”郑玄注曰：“镬所以煮肉鱼腊之器，既熟，乃陈于鼎。”

升鼎是盛放镬鼎煮熟之肉的器具，系盛食之器。吃饭时，在其下仍可加火，以保持食物的温度。

陪鼎其用途与升鼎基本相同，但专门盛汤。

商周以来，对鼎的使用有着严格的等级制规定，因而导致了“列鼎制度”的产生。按照周人礼制组合把鼎依大小相次、成单数排列而盛放各种食物，即所谓“列鼎”。主人身份等级越高，使用的鼎数越多，能享受到肉食类的品种也越多。所谓礼数不同，实际上是指排场大小的差异。天子九鼎、诸侯七鼎、大夫五鼎、士三鼎[2]。在春秋到战国早期之间，秦人充分继承了前代的这一礼制，往往把一大部分鼎当做明尊卑、别上下以标志统治阶级等级制和权力的礼器来使用。秦人规定：天子的九鼎称“太牢”，分别盛放牛、羊、猪、鱼、腊、肠胃、肤、鲜鱼和鲜腊；诸侯七鼎称“大牢”，分别盛放牛、羊、豕、鱼、腊、肠胃和肤，只是减少了鲜鱼和鲜腊；卿大夫五鼎称“少牢”，分别盛放羊、豕、腊、鱼、肤；士的三鼎，只放豕、鱼、腊。

列鼎礼制在秦早期的考古发掘中已有发现，往往是奇数的列鼎与偶数的簋配合使用，即9鼎与8簋相配、7鼎与6簋相配等。例如，礼县大堡子山秦公墓7鼎（？）、陇县边家庄几座卿大夫墓用5鼎4簋[3]、宝鸡南阳墓地的用鼎，都是按列鼎排列的。这说明春秋早期的秦人还是严格遵循周人用鼎制度的。

可惜的是大堡子山墓地被盗，器物组合被严重扰乱。甘肃省西和县公安局缴获一批盗自礼县大堡子山的器物，其中铜鼎7件，虽大小有别，但形制相同。其中一件（标本M3采：1）敛口，立耳，浅腹下垂，微圜底，三兽蹄足内敛，足根有扉棱。耳饰重环纹，颈饰窃曲纹，与腹部垂鳞纹以宽条带相隔。口径33、最大腹径37.6、高38.6厘米，器腹内壁铸铭文二行6字：“秦公乍铸用鼎。”值得关注的是，1993年10月，一批秦公重器在香港出现，上海博物馆马承源馆长择其精者，将7件秦公器抢救回归，其中秦公鼎4件，上有铭文“秦公乍铸用鼎”“秦公乍宝用鼎”。此秦公鼎与M3所出之鼎造型相近，但腹壁外鼓和下垂的程度不如后者显著。此外，M3秦公鼎兽蹄足上的扉棱呈“山”字形，而上博四鼎的扉棱既有“山”字形，又有波浪形，还有简约的弧形。两者最大的区别在于纹饰上的差异。上海博物馆秦公鼎的颈、腹部均饰窃曲纹，其中颈部纹饰简单，腹部纹饰较繁复。腹内壁均有铭文6字，为“秦公作铸用鼎”或“秦公乍宝用鼎”。这些鼎在这里再明白不过地体现了墓主的身份和地位，表明这些鼎非秦公莫属[4]（彩版一三，4）。大堡子山类型铜器的基本特征，显然是西周晚期周人器物的风格。

春秋期的秦青铜鼎，一般是立耳，敛口，垂鼓腹较浅，圜底较平，三蹄足较矮。腹部纹饰，以中期偏晚为界限，以前多饰窃曲纹，此后出现了勾连的蟠虺纹。耳饰重环纹，足上部饰兽面纹。关中地区主要流行半球形深腹圜底鼎，多在上腹饰两道弦纹，部分夹以简单的重环纹、窃曲纹等，颇有草率简陋之感。立耳、浅腹，底近平的矮蹄足鼎一直沿用到战国早期。这些与西周晚期常见的深腹圜底鼎有较大的差别，形成秦器自己的风格。从战国早期偏后时起，涌现了三晋风格的铜器，鼎有作附耳、鼓腹、矮蹄足的，也有联裆鬲的鼎、外撇的长立耳盘形鼎。

商周时期，鼎是主要的烹饪器具。秦国的统治者上层享有青铜鼎的使用权限，而一般普通人只能使用陶质的鬲或釜作为烹饪器。但到春秋战国之际，鼎的实际用途及数量相对减少，特别是战国晚期之后，经过东周社会一场剧烈的变革，列鼎制度衰败，鼎基本上退出了烹饪或盛器的行列，成为单纯标志上层统治者等级身份和社会平民阶层祈求富贵、渴望生活富裕的祭祀用器或随葬明器，而且还常常会出现用鼎数量和用鼎者身份不相符的情景。

（二）簋

簋，也作“毁”，是盛放黍、稷、稻、梁等熟食品的盛具。

青铜簋在使用上和鼎的不同之处是以偶数组合。据记载，天子用8簋，诸侯6簋，大夫4簋，士2簋。但已发掘的一些春秋秦墓葬中，簋的配置已脱离了这个轨道，在数字中并不那么严格。似乎时间越早，鼎簋数的配置中周文化成分含量越大，用鼎制度越严。无论是从数字组合上还是鼎簋质地上，都较多地保持了周人风格。随着时间的向后延伸，周人用鼎的习俗虽然保留了下来，但已发生了变化。青铜鼎和仿铜的陶簋共出，用鼎簋的数量上已不那么严格，不再是三、五为差。常常出现簋数多于鼎数，或是有鼎无簋的随意情况。南阳M2，秦家沟M1、M2不是3鼎2簋，却是3鼎4簋。西高泉M2还是2鼎4簋。南阳M3如果不计同出的5件仿铜陶鼎，则是5鼎（青铜列鼎）4簋配置组合，加上陶鼎，则成了10鼎4簋的配置。

礼县圆顶山春秋秦贵族墓地的礼器组合，基本上也反映了这种变化情况。据发掘者说，这些墓葬虽然也被盗扰，但因该地区水位较高，快到墓底时，盗墓者不敢横向掏挖，才使得随葬品得以保存。这次发掘的4座墓葬中，6鼎2簋配置的1座，5鼎6簋配置的1座，5鼎4簋配置的1座，1鼎的1座。其中只有一座符合传统记载。

秦的青铜簋虽然发现不太多，但基本特征还是比较清楚的，如春秋早期的簋多是扁体鼓腹，子母口内敛，圈足，兽耳，盖顶高起。口沿附近及圈足饰一周窃曲纹，腹中下部为瓦纹，耳上有圆雕兽首（边家庄M5：6、M1：8）。中期偏早，盖顶趋平，同簋结合后整体呈饱满的扁圆状（福临堡M1：3）。春秋晚期的簋足加高，到战国早期的簋足加高成折棱方座（客省庄M202：8），而在中期一闪之后（西高泉M26：26）就

图8-4　秦公簋
（甘肃礼县出土）

销声匿迹。

铜簋中，目前发现并已著录且有较大影响的，是甘肃礼县的出土物（图8-4；彩版一三，3）。

大堡子山的秦公簋现藏于上海博物馆。高23.5、口径18.8、两耳间宽36.7厘米。体形宽伟，盖握高大，双耳甚丰。耳上有龙首宽厚，卷身，下有垂珥。圈足上有三兽头，下连短的三个虎爪形附足。器沿与口沿的纹饰均为兽目交连纹上下相对。尤为奇特之处是，每组纹饰之间都有浮雕状牺首，盖沿八个，器沿六个。盖沿八个为正向，器沿六个为倒向，上下口口相对，别有一番意趣。簋的器沿和盖沿上牺首相对之纹，以往所见者以前后正中的两组为多，且均为正向图案，而秦公簋的这种装饰为青铜器中首见。面和器腹纹饰均为横条沟纹，圈足上饰鳞纹，盖顶握手内饰变形兽纹。器、盖对铭各有5字“秦公乍宝簋”。这件秦公簋是上海博物馆马承源先生从香港购回的两件有铭秦公簋之一，均出自甘肃礼县大堡子山秦公墓地，为春秋早期秦国国君的礼器。

传1922年出土于甘肃省礼县红河乡的秦公簋，现藏在中国国家博物馆，高19.8、口径18.5、足径19.5厘米。簋盖及器身饰细小蟠螭纹，双耳作兽首，盖上有铭54字，器身有铭51字，共105字。字体与石鼓文颇为相似，字体整饬严谨，微曲中求劲健，表现出强悍雄风，当是春秋时期秦国的传神写照。另外，器盖均有秦汉间后刻铭文各8字，故知此簋在秦汉时被当做容器使用，属于西县的官物。这件秦公簋向来为国内外学术界所重视，80多年来，从柯昌济、王国维开始，先后有马叙伦、罗振玉、郭沫若、商承祚、吴其昌、冯国瑞等人都对这件秦公簋进行过研究，但由于秦早期史料简略，所以铭文所涉及的内容长期来难以得到一致的结论。现在学者认为，它属于秦景公时器物，具有极高的史学价值。

另外，还获有一兽目交连纹簋，高19.2、口径15.3厘米，形制和纹饰与上两器相同，只是无铭文，亦应为秦公墓中之器。

还有一件很有名的“不其簋”[5]被认为是秦庄公之器。但从铭文字数之多，同大堡子山秦公簋铭文之简，所发生时间倒置的情况看，很不合理，似应排除[6]（图8-5）。

（三）酒　器

在周人的青铜礼器中，酒器占有相当的数量。器形主要有爵、角、觚、觯、斝、尊、壶、卣、方彝、觥、罍、瓿、盉、枓、勺、禁等。但被春秋时秦人沿用下来的并不多，考古中比较常见的只是铜壶（图8-6），至今还没有发现尊。

图8-5　不其簋
（1980年滕县出，盖为旧藏）

1. 铜壶

截面呈圆角长方形，通体高大，带盖，盖上有捉手，口微侈，长颈，竖双耳，鼓腹，圈足。捉手和圈足饰窃曲纹，盖沿饰龙纹，颈饰波带纹，腹饰双身交结龙纹。春秋早期的壶，细而长的颈使圆浑的腹部偏下（边家庄M5：10）。早期偏晚，壶颈变粗（边家庄M1：14、福临堡M1：7），随之盖加高而平顶外扩（秦家沟M1、高庄M10：10）。

这种圆角方体铜壶，虽然一直沿用到战国中期偏早一些时候（西高泉M26：25），而一种高柄钫在闪现之后（任家嘴殉人墓出土）则出现了带铺首双耳的球状腹圆壶（朝邑M203：1），终秦一代（黄家沟M：6）。

圆口鼓腹带耳铜壶，少见带盖。宝鸡西高泉村春秋秦墓的壶腹最大径偏下。直口方唇，径有两兽耳衔环，器表饰有三角形夔纹、凤鸟纹、云雷纹、重环纹，异常华丽。凤翔高庄、河南泌阳秦墓的素面铜壶，是常见的标准造型。

礼县大堡子山出土的秦公铜壶，花纹繁缛，极其精美，铸铭有“秦公作铸尊壶”等字（彩版一三，2）。

2. 驹尊

1957年在陕西眉县李村村北的周秦遗址中出土了盠驹尊1件、盠方彝2件、盠方尊1件和驹尊盖1个。驹尊作昂首挺胸站立的小马驹形，竖耳垂尾，背有可以开合的小兽纽盖。腹两侧和盖纽上有由涡纹和云纹组成的圆形图案。颈下有铭文9行94字，盖内有铭文3行11字。尊彝上的铭文相同，通篇计107字[7]（图8-7）。如果把铭文中一些关键性的字眼穿连起来，大意是这样的：周王参加了“执驹”礼（二岁驹离开母马，即调习服用的大典）并把青铜驹尊，作为奖品兼命书，授予盠，还委任他“摄司六师暨八师执”，即执驹为王朝的军队（周六师和殷八师）主持马政。这件盠驹尊虽然不属秦人的东西，但它同秦人早期的历史息息相关。卢连城先生首先提出了它同非子养马有

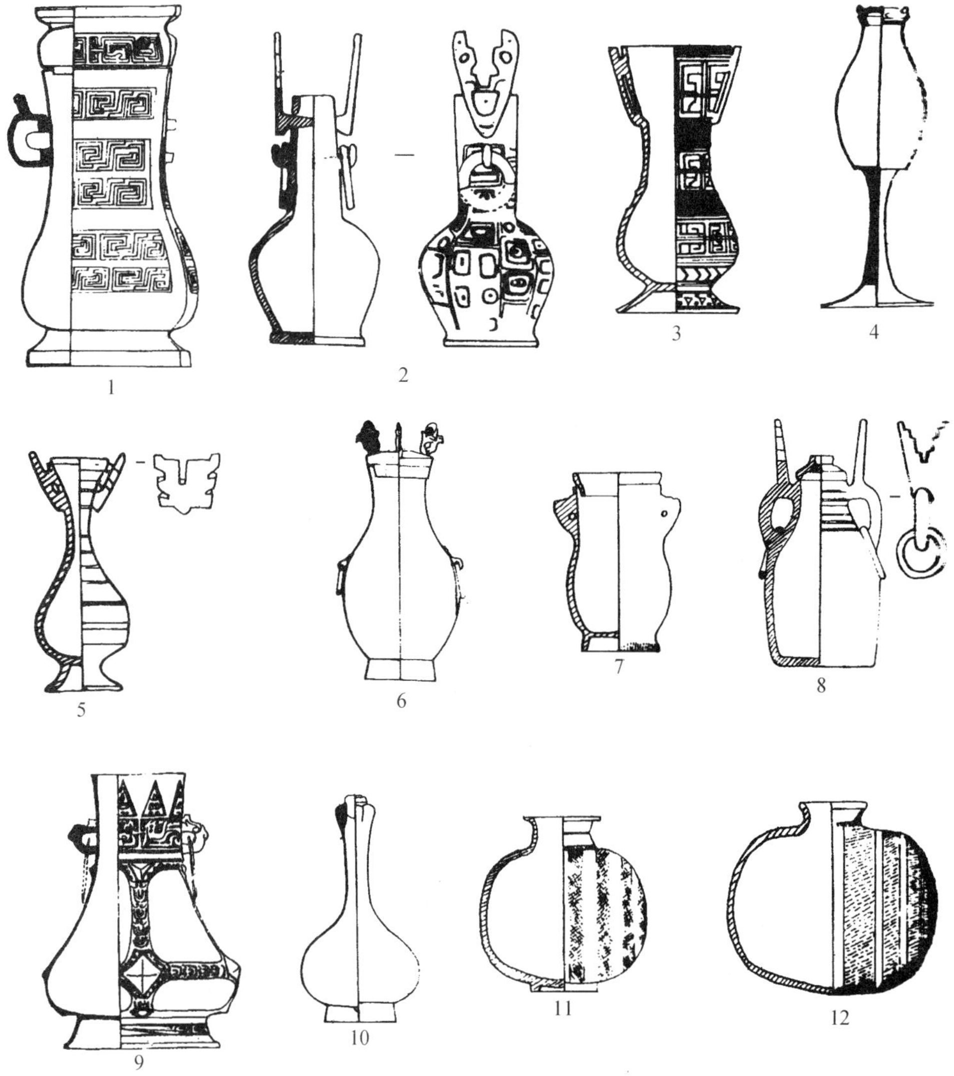

图8-6　各种壶形

1. 陶方口壶（宝鸡福林堡M1：7）　2. 陶方口壶（铜川枣庙M22：5）　3. 陶方口壶（宝鸡福林堡M6：5）　4. 铜高足壶（咸阳任家嘴M1：11）　5. 陶方口壶（凤翔八旗屯81凤八M3：1）　6. 铜圆壶（江陵杨家山M135：74）　7. 陶双系壶（宝鸡福林堡M3：5）　8. 陶高耳壶（铜川枣庙M8：8）　9. 铜重环纹壶（宝鸡西高泉村M1：2）　10. 铜蒜头壶（江陵杨家山M135：73）　11. 陶茧形壶（铜川枣庙M6：2）　12. 陶茧形壶（凤翔西村M43：5）

关，并考定出“王执驹”封赏盠的“㪟”“豆”“周庙”三地就在“汧渭之会”[8]。据陈平先生考证，“盠”器铭中称“騂子”的，实是“主马于汧渭之间，马大蕃息”的秦嬴非子；铭中的“骆子”，也就是非子之父大骆（《史记·秦本纪》）[9]。

以动物形象制造的这件驹尊，固然有盛酒的作用，但作为周孝王的奖品则更多地带有纪念意义。

（四）礼　乐　器

钟、镈

1978年1月，原宝鸡县（今陕西宝鸡市陈仓区）太公庙村村民冉怀绪在自家的后院断崖上取土时，发现一套青铜乐器，计有秦公钟5件，秦公镈3件，宝鸡市博物馆得知消息后前去清理[10]（图8-8；彩版一二，1，3）。

图8-7　驹尊

1

2

图8-8　秦公钟、镈（宝鸡太公庙出土）

1. 秦公镈　2. 秦公钟

5件秦公钟的形制一致，唯大小有差。最大的通高48厘米，重24千克；最小的通高27.6厘米，重6千克。钟上的纹饰也一致，甬上饰四条小龙，干上有四组变形雷纹，旋部饰重环纹，舞部纹饰可分四个区段，每一区段内有三条变体夔纹相绕。钲部可分五个区段，内饰两条双身夔纹。鼓部饰相向而立的凤鸟一对。

3件秦公镈的形制也基本上一致，只是大小有所不同。最大的通高75.1、身高53、舞宽30.4×26厘米，重62.5千克。最小的通高64.2、身高46、舞宽26.6×22.4厘米、重46.5千克。花纹也一致，甬的纽部饰两个夔纹双首共身，龙首下视，舌长吐，下有四条扉棱，其中两侧的扉棱由六对夔龙相互勾连组成，有的夔龙卷鼻上翘，有的曲舌吐出，有的圆目外视，有的静目面壁。正面的扉棱与两侧结体不同，上部两对龙凤回首相连。相背立于顶，下有一对凤鸟回首相望，五对夔龙相顾。有的夔龙舌作象鼻，有的双首共舌。器身纹饰以夔龙为主，上部的双首夔龙共结于一身，并有小夔俯身向下，下部两组夔龙分体铸造。通身上下各有一组条带纹，由变形蝉纹、窃曲纹和菱形纹组成。两条带纹中间有四组纹饰，全是由六条飞龙勾连。舞部也饰四组纹饰，每组由两龙相绕，旁有小凤鸟。

在这8件打击乐器上分铸有5套铭文，内容完全一致，3件秦公镈上各铸一套，3件秦公钟上分铸两套，但其中较小的3件秦公钟上范铸的铭文缺少一段，说明这套乐器尚少了一件。

铭文长达135字，有“先祖”既“受天命”，又有“赏宅受国”等句，显然非秦襄公莫属。先祖之下紧接的文公，也与秦世系相合。铭文中秦公相连，而只叙到宪公，可见作器者当系宪公之子。宪公有三子，即武公、德公和出子。在都曾即位的这三子中，多数学者认为作器者当是秦武公。因为他东伐彭戏氏而至华山，诛三父夷三族，西伐邽、冀之戎，县杜、郑，灭小虢，功绩赫赫，最具铸器纪念的条件。

2006年，考古工作者在甘肃礼县大堡子山秦公大墓西南20米处又发现了一个乐器坑[11]。坑东西长8.8、宽2.1、深1.6、坑口距地表深约2.1米。在坑内南排木质钟架旁，依次排列着3件青铜镈、3件铜虎和8件甬钟。镈和钟各附带有1件青铜挂钩。青铜镈一大二小，最大的一件通高65厘米，舞部及镈体部以蟠龙纹为主要装饰，造型华美。四出扉棱为透空的纠结龙纹，鼓部素面。

铭文26字，作“秦子乍宝和钟厥气三镈其音雝雝秦子畯命在位万寿万年无疆”，可见这套编钟系出子所铸造（图8-9；彩版一三，1）。

它同太公庙出土的秦武公编钟时代近似，年代为春秋早期。由此推测，太公庙这套乐器也可能是一个祭祀器坑，周围当有重要的祭祀场所。

甘肃礼县秦子镈和秦子钟，同陕西太公庙秦公镈和秦公钟，不仅造型风格酷似、时代相近，而且都是秦公王室祭祀的礼乐重器。

图8-9　乐器坑与镈铭

（礼县大堡子山出土）

第三节 饮食器具内容

一、烹饪器与炊具设施

在秦器物中，仿铜的陶礼器也是很有特点的一种文化现象。在春秋至战国早期的秦墓中，往往有模仿铜礼器的一些彩绘陶器，如鼎、簋、方壶、盘、匜等，但在战国中期戛然绝迹。

战国中期出现的陶礼器，像附耳矮足鼎、凸弦纹圆壶、圆盒等，虽然也是对日用陶器的模仿，但器形风格同旧式的彩绘陶礼器俨然有别（图8-10～图8-12）。

考古发现秦人在各个历史时期所使用的烹饪器类，其使用功能、造型结构和发展演变等情况，不仅特征明显而且也有迹可寻（图8-13）。

（一）陶　　鼎

秦国统治时期的青铜鼎使用权限，仅在统治阶级内部。国人一般不能享用，而只能使用陶质鼎。

战国晚期之后，列鼎制度衰败，鼎基本上退出了烹饪或盛器的行列。随葬和祭祀用鼎不仅单纯标志着上层统治者的等级身份、社会平民阶层祈求富贵的明器，而且还常常出现用鼎数量和用鼎者身份不相符的情景。

考古发掘中，在春秋早中期的国人墓葬中出现了大量的陶质绘彩仿铜礼器。其中鼎往往是最常见的器种之一。到了春秋中期时，这些陶鼎与早期鼎比较，其口径小于腹径，出现了长颈，耳根从口沿向下移至长颈中部，春秋晚期鼎足矮小且靠近重心，鼎耳孔变小，立于肩而紧贴颈部。到战国中期出现了附耳矮蹄足的盖鼎，终秦一世。

（二）陶　　鬲

鬲的用途主要是煮粥，除此之外，还有同甑配套用于蒸煮食物的功能。鬲作为秦人的主要炊煮器具，其优于鼎的特点是，有三个空心足，既能扩大受火面积，又能较快地煮熟食物。考古发现属于秦文化的铜鬲数量较少，普遍所使用的则是陶鬲。秦式鬲，器体宽畅，受火面积大，耐火性能高。

从春秋早期到战国中期，秦鬲从形态上有一个发展演变过程。变化最为明显的特征是，器体逐渐增大，裆部由高逐渐变低。到战国早期，鬲的裆部出现了麻点窝纹，袋足逐渐变矮，以至消失。最后，终于被春秋晚期出现并沿用下来的圜底釜所取代（图8-14）。

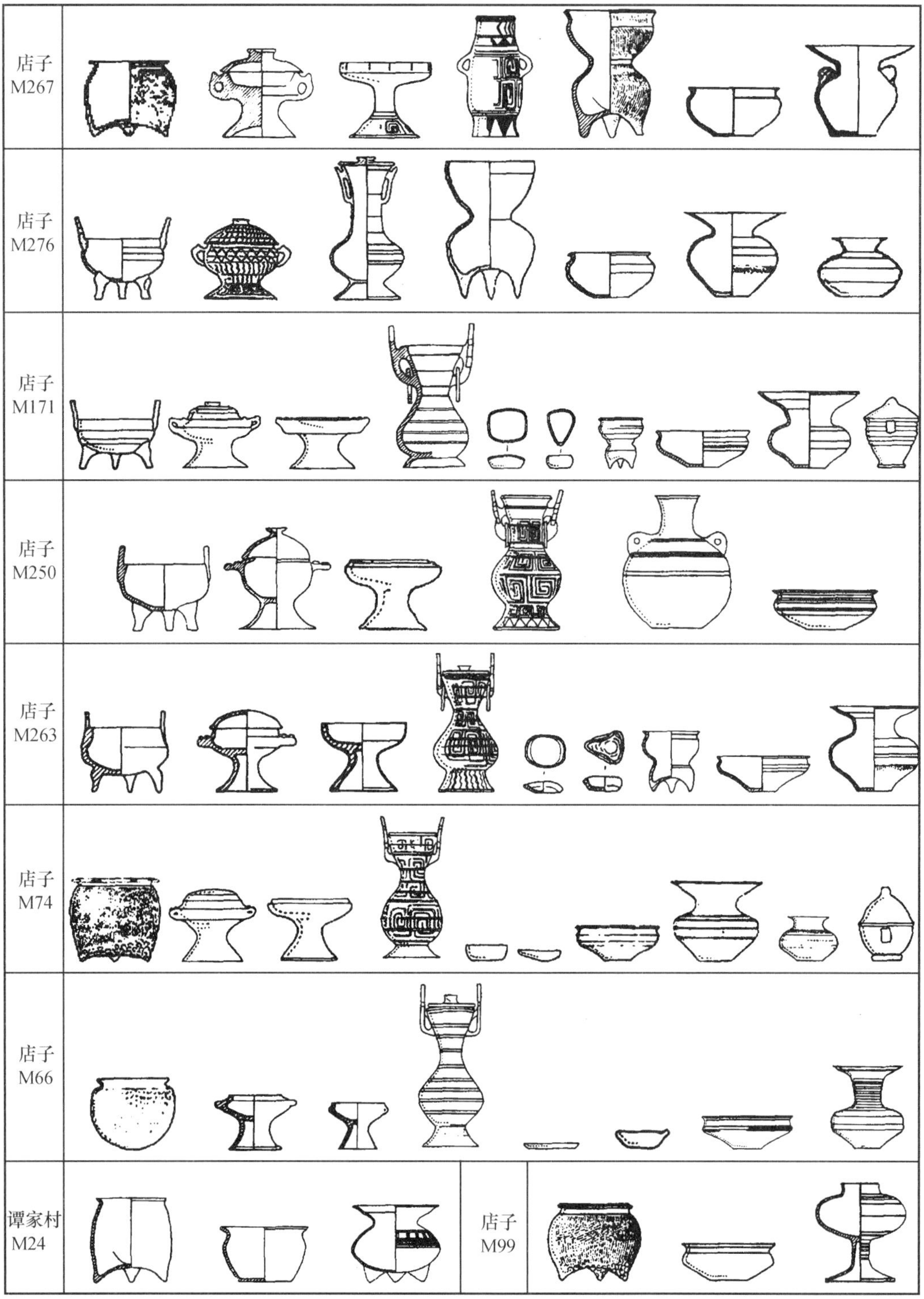

图8-10　秦“春秋型”陶器群
（采自梁云图）

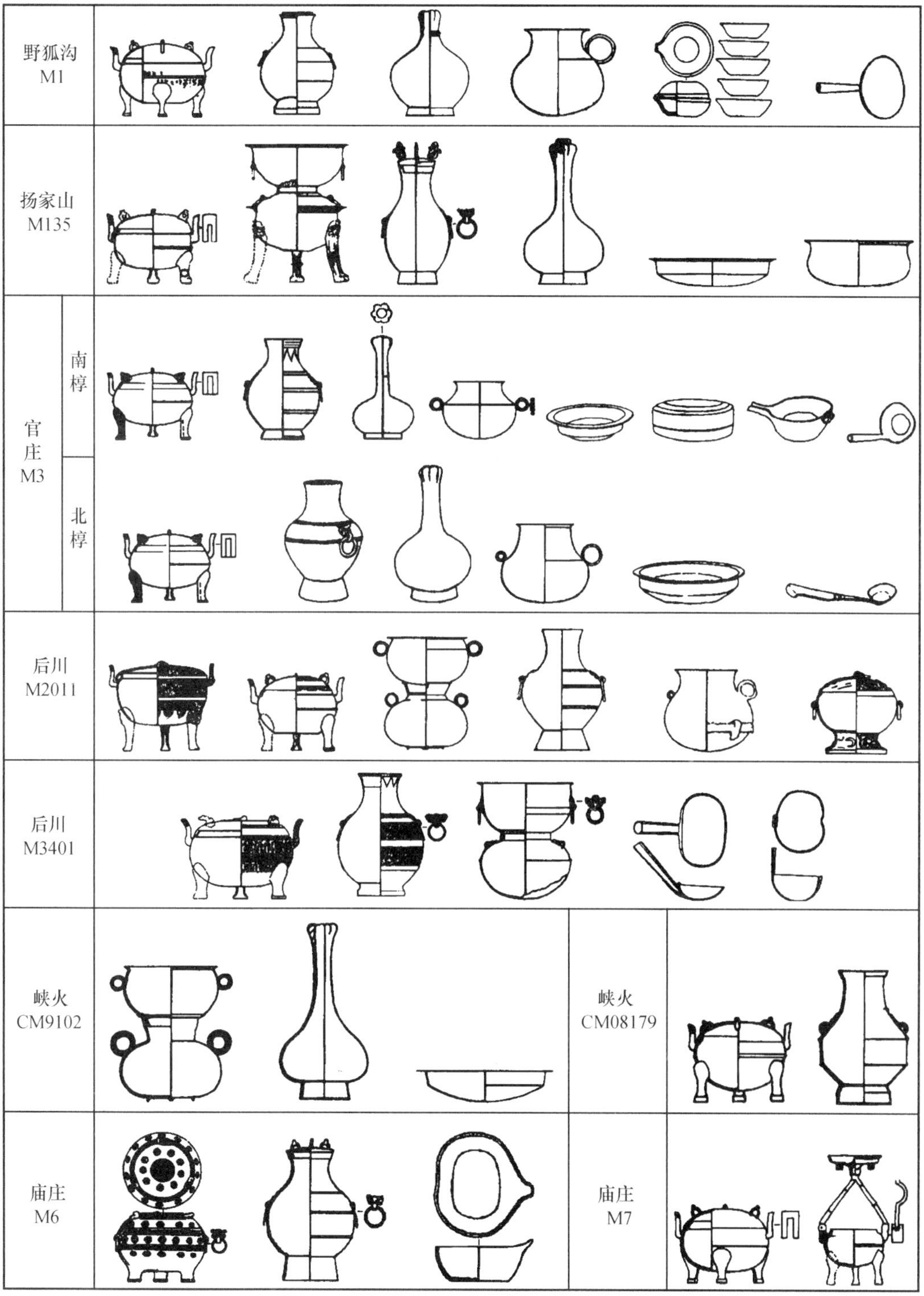

图8-11 秦“战国型”陶器群（一）

（采自梁云图）

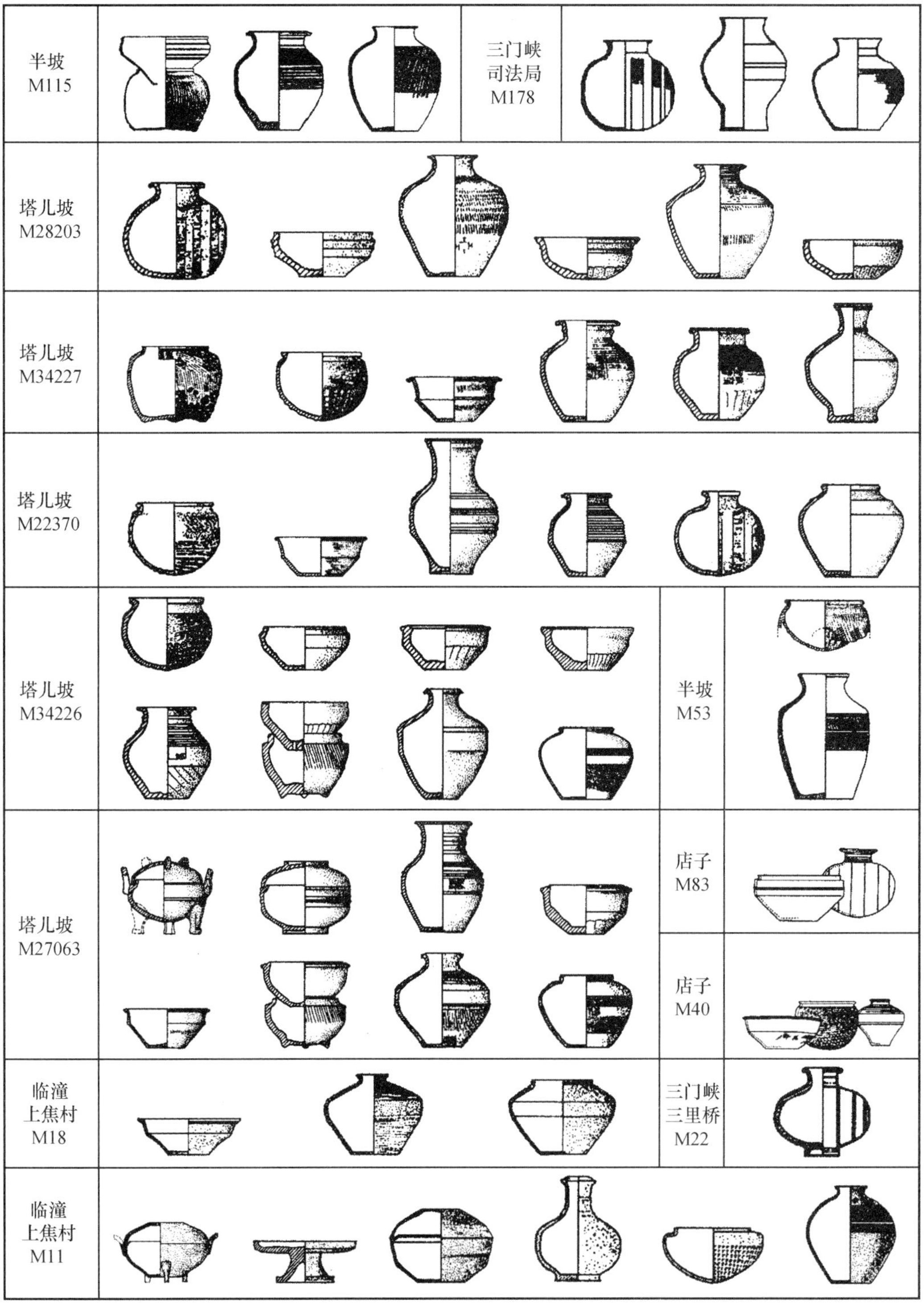

图8-12　秦“战国型”陶器群（二）

（采自梁云图）

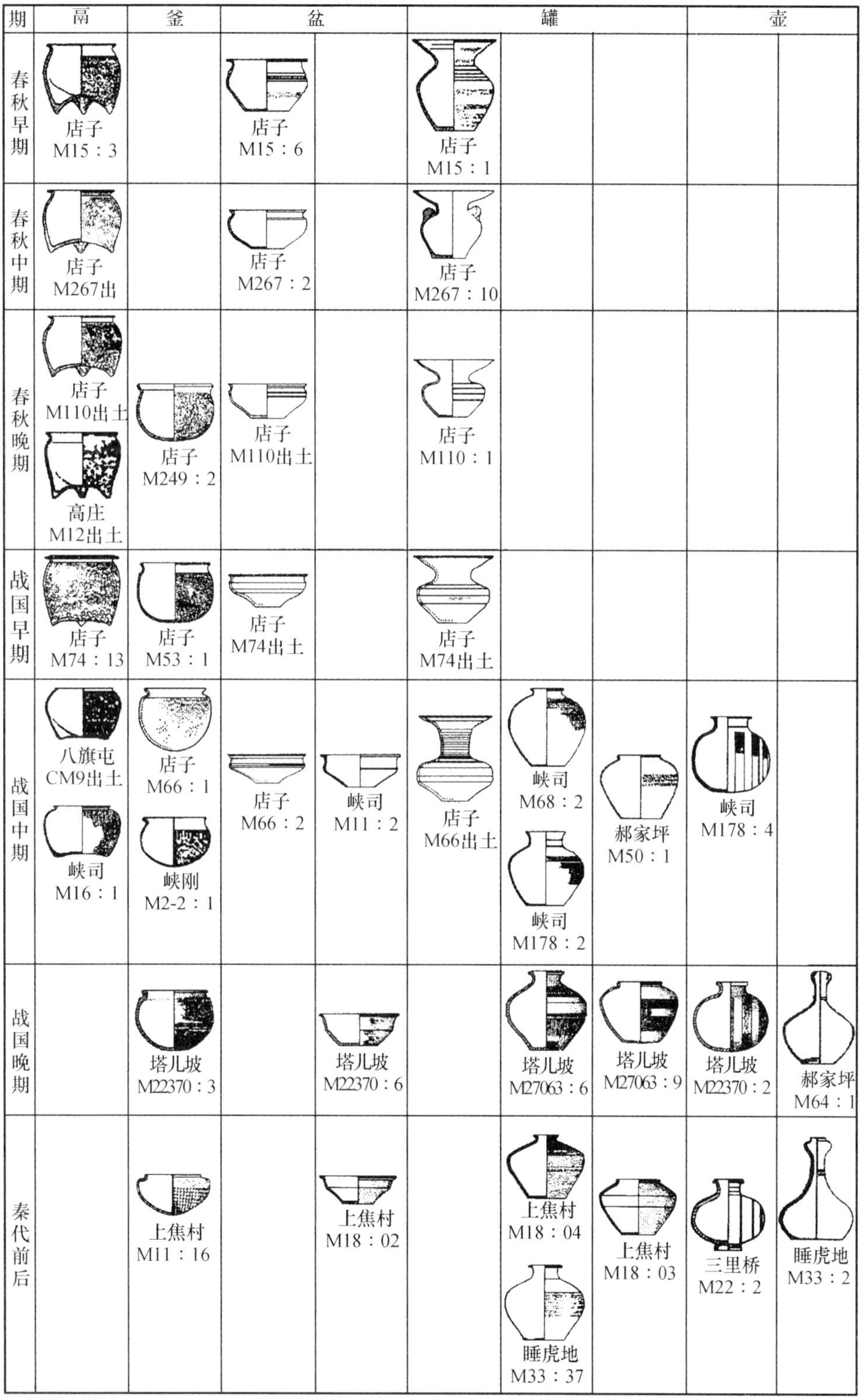

图8-13　秦墓日用陶器群演变序列图

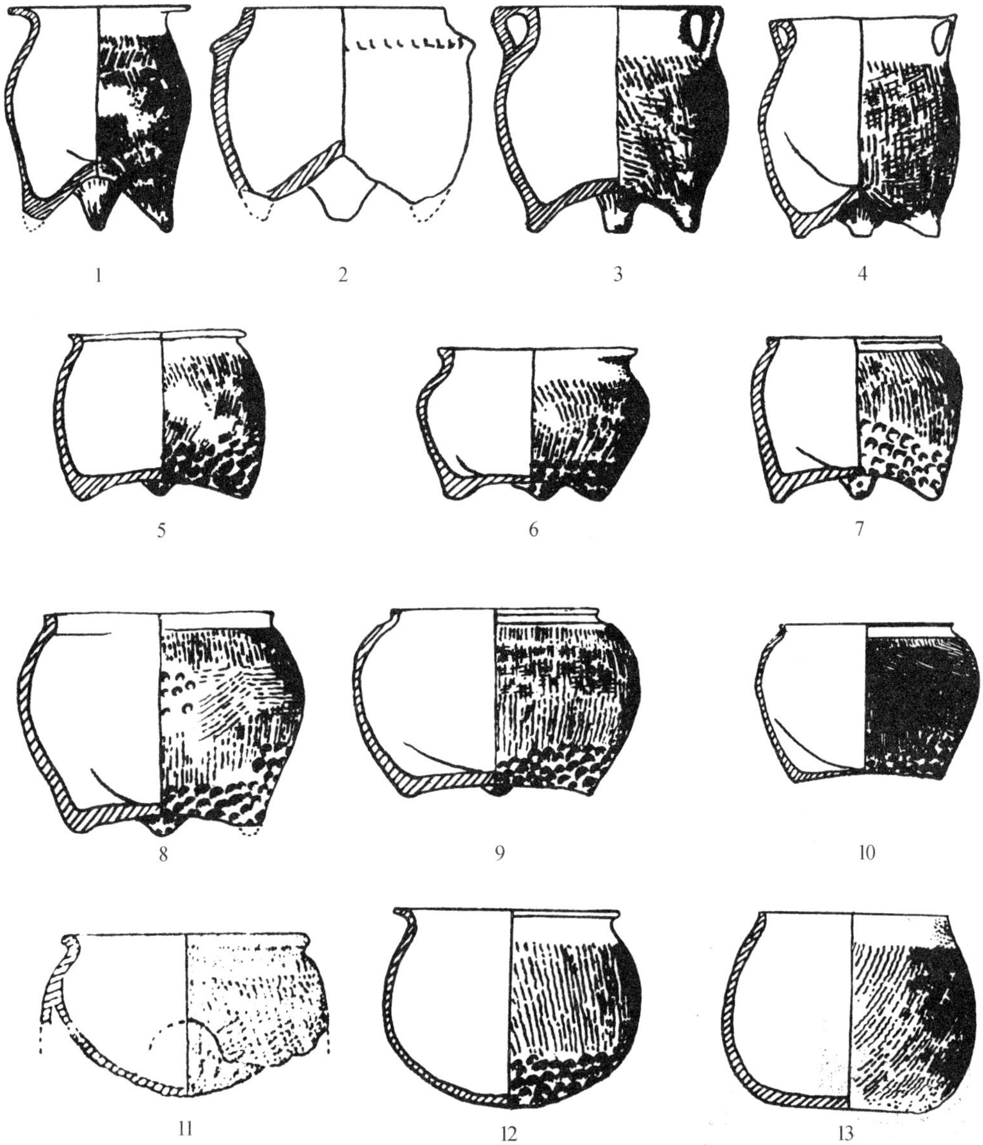

图8-14　陶鬲、陶釜

1 ~ 10. 陶鬲（铜川枣庙M3：3、铜川枣庙M6：3、铜川枣庙M2：1、凤翔西村79M66：2、铜川枣庙M7：2、铜川枣庙M5：2、凤翔西村80M139：1、凤翔西村80M10：2、凤翔西村79M43：1、凤翔八旗屯CM9：10）　11 ~ 13. 陶釜（西安半坡M53：2、凤翔西村79M40：3、铜川枣庙M17：4）

（三）陶釜与铁釜

釜从春秋晚期开始出现。对于釜的出现，学者有两种意见：它是秦式鬲三足逐渐退化过程中产生的一种新器形；梁云认为“秦釜可能来源于巴蜀地区”。考古中见到最早的秦釜，是陕西陇县店子秦墓的出土物（M249：2）。其形态特征是，上部与鬲相近，唯下部为圜底，质地都是夹砂，表饰绳纹。在日常生活中，陶鬲与陶釜并存使用。到了战国晚期，鬲则被釜完全取代。从考古发现来看，釜的形制变化不大，早晚特征不太敏感。

受陶釜使用方便的影响，开始出了铁釜，秦代的铁釜数量明显增多。在使用上，统治者上层多用铁釜，而平民阶层仍旧使用着陶釜。

湖北江陵扬家山135号秦墓出土有釜、甑、箅完整结合的实物。釜作鼎形，口沿宽而外侈。鼎口上覆盖，盖顶有一个圆形小直口，两侧附有对称的铺首衔环。釜之腹较深，小平底，腹外为外撇的蹄形三铁足；铜甑作深腹的盆形，两侧附有铺首衔环。甑底穿空，圈足套在盖顶口上；铜箅作隆起状，上有细密的小孔，套在甑底。通高40厘米[12]。

（四）铜甗和陶甗

作为蒸饭用途的甗，全器是由上下两部分构成。上为甑，体呈圆形，放置被蒸煮的食物；下为鬲，内盛水。其上下部连接处称“升箅”，箅上留有通气的孔。

甗的结构本来上下各为单体，在使用时相互套接在一起。而有的甗则上下连体。生活实用的甗形体较大，胎质较厚。陶甗的质地为夹砂，而用作礼器或随葬明器的甗则器体一般较小，胎质较薄，制作工艺粗糙。陶甗明器的胎质均为泥质。

考古发掘表明，秦铜质甗的数量较少，并为少量贵族所享用。春秋时期的秦甗还是继承周甗的风格，或连体（边家庄M5：12），或同鬲分体（边家庄M1：11、福临堡M1：5、八旗屯M27：4）。甑、鬲均有附耳。战国时期的秦甗变得瘦而高（高庄M10：6、客省庄M202：1、西高泉M26：27），中期偏晚绝迹（图8-15）。

陶质甗是社会普遍使用的蒸煮器，在考古中发现的数量也较多。

（五）铜　鍪

鍪原系巴蜀文化所具有特色的饮食器类，形制特征是下部如釜，圆腹，圜底；上部似罐，圆肩，敛口，束颈。

在战国中晚期之后，秦人普遍使用，但仅见铜鍪，不见陶质的。最早的秦鍪出自宝鸡西高泉村的M26。战国时期的铜鍪，一侧有一环耳，另一侧则没有（高店野狐沟M1：8）。秦代的铜鍪肩部两侧各有耳，其中一耳较大，另一耳较小（秦始皇陵上焦村M18：380）。应该说双耳鍪的出现，要晚于单耳鍪，并同时并用（图8-16）。

（六）灶的模型——陶灶

战国中期之后，陶灶出现，这标志着秦人的炊具已发展到了一个新的阶段。在此

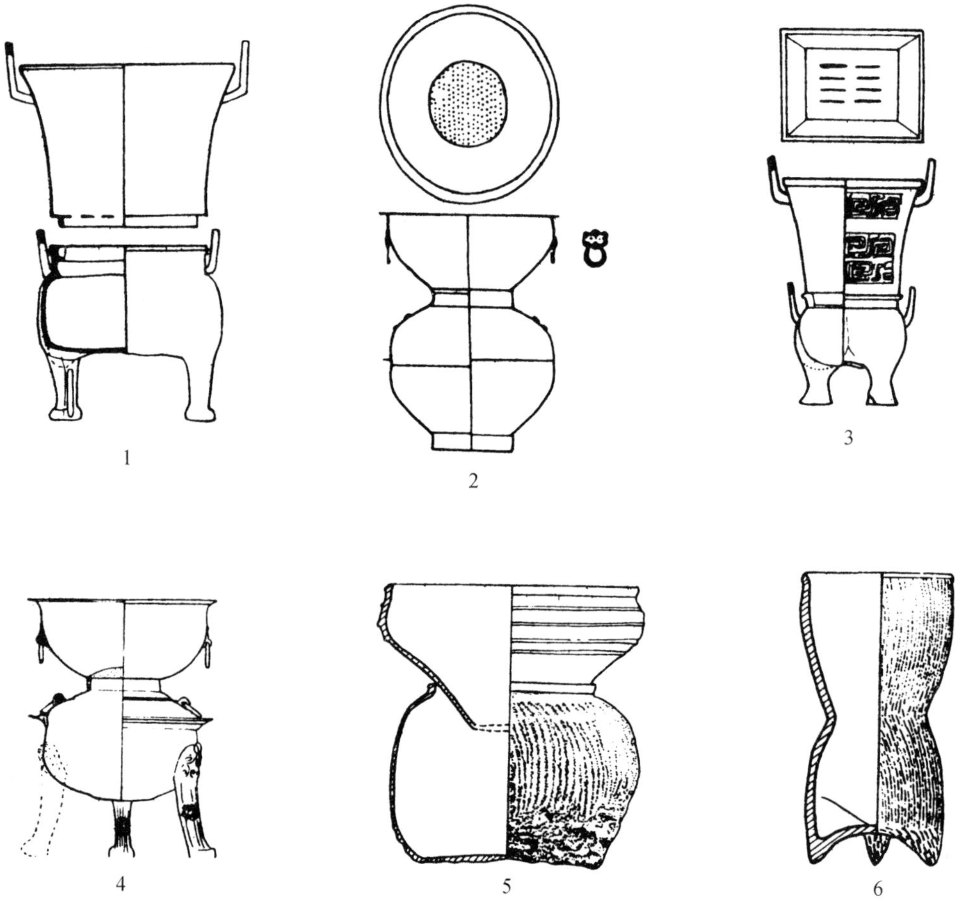

图8-15　铜甗、陶甗

1～4. 铜甗（陇县边家庄79M1：11、凤翔高庄M46：10、宝鸡福林堡M1：5、湖北江陵扬家山M135：51）　5、6. 陶甗（西安半坡M115：4-5、宝鸡福林堡M5：1）

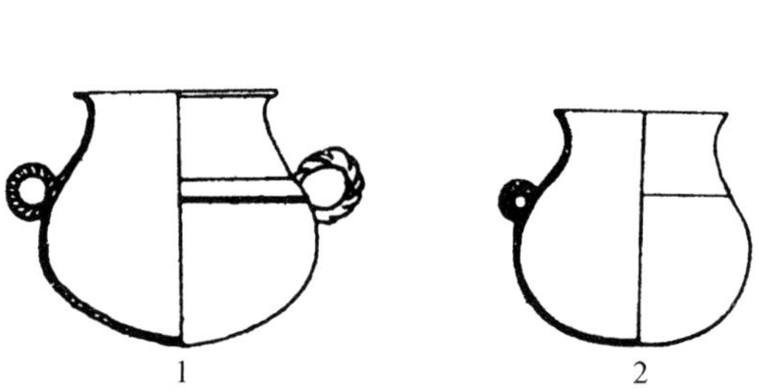

图8-16　铜鍪

1. 凤翔高庄（M33：1）　2. 临潼上焦村（M18：380）

之前，用于炊煮的器皿是直接撑地烧火，釜和鍪出现之后，就必然有灶与之配合使用。灶能够容纳火于膛内，不易向外扩散，能够充分利用火的热力。灶一般为长方形，前有灶门，后有烟囱。灶面一般前为主灶眼，主要炊器置于该眼之上，利用灶内火源。灶面后有一或二眼，放置其他次要炊器，以利用灶内的余火。

考古发现的灶均系陶质，为形体较小的明器模型，但其形制结构当与实用灶相同。

二、盛　　器

盛器的种类、数量和用途较多，大体上可分为盛食、盛水和储藏谷物等。

（一）铜簋与陶簋

铜簋是重要的礼器，用于上层社会。同鼎相配，在丧葬中是社会身份和等级的表示物。

陶簋不仅为生活实用器，还常常与鼎、甗等器物相配，是仿铜礼器之一。器表上一般在褐色底上施白色几何条带纹饰（邓家崖M6：2）。

（二）铜　　敦

敦用于盛放黍、稷、稻、粱等饭食。其造型结构，具有鼎和簋的共同特征。基本形制为三短足，二环耳，圆腹、圆盖，通体似球，俗称“西瓜敦”。

在秦文化遗址或墓葬中，都出土过铜敦，但未见陶敦。高王寺发现窖藏中有铜敦2件，应是战国中期以前秦国宫室中使用的楚物。任家嘴秦墓是鼎、敦、盒的器物组合，其三兽足敦具有三晋风格，时代在战国中期的早段。洛阳秦墓中的铜敦（西工M2、金村M8），当属秦占领后的本地之物。

敦最早发现于春秋中期，春秋晚期至战国晚期使用较为普遍。属于秦王朝统一之后的敦，目前尚未发现（图8-17）。

1　　　　2

图8-17　铜敦

1. 三足敦（凤翔高王寺）　2. 勾连纹铜敦（陕西历史博物馆藏）

（三）豆

豆是盛放熟制肉肴、调味品和腌菜的专用器皿。《周礼·天官·冢宰》醢人：

“掌四豆之实。朝事之豆：其实韭菹（酱韭菜）、醓醢（肉汤）、昌本（酱菖蒲根）、麋臡（麋肉酱），菁菹（酱芜菁）、鹿臡（鹿肉酱）、茆菹（酱葵）、麇臡（麇肉酱）。馈食之豆：其实葵菹、蠃醢、脾析、蠯醢、蜃、蚳醢、豚拍、鱼醢。”《诗·大雅·生民》：“卯盛于豆，于豆于登。其香始升，上帝居歆。”

豆不仅是实用器，又是礼器。《周礼·掌客》：“凡诸侯之礼，上公豆四十，侯伯三十有二，子男二十有四。”《礼记·礼器》：“礼有以多为贵者：……天子之豆二十有六，诸公十有六，诸侯十有二，上大夫八，下大夫六。”《礼记·乡饮酒礼》：“乡饮酒之礼，六十者三豆，七十者四豆，八十者五豆，九十者六豆，所以明养老也。”

春秋战国时期，秦社会各个阶层曾普遍使用豆（图8-18）。战国晚期，豆的数量减少。考古发掘出的秦豆均系陶质，未见铜质豆。

陶豆的演变特征是，早期口沿多为敞口外斜，豆柄较细，晚期口沿逐渐变为敛收，豆柄逐渐变粗。

豆盖

铜盖豆

图8-18　铜盖豆与豆盖花纹（凤翔高王寺）

（四）盂

盂的主要用途是盛放饭食或液体食物的器皿。《史记·滑稽列传》：“操一豚蹄，酒一盂。”《汉书·东方朔传》：“置守宫盂下。”颜师古注：“盂，食器。”除上述的用途之外，盂还用作鬲或甗等饮器的盖。有少部分的盂，被当做公共场所盛痰的卫生洁具，或者当成瓮棺葬的口盖来使用。

铜盂出现在春秋中期，多为敛口，作深腹，上复以带捉手的盖（福临堡M1：2），也有不带盖的，腹壁向外作折棱（八旗屯M27：5）。战国早期口变大，腹变浅，底变小，折腹明显（高庄M10、客省庄M202：9），随后即已消逝。

秦式陶盂盛行于整个春秋战国时期，是秦墓中最为常见的器物。战国晚期的陶盂，折腹逐渐变为斜腹，敛口变为广口。

（五）盆 与 洗

盆的造型相似于盂，唯器腹宽畅，口沿平折明显，器体略大。由于盆同盂区别不大，往往被混同为一（图8-19）。

盆的用途为盛食或盛水之器，除此之外，还被当做重要的量器来使用。《荀子·富国》："今是土生五谷也，人善治之，则亩数盆，一岁而再获之。"杨倞注："盖当时以盆为量。《考工记》曰'盆实二鬴'。"鬴同釜，古代量器，容六斗四升。

秦文化系列的盆均为陶质，未发现铜盆，只有楚地秦墓中有铜洗的出土。在各个时期的秦墓或遗址中，发现盆的数量比盂少，但其使用年代一直到秦代仍很流行。春秋时期的陶盆作深腹曲壁（店子M15：6、M267：2），战国至秦一直流行浅腹折壁（店子M74、M66：2、上焦村M18：2、秦都咸阳）。

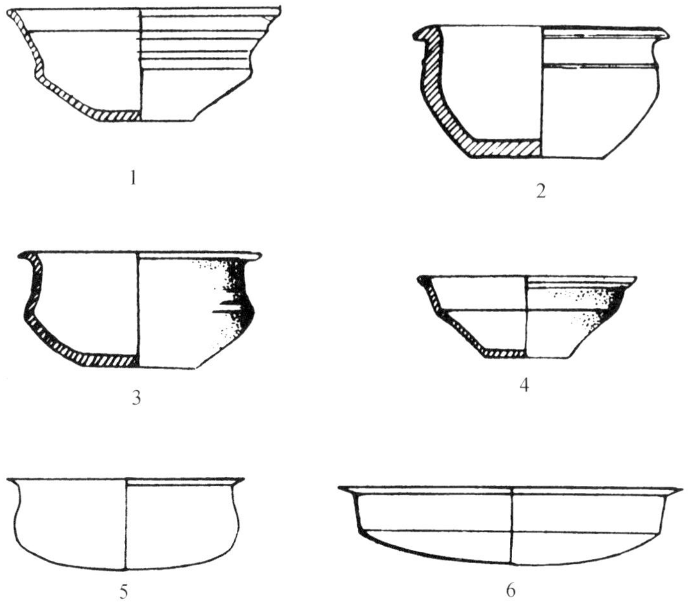

图8-19 陶盆、陶盂

1、4. 陶盆（凤翔八旗屯M18：3、临潼上焦M18：2） 2、3、5、6. 陶盂（宝鸡福林堡M4：3、铜川枣庙M7：1、江陵扬家山M135：79、江陵扬家山M135：72）

（六）盘　与　匜

盘和匜为盛水用器，在盛洗时往往二者合用。盘的形制特征为敞口扁浅，据《礼记·内则》："进盥，少者奉盘，长者奉水。请沃盥，盥卒授巾。"沃盥，就是洗手。以匜或盉自上而下地浇水到手上，盘在下面来承接弃水。宴飨前后洗手，也称"沃盥之礼"。

从目前考古发现的材料看，当时秦的贵族一般使用青铜盘和铸盘，而平民则用陶盘（图8-20）。

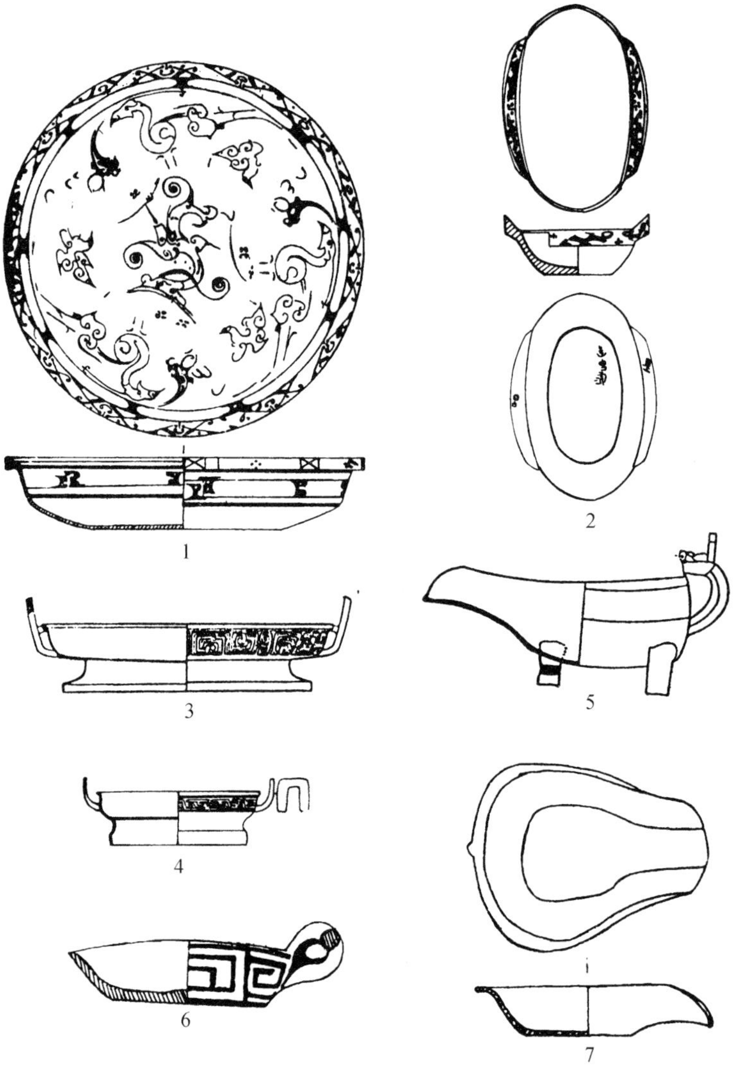

图8-20　盘、匜、耳杯

1. 漆盘（江陵扬家山M135：81）　2. 漆耳杯（江陵扬家山M135：6）　3、4. 铜盘（宝鸡福临堡M1：12、陇县边家庄M5：14）　5. 铜匜（宝鸡阳平镇秦家沟村M3：4）　6. 陶盘（凤翔八旗屯81M11：12）　7. 陶匜（凤翔八旗屯81凤八M14：12）

铜盘在春秋时期流行圆盘，形作浅腹，圈足，附双耳，外壁多有纹饰（边家庄M5：14、M1：13，福临堡M1：12，秦家沟M2）（图8-21）。战国时期不见圆盘，而一改为素面的长方盘（客省庄M202、八旗屯M14：13、西高泉M26：28）。战国中期偏晚之后，再不见铜盘出现。

陶盘在春秋至战国早期的秦墓中还有出现，到战国中期以后则消失。

匜的形制有两种，秦人贵族使用的青铜匜，形制犹如瓢，有四实足，有流，有环形鋬手。秦匜见于春秋晚期的秦家沟一号墓。而平民普遍使用的陶质匜，仅为一浅盘，无下部的足或鋬。这类陶匜大多为明器，实用器极少（图8-20，5、7）。

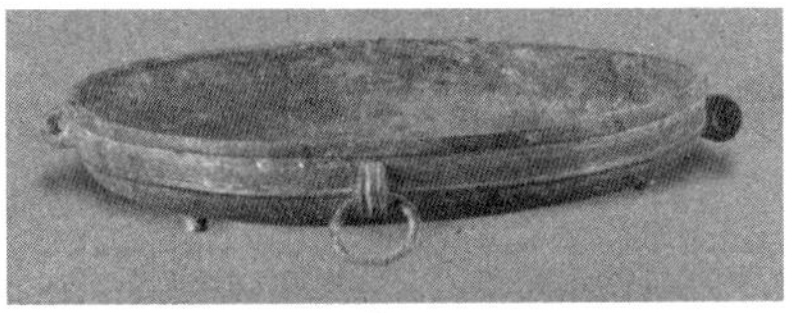

1

2

图8-21　铜盘、匜

1. 铜盘（凤翔高王寺）　2. 匜（凤翔侯家庄）

（七）陶　　罐

罐为秦人最普遍使用的容器之一，在诸种容器中，也是形式最多的一种，有大喇叭口罐、小口广肩罐和缶形罐等，其用途也不尽相同（图8-22）。

早期的罐一般形体较小，通体或局部饰以绳纹。晚期形体较大，通体素面，并一直延续到汉代仍很流行。大喇叭口罐为容水器，小口罐则为饮水器，同时亦兼作盛酒之器。

大喇叭口罐在陇县店子秦墓中，是成时间序列的器形，贯穿了整个春秋时期到战国中期。其演变特征也最为突出，尤其是颈由矮变长，罐肩由斜变平。到春秋晚期，罐颈、腹上普遍饰有弦纹，而且双系也消失。

在战国中期，伴随大喇叭口罐的同时，小口广肩罐和缶形罐出现并取其地位而代之。因为这两种器物的容积大、造型适宜，就成为秦人生活的必需品，一直流行到秦汉时期。

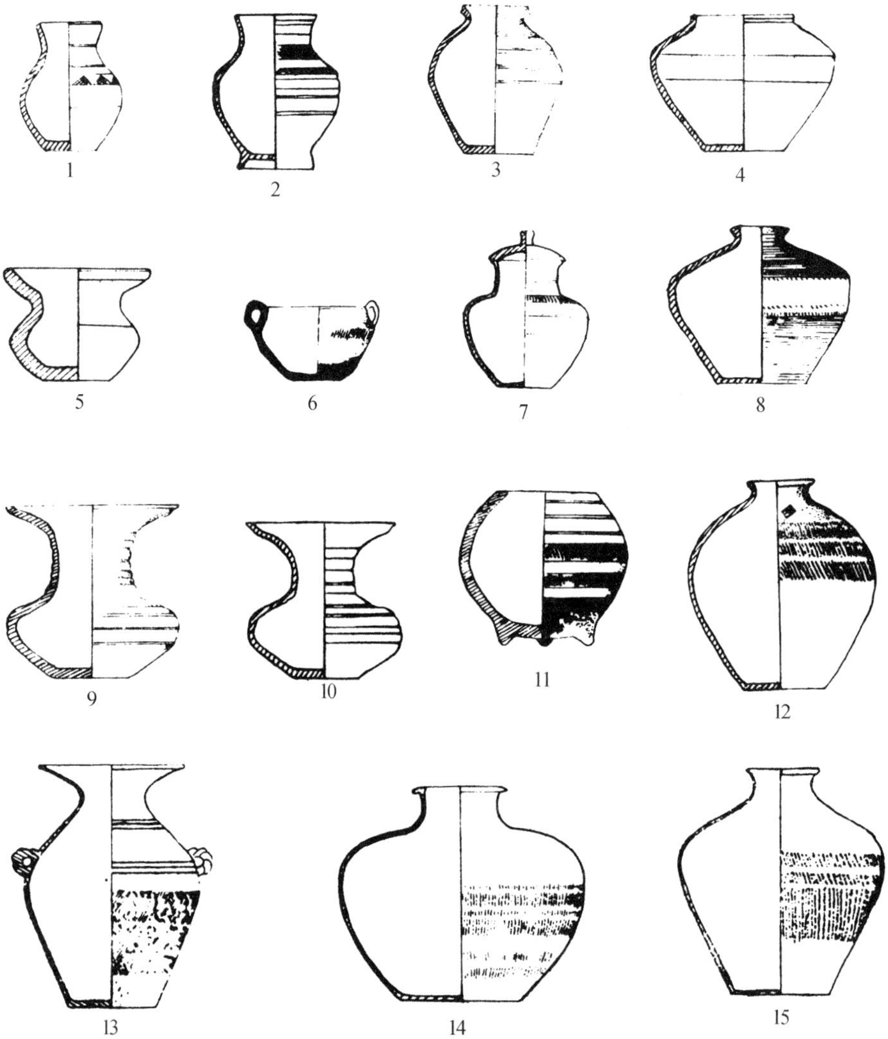

图8-22 陶罐

1. 凤翔八旗屯（M11：3） 2. 凤翔西村（80M152：13） 3. 铜川枣庙（M9：11） 4. 临潼上焦（M18：3） 5. 宝鸡福林堡（M4：3） 6. 铜川枣庙（M6：8） 7. 江陵扬家山（M135：29） 8. 临潼上焦（M18：4） 9. 铜川枣庙（M18：1） 10. 凤翔西村（80M89：2） 11. 铜川枣庙（M8：7） 12. 临潼上焦（M11：3） 13. 凤翔八旗屯（CM2：12） 14. 江陵扬家山（M135：78） 15. 凤翔高庄（M18：5）

（八）陶　　缶

缶，系盛放谷物或其他已加工成的干食之器。形如罐，唯作细颈，平沿，广折肩，下腹斜收微内敛，小平底。自铭为“缶”，器形较大，是其区别于罐的最大特色。凤翔高庄战国秦墓内出土的陶缶有17件之多，标本M6：1通高33.2、口径8.5厘米。缶上多有刻文，如“北园王氏缶容十斗”（M47：14）、“北园吕氏缶容十斗”（M47：16）、“隐成吕氏缶容十斗”（M6：1）（图8-23）、“下贾王氏缶容十斗”

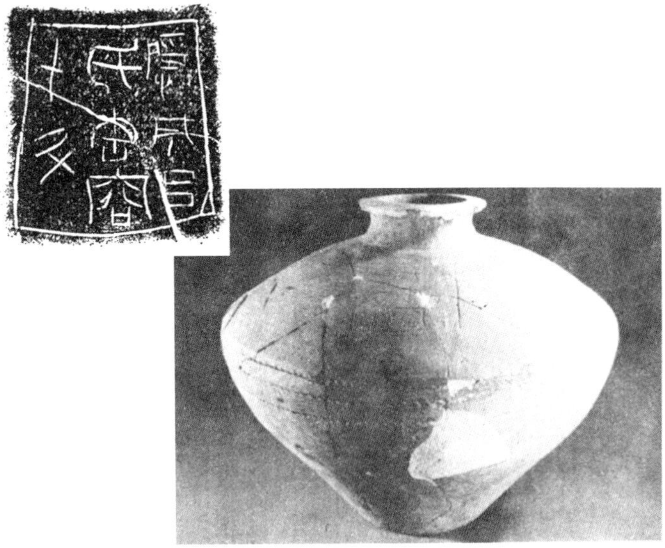

图8-23　陶缶与刻文

（朱书，M46：17）等。凤翔八旗屯秦墓的陶缶M10：1，高35.4、口径14、腹深35厘米，肩上刻“杨氏缶容十斗”等字[13]。此种小口广肩陶缶，是否还可作为秦人“击瓮叩釜”的伴奏乐器呢（《史现·李斯列传》）？但其实用价值始终受到重视，西安龙首原的早期汉墓中就多有出土，可知使用的下限可到西汉中期。

三、酒　　器

不管是秦国统治时期的王公贵族，还是秦代的封建帝王，他们有一个共同的做法，那就是禁止国人酗酒，反对奢华。倡导朴素的民风和建立良好的社会风俗习惯，以节约秦人有限的资财，应付百战，振兴经济，积极发展社会生产力。文献记载也得到了考古发掘材料的验证。那数量极少的实用酒器，其使用者仅仅为少数的贵族，而且也只能限定在重大庆典活动、宴飨宾客或犒劳从战将士。

（一）铜　　盉

陇县边家庄春秋早期秦墓内出土的青铜盉，当属秦人使用酒器的代表。小口扁体，盖为凤鸟形，凤冠又为一兽首，前有流，后有鋬，方圈足，器表饰窃曲纹（边家庄M5：13、M1：12）。与其相类同的还有凤翔高王寺战国窖藏内出土的另一件青铜盉，直口折唇，鼓腹。肩、腹部饰双头兽纹三周。平底，有兽面蹄足三枚，带环纽的圆盖，微鼓，饰蟠虺纹。以兽首为流，兽首及其四足为盉之提梁，造型异常优美。

考古工作者在秦都咸阳遗址的窑店镇征集到一件铜盉，形作扁圆腹，圜底，三只矮蹄足，盖稍隆起，饰弦纹两道，中有桥形纽，提梁无存。盉腹上部有兽头管流，盖肩、腹饰弦纹。腹刻“槮大”二字，流右侧刻“四斤”二字，器底刻“大官四斗”四字[14]（图8-24）。

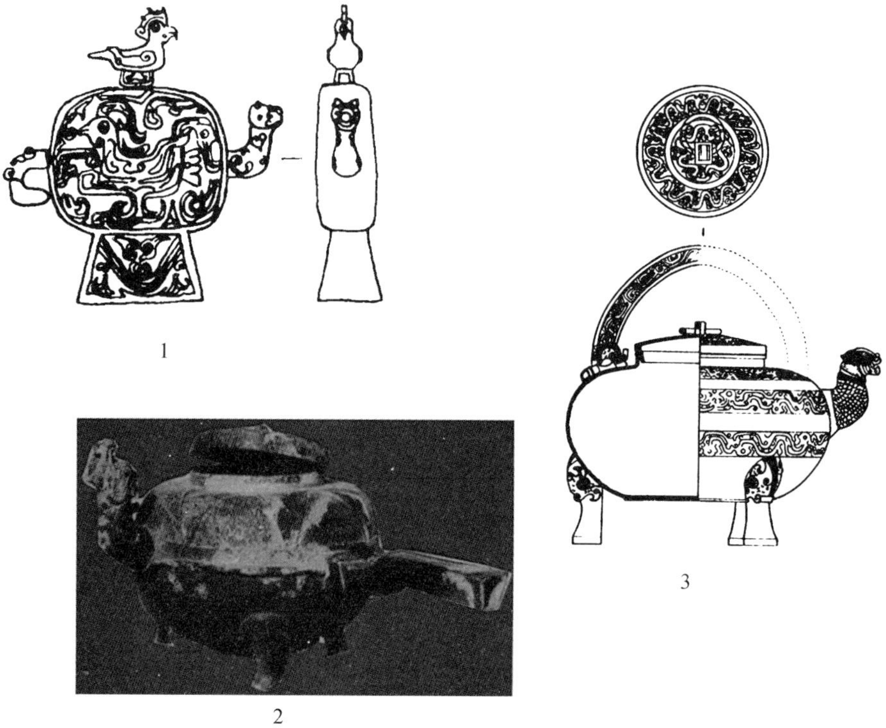

图8-24　铜盉

1. 凤鸟盉（陇县边家庄）　2. 太官盉（秦都咸阳）　3. 提梁盉（凤翔高王寺）

（二）铜　舟

舟的用途在商周时期接近于盘，通常当做放置尊彝等酒器的托盘。

而舟本身并非盛酒的容器，如《周礼·春官·司尊彝》：“春祠夏禴，祼用鸡彝，皆有舟。”春秋战国时期，舟的造型特征发生了较大的变化，腹部逐渐变深，口径变小，呈罐形，被当做直接温酒或储酒的盛器来使用。

舟在当时秦人的生活当中，不但用途不广，而且使用的范围也较小。在秦墓的考古发掘中，曾出土了数量较少的几件舟，均见于身份等级较高的秦人墓葬当中，且均为铜质。雍都遗址的铜舟（凤付0279、高庄M10）俯视，体呈椭圆，敛颈，小平沿，鼓腹，圜底，圈足，腹侧各有一环状耳。腹上部饰变形鸟纹及卷云纹，下部有垂叶形卷云纹。时代当在春秋晚期（图8-25）。

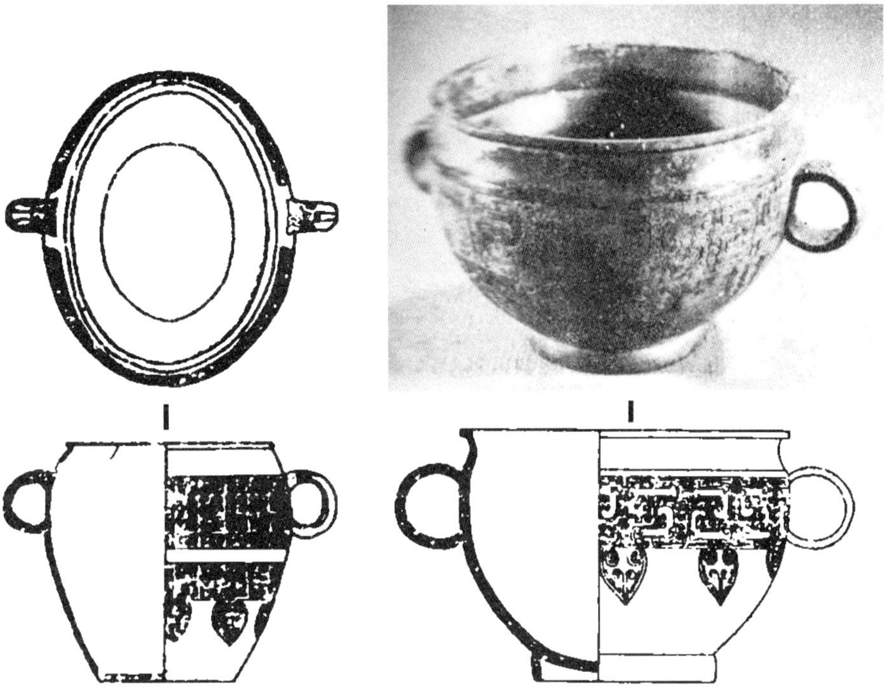

图8-25　铜舟（凤翔）

（三）陶　　壶

壶的种类较多，有方口深腹的带耳壶，有圆口鼓腹带耳壶，有腹如蛋壳的茧形壶，亦有蒜头形壶，等等。方口壶的数量较多，其盖为长方形盘，属于陶明器。后三种壶的数量较少，均为实用器。上述几类壶的底部一般都有圈足（图8-26）。

方口壶上有盖，盖上有圈形捉手，器表饰几何形纹饰，这类壶的用途为盛酒明器，质地以陶质为主。凤翔八旗屯的战国早期秦墓的陶壶，有兽面耳或高耸的大兽面耳，此形当是仿铜的陶礼器。陶质方口壶在整个壶类中占的数量最多，演变特征也最为明显，即腹由圆鼓逐渐向瘦长发展，器体由大逐渐变小，器耳逐渐高出口沿。到春秋晚期开始出现有带圆捉手的方片状盖，弦纹普遍使用于壶。战国早期壶之双耳硕大华丽，并衔环，壶口之两侧亦有环纽衔环，最大腹径在肩与腹交界之折棱处。到战国中晚期时，不见带耳壶，仅在壶口有环纽一对。

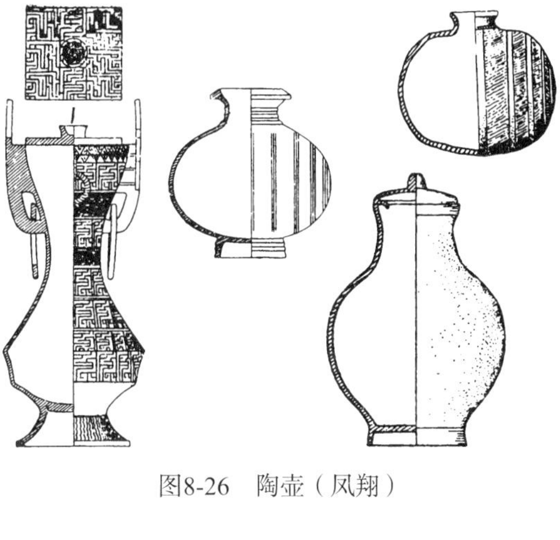

图8-26　陶壶（凤翔）

圆口鼓腹陶壶，有的带盖。

蒜头壶的器形特征为鼓腹、长颈，口沿似蒜头形，其用途为储酒或直接饮酒器。铜蒜头壶出现在战国晚期（凤翔野狐沟M1：10），当系模仿青铜壶而来，有长短颈之别，却无时间早晚之分。同时，也有陶蒜头壶的问世（青川郝家坪M64：1）。但二者都终秦一世（云梦睡虎地M33：2，M11的系铜质）（图8-27）。

茧形壶（又名“鸭蛋壶”）是一种独具秦文化风格的储酒器，出现于战国初期，流行于战国中期之后到秦统一，均系陶质，一般出土于中型秦墓之中。咸阳塔儿坡墓的出土的3件茧形壶全是圆腹圜底的，颈有长有短，但不见圈足。而黄家沟墓出土的有圈足（图8-28）。而云梦睡虎地M11所出，则带有圈足。秦都咸阳手工业作坊遗址、秦始皇陵食官遗址出土的茧形壶都是短颈、鼓腹、圜底的，而食官之茧形壶大者腹径有71、通高57厘米。夏太后墓出土巨型的圜底茧形壶有17件之多，多是大型无圈足的一种，只有1件小型者带有圈足（图8-29）。

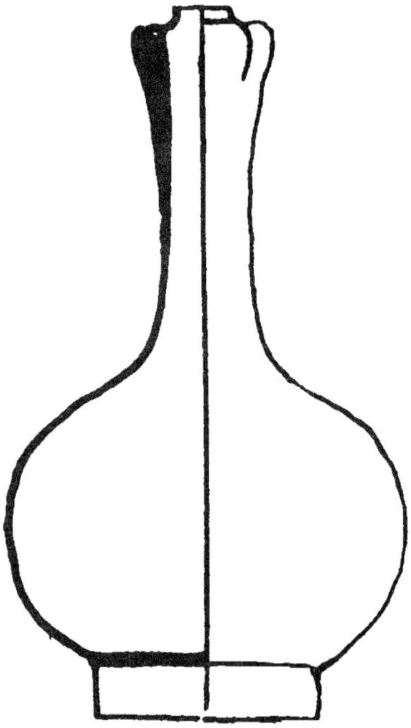

图8-27　铜蒜头壶（凤翔高庄）

图8-28　茧形壶（咸阳黄家沟墓）

（四）樽

樽是一种大型的容酒器具，《周礼·春官·司尊彝》：“掌六尊六彝之位。”《国语·周语》：“选其馨香，洁其酒醴，品其百笾，修其簠簋，奉其牺象，出其樽彝，陈其鼎俎，净其巾幂，敬其祓除，体解节折而共饮食之。”其实铜酒樽除盛酒之外，还用于温酒。1962年在山西右玉大川村出土的一件汉代铜樽，铭文作“铜温酒樽”（图8-30）。

考古发现的秦樽数量极少，既有陶器，又有青铜器，且带有明显的西周文化遗

图8-29　夏太后陵园茧形壶

风，以此判断，秦人本无像樽这样的酒器，而目前在秦墓内所发现的几件樽，很可能系秦人使用了西周时期留下的遗物。

（五）耳　杯

耳杯是一种小型的饮酒器具，亦称“羽觞”。北方地区发现的秦式耳杯多为陶质，有直口平底或圜底三足杯，有的带耳，有的则无耳。南方秦墓内出土的耳杯，则多为漆制，其造型与北方的耳杯相同（图8-20，2）。

图8-30　汉铜温酒樽（山西右玉出）

四、其他用具

（一）匕

匕是挹取食物的匙子，据《仪礼·少牢馈食礼》郑玄注：“匕所以匕黍、稷。”

又据郑玄在《仪礼·士昏礼》中注曰："匕所以别出牲体。"秦人在春秋时期使用的匕如铜川枣庄秦墓所出，形如刀状[15]。战国以后的匕如湖北江陵秦墓所出，为圆匕形[16]。匕的质地一般为铜质或漆木质，未发现当时有陶质或铁质的匕（图8-31，1）。

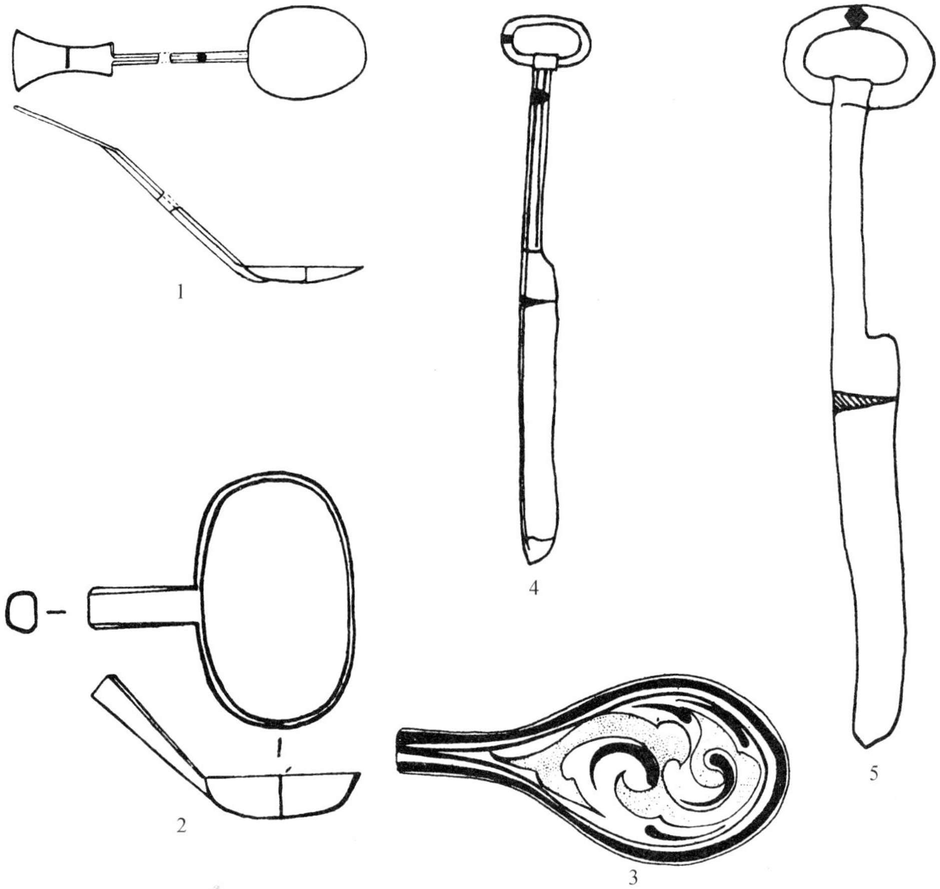

图8-31　小型生活用器

1. 铜匕（宝鸡福林堡M1：8）　2、3. 铜勺（咸阳黄家沟M43：8、湖北江陵扬家山M135：24）　4、5. 铜削（咸阳黄家沟M41：4、凤翔西村M10：39）

（二）箸

箸即筷子，一般为木制或竹制，据《礼记·曲礼》："羹之有菜者用梜，其无菜者不用梜。"郑玄注："梜，犹箸也。"

箸在秦人不同时期的饮食生活当中使用量很小，因为当时秦人习惯使用匕来吃饭，目前还没有关于秦人使用过筷子的考古发现。

（三）削

在关中秦墓内还发现了一批秦人当时经常使用的日常用具，如刀等类遗物。削的形制一般为背部内弧，柄首呈扁圆环状，比现时的刀要小得多，质地为铜制，即环首小刀。战国晚期出现铁制品，到了秦代，铁刀流行，铜刀数量减少（图8-31，4、5）。

（四）勺

是从煮器和盛器中提取食物或汤汁的用具（图8-31，2、3）。

第四节　日常陈设器具

一、家　　具

自秦人从西陲之地进入关中后，富饶的林业为其提供了各类木材用料的便利条件。加之到了春秋中叶之后，秦的木器（竹器）手工业工艺技术发展较快，解决了因为金属原料来源少而造器困难的问题，使他们能够充分利用木材作为原料来制成所需的用具等。

（一）几　　案

几案是秦人在宫廷、居室等场所的必备之物，与当今矮小的桌子形状差不多。几面呈方形或长方形，四条腿呈直或弧形，有的为圆形连体足。整个案身以黑、红色漆涂之。秦人在各个历史时期所使用的几案形制没有多少变化。几案在朝廷内是办公的器具，而在居室内则常常被当做放置生活器具或食物的家具。凤翔秦公一号大墓出土的一件几案，放在前室左侧，这可能就是象征着墓主人用以作为办公用品的缘故[17]。

（二）床

从春秋时期开始，秦人已经摆脱了在半地穴室内席地而卧的原始风俗。其卧具除土坑之外，主要是床。秦人使用的床可分为大床和小床两类，大床为秦人所普遍使用，下部以木凳或土坯支撑；小床亦称榻，据刘熙《释名》：“长狭而卑曰榻，言其榻者因近其地也，……独所坐也。”说明小床的用途为坐人之用，种类有一人所坐的短榻，亦有供二人或三人而坐的长榻。

二、床上用品

（一）被、褥

被、褥是床上的必备之物，二者的制作方法都是在以织物或锦缝合好的套内填塞各类棉织物。除此之外，还有各种动物的皮毛，如犬、羊、虎、鹿等直接做成的褥子。平民或贫穷者被褥用粗织物缝合，而贵族使用被、褥的原料则为锦或其他高级丝织物制成，并且常常以丝线在被褥上缝制出各种图案花纹等。

（二）枕

枕的形状和制作方法与现今人们所普遍使用的枕差不多。此外，还有一种较为特殊的枕，在西汉初年曾被称为“通中枕”，即用整块木料凿制而成。特征为中空，枕下或两侧有一小孔，一些文官常常将重要的文书、奏章等在睡觉前放入枕中。这些渊源可以追溯到秦代初期。

（三）席

秦人铺床用的席，可分为竹席或草席两类，其中草席的原料一般为蒲草或蔺草等。从考古发掘出的席纹残骸看，其结构为“人”字形交叉编织而成。

席除铺床的用途之外，秦人当时在坐卧起居时亦用席。席子往往铺于居室几案的周围，人们在吃饭、会见宾客时往往坐在席子之上。

席除坐、躺之外，还有建筑的功用。秦俑坑的棚木之上，铺席后再复以细土，以防直接漏入坑内。

三、居室装饰用品

（一）屏　　风

屏风是一种有大型框架的室内蔽障物，可以随意移动。架上置布或棉织物，据《风俗通》：“屏，卿大夫以帷，士以帘。”使用屏风的场所一般是较为宽畅的宫廷或居室，如秦的各级官府的办公祭礼场地，以及贵族的家宅等。

（二）门　　帘

门帘，古代称“巾兼”，《风俗通》：“户帷为帘。”秦人所使用的门帘，平民为粗布帘或草帘，贵族为锦帘或竹帘。门帘分夹层和单层两类，其作用和用途是冬天用以御寒，夏天抵挡蚊虫等，同时还可当做居室的装饰物来使用。

（三）墙　衣

秦人的建筑墙壁，基本上为土木结构。官府和贵族一般多在墙上悬挂锦绣，用以装饰墙壁，据《西都赋》：“屋不呈材，墙不露形。”春秋战国时期，它只是挂在墙的某一个部位，到了秦代，演变成一种大型墙衣，直接贴在墙上，凡大型的宫殿内几乎都贴这种墙衣。

（四）帐

帐的形状与当今的蚊帐差不多。所不同的是，秦人当时的帐在正侧面的帘中间断开，可以分别向左右两边撩起，使用时候则将其取下，帐的其他三边和顶罩拢成一个形如覆斗的帐围，使床的位置仿佛处于单独的空间之内。

四、生活杂器

（一）铜　镜

铜镜是照面的用具，考古发现秦人使用铜镜的年代为春秋中期。最早的秦镜比较厚重，纹饰单一，如凤翔秦墓出土的蟠螭纹镜，直径9.9厘米[18]。

战国中期的秦镜基本上保持早期的风格，但质地变得轻薄较脆，镜面直径变小，一般直径为6～8、厚0.05厘米（图8-32，1）。战国晚期以后，由于秦人广泛地吸收了各地的文化传统，铜镜在形制、类型、主题上都表现出非常丰富的内容，见有折叠式菱纹镜、四叶羽状地纹镜（西安北郊秦墓）。

秦代的铜镜，主要还是战国晚期铜镜的沿袭，像素面镜、弦纹镜、卷云纹镜、羽状地纹镜（以上均出自塔儿坡秦墓）、三弦纽蟠螭纹镜（江陵扬家山秦墓）、弓形纽的二周弦纹镜（陇县店子M93）、三弦纽的凹弦纹的镜（上焦村秦陪葬墓）。出现的新镜，除卷云纹镜之外，还有夔龙纹镜、画像镜（图8-32，2）、凤鸟纹镜、云龙地纹蟠螭连弧纹镜等。

秦至汉初铜镜见有弦纹镜、连弧镜（图8-32，3）和四叶、菱形或简化的蟠螭纹镜（陕县秦墓）。江汉地区出土铜镜较多，基本是继承了楚镜的特点，主要有弦纹镜、菱形蟠螭纹镜和狩猎纹镜（图8-32，4～7）。

秦镜除素面镜之外，纹饰也是多种多样，见有花叶、山字、禽兽、蟠螭、宽带、连弧、弦纹、变形夔纹和羽状山地纹，等等。关中及关东地区主要以素面和弦纹镜为

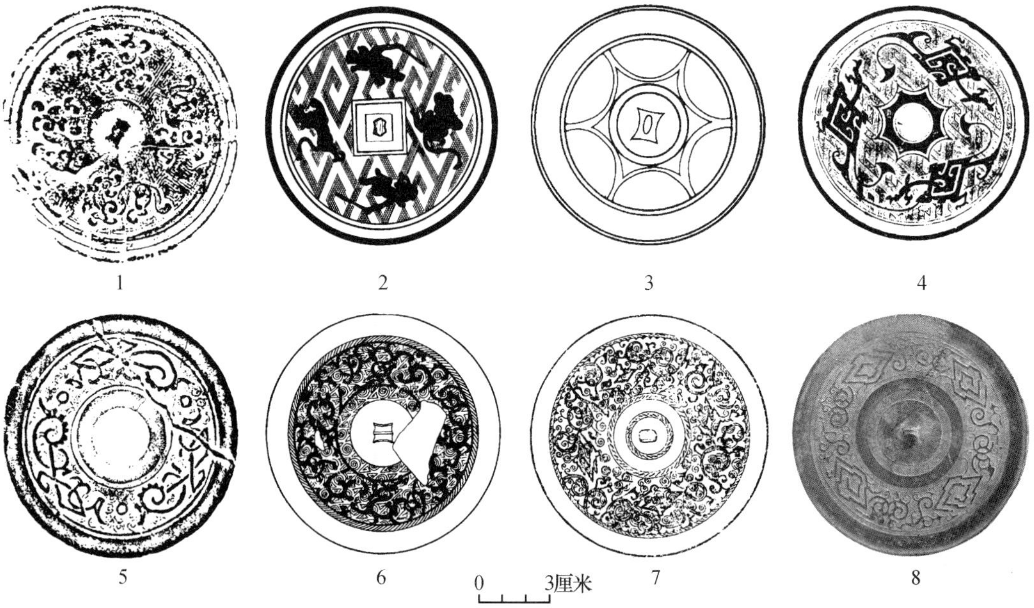

图8-32　铜镜

1、4、5. 夔龙纹铜镜（凤翔西村M163、荆州高台M1：26、汉中杨家山M3：25）
2. 秦画像纹镜（睡虎地M9）　3. 连弧纹铜镜（凤翔高庄）　6、7. 蟠螭纹铜镜（襄阳王坡M32：4、凤翔高庄M46：3）　8. 菱形蟠螭纹铜镜（淳化秦墓出土）

主，也吸收了楚镜的一些装饰纹样，如蟠螭纹、菱纹等（图8-32，8）。

目前从考古发掘出的秦镜来看，其总体数量并不多，而且多数出自等级身份较高的秦墓当中，说明铜镜的使用在当时并不很普遍。

（二）梳 妆 品

湖北江陵扬家山135号秦墓曾出土了几件具有代表性的奁、梳和篦等梳妆器类，均系漆木制品。其中奁的木胎较薄，由盖、身、底三部分套合而成，为圆筒形，器内涂红漆，器外黑漆底儿上用漆彩绘成梅花纹、云纹和点纹等（图8-33）。

木梳为削制，器体较厚，圆背，方齿，梳齿粗大。

篦形同于梳，只是齿较为细密而已。

（三）玉 饰 品

秦人爱玉。秦昭王愿用15座城换取赵国得到楚的“和氏璧”，上演了蔺相如“完璧归赵”的故事。后来，秦始皇还是从关东国家取得了包括和氏璧、昆山玉在内的大量贵重玉制品。刘邦进入咸阳，曾在府库中见到的青玉五枝灯就有七尺五寸高、一根玉管竟有二尺三寸长！在亡秦之乱中，皇室贵族之家的金玉都成了起义军哄抢的目

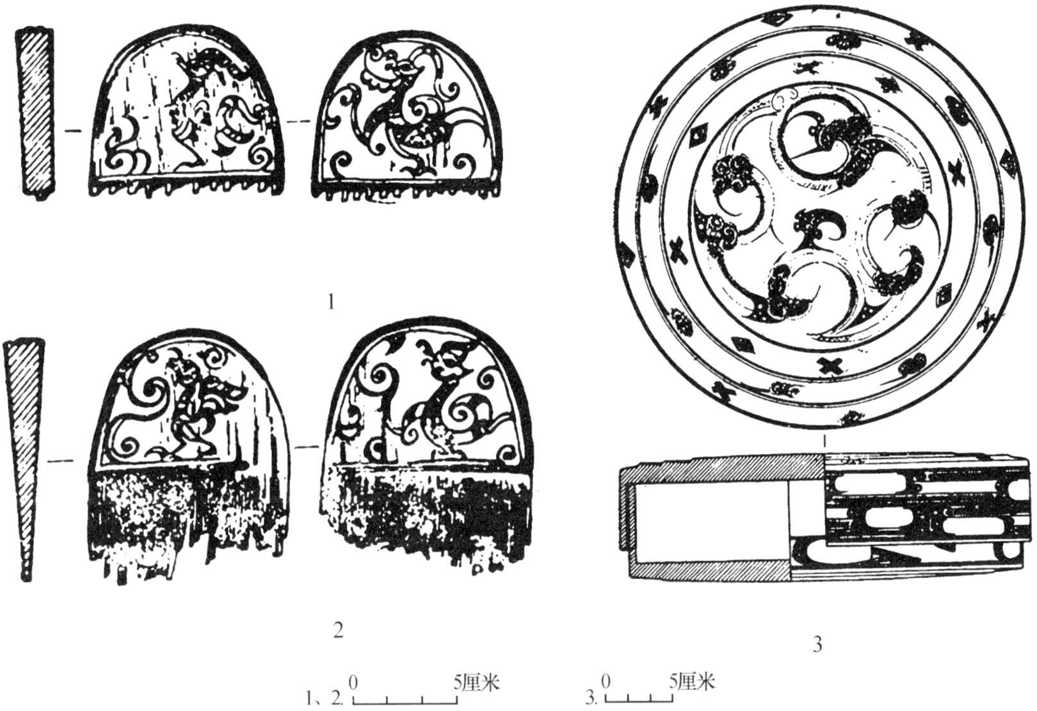

图8-33 奁与梳、篦

1. 木梳（M13：10） 2. 木篦（M13：10） 3. 漆奁

标。

《礼记》有“君子比德于玉”（《聘义》）、“君子无故，玉不去身”（《礼记·玉藻》）的说法。秦人追求时尚，也把玉作为修身养性的重要标志。玉器的数量和品类，在秦的遗址或墓葬中多有发现从而得到印证（图8-34）。

西安市车刘村阿房宫遗址出土的青玉高足杯，身饰谷纹，口部和底部分别有装饰带三周（上：勾连云纹，下：云纹、柿蒂纹）口径6.4、足径4.5、高14.5厘米[19]。此杯当是秦宫廷用品（彩版九，2）。

玉带钩多出自秦墓中，是死者生前的衣裳扣件。见报道的有陕西凤翔八旗屯西沟道秦墓[20]、长安茅坡村秦墓[21]、湖北江陵岳山秦墓[22]，都是完整的纯玉带钩，钩头作动物形象。河南泌阳秦墓的一件玉带钩是组合型[22]，即10节白玉用金属扁条穿连而成，首与尾作龙形，钩身饰勾连云纹。

玉的环、瑗、玦、璜、龙形佩，都是作装饰性挂件，佩戴在人身上的。玉环在西安长安潘家庄世纪星城秦墓有出土，或作素面，或呈八棱环[23]。咸阳塔儿坡秦墓出土的龙形佩，扁体，龙身呈“S”形弯曲，中有便于系挂的穿孔[24]。

把玉用在剑上的，主要是做成剑首、剑格、剑璏、剑珌。这些剑的玉饰件，在秦墓中多有发现。

1

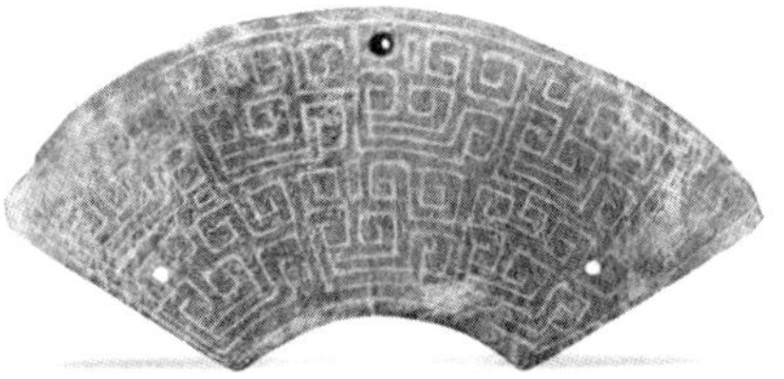

2

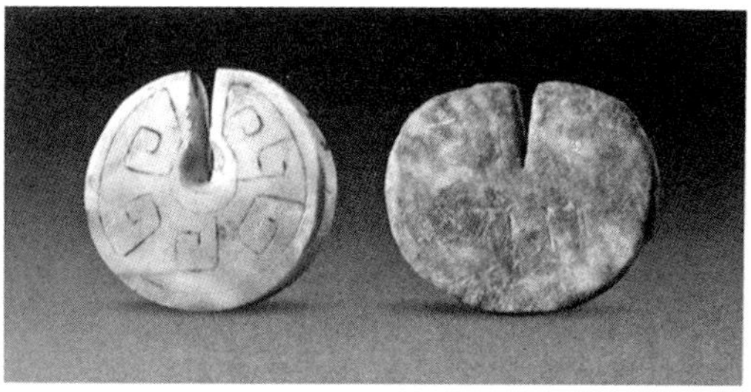

3

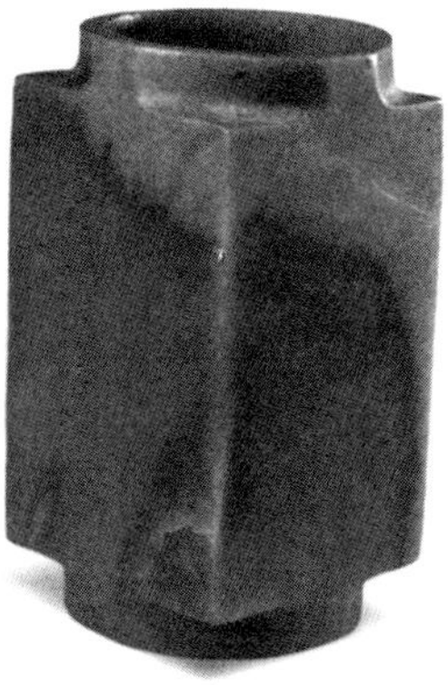

4

图8-34　秦礼玉

1. 环带状龙纹玉璧　2. 秦式龙首纹玉珩　3. FY3秦式龙首纹玉玦　4. FW13玉琮

（四）杖

杖，亦称“鸠杖”，是年老者步行时用以支身的用具，据《礼记·曲礼》：“谋于长者，必操几杖以从之。”孔颖达疏：“杖可策身，几可以扶己，俱是养尊者之物。”陇县店子秦墓地曾发现一件残杖的遗痕，杖身为木制，分杖头和杖身两部分，表面以黑漆涂底，并施以红色彩绘[25]。

第五节　服　饰

一、服饰的实用性和阶级属性

服饰是人类日常生活中护体的必需品，其形制、质料和做工的发展变化亦是人类社会文明的显著标志。原始社会初期，由于社会生产力总体水平低下，人们只能过着相对落后的群体生活，仅靠身披树叶、兽皮来遮挡风寒。到了原始社会中晚期，由于人们学会了纺织，就开始用麻布缝制衣服。进入奴隶社会之后，纺织技术有了进一步的发展和提高，这时除麻织产品之外，还出现了各种丝织物，人们在穿衣的质地、色彩和款式等方面都有了较大的改进。当时的服饰除御寒、遮护身体的功能与满足人们对装饰美的追求之外，还成为统治阶级“昭名份，辨等级，分贵贱，别亲疏”的标识。

秦纺织手工业的迅速发展，对推进服饰社会化的变异提供了充分的条件，服饰的丰富内容又标志着当时秦的生活总体水平和消费结构，也反映出秦人的社会风貌和人们的生活习惯。

在所有关于记述秦人活动的古文献当中，见不到有关服饰方面的最直接记载。过去仅仅只能从汉代初期的有关文献和实物发现的资料里，按照“汉承秦制”的原则，通过汉代人的服饰来了解当时秦人的服饰内容。最早看到秦代服装的资料，是秦始皇陵东侧跽坐陶俑。但形式单一，并不曾引起研究者的重视。当1974年秦兵马俑坑发现之后，考古队的王学理就秦俑将士的服饰造型，首先写出了《秦俑军服考》的长篇论文[26]。从而为我们提供了全面认识秦代军服形式、各部名称、颜色、质料等极为丰富的相关问题。

秦俑所着军服毕竟是秦代服装的一种，如果结合战国时期帛画、漆器、铜鉴和铜壶及铜镜上的人物造型，再加之木俑、玉俑和铜俑的形象，联系汉代的服饰资料，大体就可勾勒出秦代社会服装的轮廓来。

二、服饰类别

（一）常　　服

常服是指人们日常所穿的服装，具体包括长袍和短衣两类。

1. 长袍

长袍是由深衣发展而来的。所谓深衣，就是把上衣和下裳缝合在一起的制服。

这种深衣是先秦时期的标准礼服。《周礼·天官冢宰》内司服“掌王后之六服：袆衣（祭先王服）、揄狄（祭先公服）、阙狄（祭群小祀服）、鞠衣（亲桑之服）、展衣（朝服）、缘衣（便服）、素纱（衣里白色）。辨外内命妇之服：鞠衣、展衣、缘衣、素纱”。这里的素纱，郑玄注作“白缚”。也即指王后及内外命妇的祭服、朝服、亲桑之服和便服，都用素纱作衣里。袍内所填之物为棉絮，据《礼记·玉藻》：“纩为茧，缊为袍。”纩袍是指以新绵所填制的袍服；缊袍则是以旧絮填制。

但作为深衣之制的袍，肥大臃肿，既费料又费工。秦人在制作长袍时，首先克服了这种款式的弊端，尽量力求符合穿衣者的体态特征。秦式长袍是一种夹服，有里有面。里子一般为白纱，面料则不尽相同，要视着衣者的身份而言。身份较高者所穿袍的面料一般为轻薄的丝织物，而平民所穿的袍面则为粗布织物。秦始皇陵园兵马俑从葬坑所见的外着之长制服，属于战袍。

另外，还有没有衣里和内填之物的袍，其款式与上述的袍服无别。它当是秦人在冬季以外其他季节所穿的衣服，即后世所言的“长衫”。

2. 短衣

短衣包括短内衣和短外衣两类。

衫，即单短的内衣。因穿在数重衣的最里层，故亦称“汗衣”、亵衣。衫无袖，与今天的背心差不多，其制作原料为白缚。

短外衣亦称襦，是下及于膝部的短袍。《急救篇》颜师古注：“短衣曰襦，自膝以上。”其制作的款式相似于长袍的上部而略窄，内填之物与长袍相比较要少一些。也有说，襦指的内衣[27]。

穷人和囚徒穿的粗布短衣，叫“短褐”“裋褐”。

与襦在穿着时相配的是绔（裤子），为筒裙状，内填物与襦同。

襦与绔的里面用料和内夹物的品质和长袍一致，除此之外，还有在工艺和用料方面相同，而属于单层的襦和绔。

（二）皇帝、官吏与贵族的服饰

不管是春秋战国时的秦国，还是统一全国之后的秦王朝，都规定了较为严格的冠服制度，从而形成各级上层人物等级、权力和身份的重要标志。

天子冠用通天冠。据《晋书·舆服志》载：“通天冠，本秦制。高九寸，正竖，顶少倾斜，却乃直下。铁为卷梁，前有展筩。冠前加金博山述。乘舆所常服。”此冠为楚式，秦采用之。汉武梁祠石刻画像中有“荆轲刺秦王图”，秦始皇戴通天冠，里用介帻。着袍，腰有佩瑗。不过，“郊祀之服，皆以袀袨”（《后汉书·舆服志》）。《文献通考·王礼考七》说：“郊社服用，皆以袀元，以从冕旒，前后邃綖。”《太平御览》引虞挚《决疑要注》：“秦除六冕之制，唯为元衣绛裳一具而已。”据《中华古今注》说：“始皇常靸仙鞋，衣蒙云短褐，以对隐逸，求神仙。又以布开袴，名曰衫。用布者，尊女工之尚不忘本也。”此外，佩太阿之剑、服阿缟之衣（《史记·李斯列传》）。

百官之冠制有高山冠。据《晋书·舆服志》记载，此冠出自战国时的齐王，秦灭齐之后，以此冠赐予近臣，形制为高九寸，铁为卷梁，似通天之冠、顶直竖、不斜却，无山述展筩。高山冠又名“侧注冠”，为中外谒者、仆射、行人、侍者所服。

再如法冠：据《续汉书·舆服志》记载，秦灭楚，以此冠赐予执法之臣、御史等，其形制特征是高五寸，以纵为展筩，铁为柱卷。据《异物志》云：“北荒之中，有兽名獬豸，一角，性别曲直。见人斗，触不直者。闻人争，咋不正者。楚王尝获此兽，因象其形以制衣冠。”正因为“獬豸”能够分别曲直是非，故把此冠又名“獬豸冠”。

还有武冠：据《晋书·舆服志》胡广曰："昔赵武灵王为胡服，以金貂饰首。秦灭赵，以其君冠赐侍臣"。武冠实是武弁大冠。秦骑兵俑戴有两耳的覆杯式花帽即是"武弁"。至于在弁侧插鹖尾在于显示勇武，因而又名"鹖冠"。据《舆服志》载："鹖冠，加双鹖尾，竖插两边。鹖，鸟名也，形类鹞而微黑，性果勇，其斗到死乃止。上党贡之，赵武灵王以表显壮士。至秦汉，犹施之武人。"洛阳金村出土武士骑马刺虎图上就属于此冠式。

秦的各级官吏和家族，他们的着装大体与当时的常服和部分军服相一致。一般来说，春秋战国时期，秦国官吏的制服大多采用的是深衣制，等级较高的官服选用丝织物，而等级较低的官服通常则选用布织物充当面料。

据文献记载，秦代设有御府令、尚衣和尚冠之职，专门供给官吏及贵族的冠服。

除冠服之外，秦人还常常以随身所佩带的兵器如刀、戈、削或者玉佩饰等，作为显示其身份、等级贵贱的标志。

（三）皇太子及王子冠服

据《晋书·舆服志》载：秦代对尚未任命加官的皇太子及王者，后、帝之兄弟，帝之子封郡王者，令冠远游冠。此冠似通天冠而前无山述，有展筩于冠前。太子以翠羽为缨绥，缀以白珠，其余的则用青丝。

（四）后妃宫人服饰

关于后妃宫人的冠服及发饰，据《中华古今注》论述大致有五种：一是"凤钗"——约发的笄。秦穆公时用象牙制作，秦始皇时使用金银的凤头，玳瑁作脚。二是"冠子"——秦始皇令三妃九嫔当暑戴芙蓉冠子，以碧罗为之，插五色通草苏朵子，披浅黄丛罗衫，把云母小扇子，靸蹲凤头履以侍从。令宫人当暑戴黄罗髻、蝉冠子，五花朵子，披浅黄银泥飞云帔，把五色罗小扇子，靸金泥飞头鞋。三是"五色花罗裙，服衫子"。四是容人侍从穿"丝鞋"。五是令宫人梳仙髻，贴五色花子，画为云凤虎飞升，大概同秦始皇好神仙有关。

（五）军　　服

秦始皇兵马俑所着的冠服，大致概括了除水军之外的所有军服。即使我们未发现秦水军服饰的实物或形象资料，想来同陆地军服不会有太大的区别[28]。

从王学理对秦俑军服的全面研究中，可以看出这些军人的战服，从头至脚：头戴冠（切云冠、长冠、弁、帻）（图8-35）或不冠（免胄束发），颈围曲领。上身着袍束带，或袍外擐穿铠甲。下身骑兵穿长绔，蹬合鞮；其他兵种或武官，在膝缚之下缠

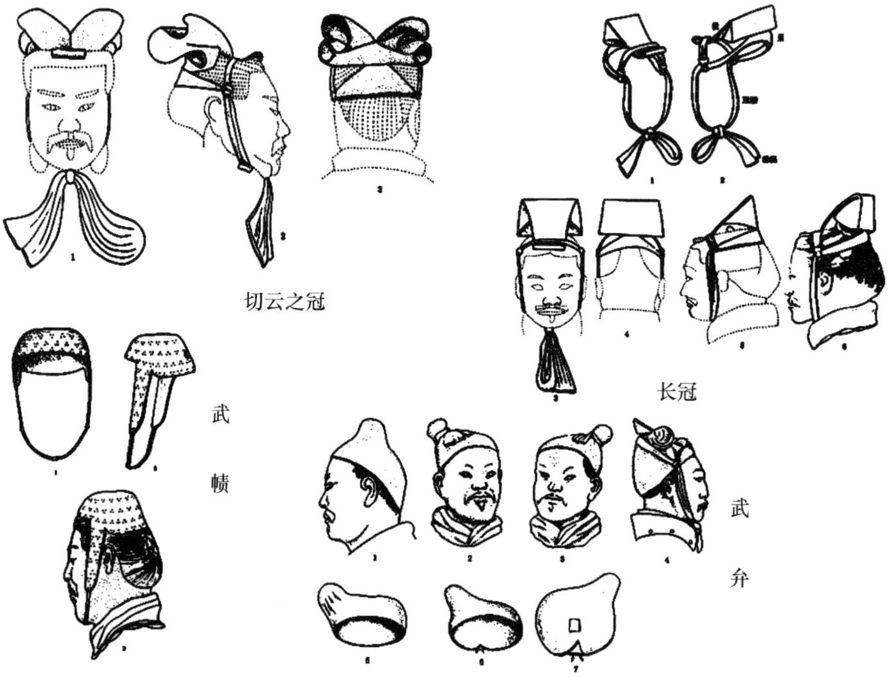

图8-35　秦兵马俑冠式

扎行縢，或绔外套穿胫衣或跗注。足蹬屦（有綦带）或履（无带）。

战服装备的组合，因兵种的不同，其格式有所区别。为减少冗长的描述，在此以公式表示，举例也从略。

1. 轻装步兵俑服

免胄束发，围曲领，着袍，勒革带，裹膝缚，缠行縢，蹬屦（或履）（图6-18）。

2. 重装步兵俑服

（以下均取示意式）分两种。（图6-17）

（1）长冠（或免冠）⟶曲领⟶袍（少数着袭）、外擐Ⅱa式甲⟶膝缚（或无）⟶行縢（或胫衣、或跗注）⟶屦（或合鞮）。

（2）武帻⟶（以下基本同A）

3. 弩兵俑服

三种。

（1）（束发）⟶曲领⟶袍、勒带⟶膝缚⟶胫衣⟶合鞮。

（2）（束发）⟶曲领⟶袍（少数着“袭”）、勒带⟶膝缚⟶行縢⟶屦。

（3）（束发）⟶曲领⟶铠甲（Ⅱa式）⟶膝缚⟶胫衣⟶履。

4. 车兵俑服

二种。（图6-15）

（1）武帻（帻外以带札髻）⟶曲领⟶甲（Ⅱa式）⟶膝缚⟶胫衣⟶屦。

（2）长冠⟶曲领⟶甲（Ⅱa式）⟶胫衣⟶履。

5. 御手俑服

三种。

（1）长冠⟶曲领⟶甲（Ⅱb式）⟶绔⟶屦。

（2）长冠⟶曲领⟶甲（Ⅱb式）⟶胫衣（或跗注）⟶屦（图6-16）。

（3）长冠压武帻⟶曲领⟶甲（Ⅱc式）⟶绔⟶胫衣⟶屦。

6. 骑兵俑服

武弁⟶曲领⟶甲（Ⅱb式）⟶褶⟶绔⟶合鞮（图6-20）。

7. 侍卫甲俑服

三种，均出自三号坑。

（1）（缺头）⟶曲领⟶甲（Ⅱa式）⟶膝缚⟶长绔（或行縢）⟶屦。

（2）（缺头）⟶曲领⟶甲（Ⅱa式）⟶胫衣⟶屦。

（3）长冠⟶曲领⟶甲（Ⅱa式）⟶跗注⟶屦。

8. 高级军吏俑服

二种（图6-13）。

（1）切云冠⟶曲领⟶重袍（Ia式极少）⟶甲（Ib、Ic式）⟶跗注⟶勾履（屦极少）。

（2）切云冠⟶曲领⟶重袍⟶长绔⟶勾履。

9. 中级军吏俑服

二种（图6-14）。

（1）双版冠⟶曲领⟶袍⟶甲（Id式）⟶膝缚⟶胫衣（或长绔，或跗注）⟶勾履。

（2）双版长冠⟶曲领⟶袍⟶甲（Ⅱa式）⟶跗注⟶勾履。

10. 下级军吏俑服

（1）长冠⟶曲领⟶袍、勒带⟶甲（Ⅱa式）⟶胫衣⟶屦。

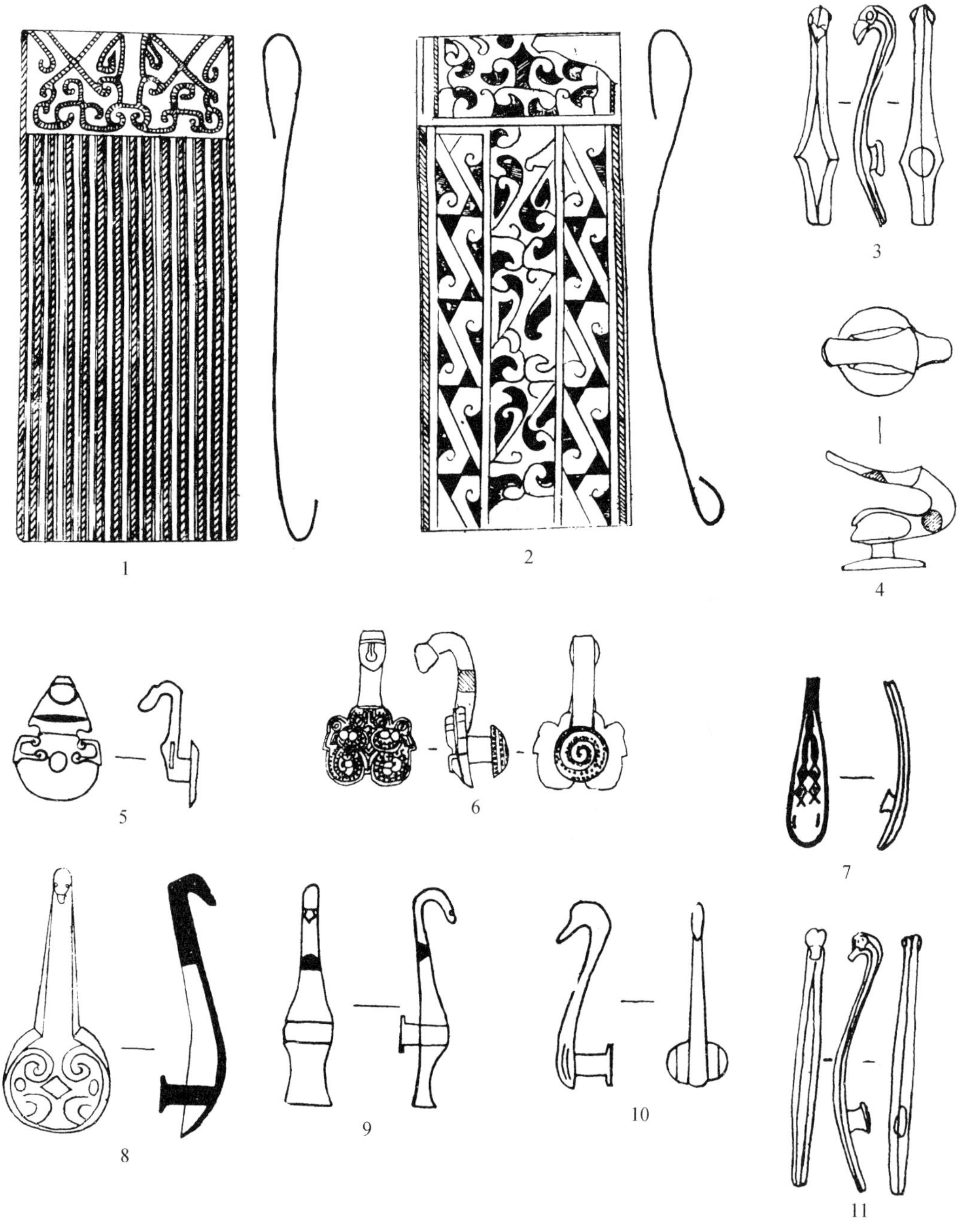

图8-36　铜饰与带钩

1. 版状铜带饰（凤翔西村80M127：1）　2. 铜饰（凤翔西村80M127：2）　3～11. 带钩（凤翔西村79M13：2、临潼上焦M2：3、咸阳黄家沟M48：6、临潼上焦M16：7、咸阳黄家沟M37：2、咸阳黄家沟M46：1、咸阳黄家沟XM41：3、咸阳黄家沟M43：1、凤翔西村80M152：3）

（2）长冠——→曲领——→袍、勒带——→膝缚——→行縢——→屦。

从以上示意及举例中可以看到，尽管这么多兵种的全套战服在配备上各有一定的组合关系，但从总体上还有一些共同之点。

第一，无一例外地围有护颈的曲领。因为它同御手的盆领一样，都是全套战服的组成部分。

第二，着战袍也必定腰勒革带。

第三，擐甲者必定内着战袍。

（六）其他服饰

战国、秦汉时代的下层人民穿衣简单。秦始皇陵园马厩坑出土的皂啬夫一类陶俑穿袍，站立，袖手。跽坐圉俑穿右衽短褐。下地耕作的劳动者，仅穿一条鼻犊裩，腰系带。

舞蹈者往往着长裾、舒广袖的舞衣。其风姿犹如汉傅毅《舞赋》中描述的那样："罗衣从风，长袖交横""绰约闲靡，机迅体轻""体如游龙，袖如素霓"，"宛转似羽毛之从风，轻盈与尘雾相乱。仿佛若轻云之蔽月，飘摇若流风之回雪。"

着袍束腰，均用带钩。钩形多样，也是身份的象征物（图8-36）。

注　释

［1］张天恩：《秦国早期文化特征形成的初步考察》，《炎帝与汉民族论集》，三秦出版社，2003年。

［2］《公羊·桓公二年传》何休注："天子九鼎，诸侯七，大夫五，元士三。"

［3］陕西省考古研究所宝鸡工作站、宝鸡市考古队：《陇县边家庄春秋秦墓发掘简报》，《文物》1990年第5期；尹盛平、张天恩：《陕西陇县边家庄一号春秋秦墓发掘简报》，《考古与文物》1987年第1期。

［4］李朝源：《上海博物馆新获秦公器镈研究》，《上海博物馆集刊》第7期，上海书画出版社，1996年。

［5］不其簋铭文见《滕县后荆沟出土不其簋等青铜器群》，《文物》1981年第9期。

［6］戴春阳：《礼县大堡子山秦公墓地及有关问题》，《文物》2000年第5期。

［7］李长庆、田野：《祖国历史文物的又一次重要发现——陕西郿县发掘出四件周代铜器》，《文物参考资料》1957年第4期。

［8］卢连成：《斥地与昭王十九年南征》，《考古与文物》1984年第6期。

［9］陈平：《关陇文化与嬴秦文明》，江苏教育出版社，2005年。

［10］卢连成等：《陕西宝鸡县太公庙村发现秦公钟、秦公镈》，《文物》1978年第11期。

［11］赵化成：《甘肃礼县大堡子山遗址考古获重大发现》，中国文物信息网，2007年2月9日第2版。

［12］湖北荆州地区博物馆：《江陵扬家山135号秦墓发掘简报》，《文物》1993年第8期。

［13］雍城考古队吴镇锋、尚志儒：《陕西凤翔高庄秦墓地发掘简报》，《考古与文物》1981年

第1期；陕西雍城考古队尚志儒、赵丛苍：《陕西凤翔八旗屯西沟道秦墓发掘简报》，《文博》1986年第3期。

[14] 刘晓华：《咸阳市出土秦代铜盉》，《考古与文物》1989年第6期，1986年第3期。

[15] 陕西省考古研究所：《铜川枣庄秦墓发掘简报》，《考古与文物》1986年第2期。

[16] 湖北荆州地区博物馆：《江陵扬家山135号秦墓发掘简报》，《文物》1993年第8期。

[17] 有关秦公一号大墓的材料，存陕西省考古研究院。

[18] 雍城考古队吴镇锋、尚志儒：《陕西凤翔高庄秦墓地发掘简报》，《考古与文物》1981年第1期。

[19] 西安市文物保护考古所：《西安文物精华·玉器》，世界图书出版公司，2004年。

[20] 陕西雍城考古队尚志儒等：《陕西凤翔八旗屯西沟道秦墓发掘简报》，《文博》1986年第3期。

[21] 西安市文物保护考古所：《西安南郊秦墓》，陕西人民出版社，2004年。

[22] 驻马店地区文管会、泌阳县文教局：《河南泌阳秦墓》，《文物》1980年第9期。

[23] 西安市文物保护考古所：《西安南郊秦墓》，陕西人民出版社，2004年。

[24] 咸阳市文物考古研究所：《塔儿坡秦墓》，三秦出版社，1998年。

[25] 田亚岐提供。

[26] 王学理：《秦俑军服考》，《陕西省考古学会第一届年会论文集》，《考古与文物》丛刊第3号，1983年。后收入王学理：《秦俑专题研究》，三秦出版社，1994年。

[27] 《礼记·内则》孙希旦《集解》：“襦，里衣；袴，下衣。”

[28] 王学理：《秦俑军服考》，《陕西省考古学会第一届年会论文集》，《考古与文物》丛刊第3号，1983年。后收入王学理：《秦俑专题研究》，三秦出版社，1994年。

第九章　君主陵园

古代人聚邑而居，聚族而葬，墓地与居住地之间均有界隔。发掘所见原始社会时期的村落聚址，墓地与居住地相距较近，有的就在居住地的旁边。当人类进入文明社会，城市兴起，君主的墓地仍然沿袭了这一古老的传统，选择在都城内外，从而形成了一种长时间内固定的葬制[1]。

据《史记·秦本纪》和《秦始皇本纪》以及其他历史文献的记载，除秦襄公葬地不甚明确之外，随着国都的逐渐东徙，大致形成七大秦国国君陵区：文公、宪公葬于"西山陵区"，武公、德公、宣公、成公葬于"平阳陵区"，穆公至出公共十六位国君葬于"雍城陵区"，献公、孝公葬于"栎阳陵区"，惠文王、悼武王葬于"毕陌陵区"，昭襄王、孝文王、庄襄王葬于"芷阳陵区"，秦始皇陵独立为"丽山园"。这些陵区除平阳和栎阳陵区没有发现而仅存线索和地域的推定外，目前可以说从春秋早期到战国晚期的秦国国君陵墓大部分已经找到了。至于非子一系的"秦邑葬地""汧都葬地"，仍有大量工作待做。

找到秦君陵墓区，还仅仅属于葬制研究中的前期资料积累阶段。对于墓主的确认，大多数还未进行。除秦景公（雍都第一号大墓）、秦始皇陵墓尚无争议外，其他即便是有地域或人物范围的也并未取得学术界的共识。

第一节　古代君主陵墓"居都之制"的历史鸟瞰

先秦时期的君王陵墓都建在都城附近。固然黄帝、炎帝、尧、舜、禹的事迹充满着神话色彩，其葬地至今仍然是些不可确知的名词。但山西襄汾的陶寺新石器时代遗址中发现了占地280万平方米的早、中期城址，还在中期的小城中发现有与城垣相匹配的"观象台"和贵族墓葬区[2]。陶寺文化遗址的年代约公元前25世纪到前20世纪之间，正当我国仰韶文化向龙山文化过渡阶段的尧舜时期。那么，这里极有可能是"尧都平阳"的所在。

河南登封告城镇西北王城岗龙山文化中晚期的城垣遗址，有东西两城相连。东城时间偏早。而西城内有多处建筑基址，在基址下的殉人就有13处夯土"奠基坑"，有101个储藏用的窖穴（灰坑），还发现一块青铜鬶（或斝）的残片。经测年，当在夏代纪年（距今约4200年或3700年之间）的范围之内，故断定为"禹都阳城"的阳城遗址[3]。

洛阳市偃师县西南二里头村南的夏都斟鄩遗址，虽然只见宫城还没有发现大的城垣，但在宫殿区有大型青铜冶铸作坊、制陶、制骨遗址，还有同宗教祭祀有关的建筑以及400余座墓葬。在3号基址院内发现成排的中型墓葬，已清理了5座。墓葬均为土坑竖穴，多铺朱砂，有棺痕，出有铜器、玉器、漆器、白陶器、印纹釉陶器（或原始瓷）、绿松石器、成组蚌饰、海贝和大量陶器。这是二里头遗址发掘中，首次在宫殿区内发现的随葬品丰富的贵族墓[4]。

偃师二里头文化三期的早商庭院中北部有三室并列的中心殿堂一座，在北墙和殿堂间有一竖穴土坑大墓[5]。偃师县西南的尸乡沟商城，布局完整，宫殿宏伟，道路宽敞。墓地处在城内西北部，城门内侧[6]。从早商宫殿旁有大墓到尸乡沟商城中有墓地，说明汤都西亳把对死者的安葬作为组成部分，已纳入到城市的规划之中。郑州的商代中期王城，在城的北部和东北部有20多处夯土建筑基址，知是宫殿区的所在。在城外分布有手工作坊区（北：冶铜铸造兵器、制骨；南：冶铜；西：制陶）、东西南三个墓葬区（计有铜器墓17座），城西北的小双桥是王室的祭祀遗址。这里有可能是商王太乙的“亳都”或是仲丁的“隞都”[7]。

商代后期的都城殷墟，宫殿宗庙建筑在洹河南岸小屯村东北地，发现有排列整齐的宫殿基址50多座，由北向南作三组排列。王陵区在洹河北岸的侯家庄西北岗及前小营、武官村之间的空地上，分东西二区。西区是陵墓群，历年已发现14座大墓（已发掘11座）；东区有密集的殉葬坑和祭祀坑。另外，在宫殿区和王陵区的周围分布有居住基址和墓葬群，后岗即属于贵族墓地。同样，铸铜、制骨等手工作坊，也分布在它的周围。可见王宫附近的作坊，应是王室直接控制的。

周都丰邑遗址，是个有范围而无城垣的政治聚集地，不过在布局上可以看到：宫殿区在遗址的东北部，接近沣河，已发现大型宫殿基址10余处；手工业作坊在南部，有铸铜、制骨等；墓葬区在西部，张家坡村就有井（邢）叔家族墓地的发现。镐京遗址在沣河东的长安区斗门镇一带，可惜在汉武帝开凿昆明池时已遭到破坏。花园村已探出夯土建筑基址10余座，在普渡村也有周瓦的出土。在这两地还发掘了15座西周墓葬，由此可以断定，墓葬区在镐京的西部，周王的宫殿区在东部，制陶等手工业区和居民区则在北部。尽管周王陵墓区至今没有找到，但据文献记载应该在今西安市南和长安区韦曲镇西北的“毕原”上[8]。西周诸王，除“厉王死于彘”“杀幽王骊山下”（《史记·周本纪》）外，其他周王都应该是葬在毕原的[9]。可见王陵还是安排在距都城不远的地方。

今河南洛阳市的周王城，有两座周城并存：“洛邑”（即“成周”），在瀍河两岸；“王城”，在涧河以东的王城公园附近[10]。

成周城的“殷顽民”墓区在瀍河东岸，河西的邙山南麓是西周贵族的“庞家沟墓地”。贵族墓地西南有西周平民墓地，在其南又是西周铸铜遗址。

东周王城有王城、周山（今洛阳市西南）和金村（洛阳市老城东北）三个王陵区。

王城陵区[11]：在东周王城内外，已发掘周墓3000多座。2002～2003年，考古工作者在今王城广场工程中仅于3万平方米范围内就探出东周墓葬600多座，车马坑（含车坑、马坑）29座。发掘了其中的2座，仅北边的5号车马坑就南北长42.6、东西宽7.4米，有车26乘、残留马骨70匹。西排2号车驾六马，正合乎文献中“天子驾六”的记述。小屯村至洛阳手表厂一带的王城东北小区，曾探出一些规格甚高的“甲”字形积石积炭墓，附近多有车马坑和殉葬坑[12]。

周山陵区：在王城外西南的周山附近，地当今孙旗屯乡三山乡一带。现存土冢4个，据《水经注》《皇览》记载，分别埋葬着周敬王、悼王、定王和灵王（应为赧王[13]）。孙旗屯一带，已发现周墓近千座。

金村陵区：在王城外东北，地当今孟津县平乐镇境内的金村、翟泉一带。1962年，考古工作者钻探出一座长19、宽14、深12米的大墓，墓道长达60米，可能是周景王墓。1928～1932年，加拿大传教士怀光远和美国人华尔纳在金村搭棚立灶，荷枪实弹，疯狂盗挖周代“甲”字形大墓8座和车马坑、小墓3座。出土数以千计的金银器、青铜器、玉器等珍贵文物。盗运国外，其中大部分卖出，流散在10多个国家的数十个城市。仅日本人梅原末治，将搜集的文物编入《洛阳金村古墓聚英》一书就收入238件。

春秋战国时期的诸侯国在处理同陵墓的关系上，仍然是“王陵近都”的。鲁国都城曲阜在山东省曲阜，故城的西部就有墓地四五处，与手工业作坊、居民区相互交错[14]；齐国临淄故城是廓（大城）附于城（小城）的，小城内以“桓公台”为主体并设铸钱的宫殿区，大城有平民居住、手工业作坊遗址。贵族墓地在东北部，被认为齐景公墓及其车马坑在崖头村，在这里还探出20余座大中型墓葬[15]；河北省易县燕下都的东城内，固然是以“武阳台”和“老姥台”两大夯土台为主体，同其周围的建筑群组成宫殿区，但距此不远的西北隅就有“虚粮冢”和“九女台”两处封土，实际是包括23座大墓在内的墓葬区。经发掘的九女台16号墓和车马坑，出土了大批战国时期的文物[16]；河南省新郑县的郑韩故城南部，在西城（宫城）东南和东城西南发现春秋战国两期墓葬群有300多座[17]；赵都邯郸故城西北，分布着赵王陵和贵族墓葬群；河北省平山县的中山国灵寿故城内有3座大墓，城西则广泛分布着战国墓群。中山王嚳及其后妃之一者墓已经发掘，所获甚丰，特别是“兆域图”铜版的发现则提供了有关陵园规划的材料[18]；湖北省江陵县北面的楚都纪南城（即“纪郢”），除城内西北部有春秋时期墓葬之外，大量的春秋晚期到战国中期的墓葬则分布在郢城的周围。由北而南，有川店、纪山、八岭山、雨台山、孙家山、拍马山和观音垱等七个墓区[19]。

从以上先秦资料看，君主陵墓都是在都城安排的，或处城内或在城外，但均属于都城的组成部分，王学理称之为“居都之制”。但秦人的陵墓同关外诸侯国的迥然不同，是无一例外地安排在都城之外，并且有着集中的陵区，所以可称之为“近都之制”。那么，这两种制度在先秦时期并存，当是陵墓文化的一大特点。

据史籍记载，秦自襄公“始国”，至二世“秦亡”，传三十二代，历563年。在此期间秦人至少营筑了西垂、平阳、雍城、栎阳、毕陌、芷阳与郦山等七大茔域。目前，除平阳、栎阳外，西垂陵区基本上可以划定，而雍城、毕陌、芷阳与郦山等茔域均可确指。

第二节　西垂陵区

据《史记・正义》引《括地志》，西垂陵区在今甘肃西和、礼县一带，埋葬着秦襄公、文公父子。《史记・秦始皇本纪》后附《秦纪》中记载："襄公立，享国十二年。初为西畤，葬西垂。"《秦本纪》记载："文公卒，葬西山。"《集解》引用皇甫谧的话认为"文公所葬之西山在今陇西之西县"。《秦纪》说"文公立，居西垂宫，五十年死，葬西垂"。这些记载中的西垂和西山，是否就是一地，虽有争议，但大多数学者认为毕竟属于西垂陵区。

既然秦文公所葬的"西山"在"西垂"，又牵连到后来秦宪公所葬的"西山"又在何处呢？《秦本纪》："宁（宪）公生十岁立，立十二年卒，葬西山。"但《正义》引《括地志》却说："秦宁（宪）公墓在岐州陈仓县西北三十七里秦陵山。"《帝王世纪》还说："秦宁（宪）公葬西山大麓，故号秦陵山也。"显然，两个"西山"并不在一地。

但是，《秦纪》中又说"宪公享国十二年，居西新邑。死，葬衙"。有学者认为"西新邑"和"衙"都是汉西县的所在地，于是便把两个"西山"合而为一。但无论如何，仍无法回避一些学者以《括地志》所记秦宪公葬地当在宝鸡陈仓区平阳西北之西山的问题。

西垂在这里当指西犬丘，是一个具体的地名而不是泛指的西部边陲之地。王国维据《水经・漾水注》，指出它的地望应在汉代的西县（今甘肃天水西南，礼县东北一带）[20]。1993年以来，甘肃礼县大堡子山秦公墓地和圆顶山秦贵族墓地的发现，证明了西垂陵区就在这一带（图9-1）。

一、大堡子山秦公陵园

1992～1993年，甘肃礼县一带的古墓葬遭到大规模盗掘，其中，礼县永坪乡赵坪村大堡子山墓地被盗最为严重，一些珍贵文物流失海外。基于这种情况，甘肃省文物考古研究所于1994年3～11月，对该墓进行了抢救性发掘。共探明"中"字形大墓2座，瓦刀形车马坑2座，基本上搞清了该墓地的排列及中小型墓葬的分布情况，并对其中的2座"中"字形大墓、1座瓦刀形车马坑、9座中小形墓葬进行了发掘清理。

（一）墓地概况与墓葬形制

大堡子山秦公墓地位于礼县以东13千米处的西汉水北岸，北依大薄地峁原，西滨固城河，东、西、南三面均为沟壑。钻探资料表明，此墓地东西长约250、南北宽约140米。在此范围内排列着南北并列的2座东西向"中"字形大墓，编号为M2、M3。其

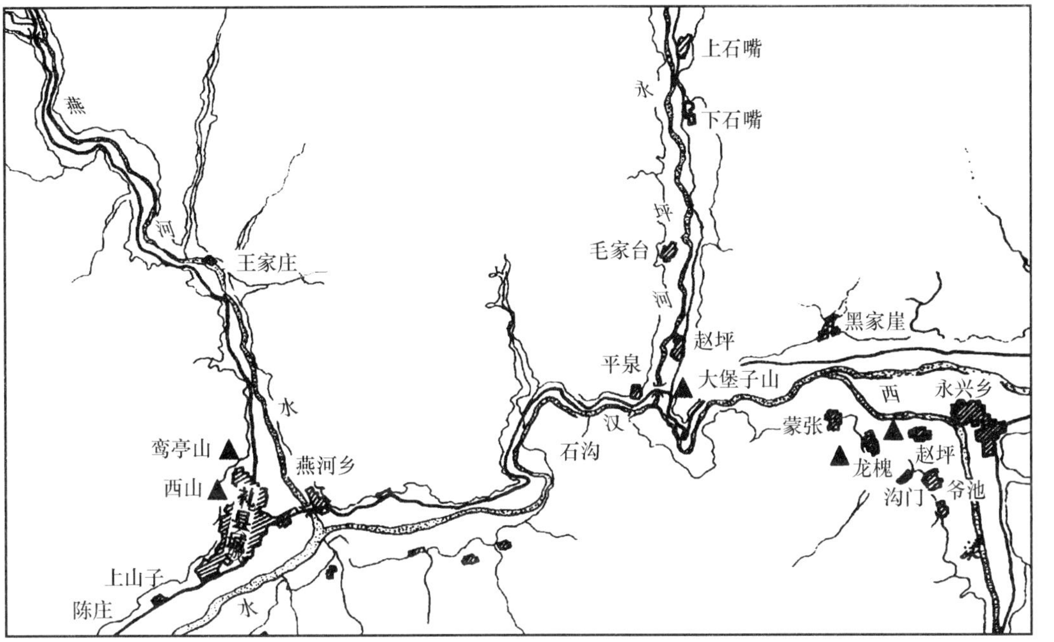

图9-1　西垂遗址位置图

南端有从葬的2座东西向瓦刀形车马坑，已发掘的1座编号为K1。在墓地的东北、北部和西部，有规律地分布着间距为5～7米的东西向中小型墓葬，总数在200座以上。这些墓多被严重盗扰，已发掘的9座墓是劫余后幸存的完整墓葬。

需要说明的是，由于这个墓地盗掘严重，抢救发掘清理后资料又迟迟未能公布，最先发表的相关研究文章中，因对已发掘的4座墓坑性质模糊不清，对墓地的布局也有多种揣测。后来随着相关资料的面世和联合考古队的进一步调查钻探，这些问题遂逐步明晰。

1. 墓葬

M2和M3在平面上呈南北并列，M2在南，M3在北，在墓圹口以上覆盖有五花土，残存厚度0.2～1米。由此一些学者判断，这两座墓很可能有异穴共丘的封土。

M2　为“中”字形大墓。东西向，全长88米，东西两端各有一条墓道。东墓道呈斜坡状，长37.9、宽6、最深11米。西墓道长38.2、宽4.5～5.5米，总体亦呈斜坡状，但有8个沟槽状的台阶。墓室呈斗状，长6.8～12.1、宽5～11.7、深15.1米。在深1.25米的填土中，埋葬有12个殉人，均为屈肢葬，头向有的朝东，有的朝西。分为生殉和杀殉两种，前者有痛苦挣扎状，后者有的头部有洞，姿势规整。还有3个殉人，多为青少年，并各随葬玉玦1件。填土中还有殉犬1只。墓室内有二层台，其中东、北、南三面二层台上有迹象表明，这里原来也置放有随葬品。葬具为木椁和漆棺，均腐朽。棺周围残留有金箔片，说明漆棺上原来镶有金箔棺饰。椁室内残存罐、鬲等陶器残片，以及铜泡、戈、刀等铜器残片。墓主尸骨已朽，据朽迹可知，葬式为仰身直肢，头向西。墓室底部中央有腰坑，内置殉犬1只、玉琮1件。该墓已被盗掘一空，仅在盗洞中发现石磬5件（图9-2）。

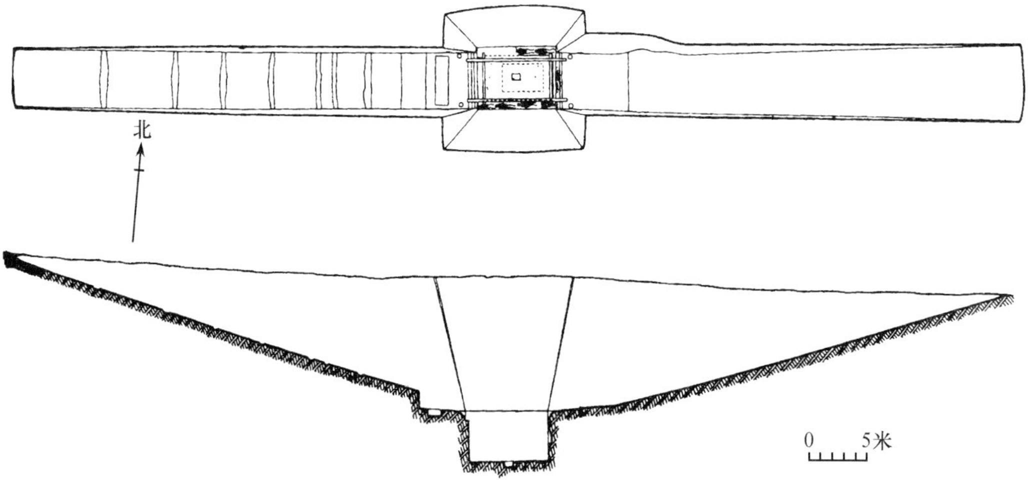

图9-2　大堡子山M2平、剖面图

M3　亦为“中”字形大墓。东西向，全长11.5米。墓道结构与M2相同。其中东墓道长48.85、宽8.3、最深13.5米。西墓道呈台阶状，长41.5、宽8.2米，填土中埋殉人7个。墓室呈斗状，长6.75～24.65、宽3.35～9.8、深16.5米。北侧二层台上现存殉人1个，仰身直肢。东南侧的二层台已被盗扰。墓室内漆棺、木椁及墓主已朽。墓主亦仰身直肢，头西足东，胸、颈部位残留有大量散乱的珀珠。腰坑内亦有殉犬1只，玉琮1件。此墓已被盗掘，墓室部位曾发生过坍塌，所以墓中发现有较小的青铜残片。

陪葬墓　经发掘的9座中小型墓，均为竖穴土圹墓。东西向，长2～5.2、宽1.4～2.7、深3.06～7.6米不等，有的在墓壁一侧掏挖壁龛，安放殉人。墓主均使用棺椁，葬式为头朝西的直肢葬。随葬品有铜器、陶器、玉器、石器等，除随身佩带小件玉、石器外，主要随葬品均放在棺椁间的西端头箱，铜鼎、簋的使用不甚规范，并流行使用仿铜陶礼器。陶器常见的组合为喇叭口罐、鬲、盆、豆、鼎等。

2. 大型车马坑（K1）

平面呈瓦刀形，东西向，全长36.5米。坑道位于车马坑东部，长21.85、宽9.5、最深5.4米，自东向西倾斜。坑为长方形土坑竖穴。长14.65、宽12.95、深5.4米。车马坑内已遭盗扰，从西南部残存的2平方米的遗迹来看，坑内原有殉车4排，每排并列3乘，共计12乘。均为辕东舆西，每车两服两骖，计4匹马。据参加发掘的民工讲，此车马坑被盗掘时曾出土了许多金饰片。发掘中仅获取到铜车饰（如车辖、车軎和大量铜泡）及锈蚀严重的铁制品。

（二）出土器物

该墓地惨遭盗掘，相传原有青铜器百余件、金箔饰片若干，大多已流失海外。由于出土时情况不明、文物下落扑朔迷离，再加之未知因素甚多，因而使得学人间的认识也多呈歧异状态。后来甘肃省文物考古研究所戴春阳先生的《礼县大堡子山秦公墓地及有关问题》一文和礼县博物馆编的《秦西垂陵区》对此有所披露，就成了人们研究这个墓地的凭借。也正因为都没有涉及陶器，同样使全面研究受到很大的限制[21]。

大堡子山秦公墓地盗掘后的发掘，在盗洞中仅见石磬5件和一些较小的青铜残片。

值得庆幸的是，1993年秋，甘肃省西和县公安局缴获了一批盗自礼县大堡子山的器物，计约十多件（彩版一三，2～4）。其中铜鼎7件，虽大小有别，但形制相同。其中一件（标本M3采：1）敛口，立耳，浅腹下垂，微圜底，三兽蹄足内敛，足根有扉棱。耳饰重环纹，颈饰窃曲纹，与腹部垂鳞纹以宽条带相隔。口径33、最大腹径37.6、高38.6厘米，器腹内壁铸铭文两行6字“秦公乍铸用鼎”。此外，还缴获青铜簋4件，其中一件（标本M3采：5）器盖抓手较大，微折沿。器身敛口，鼓腹，龙首状双耳，下有垂珥，圈足下有三个小兽蹄足。口沿下饰变体夔龙纹，盖面和器腹饰瓦棱纹，圈足饰垂鳞纹。口径20、最大腹径26.8、残高10.4厘米。器内底与盖内各有铭文两行6字“秦公乍铸用簋”。经在押的盗墓犯罪分子供认，这些秦公诸器因残损较甚，故未能出手，并指认此秦公诸器均出自M3。M3墓室中因坍塌而砸毁的青铜器，所留残片较多，这正与秦公诸器的残损现象相吻合。所以，这批秦公鼎和秦公簋出自M3应该是没有问题的[22]。

1993年10月，一批秦公重器在香港出现，上海博物馆马承源馆长择其精者，将7件秦公器抢救回归。其中“秦公鼎”4件，上有铭“秦公乍铸用鼎”“秦公乍宝用鼎”（图9-3）；“秦公簋”2件，器、盖对铭各有5字“秦公乍宝簋”；另外，还有1件兽目交连纹簋，上无铭文。

此秦公鼎与M3所出之鼎造型相近，但腹壁外鼓和下垂的程度以后者最为显著。此外，M3秦公鼎兽蹄足上的扉棱呈“山”字形，而上海博物馆4鼎的扉棱既有“山”字形，又有波浪形，还有简约的弧形。两者最大的区别在于纹饰上的差异。上海博物馆秦公鼎的颈、腹部均饰窃曲纹，其中颈部纹饰简单，腹部纹饰较繁复。腹内壁均有铭文6字，为“秦公作铸用鼎”或“秦公乍宝用鼎”（图9-4）。上海博物馆秦公簋则与M3所出的秦公簋基本相同，唯器内底与盖各有铭文两行5字，为“秦公乍宝簋”（图9-5）。上海博物馆秦公鼎、簋与礼县大堡子山M3的同类器相比较，形制相近，只是鼎的纹饰不同；而且，其鼎、簋均完好无损，这与礼县大堡子山M3被盗掘一空的情况应当不是一种巧合。所以，上海博物馆收藏的秦公诸器可能就出自大堡子山M3[23]。

美籍华人范季融、胡盈莹夫妇于2009年，给国家捐赠了秦公器6件。其中有铜鼎3件、簋2件、垂鳞纹铜镀1件[24]。3件铜鼎的形制、纹饰相同，大小相次。口沿外折，上设宽厚大耳，上厚下薄，略为外侈。束颈，宽体，器腹外垂，浅腹平底，蹄形足。立耳的外侧饰鳞纹。颈部和腹部饰不同的兽目交连纹。足上部饰兽面纹，有鼻准出

图9-3　窃曲纹秦公鼎
（上海博物馆藏）

图9-4　窃曲纹秦公鼎铭文

图9-5　瓦棱纹秦公簋及铭文
（上海博物馆藏）

脊。器内壁铸铭两行6字“秦公乍宝用鼎”。两件铜簋失盖，其形制、纹饰基本相同。体宽鼓腹，圈足上有三兽首，下连短状兽爪形矮扁足。腹部两侧设兽首形耳，造型宏伟，耳端龙首宽厚，卷身，下有垂珥呈卷尾状。口沿下饰兽目交连纹，腹部饰三层交错的垂鳞纹，圈足上饰一周鳞纹。器内底铸铭两行6字“秦公乍铸用簋”。从鼎和簋的器形和铭文看，同前所获之器有同有异，但风格相一致，和垂鳞纹铜镀都应是M3中的流失文物。

据知，至今流失在国外的礼县大堡子山文物还有美国纽约古董商詹姆斯·拉利

（James Lally）存有秦公壶一对；法国私人收购有鸱枭、虎形的棺饰金箔片44件[25]。甚至在我国香港的商人那里还有百余件青铜器，没有收回。

据祝中熹介绍，甘肃省文物考古研究所收藏有素面玉琮2件，出自两座大墓的腰坑中，其中M2出土的一件为深棕色，长7.2、高5.2厘米；M3出土的一件为绿色，长6.8、高6.1厘米。还有小型玉鱼、玉玦等；甘肃省博物馆收藏的青铜盘、钟、镈等也出自这里。

9座中小型墓葬保存较好，随葬品有铜器、陶器、玉器、石器等。铜鼎、簋的使用不甚规范，并流行使用仿铜陶礼器。陶器常见的组合为喇叭口罐、鬲、盆、豆、鼎等[26]。

（三）墓主问题

大堡子山的“中”字形大墓与秦公诸器表明，大堡子山中心区应系秦公陵园。陵园北部严整有序的中小型墓葬与秦公陵园一起，构成了以秦公陵园为中心的墓地。

但是，已发掘的这两座墓主到底是哪位秦公？学术界众说纷纭。有“秦襄公和秦文公”说[27]“襄公及其夫人”说[28]“文公、宪公”说[29]、“襄公、文公、静公、宪公四代及其夫人”说[30]“宪公及其夫人”说[31]“秦仲、庄公”说[32]，等等。

赵化成等三位先生，根据2006年发掘“乐器坑”中有“秦子作宝龢钟”的镈文，研究认为：秦子即太子静公。他们进而推断大堡子山被盗的两座大墓的主人是太子静公（距乐器坑最近而规模较小的M2）及其父亲文公（当M2之北、规模较大的M3）[33]。

文献记载与考古材料显示：秦人迁建新都城之初的君主，往往死后要入葬到先君的茔地去。秦襄公虽然徙都于汧（《帝王世纪》），地在今陕西的西部，但死后仍要到今甘肃东部“葬西垂”（《史记·秦本纪》）。那么，作为“秦子”的文公，在位50年，文治武功颇有建树，收有“周余民”铸作精美的青铜镈钟、建造乐器坑祭祀先君（秦襄公）就极具条件。至于南北并列的M2和M3，显然是夫妻“同茔异穴”的合葬。这在以后“毕陌陵区”的秦惠文王“公陵”“芷阳陵区”的秦昭王“芷陵”都得到了验证。所以，大堡子山秦公陵园葬着“秦襄公和秦文公”、或其他父子或祖孙，看来是不大可能的。

由于该墓地是在惨遭盗掘后的抢救性发掘，随葬器物严重扰乱，青铜器百余件、金箔饰片若干，多已流失海外，组合关系暧昧不明，因而对4座墓坑的性质仍有模糊不清之嫌，对墓主的从属意见歧异之大也在所难免，目前难以定论。要取得共识，还须要进一步的工作。

（四）引　论

（1）葬制与殷人关系的问题

大堡子山秦国国君墓地的发掘，反映出秦陵规划的特色：墓上有封土，墓圹采取“中”字形，墓向朝东，一公一陵，除前述“父子同茔”说之外，还有夫妇异穴合葬……这些原则多被后世秦陵所遵循。

考古工作者于1994年在大堡子山发掘了11座墓葬和1座车马坑，1998年发掘了3座墓葬和1座车马坑。其中，不仅2座大型秦公夫妇墓和2座中型贵族夫妇墓使用殉人，2座小型墓也使用了殉人。1998年发掘的从葬5乘的车马坑中殉驭人1名，由此推知，秦公陵的车马坑也很可能殉有驭人。可见，秦陵中使用殉人的现象非常普遍，这与两周时期其他诸侯国国君墓基本不用人殉的情况形成强烈的对比。这种葬俗当与秦人来自东方及其与殷人密切有关。

（2）“不其簋”的主人问题

目前学术界普遍认为，不其簋的器主是庄公[34]，但大堡子山襄公器铭与不其簋铭有巨大的差别，这就使得我们对此一问题有重新审视的必要。

“不其簋”有簋盖传世，现收藏于国家博物馆。而器身于1980年3月在山东滕县后荆沟出土。器身椭圆，子母口带盖，盖呈覆盘状，盖顶有圈足形捉手。腹铸对称的两兽首形附耳，有珥。圈足外铸三个伏兽形足。盖及身饰瓦纹和窃曲纹，顶饰蟠龙纹，圈足间饰重环纹。通高26、腹深23、壁厚1、盖直径23.2厘米。器底有铭文12行，共151字：

“惟九月初吉戊申，伯氏曰：‘不娶，驭（朔）方严（玁）允（狁）广伐西俞（隅），王令（命）我羞追于西，余来归献禽（擒），余命女（汝）御（驭）追于畧（？），女（汝）以我车宕伐严允于高陶。女（汝）多折首执讯。戎大同峑（永）追女，女（汝）及戎大辜（敦）戟（搏）。女（汝）休，弗以我车甬（陷）于艰。女（汝）多擒，折首执讯。’白（伯）氏曰；‘不娶，女（汝）孚，女（汝）肇诲（敏）于戎工。锡（赐）女（汝）弓一、矢束、臣五家、田十里，用甬（永）乃事。’不娶拜韻（稽）手（首），休，用作朕皇旦（祖）公白（伯）、孟姬障毁，用匄多福，眉寿无彊，永屯（纯）霝（令）冬（终），子子孙孙其永宝用享。”

这件簋的铭文中，三次提到“不其”。据《史记》记载，庄公的父亲是秦仲，秦仲的父亲是公伯，如果是秦庄公（公元前821～前778年）之器，作为重要的祭器应该是存放在宗庙里的，出土地也应该在甘肃礼县的大堡子山一带，但它却在山东滕县后荆沟出土了！这就成了难解之谜！所以有的学者提出了另外的见解，认为不其簋的器身与盖远距离地分开，说明不其簋并非秦庄公之器。

首先，礼县赵坪贵族墓区春秋早期贵族夫妇墓出土了大量青铜礼器，不仅在鼎、簋的级别使用上明显僭越，而且品类的繁多、器物造型的瑰丽也不逊于秦公诸器。然而，这些器物均无铭文，同秦公诸器器铭简约的情况表明：建国之初，秦人囿于自身社会文化水平，铜器的铭文尚处于初创阶段。那么，很难令人相信，煌煌152字的“不其簋”是襄公建国前的秦人所作。尽管有学者认为，“秦在襄公七年受封为诸侯始国以前，制作大型铜礼器当皆借用周室之熟练铸铜工匠和书艺精湛之史官书佐为之，故其形制、纹饰、铭文书风均与周季无别，秦庄公所作之不其簋与其铭文便是佳证”[35]。不过，此“借用”说恐怕无法解释襄公诸器的形制、纹饰既与周季无别，而怎能有铭文自成体系的这一现象！事实上，铭文的制作不仅仅是技术问题，它还有着深沉的文化底蕴。作为一个自非子开始崭露头角的独立文化共同体，秦人有着自己发展的历程，作为集中体现其生产力水平和意识形态的青铜礼器的铭文，也不能脱离其既有的社会文化水平和特点。

其次，不其簋铭就内容而言，与庄公联系也较为牵强。李学勤先生谓簋铭中“伯氏”系庄公长兄。事实上，庄公兄弟五人，“其长者曰庄公”，这在《史记·秦本纪》的记载中已很明确。又铭载，伯氏赐不其“弓一矢束、臣五家、田十田”。其中一次赏赐土地1000亩，其赏不可谓不重，若伯氏系庄公长兄，他以什么身份作此重赏？若联系记载与玁狁战事的虢季子白盘，也不难发现不其簋铭与虢季子白盘铭具有某种因果逻辑关系。不其簋铭中的白氏应即虢季子白，亦即《后汉书·西羌传》中的虢公。他与多友鼎铭文中代王宣赏的“武公”相类[36]，均为周室重臣。

最后，若不其簋铸于“秦仲未去世、庄公未即位之时”，但这时与戎抗争的主角应是秦人酋长秦仲，而不是庄公。即使庄公与戎战，显然也是受秦仲指使，代表秦仲所战。如果有赏赐，受赏的也应该是周之“大夫”秦仲，而非庄公。若不其簋是庄公所铸，对于炫耀战功而铸的青铜礼器必不会轻弃。庄公一直活动于西垂，而不其簋却随葬于山东滕县后荆沟的春秋早期贵族墓中[37]，不其簋器身与盖分离的这种现象本身就说明，不其簋应与庄公无涉[38]。

二、圆顶山秦贵族墓地

圆顶山位于大堡子山秦公墓地东南方向，当西汉水南岸的永兴乡赵坪村。这里以往曾多次出土过战国以前的重要器物，是一处跨时甚长的秦国墓区（图9-6）。既有春秋早期，也有春秋中、晚期乃至战国时期的墓葬。1998年和2000年，甘肃省文物考古

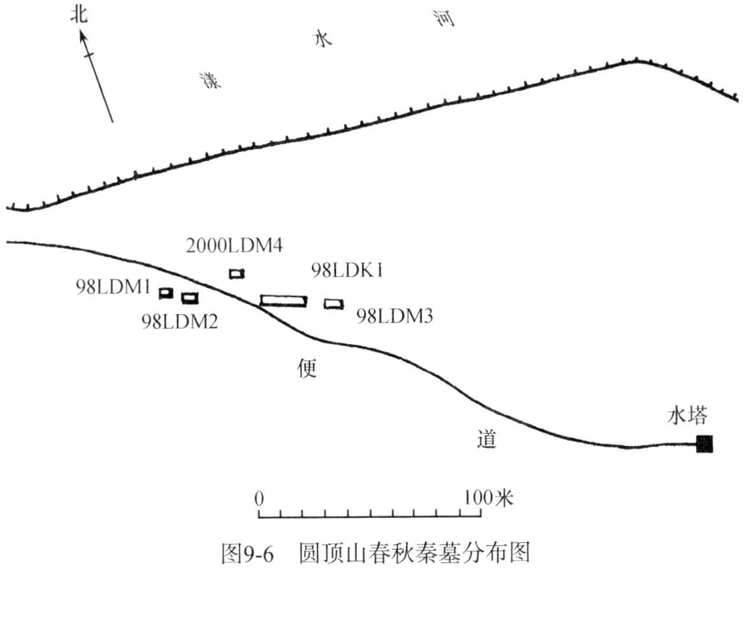

图9-6　圆顶山春秋秦墓分布图

研究所和礼县博物馆联合对圆顶山墓区进行了抢救性发掘。发掘出3座中型墓葬、1座小型墓葬和1座车马坑。这些墓葬虽已被盗扰，但收获颇丰，仅青铜器就出土了370件（组）。礼器大都形制规整，纹饰华丽，其中也不乏精品，为秦文化研究提供了丰富的实物依据[39]。

（一）墓葬形制

M1位于墓地的最西端，是圆角长方形竖穴土圹墓，方向275度。长4.9、宽2.8、墓口至墓底深7米；墓室填土经过夯打，西北角和东部各有一盗洞，墓壁光滑，有生土二层台。葬具为一椁一棺，椁底板下有东西向垫木，棺内残留大量朱砂，棺底四角有铜饰片。墓底有厚约0.1米的黄膏泥层。骨骼朽甚，葬式不明。墓底中部偏东有一腰坑，坑内殉狗1只，颈部系有铜铃。二层台四壁上各有一方形袋状壁龛，内有一殉人，装入棺木。

M2在M1东约10米处，形制同M1。南、东、北壁二层台上各开一弧顶长方形壁龛。南龛内殉3人，东、北两龛各殉2人，殉人均有髹朱漆棺（图9-7）。

M3在M2以东略偏南102米处，形制略同M1、M2。南北有生土二层台，北壁略高于二层台，上开一圆角长方形壁龛，内有一殉人，无棺。

M4位于M2北侧的一级台地上，由于盗扰面积较大，墓室又曾发生过坍塌，加以积水甚多，故葬具结构、规格与葬式不明，只辨认出棺曾髹漆，棺下有长方形腰坑。

（二）车　马　坑

位于98LDM3西北约20米，长方形竖穴土坑，方向266度。长18.8、宽3.15、深4米。坑壁近直，经修整，内葬车马一列5乘，辕东舆西，前后相随。第一、三、四乘为驷马，第二、五乘两马挽驾。首乘四马服具齐全，骨骼完整，骨下垫有苇席；余车之马均为剔骨葬，马骨用漆皮包裹，多处放置铜泡。

入葬前先按车舆及双轮尺寸挖坑，然后将各车分别置人。以首乘为例，舆坑长1.92、宽1.1、深1.2米。两轮轨距2.08、轮径1.32米，辐条28根。两毂中部较粗，两端渐细，近似纺锤形，各长0.52米，轮外部分长0.26米。车轴通长2.86米，中部粗而贯毂处较细。舆下部分径0.11、两端径0.06米。辕长2.92米，末端压在车轴正中，十字相交，交点至踵长0.41米，横截面呈圆形，前、中、后三部分径长分别为0.08、0.1、0.12米。车衡压于辕的前端，榫卯套合。衡长1.23米，中间粗，两端细，端末套有铜衡管。辕、衡均髹褐色漆。舆底由四轸构成长方形外框，轸木宽0.05、前后长1.7、左右宽0.78米。轸下纵设两根与轸同宽的方木条，位处辕的两侧，以加固轸木，承受车舆底板。舆底板由5块宽0.11～0.15米的木板组成，髹黑漆。舆四周都有遮栏痕迹，结构与规格不详。舆顶设车伞，为木质，圆形，径1.34米。舆内殉一御手，头西面北，侧身屈肢，双手放于腹前，右手握小玉饰，身上有朱砂，头左侧随葬一陶鬲。

坑内出土铜车构件16件，马饰180件，其他铜器有镞90枚，带扣1件，陶器4件，骨

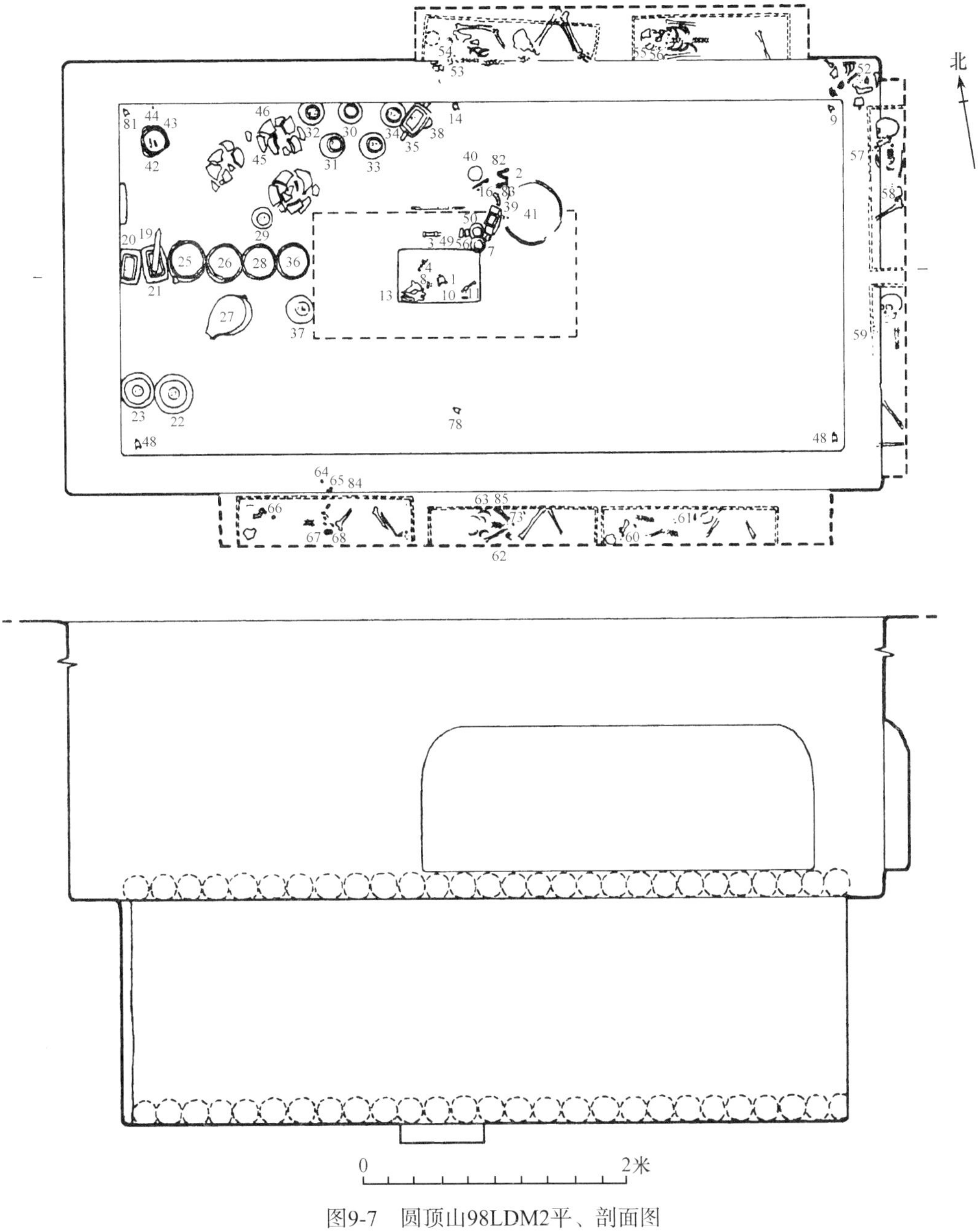

图9-7　圆顶山98LDM2平、剖面图

1、2、9、14、18、48、52、81. 铜铃　3. 鎏金铜柄铁剑　4、53、55、66、68. 玉玦　5、49. 石凿　6. 玉陶纹环　7、50. 石璧　8、17. 石管　10. 石四棱形饰　11. 石剑　12、82、83. 铜剑柄　13. 铜戈　15、70～72、74～79. 玉圭　16. 铜销　19、44、61. 石圭　20、21. 铜方壶　22、23、45、46. 陶大口罐　24. 陶甗　25、26、28、36. 铜鼎　29～34. 铜簋　37. 铜圆壶　38. 铜盖鼎　39. 铜盉　40、47. 陶罐　41. 铜盘　42. 陶鬲　43、60. 石琀　51、65、84. 玉环　54. 料珠　57、59. 石玦　58、65、64、73. 玉片饰　62. 玉四棱形饰　63、68、85. 玉贝　67. 玉璜　69. 棺下铜薄片

角器8件，另有长条玉握1件。

（三）出土器物

有青铜器、玉器、石器、陶器和贝饰等共537件（组）。

青铜器　370件（组）。器类有礼器、兵器、车形器、车马器、棺饰等。青铜礼器种类较全，有鼎、簋、盨、方壶、圆壶、盉、盘、匜，甗、尊等，基本组合为鼎、簋、壶、盉、盘、匜、甗。但由于各墓都不同程度地遭到盗扰，所出器物已非全貌，如7鼎6簋、6鼎2簋、5鼎4簋、一鼎的组合很不规律。除礼器外，车马器、饰件小铜器数量较大（图9-8）。

1

2

3

图9-8　礼县圆顶山出土铜器

1. 铜鼎（98LDM2：36）　2. 铜簋（200LDM4：6）　3. 双凤纹方口铜壶（98LDM1：8）

在形制和纹饰方面，这批铜礼器和大堡子山墓地所出器物相比有较大的变化，如鼎多系列鼎，腹的下垂趋缓甚至完全变圆，鼎足已无扉棱，有些因素则被发展强化，如鼎的蹄足更加粗壮并且根部大幅度外移，蹄底阔而成台。鼎的主纹饰有多种组合，如有的颈饰窃曲纹，腹饰波带纹；有的颈饰窃曲纹，腹饰垂鳞纹；有的颈饰蟠虺纹，腹饰波带纹。圆顶山秦墓所出这种纹饰组合，是目前所知年代最早的。蟠虺纹的应用非常突出，如壶、盨、盘、盒、车形器，乃至车马器和剑柄等，而且蟠虺纹皆处于主要位置。有些器物纹饰图案线条宽疏，但其穿插组合却仍是蟠虺纠结的格式，可视之为蟠虺纹的变体。簋的纹饰均以蟠虺纹和瓦棱纹为主。兽面纹已很少使用等。

铜器中最独特的器形应首推M1所出的车形器，其造型极其精巧（彩版一六，4）。四车轮，长方形车厢体，其上有盖，盖面由对开的两扇小盖组成；车厢顶部的四角上有 4 只站立的小鸟，可转动；打开车厢翻盖的两个手柄，分别是一个蹲坐的熊形纽和一个跪坐的人形纽；车厢侧面四角上趴着 4 个仰天长啸的小虎。这些动物形象生动、神态逼真，而承载车体的 4 只带轴圆轮至今还能转动。全器通高8.8、舆厢长11.1、宽7.5、高2.9、轮径4厘米。发掘简报将此器定名为“四轮方盒”，认为“可能是妇女放置首饰化妆品的专门用具”。

用动物形象作附饰，是圆顶山墓地青铜器的另一特色。较突出的有方壶、盨、盉和车形器。尤以方壶为最，上共附饰动物46只，有大有小，情态逼真，充满活力。

青铜兵器有剑5柄，铁剑4柄。有3柄剑仅存铜茎，有1柄仅存金首金格。铜剑茎皆饰镂空蟠虺纹的，有3柄；戈5件，均为圭首短援长内式。镞形制多样，两翼明显收杀，有阔翼镂空筒脊式，有后锋狭长的凸脊式。而更多的是缩棱脊式，可以看出是向三棱式镞过渡的形式。以上种种，都是春秋中期才开始多见的兵器特征。

玉器　40件，器类有璧、玦、圭、璜、环等。多为片状佩饰，未见多种佩件组合的串饰，部分器物有简单纹饰。其中玉玦数量较多，加工也相对精细些，有的饰图案化的蟠虺纹，多用双勾阴线。图案疏散，可以看出蟠虺纹向卷云纹演化的迹象。总体观察，玉质较差，除个别器物外，制作欠精致。值得一提的是，有一种短柱状石琀，长3.5～4.1、径约1.4厘米，用孔雀石制成。有绿、白等色相间的花纹，多含在殉人口中。这种形制的石琀十分罕见。

圆顶山墓地出土陶器较少。且都是秦文化陶器的习见类型，如鬲为联裆束颈式，肩部凸鼓尚不明显。甗的鬲部联裆，甑部束颈折肩，皆饰绳纹。灰陶罐中，大小喇叭口的都有，折肩、圆肩并存，饰绳纹和弦纹。仿铜陶礼器已颇流行。

（四）墓地性质

从圆顶山墓地与大堡子山秦公墓地的关系看，这里应是春秋早中期秦国的贵族墓地。

两座墓随葬的一些青铜礼器形制相似，M1使用的列鼎为垂鳞纹鼎。但也有各自独有的器物，这可能与墓主的性别、身份有关，如M1随葬青铜方盒及四轮方盒，M2随葬鎏金镂孔铜柄铁剑、青铜剑等。其中，M1所出的铜方盒造型奇特，类似的器物还见于1989年山西闻喜晋侯墓地西周晚期晋侯邦父的次夫人杨姞墓中，其形是除顶部有两扇厢盖外，又在舆前设可开启的门，门旁立一断左足的裸人，柱杖扶门，厢下为六轮，两大四小。厢顶盖纽为一蹲猴。四角同样安装四只由短柱撑起的大鸟，舆厢四角棱也是附饰四虎，为回首下顾的镂空卧虎。此器被定名为刖人守囿挽车。那么，圆顶山墓这件车形器是否也为挽车？方盒或者有可能是梳妆盒？但无论如何，赵坪M1和M2应属于春秋早期的贵族夫妇墓。

这批墓葬虽经盗扰，但大致面貌清晰。墓葬形制和随葬器物都显示出春秋早中期之风格。结合以往在圆顶山出土的器物观察，说明这个墓地跨时甚长，如礼县博物馆收藏一套9件编钟，出自圆顶山北坡，时代属于春秋晚期。还有春秋时期的人形灰陶瓶、战国时期蟠虺纹圆壶。另外，甘肃省博物馆前些年收藏的一件春秋晚期“羊侯永用”剑，以及现藏陕西历史博物馆的战国“工师文”罍，据传也都出自这一带。

圆顶山墓地与大堡子山秦公陵园隔河相望，这里很可能就是秦国早期的国人墓地。据《周礼·春官·宗伯》记载，周代国君陵园与国人墓区是分域规划、分别管理的。当时秦国不一定有周人那么严格的族茔制度，但公陵与国人墓葬必然各有区域。按照当时墓地尚高的传统习俗。公陵须建于高处，而国人墓地则应比公陵更靠近国都，地势也应更加开阔。综观大堡子山以东的川原形势及都邑位置，圆顶山北坡作为国人墓地也是最合理的选择。已发掘、清理的只是比较集中的几座贵族墓葬，他处或附近应当有更多的平民墓葬，有待今后全面勘察。

第三节　平阳墓地

一、平阳都城线索的浮现

秦宪公二年（公元前714年），把国都从“汧渭之会”又搬迁到了“平阳”（又可简称“阳”）。秦德公元年（公元前677年）又迁都“雍”。也就是说，平阳作为秦的都城共度过了37个年头。宪公、出子、武公，再加上宣公，计有四代国君在这里生活，演绎着他们在秦国的政治风云。

《水经注》中说：“汧水东南历慈山东南，经郁夷县、平阳故城南。”可见平阳城址在汧水左岸、渭河之北。今宝鸡市陈仓区虢镇之东的一片台地，就是唐岐山县阳平乡的“平阳聚”，至今仍有地名阳平。从虢镇东到宁王村一带，是一处东西狭长的渭河北岸一级台地。长约30里，宽2里有余。有数条流量丰沛的溪水，穿流在太公庙村北和东西两高泉村之间，水边就保存有新石器时代遗址。太公庙村和临近的秦家沟、洪原、大王、南阳、窑底、李家堡、贾家崖等村庄，都有着从春秋至秦代连续的文化遗存[40]。宁王村北有一处从春秋战国至西汉时期的大型遗址。其文化层厚达1.5～2米，地面上也散见有槽形板瓦、外饰绳纹带和抹光带的筒瓦、式样繁杂的云纹（涡纹、羊角纹、花瓣纹等）瓦当、几何纹空心砖、瓦当纹饰的空心砖、绳纹空心砖，还有“长乐未央”和“郁夷”等文字瓦当（彩版一二，2）。

秦的平阳邑，西汉为郁夷县，王莽改“郁平县”。其故城遗址，大概可以确定在今宝鸡市陈仓区阳平镇宁王村一带。

1978年在陈仓区太公庙村发现了秦公镈、秦公钟，依据后来甘肃礼县大堡子山遗址发现的乐器坑判断，这也当是一个乐器坑。那么，它应当与平阳秦公陵园互为依存。也就是说，太公庙村附近应当有一处秦公墓地，这同时也为寻找平阳故城遗址提供了重要的线索（图9-9）。

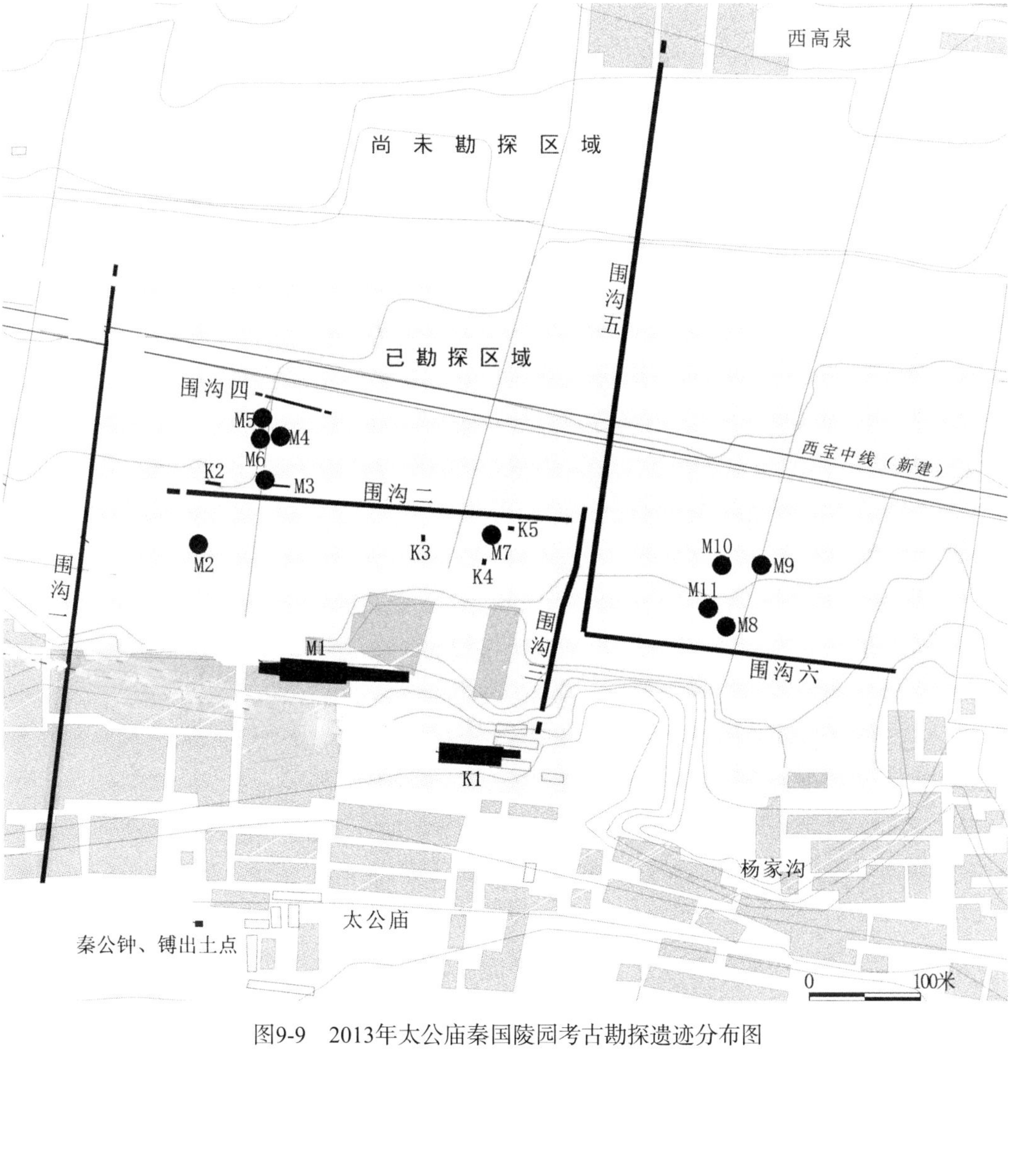

图9-9　2013年太公庙秦国陵园考古勘探遗迹分布图

二、高等级墓葬的清理

据《史记》的《秦本纪》和《秦始皇本纪》记载，秦武公、德公、宣公和成公等四位“葬阳”。这个“阳”应当就是“平阳”。武公有一个儿子名叫“白”，没有立君，但封在平阳。他死后，也可能葬在平阳的秦君墓地里。

秦君的陵园，理应就在平阳都邑的附近。有学者将平阳陵区与雍城陵区视为一个陵地，这无论从地理环境和文献的记载上都是不妥的。像秦武公的葬地很具体，在“宣阳聚东南”。“宣阳聚”毕竟是个秦的小地名，可惜没有留传下来，所以就不明其所在。武公“初以人从死，从死者六十六人”。这个以活人殉葬的野蛮葬俗，虽然盛行于奴隶制的商周时期，到春秋早期已经衰落。而秦人仍沿用这一恶例，正是它刚步入奴隶制门槛的反映。

从太公庙至阳平一带，是春秋早期秦墓集中的地区。经前后考古发掘，有几批重要的墓葬材料。

今阳平镇西北2.5千米处的秦家沟村，1963年年底至1964年年初，陕西省文管会在村北与洪原村接壤处发掘了春秋秦墓5座。全为长方形土圹竖穴墓，并有二层台。其中M1、M2紧靠洪原村，南北向。M1长4.1、宽2.2、深11米，墓口距地表2.5米，棺椁具有，南北两端均有二层台，高1.8、宽0.7～0.86米，东西两边为填土，南北放置棚木各一，上承托东西向排列的棚木19根，再上铺有芦席，均已腐朽。墓室为夯土，在墓室西北部的夯土层下，发现狗骨架一具，头向北侧卧，骨架保存完整（图9-10）；M2形制与M1基本相同，在墓室西南隅的填土底层发现狗骨架一具。5座墓除M5葬式不明外，全为屈肢葬式。共出土青铜器、陶器、玉器等随葬物93件组。这些随葬物放置各不相同。M1、M2放置在棺椁之间的西南端，在器物周围的淤土上发现有朱、墨绘彩痕迹及编织物花纹。M3、M4均放置于头部，M5置于头端二层台上。青铜器全部出在M1、M2之中，计有鼎、簋、方壶、匜、盘、铃、车马器等共39件。器物一般胎质较薄，铸造也较粗糙。陶器有盆、鬲、豆、匜、罐、壶、盘、甗等[41]（图9-11）。

1978年冬，中国社会科学院考古研究所西安研究室在西高泉村小学西边的台地上发掘70多座小型秦墓，全为土圹竖穴屈肢葬式，随葬物以鬲、壶、罐、釜、盆等陶器为主。另外，在西高泉村清理过春秋秦墓3座。M1出土有迄今为止发现春秋时期最早的秦青铜器，其中有壶、豆两件，尚系西周遗物，出土的甬钟也近于西周作风，三角锋戈是春秋前期的标准型式，这座墓的年代当为春秋初年。M2出土仿铜陶质2鼎4簋等，M3出土仿铜陶质4鼎4簋等随葬物也具有较典型的春秋早期秦墓风格[42]。

1998年4月，宝鸡市考古队在南阳村发掘春秋秦墓4座，其中5鼎4簋铜器墓1座，3鼎2簋铜器墓1座，3鼎4簋铜器墓1座。M2长3.45、宽2.08、深4.3米，方向305度。填土经夯打，十分坚实。有熟土二层台，高0.85、宽0.2米。南二层台上中部有殉狗，头向与墓葬方向一致，椁仅留白色板灰痕迹，长3、宽1.65米，厚度不明。有圆木盖在二

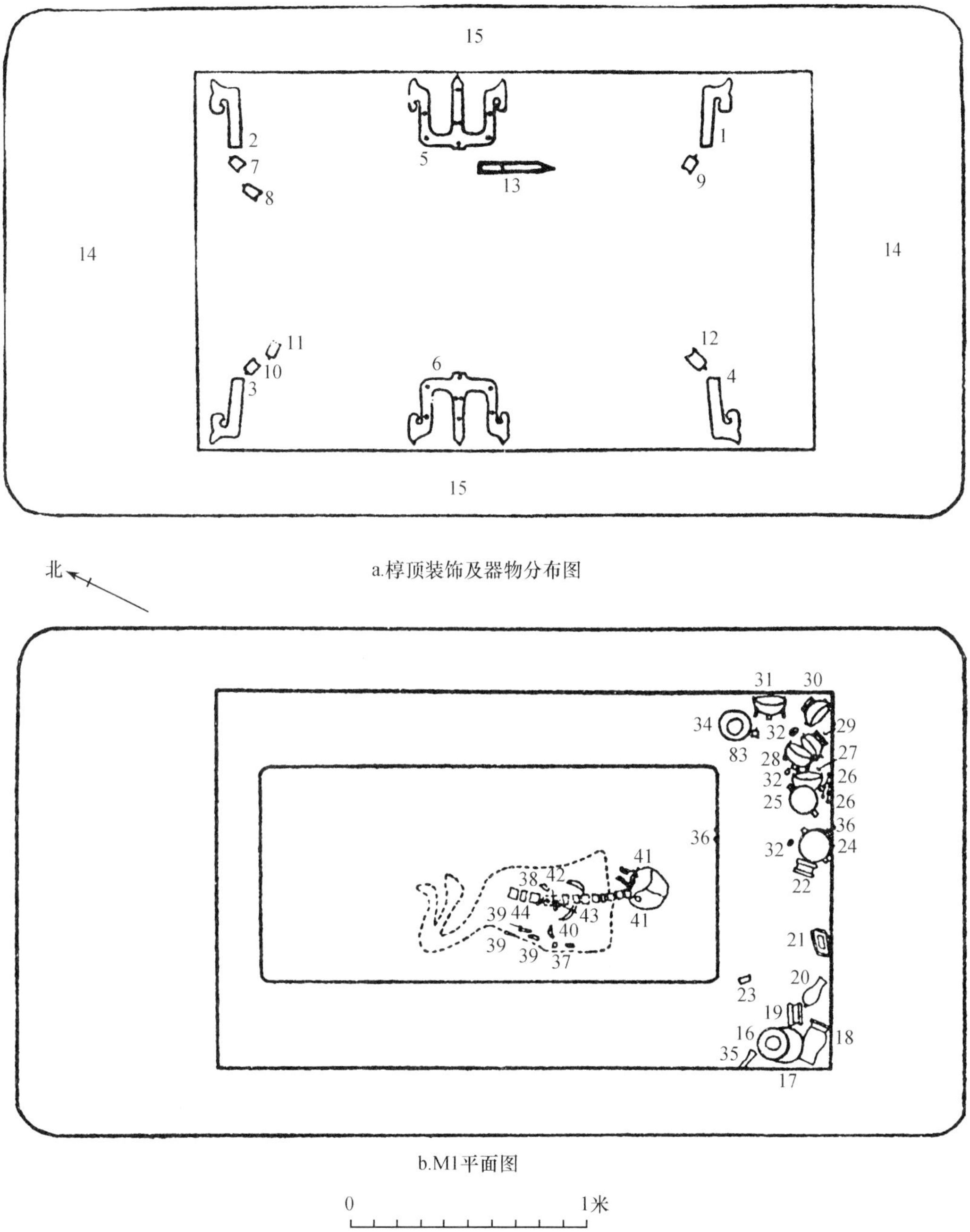

a.椁顶装饰及器物分布图

b.M1平面图

图9-10　秦家沟M1椁顶装饰及平面图

1~6. 铜椁饰　7~12. 小铜铃　13. 玉圭　14. 夯土二层台　15. 垫土台　16. 陶罐　17. 铜盘　18、21. 铜方壶　19、22.铜方壶盖　20. 铜匜　23. 骨管　24、25、29、30. 铜簋　26. 铜衔　27、28、31. 铜鼎　32. 贝　33. 小铜铃　34. 铜簋盖　35. 铜车辖　36. 骨环　37、38. 玉凿　39. 玉鱼　40. 铜觽　41. 玉玦　42、43. 玛瑙珠　44. 玉珠

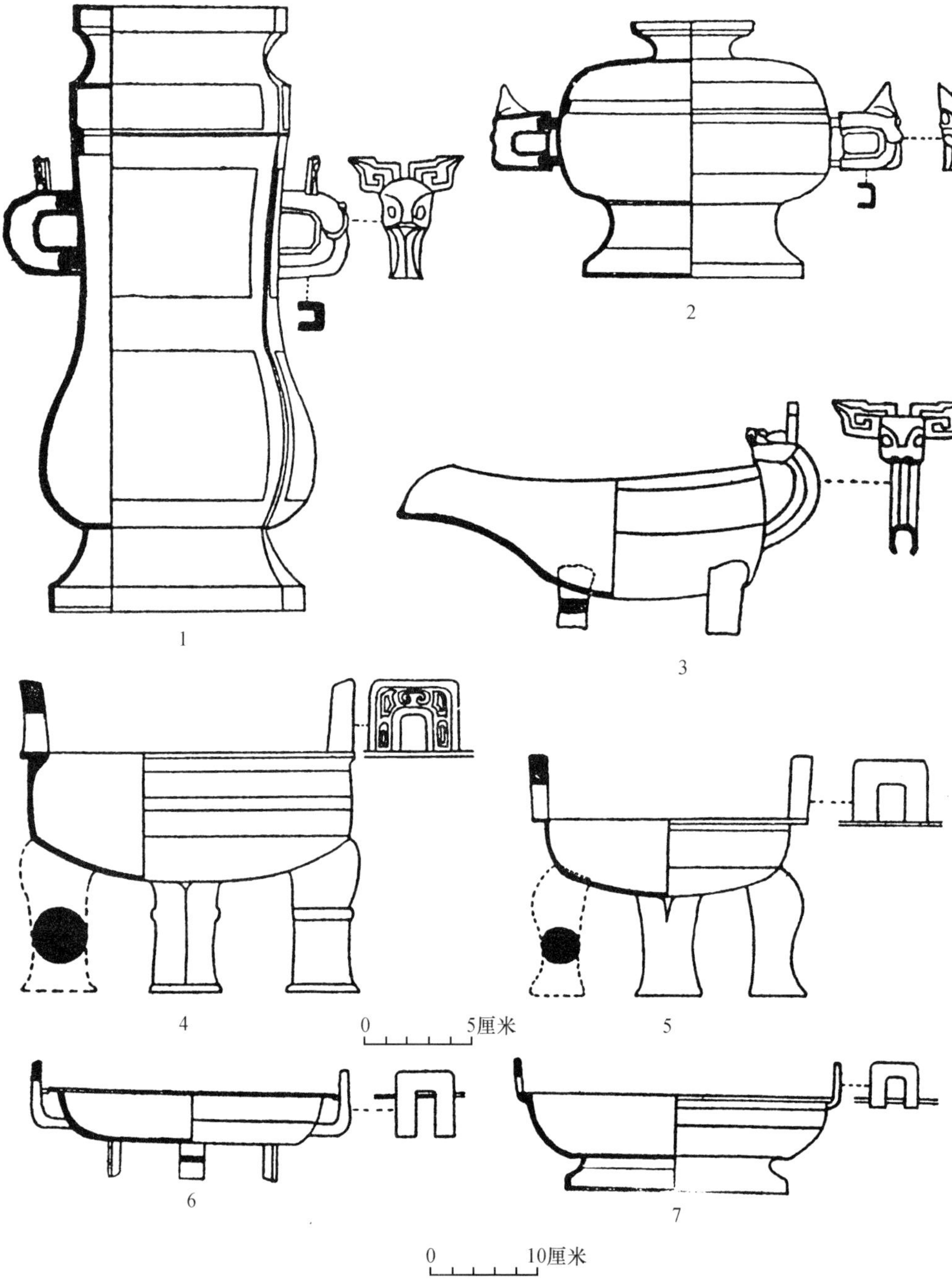

图9-11　秦家沟墓出土铜器

1. 方壶　2. 簋　3. 匜　4、5. 鼎　6、7. 盘（1～4、7. M1出土　5、6. M2出土）

层台上。椁板上的夯土块有芦席印痕。随葬器物放置在椁与棺之间。棺仅留黑灰色板灰，长2、宽1、厚约0.06米。虽然该墓骨质严重腐朽呈粉状，但其痕迹清楚，呈直肢葬式置于棺中央。人骨长约1.6米，性别、年龄无法判定。墓底有少量朱砂，中央有腰坑，坑内殉有一狗，并有一件石圭。M3与M2的形制相似，随葬器物放在棺与椁之间，青铜器置于足端的西南隅。M1长4.5、宽2.7、深7.2米，方向15度，由于盗扰严重，葬式不详。M4位于M2东北部。由于早年取土，大部分已被破坏，仅留墓底西南一部分。葬具、葬式不明，未发现随葬器物[43]。

2004年4月，南阳村村民郭明贤等人挖土时，又在村子挖出春秋秦墓一座，出土青铜鼎3件。

这些墓葬，多数有棺有椁，青铜礼器中的鼎、簋也是按等级形成组合。其中5鼎4簋的墓，显示了墓主人的身份属于大夫一级。4簋3鼎的墓，虽然稍不合礼，但也够士大夫级。西高泉78BYM1墓中，随葬品全都是铜器，计22件之多。除铜壶、豆、甬钟各1件外，斧、剑、戈等兵器和车马器占有很大数量。铜豆上有铭文“周生作尊豆，用享于宗室”等10字。铭中的“周生”，也就是出于周原的两件召伯虎簋中的“琱生”[44]。按郭沫若先生的意见：这位做过周宣王太宰的周生，其器群可能散失在犬戎入侵之时。那么，秦墓出土的这件“周生豆”不正是秦文公十六伐戎“地至岐”（《史记·秦本纪》）时的战利品吗？在随葬的铜器中，铜礼器的甬钟、壶、豆也属周物，并不能构成组合关系。可见这种杂乱集中宝器于一墓中的情况，正是秦国军官得胜心态的流露。

这几批墓葬不仅时代早，多在春秋早期，与平阳都邑时代相近，而且多出土有青铜礼器，有的还是5鼎4簋级别，特别是南阳墓葬还用直肢葬式，且有腰坑殉狗，说明墓主非秦宗室贵族莫属。特别是秦公钟、秦公镈等公室重器在这里出土，说明宪公、出子、武公所居之平阳可能就在这一带。

第四节　雍城陵区

秦德公元年（公元前677年），初居雍城大郑宫。雍城遗址在今凤翔县城南，当雍水北岸。隔水南望，即是雍城墓地。秦公葬地黄土深厚，水位极低，和城址一样，同样是一处经过精心选择的墓地。

1976年以来，经过考古工作者三次大规模的勘探与发掘，基本搞清了坐落在以今南指挥村为中心、延及三岔村一带的秦公陵园与国人墓地[45]。

今南指挥乡南部的雍岭一带是规模宏大的秦公陵园区，前后探出14座陵园，内有21座“中”字形大墓和3座“甲”字形墓，墓上均无封土。在陵园的布局上，以“中”字形墓为中心，近侧的陪葬墓是“甲”字形，又设有“目”字和“凸”字形的从葬坑。秦公陵园各有“中兆”，成为一座分陵园。在分陵园内，各墓有“内兆”。整个分陵园又以“外兆”环绕，形成秦公陵区。如此一来，分陵园既是各自独立的，各陵区又是完整统一的格局（图9-12）。

国人墓地环绕在秦雍城城址的周边，作有规律的整体分布。也有另外一些情况，就是墓葬与城内聚落之间在布局上，还存在某些对应的关系。至于国人墓地在城南雍水河两岸的分布，较为密集，所以过去曾视为雍都唯一的国人墓地。

有关国人墓地，我们将在第十章中与秦本土其他地区的墓葬一块叙述，在此仅涉及秦国君陵墓的有关问题。

为称呼简便起见，把雍城的秦公陵区统称之为“陵园”，把分陵园冠以序号直呼“×号陵园”。

一、秦公陵园

雍岭（又称“三畤原”“凤翔原”“凤翔南原”）上的秦公陵园区是迄今发现的最大的一处先秦诸侯国的陵地，但在分布上形成“南指挥陵区”和“三岔村陵区”两部分。

“南指挥陵区”由13座陵园构成，其中有“中”字形和“甲”字形两类大墓及“目”字形、“凸”字形和“刀”字形三类车马坑，共43座，国人墓地2处。陵区范围是东至铁黄原村东，即凤虢公路西侧，西至西村西，北至东指挥村南，南到页西村北，占地东西长4380、南北宽2970米，总面积13平方千米。

“三岔村陵区”位于郭店镇北三岔村三组村周围。目前只发现一座陵园（编号为14号陵园），内有3座“中”字形大墓和2座车马坑。该陵区范围北到东风水库南岸，南到礼包务村南，东自三组取土场东60米，西到村戏楼，南北长1830、东西宽1020米，总面积1.9平方千米。

根据《史记·秦本纪》载：在雍城作为秦国都城期间，从秦穆公到出子，共有15位国君死后都葬在这25座大墓里。另外，还有部分秦公夫人、不享国的夷公和昭子也埋葬于此。

（一）秦公陵园的发现

1977年元月，南指挥乡南指挥村一位村民向考古队提供线索，说该村南部取土壕内发现有一片夯筑硬土，土壕上部的大片庄稼发黄，长得低矮，稀疏。并且还说从他记事的时候起就是这样，直到今日，年年如此，从无例外。这一意外的情况引起了当时考古队的韩伟、曹明檀和王保平等同志的重视，于是他们立即带人前去探查。现场勘察使他们十分兴奋，马上肯定了这是一处十分重要的遗迹。随即组织人力钻探，经过两三天的勘探，一座“中”字形大墓的轮廓便基本显示了出来，可以肯定这是一座秦国国君的墓葬。接着，就在墓室中部探了一个深孔，直打到24米深后才见了生土。

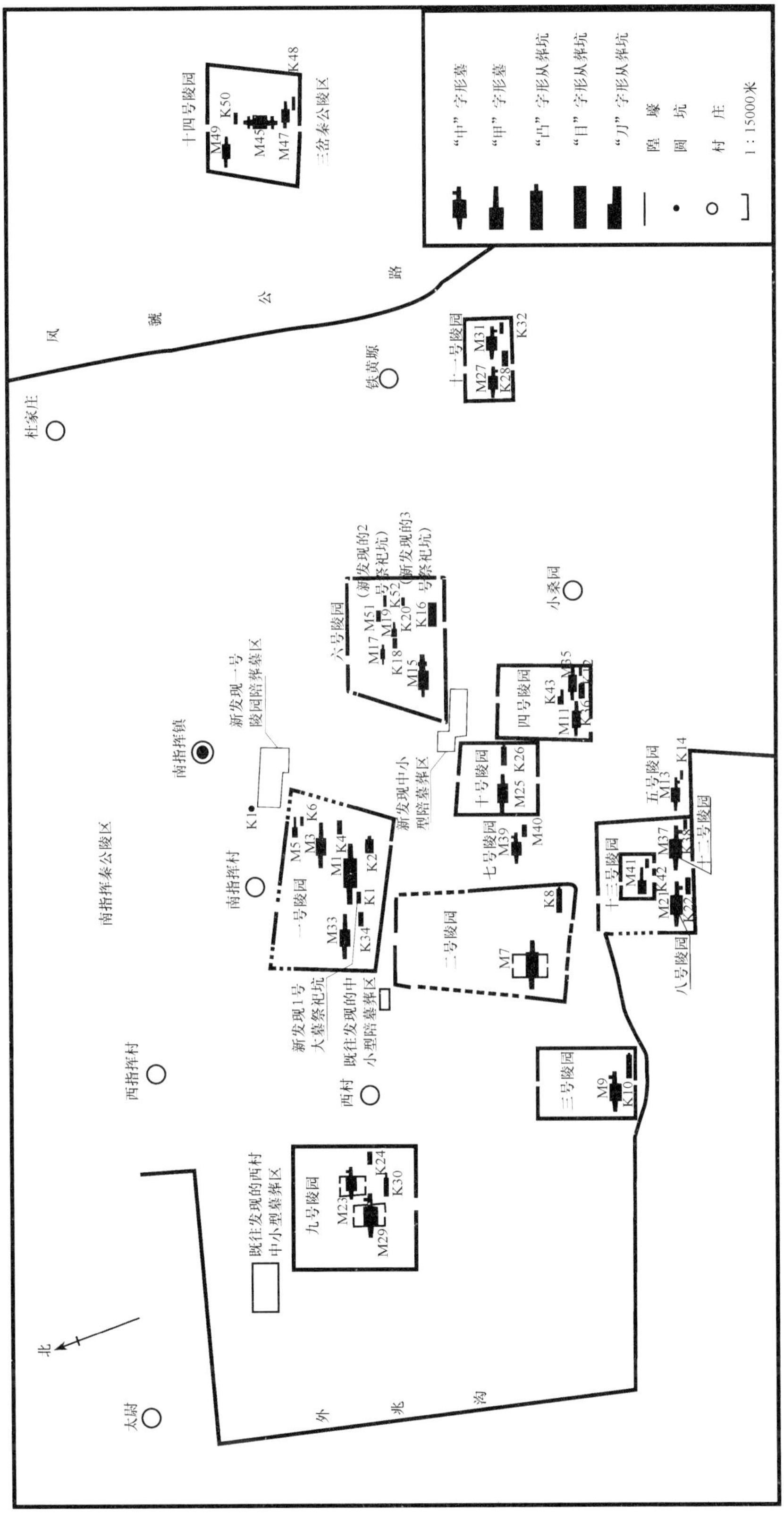

图9-12　雍城秦公陵园大墓与从葬坑平面图

这就是以后编号为秦公一号陵园M1（即秦公一号大墓）的那座“中”字形大墓。

秦公第一座大墓被发现后，接着又在其北边发现了M3、M5等大墓，不久，整个一号陵园基本情况就大体搞清楚了。

从此以后，雍城考古队便把寻找秦公陵园的目光集中在南指挥乡雍岭一带。经过4年多的艰辛工作，直到1980年5月，共探出秦公陵园13座，其中，平面呈“中”字形的大墓14座，“甲”字形大墓2座，附属的车马坑15座，共计31座（编号M1～M31）。此后又于1985年10月至1986年2月，雍城考古队对南指挥陵区进行了第二次钻探，共探出“中”字形大墓4座，“甲”字形、刀形墓各1座，车马坑6座，共计12座（编号M32～M43）。

1995～1996年，根据新发现的考古线索，雍城考古队通过考古钻探，发现了位于三岔村的第14号陵园。

（二）陵园布局

现已探明的秦公陵园共有14座分陵园，每座分陵园之内由不同数目的大墓及车马坑组成。原公布的“简报”中，执笔人把墓葬和车马坑一律称之为“墓（M）”。实际上，墓葬的平面形状只有“中”字形、“甲”字形和刀形三种，所谓的“凸”字形和“目”字形两种都属于车马坑。为维持统一，本书仍采用原编号，但读者应当明白两者是有区别的。此外，陵园围以横剖面呈槽形的兆沟，而且有外、中、内三兆的区别[46]，但未必三者齐备。截至目前，只探明外兆的北、西、南三面的部分沟段。在每座分陵园中，或中、内兆均有，或仅有中兆而墓无内兆者。

1. 一号陵园

位于陵区中部偏北，当南指挥村第4和13村民小组房舍之间。陵园有“中兆”，总面积为340 988平方米，在内部探出大墓4座（M1、M3、M33为“中”字形大墓，M5为“甲”字形墓），车马坑5座（K2为“凸”字形，K4、K6、K34、M1附K1为“目”字形）、祭祀坑（K1）1座。

中兆平面略呈倒梯形，将大墓和车马坑围在其中。东沟长517、宽3.5～4.5、深2.8～3.5米；南沟长585.5、宽3.1～3.8、深3.5～3.8；西沟长450、宽3.5～4.2、深2.7～3.2米；北兆沟长825、宽3～3.8、深3.2米。周长2377.5米，兆内总面积340 988平方米。南、北二兆各有一段未贯通，实为出入陵园的南、北二门。二门在南北一条线上。南门宽23、进深3.5米，门中距中兆东南角173.5米；北门残宽28、进深3.8米，门中距中兆西北角364米。

2009年，考古工作者对一号陵园复探中，在中兆东北角的外侧，新发现一处陪葬墓地。占地约24万平方米，内有同期或稍晚于该陵园年代的中小型墓葬与车马坑446座，其中除竖穴土圹的车马坑9座外，其余437座均为小型秦墓葬。但在这类中小型墓葬区域周边，没有另设兆沟的发现。有一个平面近似圆形的竖坑（K1），坑径9.05×7.8、深11.3米。钻探时于坑底发现板灰、朱砂漆皮等物，可能是陵区的一座牺牲祭祀坑。

2. 二号陵园

位于陵区中部，当南指挥村第9和第10村民小组的机井房附近。陵内探出“中”字形墓（M7）和“凸”字形（K8）车马坑各一座，有中、内兆各一周。

中兆平面略呈南北向的梯形，东西兆沟的北端和北兆沟的东西两端被近代取土破坏。已知东兆沟长823、西沟长772、南沟长532、北沟长349米，宽均为3.3～4.6、深2.8～3.5米。周长2467米，兆内总面积达351 298.8平方米。墓葬（M7）位于兆域南部。南兆留有一段未挖通，为出入陵园的大门。门宽3.5米，门中距中兆东南角200米。北兆因破坏严重，建门情况不明。

内兆形如两个南北相对的“凵”字紧箍M7的墓室，形成南北向长方形。南北通长150、东西通长100、宽3～4.5、深2.6～3.4米。周长448米，兆内总面积达15 000平方米。东西墓道与东西二兆相接之处的夯土地表，形成内兆上对称的东西二门。门与墓道同宽，进深即兆沟宽。

3. 三号陵园

位于陵区南部偏西，西村第3村民小组耕地内。陵内探出“中”字形（M9）、“凸”字形（K10）车马坑各一座，中、内兆各一周（图9-13）。

中兆平面呈南北向长方形，东沟长444、宽3.7～5、深3.5～4米；西沟长438、宽3.7～5.5、深3.2～4.6米；南沟长310、宽3.5、深3.5米左右；北沟长263、宽3.7～5.5、深3.2～4.6米。周长1496米，兆内总面积达135 780平方米。M9、M10位于兆域南部，M9的墓室中点距南兆111米，距北兆320米。南北兆沟各有一段未挖通，为出入陵园的南北二门。南门宽5.8米，距中兆之西南角184.7米；北门宽5米，距中兆之西北角200米。两门不在同一条南北直线上。

内兆如同两个南北相对的“凵”字

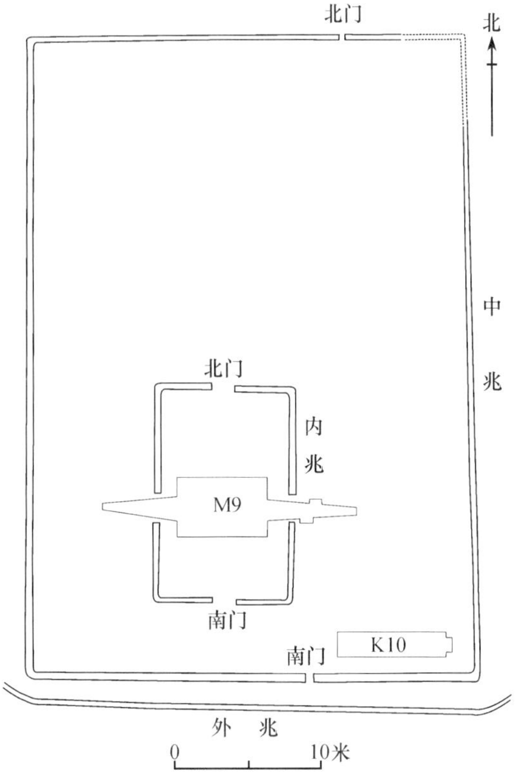

图9-13　秦公三号陵园平面示意图
（凤翔南指挥树）

紧箍M9的墓室，四角呈圆形，东沟长143、西沟长142、均宽4.5、深3.2～3.5米。南沟长92、宽4.5、深3.1米，北沟长92、宽5、深3.5米。周长479米，兆内总面积13 156平方米，仅及中兆面积的1/10。兆沟四面各有一门，南北二门是预留的原土，各自居中，宽度相当；东西二门为墓道夯土填筑而成，均宽20米左右。

为了了解陵园兆沟的结构、用途及时代，分别选择三号陵园内兆西南角、北门及中兆北沟分别开了T1、T2、T3三个试掘方。

T1南北长9、东西宽8米。距地表1米发现兆沟上口，形似玉璜，一端压在T1东壁，一端压在T1北壁。北壁兆口宽3.35、深3.2米；东壁兆口宽4.25、深2.75米。以北壁剖面为例，地层堆积分4层。

第1层：厚25～30厘米。土质松软，内有植物根茎，其两端有现代路面。

第2层：厚70～110厘米。土质坚硬，土色红褐，内有近代陶片，系扰土层。

第3层：在兆口以下又分4小层。

3A：厚20～60厘米。土质坚硬，土色红褐，内有绳纹槽形板瓦、筒瓦、盂、罐等残片。

3B：厚115～140厘米。土质松软，土色褐黄。因兆沟壁坍塌，层内常见生土块，夹有陶器及各类残片。

3C：厚30～60厘米。灰土，夹有陶鬲、罐、盂、板瓦残片及兽骨及烧土块。

3D：厚1～3厘米。淤土，土质坚硬，底部（兆底）不平整。

第4层为原生土层。

T2东西长18、南北宽8米。距地表1.4米处即见生土，此即内兆北门，门宽13.6米。而东西两端则出现马蹄形兆沟，东沟宽4.7、西沟宽4.4米，均深3米。其地层堆积分4层。

第1层：厚40～50厘米。为现代路土面，土质坚硬，夹有小陶片。

第2层：厚90～140厘米。土质坚硬，土色红褐，含有近代砖瓦，为扰乱层。

第3层：在兆口之下又分3小层（以西沟为例）。

3A：厚40～80厘米。深褐色，土质硬，其中有零星木炭及红烧土块，亦见陶罐、盂、板瓦等残片。

3B①：厚25～125厘米。质松色灰，陶鬲碎片多见，亦见有红烧土块。

3B②：厚60～95厘米。黄褐色，夹有陶纺轮及陶鬲等残片。

3C：厚3～45厘米。土色发黑，出土弦纹罐、筒瓦等残片。

第4层为原生土层。

T3南北长6、东西宽3米。距地表1.2米处出现中兆上口，东端宽4.5、西端宽4.3米，兆沟深3.85米，底部略呈弧形。各层堆积与包含物与T1、T2大体相同。

3个试掘方出土有槽形板瓦、筒瓦、鬲、釜、罐、纺轮及豆等，其中生活器具可能是陵园吏仆的日常用品，从出土遗物看，兆沟的挖掘上限可至春秋晚期，而淤积废弃约在战国晚期或稍后（图9-14）。

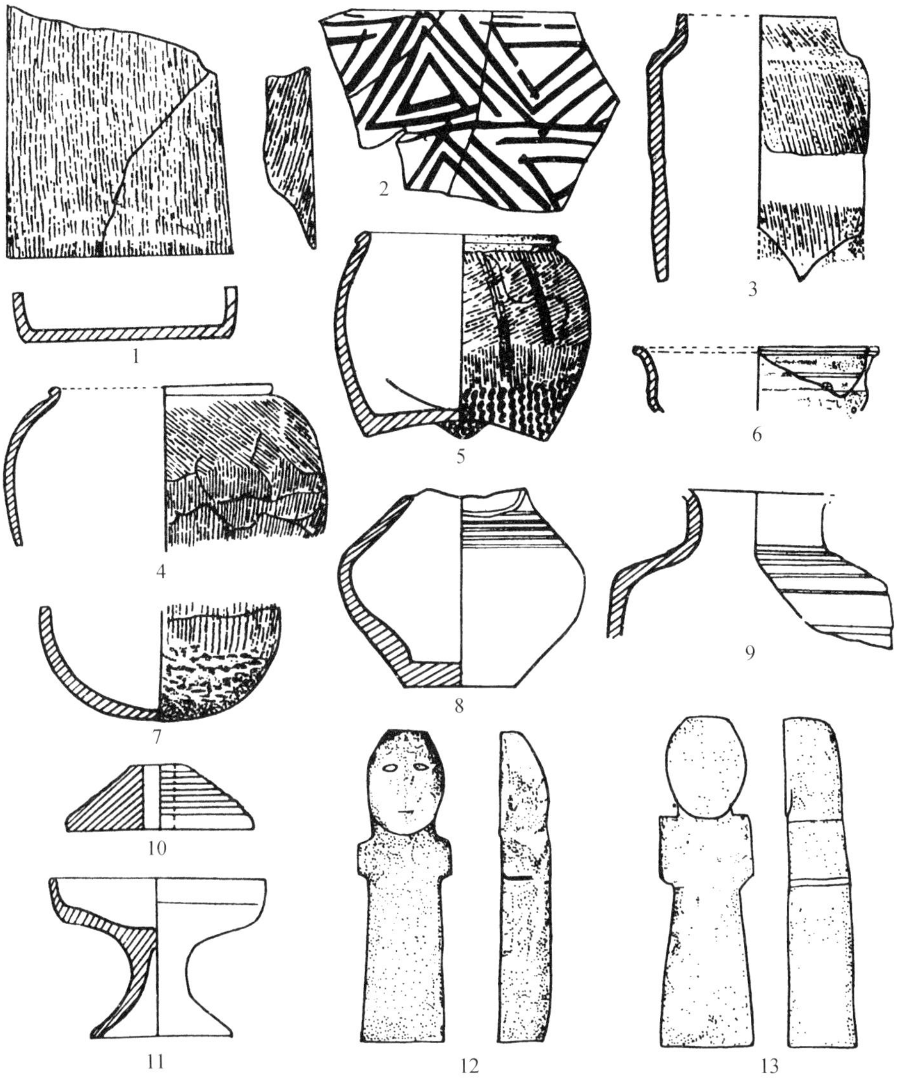

图9-14　凤翔南指挥三号秦公陵园T1～T3出土遗物

1、2. “凹”字形板瓦（凤南M9T2③A：17、T2③A：13）　3. 筒瓦（凤南M9T1③C：33）　4、5. 陶鬲（凤南M9T1③C：11、T2③B2：16）　6. 陶盆（M9T2③C：12）　7. 陶釜（凤南M9T1③A：7）　8、9. 陶罐（凤南M9T1③B2：11、T2③C：11）　10. 陶纺轮（凤南M9T2③B2：8）　11. 陶豆（凤南M9T3③：16）　12、13. 石俑（凤南M23墓区内采集）

4. 四号陵园

位于陵区中部南指挥村第2和第7村民小组的春树阙和铁黄原村第9村民小组地内。墓园内探出“中”字形墓两座（M11、M35）、车马坑3座（即刀形K43、“凸”字形K36、“目”字形K12）及中兆设施。

中兆平面呈南北向长方形，东沟长420、宽4～4.5、深3.9米；西沟长418、宽4～5、深3.5米；南沟长349、宽4.5～5、深3.8米；北沟长356、宽3.8～4.5、深3.2米。周长1543米，兆内总面积147 696.5平方米。墓葬均位于兆域南部。南北二兆沟各有一段未挖通，形成对称的南北二门。南门宽3.5米，门中距中兆东南角175.5米；北门宽3.5米，门中距中兆东北角175.5米。

5. 五号陵园

位于园区南部南指挥村第8和第12村民小组耕地内94与95号高压电线杆之间。墓区探出“中”字形大墓（M13）、“目”字形车马坑（K14）各一座。未见兆沟设施。

6. 六号陵园

位于陵区中部偏东石落务至南指挥公路二号桩西南的南指挥村第3、4、5村民小组的农田之内。陵园有中兆沟环绕，在兆沟的四角各有一段长5～10米的缺口。中兆之内，占地约312 000平方米。陵园内探出“中”字形大墓2座（M15、M17）、“甲”字形墓1座（M19）、“目”字形车马坑3座（K16、K18、K20）、“目”字形祭祀坑2座。第15号大墓有内兆沟，墓上有夯土建筑遗迹。

在陵园中兆沟外侧西南方向，考古工作者于2008～2009年又探出一处占地16万平方米的陪葬墓地，有与墓园同期或晚此的墓葬和车马坑703座。其中有中型墓29座，余则为小型墓或车马坑（图9-15）。

通过对M598号陪葬墓的发掘，知其为长方形竖穴土坑墓，因早年被盗，仅存部分陶器如茧形壶、盂、罐等，时代属战国早期。再联系陪葬墓地的勘探资料表明，陪葬墓区形成于整个战国时期，即早期由中兆沟开始向外排列，距离中兆近的墓主身份是贵族，墓葬等级高，时代也越早。

7. 七号陵园

位于陵区中部二号墓园东约300米的农田之内。陵内探出“中”字形大墓（M39）、“目”字形车马坑（K40）各一座。未见兆沟设施。

8. 八、十二、十三号共用陵园

三陵园位于墓区南缘中部，当南指挥村第8、10、12村民小组福坨地及半岭地界的农田之内。八号陵园内探出“中”字形大墓一座（M21）与车马坑一座（K22）；十二号陵园内有“中”字形大墓一座（K39）、“目”字形车马坑一座（K40）；十三号陵园内有“中”字形大墓一座（M41）、车马坑一座（K42）（图9-16）。

这三座墓园共同围着一个平面呈正方形的兆沟（中兆）。兆沟的西北角没有贯通，形成26米宽的缺口。东沟长425、宽3.3、深3.7米；北沟长445.5、宽4、深3.4米；

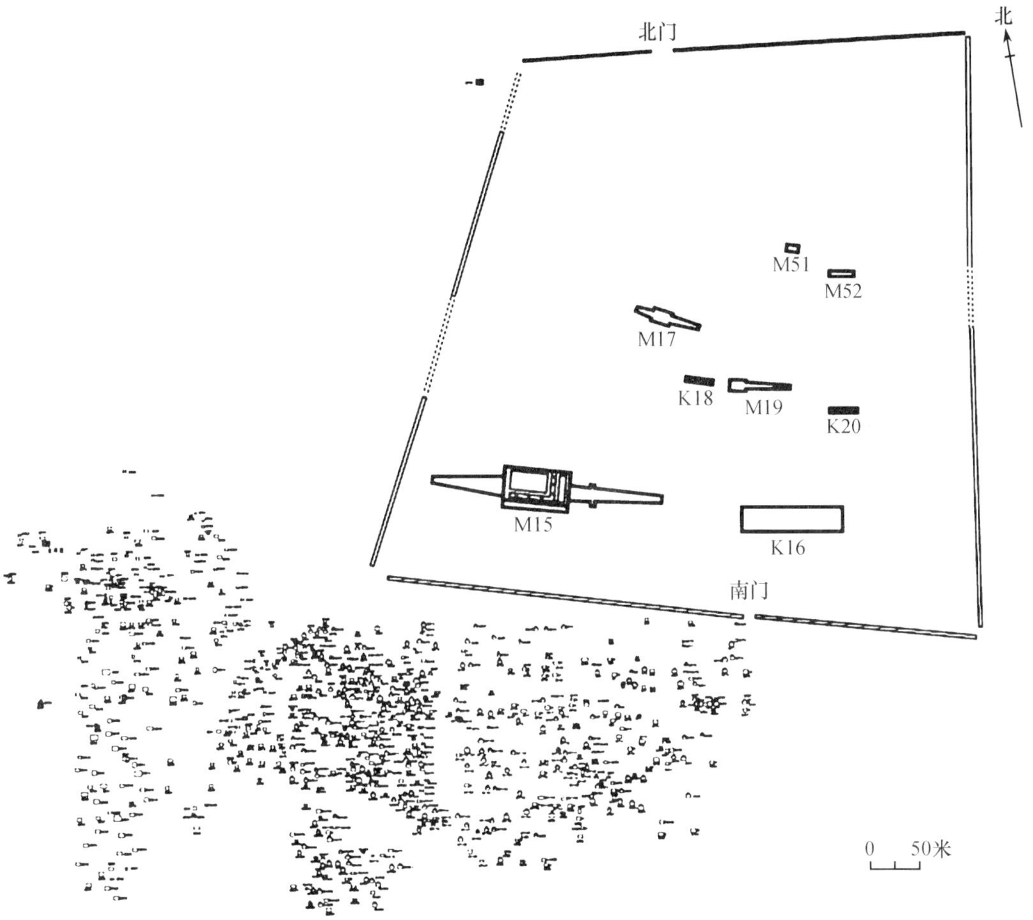

图9-15 雍城秦公六号陵园平面分布图

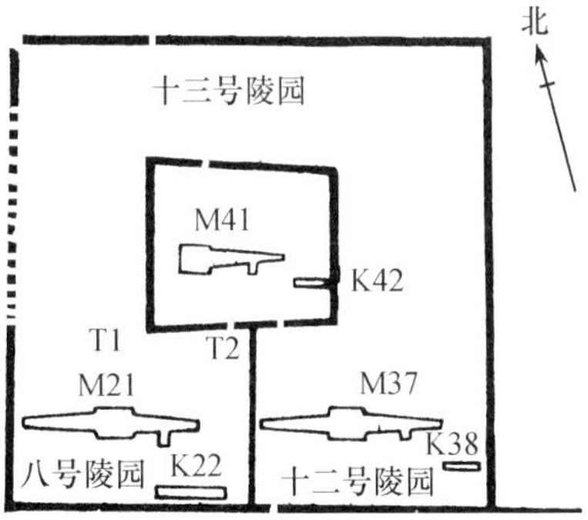

图9-16 凤翔南指挥八号、十二号、十三号陵园钻探平面图

南沟长457.5、宽3.8、深3.1米。西沟长398、宽3.3、深3.2米；周长1726米，兆内总面积191 887.5平方米。南沟东部和北沟中部各有一段未挖通，形成对称的南北二门。南门宽6米，门中距中兆东南角106.5米；北门宽5.5米，门中距中兆北角232.7米。

十三号陵园有平面呈梯形的中兆沟，将一座“甲”字形大墓（M41）及其东南方的“目”字形车马坑（K42）环围起来。兆沟东部窄，西边宽。东沟长144、宽3.5、深3.6米；南沟长179、宽3.2、深3.8米；西沟长157、宽3.3、深3.7米；北沟长179、宽3.2、深3.5米。周长659米，兆内总面积26 939.5平方米。南北二兆各有一段未挖通，形成对称的南北二门。南门宽1.82、北门宽5米（图9-16）。

在十三号陵园南侧有两个东西并列的“中”字形大墓（M21、M37）及其车马坑（K22、K38），但两大墓各自并无中兆沟围绕，只是在中间挖一南北向的兆沟，沟壕长156、宽3.3、深2.9米。同时还利用陵区的南外兆转折处，形成八号的西兆、八号与十二号共用的南兆，再另挖出东兆和北兆。这样一来，一个特殊的中兆沟把十三号陵园和八号、十二号两墓园围了起来。

在八号陵园西南角开挖试掘探方（T1，5米×5米）、在十三号墓园南兆沟门址开挖试掘探方（T2，实际试掘28.18平方米），其地层堆积与三号墓园相同，出土遗物槽形板瓦、筒瓦及生活用具釜则要晚于三号陵园兆沟内出土的同类器物。

十二号陵园M37有墓上建筑遗迹，由散水及夯土墙两部分组成。散水分南北两列沿墓室南北边缘东西铺设，并向东西墓道各延伸19米，整体平面呈“中”字形（图9-17）。位于墓室外侧的散水与墓边平直；位于墓道两侧的散水与墓道呈4度夹角。北列散水于东西墓道处各有一个宽2.8～3.4米的缺口，应为墓上建筑北面的东西门。东门中心距墓室东壁6.2米，西门中心距墓室西壁6.1米。散水东西长72.8米，断面宽1～1.2米。一般平铺12～15列青色河卵石。卵石直径5～12厘米（图9-18）。散水外低内高，略有倾斜，距地表60～66厘米。墓道两侧的散水未横过墓道而闭合，形成两个大缺口，东缺口宽16.2、西缺口宽14.4、缺口内均有厚5～12厘米的踩踏面。散水经在墓室西北角布方（3米×3米）试掘，地层可分为4层。

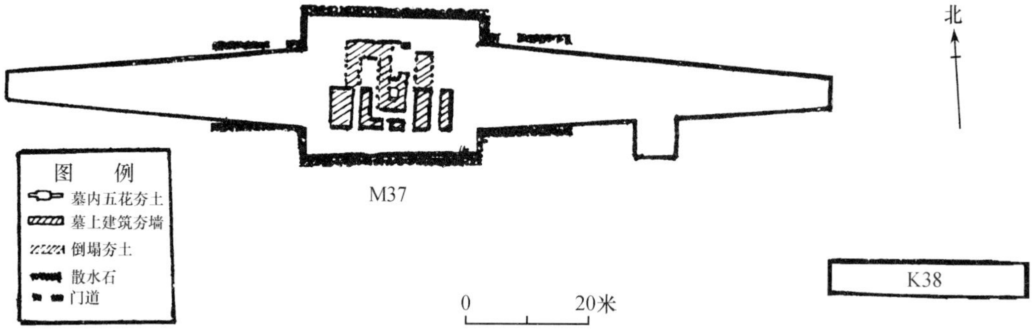

图9-17　秦公十二号陵园M37平面图

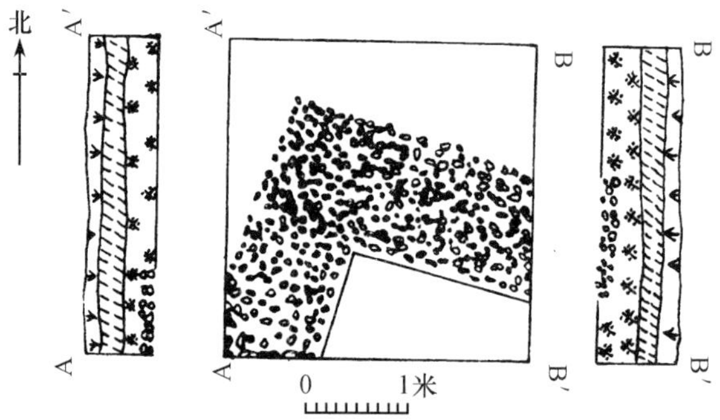

图9-18　秦公十二号陵园M37墓室西北角T1平、剖面图

第1层：厚30～40厘米。土色深灰，土质松散，内杂植物根茎，为耕土层。

第2层：厚35～50厘米。土色黄褐，土质较硬，内夹近代陶片，为近代堆积层。

第3层：厚75厘米。含陵区内常见的板瓦残片，为秦文化堆积层。

第3层之下为散水石，再下为生土层。

夯土位于墓室正中的上方，亦在外侧散水的中部。钻探时在东西长23.8、南北宽16米的范围内，为纯净黄色的夯土墙基，布局不明。夯墙厚度不等，最宽3.2、最窄1.4米，在夯土范围的正中，有一夯土构筑的长方形封闭空间，长2.2、宽1.8米，可能是建筑的中心部分。

9. 九号陵园

位于陵区西部西村第1、9村民小组代家庄、水湾镇界地内。园内探出“中”字形大墓2座（M23、M29）、“目”字形（K24）和“凸”字形（K30）车马坑各1座，两墓均有内兆，外围中兆一周。

中兆近似长方形，西北角被破坏，其他三角均为圆角。东沟长496、宽3.3、深2.9米；西沟复原长514、宽3.6、深3.5米；南沟长486、宽3.4、深3.2米；北沟长504、宽3.5、深3.1米。中兆周长7000米，兆内总面积为249 795平方米。两墓和车马坑均位于兆域的南部。北沟中部设一门，宽30米，门中距中兆西北角215米。

两座“中”字形大墓均有内兆，形制与前述之内兆完全相同，均为南北向的长方形。M23的内兆东沟长102、宽3.5米；西沟残长40、宽3.3米；南沟残长86、宽3、深2.9米；北沟残长20、宽3、深3.1米。兆内总面积约8772平方米。兆沟四边应各有一门，东、西两门各宽26米；南北两门似已破坏。M29内兆东西沟长95、宽3.5、深3.2～3.6米；南北沟长135、宽3、深3.3米。周长460米，兆内总面积为12 825平方米。兆沟四边各有一门，东西门各宽27、南门宽16米，门中距内兆西南角38米；北门宽18米，门中距内兆西北角43米。

另外，在墓园调查时，还在九号陵园内发现石俑3件，已发表的2件中，一件高22.8厘米，肩宽6.4厘米，躯体粗壮，面部丰满，嘴眼凿痕依稀可辨；另一件高21.4厘米，肩宽6.4厘米，体形较瘦，嘴眼清晰。两俑前身均显齐平。这是秦国石俑的首次发现。

10. 十号陵园

位于陵区南部南指挥村第6村民小组大窑顶附近，陵内探出“中”字形大墓（M25）和“凸”字形车马坑（K26）各一座，及中、内兆沟各一周。

中兆呈南北向的四边形，东北、东南、西南三角均为圆形，西北角被水渠破坏，东沟长346、宽3.5、深3.4米；西沟大部分压在水渠下，复原长度378、宽4、深2.7米；南沟长357、宽5、深3.2米；北沟西端亦遭破坏，长约357、宽4、深3.6米。中兆总面积达127 786平方米。南北二兆的中段各开一门，也是由兆沟未连通的原土形成。南门宽2.5米，门中距中兆西南角185米；北门宽4米，门中距中兆东北角169米。

内兆亦由两个相对“凵”字围成南北向长方形，四角均为圆角。东西沟长132、宽3～3.3、深2.6～2.7米。南北沟长92.6～94.5、宽3.5、深2.8米左右。周长451.1米，兆内总面积为12 400平方米。兆沟四边各置一门，东西宽与墓道等同，南门宽6.6米，门中距内兆东南角42米左右；北门宽4.5米，门中距内兆东北角43米。

11. 十一号陵园

位于陵区东部铁黄原村南约500米处。陵内探出“中”字形大墓2座（M27、M31）“目”字形车马坑2座（K28、K32）及中兆设施。

中兆呈东西向的长方形，东沟长196、宽3.5、深2.8～3.7米；西沟长198、宽4.3、深3.7米；南沟长286、宽3.5、深3.2米；北沟长293、宽4.3、深3.4米。周长973米，兆内总面积为57 032平方米。两墓东西对直，其东南为车马坑，均位于陵区中部以南。南北二兆沟上未挖通的原土形成大体对称的南北二门。南门宽4米，门中距中兆东南角139米；北门宽4米，门中距中兆东北角147米。

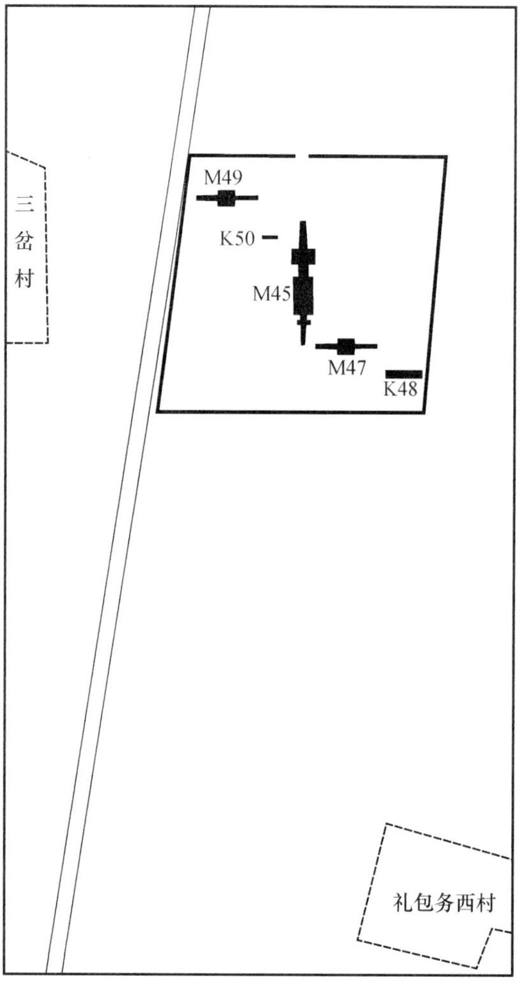

图9-19　秦公十四号陵园平面图

12. 十四号陵园

位于凤虢公路东侧，今凤翔县城以南约4千米的郭店乡三岔村第2到第5村民小组居住的村庄之间，西距南指挥乡南指挥村的秦公一号大墓约7千米。陵园中兆平面形状为南大北小的不规则梯形，东西最大长520、南北宽490米，面积约为254 800平方米。兆内部探出“中”字形大墓两座（M47和M49），分别处在西北和东南部，各自有车马坑在墓的东方（K48、K50）。另有“丰”字形大墓一座（M45），位于两“中”字形大墓之间，作南北向（图9-19）。

十四号陵园外围的中兆和M45的内兆，由于当地村民取土，多处遭到破坏。

（三）陵园外兆

整个秦公陵园构筑有外兆围沟设施。钻探已发现北、西、南三条均在南指挥乡境内，大体呈“匚”形，将部分墓围在其中。外兆围沟之所以没有把14座分陵园全部包围进来，可见只是圈定了陵区西端的界限。大概随历代秦君的陆续入园，外兆南北的兆沟将向东不断延伸。

外兆的最高地域是它的西南隅，这里为尹家务与南指挥二乡的交界处。它的西南角又开在这片高地最高点上。由这个制高点向北即为西兆，向东就是南兆。

1. 西兆

由制高点向北直至太尉村的碑字阙，全长2170米，沟宽3.2～5.6、深2～4.2米，兆上口距地表1～2米。

2. 北兆

由太尉村碑字阙折而向东至西指挥第6村民小组的长畛地，再折而北向至第7村民小组的西边地，全长1530米，沟宽3.2～5.6、深2～6米。

3. 南兆

由制高点经西村第3村民小组，呈一弧形壕沟绕过三号墓园（M9、M10）而向南，利用八号及十二号两座分墓园中兆西沟和南沟，向东经过南指挥村第7村民小组之福坨地及第8村民小组的岭上地，折而南行直抵原塄，全长3320米，沟宽2～7、深2.9～4.6米。

在外兆南沟、西沟各探查一个剖面，堆积完全相同，可分4层。

第1层：厚35～40厘米。土质松散，为耕土层。

第2层：厚80～85厘米。土质红褐，结构密实，为堆积层。

第3层：厚170厘米。为兆内堆积层。又分3小层。

3A：厚140厘米。黑褐色，土质坚硬，含木炭、红烧土块、板瓦、筒瓦残片。

3B：厚5厘米。为片状淤土结构。

3C：厚20厘米。为松散虚软的小花土。

第4层为原生土。

外兆的营作方法与陵园中、内兆相同，兆沟的横剖面亦呈槽形，它是整个陵园的防御设施，目前还未发现门的痕迹。

外兆的南沟似乎通得很远。1979年钻探时，有迹象表明它伸向东南近40余里，一直可达宝鸡市陈仓区阳平镇（即秦宪公所居之平阳故地）北原上的第5村。那么，今后也应对北兆继续探查其去向。

（四）新时期雍城秦公陵园微观考古工作

1. 微观考古的缘起

既往对雍城的考古工作，其主要手段是通过历次田野调查、勘探与发掘等，从宏观的角度逐步摸清了整个雍城遗址的基本布局及其内涵，即通过调查与勘探明确了该遗址总面积约为51平方千米，包括宫城城址、秦公陵园、国人墓地和郊外宫殿遗址共四个组成部分；通过发掘马家庄宗庙建筑遗址、凌阴遗址、制陶作坊遗址、孙家南头郊外宫殿遗址、八旗屯国人墓葬群等，解决了秦雍城大遗址的基本布局、沿革及相关遗存性质等重要学术问题。

“十一五”期间，承国家启动大遗址保护工作机遇，陕西省考古研究院拟定了现阶段对雍城考古工作的基本思路，即在以往宏观工作状态下取得收获的基础上，再利用微观的方法对细部结构进行全面了解，并随之建立秦雍城地理信息系统。

从20世纪80年代起，考古工作者已对雍城秦公陵园进行了三次大规模的勘探与发掘，确认出在兆沟之内有14座秦公陵园。并在各分陵园内探出“中”字形、“甲”字形、“凸”字形、“目”字形和刀形等各类“大墓”总数48座。在21世纪初，通过发掘秦公一号大墓西墓道南侧的“目”字形坑——车马祭祀坑（K1）之后，才认识到其中只有“中”字形坑当系秦公墓葬，而其他形制的所谓“墓葬”有可能是秦公夫人及王公大臣的陪葬墓或秦公墓的从葬车马坑。

2. 对一号和六号陵园的考古复探

一号陵园中兆沟紧邻外侧东北方向，新发现与陵园年代同期或稍晚的中小型墓葬437座、车马坑9座。但在这类中小型墓葬区域周边，没有另设兆沟的发现。

对六号陵园的勘探，既新发现了中兆沟的范围、走向与门的结构，又发现了在兆沟的四角各有一段长5～10米的缺口。另外，还在该陵园内新发现了2座“目”字形祭祀坑。还在中兆沟西南角外侧新发现703座同期或晚于该陵园年代的中小型墓葬区，面积为159 500平方米。其中“目”字形车马坑多达29座，其余674座皆为小型秦墓葬。同样，没有发现这群中小型秦墓周边有兆沟。从整个中小型墓区看，战国早期可能系它的时间上线，而墓群内还有少数偏洞室与直线洞室墓存在，则说明该墓群沿革的时间可能到战国末期。

2011年，考古工作者对六号陵园中兆沟外侧的5座中小型墓葬进行了考古发掘。虽然所发掘对象均遭严重盗扰，但从布局关系上表明，在中型墓葬的东南方必有一座陪葬车马坑存在，这是秦国贵族墓葬的显著标志。

M598，为贵族墓。形制结构为长方形深竖穴土坑墓，时代属战国早期。墓内早年遭严重盗掘，重要随葬物被洗劫，仅存部分陶器有茧形壶、陶盂、陶罐等。

（五）对陵园考古的梳理

（1）雍城墓区已探明的14座分陵园，其中有大墓和车马坑48座。墓区东西长12千米，面积达到36平方千米。外兆南、西、北三条兆沟之间的陵区范围有21平方千米。陵内外兆、中兆、内兆总长度超过35千米，构筑各类墓葬及兆沟土方超达110万立方米。

（2）雍城陵园内除探出“中”字形大墓21座、“甲”字形墓3座及刀形墓1座（M43）外，还有“目”字形和“凸”字形的车马坑23座。在三种墓形中，当以“中”字形的规格最高，其次是“甲”字形。而刀形从形制上看是“甲”字形的一半，因此其墓主身份肯定在“中”字和“甲”字形之下。陵区内的分陵园主墓，均是“中”字形大墓。唯有面积最小的十三号陵园的主墓是一座“甲”字形墓（M41）。但这座墓与M21为主墓的八号陵园、M37为主墓的十二号陵园共同使用一座中兆，且本身还另构中兆，不仅标志着这三座陵园的墓主关系密切，而且也反映出M41的墓主应具特殊身份。

我们知道：在雍城300年间主政的诸位秦公，自德公至出公共有18位。但实际上，葬雍的秦君自穆公算起，只有15位。如果按此墓地最高级别“中”字形墓计算，再加上未享国的夷公、昭子，计有17位秦君和夫人，以及享以秦君之礼的太子就埋葬在这25座大墓里。

（3）雍城陵区的兆沟可分三种类型。

双兆型：即以“凵”字形内兆南北相对紧箍中字主墓，并再以中兆环围主墓及车马坑的结构类型。双兆型陵墓有二、三、九、十等四座分陵园。

单兆型：即仅以中兆环围主墓和车马坑，而主墓两侧不设内兆的结构类型。单兆型陵墓有一、四、十一等三座分陵园。

组合型：即共享中兆或陵中套陵的特殊类型，如八、十二、十三等三座分陵园。

三种类型兆沟，在作用上实际构成了三个层，即未合拢的单兆在秦公墓园西部是圈定兆域的外围沟，合拢的单兆是分陵园的围沟，双兆型是部分“中”字形墓的围沟。至于组合型，那只能看做是分陵园拼合的一种特殊形式。

（4）积炭填泥之风在雍城陵墓之中也很流行，从钻探资料知，M1、M7均填泥；M1、M7、M9、M11、M13、M15、M23、M27、M31等均积炭。炭层厚度不尽相同，有的可达3.3～3.8米，外层青膏泥0.9～2.3米。M33～M43的“中”字形、“甲”字形大墓积炭填泥情况不明。

（5）地面之上见有瓦片的大墓有M7、M9、M11、M13、M15、M21、M23、M29、M31等，说明墓上原有建筑。十二号陵园“中”字形大墓的墓上建筑，从平面分析，其布局与秦人宗庙、朝寝均不相同，规模也小得多。建筑正中主室面积，根据探测资料看是很狭小的区间，可能属享堂之类。这一发现对古代陵寝制度的研究有重要意义。

（6）全面细致的复探，一方面利用新的记录手段重新确认了已往在陵园兆沟以内的重要成果；另一方面尤其在陵园兆沟以外的新发现，在一定程度上摸清了雍城秦公陵园兆沟内、外的整体布局结构及内涵。通过全站仪测绘及GPS点记录，将为《雍城遗址保护规划》的制订与实施提供准确的依据。尔后，将按照秦雍城遗址考古工作规划，对城址、国人墓地及郊外宫殿建筑遗址逐步展开系统、微观的考古工作，对秦文化研究提供更翔实的资料（表9-1）。

表9-1　秦公陵园大墓钻探登记表　　单位：米

陵园号	墓扩与从葬坑										备注
	墓号	车马从葬坑	形式	方向/度	全长	东墓道			圹室	西墓道	
						长×宽（大端～小端）	南耳室	北耳室	长×宽—深	长×（大端～小端）	
一	M1		中	287	300	156.1×（8.7～19.1）			59.4×（38.45～38.8）—24	84.5×（14.3～6.4）	地面有绳纹瓦
	M3		中	287	226.4	123×（6.4～117.8）			49.2×29.2—17.6	54.3×（16.4～5.8）	地面有绳纹瓦
	M5		甲	291	96	74.7×（5～8.3）			21.3×（15.4～16.1）—17.45		
	M33		中	287	204.4	113.2×（6.5～14.4）			35×24.7—20	56.2×（14.9～6.7）	地面有绳纹瓦
		M1附K1	目	西墓道南侧12m处	41.75				17.5×3.1—12.5		5乘无轮车、殉人1
		K2	凸	287	86.3				78.7×20—16.4		中门7.6×9
		K4	目	287	53.6				53.6×16.1—13.5		
		K6	目	294	38				38×4.5—11.4		
		K34	目	275	44.5				44.5×6.5—12.5		
		K1（祭祀坑）	目	287	17.5				9.05×7.8—11.3		

续表

陵园号	墓扩与从葬坑										备注
	墓号	车马从葬坑	形式	方向/度	全长	东墓道			圹室	西墓道	
						长×宽（大端～小端）	南耳室	北耳室	长×宽—深	长×（大端～小端）	
二	M7		中	283	256.7	117.5×（5～20.1）			59.9×（39.7～39.3）—22.5	79.3×（20.4～6.3）	地面有绳纹瓦
		K8	凸	297	111.6				106.6×25.4—13.5		中门5×9
三	M9		中	283	170.5	62×（6～18.9）	10.2×4.4—14	5.4×2.5—10	58.6×（43.1～42.9）—20	50.2×（18.9～6）	地面有绳纹瓦
		K10	凸	281.5	80.2				71.6×17.4—12		中门8.6×4.5
四	M11		中	284	130.9	50.9×（7.5～14.6）			30×（17.1—18）—21	50×（15～5.8）	地面有绳纹瓦
	M35		中	283	170.8	80.6×（6.6～16.1）	6.5×6.2—13.6		29.7×21.9—25.1	60.5×（14.1～6）	地面有绳纹瓦
		K12	目	282	35.5				35.5×6—8		
		K36	凸	283	65.3				59.5×（12.8～11.7）—10.3		中门7.1×5.8
		K43	刀	283	34.2	18.2×（4.4～5.8）			15.7×（6.8～7.9）—11.8		
五	M13		中	286	143.1	68.8×（6.8～20.4）	7.2×5.6—7		30.7×（24.5～24.1）—22.5	43.6×（20.5～6.4）	地面有绳纹瓦
		K14	目	285	24.4				24.4×5.1—7.5		

续表

陵园号	墓圹与从葬坑										备注
	墓号	车马从葬坑	形式	方向/度	全长	东墓道			圹室	西墓道	
						长×宽（大端～小端）	南耳室	北耳室	长×宽—深	长×（大端～小端）	
六	M15		中	287	214	89×（6.1～15.7）	4.8×3.8—15.35	3.3×3—13.1	63×（39.9～10.2）—21	62×（15.2～5.6）	地面有绳纹瓦
	M17		中	301	69.5	28.8×（3.8～9.8）			17.8×（14～13.8）—13.5	19.3×（9.5～4.1）	
	M19		甲	289	63.1	46×（3.6～6.3）			17.1×10.5—14		
		K16	目	280	106.4				106.4×（24.7～24.1）—14.3		
		K18	目	295	32				32×3.7—6.8		
		K20	目	289	29.2				29.2×（4.1～4.5）—8		
七	M39		中	277	124.4	58×（6.6～12.5）		3.7×3.5	29.2×（20.4～20.5）—17.8	37.2×（12.2～6.6）	地面有绳纹瓦
		K40	目	277	29.3				29.3×（10.65～11.25）—12		
八	M21		中	287	172.4	68.6×（7.6～19.8）	7.2×13.2—11.5		34.8×（27.2～27.4）—25.5		地面有绳纹瓦
		K22	目	282	67.5				67.5×9.2—11.2		

续表

陵园号	墓葬与从葬坑										备注
	墓号	车马从葬坑	形式	方向/度	全长	东墓道			圹室	西墓道	
						长×宽（大端~小端）	南耳室	北耳室	长×宽—深	长×（大端~小端）	
九	M23		中	275	167.7	62.4×（9~19.5）	10.2×5.6	8.1×4.5	54.8×33.1—17.8	50.5×（18.9~3.7）	地面有绳纹瓦
	M29		中	270	186	69×（7~19.1）	16.1×3.3	9.3×2.7	58×43.5—19.8	59×（18.1~5.8）	地面有绳纹瓦
		K24	目	272	57.2				57.2×11.5—11.5		
		K30	凸	275	79.3				74.8×17.5—12.3		中门4.5×8.3
十	M25		中	281	175.2	70.3×（6.3~10.2）	7.2×4.2	5.4×3.6	48×（32~30）—19	589×（10.2~6）	地面有绳纹瓦
		K26	凸	273	61.5				54.8×13.2—12		中门6.7×4.0
十一	M27		中	281	163.5	72.7×（7~19.2）	7.9×6.7		31×（25.6~25.4）—25.2	59.8×（14.7~6.7）	地面有绳纹瓦
	M31		中	289	59.2	31.5×（3.5~6）	6×5.7—9.2		12×8—13.7	15.7×（6~3.5）	地面有绳纹瓦
		K28	目	282	30.8				30.8×5.8—10.5		
		K32	目	273	9.7				9.7×4.2—11		
十二	M37		中	287	166.3	71.5×（6.3~17.4）	8.05×7.5—13.3		34.6×（26.5~27.5）—24.5	60.2×（15.5~6）	地面有绳纹瓦
		K38	目	287	39				39×（6.7~6.3）—17.8		

续表

陵园号	墓圹与从葬坑										备注
	墓号	车马从葬坑	形式	方向/度	全长	东墓道			圹室	西墓道	
						长×宽（大端～小端）	南耳室	北耳室	长×宽—深	长×（大端～小端）	
十三	M41		甲	286	101.9	72.3×（6.3～15.3）	8.7×6.6—10.2		29.6×23.55—23.95		地面有绳纹瓦
		K42	目	289	32				32×6.7—10.8		
十四	M47		中	287	134.1	53.5×（5.4～11.7）			37.8×30—?	43×（6～12.8）	
	M49		中	297	97.8	40×（4～10.8）			30×17.6—15.4	27.8×（6.5～10.4）	
	M45		丰	20	242.7（南北向）	南墓道59×（8～15.6）			前室39.6×17.8—11.5 中室40.1×39—16.5 后室49.0×29—21.4	北墓道56×（6.4～18.1）	
	M47		中	287	134.1	53×（5.4～11.7）			37.8×（6—12.8）	43×（6～12.8）	
	M49		中	297	97.8	40×（4～10.8）			30×17.6—15.4	27.8×（6.5～18.1）	
		K48	目	286					67×16.8—7.7		M47东南
		K50	目	292					43.2×10.8—10.8		M49东南

二、秦公一号大墓及其车马从葬坑

（一）墓室结构

秦公一号大墓（M1）位于一号陵园南部，与北部的M3、M5呈西南—东北向排列。M1的西北方向为M33，两墓室中心相距305米。

秦公一号大墓在地面上无封土堆存在，墓内填土全部填实夯筑，椁室之外堆以木炭，木炭外面再用膏泥封闭。墓室顶部原有建筑，因村民取土破坏，大多数已荡然无存。西墓道南部曾出土一列圆形陶水管，是墓上建筑的排水设备，而墓上的遗存应即是古代的"享堂"建筑。

秦公一号大墓东西长300米，中段为墓室，两端是墓道（彩版一一，7；图9-20）。墓室深24米，内有两个椁室。主椁室有黄肠题凑，东西长16、南北宽5.7、高4.2米。椁顶叠放三层椁木，四壁及底部各有二层椁木。椁木长度不等，有6米或4米，每根重达400多千克。主椁木平面呈长方形，其中部有用方木叠砌的南北向隔墙，把主椁室又分为东西向的前后两个椁室。这种把椁室分成前后两室的做法是仿照墓主生前"前朝后寝"的布局设计的。东部的前椁室象征墓主地下办公、议事的场所，即古籍中的"朝"。西部的后椁室是墓主饮食起居之处，放置墓主的棺木，即古籍中的"寝"。墓主的骨骼已盗扰破坏殆尽，仅发现一些零星的脬、肢、牙等残骨。主椁室的南北两壁外侧，斜插着两根直径约30厘米的圆木，即史书上所说的"四綍、二碑"的木碑。在主椁室南部偏西处有一个侧室，侧室东西长约6、南北宽4米余，是此墓放

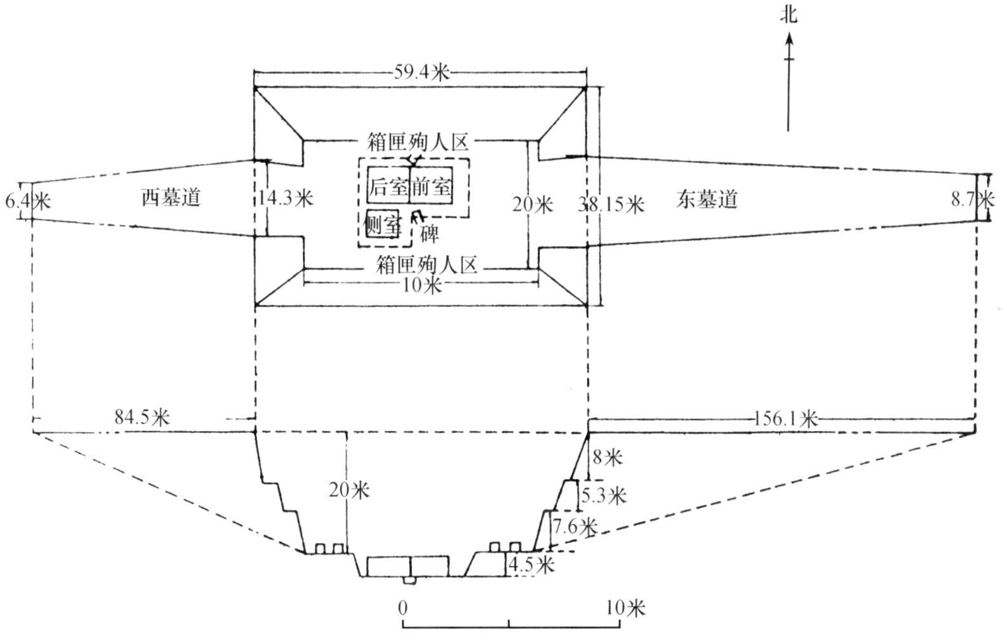

图9-20　一号秦公陵园M1平面示意图

置随葬品的地方。侧室也盗扰严重，随葬品中仅余部分小件器物，有金、玉、铜、铁、骨、石、陶、漆木等（彩版一一，1～5），30件石磬和石磬残块在盗洞内出土，一部分磬上刻有文字，累计达180多字。

椁室上部的四周，有宽6米以上的生土台阶，埋有殉人166个。其中靠近椁室四周的殉人，既有棺，又有椁，椁木亦有十几厘米见方的方木，可称之为“箱殉”，共计72座，头西脚东作屈肢。箱殉之外即所谓“匣殉”，用一薄木棺材盛敛，亦头西脚东，屈肢，共94具。在一些殉人的棺椁盖上曾发现有用朱砂写的文字、编号，说明当时入葬时井然有序，又有严格的等级观念。

2007年7～11月，陕西省考古研究院联合宝鸡市考古队、宝鸡先秦陵园博物馆，在西墓道南侧12米处，发掘了一个长方形的从葬坑（编号：附K1）。坑东西长17.5、南北宽3.1、距地表深12.5米。坑内摆列着5组单辕无轮的木车，每车驾两马，均马东车西。每组车下都有一个长方形的殉葬坑，内有人骨一具，头西向，屈肢，当为殉葬的车御。车厢原经彩绘，并饰以小玉片。1、2号车保存较好。出土物有车马器、小形玉饰片和骨器。此坑的性质，有学者认为是“祭祀坑”。

（二）墓主的判定

秦公一号大墓中最有价值的文物之一就是刻有文字的石磬（图9-21）。

石磬中有一件篆刻着27字，其中有“天子匽喜，龚趄是嗣，高阳有灵，四方以

图9-21　秦公大墓石磬拓片

肅”等16字的句子，这为研究墓主人提供了根据。王辉先发文《论秦景公》（《史学月刊》1989年3月），后同焦南峰、马振智合写《秦公大墓石磬残铭考释》（《中央研究院历史语言研究所集刊》第67本2分册，1996年），认为固然这是一句赞颂天下太平的颂辞，在西周金文中也多有所见。但这里的“天子”，显然指的是周王了。“龏𧻚是嗣”的“龏”即共，“𧻚”与“桓”通，应当指秦共公和秦桓公。他们的嗣君，即是秦穆公的四世孙秦景公，也就是这座大墓的主人。“高阳”即史籍中之“高阳氏”。《史记·秦本纪》开头第一句话就说“秦之先，帝颛顼之苗裔孙曰女修。”《正义》以为“颛顼”是“黄帝之孙，号高阳氏”。石磬这句话意译：为天下举行宴飨，制磬者作为共公、桓公的嗣子，因高阳氏在天有灵的庇护，国内四方才得以太平。由此可见，共、桓二公之后嗣除景公嬴石之外，还能有谁呢？

三、秦公一号大墓1号从葬坑发掘

2007年7～11月，陕西省考古研究院与宝鸡市考古队、宝鸡先秦陵园博物馆联合对位于凤翔南指挥村秦公一号大墓西南侧的1号坑进行了主动性考古发掘。

据陕西省考古研究院雍城考古队资料，该坑为东西向长方形竖穴，长17.5、宽3.1、距地表深12.5米，坑北壁距离秦公一号大墓的西墓道南壁12米。方向287度，与大墓中轴线平行。坑四壁局部不规整，呈现口大底小，略有收分。在坑的东北角处发现竖直上下两道脚窝，西壁南部发现竖直上下一道脚窝。坑内回填浅灰褐色五花土，土质坚硬致密，没有发现任何内含物。

坑底东西向依次摆设五组车（自东向西依次编号：1～5号车），每组车前部分别有挽马两具。马头、车辕向东。车辆、马骨布局整齐清楚。马匹上部原铺设植物秸秆和木板，车的厢部经过彩绘，而且装饰小玉片，1、2号车的厢部保存相对较好，3、4、5号车的厢部保存差，仅残余少许。

车体结构均为木制单辕结构，由辕、衡、轴、舆等组成。衡木压在车辕的前端，截面为圆形，中部粗，两端渐细，末端有铜饰。辕为曲辕，截面为方形，辕木压在车厢下面的部分较平直，出车厢底座以后逐渐向上翘起。不见车轮。车厢部分已经坍塌，为片状漆皮，结构不明。出土有车马器、装饰用小方形玉饰、骨器小件等。

同时发现每组车马下面都存在一个长方形的殉葬坑。鉴于3号车车厢部残存较少，有空间同时不破坏车马的情况下，清理了第三辆车下的殉葬坑（编号K3）。K3为长方形竖穴坑，四壁修整竖直。坑内有人骨骸一具，葬具一棺，侧身屈肢葬式，头向西，面朝南。

从发掘结果看，对1号坑的功能和性质推断：系秦公一号大墓的祭祀坑。按照秦公陵园的分布规律，以完好而实用的成套车马有序排列，能体现“视死如生”意义的从葬车马坑应在大墓的东南侧，且过去已经被发现。而1号坑有车无轮，结构单薄粗糙，无实用功能，应是专门用于祭祀的偶车，即木制的假车，说明在秦公大墓旁，除正式的从葬车马坑之外，至少还有以车马和其他牲体为祭祀内容的从葬坑。

考虑到下一步展示利用的要求，发掘到车的层面时工作暂停，车下殉人除3号外，其余待发掘。

四、对雍都陵园的研究

雍城秦公陵园同先秦时期其他陵园相比，不仅规模宏大，布局规整，而且形成了具有持久性、继承性、完整性、独特性的秦国陵园体系。其表现“从集中公墓制向独立陵园制发展过程”的特征，是非常明显的[47]。

涉及秦公陵园制度，韩伟首先把秦公陵区与殷代陵园进行了比较，认为“秦大墓与殷大墓制度接近，其中的继承或渊源关系是显而易见的”。随后，多位学者也从多角度、多层次做了探讨，提出了新的观点[48]。

石兴邦先生全面地总结回顾了秦都城陵园的发现及其布局特征。

马振智根据雍城陵园处在整个秦国陵园发展过渡时期的诸多特点，从陵园地望选择、陵园与形制、兆沟和门、陵墓形制、墓上建筑等方面纵横比较，认为秦国陵寝制度虽然沿袭商周习俗，但仍然较多地保持着秦国墓葬制度的一些传统做法。所以将秦国陵园与中原各国相比较，发展演变有其自身特点。

徐卫民以雍城秦公陵园为背景材料，总结出从秦襄公立国到秦代灭亡共计563年间秦陵园发展演变的特点及其在历史上的地位，即：秦陵园延续时间长、序列清楚、规模大；墓上从享堂到寝便殿，从隍壕到高大的城垣，从墓而不坟、不封不树到高大墓冢；墓内从人殉到陶俑替代；陵墓随都邑的迁徙而迁徙等。

中国早期的君主陵墓区，是都城的组成部分。王学理引用了大量的都城资料，阐述了他的这一观点。指出：秦君陵墓既随都城迁徙而转移（即“陵随都转”），但新都初期之君主往往要追葬到旧都去。和先秦与六国不同的是，秦君陵墓不是“居都”（指都城之内同宫殿、宗庙混杂），而是“近都”的另辟一区——陵墓区。自秦始皇陵之后，中国的皇陵则脱离都城“自成茔域”[49]。

雍城时期秦公大墓为平地起坟，墓上并没有封土堆。据此，杨鸿勋先生认为，先秦陵墓只有堂而没有寝，从秦始皇陵开始，秦陵园“像宗庙模仿宫廷总体布局”开始规划出前朝后寝的结构。刘云辉对有关秦公大墓的文献称谓进行了解读，并对秦公王陵名的发展演变规律提出自己的见解。

在同一陵区，对不同辈分的死者如何安排方位问题，是近年来涉及陵园葬制研究的新问题。换句话说，也就是安排位次的理论根据是什么？其中最关键的问题之一，是否按宗法观念形成的“昭穆制度”？在雍都故地发现了14座秦公陵园，尽管只发掘了其中一号陵园中的一号大墓，但整体平面的布局资料却相当完整，这就为研究居雍的秦诸公葬地提供了凭借。

秦诸公与凤翔陵园的“对号入座”问题也被提上议事日程[49]。徐卫民对雍城秦公陵园与其他陵园进行多方面比较，总结出该陵园的特点：秦人葬制当以西为尊上，墓向则朝东，作为迄今发现东周列国时期埋葬诸侯国国君及其陪葬者最大的陵区，其布局显现出规律性特征。田亚岐、徐卫民结合秦西垂陵区、东陵和始皇陵区布局考察，以历次雍城秦公陵园勘探资料为依据，以史载葬雍的秦诸公墓由上及下，自西向东为基准，在不打乱原编陵园序号及景公墓主判断（一号大墓）的情况下，对雍城秦公陵园各“中”字形大墓主做了判断，并提出了“秦时并无秦公夫人王后异穴并列葬于秦公帝王陵的葬制，且有父子两代秦公上下昭穆位同处一陵，而兄弟二公不能并列昭穆而不共一陵的成例”。

王学理对秦“立国”以来的君主葬地，结合文献与考古资料，做了一番梳理。他认为“居雍大郑宫”的德公和继任者宣公、成公并不葬在雍都的秦公陵园之内，而是葬在平阳。献公以下，葬地明确，也不在雍。所以，在雍城主政的秦公自德公至出公共有18位。但实际上，葬雍的秦君应自穆公算起只有15位。如果按此墓地最高级别“中”字形墓算，那就再加上未享国的夷公（哀公子）、昭子（怀公太子），共计有17位秦君，再加上一些“同茔异穴”葬的秦君夫人，就统统葬在这14座秦公陵园的25座大墓“中”字形和“甲”字形里。在葬地位序上，并非按照昭穆的礼制排列，而是采取“以西为上”地自西而东、平级者“右为尊”的安置。他排列的结果，出现了几种情况耐人寻味：一是秦穆公的九号分陵园处在最西的上位。按位序由西向东，最后才是简公家族墓地的十四号分陵园。这符合秦人世系；二是秦公与夫人异穴合葬者在同一个分陵园（茔）之内者，必定是男处右上（西南）、女处左下（东北）的梯形布局。这符合“男尊女卑”的礼俗；三是两代国君共用一个陵园者（如：一号桓、景/十三号哀、夷），必是父上（西）子下（东）的垂直格式，也符合“父子相继”的惯例（图9-22）。

针对雍城秦公陵园壕沟的功能及性质，多位学者提出了观点，有认为是排水，有人认为是陵园界域。可说是仁者见仁，智者见智。王学理还认为芷阳“东陵”是相对咸阳的“毕陌陵园”而言，绝不是就雍城“秦公陵园”说的。况且凤翔“秦公陵园”“西垂陵园”从来没有过“西陵”的称谓，绝不可以踵事增华[50]。

雍城秦公一号大墓出土的石磬刻文，基本能够确定墓主为春秋晚期的秦景公。椁室中南北两壁向带有柏木榫头的椁木组成长方形框式的主椁，初步认为是我国古代最早的一套“黄肠题凑”葬具，秦公一号大墓虽屡经劫难，但其中发现的这套椁具，大量的殉葬奴隶、带有文字的石磬、用于助葬的木质“墓碑”、各种类型的铁器等，对先秦丧葬制度及秦国的社会政治、经济、文化等方面的研究都具有重要的价值[51]。秦公一号大墓是目前发掘出形制最大的墓葬，位于墓室底部正中的主椁室形同一座长方形的木屋，其南北椁壁以枋木衔接叠垒，椁木首尾衔接处有榫卯结构套合，凡南北向主椁椁木均有榫头，形成南北两侧长方形框式规范。主椁室与副椁室以门洞相同。通过对椁制研究，马振智先生认为秦公一号大墓主、副椁室即分别为“正藏椁”与“外藏椁”，而主椁即为文献上所说的“黄肠题奏”，这是早期形态。经过几百年后至西

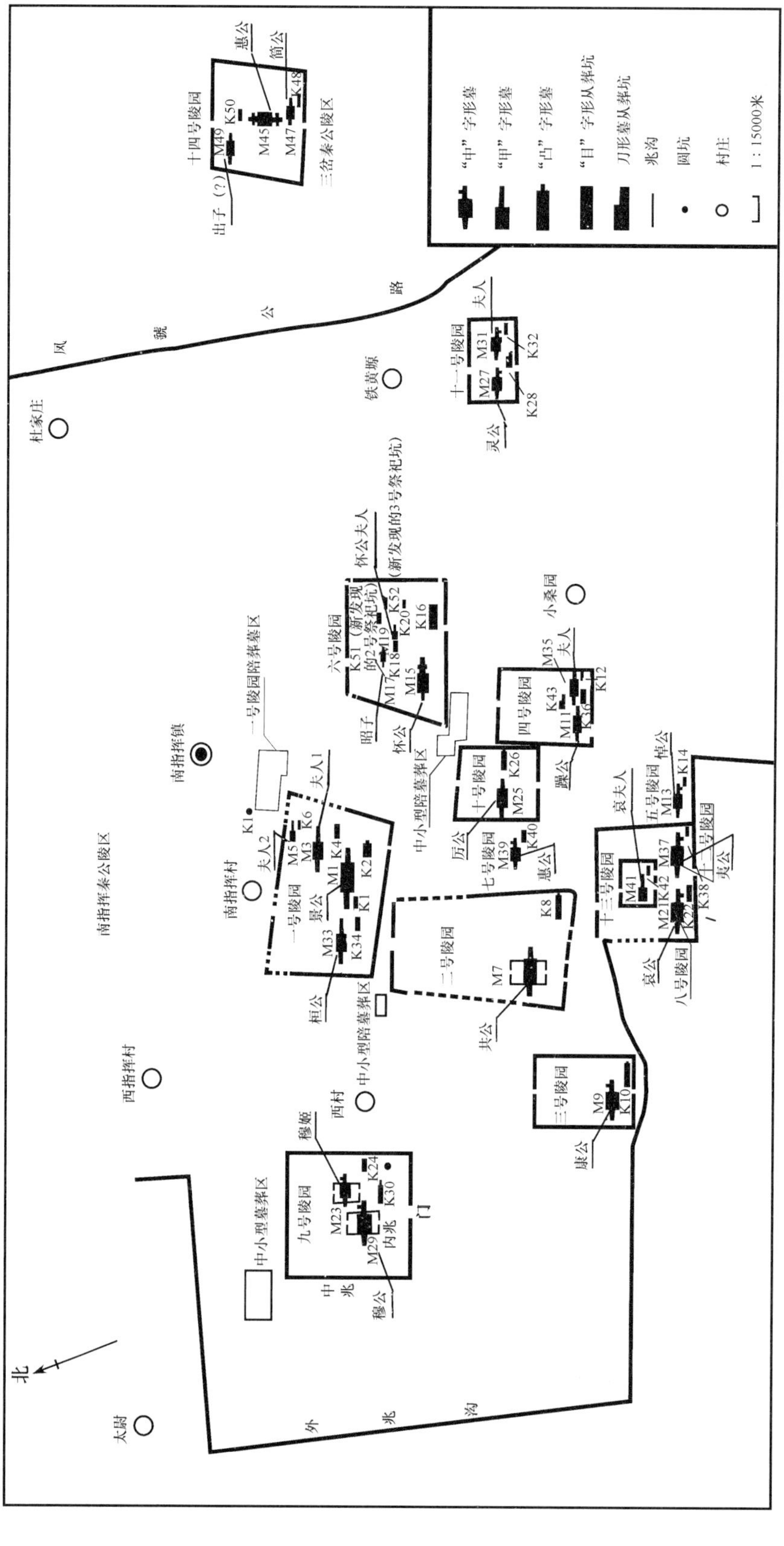

图9-22　雍都秦公人陵示意图（王学理排列）

汉时成为定制。秦公一号大墓的发掘对重新评介早期秦国厚重与浓墨重彩的历史提供了重要的实物资料。据检测与考证，秦公一号大墓的巨型椁室以侧柏方木叠砌累成，为最早的“题凑“之室。

第五节　栎阳二陵

栎阳作为临时国都，是秦献公父子对付魏国的前线军事指挥部。虽然时间只有33年（公元前383～前350年），但仍有陵墓区的安排：城市平民墓区位于栎阳城外的东南方，即现在西安市阎良区武屯镇沟王村、王北、王南和金指王村一带；根据秦献公“葬嚣圉”、孝公“葬弟圉”（《史记·秦始皇本纪》）的记载，他们的陵墓不入雍都陵地，不在咸阳，不在别的地方，也就在栎阳。既然栎阳城把君主和平民墓葬作为组成部分已纳入到城市的规划之中去，这里作为秦的一代国都总不能因时间短而不计吧？

秦献公陵墓的所在，在《史记·秦始皇本纪》里只有“葬嚣圉”三个字。相比之下，秦孝公在“葬弟圉”三个字之外还多了一点辅助材料。《水经·渭水注》上记汉白渠的流经：“东迳栎阳城北。……又东迳孝公陵北，又东南迳居陵城北、莲芍城南，又东南注金氏陂，又东南注于渭。”[52]这段话为我们提供了寻找秦孝公陵的参照物。

古者墓而不坟，至少在雍都以前的秦公墓上是没有封土的。秦孝公所葬的地名称“弟圉”，其墓在这里已经称“陵”，可见是在平地上已经起造封土了。湖北云梦睡虎地出土的秦简也提供了这一旁证，在《法律答问》中就有“可（何）谓‘甸人’？‘甸人’守孝公、献公冢者殹（也）”的句子[53]。“冢”“陵”“山”“坟”等，都是在墓上起封土的初期、名称还不规范的情况下，借用了中国古代地形地貌学方面的称呼。由此可见，秦国最早建“陵”的，不是人们常说的惠文王和悼武王，而应是秦献公和秦孝公了。

公元前350年，秦孝公在一场惊天动地的政治改革中把国都迁到了咸阳。他在仅有的“冀阙宫廷”中，处理繁多的政务，在顾不上再多一点市政投入的情况下，就继续推行更为全面而深刻的变法图强运动。同时，随着耕战政策的铺开，可以说，秦国的全部注意力都集中到了增强国力、洗血国耻上。再加上商鞅立法度、严刑罚、饬政教、重功利的行为，使秦国社会上下充满了言法、执法的勃勃生机，使一切奸伪与虚妄之务无所施展。为收复河西地，秦孝公、商鞅在变法制胜、稳定内部的基础上，接连向魏国开战。也正因为在咸阳的12年中，孝公是于国事繁忙、军事倥偬中度过的，形势、财力、人力、人事等因素都没有给予他在新都咸阳为自己谋划建陵、为后代子孙规划陵区的机会。或许作为一位具有革新意识的国君，他想的是葬地应以先君献公的马首是瞻。所以，当孝公死后，并不是埋在咸阳，也不是择葬雍地，而是追随开创改革之业的先父东葬栎阳之东的“弟圉”去。看来秦献公陵所在的“嚣圉”和孝公陵所在的“弟圉”，是久已失传的两个古地名，但方位必定在当时栎阳城东北、沮水的西岸。这里，也当是栎阳的王陵区[54]。至于现在地面上见不到陵冢，很可能是因初建期的矮小而为后世所毁，但也不排除水患的可能。

第六节　毕陌陵区

一、最早规划的咸阳王陵区

踌躇满志的秦惠文王踏着商鞅变法铺平的政治道路，对外用兵接连胜利，国都咸阳的建设也随之展开。历史上颇有影响的名宫如咸阳宫、章台宫、长安宫和萯阳宫等，就是在惠文王时建造的。我们从中不难发现国都咸阳不但有了朝会中心，也有了离宫别馆，而且秦惠文王不仅加强了咸阳的建设，还跳出渭北狭小地域的限制，开始向渭南发展了。这足以反映了雄心勃勃的他具有一种更为进取的追求意识，并按照营国的要求，还注意到把首都的建设引上总体设计的轨道。陵墓区作为都城的组成部分，也必然要纳入规划的蓝图中来。毕陌陵区就是这一时期设计的秦王茔域。

咸阳原上的“毕陌”位于周时毕国的西部，其东部为“毕程（郢）”，地当今咸阳市渭城区周陵镇。首先葬入毕陌陵区的秦君是惠文王和悼武王，其“公陵”和“永陵”堆起封土同以前“墓而不坟”的秦诸公大墓比，是最大的变化[55]。汉人刘向对成帝营昌陵、返延陵之举，上疏中说“秦惠文、武、昭、严（庄）襄五王，皆作大丘陇，多其瘗臧，咸尽发掘暴露，甚足悲也”（《汉书·楚元王传》）。他把起坟当做厚葬的典型加以抨击，有其对的一面。实际上，坟丘墓早已在春秋时期的中原地区出现[56]，并非独秦一家作“大丘陇”。战国早期具有革新意识的秦献公、孝公已采取了丘冢形式，所以秦简中就有“甸人守孝公，献公冢者”的话（《法律答问》）。不过，把君王的坟丘称作“陵”者，秦惠文王在战国中期是已著先鞭[57]。同样，在秦国也产生了重大影响，所以此后的秦昭王、孝文王、庄襄王、秦始皇、秦二世等，无不是“作大丘陇”的陵墓并“多其瘗臧（藏）”的！汉代帝王陵墓踵秦之后，把封土堆作成四棱台体的“覆斗形”可以说是定型化了的制度。

二、咸阳“毕陌陵区”的墓葬概况

咸阳原上古代陵墓重重叠叠，自20世纪以来，多个文物保护研究单位和学者从踏查、调查和勘探中，力图能区别出时代、墓主和性质来。咸阳市文物考古研究所自2001年7月到2005年10月，经过4年多的时间，对汉陵进行了一次全面的钻探，基本上使“毕陌中”的秦汉陵墓从混杂、传说中分离了开来（图9-23）。

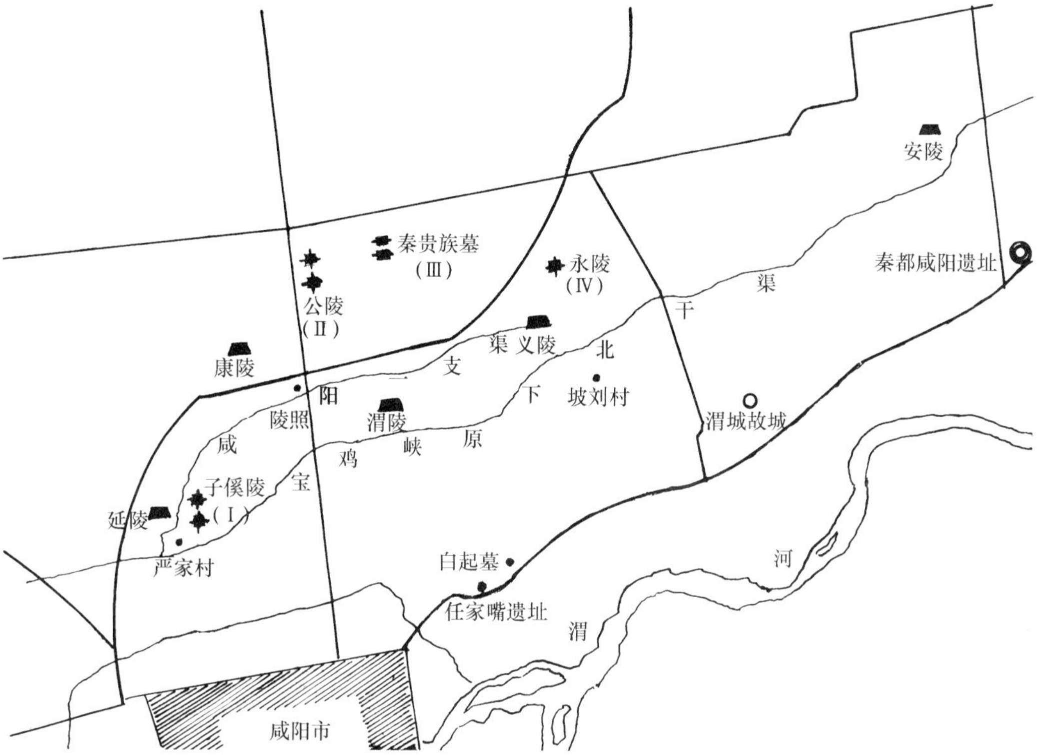

图9-23　毕陌秦陵分布示意图

该所在2004年，对“毕陌陵区”的三处秦陵进行钻探，分别编号为Ⅰ、Ⅱ、Ⅲ[58]。2007年，陕西省考古研究院会同咸阳市考古研究所对个别陵园又进行了一次全面的复探[59]。另外，在义陵之北又有一墓冢被认为是秦陵，编为Ⅳ号。至此，把秦咸阳早期的陵墓区圈定在了今咸阳市周陵镇的附近。处在这“毕陌陵区”的秦陵墓，大约有以下几处。

第一处（Ⅰ号陵）：位于严家沟村附近，当汉成帝延陵东北。陵园呈南北向的长方形，有外围沟，具双重园墙。内有两座“亚”字形大墓，南北并列。南墓的北墓道最长，为95米。北墓的东道最长，为94米。

第二处（Ⅱ号陵）：即误传的“周陵”，位于周陵镇。周陵中学占据着陵园内的南部。清代陕西巡抚毕沅在南北两陵墓前立有石碑，分别是“周文王陵”“周武王陵”。

第三处（Ⅲ号陵）：在Ⅱ号陵园东北1300米处，当贺家村北。有南北并列的两座“中”字形墓，地面有封土，但无围沟与垣墙的发现。南墓封土呈覆斗形，底边长43～44、高10、东墓道长93米。墓前有清代陕西巡抚毕沅树立的石碑，刻“元圣周公之墓”；北墓封土呈圆丘形，底径22、高6米，墓碑为毕沅所立，曰“鲁公伯禽之墓”。

第四处（Ⅳ号陵）：在司家庄北。陵园略呈南北向的长方形，由三道围沟环绕，内有“亚”字形墓一座，墓室面积约7700多平方米，四条墓道中，东、南、北三墓道等长，为58～60米。

在“毕陌”的几座西汉皇帝陵墓，如渭陵、延陵、义陵、康陵及一些后陵，还是比较容易辨认的。但对有的后陵和陪葬墓，因为同秦陵墓混杂在一起，特别是汉后妃之陵墓的规模小于帝陵，或有四出墓道，又由于某种政治原因远离或偏离帝陵，在形制上同秦陵墓几乎相似。对这些陵墓在没有考古发掘的情况下，要做到秦、汉区分，确有很大的难度。

钻探者认为Ⅰ号陵为秦惠文王的“公陵”，Ⅱ号陵是秦武王的“永陵”，Ⅲ号陵属于秦贵族墓。在这里，虽然没有提到Ⅳ号陵，但有的先生把汉平帝康陵东偏南554米处的王皇后陵考订为“秦孝文王的寿陵”。根据就是那里有“寿陵亭部”，并认为它同帝陵的相对位置、规模、四出墓道、陵制均与汉代后陵有别。其实，这应该看做是“在一个特殊时代，由一个特殊的人做的特殊”，还不能轻易否定属于汉陵的结论[60]。

三、文、武二王陵与子傒陵

（一）秦惠文王公陵（Ⅱ）

陵园位于周陵镇北，有内外两道围墙，外城有兆沟环绕，内城内有南北并列的两个陵冢。镇政府即压在南兆沟上，周陵中学占据陵园南端，其北墙即压在南陵的南墓道之上。

陵园平面呈长方形，陵园外墙夯墙，南北长833、东西宽528米，墙厚3～4米。四面辟门，正对园内的南陵。兆沟距外城34～50米，沟南北长950、东西宽639米，沟宽14～17、深3.5～5.5米（图9-24）。

陵园内城南北长422、东西宽236.5米。有6门，其中东西各2门，分别对着南北二陵；南北二门的连线使得两陵、外城门、兆沟都处在陵园的中轴线上。

内城的两座封土堆，中至中221.5米，边缘间距146米。

南陵呈覆斗形，底边长是：东103.3、南99.7、西103.7、北90米；顶部边长是：东48.1、南41.4、西46.6、北43米。陵冢现存高度14米。墓圹呈“亚”字形，其中北墓道最长，南北97、北宽24.5、南宽46.3米，南端最深18.4米。其他三面墓道的长度分别是：东63.8、南53.8、西63.4米。

北陵封土不太规则，据测绘知，原来也是覆斗形。底边长是：东57、南66.2、西55.5、北65.4米；顶部边长是：东10、南9.5、西9.8、北9.5米。陵冢现存高度17.5米。墓圹呈“亚”字形，其中东墓道最长，东西79、东端宽9.6、西端宽30.3米，西端最深18.5米。

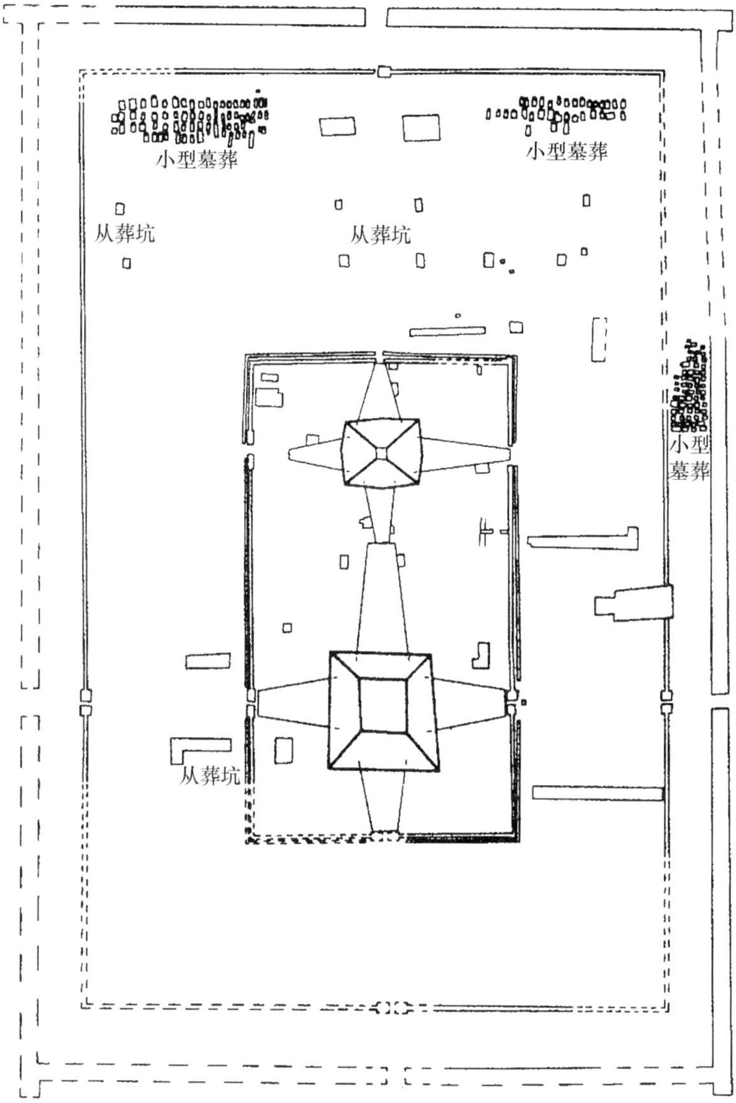

图9-24　秦惠文王公陵园平面图

陵园内的地面设施：发现了5处建筑遗址，其中分布在内城的有2处、外城与内城之间的3处。地下的从葬坑，已探测出27座，其中在内城的有9座，多分布在北陵周围；18座分在外城和内城之间，集中在内城外的北部和两侧。

陵周陪葬墓有168座。分布在三区，即外城内的西北为Ⅰ区，有南北向的长方形竖穴土坑墓和洞式墓四行计73座；东北角为Ⅱ区，有三行南北向墓计34座；Ⅲ区墓有47座，位于外城东墙和兆沟间，其中除3座为南北向外，余为东西向。

王学理考订Ⅱ号陵园为“公陵”，根据有以下几项。

首先，一般说来，唐人在前人记述的基础上，对秦汉陵墓的方位还是比较熟悉的，因而有些记载就较为可靠，同宋代因“政治需要”而在篡改历史的情况绝不一样[61]。

唐李泰的《括地志》载："秦惠文王陵在雍州咸阳县西北一十四里""秦悼武王陵在雍州咸阳县西北十五里"。这记载应当是有根据的，因为在此之前，东晋人徐广就笼统地指出过秦陵地在"毕陌"。而唐人是以唐咸阳县治（今咸阳市东五里的任家嘴附近）为基点来说事的，尽管里程也不一定准确，但从方向和距离上，都把"公陵"和"永陵"区分了开来。另外，《括地志》还记载"周文王墓在雍州万年县西南二十八里原上""周武王墓在雍州万年县西南二十八里毕原上"。在这里，李泰把"陵"和"墓"区分得清清楚楚，显然是符合历史实际之论的。同样，在此之前西晋人黄甫谧也说"文王、武王、周公冢皆在长安镐聚杜中"。这一系列泾渭分明的述略于此告诫人们："毕陌"和"毕原"（近"镐聚杜中"）是两个不同的地域概念，绝不可混淆。而且地非一处，前者地在今咸阳市底张湾一带，后者则指西安市长安区韦曲西北的杜陵原西端。也正因为周墓仍处在"墓而不坟"的历史阶段，所以人们对"毕原"的多次考古调查，仍然未见周王陵的踪迹，就可以理解了。相反，秦陵坟丘高大，赫然在目。公陵从地望上也圈定在今周陵镇一带。

其次，以规模而言，Ⅱ号陵园远比其他陵园规整、气派。陵园有长方形的内、外两重城垣，城外有兆沟环绕，这同雍都秦公大墓双重兆沟环绕、秦始皇陵园有双重城垣略同，彼此具有前后相承而又居中间环节的关系。其中"亚"字形的南陵，位于园内南半部的中心，正当内外城四面八门的交叉点上，同秦始皇陵园极其相似，显示出秦君主享有最高级的葬礼待遇。再加之陵城内有礼制建筑5处、从藏坑27座、陪葬墓168座，从而表现出墓主在君主中具有更特殊的地位。特别是这批小型墓中，既有竖穴土坑墓，也有洞式墓。据120座详探过的墓葬统计，洞式墓竟占83.3%！那么，战国晚期的这一特征，加之所处位置，当与主墓入葬的时间有相近的关系。所以，从Ⅱ号陵园的建筑体量、陵墓规模、从葬设施，到众多陪葬墓，可以看出这些因素均同秦惠文君"享国二十七年"的时间、武功显赫、由"公"称"王"、博得周天子"致文武胙"、诸侯不得不"宾从"的政治背景相符。

再次，从采集的建筑文物看，有外饰粗绳纹、内为麻点纹或素面的板瓦和筒瓦、轭形卷云纹瓦当，均具战国时代的特点。但葵纹瓦当同秦栎阳、早期咸阳出土的相同，是战国中期偏早之物，当与建造主墓的时间相当，应是判断Ⅱ号陵园为"公陵"的重要证据之一。至于在陵园内还见有秦及后代之物，只能说明延续时间，并非判定主墓时代的根据。

Ⅱ号陵园内，有南北两座陵冢。按《史记·秦始皇本纪》记载："惠文王享国二十七年，葬公陵。"那么，根据前面的考订，园内的南陵规模大，居主要位置，可以断定是秦惠文王的陵墓。而较小的北陵是谁的呢？笔者以为是惠文后的陵墓[62]。看来，这是从夫妻"同茔异穴"合葬进而开了"同茔异陵"合葬的先例。

怀疑居北的陵冢不是惠文后者，当然也有自己的根据。这就是《史记·秦本纪》和《穰侯列传》记载。据知：在秦武王死后，秦国发生了"诸弟争立"的内乱，魏冉扶昭王即位后，诛死了"季君"（即庶长壮）及参与叛乱的"昭王诸兄弟"，连惠文后也“不得良死”。但是，我们是否可以推想一下宫廷斗争与伦理矛盾的现实处理之法呢：因为昭王是武王的“异母弟”，惠文后毕竟是自己生父惠文王之妻“魏夫人”，总不能把已被处死的惠文后弃尸荒野吧!况且“各为其主”的政敌已经被消灭，恐怕是无需再“不留情”的！秦昭王的为人气量与处事方式，在以后的行为中也得到了验证。于是，他把惠文后同秦惠文王合葬在原先规划好的公陵陵园里，毕竟还是上对得起先父的在天之灵、下可收到礼制对待的效应的。所以，北陵是合葬于“公陵”的惠文后，当无须怀疑！

（二）秦悼武王永陵（Ⅳ号）

《秦纪》：“悼武王享国四年，葬永陵。”王学理考订司家庄的Ⅳ号秦陵就是“永陵”，其根据有以下几项。

首先，由地理位置上看。《皇览》载：“秦武王冢在扶风安陵县西北（南）毕陌中。”（《史记·秦本纪·集解》引）《后汉书·郡国志》注也说安陵“县西北毕陌，秦武王冢”。汉惠帝“安陵”在今咸阳市渭城区正阳镇白庙村南，陵邑当陵园北部。这里既以安陵县说永陵的位置，同以唐咸阳县治说公陵一样，都是把近距离的固定点作参照物的。那么，在平面直角坐标系中一西一东的两点就表明：“永陵”在“公陵”之东。正因为两座秦王陵同处在“毕陌”之中，可见今存地面上的两陵正与文献记载相合。

其次，以汉“永陵亭部”对照。《汉书·哀帝纪》：建平二年（公元前5年）七月，在营建“义陵”时，“以渭城西北原上永陵亭部为初陵”。这里的汉“永陵亭部”系沿用秦悼武王“永陵”之名而设，而汉渭城县治在今咸阳市东北10多千米的渭城湾。已知，西汉哀帝“义陵”位于今咸阳北原上底张湾乡南贺村东南，处于Ⅳ号陵南900米，显然这里即是汉“永陵亭部”之地。那么，义陵建在永陵亭部管辖的地区，也反证了“亚”字形的Ⅳ号陵就是秦武王的“永陵”。

最后，具有孤陵独处的时代背景。秦悼武王“取魏女为后，无子”。死后，在“诸弟争立”的内乱中，虽然王后并没有参与，但也带有一定的倾向性。所以，秦昭王当政后没有给予严惩，而是令“逐武王后出之魏”（《史记·穰侯列传》），即是让她回到娘家——魏国去。所以，在永陵没有王后的合葬，也同探测出只有一座“亚”字形大墓的情况吻合。

（三）子傒陵（Ⅰ号）

鉴于Ⅱ号和Ⅳ号陵的证据，确认其为“公陵”和“永陵”，那么，有围墙、兆沟环绕两座“亚”字形大墓的Ⅰ号陵园[63]，其墓主在秦国，必然也具有极高的政治地位的（图9-25）。可是，在都咸阳以来秦君陵墓多能确指的情况下，还能有谁呢？

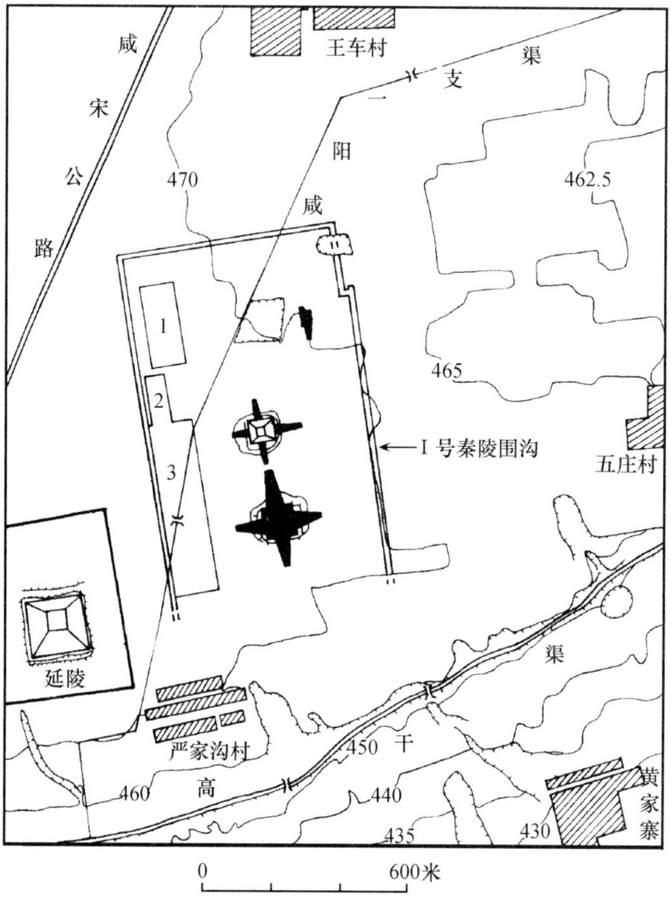

图9-25　子傒陵平面图

遍查秦史著录，经过澄滤，公子傒浮现在了人们的眼前。公子傒是孝文王的长子，曾被立为太子。因为内有母亲在禁中做靠山，外有杜仓的辅佐，大有“承国之业”的希望。但是，因吕不韦的游说，再加上华阳夫人的串通，却在一场政治博弈中改变了公子傒的人生轨迹。孝文王竟然废除了子傒而改立了他的异母弟子楚（异人）为太子（《战国策·秦策五》）。

那么，我们怎么能确定咸阳原上的Ⅰ号陵园就是子傒之陵呢？这一定同元老重臣杜仓有关。

因为杜仓曾是昭王时的秦相（《韩非子·存韩篇》），五国伐秦时曾以“先攻楚国”而取胜[64]，威望之高，没有人能与之比肩。当他看到53岁登基的孝文王已经到了垂暮之年，王后无子，而在20多个子嗣中，只有长子子傒才有可继承王位的资格。大概也因为秦国有“诸弟争立”的教训，这使他意识到必须主动地去争取合法的继立之权。于是，按照秦国生前营造寿陵的习惯，就给太子在先王陵地——“毕陌陵区”规划了陵园。这当然也应该看做是他“辅之”的一个主要内容。

但是，把杜仓和子傒列为博弈对手的吕不韦，对这些看得是非常很清楚的。当他在劝说阳泉君的时候，就明确地表示过“争位固宠”的意见。当子楚（异人）登上秦王的宝座成为庄襄王之后，便以吕不韦为相，虽然也废除了子傒的政治特享，但又不得不承认原来为其营陵的既成事实。那么，失意的子傒夫妇后来归葬咸阳原上预筑的“寿陵”也就顺理成章了。

在Ⅰ号陵园采集到的文物标本，除面饰粗绳纹、内抹光的板瓦之外，已见有细绳纹板瓦，还有绳纹介乎二者之间的板瓦。筒瓦外为竖直的细绳纹，内为光面。特别是，有直口短颈广肩的陶瓮出现。这些都是具有战国晚期到秦代特征的建筑文物与器物。像大陶瓮，是秦汉时期流行的盛水之器。地面文物，也足以折射出Ⅰ号陵园墓主入葬的时间在战国晚期到秦代初年。

四、误秦陵为周陵的再订正

千多年来，人们把秦惠文王陵和秦惠文后陵误传作周文王和周武王陵。几经订正，又几经讹传，始终在“正→误→正→误→正……”中徘徊。后汉人误，三国人订正；晋人误，南北朝订，唐人再订正；宋人误，今人沿误，还欣喜地把此间地名称作“周陵”，校名呼曰“周陵中学”。在祭风盛行的时下，还在路上立有“周陵”牌坊，并多次举行祭祀大典。不谙史实与学术动态的人，仍把今人的所谓“订正”当做一种“新观点”。

王学理在《咸阳帝都记》一书中，指出误传的“周陵”实为“秦陵”的根据有以下几项。

第一，文献中对“毕陌”和“毕原”有着明确的记载。后人把两地混而为一，竟导致了地理错位。

《皇览》《后汉书·郡国志》注、《括地志》等书明指秦陵茔域在渭北咸阳的“毕陌”，其记叙、方位同今陵园相吻合。

同样，《皇览》《帝王世纪》《关中记》《括地志》等书均记周文王、周武王、周公等葬于万年西南（或杜南）的“毕原”（或作“毕”）。渭南长安之“毕原”在今西安市长安区西北，这里是周王陵的葬地。

后人往往把“毕陌”与“毕原”两地相混，甚至更多地把咸阳原误称为“毕原”，加之情感的因素，竟使两地的周秦墓主发生了取代的现象。

第二，陵冢作为地面上标识性的封树，周无秦有。而后人不明葬制的区别，很容易去想象与推测，以致远离了历史的真实。

战国中期之前，君主“墓而不坟”“不封不树”，汉人刘向举例说周“文、武、周公葬于毕……无丘陇之处。……秦惠文、武、昭、严（庄）襄王、皆作大丘陇”的话，是符合历史的。今毕陌陵墓有高大的坟丘，是明显的封树标志。秦惠文王与惠文后合葬“公陵”，也有史可征。今毕陌二陵南北相近，同处于一个具有内外两重城垣的陵园之内，正符合“同茔异陵”的夫妻合葬制。所以，毕陌“周陵”之说显系误传。

第三，在陵墓同都城的关系上，周居都，秦近都，汉去都，三者有别。

先秦时期，陵墓设在国都周围，表现着二者存在密切不可分的关系。把陵墓区作为城市的组成因素，是被列入总体规划之中的。

周都在丰镐。经考古证实，丰邑在长安县“沣河西岸的客省庄、马王村、张家坡、大原村、冯村、曹家寨、西王村一带”，镐京在“沣河东岸昆明池故址以北的洛水村、泉北村、普渡村、花园村、白家庄、斗门镇一带”。历年在沣西发掘的西周中小型墓葬达400座，以张家坡最为密集且多两墓并葬[65]，显系设置在国都的贵族墓地。尽管西周王陵没有找到，而“皆在镐聚杜中”一语道破了就在镐京聚落一带的玄机。东周洛阳城内外，均有陵墓的存在。由此看来，西周王陵所在的“毕原”就在“镐东南杜中”，绝不会北越渭河，爬上咸阳原，埋在“毕陌”的。

秦都咸阳的早期是以渭河北窑店镇为中心的，其西界到了长陵火车站、渭城湾一带。黄家沟、白庙嫣王、坡刘村、任家嘴、塔儿坡等地处于国都西北和西部，分布有市民墓地。秦“公陵”“永陵”设在毕陌，是国都咸阳规划的王陵区。秦陵墓不在国都的中心区，并有自己的分布规律：平民墓区邻近都城，王陵区再远一些。凤翔雍都同秦都咸阳的情况，可以说是一脉相承。

汉都长安城的两个皇陵区，分别在咸阳原和白鹿原——少陵原，同都城拉开了距离，处于郊区，显然不再列入城市布局的规划之中。

历史事实表明，从先秦到汉代，只有误传的周陵接近秦都咸阳，显然同周、汉之都是拉不上关系的。因此说把有明确记载又有合葬封土的秦陵当成周王陵，是张冠李戴的结果。

第四，咸阳原上秦汉陵墓的相对位置，是确定秦陵的参照物。

根据文献，关于“公陵”“永陵”的记载，涉及咸阳、渭城、安陵、义陵等地名、陵名。其相对位置和遗址的所在，正是确定咸阳毕陌的秦王二陵的根据。考如前，不赘述。长安毕原周陵之确定，也同样适用此法。

第五，考古实证，周秦自分。

对秦王二陵及周陵运用考古的地层学、文物学、建制史作出判断，更能取得令人信服的答案。前有详细例证，于此不再重复。

长期以来，把秦陵误传为周陵，孙星衍析其原因主要有五：一是人名、地名相同而混。周、秦都有文、武二王，两地的毕原与毕陌仅一字之差；二是魏石安县（即咸阳）有周文王祠、又有秦惠文王陵，便祠墓合一；三是周陵无封土，便以秦陵当之；四是文字传写之误，如宋敏求引《三辅故事》把“毕原”误作“毕陌”；五是误引误传。实际上，民间误传既久且广，崇尚周文、武的仁义，具有为民伐暴的“圣者之举”，秦正处在被诅咒的一方，自然就很容易泯灭无闻了!宋代特别是统治者的有意混淆，则起了决定性的作用。

第七节　芷阳陵区

一、东陵——咸阳新辟的又一秦王茔域

（一）秦昭襄王选陵的主客观条件

秦惠文王时，在政治、经济、军事上呈现出一派勃勃生机，改“君”称“王”。国都咸阳也随之繁兴，表现之一就是在渭南开始起造了一些对后世都具有深远影响的宫殿建筑。而昭襄王对咸阳的城市建设、重新部署、总体规划，是在一个更大的地域范围之内，大兴土木、全面施工的。他除对原来渭北的宫阙建筑维护、扩修，并新增六英宫之外，一般取保持现状的态度，还把都市营建的重心转移到渭河之南更为广阔的领域里去。在原章台宫之侧，新建兴乐宫、南宫、华阳宫，分别作为王、后、太子的专有宫室。郊外由近及远地维修秦穆公的霸宫（更名芷阳宫），北筑谷口宫，西建长杨宫、棫阳宫，再加上宣太后起造的高泉宫、虢宫，就形成了一个环状的离宫群落。他对地跨渭河两岸分布着星罗棋布的宫殿建筑、城市人口稠密、商贾云集、外事繁忙、河面上舟船摆渡不迭的情况，便建造了“广六丈，南北三百八十步”的“横桥”（《三辅黄图》《三辅旧事》），便利了南北的往返。这些大型建筑工程及其合理的布局，既突破了原来咸阳的局限，又含有新的价值取向。如果不是调整后计划的统一实施，是很难使咸阳具备“渭水贯都”的规模的。

秦咸阳从一国之都到后来成为统一国家之首府，固然是政治地位的升迁，但作为都城的规模、格局及其设计思想，却形成于秦昭襄王之时。所以，我们有理由认为他是大咸阳的奠基者!

适应国都扩大、政治重心南移的新形势，而在秦昭王调整咸阳城建规划中，大胆地放弃“毕陌陵区”，重新开辟了一处秦王宗室的茔域，“芷阳陵区”（又称“东陵”）。

对东陵的营造，大约是在秦昭襄王屡屡挫败三晋、五国攻秦无功、囚死秦怀王、正踌躇满志地于十九年（公元前288年）称“西帝”之后开始的。这个新的王陵区设在秦的芷阳县地，故名“芷阳陵区”。实际上，它原来称作为“东陵”。根据是《汉书·萧何曹参传》上这么一段文献记载：“召平者，故秦东陵候。秦破，为布衣，贫，种瓜长安东，瓜美，故世谓‘东陵瓜’，从召平始也。”师古曰：“召读曰邵”。现西安市东郊，同临潼区交界处有个村子名叫“邵平店”。邵平因秦的东陵而封侯，大概是主管芷阳陵地的职官。秦既有“东陵”这一称呼，汉代人当然也是熟识的。芷阳陵区秦统称“东陵”，应该是相对于秦都咸阳西侧原来的“毕陌”王陵区而言的。虽然史书上并无“西陵”的称说，也没有一开始作这样的叫法，但足以反映出

“东陵”是昭襄王时才产生的新称呼[66]。“东陵”称呼之晚出，是都城建设随统一战争胜利展开规模扩大、中心南转、陵区重新安排的必然结果，并不是相对于“雍城陵区”而言[67]。

（二）芷阳地望

《史记·秦本纪》注引《括地志》：“芷阳在雍州蓝田县西六里。”又引《三秦记》：“（白）鹿原东有霸川之西坂，故芷阳也。”《长安图》说：“自骊山以西，皆芷阳地。”这些文献记载似显笼统，不但把秦芷阳县治同辖境相混，而且又有错讹，但零星点出的地名终竟给我们显示出它的所属。秦芷阳地的北界当以渭河一线为准，同高陵县相接；南界则在渭河南岸台地的南缘，隔骊山西段同蓝田为邻；骊山北麓因秦始皇十六年（公元前231年）析地另设“丽邑”，从而构成了芷阳县的东界；西同国都咸阳的渭南新区邻近，则以霸水划界；西南当白鹿原东侧，同杜县衔壤。秦芷阳县治大致位于今临潼区斜口街道办的油王村一带。汉文帝九年（公元前171年）在灞河西岸的白鹿原东侧筑“霸陵”，因地近霸上、霸宫而把芷阳改名为霸陵县。

梦斋藏有“芷阳丞印”封泥（图9-26，1）。田野考古获取的大量材料，为确认秦芷阳县的所在提供了弥足珍贵的线索。自20世纪70年代以来，在骊山西北方的阪原地带，西起灞水右岸，向南伸至西安东郊洪庆乡老牛坡，东延至始皇陵地区，形成以临潼区韩峪乡油王村为中心的轭状地域。在这里，多有戳印“芷”“芷阳”文陶片出土，也广泛地发现了很多建筑、制陶、墓葬等遗存及丰富的文物（图9-26，2～7）。油王村附近有大面积的建筑群落基址，特别是龙、凤、虎等纹样空心砖、各式瓦当等建筑材料及“半两”“五铢”“货布”等钱币的出土，不但表明遗址规格高、面积

图9-26　芷阳丞印及芷字陶文

1. 芷阳丞印　2～7. 芷字陶文

大，而且时跨战国、秦汉。其东有秦东陵陵园、平民墓区，西面和南面为范围更广的制陶作坊区，南系红庆堡到汴家村一带的居民区。和泥、制坯、陶窑及窑具、成品，展示了制陶的工艺过程与作坊的规模。用这些遗迹、遗物资料，再结合历史地理记载，综合观察，秦芷阳地与县治的轮廓就很清楚地呈现在我们的面前。

二、东陵区的秦王宗室陵墓

（一）文献记载中的秦王宗室陵墓

1. 芷陵——秦昭襄王与唐太后合葬的陵墓

《史记·秦始皇本纪》的秦世系条载：昭襄王“葬茝阳”，《索隐》：“葬芷陵也。”茝即芷，陶文作“[illegible]”。昭襄王陵名“芷陵”，地在“芷阳”。因为昭襄王妃唐八子先死，其子孝文王嬴柱继昭襄王而立，尊母为“唐太后”，“合葬于先王”（《史记·秦本纪》）。

2. 寿陵——孝文王与华阳太后合葬的陵墓

《史记·秦本纪·索隐》与《史记·秦始皇本纪》均载秦孝文王“葬寿陵”。王后华阳夫人被庄襄王尊为“华阳太后”，死于秦始皇十七年（公元前230年）“与孝文王会葬寿陵”（《史记·吕不韦列传》）。庄襄王的生母曰“夏姬”，死于秦始皇七年（公元前240年），虽被立王的子楚尊为夏太后，但因为生前“毋爱”而单独“别葬杜东”（实为“杜南”[68]）。

3. 阳陵——庄襄王与帝太后合葬的陵墓

《史记·秦本纪·索隐》说庄襄王“葬阳陵”，而《史记·秦始皇本纪》和《史记·吕不韦列传》均作“葬芷阳”。其实二者并不矛盾，同前说之昭襄王陵一样，陵名“阳陵”，地在“芷阳”。

梦斋藏有“阳陵禁丞”封泥，也许在东陵地区设有禁苑统归之于阳陵丞管理。

4. 宣太后冢

昭襄王的生母宣太后（即“芈八子”）于公元前265年（秦昭襄王四十二年）死去，后“葬芷阳郦山”（《史记·秦本纪》），张守节《正义》说“在雍州新丰县南十四里”。

5. 悼太子冢

秦昭襄王悼太子为人质时，客死于魏国，据《史记·秦本纪》及《六国年表》

载：昭王四十年（公元前267年）“归葬芷阳”。《集解》引徐广的话说，在“今霸陵”[68]。

（二）秦芷阳地的考古勘察

在临潼区斜口街办韩峪一带的骊山西麓已经发现一处较为集中的墓地，西近韩峪，东到三家坡，北及武家堡北100米，南至马斜村南，总面积约在27.5平方千米。小峪河发源于骊山西侧，自东而西穿过墓地，经韩峪西南，再折而北流，傍陵地西缘，过斜口镇东，到西泉街办的三府村入渭河。在该墓区探出了4座独立的陵园，其中3座陵园（一至三号）分布在小峪河北岸一处面积较大的山前洪积冲积扇上，另一座陵园（四号）则位于南岸的又一冲积扇上（图9-27）。

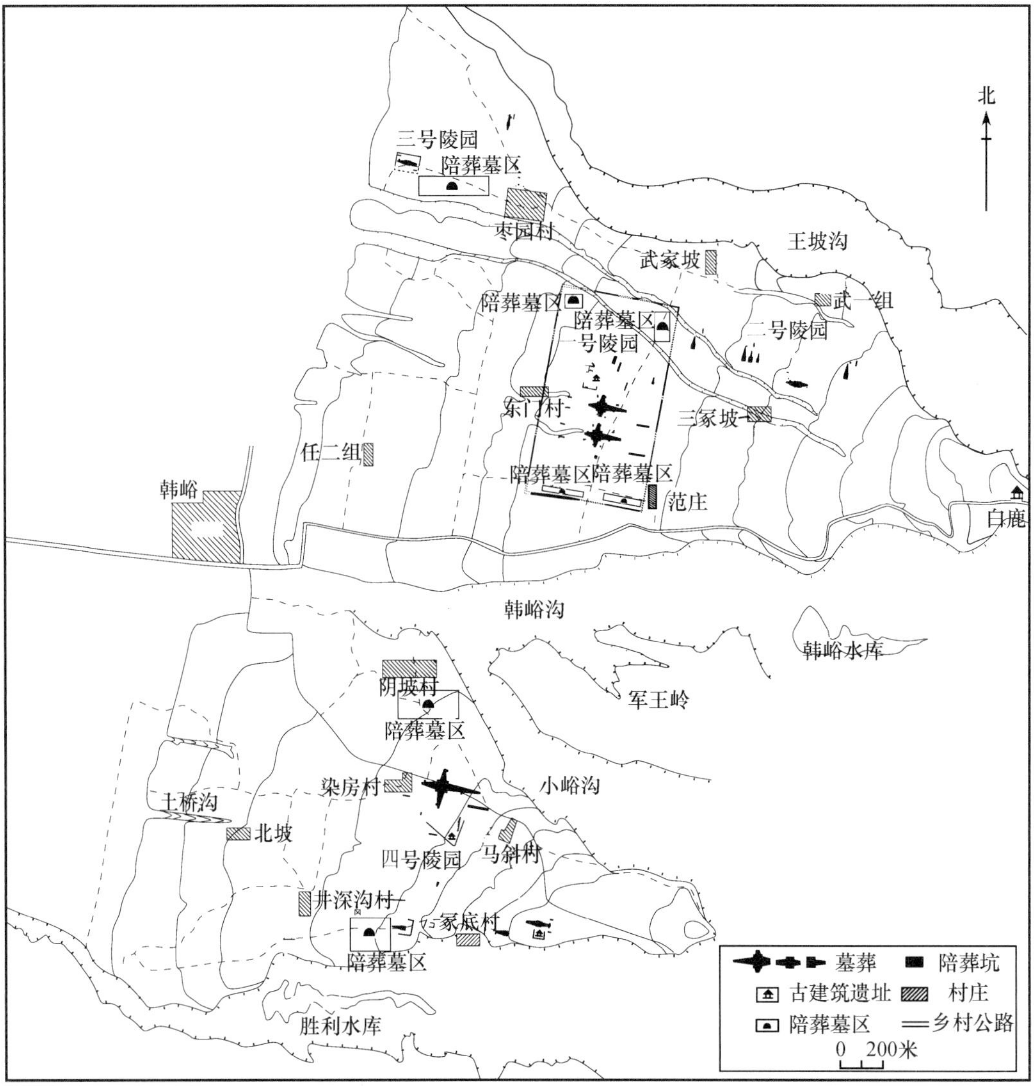

图9-27　芷阳陵陵区遗迹位置平面图

以较大的一号陵园为中心，二号在东北，三号在西北，四号在西南。有些陵冢至今巍然犹存，连当地的村名也映现着秦陵所形成的地理特点，如军王岭（即“君王陵”）、三冢坡、冢底村等，即使一条通向陵冢的石铺路也直接呼之为“王路”。4座陵园内共探测出“亚”字形大墓3座、“中”字形大墓3座、“甲”字形大墓8座、陪葬墓区4处、从葬坑35个。每座陵园原来都有人工兆沟围护，并有陵园建筑及其设施[69]。

2010～2013年，经陕西省考古研究院重新钻探，对20世纪80年代的勘探资料进行了较大的修正。

一号陵园：西距秦芷阳城遗址1.5千米，是个南北向的颇为规矩的长方形陵园。陵园是人工挖筑的壕沟，异常规整，北起枣园武家村三队的无名沟，南到范家村，西界在马庄及东门村西，东到范庄及武家村，南北长1190、东西宽755米，总面积89.845万平方米。陵园中部偏南有结构相似、规格略同的“亚”字形主墓两座（ZM1、ZM2），南北并列，间距107米。墓室略作正方形，有四出的斜坡墓道。墓东西通长215～210.5、南北通宽120.5～138米，其墓室东西58、南北58、深27米。地面上残留的封土高4、东西长250、南北宽150米。因为当今修渠穿过陵冢，在两侧壁上已明显地勾出了墓室上部的剖面（图9-28、图9-29）。

两主墓的南北两侧及东部有地面建筑遗址11处；有小型陪葬墓161座，主要分布在陵园壕沟内侧50～80米范围之内，以陵园东北角及东南角最为密集，形制有长方形竖穴洞式墓和方坑竖穴墓两种；东西向的从葬坑有14座，分布在主墓道夹角处及东西方向。

二号陵园：位于一号陵园东北1500米的范家村北。其范围北起武家沟，南到三冢坡村北的无名沟，西至枣园村，东达北沟村。在上述范围面积约45万平方米区域共发现与陵园相关的“中”字形墓葬1座，“甲”字形墓葬5座，从葬坑9座，小型墓葬17座，壕沟1段。其中的“中”字形大墓（ZM1），东西通长77.4、地面封土残高7米（图9-30）。在此大墓的东西两端分别有南北向的“甲”字形墓葬，其中东侧1座，西侧4座；大墓墓道北侧有两座从葬坑，东墓道南侧有一座从葬坑。在“中”字形墓之西200米处有长方形的从葬坑，东西长80、南北宽10米，于1978年毁于平整土地时，曾拣拾到数百件铜、银质的车马饰件及人、马骨骼，当为大墓ZM1的车马坑。3座“甲”字形墓葬（ZM2、ZM5、ZM6）墓道东侧各有2个从葬坑。

三号陵园：东南距一号陵园1500米。陵园南到武家沟（冲沟），北至王坡沟南岸，东到凤凰大道，西至武家保村东断崖。在面积约50万平方米区域发现与陵园相关的“中”字形墓葬2座，从葬坑6座，围绕其中一座“中”字形ZM1的壕沟1处，小型墓葬106座。在陵园的西南部，有一东西通长103米的“中”字形大墓（ZM1），封土残高3.8米，西墓道北侧有2座从葬坑，东墓道南侧有1座从葬坑；围绕ZM1有东西长方形的围沟，经复原，围沟东西长117、南北宽85米，宽2米，深0.3～2.5米。东北部一座“中”字形墓葬为南北向（ZM2），通长79.6米。陪葬墓区则分布在陵园的西南部和东北部，已发现墓葬106座。

四号陵园：此陵园位于小峪河南岸，地处又一山前冲积扇上，南抵井深沟，东

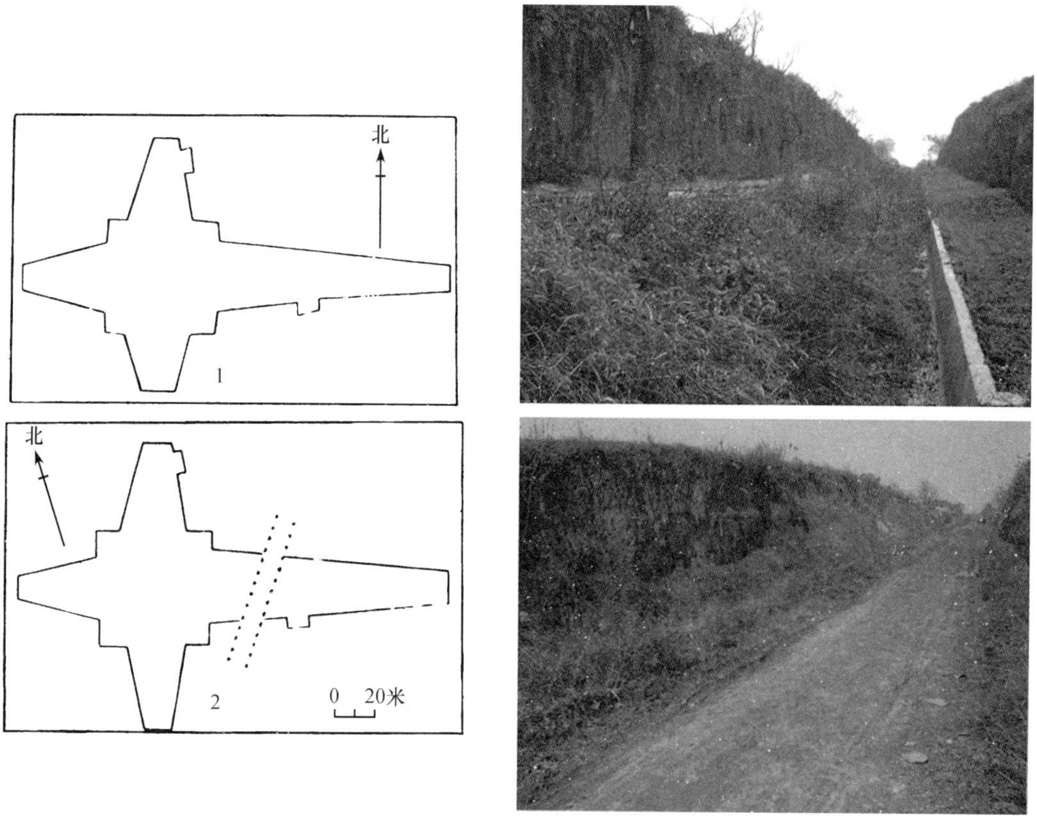

图9-29 芷阳陵区一号陵园两主墓与水渠的切割

北距一号陵园2500米。陵园四周仍是人工沟和天然沟结合的兆沟，东起冢底村，西到染房村，长1000、南北宽1200米，总面积达100万平方米。陵园内有“亚”字形大墓1座（ZM1）、“中”字形大墓1座（M130）、“甲”字形大墓3座（M9、M125、M128），地面建筑遗存3处。主墓（ZM1）坐西朝东，处陵园内北部，墓室宏大（55米×55米），具有带耳室的四出斜坡墓道。其南侧的两座“甲”字形墓坐东朝西成行，前后相间约500米，地面仍有封土残留。

现将已经探测出的4座陵园如表9-2所示。

在西安市灞桥区洪庆乡路家湾和田王村，有两座高大的作四棱台体的墓冢，呈东北—西南向排列，间距1100米，周围地势平坦开阔。过去多以为是汉墓而忽略之。虽未经考古探测，还不能确知其墓葬结构、陵园规模及其设施，但地处灞水之东、骊山以西的秦芷阳地，其西南与半坡、堡子村的秦都平民墓地隔河相望，东北距秦东陵的四号陵园也不过5千米之遥，况且同汉都长安的墓区绝不相混[70]。几经考古工作者踏查，取得一些资料，认为很可能是两座秦墓，对其编号暂定为M11和M12。

M11位于路家湾之东，当向阳公司家属住宅区东围墙外，封土堆呈覆斗状，底边东西长46.5、南北宽45.2米；顶部方形，每边长10.5、现高19.3米。

M12在庆华机械厂内，作为一种景观而受到人们自觉的保护。陵冢上荆棘丛生，

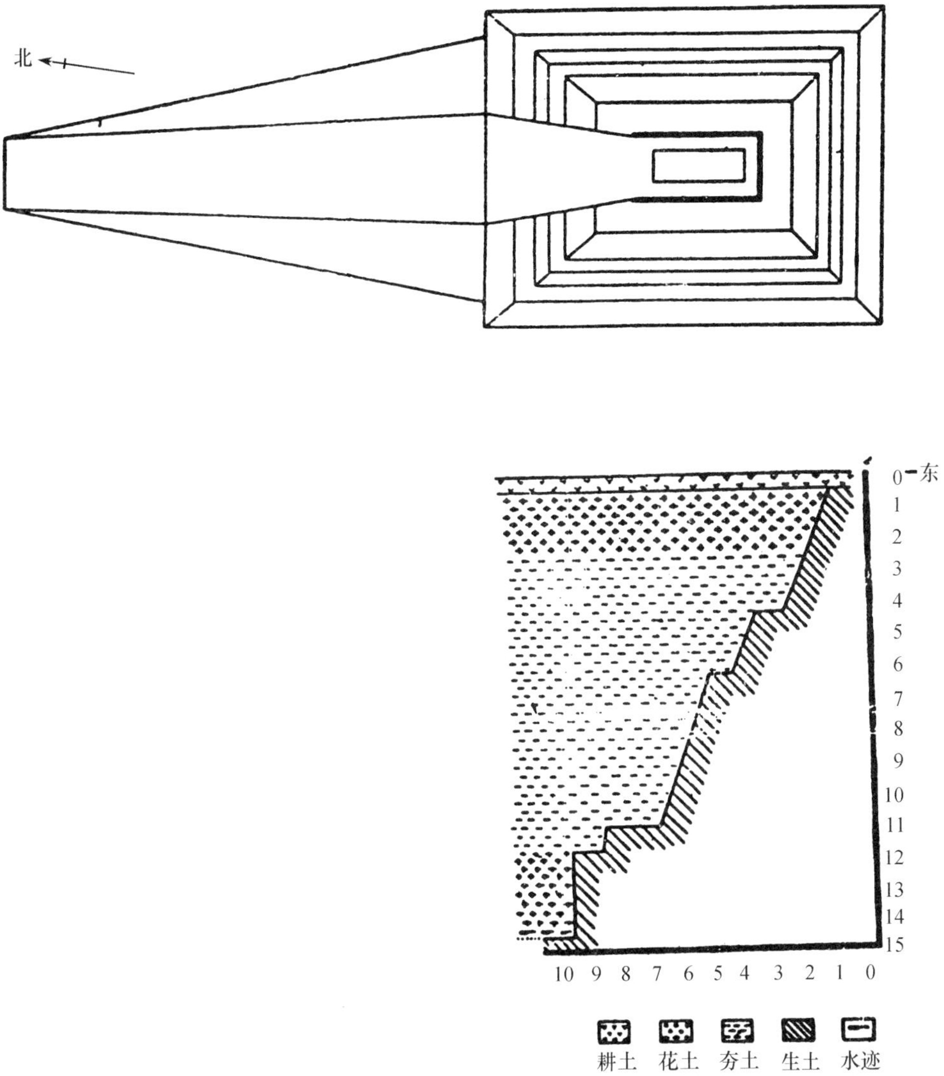

图9-30　芷阳陵区二号陵园M4平、剖面图

旁有大树参天。在电线如织、厂房栉比的紧张环境里，黄土堆和着一片绿平添了许多乐趣。封土堆夯筑，仍是覆斗状，底边东西长52.5、南北宽51米；顶部呈正方形，每边长7.5、现高约12米。

三、芷阳陵园属主的确认

据史籍记载，死葬芷阳地的秦国统治集团人物主要有宣太后、秦昭襄王、唐太后、悼太子、孝文王、华阳太后、庄襄王及帝太后等8位。而考古探测出的秦王陵园有4处，其中等级高、规模大的墓葬计“亚”字形的3座、“中”字形的4座、“甲”字形的8座，共15座。

表9-2　秦东陵陵墓一览表

长度单位：米

陵园编号	陵墓																从葬坑				陪葬墓区			地面建筑		其他
	位次	编号	形状	方向	通长	通宽	墓室			墓道			封土堆				关系	长	宽	深	数量	位置	墓数	数量	位置	
							长	宽大/小	深	方位	长	宽大/小	高	长	宽	周长										
一号陵园	主墓	ZM1	“亚”字形	西→东	210	120.5	58	58	27	东 西 南 北	120 32.8 28.5 34	13.5/32.5 17.5/35 21.8/35 13.5/35	4（残）	250	150		PK1位于ZM1东墓道东南约80米	79	10.3	4～7.7	分为A、B、C、D四区	A区位于“一号陵园”东壕沟内北段65米宽范围内；B区位于“一号陵园”南壕沟内50米范围之内；C区位于“一号陵园”西壕沟北段50米宽范围内；D区位于“一号陵园”北壕沟内90米范围之内（含东壕沟北端）	161座	11处	JZ1位于ZM2南墓道西南82米处；JZ2位于ZM2南墓道南48米；JZ3位于ZM1北墓道以北150米偏东35米；JZ4位于ZM1北墓道北150米；JZ5位于ZM1北墓道北180米；JZ6位于ZM1西墓道以北80米；JZ7位于JZ6南边约98米；JZ8位于JZ7西4米；JZ9位于JZ6以北19米；JZ10位于JZ9北，西北邻JZ11；JZ11与JZ10	ZM1东墓道南侧及北墓道东侧各有一耳室
																	PK2位于ZM1东墓道东端向西约52米	8.7～13.4	7.9～11.5	6.8～7.2						
																	PK3位于ZM1南墓道东12米	11	7.8～8.6	7.3						
																	PK4位于ZM1南墓道西1米	7.2	5	3.2						
																	PK5位于ZM1北墓道以西15米	16.2	8～8.2	6						
																	PK6位于ZM1西墓道西108米稍偏南	26.5	7.9	6.7						
																	PK7位于ZM1西墓道西端稍偏北113米	29.5	7.6	5～7.2						
		ZM2	“亚”字形	西→东	215	138	58	57	21	东 西 南 北	114.5 42.5 39 41.5	14.5/35 12/31.5 13.5/31.5 12.5/31.5	4（残）	250	150		PK8位于ZM2东墓道东南78米	99	10.3～12.1	5.2						ZM2东墓道南侧、西墓道北侧、南墓道西侧及北墓道东侧各有一耳室
																	PK9位于ZM2东墓道以北15米	7.9～25.5	8.8～15	4～4.7						
																	PK10位于ZM2南墓道东17米	10.6	8.8	6						
																	PK11位于ZM2西墓道南12米	7.5～21	8.7～18.9	5						
																	PK12位于ZM2北墓道西27～30米	13	8.8	4.8						
																	PK13位于ZM2西墓道西稍偏南128米	43～52.8	10～21.2	5.4～6.4						
																	PK14位于ZM2西墓道西偏北128米	37	10	4.4～5.2						

续表

陵园编号	陵墓																从葬坑				陪葬墓区			地面建筑		其他
	位次	编号	形状	方向	通长	通宽	墓室			墓道			封土堆				关系	长	宽	深	数量	位置	墓数	数量	位置	
							长	宽大/小	深	方位	长	宽大/小	高	长	宽	周长										
二号陵园	大墓	ZM1	“中”字形	东→西	77.4	21.8	26.2	21.8	20.6	东 西	23.6 27.6	9.5/18.6 3.1/17.6	7	22	18~99		PK1位于ZM1东墓道东端南侧3.5米	3.2~3.8	3.2~3.5	1.7~2	分为A、B、C三区	A区位于北部稍偏东，南距ZM1“中”字形大墓约340米；B区位于中部，ZM1“中”字形大墓的西北约130米；C区主要在ZM6西北70~130米的区域内	17座			ZM1西墓道北侧边线上有一耳室
																	PK2位于ZM1西墓道西端北侧4米	7.8	4.6	2.9						
																	PK3位于ZM1西墓道西端北侧24米	20.2	3.5~3.8	2.1~3.6						
		ZM2	“甲”字形	南→北	50.8		25.8	20.4	12.2	北	35	6.5/17					PK4位于ZM2北墓道北端东侧4米	5	5	2.9						
																	PK5位于ZM2北墓道北端东侧27米	20.3	3.9	4.1~4.9						
		ZM3	“甲”字形	南→北	37.1		18.1	13.8	9	北	19	6.3/9														
		ZM4	“甲”字形		43.9		24.4	18/19.3	9.8	北	19.5	5.3/13.8														
		ZM5	“甲”字形	南→北	59		24	17.5	14.4	北	35	5.4/15.7					PK6位于ZM5北墓道北端东侧1.2米	6.5	5.7	4						
																	PK7位于ZM5北墓道北侧23米	16.9	3.9	1.8~2.1						
		ZM6	“甲”字形	南→北	52.3		23.9	18.4	14	北	28.4	7.8/14.4					PK8位于ZM6北墓道北端东侧19米	26	4.5	0.4~0.8						
																	PK9位于ZM6北墓道东侧26米	5.7	3.5	2.5						

续表

陵园编号	陵墓																从葬坑				陪葬墓区			地面建筑		其他
	位次	编号	形状	方向	通长	通宽	墓室			墓道			封土堆				关系	长	宽	深	数量	位置	墓数	数量	位置	
							长	宽大/小	深	方位	长	宽大/小	高	长	宽	周长										
三号陵园	大墓	ZM1	“中”字形	东→西	105		26.8	24		西→东	41.2 35	5.9/21.6 8.1/21.6	3.8（残）				PK1位于ZM1西墓道西部北侧	8.2	5.9	4.8		主要分布于陵园西南部（即主墓葬ZM1西南，东南）	106座			ZM1东墓道南侧有一耳室
																	PK2位于ZM1西墓道西部北侧约20米	20.30	4.4	2.3～3.4						
																	PK3位于ZM1东墓道东部南侧约21米	19.8	3.6	3.7～4.9						
		ZM2	“中”字形	南→北	79.6		17.7	14/15	10	北→南	40.4 21.5	6.5/12 6.2/11					PK4位于ZM2北墓道北部西侧	2.9	2.9	1.2						
																	PK5位于ZM2北墓道北部东侧	9	5.3	3.5						
																	PK6位于ZM2北墓道北部东侧	27	3.9	2.4～5.9						

续表

陵园编号	陵墓																从葬坑				陪葬墓区			地面建筑		其他
	位次	编号	形状	方向	通长	通宽	墓室			墓道			封土堆				关系	长	宽	深	数量	位置	墓数	数量	位置	
							长	宽大/小	深	方位	长	宽大/小	高	长	宽	周长										
四号陵园	主墓	ZM1	“亚”字形	西→东	273.6	183	55	55	27	东 西 南 北	153 68.6 74 54	11/32 10/32 9.4/33 10/30.2	破坏				K5东北与ZM1相距72米	12.8	4.4	4.9		主要分布于陵园西南部及西北部	126座	3处	J1位于四号陵园南部，ZM1内南壕外侧。北与G1相距8.3米；J2位于四号陵园中部，ZM1内东壕内侧。东与G1相距8.6米；J3位于四号陵园东南部，ZM1内东壕内侧。北与M130相距14米	ZM1东墓道南侧、西墓道北侧、南墓道西侧及北墓道东侧各有一耳室；M130东墓道南、北两侧各有一耳室
																	K6东与ZM1西墓道相距70.6米	36	8	4						
																	K7北与ZM1东墓道相距55.7米	98	10.8	5.5						
	大墓	M130	“中”字形	东→西	114		25	28	10.5	东 西	45 44	7.2/21 10/23.4					K9南与M130相距13.5米	15.6	5.4	4.8						
																	K10北与M130相距14.38米	15.9	5.4	4.42						
		M9	“甲”字形	东→西	66.6		26.1	19.6	14.5	西	40.5	5.2/15.5	7.5	23	23											
		M125	“甲”字形	东→西	59		24.4	24.2	14	西	34.6	9.2/20.4	3（残）	15	15		K11北与M125相距8.5米	11.4	2.4～4	1.8						
		M128	“甲”字形	南→北	22		14	9	4	西	8	3/4														
五号陵园	主墓	M11												19.3	46.5	45.2										
		M12												12	52.5	51										

葬入芷阳地的秦王族成员，按文摘记载，依时间先后：

悼太子——秦昭襄王四十年，即公元前267年。

宣太后——昭襄王四十二年，即公元前265年。

唐太后（？）——昭襄王五十六年，即公元前251年。

昭襄王——昭襄王五十六年，即公元前251年

孝文王——孝文王元年，即公元前250年。

庄襄王——庄襄王三年，即公元前247年。

华阳太后——秦始皇十七年，即公元前230年。

帝太后——秦始皇十九年，即公元前228年。

从悼太子先入葬芷阳陵区起，最后到帝太后，前后时间长达39年。而他们都属于秦始皇之前的三代国君、王后、王太后和太子，或者还有陪葬的个别公子和公主。王陵分别名曰“芷陵”、“寿陵”和“阳陵”，入葬称谓则有“归葬”、“葬”、“合其葬”与“会葬”的不同。也正因为36岁的秦昭襄王处于盛年，又具内富外胜的优势，在国都急趋扩大的氛围里，重新选择王陵区，并遵照公墓“辨其兆域而为之图，先王之葬居中”（《周礼·春官宗伯》），沿袭雍都以来的葬俗（国君的“公墓”与国人的“邦墓”分开、公自为园等），全面展开陵墓工程。就在这陵区施工20年后，悼太子客死于魏国，所以才有回归秦国，入葬先人茔域的安排。由此可以确知，芷阳陵地的使用时间只有59年，以后只是作为先王茔域依礼按时祭祀而已。

陵和墓是判别墓主生前的阶级身份和社会地位的主要依据之一，是被经常运用的。《吕氏春秋》说“茔丘垅之大小、高卑、厚薄之度，贵贱之等级”，足见不再是春秋末年把刚出现坟丘当做“封”的那种原始用意了，而且随时间的推移而略有增高的趋向。但墓圹形制所代表的级别，由考古提供的资料表明是较为稳定的，即“亚”字形墓圹是三代以来帝王级的墓葬形式，“中”字形墓圹属于诸侯王级别的，“甲”字形墓多半属于王室成员[71]。那么，在没有考古发掘，没有地层关系、出土文物和铭记资料的情况下，要正确无误地确认墓主身份是有相当难度的。不过，结合文献记载、对照历史背景，析理释疑，《咸阳帝都记》对芷阳陵地的墓主作了如下的推测。

（一）芷　陵

一号陵园是秦昭襄王与唐太后异穴并列合葬的“芷陵”茔域。根据有以下几项。

第一，该陵园是芷阳陵地已探明的陵园中最大的一座（面积72万平方米），处于中心位置，符合“先王之葬居中”的礼制要求，应该说同秦昭襄王在国都建设中新辟东陵以己为“始祖”排列辈次的主观意图相吻合。

第二，园内两座东向的“亚”字形大墓属于僭用天子、帝王的陵墓形式，当与秦昭襄王一度以“西帝”自居的心路历程一致。

第三，ZM1和ZM2这两座大墓南北并列，间距只有40米，其形制、大小基本相

同，而且各自具有的地面建筑和地下从葬设施均由墓间东西中轴线向外展开，作对称排列，非常规正，没有错位现象。这同“毕陌陵区”的“公陵”葬制相似，既表明时间相近具有继承性，也显示了合葬陵园统一设计的完整性。

第四，再由陵园工程内容多、工程量大的特点看，同秦昭襄王修陵费时三十五六年，并与唐太后相随死葬的时间不谋而合。

第五，ZM2有珍贵文物高柄漆豆的盗出，针刻“八年相邦薛君”的铭文同《史记》载秦昭襄王任相孟尝君的时间完全吻合。残豆底座烙印“大官”二字，表明是为宫廷“主膳食”（《汉书·百官公卿表》颜注）的专用食具，与之相印证的还有汉长安城中出土的“大官丞印”“泰官丞印”秦封泥。器主当为秦昭襄王，绝不同于专事太后、后的食官——“私官”。由此可以断定：居于右上位（以东向计）的ZM2是秦昭襄王的陵墓，正北的ZM1就是唐太后陵[72]（图9-31）。

2　3　4

1

图9-31　高柄漆豆与针刻文字

1. 高柄漆豆　2. 针刻文字右　3. 针刻文字左　4. 烙印、针刻文字

芷陵的丧事在秦国的国家生活中，曾是一桩具有重大影响的政治活动。公元前250年，秦昭襄王死葬、孝文王立为储君、尊唐八子为太后而又死葬，四事相随，可说是合并举行的[73]。各诸侯国都派出自己的“将相来吊祠，视丧事”（《史记·秦本纪》）。楚国派来的是战国有名的“四公子”之一春申君黄歇（《楚世家》），而韩桓惠王还是披麻戴孝（“衰绖”，丧服）来奔丧的。用现在的话说：各国政府都派出了自己最高层领导人作为特使，去参加某国元首的葬礼。看来，这也是古今同理（礼）。不过，当时各诸侯国的“入吊”与其说是“礼节的需要”，还不如说是受秦的武力兼并、威胁，乘“视丧事”之机而来观察秦国政治动向的。但表面的国事活动

终竟是发生在东陵，而且是第一次显示了芷阳茔域在国都咸阳的重要地位，也表明了“芷陵”及陵园在整个陵区具有显赫的独立性。从这个意义上揆度，我们也不难理解陵名独冠“芷”字的原本考虑。

（二）阳　　陵

具有“亚”字形大墓的四号陵园当是秦庄襄王与始皇母帝太后合葬的陵园。这里处于小峪河之南又一面积较小的台地上，同东北的“芷陵”为中心而又较为集中的陵园群比较，远去2500米，自成一个独立的地域单元，海拔600米，甚符合“阳陵”取名的原意。《括地志》：“秦庄襄王陵在雍州新丰县西南三十五里，俗亦谓子楚〔陵〕，〔因〕始皇〔陵〕在北，故俗亦谓‘见子陵’。”唐新丰县在今临潼区东北新丰镇附近，其距四号陵园及始皇陵的方位均已符合记载[74]。《太平寰宇记》：“霸岸在通化门东二十里，秦庄襄王葬其阪，谓之霸上。”唐长安城的通化门址当今西安市东郊陕西省火电公司东南角，由此东去20多里正是灞河东岸的秦汉“霸上”故址，其紧邻的洪庆原上，当是秦庄襄王的葬地。在四号陵园内的“亚”字形大墓（ZM1），墓室的面积虽同一号陵园的主墓（ZM1、ZM2）接近，但四出的墓道都较之长了许多，而且左侧又各设有一个耳室。其建造时间似乎较一、二、三号陵园为晚，属于秦庄襄王“阳陵”的可能性较大。

在四号陵园内除一座“亚”字形墓可能是庄襄王墓外，还有一座“中”字形墓（M130）和三座“甲”字形墓（M9、M125、M128）。会葬阳陵的帝太后墓何在?其中一座“中”字形墓有可能是帝太后。如果是，这算不算降低了等级?

赵姬被庄襄王立为王后，嬴政即位后尊其为太后。因与阴人嫪毐私通生子、篡逆之事，母子有隙。虽然帝太后比庄襄王晚死19年，但正值秦始皇向外接连发起长达十年的统一战争、国内设丽邑使修治骊山陵墓的工程专业化，猜想秦始皇不愿意、也不可能对修太后之墓给予更多的关心，更不会按礼制作陵。当他从前线回到咸阳时，太后已经死了，这才“谥为帝太后，与庄襄王会葬于芷阳”（《史记·吕不韦列传》）。对这后死的帝太后，能使之入葬庄襄王的陵园，并给予追谥，也算是对世人最好的回答。

（三）悼太子墓

遵照秦人的传统葬俗，东陵主墓的朝向仍然是面东。昭襄王所葬的一号陵园居于这一茔域的“居中”之位，在规划上对其左侧必然是留给第二代君主的。悼太子已确立为合法的继承人，不幸质死于魏。在没有登上王座的情况下，不得以王礼事葬，所以就以诸侯级的“中”字形墓制埋在东陵的二号陵园之内。

（四）宣太后墓

宣太后在秦国的历史上是曾扮演过重要角色的人物，为其他女流所不能及。前有惠文后在“季君之乱”中被处死，没有留下英名；昭王的叶阳后“不听郑卫之乐，世多称之”（《汉书·张敞传》），用现在的话说：虽不听流行音乐，但清高也无用。她留下的贤名，并不被对于一切重在“实用”的秦人所敬重；以后还有个出身“豪家”的赵姬，但不过是以淫乱引发了一场政治丑闻罢了。而宣太后和她们不同：虽然以淫丑著称，像诈杀义渠王于甘泉宫、死爱魏丑夫、以房事对求救的韩使尚靳作答等，几近于恬不知耻，但能以身份低微的“八子”[75]伙同异父长弟魏冉迎立昭王于燕、守卫咸阳、伐灭义渠，左右着秦国政治40年，被称之为“战国四后”（秦之宣太后、赵之惠文后、齐之君王后、韩氏一女）之一，可以说是历史和胆略给了她机遇。按说，宣太后死后应该“合其葬”于秦惠文王的“公陵”的，但偏偏要“葬芷阳骊山”，是何道理？循情度理，既然有参与“季君之乱”又“不得良死”的惠文后合葬“公陵”，出自厌恶情感与对亲子昭王的偏爱，加上她特立独行的性格，便“在雍州新丰县南十四里”（《史记·秦本纪·正义》）给自己另选了葬地。也许在咸阳国都扩大的情况下，新辟东陵陵区还是这位宣太后的主意呢！所以，在总体规划中她在亲子昭王之上（左）位独占一席之地——三号陵园就不足为怪了。其墓形和悼太子一样，都用“中”字形，正是其地位尊崇的表现。

在没有考古发掘的情况下，我们断定三号陵园是宣太后的陵园，其中仅有的一座“中”字形墓墓主就是宣太后，根据是除有文献可征之外，还找到了有力的考古文物证据。1956年，在临潼区斜口办附近的地窑村出土过一件“私官”鼎[76]，此地正接近三号陵园。据朱德熙、裘锡圭先生研究，“私官应是皇后的食官”[77]，裘先生也指认此“私官”鼎为秦器。在鼎铭中虽无年号，但宣太后专秦之政有年可稽。她大权在握，能设立工室，生产专用的器物。封泥有“北宫工丞”印，表明由丞主办工巧之事，专为太后制器。咸阳塔儿坡出土过三十六年“私官”鼎，《陶斋》也著录有“邵宫私官”盉等。经笔者亲手清理的长陵车站沙坑铜器中，在铜车軎上还錾刻有“太后”二字。现藏美国旧金山亚洲艺术博物馆的二十九年漆卮上，也提到“太后”。所以，这些“私官”和“太后”的器物，学者们都定在秦昭襄王时代。那么，近三号陵园的地窑村“私官”鼎，必为宣太后生前食官所专用，死后也作了随葬品。

（五）寿　陵

《史记·吕不韦列传·正义》：“孝文王陵在雍州万年县东北二十五里。”唐万年县治在唐长安城宣阳坊内，故址当西安南郊李家村空军医院附近。由此东去30里，就是灞河东岸的洪庆。这里的路家湾、田王村一带，是骊山西麓的一片开阔台地，今人称之为“洪庆原”。这里有两个相近的土冢（M11、M12），从方位、距离正符合孝文王与华阳太后合葬的“寿陵园”[78]。它同“阳陵”呈“西南—东北”向，一东一西，也符合别葬杜东的夏太后所谓“东望吾子，西望吾夫”的位次。但这处被笔者确认为“寿陵”的陵园，脱离了“东陵陵区”本部，为什么要独居5000多米（东北距四号陵园）之外自成一个独立的茔域呢？推想有以下两个原因。

其一，孝文王是昭襄王和唐八子所生，初封为“安国君”，同悼太子是弟兄关系。当悼太子入葬芷阳陵园两年之后其才被立为太子。公元前250年，在他给昭襄王、唐太后服丧期满，已经是位53岁的老人了，即王位三日而卒。那么，在悼太子先入葬“东陵”的情况下就只有自己另择吉地了。

其二，同华阳太后的思乡情结有关。她是楚人，宠幸于孝文王，因为见到着“楚服”的异人，一时高兴便视作己生（“自子之”）。那么，夏姬所生的异人从此改名“子楚”，从20多位弟兄中脱颖而出，成了秦国合法的继承人——庄襄王。所以，当孝文王入葬寿陵后，曾深得厚爱的庄襄王，对思乡情切的养母华阳太后，必然会圆其魂归故里的愿望，给其规划茔地。华阳太后死在秦始皇十七年（公元前230年），作为祖孙关系，除政治上感情的因素之外，很自然地使之“会葬寿陵”。

今庆华机械厂内的大墓（M12），正处于向阳公司家属区东大墓（M11）之右，埋葬的当是秦孝文王。而向阳公司家属区东的大墓（M11），接近通往楚国的“武关道”，必定是华阳太后的陵墓。尽管王、后二陵相距千米，同样也应该属于同茔异穴的合葬。

对五号陵园的两座有封土的大墓，是秦，是汉，还需考古的进一步探查（表9-2）。

秦东陵遗址发现以来，近30年过去，田野考古时停时继，一直处于探测阶段。对四座陵园及其属主问题，先后有多位学者发表过看法，各自有理，但也未能形成共识。今就不同说法列表刊布，以求百家争鸣，促进学术发展[79]（表9-3）。

表9-3　学者对四座陵园及其属主的认识

学者	一号陵园		二号陵园		三号陵园		四号陵园		
	ZM1（亚）墓主	ZM2（亚）墓主	ZM1（中）墓主	ZM2～ZM6（甲）墓主	ZM1（中）墓主	ZM2（中）墓主	ZM1（亚）墓主	ZM130（中）墓主	ZM9、125、128（甲）墓主
程学华	昭襄王、唐太后合葬	孝文王、华阳太后合葬	悼太子		宣太后		庄襄王、帝太后合葬		
尚志儒	孝文王、华阳太后合葬的“寿陵”	庄襄王、帝太后合葬的“阳陵”	宣太后的“芷阳郦山”	王室成员	悼太子		昭襄王、唐太后合葬的“芷陵”		
张海云	昭襄王	唐太后	悼太子		宣太后		庄襄王	帝太后	
王学理	昭襄王	唐太后	悼太子	太子妃嫔	宣太后	?	庄襄王	帝太后	妃嫔
赵化成	庄襄王	帝太后	悼太子	太子妃嫔	宣太后		昭襄王	唐太后	王后
孙伟刚	昭襄王	叶阳后	悼太子	太子妃	唐太后		宣太后		

另外，张海云认为秦孝文王与华阳太后合葬的“寿陵”即西安市东郊的“韩森冢”，王学理则认为可能在西安市灞桥区田王一带，即庆华机械厂和向阳公司家属院内的两座封土堆。咸阳市文物考古研究所刘卫鹏以为秦寿陵在咸阳原上，当汉平帝康陵的王皇后陵园之内。孙伟刚说在东陵三号陵园以北隔沟相望的台地上，发现了较多的战国秦文化遗存，初步判断可能为一座新的战国秦陵园遗存。

第八节　神禾原战国秦陵园

一、墓园形制

2004年7月初，为配合基建，陕西省考古研究院在对长安区神禾原一带进行考古勘探时发现了一座大型战国时期的陵园（图9-32）。具体位置在贾里村东北的西安财经学院新校区内，其平面呈长方形，南北长550、东西宽310米，占地面积约17万平方米。陵园外设兆沟、内筑夯土陵墙。在东、南、西、北的陵墙中部各辟一门，原来建有门阙。陵园布局完整，规模宏大，现状保存较好[80]（图9-33）。

夯土隔墙将园内分为南北两区，隔墙中部也开设一门。北区南北长410米，中间偏

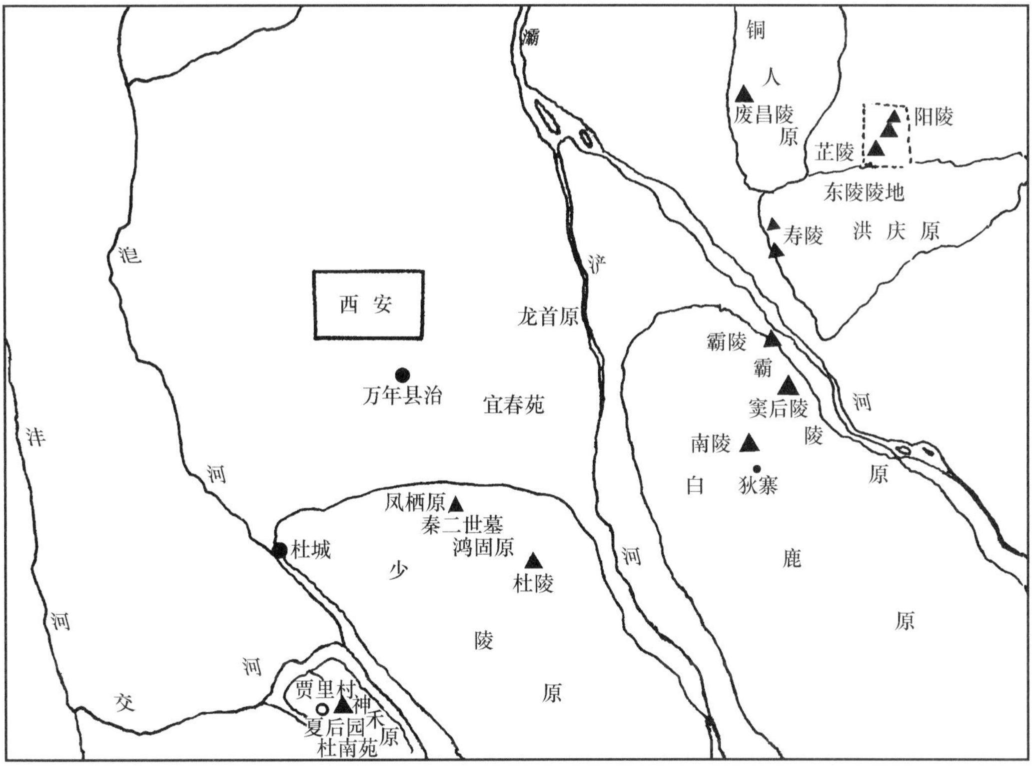

图9-32　神禾原与宜春苑位置图

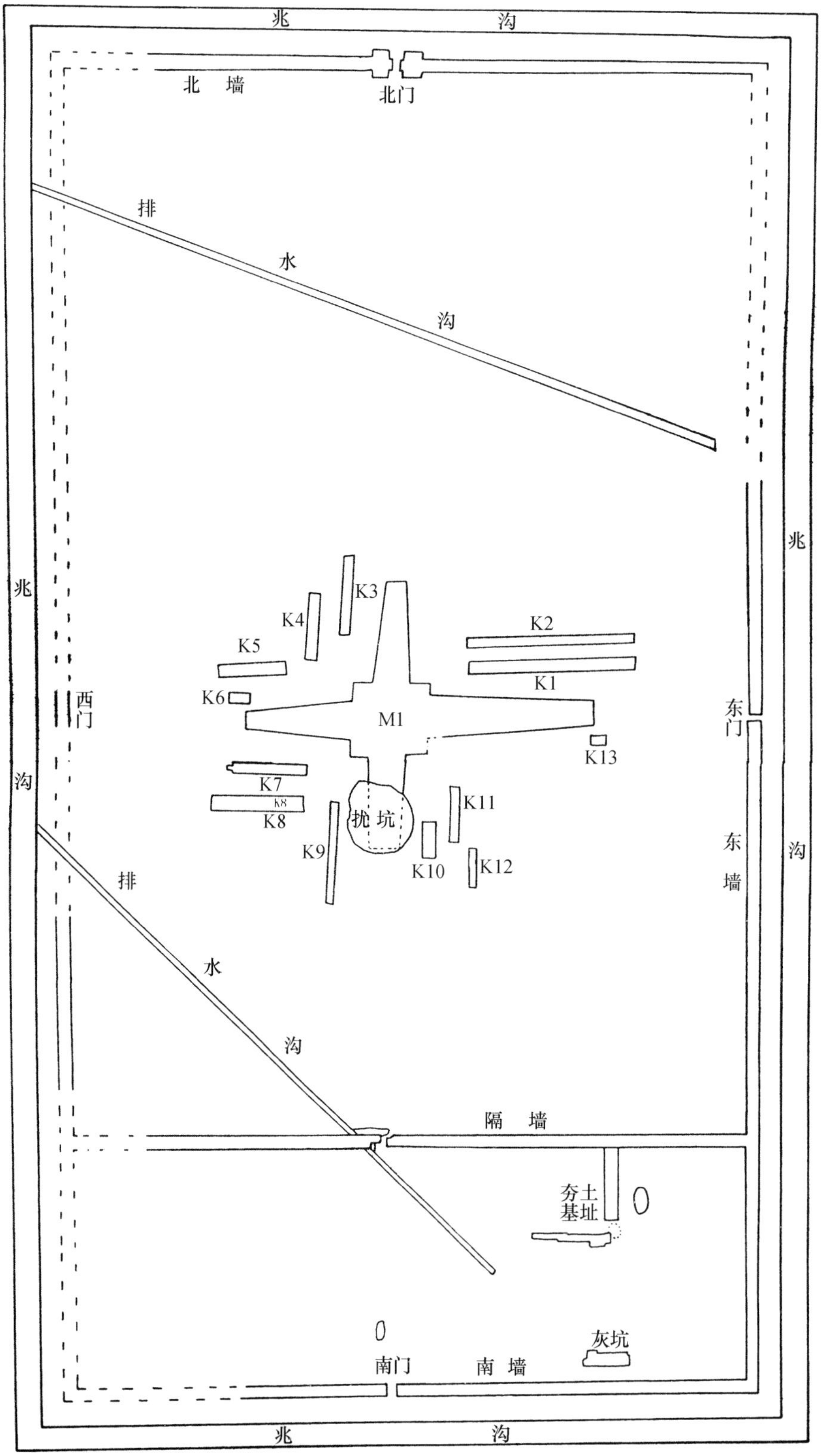

图9-33　神禾原夏太后陵园

南有一座带四条斜坡墓道的“亚”字形大墓，从葬坑分布在墓道旁；南区有大型礼制建筑和灰坑。

“亚”字形大墓位于陵园北区，东西长约135、南北宽约110米。墓室近似方形，东西长12.1、南北宽10.5、深15米。四个斜坡墓道中，东墓道最长，约67米，其他三条墓道长度在38～42米。椁室位于墓室中间，四周用枋木堆筑成椁壁。从盗焚遗迹看，似有棺椁三重（内外棺及椁）。

大墓早期曾经遭到严重的盗掘，墓室盗洞内遗留较多的随葬器物，出土有石磬、刻字茧形壶、青铜器、金银玉饰件、琉璃、珍珠、算筹、陶罐等。

礼制建筑在陵园南区。主体建筑遭破坏，夯土台基残高约60厘米。周围多有房屋倒塌后堆积的外饰粗绳纹、内素面的板瓦，外饰细绳纹、内麻点纹的筒瓦，云纹瓦当，柱础石等。从础石和夯墙分布分析，原来应有三个单元建筑。

二、从葬坑及其主要内容

13个长条形从葬坑分布在大墓四条墓道的两侧，最长的63米，短者仅有8米。宽度和深度一般在3.5～5米。

从葬坑K7东西长28米，出土了大量的“茧形壶”。多数刻有涉及宫殿、官署、纪年、地名、工匠的文字。个体特别大，长高均达到六七十厘米。除一件小型茧形壶有圈足外，多数为圜底。

陵园K1、K2、K8、K10均属车马从葬坑。其中出土“天子驾六”的车乘共有4辆：西墓道南侧的K8，东西长30、宽4.1、深4米。内有6套车马，其中两辆木车在坑东部，均有挽马骨架6具；K10长14.3、宽4.9、深4米。有两辆车均架6马，其中一车侧有大量玉瑗、玉环等玉器，似属于“天子玉路，以玉为饰”的性质。

在K12坑从葬坑中，发现了许多珍禽异兽的骨骸，共有16个个体，有豹、熊、长臂猿、羊、鹤等动物。其中一豹被圈在铁条箱中，另一只熊颈戴铁链。

三、对墓主的推断

出土物中带有文字的材料较多，如“今，宜春，厨”（陶罐，盗洞中）、“北宫乐府”（石磬）、“私官”陶文10组、“五十九年”（K8车马器）等。这些材料对判断时代有重要意义。“北宫”“私官”文字，结合独立墓园与“亚”字形大墓、“天子驾六”的车马，表明墓主身份极其高贵。刻铭“五十九年（公元前256年）”，确系东周末代天子周赧王的在位年号，也与他入秦的史实相符。同样，茧形壶、釜、折腹盆等陶器也具有战国晚期的时代特征。而墓室又被汉代早期的灰坑打破，这些都表明此墓园始建年代早不过公元前256年，建成当在西汉早期之前。

对神禾原战国秦的墓主问题，发掘者最早提出是秦夏太后。有人发表文章，肯定是秦二世皇帝。当有“五十九年”刻文出现后，又被认为是周赧王墓。王学理据《三辅黄图》“宜春下苑在京城东南隅”之说，指出当今西安市大雁塔东南曲江池偏南一带，而且有秦二世墓的存在。那么，处于杜南的神禾原既有“杜南苑”（有封泥，估计地在今香积寺一带的神禾原上），就不可能再有“宜春苑”与之并存。因此，推断《史记·秦始皇本纪》载“以黔首葬二世杜南宜春苑中”是传抄中的错简造成的，“杜南”应是“杜东”。同样，以出土文物遗存证实“夏太后独别葬杜东”（《史记·吕不韦列传》）的记载应为“杜南”之误[81]，刻“五十九年”文字的车马器属于秦的俘获之物。他为神禾原陵园是“夏后园”、墓主是夏太后的看法提供了有力的支持[82]。

第九节　秦始皇陵园

秦始皇陵，位于西安市临潼区东5千米处，西距咸阳都城约35千米之遥，南屏骊山，北临渭水，现封土仍像一座巍峨的山丘（彩版一，1）。始皇陵位置选择在芷阳陵区之东，是秦国力进一步发展，都城进一步扩大的反映（图9-34）。

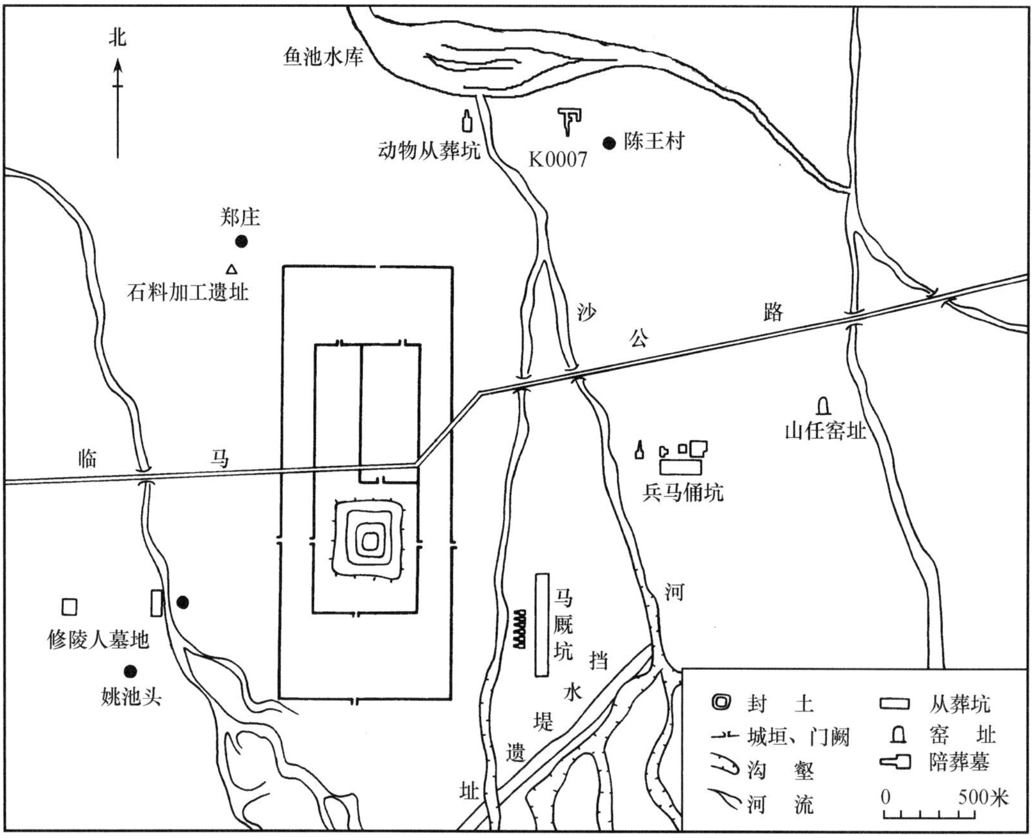

图9-34　秦始皇陵园平面图

秦始皇嬴政即位之初（公元前246年），按照传统习惯就开始为自己建造陵墓。统一六国之后，有中央各部门的参与，并动用数十万人进行大规模的修筑，直至公元前210年死葬为止，前后历时37年之久。如果把秦二世续修的时间加上，约在38年以上。其封土之高大，布局之奇异，规模之恢宏，埋葬之丰富，更是亘古未有。

秦始皇陵园的布局结构是经过精心设计而营造的，地面设施经过考古工作者长期辛勤工作，已基本揭示出来。今天我们把这座陵园直呼为“秦始皇陵”“秦始皇陵园”，但在秦代，它们都各有专称。在以往的考古工作中，秦始皇陵区曾多次出土过诸如“丽山”“丽山园”和“丽邑”等铭刻文字，其含义十分清楚。“丽山”是指秦始皇陵，也就是说秦始皇陵冢名称的本来叫“丽山”；“丽山园”指秦始皇陵园，包括陵寝和礼制建筑集中的陵区、城垣及其内外烘托陵墓的有关设施；“丽邑”则是专管陵区的陵邑，其范围较前二者为大，行政权力也在丽山园之上。

“丽山园”的范围也相当大，狭义的“丽山园”当然指的是陵城之内，而广义的则以陵城外最近的壕沟、河流、渠道为限。即以后者而言，其范围可东自代王东晏西侧的古鱼池水一带起，西至姚池头、赵背户五里沟西边的古河道，南接骊山，北临鱼池、安沟一线，纵横各7500米，占地约56平方千米。园内以“丽山”为中心外绕以双重城垣、星罗棋布的建筑物，种类繁多的从葬坑、陪葬墓群等，使得这座陵园布局严整，浑然一体。

对秦始皇陵园的考古调查并有材料公布的，最早是陕西省文物管理委员会[83]。1974年发现兵马俑之后，秦俑考古队也正式进入陵园进行考古钻探并部分发掘。有单体项目简报发表，但一直还未形成陵园考古报告。王学理的《秦始皇陵研究》的出版，作为秦始皇陵园研究的第一部学术专著，广泛地涉及修陵史、园内陵墓、地面建筑、从葬设施、历代的破坏与保护、出土文物等，从总体上构筑了秦始皇陵园研究的框架。其所探讨的问题，成为以后考古验证的科目，也为以后深入考古探测引出了线索[84]。自1998年以来，陕西省考古研究院始皇陵考古队对陵园重新重点钻探和发掘，并以“年度报告”的形式公布了考古成果，对研究陵园极有作用[85]。

一、陵园围墙与城门

在秦始皇陵、寝和一些礼制建筑之外建有围墙。墙垣作内外两重，形成一个南北长、东西窄的“回”字形陵城。墙垣早已坍塌，地面已见不到任何踪迹。考古工作者依据断崖上暴露的夯土墙为线索，经过几次探测，前后略有差异。

1999年经GPS定位测量知，外城墙西墙南北长2188.378、东墙南北长2185.914、北墙东西长971.112、南墙东西长976.186米，周长6321.59米；内城南北长1355、东西宽580米，周长3870米。两城虽然套合，但内城的位置稍为偏南偏东一些，如两城北墙间距415米，南墙间距395米，多出20米；同样，两城西墙间距187.5米，东墙间距

172.5米，多出15米。另外，在内城东北角内又另筑一个南北长670、东西宽330米，周长2050米的小城。此小城的西墙是一条宽约8.4米、墙体宽3.64米的“隔墙”，南端东折，直抵内城东墙。其北墙、东墙则利用了内城北墙、东墙的部分墙体构成。这样就使得始皇陵园分成内外套合的三重城，其中只有内城呈南北长的曲尺形。始皇陵大城占地面积212.95万平方米（约2.13平方千米，合3194.25亩）；内城占地面积78.59万平方米（合1178.85亩），占大城面积的36.89%；小城占地面积22.935万平方米（合344.0255亩），占内城面积的29.18%。陵园城垣总长11192米。其中基础部分按宽8、高2.5～3米计算，仅土方的开掘与回填量约为40万立方米（图9-35）。

陵园三城共开十门，内外城的四面各自有门，其中东、西、南三面的六门是两两相对，直通陵冢。外城的北门和南门通过陵冢南北垂直，而内城的北门因小城南北各有一门而向西偏移，使得内城南北二门未能对直。同样，小城的南北二门也不在一条直线上，而是北门偏东、南门偏西。这些门原先都有门楼建筑，现仍可在门址上见到夯土和瓦砾遗存。如外城西门址上堆积的瓦砾、红烧土及灰烬厚1～1.5米，筒瓦、板瓦及瓦当之上多有戳模压的“寺水”“左水”“宫水”等陶文（图9-36）。内城西门址上曾出土刻有“甲百”字样的石门槛，而南门台基至今还高出地面3米有余，面积可达（48.5×52）平方米。板瓦、筒瓦和脊瓦的残片，俯拾即是。明人都穆在其《骊山记》中说道：“自南登之、二邱并峙。人曰：此南门也。右门石枢，犹露土中。”这里的“二邱”就是指始皇陵内城南门的门楼遗址。经考古工作者探测，内城门址一般宽8.9米，外城门宽12.2米，附近均堆积有大量残砖碎瓦、红烧土及灰烬，可以想见当年的城楼建筑是极其巍峨宏大、气魄非凡的。据传，1972年冬，在陵园外城北门附近的毛家村南的一块青石板上发现了一柄铜钥匙，重约半斤，造型奇特，篆刻“北门钥”三字，说明陵园各门是定时启闭的。

陵园四角原有角楼建筑。

垣墙在今之地面上已荡然无存，对地基选点发掘，知外城墙三面的宽度不尽一致，也无廊房与散水遗迹。由于破坏严重，仅见少量的外饰粗绳纹内素面的板瓦、外饰绳纹内麻点和素面的筒瓦残片。夯土宽度为东墙7.3、西墙7.16、北墙7.2米，耕土下夯土保留高度依次是0.68～0.88、1.22～1.44、1.1～1.32米，夯层厚8～10厘米。

内城虽然遭受严重破坏，但部分迹象的存留依然给了我们以分析的凭借，如北垣两侧都有廊房、石散水遗迹，呈内高外低的状况。南北两侧的廊房基址各宽1.36米，有明显的踩踏面。东垣墙基在现地表下0.88～1.3米处，保留高度为1.74～1.96、宽8米；西垣墙基夯土保留高2.4～2.9、宽8.89米；北垣基保留高2.06～2.24、宽8.35、墙体宽3.65米。

2000年5月，考古队对内城南垣选点发掘，得知夯土基址总宽8.18米，残留高度在20～80厘米，墙体宽3.5米。在墙垣南北两侧的廊房及石散水基础宽4.68米，但不见柱础。出土遗物均为建筑材料，有板瓦、筒瓦、脊瓦、瓦当和大瓦当。

小城西墙的夯土基础宽8.45、墙体宽3.64米。其两侧是廊房夯土基础，宽1.44米。

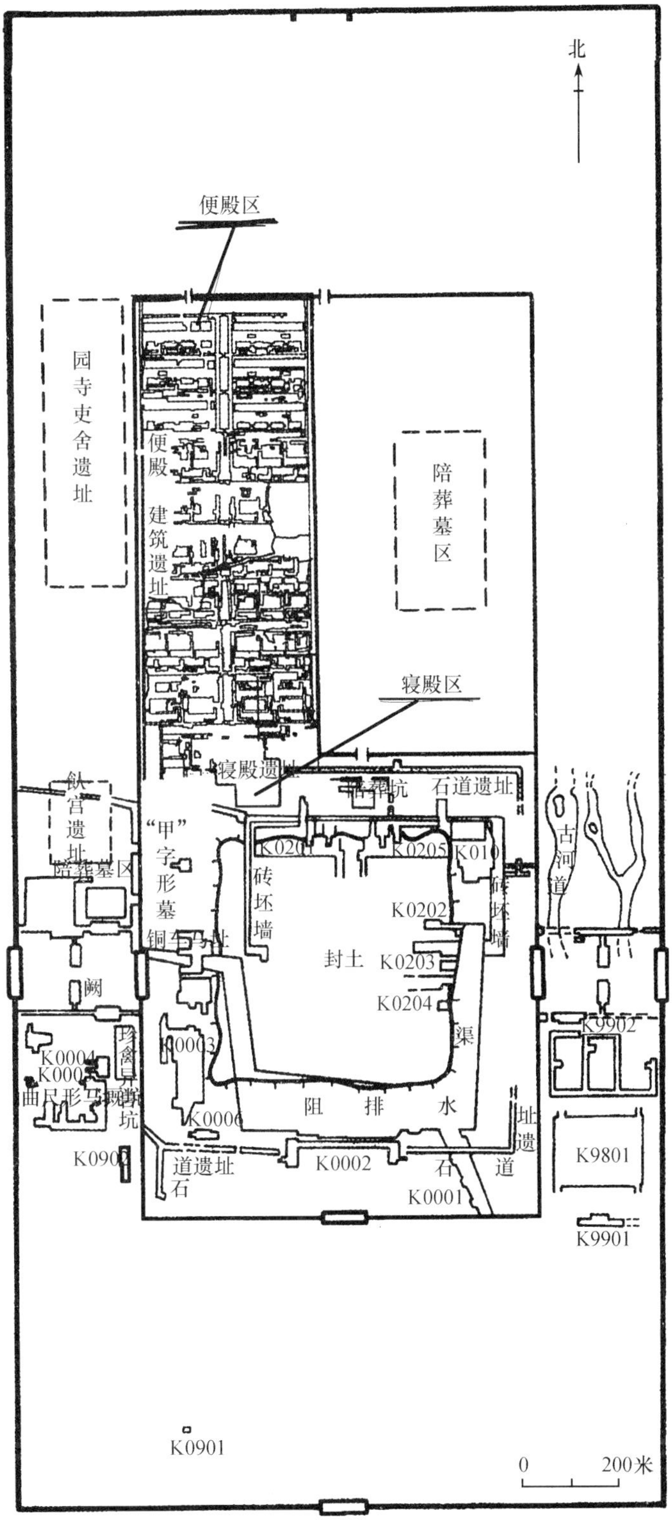

图9-35　秦始皇陵围墙与园内礼制建筑分布图

图9-36　左、右司空陶文

1. 左司　2. □左□□　3. 左颓　4. 左悁　5. 右司空系　6. 右司空婴　7. 右师　8. 右司空御

廊房外是片石散水，宽0.94米。

陵城之门址保存状极差，很难看出结构与门道，只能显示基础部分的平面形状：

外城的东、西、南三门址，均为长68～78.2、宽22.4～22.8米的夯土台基。其宽度都大于墙体的宽度。

外城北门址：位于外城中部偏西处，距外城东北角455米，距西北角412米。门址建筑的底平面呈倒“凹”字形的夯土台基，东西长93、南北宽7米，两端向南凸出一块（西端凸出的部分南北长4.4、东西宽2.6～3.2米）。中部破坏严重。

外城南门址：夯土台基平面呈长方形，长68、宽22.8米；西门址长78.2、宽22.8米，建筑遗物较少。门址两侧隔20米，各有向东凸出的夯土台基（7.2米×7.6米/6.4米×7.4米），上面有筒瓦、板瓦等。

内城西门址：夯土台基平面南北长77.4、东西宽22.8米。台基东侧有间距14.4米的两处凹槽，可能系门道。在台基上，两端各有一高台建筑遗址。南台南北长19、东西宽14.2米，存留有大量的板瓦、筒瓦、烧土和炭迹，堆积厚度有60厘米。

内城北墙西侧门址：距西北角70米。门址东西长16、南北宽6米，中部有一夯土台（东西长10、南北宽6米），东西两侧即是宽3米的南北向通道。

内城北墙东侧门址：距西北角275米，向东跨过内城的南北隔墙17.2米。门址原为一夯土台基，东西长45.6、南北残宽13米（原宽应为16.6米）。中部有南北向缺口，宽约4米，并发现有踩踏层，当为门道。

二、封　土

秦始皇陵冢位于内外重城的南半部（彩版一，1），其中心距外城北垣1380米，距南垣720米。古代文献记载始皇陵封土的，以西汉刘向（约公元前77～前6年）为最早。随后，三国时的《皇览》所记也与之相近。但此后各家所言，形同霄壤。最低的只有“坟高五丈”（《水经·渭水注》），合14.5米；最高的说是“陵高一千二百四十尺”（唐韦述《两京道里记》），合347.2米。我们在这里还是以时间最早的记载为准。

《汉书·楚元王传》载刘向的话说：“秦始皇帝葬于骊山之阿，下锢三泉，上崇三坟，其高五十余丈，周回五里有余。”根据郑玄注《礼记·檀弓（上）》所言：“土之高者曰坟”，那么始皇陵的“上崇三坟”就是往上堆起三座土堆。我们今天看到的封土堆呈四棱台体，中腰部位有几处向里收缩，形成坡状的阶梯，顶部是个长方形的小平台。这虽不能说就是陵冢的原貌，但应是“三坟”的遗留大概不会有错。“周回”一词既指始皇陵冢底部的周长。按照这一理解，将刘向“高五十余丈，周回五里有余”折合成公尺，就是坟高116米，底边周长2087.65米[86]。

但是，现存的封土堆无论高度还是坟基都远非原来的数字。

近代，人们开始用科学的办法对其进行实际测量，但由于各自的起点不同，测出的高度也不一样：

1906年日本人足立喜六“实测陵高约二十五丈有余。……陵基略呈方形，东西约一千六百尺，南北一千七百尺”[87]。折合得封土高83.25米，底边东西532、南北566.1米，周长2196.2米；

1917年法国维克多·萨加伦记述封土高150英尺（合45.72米），底边每边长1000英尺（合304.8米），周长则合1219.2米[88]；

1960年陕西省文管会在陵西277.7米处测得封土高43米，底边东西345米，南北350米，周长1390米；

1975年《文物》杂志第11期介绍始皇陵的文章说根据实际调查，测得封土高76、底边东西485、南北515米，周长2000米[89]。这几组不同数字究竟哪一组比较符合实际，确实让人难以适从。

至于后来秦俑馆的学者有的把测点放在“东门道”，有的放在“外城北门中心”……好笑的是说“表述陵高在不同位置有好多种！”本来测量“陵高”有如测量人的“身高”一样，起码的知识告诉：起自脚底。但现在这些力图与众不同的“学问家”竟把一个简单的常识硬弄成复杂的学术问题，大发议论。至于说始皇陵底盘大，四周地平不在同一高程，南高北低、东升西倾也属事实，但这也不是表达陵高有多种的理由。因为当年“覆土”时，是从低到高堆积的。那么，今日选择测点时，也只能从地表的最低处着眼。

王学理是最早用航测地图来计高的一位，他依据近年制作的1∶5000的航测地图，标明始皇陵顶部的海拔为532.468米，地平最低的西北陵基部的高度480.8米，两项相减即封土的现存高度是51.668米，底边东西345、南北350米，周长1390米。这组数字选点得当，比起选点到“外城北门中心”、“陵北地面”等多种脱离陵冢本体测得的数据来，是较为合理而准确的。但也应考虑到，现陵冢的西北基并非最初的陵基高度，它已包含了陵冢四周后期散落的堆积土的厚度（1～4米）。但如果考虑到陵冢高度降低同基部落土使地基加高的因素，两者相抵是可以忽略不计的。

不过，始皇陵封土的现存高度比起汉刘向说的“五十丈”来，还是差了64.668米！如果对照咸阳原上诸汉陵两千年间降低不大的实际，再看到始皇陵仍然保持“上崇三坟”的状态，可以断定，这么大的差数绝不是自然剥蚀与人为破坏的结果，必定是刘向的夸大或记载有误。我们从传抄走形着眼，有可能是“坟高三十丈”。误“三”成“五”，原来陵高应是69.6米[90]。

《史记·秦始皇本纪》说陵上“树草木以象山”，《汉书·贾山传》也描述它

"中成观游，上成山林"。秦始皇陵封土堆上原来种植有树木，加之有高大的陵冢，俨然成了一座山林。

三、地　宫

秦始皇封土之下便是墓室，因其恢宏富丽，犹如地下之宫殿，人们就称其为"始皇陵地宫"。据文献记载，秦始皇陵地宫的规模确实浩大。

始皇初即位，穿治郦山，及并天下，天下徒送诣七十余万人。穿三泉，下铜而致椁，宫观百官奇器珍怪，徙藏满之。令匠作机弩矢，有所穿近者，辄射之。以水银为百川、江河、大海，机相灌输。上具天文，下具地理。以人鱼膏为烛，度不灭者久之。

——《史记·秦始皇本纪》

使丞相斯将天下刑人隶七十二万人作陵，凿以章程。三十七岁，锢水泉绝之，塞以文石，致其丹漆，深极不可入。奏之曰："丞相斯昧死言：臣所将隶徒七十二万人治骊山者，已深已极，凿之不入，烧之不燃，叩之空空，如下天状。"制曰："凿之不入，烧之不燃，其旁行三百丈乃止。"

——《汉旧仪》

圹穴之内的墓室本是陵墓的核心部分，但长期来考古工作受到各种条件的制约，并未触及，只好做一些外围工作。而这又仅仅局限在浅层对"宫墙"作些局部勘探。

根据原秦俑考古队探测提供的资料分析，始皇陵地宫的主体部分应是一座口大底小的竖穴方坑。地宫四周有一周宫城墙。宫城墙的做法是以细绳纹砖坯砌筑一周宫墙于土墙的四周。这样做的作用可能一是为了加固土圹周壁，防止基坑因受雨水冲刷，冻消崩毁而塌陷；二是为了控制出入墓坑的人员。宫城呈长方形，南北长460、东西宽390、墙宽3.54、墙顶上距地表2.7～4米。绳纹砖坯的筑砌方法：在预先挖出的口大底小的沟槽内，由下而上依次叠砌砖坯，现存3～4米。北宫墙有两处缺口，一处位于宫城西北隅东75米处，宽8米，是由地面通往地宫的斜坡道。其上原有棚木盖顶。另一处位于第一缺口东95米处，宽18米，与封土北侧的从葬坑相通。

除始皇陵封土南侧未能探明外，其余三面均开设墓道。所以地宫之外有四出墓道，平面呈"亚"字形。

东侧探出墓道五条，中间一条长达60、大端宽20、小端宽13米，中道两侧各有两条较短的通道。

西侧探出一处平面呈"巾"字形坑。"巾"字上部分被压在陵墓封土西沿之下，实为排水渠道。坑南侧的斜坡道经过曲折进入坑中间的斜坡道。埋藏铜质、木质车马的诸坑在"巾"字的下端，由南而北地排列。

北侧墓道位于封土北沿之外，经探查有两排通往地宫的道口，其总出口是宫墙北墙两端的缺口。两排道口平行排列于斜坡道口。第一排东西一字排列，共有14个道口，口宽4～5米，道口之间以凸形夯土墙相隔，内以砖坯封堵。上距地表3～4米。第二排道口位于第一排道口之南10米许，共20个，隔离道口的夯土墙呈“凸”字形，由西而东的第十、第十一号道口之间，有一段生土，疑为阙门。这两排道口很可能就是古书中所说的“隧”。

但是，陕西省考古研究所会同有关单位，于2002年按照秦始皇陵文物调查列入国家“863计划”（即“国家高技术研究发展计划”）而开展考古遥感探测和考古地球物理探测。通过8大类22种物探方法，对秦始皇陵进行探测[91]。再用探铲验证，结果与前大相径庭。在这里，我们结合可采的资料，总结有以下几项。

地宫开口与上部夯土宫墙：墓圹开挖属于“方中”的范围，位于墓室周围，隐蔽在封土堆下。地宫开挖范围（墓口）呈东西长170、南北宽145米的长方形。向内收缩一段，宫墙墙体为精细夯土，夯层厚6～8厘米，墙的长度是东西168、南北141米。宫墙四周的外侧随增高而渐次收缩成台阶，计有九级。墙高30米，仅距封土表面1米左右，整体隐蔽在封土堆之下。夯墙顶部内侧东西长124米、南北宽107米。在外侧台阶上，发现有筒瓦、板瓦及柱洞，但未见红烧土与木炭遗迹。

墓室：在地宫夯土宫墙之内，再向内收缩一段，向下开挖墓室，深约30米。被称之为“明中”（也称“玄宫”）的这个椁室，实是“方中”的主体部分，周边建有一道石质宫墙，东西长约145、南北125、高约14、厚约8米。底部东西长80、南北宽50、高约15米（即墓室的内容高度）。

墓道：夯土宫墙东西有缺口，分别是57米和52米，知其为墓道。但不见南北墓道。探测者认为陵墓北侧的大型组合式“御府坑”，可能有缺口通向墓室，南墓道有可能“在失去其最初的作用后被回填夯实”。

排水系统：分布在封土东、南、西三面的地下，全长778米。陵南一段排水渠长354米，上口宽84米，底宽9.4米。渠中心处深39.4米，以下深10～17米为限，上层是21米厚的填土夯筑，下层是17米厚的青膏泥夯填。

四、陵区地面建筑

（一）陵园内的礼制建筑

1. 寝殿

先秦祭祀还无墓祭之俗，那时是在都邑的宗庙里进行。宗庙的格局与宫殿“前朝后寝”一样（实际上在西周以前宗庙与宫殿并无严格区别），前设“庙”，安置祖先的牌位，接受四时祭祀；后设“寝”，陈列祖先的衣服、帽子、几案、手杖等用具，并随时供奉新鲜果品等食物。

秦始皇造陵，开始把“寝”从宗庙里析出，建造在陵墓之侧，专设祭祀，这就是所谓的“陵寝”。这一做法与以前大不相同。

《后汉书·祭祀志》在总结这一变化过程时就说得很明白：“古不墓祭。汉诸侯皆有园寝承秦所为也。说者以为古宗庙前制庙，后制寝，以象人居前有朝，后有寝也……庙以藏主，以四时祭。寝有衣冠、几杖、象生之具，以荐新物。秦始出寝，起于墓侧，汉因而弗改，故陵上称寝殿，起居衣服象生人之具，古寝之意也。”始皇陵的这一变革开创了我国陵寝制度的新格局，自然也为后世所尊崇。

秦始皇陵的寝殿遗址，在陵北53米偏西的地方（图9-35）。现存略呈方形的台基南北长65、东西宽55米，占地3575平方米。台基西北部遭到破坏，分上下两级，级差1.2米。下级台阶外侧环以回廊，宽3～5米。门在东南角的东墙上，外有散水。廊前门厅南北长15、宽1米；上级台基是个高起呈长方形的台面，中部有两道相连又平行的隔墙，把南半部隔成两个大小相套的曲尺形空间：外间东西长49米，南北长约50米，均宽10米。室内地面光滑平整，呈褐红色。建筑基址上部，在大量堆积物中有砖块、筒瓦、板瓦及壁面碎块杂有木烬，显系寝殿毁于火焚后塌落，经复原，是作单檐四阿顶的方形建筑。这正是殷周以来墓上建筑的形式，也是这座建筑属性的最好说明。

2. 便殿

便殿是相对于“寝”而言的。《三辅黄图》说汉高祖陵园（即“高园”）“既有正寝，以象平生正殿路寝也；又立便殿于寝，以象休息闲晏之处也”。《汉书·韦玄成传》：“自高祖下至宣帝、悼皇考，各自居陵旁立庙……又园中各有寝、便殿，日祭于寝，月祭于庙，时祭于便殿。寝日四上食，庙岁二十五祠，又月一游衣冠。”师古注：“凡言便殿、便室者，皆非正大之处也。寝者，陵上正殿，若平生路寝矣。便殿者，寝侧之别殿耳。”这虽然说的是汉代的寝殿建制，但“汉承秦制”，始皇陵园既有寝殿建筑，寝侧立有便殿当无疑义。古人“视死如生”，在已故君主陵内建正寝和便殿，为的是仿照他生前的路寝和别殿。这样。“正寝”就成了墓主灵魂起居饮食之所，“便殿”则是供其游乐休息之处。

始皇陵内城的西北隅，在长520、宽220米的区域内有一片面积颇大的建筑基址，内布满了一排排东西排列的建筑物，这就是陵寝的便殿遗址（图9-35）。按坐落位置，大体可分为三大区。

第1区——1995年3月，陕西省考古研究院在寝殿遗址北侧10米处，南距陵冢130米，发现了一组六座建筑，东西一字排开，因被公路所压，未作全面清理。西与西内城垣相连，东西长240米，南北宽20米，总面积约4800平方米。其中的四号建筑当是坐南面北的廊院式四合院建筑。四号建筑东西长28、南北宽14米，四周设有廊房，北边辟有一门。廊房内发现带有榫卯的青石壁柱，东廊房基础下还发现南北向排列的五角形水管道。廊房内地面的处理显示出当初建筑的豪华程度，首先是在夯土地面上施一层薄薄的草拌泥，其上再抹一层细泥，细泥层烘干后其上再涂刷一层类似于地板漆的深红色涂料；五号建筑东西长约50、南北宽近20米，遗址的南边和东边各有一道片石散水，出土物除建材外，还有几块彩绘陶俑残片及10余枚铁铤铜镞；六号建筑面积最大，东西残长近80、南北宽10米许，南北两侧均有河卵石铺就的散水，散水外又有沙石铺砌的凹形排水沟，在基址北侧还有一排4个55厘米见方的柱础，柱与柱间距仅1.15米。

第2区——1976年，考古工作者曾在第1区之北2米处，当陵北150米，发掘了一组建筑基址（编号一至四号）。这组建筑内有四个各自独立的单元，彼此以承重墙相隔，墙的厚度不一，在1.5～6.55米，用土夯筑。三号、四号建筑已遭严重破坏。

在四单元建筑中，二号基址的轮廓、格局较完整清晰。基址平面呈南北向的长方形，长19、宽3.4米，面积64.6平方米。门开在西侧，与南北长的主体建筑呈“T”式相接，门内往北，登四级石阶，进入室内。门内南侧竖以曲尺形“石屏”，将室内分隔成南北两部分。南部在距墙壁50厘米左右的地面上铺以环形片石路面，路宽0.5米。北部则在地面中线铺一条南北向的片石通道，直通室外的渗井，路宽亦为0.5米，全长25米。

堆积物中多见有瓦当、陶屋脊。内有一种夔纹瓦当，当面虽只有多半个圆，但直径已有61厘米。这是一种超乎寻常的特大瓦当，显然不是施于椽前，而是用来遮挡檩头的，由此可见，这组建筑也是相当宏伟高大的。

第3区——2010年，陕西省考古研究院在内城之内的西北部勘探，发现小城西墙和内城西墙之间，南北610、东西宽250米，面积约15万平方米，其间布满了建筑，其南北界限与小城等长。在这一范围之内，中部是一南北向的“甬道”，两侧对称地有9排计18座院落建筑。9排之间，在甬道中以门垣相隔。从南端的门进去，就同陵北原先发现的便殿建筑（第1、2区）连成一片，因而这一群体建筑从北到南就形成11进（排）的格局。

以上建筑群落，都属于始皇陵园的便殿遗存。形式多样、占地范围广，正是“休息闲晏之处”、日常事务多于寝殿的反映。有学者把这些称作“陵寝建筑”，使“陵”“寝”“便”混在一起，似欠妥。

（二）丽山食官

《汉书·百官公卿表》说：“奉常，秦官，掌宗庙礼仪，有丞。”其属官甚多，同陵墓有关的就有均官、诸庙、寝园食官令长丞等。“食官”是指掌管宫廷饮食的官，也就是“饲官”。“饲”字在秦汉器物铭刻中多写成“飤”。“丽山食官”就是掌管始皇陵园膳食之事的官员。《汉书·百官公卿表》：“诸庙陵园食官令长丞。”《后汉书·百官志》：“先帝陵，每陵食官令各一人，六百石。”本注曰：“掌望晦时节祭祀。”秦汉时期陵园的祭祀相当繁复，要“日祭于寝，月祭于庙，时祭于便殿”，每月一游死者的衣冠。食官每日要四次进奉饮食给墓主的灵魂享用，逢到望晦日的祭祀自然也相当丰盛。而皇帝上陵更是由“太官上食”（《后汉书·礼仪志》），须格外隆重豪华。这些需用都由陵园食官负责。此外，陵园管理人员的饮食亦由食官提供。可见，“丽山食官”是一个相当重要的部门。

在秦始皇帝陵园西侧的内外城北段，发现了几处夯土建筑遗址，分布的范围较大，从现今的临马公路南侧向北到晏寨村，地下均是建筑基址，形成一庞大的建筑群。由于历年的土地平整、村庄建设，整个遗址的全貌已面目不清。

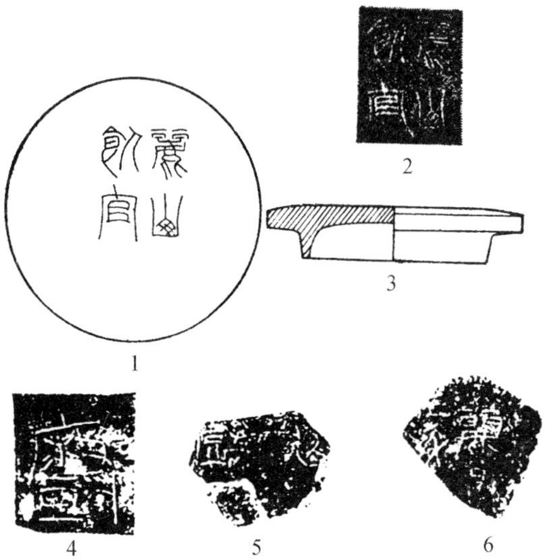

图9-37　“丽山食官”陶文

1.“丽山飤官右”（器盖铭文摹本）　2.“丽山飤官”　3. 陶器盖　4.“厨”　5.“丽山厨”　6.“丽邑五斗”（陶器）

1979年，临马公路以北至晏寨村南，在基建中曾发现房屋基址两座，一座紧靠内城西墙，坐东面西，长约20、宽约5米，外周有鹅卵石铺砌的散水；另一座为北房，长约20、宽约4米。东房和北房之间发现五角形的下水道一排。

1981年和1995年，考古工作者曾分别清理发掘了建筑群南端的部分遗址，出土了一批饮食器，其上刻有“丽山食官”“丽山五斗崔”“丽山食官左”“丽山食官右”“丽邑二升中，八厨”等陶文，据此判断，建筑群中应有食官遗址（图9-37）。

陵西北126.4米处的大型地面建筑遗址，位于陵西侧的内外城之间，南接西门址的大道，东距内城西墙8米，西距外城西墙10米。东西横长169.5、南北纵深200米左右，面积3.39万平方米以上。该建筑遗址西距外城西墙10米，东为内城西墙。原来有三排屋脊形陶水管道压在内城西墙根下，西通遗址，二者间距8米。遗址内曾出土过大批云纹瓦当、马蹄形铜鼎足、铜朱雀灯足、三棱铜镞、“丽山飤官右”黄褐釉瓷壶盖。在遗址北部断崖上还采集到铜扁钟一枚，钮上篆刻“乐府”二字。农民取土时，除见有大量建筑文物外，还出土过秦始皇、秦二世的两诏铜斤权、铜马蹄、漆器的鎏金铜扣等。1981年11月到1982年5月，考古工作者对建筑的南部东段进行了抢救性清理。清理范围东西77.5、南北29米，包括六座大型单元建筑。这些单元建筑由东往西横向排开；编号依次为Ⅰ～Ⅶ，其中Ⅲ、Ⅴ两单元东西长，其余四单元则南北长，连接诸单元就成为两个相连的“山”字形平面布局（图9-38）。Ⅴ号建筑东西、南北的跨度都比其他建筑大，可能是主体建筑。Ⅰ号建筑保存最为完整，坐东面西，背与内城西墙靠近，南北长25、东西进深8米，面阔五间，前有廊，廊前有碎瓦块铺设的散水，室内地面夯实，平整坚硬。建筑南北狭长，可能是整个“丽山食官”的东厢。南侧的Ⅴ号建筑夯土台基东西长37、南北宽4米。夯土台上有一深0.4、东西长28、南北宽4米，总面积138.5米的东西向凹槽，槽内铺有自然石块，其上有三道木梁，梁上铺木板，西端有

图9-38　“丽山食官”（东段）建筑群复原鸟瞰图
（王学理图）

渗水井一眼。西侧室内南北长3.6、东西宽3.1米，北边有1米宽的门道，门两旁有方形石础。北侧房屋结构不清。院落中间为天井，天井的东北角有水井一眼[92]。

遗存内除存留大量板瓦、筒瓦、瓦当、管道、井圈、方砖、条砖、石柱础、陶罐、盆、案、壶、五角形下水管道外，还有铜、铁、瓷等各类器物。其中的错金银“乐府”铜编钟尤为珍贵，还有秦始皇二十六年和二世元年“两诏”斤权、刻“丽山飤官”“丽山飤官右”“丽山飤官左”“丽邑五升”“丽邑九升”“丽邑二斗半，八橱”“六橱”“丽山橱”的文字。由这些文字判断，丽山寝园不但食官分“左”“右”，而且供厨也是有编号的。

1995年在拓展临马公路时发掘了一座坐北面南，东西长31、南北宽4米的建筑遗址。遗址北墙夯土残高40厘米，由南北向夯土隔墙的数量分析，该遗址面阔五间，进深近4米。

（三）园寺吏舍

“丽山园”应有一套完整的管理机构。“奉常”的属官中同陵墓有关的就有均官、诸庙、寝园食官令长丞等。这些人的衙署及办事机构、馆舍，也应当设在寝园之内。

秦始皇陵园内外城西门之间的“食官”遗址之北，另有两处大型建筑遗存，这两处基址的北部接近内城西北角。一处位于陕西缝纫机厂以北至晏寨村南，一处压在晏寨村之下。经探查，前者南北长约200、东西宽180米，散见大量板瓦、筒瓦、云纹瓦当残块、红烧土、河光石等。1979年建厂时曾发现两座房屋基址。后者情况不明，仅发现有夯土、瓦砾、河光石铺砌的散水。这两处基址当属陵园管理官员，侍奉陵寝的宫女及守护、勤杂人员居住的园寺吏舍建筑。

（四）陵园北内外城之间的建筑

2012～2013年，秦始皇帝陵博物院对陵园北内外之间的两半部作了重点勘探。发现大规模的建筑群遗址平面呈曲尺形，南边东西长400米，北边东西长50～100米，西端南北宽100米，东端南北宽280米，总面积约6.8万平方米。东接北内外城之间的门阙，西距外城西墙13米，南距内城北墙12米，北距外城北墙128米。

此建筑群自南向北，可分为三排建筑，每排中又可分为1～5组院落。遗址中有踩踏面、排水、铺石遗存、碎石道路等（图9-39）。

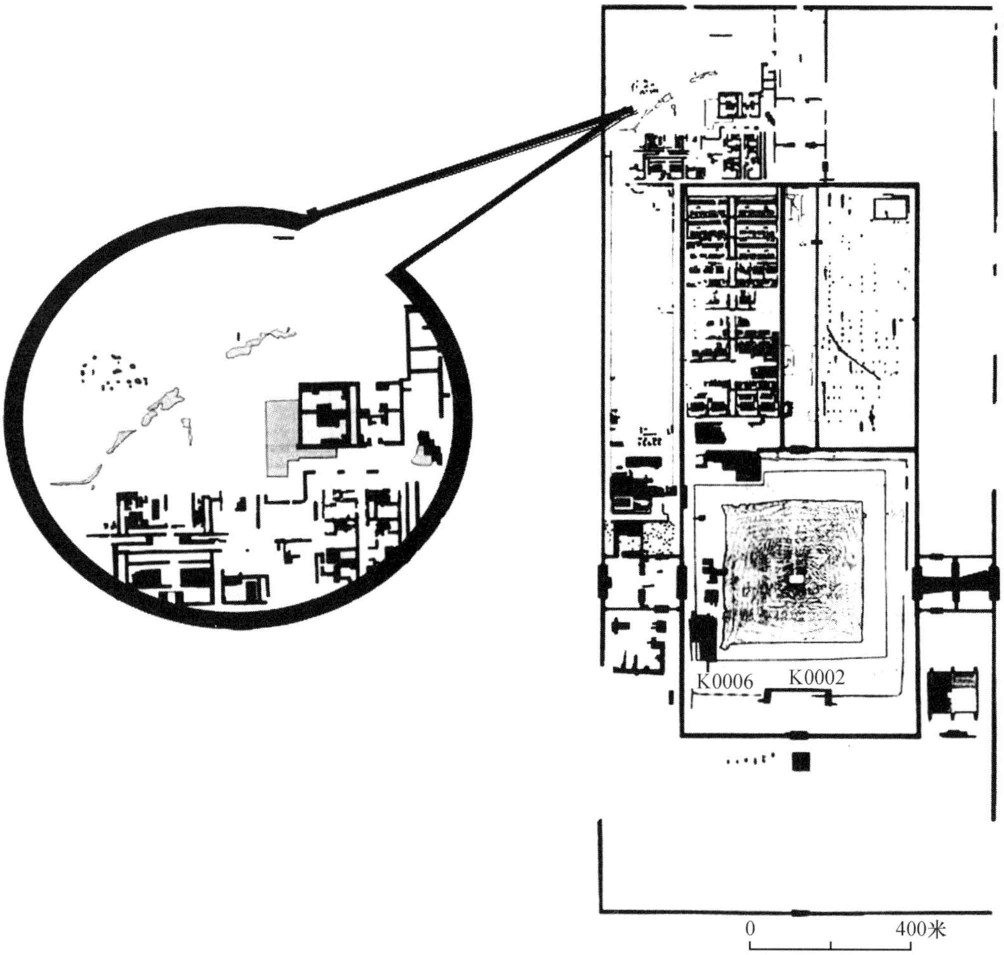

图9-39　北内外城间建筑遗址

（五）北垣墙外侧的几处建筑

1. 庐舍遗址

在陵园外城之外，截至目前发现有三处建筑遗址。其中城西两处，一在临马路之南170米处，一在路北；城北一处接近角楼。三处建筑遗址均同外城保持40米的距离，残存有地面、红烧土、大量灰烬，也收集到铜矛与钺等兵器。据知，陵园设“园令”之外，下属还有统兵警卫的丞与校尉。担任昼夜巡逻的卫兵一般都驻扎在城墙外的“庐舍”之内。可见始皇陵园外之处建筑遗址当是守陵官员的宿办处。诚如此，在陵园四周必有多处同类的建筑遗址。

在秦始皇陵北垣墙之外的鱼池村、安沟一带还有两处大型的地面建筑遗址。

2. 鱼池官邸遗址

鱼池村建筑遗址位于鱼池村、吴东、吴西，南距始皇陵北城1300米[93]。遗址东西长约2000、南北宽约500米，总面积约百万平方米。在遗址东北部有城垣遗存，东西长400、南北宽200、残高2～4米。城垣范围之内有多处房屋建筑基址，发现有下水陶管道、水井、灰坑及大量的筒瓦、板瓦、瓦当、花纹方砖。出土有铜刀、戈、矛、盂、“半两”钱，还有铁斧、铧、锄、铲、铺等。陶文中多见“宫甲”“宫水”“左司空尚”“右司空逹”“北司”等，说明这些建筑材料是秦中央制陶作坊的产品。而从另一些陶文看，附近县邑的制陶工匠也参加了烧制砖瓦的工作，如栎阳（今临潼东北70里的武家屯一带）、杜阳（今西安市西南山门口乡的杜城）、频阳（今富平县东北50里的美原镇古城屯）、蓝田（今蓝田县）、美阳（今扶风县东北法门镇）、好畤（今乾县东12里的好畤村）、临晋（今大荔县东28里）、新城（今河南省伊川县北，原属韩国）、宜阳（今河南宜阳县，原属韩国）等县地都派有工匠。

3. 安沟遗址

安沟遗址在1958年修安沟水库时，出土丽山铜锺一件，高44厘米，重19.25千克。铜锺腹部錾刻铭文2行“丽山园容十二斗三升，重二钧十三斤八两”。经测量，容水2457毫升，当是秦始皇陵园使用的铜器。这一带多有秦代瓦片，但该遗址还未经考古证实。

五、从　葬　坑

古代墓葬制度中，随葬之物以死者为中心在布置上分成“正藏”和“外藏”两大系统。“正藏”是指安放墓主人木棺（“梓宫”）的“主椁”以内，而正藏之外就是“外藏”，既以“椁”为界，二者就有着“内”和“外”的区别，自然也就形成了“表”同“里”的关系。所谓“外藏”，实际是个大空间，其所容纳之物统称之为“外藏椁”。《汉书·霍光传》中有昭帝赐霍光“枞木外藏椁十五具”的记载。在此点明其位置和内容的是服虔，他说“外藏椁”是“在正藏外，婢妾之藏也。或曰厨、厩之属也”。“外藏”的单位按“具”算，空间大、内容多，从其包含的随葬物对死者的作用上看，由近到远也无形中形成了三个层次，即地宫内的外椁室（或外回廊）、陵城内近墓处和陵城之外。但秦始皇陵园有内外两重城垣，其外藏椁从墓内（尽管不明）到墓外就形成四个层次，即：墓内——→内城之内——→内外城之间——→外城之外。显然这是外葬椁布置上最高的等级了。那么，这些统属于“外藏系统”的随葬物虽然以“具”为单位，却往往以“库”或“坑”的形式表现出来，因而在考古学上命名时就应以“随葬”“府藏”和“从葬”称呼最为妥当[94]。

秦始皇陵园的地下从葬设施，规模宏大、形式多样、内容丰富、数量可观，在中国陵墓中是空前绝后的。截至目前，在秦始皇陵园发现各类从葬坑195座[95]。今以陵墓为中心，按区域逐次向外列举如下。

陵墓四周的“御府坑”17座，其中除陵北7座外，陵东3座、陵西4座、陵南3座。

内外城之间的从葬坑有62座，其中在西侧有马厩坑2座、珍禽异兽与跽坐俑坑31座、葬仪坑16座。东侧有甲库坑（K9801）、百戏俑坑（K9901）、动物坑（K9902）各1座，另有小坑10个。

外城之外从葬坑104座，其中在陵东侧有上焦村马厩坑98座、动物坑1座、兵马俑坑4座、水禽坑（K0007）1座。

（一）近陵的“御府”诸坑

近陵的“御府”诸坑如图9-40所示。

1. 地宫东侧三坑

地宫东侧共钻探出三个东西向的长条形从葬坑，分布在东墓道两侧，分别编号为K0202、K0203和K0204。斜坡道在东，藏物的主室在西。

2. 地宫西侧四坑

（1）从葬坑K0003：位于封土西南，东距现陵冢7、西距内城60、南距南城137米。基本呈南北向的长方形，南北最长157、东西最宽64米。斜坡门4条，分别在坑南北两端，北3南1。坑内分区，由多条南北向夯土隔墙形成隔间。探出大量红色细泥陶片及动物骨骼。

（2）一号坑：位于始皇陵冢西南，为坐南面北的双门地道下式土木结构建筑，不含门道，南北长88、东西宽63、深7.1～8米，面积5600平方米。门道长分别为21米和17米。此坑共分四区，一区为东西长43.8、南北宽6米的前廊，北侧与双门道相通。自

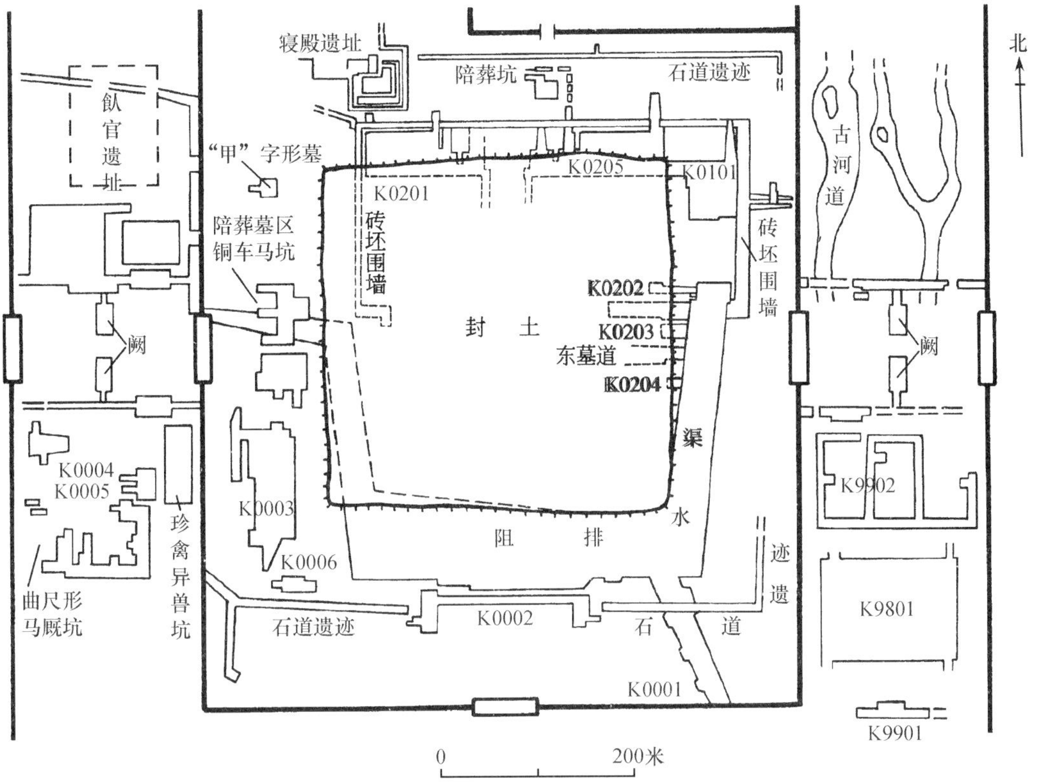

图9-40 秦始皇陵周围遗迹分布图

西向东的二、三、四区位于前廊之后，坑内由两道南北向宽3米的隔墙将其分为三个空间。二区东西宽4.5、南北长79.2米。三区东西宽9、南北长79.2米。四区位于东端，东西宽36.3、南北长72.8米，北壁为一宽2米的隔墙与一区间隔，隔墙中间为一宽2.5米的通道与一区相通。在四区中曾钻探出动物骨骼及陶器残片。

（3）二号坑：在一号坑之北，为坐北面南的单门道土木结构建筑，包括门道南北长59、东西宽42、深8米，面积2500平方米。斜坡门道开于南壁之上，宽3～8、长19.8米。前廊为南北向，南端与门道连接，东西宽9、南北长32米。前廊之西，有一东西向宽4米的夯土隔墙将坑体分为南北二区。南区东西长28.2、南北宽10，北区东西长25.3、宽8.6米。门道以西又有一深3.8、南北长5.8、东西宽4.6米的南出竖穴土坑。

（4）三号坑（彩绘铜车马坑）：坑在陵冢西侧中部，二者间距22米，正西对着内外城门。坑西端西距内城西门38米。坑东西和南北均为55米，距地表深8米左右。平面布局分为五个区间：

Ⅰ区是入坑的斜坡门道，位于坑南侧偏西处，呈一东西长11、南北宽5.2米的长方形。东端深5.6米，西端是门道口。

Ⅱ区西端同Ⅰ区相接，呈南北长19.2、东西宽18.6米的长方形区域。坑内由东西向的隔墙筑城5条过洞，由北而南编为1～5号，在1号过洞曾出土两乘彩绘铜车马，探出2号过洞有木车马、3号过洞有铜车马、4号过洞为木车马（已发掘）、5号过洞发现马骨。

Ⅲ区位于二区之北，系排水渠，东西长22.3、南北宽15、深23.4米。

Ⅳ区位于Ⅰ区的西北侧，平面略呈“凹”字形，由南北两个并排的多过洞藏室组成。北藏室东西长24.4、南北宽13.6米，内由南北向隔墙构成6条过洞，其中东5条过洞南端有廊贯通。南藏室同样有6条过洞东西并列，但彼此不贯通。的耳室的东端与甬道相连。

Ⅴ区位于Ⅳ区南藏室之东，仅隔一粗夯土区，南北长12.8、东西宽7.8米，有一东西向隔墙，从而构成南北两个空间。

1978年6月，原秦俑考古队曾对Ⅱ区进行过试掘。据称：共开五个探方，面积为136.4平方米。内有南北相邻并列的5个耳室（即“过洞”），自北向南第3个耳室东西长8.8米，东西两端分别有宽3.1～3.2米的夯土二层台，耳室宽2.2米。耳室内放置一大型木椁，四壁用板材横置叠砌而成，椁底与椁盖由南北向板材制成。椁内有前后排列的髹漆彩绘木车马两乘，方向朝西。但工作粗疏，并未弄清整体布局与细部结构，仅拣回一些金属车马零件。

1980年冬，秦俑考古队试掘了Ⅱ区的第一过洞，其形状为东西向的长方形竖穴土圹，坑的东西北三面筑有夯土二层台，坑体上大下小，收分较大，坑底东西长7、南北宽2.1米，在一大型木椁内出土了两乘面西的、前后排列的彩绘铜车马（彩版四、五，5、六，3）。一号铜车马通长2.25、高1.52米，总重量为1061千克；二号铜车马通长3.17、高1.06米，总重量为1241千克。铜车马的大小相当于真车马的1/2，车马的主要零件利用锡青铜制作，一些零部件用金银制作。它们造型准确，形象逼真，结构复杂，整个车马由为数众多的零部件组装而成，采用了铸接、焊接、铆接、套接、镶嵌、子母扣等多种工艺方法。

这组铜车马豪华、精致，反映了秦宫廷用车的一斑，被认为属于卤簿中的“五时副车”。前车称“驷马立车”（或“高车”，汉名“轺车”），后车称“驷马安车”。如两车编组出行，前为导，后为主[96]。

3. 地宫北侧的组合从葬坑

据探测资料：地宫北侧的地下，有一道曲尺形土坯围墙，墙内有4座从葬坑。

土坯围墙位于封土之下的北半部，呈东西向的长方形。北墙和东墙露出现封土之外，西墙进入封土之内。南墙东端露在封土之外，然后拐入封土之内，是否合拢，不得而知。从外露的北墙和东墙测知，矩形土坯北围墙距陵冢40米，在秦代地面之下3米处，顶宽4.5、高2.4～4、东西长391米；东墙南北长202、宽5、高2.8～4米。

在矩形土坯围墙之内，有4座仰立的从葬坑，编号分别为K0101、K0201、K0202和K0205。

（1）从葬坑K0101：位于封土之外的东北角，坑体呈南北向长方形，长59.8、宽49米，斜坡道在东北角。内设两条并列的南北向主过洞，分别有4条小过洞通向8个“凸”字形土坯台。遗物极少，仅见铜锈痕迹与不明种属的骨骼。

（2）从葬坑K0201：位于封土西北角，平面形状与内部结构基本和K0101相同。东西长75.5、南北宽48.7米。内有两排计14个小土洞连接着“凸”字形土坯台。未发现遗物。

（3）从葬坑K0205：位于封土东北部，当K0101和K0201之间，贴近土坯北墙。东西长85、南北宽46.7米。平面形状与内部结构基本和K0101相同，内有两排计16个小过洞，连接16个“凸”字形土坯台。仅在斜坡道内发现木炭与红烧土块。

（4）从葬坑K0202：在陵墓东侧，在土坯南墙内侧。在主室发现骨块。

陵北侧从葬坑，在过去钻探中，曾探出铜车马的构件，如伞弓、策缀、鞍具等残节段。

4. 陵南三坑

（1）从葬坑K0001：位于陵冢东南方，当挡水渠南侧。坑的东边距内城东垣110米，南边距内城南垣110米，南北长31.2、东西宽12.8、深7.4米，面积为401.36平方米。为坐西面东的长方形土木结构的地下建筑，斜坡道位于坑的东边靠南处，长8、宽4米。坑内四壁有宽0.4、高3.4米的夯土二层台。坑的东端为一宽4.2、长28米的长廊，其余部分由5条东西向隔梁分割成6个过洞，隔梁宽1.4～1.5、长8～9、高3.4米。过洞长8、宽3.8米。过洞内堆积着厚3.4米的红烧土块，过洞底部有骨骼残块。

（2）从葬坑K0002：位于一号坑正西150米处，北距现陵冢95米，南距内城南门100米，处于挡水渠之外。平面呈向向南的“凹”字形，东西长194米，两端各是一个主室，斜坡门道开在外侧。东西两主室对称又相同，有东西的隔墙5条，通道留内侧。两主室的北端，有一长134.6、宽5.6～7米的通道相连。在东主室探出动物骨骼与石质器片，西主室也有动物骨骼。

（3）从葬坑K0006（天子车府坑）：位于始皇陵西南角50米处，南距内城120米。平面呈长方形，长47、宽2.7～11.8米。斜坡门道在西端，坑体分前、后两室，室南侧又突出一个厢房。坑底铺设木板，未经火焚。前室有木车4乘，厢房东壁下有穿袍戴长冠的立姿陶俑12件（除御手俑4尊外，其余8尊作袖手姿势并在腰部悬挂削和砺石）、陶瓮1件、铜钺4柄。后室出土马骨骼24具。在车迹处发现有小铜环，在一小件器物上阴刻“子十三”等篆字。

从坑内有木车4乘、御手俑4尊、马骨24具看，正好是每车驾六马，符合“天子驾六”之制。而代表权力象征的铜钺，正好是每车配备一柄。很明显，此车马坑是供皇帝出行，根据不同情况或季节换乘。那么，多乘御车集中一坑，当是御用“车府”的象征。

（二）内外城之间的从葬坑

1. 东侧三巨坑

内外城东司马道以南，依次分布着三座大型陪葬坑（K9902、K9801、K9901），司马道及门道以北分布有10座小型从葬坑。

（1）从葬坑K9801（甲库从葬坑）：位于现封土东南200米处，呈长方形，北偏东2度，总面积为1.3689万平方米。东西长130、南北宽100米，四角各有一条南北向的斜坡门道，西南角门道长14米，北侧门道长10、深5～7米。

K9801是全木结构、多单元的地下式建筑，按照设计需要在地下挖一大坑，东侧坑壁距外城墙25米，西坑壁距内城墙26米。坑的西壁筑有南北向宽2、高4.1米的夯土二层台，在二层台以东3米处又筑一南北向宽1米的隔墙，与之形成西侧宽3米的西廊。除坑的东北部有南北向隔墙外，大部分区域为东西向的隔墙与过洞。据试掘资料，其建筑程序是在大坑内先夯筑3～5层夯土，使之取平，然后在其上依据需要的尺寸分别夯建土隔梁，隔梁的宽度为1米左右，过洞的宽度为3～4米。过洞的底部镶铺长方形木板，两侧立有木柱，柱间用板材侧砌，柱上有枋，枋上置有与过洞垂直的棚木，棚木为截面呈长方形的厚木板。

试掘中除出土了青铜镞、石马缰及一件似车器的青铜构件外，大量的出土物为石质铠甲与石胄（彩版七，2、4）。在试掘的70平方米范围内共发现了87领石甲、43顶石胄。因从葬坑部分曾遭受过严重的火焚，部分甲片已烧成白灰状，但基本上未经人为扰动，虽然它们被坑顶的填土塌埋，但甲胄仍有规律地铺在坑底，东西成行，南北成列，每列有4件铠甲。

修复出的K9801T2G2第5号石甲，由长方形、梯形和异形的403片甲页组成。6号甲则由613片组成。一领甲可重达18千克。修复的第2号石胄，由182片石片组成，重5.4千克。第3号石胄由264片石片组成，重4.6千克。

（2）从葬坑K9901（百戏从葬坑）：1999年探出，并进行清理，知其平面呈东西扁长的“凸”字形，结构为全木结构的地下式建筑。东西长80.8米，两端是门道。坑体东西长40.02米，西端宽16、东端宽12.3米。东西两端各有一斜坡门道，西门道长20.8米，部分东门道长4米。坑体内紧靠南北两壁处筑有宽1.6米的夯土二层台，坑内有宽1、高2.55米的东西向隔梁两道，将坑内分成三个过洞，自北向南三个过洞的宽度依次为3.1、4、3.3米。南边两个过洞因火焚与人为破坏，已基本不见随葬品。过洞的底部发现有陶器残片，碎陶俑块、铜镞、石马缰、石甲片、青铜球形器及4只铜壳马蹄（中空，内有木炭）。北部过洞（G3）内坑底木上有一批大型陶俑，经2012年全面发掘，出土各类百戏陶俑近30尊。陶俑均面向东，东西成行，南北三列，仅腰部着一短裙，其余肢体裸露，陶俑的肢体动作表现了角抵俳优的场景，反映了丰富多彩的宫廷娱乐活动。4号俑铠甲上有9列圆形泡饰，俗称之为“泡钉俑”。

中间过洞的棚木之上发现了一件重212千克的青铜鼎。形作方直耳、子母口、釜形兽蹄足，通高61、外口径71厘米，上腹浅雕6组、下腹浅雕7组相连续的蟠虺纹图案。坑上的大铜鼎，恐系在秦末丧乱中，为忠秦之士所埋藏，当同计划中建造此坑无关[97]。

（3）从葬坑K9902：位于K9801之北35米处，由七条6米宽的全木结构地下式坑道组成一平面呈"巨"字形的陪葬坑，其中最南端的坑道长153.4米，由此向北伸出4条南北向坑道，西侧的三条长均为94米，东侧的南北长38米。向北伸出的西侧坑道又向东伸出一段。所有坑道的两壁均有宽1.5米的二层台，用以铺设棚木。钻探中发现有小型动物骨骼。

2. 西侧

西侧如图9-40、41所示。

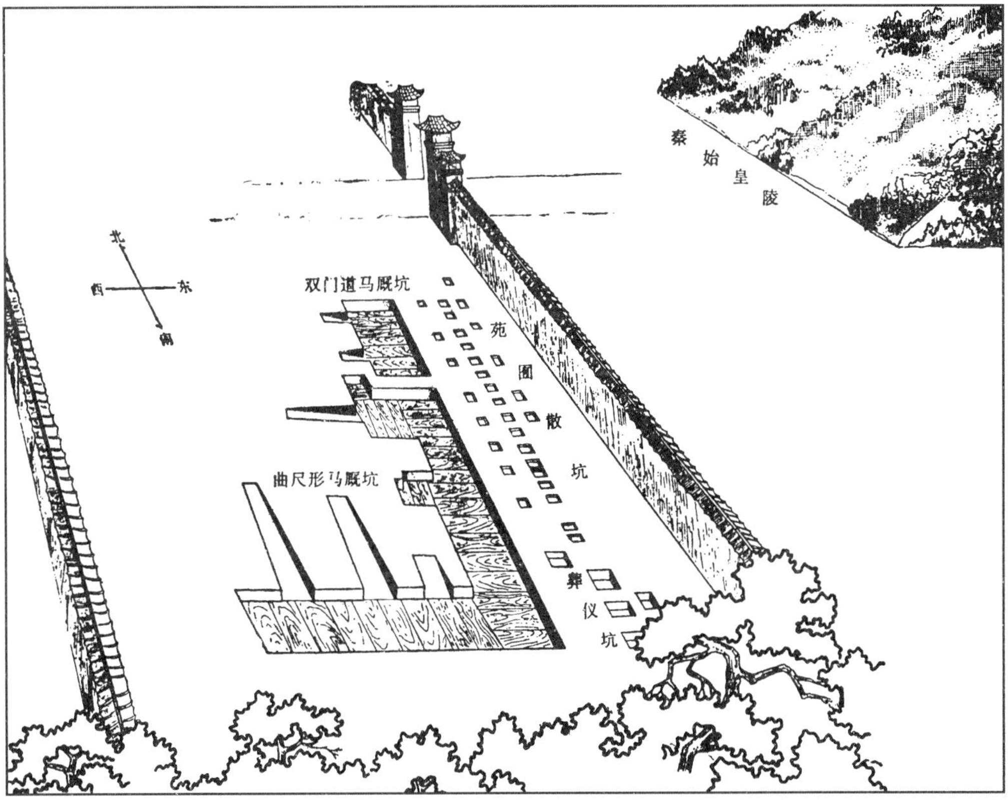

图9-41　秦始皇陵西内外城间马厩坑、苑囿坑鸟瞰图

（1）双门道马厩坑：位于内城外西门南侧，坑体呈南北向长方形，东西长22、南北宽26.4米，面积达700平方米。两斜坡门道在坑西侧，东西平行，均长约14、宽4米多，坑内周壁有夯筑的二层台，宽1.8、高2.8米。坑内焚毁严重，内涵不清。

（2）曲尺形马厩坑：位于双门道马厩坑南侧，两坑的东边缘在南北一条线上，都是地下土木结构建筑。

曲尺形马厩坑东西向隧道长117、宽6.8～8.4米；南北向隧道长84、宽约9米，总面积达1600平方米，东西向的隧道北边共有三处形状大小不一的坑道向北伸出，最长40、最短10米。南北向隧道的北端又分别向西、向北延伸成一个曲尺面，隧道的中部西边又有一向西伸出的坑道，东西长12、南北宽4～17米。

该坑埋葬真马，在南北向隧道靠近东壁处，以3匹马为一组，马头向西，置于盒状的木椁内。马的骨骼基本完整，四肢作跪卧状，在一匹马的口内发现一把铜刀，说明了马是死后埋入的。东西向隧道内除少许真马外，还发现了11件大型袖手立姿陶俑，戴长冠，身着齐膝长袍。在东西向隧道自西向东伸出的第三处坑道内的北端，发现一座用细绳纹砖坯砌成的长方形炉台。炉长1.4、宽0.9、高0.6米，北距坑道北壁0.3米，炉面正中有一圆形炉灶，炉的南壁正中处有炉口。炉灶之南的坑底有一段长达8米的空间未铺木底板，由此向南，有大量的被焚烧过的炭烬、炭块。发掘者认为这是一座引火底炉，目的是焚烧从葬坑，并且认为是一种葬仪形式。

（3）苑囿散坑：在内城西门之南130米处，位于双门道和曲尺形两马厩坑的东侧，东距内城西垣25米。计有31个单体小坑，作南北向的三纵行排列，中行排列的是珍禽异兽坑，东西两侧排列着跽坐俑坑。南北长80、东西宽25米，占地范围约2000平方米。

散坑的中行有17个坑，坑形为东西向的长方形竖穴土圹，东西向，一般长1.4～2、宽0.8～1.2、深1.6～2.2米。坑中的动物骨骼放在有盖的长方形陶棺之内，头东尾西。伴出文物极少，仅见陶盆和铜环各一件。因骨骼多已腐朽，从个别牙齿和残骨看，既有食草类的鹿、麂和杂食类动物，也有飞禽。估计这些是皇家苑囿里豢养的珍禽异兽，它们都戴有项圈，也有专用的食盆。

跽坐俑坑共14座，在珍禽异兽坑东侧6座，西侧8座。坑形为接近方形的竖穴，一般东西长1.6～2、南北宽1.2～1.97、深1.8～3.6米。坑底放跽坐俑，面东。陶俑梳椎髻，着右衽，长褐。面前放陶罐一个，可能是这些兽类饲养人员用以饮水的器具。发掘的东侧一座坑内有一件跽坐俑，面朝东，高68厘米，身着高领右衽袍，双臂曲肘、握拳置于膝上。西侧的坑内亦有一件跽坐俑，面朝东，高73厘米。

17座珍禽异兽坑同14座跽座俑坑实为一个整体，是表现皇家苑囿的。跽坐陶俑模拟饲养人员[98]。

（4）葬仪坑：在苑囿坑之南、曲尺形马厩坑南段的东侧，有16座小型的竖穴坑，基本上分为东西两行。10号坑为东西向，周壁略呈弧形，东西长5.26米，坑内中间有一道东西宽0.9、南北长1.9、高0.54米的生土台，台面上有东西向的南北二条槽沟，沟深1.36米。北槽沟长0.9、宽0.54米。南槽沟长1.7、宽0.7米。坑底置有一陶罐，试掘者认为这些是象征饲马用的葬仪坑。

（5）从葬坑K0004：位于西内外城间西神道的南侧，当双门道马厩坑西北，接近外城西门。坑体西端的南北两侧分别是向外凸出的厢房和斜坡门道，所以平面略呈“十”字形。东西最长42.3、南北最宽39.2米。坑内周壁有二层台，内由9条隔墙形成10个过洞，加上厢房，就成了11处空间。因经火焚，探出动物骨骼、陶俑残块和彩色朽木。

（6）从葬坑K0005：当曲尺形马厩坑之西、K0004坑西南，接近外城西垣墙。平面呈向东的“U”形，西部遭受破坏。南侧过洞残长13.5、宽4.8米。坑内未发现文物遗存。

（三）外城之外的从葬坑

外城之外的从葬坑如图9-42所示。

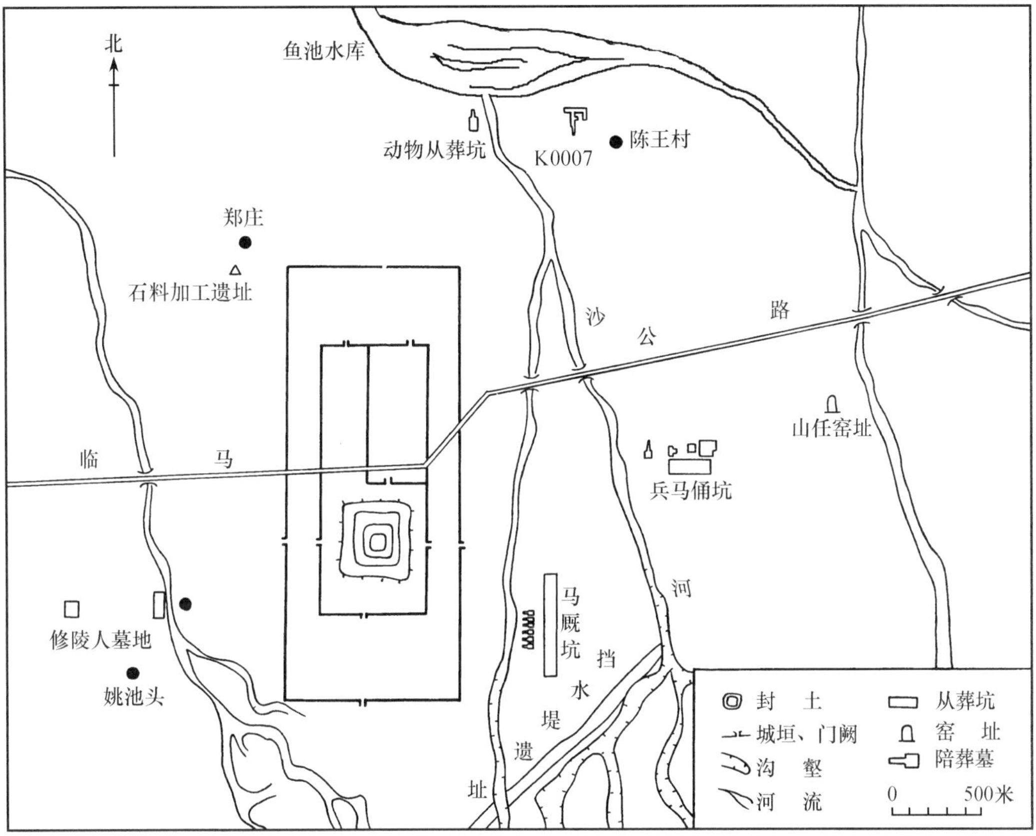

图9-42 秦始皇陵城外重要遗迹分布图

1. 城东

（1）上焦村马厩坑：位于东垣墙外400米处，南自杜家村之西，经上焦、西孙等村西侧，北达下焦村。在纵长1900余米，宽50米的范围内原埋有400个马坑，但因历年破坏，剩余之中已探明的仅有130座小坑，其中93座小坑情况比较清楚。有马坑、跽坐俑坑和俑马同坑三种。其中马坑74座，俑坑4座，俑马同坑6座，不明者9座。这些坑基本呈东西两行排列。目前已清理了51座[99]（图9-43）。

马坑作东西向长方形竖穴土圹，一般长2.4～3.5、宽1.2～2.8、深1.6～2.8米。每坑葬一匹马，头西尾东。马是处死后放入木箱的，有侧身、卧、站立等葬式。马头前放有陶盆、陶罐和陶灯，是饲养工具和照明器具。

俑坑作方形和梯形竖穴土圹，前者的长、宽、深均为1.5米，后者长2.6、西宽

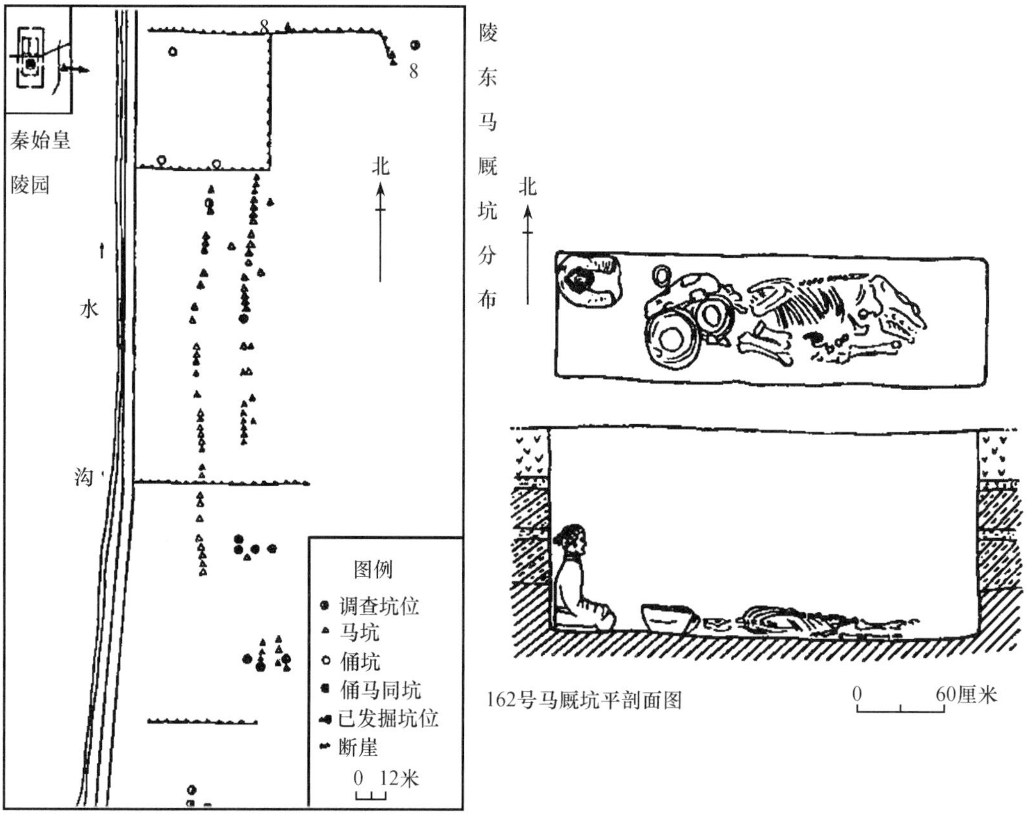

图9-43　秦始皇陵东马厩坑图

1.24、东宽1、深2米。俑多靠西壁而面东，放在木箱之中。俑高63～72厘米，作跽坐形，椎髻。陶俑面前放陶罐、铁锸、铁镰、铁斧和陶灯。很清楚这些跽坐俑是饲养马匹的“圉人”或者“圉师”。

俑马同坑一般作东西向的梯形或长方形竖穴土圹。前者长4.5、西宽1.58、东宽1、深1米；后者长3.5、宽1、深2米。坑底马东俑西，相向放置，俑多在壁龛中，亦为跽坐俑。出土物为陶质的盆、盘、罐和铁质的斧、灯之类用具（图9-44）。

马厩坑出土器物中有的刻有文字，如“大厩四斗三升”（铜盆）、“中厩”（陶罐）、“小厩”（陶盆、陶罐）、“宫厩”（陶罐）、“左厩容八斗”（陶盆）等，这些厩名可以与文献印证，是研究秦代厩苑制度的珍贵资料。

（2）兵马俑四坑：一组有四个单坑组成，位于秦始皇陵园之东1225米的西杨村南，如果从陵冢中心算起，坑、陵间距是1695米，正当东大道（即后世所谓之“司马道”）北侧。四坑分成南北两行，南侧是一号坑、北侧隔20～25米，由东而西依次排列着二、四、三号坑。一号坑是个长方形大坑，东西两端正好同北侧三坑等齐，显得颇为整齐紧凑（图9-45）。

兵马俑坑构筑甚为巧妙，首先是在挖好的大坑内筑起一道道东西向的隔墙（相当

图9-44　马厩坑圉图

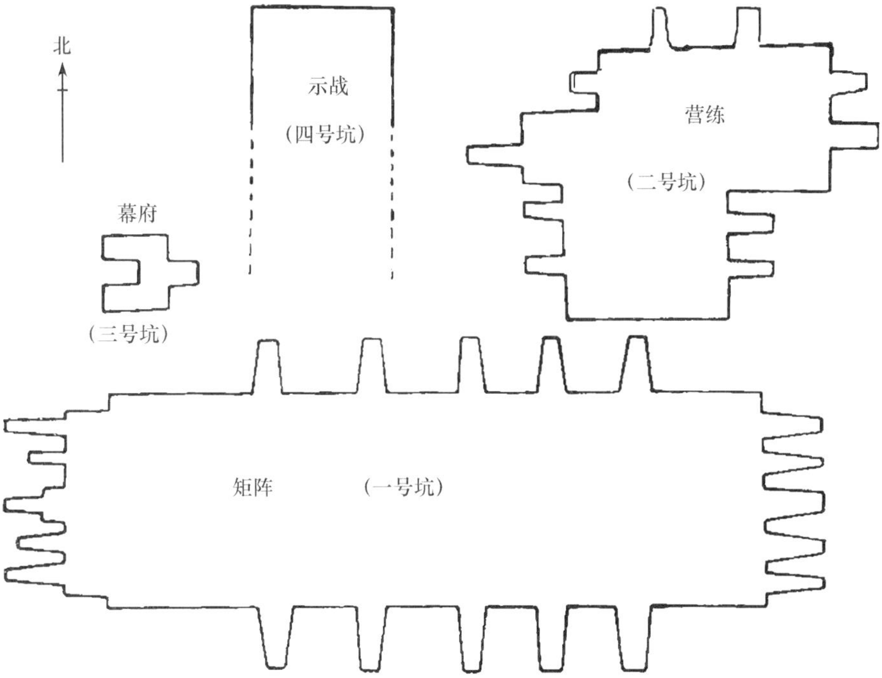

图9-45　秦俑坑陈兵示意图

于“承重墙”，亦称“隔梁”），形成一条条通道（即“过洞”）。然后把陶俑、陶马和木质车乘安放在过洞里，再在隔梁上横排棚木，铺以荐席，最后填土封盖。

一号俑坑是座东西向的长方形大坑，东西长230、南北宽62、深4.7～6.5米，面积14 260平方米。两端两侧各有并列的斜坡门道五个。两端门道长15～20、宽3～6.6米，两侧门道长12、宽1.6～4.8米。坑底结构是在东西两端各留宽约3.45米的空间（称作前后“廊”），南北两侧各留2米的通道（又称“边洞”），形成一周回廊。回廊之内以夯墙隔成东西长180米的通道（过洞）9个，每条宽3.5米。加上两侧的边洞，总计过洞11个。根据部分发掘和探测资料，前廊有三列横队穿战袍、执弩弓的立姿武士俑204尊。在随后的9个过洞中，执长兵器的铠甲武士俑和四马战车，无论是横向或纵向都作间隔排列，一律面东。两侧边洞的执弩武士俑均面外。后廊俑群的排列方式，和前廊的相同，只是面西而已。估计一号坑内有与真人真马相仿佛的陶俑、陶马约6000多件。从有“前锋”“两翼”“后卫”和坚强的“阵体”看，一号坑是一个矩阵（即长方形军阵）的布置（图9-46；彩版二）。

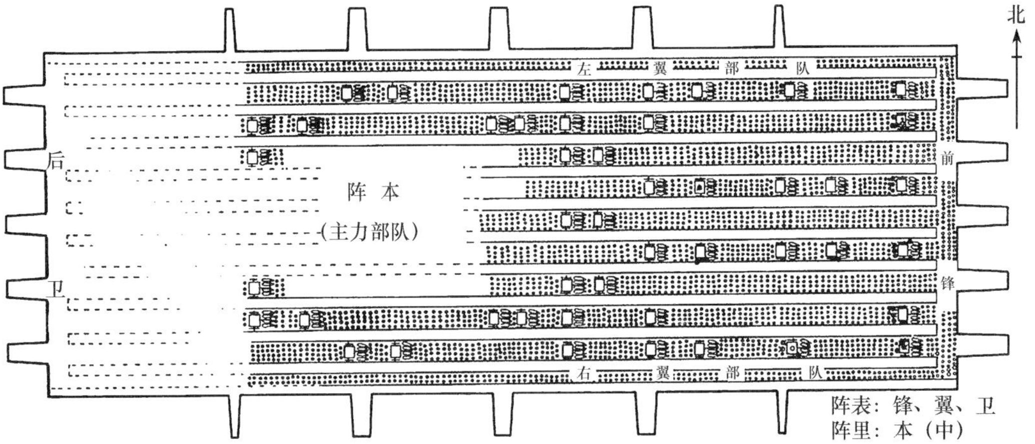

图9-46　一号坑兵马俑布置示意图

二号俑坑位于一号俑坑东端北侧，相距20米，平面呈曲尺形，即在南北向长方形坑体的东北角再扩出一个小方块构成。坐西面东。坑东西通长124、南北通长98、深约5米，面积约6000平方米，东西两端各附设斜坡道三条，北侧一条。东北角凸出的部分东西长52、南北宽48米，近似方形。同一号坑一样，坑底边缘亦有一周宽3.2米的回廊，中间部分用夯土墙隔出东西向的过洞，过洞宽3.2米。估计包括有木质的战车89乘、陶质的车马356匹、鞍马116匹、骑士俑116尊、步甲俑562尊、车士俑261尊。合计陶马472匹、陶俑939尊、战车89乘。二号坑可划分为四个区域，东端凸出部为Ⅰ区。随后三区并列，由南向北依次是Ⅱ（南部8个过洞）、Ⅲ（中部3个过洞）和Ⅳ（北部3个过洞）区（图9-47）。内容及其布置如下。

Ⅰ区——中心部位有面东的4路纵队武士俑共8列，计蹲姿甲俑160尊（8列×20俑／列）。围绕蹲姿甲俑有172尊立俑，分布在回廊内。其中前廊有横队两行，前袍

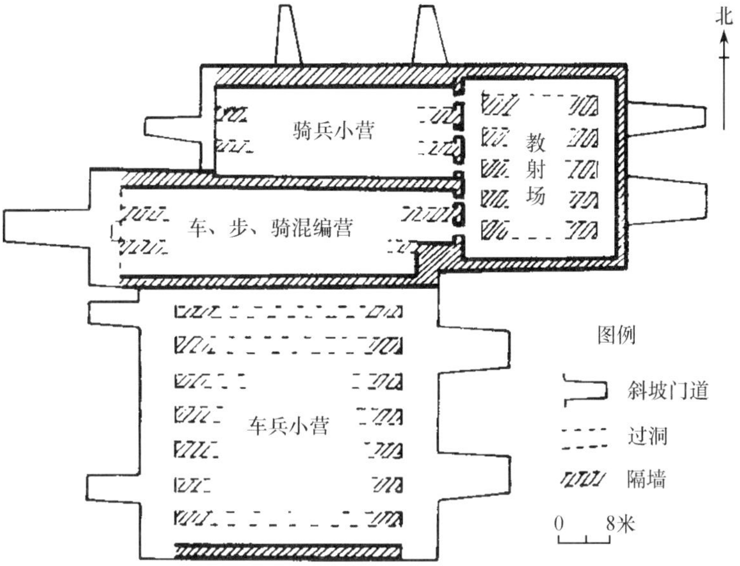

图9-47　二号坑马车营示意图

俑、后甲俑，各30尊；两侧廊各有袍俑纵队三列48尊；后廊上接蹲俑的是16尊立姿甲俑。袍俑均作侧身向左的“丁”字步站立，左臂斜伸，右臂曲肘，作立射状。后廊左侧有指挥俑两尊，其中一将一佐。

Ⅱ区——由战车64乘和甲俑192尊组成（8行×8乘／列）。每车乘员三人，御者居中，执长兵的车士分列车之两侧。

Ⅲ区——车、步、骑混编，其中战车计19乘、随车甲士数目每车各不同，少则每车8尊，多则36尊。排列是“车──➤步──➤车──➤步──➤……”间隔方式，最后由8骑殿后。

Ⅳ区——前有6乘战车为先导，作两行横队排开。在两行车间夹有单行的12骑。从第2行三车之后起，共有96骑，分8行12列相随。骑士俑提弓牵马。

对二号坑的定性，学者们意见分歧甚大。有说是“具有前角、后犄的曲形阵”，甚或是“大阵套小阵”的。还有主张“方阵”“雁行之阵”“疏阵”的等，而且肯定“是当时一种实战阵法”……尽管各自立论都能从军事文献中抽引出片言只语，作以引申、发挥，但受“阵”的框囿而终不能对二号坑作出圆满的解答。王学理根据二号坑缺乏“阵”的性能要求和出战程序的编排，而四个区域独立、在衡门之外又设练兵场的情况，认为二号坑是“营练”的模拟[100]。

三号俑坑位于一号坑西端北侧25米，平面呈“凹”字形，坐西面东。东西通长17.6、南北通宽21.4、深5.4米，面积约520平方米。无隔墙，没有“过洞”，只是在周壁留有二层台作为架设棚木的支撑点。东面设一条斜坡门道，门道长11.2、宽3.7米。坑体分正厅和南北两厢，计三部分。经发掘，正厅中心有驷马系驾的木质指挥车一辆，而武士俑68件多集中在两厢。学者多认为三号坑是“军幕”的模拟（图9-48）。

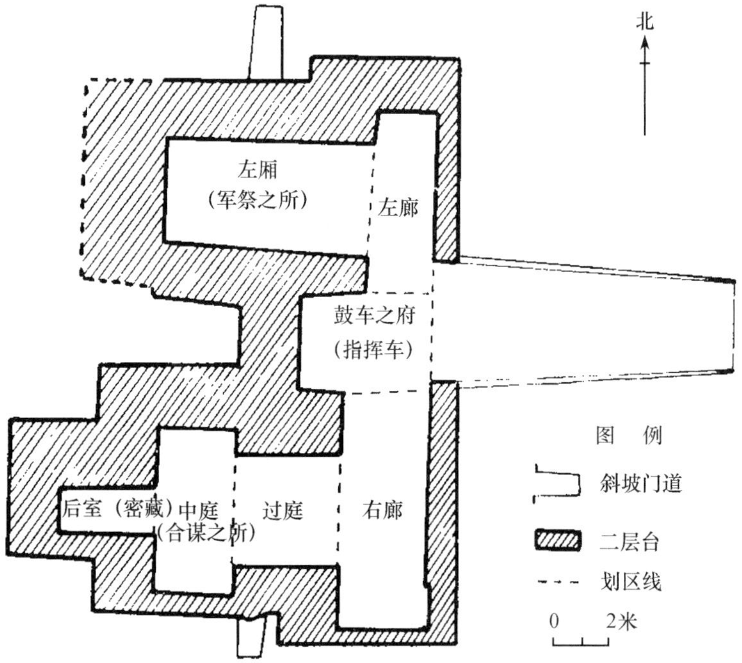

图9-48　三号坑分区示意图

在二、三号兵马俑坑之间，还有一座南北长方向的土坑，南北残长约96、东西宽48米，面积约4600平方米，深4.8米。由俑坑总体布局看，这应是一座还未建成的兵马俑坑。

对这四座兵马俑坑的性质，以往已发表了不少意见，但主要有以下三说。

一为“三军”说，即这些兵马俑坑是一个排列好的军阵，是由左、中、右三军及军幕组成的庞大阵容。一号坑是右军，二号坑是左军，四号坑是中军，三号坑是指挥系统的军幕[101]。钻探时于四号坑之西发现了一座大型“甲”字形墓，有的学者认为这座墓的墓主，有可能就是指挥这一军阵的三军统帅。

二为主军、佐军、后勤、莫府说，即一号坑属于军阵中的主军配置，采取的是一种春秋时代的和车战相应的“鱼丽之阵”；二号坑属于整个军阵（军用）中的佐军配置，即属于一号主军的偏师，可称为“佐”“奇”之兵；四号坑是计划要修建的后勤部队，即《左传》记载孙叔敖军阵的“左追蓐”，三号坑是军中的“莫府”，既有高级将领的“合谋”之处，也有“卜战”的场所[102]。

三为“矩阵、营地、示战、军幕”的陈兵说，即一号坑是一个由步兵和车兵组成的长方形矩阵。估计由手执各类兵器的武士俑6000左右、拉车的陶马约160匹、战车40乘，构成“有表有里”的临战队形。前廊204尊袍俑成三列横队，其中除三名手执长兵器的甲俑外，余皆持弓弩，并配以两柄铜钩（铜弯刀），是为矩阵的前锋。南北两侧边洞及后廊各有一列向外站立的负箙矢、持弩的甲俑，属于矩阵的两翼和后卫。中心部分则是由战车和随车甲俑群间隔排列而组成的面向东方的军阵主体；二号坑是由弩、车、步、骑等四个兵种单独或混编、练射的营地。营地分四个兵力单位。Ⅰ区是练兵场（即校场），Ⅱ区为车兵小营，Ⅲ区是车、步、骑混宿的小营，Ⅳ区是车、骑小营。三号俑坑为军幕，是秦俑军阵指挥机关的所在地，四号坑南北横长，是演示作战的场面[103]。

2. 城北

（1）鱼池动物从葬坑：位于陵园外东北、沙河西侧。1996年春发现，随后考古工作者对此进行了发掘。是一座全木结构的地下式建筑，平面呈南北向“甲”字形，由主室和斜坡道两部分构成，面积近300平方米。主室南北长23.5、东西宽10、深6米，斜坡道长6、宽4米。主室中间为甬道，甬道两边有8条相互对称的夯土隔梁，甬道南端又有一条南北向的隔梁，这些隔梁将主室分为16个小区。每个小区的底部和四壁全部用木板叠砌铺就，隔梁上盖棚木，门道与主室接口处以木板封堵。

坑内曾遭严重的火焚，坑壁已烧成灰色，陶俑被烧已严重变形。坑内出土了许多陶俑残片，计有头、腿、手、袍，还发现了一枚铁铤铜镞和秦半两铜钱。出土物较多的是动物残骨，据鉴定有10余种飞禽走兽及水生动物，种类有近似于鹤的大鸟，有鸡、猪、羊、狗、獾（或水獭）、鱼、鳖。

（2）鱼池水禽坑（K0007）：位于陵园外东北900米处，距陵冢3000米，西隔干涸的沙河同鱼池动物从葬坑相邻。2000年发现，2001～2003年发掘，编号为K0007[104]（图9-49）。

K0007从葬坑由3个过洞连成，平面有如英文字母“F”。只有一条斜坡道，位于中过洞的南端。总面积978平方米，其中主坑体297平方米。仍属地下坑道式的土木结构

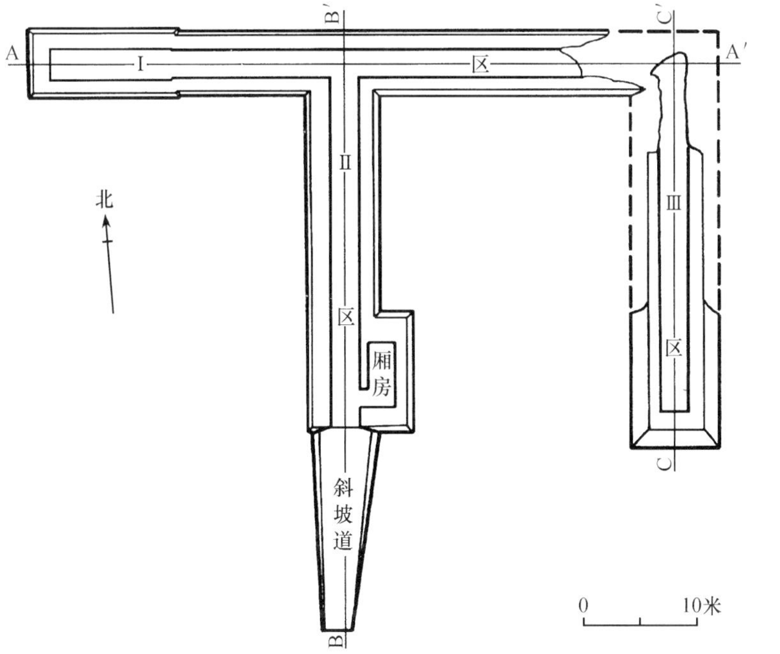

图9-49　K0007从葬坑平面图

建筑。

Ⅰ区位于最北端，是个东西向的过洞。南北壁下为夯土二层台，中间是用青膏泥涂抹做成象征性的河道。其中出土原大青铜水禽46只，包括天鹅23、鹤6、鸿雁20（彩版八，3～6）。

Ⅱ区在在南部居中，南北向。出土原大陶俑15尊，戴巾帽、着长袍、穿无纹布袜而无鞋，作箕踞姿和长跪两种。联系俑的手势和散落的小件骨器、青铜棒、银质指甲形器等，似乎同打击与弹拨乐器有关（彩版八，1～2）。

Ⅲ区同Ⅱ区平行，在东部，属象征性河道。

六、陵园陪葬墓

（一）陪葬墓群

秦始皇陵陪葬墓群已发现4处，分别在陵园西北的砖头房村、陵园东侧的上焦村、陵园小城内、外城之间。另外，还有一些零星单墓，分散在陵区。

1. 砖头房陪葬墓区

据《秦始皇帝陵园考古报告》（2001～2003年）载，为配合秦始皇陵遗址公园建设，陕西省考古研究院对陵园西北的砖头房村移民点进行勘探时发现。随后再做复探，又有新的发现。此墓地有“中”字形墓3座、“甲”字形4座、小型墓葬30座、从葬坑1处，呈东西向的一线排开，墓葬均南北向。

M1平面呈坐南向北的“中”字形，通长109、宽7.5～26米，总面积1685平方米。北墓道长于南墓道，北墓道长48.7、宽9.5～18.9米；南墓道长32.6、宽7.5～18.4米。墓室口长29、宽26.4、深15.5米，在室内的东、西、南三面为生土二层台。在墓底部探出彩色漆皮、铜锈、纺织品印痕、木炭。

M2～M6，均为墓道朝北的“甲”字形墓，南北通长47～71.6米。在墓室内，探出有程度不等的铜锈、木炭、蚌壳、陶片、红烧土等遗存。

2. 陵东上焦村陪葬墓区

这片墓地位于始皇陵城东350米的上焦村西，共17座“甲”字形墓，均东西向，南北一字排列。1976年，试掘过其中的8座墓，有6座为一椁一棺，2座仅有椁无棺。除一座无骨殖外，其他7座墓中虽各有一具骨架，包括5男2女，但身首异处，尸骨狼藉，尽管葬制等级较高，显非正常死亡。仅M1尸骨完好，仰身直肢，女性。墓主除M17为18岁左右的青年女子外，其余墓主的年龄均在30岁左右（图9-50）。

经发掘的8座秦墓，基本情况如表9-4所示。

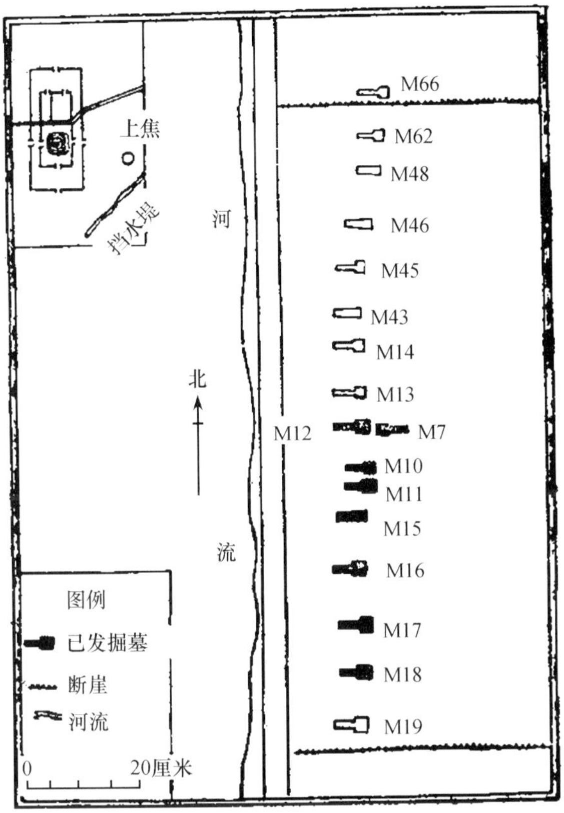

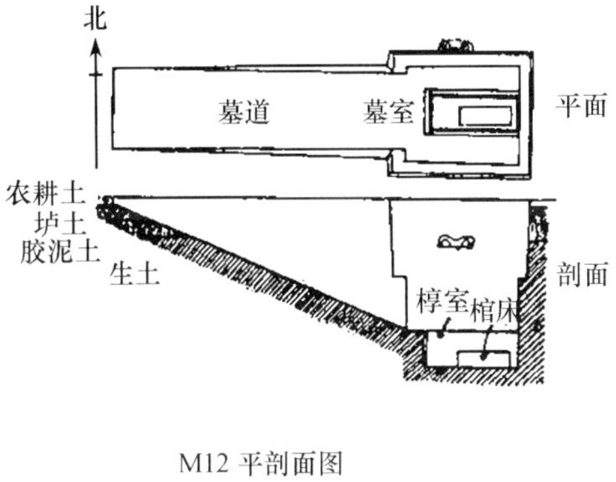

图9-50　秦始皇陵东陪葬墓分布图

表9-4　8座秦墓的发掘情况

墓号	性别	年龄	骨骼状况	主要随葬器物				
				金器	银器	铜器	陶器	其他
17	女	20	头、身、下肢分离，左脚骨与胫骨分离，双臂伸张				陶盆1	
16	男	30	下肢骨在填土中，头骨在椁盖上			“荣禄”印1、带钩1	仓1、釜1	
15	男	30	头、身、四肢分离，置于椁盖上，头骨在洞室填土中，右颞骨有铜镞1枚		蟾蜍1	“半两”铜钱1、铃1	罐1	蟾蜍上有“少府”字
12	男	30	头骨在椁室上，其他骨骼在椁内头箱中			匜1、策1、环1	罐1、蒜头壶1	
11	女	30	骨骼完整，仰身直肢向西，但上下颚骨错位	金箔1		“阴嫂”印1、带钩2、镜1	釜、蒜头壶、鼎、甑、钵、盒各1，豆2	

续表

墓号	性别	年龄	骨骼状况	主要随葬器物				
				金器	银器	铜器	陶器	其他
10	男	30	头、身、四肢分离，倒插在椁室头箱内					
7	男	30	头、身、四肢分离				仓1	
18	空	空				铜剑、釜、甑、鍪、勺各1	缶、罐、盆各1	残玉璧

发掘过的这8座墓葬，奇怪的现象很多，一是除一座无骨殖外，其他7座墓中各有一具骨架，包括5男2女，但多是身首异处，尸骨凌乱；二是除过M11和M17是年轻女子（18～20岁）尸骨完好，仰身直肢之外，其余墓主年龄均在30岁左右；三是M18既是空墓，在椁室西端却有柱茎圆首剑一柄；四是随葬品除过礼制陶器之外，还有上等铜器与丝绸残迹；五是除私印之外，在一银蟾蜍器物上铭刻“少府”二字，显示出墓主身份的不凡，那么，葬制等级高，随葬品珍贵，而墓主人并非正常死葬。他们是些什么人呢？

从表中看出，死者葬式紊乱、尸骨残缺、死相惨苦，显非常死亡，必同当时的政治形势有关。据《史记·秦本纪》及《李斯列传》记载，胡亥、赵高、李斯等阴谋篡位后，经常心神不安，唯恐有变。于是，赵高对二世说：“夫沙丘之谋，诸公子及大臣皆疑焉。而诸公子尽帝兄，大臣又先帝之所置也。今陛下初立，此其属意怏怏皆不服，恐为变。”并建议“灭大臣而远骨肉”“尽除去先帝之故臣”“二世然高之言，乃更为法律。于是群臣诸公子有罪，辄下高，令鞠治之。杀大臣蒙毅等，公子十二僇死咸阳市、十公主矺死于杜。财物入于县官，相连坐者不可胜数”（《李斯列传》）。矺即磔，谓“裂其支体而杀之”，即今所言之“肢解”。又有“六公子戮死于杜”，逼杀公子将闾弟兄三人于宫内（《史记·秦始皇本纪》）。戮，是斩杀与陈尸之意。发掘时M1出土1枚“阴嫚”私印，M16出土1枚“荣禄”私印，前者的主人是女性，后者的主人则是男性。文献记载与发掘情况契合，这批墓是秦王室宗族成员被残害后，葬始皇陵区的陪葬墓。

3. 小城陪葬墓区

小城位于内城东北角，是个封闭式的小城。在小城中部及偏北的两侧已探查出墓葬99座。其中有3座竖穴土圹墓（M1、M3、M4）为东西向，深10、长6.4～8、宽4.3～4.8米。其余均是小型墓，均呈南北向，有“目”字形竖土圹墓1座、斜坡道洞式墓8座、台阶斜坡道竖穴洞式墓9座、斜坡道竖穴洞式墓13座。最大的M5，属于斜坡道竖穴洞式墓，长36.5、深及10.5米。在竖穴土圹墓中探出木炭、漆皮，壁龛中有陶器。

其余墓葬内有陶器、朽木痕迹。

此墓区未经发掘，情况不明，但能在陵区内辟地而葬，身份应不一般。《史记·秦始皇本纪》载始皇下葬时，二世曾说："先帝后宫非有子者，出焉不宜。皆令从死，死者甚众。"这里是否为宫女们的葬区，有待日后发掘验证。

4. 西内外城之间陪葬墓区

此墓地位于西门以北30米的内外城之间，北邻食官遗址。四周有夯土墙环绕，东西长120、南北宽60米，面积7200平方米。中间有南北向的隔墙，发现的61座陪葬墓集中于这一区域的东部，形制多样，有"甲"字形、长方形、刀形、曲尺形几种。其中有竖穴土坑墓53座，但深度不超过3.8米。探查中未发现任何文物，似为一些徒具墓形的空墓，如果这样，应是预先按陵园规划所作之墓。后不久秦亡，未能入葬而造成的。

（二）陪　葬　墓

始皇陵园内外有从葬墓两座，一座位于西墓道北侧，正当封土西北角同内城之间。墓作"甲"字形土圹，通长31.8米。斜坡墓道开在西边。墓室东西长15.5、南北宽14.5、深6.2米；墓道长15.8、宽3.6～4.4米。墓室与墓道的长度相等。地面无封土堆，也无任何标志。墓室底部除墓道接口的西壁外，其余三面均环列宽近2米的二层台，圹底为（10×10）平方米的正方形。规模较大，也铲探出朱砂和板灰。或以为此墓是秦始皇儿子公子高葬处，但也不排除是公子将闾墓葬的可能性。

另一座墓位于秦俑三号坑西侧90多米处，坐南向北，同秦俑二、三号坑处于同一条东西直线上。墓呈"甲"字形，斜坡墓道长40米，墓室近方形，东西长度略短于南北，面积约300平方米，深12米。墓室底部四周环列二层台，中部探出板灰，地面上无封土和建筑遗存。这座墓的墓主人因无任何材料佐证，甚至连供推测的材料也没有，故目前还不能推断。

（三）郦山徒墓地

郦山徒的墓地，截至目前发现有3处。有两处墓地都在秦始皇陵西南方向，一在赵背户村西，墓地距陵园西外城500多米；一在姚池头村南。而第三处在陵东的山任村秦窑场遗址中，严格说不是"墓地"，而是一处乱葬坑。

1. 赵背户居赀役人墓地

赵背户居赀役人墓地，如图9-51所示。

墓地位于赵背户村与姚池头村之间。是一处面积相当大的墓区。1979年12月至次年6月，秦俑考古队曾在墓地东北隅的一处南北长180、东西宽45米的范围内，探出墓

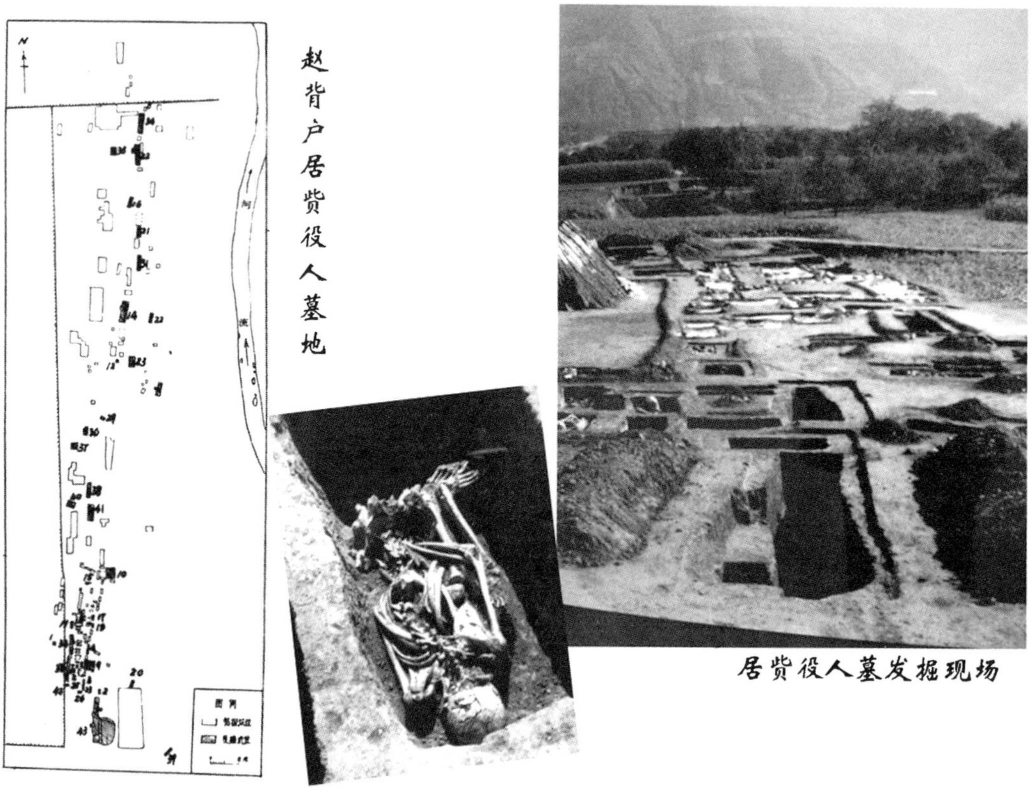

图9-51　秦始皇陵西居赀役人墓地图

葬114座，清理32座。发掘的墓葬大致三行排列，西边的两行为东西向，东边一排作南北向，墓距0.2～1米，分布十分密集。有的还在一个大墓坑内，再挖出若干小墓坑，小坑之间有约0.1米的隔梁[105]。

墓葬形制多为长方形，但变异较多，原深1.2～1.76米。最大者如M34，长10.6、宽1.1米。M33长6.6、宽1.6米。小型者居多，一般长1.1～1.76、宽约0.5～0.76米。最小者如M10，长0.8、宽0.6米。M13长约3.6、宽2.4米，在此坑之中挖出两排小坑，每排4座。共4座。小坑长1.2～1.6、宽0.6～0.7米。有的长方形墓坑在其一侧的中部凸出一块，似“卜”字形（如M14、M22）；有的凸出两块（如M27）；有的在其一侧凸出凹进相间，成为不规则的长方形墓坑（如M32）。

形制比较特殊的M9，平面近正方形，约3.7米×3.7米，坑中有一直径2.25、深0.3米圆坑，圆坑中又有一座高起的径约1.2米的生土台。坑的西边，竖排小坑，坑的东西隅又有一个小坑。坑长1.2～1.32、宽0.5～0.8米。三个坑内分别埋着1号、3号两具尸体。M43平面呈带柄的斧形，最长处14、宽1～8、深0.3～0.8米，坑中间有一南北向的长7.2、宽0.6、深0.1米的长方形槽，柄的左右两侧各有一小长方形坑，柄的顶端亦有一方形小坑，东侧的坑内有人骨架一具。

清理中仅见M2出土粗绳纹板瓦砌成长方形盒状瓦棺一具，通长1.16、宽0.5～0.6、高0.3米。瓦棺的做法是棺底用两块纵向相接的残板瓦平铺，两壁各侧立两块，前后档各直立一块，再用两块板瓦纵向覆盖。

其余各坑均无葬具，有的坑底垫铺一层厚0.3～0.5米的淡黄色灰烬。有的灰烬中杂有烧过的动物骨骼或陶器残片。

墓中出土骨架100具。葬式绝大多数为屈肢葬，其中侧身屈肢葬68具，俯身屈肢葬10具，仰身屈肢葬15具。直肢葬仅仰身直肢4具。一墓内埋有多具尸骨，有的平放，有的叠压，葬式也不一。M33出土骨架8具，仰身屈肢2具，侧身屈肢5具，俯身屈肢1具。有的墓内数具骨架葬式相同，如M8、M3、M13、M17、M18、M24、N26等。

经初步鉴定，32座墓中出土的骨架中有25～30岁的女性3具，6～12岁的儿童2名，余均为20～30岁的青壮年。M35出土的1具小孩骨架，下肢残断。M41出土的一仰身直肢骨架，头骨上有刀伤痕迹，腰部残断。M33的8具骨架之中1具有刀伤痕迹，俯身呈挣扎状。M34出土的5组11具骨架中第二组的3具骨架身首异处，四肢与躯干分离，堆置叠压，显系肢解。这几具骨架似被杀戮而后埋葬的。

出土物主要是铁生产工具，如锸、锛、錾、凿、镰、锄、刀等。陶器为日常生活用品罐、瓮、钵及铜半两钱43枚。

在这批墓葬中，出土了27件印记及瓦志刻文，即在板瓦上除有“宫昳”“寺水”“左水”“延陵工□”“左司空□”“王”等戳记印文之外，有的刻着“东武罗”“东武？（遂）”“赣榆距”“东武居赀上造庆忌”“东武不更所”“东武东间居赀不更瞗”“东武□契”“博昌去疾”“博昌居此（赀）用里不更余”“杨民居赀大（教）”“［杨］民居赀公士富”“杨民居赀武德公士契必”“平阴居赀北游公士滕”“平阳绎”“赣榆得”“阑陵居赀便里不更牙”“媾（邹）上造姜”“……（居）赀□□不更必”“犕……□……（不）更（滕）”等文字（图9-52）。

以上18件所谓“瓦志”刻文，可分为四种形式，即①有地名、人名；②有地名、爵名、人名；③有地名、刑名、人名；④有地名、刑名、爵名和人名。从志文中可以看出①、②两类文字简约，而①无爵名，估计为平民。③、④类内容较全，姓名、籍贯、爵位、犯有何罪等，均记叙清楚，同秦始皇陵修筑者中“徒”的身份相符。因此，这片规模很大的墓群应是部分修筑始皇陵的“郦山徒”中的“居赀役人”葬地。

瓦志之中有地名14个，其中县名10个，里名4个。县名有东武（故城在今山东武城西北）、平阳（故城在今河北省临漳西）、平阴（故城在今河南孟津东）、博昌（今山东博兴县南）、赣榆（今山东苍山县西南兰陵镇）、杨民（汉有“杨氏”县，故城在今河北宁晋附近；“民”似“氏”字之误写）、媾（故城在今山东邹县东南）、武德（故城在今河南武陟县东）。“犕（訾）”因瓦志文残缺，名称难定。

乡里名有用里，属博昌县。便里，属兰陵。东间，属东武。北游，当属平阴。

《汉书·高帝纪》：“高祖以亭长为县送徒郦山。”应劭曰：“秦始皇葬于骊山，故郡国送徒往作。”《史记·黥布传》称布及壮，坐法黥，并且论输骊山。当时骊山的刑徒有数十万。瓦志与记载相互印证，说明修始皇陵的大批刑徒，都从原山东

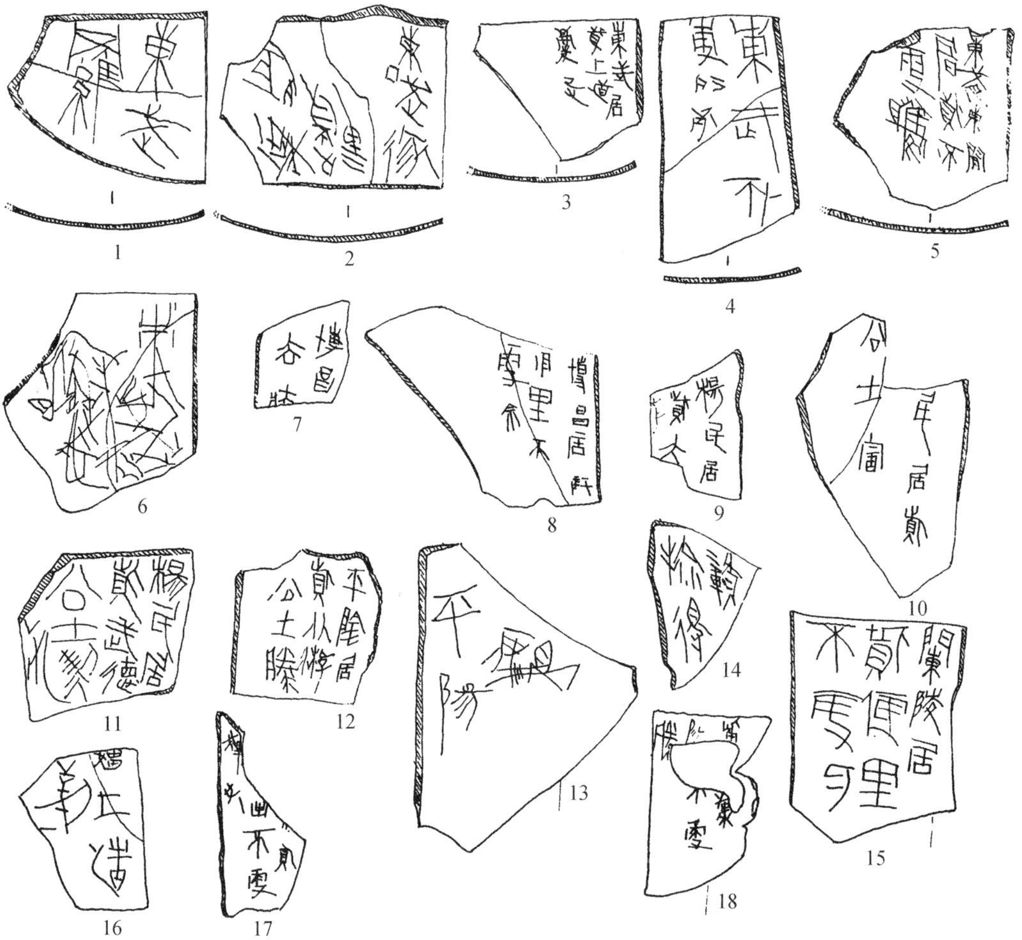

图9-52　居赀役人瓦志

六国诏调而来。

瓦志中的刑名“居赀”，便是以服劳役抵偿因有罪而被罚缴纳财物的犯人。云梦秦简《金布律》载：“官啬夫免，复为啬夫，而坐其故官以赀偿及有它债，贫窭无以偿者，稍减其秩，月食以偿之，弗得居；其免也，令以律居之。”同书《司空》也载：“居赀赎债者归田农，种时、治苗时二各旬。”

这批居赀役人墓埋葬时间，据瓦志内容其上限当在秦始皇二十六年（公元前221年）秦统一六国时，下限年代为二世二年（公元前208年）。《史记·秦始皇本纪》载：及至二世二年，陈涉所遣周章等将西至戏，兵数十万。二世大惊，与群臣谋曰：“奈何？”少府章邯曰：“盗已至，众强，今发兵近县不及矣。骊山徒众，请赦之，授兵以击之。”当时修陵之徒众，既被调去打仗，并在以后再不返回，此后自然不会再有徒众埋在这里。

2. 姚池头村南乱葬坟场

这片乱葬坟地占地1020平方米，距地表50～70厘米。由于这里历年平整土地，使原来的地貌发生了很大的变化，上下结构也无法知道。现耕土之下就埋着杂乱的骨骼，上下叠压，横七竖八，厚3～5厘米，无一具完整的骨架。出土铁锛、锸生产工具及陶茧形壶、罐等生活用具[106]。死者的身份应是修筑始皇陵的徒众中服劳役的农民、罪犯和奴隶。

3. 第五砂轮厂“郦山徒”墓地

在临潼区骊山街道办东街、第五砂轮厂东侧的南北向台原上，1990年发现23座秦墓，1997年又勘探出墓葬220座。在这些长方形竖穴土圹墓里，有砖棺、瓦棺和木棺等几种。只是在个别墓中用陶器随葬[107]。

4. 山任窑场的乱葬坑

山任窑场位于秦俑博物馆之东约1000米，西距秦始皇陵园外城东墙约2500米。2003年，秦始皇陵考古队为配合馆前环境改造工程，勘探时发现了5座墓葬、1处陶窑遗址。随后在窑场范围内清理出乱葬性质的人骨121具、大量的绳纹板瓦、筒瓦、陶器残片、铁工具、铁刑具、“半两”铜钱和骨器等。

在发掘的两座陶窑西侧，是一片处理过的窑场低洼地。从下层花土层向上，第2层是灰土层，再上是表土层。第3层堆积中，都有瓦片、陶片和人骨的夹杂，而人骨以下层最为集中，距地表10.85米；上层人骨较少，距地表6米。人骨分布零乱，无任何规律。葬式作屈肢者47具，年龄在15～40岁，超过40岁的只有1具；作直肢者59具，年龄多在20～30岁，30～40岁的仅有5具、40岁以上的2具。另有15具的葬式不明。经人骨鉴定，均属男性青壮年，只有一例疑似为女。个别有骨折，但未见致命创伤。从叠压关系看，系窑场废弃后在短期内掩埋了这些劳累致死的骊山徒[108]。

注　释

［1］　王学理：《从“陵墓近都”到“自成茔域”——国君陵墓同都城关系探索之一》，《王学理秦汉考古文选》，三秦出版社，2008年。

［2］　解希恭主编：《襄汾陶寺遗址研究》，科学出版社，2007年。

［3］　河南省文物研究所、中国历史博物馆考古部：《登封王城岗与阳城》，文物出版社，1992年。

［4］　中国科学院考古研究所二里头工作队:《河南偃师二里头早商宫殿遗址发掘简报》，《考古》1974年第4期；中国社会科学院考古研究所:《偃师二里头遗址1980～1981年Ⅲ区发掘简报》，《考古》1984年第7期；邹衡:《综述夏商四都之年代和性质》，《殷都学刊》1988年第1期。

［5］　中国社会科学院考古研究所二里头工作队:《河南偃师二里头二号宫殿遗址》，《考古》1983年第3期。

［6］　黄石林：《关于偃师商城的几个问题》，《中原文物》1985年第3期。

［7］河南省文物研究所：《河南考古四十年》，河南人民出版社，1994年。

［8］《史记·周本纪》："武王上祭于毕。"集解：马融曰"毕，文王墓地名也"。《皇览》："文王、武王、周公冢皆在京兆长安镐聚东社中也。"王学理认为"镐聚"反映出镐京无城，是个聚落型的政治中心。"社中"，应是秦杜县的"杜中"之误。再看《括地志》说到周文王和周武王墓时，都记在"雍州万年县西南二十八里原上"。那么，周镐京旧址向东，和唐万年县向西南，两条延长线的交点正落在秦杜县（治今西安市南15里的杜城村）故址东的原上。那么，这个位于今长安韦曲西北的原地，就应是"毕原"。

毕原，也称"杜东原"。它向东延伸，最高处到达今三兆之南，汉时叫"鸿固原"。后因汉宣帝在此营建"杜陵"，就改名"杜陵原"。杜陵之南是汉宣帝许皇后的"少陵"，故又名"少陵原"。《汉书·宣帝纪》："以杜东原上为初陵，更名杜县为杜陵。"杜陵县成了杜陵的陵邑，而同时把杜县故城改成了"下杜城"。

古今人都有一个偏好，地名虽改，但旧名还往往留在人的习惯和记忆中。近年来，在韦曲以北至里王村一带出土的唐代墓志，常常提到死者"葬于毕原"，如唐代宗大历十年（775年）如愿墓志出土于长安县塔坡村，文载:"葬于长安城南毕原"；唐宪宗元和五年（810年）魏邈墓志出土于西安南郊三爻村建安砖厂，文载:"葬于万年县之毕原"；唐中宗神龙三年（707年）韦项夫人墓志出土于咸宁县李王（里王）村，文载：葬于"长安城南毕原"；唐玄宗天宝十四年（754年）辩惠墓志出土于长安县韦曲东北的砖厂，文载：葬于"城南毕原"……可见今西安市南郊电视塔南的高地都属于毕原的范围。

［9］《史记·周本纪·正义》引《括地志》："周文王墓在雍州万年县西南二十八里原上也。"又"武王上祭于毕。"集解：马融曰"毕，文王墓地名也"。《括地志》："武王墓在雍州万年县西南二十八里原上也。"集解引《皇览》："文王、武王、周公冢皆在京兆长安镐聚东社中也。"

［10］中国社会科学院考古研究所：《洛阳发掘报告》，北京燕山出版社，1989年。

［11］王与刚、赵国璧：《河南洛阳涧河西岸发现周代墓葬群》，《考古》1956年第6期。

［12］河南省文物研究所：《河南考古四十年·两周墓葬》，河南人民出版社，1994年。

［13］据宫大中考证，周定王陵应在王城遗址内南小区的中州路西工段，这里的定王陵似应为末代周王——赧王之陵。见《洛都美术史迹》，湖北美术出版社，1991年。

［14］山东省文物考古研究所：《曲阜鲁国故城》，齐鲁书社，1982年。

［15］山东省文物考古研究所：《齐故城五号东周墓及大型殉马坑的发掘》，《文物》1984年第9期。

［16］河北省文化局文化工作队：《河北易县燕下都第十号墓发掘》，《考古学报》1965年第2期；又：《河北易县燕下都第十六号墓车马坑》，《考古》1985年第11期。

［17］河南省博物馆新郑工作站等：《河南新郑郑韩故城的钻探和试掘》，《文物资料丛刊》1980年第3期。

［18］河北省文物管理处：《河北省平山县战国时期中山国墓葬发掘简报》，《文物》1979年第1期。

［19］湖北省博物馆：《楚都纪南城的勘查与发掘》，《考古学报》1982年第3、4期；湖北省博物馆：《楚都纪南城考古资料汇编》，1980年。

[20] 王国维：《观堂集林》，河北教育出版社，2003年。
[21] 戴春阳：《礼县大堡子山秦公墓地及有关问题》，《文物》2000年第5期；礼县博物馆：《秦西垂陵区》，文物出版社，2004年。
[22] 戴春阳：《礼县大堡子山秦公墓地及有关问题》，《文物》2000年第5期。
[23] 李朝远：《上海博物馆新获秦公器的研究》，《上海博物馆集刊》第7期，上海书画出版社，1996年。
[24] 范季融、胡盈莹夫妇捐赠的9件青铜器，见《中国文物报》2009年11月25日。
[25] 李学勤、艾兰：《最新出现的秦公壶》，《中国文物报》1994年10月30日；韩伟：《论甘肃礼县出土的秦金箔饰片》，《文物》1995年第6期。
[26] 戴春阳：《礼县大堡子山秦公墓地及有关问题》，《文物》2000年第5期。
[27] 李朝远：《上海博物馆新获秦公器的研究》，《上海博物馆集刊》第7期，上海书画出版社，1996年；王辉：《也谈礼县大堡子山秦公墓地及其铜器》，《考古与文物》1998年第5期。
[28] 戴春阳：《礼县大堡子山秦公墓地及有关问题》，《文物》2000年第5期；王学理：《秦都与秦陵》，三秦出版社，2008年。
[29] 陈平：《浅谈礼县秦公墓地遗存与相关问题》，《考古与文物》1998年第5期。
[30] 张天恩：《礼县等地所见早期秦文化遗存有关问题刍论》，《文博》2001年第3期。
[31] 梁云：《新西邑考》，《古代文明研究通讯》，北京大学震旦古代文明中心，2007年。
[32] 韩伟：《论甘肃礼县出土的秦金箔饰片》，《文物》1995年第6期。
[33] 赵化成、王辉、韦正：《礼县大堡子山“乐器坑”相关问题探讨》，《文物》2008年第11期。
[34] 李学勤：《秦国文物的新认识》，《文物》1990年第9期。
[35] 陈平：《浅谈礼县秦公墓地遗存与相关问题》，《考古与文物》1998年第5期。
[36] 田醒农、雒忠如：《多友鼎的发现及其铭文试释》，《人文杂志》1981年第4期。
[37] 万树瀛：《滕县后荆沟出土不其簋等青铜器群》，《文物》1981年第9期。
[38] 戴春阳：《礼县大堡子山秦公墓地及有关问题》，《文物》2000年第5期。
[39] 祝中熹：《秦西垂陵区》，文物出版社，2004年。
[40] 卢连成：《平阳、雍都地望确定与秦先公徙都述略》，《文史杂林》1985年第4期。
[41] 陕西省文物管理委员会：《陕西宝鸡阳平镇秦家沟村秦墓发掘记》，《考古》1965年第7期。
[42] 宝鸡市博物馆等：《宝鸡县西高泉村春秋秦墓发掘记》，《文物》1980年第9期。
[43] 宝鸡市考古工作队、宝鸡县博物馆：《陕西宝鸡县南阳村春秋秦墓的清理》，《考古》2001年第7期。
[44] 孙稚雏：《金文著录简目》，中华书局，1981年。
[45] 韩伟：《凤翔秦公陵园钻探与试掘简报》，《文物》1983年第7期；韩伟、焦南峰、田亚岐、王保平：《凤翔秦公陵园第二次钻探简报》，《文物》1987年第5期；陕西省考古研究院等：《雍城十四号秦公陵园钻探简报》，《考古与文物》2015年第4期；《雍城地、一、六号秦公陵园第三次勘探简报》，《考古与文物》2015年第4期；《雍城六号秦公陵园北沟西南侧中小型墓葬与车马坑发掘简报》，《考古与文物》2015年第4期。

［46］ 陵园外挖掘的围沟，过去称“隍”不妥，应称之为“兆沟”。《说文》段注：“城池也，有水曰池，无水曰隍。”《周易·太上六》：“城复于隍。”虞注曰：“隍、城下沟，无水称隍，有水称池。”准此，则隍为城壕，只是无水才称隍，可见“隍”仅对城而言。秦陵外围之沟，因陵墓无城，故不得称其为“隍”。河北平山县出土的中山王陵兆域图铜版，将陵区称为兆域，而且还规定了所谓“兆法”。因为墓区外所围之干沟，既能作为防护屏障，又是墓地的界线，因此称为“兆沟”才符合原意。

［47］ 赵化成、高崇文：《战国秦汉考古》，文物出版社，2000年。

［48］ 韩伟：《略论陕西春秋战国秦墓》，《考古与文物》1981年第1期；石兴邦：《秦代都城和陵墓的建制及其历史意义》，载咸阳博物馆编：《秦汉研究》1990年；马振智：《试论秦国陵寝制度的特点》，《宝鸡师院学报》1989年第1期；马振智：《试论秦国陵寝制度的形成与发展》，《考古与文物》1989年第5期；刘士莪、马振智：《秦国陵寝制度对西汉帝陵制度的影响，《文博》1990年第5期；马振智：《秦国陵区考述》，《庆祝武伯伦先生九十华诞论文集》，三秦出版社，1991年6月；王学理：《从陵墓近都到自成茔域——国君陵墓同都城关系探索之一》，《考古与文物·先秦考古》2007年增刊；杨鸿勋：《关于秦代以前墓上建筑的问题》，《考古》1982年第4期；刘云辉：《论秦国君墓葬名称演变的原因》，《文博》1990年第5期；徐卫民：《秦公帝王陵发展演变的特点及其在历史上的地位》，《文博》2001年第6期。

［49］ 徐卫民：《秦公帝王陵园考论》，《文博》1999年第2期；田亚岐、徐卫民：《雍城秦公陵园诸公墓主考识》，中国秦汉史研究会、咸阳师范学院编《秦汉研究》第二集，三秦出版社，2007年；王学理：《秦君墓地蠡测——君王陵墓与都城关系探索之二》，《王学理秦汉考古文选》，三秦出版社，2008年。

［50］ 陈伟：《凤翔、临潼秦陵壕沟作用试探》，《考古》1995年第1期；王志友：《秦墓地壕沟的作用及其意义》，《文博》2002年第4期；王志友：《秦墓地围沟探源》，《秦文化论丛》（11），三秦出版社，2004年6月；田亚岐：《雍城秦公陵园围沟的发现及其意义》，《秦文化论集》第十辑；王学理：《东陵与西陵》，《考古与文物》1988年5、6期合刊。

［51］ 韩伟、焦南峰：《秦都雍城考古发掘研究综述》，《考古与文物》1988年第5、6期合刊；陕西省考古研究院秦汉研究部：《陕西秦汉考古工作五十年综述》，《考古与文物》2008年第6期；韩伟：《秦国史迹钩沉》，《文物天地》1988年第5期；王长虎、景宏伟、刘亮：《秦发祥地雍城》，《陕西旅游文化丛书》，2004年12月；宝鸡先秦陵园编：《雍城秦公一号大墓》，作家出版社，2010年；张培：《秦公一号大墓发掘记》，《中外历史》1987年第2期；马振智：《试谈秦公一号大墓的椁制》，《考古与文物》2002年第5期；冯宗游、金育欣：《凤翔秦公一号大墓的椁木鉴定》，《考古学研究——纪念陕西省考古研究所成立三十周年论文集》，三秦出版社，1993年；丁云、王言、何清谷：《雍城附近的苑囿》，《秦汉论集》，陕西人民出版社，1992年。

［52］ 汉白渠尾入栎阳，还是过栎阳、越沮水、再入渭，文献记载并不一致。《汉书·沟洫志》说白渠“首起谷口，尾入栎阳是也。今无水”。而《水经·渭水注》上记汉白渠的流经：“东迳

栎阳城北。……又东迳孝公陵北，又东南迳居陵城北、莲芍城南，又东南注金氏陂，又东南注于渭。”显然，白渠在经过秦孝公陵之后，在两书的记载上发生了严重的矛盾。

对此，王学理在《秦都与秦陵》一书中做了辨证。他说：以为《汉书》记载是正确的，因为班固所处的东汉时期，白渠依然在发挥其灌溉的效能。东汉末年，军阀混战，水利失修，白渠已经壅塞。所以，北魏时的郦道元要看到白渠遗迹就相当困难了。而且我们今天看到的《水经注》一书，错简问题相当严重。涉及栎阳地区，就把漆水、沮水（今石川河）同郑国渠、白渠的交汇分合弄得很混乱。那么，句子的倒置、重复、矛盾……必然会导致判断违误。像“莲芍城”位当今渭南市临渭区下吉镇（汉下邽故城）东北，“居陵城”在“莲芍城”之南，“金氏陂”又在“莲芍城”之东南。而这三个地方，都位于沮水之东、渭河之北。如果说汉白渠确实经过这三地的话，那首先得横绝沮水。但在各种史书上，并没有这一记载。《前汉纪·孝武皇帝纪》载：“赵中大夫白公穿渠引泾水。首起池阳谷口，尾入栎阳渭水。广袤一百里，溉田四千五百余顷，因名曰白渠。”作者荀悦是东汉末年人，他受命于献帝所撰《汉纪》三十篇，向来被认为是“辞约事详”而受到赞许的。其所言白渠“首起池阳谷口，尾入栎阳渭水”，同前人班固看到的是一样的，绝对可信。沮水之东没有白渠的存在，只有唐代的“三白渠”（其中“太白渠”在泾阳县东北，“中白渠”和“南白渠”流入高陵县）之一的“中白渠”穿过石川河，在下邽县注入金氏陂。当然，郦道元对这些是无法看到的，更不可能注入《水经注》。如果把这一记述，同《水经注》上那段关于汉白渠的话对照，就不难发现二者何其相似！由此可见，误唐为汉者，不是郦道元，而是后人混入的。所以，今天还要在沮水以东的康桥、关山镇到下吉之间，找秦公二陵，可以断言是徒劳无益的。

［53］ 睡虎地秦墓竹简整理小组：《睡虎地秦墓竹简》，文物出版社，1978年。

［54］ 王学理：《咸阳帝都记》，三秦出版社，1999年。

［55］ 今陕西凤翔县南发现秦公陵园14座，内有秦公大墓20座，但地面上并无封土，只在个别墓上探出建筑遗迹。栎阳地面也没有见到献公和孝公的陵冢，但已经有了地面标志，所以称“孝公、献公冢”。据此，王学理以为“嚣圉”“弟圉”未必是陵名，绝对是地名。

［56］ 《易·系辞》：“古之葬者，厚衣之以薪，臧之中野，不封不树。”春秋时期之前的墓上没有封土和标志，是得到了考古证明的。在孔子（公元前551～前479年）生活的那个年代，他见到坟丘就有四种形式，即所谓“吾见封之若堂者矣（如四坡流水屋顶的高堂建筑），见若坊者矣（高而狭长的堤防样），见若覆夏屋者矣（有如覆盖着的大屋顶），见若斧者矣。从若斧者焉，‘马鬣封’之谓也（狭长而顶部圆突如斧，又因象马鬃，故称马鬣封）”（《礼记·檀弓上》子夏语）。多种坟丘并见，正是坟丘处在开始形成阶段，是还未固定化的表现。河南固始县侯古堆发掘宋景公（名栾，公元前516～前451年）之妹勾敔夫人墓，其封土高可7、直径55米，提供了纪元前5世纪中期存在坟丘大墓的例证（参见固始侯古堆一号墓发掘组：《河南固始侯古堆一号墓发掘简报》，《文物》1981年第1期）。进入战国时期，坟丘墓则较为普遍。

［57］ 崔实说“古者墓而不坟，与平地齐”（《政论》）。也正因为没有封土的存在，当然也不会有什么称呼。一当在墓口上有堆土的出现，人们就很习惯地借用了“丘”“坟”“冢”“山”“陵”这一类中国古代的地理学名词。多种称呼并存，不但可单称，而且还可连称，如“丘墓”“坟

墓”“冢墓”“山陵”“陵冢”……这也不因人们的社会地位高低不同而专有。这种歧异、纷杂的现象，当然是坟丘墓出现初期称谓还未统一、未礼制化的反映。

公元前335年，赵肃侯“造寿陵”（《史记·赵世家》），是国君坟墓称“陵”的最早历史记载。接着便是公元前311年秦惠文王“葬公陵”、公元前307年悼武王“葬永陵”，公元前278年白起拔楚都郢“烧先王墓夷陵”（《史记·楚世家》）。

但是，“陵”之称在很长一段时间里并没有为帝王所接受，如秦始皇陵初名叫“丽山”，秦汉之后才约定俗成地追加成这一通称。汉高祖的“长陵”，在北魏时还有称“长山”的，把吕后陵叫“吕后山”（《水经·渭水注》）。晋人崔豹还把东汉帝王陵称作“山”或“山陵”（《古今注》）。在这时大概可以用得上郦道元一句模糊语言：“秦名天子冢曰山，汉曰陵，故通称山陵矣。”

西汉皇帝之冢称之为“陵”源于秦，从此而后称呼专有化（皇帝）、制度化（称呼），从而为历代所沿袭。那么，反过来说，西汉即使有称“陵”为“山”者，只能认为是一种俗称，属于暂时现象，不足为据。把东汉帝陵称“山陵”者，也只能认为又是一种风雅，也属特殊情况，不足为据。至于唐武则天母杨氏“顺陵”、懿德太子“号墓为陵”者，那是恩准的一种例外，是特定历史条件下的产物。所以在漫长的中国封建社会里，“陵”已成为皇帝墓葬的专称，百姓只能叫“坟”。封建等级制在封土堆的称呼上，同样打下了深深的阶级烙印。把埋葬行为称作“上山”，那是从山陵引申出来的礼貌（王学理：《“秦始皇陵原名丽山”的再议》，《考古与文物》1982年第1期）。

［58］ 刘卫鹏、岳起：《咸阳原上“秦陵”的发现与确认》，《文物》2008年第4期。

［59］ 陕西省考古研究院、咸阳市文物考古研究所、周陵文物管理所：《咸阳“周王陵”考古调查、勘探简报》，《考古与文物》2011年第1期。

［60］ 刘卫鹏：《秦孝文王寿陵位置蠡测》，《秦俑博物馆开馆三十周年秦俑学第七届年会国际学术研讨会论文集》，三秦出版社，2010年。

我们还不能苟同此墓是秦寿陵的看法。理由是：当汉平帝即位时，年龄只有9岁。王莽秉政，大权在握，通过权术欺诈手段硬是把女儿配作皇后。这位王皇后立后一年多时间，平帝驾崩。经过3年的居摄，王莽篡汉。史称王皇后性格顺静而有节操，在刘氏政权易手之后常称疾不出。王莽想让其改嫁，还“更号为黄皇室主”，都遭到拒绝。王皇后在愁病中，又熬过了新莽存在的15年。待农民起义军攻入长安城火烧未央宫后，王皇后便投火而死。那么，在王莽极力破坏刘氏设施、讨好王皇后时，在康陵东为王皇后大筑陵园，有着充足的时间与财力，所以，当前的证据与推想，还不能轻易否定王皇后陵园的事实。

［61］ 因为在唐之后，宋代人出自“政治需要”就有意无意地把涉及历史人物的事迹弄混，就像曹操在唐代以前的评价较为公允，但到宋代就由“起世之杰”一下子变成了“白脸奸臣”。原因是宋太祖赵匡胤的“陈桥兵变”得以黄袍加身，“杯酒释兵权”把手握重兵的将军剥了个精光，唯恐别人学他的样子掀翻了自己的皇帝宝座。随之，便采取了一系列“重文、轻武、防内”的措施，加强专制主义的中央集权制统治。为防止“叛臣”的出现，他一再要臣下“忠君”。想来，此时为迎合老百姓的心愿，便把周文王、周武王推在前边，来了个“李代桃僵”。

［62］ 在殷墟王陵中未见合葬，周王陵情况不清。但在一些西周大墓中（如陕西宝鸡茹家庄墓，河

南浚县辛村的卫侯墓），就出现了夫妻异穴合葬。春秋战国时代，夫妻合葬更趋普遍。现在可以肯定的是，盛传的“周文王陵、周武王陵”绝不是周陵，也不是汉陵，而是秦惠文王与魏夫人同茔异陵合葬的“公陵”。对此，笔者已在1985年出版的《秦都咸阳》一书备注中就肯定了唐人的说法。在1999年出版的《咸阳帝都记》一书中，更是展开了论述。

[63] 咸阳市文物考古研究所：《西汉帝陵钻探调查报告》，文物出版社，2010年。

[64] 关于杜仓相秦一事，马非百经过考证之后，认为《韩非子》的记载无误。文见马非百：《秦集史·人物传37》，中华书局，1982年。

[65] 中国社会科学院考古研究所：《新中国的考古发现与研究》，文物出版社，1984年；陕西省考古研究所：《镐京西周宫室》，西北大学出版社，1995年。

[66] 王学理：《东陵和西陵》，《考古与文物》1988年第5、6期。

[67] 骊山学会载文说：“秦东陵之名，是秦代按照方位对其王室陵园的命名，它是与雍城三畤原上的秦公诸陵相对而言。”“雍城陵区，亦称‘西陵’，在今陕西凤翔。”并认为东陵是“幽都地宫与国都南北对应”，是“阴阳观念的客观反映”（见《秦东陵探查初议》，《考古与文物》1987年第4期）。

此说未从秦都咸阳形成史上分析，单从臆想上推断，其结论必然是难于成立的。今取子之矛盾而言，第一，“按照方位”取名，既以远隔300里的“雍城陵区”作为参照物，那么雍东之“公陵”“永陵”，雍西之“平阳墓地”、更远的“西垂墓地”又该如何称说？第二，在“墓而不坟”的雍都时代根本就无陵，“西陵”之称何来？第三，“幽都地宫与国都”既是阴阳的对立，能否构成“南北对应”而取名“东陵”？至于和“阴阳观念的客观反映”能扯上多少瓜葛，实在令人生疑!

[68] 这里有两处地理位置需要纠正：一是夏太后并不“别葬杜东”，是“别葬杜南”。因为秦杜县（位今西安市南、接近长安区的杜城村）之东的杜东原（也称“少陵原”）上有汉宣帝杜陵，原北是宜春苑。而秦杜县南的神禾原上有杜南苑，也有夏太后大墓的发掘。但史书记载在传抄中，错把夏太后葬在杜东、秦二世葬在了杜南。对此的辩证文见王学理：《二世未解神禾原，墓主原是夏太后》，载《王学理秦汉考古文选》，三秦出版社，2008年；二是有人认为秦悼太子冢在皇子陂上。《水经注》：“沈水上承皇子陂于樊川。”今陕西西安市长安区南流经樊川的潏河，又名“泬水”，也就是古之沈水。《太平寰宇记》：“皇子陂在启夏门南三十里。陂北原上有秦皇子冢，因以名之。隋文（帝）改为永安陂，周迴九里。”唐启夏门是长安城南墙东端的城门，位当今陕西师范大学东墙外30米处，由此向南30里即是“皇子陂”（永安陂）。但《长安志》长安县条却说“永安陂在县南二十里，周七里”，显然有误。因为唐以后的长安县治设在唐长安城的长寿坊，地当今西安市西南的徐家庄附近，距皇子陂更远，就不止“二十里”。《十道志》说“秦葬皇子起冢坡北原上，因名皇子陂”。清毕沅案：“此即秦悼太子冢，前人俱未考耳。”实际上，此处所言的“秦葬皇子”，如是“悼太子”，则不应称“皇子”。《史记》说悼太子“归葬芷阳”，徐广又明确指出在“今霸陵”，显然就不能南移长安。

[69] 陕西省考古研究所、临潼县文管会：《秦东陵第一号陵园勘查记》，《考古与文物》1987年

第4期；，又《秦东陵第二号陵园钻探简报》，《考古与文物》1990年第4期；程学华：《秦东陵考察述略》，《秦陵秦俑研究动态》1992年第1期；陕西省考古研究所秦陵工作站：《秦东陵第四号陵园调查钻探简报》，《考古与文物》1993年第3期。

[70] 西汉帝陵方位明确，一处在汉长安城北的咸阳原上，从阳陵到茂陵，有9座陵园东西一字排开；另一处则在京都的东南部，这就是薄太后“南陵”和霸、杜二帝陵。除各帝陵的陪葬墓群随主之外，贵族和平民墓葬主要分布在汉长安城的东郊、南郊偏东二部。东郊的汉墓越过灞河，又沿铜人原北缘向东分布。而铜人原东、南两面属秦芷阳地，早有秦人埋葬，西汉人是知道的，所以达官贵人是不会来此选择自己墓地的。在汉长安城东、东南隅，秦汉陵墓的分区、交叉，甚至重叠，是很清楚的，可参见王学理：《张冠李戴“韩森冢”实属西汉“恭皇陵”》，《西北大学史学丛刊》（4），三秦出版社，2001年。

[71] 关于“亚”“中”“甲”三形的墓葬，是等级制的反映。今举考古的例证如下。

我国在公元前3000～前2100年之后的历史，进入了黄帝、尧、舜等人统治的“传说时代”，而浙江余杭市良渚反山、山西襄汾县陶寺和山东临朐县西朱村等三地大墓的发现，不仅证明那时小国林立，而且王墓与众不同。河南偃师二里头遗址，作为夏代太康王所都的斟鄩，有大型宫殿建筑，也有宗庙和王墓的发现。虽然商代早期的都城“西亳”（在河南偃师县尸乡沟）和“隞都”（今郑州市），还没有王墓的发现。但在盘庚迁殷后的商代晚期，安阳市殷墟则为我们提供了较为翔实的王陵资料。侯家庄西北岗的西区有7座大墓、东区有1座大墓和4座较大的墓，高楼庄后岗也有4座较大的墓，墓室都作具有四出墓道的“亚”字形式。连一些方国首领的墓葬也仿效商王，采用了四向的墓道（如山东青州市苏埠屯一号大墓）。

周天子的王陵至今还处在调查阶段，不明其形制。但春秋战国时期的诸侯王墓较有名的河南浚县辛村卫侯墓地、三门峡市虢国墓地，山西曲沃县曲村晋侯墓地，北京市房山县琉璃河燕国墓地，河北平山县中山王墓、邯郸赵王陵，河南辉县固围村魏王室墓等，特别是陕西凤翔秦公陵园，其墓葬形式都遵照等级制作“中”字或“甲”字形，在埋葬制度方面基本上继承了殷商而有所变化。

[72] 2010年11月，西安市公安局刑侦二处破获了一个盗掘秦东陵的团伙。据知，盗墓贼已经从一号陵园的二号墓洞进入墓室，触及到棺椁。缴获的文物中有1件完整的高柄漆豆、3件残豆座。高柄豆髹黑漆，红彩云纹图案，盘直径16.7、座径14.6、通高28.6厘米。盘底内凹，两侧针刻极细的铭文，分别是“八年相邦薛君造，雍工币（师）效，工大人申”“八年丞相殳造，雍工师效，工大人申”。同出的残豆上有“大官”的烙印文字。

《史记·秦本纪》载：昭襄王“九年，孟尝君薛文来相秦。奂攻楚，取八城，杀其将景缺”“十年……薛文以金受免。楼缓为丞相”。相邦薛文同丞相殳，同时出现在同一件由太官专供君主使用的漆豆上，说明器主的身份异常高贵，在这里除位极人臣的秦昭襄王还能有谁呢?

对一号陵园的属主，多位学者都有称说。《咸阳帝都记》一书中认定一号陵园系秦昭襄王与唐太后合葬的陵园，并提出判断的根据有五。现在有八年相邦薛君漆豆的出现，则更进一步证实笔者12年前判断的无误。

[73] 《史记》载：公元前251年，即秦昭襄王“五十六年，秋，王卒。子孝文王立，尊唐八子为

唐太后，而合其葬于先王。韩王……视丧事。孝文王元年赦罪人……孝文王除丧，十月己亥即位。三月，辛丑卒”。一般人以为“孝文王立”即是第二年，但从原文知，这还算作先王享国之年。只有到公元前250年才算孝文王元年，而且也只有服丧一年期满才算即位。由此可见秦昭王死、立储君孝文王尊生母为唐太后、唐太后死葬都是发生在公元前251年。特别是唐太后在昭襄王秋天死后不久，跟着去世而“合其葬”，不知是否为生死的巧合?

［74］《水经·渭水注》霸水条：“又北迳枳道，水上有桥，谓之霸桥。霸水又北，左纳漕渠。〔漕渠〕绝霸右出焉，东迳霸城北，又东迳子楚陵北，又东迳新丰县，右会故渠，渠上承灞水……”。据此，“阳陵”当在灞水东岸的汉晋灞桥北、漕渠之南，坐落在霸城之东。据考，汉灞桥约在今西安市东北郊光泰庙附近的灞水上，位当汉长安故城霸城门东，是过灞水的重要桥梁，王莽更名长存桥。那么，庄襄王“阳陵”不但按漕渠的流经（霸城北—子楚陵北）位移到今临潼区斜口镇地界，而且《渭水注》提供的方位也造成了错乱。想来这段文字的叙述应当是〔漕渠〕绝霸右出焉，东迳霸城北，〔渭水〕又东迳子楚陵北……正因为过去对错简了文献资料未加详审，以致闹到以讹传讹的地步。那么，《陕西通志》（清雍正本）卷70《陵墓》引皇甫谧：“霸河东三里，俗呼见子陵。”看来此记载也是不正确的。

［75］“八子”是秦汉时期宫内女官的一种名号，《史记·集解》：“八子者，媵之号。”《汉书·外戚传》：“汉兴，因秦之称号，帝母称皇太后，祖母称太皇太后，适称皇后，妾皆称夫人。又有美人、良人、八子、七子、长使、少使之号焉。至武帝制婕妤、既娙娥、傛华、充依，各有爵位，而元帝加昭仪之号，凡十四等云。昭仪位视丞相，爵比诸侯王。……八子视千石，比中更（注：即第十三等爵）。”汉诸侯王也有“八子，位相当于六百石”。

［76］陕西省博物馆：《介绍陕西省博物馆收藏的几件战国时期的秦器》，《文物》1966年第1期。

［77］朱德熙、裘锡圭：《战国铜器铭文中的食官》，《文物》1974年第7期。

［78］在今西安市东郊韩森寨韩森路中段有一冢位于高台之上，通常呼之曰“韩森冢”，其基部东西55.5、南北63、高约22米，保护标志上刻作“秦庄襄王墓”。

其实，历来对此墓墓主的说法很多，为文辩驳各执一端，又增错乱。像宋敏求《长安志》“尖冢，《两京道里记》曰：‘在通化门东二里’。《皇览》云：‘是吕不韦冢’。《三辅旧事》云：‘是子楚母墓’。皆非也。其冢制度广大，岂人臣所宜?据韦述《两京记》，则秦襄王寿陵也”。他虽否定了尖冢是“吕不韦冢”“子楚母墓”之说，却生出了“秦襄王寿陵”说。“寿陵”乃秦孝文王与华阳太后合葬之陵名，史有明载，其所言“秦襄王”竟不知指昭襄王与庄襄王中哪一位? 实际上二王陵墓均在芷阳，《史记》也言之凿凿。今有一些学者在肯定昭襄王和庄襄王陵在芷阳之后，根据葬杜陵原上的夏太后“东望吾子，西望吾夫”的话，肯定地说韩森冢系秦孝文王的“寿陵”。诚若此，却少了一个华阳太后的墓冢，显然不符合“会葬”的史载。既然华阳后比孝文王晚死20年后才“会葬”的，总不能扒开夫君的墓圹“同穴”或“异穴”地合葬吧?况且这里并没有掘开“尖冢”或毁冢的任何记载与迹象。看来，尖冢属“孝文王陵”之说也难于成立。

韩森冢不是吕不韦冢、子楚母墓，不是昭襄王或庄襄王之陵，也不是孝文王与华阳太后的“寿陵”，究竟是谁的墓?在这里，你不得不承认“其冢制度广大，岂人臣所宜”的感叹有一定的道理。但是，在秦王陵地确定前提下，人们为什么一定要在秦王中找墓主呢?王学理根据汉长安东秦汉陵墓分布范围，指出韩森冢不是秦陵，应该是汉陵。究竟墓主人是谁，还须进一步研究。

[79] 骊山学会（程学华执笔）：《秦东陵探查初议》，《考古与文物》1987年第4期；王学理主编：《秦物质文化史》尚志儒撰写第七章陵墓，三秦出版社，1994年；张海云、孙铁山：《秦东陵调查记》，《文博》1987年第3期；张海云、孙铁山：《秦东陵再探》,《考古与文物》1993年3期；张海云、孙铁山：《对秦东陵有关问题的几点看法》，《考古与文物》1996年第5期；王学理：《咸阳帝都记》, 三秦出版社, 1999年；赵化成：《秦东陵刍议》，《考古与文物》2000年第3期；孙伟刚：《新发现秦漆器及秦东陵相关问题探讨》，《人类文化遗产保护》2012年第5期，西安交通大学出版社。

[80] 陕西省考古研究院：《陕西长安神禾原战国秦陵园遗址田野考古新收获》，《考古与文物》2008年第5期。

[81] 《史记・吕不韦列传》载“夏太后独别葬杜东”，王学理早在其《咸阳帝都记》中指出“在杜南”。

[82] 王学理：《二世未解神禾原，墓主还是夏太后》，《陕西省历史博物馆馆刊》（15），2008年。

[83] 陕西省文物管理委员会：《秦始皇陵调查简报》，《考古》1962年第8期。

[84] 王学理：《秦始皇陵研究》，上海人民出版社，1994年。

[85] 陕西省考古研究所、秦始皇兵马俑博物馆：《秦始皇陵园考古报告》（1999）、《秦始皇陵园考古报告》（2000）、《秦始皇陵园考古报告》（2001～2003），科学出版社。

[86] 1汉尺合今23.2厘米，汉里合今417.53米。

[87] 足立喜六：《长安史迹研究》，三秦出版社，2003年。

[88] Audrey Topping. The first emperor’s army: China’s incredible find. National Geographic. 1978, Vol. 53, No. 4.

[89] 《秦始皇陵》，《文物》1975年第11期。

[90] 同[84]。

[91] 对秦始皇陵采用的物探方法多达8大类22种（含亚类方法），计有弹性波法（即地震法、反射波法、陆地声呐法）、磁法、电法（激发极化法、瞬变电磁法TEM、可控源音频大地电磁法CSAMT、音频大地电磁法AMT、直流视电阻率电测探法、高密度相位激电法、高密度电法、地质雷达法）、重力法、测汞法、放射法（α钚）、地温测量、核磁共振法等。参见陕西省考古研究所、秦始皇兵马俑博物馆：《秦始皇陵园考古报告（2001～2003）》，文物出版社，2007年。

[92] 秦始皇陵考古队：《秦始皇西侧“丽山飤官”建筑遗址清理简报》，《文博》1987年6期；王学理：《丽山食官遗址（东段）复原的构想》，《考古与文物》1983年第4期。

[93] 秦始皇陵考古发掘队：《陕西临潼鱼池遗址调查简报》，《考古与文物》1983年第4期。

[94] 长期以来，陕西考古界一些学者总是把“从葬坑”称之为“陪葬坑”，导致了“人”（殉）

与“物”（随）的混杂。对此，王学理曾多次就“殉葬”“陪葬”“随葬”“从葬”等词作过校正，参见《汉景帝与阳陵》，三秦出版社，2003年；又《王学理秦汉考古文选·论秦汉的从葬之制》，三秦出版社，2008年。

[95] 关于秦始皇陵从葬坑资料，多取自陕西省考古研究所、秦始皇兵马俑博物馆编写的《秦始皇陵园考古报告》，恕不一一注明。

[96] 王学理：《五时副车所反映的秦代銮驾制度》，载《秦陵二号铜车马》（《考古与文物》第1号）；又《秦陵彩绘铜车马》，陕西人民出版社，1988年。

[97] 王学理：《丧乱庙隳失重器》，《秦文化论丛》第8辑，陕西人民出版社，2001年。

[98] 在汉文窦皇后陵和薄太后南陵，都发掘过珍禽异兽坑。汉文窦皇后陵园从葬坑里出土有鹅、仙鹤和不知名的兽骨，太后南陵从葬坑出土过大熊猫和犀牛，这些被认为是汉上林苑中豢养的动物。参见王学理等：《西安任家坡汉陵从葬坑的发掘》，《考古》1976年第2期；王学理：《汉南陵从葬坑的初步清理——兼谈大熊猫头骨及犀牛骨骼出土的有关问题》，《文物》1981年第11期；王学理：《汉“南陵”大熊猫和犀牛探源》，《考古与文物》1983年第1期。

[99] 秦俑坑考古队：《秦始皇陵东侧马厩坑钻探清理简报》，《考古与文物》1980年第4期。

[100] 王学理：《秦俑专题研究·一幅秦代的陈兵图》，三秦出版社，1994年；又《轻车锐骑带甲兵》，百花文艺出版社，2002年。

[101] 袁仲一：《秦始皇陵东侧第二、三号俑坑军阵内容试探》，《中国考古学会第一次年会论文集》，1980年。

[102] 白建刚：《秦俑军阵初探》，《西北大学学报》1981年第3期。

[103] 同[100]。

[104] 陕西省考古研究所、秦始皇兵马俑博物馆：《秦始皇陵园考古报告（2001～2003）》，文物出版社，2007年。

[105] 始皇陵秦俑坑考古发掘队：《秦始皇陵西侧赵背户刑徒墓地》，《文物》1982年第3期。

[106] 同[84]。

[107] 临潼县博物馆等：《临潼县城东侧第一号秦墓清理简报》，《考古与文物》1993年第1期；林泊：《临潼发现秦人砖室墓》，《中国文物报》1990年5月10日；《临潼新发现建陵匠师墓》，《中国文物报》1999年11月20日。

[108] 陕西省考古研究所、秦始皇兵马俑博物馆：《秦始皇陵园考古报告2001～2003》，文物出版社，2007年。

第十章　士民墓葬

历代秦君及其兄弟姊妹和子女，以及他们的后裔，都是些名实相符的“秦人”，但要说到“秦国人”“秦代人”并不一定都是“秦人”了。同样的道理，嬴姓秦君及其兄弟姊妹和子女，以及他们后裔的墓葬都是些名实相符的“秦人墓”，但秦国或秦王朝统治时期的墓葬不一定都是“秦人墓”。若要使秦人和秦人同时生活过的非秦人之墓区分开来，那是很困难的。因此，只好把接受秦文化及其葬俗影响的非秦人之墓统统归之为“秦墓”。如果把统一后的秦王朝之墓，同统一前秦王国之墓不加区别地称作“秦代墓”，就会把非“秦墓”也包括了进来。我们所言的“秦墓”，它既同商周时期不同族类如“殷墓”“周墓”及春秋战国时期诸侯国之墓并存而成为独立的概念，而且把西汉初年的那些“前朝遗老”也一言以蔽之曰“秦代墓”。当然，这个“秦代墓”是个比较宽泛的叫法，既包括有“秦墓”“秦人墓”，也把被灭六国而死葬在秦王朝的墓也归并了进来。

秦人墓、秦墓和秦代墓，既有概念上明晰的区分，也有实际上区别的难点。因此，本书采用“秦墓”而摒除“秦代墓”的称呼，则是为了更好地突出“秦文化”的这一特色。

秦国小型墓葬一般称之为“国人墓葬”，或称“平民墓葬”。因为这类墓中还有相当一些中下级官吏，所以题作“士民墓葬”。随秦的统一，秦人葬俗从陕西关中地区及甘肃东部的秦本土向四周扩展开来，在四川、山西、河南、湖北、湖南、内蒙古、安徽、广东等地也有不少秦墓的发现，此风延续到西汉初年，随后便被“汉文化”所同化。

自1937年宝鸡斗鸡台“屈肢墓葬”的清理算起，至2015年6月，在全国各地已发掘的秦墓约有11142座，其中在秦本土的陕、甘地区占大多数。而秦墓数量之多者又以关中为最高，约7702座，占秦本土秦墓的99.3%，占全国秦墓的69.12%。

关中地区的秦墓分布，尤以凤翔八旗屯、高庄和六道村秦墓地、秦公陵园内、陇县店子秦墓地、咸阳塔儿坡秦墓地、咸阳任家嘴秦墓地、西安北郊尤家庄墓地最为集中。

从时代序列看，春秋早期的宝鸡南阳、陇县边家庄M1比较典型。

春秋中期具有代表性的墓葬当数宝鸡福临堡、礼县圆顶山墓地、凤翔八旗屯BM11和M27、陇县店子M15、M122、M215和M252。

春秋晚期的代表性墓葬是凤翔高庄M10和M12、陇县店子M103、M111、M132、M161、M212、M218、M250和M266。而凤翔孙家南头的91座春秋秦墓，时间从早期到末期，更具有代表性。

战国早期具有代表性的墓葬是凤翔高庄M18、M48、M49，八旗屯M4、M103，陇县店子M38、M47、M46、M74、M114、M121、M149、M176、M185、M226、M254，宝鸡茹家庄M5。

战国中期土圹竖穴墓和洞室墓并行发展，凤翔高庄秦墓地、宝鸡建河秦墓地发现最多。

战国晚期的任家嘴秦墓地和半坡秦墓地可作为代表。

战国末、秦代下至西汉初期，咸阳塔儿坡墓地、西安尤家庄秦墓、临潼上焦村秦始皇陵陪葬墓、河南泌阳秦墓、湖北云梦M11和龙岗M6，都是秦代典型的墓例。

第一节 秦本土国人墓葬

一、秦本土国人墓葬的考古材料

在秦本土的陕西关中及甘肃东部地区，几十年来，考古工作者发掘了大量秦国墓葬。早期的考古工作，在关中地区的中部，特别是西部，相对的要多一些，可以确定是秦国墓葬的主要有以下一些材料。

1934～1937年宝鸡斗鸡台发掘的11座“屈肢墓葬”[1]；1955年长安客省庄发掘的71座东周墓葬[2]；1954～1957年西安半坡发掘的112座战国墓葬[3]；1954年宝鸡姜城堡清理的百余座战国秦墓，除一座屈肢外均为直肢葬[4]；1959～1960年宝鸡福临堡发掘的10座东周墓葬及1座车马坑[5]；1963～1964年宝鸡县阳平秦家沟发掘的5座秦墓[6]；1967年宝鸡市茹家庄发掘的7座东周墓葬[7]；1974年大荔朝邑发掘的26座战国墓葬[8]；1974年户县宋村发掘的1座春秋秦墓及1座车马坑[9]；1976年凤翔八旗屯发掘的40座秦国墓葬及4座车马坑[10]；1975～1977年咸阳市黄家沟发掘的48座战国墓葬[11]；1976～1977年临潼县上焦村发掘的8座秦墓[12]；1977年凤翔高庄发掘的46座秦墓[13]；1978～1979年长武上孟村发掘的28座秦国墓葬及1座车马坑[14]；1978年宝鸡县西高泉村发掘的3座春秋秦墓[15]；1978年冬，在宝鸡县西高泉村又发掘春秋战国秦墓70多座[16]；1979年凤翔高庄发掘的2座战国秦墓[17]；1979～1980年凤翔县西村发掘的42座战国秦墓及2座车马坑[18]；1979年10月宝鸡县甘峪发现春秋秦墓葬1座[19]；1981年凤翔县八旗屯村发掘的10座墓葬及1座车马坑[20]；1983年凤翔八旗屯西沟道发掘的26座秦国墓及1座车马坑[21]；1984年铜川市枣庙发掘的25座秦墓[22]；1984年咸阳市任家嘴发掘的1座殉人秦墓[23]；1986年凤翔县南指挥西村发掘的2座秦墓[24]；1986～1987年蓝田县泄湖发掘的4座战国墓葬[25]；1979～1986年陇县边家庄发现的33座秦国墓葬[26]；1988年凤翔县邓家崖发掘的7座秦国墓葬[27]；1990年在咸阳任家嘴发掘秦墓242座[28]；1991～1993年在陇县店子村发掘秦墓224座[29]；1991年凤县双石铺发现一座秦墓[30]；1992年扶风飞凤山发掘战国秦墓葬5座[31]；1993年在眉县营头铜峪村水泥厂发掘春秋秦墓一座[32]；1993年在宝鸡益门发掘春秋秦墓葬1座[33]；1997年4月在陇县韦家庄发掘秦墓8座[34]；1998年4月在宝鸡县南阳村发掘春秋秦墓葬4座[35]；1999年在宝鸡县晁峪发掘秦墓6座[36]；宝鸡县凤阁岭镇建河村发掘的秦墓39座[37]；在宝鸡县关桃园村发掘秦墓5座[38]；2003年，在凤翔县西南约15千米处的汧河东岸的台地上，当蕲年宫遗到址附近的孙家南头村西南侧发现古墓葬191座，2004年接续发掘，共发掘秦墓91座[39]。2009年，在凤翔县东北20千米处的田家庄变电站，发掘秦墓5座，秦公陵园一号陵园中兆沟外侧东北，新发现中小型墓葬446座。六号陵园中兆沟西南角外侧新发现703座中小型墓葬区。2011年，配合凤翔南过境公路，发掘了战国秦墓30座。2012年，在雍城东郊的六道村发掘战国秦墓23座[40]。

从20世纪90年代起，在秦都咸阳近畿范围内有大量的秦墓被科学发掘，获得了较系统的材料。前后清理的秦墓主要有1994～1995年，陕西省考古研究所在西安市临潼区零河东的河东村南发掘了10座秦墓[41]；1995年，咸阳市文物考古研究所在咸阳市塔儿坡发掘秦墓381座[42]；1998年5月至2001年，在西安北郊张家堡南的尤家庄、北康村、翁家庄，清理战国晚期至秦统一的秦墓123座[43]；1998年7月至2001年5月，陕西省考古研究所在尤家庄南的12处发掘点共清理战国至统一秦的小型秦墓197座[44]，村东的陕西移动通信大楼有一批秦墓，再东的长庆油田征地千亩也有一批墓葬，材料待发；2000年在高陵县张卜，清理了战国小型秦墓有14座[45]；2002年，在配合高陵县益尔公司基建考古工作中，发掘秦墓51座[46]；2005年，陕西省考古研究院在咸阳市塔儿坡东的西尔村发掘战国至秦代墓葬57座；2007年，陕西省考古研究院在西安市临潼区新丰街道办事处屈家村东南、渭河南岸的二级台地上，发掘了723座古墓葬，其中战国秦墓葬594座，距秦始皇帝陵6千米，发掘者研究认为这里属于“戏邑”内居民的墓葬区；临潼刘庄墓地发掘秦墓葬49座、临潼马额发掘45座秦墓[47]：2010年8～10月，陕西省考古研究院、咸阳市文物考古研究所与乾陵博物馆，在乾县西夹道村发掘了4座小型秦墓；2012年6月，陕西省考古研究院在咸阳市周陵镇秦惠文王“公陵”东2千米的贺家村北，发掘了战国晚期秦墓70座；至2015年3月，陕西省考古研究院在咸阳市渭城街道办冶家台村北、高干渠南，发掘战国秦墓1100座。

关中东部，也有一些秦墓的发掘材料[48]，如2001年在华县东阳发掘秦墓39座，2009年在华阴市卫峪乡沙渠村南台地上发掘11座春秋晚期到战国早期的秦墓，2011年8～11月，在白水县史官乡西章村西北，发掘东周墓葬20座。2013年3～12月，在澄城县冯原镇居安村，发现春秋中晚期的秦人墓葬1157座。截至2014年4月，已探明墓葬3211座。按照分布范围与密度推算，“居安墓地”墓葬的总数量应超过4000座。

1982年，汉中市沙沿乡杨家山村清理了一座秦墓[49]。

甘肃东部发掘的秦墓主要有1974年平凉庙庄发掘的2座战国墓[50]；1978年灵台景家庄发掘了1座春秋秦墓[51]；1983年甘谷毛家坪发掘的31座西周至战国时期秦人墓葬[52]；1986年天水放马滩发掘的13座秦国墓葬[53]；1998年在礼县圆顶山发掘秦铜器墓葬4座[54]；2006年11月在张家川发掘战国墓葬3座[55]。

二、最早的秦人墓葬

关中及甘肃东部的秦国本土墓葬是秦国墓葬中最重要的部分，与关东诸国相比，其特点是十分显著的。在这一地区发掘的秦人墓葬中，最为重要的莫过于在甘谷毛家坪经科学发掘的31座秦人墓葬，它使人们对早期秦文化的认识产生了一次飞跃。

毛家坪墓地位于渭河上游。据陶器演变序列，可分为五期，各期的年代分别为西周中期、西周晚期、春秋早期、春秋中期、春秋晚期至战国早期。其中属于西周中晚期的墓有12座。考古工作者在发掘这批墓葬的同时，还发掘了居址200平方米，见有灰坑、残房基址的地面等。按地层堆积年代，从西周早期一直延续到战国中晚期。

这批墓葬的陶器基本组合为鬲、盆、豆、罐。罐有多种，除第一期外，其他各期多见大喇叭口罐。第一、二期即西周时期随葬陶器多是火候很低的红陶，第三期及其以后即东周时期，随葬陶器绝大部分是火候较高的灰陶，但从形态上看两者之间有着明显的继承关系。毛家坪这12座墓也都是东西向的长方形土圹墓，葬式均为屈肢，属于西周时期的秦墓葬俗，其中8座蜷曲特甚，头向亦朝西；东周秦墓陶器的组合、形态与关中地区同类秦墓相同，墓葬形制、葬俗亦同，即均为长方形竖穴土坑，屈肢葬式，大多蜷曲特甚，头向西。

与墓地并存的居址内出土的西周陶器，其基本组合除鬲、盆、豆、罐之外，还有日用器的甗、甑等。与墓葬相比，陶器的形体较大，绝大多数为灰陶。居地内西周陶器与周文化相似，如数量较多的陶鬲均为侈沿的联裆绳纹鬲，有的是瘪裆。不同之处是不见仿铜陶礼器，且绳纹不规整。这是居址出土陶器的最大特点（图10-1）。

毛家坪西周时期的秦墓葬俗与周墓完全不同，陶器组合与陶质亦有较大差别。只有陶器形制与同期周墓大致相似，但与甘青地区其他古文化相去较远[56]。

毛家坪西周时期秦文化的发现对我们了解秦文化的渊源及其基本特点有着重要意义。

以往流行的说法认为，墓葬中的屈肢葬、头向西，铲形袋足鬲、洞室墓等是秦文化固有的特点。毛家坪秦墓的发掘为研究这些问题提供了重新审视的证据。

毛家坪秦墓的葬式均为屈肢葬，东周时期的墓大多蜷曲特甚，而12座西周时期的墓中仅8座蜷曲特甚。这一发现说明东周以来的屈肢葬是秦文化的固有因素是正确的。

毛家坪秦墓墓主均头向西，即所谓的“西首葬”。这类墓墓圹往往呈东西长方形，死者头向西，多偏向西北，在以往发掘的秦墓中，不仅小型墓具备这个特点，就是大型墓也是如此，如雍城秦公墓地所发现的所有“中”字形、“甲”字形大墓均呈东西向。因此，西首葬也应该是秦文化的固有内容。

能确切地与秦早期相对应，年代范围基本在春秋早期，具有代表性的发现有陇县边家庄、店子，宝鸡市姜城堡、谭家村，宝鸡县西高泉、南阳，灵台景家庄等墓地，发掘者分别推断有年代相当于春秋早期的秦墓。对此，学术界迄无异议，并普遍认为

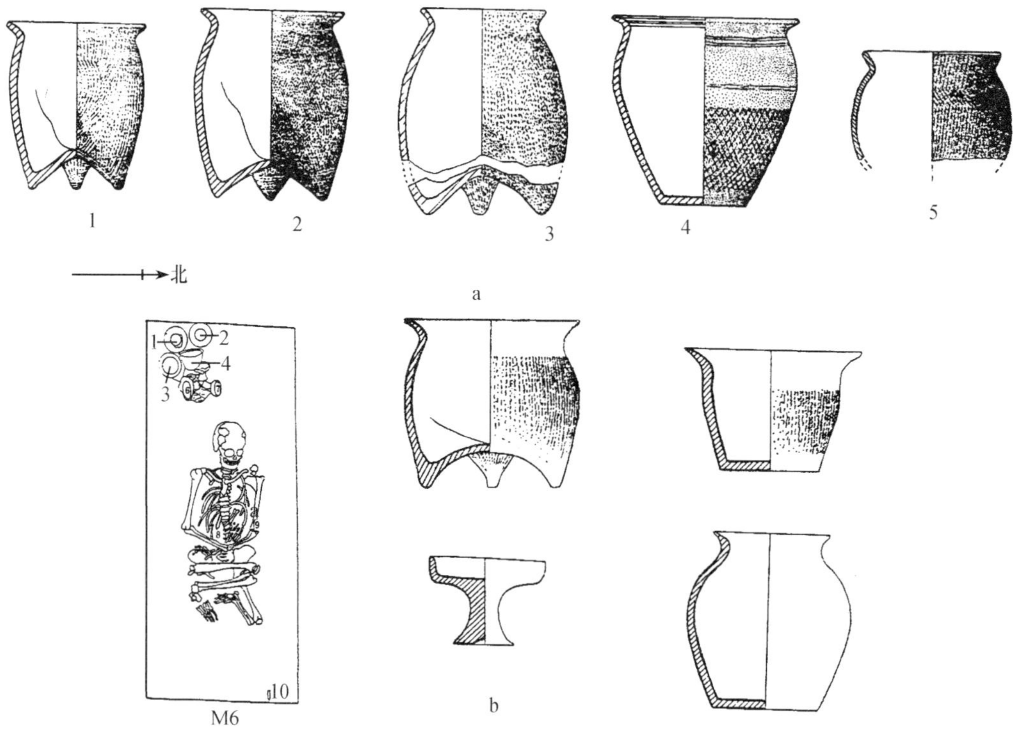

图10-1　甘肃毛家坪西周时期秦人居址墓葬遗存

a. 毛家坪居址第一期出土陶器　b. 毛家坪西周时期的秦人墓

1. H29：1　2. T1④B：1　3. T1④B：29　4. T3④B：4　5. T1④B：22

姜城堡墓可到春秋早期的早段。与姜城堡墓年代相当，或者还有略早者，只有礼县大堡子山的秦西山陵区[57]。

关中战国秦墓中有时出土一种分裆、单耳或双耳、足根作铲状的陶鬲，以往把这种铲足根袋足鬲作为秦文化因素看待，但毛家坪发掘的这种鬲却是另一种文化的代表。发掘者说：以铲足根袋足鬲为代表的文化在毛家坪也已发掘到，年代大体相当于春秋战国时期。其陶器种类除铲足根袋足鬲外，还有小柱足根袋足鬲及双耳深腹平口罐等。这种遗存当是甘肃东部东周时期戎人的文化遗留。毛家坪西周时期秦文化中绝不见这种遗存，因而与秦文化渊源无关。

洞室墓在关中及其他地区的早期秦墓中未见一例，毛家坪西周时期秦墓也未发现洞室墓。虽然这种形式的墓在关中战国中期的秦墓中就开始出现，并有逐渐增多的趋势，但可以肯定它也不是秦文化的固有特征。洞室墓可能是秦人吸收外来文化产生的一种新的墓葬形式。

三、秦本土墓葬的分期

1934～1937年，前北平研究院在宝鸡斗鸡台沟东区发掘了80余座周、秦、汉代的墓葬，是陕西地区首次经考古获得的珍贵科学资料。经苏秉琦先生对器物形制及制作工艺的研究，并结合葬俗葬制进行全面考察，将时代区分为三个时期，并说是三个文化。虽然当时还未指明屈肢葬墓代表的就是秦文化，但这一划分无疑是十分重要的。前两期被推测在商周之际至战国，后一期被认为是汉或汉以后，实际上这是第一次对秦文化、周文化和汉文化进行的区分。与此同时，苏秉琦先生还进一步把屈肢葬墓进行了相对年代的划分，即早、中、晚三个阶段，这应看做是秦墓分期研究的开端。

20世纪50年代以后，在长安客省庄和西安半坡东周墓发掘的基础上，又在宝鸡李家崖、姜城堡，西安东十里铺，西北第一印刷厂，户县热电厂等地发掘大量小型墓葬[58]。在积累了丰富资料的基础上，人们便把这种采用屈肢葬仪，头向西、出土铲足根袋足鬲的墓称之为“秦人墓葬”。后来的资料虽然排除了铲形袋足鬲是秦文化的固有因素，但把具有这些内容的墓称之为秦人墓无疑是一个认识上的飞跃。

20世纪60年代初期，人们开始认识到最初排列的早、中、晚三阶段，实际上是战国秦墓的三个不同的阶段，还远远不能包括所有的秦墓。在此期间发掘的宝鸡福临堡等地的墓葬，促使人们将春秋时期的秦墓划分出来，从而对秦墓的认识又进了一步。

20世纪70年代中期发掘的大荔朝邑墓群被分为早、晚两期。1976年以来，陕西省考古研究所、陕西省文管会在凤翔秦都雍城南部高庄、八旗屯等地进行了大规模的科学发掘，获得重要资料。后来发表的材料中，把这一批秦墓分为六期，即春秋及战国早、中、晚各三期[59]，其上限当春秋早期后段，即秦德公元年居雍的公元前677年，下限可到战国晚期。高庄墓群分为春秋晚期，战国早、中、晚及秦统一后五期[60]。

20世纪80年代初对秦墓的整理和分期断代走上了系统的全面的研究阶段，揭开了这一研究领域新的一页。这也是秦文化研究的第三次飞跃。在分析八旗屯、高庄秦墓的基础上，有人把陕西境内的秦墓亦分为六期，即春秋三期、战国至秦三期[61]。有学者则将已公布的秦墓资料归纳为五个阶段，即春秋初期、春秋晚战国早期、战国中晚期、秦攻拔六国至秦统一、西汉初年[62]。而尚志儒依据大量秦墓资料，通过对秦国小型墓的分类分析，进一步将秦墓分为七期，即春秋、战国各三期、秦统一至秦亡为一期[63]。“作者采取了微观的分析，先把大墓的等级差排外，仅对小型秦墓进行了分析，这样就避免了墓葬中因等级差别所造成的差异”[64]。赵化成先生依据出土器物的基本情况，把秦墓分为三个类别，即铜礼器墓、陶礼器墓及日用陶器墓，并分别按年代序列分组（春秋早期至秦统一以后）。“作者把秦墓依不同类别加以区分，然后再对各类别的不同器物作形态学的分析，使各类墓葬在期别上互相参照，避免了秦墓由于等级差别而出土器物则不同等方面的因素。同时也照应到了同时代的共性特征，无疑比较接近实际”[65]。之后，陈平先生对关中地区的秦国青铜器墓做了系统的形态学的分析研究，建立了一整套春秋战国青铜器分期标尺，使秦墓中铜礼器墓的研究愈加深入[66]。

进入21世纪初，张天恩先生则对自20世纪最后20余年来，陕西宝鸡一带春秋时期和甘肃东部西周考古学文化遗存，特别是对礼县大堡子山秦公大墓一批秦早期的墓葬资料进行了更为深入的研究，概括出了早期秦文化的基本特征，指出了与西周晚期墓葬的差别。认为能确切地与秦早期相对应的墓葬有陇县边家庄、店子，宝鸡市姜城堡、谭家村，宝鸡县西高泉，南阳、灵台景家庄等墓地和礼县大堡子山的秦西山陵区。他在归纳这些墓地和有关的考古发现的基础上，指出了早期秦文化主要特征表现在文化遗物和墓葬两个方面。遗物主要是陶器和铜器。陶器中的鬲、盆、豆、罐，是墓葬中较为基本的组合形式；铜器有鼎、簋、壶、盉（或盘、匜）、甗，是具有一定级别的墓葬中常见的组合形式。墓葬据随葬品的不同，可以区别为“陶器墓”和“铜器墓”。陶器墓的特点，主要是头朝西的东西向墓，基本均为屈肢葬，有木棺或棺椁，部分带腰坑，或设有头箱，随葬品置于其中。这类墓葬以西高泉墓地及谭家村、店子一期偏早墓葬为代表，而称为“西高泉模式”。铜器墓又可分为两类：其一，为“南阳模式”。均是头朝西的东西向墓，仰身直肢葬，带腰坑，棺椁具备。形制巨大的墓葬有殉人，有墓道。其二，为“边家庄模式”。基本是头朝北的南北向墓，仰身直肢葬，无腰坑和墓道、未见殉人，随葬品置于二层台上。他又把甘肃东部西周时期的周系文化遗存，划分为三种类型，即西河滩类型、毛家坪类型、大堡子山类型。他认为春秋早期以来秦墓所见的南阳、西高泉和边家庄模式，就是分别来自于陇右的大堡子山类型、毛家坪类型和西河滩类型这三种周文化类型。而与秦公室关系最直接的则是大堡子山类型[67]。

滕铭予先生首先把关中秦墓划分成宝鸡、西安、铜川及大荔四个地区，再对每个地区内的铜器墓、仿铜陶礼器墓、日用陶器墓作分类与分期研究，进而把秦墓分为A、B、C、D四类。A类墓：随葬青铜礼器，或共出有仿铜陶礼器、日用陶器，或有车马坑。B类墓：随葬仿铜陶礼器，或共出日用陶器。C类墓：随葬日用陶器，或共出带钩、石圭等。其他小件物品或无日用陶器只出小件器物。D类墓：无任何随葬品。接着又对各地区各个墓地的墓葬形制、葬式、头向等做了详细统计，最后又对相关问题提出了自己的看法。在随后出版专著《秦文化：从封国到帝国的考古学观察》一书时，增加了“天水地区”和“长陇地区”。并根据对秦文化墓葬的分期和年代学研究，把中小型秦墓葬分为10个顺序发展的期别，其历史年代分别为西周早、中、晚三期，春秋早、中、晚到战国之际三期，战国早、中、晚到秦代三期，再有一个西汉初年时期。在对10期秦墓葬表现出各自特点的基础上，又把秦文化发展归纳成四个阶段，即第一阶段（一至三期），年代为西周时期，主要分布在天水地区；第二阶段（四、五期），主要分布在天水、长陇和宝鸡地区；第三阶段（六至八期），除大荔地区以外，其他地区均有分布；第四阶段（九、十期），分布范围遍及整个陇东和关中地区[68]。

对秦本土墓葬的讨论历时已有半个多世纪，特别是进入21世纪后的研究更为深入、系统，内容也更为丰富。学术界通过不断出现的新资料，进行分析对比，总结提高，使这一领域结出了丰硕的成果，出现了可喜的局面。

尽管对秦文化墓葬的一些主要问题大都取得了共识，尤其对墓葬相对年代的认识都比较接近，也为进一步论述秦文化提供了条件。但对秦本土墓葬的分期，仍然还有不少岐异。除毛家坪墓地提供西周中、晚期秦人早期墓之外，我们认为从春秋早期至西汉初年的秦墓，分为七期即可大体能够反映出秦文化的基本特点。

第一期，春秋早期。

属这个时间段的墓葬数量发现不多，大概只有30座左右。具有代表性的墓地有宝鸡南阳、陇县边家庄。宝鸡西高泉、姜城堡墓地和边家庄M1的器物比较典型，但墓制、葬具和葬式资料不全。

由于受各自文化渊源的影响，它们又可分为南阳模式、边家庄模式、西高泉模式。南阳和边家庄模式的墓葬形制基本上都为长方形竖穴土圹墓，葬式都是直肢葬。区别在于南阳模式均是头朝西的东西向墓，带腰坑并有殉狗。而边家庄模式都是头朝北的南北向墓，墓形作狭窄的竖穴土圹，这很可能是西周秦人墓（毛家坪秦墓）形式的延长，也没有腰坑。除此之外的其他类型多为屈肢葬式。

此期墓的形制有口小于底的，如宝鸡南阳M1、M2[69]，也有口底相当的，大多数口大于底，但收分不大。墓深一般6米左右，墓底都有二层台，绝大多数是熟土二层台，仅个别墓是生土二层台。不见上下的脚窝。个别墓有壁龛，内有殉奴。殉奴多用木匣盛敛，多为屈肢葬式，并蜷曲特甚，仅个别呈直肢（图10-2）。

葬具为木质的棺、椁。椁的使用视墓主的身份有所不同。有重椁，单椁居多。

随葬品依类别差距较大，如A类之列的边家庄、南阳、圆顶山墓以铜礼器为主（图10-3），基本组合是鼎、簋、方壶、盘、匜，或有甗和扁体盉，鼎为列鼎。纹饰以重环纹和瓦纹为主，变体龙纹、勾连纹与波带纹次之。铜器明器化的趋势明显。随葬青铜兵器的现象不够突出，三角锋青铜戈特点突出。仿铜陶礼器和青铜器共出的现象比较普遍，这些仿铜陶礼器制作精致逼真，有的还经过彩绘，种类与青铜器相同。A、B类以外的墓葬中以随葬生活日用陶器为多，器种以大喇叭口罐、盆（盂）、鬲、豆为主，并有少量釜。大喇叭口罐肩下置双纽，口径大于腹径，颈稍短；鬲肩部圆缓，裆较高；盆折肩，腹较深；豆为折盘，短柄（图10-4）。随葬石圭的现象比较普遍。这些随葬品多置放在二层台上，石圭、玉、玛瑙、料、骨等装饰品及小件器物多在棺内。

兵器有铜剑、戈、矛、矢及弓、盾。车马器有軎、辖、衡饰、泡、节约。生产工具及生活用具较少，仅见斧、斤、铃。还出有石、玉、玛瑙、骨等装饰品及小件器物。铜器上的主要纹饰是重环纹、窃曲纹、瓦纹、变体龙纹、勾连纹与波带纹相配的纹饰。

第二期，春秋中期。

具有代表性的墓葬有宝鸡福临堡、礼县圆顶山、凤翔八旗屯BM11和M27，陇县店子M15、M122、M215、M252等。

墓的形制、葬式与第一期无大的差别，口小底大的差距逐渐缩小并向相等、相反

图10-2　西高泉春秋早期秦M2平面图

1～4. 陶鼎　5～8. 陶簋　9、10. 陶豆　11. 陶甗　12、13. 陶盂　14～16. 陶罐　17、18. 盘匜

的方向发展，墓壁已见收分（图10-5）。

此期最突出的特点是铜礼器多被仿铜陶礼器所代替，B类墓数量增加。器物组合与前期差别不大，但已开始趋向明器化。大喇叭口罐的口径等于腹径，双纽上升到肩部，颈部逐渐变长（图10-6）。

出土铜礼器的墓，但多不成组合，仍为明器，纹饰以勾连云雷纹为大宗。

陶器流行绳纹、弦纹，壶、簋多经朱红彩绘，勾连云雷纹最多。

第三期，春秋晚期。

具有代表性的墓葬有凤翔高庄M10、M12，陇县店子M103、M111、M132、M161、M212、M218、M250、M266等。

墓的形制除保持了前期风格外，还出现了宽敞式竖穴墓。墓的长、宽之比多接近2∶1，口、底大体相当，如凤翔高庄M10长、宽之比为1.2∶1，墓室西北隅有夯筑的土台，置殉奴匣两副。椁室甚大，内并列主棺、陪棺各一具（图10-7）。

随葬品数量较大，制作精美。此种现象在关东诸侯国亦有发现，是当时已经开始

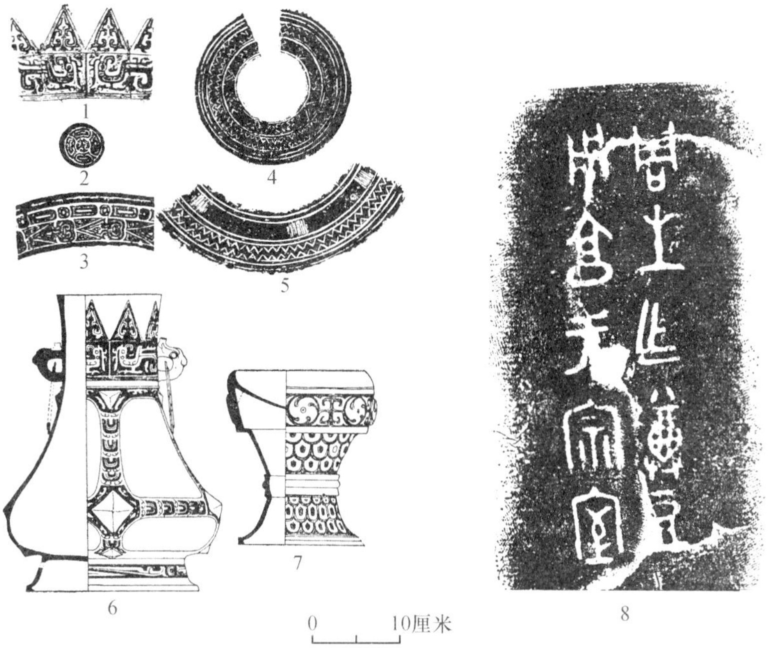

图10-3　西高泉秦墓铜壶、铜豆及其纹饰

1. 铜壶颈部纹饰拓片　2、3. 铜车軎顶部、颈部纹饰拓片　4. Ⅰ式陶簋盖部纹饰　5. 陶盂肩部纹饰　6. 铜壶　7. 铜豆　8. 铜豆拓片

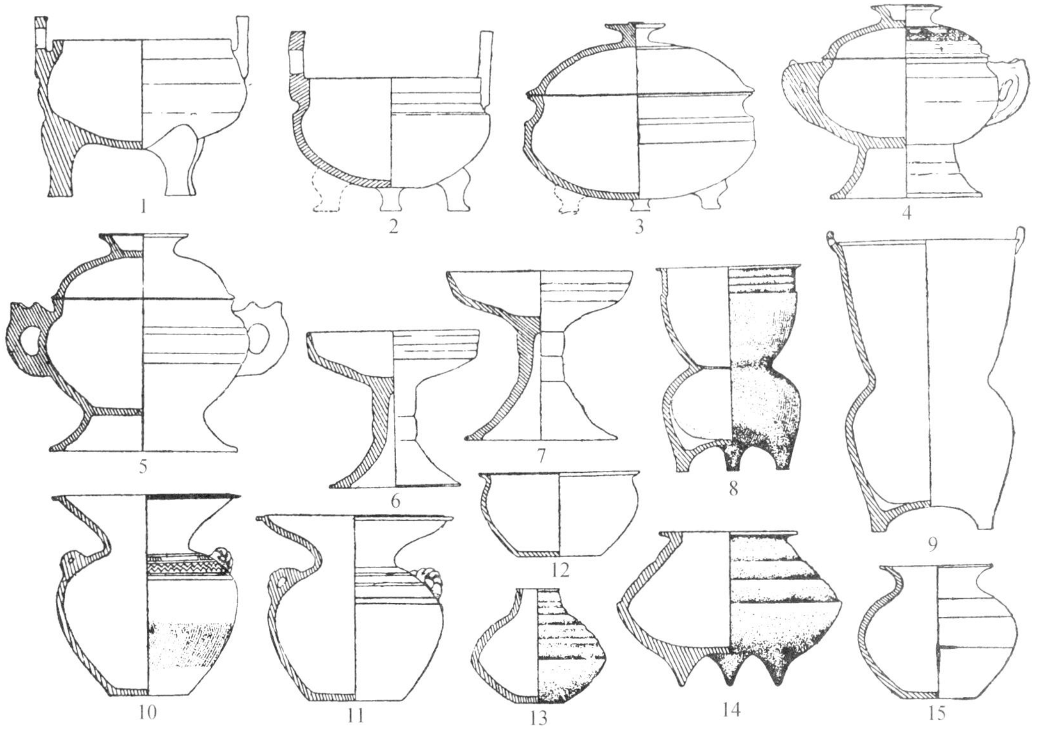

图10-4　西高泉秦墓出土陶器

1. Ⅰ式陶鼎　2. Ⅱ式陶鼎　3. Ⅲ式陶鼎　4. Ⅰ式陶簋　5. Ⅱ式陶簋　6、7. 陶豆　8. Ⅰ式陶甗　9. Ⅱ式陶甗　10、11. 陶盂　12. 陶盆　13. Ⅰ式陶罐　14. Ⅱ式陶罐　15. Ⅲ式陶罐

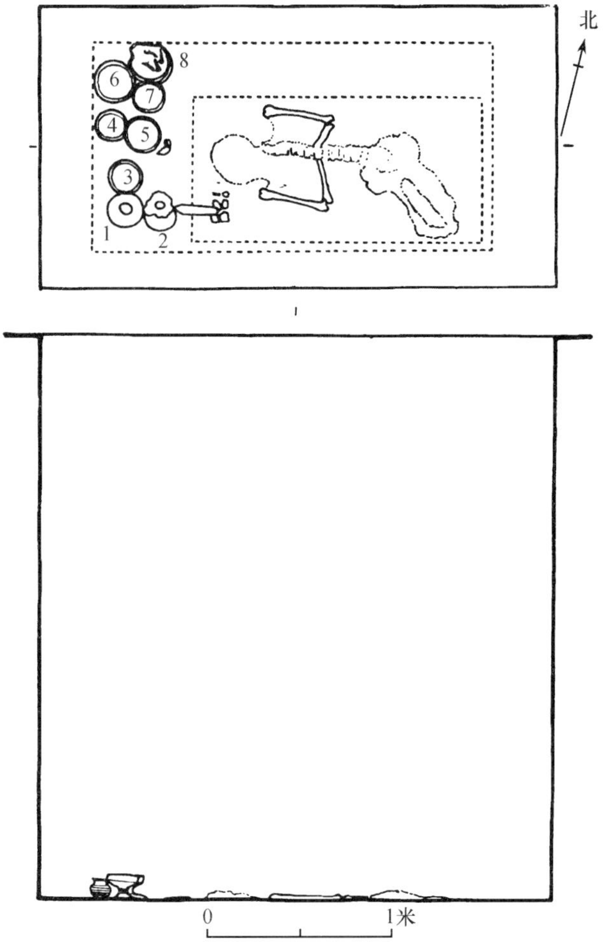

图10-5　陇县店子春秋中期秦M15平、剖面图

1、2. Ⅰ式喇叭口陶罐　3. A型Ⅰ式陶鬲　4、6、10. A型Ⅰ式陶盂　5、7. A型Ⅰ式陶豆　8. A型Ⅰ式陶甗　9. 石圭

流行的一种从葬现象[70]，墓壁上出现了上下的脚窝。随葬品的组合仍以仿铜陶礼器为主。壶之双耳逐渐变大。铜礼器间有出土，但器形较小，也很粗糙，明器化倾向更加明显。陶仓、带钩是出现的新器种。棺中往往埋有较多的石圭。大喇叭口罐肩上的双纽消失，颈部变长，器腹呈圆球状。簋圈足作成喇叭状，器底上升到腹部。陶壶、陶簋多有红、黑、白相间的彩绘纹饰，仍以勾连云雷纹为主，但线条疏朗，勾连弧度增大。弦纹的使用较普遍，绳纹减少。

第四期，战国早期。

这个时间段的墓葬发现数量明显增多。具有代表性的墓葬有凤翔高庄M18、M48、M49，八旗屯M4、M103，陇县店子M38、M47、M46、M74、M114、M121、M149、M176、M185、M226、M254，宝鸡茹家庄M5等（图10-8）。

流行竖穴墓，收分较前大增，一般都在95度以上。墓室深度大增，一般在8～10

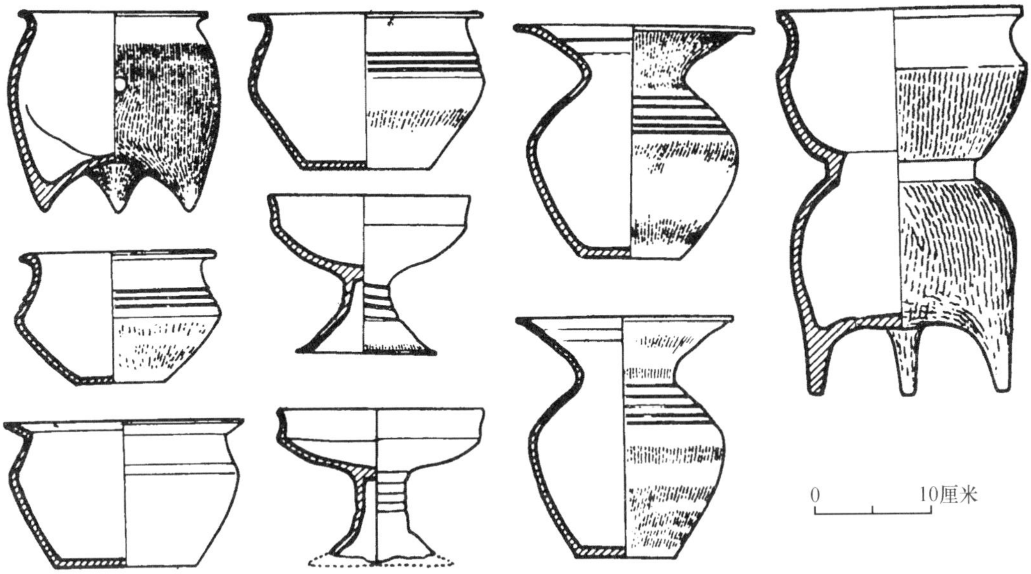

图10-6　陇县店子秦M15陶器组合

米，最深的达14米。多在墓壁西南、东南角挖两行三角形脚窝。二层台多为预先留下的生土台，间或出现半生半熟的现象，宽度很小，一般不超30厘米。设置壁龛的现象已不多见，且不与二层台齐平，殉奴减少，仍为龛殉。不见腰坑，多为屈肢葬。

器物组合仍以陶礼器为主。有时还出铜礼器，但均微型化，成套的器物竟可握于一掌。喇叭状高圈足的豆形簋是一种新的器形，它是簋、豆合一的新器种，又可称为簋形豆。凤翔八旗屯墓中还出土了两具陶牛模型。椁盖及棺的四周往往出现大量用片状岩制成的石圭，有的多达数十件，或成堆，或散见。陶仓继续流行。壶之双兽耳变得特大，口大而颈细，腹圆而下垂，圈足之喇叭变高。簋器底已上升到口沿，成为完全的假腹。大喇叭口罐颈变长，圆腹变矮，腹中部变成宽平的亚形带。彩绘减少，只在个别壶上有所发现，为极简单的红、白相间的勾连云雷纹，弦纹为此期陶器的大宗，绳纹更加减少。

以上四期中大一点的墓，即A、B两类墓往往有附属的车马坑。车马坑有三车六马和一车一马之别。为竖穴土圹，收分不大，壁面不光滑，车轮嵌入预先挖好的土槽中。马系致死后放入。有的舆下还殉有舆夫，还有埋入整羊或羊、牛四肢及猪头等现象。此或与祭祀有关，仅个别车马坑埋狗。随葬品置于舆之前方，有兵器矢、戈、戈镦或矛。生产工具斧、钳、凿、砺石。舆上有盖。车轼用藤篾裹，外髹红漆。车马饰物不多，仅軎、辖、节约、泡等。值得注意的是，只埋马不埋车的现象在秦墓中比较普遍。户县宋村一坑埋12匹马，分两排整齐并列，随葬矛、盾、车饰件等。凤翔大辛村三坑，各埋两马，出马衔、軎、辖、节约等。甘肃灵台景家庄二坑，M2埋二马，亦有镳、铃、马衔、軎、车饰等。M3仅埋一马，出一马衔，似不属驾马，或即乘骑。诚

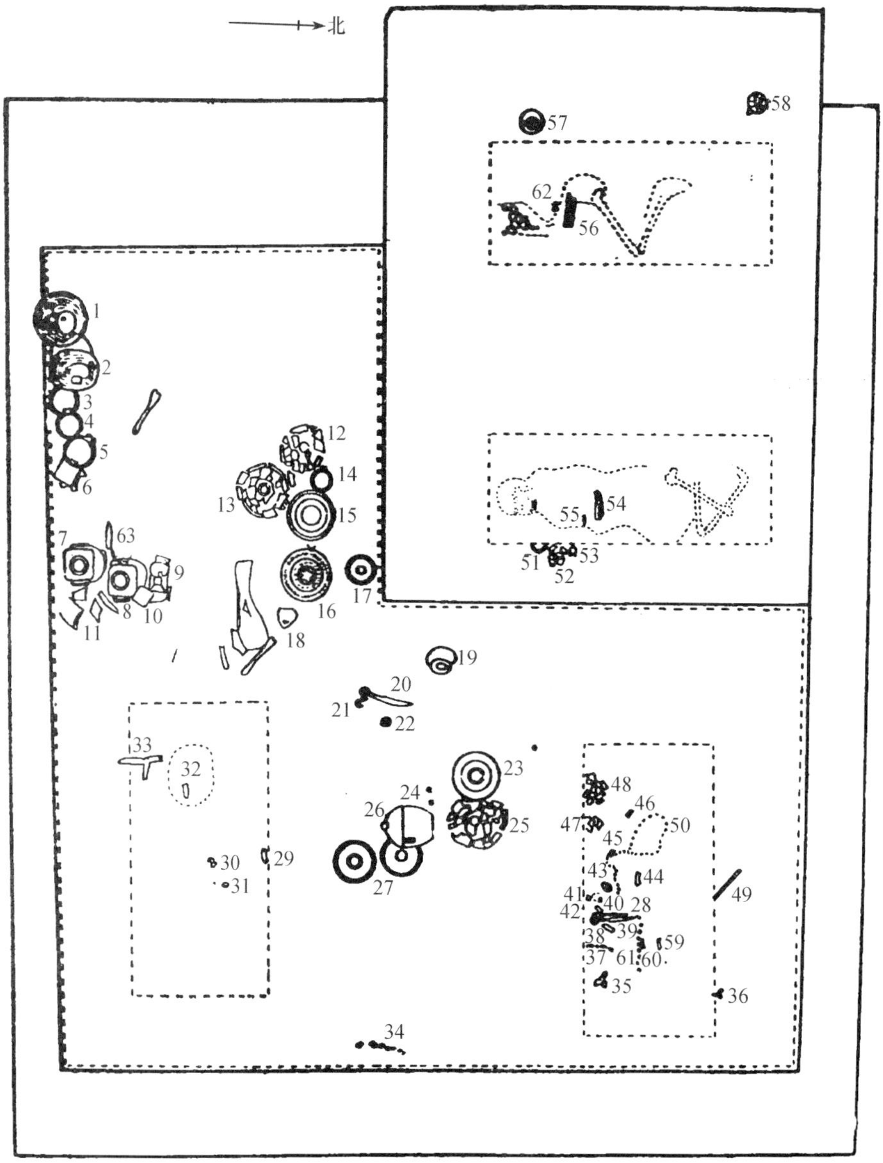

图10-7　风翔高庄宽敞式竖穴墓M10平面图

1、2、23、25、26、52. 陶囷　3～5. 铜鼎　6. 铜甗　7、8. 陶壶　9、10. 铜壶　11. 陶盂　12、13. 陶簋　14、18. 铜舟　15、16. 陶簋盖　17. 铜盂　19、48、51、57、58. 陶罐　20、28、39、48、49、54、56. 铜削　21. 玉襟钩　22.玉玦　24、34～37、42、50、61. 串珠　27. 陶车轮　29、32、41、44、59、60. 玉璜　30、55、62. 铜带钩　31. 石饰　33. 铜戈　38. 砺石　40. 玉泡　43. 金襟钩　45、46. 柱状饰　47. 陶匜　53. 铜铃　63. 石圭

如是，则秦人乘马之风或起源较早。不过，此议还有待后考。车马坑与主墓的位置有一定规律，位于墓的右侧或脚下（即南边或东边），距主墓在30米以内，墓主头西，车马均向东，这与生前乘坐车马的情形是一致的。

第五期，战国中期。

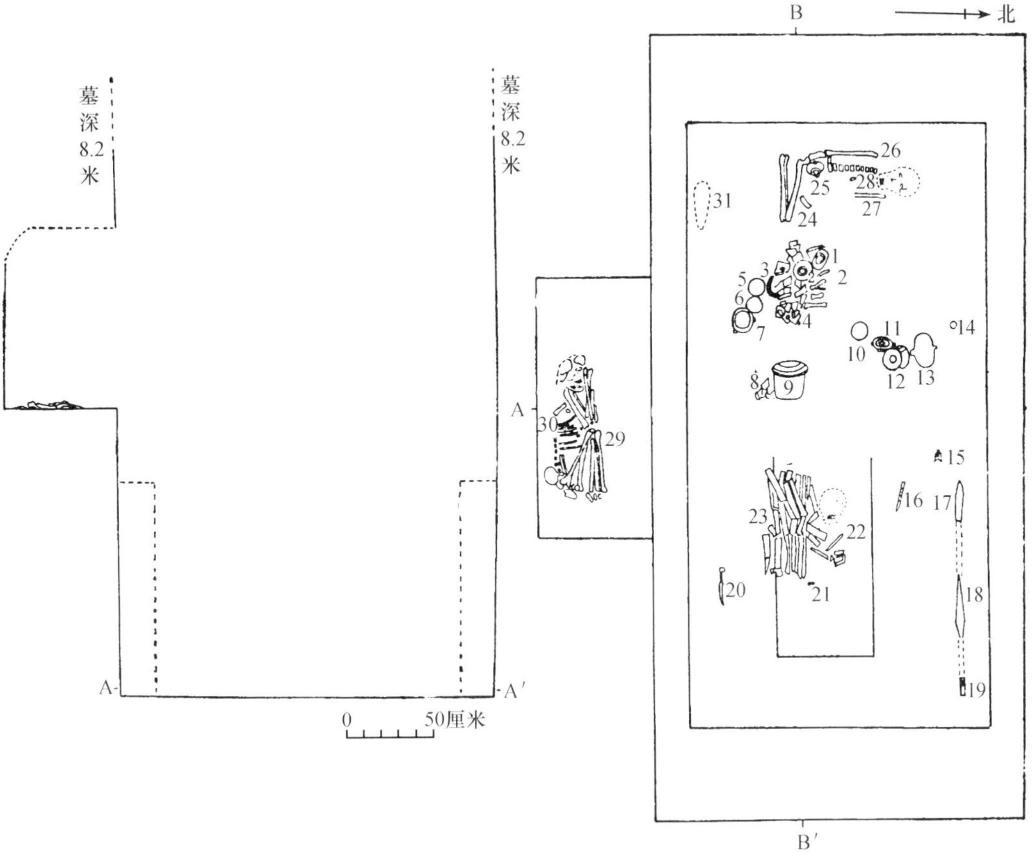

图10-8　凤翔高庄狭长式竖穴墓M18平、剖面图

1. 陶盘匜　2、4. 陶壶　3. 陶甗　5、6. 陶鼎　7. 铜釜　8、9. 陶囷　10. 陶豆　11、12. 陶簋　13. 铜舟　14. 铜泡　15. 铜铃　16. 铜戈　17. 铜剑　18. 铜矛　19. 矛镦　20. 铜削　21、26、27、29. 铜襟钩　22. 砺石　23. 石圭　24. 石璜　25. 陶罐　28、30. 石饰　31. 粮食

这个区段的墓葬发现数量最多，土圹竖穴墓和洞室墓并行发展。以凤翔高庄秦墓地为例，共发掘秦墓46座，竖穴墓占25座，洞室墓占21座。其中这个时段的竖穴墓6座，洞室墓9座。洞室墓前期虽在陇山东西两侧的山区已经出现，如陇县韦家庄M16[71]，但直到此期间才逐渐形成规模和特色，表明墓葬形制在这一期间发生了巨大的变化。洞室墓并不是秦文化的固有因素，它的出现，可能是秦人和戎人长期杂居，吸收西部戎人文化的结果，因此呈现着自西向东的渐变发展趋势。洞室墓的盛行，标志着我国自殷周以来盛行的墓葬制度发生了划时代的改变，开创了后世墓葬的基本形制。

洞室墓主要有平行式、垂直式、直线式三种类型。平行式即洞室掏在竖穴墓道长边的一侧，洞室的中轴线与墓道的中轴线平行；垂直式是洞室横挖在竖穴墓道短边的顶端，墓室中轴线与墓道中轴线相互垂直；直线式是洞室纵间挖在竖穴墓道短边的顶端，墓室中轴线是墓道中轴线的延长。此间洞室墓的三种类型均已流行，以宝鸡西部山区的建河秦墓地发现最多[72]（图10-9）。这些墓道的长、宽均大于洞室的长、宽。

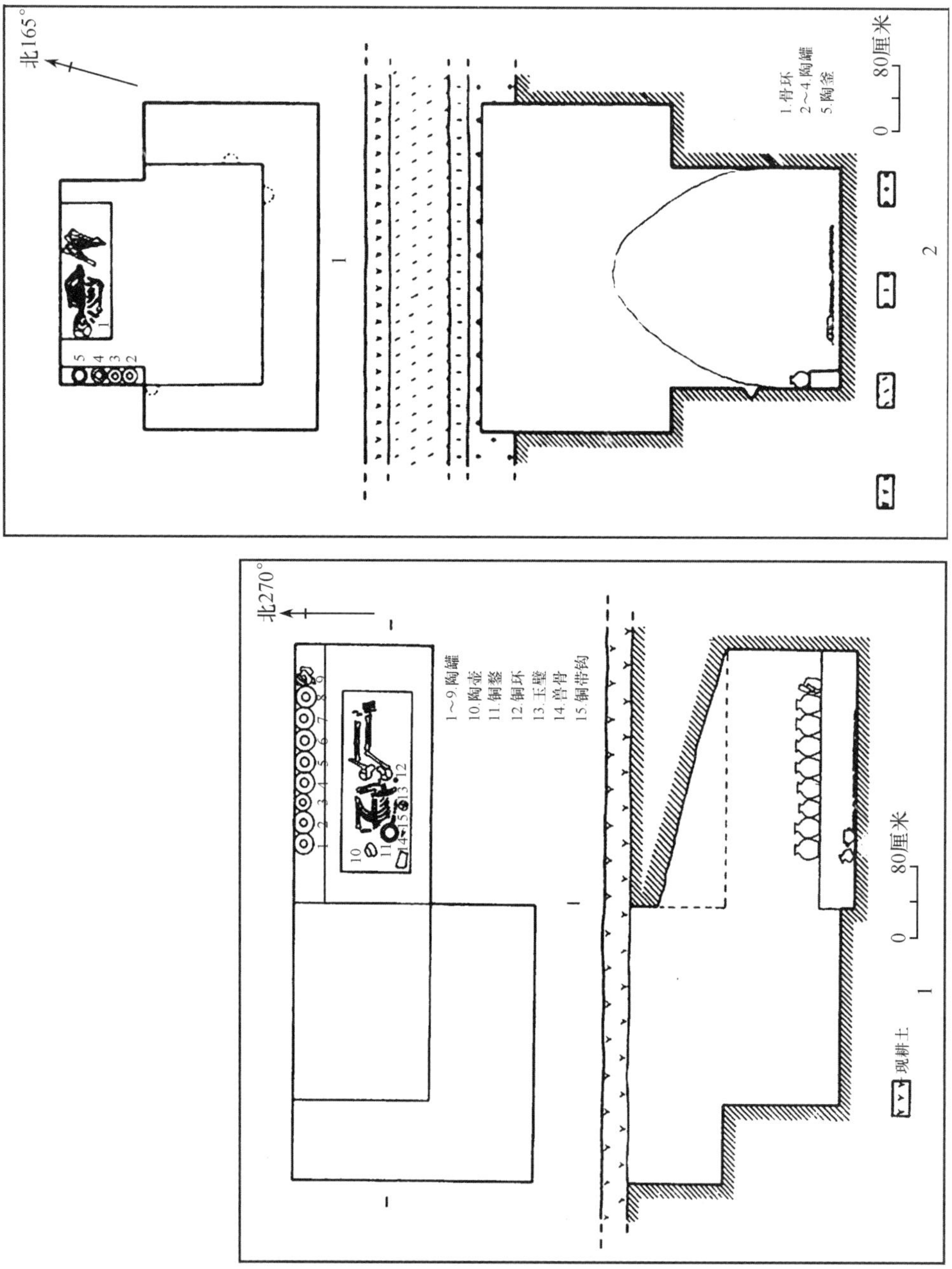

图10-9 洞式秦墓
1. D型Ⅱ式M26平、剖面图 2. C型M48平、剖面图

平行式墓中发现有封土槽设施，即在墓口两侧和下部各挖10厘米深的沟槽。有的叠砌木板封门，多数则用板条、圆木或树枝编织物封堵墓门。壁龛大多挖在洞室两壁或角隅处，平面有长方形、梯形及圆形之别，主要用来存放随葬品。

总体来看，这个时段，竖穴墓仍然占主流，数量仍为大宗，但与前期相比，墓口大底小特征明显，壁收分更大，多在100度左右，有的甚至达110度。深度更甚，二层台宽度加大加高，所谓的头箱更加宽敞，板灰增厚。器物组合更有规律，等级稍高一些的墓葬以陶礼器与实用器组合多见，而绝不见盘、匜、甗等礼器；罐、盆、鬲或罐、盆、釜之三器成为最基本最常见之组合。鬲被釜取而代之的趋势更加明显，铲足鬲与洞室墓同时出现，虽不很流行，但特点突出。茧形壶是这个时期的新器种。大喇叭口罐的口径明显变小，颈腹多呈凸棱亚形带。仍以弦纹为大宗，一排三组和相互交叉的宽带绳纹多见，饰于器肩部，亦有小圆圈组成的带纹。

第六期，战国晚期。

发现数量和前期相当，尤其是洞室墓较前期呈现出明显增多趋势，如店子墓地中的洞室墓几乎都是出现在这个区段。但向东发展，如任家嘴秦墓地从春秋中期至战国时段的242座墓葬中，洞室墓仅有11座，而且都出现在战国晚期到秦代。

总体来看，这个时间段，长方形竖穴墓仍占多数。三种形式的洞室墓均流行，平行式显著减少。除平行、垂直二式外，直线式洞式墓竖穴墓道与洞室之长、宽发生了某些变化，多数还保留五期墓道之长、宽大于洞室的做法，只有少数两者相同。同时还存在封门槽，开在洞口外的墓壁上，往往挖一对称长方形沟槽。大一点的墓有棺有椁。竖穴墓仍然流行，宽敞式较多。还见有一种可称为半穴式的竖穴墓，当是直线式竖穴墓的一种特例。壁龛的设置同第五期。器物组合为生活用品，以鬲、盂、罐或釜、盂、罐及壶、缶、瓮、罐为基本组合形式。陶器中新出镀、钫、缶等。缶唇为小口、平沿、平底、圆肩，有人称其为小口瓮。凤翔高庄出土者多自名为“缶”。《史记·廉颇蔺相如列传》“秦王为赵王击缻（缶）”，不知是否是此类器？少数墓还出半两钱，数量不多。铁器主要有锸，有的陶、漆器上往往有戳记陶文和刻画文字，多为“×亭”或仅一“亭”字，是某地市亭的简称，为市场出售的商品。陶器以弦纹为大宗，小圆圈组成的纹带多见。漆器多彩绘龙纹、凤纹、花瓣纹、鱼纹等。

此间的车马坑在甘肃平凉庙庄发现两座。埋车马的坑与竖穴墓连为一体，整个平面呈“凸”字形，车马即埋入凸出的那部分内，其他情况与前述车马坑相类[73]。

第七期，战国末、秦代下至西汉初期。

墓葬形制、葬式和随葬品都发生了较大的变化。长方形竖穴墓几乎都是口大底小，洞室墓数量明显增多，如陕西凤翔高庄墓地，这个时段的墓葬共10座，其中竖穴墓仅有1座，其他都是洞室墓。同样，在雍城东郊的六道村墓地，发掘23座秦墓，除竖穴土圹墓1座外，全是偏洞室墓：塔儿坡墓地的时代与本期相当，共发掘的381座墓葬中，洞室墓就占73%；咸阳周陵镇东的贺家村秦墓70座，其中只有6座是竖穴土坑墓，其余64座均为直线洞式墓，而且打破关系较多。另外，像临潼上焦村秦始皇陵陪葬墓、河南泌阳秦墓、湖北云梦M11和龙岗M6，都是秦代典型的墓例。

这个时段直肢葬式普遍流行，屈肢葬明显减少。

新出的有陶灶模型。组合器物与六期的同类器有明显差别，缺少规律。铁器的数量增多，有釜、鼎、剑、锸、矢、剪、镊子等。凤翔雍城遗址东郊的“国人墓地”——六道村战国秦墓，发掘了23座墓葬，随葬品只有带钩，其中有铜带钩22件，铁带钩就有10件。这时大量出土半两钱，多是些明钱。陶缶多有刻铭和朱书文字，如凤翔高庄出土的缶的“隐成吕氏缶容十斗”“下贾王氏缶容十斗”“北园吕氏缶容十斗”等。

另外，在五至七期墓中，往往还有在二层台、壁龛、椁内放置牛、羊、猪等家畜肢体和堆放大量谷物的现象，前者当是祭祀的牺牲，后者则反映秦人重农思想和农业生产的发展，同时也表现了人们意识观念的改变。

四、雍都的国人墓地

雍城周边有千余座东周时期秦墓葬，系统反映了从春秋早期到秦代500多年间秦人埋葬习俗的演变过程，以及呈现多元化特征的社会组织结构变迁。

雍都的国人墓地不仅仅分布在雍水河沿岸，城郊也有集中的墓地。

（一）相对位置

国人墓葬区，分布在雍都的四郊，在布局上也带有一定的规律性。雍城城址之南和南指挥秦公陵区之间、陵区之东，三岔村秦公陵区之南。集中在四个地区，分别为“八旗屯、高庄国人墓葬区”“黄家庄国人墓葬区”“礼包务国人墓葬区”和雍城东郊“六道村国人墓葬区”。另外，在城北田家庄也有秦墓，是城郊最远的一处国人基葬，参见图3-10。

（二）集中的墓葬区

八旗屯、高庄国人墓葬区。此区范围：北至雍水河南岸，南到杜家庄村南，东自高庄村东，西至曹家村东，东西长2700、南北宽1200米，总面积3.24平方千米。其中包括着八旗屯A、B、C三处墓地，高庄墓地，东社墓地和野狐沟墓地。

黄家庄国人墓葬区。此区四至：北自石南路，南到黄家庄村南，东自华龙东侧取土场，西到凤虢公路以西150米处。在东西长550、南北宽300米的范围内，有南指挥变电站墓地、黄家庄取土场墓地。

礼包务国人墓葬区。此区的保护范围：北自礼包务小学以北，南到上郭店砖厂以南，东由礼包务三组村东取土场起，西至礼包务二组以东。该墓区南北长1950、东西宽900米，总面积1.8平方千米。在这一范围内，包括有礼包务二组取土场墓地、礼包务三组取土场墓地和上郭店砖厂墓地。

（三）城郊墓地

分布在雍城东郊的塔寺河沿岸，发现有六道村和瓦窑头墓地。该墓区东西长800、南北宽600米，总面积0.5平方千米。

经过类型学比较，处在雍水河以南的国人墓地如八旗屯、高庄、西村，以及南指挥陵区、六号陵园兆沟外侧墓群等均呈现规模大、延续时间长、墓葬间层次结构区分明显、各墓地之间墓葬特征具有统一相近的特点。而且这些墓地因靠近陵园或在已知陵区之内，可以推断这些墓主人应该包括秦国政府的官吏、贵族和族系成员，似乎又是构成秦国社会人口与规模的主流。

至于雍城周边的国人墓地，如邓家崖、六道村、瓦窑头、雷家台等均呈现规模小、延续时间短、层次结构区分不明显、文化属性单一、各墓地之间墓葬特征殊异的特点（东墙外六道村秦墓地均为无随葬器物的偏洞室屈肢墓葬，西城墙一带的则是随葬少量不成组合关系陶器的浅竖穴墓葬，城北田家庄秦墓则是目前在雍城郊外最远距离所发现的秦国国人墓葬，仅随葬泥器。这些墓地又往往分别靠近城边的作坊区，墓葬成员生前可能是相应的手工业者，其分布状况也显现出“聚族相葬”的特征来。

五、秦都咸阳的士民墓区

鉴于秦都咸阳范围内发掘的士民墓葬材料，在前文中都引有出处，而且在《咸阳帝都记》一书中多有叙述，为节省篇幅，故不再注明。

（一）渭北墓区

1. 嫣王、黄家沟墓地（战国时期）

秦都咸阳早期的平民墓地近都者，主要分布在西北隅的原上。东邻宫城，西去毕陌陵区，三者一线，处于交通大道上。其范围西自今咸阳市渭城区石桥乡摆旗寨，中经沙家沟、黄家沟，东达窑店镇毛王沟之西，长达4000多米。再由此东西一线往北推进3000米，就是墓地南北的宽度。整个墓地占地面积约120万平方米。这里南下北阪，即是范围广大、平民集中的制陶手工业作坊区。从嫣王、黄家沟墓地分布的中小型墓葬看，也许这里就是城建规划中留给他们的葬身之地。

黄家沟墓地以嫣王为中心，战国秦墓葬分布密集。在1975年、1977年、1983年和1984年，考古工作者前后对此进行过四次发掘，计清理墓葬136座，出土随葬器物623件。

墓葬属于中小型，形制有竖穴与洞式两类。头向各方都有，以西首葬者居多，占47%；其次是东向，占34.3%；北向的占9.8%，南向的最少，只占8.82%。葬式同墓穴形制有关，竖穴墓中屈肢为主要葬式，屈度大，占65%；在洞式墓中，以仰身直肢为主，屈肢仅占39%，且屈度趋小，几乎同直肢没有区别。在随葬器物的种类和数量上，竖穴墓中较洞室墓多。

黄家沟墓群地处国都咸阳西北近郊，与同期凤翔的小型墓比较，墓葬形制变化滞后而墓向多方、随葬品简单而组合关系不够严格，具有其特殊性，当与入葬此墓地死者的成分、来源、习俗、社会地位有关。看来这里是咸阳手工业作坊区下层劳动者的墓地，其成分复杂，有秦人也有关东之人。

2. 任家嘴墓地（春秋中期至汉代）

任家嘴平民墓地处于秦都咸阳的西郊，当今咸阳市东渭阳乡林杨村西北，渭河北岸的二级台地上。在任家嘴的黄土台原下，东南起自缓坡地带，西北至原边，横长201、纵宽103米。地域辽阔、墓葬密集，形成了一个独立的墓区。1984年考古工作者曾清理过一座战国中期秦墓，形制上虽还采用传统的竖穴土圹，留二层台，用棺椁，殉葬二人。但出土铜鼎3件、甗2件、敦1件、钫2件、壶3件，陶囷3件，还有圭等。铜器中除一残甗为明器外，其余10件都是高在20～40厘米的实用礼器。数量多，不具有随葬的组合关系，器形作风都属三晋之物。特别是一件高柄钫上饰双凤、鸟纹和翼人起舞等图案，甚为生动奇特。

1990年11月，咸阳市文物考古研究所对这一占地20万平方米的墓葬区做了清理，共发掘春秋至汉代墓葬285座，其中有秦墓243座（春秋时期24座、战国时期142座、秦代45座、无随葬器物的32座）。因为陇海铁路“咸—铜支线”从墓地北部由西南—东北穿过，应该说这里原有的一些墓葬在20世纪30年代即遭到破坏。此次发掘的秦墓是以中小型的竖穴土坑墓为主，出土陶鼎、簋、甗、壶、匜、盘、囷、盆、盂、鬲、豆、罐、茧形壶、蒜头壶、盒、仓及铜器、玉器计1650件。

任家嘴墓葬形制多为竖穴土圹，计232座，其中春秋时期口底同大的数量最多，少数为战国晚期到秦代的口大底小墓；洞室墓只有11座。葬式多屈肢，有186座，占墓葬总数的76.86%；直肢葬仅有11座。死者头向以西为主。而墓地的墓葬分布集中、数量多、时代连续跨度大，中间无缺环，使秦人的葬俗在此得以充分的展现。同时，也看到受周人影响的一面，趋向生活世俗化。M43两椁一棺，按说级别较高，墓主当属大夫，但却用大口罐和陶盆随葬。等级最高者虽用2鼎，但是陶鼎。决然不见铜礼器。这里在春秋中期已经出现了陶囷，不但时间较其他地方要早，而且数量大、形式多样，但绝不再有鼎。

3. 塔儿坡墓地（战国时期）

塔儿坡是秦都咸阳渭北区的第三处墓地。

该墓地位于秦都咸阳的西郊，距“北阪宫城”11千米许。中间经行“杜邮亭”，当秦咸阳西行的大道上。北去5千米，同秦惠文王的“公陵”相望，东南1千米许是任家嘴墓地。其地理位置属今咸阳市北郊渭河二级台地上渭阳乡塔儿坡村东北侧、李家堡北一带。

在这一区域里前后发掘过430座秦墓，其中有381座位于咸阳钢绳厂内，占地80余亩。其中竖穴土圹墓100座，占总墓数的26.35%；洞室墓281座，占总墓数的73.35%。除两座墓外，均有葬具，但多数仅有一棺，有一棺一椁者只占总墓数的11.34%。极个别的用瓮棺（计9座）。葬式两种，屈肢葬268座，占总墓数的73.04%；直肢只有45座，占总墓数的11.81%；葬式不清者68座，占总墓数的17.85%。有仿铜礼器的39座墓，墓葬形制及规模也没有更为特殊之处，椁制也严重退化。墓间随葬品差别不大，数量以3～5件为常，最多不过27件。这种葬制及随葬品的一致性，说明墓主身份及其财富占有情况没有太大的区别。再结合时代考察，可见塔儿坡是一处战国晚期到秦代居住在国都咸阳的秦人平民墓地。

在钢管钢绳厂秦墓群中，发掘出各类随葬器物1374件，其中的十九年商鞅殳镦和骑马俑尤值得重视。镦铭作“十九年大良造庶长鞅之造殳犛郑”，这不但反映出塔儿坡墓地时间上限不会超过秦孝公十九年（公元前343年），也为存世较少的商鞅器（过去仅见商鞅量及戟）增添了新资料。两件骑马俑高仅22.6厘米，虽系捏制的泥质灰陶，绘彩唯用朱绘勾勒马的络头、辔绳及人的冠、衣缘，造型也显得简单、拙朴，但它毕竟提供了秦人早期乘骑的形象，再次证实了秦人最先乘马并用于军事的见解。

4. 白庙墓地

白庙墓地是近都的一处葬地，南去秦冀阙宫廷遗址仅有2200多米。20世纪90年代，因盗墓和取土暴露出秦墓多座。因未做探查，范围不清。

5. 坡刘村墓地（战国晚期至秦）

咸阳市渭城区渭城镇坡刘村北，东西200余米，南北宽60多米，有中小型墓108座，极少有打破关系。按组分布，内部排列整齐。形制有竖穴土坑墓和竖穴洞室墓，其中以洞室墓为多。因盗扰严重，骨骼多已腐朽，对判断头向带来困难。洞室墓的竖穴墓道，形状趋方，较大型的面积达到100多平方米，墓室属于直线形。另外，在竖穴墓道上有两个特点：一是四角有两行“脚窝”，但跨度大，不错位，又不见使用痕迹，不像施工时供人上下；二是壁上凿有三角形小龛，内放陶豆。有的墓道两壁上各有一龛，有的各有两龛。这些特异之处，其实用价值和礼仪有无关系？

在秦墓中，共出土文物741件（组），其中陶器444件、铜器136件、铁器45件和玉器45件，以及部分骨器、瓷器、银器、泥器、铅器等。随葬品中，陶器以鼎、盒、壶、缶、盆、灯最为常见，在少数墓中出土有仓、釜甑等。铜器中有鼎、壶、盆、带钩、镜、印章等。铁器有环首刀、锸、凿、釜等。玉器则有璧、环、璜、龙形佩、剑饰、玉人、玉塞等。泥器常见的有泥球、泥仓等。

初步判断坡刘墓地主人当是秦人贵族。

6. 贺家村秦墓

墓地位于贺家村北，西距周陵镇的秦惠文王“公陵”2000多米。为配合陕西恒盛公司预制管桩项目，陕西省考古研究院于2012年秋季发掘。共清理战国秦墓70座，其中64座为直线土洞墓，只有6座是竖穴土坑墓。陶器组合以釜、盆、罐和鼎、盒、壶为主。M66规模略大，是一座东西向的长方形竖穴土坑墓，长6、宽4.5、深6.5米。在墓下东、南两侧有曲尺形围沟。葬其为一棺一椁，头向西，屈肢。残存有陶鼎、罐及铜镜、带钩等小件。M15墓主髌骨上端和骶骨上嵌入箭镞，可见是为国服兵役的平民阶层。

7. 店上村墓群

20世纪70年代暴露出土坑墓与洞室墓葬多座，出土物有蒜头壶、长颈壶、锺、罐等陶器及陶鱼饰，与滩毛村窑址出土物相同。未经探测与发掘，分布范围不详。

8. 路家坡墓群

面积不详。1972年，发现土坑墓及瓮棺葬多座，出土陶瓮、罐、铜镜、秦半两钱，楚金版等。

9. 童墓

童墓多见于秦都西南隅的手工业作坊区域。1981～1982年，考古工作者在长陵车站一带以南至渭河北岸到店上村之间，清理过9座童墓。在冶家台等原边，也有童墓的发现。这些墓葬都作长方形竖穴土圹或方形土圹，大小不一，看来是按死者的身高掘穴的。一般的长1米左右，宽0.5米。最小的长边只有0.64米，大的仅及1.1米还带有二层台。墓向不定，多作东西向。葬具采用大型的日用盛器，如陶瓮、鬲、釜、槽及管道，口部以盆或板瓦覆盖。葬式作侧身屈肢，或仰身直肢。随葬以小型的陶盆、盒、鬲、罐等。

（二）渭南墓区

渭南墓区如图10-10所示。

1. 尤家庄墓地

这是一处秦都咸阳渭南宫殿区东侧的墓地，西距汉都长安城2～3千米，当今西安

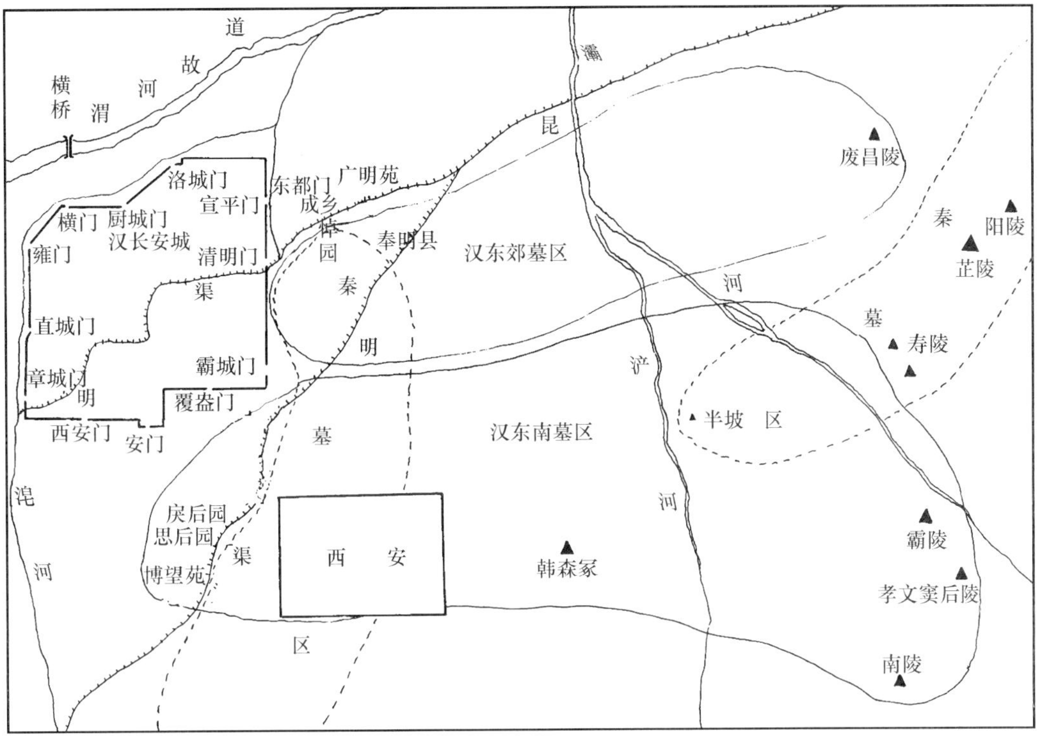

图10-10　汉长安附近的秦汉墓区分布图

市北郊张家堡以南。以尤家庄为中心，扩及翁家庄、南里村一带，西及北康村，向东可到西十里铺。1994～1998年，西安市文物保护考古研究院等单位为配合省交通学校、西安电信第二长途局、西北管道局、长庆油田等单位基建，清理古墓葬两千座左右，其中有战国墓葬八九百座。陕西省考古研究院于1998年5月至2001年10月，在尤家庄、北康村、翁家庄，清理战国中期至统一秦晚期的墓葬123座，其中除4座墓形较大之外，余119座都是小型墓；1998年7月至2001年5月，陕西省考古研究院在尤家庄南的12处发掘点共清理战国中期至统一秦晚期的小型秦墓197座。村东的陕西移动通信大楼位置也有一批秦墓，再向东还有长庆油田征地千亩之内还有一批墓葬，但至今还没有公布发掘材料。不过，从上述材料中可以看出：在这一地区秦墓葬分布密集，数量巨大，是秦都咸阳渭南新区一处重要的平民墓区。到了西汉时代，此间仍是长安的东郊墓区。秦汉两代墓葬交叉分布，但并不重叠，很少有打破关系。

公布的尤家庄墓地材料，可分为两批。前一批墓葬中，共有竖穴土圹墓33座，占墓葬总数的26.8%；竖穴墓道土洞墓87座，占墓葬总数70.7%；斜坡墓道土洞墓1座，占墓葬总数0.8%；瓮棺葬2座，占墓葬总数1.6%。葬式有屈肢、直肢和瓮棺葬。头向朝四个方向的都有，以向西者居多。

具有随葬品的墓葬有98座，无任何器物的有25座。据随葬品的有无与品种，秦墓可分为五类：一是随葬铜礼器、日用铜器和陶器的（仅1座，即98交校Ⅱ区M24）；二是随葬仿铜陶礼器，或伴有铜容器、日用陶器的（共37座墓）；三是随葬日用陶器，或伴出铜容器、陶明器的（共47座墓）；四是仅随葬小件器物，或出有漆器、铜钱币的（共13座墓）；五是无任何随葬品的墓（共25座墓）。

在器物组合上，可分为两类：一类是仿铜陶礼器的组合，有35座墓，如鼎、盒、壶为基本组合，在此基础上加罐、盂、瓮、盆、釜、鬲、灯、灶等；鼎、盒、罐为基本，加盂、盆、瓮或盆、缶、瓮；鼎、罐、盂，加缶、钵或瓮；鼎、壶（或蒜头壶）罐；鼎、壶；鼎、缶。另一类是日用陶器组合，如罐、盆，加瓮、盂、甑、缶；罐、缶，加灯、灶或釜、灶；盒、壶，加盆、瓮；罐、缶，加盂；盒、罐、盆、缶、瓮，加明器壶、甗；罐、盂、鍪、瓮；瓮、缶；盒、缶；缶、灯；盒、灯；壶、罐；壶、钵。

墓葬中随葬品的品类、器物组合及其多寡，既反映了社会等级与贫富的差别，也反映了时代的变化。

乐百氏M34，被认为是一个铸铜工匠的墓葬。从铜印章知，这位叫“苍”的工匠在墓中除随葬日用陶器外，还把他生前使用的铁镊子、铁凿、铁刻刀和砺石随葬在身边。特别是25件陶模具异常精美，其中人物纹饰牌模和动物纹饰牌模5件的图案具有浓郁的鄂尔多斯式青铜文化风格，在全国都是首次发现。其他的模件，还见有泡饰、车马器（軎、衡末、盖弓帽、轴等）、器物配件（环、弩机悬刀、鼎足、雁足灯等）等，造型与图案相当漂亮。

后一批墓葬的形制、葬具、器物等，同前一批材料没有太大的区别。最重要的发现是明珠花园13号出土有19座乱葬墓和1座殉人墓。乱葬墓中有单人乱葬，双人乱葬，还有多人乱葬。最多的乱葬墓中，竟有8具骨架！乱葬人骨凌乱放置，叠压、交错，以青少年女性较多。死者多无葬具与随葬品，即使有也不过一只陶罐而已。这种乱葬墓，在全国范围内还是首次发现。发掘者认为，这些青少年死者可能是遭连坐罪罚没而来，在繁重的劳役中染传染病死亡。

2. 山门口墓地

山门口墓地位于西安市南郊山门口村，秦都咸阳渭南区与杜县交界处。1988年秋天，西安市文物管理处在电子城205工地清理出战国时期的秦墓11座。墓葬作长方形竖穴墓、侧有拱顶的平行式偏洞。墓圹中有二层土台，除洞室一侧外，多留在其他三面（M2、M3、M6、M7、M9～11），个别的留在两端（M1、M8），或顶端一处（M4），也有不带台的（M5）。洞室的头端或带小龛，内置随葬品、动物骨骼。棺床下或有横向垫木，洞口以横木封堵留有沟槽。

头向有朝西的或是朝北的，多作屈肢，也有直肢的。据观察，东西向墓，洞室一定开在北侧，也是头向西的屈肢葬（个别的头向东，如M8）；凡南北向墓，洞室开在东西两侧的都有，但东侧洞的死者作屈肢，西侧的死者作直肢。虽然随葬器物较少，但大部分墓中都有铜带钩一件，只有M3出两件，出在头顶或腰侧。随葬器物多为陶器，还见有釜、罐、盂、甑、壶、鸭蛋壶等，放在小龛内。个别墓有的小龛内有漆器（M3）。少数墓中死者口含或手握白石子、玉瑗、石璧断节。

山门口秦墓葬制较为简单，如M10，圹口东西长3.62、宽2.18、深3.2米。三面留二层台，高1.1米。洞室开在北侧，东西长2.24、宽1.18、高1.5米。棺材原来髹漆，下垫横木两根。死者屈肢，头右侧有一形体略大的铜带钩。随葬品见有夹砂陶釜和陶盂各一件，盂内有动物骨架一具；又在洞室内头端的小龛中放两只鸭蛋壶和动物骨架一具。与此墓相似的M11，其随葬品也不过是陶罐、盂、釜各1件，盛小动物骨架两具。其他有随葬陶器的墓，组合关系也不稳定，如M7为陶釜、甑、鸭蛋壶，M9为鬲、壶，M2有玉瑗一件，M5有铁削一把。其他墓什么也没有。

同黄家沟、任家嘴的平民墓比较，渭南的山门口墓葬有自己的特点。采用竖穴式土洞墓室，以屈肢葬式为主，有棺无椁。随葬简单，仅日用陶器而已，有的或无。这一墓地的时代当在战国晚期到秦代，属于秦都咸阳渭南新区一处平民墓地。

3. 半坡墓地

半坡墓地位于大咸阳的东南隅，西距南区市14千米多。地处浐河以东800米的河谷第二台地上，背倚白鹿原，当今西安东郊纺织城西北的半坡与堡子村之间。这里在古代是一片安宁静谧的地域，环境优美，西临浐水，东近灞河，属于二水夹傍白鹿原交汇三角洲的上源。背山（原）面水，前有驰道通过，地在京都与芷阳之间，东北去即是灞上和东陵陵区。在人口稀少、城邑分明的古代，这里是理想的平民茔域，所以从战国以后至汉唐，古墓垒垒，历代不绝。只是由于近现代人类活动地域扩大，修铁路、拓公交、从墓地中心做了切割式的破坏，夷毁古墓不知凡几？当新中国成立初考古队配合基建时，才把周围残留的几处地段做了最后的发掘。尽管是拾余性的收获，但毕竟给了我们从零星资料的拼凑中想象它原来规模的机缘。

从半坡墓地的墓葬分布看，它原来相当稠密，时代延续长，占地范围也大。但因南北向的铁路支线和东西向公路从墓中心十字穿过，很自然地把剩余的墓葬分成了东、西、北三区。1954～1957年，中国科学院考古研究所在三区计20 000平方米的范围之内，清理发掘了古墓240余座。分布整齐、排列有序、保存完好，是这一墓地的一大特点。这里有战国秦墓112座，显然是秦咸阳城市规划的又一处平民墓地。

残留三区的墓数中以北区为最多，计有53座。西区次之，46座。东区最少，只有13座。但西区分布的密度大，南北呈一带状，作东西向三行排列，个别虽有错位乱行情况，但绝无相互打破关系。墓间距一般只有5～7米，最稠密处仅1米之隔。

这处墓地的墓形结构以洞式墓为主，墓向仍是以“西首葬”为多数。在112座秦墓中，洞式墓有101座，占总墓数的90.2%；竖穴墓只有11座，仅占总墓数的9.8%。墓向东西者92座，占总墓数的82.1%；南北向者18座，占总墓数的16%，另有两座洞式墓的方向不明。

竖穴墓11座，都呈口大底小的长方形土圹，其下部四壁留有生土二层台，上架棚木以护椁室。墓室长2.8～1.94、宽2.3～1.2、深2.5～5.2米。M9最大，墓室残长3.58、宽3、深4.52米。墓室填土，大墓经过夯筑。根据洞室在竖穴的位置，101座洞室墓可分为三式。其中的平行式（即Ⅰ式）89座，占总墓数的88.1%，其中墓向东西的有75座，南北向的12座。前者的洞室都开在竖穴天井的北侧，后者或在东或在西。洞室顶拱形，边壁或头端角隅开壁龛，洞口以木板或篱笆封堵撑持以木柱。口大底小的长方形竖穴墓底部留二层台，或环在除洞室外的其他三边，或在洞室的对侧，或只留在两端。竖穴最大的长3.9、宽2.8、深6.3米，最小的长3.1、宽1.5、深1.9米。而洞室之长约是竖穴的2/3，宽约是竖穴的1/2，底部略高于竖穴之底。竖穴的填土，是分层夯筑的。垂直式的土洞墓（Ⅱ式）10座，其竖穴均作东西向，平面呈梯形的洞室都掏挖在北侧的中部而且垂直于竖穴的长边，这是其他地方少见的一种。直线式土洞墓（Ⅲ式）只有两座，洞室开在竖穴的顶端。

半坡墓地均属单人葬，用单棺，无椁。葬式分直肢和屈肢两类，前者存在于5座墓中（竖穴墓2座、洞式墓3座），后者存在于104座墓中（竖穴墓9座，洞式墓95座），另有3座墓不明。在这112座墓中，有随葬品和食肉的墓共67座，空无一物的有45座。有随葬器物的墓，少者1件（陶罐、带钩、釜、珠、陶壶、茧形壶中之一），最多的有9件（M53随葬品有陶釜、罐、石璧各1件，铜铃，璜形饰，铁板属棺饰），一般为2或3件（或陶釜、盂，或陶盂、壶，或陶鬲、茧形壶，或铜印、铁带钩、玉饰，或陶罐、饼与铜镜，或陶盒、壶、铜镜与带钩）。铜质的镜、带钩、印章、环，铁质的带钩、凿、板片，玉饰、珠、石璧，环、角柱和料珠等随葬物，一般置于棺内。M53棺材上原有铜璜形饰和角铃，是较特殊的一例。陶器放在竖穴墓内棺材两端的土台上，在洞室墓中放入壁龛中。祭肉多同龛内的陶壶或陶釜在一起。M24的棺内，在死者左侧有一拐杖，全长66厘米，木柄已朽，仅存铸造精制的铜动物杖首。

从墓葬形制、随葬品内容等总体因素观察，半坡墓地的时代，个别墓可早到战国早期，大部分还属于战国中、晚期到秦代。商鞅变法实行按军功晋爵，“名田宅、臣妾、衣服以家次。有功者显荣，无功者虽富无所芬华”（《史记·商君列传》）。半坡秦墓中有40.1%没有随葬物。即使有者，也为数不多，且无组合关系，唯有等差而已。这些足以反映出这一墓地的平民性质。M86的骨架左股和胸部有铜镞两枚，M110骨架的头部和左肩有铜镞3枚，如果是犯罪被射杀是不应入墓地的。其墓内无任何一件随葬品，他们很可能是在战场上被敌人射死，还没有建立战功的平民。半坡墓地同山门口墓地接近，同渭北的平民墓地显有差异。

（三）市郊墓区

1. 杜城墓群

西安市文物保护考古院1989～2003年发掘了1500多座秦墓。涉及秦杜县的平民墓葬有三个墓地，计315座墓，其中茅坡村光华胶鞋厂墓地发掘了春秋战国墓93座、邮电学院南区墓地的战国墓葬162座、潘家庄墓地的战国至西汉的秦墓62座。

秦杜县在汉宣帝修建杜陵于东原之后改名下杜城，故址在今西安市南郊山门口南的杜城村附近。杜城之南过皂河，去光华胶鞋厂茅坡墓地2000米，再向南500米是邮电学院茅坡墓地。杜城东北2500米处是潘家庄墓地。这三处墓地南临神禾原，东为少陵原，分布在皂河两岸的二级台地上，应属于杜县的地方性墓地。

光华胶鞋厂墓地距杜城最近，南过皂河在郭杜镇茅坡村东北200米处。规模小、规格低，但排列有序，有打破关系的仅是个别现象。墓葬形制，洞室墓63座，占总墓数的67.74%；竖穴墓30座，占总墓数30.26%。屈肢、头向西是主要葬式。竖穴墓中的葬具多为一棺一椁，在洞室墓中多用一棺。所见陶文多为“杜亭”“杜市”和“武南”三种印戳。刻划有“杜”“咸”“千”“之”等字，字数最多的是一缶肩上刻“西奂苏氏十斗”6字。据综合研究，光华胶鞋厂秦墓的埋葬时间，最早在春秋晚期，经过战国、秦统一，延续到西汉早期。时跨300年、墓序整齐，葬制、葬具简单，显然是统一规划的结果。结合随葬日用陶器普遍的现象，其应属于秦杜县的一处平民墓区，具有“邦墓”的性质。

“杜”字陶文出现在20多件陶器上，既反映了杜县制陶业的产品投入市场须受市亭机构管理的实际，也为确认秦杜县的地望提供了有力的支持。《史记·秦本纪》载：秦武公十年（公元前687年）“初县杜、郑”。1973年在北沈家桥发现秦惠文王时的“杜虎符”，东南3千米有杜城村，仍有秦城址的遗存。那么，近距杜城2千米的茅坡墓地有市亭陶器正是“杜”县的产品。

茅坡南0.5千米的一处秦墓地，在邮电学院的南区。墓葬东西成行、南北并列，非常整齐。除3座竖穴土坑墓外，均为竖穴洞室墓。而洞室墓中又以直线式占绝大多数。均属单人葬，死者头向西。放置器物的小龛，留在洞室左侧。竖穴土坑墓均为一棺一椁，而土洞墓均为一棺。从墓制简单，规模不大，出土器物风格一致看，同咸阳塔儿坡墓地有很多相同与相似之处，埋葬时间当在战国晚期后段至秦统一，死者为当地平民。

茅坡邮电学院南区秦墓的M123出土施彩的人俑6件，最高的圆髻女俑9.3厘米，乘马俑2件，造型准确，具有一定的写实作风。

潘家庄墓地的秦墓取直线式洞室的形制，墓道无生土二层台。除墓室带小龛之外，在墓道内带小龛的数量加大，而且有的体量大到与墓室相同，相应的是随葬数量也加多。多数墓葬中有随葬器物8～13件，最多的M185竟有57件之多！这批墓葬的葬式以仰身直肢为多，屈肢较少。出土的陶器近1/5有陶文，见戳印“杜亭”“杜市”“咸亭完里丹器”等20种。其中刻划姓氏与容量的，如“乐定王氏九斗”“毋方毋方杨”“南阳赵氏十斗”“杜氏十十”“易九斗三升”“李氏九斗二升”“赵”“王”“伯”“里”等。这批墓葬的时代定在秦统一时，个别的可到战国晚期。墓葬下限时间在西汉早期，但晚不过武帝时期。死者大约是定居杜县的徙民，这里同样属于杜县的平民墓地。

2. 临潼刘庄墓地

刘庄墓地位于临潼县西2千米，当秦东陵东北，处在骊山西北麓韩峪河与三里河间的山前冲积扇上。墓地范围东西长160、南北宽65米，面积约10 400平方米，有墓葬49座，惜早年被盗，20世纪80年代又遭取土烧砖而破坏殆尽。

墓葬分布基本规整，排列有序，未见打破关系。墓向基本呈东西向。1987年9月和次年3月，考古工作者对5座墓葬进行了抢救性清理。

从清理的刘庄5座墓可知，其形制为带长方形竖穴墓道的洞室墓。墓圹上口长4.2～4.6、宽3.3～3.8、深3.2～4米。洞室平顶，进深3.5～4.6米，高与宽度相近，为1.1～1.2米。M3和M19用木棺、砖椁、带耳室，是过去未见过的。其椁底用青色条砖平铺，周壁则平卧错缝叠砌，顶盖横木（圆木纵向对开，平面向下，曲面向上）。M19砖椁长2.75、宽1.23、高1.16米。棺具与尸骨无存。随葬品分别置于耳室、头箱与墓室外，在M3的上层填土中发现有带盖陶壶、罐、灶、熏、盆及散乱的兽骨。器物组合，M1是陶鼎、壶、罐、盒；M2是陶瓮、罐、盆；M18是陶瓮、罐、盆、壶。

刘庄秦墓作竖圹洞室，是战国以来常见的形制。未用斜坡墓道，不同于始皇陵的陪葬墓，却已用青砖砌筑椁具，技法高于秦俑坑墁地的对缝砌。陶器上多有标记市亭陶业的"芷""丽市""栎"等戳印，也有官署工名的"宫屯""宫眏""大水沈"等印文及一些刻划符号，这同始皇陵园出土的陶文又是一致的。刘庄墓地当是战国晚期，即秦统一前后，按规划开辟的一处平民墓地。地处芷阳，临近东陵，墓主很可能同秦王室有关。

3. 新丰屈家村秦墓地

2007年，陕西省考古研究院在西安市临潼区新丰街道办事处屈家村东南、渭河南岸的二级台地上，发掘了723座古墓葬，其中战国秦墓葬594座。秦墓排列整齐，分布规律，少见打破关系（图10-11）。形制分为竖穴土坑和洞式两种，后者又有直线和偏洞的区分（图10-12）。M39为双洞室双人合葬墓，M196为单洞室双人合葬墓，余为单人葬，均头向西。偏洞室墓分布在墓地的北部，随葬品少见，甚或没有。而部分竖穴土坑墓与直线洞式墓随葬铜鼎、铜壶等礼器，或仿制的陶礼器。

新丰编组站的这一屈家村秦墓地，距秦始皇帝陵只有6千米，发掘者研究认为这里属于战国中晚期"戏邑"内居民的墓葬区。从时代上看，第一、二段属战国中晚段至战国晚期，反映出秦文化的主导地位；第三、四段随葬陶器变化，显示出受三晋文化的影响。

4. 苗家坡秦墓

苗家坡秦墓位于临潼区东北2.5千米处，东南1千米许即是秦始皇陵外城的西北角。1989年，因柿园砖厂取土遭破坏，经过清理。仅存的墓室，东西长3.1、宽1.04、高

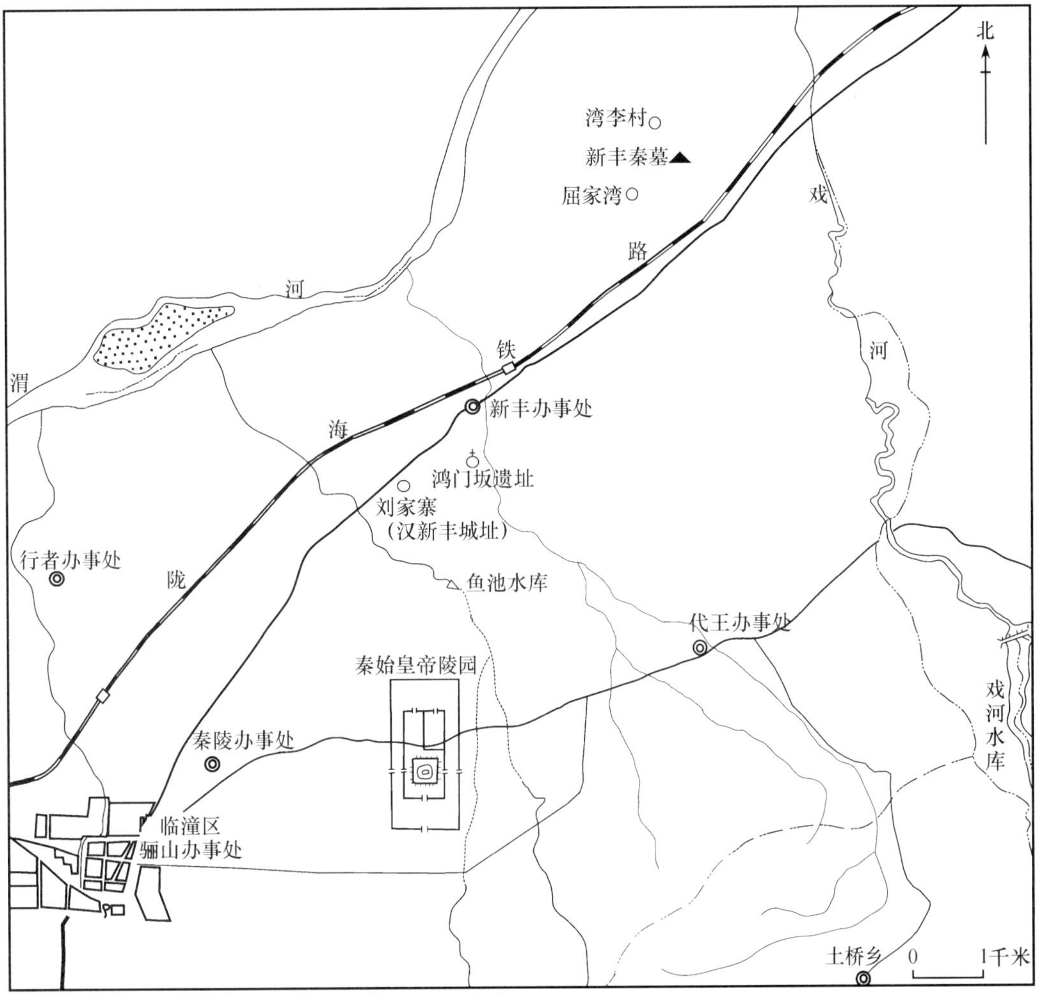

图10-11　临潼新丰屈家村秦墓位置图

0.99米。椁室为条砖对缝平垒而成，椁盖圆木，覆之以席。椁内棺木已朽，长约2.1、宽0.67、高0.7米。残留腿骨，也未见随葬器物，砖上戳印陶文，模糊不清，可辨者唯“丽市”“王”等字。

5. 临潼马额墓地

该墓地位于马额街道办家王村西南，东西长约1200、南北宽300米，占地36万平方米。2013年6月，考古工作者在此发掘45座秦墓，其中竖穴土坑墓仅有3座，竖穴墓道土洞墓42座，均为一棺结构、单人屈肢葬式。有仿铜的陶礼器墓30座，多为鼎、壶、罐、盆、甑、釜的组合；随葬日用陶器的墓葬10座，多为罐、盆、甑、釜的组合。另有5座墓葬中，无有任何随葬品。

这批秦墓的时代为战国晚期至秦。部分器物上有“丽”“戏”等字陶文。

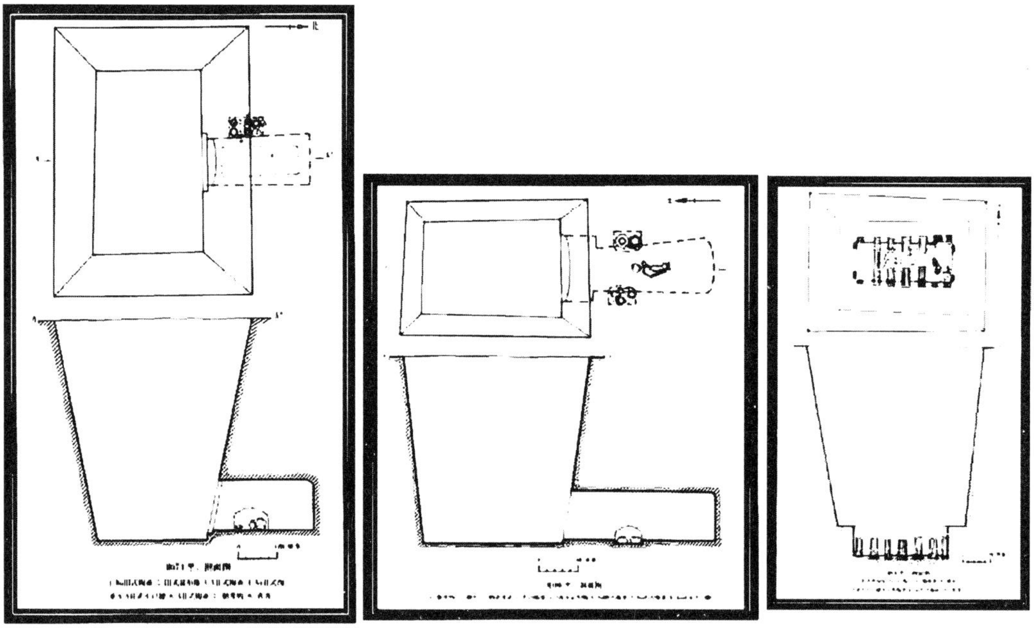

1　　2　　3

1、2.洞穴墓　　3.竖穴土坑墓

图10-12　新丰秦墓形制图

第二节　四川境内的秦墓

四川境内古代曾有不少族氏生息繁衍，其中较大的两支就是见于文献的巴人和蜀人。就大势而言，以今重庆为中心的川东地区为巴人的主要活动区域，以成都平原为中心的川西地区为蜀人的主要活动区域。这种局势大约在商周之际就已经形成。因为巴蜀地区同楚地早有来往，文化也互有影响。

据《史记·秦本纪》载，秦惠文王后九年，即公元前316年“司马错伐蜀，灭之”，后秦置巴郡、蜀郡以治之。秦据巴蜀之后，遂有物资供应的大后方，粮食的补给地。秦人陆续入川，北人也多有迁徙。

在四川省内清理战国、秦至汉初的墓葬资料时，即可看出这一区域的特点包括了四种文化因素，即巴蜀固有的传统（铜鍪、釜、甑，陶圜底罐、无把豆与铜兵器），秦人的葬俗（蒜头扁壶），中原的礼制（棺椁制，仿铜的陶礼器鼎、盒、壶），荆楚的影响（棺椁分箱制、白青泥填椁、漆器）。

一、文化面貌

四处境内发掘的战国至秦代的墓葬数目计有122座。根据宋治民先生的研究，这些墓葬按其文化面貌可分为两大系统[74]。

第一类，属于巴蜀文化系统。葬具多为船棺和独木棺形状，随葬品具有浓厚的地方特色，并以此为主。例如，铜器中的甑、鍪、盘，兵器中的柳叶形扁茎无格剑、平肩折腰圆刃或弧刃钺、带虎形纹饰的戈、短颈双弓形的矛等。陶器中的小口圜底罐，无把豆、圜底釜、尖底器等。另有少数墓不用船棺而是使用棺椁，但随葬品仍然是上述那一套器物，或主要还是上述一套器物。它们仍属巴蜀文化系统。

第二类，为中原文化系统。这类墓除葬具使用棺椁外，随葬品亦不同于第一类墓葬，如铜器中的鼎、镜、带钩等。陶器中的鼎、豆、盒、壶、罐、蒜头壶、盆等。漆器也有较多出土，主要是扁壶、壶、双耳长盒、耳杯、奁、卮等。

在族属与文化定性上，第一类墓被认为是属于巴人和蜀人的墓[75]。其主要墓葬有巴县冬笋坝和昭化（现属广元）宝轮院之船棺葬及狭长坑墓[76]、涪陵小田溪的3座墓[77]，第一期船棺墓时代为战国晚期，即秦举巴蜀以后。第二期船棺墓时代应在秦统一六国之后，蜀人墓葬的新都木椁墓[78]、百花潭中学10号墓为战国早期[79]，成都战国土坑墓[80]、成都南郊墓[81]、成都枣子巷战国土坑墓[82]、成都羊子山172号墓[83]、郫县船棺葬[84]和红光土坑墓[85]应为秦代墓葬，下限可能到西汉初年。

在第二类墓中，从葬式、葬具及随葬器物看，纯粹属于秦人墓的是青川战国墓和荥经古城坪秦汉墓。

以上两类墓虽然文化面貌不同，但因当时的巴、蜀地区已在秦国政治版图之内，所以从此以后，无论是巴人墓，还是蜀人墓，都应属于秦国墓葬。

二、巴蜀文化墓葬

1954～1957年，前西南博物馆和四川省文管会在冬笋坝和宝轮院发掘清理了几批古墓葬，共计97座，其中属于船棺葬者30座，狭长土坑墓20座（包括残墓2座），其余为长方坑、方坑和砖室墓[86]。《四川船棺葬发掘报告》一书曾将船棺墓分为两期。

第一期：原报告认为相当于公元前4世纪末，即秦举巴蜀前后。宋治民先生将其定为战国晚期，即秦举巴蜀以后。

第二期：原报告认为约在公元前3世纪末，即秦举巴蜀以后，下限包括秦统一，少数可达西汉初年。宋治民先生将其定为秦代墓。

第二期墓出土有半两钱，《四川船棺葬发掘报告》推测是秦惠文王二年所铸，这已得到出土文物所证实。因此，这一期墓内应当还有属于战国晚期的墓葬。

巴蜀文化墓葬内随葬器物的成分往往很复杂，除本身固有的巴蜀文化因素之外，还有来自不同的外来文化因素——秦人葬俗、中原礼制与楚文化。例如，绵竹清道战国墓出土铜器150多件[87]，具有巴蜀文化因素的器物有鍪、釜、甑、尖底盒及兵器及生产工具，都是常见的巴蜀文化的典型器物；壶、钫、盖豆、罍及Ⅶ式戈、剑等，都是中原文化常见器物；具有楚文化因素的，见有鼎、敦，而且还出现了越文化的因素，如145、146号两件铜鼎。这种情况反映了巴蜀地区与周围文化有着频繁的交往。据对出土铜器形制、纹饰的考察，绵竹巴蜀文化墓的下葬时间应在战国晚期[88]。

三、秦人墓葬

20世纪50年代，在巴县冬笋坝和昭化宝轮院发掘的巴蜀墓葬中，船棺葬第二期也当是秦举巴蜀之后的秦人墓。因为在船棺中，随葬的陶釜、圜底罐，铜鍪、甑、釜、带钩，铁器，弦纹铜镜，显然是秦人的日常用品。

涪陵小田溪3座墓葬是1972年发掘的，出土了不少的青铜器，主要分为容器、兵器和乐器几大类（图10-11）。

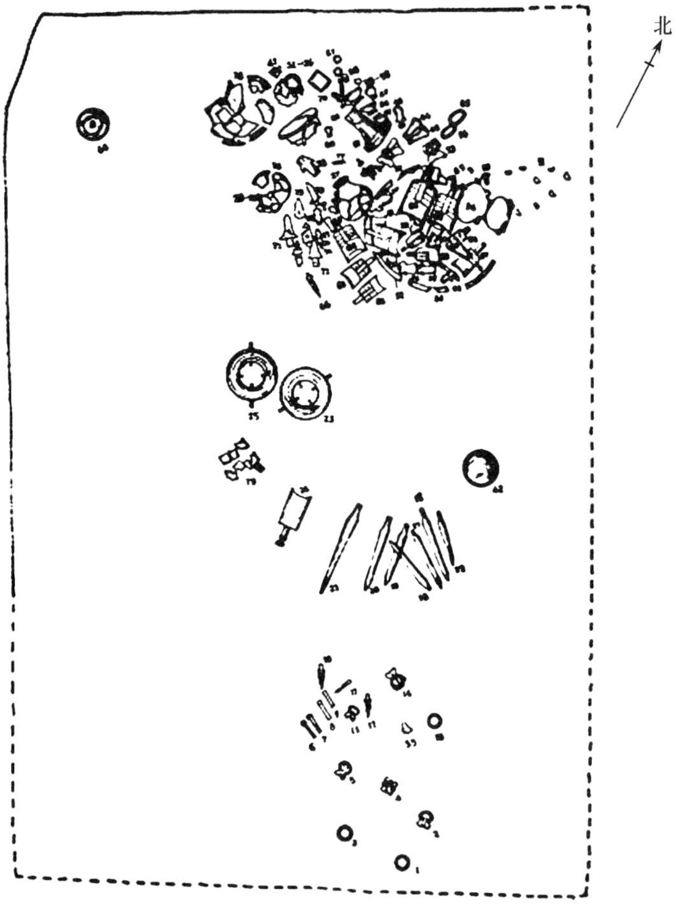

图10-13　涪陵小田溪一号墓平面及器物分布示意图

1、3、15、54、65. 铜环　2、13. 铺首衔环　4、5、14、52、53. 双铺首衔环　6～9. 铜凿　10、12、64. 矛　11. 残剑　16～22. 剑　23、25、78. 铜罍　24. 铜钲　26. 釜甑　27～29. 铜釜　30. 盆　31～34. 铜圆形器　35～38. 兽头饰件　39、40. 勺（40在26釜甑内）　41. 编钟残片　42. 胄顶　43～45. 铜斤　46～49. 钺　50. 插销（14个）　51. 鎏金泡钉（8个）　55. 铺首　56～59. 铜豆　60. 铜盒　61. 灯台　62、63. 弩机　66. 圆筒形饰件　67～69. 铜饰件　70. 弩机臂盖　71～75. 戈　76. 残釜　77. 残骨　79～92. 编钟

1号墓出土了包括编钟、兵器在内的大量青铜器。铜容器有釜甑1套、釜3、罍3、豆4、盒1、盆1件，兵器有巴式柳叶剑8、圆刃折腰钺4、戈5、矛3、无郭弩机2件；乐器是14件一套的编钟和钲1件。

2号墓出土铜器的数量少，器形除釜甑、釜、壶、豆外，还见有单耳平底铜鍪、镂空（透雕式）双龙纹铜镜和漆奁各1件。兵器有巴蜀式柳叶形铜剑1柄、胄1件；乐器有铜钲与錞于各1件；灰陶釜3件（图10-14）。

3号墓除铜釜甑、釜、鍪、错银壶、盒、盆外，兵器有巴式柳叶剑、钺、戈、分体戟、矛、弩机。铜戈的铭文“武，廿六年，蜀守武造，东工师宦，丞业，工□”。铭文的“二十六年”为秦始皇二十六年（10-15）。

发掘者把小田溪3座墓的时代定在“战国时期”。而宋治民先生认为“3号墓的时代，上限当在秦始皇二十六年以后，也就是秦统一六国之后。其下限当不会晚于西汉初年。因此3号墓定为秦墓或在秦汉之际，是比较恰当的”，并说“1号、2号都同于3号墓，它们应是同时代的”[89]。不过，M3的戈形基本近似于秦俑坑的戈手型，唯援稍上扬，下刃有凸起，无领的侈口陶釜肩大于口也是典型的秦器，所以它的下限时间当在秦代。尽管此三墓的主人虽属巴人上层，但墓中有器物且时代下及于秦，所以这里作为秦墓也是说得过去的（图10-14）。

巴蜀地区的秦人墓见于报道的有以下几批资料[90]。

涪陵小田溪第二次清理秦代墓葬的时间是1980年年底，计有4座竖穴土坑墓。葬具

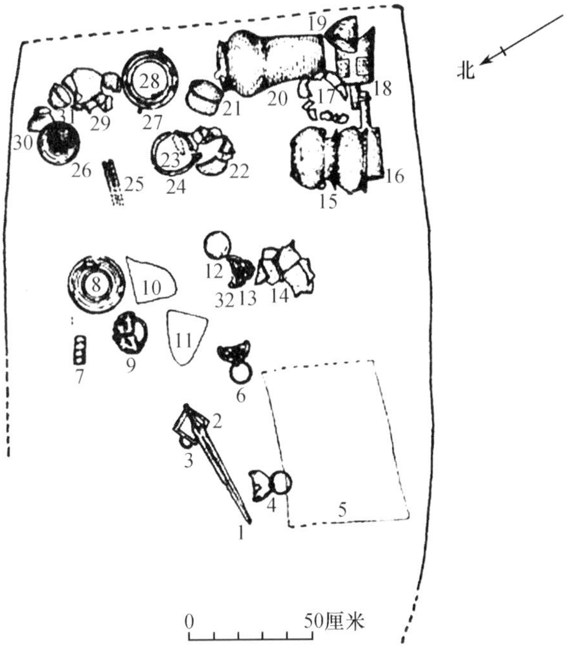

图10-14　涪陵小田溪二号墓平面及器物分布图

1. 铜剑（残）　2. 铜镜　3. 玉环　4、6、9、13. 铜铺首　5、10. 漆器痕　7. 铜镦　8. 铜壶　11. 骨痕　12. 漆奁　14、17. 破陶器　15. 铜釜甑　16. 铜钲　18. 编钟　19. 铜胄顶　20. 錞于　21. 陶釜　22. 陶罐　23. 铜镈（在陶釜底下）　24. 红陶釜　25. 铜条　26. 铜鍪　27. 铜釜　28. 铜勺　29. 陶釜　30、31. 铜豆　32. 琉璃管

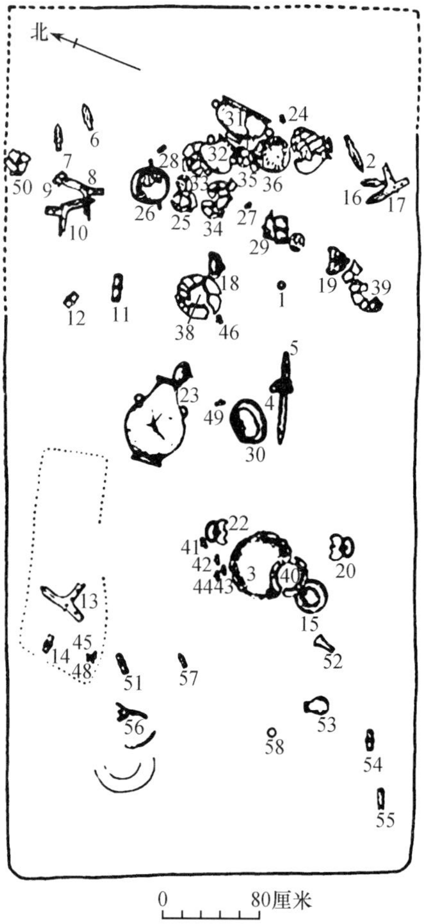

图10-15　涪陵小田溪三号墓平面及器物分布图

1. 玉环　2、6、7、16. 铜矛　3. 铜盆　4、18、19、20、22. 铜铺首　5. 铜剑　8、10、13、17. 铜戈　9、12. 铜管　11、14、51、54. 铜鐏　15. 铜鍪　21. 铜勺　23. 铜壶　24、27、28、41～44、46、47、49. 铜盖弓帽　25、36、40.陶釜　26. 铜釜　29. 漆奁（残）　30. 铜盒　31、32. 铜釜甑　33～35、37～39、50. 陶罐（破）　45、48、57. 铜箭镞　52. 铜斤　53. 铜钺　55. 铜镦　56. 铜弩机　58. 铜圆饰

为一棺一椁和一棺，陪葬品主要有铜器（釜甑、釜、鍪、单耳罐、盆、缶、壶、镜、钺、刀、削、桥形饰）、陶器（釜、豆、壶）、玉器（衡、龙佩、玦）、铁削、玻璃珠、陶印等。其中三角云纹铜壶、双耳铜釜、双耳釜甑、拱形纽的二弦纹铜镜，都是秦代的典型器物（图10-16）。

考古工作者在荥经县两次发掘过战国、秦汉墓葬。第一次发掘是1977年，在城关镇清理了3座长方形竖穴土坑墓葬。其中M2出土八铢半两铜钱，年代当为西汉初期。M1出土漆盒、耳杯、奁、匕等同云梦睡虎地1号墓的同类器物相似，还朱书“王邦”而不避讳刘邦之名，且下刻成都市亭简称“成亭”二字，知该墓年代在战国晚期至秦代。M3仅出铜铃1件；第二次发掘是1981年始，次年结束，地在曾家沟。曾家沟曾出土大量漆器，器形有扁壶、双耳长盒、圆盒、奁、耳杯等，以扁壶和双耳长盒最具代

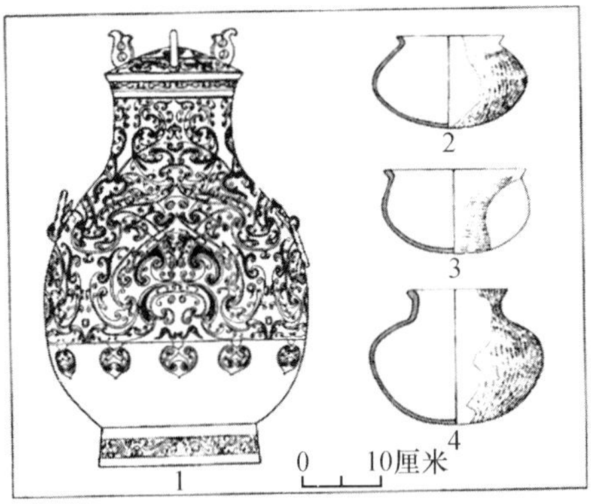

涪陵小田溪秦代墓出土器物（之一）
1. 错银铜壶（M3：23） 2～4. 陶釜（M3：25、M3：40、M3：36）

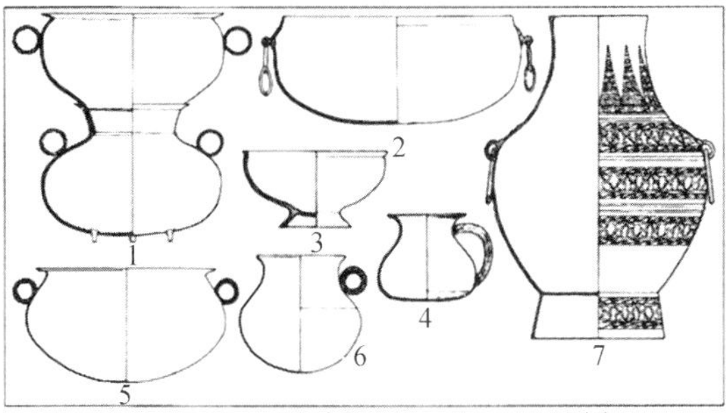

1、2. 0 10厘米 3~7. 0 10厘米
涪陵小田溪秦代墓出土器物
1. 铜釜甑（M4：12） 2.铜缶（M6：1） 3.陶豆（M7：1） 4.铜单耳罐（M4：6） 5.铜釜（M5：21） 6.铜鍪（M4：9） 7.铜壶（M4：1）

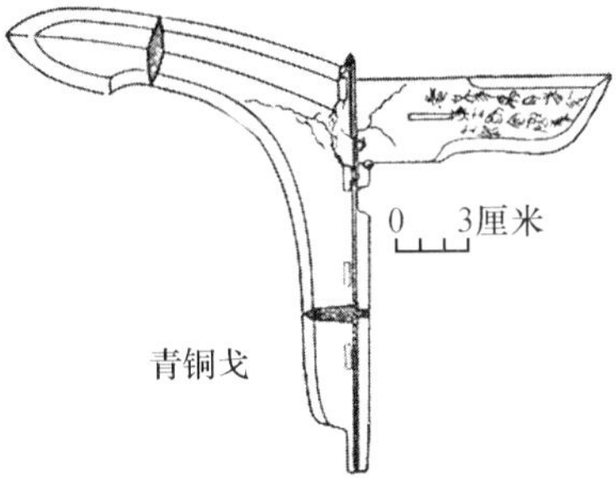

青铜戈

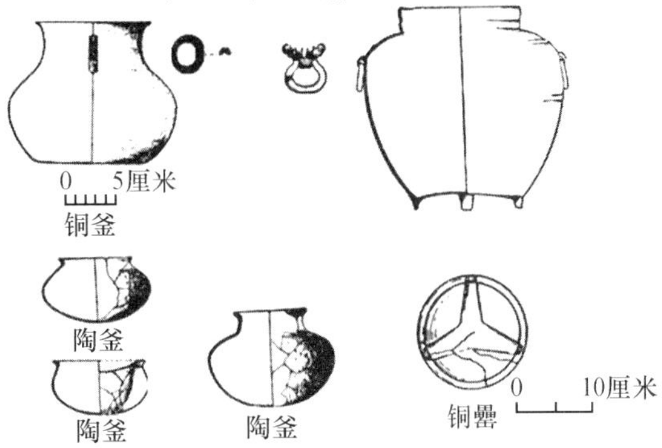

图10-16 四川涪陵小田溪三座秦墓出土器物

表性。漆器和青川漆器相同，和云梦睡虎地两批秦人墓的漆器也相同。此次清理了不少战国墓，但据报道的6座墓具有楚墓特征。实际上，有些漆耳杯上刻划“成”字显系“成亭”之省。有些器物具秦代特征，所以这批墓中有个别的下限年代当在战国中晚期至秦代。

青川县郝家坪经过1979～1980年的三次发掘，在双坟梁山坡上共清理了72座战国墓。未出兵器，铜器甚少（鼎2、鍪3、铃形器7、铃4、带钩8）。早期的陶器组合为鼎、豆、壶，晚期为鼎、盒、壶。壶为蒜头壶。铜器见有鼎、镜及带钩。其中M50出土有秦武王二年（公元前309年）命丞相甘茂更修四律的木牍，参照与云梦睡虎地秦墓同类器相似的大量漆器（双耳长盒、圆盒、耳杯、扁壶等177件），结合漆器上“成亭”刻文，可以确认郝家坪秦墓群的时代上自战国中期，下可至秦代。

考古工作者于1984年在大邑县五龙乡清理了两座墓葬，均呈长方形竖穴土坑，为东南—西北向，无葬具。尽管器物具有巴文化特征，但半两钱文字为小篆书体，字形修长，故该墓下葬年代当为秦代。

考古工作者于1992～1993年在郫县清理了27座战国至西汉时期的墓葬，其中有长方形竖穴土坑秦墓6座。随葬品是釜形鼎、浅盘豆、圜底釜、大口瓮、折腹钵、折腹盆陶器组合。再由半两钱形与文字知，该墓时间在秦代。

考古工作者于1988～2002年在什邡市城关墓地，先后23次抢救性清理战国秦汉时期的墓葬98座，其中有秦墓5座。秦墓作长方形竖穴土坑，随葬品以陶圜底锺、豆、釜或釜甑的组合。出土的器物还有陶大口瓮、小口瓮、鼎、壶、罐及青铜兵器（矛、钺、戈、剑）和半两钱。

截至2014年6月13日，四川省广元市昭化区大坪子墓地已发现墓葬79座，其中以战国晚期至西汉时期的土坑木椁墓为主，完成清理70座，清理出各类随葬品1100余件（套）。昭化古称“葭萌”，至今已有4000多年的历史和2244年连续建县史，昭化古城历史文化底蕴深厚，是我国古代最早的县治地之一，素有“巴蜀第一县，蜀国第二都”之称，是迄今为止国内保存最为完好的唯一一座三国古城。一片墓群的出现，让原本就有着4000多年历史的广元昭化古城变得更加扑朔迷离；一批文物的重现天日，再次给昭化古城披上了一层神秘“面纱”。

第三节　两湖地区的秦墓

一、江汉地区秦墓发现概况

江汉地区秦墓发掘的数量也相当大，总数大约有319座。

秦从昭王二十七年至三十年（公元前280～前277年）大举攻伐楚地之后，秦人便批量进入江汉地区。自此，楚地就出现了秦人墓地，直至秦亡，有的秦人后裔墓可达西汉初年。因此，江汉地区秦人墓群的发现与发掘，就大大丰富了我们对江汉地区秦墓研究的资料。

江汉地区的秦墓，其上下限时间比较清楚，可包括三个时期，即战国晚期、秦统一后和西汉初。

（一）襄　樊

1973～1974年，在襄阳蔡坡发掘了11座战国墓，其中有4座墓葬是长方形竖穴土坑墓，葬具已朽，葬式不明。随葬品置于头端或边室，见有陶鼎、豆、盂、盒、双耳罐、圜底罐、平底壶、圈足壶等。发掘者认为这4座墓的时间在战国晚期至西汉初。

襄樊市自20世纪80年代以来，发掘了不少的秦汉墓葬[91]。

1988～1993年，考古工作者在襄樊市余岗清理战国至东汉的墓葬20座。其中属于秦汉之际的墓有3座（M51、M55和M57），均是竖穴土坑墓，有一棺一椁，或一棺，随葬品以陶釜、盂、瓮、罐为主。

1990～1991年、1995～1996年，考古工作者在襄阳古城清理战国至秦汉墓葬44座，其中属于秦至西汉初的墓有12座，形制分长方形竖穴土坑墓和长方竖穴岩坑墓两种。随葬全为日用陶器，也是秦式组合关系。

1996年，考古工作者在襄樊余岗清理了32座秦汉墓葬，其中秦统一至秦汉之际的墓有18座。

2000～2002年，考古工作者在襄樊市襄阳区王坡墓地发掘了东周至秦汉的墓葬173座，其中属于秦代墓葬的有57座。

（二）云　梦

1975年、1977年和1978年，考古工作者曾三次在云梦县睡虎地发掘了47座秦汉墓，其中1975～1976年发掘的12座秦墓中，有7座属战国晚期，5座属秦代。M11的死者为一40～45岁的男性，骨架保存较好，仰身屈肢葬式。其棺内放置毛笔、玉器、漆器等，骨架四周有1100余枚竹简。第二次发掘了秦汉墓10座，其中有秦代墓4座（M31、M33、M34和M36），时间跨越战国晚期、秦代、西汉初期及西汉中期，清晰地显示出该地区的漆器、铜器和陶器在100年间的变化脉络。第三次发掘是在睡虎地和大坟头进行的，共清理27座秦汉墓，其中属于秦代的有15座，余为战国秦墓和汉墓。1989年和1991年又在云梦县城东龙岗清理了两批秦汉墓，其中秦墓10座，M6竹简与木牍上出现“皇帝”的称谓。另外，在睡虎地之北的木匠坟也发掘过两座秦代墓[92]（图10-17）。

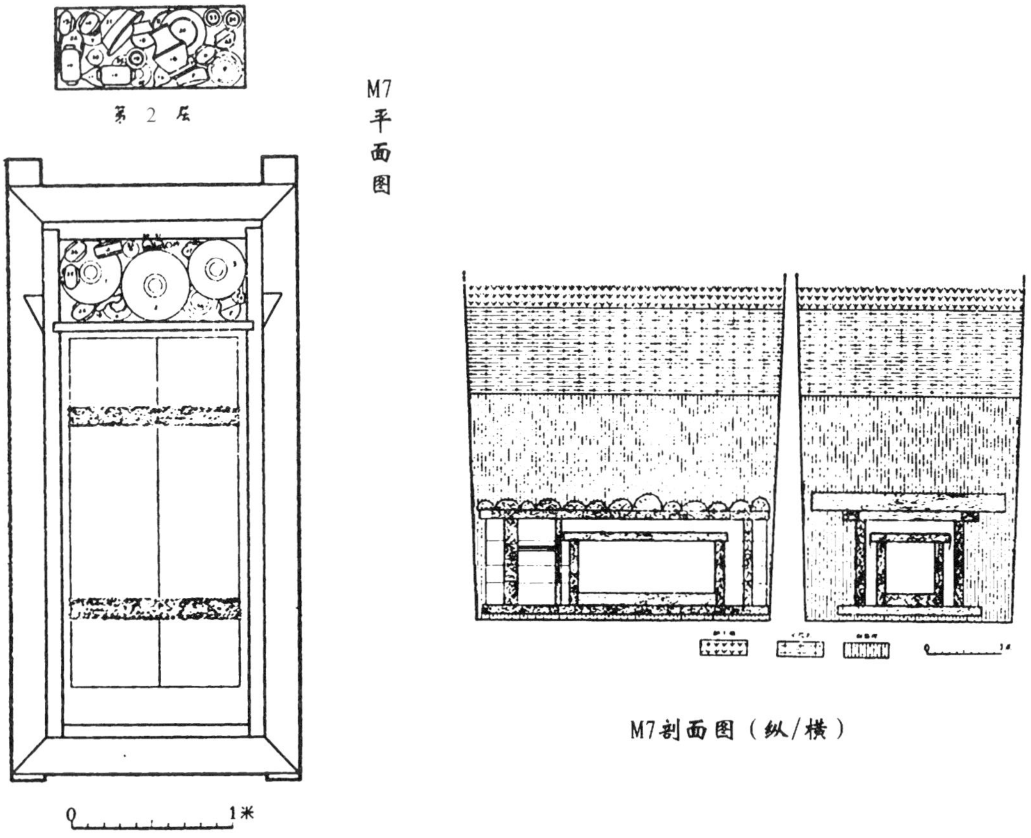

图10-17　湖北云梦睡虎地秦M7平、剖面图

（三）宜　城

1976年冬考古工作者在宜城“楚皇城”（楚鄢都）附近的两处墓地（雷家坡和魏岗）发现古墓28座，选择发掘了其中的11座秦汉墓，而属于秦汉之际的墓葬有3座竖穴土坑墓；1982年，在宜城魏岗、雷家坡又清理了不少秦墓，见于报道的只有两座（LM11和LM13）[93]。

（四）宜　昌

考古工作者于1971～1972年年初宜昌前坪和葛洲坝，发掘了战国两汉墓43座，其中战国晚期墓4座（葛洲坝M1、M2和前坪M23、M39），都是竖穴土（岩）坑墓。葬具不清，葬式不明，陶随葬品较少。西汉前期墓10座（葛M3、M4和前M8、M12、M24～M26、M28、M29、M36），都是竖穴岩（土）坑墓，仰身直肢葬，因器物组合为仿铜陶礼器鼎、盒、壶，或仅有鼎、蒜头壶，铜镜也是蟠螭纹镜，可能其中包含了秦墓[94]。

（五）江　陵

荆州江陵区北5千米的纪南城是楚国的郢都，在故都内外分布着大量墓葬。自1961年以来，已发现楚墓两千多座，经正式发掘的就有上千座。在纪南城内的凤凰山探明的200余座墓葬中，可以判断为秦或秦汉之际的有25座，其墓向不一，为长方形竖穴土坑墓，无墓道，也有方形墓坑的。椁底少有垫木，用长方形盒状的无弧棺。仰身直肢葬。随葬器物中，突出实用的生话用具，如采用楚物（漆耳杯、盒、奁），还新出现一些漆盂、扁壶、盘等，不见兵器及其附件。铜礼器少，不成套，出现有鍪、卮等新器形。铜镜较普遍，有四山纹、连孤纹。陶鼎减少，多以釜、盂、甑、瓮、罐、壶为组合。未见简牍与丝麻织品。随葬牲灵除木俑外，还出现了木片俑与木狗。

江陵地区除凤凰山外，还有几处秦墓较为重要[95]。

1986年，考古工作者在荆州城的岳山发掘古墓46座，其中有秦墓10座。均是无墓道的长方形竖穴木椁墓，方向不一，随葬品多置于椁室的前室，少数放在棺的一侧，陶器居多，见有双耳铁釜、两周弦纹铜镜、单耳铜鍪、半两钱等。M36出土两件《日书》木牍，器物组合与睡虎地M11的风格接近，可断定为秦代的中下层官吏。

1990年，考古工作者在扬家山发现古墓178座，其中的M135是座保存完好的长方形竖穴土坑秦墓，地面有椭圆形封土，直径30、高4.5米。椁室可分为头箱、边箱和棺室三部分。椁内有双重木棺，男性死者作仰身在肢葬。礼器和酒器的铜鼎、盂、戈及漆耳杯、盒、盘放头箱中；礼器、陶器、漆木器多放在边箱；而铜镜、漆奁、梳与拐杖则置于棺内。M135的铜鼎、钫、陶小口瓮和漆器烙印文字都与云梦M11相似，故时代当为秦代。

1991年，考古工作者在荆州区岳山村擂鼓台清理了两座长方形竖穴土坑墓葬。从墓的形制、结构、器物形式与组合看，M1属秦代，M2在秦末至西汉前期。

1992年，考古工作者在荆州高台发掘秦汉墓44座，其中的M1是带墓道的长方竖穴土坑秦墓，有随葬品38件，主要有铜盆、钫、带钩、镜、印章，陶鼎、盒、壶、圜底罐、杯、豆、勺，玉璧，漆扁壶等。

1993年，考古工作者在江陵县郢北村清理了16座秦汉墓葬。其中长方竖穴土坑的M15，出土了大批竹简，内容为《效律》和《日书》。再加之秦式陶釜与楚式盂、小壶的混合随葬，表明此墓距“白起拔郢”的时间（公元前278年）不远，当在战国晚期后段至秦代。

（六）鄂　城

考古工作者于1958～1978年在鄂城的百子畈、五里墩、洋澜湖、七里界和鄂城钢厂发掘了34座墓葬，其中有15座属秦汉之际或西汉初年的墓葬[96]。这些墓均是竖穴土坑的形制，口大于底，用一棺一椁，或单棺。随葬器物也是陶鼎、盒、壶（加钫或重炉）的组合，但器形产生了新的特点，陶鼎由深变浅，直立耳转向稍微外侈，足由高而矮；陶盒由敛口圆腹圜底向平唇深腹平底变化；陶壶由假圈足变为高圈足，腹部的最大径接近肩部。

（七）黄　冈

1981年冬，湖北黄冈县黄州公社群英大队在平整土地时发现一批竖穴岩坑墓，位于黄州北约10千米的太平寺附近，南距禹王城（邾城）约2千米。1982年夏，由省、地、县文物考古部门派员联合组成的考古发掘队对此进行了清理发掘，共清理岩坑墓6座，编号为太M1～M6，其中除M5是秦墓外，其他的都属西汉初年[97]。

二、云梦睡虎地秦人墓葬

云梦睡虎地墓地12座秦墓，均为长方形竖穴土坑墓，没有墓道，地面也无封土。其中5座墓墓圹四角有供上下的脚窝。头向不同，其中5座基本为南北向，7座基本为东西向，而且葬具均为一棺一椁，墓坑上部填五花土，下部因有青膏泥密封，大多保存完好。

随葬品器类以陶器和漆器为主，尤以漆器为最。器物组合形式：陶器为罐、缶、鍪、圆壶（有的墓出茧形壶）、甑、盂，有时还伴出陶量。漆器有耳杯、圆盒、卮、扁壶、双耳长盒等，有的还出土木铲、竹筒、木梳、木篦、木耳杯、木璧、木佩、葫芦瓢等。铜器多散见于各墓，基本不成组合，器形有镜、带钩、鼎、壶、蒜头壶、鍪、钫、匜、勺、剑和削刀等。铁器有鍪、鼎、釜。

这批墓出土器物300多件，无论从随葬品的基本组合器类，还是器形，都是明显的秦文化作风。虽然其中也不乏楚文化和巴蜀文化的器物，但如茧形壶、蒜头壶、

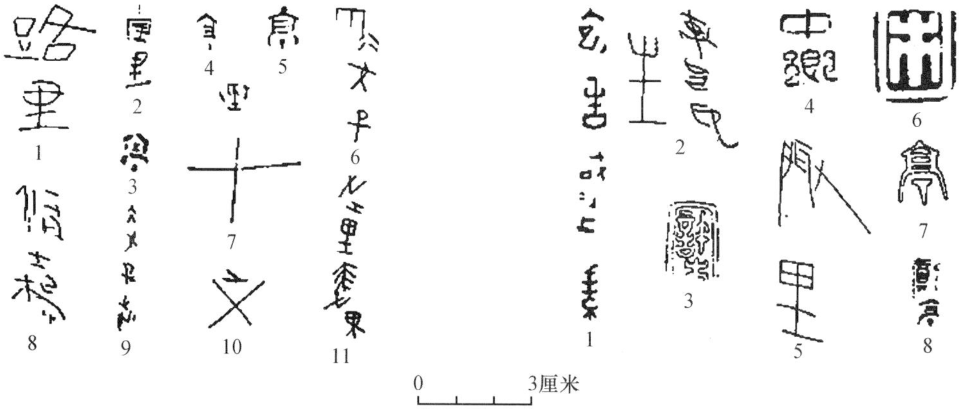

漆器上的刻文字符号

1～3. 漆卮（M5：14、M6：17、M9：20）　4～6、8～10. 耳杯（M3：17、M8：11、M4：3、M8：7、M31：11）　7. 漆盂（M13：10）

器物印记

1、2. 漆耳杯耳下烙印及外底针刻（M33：34）　3、4、6. 漆耳杯外底烙印（M36：30、M39：11、M34：31）　5. 漆耳杯外底针刻（M36：29）　7. 盂外底烙印（M33：26）　8. 凤形勺底烙印（M34：21）

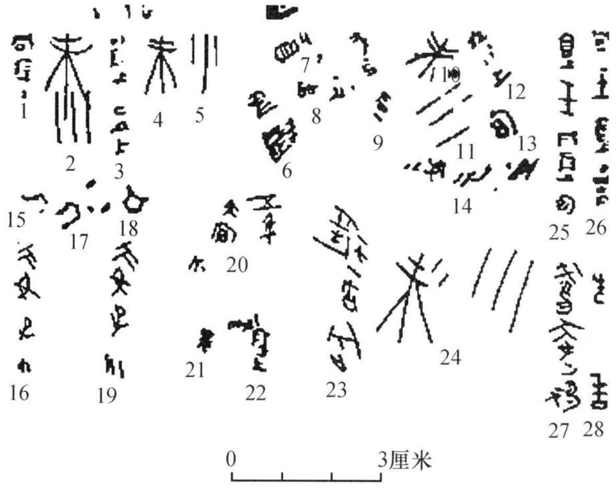

图10-18　湖北云梦睡虎地秦墓刻划文字

器物印记

1～5. 圆盒印记（M34：25，外壁烙印、外底针刻、盖肩烙印、盖壁针刻、盖顶针刻）　6～9. 圆盒外底烙印（M39：23）　10～14. 盂外底烙印、针刻（M34：12）　15～19. 圆奁印记（M34：60）　15. 盖面烙印　16、19. 外壁针刻　17、18. 外底烙印　20. 卮外底针刻（M2：2）　21、22. 卮烙印（M34：7，盖、内底）　23、24. 盂外底印记（M36：3）　25～28. 椭圆奁印记（M33：8，盖外壁烙印、底外壁烙印、底外壁针刻、外壁烙印）

缶、甑、圆壶等都是秦文化中的典型器物。出土的漆器绝大多数为木胎、涂黑、红漆，并绘出云气纹、卷云纹、变形凤纹、兽纹、几何纹等。彩绘花纹勾连交错、线条流畅、图案优美。相当数量的漆器上有烙印文字和针刻符号，如“□亭□”“大女子□”“山”“亭”“左里漆界”“李”“□士□”“孝”等（图10-18）。

M11的墓主是一位名叫喜的低级官吏，负责文书档案，或即“史”一类的职官。此墓出土了1155支书简（包括残片80片）内容相当丰富，有《编年记》《语书》《秦律十八种》《效律》《秦律杂抄》《法律答问》《封诊式》《为吏之道》和《日书》甲种、《日书》乙种十种。是秦墓发掘的一次重大收获，其中的《编年记》从昭王元年起，经孝文王、庄襄王，终于始皇三十年。喜大约死于这一年，不久入葬。

M7椁室的门楣上刻有“五十一年曲阳徒邦”8字。五十一年为秦昭王五十一年（公元前256年），说明7号墓的下葬时间当即此年。这是一座有绝对年代可考的墓葬。

从M7和M11出土的器物与其余各墓做比较，在器形、纹饰及器类上都无多大差别，因此推定云梦睡虎地秦人墓的时代当昭王后期至秦代是可信的。

三、湖南的秦墓

秦占领长江右岸的今湖南省的时间早晚不一。湘西地区原属楚的黔中地，进入秦国的版图达半个多世纪。除此之外，其他地方只有十几年到二十多年。尽管秦统一了江汉地区，人口也随之迁徙到了湖南，但这里的秦墓毕竟还是过多地表现出同战国楚墓有着承接的关系[98]。因为秦人在湘西居留的时间较长，发现秦国墓的数量也相对地多于地处。湖南省发掘的秦国墓数量大约有78座。

1957年发现的长沙左家塘皮件厂1号竖穴土坑木椁墓，有左右两个边箱。随葬品的器物组合：陶高蹄足鼎4、矮圈足盒4、圈足壶6、勺、铜素镜1、矛1、戈1，还有玉璧、玉剑首、玉剑珥、木俑、骨簪及铁口锄2件。铜戈上有铭文：“四年相邦吕不韦（造），寺工詟造，丞□”，其“四年”即秦始皇四年（公元前243年），也即是该墓建造在秦取长沙之后，即应是战国末年或秦代初年。

1975年发现的长沙南塘冲13号墓是个竖穴土坑墓，随葬器物有铜鼎、蒜头壶、盆，陶鼎、钫等。

1978年，溆浦县马田坪发掘的M24号，是个带斜坡道的竖穴土坑墓，两级台阶，用一椁一棺，有头箱和右边箱，随葬物有13件。有矮蹄足铜鼎2、匜2、勺2件，蟠螭纹簋、弦纹镜、盘、剑、戈、矛镈和云纹玉璧、圈足陶壶名1件。铭文见于铜矛有“少府”二字，铜鼎口沿刻“中脯王鼎”4字。

1979～1981年，考古工作者在益阳市郊发掘楚墓93座，其中天成垸的M22、M23，桃花仑的M8～M10，赫山镇M40，羊午岭M19、M20等8座墓，陶器组合是鼎、敦、壶、钫，或鼎、盒、壶、钫，均附加有豆，年代当为战国晚期；出土鼎、盒、壶的墓为战国末年，可能晚至秦代。

1983年，考古工作者在汨罗县永青村发掘的36号墓是带斜坡道的竖穴土坑墓。有左右边箱和足箱。随葬陶鼎15、盒13、豆14、壶14、罐4、勺10、匕10件，铜器有短剑、矛、戈、镈、素镜、带钩、蒜头扁壶各1件，“半两”钱若干，玻璃璧1。

经湖南省博物馆高至喜先生对过去发表或未发表过的墓葬材料的辨证，能确定为秦墓的还有长沙烈士公园洞式墓1座（M18）、长沙桐梓坡6座（M21、M26、M42、M48、M50、M71）、长沙杜家山1座（M799）、长沙乾塘坡地质局工地1座（M5）、溆浦马田坪1座（M7）。

处于湘西北的龙山县里耶镇，在麦茶村东南，有战国古墓群，分布面积大约4平方千米。1989年，考古工作者在这里发掘了55座，均为土坑竖穴墓。出土铜器有剑、戈、印章、镜、罄、铃、带钩；陶器有鼎、敦、壶、钵、豆、罐、簋、纺轮及琉璃管、玉璧、残铁器及石饰件等。器物中的巴式柳叶剑，铸造精良，异常锋利。麦茶战国古墓的形制、随葬器物都充分地显示出巴、楚与秦文化混合的特色。

高至喜先生认为湖南地区虽然在公元前278年以后归入秦版图，但至今未发现像云梦睡虎地那样秦文化特征纯粹的墓地，在溆浦马田坪、长沙桐梓坡、岳阳汨罗山等地发掘的秦置黔中、长沙郡以后的墓葬，陶器组合不外乎高足鼎、西瓜状敦、壶，或鼎、盒、壶、钫之类礼器，少数墓共出矮足铜鼎、铜蒜头壶、“亚”字形腹小陶壶等少量秦式器物，但在文化构成中显然不居主体。这些墓可以算作“秦国的墓葬”，但不能算作“秦文化墓葬”或“秦人墓”，自然也不能归入严格意义的“秦墓”的范畴。他的这一学术见解，对研究秦、楚文化时，有一定的启发作用。

四、秦、楚墓葬的几点区别

两湖地区战国后期至秦汉之际的墓葬，在形制上与战国楚墓具有一脉相承的关系。墓用长方形竖穴土坑，较大的墓有斜坡墓道，个别的有边龛，填土多为网纹红土，有的也用“白膏泥”保护棺椁。棺椁制度也没有大的改变，仍保留着楚的分箱制度。但秦式的日用器物大量出现，形成陶瓮、罐、盂、釜或陶瓮、罐、盂、釜、甑的器物组合。铜蒜头壶、茧形壶、鍪，及来自秦地的陶仓、灶、中原式球鼎、钫、锺（或叫壶）也普遍涌现出来。这些秦物的存在，显然表明它属于秦墓的性质。而陶鼎、敦、壶和鼎、盒、壶的使用，则表明了南方“楚俗”与北方“礼俗”的混合。因此，在两湖地区发掘的墓葬情况比较复杂，诸文化融合的现象也多种多样。往往在同一墓中有不同区域的器物并存，形成不同文化因素相互错杂的现象。要从中找出属于秦人的墓层虽还有不少的困难，但有以下的几种情况则是应当优先考虑的[99]。

首先，是墓的头向。江汉楚墓的头向以东西向的居多，而秦墓的头向绝大多数为南北向。

其次，是葬式。秦人的传统葬式是屈肢，这一点从甘肃天水毛家坪两周时期31座秦人墓均为屈肢葬得到了证实。春秋战国以来屈肢葬仍占统治地位，但在秦统一前后已趋减少，有瓦解之兆。这一迹象同秦人屈肢葬式随着秦汉大一统局面形成而走向瓦解消亡的总局势是完全一致的。因此在判定这一时期的墓葬时，不能因其葬式非屈肢就将其排除在秦墓之外。

再次，是随葬品。以随葬品判断一座墓是否属于秦墓，有相当的困难，但根据江汉大量墓葬资料，可以提出以下几条线索。

一是器物组合为鼎、簠、壶或鼎、敦、壶，这类晚期楚墓常见形式而形态作风又为楚式者，多为楚墓。值得注意的是，楚陶鼎盖扁圆，附耳，浅腹，平底，蹄足直而高；敦始于春秋晚期，盛行于战国早中期，战国末期基本绝迹；壶在中小型楚墓中常见，盖无纽，盘口，圈足外侈。

二是器物组合为鼎、壶（锺或钫）而形态作风又为中原式，则大多为秦占江汉地区以后的墓葬。如果其中有蒜头壶、鍪、茧形壶、釜等秦式典型器物，则多为秦墓。值得注意的是，秦式陶鼎为矮足；壶多为侈口或盘口，长颈扁腹下垂，圈足外侈，盖无纽，有的肩部有铺首，或施黑衣彩绘；豆少见，形态多作浅盘，矮圈足。所见方壶、盘、匜、勺、小罐等陶器，均是对楚式同类器物的继承。另外，秦的典型之物还有铜镜（素地双细弦纹镜、素地宽弦纹镜、勾连云雷纹地连孤镜、云纹连弧镜、云纹地龙凤纹镜）、半两铜钱，都是判断秦墓的主要依据。

三是如楚式器与个别中原式器（主要是钫）共出，则可能是楚墓。

四是如个别楚式器与多数中原式鼎、锺、钫等共出，则以秦占江汉以后墓葬的可能性为大。

五是楚式铜器与秦式陶器、铜器共出的，一般应认为是秦墓。

秦代墓中常见的陶茧形壶、小口瓮、鍪、矮足鼎等，在两湖秦墓中少有出现，表现出秦文化对这一区域影响的有限性。

第四节　河南境内的秦墓

一、泌阳秦墓

河南省境内的秦墓数量不少，总数达1260座。

（一）秦墓情况

截至目前，在泌阳前后发现三批秦墓资料。

1. M1～M4

1978年冬，考古工作者在泌阳县城东北1.5千米的官庄村北岗发掘清理了4座秦墓。其中除M3保存完整外，其他均遭破坏。M1尚有铜鼎2件、铜蒜头壶1件、铜勺1件，M2有铜鼎1件、铜壶1件、铜蒜头壶1件，M4有铜釜1件、铜蒜头壶1件[100]。

2. M5

1988年3月，泌阳县花园乡大曹庄农民在村南取土时发现一批青铜器。泌阳县文化馆闻讯后即派人前往调查，是一座墓葬。后经河南省文物研究所和泌阳县文化馆的发掘清理（编号为M5），除墓的西南角和西北角的铜器被挖出外，墓底其他部分的随葬品尚未遭到扰乱和破坏[101]。

墓为东西向的长方形土坑竖穴双棺合葬墓，墓口残长3.17、宽3.58、墓深1米。墓穴内置双棺，南北并列，紧靠墓穴西壁放置。南棺内有一纵向木板将棺隔出一个边箱，专放随葬品，边箱内自西向东有铜鼎、铜钫、铜蒜头壶、铜盘、铜熏炉、铜镜各1件，陶圭4件。棺的另一半安放死者，头部有2件铜带钩，中部两侧各有1枚玉石印章和玉带扣。在铜钫、铜蒜头壶、铜盘、铜熏炉上都镶嵌有方形小铜块，多已脱落。北棺内北侧置随葬品，自西向东有铜蒜头壶、铜鼎、铜勺、铜壶、木漆盒各1件，陶罐2件，南侧有1件玉玦。在铜鼎、铜蒜头壶上也镶嵌有方形小铜块，多已脱落（图10-19）。

该墓共出随葬品23件，以铜器为主，兼有少量陶器、漆器和玉器。其中南棺内出土的两枚玉石印章，一枚刻印文“姚章”，书体为小篆，可知死者的姓为“姚”。另一枚刻印文“偻”，书体为大篆，可能是死者的名或字。在北棺内出土的铜蒜头壶的圈足内有凸出的铭文“千金”。

这座墓为夫妻合葬墓。原报告认为，北棺可能是从别处迁来与南棺合葬的。南棺内为男性，北棺内为女性。该墓与官庄秦墓相距仅3千米，且器物组合及造型、花纹相似，所以该墓与官庄M3是同一时期、同一阶层贵族官吏的墓葬，时代当在秦朝末年，也许迟至汉初。值得注意的是，该墓的南棺内出土有水银，南棺一壁附近放置4件陶圭形器，且两两相叠，其用意还有待进一步探讨。

3. 将士墓地

2004年，河南省文物考古工作者在驻马店市泌阳县发现28座竖穴土坑墓，其中中型墓6座，棺椁极为精美，且多出贵重饰品；其余为小墓，单棺或一棺一椁，随葬陶器不等，有1～3件，或无。尸骨不全，有无首的，也有左胸处带铜镞的。出土文物100余件，其中青铜器24件，陶器近100件，另有玉器、骨角器若干。

据考，泌阳属秦的南阳郡，这批墓葬可能是秦在统一战争中牺牲的将士墓，中型墓应为当时的官员或贵族之墓，小墓应为当时的平民或士兵墓葬。这些对考证、研究战国晚期在函谷关以东风云变幻的历史有科学价值。

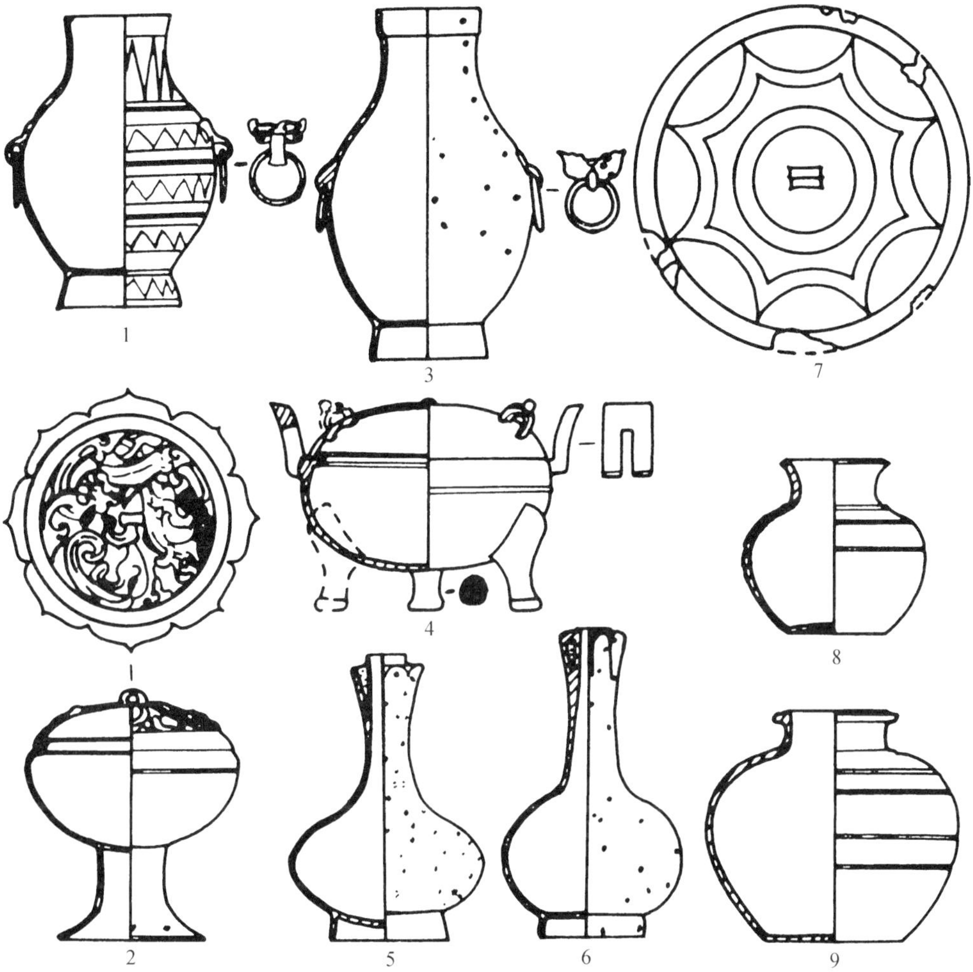

图10-19　泌阳大曹庄秦墓铜器和陶器

1. 铜壶　2. 铜熏炉　3. 铜钫　4. 铜鼎　5、6. 铜蒜头壶　7. 铜镜　8、9. 陶罐

（二）泌阳三号墓

三号墓为东西向的长方形竖穴土坑墓。四壁呈斜坡状，墓圹内有两个木结构的椁室南北并列。木椁四周上下均有厚10～0厘米的木炭层，木炭层外还有厚30～40厘米的青膏泥，并经夯实。椁下各纵置两根方木，椁底板与盖板皆用木板平铺而成。椁壁用方木叠砌，四角榫接。两椁的西北部各置一长方木棺，木棺的挡板与壁板之间也采用榫接合的方法连接。棺盖上搭有竹席和数十根经过加工的竹片。每个椁室的东边和南边都留有较大的空间，以放置随葬品。北椁室内长2.4、宽1.3、高1米，内置的木棺长2.1、宽0.7、高0.75米；南椁室内长2.4、宽1.4、高1.24米，内置的木棺与北棺大小相同。棺内尸骨无存（图10-20）。

墓中有随葬品42件，以铜器最多，其次是木漆器，另外还有玉器和红黑彩绘的木

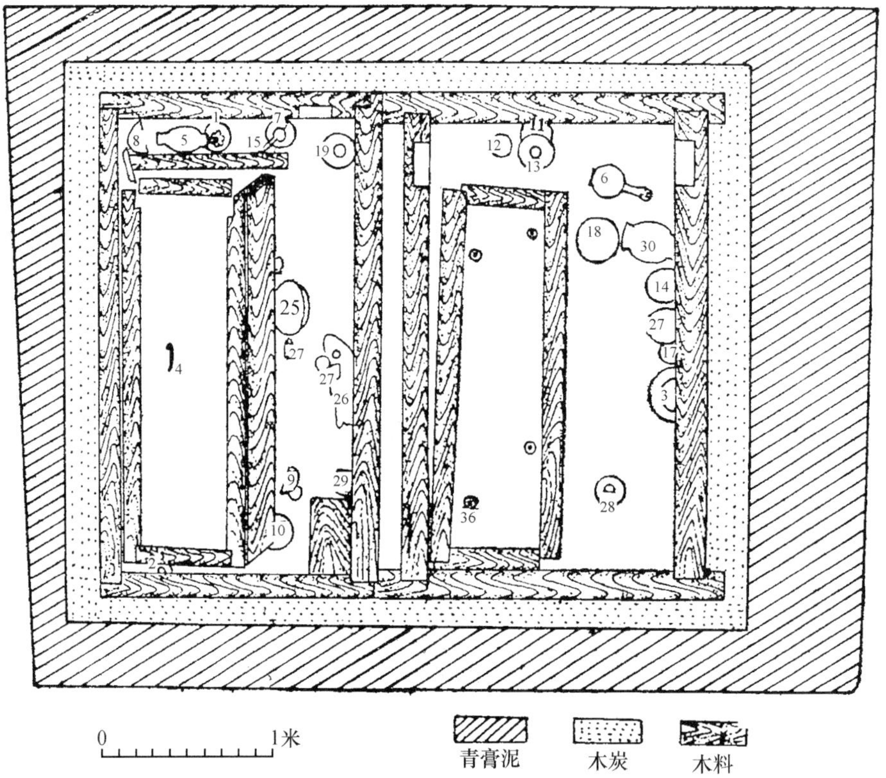

图10-20　泌阳官庄M3平面图（西棺室并列）

1、6. 蒜头壶　2、14. 漆耳杯　3、25. 漆圆盒　4. 玉带钩　5、13. 壶　7、11. 鍪　8、12. 鼎　9、17、20、30. 匜　10、15. 勺　18、19. 盘　26. 漆方奁盖　27. 舟　28、36. 玉璧　29. 漆樽

俑等。南椁室出土铜器10件，由北向南依次为鼎1、壶1、蒜头壶1、鍪1、盘1、匜3、勺1、圆奁1。鼎腹和盖上镶嵌长方形红铜小块，盖上两周，各7块；腹三周，最上一周9块，中12块，下11块。此外，鼎腿、底部也镶嵌红铜小块，有的已脱落。壶口沿外侧饰双凸弦纹一组，腹饰双凸弦纹三组，弦纹之间原有镶嵌物，已脱落。肩部刻铭“羽”（羽），圈足外有铭文“上白”（伯）。鍪的壁上也镶嵌小块红铜，共21块，有的已脱落。

北椁室也出土铜器10件，排列放置情况与南椁室相同，有鼎、壶、蒜头壶、鍪、盘、勺各1件，匜4件。其中鼎的形制、纹饰与南椁室的鼎一样，唇沿下和腹部下面镶嵌12块方形小红铜，盖外面和鼎腹上面刻秦小篆对铭四处。盖铭两处，一处10行，共24字“廿八年平安邦斪客四朝四分亝一益（镒）七釿（斤）半釿（斤）四分釿（斤）之考”；另一处8行，共17字“卅三年单父上官孝喜侯升平安君□（是）也”。腹铭两处，一处8行，共19字“廿八年平安邦斪客朝四分□（‘文鼎’上下）六益（镒）半釿（斤）之考”；另一处7行，共17字“卅三年单父上官孝喜侯升平安君□（是）也”。

墓内出土的漆器全是木胎，大部分漆器上都刻写有文字和符号。有的在漆器的铜扣外壁錾刻文字；有的在黑漆地上用红漆或褐漆书写文字；有的用极细的针尖浅刻文字和符号；也有烙印文字和符号的。一般器内髹红漆或褐漆，器表髹黑，并用红、褐、黄漆彩绘云纹、蟠龙纹、变形凤纹、花朵纹、点纹、变体雷纹、鸟头纹和几何纹等。南椁室内共出土漆器4件，主要是圆盒、耳杯、舟。在圆盒圈足内有烙印文字“ㄐ（二）小妃”3字，并浅刻“卅五年□工造”6字。耳杯的底部刻有“乂”形符号。北椁室内共出土漆器13件，其中圆盒1件、耳杯4件、樽1件、方奁盖1件。圆盒的身、盖都用镀银的红铜片，以子母口扣合，盖顶及底的圈足也用红铜制作，并镀银。在子母口的镀银壁上刻有“平安侯”3字；在器盖圈足内用红漆书写一“工”字，并浅刻一行“壶工匠□土川”6字。在盒底圈足内用褐漆书写“平安侯”3字，并浅刻“卅七年工左匠造”7字。樽的器底中部用褐漆写一字体较大的“羽”（羽）字，器底及器盖内侧划有“×”形符号。

木俑4件，均出在北椁室内。3件形状相同，体较圆，面部丰满，身穿长袍，双手抱在胸前。另1件扁形体，身穿长袍，双手前抱，腰部向右倾。出土时俑身上残留有红、黑彩绘，并裹有麻织物痕迹。

原报告认为4座墓的时代均属于秦末，也有可能在秦亡不久。“至于三号墓的墓主，情况比较复杂……从史书记载，秦国未见‘平安君’‘平安侯’和‘平安邦’此等封爵名称。那么，秦墓所葬的死者算不算秦国的‘君’‘侯’?我们设想墓主有军功，在灭齐以后，就封君（侯）食邑于平安邦。死后归葬南阳郡。”平安君鼎和漆器上的纪年是秦昭王的年号。李学勤先生认为三号墓是秦国人的墓葬，器物绝大部分是秦器，铜器和漆器上的刻铭有两种不同的字体，有的是秦人文字，有的则系六国古文。但墓内的平安君铜鼎和两件平安君漆盒不是秦国的器物，铭文字体为六国古文。据鼎铭看，该器原在单父使用。单父在山东曹县境，春秋时属鲁国，战国时归卫国，直到秦昭王三十四年（公元前271年），单父仍在卫国治下。到公元前259～前257年，单父为魏人所占，直到秦统一为止。“以此推算，平安君鼎和漆器上纪年（二十八年到三十七年）决不能是秦昭王年号，因为昭王三十四年单父仍然属卫；也不能是秦始皇的年号，因为秦统一以后不会再用六国古文和衡制。这一时期的魏王没有在位达37年的，故这些纪年也不可能是魏的年号。鼎和漆器上的纪年只能是卫嗣君的年号。……平安君或平安侯应为卫国分封在单父的贵族。平安君鼎及漆盒是目前能够区别出来的唯一一组战国晚期卫国文物”[102]。何驽先生认为上述两种说法值得商榷，他说“平安君鼎不是铸于战国晚期偏早的卫嗣君二十八年（公元前297年），而应铸于战国末年”，“平安君鼎应属魏器。廿八年、卅二年和卅三年应是魏安厘王纪年，分别为公元前249年，公元前245年，公元前244年”，“实际上，漆器的纪年文字体系与平安君鼎完全不同，属于战国秦系文字”，“……泌阳平安君的漆器确为秦系产品，并非卫国之物。于是三十年和三十七年只可能是秦昭王的纪年，分别为公元前272年和公元前270年，比廿八年平安君鼎铸造年代要早21至19年”，“与单父有关的平安君鼎和与秦有关的漆器，从一个侧面反映出秦在东方孤悬之地——陶邑的得失，以及秦相魏冉的部分政治生涯；同时从另一个角度，表现出战国晚期卫国的卑微可怜的历史。因而，泌阳小小的平安侯夫妇墓，包容了这么多历史内涵，其意义远比器物上几个纪年更加深远”[103]。

泌阳地处楚、韩交界，时而为楚所占，时而为韩所有。公元前273年之后，归秦的南阳郡。因此，泌阳秦墓的发现和研究有着非常重要的意义[104]。

二、豫西地区的秦墓

（一）三门峡上村岭

1979年春季和冬季，考古工作者在三门峡市西上村岭清理发掘了75座秦墓[105]。

墓葬形制可分为竖穴土坑墓和洞室墓两种。竖穴土坑墓共15座，为长方形竖井状，一般长与宽之比为1.3：1～1.7：1。稍大的墓穴有6座，以AM268最大，墓口长6、宽4、深9.6米。墓道填土用夯打实。底部有生土二层台。稍小的墓有9座，以AM204最小，墓口长1.6、宽1.12、深1.6米。方向有12座为东西向，头向西或偏南1°～20°，仅有1座向东，其余3座为东南—西北向。

洞室墓共60座，墓道均大于墓室，墓道长2.55～4.8、宽1.6～3.6米，墓室长1.75～3、宽0.84～1.6米，高0.9～2.05米。依其结构不同，可分三式。Ⅰ式为墓道底部有二层台的洞室墓，共22座，其中东西方向的墓11座，墓室位于墓道东端，头向在262°～275°者10座，另外一座头向不明。南北方向的墓11座，墓室位于墓道东端，头向在355°～4°者5座，头向在175°～185°者6座；Ⅱ式为侧室墓，共2座，东西向，人骨架头向南；Ⅲ式为洞室墓，共36座，墓室在墓道的一端。其中南北向的19座，头向在352°～5°者12座，头向在168°～185°者7座，东西向者17座，头向皆在262°～275°。

葬式以屈肢葬为主，仅有少量为仰身直肢葬。仰身直肢葬为两腿伸直，两手置于盆骨两侧或交叉于腹部。屈肢葬蜷曲较甚，其中仰身屈肢葬人骨架侧卧，下肢两膝向前屈，脚贴近臀部，两手置于胸前；侧身屈肢葬为两手蜷曲或交叉置于胸前，两腿屈至盆骨一侧或折叠至腹部。上述洞室墓和屈肢葬与关中秦墓相似[106]。

多数墓内都发现有棺木的痕迹，但由于腐朽过甚，多不清楚。M268，椁室长3.4、宽2.11、高1.75米，棺长2、宽0.7、棺板厚0.05米。

随葬品较贫乏。在75座墓中，有26座无随葬品，器物最多的有12件，葬有陶器的墓31座，有铜器者仅4座。竖穴墓中的器物多置于棺椁之间，有壁龛者，置于壁龛内。也有将器物放在骨架前，小件器物置于棺内。极少数墓内铺有朱砂，多数则铺有0.05～0.2米厚的草木灰。M177底部铺有河卵石。铜容器9件，其中鼎1件、壶3件、鋬2件、洗2件、瓢1件，另外还有铜鐎壶、铜带钩、铜镜、铜铃、铜璜、铜勺、铜环、铜饰、铜印章和铜钱等。其中长方形印章3枚，印文为凿款白文，书体似小篆，其形制和字体均与秦印相似，印文有“和众”2字，这是属于格言、成语入印的闲文印，也是秦私印的特点。铜钱中有2枚“半两”钱，直径3.2厘米，均为秦半两。铁器有釜4件，另外还有带钩、刀削、臿，均锈蚀严重。陶器50件，主要器形有釜、盆、甑、罐、壶等。其中釜20件、盆8件、甑14件、小口罐9件、大口罐5件、壶5件、鼎3件。有些陶器上钤印有“陕市”“陕亭”等文字，说明墓中所出器物有相当一部分是当地手工业作坊生产的。

三门峡市原为陕县的一部分。据《史记·秦本纪》记载：“秦孝公元年（公元前361年）……于是乃出兵围陕城。”“惠文君十三年（公元前325年）四月戊午，魏君为王，韩亦为王。使张仪伐取陕，出其人与魏。”又“秦庄襄王元年（公元前249年）……使蒙骜伐韩，韩献成皋、巩。秦界至大梁，初置三川郡”。以上述记载中可以看出，秦在公元前361年即出兵围陕，公元前325年伐取陕，公元前249年置三川郡，陕已成为秦的腹地，直到公元前207年秦灭亡，这里归秦已有百余年。

原报告将这批墓葬分为早、晚两期。早期相当于战国晚期，上限应以公元前325年为限。晚期当与早期墓相衔接，但下限不能晚于西汉初期。刘曙光先生认为原报告将上村岭秦墓分为早、晚两期是可以的，但把早、晚两期的上限和下限分别定在公元前325年和西汉初年是不恰当的。两期之间的差别是比较小的，其时代是统一的，即在西汉初年。早期墓的上限不会超出秦朝的纪年而极可能在秦朝覆灭即公元前207年以后。因为在关中地区典型的战国晚期秦墓当中所见的铲形袋足鬲、茧形壶等在上村岭已绝迹，而这里大量存在着的竖穴土坑墓和直肢或蜷曲舒缓的葬式则为关中战国墓所少见[107]。叶小燕先生则认为上村岭秦墓的早期应在秦统一六国至秦朝灭亡，它的晚期则已进入西汉初年[108]。李陈奇先生认为，1979年河南三门峡上村岭发掘的一批秦人墓的年代下限可能到西汉文景时期。并认为，“出Ⅲ式陶釜与Ⅱ式小口罐的墓可能为秦代的埋葬”[109]。

（二）三门峡市与陕县、灵宝

1956～1958年，中国社会科学院考古研究所在陕县发掘了200余座古墓，其中有92座属于战国晚期至西汉初期的秦墓；1978～1993年的十余年间，三门峡市文物队在市西郊与陕县、灵宝县交界处的火电厂附近，清理了近千座秦人及其后裔的墓葬[110]（图10-21）。其中，三门峡市三里桥的67座秦人墓分竖穴土坑墓和洞式墓两大类，有两座墓是在竖穴墓道左右挖出两个墓室的。葬式中，仰身直肢多于屈肢；司法局的54座秦人墓，形制同前。葬具有单棺和一棺一椁之分。葬式主要是屈肢。随葬有陶鬲、釜、盆、茧形壶，铜带钩、镞、半两钱，年代当战国晚期；刚玉砂厂的22座墓，除一座为竖穴土坑墓外，余均为洞式墓。陶器上戳有“陕亭”“陕市”印文；火电厂的8座秦人墓形制较大，四组墓葬的四周都有俗而浅的围墓沟，沟内还有零星的人骨、兽骨和完整的马骨。墓中都出土有较多青铜器，见有鼎、壶、甗、盆、蒜头壶、镜（弦纹或凤鸟）、带钩、铃、勺、镞、半两钱等，铁器有釜、刀，陶器有缶、盆、罐、甑

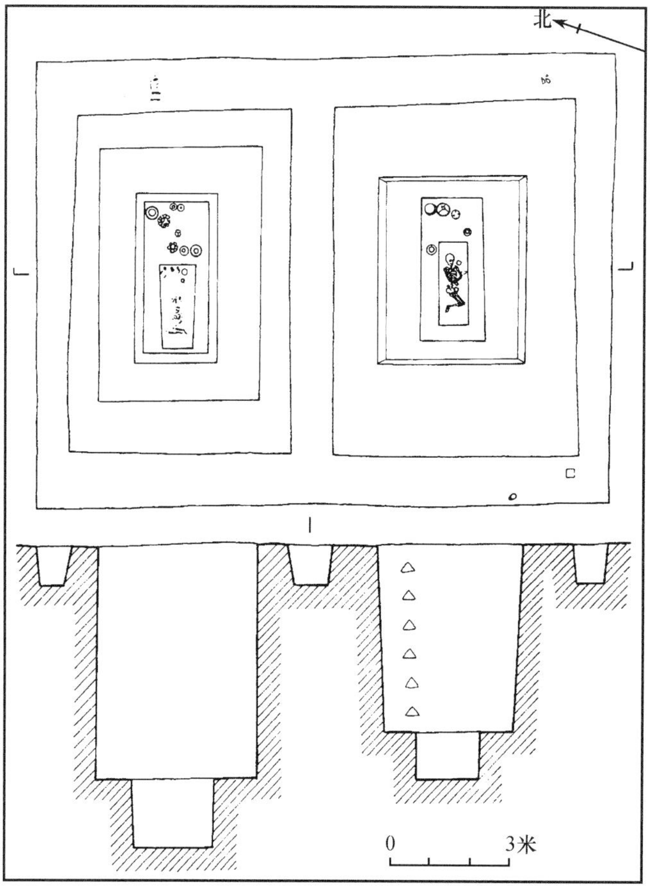

图10-21　三门峡火电厂秦代墓M08137与M08139平、剖面图

等。这批秦人墓葬年代应当在秦末汉初。

三门峡大唐火电厂墓地在火电厂一二期基建时曾大规模发掘墓葬2000余座。2014年3月至10月，河南省文物考古研究院和三门峡市文物考古研究所组成考古队，对基建区内的古墓葬进行了多学科大规模抢救性发掘，共发掘古代墓葬802座。其中秦人墓751座。这些秦人墓数量众多，保存很好，分布密集、排列有序，几乎没有打破现象，时代从战国晚期至西汉早期不间断。墓葬绝大多数为竖井墓道侧向或顺向洞室墓，少数为长方形竖穴土坑墓，个别为成年瓮棺葬。墓道多为西向，少数为东向，个别为南北向。墓主头向多与墓道方向相同。葬具有长方形或“工”字形已朽成灰痕的木质单棺单椁、单椁，一些墓没有葬具，个别为瓮棺葬。侧向洞室墓和长方形竖穴土坑墓多为战国晚期，顺向洞室墓多为秦代和西汉早期。一条东西向宽7米左右的条形空白区将整个秦人墓区分为南北两个大区。

北区是战国小型秦墓区，排列十分密集，大多数为长方形竖井墓道侧向洞室墓，少数为长方形竖井墓道顺向洞室墓和长方形竖穴土坑墓。人殉的现象多在此区墓葬中。多数有葬具。少数无葬具的人骸下铺有较厚的草木灰。葬式几乎全为程度不同的屈下肢葬，墓主性别以男性为多，有的人骨上还嵌有铜镞，有的人骨有骨折愈合痕。个别墓主为女性。少数墓在洞室一侧挖有拱形的小壁龛，还有少数在棺下挖有小腰坑。随葬品很少，个别人骨上发现铜带钩、铜镜、铜殳、铁带钩、缶、盆、甑等，少量陶器多放在壁龛或腰坑中，在一墓的壁龛中还放铜鍪1件。在许多洞室口都发现了封门的木板痕。M98为侧向洞室墓，墓道长3.42、宽1.7、深3.2米；墓室长2.4、宽0.9、高1.7米，木棺已朽，侧身屈肢葬，角龛中随葬陶釜一件。殉人墓有3座，均在墓道填土中发现，其中2座墓各殉3人，1座殉1人。M355的墓道近东北角口处殉1女性和2儿童，十分凄惨。推测北区可能为战国晚期秦军人墓地，但成年女性墓排列其中值得探究。

南区是秦代和西汉初的秦人墓，大多数为长方形竖井墓道顺向洞室墓，个别为长方形竖穴土坑墓。排列整齐、间隔较大，越向南分布越宽松，时代越晚。南区既有较大单棺单椁的围沟墓和大中型墓，形制特殊的积石墓，也有无葬具的小长方形竖穴土坑墓，还有奇特的瓮棺葬。洞室墓形制类同，洞室较长大，许多发现朽成灰痕的木板门，门外墓道一角多发现有牛马羊肢解或整体祭祀现象。围沟墓4座，均为中型偏大的顺向洞室墓，M26是最大的围沟墓，但围沟已失，墓道口外残存柱洞。墓道长6.26、宽4.12、深5.3米，单棺单椁，有26件铜、陶、铁随葬品；围沟墓M675的围沟区长9.7、宽7、沟宽1.1米、残深1.5米；墓道长3.5、宽2.2、深5.9米，洞室长3.6、宽1.54、高2.1米，单棺单椁，随葬17件铜陶铁器。

从形制、出土物看，三门峡市与陕县、灵宝的这批墓上限时间比较清楚。《史记·秦本纪》记载秦惠文王十三年（公元前325年），“使张仪伐取陕，出其人与魏”。早期的墓葬多为平行式土洞墓，陶器简单贫乏，组合为鬲、茧形壶或釜、茧形壶，或仅随葬带钩、铜镞，暗示其身份为士卒或被强行迁来的罪人。我们知道，秦每向东占领一地，往往将当地原有居民迁走，再从关中迁入秦民充实。那么，陕县没有发现战国晚期的魏人墓在这里也得到明证。由于族属是较为纯粹的秦人，所以墓葬表现出强烈的秦文化色彩，同关中极其相似。当然，也还存在一些细部差别，如陕县秦墓中的一种无耳鼎与甑配套的甗不见于其他地区，就较为独特。

2001年，三门峡市大岭路粮库清理了一批秦汉墓葬，其中的M197和M198为一组围墓沟墓。形制为大墓道、小墓室的洞式墓，用木棺，取仰身直肢葬式。出土有铜镜、鍪，铁釜和陶缶、罐、盆、甑等，均是典型秦物。

（三）洛　阳

1928年在洛阳金村发现8座秦墓，出有秦印、秦镜和加刻秦始皇三十七年年号铭文的银器足。其中发现的各种韩、魏、周青铜器，也是秦人的战利品[111]。

1986年10月至1987年3月，考古工作者在洛阳孙旗屯先后发掘了3座秦墓[112]。均为洞室墓，依其形制可分为二式。Ⅰ式1座（CM18），为大墓道小墓室的土洞墓，方向165°，由墓道、壁龛和墓室三部分组成。墓道为长方形土坑竖穴，四壁整齐，略向内收。墓道东南角的东壁和南壁上各有3个三角形脚窝。壁龛位于墓道底部西北角的西壁下，龛口上宽下窄，平顶，底呈圆角长方形，低于墓道底部0.1米。墓室在墓道的北端为一长方形土洞。室内中部北侧顺置一骨架，仰身直肢，两手交叉置于腹部，头向东北，面向西南。无棺椁，在骨架四周和上下均有席子的痕迹。另外在骨架下面发现两条凹槽，凹槽内留有木朽痕。随葬器物有铜带钩、石圭和陶器，分置于墓室及壁龛内。Ⅱ式2座（CM22、CM23），皆为墓道略小于墓室的长方形土洞墓，墓道底部为斜坡形，墓室在墓道南端，有棺，葬式不明，在墓室西北角的西壁下设一壁龛，龛顶呈弧形。随葬品皆为陶器，且都在龛内，CM22出有壶、小碗、鼎、小壶、盒；CM23出有壶、盒、鼎。

这3座墓的随葬品共有19件。陶器均为泥质灰陶，轮制，纹饰主要有弦纹和暗纹，尤其是在壶、豆的表面常饰“人”字纹。有鼎3件、盒4件、壶3件、豆2件、小壶2件、碗2件、深腹盆1件、盘1件。另外还有铜带钩1件、石圭1件（图10-22）。

据《史记·周本纪》载，周赧王五十九年（公元前256年）秦昭王灭西周。“西周君尽献其邑三十六，口三万。”“后七年（公元前249年）秦庄襄王灭东周，东、西周皆入秦。”孙旗屯位于洛阳王城西南3千米，战国时属西周国。这说明自公元前256年起，王城以西皆归于秦，这时距秦始皇统一六国尚有35年。从这3座墓的随葬品看，CM18的陶器组合以鼎、豆、壶为主，CM22、CM23的陶器组合为鼎、盒、壶。因此这3座墓葬应为战国晚期的秦墓

1993年9月，洛阳市文物工作队在洛阳钢厂发掘战国晚期墓葬10座，其中洞室墓6座。该墓葬区位于洛河与伊河之间的伊洛平原上，周围地势平坦[113]。6座洞室墓除1座墓室大于墓道外，其余均为大墓道小墓室，出土器物为陶鼎、陶豆、陶壶、陶盒等，这种墓葬在关中地区极为普遍，时代当为战国晚期的秦人墓葬。

于家营村位于洛阳市西郊辛店乡，距市区约10千米。这里地势逶迤，属秦岭余脉的黄土丘陵。1998年3月，于家营村东一砖瓦厂在取土中发现古墓6座，基本上为南北向，均在180°～185°，东西并行排列。墓与墓之间最窄为1.4、最宽为30米。均系单室土洞墓，由墓道和墓室两部分组成，且墓道都大于墓室。墓道均为长方竖形井式，四壁垂直，墓道后端东西两壁掏有三角形脚窝，墓室均为单式土洞平顶，位于墓道北端正中，长2.1～2.3、宽0.76～1、高0.8～0.9米。随葬器物单一，只有罐和碗。时代在秦统一六国前后[114]。

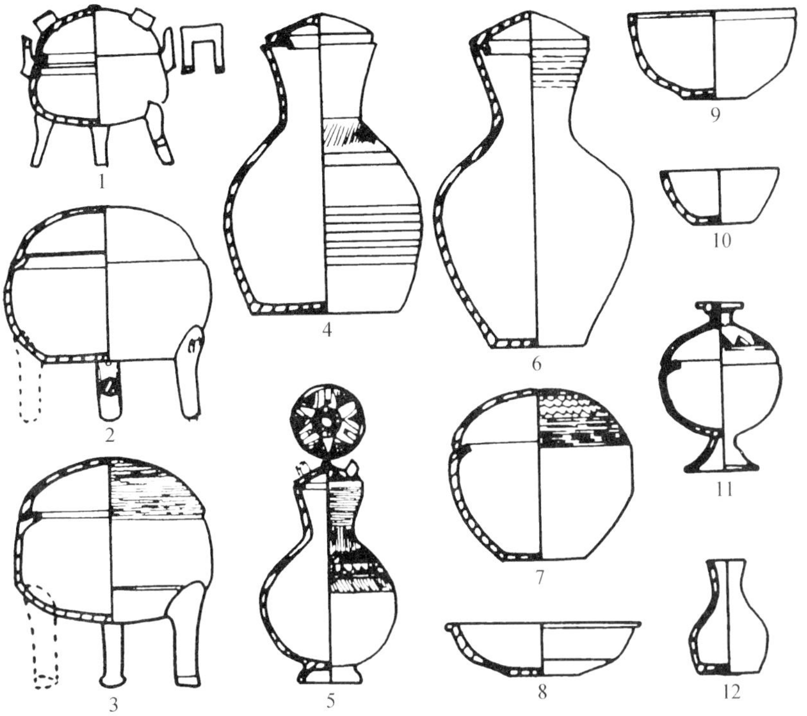

图10-22 洛阳孙旗屯秦墓出土陶器

1～3. 鼎 4～6. 壶 7. 盒 8. 盘 9～10. 碗 11. 豆 12. 小壶

1987年元月，考古工作者在洛阳市新安县磁涧西4千米八徒山发现1座秦墓。出土陶器已碎，同出有铜鍪1件，高16厘米。另外还出土半两钱53枚[115]，其中钱径3.1～3.7厘米的大半两钱13枚，最重者11.9克，一般重在6～9.2克，最轻者3.6克；钱径2.5～2.9厘米者39枚，最重者5.6克，最轻者2.5克。多数钱文古拙，铸工不整。部分小型半两钱铸造比较工整，字文纤细，笔画方折，个别极似西汉四铢半两。但同出有典型的秦式铜鍪，故可认为该墓为秦墓。

（四）洛 宁

1980年4月，考古工作者在洛宁县西南50千米的寻峪乡故县村东南1千米的洛河西岸发现1座秦墓[116]。该墓为长方形竖穴土坑墓，方向100°。墓口略大于墓底，墓口长5.2、宽4米，墓底长4.4、宽3.6米，墓底距地表5.3米。墓壁光滑平整，坑内填土经夯打，夯层约0.16米。墓室底部南、北、西三面留有生土二层台，二层台上留有圆木腐朽后的灰粉。东面没有二层台，但设有一个弧形顶头龛，龛的平面近正方形，与椁室相连。椁室呈长方形，长3、宽1.7米。四角及东、西壁上各挖有一道宽0.06米的上下凹槽，以安装椁板。棺木置于椁室中部偏西，东部棺与椁之间留有 0.65米宽的空间，似为随葬器物箱。骨架已朽，仅能隐约看出为屈肢葬。随葬品放置于头前棺、椁之间及头龛内。计有铜鼎1、铜瓢1、铁釜1、陶鼎1、陶壶1、陶罐1、陶敦1、陶瓮2、陶甑1。

洛宁县战国时属韩。据《史记·秦本纪》记载："秦王政十七年（公元前230年），内史腾攻韩，得韩王安，尽纳其地，以其地为郡，命曰颍川。"若从公元前230年灭韩算起，到公元前207年秦灭亡止，秦统治韩地的时间为23年。

该墓为蜷曲特甚的屈肢葬，其殉葬器物组合，除战国晚期墓中常见的鼎、盒、壶外，又新增加了釜、甑、瓮、瓢等陶质生活用具。该墓的年代大致同于湖北云梦睡虎地秦墓，约当秦始皇三十年（公元前217年），其下限不会晚于西汉初年。

（五）淅　川

1981年8月，考古工作者在淅川县西南约50千米的宋湾乡马川村北发掘了1座秦墓[117]。该墓为长方形竖穴土坑墓，现存墓口长3.45、宽2.14米，墓底长3、宽1.8～1.86米，墓深2.7米。四周有生土二层台，方向110°。墓主人头向东，面向上，为仰身直肢葬。随葬品分别放置在死者的头部和脚部的右侧，共9件。其中铜鼎1、铜蒜头壶2、铜缶1、铜甑1、铁器1、陶瓮1件。6号蒜头壶的底部有铭文"一千斤"3字。

这座墓中出土的2件铜蒜头壶是秦时期的典型器物，铜壶、铜缶等遗物与湖北云梦秦墓出土的同类器类似，故这座墓葬的年代应在秦统一后。

三、郑州市区的秦墓

（一）郑州岗杜秦墓

1954年年底至1955年4月，为配合郑州市岗杜附近的基本建设工程，考古工作者在相隔不远的5个工地上共发掘出47座墓葬，时代从春秋末年或战国初年至汉代中叶稍后[118]。

由于当时对秦文化的面貌认识不清和资料所限，并没有把秦墓或含有秦文化因素的墓葬区分出来。刘曙光先生根据原报告，把部分时间较早和稍晚的墓剔除后，把剩余的墓葬分为战国末和西汉初大约两种系统的墓葬。其一是随葬陶鼎、盒、壶、盘的是本地系统的墓葬；其二是随葬秦式陶罐、釜、盆、壶的属于秦式墓（图10-23）。关于葬式，原发掘报告没有交代清楚，据了解有屈肢葬和伸肢葬两种。屈肢葬与秦墓的主要葬式相符合。在墓圹构造上，郑州地区在战国晚期就出现了空心砖墓。

本地系统的墓葬有竖穴土坑墓和竖穴空心砖墓两种。土坑墓9座，空心砖墓4座。土坑墓有墓道，墓室是一个四壁斜直的竖穴，上口较大，墓壁略带倾斜。大部分墓室的四壁或两壁，在近墓底处留有台阶。在M112中发现有平面呈长方形的板灰痕，可能就是木椁。空心砖竖穴墓的空心砖上一般都印有米字纹、几何形图案。在M139的空心砖上，除米字纹外，还有柿蒂、树木、老虎图案，构图非常生动。保存有人骨架的墓中，葬式有

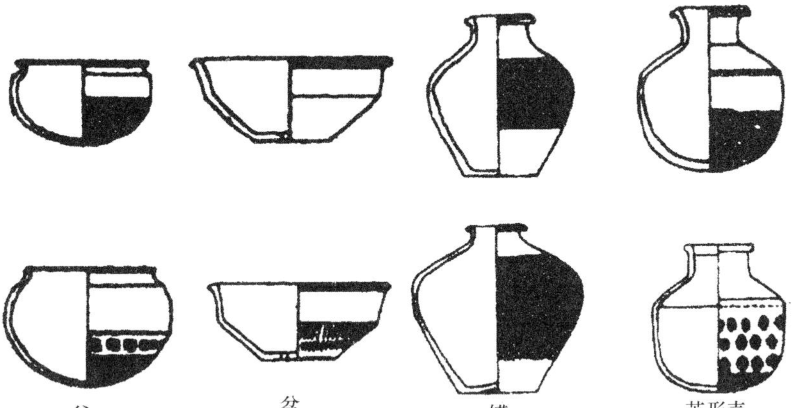

图10-23　郑州岗杜秦墓陶器

直肢，也有屈肢，皆仰卧。许多人头的一端设有壁龛，随葬品放在龛内或椁内。

秦式墓有土坑墓、竖穴空心砖墓和洞室墓。土坑墓3座。竖穴空心砖墓4座，这类墓使用木板盖顶，空心砖上一般都印有米字纹图案。洞式墓8座，可分为二式。Ⅰ式6座，挖一个长方形的竖穴作墓道，在一端掏一土洞为墓室，墓道比墓室宽大得多，墓道内填土经夯打，没有发现棺椁等葬具的痕迹，可能这种狭小的土洞已代替了椁的作用。在有的人骨架下发现有一层黑灰，葬式都是单身仰卧，有直肢、屈肢两种。Ⅱ式2座，墓道同Ⅰ式，墓室略狭，用空心砖在土洞内砌成，砖上的花纹以四叶纹图案为主体，葬式葬具不明，随葬品都放在墓室北端。

在这些秦式墓中，早期以宽墓道土洞墓为主，后期即汉初则是空心砖竖穴墓占多数。从这些墓葬中可以看出，地方色彩非常浓厚，从而也说明了秦文化与中原文化的融合关系。

（二）巩义秦墓

2003年，巩义市站街镇清理了6座秦代长方形竖穴墓道的洞式墓葬，墓道都大于墓室，部分墓带壁龛。采取木棺，均是头向北的直肢葬式。随葬品以陶壶为主，加上陶釜、盂、盆、盒、钵、匜中的二三种为器物组合。M2出土有四叶纹铜镜、M6出土有铅质的半两钱。随葬器物中陶壶、盆、盂、匜具有中原地区战国末期的造型，但大墓道则是秦人的遗风。

四、河南其他地区的秦墓与出土秦文物

（一）新乡秦墓

1985年，考古工作者在新乡县五陵村发现战国至两汉墓葬137座，其中有战国末至

西汉初年的秦墓22座。形制主要是墓道宽于墓室的长方形竖穴洞室墓，除M33是仰身屈肢外，余皆是仰身直肢。可辨识的葬具是单棺。随葬品是陶鼎、盒、壶、钫、罐与小壶的组合。战国中晚期流行的豆已被盒所取代，钫、小壶都是新出现的器类，广肩罐（缶）、圜底罐（釜）、高领罐也是该期的典型之物。此外，马头与俑都具有代表性，M35出土有1枚三弦纽的素镜，M127出土有9枚半两铜钱。

（二）南阳秦墓

2000年，考古工作者在南阳发现一批古墓，能确认为秦墓的是M76和M208两座。均呈南北向的长方形竖穴土坑墓。前墓出土铜蒜头壶、鍪、鼎、镜、管、带钩，铁三足支架，玉印章；后墓出土铁鼎，铜鼎、鍪、蒜头扁壶、耳杯、镜、剑，玉环等。这些器物多与湖北云梦秦墓的同形物相似。

（三）铜钱与铁权

1949年之前，某县长在灵宝收集大半两钱71枚，其中69枚归洛南县刘长胜所有[119]。这些秦钱是窖藏还是墓中所出，已不可考。这批半两钱铸造粗糙，郭穿之上均留有流铜（毛刺），穿孔冲凿极不规则，有些钱边还留有铸荐，钱文为大篆，大小轻重悬殊。依其大小可分三类。第一类42枚，钱径3～3.2厘米，最重者10.21克。第二类24枚，钱径3～3.3厘米，多在3.5～5克，制作较为规整，钱穿正方，周边无毛茬。第三类3枚，钱径2.5～2.7厘米，重2.44～4.68克，制作粗糙。从钱文及其形制看，这些半两钱应为秦半两。

1987年8月，在南阳市郊的战国墓中出土有半两钱，钱体厚重大小不等，钱文高挺，铸口明显外露。钱径大者可达3.5厘米，重12.8克；钱径小者仅1.6厘米，重1.9克。这些钱应属于先秦货币。1964年，在南阳县明营乡杨新庄也发现有秦半两钱[120]。

1962年，考古工作者在洛宁县发现一大批秦半两窖藏，钱径有大小之别。钱文古拙，钱型不整，字体大小不一，有“半”字倒置者。这批钱现藏于河南博物院。

1987年，宝丰县商酒务镇古城村出土了1件秦始皇统一六国后的诏书衡器铁权。铁权为生铁所铸，形若半球，重30千克，底径25.7、通高15厘米，上部有圆拱桥状纽。环绕铁权腹部一周有秦始皇统一度、量、衡的诏书。诏书铭文20行，每行2字，共40字。诏书为小篆阳文：“廿六年，皇帝尽并兼天下诸侯，黔首大安，立号为皇帝，乃诏丞相状、绾，法度量则不一歉疑者，皆明一之。”从铁权的铭文中可以看出，秦统一六国后即在全国推行了统一的文字——小篆。但有些字与小篆体还有差异，说明秦始皇虽然在文字方面做了重大改革，但在原六国的辖区内，秦初仍有沿用旧字的现象。因此，秦权的发现，不仅为研究秦的度量衡制度提供了资料，也为研究秦国文字和其他六国文字的演变提供了重要佐证[121]。

（四）河南秦墓的差异性

河南省境内的秦人墓是与秦进行一系列的统一战争相联系着的。秦人出关中，大规模破城拔县是从战国晚期开始的。这时，随着秦军事势力的扩张，关东也出现了秦墓葬。这些墓葬与关中地区战国晚期和秦朝墓葬在时间上是平行的，但由于地域和环境的不同，表现出不少的差异。

关中战国晚期和秦朝的秦墓都保持着较为纯粹的秦风，而河南地区的秦墓，则渗透了当地的因素，这对秦文化的发展具有重要的历史意义。至于这些墓葬各自所含秦因素的多寡，当地文化成分比例如何是千差万别的。

一般地说，离关中越近，时间越早，则秦文化因素就越多，否则反之。例如，三门峡地区战国晚期的秦墓，无论在墓形、葬式、随葬器物上都和关中秦墓差异很小。

郑州岗杜秦墓则具有更多的地方色彩。

河南南部的泌阳秦墓和淅川马川秦墓，由于受楚文化的影响，它们既有楚墓的特殊做法，如长方形竖穴土坑墓中充填青膏泥、白膏泥，棺椁带头箱、边箱，大量随葬漆器等。同时也具有秦文化的特点，如随葬器物中的铜蒜头壶、铜钫、铜鍪等均为秦式。泌阳秦墓中的铜鼎、铜鍪等表面镶嵌有许多小方块红铜，这在三门峡的秦式铜壶上也曾发现，看来这是秦器的一种独特装饰。

秦朝灭亡后的西汉初年，秦民和秦文化并没有因为秦朝被推翻而立即销声匿迹。这在三门峡、郑州岗杜等地的含有秦文化因素的墓葬中可以反映出来。虽然秦人风俗日渐减少，墓葬形制可以说和当地无异了，屈肢葬也已基本绝迹。但墓中仍伴出有秦式陶罐、陶盆、铜蒜头壶、铜鍪等，这在郑州岗杜秦墓中表现得尤为突出。

河南境内发现的秦人墓，大多数属于贫民墓葬。这些贫民或一部分可能是兵士，随秦军到达各地，一部分可能是被迁徙的罪人。大批的秦军和罪人流徙各地，他们就在那里生息繁衍。随着这些秦人的流徙就把他们的特殊葬俗带向各地，从而与各地的葬俗融合。因此，河南境内秦墓的发现和研究，不但为我们揭示了中原地区秦文化面貌秦人的丧葬习俗，为我们研究汉代洞室墓的起源找到了线索，同时也为探索秦文化的面貌、性质、演变，以及与中原地区周文化、楚文化等的融合提供了重要资料[122]。

第五节 国内其他省区的秦墓

一、山　西

（一）侯马乔村墓地

侯马乔村墓地位于山西省侯马市区东南约10千米的乔村西北浍河北岸的台地上。

1959～1996年，考古工作者在这里发掘战国至秦代墓葬952座，发现了37座围沟墓和很多使用日用陶器随葬的屈肢葬墓[123]。

无论是围沟墓还是屈肢葬墓中的随葬品，都有很浓郁的秦国特征，如围沟墓中多随葬秦式的釜、盂、罐和茧形壶，屈肢葬墓中的茧形壶等同样也属于秦文化的器物（图10-24、图10-25）。其中12 座墓葬中都有殉人1～18 具，这些殉人都被扔到墓主周围的围墓沟里。在这些殉人中，有4 具还带有铁钳。他们很可能是生产奴隶。围沟墓在关中地区发现过不少，屈肢葬更是秦人墓葬的一个特点。这些墓葬始于战国中期偏

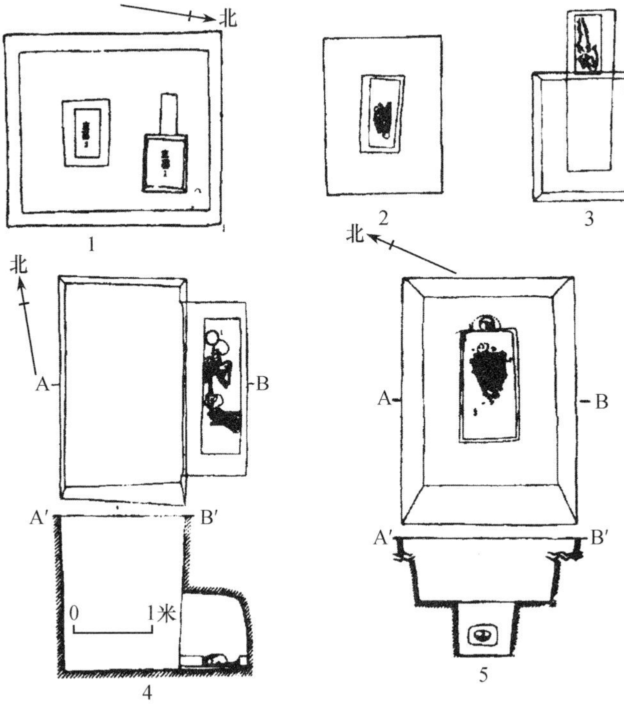

图10-24　侯马乔村墓地秦墓形制

1. 围沟墓（78H16M448）　2. 主墓2　3. 主墓1　4. 洞式墓（85H16M4172）　5. 竖穴墓（69H16M443）

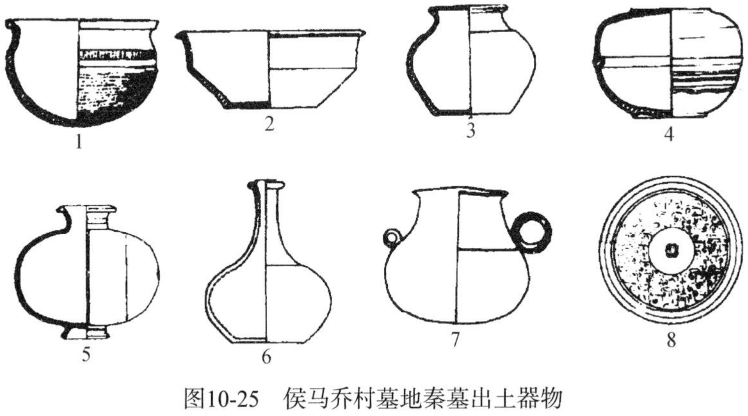

图10-25　侯马乔村墓地秦墓出土器物

1. 陶釜　2. 陶盆　3. 陶罐　4. 陶盒　5. 鸭蛋壶　6. 蒜头壶　7. 陶鍪　8. 铜镜

晚，一直延续到秦统一以后。

出土铁器计401件，其中，生产工具29件，包括空首斧、竖銎镢、直口锸、削刀等，大多出土于墓葬填土中；兵器有剑1件；日用器具有带钩263件；杂用器具有颈钳8件，以及铁器残片等。经金相鉴定的17件铁器中，包括共晶白口铸铁、脱碳铸铁、铸铁脱碳钢、铸铁退火并经锻打、铸铁脱碳钢经淬火处理等制品。

乔村战国秦代墓中，有257座墓出土铁带钩多达263件，占出土铁器总数的65%以上，并且形制多样，不少有错金银装饰，成为侯马乔村墓地出土铁器的一个突出特点，也是迄今铁带钩的一次最集中的发现。

（二）曲村—天马墓地

山西省曲沃县曲村镇曲村和翼城县里砦镇天马村，发现有曲村—天马墓地，面积约10平方千米，包括了仰韶、龙山、二里头、西周、东周、秦、汉等各时期的文化遗存，尤以西周时期晋国遗存丰富。1979年以后，考古工作者在这里发现了很多秦汉墓葬。在发掘94座战国晚期至秦汉之际的墓葬中，形制可分为竖穴土坑墓和竖穴墓道洞式墓。葬具以一棺一椁为主，葬式多取仰身直肢，少数是屈肢葬。有围墓沟的，仅见M6028、M6036和M6361。随葬品采用鼎、盒、壶、罐或鼎、盒、钫、茧形壶、甗的组合形式。M6036的陶鼎与陶盒上，戳印“平阳市府”文字，此“平阳”很可能是秦昭王二十一年（公元前286年）魏献出安邑之后、秦设立的九县之一。

（三）朔县秦墓

1982～1986年，考古工作者在山西朔县发掘了秦汉墓葬1285座，其中有秦至汉初的秦人墓7座[124]。均是规模小、结构简单的竖穴土坑墓。有椁有棺，或无椁者有棺。取仰身直肢，随葬品少，仅见陶壶、罐、铜带钩、印章等。壶上戳印“亭司市”文，当与秦在朔县设立马邑城的历史相当。

二、内　蒙　古

内蒙古准噶尔旗广衍故城附近，在1975～1976年共清理了18座秦至西汉中期的墓葬，其中八垧地梁10座、毛顿梁8座[125]。形制作长方形竖穴土坑墓，坑内多有二层台。墓口长3.3～4.8、宽2.3～3.6、深1.9～4米。屈肢葬与直肢葬并存，少数有棺椁。随葬品放在死者头部、左侧，或右侧台上，汉也有在棺椁之间或足部。陶器组合有三种情况，一是瓮、釜、小罐或瓮、双耳夹砂罐、小罐；二是瓮、罐、盒、壶、釜；三是瓮、釜、灶。陶器的形式多与关中无异，稍有变化的是瓮的最大腹径在中部偏上或肩腹之间的圆折处。釜的最大径在腹，位于中间，有的带单耳或双耳，还有双耳夹砂罐、牛首或马首形带钩，则体现着北方民族文化的因素。出土的“广衍”铭铜戈和矛，为研究当地历史沿革提供了重要材料。按照发掘者的分期，其中第二、三期的10座墓属于秦代。

秦惠文王十年（公元前328年），“魏纳上郡十五县”（《史记·秦本纪》），其中就包括了广衍县城。止秦亡，秦统治了120余年。

自2009年6月12日起，考古工作者对准噶尔旗纳日松镇两处秦汉时代墓葬群发掘工作正式启动。现已初步探明，秦汉广衍故城的墓葬共计270余座，分布在纳日松镇勿尔图沟以南的二阶台地和丁家渠附近。到目前为止，两处墓地已发掘墓葬45座，其中有二层台现象，屈肢葬。出土陶器、石器等遗物100余件。随葬的小口陶瓮（缶）、陶釜和随葬的实用陶器，都与关中秦墓胡同。考古发现表明，该墓群年代跨越战国到秦汉时期，具有鲜明的中原文化与北方文化相融合的特点，是秦人习俗的延续，也对本地区的文化传承具有很大的影响。

截至2014年2月，在北魏时期的重要都城——内蒙古盛乐古城（呼和浩特南30千米）发现了不同历史时期的墓葬76座，其中战国大型墓葬56座，出土有各类质地的随葬器物百余件。这56座墓葬中，大部分为长方形竖穴土坑墓。墓葬的平面以长方形为主，也见部分梯形。部分墓葬带有壁龛或头龛，壁龛或头龛中放置有随葬的陶器。部分墓葬发现有葬具，葬具有单棺和棺椁两种，少部分墓葬发现有动物殉牲。墓主人的骨架大多保存较好，葬式以单人葬仰身直肢为主，此外还见有侧身屈肢葬等。出土随葬品有陶器、铜器、铁器、玉器等。陶器以罐、钵、壶等为组合，其中钵扣罐为该墓群的常见葬器；铜器以带钩为主。和林格尔县盛乐古城在战国时期属云中郡管辖，本次考古发现，为进一步揭示和林格尔盛乐古城的历史沿革，以及文化分期、文化因素和变迁等相关问题提供了一批翔实可靠的实物资料。

三、甘　　肃

（一）平凉庙庄战国秦墓

1974年，平凉县东庙庄的庙嘴坪上发现4座战国墓，考古工作者只清理了其中的两座。平面均呈“甲”字形的竖穴土坑（原简报作“凸”字形），南北相距13米[126]。M6单椁双棺，盗余的文物有铜鼎、壶、洗、匜、戈，陶瓮、罐等；M7位于M6之北，有一棺一椁，随葬有铜鼎、壶、洗、灯、镜、带钩，陶瓮、罐、壶及铁削等。两墓各有一乘四马双轮独辕车，形制与秦俑坑车相同。Ⅱ式扁球鼎（有双附耳、三矮蹄足，腹部有一周凸弦纹，盖上有三环纽）、Ⅰ式和Ⅱ式陶瓮，都是典型的秦物。因此两座墓的年代在战国晚期到秦代。

（二）秦安上袁家秦墓

1976年，考古工作者在秦安县上袁家村清理秦汉墓6座，其中有秦代的2座，东西并列，分别编号为M6和M7。两墓均为竖穴土坑，相距3米，M6在西为女性，M7在东为男性。

M6平面呈向南的“甲”字形，北端椁室中放置棺椁和随葬品，死者头北脚南，宽阔的南端葬车马。南端车马房，在正中的上层埋有灰陶鼎3件、罐3件，在一鼎中放鸡1只。下层埋有车马，但车制不清，仅见马1匹、狗1只，另有牛、马、羊、头骨。椁室内棺椁已朽，随葬有陶罐、瓮、甑、盆，铜鼎、镜、带钩、半两钱、玺印，铁匕首和玉饰等（图10-26）。

M7是一座带斜坡墓道的土坑墓，从南向北分为三部分，空间也由小到大，即墓道、前室和后室。前室葬车马，后室放置棺椁，后室比前室高20厘米，墓道底也高出前室40厘米，墓道与前室交接处有一道门槽，当为门屏。墓道内殉葬羊头110只、牛头10只，前室葬一马一车，并殉羊、狗，内多车马具部件；后室的木椁分成三个隔箱，即足箱、边箱和棺室，足箱放置铁钺形器、铜灯、鹿角、磨石、漆耳杯等，边箱放置陶瓮、罐、盆、甑和铁锛等，棺室放置陶瓮、漆钵、铁剑、铁刀、铜镜、铜带钩、玉璜、砺石等（图10-27）。

上袁家M7骨架右手旁放置铁剑与铁刀，M6随葬装饰品丰富并有“翠”字和印一枚，而且从随葬器物特点与葬俗看，下葬年代相隔不远，由此可推知这2座墓是夫妇异穴合葬。“甲”字形竖穴土坑墓型，在平凉庙庄、秦始皇陵园都有同样的例子。出土的铜镜、铜戈、铜鼎与陶器，均与秦始皇陵园同类文物接近。秦半两铜钱也是标准的秦货币。所以此二墓葬的年代被推断为秦统一至秦二世时期。

（三）灵台景家庄春秋秦墓

据《甘肃灵台县景家庄春秋墓》称：1978年考古工作者在灵台景家庄发掘了4座春秋秦墓，但没有显示平面图。M1是个长方形竖穴土坑（3.78米×1.92米），有棺椁，棺正中有一圆形腰坑（内藏猫一只）。头端随葬陶豆2、罐2、铜甑1、鼎3件。豆间有牛肩胛骨，鼎上放牛腿，豆鼎间放鸡骨。身侧置铜戈1、铜柄铁剑1、石戈1件。脚端放石圭2，椁盖上有狗骨1具；M2为长方形竖穴，内有马骨2具，车已腐朽，出土铜矛1、戈2、车饰件2、軎1、镬1、锛1件；M3有马骨架，出土铜衔1件；M4土坑不规则，有一屈肢男性骨架，耳旁有一蚌壳，肢下有铜鼎和甗各1件。

景家庄所谓的4座春秋墓，实际只是一座。M1是主墓，M2是车马坑，M3是马坑，M4是殉葬坑。墓的形制与从葬坑的布局、铜器和兵器的形制，同陕西户县宋村春秋秦墓有很多相似之处，时代定在春秋早期是可从的。

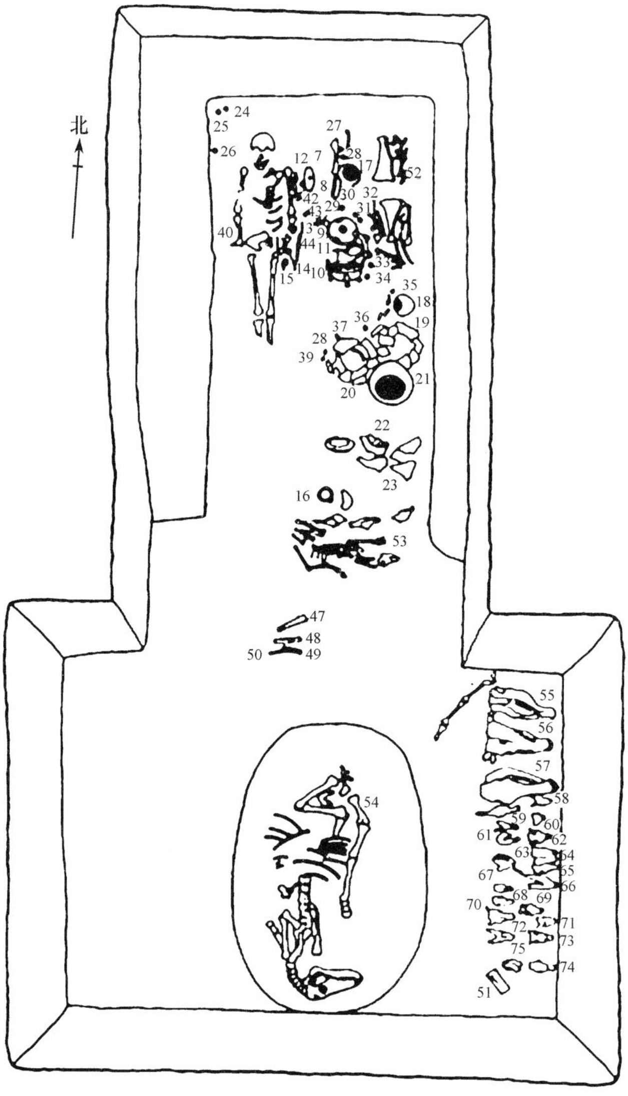

图10-26　甘肃秦安上袁家M6平面图

1～6. 陶器（出于填土内）　7. 铜镜　8、11、16. 扣器　9、10. 铜鼎　12～15. 铜带钩　17、18. 陶罐　19～21. 陶瓮　22. 陶甑　23. 陶盆　24～39. 料珠　40、41. 玉料片　42、43. 银环　44. 铁匕首　45. 半两钱　46. 玺印　47～50. 铅条　51. 铁锸　52. 兽骨　53. 狗骨架　54. 马骨架　55、56. 牛头　57. 马头　58～75. 羊头

（四）甘谷毛家坪墓葬

毛家坪遗址位于甘肃省甘谷县西25千米的磐安镇毛家坪村渭河南岸的第二台地上，东西宽约600、南北约1000米，面积约为60万平方米，文化堆积层厚1～2米。遗址分沟东和沟西两部分，沟西区北部为居址区，沟东区为墓葬区。

甘肃省文物工作队与北京大学考古学系于1982年和1983年两次对毛家坪遗址进行

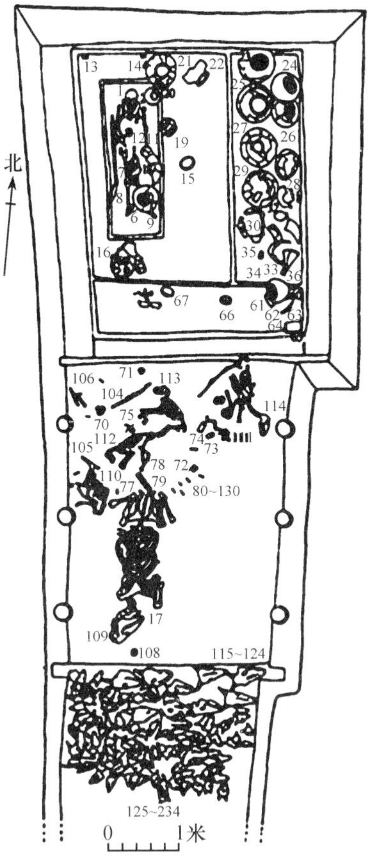

图10-27 甘肃秦安上袁家秦墓M7平面图

1～6. 玉料片 7. 铁剑 8. 铁刀 9. 玉璜 10. 砺石 11. 铜镜 12. 带钩 13、14. 兽骨 15. 骨胎漆体 16～18、21～23、25～30. 陶瓮 19、20、24、32、34. 陶罐 31. 陶盆 33. 陶甑 35. 铁锛 36. 马肩胛骨 60. 骨管 61. 磨石 62、63. 鹿角 64、65. 铁钺形器 66. 铜灯 67. 漆耳杯 68. 铜方薰 69、70. 铁剑 71、72. 铜帽管 73、76. 铜圈套 77. 铜工字形帽 78、79. 铜伞饰 80～103. 铜盖弓帽 104. 铜镦 105. 铜戈 106. 铁戟 107. 铜衔 108. 铜轭首饰 109. 马骨架 110、111. 狗骨架 112～114. 羊骨架 115～124. 牛头骨 125～234. 羊头骨 （37～59为铜、铁镞，装在32号罐内）

了发掘，共清理灰坑37个、房基4处、土坑墓32座、鬲棺葬12组。从采集和发掘出的联裆鬲、分裆鬲及彩陶器和盆、钵、罐等大量遗物看出，其文化遗存主要有三种：以彩陶为特征的石岭下类型遗存，以绳纹灰陶为代表的秦文化“A组遗存”，以夹砂红褐陶为突出特征的与秦文化并存而又不属同一系统的“B组遗存”。该遗址为研究西周前期秦文化的形成提供了重要线索。

2012年7月，经国家文物局批准，“早期秦文化联合考古队”再次对毛家坪遗址进行全面勘探与发掘，获得了重大收获。据悉，共探出墓葬千余座，其中沟东731座，沟西300余座。经过近三年，选择10处，发掘面积约4000平方米，清理春秋战国时期的大小墓葬200多座、灰坑750多个、车马坑5座。

2012年发掘地点共3处，即沟西居址区的A、C点共发掘灰坑210余个，多数属东周时期，也有西周时期遗存；在沟东墓葬区的B点上发掘墓葬21座、车马坑两座。墓葬分洞室墓和竖穴土坑墓两类，年代从春秋早期延续到战国中晚期。

2013年发掘地点共6处，发掘面积近2700平方米，发掘墓葬、房址、陶窑、灶址、灰坑、灰沟等各类遗迹735处，其中墓葬153座，出土铜器、陶器、玉石器、骨角器、铁器等各类遗物1000余件。

2014年在沟东B点发掘墓葬2座，在沟东J点发掘墓葬4座；继续去年的工作，在沟西D点共发掘墓葬12座，灰坑26个，车马坑2座。发掘总面积约500平方米。

在D点发掘了高等级贵族墓2座，其余为小型墓。

M2059为长方形竖穴土坑墓，墓口长5.2、宽2.8、深12.5米。四壁有5个壁龛，殉6人（5女1男，殉人均带棺，有少量随葬品）。椁室西部为头箱，东部是棺室。头箱内有铜容器15件（5鼎、4簋、2方壶、1盘、1匜、1盂、1方甗），陶器13件（大喇叭口罐6件、小罐7件）。棺室内有内外双棺，外棺素面，内棺外髹青灰色漆，内髹红漆。墓主人骨头向西，仰身，微屈，男性。棺内外出铜戈3、铜短剑2把；其中紧贴人骨右臂的1件铜戈，胡部有铭文，前六字为“秦公作子车用”，余字锈蚀不清。墓葬年代为春秋中期。

M2058为长方形竖穴土坑墓，长5.17米、宽2.98米、墓底深10.2米，西侧二层台上殉1人（带棺，女性）；墓室内一椁一棺，西端棺椁之间有铜容器13件（铜鼎3件、铜簋4件、方壶2件，铜甗、铜匜、铜盘、铜盂各1件），陶器8件（喇叭口罐4件、小罐4件），另有漆木器。石圭、陶圭等。棺内人骨为头向西的仰身屈肢葬，男性。墓葬年代为春秋晚期。

在D点发掘车马坑2座：K202平面大体呈梯形，边长3.65～3.72米，宽1.9～2.9米，东窄西宽，深约4米。坑内置一车二马，2服马呈跪伏姿态，辀东舆西，车的各部位结构清晰。舆前有弓和鞭策遗痕，舆内有骨质箭镞和角形握手；K203在K202东侧，是M2058的从葬坑，长10米、宽3.3米、深约4.5米，内置三车10马，东部的1号车驾4马，车舆、轨距尺寸较小。中部的2号车驾2马，马披皮质甲胄，髹红漆带黑彩。车舆四角有立柱，舆两侧及后部用皮革蒙成车厢板，上髹红漆彩绘。舆内外武器有箭矢1捆、铜戈2、弓2、曲内戈1、短矛1件，舆内出有凿、锛、削刀等工具。西部的3号车驾4马，车的各部分髹棕红色漆，结构清晰，舆前有弓、镞、策、笞。

沟东J点发掘的M1049为长方形竖穴土坑墓，口大底小，墓口长4.8、宽2.6米，一棺一椁，椁盖板上有殉狗和石圭。棺内人骨为头向西的仰身屈肢葬。棺椁之间出有铜鼎3、铅甗1、戈1、斧1件。椁底板下有腰坑殉狗。

发掘所获极大丰富了周代秦文化的内涵。发掘者梁云先生认为该遗址可能是公元前688年秦武公所设冀县的县治。铜器铭文可与文献记载印证，遗址沟西墓地可能是秦国子车氏的家族墓地。发掘的车马坑对探讨秦人车制及其独特的车马文化有重要意义。

（五）天水放马滩秦墓

1986年3月，考古工作者在天水市放马滩探出墓葬100余座，清理了秦汉墓14座，其中有秦墓13座。墓室均为圆角长方形竖穴土坑，内填白膏泥和五花土。葬具有单棺和一棺一椁，棺底大多铺有竹席。骨架已经腐朽，葬式不清。出土器物共400余件，M1最多有30余件，M7只有1件，一般为5～13件，只有M2无随葬品。陶器有釜、瓮、壶、罐、鍪，漆器有盘、耳杯、锤、樽、奁等，木器有枕、棒、尺、匕等，铜器有素面镜、带钩、饰件（璜形器）和半两钱，另有毛笔、算筹、木板画和木板地图7幅、竹简460支。因为M1出土了纪年竹简《墓主记》和《日书》，再加上陶器和铜器的特征，发掘者认为这批秦墓的时间“上限在战国晚期、秦始皇统一之前，下限为西汉文景时期”。具体而言，M1简文中有“八年八月己巳，邽丞赤敢谒御史……”“三年……与司命史公孙强北出赵氏之北”等记载，知此“邽”是统一前的“邽县”（后改“上邽县”），此“八年”系秦始皇八年（公元前239年），所以M1的下葬年代可能为秦始皇八年之后，墓主是一位曾经犯罪流放于放马滩的军人，生前在邽县做过基层官吏。其他的墓主身份，因随葬品数量相对于M1较少，地位可能更低。

（六）礼县圆顶山秦贵族墓

1998年和2000年，甘肃省文物考古研究所和礼县博物馆联合对圆顶山墓区进行了抢救性发掘。发掘秦铜器墓葬4座（3座中型墓葬、1座小型墓葬和1座车马坑）。仅青铜器就出土了370件（组）。鉴于此墓地的有关资料已在第九章“君主陵园”中详加介绍，故于此从略。

（七）张家川戎人墓

2006年11月，考古工作者在张家川发掘战国时期的戎人墓葬3座。情况详解见后叙。

四、广　　东

（一）罗冈秦墓

1962年，广州市东郊罗冈发现2座长方竖穴木椁墓（M3、M4），并排，一端相连，另一端仅隔0.6米[127]。墓葬结构与随葬器物都相同，而棺具与人骨架全朽。随葬品有陶瓮、罐、壶、盒、釜、盘、鼎、小盒等和盘、奁、耳杯等漆器，另有铜戈、铜带钩的出土。M3还出土了三弦纽螭纹铜镜和铜铃，M4出一铜戈，铭文是“十四年属邦工□□蕺丞□□□”。这两座墓葬的形制及随葬陶器的类别、型式、花纹等，和广州一般西汉早期墓无不相同。M4铜戈与秦俑一号坑的“四年相邦吕不韦戈”相同，可知其为秦王政十四年物。M3与M4相叠，表明是稍后埋葬的，大概相当于西汉初年。

（二）乐昌墓地

1987～1988年，考古工作者在广东乐昌对面山发掘古墓葬207座，其中秦至西汉前期的墓53座。秦墓主要是带二层台的竖穴土坑墓、狭长形竖穴土坑墓、长方形竖穴土坑墓和带墓道的土坑墓等四种。随葬器物主要有铜鼎、剑、匕首、矛、戈、斧（B式）、半两钱、铁锸和铁斧，陶器有瓮、瓿、釜、鼎（CⅠ式）、罐、盒等。因为没有公布详细资料，目前对秦墓与汉墓还难于区分。

第六节　秦国时期的戎人墓葬

在秦本土区域还发掘清理了一批颇具影响，但又与秦人墓葬习俗有所不同的墓葬，这些墓葬规格之高，出土器物之精湛华丽，令人震撼，尤以宝鸡益门二号墓和张家川桃园坪乡马家原墓地为最。而陕北黄陵寨头河墓地，则是纯粹的戎人遗存。由于这类墓葬的发现数量不多，对其文化面貌尚处在探讨之中，对其族属还不能取得共识，但因为这类墓葬都处在秦国本土之内，因此都应属于秦国墓葬。还由于这些墓葬与随葬品具有一定的特殊性，故于此稍加评述。

一、宝鸡益门二号墓

益门村南依重峦叠嶂的秦岭，北距宝鸡市7.5千米，西临清姜河，川陕公路从中穿过。该村属渭滨区益门乡管辖，秦墓位于村中部。1992年5月村电讯器材设备厂进行基建，宝鸡市考古队在进行考古钻探时，发现了古代墓葬和灰坑等遗迹，随即进行了发掘清理。在二号墓内，发现了金器、玉器、铁器、料器（原始玻璃）等一大批珍贵文物。经对墓葬形制和出土文物的分析研究，初步推断为春秋晚期的秦国墓葬[128]。

该墓为一长方形的竖穴土圹墓，东西方向，距地表1.3米，西南角被M1（汉墓）打破。此墓口大底小，略有收分，口长3.2、宽1.2米；底长2.8、宽1.2米；深5.5米。底部四周有活土二层台，中间置一棺一椁，棺长2米，宽不清，椁长2.8、宽1.2米，残高0.6米。棺椁之间有长方形头箱，长1.2、宽0.4米，高度不清，木质均成朽灰，棺椁、头箱的厚度不清楚。未见墓主人骨架，在棺内发现有厚达0.02～0.05米的朱砂层，中间厚四周薄，随葬器物分别置于棺内中部和头箱，其他部位不见。头箱内以马具为主，棺内主要为兵器及装饰品等。随葬品主要是兵器、装饰品及马具等，未见礼器及其他生活用器。质地上以金器、玉器为最多，还有铁器、铜器和原始玻璃（料器）等，共计200余件（组）（图10-28）。

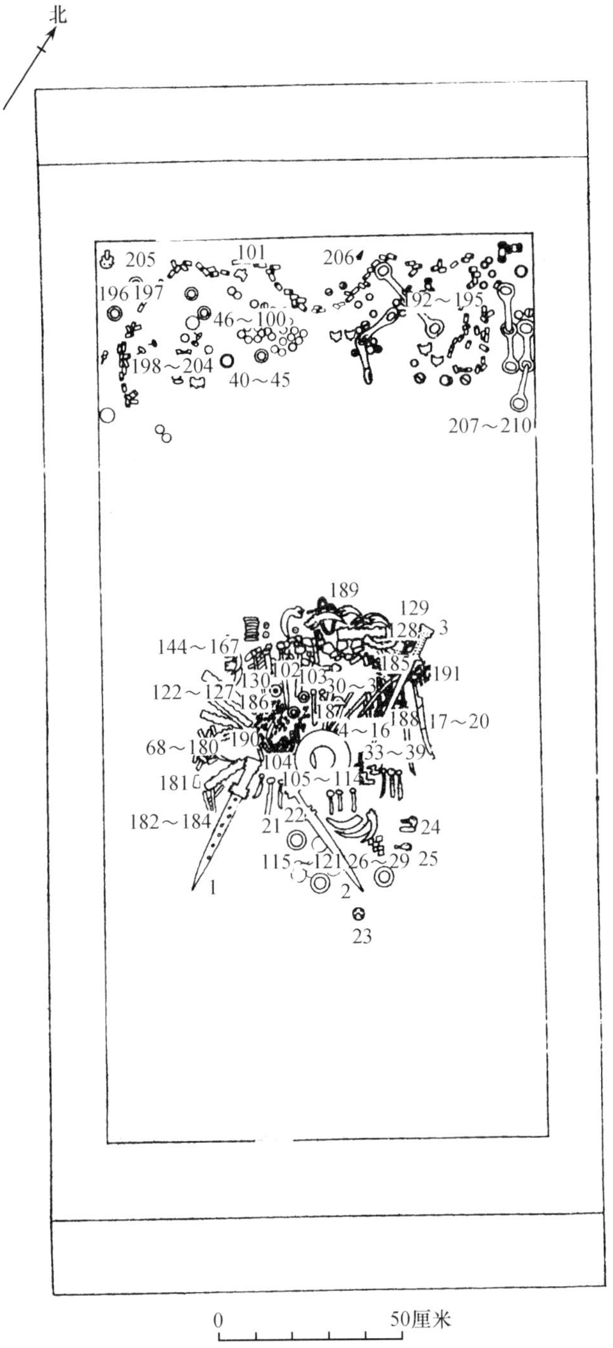

图10-28　宝鸡益门二号墓平面图

1～3. 金柄铁剑　4～16. 金环首铁刀　17～20. 金环首铜刀　21、22. 金环首料背铁刃刀　23～25. 金带钩　26～32. 金方泡　33～39. 金带扣　40～45. 金环　46～100. 金圆泡　101. 管形金辔饰　102、103. 金方首铁刀　104. 金串珠　105～114. 玉璧　115～121. 玉环　122～127. 璋形玉佩　128. 虎形玉佩　129. 鸭首形玉饰　130. 玉带钩　131～143. 玉觿　144～167. 玉璜　168～180. 长方形玉佩　181. 斧形玉饰　182～184. 竹节形玉饰　185. 绿松石串饰　186. 玛瑙串饰　187. 亚字形玉饰　188. 玻璃串饰　189. 料珠串饰　190. 料管串饰　191. 竹节料珠　192～195. 铜转子　196、197. 铜环　198～204. 铜带扣　205. 铜带钩　206. 铜镞　207～210. 铜马衔

1. 金器

包括纯金器和金与铁、铜、料等合成器。纯金器有带钩、方泡、圆泡、络饰、串珠；合成器有金柄铁剑、金环首铁刀、金方首铁刀、金环首料背铁刃刀、金环首铜刀等，共计104件（组）（图10-29）。

金器皆用浇铸法制成。主要纹饰有蟠螭纹和勾云纹等。繁缛精细，多层次布局，可分地纹、主体与镶饰三层结构。金柄铁剑3件，大小相次，柄部纹饰各不相同。M3：3，首部成不规则形，饰沟槽蟠螭纹，其上有6个凸出的圆柱形小管，上镶绿松石珠。茎部为长方形，两边各有7个方形齿，饰沟槽蟠螭纹，其上有16个凸出的圆柱形小管，呈梅花状分布，管上镶嵌绿松石小珠。格为长条形，脊中部微鼓，近格部略宽，尖锋。剑两面形制、纹饰相同。通长27.4厘米。

金柄铁剑　3件。M2：1，金质剑柄，铁质剑身，分制卯合，有铁茎插入金柄内（参见彩版）。剑身呈柳叶形，柱状脊。出土时剑身外有织物包裹印痕，并有小金泡7枚，整齐列为一行，当为剑鞘. 柄整体镂空，两面纹饰相同，均由阳线纹与细珠纹组成变体蟠螭纹，镶嵌有勾云纹形和圆珠形的绿松石及料器饰件。首端为相连又相对的三组蟠螭纹，柄茎两侧各形成5个凸出的方齿，基本两两相对，略有错落。格部为双螭

图10-29　益门二号墓出土器物

相背组成的兽面纹，兽目以绿松石镶嵌；通长35.2、身长25、身肩部宽4、柄长12.8厘米。M2：2与M2：1形制基本相同，唯柄部形制有别，为实心，格与首为变形蟠螭纹，嵌有宝石珠，部分脱落。柄茎长条形无纹饰，残长30.7、身残长18.4、身肩部宽3.8、柄长11.3厘米；M2：3，金质剑柄，饰镂空的变形蟠螭纹。格部为一变形兽面，茎两侧有略微相错的凸齿7对。蟠目为圆柱形小管，上嵌绿松石。剑身铁质，与M2：1形制相近。通长35、身长24.6、肩宽3.7、柄长10.4厘米。

金环首铁刀　13件。形制基本相同，大小有别。铁质身、柄，刃部呈弧形，收成尖锋，厚方背，身断面作等腰三角形。长柄较直，断面呈长方形。椭圆形金质环首，与柄衔接部作方形，有方形榫孔，同柄末端卯合。部分刀出土时在近柄部有革质编结痕迹，或为刀鞘类遗物。标本M2：4通长23.4、环首径2.2～2.8厘米。

金方首铁刀　2件。均残，未修复。铁质身、柄，形制大体与金环首铁刀相同。圆角长方形金质柄首，上饰蟠螭纹。有长方形榫孔，与柄末端卯合。M2：103柄首长1.65、宽0.9、厚0.3厘米。

金环首料背铁刃刀　2件。均残损过甚，尚未修复。

金环首铜刀　4件。形制与金环首铁刀相似，大小略异。除环首为金质外，其余部位为铜质。首柄衔接亦为榫卯结构，柄部断面呈梯形。标本M2：18残长24、环首径1.7～2.1厘米。

金带钩　3件。均出于墓室中部，器形为鸳鸯和盘蛇两种，纯金制成，有些嵌有绿松石。标本M2：23，盘蛇形，由1条大蛇和6条小蛇构成，4条小蛇酣然入睡，静然不动，中间两条小蛇追逐嬉戏，大蛇勾首看护6条小蛇，器物以动静结合的手法制成，形象生动。通高1.4、股高6、股径2.5厘米。

鸭首金带扣　7件。集中出于墓室中部，靠近鸳鸯金带钩，纯金质，7件形制大小均同。鸭首形，颈极矮，圆脑，长喙宽肩，中部起脊线，身为椭圆形环。6件带钩的纹饰雷同，即只在喙部脊线两侧用阴线勾勒出一个“S”形卷云纹，其余部位均为素面。唯标本M2：34，稍有不同，即在喙、脑脊线两侧用阴线勾勒出三个“S”形卷云纹。高0.4、长1.9厘米。环径1.3～1.5厘米。

金环　6件。纯金质，形制大小相同，均素面无纹饰。

金泡　分方、圆两种。圆泡56件，形制相同，大小有别，中间隆起，股中空，背有长条形横梁，直径0.7～3.2厘米。方泡7件，形制纹饰略同，大小相次，主体纹饰由几条蟠螭构成，由阴线和小珠纹衬底，每条蟠螭的眼部嵌以圆形料珠，中部为一兽面，两眼透雕后充以料珠，方泡较窄的一端，有一个三角形小兽，头、眼、鼻用阴线刻出，整体造型为爬行的乌龟。

金串珠　共908粒。纯金质，珠料大小基本相同，圆形，中有一穿孔，便于穿系，推测可能为佩饰。

金络饰　共130枚。纯金质，大小基本相同，管状、管孔近椭圆形。均素面，管长1.7厘米，管径0.89～1.1厘米。

2. 玉器

共81件（组）。种类有璧、璜、环、佩、觿、璋形饰、带钩等。

璧　10件。皆圆形，中有圆孔，片状，肉与好没有明显的倍数关系，一般肉大于好，仅一件相反，可分为勾云变体蟠螭纹和素面两种。

勾云变体蟠螭纹璧：2件。标本M2：105，淡绿色，肉小于好，侧面有一条长约2厘米的锯割痕，器表为浅浮雕勾云纹，每四个勾纹和阴线纹以及阴刻小圆圈组成一个勾云变体蟠螭纹，正反面纹饰相同，均由变体蟠螭纹组成，在内外边缘各有一周弦纹，直径10.6、孔径1.4、厚0.7厘米。

素面璧　8件。均素面，淡绿色，肉径大于好径。

璜　共24件。出土时多重叠堆放一起，形制近同，均为圆弧形，单面饰纹，饰蟠螭或夔纹，间有羽状细斜线纹。标本M2：144，墨绿色，表面钙化严重，器身窄长，两端部有两个小孔，单面钻，马蹄孔，两端侧缘各有一个小缺口，将缺口与小穿孔相联系。则是一个张嘴的虎首。单面饰浅浮雕勾云纹和集束阴线纹，整体纹饰构成勾云变体兽面纹。背部素面。长6.5、宽2、厚0.3厘米。

环　7件。一般为圆形，片状，好大于肉，肉横断面为椭圆形，通体呈绳索状。标本M2：115，黄绿色，表面钙化。外径5.3、内径3.3、厚0.4厘米。

佩　14件。有虎形、长方形和突齿长方形佩、璋形佩等。

觿　13件。均扁平近月牙形，首宽、末端尖。其中12件大体可配为6对。均似龙形，方首，口微张，口角对钻小圆缺，与口缝相连，头顶有两突齿，器身近头部有一对钻小孔。饰阴线蟠螭纹，近尾部多为阴线三角云纹。大多两面均有纹饰，布局结构，粗细疏密各不相同. 标本M2：132纹饰线条较粗，结构较疏松。长8.1、首宽2.3、厚0.3厘米。标本M2：2纹饰线条纤细，图案结构绵密。长8.4、首宽1.8、厚0.25厘米。

此外，还有竹节形饰、斧形饰、鸭首形带钩、“亚”字形饰等。

3. 铜器

共19件，皆位于墓室端部，器类较少，多为马器，计有马衔、环、转子、带钩、镞等。基本为素面。

4. 宝石

主要是指玛瑙、绿松石串饰。

玛瑙串饰　由108件玛瑙器和两件玉器组成，出土时堆放在一起，两件玉器应为串饰的组件，原串缀情况不明。玛瑙可分为管形、算珠形、腰鼓管状和隆顶圆柱状。大多为殷红色，少量淡红色，一般色泽艳丽，个别为透明和半透明状。玉器为圆形，白色，上有钻孔，局部有瑕疵，两面均饰勾体变形兽面纹。

料珠串饰　有黑色和粉绿色两类，圆珠状，球粒极小，珠径为0.1～0.15厘米，中间有钻孔，原组串情况已不明确。

料管串饰　可分为管状和竹节管状。共84件，大多呈粉绿色，有深浅之分，管状饰以空心素面为主；竹节状饰为实心，一侧为平面，另一侧形似竹节，长2.1、高0.6厘米。

绿松石串饰　共40块。颜色有翠绿、青绿、墨绿，系自然石块，没有明显的加工痕迹，大小不同，或长或短，或方或圆，形状各异，上有钻孔，为双面钻。

益门二号墓未出土有明确纪年的资料及判定年代的青铜礼器、陶器等，只有兵器、马具和装饰品，为墓葬的时代推断带来一定的困难。唯出土的许多金、玉器上的纹饰及其形制可与其他的考古资料比较。M2：1金柄铁剑柄部的镂空蟠螭纹侧面五对突齿等，与凤翔八旗屯属春秋早中期之交BM27所出土的铜剑极为相似[129]，而益门这件的纹饰更精美细密，当迟于BM27的铜剑；鸭首金带扣的形制与凤翔雍城秦公大墓及马家庄宗庙遗址所出的同类器如出一范；虎首玉觿与秦公大墓所出的形制纹饰亦很相似。秦公大墓被判定为春秋晚期前段，宗庙遗址的年代可到春秋中期。另外，虎形玉佩（M2：128）、玉璧（M2：106）、长方形玉佩（M2：168），以及玉璜上的勾云蟠螭纹、羽状纹等和雕琢技法，均与江苏吴县严山春秋晚期玉器窖藏出土的虎形玉佩、长方形玉佩、玉璜等及河南淅川下寺春秋晚期偏早的1、3号墓所出的玉器十分相似[130]。据此，益门二号墓的年代大体可以推定在春秋晚期的偏早阶段。

在夏商周三代及东周时期的各诸侯国，也包括秦国在内的墓葬中，金器的发现均较少，而在北方的草原地区，即鄂尔多斯青铜文化区域范围内，不少墓葬都随葬有金器。益门二号墓以出土大量的金器引人注目，总重量约3000克，居中原地区先秦墓葬之首，其造型之精美，纹饰之华丽，尤为罕见。一个小型墓葬出土这样多的金器，在北方草原地区的少数民族文化中亦不多见。

益门二号墓的国别及族属成了一个值得讨论的问题。鄂尔多斯青铜文化墓葬中随葬的金器，以耳环、头饰、牌饰等为最多，其他则少见，即便是出土金器较多的墓葬。似仍以上述几类为主。益门二号墓的金器，有剑、刀、带钩、带扣、马络饰、串珠等，不见耳环、头饰、牌饰之类。且金器的纹饰以勾云纹、兽面、蟠螭纹等为代表，均由商周以来中原地区的传统纹饰演变而来，不见鄂尔多斯金器中动物争斗、人兽相斗等图案。而大量玉器的形制、纹饰则更与中原地区各类的相同，因此，益门二号墓应列入中原地区的文化范畴。

春秋以降，宝鸡地区为秦所有，战国以前秦国的几个都邑如汧渭之会、平阳、雍城等都在宝鸡附近，而前两都距益门更为接近，故应是春秋时期的秦国墓葬。

此墓出土器物以金、玉器为主，与其他秦墓有所差别。这批金器在中原地区金器制作工艺史上的地位，以及与北方草原地区金器的关系，都需要进一步讨论。

益门二号墓另一显著特点是出土了大量的铁器，以剑、刀等为主，有20余件。陨铁的利用，在我国已知可早到商代，以河北藁城台西的铁刃铜钺为代表，西周亦有发现。但人工铸铁的使用，过去在春秋晚期楚墓中曾有发现[131]，以后甘肃灵台景家庄发现一件春秋早期的铜柄铁剑[132]，被认为可能是最早的人工铸铁，惜氧化严重，无法鉴定其成分。近年三门峡虢国墓地发现了少量铁器，经鉴定是人工铸铁[133]，已将我国人工铸铁的历史推到西周末期。但广泛应用的时代似不清楚。益门二号墓虽为一座小型墓，但有20余件铁器出土，并经陕西省文物保护研究中心鉴定，为人工加工冶炼铁，说明秦国在当时已有较大范围的铁器应用，当处于领先地位。这一发现，必然会对我国科技史的研究，产生一定影响。

益门村二号墓的发掘，是秦国考古的又一重大发现。所出的金器，制作工艺极高。金柄铁剑的柄部、金带钩、金泡等纹饰，精美绝伦，既是难得的珍贵文物，又是稀世的工艺杰作。玉器的璧、环、觿等器物上匀饰细密的花纹，为秦国玉器的上乘佳品。铜带钩的钩首为一带翼的奇兽形象，形制独特，亦为一不可多得的艺术珍品。它不仅为研究秦国历史文化的发展提供了极其珍贵的实物资料，同时也对研究我国古代的冶金发展史，以及金器工艺制造史，均有极其重要的意义。

二、甘肃张家川桃园村马家原墓地

2006年7月，张家川回族自治县公安局破获一起盗窃古墓案，缴获一批珍贵文物，案件上报后，引起省文物管理部门的高度重视。8月13日，甘肃省文物考古研究所和张家川县博物馆联合对被盗墓葬进行了抢救性清理挖掘[134]。

马家原墓地有密集的墓葬分布。经2007年钻探知，有大、中、小型墓葬59座，总面积约3万多平方米。2008年发掘墓葬7座，其中大型墓1座、中型墓2座，小型墓4座。已清理出的3座墓葬均为带台阶式墓道的土洞墓。这种九级台阶式的墓道和墓道内随葬车马的墓葬形制属首次发现。从墓葬形制看，该墓葬既具有战国秦墓的特征，同时与战国秦墓又有很大区别。从出土的随葬器物看，鎏金铜鼎、鎏金铜壶及银杯、玻璃杯、铜茧形壶等极为罕见，不但是研究战国时期冶金工艺的重要资料，而且对研究中西文化交流有着重要的作用（图10-30）。

1号墓呈东西向，为竖穴墓道土洞墓，墓道的东北角被盗掘，墓道其他部分基本保存完好。墓长12、宽5、深9.7米。在墓口地表的填土中有5个马头随葬，为当时埋葬祭祀所遗留。墓道有9个台阶，墓道坑内随葬车4辆，车辆由东向西排列，互相叠压。第一辆车早期已被破坏，仅能看出压扁的车轮。车轮饰以镂空铜饰，非常豪华。第二辆车基本完整，髹漆，车厢为皮条编制而成。车轮轮径1.6米，前挡板两面均髹漆，图案为饕餮。在车后侧发现较大的铜铃，从发掘的情况看应为挂在车后厢两侧的。第三辆车大多数部位被2号车所叠压，亦髹漆。第四辆车为纯木制车，从所清理出的车轮和辐条看，这辆车应该属一辆冥车。出土了鎏金铜壶、鎏金铜鼎等重要器物及金银车饰、错金铁车饰等。

2号墓被盗情况最为严重，为长方形竖穴墓道土洞墓。该墓早在2003年7月和2004年12月就被盗掘过，随葬品被盗掘一空，仅在近墓底的西北角处发现青铜车軎一件。

图10-30　甘肃张家川桃园坪墓地发掘现场

墓室底东北和东南角各殉葬一牛头，东南角之牛头左侧置一只牛蹄。西南角发现一堆绿松石珠及骨珠，但腐朽严重。另外在盗洞填土中发现银（或锡）制羊、马、盖弓帽和部分人骨。墓室中清理出残陶双耳罐、甑、铲足鬲等。在墓室发现一具女尸，因墓内尚未发现文字记录，因此不能确定墓主的身份及确切年代，也无法断定该女尸是不是墓主。

3号墓开口距地表1.5米，为东西向的竖穴墓道土坑墓，长7.3、宽3.3、深7米。墓道西端为高低、宽窄不等的台阶，共9级。台阶以东的竖穴墓道内由西向东随葬马车4辆。车的排列和形制与1号墓基本相同。墓室系在竖穴墓道的东北部开挖洞穴而成，墓室分为前室和后室两部分。前室宽于后室，墓室顶部已坍塌并遭盗扰。前室置车一辆，车已被坍塌的墓顶和盗掘所破坏，残存的车体上饰金箔制成的虎、铜大角鹿、包金铜泡饰，以及包金或包银玛瑙珠、镂空金银车饰等。后室为棺室，因遭盗掘棺椁结构不明。出土遗物有铜茧形壶、铜鼎、锡俑、车軎及金银箔饰等。特别引人注目的是，在该墓室发现一尊身高约6厘米的金属小俑。小俑的表面已经锈蚀，肢体局部残缺，但其整体轮廓基本清晰，五官依然可辨。

特别需要关注的是，这次发掘中发现的一批类似铝合金的金属物。这些金属物主要是用于随葬车上的配件，如车毂、车軎等。从光泽和色彩上看，非常像铝合金。它们究竟含有哪些成分，为何在如此潮湿的环境中没有锈蚀，还有待化学分析和进一步研究。

这批墓葬既具有战国秦墓的特征，同时又与战国秦墓有所区别。发掘者通过对发现的墓葬形制、出土陶器中的铲足鬲、夹砂褐陶单耳罐、双子母口灰陶罐，以及车上的彩绘图案、铜器上的纹饰等综合分析，初步断定这批墓葬的年代应在战国中晚期（图10-31）。

图10-31　甘肃张家川桃园坪墓地出土器物

发掘出金、银、铜、铁、骨、陶器500多件，但没有发现有关文字记载的器物出土，仅从一茧形壶的底部发现了一个象形符号有似“鞅”字，也没有提供墓主身份的任何信息。随葬品中玻璃、琉璃、玛瑙等800余件器物，如海蓝色釉陶杯、大量的釉陶珠，应为西方传来的；大量的动物形金箔饰和铜大角鹿（羊）及错金牌饰，风格多具北方草原文化的风格；而铲足鬲和陶器则是西方羌戎文化的产物。但金银器、青铜器和髹漆彩绘的高等级车乘表明，该墓地很有可能是一个保存较好、规格较高的戎人首领墓葬。

这批墓葬具有重要意义，既有研究秦戎关系的价值，又对车乘制造、冶金技术的研究有非同寻常的作用。即以葬俗而言，这种长方形竖穴带9级台阶的墓道，在墓道内又随葬有装饰精美的车马，在全国也是十分罕见的。出土的大量金银箔饰、鎏金铜器、错金铁器和部分可能镀锡的铜器饰等，都是研究当时手工艺不可多得的实物资料。

三、陕北的戎人墓

黄陵寨头河战国戎人墓地，位于洛河支流——葫芦河北岸一处舌形坡地上，西南凸向河床。在延安市南沟门水利枢纽工程建设过程中，陕西省文物勘探公司仅探出古墓葬27座。2011年4～12月，陕西省考古研究院对库区范围内的黄陵县阿党镇寨头河村战国墓地展开了全面系统的考古工作，共发掘战国墓葬90座及方坑3座[135]。

寨头河战国墓地南北长110、东西宽50米，面积约5500平方米，分布在4个台地上（图10-32）。墓葬均呈竖穴土坑，墓向以东西向为主，但有13例分布在墓地的边缘地带。头向以东向为多，其次是北向。葬式以仰身直肢为大宗，有屈肢葬6座、二次葬5座和解体葬1座。葬具有单棺和一棺一椁之分。墓内随葬常见牛头、羊头和马头，位

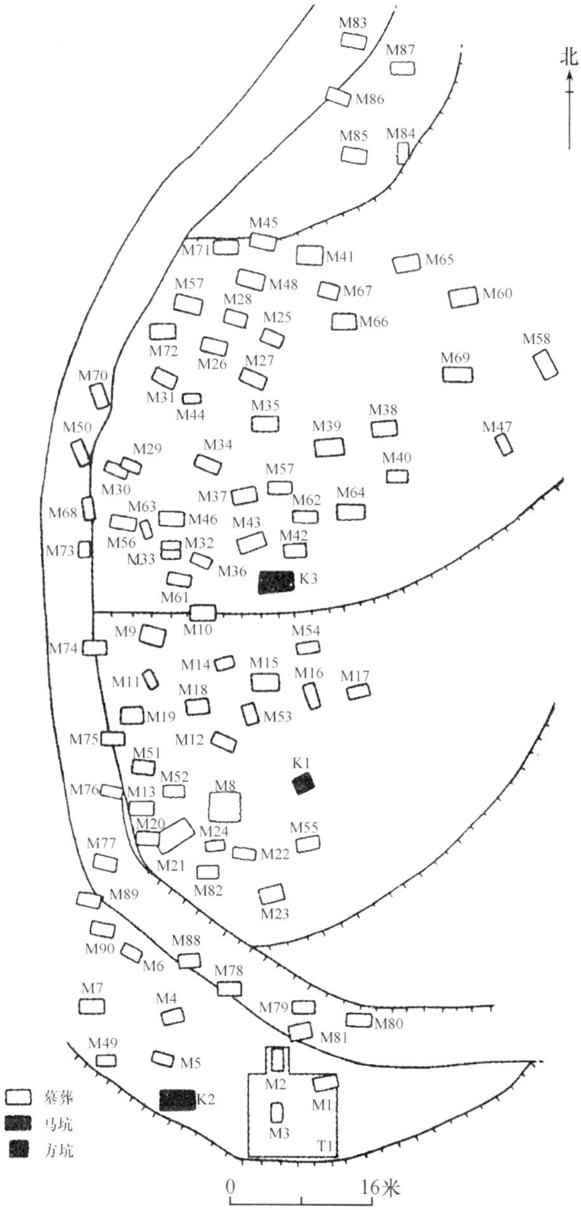

图10-32　黄陵寨头河战国戎人墓地分布图

于棺椁顶部墓主头向一侧或墓壁上的侧龛内，可能具有祭祀性质。随葬品有陶、铜、铁、骨、玉、石、料器等多种，数量逾千件（图10-33）。

陶器大致分为“甘青”和“中原”两个系统。甘青系统的陶器主要有陇东一带戎人墓的典型物，如杂色大口罐和铲足鬲两大类，而且这种“杂色陶”的数量占整个陶器的绝对优势；中原式陶器主要为豆、罐、鬲和铜鼎、戈等（图10-34），在三晋地区器物演变序列中属于战国中、晚期的典型物。通过陶器的对比，结合墓地出土的战国魏“梁半釿”和“阴晋半釿”等桥形币钱文、相关文献记载、金属器、动物及人骨鉴

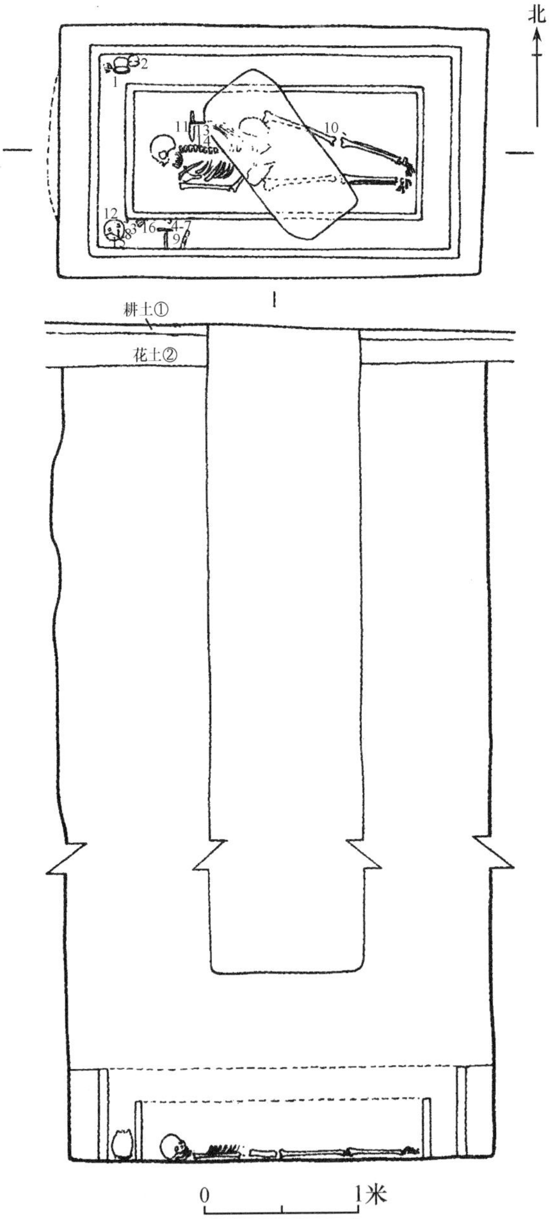

图10-33　黄陵寨头河戎人M7平、剖面图

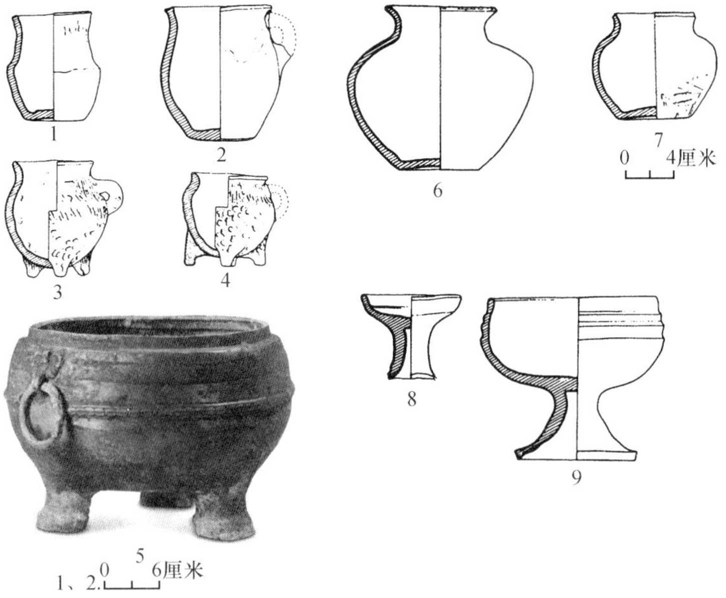

图10-34　黄陵战国戎人墓出土中原式器物

1. 陶侈口罐　2. 陶单耳罐　3、4. 陶罐式铲足鬲　5. 铜鼎　6、7. 陶鼓腹罐　8、9. 陶豆（M76）

定，初步将认定这批墓葬的时代为战国中晚期，族属为戎人，该区域或为魏国上郡的南缘。

在距离寨头河墓地西北约4千米处的史家河村新发现一处战国墓地，在墓地以南的葫芦河河道内，发现战国时期的大量板瓦残片。据此推测居址可能位于地势较低的墓地以南，随着葫芦河河道的变迁已被冲毁。

寨头河墓地是陕北地区首次全面揭露的战国戎人墓地，也表明寺洼文化东越子午岭，到达洛水之滨。也是研究民族融合、历史地理的新素材。

第七节　秦墓的葬具与葬式

一、葬　　具

秦墓绝大多数以木质的棺、椁作为葬具，只有少数墓是陶质的，但也有无葬具者。还有个别墓以卵石为椁。木质葬具在北方地区均已腐朽，仅留有白色或灰色、黑色的朽痕，而在南方的湖北云梦睡虎地等秦墓中，由于使用青膏泥密封棺椁，所以保存较好。

木质葬具可分为，棺、椁具备的和仅有棺木的两种形式。棺、椁具备的墓葬，多为竖穴墓，多数是一棺一椁，仅少数是重椁单棺。凤翔八旗屯发掘的40座春秋战国秦墓，棺椁具备者33座，约占总数的85%。其中使用重椁者仅BM27、BM102、BM104、CM2等4座。有熟土二层台的竖穴墓，椁室均有椁边木。而留有生土二层台的竖穴墓，一般仅具椁盖。但少数规格较高的墓，即便是生土二层台，也有椁边木。

户县宋村M3出土了一套铜礼器，5鼎4簋，当是大夫一级的墓葬，木椁的边木紧贴生土二层台叠砌。椁长3.1、宽1.75、高0.66米，高出生土二层台0.26米，与二层台上殉人木匣顶部齐平。椁内偏西处有一横向隔板，将椁室分为两部分，西部较小，是放置随葬品的“头箱”，东部面积较大，是放置棺木的“棺室”[136]。

陇县边家庄五号墓也是一座铜礼器墓，5鼎4簋，木质葬具为一棺一椁。与其他墓不同的是这座墓的墓室为上、下室，上室置椁、放置铜礼器、木车等随葬品，下室置棺、安葬墓主。长4.8、宽3.1、高约1.25米。椁底部纵横置有二层木板，横置15块，板长与椁室等同，宽10～16厘米不等，毗邻两板间约有20厘米宽的土垅。板厚约5厘米，纵铺木板共16块，相间铺就，宽16厘米。椁的四周及顶部均有铜制饰品。棺为朱漆大棺，长1.9、宽0.7、高约0.55米。骨架完好，仰身直肢。木车置于椁室中部略偏北，车轮距四壁1.25米。车为单辕两轮一舆，出土时辕首衡的两端各有一个木俑，直立，面向前，做挽车状[137]。说明此车是以人力为动力的“挽车”（《说文》）。

使用陶质瓮棺做葬具的墓数量比较少，瓮棺多是日常使用的陶瓮、盆、鬲等器物，以战国中晚期居多。凤翔高庄发掘的46座墓中有2座使用瓮棺，陶盆封口，约占总数的5%。宝鸡市西部山区的关桃园发掘秦墓5座，其中有2座是用鬲作棺，鬲口盖以罐或甑[138]。

另外还有极少数墓使用顽石石椁与木棺合用的葬具。凤翔高庄M16是一座竖穴墓。在竖穴底部先用河卵石构筑出一个约占底部面积2/3的墓室，然后再与河卵石之上叠放顽石为椁，内置一木棺，椁与棺同高[139]。这种石椁木棺的葬具甚是罕见。

二、葬　　式

秦墓的葬式分屈肢和直肢两大类。

直肢葬多是仰身，上肢交于胸部或腹上，春秋墓居多。凤翔八旗屯1976年发掘的40座秦墓，属于春秋的18座，除葬式不明的10座外，余均仰身直葬。方向绝大多数是东西向，头西脚东，尤其以早期最为突出。宝鸡福临堡发掘、钻探的12座春秋秦墓，都是头西脚东的竖穴墓，除3座葬式不明外，其余墓主均为屈肢葬。值得关注的是后来发掘的等级较高的铜器墓葬，如陈仓区南阳墓地、陇县边家庄墓地全是直肢葬，礼县大堡子山和圆顶山墓地亦全是直肢葬。

进入战国以后，直肢葬的比例明显减少，大量出现屈肢葬。沣西客省庄71座墓中，除6座不明葬式外，其余65座，屈肢葬60座，占90%以上。大荔朝邑的26座战国墓均为蜷曲特甚的屈肢葬。宝鸡茹家庄7座战国早期墓，3座不明葬式，其余4座为仰身屈肢葬。凤翔高庄48座（包括1979年发掘的2座）墓，8座葬式不明，其余34座为屈肢葬，仅有6座直肢。西安半坡112座墓中，直肢5座，屈肢104座。

屈肢葬的种类很多，以沣西为例，约有以下七式（包括宝鸡茹家庄的一例）：轻屈式（沣西K61）、侧身蹲坐式（K87）、侧身跪式（K88）、盘腿式（K31）、仰身蹲坐式（K209）、俯身蹲坐式（K15）、仰身侧跪式（宝茹）。

秦墓中墓主头向西，即“西首葬”，这是秦文化的固有因素。时代越早，越加突出，如毛家坪西周时期的秦墓都是西首葬，春秋至战国早期绝大多数仍为西首葬。战国中期以后，虽然头向西仍占相当的比例，但其他方向的也有一定比例，这可能与外来文化的影响有关，如西安半坡104座战国以后的屈肢葬墓中，头向西的79具，约占76%，头向北的14具，约占13.5%，头向南的10具，约占9.6%，头向东仅1具，约占0.969%。

由上述材料看，秦墓所盛行的屈肢葬比例在战国之后相当大。但是有一种情况应注意的是，战国后期在秦本土之外的秦墓中，屈肢葬相对减少了许多，而且蜷曲的程度也颇为舒展。这种情况应是受当地直肢葬文化影响所致。至于秦本土的秦人屈肢葬仪进入西汉初年之后也就很快消失了。

第八节　学者对中小型秦墓葬的研究

一、分期、分型和分类的研究

学者们对日益增多的秦墓资料，对之分期、分型和分类是一个首先遇到的热门课题。随着时间的推移，研究也渐趋成熟。对此在本章第一节“对秦本土墓葬的分期及其研究”中已有详细介绍，此处从略。

二、屈肢葬、直肢葬问题

对于秦人屈肢葬的意义，学者们的认识并不一致。有认为是为了缩小墓圹以节省墓地和人工；有认为屈肢是休息或睡眠时的自然姿势；有推断是为了捆绑死者，以防其灵魂向生人作祟；有认为屈肢像胎胞中胎儿的形象，象征着人死后又回到他们所生的地胎里边去[140]。

韩伟则认为屈肢葬可称为“跽式葬”。以为跽坐姿势是侍奉尊长之礼，因而屈肢葬应是秦国奴隶们的一种固定葬式[141]。

赵化成结合甘肃甘谷毛家坪秦墓资料，认为屈肢葬是秦人特有的葬俗，铲状袋足鬲和洞室墓不是秦传统文化的特征[142]。

王子今根据《日书》甲种有关“窋卧”的记载，认为“所谓‘窋卧’，当即蜷曲而卧”，“窋卧，为‘鬼之所恶’，入葬时为防止鬼物侵扰，很自然地会根据生世习俗将尸身摆置作‘窋卧’之状。这应当就是秦人屈肢葬的真正意义”[143]。

关于屈肢葬的渊源，俞伟超先生认为“本是起源于甘青地区的葬俗”，“秦人和永靖的辛店墓既都流行极为相似的屈肢葬，正表明了族属上的密切关系，即都是姜戎的一支”[144]。高去寻先生则推测屈肢葬“当是受外方风俗的影响”，“很有受南俄方面影响的可能”[145]。韩伟认为“春秋秦的殉葬奴隶的葬仪，可能是战国秦屈肢葬仪的渊源”[146]。

东周时期，与屈肢葬共出的直肢葬墓在秦国时有发现，如陇县边家庄、户县宋村、宝鸡南阳等，虽然也引起过较热烈的讨论，但各种解释并没有赢得大多数人的认可。这种与毛家坪形制不同的墓葬，并未构成这种直肢葬墓是否是秦人遗存的疑问，大量屈肢葬墓存在的事实降低了人们提出问题的勇气，只能是不断地寻找说明两类墓葬共存的理由。大堡子山类型的发现，为南阳模式（直肢葬）找到了直接的来源，使我们不必再为春秋早期以来秦国存在两类墓葬形制的现象而犯难。大堡子山秦公墓的存在，不仅是找到了一处早期的秦公墓地，更重要的是为我们径直展示了秦国嬴姓公室贵族的葬制形式，而且还说明了毛家坪类型在族属及文化背景等方面与大堡子山类型不同，葬制亦有别[147]。这应是秦墓屈肢葬式和直肢葬式研究的一大突破。

三、秦人的族属和秦文化的渊源

秦人的族属和秦文化的渊源问题，一直是许多学者在秦墓研究中比较关注的一个重点问题。学术界一直存在两种观点，或认为“秦之祖先，起于戎狄”[148]，或执“东夷说”[149]。

由于材料所限，以上诸说都是从纯文献角度来讨论的。近些年来，包括雍城秦墓在内的大量秦墓的发掘清理，为上述命题的研究提供了可靠的实物资料。

俞伟超先生把秦墓的屈肢葬、铲状袋足鬲，洞室墓看做它的文化特征，认为秦人是西戎一支[150]。刘庆柱则从葬俗、图腾崇拜、陶器组合及纹饰特点三个问题着手展开论述，认为秦之渊源变化“用考古学文化表示从早到晚秦之发展的文化序列就是：马家庄文化（或称甘肃仰韶文化）—齐家文化—辛店文化—春秋秦文化”[151]。叶小燕先生在《秦墓初探》一文中，就秦人流行西向墓的这一点指出：“可能暗示了秦人是渊于西方的”[152]。

秦人来自东方，属东夷族一支的观点，钱穆先生根据《秦本纪》中说“秦之先为嬴姓，其后分封，以国为姓，有徐氏、郯氏、黄氏、终黎氏、运奄氏、菟裘氏、将梁氏、黄氏、江氏、脩鱼氏、白冥氏、蜚廉氏、秦氏”的记载，考定这些国族都在东方，因此在其《国史大纲》一书中提出“秦之先世本在东方，为殷诸侯，及中谲始西迁”的观点[153]。随后，林剑鸣先生则从秦的墓葬材料中找到秦与殷人祖先关系十分密切的证明[154]。而赵化成先生则给出了考古学证明，他将毛家坪A组的前段，称为西周时期的秦文化遗存，并指出东周秦墓就是由此发展而来[155]。

张天恩先生摆脱了单纯分期划代的模式，突出了对秦文化特征和渊源问题的探讨。对自20世纪最后20余年来，陕西宝鸡一带春秋时期和甘肃东部西周考古学文化遗存，特别是对礼县大堡子山秦公大墓一批秦早期的墓葬资料进行了更为深入的研究，依据随葬品的不同，把这些墓葬区别为三种模式：西高泉模式；南阳模式；边家庄模式。把甘肃东部西周时期的周系文化遗存，划分为三种类型：西河滩类型、毛家坪类型和大堡子山类型。认为这三种类型均属于西周文化的范围，但其各有不同的文化背景和历史渊源。春秋早期以来秦墓所见的南阳、西高泉和边家庄模式，就是分别来自于陇右的大堡子山类型、毛家坪类型和西河滩类型这三种周文化类型。而与秦公室关系最直接的则是大堡子山类型。在西周中晚期之际，大堡子山类型的嬴秦民族在周王室的支持和扶植下，在与周围戎族的抗争中发展壮大，逐步融合了陇山以西的另外两支周文化类型，形成了初期的秦文化，从西周晚期后段开始，走上了与关中及东方列国不同的发展道路。因此，早期秦文化的形成，应该是西周晚期的后段，过早或过晚的估计，均没有根据，绝不可信[156]。

《清华简》的面世，对探讨秦人的族属与秦文化渊源问题起着定音的作用。在《系年》十三章中，简文讲到商朝覆灭后，飞廉逃到商奄（山东曲阜一带），参与“三监”反周，遭到周公诛杀。周成王除封周公长子伯禽于鲁之外进行统治外，还把“商奄之民”的这些秦人祖先西迁到了“邾”。“邾”即是《尚书·禹贡》雍州的“朱圄”，也即是《汉书·地理志》天水郡冀县的“朱圄”，县南梧中聚有朱圄山，地在今甘肃甘谷县西南[157]。由这一记载可知：秦人并非戎人，是东夷族的嬴姓一支，源于东方，后到西方。王学理有文认为，在商周之际，秦人由今山东半岛分三批，陆续到达甘肃陇右地区[158]。

从陇右地区的考古材料出发，探讨早期秦文化的渊源关系，人们很容易陷入两极的认识里去。而雍都秦景公大墓（一号陵园的一号大墓）的石磬铭文，又使人对秦的族属问题产生迷惘。

有的文章因为见到石磬上刻有“高阳有灵”四字，便认为“给秦是华夏族一支的说法提供了新证据”。其实，这句话包含着另外的内容，我们不能简单地只照字面去理解，秦的族属绝不能以“高阳氏”而定。

《史记·秦本纪》以为“秦之先，帝颛顼之苗裔”《正义》注“黄帝之孙，号高阳氏”。后来众多的古籍记载，以及今世学者的研究，都认为帝颛顼即高阳氏。其实，《史记》的记载与石磬的刻铭都指的是一件事情，所以石磬文字并没有给我们提出什么新的证据。

我们知道，秦人是我国远古民族中东方的东夷集团之一支，同中原（含西北）的华夏集团、南方的苗蛮集团鼎足而立，构成中国远古时期三大民族集团。这在他们形成的初期，彼此的区别和界线还是比较容易分辨的。但到后来，随着时间的推移，各民族之间的相互交往，相互争斗渗透、影响，促使他们之间的区别日益缩小，甚至消失。进入春秋、战国时期，我国古代民族完成了中国历史上的第一次民族大融合。这次民族大融合的结果，一方面促进了中国古代文明的发展，但也同时建立了中国古代历史的正统体系，即所谓明王贤相的大系统。于是在人们头脑中产生了空前的比附思想。比如，秦之嬴姓，本是由来已久，但《史记》却说是舜的赐姓。《史记》中的《秦本纪》是根据《秦纪》而来，可见秦人也认为他们的嬴姓是舜赐予的。在当时这种情况下，有许多民族在追寻远古祖先时，往往把一些与自己稍有联系，甚至把没有什么联系但地位、声望又很高的人，奉为自己的远祖。这种事例，在古史和现代民族中是屡见不鲜的。

帝颛顼，亦即高阳氏，是我国古史中有名的帝王，是华夏族的重要成员。徐旭生先生在《中国古代的传说时代》一书中曾这样称赞过帝颛顼。

> "帝颛顼却见于《海外北》《大荒北》《海内东》《大荒东》《大荒南》《大荒西》，像他这样东西南北，'无远弗届'的情形，在《山海经》里面，除了帝俊以外，没有第三人。同时又说："他没有很多的战功，不像黄帝一样。仅仅可考的不过同共工氏小有争斗。那是共工氏逼处在今日的辉县，与颛顼所居的濮阳相近，所以有小战事。在浅化人民中间，有武功的容易传播，没有武功的很难显著。颛顼没有显著的武功，却是声名洋溢，超过黄帝（在《山海经》中见面次数的多就是证明）。"

颛顼这样一位声名远播的古代帝王，被后来迁至西方的秦人推崇为自己的始祖，这在先民的思想中是有很深的意义的，犹如屈原称自己是高阳氏的后裔一样。如果说秦人追崇明王贤相为其祖先的思想还表露得不够明显的话，而屈原的这种思想则表露得十分明白。楚国在我国的远古时代是苗蛮集团的成员，因此楚应该是祝融的后代。屈原本是楚国的贵族阶级，是楚国的宗族成员，但他却称自己为高阳之苗裔，这不正是反映了春秋战国我国第一次民族大融合时期人们所具有的追崇明王贤相的思想意识吗？

由以上分析，秦公一号大墓出土的石磬铭文中"高阳有灵"，并不能说明秦人出自华夏族。

四、秦墓中的人殉与从葬从死问题

（一）殉　葬

秦国墓葬殉人之风十分盛行。

礼县圆顶山墓地M2，在二层台四壁上各有一方形袋状壁龛，内有一殉人，并有棺木。M3北的二层台上开一圆角长方形壁龛，内有一殉人。

已经发掘的雍城秦公一号大墓共有殉人186名，其中有20名是在墓室的填土中发现的，其余166名均置于环绕墓主椁室的二层台上，最里边一圈有94人，盛于用枋木叠砌的箱子里，称为“箱殉”。殉箱比较考究，外涂黑漆，绘有精美的花纹图案，并有绿松石、串饰、玉璧、玉璜等随葬。殉箱外圈另有72名殉人，均用薄木匣子盛敛，称为“匣殉”，随葬品多是生产工具。秦公墓用如此众多的人殉葬，可与史籍记载相互印证。

从各地发掘的考古资料看，秦国墓葬除秦公及重要宗室成员那些较大陵墓多有殉人外，其他类型的墓也盛行殉人。根据殉人所处的位置有龛殉、二层台殉及填土殉三种形式。

春秋时期的秦墓，殉人较普遍。在凤翔春秋秦墓中竖穴土坑宽度超过2.5米的，往往设龛殉人，殉人的小龛多挖在墓壁的南、北两侧，殉人较多时还在东壁挖龛设殉。如：

1976年八旗屯发掘的BM32共殉5人，南、北两侧各开2龛，每龛各殉1人，另在东壁增开一龛，亦殉1人。

户县宋村M3殉4人，均置于生土二层台上，头向与墓主的头向一致，盛敛在小木匣内，一部分嵌入预先挖好的小坑之中，直肢，有仰身，也有侧身。龛殉的殉人也均盛有小木匣，一匣一奴，或一匣二奴。木匣长1.07～1.7、宽0.4～0.6、高0.2～0.45、厚0.02～0.03米。多数殉人采用屈肢，有仰身、侧身、蹲式。

八旗屯BM104的填土中发现两副殉人骨架，骨架周围放置四块石头，似为棺具。同时还在四个墓角发现羊、牛肢骨。这些殉人与食肉，可能是埋葬时的祭祀牺牲。

进入战国中期以后，殉人之风显著减弱，这应该与秦国社会发生的重大变化有关。《秦本纪》载献公二年“止从死”，就是这种变化的重要标志。虽然秦国政府严禁殉人，然而实际上并未彻底废绝。考古发掘中这个时期仍还可以见到殉人现象。咸阳任家嘴一座铜器墓，时代相当于战国中期，殉2人，一为龛殉，盛以木匣，是一成年男子。另一为二层台殉，是个小孩[159]。侯马乔村发掘了20座战国晚期秦墓，一般为两两相关的夫妇并穴合葬墓，其中10座殉人，共55人。这些墓的墓外均挖以护墓沟，殉人就埋在护墓沟内[160]。这一现象与一般秦墓的殉人大不相同，可能与当时残酷的兼并战争有关。

（二）从死从葬

还有一个需要注意的事情是，进入春秋时期以后，关东诸国也有从葬现象的出现，但秦国更为突出。

《史记·秦本纪》载：“二十年，武公卒，葬雍平阳。初以人从死，从死者六十六人。”这是秦国流行殉人制的最早记录。《秦本纪》又载：“三十九年，缪公卒，葬雍。从死者百七十七人，秦之良臣子舆氏三人名曰奄息、仲行、针虎，亦在从死之中。秦人哀之，为作歌《黄鸟》之诗。”

如凤翔高庄发掘的M10，共出土4副人骨，1、2号人骨同处一个椁室，1号棺内是墓主人，在头厢及人骨周围随葬大量精美器物；2号棺内人骨胸部出土大量串饰，并有金襟钩随葬；3、4号骨架同置于西边的二层台上。3号随葬陶罐、仓、铜削、铜带钩、铜铃；4号随葬铜削、陶罐、铜带钩等。与2号相比，3、4号显然属于殉人。M18是一座战国早期墓，除墓主之外，另有2副人骨，3号人骨置于椁外的小龛中，随葬铜带钩、石饰各1件；2号人骨与墓主同处一个椁内，随葬玉璜、陶罐、铜带钩、铜襟钩、石饰等。2、3号人骨相比，3号属殉人无疑。

以上两墓的2号人骨与墓主同处一室，并有精美的物品随葬，这说明，他们与殉人的入葬并不相同，它可能就是发生在春秋战国之际“从死从葬”制度在考古发掘中的反映[161]。

尚志儒先生从凤翔高庄秦墓中出土二具或三具以上人骨架的现象入手，结合中原地区其他墓葬中同类情况，讨论了先秦时代流行的不属于殉葬的从死、从葬制度产生的社会根源，以及从死、从葬者的身份和社会地位[162]。

殉葬与从死从葬有着本质的区别。殉葬者是任人宰割的奴隶，没有人格可言，入葬后没有或少有随葬品，甚至被肢解。从死从葬者往往是同一社会集团的成员，有着绝对的人格，死于自愿。从死从葬者的来源，大约有四种，即：执政的大臣和宗族成员、新兴政治集团中的“士”、近亲和私昵者、嬖妾和歌姬。这些从死者同墓主处于一椁，或夹棺而葬，有较讲究的随葬品。

从葬制度产生于春秋战国时期。经济结构由宗族为本位演变为以家族为本位，即由封建领主制转变为封建地主制。于是，政治结构由宗法领主制转变为官僚君主制，思想意识形态也由封建宗法领主制为基础的“礼制”到了以中央集权官僚君主制为目标的“法制”，以及由宗教天命观到哲理天道观的确立。社会大动荡、大变革中，阶级关系发生了变化，“士”的阶层也由之产生。社会集团之间的利益争斗，使这些具有依附性的士去“为知己者死”。

殉葬制度是奴隶社会的产物，而从死从葬制虽是前者的演化和变迁，却是奴隶社会逐渐退出历史舞台的表现。

注　释

[1]　苏秉琦：《斗鸡台沟东区墓葬》（节选），《苏秉琦考古学论述选集》，文物出版社，1984年。

[2]　中国科学院考古研究所：《沣西发掘报告》，文物出版社，1962年。

[3]　金学山：《西安半坡的战国墓葬》，《考古学报》1957年第3期。

[4]　《考古通讯》1955年第3期。

[5]　中国科学院考古研究所宝鸡发掘队：《陕西宝鸡福临堡东周墓葬发掘记》，《考古》1963年第10期。

[6]　陕西省文物管理委员会：《陕西宝鸡阳平镇秦家沟村秦墓发掘记》，《考古》1965年第7期。

[7] 宝鸡市博物馆、宝鸡市渭滨区文化馆：《陕西宝鸡市茹家庄东周墓葬》，《考古》1979年第5期。
[8] 陕西省文管会、大荔县文化馆：《朝邑战国墓葬发掘简报》，《文物资料丛刊》第2辑。
[9] 陕西省文管会秦墓发掘组吴镇烽、尚志儒：《陕西户县宋村春秋秦墓发掘简报》，《文物》1975年第10期。
[10] 陕西省雍城考古队吴镇烽、尚志儒：《陕西凤翔八旗屯秦国墓葬发掘简报》，《文物资料丛刊》第3辑文物出版社，1980年。
[11] 秦都咸阳考古队：《咸阳市黄家沟战国墓发掘简报》，《考古与文物》1982年第6期。
[12] 秦俑考古队：《临潼上焦村秦墓清理简报》，《考古与文物》1980年第2期。
[13] 雍城考古队吴镇烽、尚志儒：《陕西凤翔高庄秦国墓地发掘简报》，《考古与文物》1981年第1期。
[14] 陕西省考古研究所负安志：《陕西长武上孟村秦国墓葬发掘简报》，《考古与文物》1984年第3期。
[15] 宝鸡市博物馆、宝鸡县图书馆：《宝鸡县西高泉村春秋秦墓发掘记》，《文物》1980年第9期。
[16] 国家考古所西安研究室卢连成率队1978年冬发掘，资料待发表。
[17] 雍城考古队工作队尚志儒：《凤翔高庄战国秦墓发掘简报》，《文物》1980年第9期。
[18] 雍城考古队李自智、尚志儒：《陕西凤翔西村战国秦墓发掘简报》，《考古与文物》1986年第1期。
[19] 高次若 王桂枝：《宝鸡县甘峪发现一座春秋早期墓葬》，《文博》1988年第4期。
[20] 陕西省雍城考古队：《一九八一年凤翔八旗屯墓地发掘简报》，《考古与文物》1986年第5期。
[21] 陕西省雍城考古队尚志儒、赵丛苍：《陕西凤翔八旗屯西沟道秦墓发掘简报》，《文博》1986年第3期。
[22] 陕西省考古研究所：《陕西铜川枣庙秦墓地发掘简报》，《考古与文物》1986年第2期。
[23] 咸阳市博物馆：《咸阳任家嘴殉人秦墓清理简报》，《考古与文物》1986年第6期。
[24] 田亚岐、王保平：《凤翔南指挥西村两座小型秦墓的清理》，《考古与文物》1987年第6期。
[25] 中国社会科学院考古研究所陕西六队：《陕西蓝田泄湖战国墓发掘简报》，《考古》1988年第12期。
[26] 张天恩：《边家庄春秋墓地与邑邑地望》，《文博》1990年第5期。
[27] 陕西省考古研究所雍城考古工作站：《凤翔邓家崖秦墓发掘简报》，《考古与文物》1991年第2期。
[28] 咸阳市文物考古研究所：《任家咀秦墓》，科学出版社，2005年。
[29] 陕西省考古研究所：《陇县店子秦墓》，三秦出版社，1998年。
[30] 刘宝爱 胡智仁：《凤县双石铺发现一座秦墓》，《文博》1991年第6期。

［31］ 宝鸡市考古队、扶风县博物馆：《陕西扶风县飞凤山秦墓发掘简报》，《考古与文物》1997年第5期。

［32］ 刘怀君、郝芝芹：《眉县水泥厂春秋秦墓及其相关问题》，《文博》1993年第6期。

［33］ 宝鸡市考古工作队：《宝鸡市益门村二号春秋墓发掘简报》，《文物》1993年第10期。

［34］ 宝鸡市考古队、陇县博物馆：《陕西陇县韦家庄秦墓发掘简报》，《考古与文物》2001年第4期。

［35］ 宝鸡市考古队、宝鸡县博物馆：《陕西宝鸡县南阳村春秋墓的清理（提要）》，《考古》2001年第7期。

［36］ 陕西省考古研究所：《陕西宝鸡晁峪东周秦墓发掘简报》，《考古与文物》2001年第4期。

［37］ 陕西省考古研究院：《宝鸡建河墓地》，陕西科学技术出版社，2006年。

［38］ 刘明科：《宝鸡考古撷萃》，三秦出版社，2006年。

［39］ 田亚岐：《陕西凤翔孙家南头周秦墓地发掘取得重大收获》，《中国文物报》2004年9月8日；陕西省考古研究院等：《陕西凤翔孙家南头春秋秦墓发掘简报》，《考古与文物》2013年第4期。两次报道有误，前说秦墓134座，后说91座。今以后者为准。

［40］ 陕西省考古研究院、宝鸡市考古研究所等：《陕西凤翔西白村秦汉墓葬发掘简报》，《文博》2010年第4期；秦公陵园一、六号小型墓材料待发表；六道村墓见陕西省考古研究院等：《凤翔六道村战国秦墓发掘简报》，《文博》2013年第2期。

［41］ 陕西省考古研究所：《临潼零口村》，三秦出版社，2004年。

［42］ 咸阳市文物考古研究所：《塔儿坡秦墓》，三秦出版社，1998年。

［43］ 陕西省考古研究院：《西安北郊秦墓》，三秦出版社，2006年。

［44］ 陕西省考古研究院：《西安尤家庄秦墓》，陕西科学技术出版社，2008年。

［45］ 陕西省考古研究院：《高陵张卜秦汉唐墓》，三秦出版社，2004年。

［46］ 焦南峰等：《陕西高陵县益尔公司秦墓发掘简报》，《考古与文物》2003年第6期。

［47］ 临潼区新丰屈家村、马额等地的墓葬材料，为孙培刚先生所提供。

［48］ 关中东部的秦墓材料：陕西省考古研究所：《华县东阳》，科学出版社，2006年；华阴市沙渠村南台地秦墓，选自2009年陕西省考古研究院《考古年报》与《汉唐网》；白水西章东周墓材料，选自2011年陕西省考古研究院《考古年报》；澄城县层安墓地材料见2013年陕西省考古研究院《考古年报》《西安晚报》2014年4月17日《澄城发现春秋时期规模最大的秦人墓地》。

［49］ 何新成：《汉中杨家山秦墓发掘简报》，《文博》1985年第5期。

［50］ 甘肃省博物馆魏怀珩：《甘肃平凉庙庄发掘的两座战国墓》，《考古与文物》1982年第5期。

［51］ 刘得祯、朱建唐：《甘肃灵台县景家庄春秋墓》，《考古》1981年第4期。

［52］ 赵化成：《寻找秦文化渊源的新线索》，《文博》1987年第1期。

［53］ 甘肃省文物考古研究所、天水市北道区文化馆：《甘肃天水放马滩战国秦汉墓群的发掘》，《文物》1989年第2期。

[54] 礼县博物馆、礼县秦西垂文化研究会：《秦西垂陵区》，文物出版社，2004年。
[55] 《张家川揭开古戎人面纱》，《甘肃日报》2008年11月14日。多家网站及报刊有披露，在此恕不一一注出。
[56] 赵化成：《寻找秦文化渊源的新线索》，《文博》1987年第1期。
[57] 张天恩：《早期秦文化特征形成的初步考察》，《炎帝与汉民族论集》，三秦出版社，2003年。
[58] 发掘资料现存陕西省文物保护中心。
[59] 陕西省雍城考古队吴镇烽、尚志儒：《陕西凤翔八旗屯秦国墓葬发掘简报》，《文物资料丛刊》第3辑文物出版社，1980年。
[60] 雍城考古队吴镇烽、尚志儒：《陕西凤翔高庄秦国墓地发掘简报》，《考古与文物》1981年第1期。
[61] 韩伟：《略述陕西春秋战国秦墓》，《考古与文物》1981年第1期。
[62] 叶小燕：《秦墓初探》，《考古》1982年第1期。
[63] 尚志儒：《秦国小型墓的分析与分期》，《考古与文物丛刊》第3辑、《陕西省考古学会第一届年会论文集》，1982年。
[64] 巩启明、呼林贵：《秦文化的考古工作与研究》，《文博》1990年第5期。
[65] 同[64]。
[66] 陈平：《试论关中秦墓青铜容器的分期问题》，《考古与文物》1984年第3期。
[67] 张天恩：《早期秦文化特征形成的初步考察》，《炎帝与汉民族论集》，三秦出版社，2003年。
[68] 滕铭予：《关中秦墓研究》，《考古学报》1992年第3期；又《秦文化：从封国到帝国的考古学观察》，学苑出版社，2003年。
[69] 宝鸡市考古队、宝鸡县博物馆：《陕西宝鸡县南阳村春秋墓的清理（提要）》，《考古》2001年第7期。
[70] 尚志儒：《先秦从死从葬制度初探》，《文博》1984年第2期。
[71] 宝鸡市考古队、陇县博物馆：《陕西陇县韦家庄秦墓发掘简报》，《考古与文物》2001年第4期。
[72] 2001年，陕西省考古研究院为配合宝天铁路的扩建，在陈仓区凤阁岭镇的建河火车站南，发掘了50多座秦墓，基本上都属于这几种洞室墓。资料见陕西省考古研究所：《宝鸡建河墓地》，陕西省科学技术出版社，2006年。
[73] 甘肃省博物馆魏怀珩：《甘肃平凉庙庄发掘的两座战国墓》，《考古与文物》1982年第5期。
[74] 宋治民：《略论四川的秦人墓》，《考古与文物》1984年第2期。
[75] 同[74]。
[76] 四川省博物馆：《四川船棺葬发掘报告》，文物出版社，1960年。
[77] 四川省博物馆：《四川涪陵地区小田溪战国土坑墓发掘简报》，《文物》1974年第5期。

［78］ 四川省博物馆：《四川新都战国木椁墓》，《文物》1981年第6期。

［79］ 四川省博物馆：《成都百花潭中学十号墓发掘记》，《文物》1976年第3期。

［80］ 四川省文管会：《成都战国土坑墓发掘简报》，《文物》1982年第1期。

［81］ 赖有德：《成都南郊出土的铜器》，《考古》1959年第8期。

［82］ 四川省文管会：《成都市出土的一批战国铜兵器》，《文物》1982年第8期。

［83］ 四川省文管会：《成都羊子山第一七二号墓发掘报告》，《考古学报》1956年第4期。

［84］ 郫县文化馆：《四川郫县发现战国船棺葬》，《考古》1980年第6期。

［85］ 李复华：《四川郫县红光公社出土战国铜器》，《文物》1976年第10期。

［86］ 同［76］。

［87］ 王有鹏：《四川绵竹船棺葬》，《文物》1987年第10期。

［88］ 宋治民：《四川战国墓葬试析》，《四川文物》1990年第5期。

［89］ 宋治民：《略论四川战国秦墓的分期》，《中国考古学会第一次年会论文集》，文物出版社，1979年。

［90］ 1956年在成都东北郊的北干渠清理的31座西汉墓（四川省文物管理委员会：《成都东北郊西汉墓发掘简报》，《考古通讯》1958年第2期），其中出土半两钱的14座墓和M2、M10、M25被认为属于西汉早期墓，看来所定年代还可以提早。

四川其他秦墓资料引见有四川省文物管理委员会、涪陵地区文化局：《四川涪陵小田溪四座战国墓》，《考古》1985年第1期；荥经古墓发掘小组：《四川荥经古城坪秦汉基葬》，《文物资料丛刊》第4辑，文物出版社，1981年；四川省文管会等：《四川荥经曾家沟战国墓第一、二次发掘》，《考古》1984年第12期；四川省博物馆：《青川县出土秦更修田律木牍——四川青川县战国墓发掘简报》，《文物》1982年1期；四川省文管会：《四川大邑县五龙乡土坑墓清理简报》，《考古》1987年第7期；成都市文物考古研究所、郫县博物馆：《郫县风情国别墅战国至西汉墓群发掘报告》，《成都考古发现（2002年）》，科学出版社，2004年；四川省文物考古研究所、德阳市文物考古研究所、什邡市博物馆：《什邡城关战国秦汉墓地》，文物出版社，2006年。

［91］ 襄樊的秦墓资料：湖北省博物馆：《襄阳蔡坡战国墓发掘报告》，《江汉考古》1985年第1期；襄樊市博物馆：《湖北襄樊市余岗战国至东汉墓发掘报告》，《考古学报》1996年第3期；湖北省文物考古研究所、襄樊市博物馆：《湖北襄樊郑家山战国秦汉墓》，《考古学报》1999年第3期；襄樊市博物馆：《襄樊余岗战国秦汉墓第二次发掘简报》，《江汉考古》2003年第2期；湖北省文物考古研究所、襄樊市考古队、襄阳区文物管理处：《襄阳王坡东周秦汉墓》，科学出版社，2005年。

［92］ 云梦秦墓的资料：湖北孝感地区亦工亦农考古训练班：《湖北云梦睡虎地秦墓发掘简报》，《文物》1976年第9期；湖北孝感地区亦工亦农考古训练班：《湖北云梦睡虎地十一座秦墓发掘简报》，《文物》1976年第6期；云梦县文物工作组：《湖北云梦睡虎地秦汉墓葬发掘简报》，《考古》1981年第1期；云梦睡虎地秦墓编写组：《云梦睡虎地秦墓》，文物出版社，1981年；湖北省文物考古研究所、孝感地区博物馆、云梦县博物馆：《云梦龙岗秦汉墓

地第一次发掘简报》，《江汉考古》1990年第3期；又《湖北云梦龙岗秦汉墓地第二次发掘简报》，《江汉考古》1993年第1期；云梦县博物馆：《云梦木匠坟秦墓发掘简报》，《江汉考古》1987年第4期；又《湖北云梦木匠坟秦墓》，《文物》1992年第1期。

[93] 宜城秦墓资料：楚皇城考古发掘队：《湖北宜城楚皇城战国秦汉墓》，《考古》1980年第2期；武汉大学历史系考古专业、宜城县博物馆：《宜城雷家坡秦墓发掘简报》，《江汉考古》1986年第4期。

[94] 湖北省博物馆：《宜昌前坪战国两汉墓》，《考古学报》1976年第2期。

[95] 江陵秦墓资料：湖北省江陵县文物局、荆州地区博物馆：《江陵岳山秦汉墓》，《考古学报》2000年第4期；湖北省荆州地区博物馆：《江陵扬家山135号秦墓发掘简报》，《文物》1993年第8期；荆州市荆州区博物馆：《荆州擂鼓台秦墓发掘简报》，《江汉考古》2003年第2期；湖北省荆州博物馆：《荆州高台秦汉墓》，科学出版社，2000年；湖北省荆州博物馆：《江陵王家台15号秦墓》，《文物》1995年第1期；郭德维：《试论江汉地区楚墓、秦墓、西汉前期墓的发展与演变》，《考古与文物》1983年第2期。

[96] 湖北省鄂城县博物馆：《鄂城楚墓》，《考古学报》1983年第2期。

[97] 黄冈古墓发掘队：《湖北黄州太平寺西汉墓发掘》，《江汉考古》1983年第4期。

[98] 湖南秦墓资料：湖南省文物管理委员会：《长沙左家塘秦代木椁墓清理简报》，《考古》1959年第9期；湖南省博物馆：《文物考古工作三十年》，文物出版社，1979年；湖南省博物馆等：《湖南溆浦马田坪战国西汉墓发掘报告》，《湖南考古辑刊》第2集；湖南省益阳地区文物工作队：《益阳楚墓》，《考古学报》1985年第1期；湖南省博物馆：《汨罗县东周、秦、西汉、南朝墓发掘报告》，《湖南考古辑刊》第3辑；高至喜：《论湖南秦墓》，《文博》1990年第1期；湖南省文物考古研究所：《里耶发掘报告》，岳麓书社，2011年。

[99] 对楚、秦、汉墓葬的判断，学者多有探讨，发表论文的主要见有陈平：《浅谈江汉地区战国秦汉墓的分期和秦墓的认识问题》，《江汉考古》1983年第3期；高至喜：《论湖南秦墓》，《文博》1990年第1期。

[100] 驻马店地区文管会、泌阳县文教局：《河南泌阳秦墓》，《文物》1980年第9期。

[101] 河南省文物研究所等：《河南泌阳县发现一座秦墓》，《华夏考古》1990年第4期。

[102] 李学勤：《秦国文物的新认识》，《文物》1980年第9期。

[103] 何驽：《泌阳平安君夫妇墓所出器物纪年及国别的再考证》，《中原文物》1992年第2期。

[104] 河南省文物研究所：《河南考古四十年》，河南人民出版社，1994年。以下引用河南资料，多采用此书成果。

[105] 黄士斌：《上村岭秦墓和汉墓》，《中原文物》1981年特刊；刘曙光《三门峡上村岭秦人墓的初步研究》（《中原文物》1985年第4期）一文认为，原报告统计有误，应为81座墓，其中土坑墓19座，洞室墓62座。

[106] 金学山：《西安半坡的战国墓葬》，《考古学报》1957年第3期。

[107] 刘曙光：《三门峡上村岭秦人墓的初步研究》，《中原文物》1985年第4期。

[108] 叶小燕：《秦墓初探》，《考古》1982年第1期。

［109］ 李陈奇：《秦代墓葬初探》，《考古》1982年第1期。

［110］ 中国社会科学院考古研究所：《陕县东周秦汉墓》，科学出版社，1994年；三门峡市文物工作队：《三门峡市司法局、刚玉砂厂秦人墓发掘简报》《三门峡市三里桥秦人墓发掘简报》《三门峡市火电厂秦人墓发掘简报》，均载《华夏考古》1993年第4期；2014年发掘火电厂秦墓资料，参见《中国文物信息网》。

［111］ 据李学勤先生引梅原末治：《洛阳金村古墓聚英》；引见《秦国文物的新认识》，《文物》1980年第9期。

［112］ 洛阳市第二文物工作队：《洛阳孙旗屯秦国墓葬》，《中原文物》1987年第3期。

［113］ 洛阳市文物工作队：《洛阳钢厂秦墓发掘简报》，《华夏考古》1997年第3期。

［114］ 洛阳市第二文物工作队王文浩、黄吉军、刁淑琴：《洛阳于家营秦墓发掘简报》，《文物》1998年第12期。

［115］ 《中州钱币》第2期。

［116］ 洛阳地区文管会：《洛宁故县秦墓发掘简报》，《中原文物》1985年第4期。

［117］ 淅川县文管会：《淅川县马川秦墓发掘简报》，《中原文物》1982年第1期。

［118］ 河南省文物工作队第一队：《郑州岗杜附近古墓葬发掘简报》，《文物参考资料》1955年第10期。

［119］ 刘长胜：《灵宝县发现的半两钱》，《陕西金融・钱币专辑》（10）。

［120］ 魏仁华：《河南南阳发现一批秦汉铜钱》，《考古》1964年第11期。

［121］ 邓城宝：《宝丰发现秦始皇诏书衡器——铁权》，《中原文物》1988年第2期。

［122］ 河南省文物研究所：《河南考古四十年》，河南人民出版社，1994年。以下引用河南资料，多采用此书成果。

［123］ 山西省考古研究所：《侯马乔村墓地（1959～1996）》，科学出版社，2004年。

［124］ 平朔考古队：《山西朔县秦汉墓发掘简报》，《文物》1987年第6期。

［125］ 内蒙古语文历史研究所崔璿：《秦汉广衍故城及其附近的墓葬》，《文物》1977年第5期。

［126］ 甘肃秦墓资料：甘肃省博物馆魏怀珩：《甘肃平凉庙庄的两座战国墓》，《考古与文物》1982年第5期；甘肃省文物考古研究所：《甘肃秦安上袁家秦汉墓葬发掘》，《考古学报》1997年第1期；刘得祯、朱建唐：《甘肃灵台县景家庄春秋墓》，《考古》1981年第4期；甘肃省文物工作队、北京大学考古学系：《甘肃甘谷家坪遗址发掘报告》，《考古学报》1987年第3期；甘肃省文物考古研究所、天水市北道区文化馆：《甘肃天水放马滩战国秦汉墓群的发掘》，《文物》1989年第2期；礼县博物馆、礼县秦西垂文化研究会：《秦西垂陵区》，文物出版社，2004年；《张家川揭开古戎人面纱》，《甘肃日报》2008年11月14日。多家网站及报刊有披露，在此恕不一一注出。

［127］ 广东省秦墓资料：广州市文物管理委员会：《广州东郊罗冈秦墓发掘简报》，《考古》1962年第8期；广东省文物考古研究所、乐昌市博物馆、韶关市博物馆：《广东乐昌市对面

山东周秦汉墓》，《考古》2000年第6期。

［128］ 宝鸡市考古工作队：《宝鸡市益门村二号春秋墓发掘简报》，《文物》1993年第10期。此墓文物精美、内容丰富，为便于大家研究，故引用资料及执笔者田仁孝先生的结语多出此简报。

［129］ 陕西省雍城考古队吴镇烽、尚志儒：《陕西凤翔八旗屯秦国墓葬发掘简报》，《文物资料丛刊》第3辑，文物出版社，1980年。

［130］ 河南省文物研究所等：《淅川下寺春秋楚墓》，文物出版社，1991年。

［131］ 李学勤：《重新估价中国古代文明》，《先秦史论文集》1982年《人文杂志》增刊。

［132］ 刘得祯等：《甘肃灵台景家庄春秋墓》，《考古》1981年第4期。

［133］ 李京华对三门峡虢国墓出土的西周时代铁刃云柄剑作过研究。此剑经中国科技史学会金属史委员会成员分析，被认定是中国最早的人工冶炼的铁。

［134］ 对甘肃张家川桃园坪墓地，还没有正式简报。但网络报道资料甚多，经核实故作此述论。

［135］ 陕西省考古研究院等：《陕西黄陵寨头河战国戎人墓地发掘简报》，《考古与文物》2012年第6期。

［136］ 陕西省文管会秦墓发掘组吴镇烽、尚志儒：《陕西户县宋村春秋秦墓发掘简报》，《文物》1975年第10期。

［137］ 陕西省考古研究所宝鸡工作站、宝鸡市考古队：《陕西陇县边家庄五号春秋秦墓发掘简报》，《文物》1988年第11期。

［138］ 陕西省考古研究所、宝鸡市考古工作队：《宝鸡关桃园》，文物出版社，2007年。

［139］ 雍城考古队工作队尚志儒：《凤翔高庄战国秦墓发掘简报》，《文物》1980年第9期。

［140］ 高去寻：《黄河下游的屈肢葬问题》，《中国考古学报》1947年第2期。

［141］ 韩伟：《试论战国秦的屈肢葬仪渊源及其意义》，《中国考古学会第一次年会论文集》，文物出版社，1979年。

［142］ 赵化成：《寻找秦文化渊源的新线索》，《文博》1987年第1期。

［143］ 王子今：《秦人屈肢葬仿象“窋卧”说》，《考古》1987年第12期。

［144］ 俞伟超：《古代“西戎”和“羌”“胡”考古学文化归属问题的探讨》，《先秦两汉考古学论集》，文物出版社，1985年。

［145］ 高去寻：《黄河下游的屈肢葬问题》，《中国考古学报》1947年第2期。

［146］ 韩伟：《试论战国秦的屈肢葬仪渊源及其意义》，《中国考古学会第一次年会论文集》，文物出版社，1979年。

［147］ 赵化成：《寻找秦文化渊源的新线索》，《文博》1987年第1期。

［148］ 王国维：《秦都邑考》，《观堂集林》卷十二，河北教育出版社，2003年；蒙文通：《秦为戎族考》，《禹贡》第6卷7期；周谷城：《中国通史》174页，开明书店发行，1939年；熊铁基：《秦人早期历史的两个问题》，《社会科学战线》1980年第2期。

［149］ 徐旭生：《中国古史的传说时代》，文物出版社，1985年增订本；黄文弼：《嬴秦为东方氏族考》，《史学杂志》创刊号，1945年；顾颉刚：《从古籍中探索战国的西部民族——

羌族》，《社会科学战线》1980年第1期；段连勤：《关于夷族的西迁和秦嬴的起源地、族属问题》，《人文杂志·先秦史论集》1982年。
[150] 俞伟超：《关于“卡约文化”和唐汪文化的新认识》，《先秦两汉考古学论集》，文物出版社，1985年。
[151] 刘庆柱：《试论秦之渊源》，《人文杂志·先秦史论文集》1982年。
[152] 叶小燕：《秦墓初探》，《考古》1982年第1期。
[153] 钱穆：《国史大纲》，商务印书馆，2010年。
[154] 林剑鸣：《秦史稿》，上海人民出版社，1981年。
[155] 赵化成：《寻找秦文化渊源的新线索》，《文博》1987年第1期。
[156] 张天恩：《早期秦文化特征形成的初步考察》，《炎帝与汉民族论集》，三秦出版社，2003年。
[157] 李学勤：《清华简吴于秦人始源的重要发现》，《光明日报》2011年9月8日。
[158] 王学理：《东西两犬丘与秦人入陇》，《考古与文物》2006年第4期。
[159] 咸阳市博物馆：《咸阳任家嘴殉人秦墓清理简报》，《考古与文物》1986年第6期。
[160] 山西省文物工作委员会：《侯马战国奴隶殉葬墓的发掘——奴隶制度的罪证》，《考古与文物》1972年第1期。
[161] 同[70]。
[162] 同[70]。

第十一章　文字与书法

文字是语言的符号。一个时代，一个国家的历史、文化、典章制度及科学技术等，只有通过文字才能流传有序。秦文字在中国文字学史上起着继往开来的作用。它上承西周金文，春秋以后逐渐形成自己的风格。战国以后，秦国又逐渐产生了小篆，其庄重、规范的形体，成了后来秦王朝统一文字的基础。小篆和隶书并行使用，是秦朝的通行书体，也为汉所继承，对中国两千年来文字的发展产生着巨大的影响。

第一节　秦文字资料与释读

一、金　　文

秦金文是秦文字的一个重要分支。从西周晚期秦开始建立国家到秦亡600多年的时间里，秦人留给我们大量有铭刻的青铜器。而秦铜器铭文的著录和研究，很早就受到重视。（隋）颜子推《颜氏家训·书证》记载，在开皇二年（582年），长安发现有两诏权。（宋）吕大临《考古图》、薛尚功《历代钟鼎彝器款识法帖》已著录了秦景公所铸钟和秦代平阳斤权。1914年，罗振玉的《秦金石刻辞》，是首次搜集秦金石刻辞的专书。1931年，容庚的《秦金文录》，把秦金文从金石中分离出来，单独成书。此书收秦权44、量16、诏版21、兵符2，附录大良造鞅戟、相邦吕不韦戟，共85器。新中国成立以后，秦有铭铜器更是大量出土，品类包括兵器、诏版、铜权、量器、虎符、编钟、镈钟、车马器、鼎、簋、钟、盉。1990年，王辉的《秦铜器铭文编年集释》出版，共收269器，超过《秦金文录》著录秦器数目两倍以上。

（一）卜淦□高戈

春秋早期的秦铜器主要是1987年陇县边家庄12号墓出土的“卜淦□高戈”（图11-1），该戈近胡处铸铭文3行11字：“卜淦□高作铸，永宝用逸宜。”[1]，铭文近似的为《三代》20·40·3及19·53·2著录的秦子戈、矛，铭：“秦子作造公族元用，左右帀旚（师旅）用逸宜。”秦子戈、矛的作者即“秦子”，可能是秦宪公之子出子[2]。秦子戈北京故宫博物院、陕西历史博物馆、澳门萧春源珍秦斋、香港某氏各藏1或2件；香港某氏藏秦子盉1件；甘肃礼县大堡子山出有秦子钟多件；日本MIHO博物

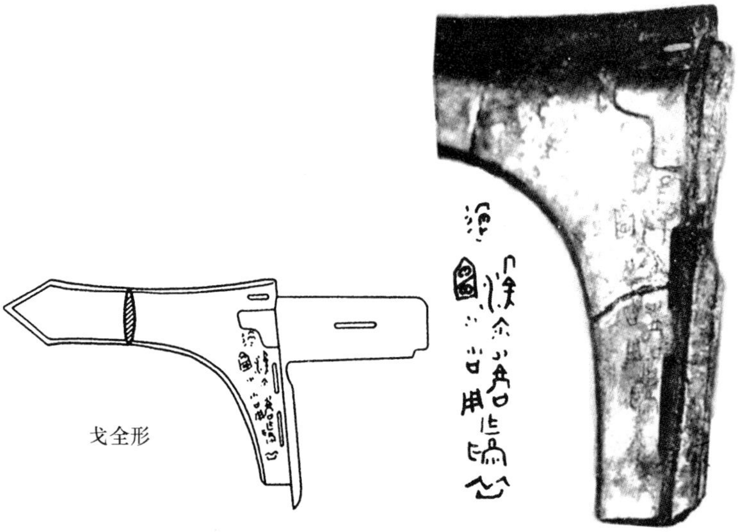

图11-1　卜淦□高戈

馆藏秦子钟二套8枚，其中较小的一套铭文是："秦子乍（作）宝和钟，氒（厥）音鍴鍴雍雍，秦子才（在）立（位），（眉）寿万人〈年〉宝用。"而更重要的是澳门萧春源珍秦斋藏的秦子簋盖。盖有铭文8行40字：

> 畤。又（有）變（柔）孔嘉，保其宫外。昷（温）龏（恭）□秉□（德），受命屯（纯）鲁，义（宜）其士女。秦子之光，卲（昭）于□四方。子子孙孙，秦子姬〔用?〕享。

原铭应自器铭读起，器盖连读，"畤"属上句。铭谓秦子有柔和而美善的品德，温良恭俭，膺受天命，使人民安辑，其光照耀四方。"秦子姬"或说是一人，指出子之母鲁姬子；或说是二人，指秦子及其姬姓母或妻，大概以后说较为接近事实。铭秦子是谁，学术界意见不一，或说是襄公未称公前称子，或说是文公太子静公，或说是出子，或说是宪公。铭为铸铭，文字已逐渐形成秦文字特色。

（二）秦公、王姬编钟和编镈

1978年，宝鸡县太公庙出土的秦公及王姬编钟、镈钟包括甲、乙、丙、丁、戊5件编钟及3件镈钟，铭文130字，内容十分重要[3]。

> 秦公曰："我先祖受天命商（赏）宅受或（国），刺＝烈烈卲（绍）文公、静公、宪公不坠于上，卲合皇天，以虩事䜌（蛮）方。"公及（以上甲钲部）王姬曰："余小子，余夙夕虔敬朕祀，以受多福，克明又心。盭（以上甲钟左鼓部）龢胤士，咸畜左右，䞨＝（蔼蔼）允义，翼受（以上甲钟顶篆部）明德，以康奠协朕或（国），盗（盗）百（蛮），具即其（以上甲钟左篆部）服，作氒龢钟，霝音鍴鍴雍雍，以匽（燕）皇公，以受大（以上

乙钟钲部）福，屯鲁多厘，大寿万年。”秦公其畯[illegible]才（在）立（位），雁（膺）（以上乙钟左鼓部）受大令（命），眉寿无疆，匍有四方，其康宝。（以上乙钟左篆部）（图11-2）

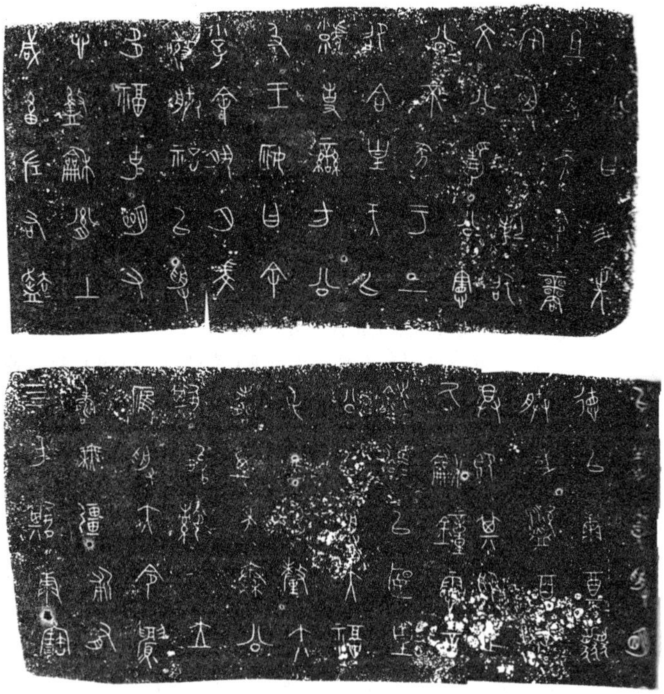

图11-2　秦公镈铭文（宝鸡大公庙出土）

铭文中的“先祖”，既“受天命”，又“赏宅受国”，即接受了周王给予的土地，则非秦襄公莫属。襄公因将兵救周及护送周平王东迁有功，被周平王封为诸侯，被赐以“岐西之地”，“于是始国，与诸侯通使聘享之礼”。“先祖”之下紧接文公，亦与秦世系相合。铭只叙述到宪公，则作器的秦公是宪公之子。宪公三子即武公、德公、出子均曾即位，一般认为作器者是有赫赫战功的秦武公，“王姬”即其母后，武公初立年幼，由母后临朝执政（有图Ⅷ-2秦公镈铭文）。

铭文提到秦立国初期“虩事蛮方”，即小心谨慎地处理与戎蛮的关系。而到了武公时，“盗百蛮，具即其服”，即诸戎蛮服事、服从于秦。可见秦国力已逐步强大。

这篇铭文的字体已是典型的秦文字，修长、秀美，与规矩、板滞的西周文字有明显的差别。有的字，如“商”字、“秦”字，“协”字，结构仍比较繁复，有籀书意味，但总的来看，秦文字仍是从周文字脱胎而出，与周文字同属一系。

（三）秦　公　簋

春秋晚期的秦国铜器铭文有民国初年甘肃秦州出的秦公簋，以及宋人著录的秦公钟[4]。

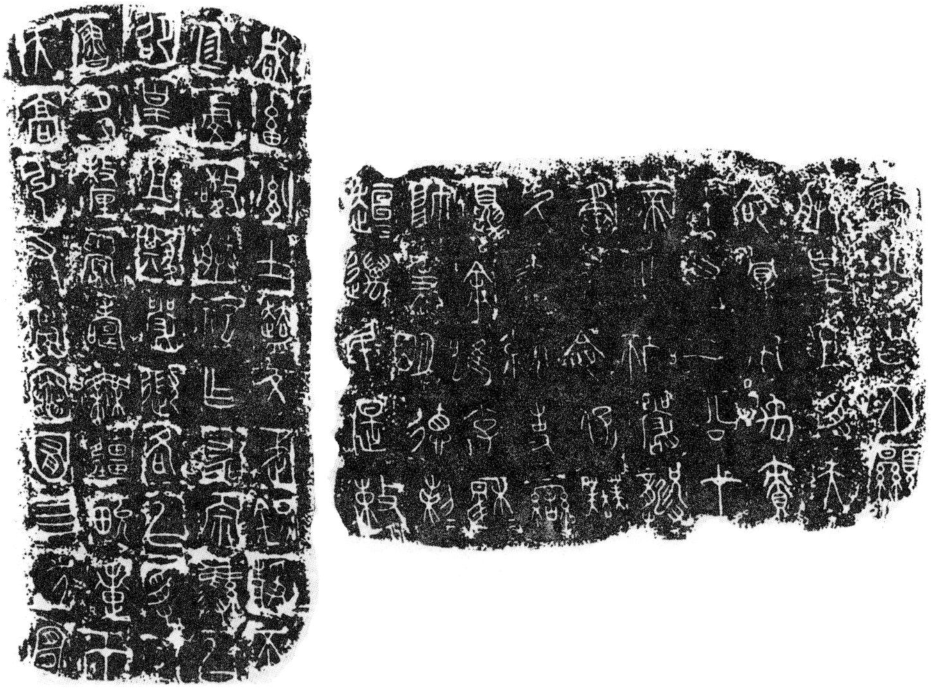

图11-3　秦公簋铭文（甘肃天水）

秦公簋铭文105字，分铸在器与盖上（图11-3）：

秦公曰：不显朕皇祖受天命，鼏宅禹迹。十又二公，在帝之坏，严龚夤天命，保𤔲（×）𠭯秦，虩事蛮夏。余虽小子，穆穆帅秉明德，剌剌趄（桓）趄，万民是敕。咸畜胤伾士，䜌=（蔼蔼）文武，镇静不廷，虔敬朕祀。作□宗彝，以受屯鲁多厘，眉寿无疆，畯疐在天，高引有庆，竈（肇）囿（有）四方。宜。

秦公簋铭文说其皇祖“鼏（宓）宅禹迹”，禹同夏有关系，是则秦人自诩为华夏族，居往在华夏的范围内。凤翔秦景公大墓残磬铭提到“高阳有灵”，乞求其保佑，高阳是帝颛顼的号，传说夏禹为颛顼孙，秦亦颛顼之后，铭文对探讨秦的族源很有意义，反映了秦向华夏文化靠拢的攀附意识。

铭文提到“十又二公”，又见宋人著录的秦盄和镈钟。十又二公起自何公，包括不包括未即位的文公太子静公及虽即位未成年即被杀的宪公之子出子，自宋以来争论不休。对照前述秦武公编钟、镈钟铭文，我们以为十二公当起自文公（襄公为皇祖，不包括在内），包括文、竫、宪、出、武、德、宣、成、穆、康、共、桓十二公，作器者为景公。这对秦史的研究也是很重要的。

“咸畜胤士”，胤士指世代相传的卿士，重用世卿贵族，这反映了秦国的用人路线。

“镇静不廷”，是说国家文臣武将，能成文治武功，使远方夷狄宾服，这自然是强盛的象征。

宋人著录的秦盄和镈钟亦即秦公镈钟，与秦公簋铭文字句小有不同。二器铭文字体基本相同，只是后者因是宋人摹本，首尾出锋，不无失真之处。

（四）商鞅方升

战国中晚期以后，秦实行商鞅变法，推行一整套富国强兵、奖励耕战的政策，希望向东方发展，征服六国，完成统一大业。为适应这一情况，秦铜器铭文便以量器和兵器为主。量器铭文多记监造人、制造人、时间、容量、重量等，如：

商鞅方升[5]（图11-4）：

十八年，齐遣卿大夫众来聘，冬十二月乙酉，大良造鞅爰积十六尊（寸）五分尊壹为升。重泉。

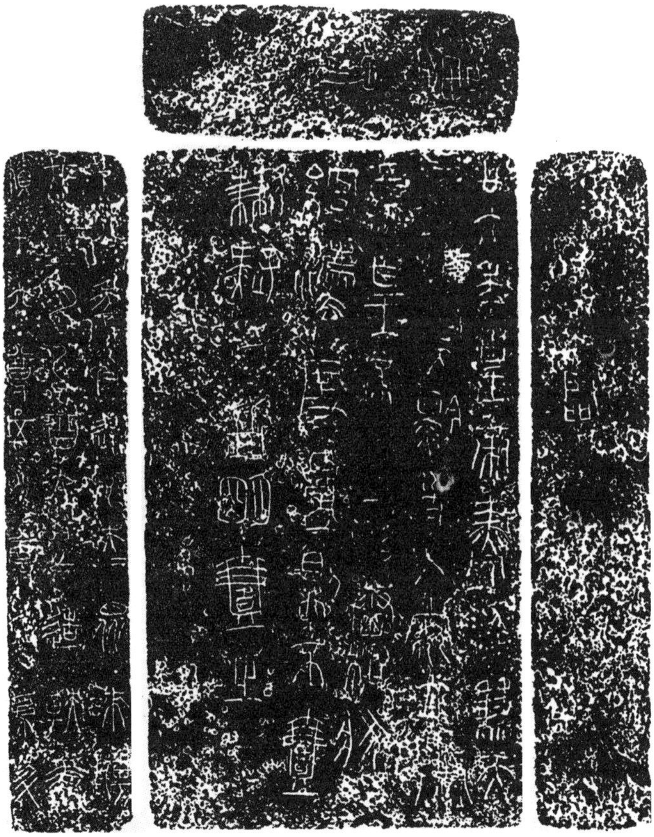

图11-4　商鞅方升铭文

（五）宜阳鼎

鼎铭：

宜阳。咸一斗四升，一上。

邑仓。临晋。

临晋厨鼎一合，容一斗四升，盖重一斤十四两，下重十斤八两，并重十二斤六两。名四十九。

末条为汉初刻铭。宜阳本韩地。《史记·秦本纪》：“（秦武王）四年（公元前307年），拔宜阳。”宜阳在秦通往六国的交通道上，在政治、经济、军事上的位置均极重要。秦王曾多次居宜阳，并设工官造器。咸为咸阳之省，“咸一斗四升”，乃器调拨咸阳后复核其容量。临晋春秋属晋国，后归魏，战国初（公元前461年）入秦。汉初，临晋是关中通往河东的门户，政府往来人员甚多，供器物亦多，其器除自造外，往往杂取前朝旧器，故宜阳鼎得纳其系列。

此鼎2006年4月10日由欧洲保护中华艺术协会主席高美斯先生、西安美都房地产开发有限公司黄新兰女士捐赠给秦始皇兵马俑博物馆。

（六）计量诸器

雍工敃壶[6]：

雍工敃，三斗，北寝。莤府。

二年寺工师初壶[7]：

二年，寺工师初，丞拑、廪人莽。

三斗，北寝。莤府。

工师瘨鼎[8]：

三十六年，工师瘨，工疑，一斗半正。十三斤八两十四铢。

厶（私）官。

三年诏事鼎[9]：

三年，诏事，容一斗二升，朱□□□官。十一斤十四两，四。

卲宫私官盉[10]：

卲宫私官，四斗少半斗。私工工感。二十三斤十两。十五。

高奴禾石权[11]：

三年，漆工熙，丞诎造，工隶臣牟。禾石。高奴。

北私府铜量[12]：

右。北私府。半斗。一。

以上计量铭文，容量单位有“斗”“升”等，重量单位有“斤”“两”，长度单位有“尊（寸）”。

（七）秦诏版

秦始皇二十六年，“一法度量衡石丈尺”此后所出秦度量衡器上多刻秦始皇二十六年诏版[13]：

廿（二十）六年，皇帝尽并兼天下诸侯，黔首大安，立号为皇帝。乃诏丞相状、绾，灋（法）度量则，不壹歉疑者，皆明壹之。

诏版共40字，文字有的是标准的小篆，但异体字的存在相当普遍，有的则十分草率，大约多出自一般工匠之手。

“皇帝尽并兼天下诸侯，黔首大安，立号为皇帝”是强调统一度量衡的时代背景，犹商鞅方升强调当时国家强盛，内政安定，外交胜利。但后者仅是“齐遣卿大夫众来聘，”这次却是统一全国，比上次的形势好多了。

“法度量则”一句的理解，学者间意见不一。“则”，或以为是铜权，或以为是虚词，或以为是标准器。后一种意见比较接近事实。《说文》：“则，等画物也……”孙常叙《则、灋度量则、则誓三事试解》说：“……‘等画物’就是比照样子刻画器物——照样子作东西。”孙先生又说；“则的古义既然如此，那么，作为名词使用，它是比照之样，是制器的样子或器样。”“是标准器。”“法”我以为本应为动词，意为效法。《荀子·不苟》：“畏法流俗。”杨倞注：“法，效也。”《汉书·贾谊传》：“是不法圣智也。”师古曰：“法谓则而效之。”马王堆帛书《老子》甲本卷后古佚书《九主》：“故曰主不法则，乃反为物。”整理者认为：“盖谓人主当法天地之则，若不法天地之则，必得失人主之实而同于万物。”“法度量则”之“法”用作动词，则用作名词，同《九主》一文的例子完全相同。如此说来，所谓“法度量则”就是供天下效法，参照的度量衡标准器。

“明壹之”，明作副词用，壹作动词用，指把“不壹”及“歉疑”的度量衡器都明确地统一起来。

在秦二世元年（公元前209年）之后制造的一些量器和铜权上，多刻有二世元年诏版：

元年制诏丞相斯、去疾，灋度量，尽始皇帝为之，皆有刻辞焉。今袭号而刻辞不称始皇帝，如后嗣为之者，不称成功盛德，刻此诏故刻左，使毋疑。

二世诏版肯定了秦始皇统一度量衡的历史功绩，并表示要将统一度量衡的法令继续推行下去。

（八）兵器铭文

秦兵器多有刻铭。中央多由“相邦”或“丞相”监造，如：

四年相邦樛斿戈[14]（图11-5）：

四年，相邦樛斿之造，栎阳工上造间。吾。

十三年相邦义戈[15]：

十三年，相邦义之造，咸阳工帀（师）田，工大人耆，工樻。

十六年丞相触戈[16]：

十六年，丞相触，咸（阳工）帀（师）叶，工武。

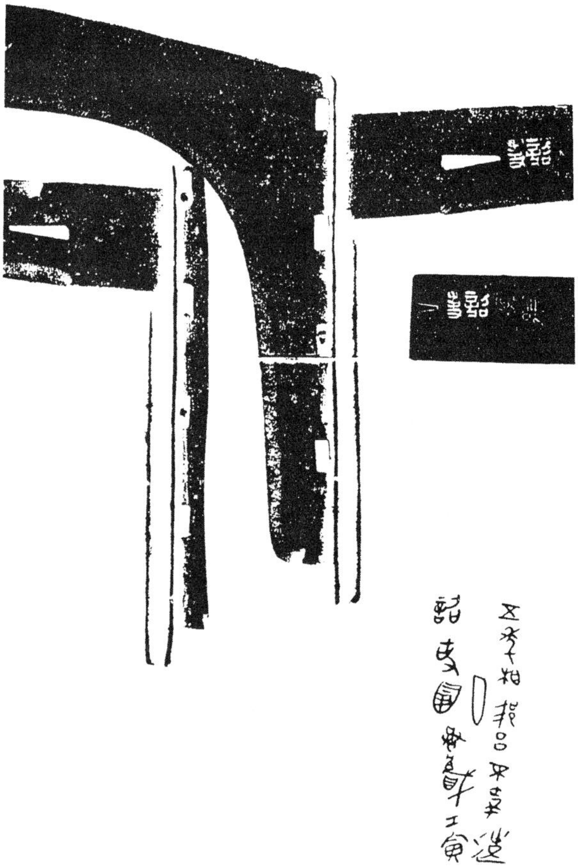

图11-5　吕不韦诏事戈

三年相邦吕不韦戟[17]：

三年，相邦吕不韦造，寺工詟，丞义，工池。

十七年丞相启状戈[18]：

十七年，丞相启状造，合阳嘉，丞兼，库，工邪。

“相邦”汉以后文献多作“相国”，其地位在“丞相”之上，相邦张仪、吕不韦，丞相寿触都见于记载。栎阳、咸阳曾为秦都，合阳则是秦之重镇。

地方制造的兵器，监造者多为郡之行政长官，如：

二年上郡守冰戈[19]：

二年，上郡守冰造，高工，丞沐□，工隶臣徒。上郡武库。

廿二年临汾守曋戈[20]：

廿二年，临汾守曋，库系，工造。

廿六年蜀守武戈[21]：

武。廿六年蜀守武造，东工师宦，丞耒，工□。

中央监造者“相邦”“丞相”，地方监造者“守”，都是名义上的监造者，具体主办者则为“工师”“工大人”等，“工师”之下有“丞”，真正的制造者则为“工”“工隶臣”等。“工师”之师昭王以前多作“帀”（图11-6）。

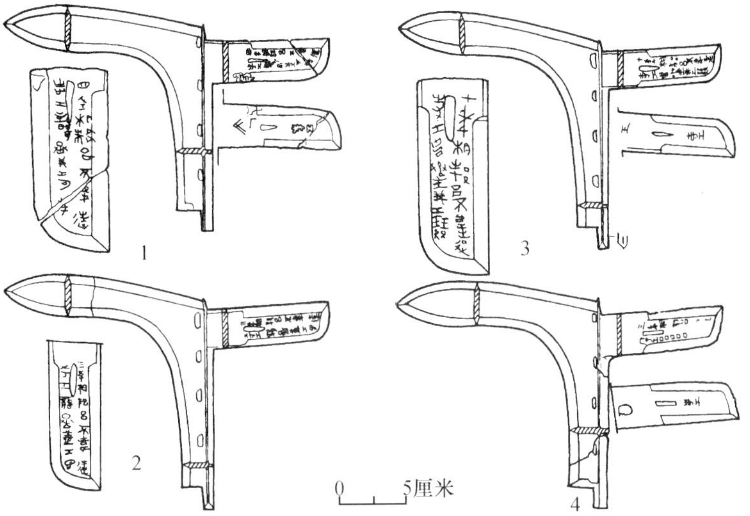

图11-6　一号俑坑铜戈铭文

1. T10G6：0576　2. T10G6：0577　3. T19G8：0710　4. T19G11：0924

（九）虎　符

秦兵器又有虎符，今所见有杜虎符、阳陵虎符，新郪虎符。杜虎符铭[22]：

兵甲之符，右在君，左在杜。凡兴士被甲，用兵五十人以上，必会君符，乃敢行之。燔燧之事，虽毋会符，行殹。

“君”指惠文君。公元前324年惠文君始称王，杜虎符铸造年代在称王以前。

新郪虎符铭[23]：

甲兵之符，右在王，左在新郪。凡兴士被甲，用兵五十人以上，必会王符乃敢行之。燔事，虽毋会符，行殹。

与杜虎符除“兵甲”作“甲兵”，以及地点不同外，只有“君”改称“王”，则必作于秦称王之后。王国维以为是“秦并天下前二三十年间物”。唐兰说作于秦灭韩，置颍川郡，即统一前的10年间，是。

阳陵虎符仅左右各十二字[24]：

甲兵之符，右在皇帝，左在阳陵。

铭称“皇帝”，必作于秦统一之后。“阳陵”可能为“芷阳陵”之简称，指庄襄王陵。

战国中晚期以后的铜器铭文，大多行笔方折简易，或称为草篆，秦隶在此基础上萌芽而出。

二、陶　　文

（一）秦陶文发现地概述

秦陶文的出土地点集中于几个大的秦国都城遗址及陵园范围内，如秦都雍城和咸阳及秦始皇陵等。其他地区的发现较少。

雍城遗址出土陶文，以1982年发掘的春秋晚期的马家庄宗庙遗址为最多，有100余件，但基本上属于刻划符号性质，还不是严格意义上的文字，制造瓦的官署及工匠名尚未发现。战国时期的凤翔县高庄M1出的两件陶罐上各有一“亭”字。高庄村发现的秦王朝时期的M6、M7、M37出土的陶缶上，有“隐城吕氏缶，容十斗”“北园吕氏缶，容十斗”“北园王氏缶，容十斗”“下贾王氏缶，容十斗”“上官”等[25]。

秦都咸阳遗址发现的陶文数量最多，新中国成立前已有发现，见陈直先生《关中秦汉陶录》。新中国成立后，陕西省考古研究院等对该遗址进行了长期的勘查和多次科学发掘，获得的陶文已达400余件。王学理先生根据在秦都咸阳的长期考古工作，把收集的“亭里陶文”写入自己的专著《秦都咸阳》与《咸阳帝都记》之中（图11-7）。

1995年，咸阳石油钢管钢绳厂在市区东北的塔儿坡建分厂，发现战国秦墓402座，M27063出土陶器13种，陶文见有“咸蒲里奇”“咸重里禾”“咸阳巨桊”“咸沃里辰”等[26]。岳起在《咸阳塔儿坡秦墓新出陶文》一文里又公布了34种新陶文，有“咸阳巨昌”“咸屈里欣”“咸芮里臣”“咸商里若”“咸□西辟”等[27]。这批陶文字体多属小篆，但已有早期隶书的萌芽，如“蒲”字水旁作“三”不作“巛”，

图11-7　秦陶文

1. 咸亭郦里桊器　2. 咸郦小有　3. 咸郦里跬　4. 乌氏工昌　5. 杜逿　6. 频阳工处

“西”字作“”，不作“”（石鼓文）“”（小篆）。其中最奇特而有争议的是M35175：5陶罐刻文“咸里彩礎”，此条文字右行，字体为行楷，为出土秦文字所仅见。岳起主张“（楷书出现在）战国晚期至秦统一这一段时间”，不失为一种推测意见，但证据不是很充分，难以很快被学人接受。王辉曾怀疑这是“其他时代器物窜入”[28]，但也没有确证。此条陶文时代学人说法不一，但其重要性是不言而喻的。

塔儿坡M27063墓出有十九年大良造鞅殳镈，为秦孝公十九年（前343年）器，其他陶文时代约略在战国中晚期之际。

始皇陵及其周围遗址发现的陶文，至今已达1000余件，主要是1974年后秦俑坑发现的，有的见于砖瓦、陶器上，有的见于陶俑、陶马，有的见于修陵工人的墓志瓦文，内容极为丰富。近年秦始皇内城南垣出土板瓦、筒瓦、脊瓦上发现陶文110余处，有“左司”“北司”“寺水”“大水”“大匠”等。“左司”即左司空，少府属官。“大匠”不见于秦代文献。秦有将作少府，掌治宫室，汉景帝时改称“将作大匠”。有学者认为秦代已存在“将作大匠”，省称“大匠”[29]。

王学理先生在秦俑考古队时，曾对距陵北4千米的刘家寨、苗家村一带作过考古调查。发现三处大型的地面建筑遗址，沙河村还有一段长40米的城墙。在丰富的建筑遗物上多有陶文，砖瓦上戳印有“宫寺”“宫□”“频阳”“寺婴”等。并在其专著《秦始皇陵研究》中指出：“刘家寨、沙河村南遗址，可以确认为就是‘秦丽邑——汉新丰’的故址”[30]。

1994年，陕西省考古研究所秦陵工作站在秦始皇陵北三四千米的新丰镇刘家寨东秦南杜遗址采集陶文3类49种。主要有“大匠”“北司”“宫丙”“居室”“都船掩”“泥阳”“西道”“西处”“安邑皇”“安邑禄”“宜阳工武”“宜阳工昌”“宜阳工肄”“杜秦”“杜徐”“上邽工明”“新城邦”“降（绛）高”“商昌”“美阳工苍”“咸阳工崖”“蓝田”“丽市”“丽亭”等。此与陈晓捷采集陶文地点相近，“安邑禄”“降高”“美阳工苍”“丽市”等同见，可见南杜遗址亦为秦丽邑遗址的一部分。这批陶文既有中央官署如“大匠”“北司”“居室”“都船”的，也有地方官营徭役类的，如“宜阳工昌”“宜阳工肄”“宜阳工武”都是宜阳县徭役工人的陶文，反映了修建始皇陵时从各地征发陶工，一个县征有多人[31]。

1995年，陈晓捷在始皇陵北3～5千米的刘家寨村采集陶文71件，公布27件，有“寺工毋死”“都船兵”“降（绛）高”“当阳克”“皮氏卯”“安邑禄”“美阳工仓”“美阳丞印”“下邽”“丽市”等。“丽市”即丽邑之市。刘寨村秦遗址即丽邑旧址[32]。

另外，秦都栎阳遗址出土陶器上有印文“栎市”“栎”，湖北云梦睡虎地秦墓出土陶文“咸阳”，阿房宫遗址出有瓦文“左宫”，林光宫遗址出有印文“北司”，华仓出有印文“宁秦”，戚夫人冢出有印文“弋左”，清涧李家崖遗址出有印文“杜市”，《季木藏陶》也收录刻有秦始皇二十六年诏书的残陶片多件。可见，秦陶文的出土地域是十分广阔的。

秦代后期的陶文，多为制造者的作坊名和陶工名，便于统治者考课稽核，即《吕氏春秋·孟冬纪》所说的“物勒工名，以考其诚，工有不当，以行其罪，以穷其情”。这种制度有利于产品质量的提高，也加强了对工人的控制。

（二）分类综述

1. 陶俑、陶马上的文字[33]

本类分二小类。一为陶俑、陶马身上的编号数字，如“咸五”“封八”“十二”“弋六十八”等。多是泥胎未干时用尖状物随意刻划的，字迹草率，大小不一。数字的写法除“七”以外，皆与小篆相同。几十几带有零数的数字，绝大多数中间不出现十字，如“五四”“八五”之类是。一百以上的数字一律竖写，不出现一字，如一百一十三写作“百十三”等。

二为塑造陶俑，陶马的陶工名，目前发现陶工名249个。有的人名前冠以“宫”字，如“宫朝”“宫得”“宫水”。“宫水”是制作砖的官署名，“宫”字为“宫水”的省称，这些都表明制作者是为宫廷服务的。有的人名前冠以“大”字或“右”字，如“大遬”，“右司空尚”“右司”“右齐”“右师”等。“大”为“大匠”的省文，“大匠”指手艺高超的木工或木工之长。有的人名前冠以地名，如“咸阳衣”“咸午”“栎阳重”等，其中尤以“咸阳”二字为多。也有的陶工名仅具人名，如“冉”“甲”“车”“丁”之类。

2. 墓志瓦文

1972年12月，临潼县赵背户村农民发现修始皇陵的工人墓地一处，出土墓志瓦文18件，刻于板瓦或筒瓦的内外侧，一般写明死者的姓名、籍贯，有的并标明爵位和身份，如“东武罗”“东武居赀上造庆忌”“东武不更所”“博昌去疾”“博昌居此（赀）用里不更余”“杨氏居赀武德公士滕”“平阳驿”“赣榆得”“阑（兰）陵居赀便里不更牙”等。其中“东武”“博昌”“杨氏”“兰陵”为县名，“便里”“用里”“武德”为乡里名，“上造”“不更”“公士”为爵名，居赀为身份。这批墓志的发现，将我国墓志史较过去的说法（东汉出现）提前了300余年，对研究墓志史有重要意义（图11-8）。

这批瓦文属小篆体，但刻划草率，不规整。字的偏旁部首的位置虽已大体固定，但笔画的多少仍不统一。有的字笔画相连，变异较多，有战国文字遗痕。

3. 砖瓦和陶器上的文字

出土有文字的砖瓦和陶器拓片1100余件。包括中央官署制陶作坊的陶文，如“左司空”“左司高瓦”“左胡”“左贝”“左禹”“左午”等，多为阴文按印，少数为阳文。又有右司空陶文，如“右角”“右尚”“右司”“右司空”。《汉书·百官公

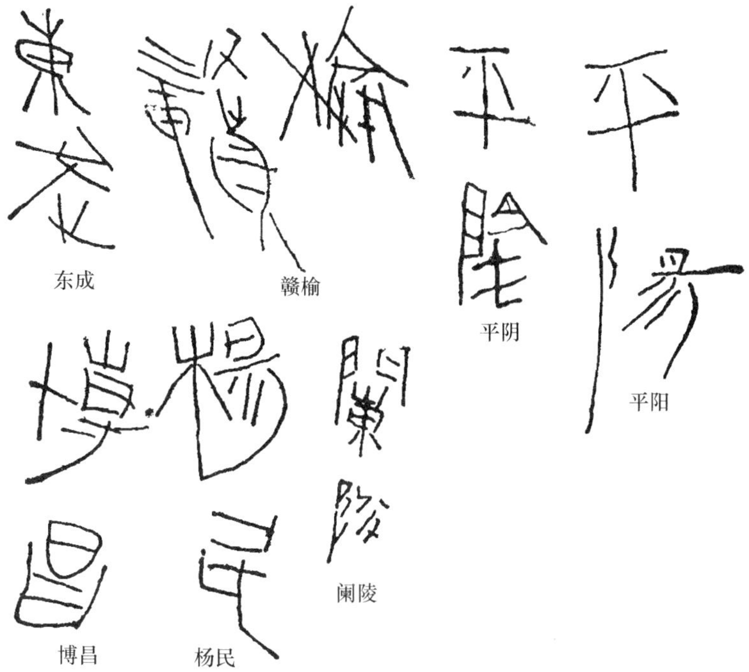

图11-8　部分郦山徒籍贯的瓦志墓本

卿表》："少府，秦官，掌山海池泽之税，以给共养，有六丞，属官有尚书……左右司空……""左右司空"即右司空和右司空。陶文证明秦少府下已有左右司空。陶文又有"右水""左水""宫水""寺人""大水"，都是烧造砖瓦的官署机构名。

4. 秦代徭役性制陶作坊的陶文

秦代徭役性制陶作坊的陶文，主要见于秦始皇陵附近出土的残瓦上。陶文均为印记，阳文，小篆体。陶文多为县邑名及人名，如临晋翏、杜建、好畤工佽、新城义渠、新城邦、新成章、宜阳工成、宜阳昌，蓝田、美阳工苍、乌氏工昌、频阳工处、频阳状、安邑书、西道、西处、戏工禾、郧阳具、下邽、芷阳癸、芷阳工癸、高阳工乌等。临晋、杜、芷阳、蓝田、美阳、好畤、频阳、戏、下邽都在今陕西境内，高阳在河北，郧阳在湖北，西在甘肃，新城、宜阳在河南。每县来的工人集中在始皇陵附近某地烧造砖瓦，由一名工师负责。各个窑场作坊的工人来源不同，因而各自烧造的产品上的印记也就各异。这批陶文虽为小篆，但隶书味道较浓，字的风格粗犷，已有一些汉代字体特点。

5. 秦代的市亭陶文

出土的秦代陶器和砖瓦上，有咸阳及其他县邑的市府经营的制陶作坊的印文，是研究秦代市府手工业及市井制度的重要资料。其中属于咸阳市亭的陶文印记有"咸阳市""咸亭亭久""咸阳成申""咸原小婴""咸邑如顷""咸阳巨鬲"等，属于县邑市亭的陶文有“安陆市亭”“杜亭”“平市”“栎市”“丽亭”“犬亭”等。前者大多在市府的代称之后署有人名，后者一律不见人名。这些陶文证明，战国晚期及秦代，都城及大小县邑都设立了市亭，而咸阳可能还不止一处。《史记·秦始皇本纪》记载，秦献公七年（公元前378年）“初行为市”，这反映了其时秦国商品经济的迅速发展和贸易的繁盛情况。

6. 秦代民营制陶作坊的陶文

此类陶文主要出于咸阳及始皇陵，其他地区很少。其主要类型有里类，如“咸里段”“咸里致”等；里类，如“咸亭郘里丹器”“咸郘里夫”等；当柳类，如“咸亭当柳昌器”；芮柳类，如“咸亭芮柳婴器”，阳安类，如“咸亭阳安骍器”等。多在“咸亭”后冠以里居名，目前已发现22个里名。上加咸亭，表明这些私营手工业者的产品是在咸阳市井合法出售的，得到咸阳市亭的批准。

秦代陶文有马厩坑陶器上的刻辞，有“大厩四斗三升”“左厩容八斗”“宫厩”“小厩”等，是探讨秦厩苑制度的重要材料。

始皇陵封土西侧内外城垣之间的官遗址出有陶文“丽山官左”“丽山官右”等。官即食官，是掌宗庙礼仪的奉常的属官。

7. 瓦书

抗日战争时期，户县出土的秦封宗邑瓦书，是目前陶文中字数最多的一件（图11-9）。其铭文：

> 四年，周天子使卿大夫辰来致文武之酢（胙）。冬十壹月辛酉，大良造、庶长游出命曰：“取杜在酆邱到潏水以为右庶长歜宗邑。”乃为瓦书，卑司御不更顝封之，曰：“子子孙孙以为宗邑。”顝以四年冬十壹月癸酉封之。自桑障之封以东，北到桑匽（堰）。
>
> （以上正面刻文）
>
> 封一里，廿辑。
>
> 大田左敖童曰未，吏曰初。
>
> 卜蛰，史羁手；司御心，志是霾封[34]。
>
> （以上背面刻文）

“大良造、庶长游”可能即四年相邦翏游戈的翏游，该器与瓦书同作于惠文王前四年。

爵名大良造相当于丞相，司御大概是管理土地事宜的小官，大田则是主管农业的官吏。

“杜”即杜县，在今西安市南郊杜城村附近。“酆丘”即西周都城酆京故址，“潏”为水名。“取杜在酆丘到潏水”是所封宗邑的位置大小。

秦战国末有封君、封邑制度，封者在封地范围内向居民征收赋税，但不参与行政

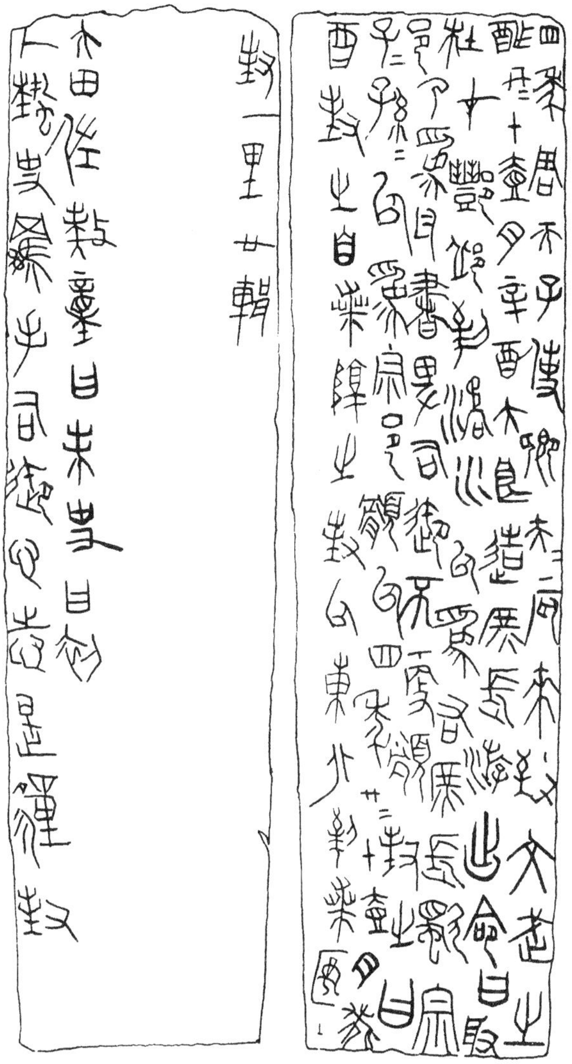

图11-9　秦封宗邑瓦书

管理。瓦书的发现，使我们对秦国土地封疆划界的办法获得了新的认识。

瓦书为小篆体，但有明显的隶书意味，字笔画方折，很多字与隶书已无区别。字遒劲挺拔，结构谨严，在书法上也有较高价值。

三、石刻文字

（一）秦公石磬

陕西省凤翔县南指辉村秦公一号大墓出土有铭石磬多枚，字体大小不一，估计石磬最少当有3套，总数数十枚（图11-10）。

图11-10　秦公石磬铭

残铭85凤南M1：300与1982年出土另一残铭根据断碴可以缀合。有铭文2行，行18字，其中合文一，共37字，如下：

瀥（汤）=氒（厥）商。百乐咸奏，允乐子〈孔〉煌。eed虎（钽铻）𢧢（载）入，又（有）蠛（巇）羕（漾）。天子匽（燕）喜，龏（共）起（桓）是嗣。高阳又（有）灵，四方以鼏（宓）平……

“汤汤”本形容水盛，铭借指乐音之洪亮。“商”为音阶名，《国语·周语》：“用黄钟为宫，太簇为商……”“煌”金文或作皇，或作谊，古文献或作喤，形容钟声洪亮、和谐。“虎”孙常叙先生读为“钽铻”，是一种节齿状物，可以止乐。《吕氏春秋·仲夏纪》：“饬钟磬柷敔。”高诱注：“敔，木虎，脊上有钽铻，以杖之以止乐。”“天子”指周天子。“龏起”指秦共、桓二公。作磬秦公嗣（继承）共、桓二公，王辉在《论秦景公》《秦公大墓石磬残铭考释》文中认为即在秦史上有较大影响的秦景公[35]。残磬铭85凤南M1：543+84凤南M1：186：“隹（惟）四年八月初吉甲申……”据历术推算，此为公元前573年八月初二或初三。“高阳”是传说中的古帝颛顼的号。《史记·五帝本纪》：“帝颛顼高阳者，黄帝之孙而昌意之子也。”《史记·秦本纪》：“秦之先，帝颛顼之苗裔。”秦人自称高阳是其先祖，祈求其神灵保佑。

这条磬铭的大意是“（磬发出的）商调洪亮高亢。各种乐器合奏，气氛极其快乐而激昂。钼铻入乐，音乐徐徐而止，余音荡漾。参加宴会之周天子显得分外高兴，由他认可，（秦新君）继承共、桓大统。（始生帝）高阳神灵保佑，秦四境内安宁和平”。

编磬共发现残铭26条，206字。铭虽已残，但语句整齐，音韵和谐，内容典雅，在编磬刻铭史上可以说是“前无古人，后无来者”。

（二）石　鼓　文

秦石刻文字最重要的资料是石鼓文。唐初在天兴县（今陕西凤翔县）发现10个石碣，每碣上刻一首四言诗。石碣每个约高1米，形似鼓，时人谓之石鼓（图11-11）。

图11-11　秦石鼓及刻文（部分）

石鼓的发现，曾在唐代引起轰动，杜甫、韦应物、韩愈皆有诗记其事。

石鼓诗的内容，或叙秦公游猎之乐，如《吾车》石：

𨑂（吾）车既工，𨑂马既同。𨑂车既好，马既骍。君子员（云）邋（猎），员邋员斿（游）。麀鹿速速，君子之求……

或赞颂秦地水利优越，水产丰富，以显耀其地利，如《汧殹》石：

汧殹沔沔，烝（承）皮（彼）淖渊。鰋鲤处之，君子渔之。澫又（有）小鱼，其斿（游）趱趱。帛（白）鱼鱳鱳，其篕氐鲜……。

或述秦车乘严饬，整装出发之盛，如《田车》石：

田车孔安，鋚勒□□。四介既简，左骖旛旛，右骖騝騝。𨑂以陵（跻）于原……

石鼓文的时代，研究的学者甚多，但众说纷纭，迄无定论[36]。清代及以前多认为是周宣王时物，其理由是石鼓文有几个字与《说文》籀文相合，如员作鼎。但秦文字是从周文字一脉相承而来，有所吻合是很自然的事。南宋郑樵首先提出石鼓文“皆是秦篆，以也为殹，见于秦斤；以丞为丞，见于秦权”。其后马衡先生作《石鼓文为秦刻石考》，罗振玉作《石鼓文考释》，郭沫若作《石鼓文研究》皆主石鼓文为秦刻石，已经成为定论。但秦是相当长的历史阶段，石鼓究竟作于秦的何段，仍有不同说法。郭沫若认为作于襄公时，罗振玉、马叙伦认为作于文公时，马衡认为作于穆公时，以上各家皆据石鼓文的内容定其时代。但鼓文多残缺，同一内容各家解释可能不同，故所定时代可能大相径庭。例如，《吴人》石云：“吴人𢍰亟，朝夕𢡺惕。”“吴人”或说应读为“虞人”；易越石先生则说“吴人”乃吴国人，吴国军队，石鼓为公元前506年吴人伐楚第二年秦师胜吴人凯旋后之刻石。也有一些学者依据石鼓文的词汇、字形和字体风格等所表现的时代性以确定其时代。唐兰的《石鼓文年代考》指出石鼓文“四”字不作“亖”，用第一人称代词“吾”和语助词“殹”，都是较晚的特征。他将石鼓文与秦公簋文字相比较，以为其书法大致近是。但石鼓文较方整，大小匀称，布局紧密板滞，不如秦公簋自然。唐兰认为“石鼓应在秦公簋之后，诅楚文之前”。近年裘锡圭、马几道、陈昭容亦据石鼓文的字形与字体风格为其断代，结论为春秋战国之际。王辉的《由“天子”“嗣王”“公”三种称谓说到石鼓文的时代》及其《补记》将石鼓文与秦公大墓石磬铭文比对，认为二者文字风格相近，石鼓以置于春秋晚期为宜。从鼓文内容考察，认为石鼓文应作于秦景公五年（公元前572年）或三十二年（公元前545年）之后数年内。徐宝贵也有相近说法。石鼓文的书法，为历代书法家所钟爱，很多人终生临写，出以新意，吴昌硕就是其中之一。

（三）诅 楚 文

《诅楚文》北宋时发现于陕西凤翔。原石三件均已亡佚，现存巫咸、大沈厥湫、亚驼三种刻本[37]，三本字数略有出入。楚与秦很长时间是盟国，关系甚好。到战国晚期，秦楚关系恶化，于是秦人告祭水神巫咸、大沈厥湫、亚驼，而对楚王“熊相”加以诅咒，说他“康回无道”“变输（渝）盟约”“刑戮孕妇”“拘圉其叔父”“兼倍十八世之诅盟”。

关于诅楚文的时代，历来说法不一，或说“熊相”是楚顷襄王熊横，相、横叠韵通假；或说“熊相”是楚怀王熊槐，“相”是“槐”之误字。铭文提到楚成王时秦、楚“戮力同心，两邦若一”，从楚成王下推十八世（包括只为王十余天的公子比）是楚怀王时，故以后说为近是。于秦则是秦惠文王。清王澍说诅楚文作于惠文王后元十三年（前312年），今人多承其说。

（四）玉 简

上海博物馆收藏有甲、乙两种文字玉简（或称玉版、玉牍）。二简行款不全相同，皆有残字，而尤以甲简为多。甲简正面刻铭，背面朱书，乙简两面皆朱书。二简均正面6

行，背面5行。行正面26～32字，背面24～30字。二简互补共残存299字，如下：

又（有）秦曾孙㞢（小子）骃曰：孟冬十月，氒（厥）气㾓（戕）周（凋）。余身曹（遭）病，为我慼忧。忠忠（申申）反（瘟），无间无瘳。众人弗智（知），余亦弗智，而靡有息休。吾穷而无柰（奈）之，可（何）永难忧盩。周世既没，典灋（法）蘚（鲜）亡。惴惴㞢（小子），欲事天地、四亟（极）、三光、山川、神示（祇）、五祀、先祖，而不得氒（厥）方。羲（牺）豭既美，玉帛既精，余毓子氒（厥）或（惑），西东若惷。东方又（有）士，姓（生）为刑灋（法），氏（是）亓（其）名曰陉（经）。洁可以为灋（法），□（清）可以为正。吾敢告之，余无辠（罪）也，使明神知吾情。若明神不□其行，而无辠（罪）□友□。毉毉（掔掔）桼（蒸）民之事明神，孰敢不精？㞢（小子）骃敢以芥（介）圭、吉璧、吉叉（璪），以告于峄（华）大山。大山又（有）赐，𠔁（八月）己酉，虔心以□，至于足□之病，能自复如故。请□祠（？）用牛羲（牺）贰（二），亓（其）齿七（？），絜（洁）之。□及羊、豢。路车四马，三人（？）壹（一）家。壹（一）璧先之，□□用贰（二）羲（牺）、羊、豢。壹（一）璧先之，而道（导）峄（华）大山之阴阳，以□□咎□咎□□，其□□里。枼（世）万子孙，以此为尚（常）。以余㞢（小子）骃之病日复，故告大（？）壹（？）大将军，人壹（一）〈家〉里（室），王室相如[38]。

此简的年代，学术界有争议。或以为“骃”即惠文王名，《史记》误记作“驷”；或以为秦昭襄王五十二年（公元前255）年至秦始皇二十六年（公元前221年）间物。简文称“周世既没”。《史记·周本纪》：“（赧王五十九年）周君王赧卒，周民遂东亡。秦取九鼎宝器，而迁西周公于狐。后七年，秦庄襄王灭东周，东西周皆入于秦，周既不祀。”《秦本纪》：“（昭襄王）五十一年……于是秦使将军摎攻西周。西周君走来自归，顿首受罪，尽献其邑三十六城，口三万。秦王受献，归其君于周。五十二年，周民东亡，其器九鼎入秦。周初亡……庄襄王元年……东周君与诸侯谋秦，秦使相国吕不韦诛之，尽入其国。”简文不讳“正”，未改“民”为“黔首”，故其下限为秦始皇二十六年。玉简铭文记秦曾孙骃“遭病”，以圭、璧、牛、羊、豕、车、马等祭告于华大山明神，祈求其保佑，使病体日复。铭文对研究秦人礼俗及秦文字演变，有极其重要的意义。

（五）东巡刻石

秦始皇统一六国后，曾多次巡视全国各地，并立石刻辞，宣扬其统一全国的功绩及封建制度的优越性。据《史记》记载，秦有《泰山刻石》《峄山刻石》《琅琊台刻石》《芝罘刻石》《东观刻石》《碣石刻石》《会稽刻石》等7种。现仅存《泰山刻石》《琅琊台刻石》残文（图11-12）。

琅琊刻石残字

泰山刻石残字

图11-12　泰山刻石与琅琊刻石残字（部分）

泰山刻石系始皇二十八年，巡视东鲁，登临泰山时所刻，二世元年又加刻辞：

皇帝临位，作制明法，臣下修饬。廿（二十）有六年，初并天下，罔不宾服。窥巡远黎，登兹泰山，周览东极。从臣思速（迹），本原事业，祇诵功德。治道运行，者（诸）产得宜，皆有法式。大义箸明，陲于后嗣，顺承勿革。皇帝躬听，既平天下，不懈于治。夙兴夜寐，建设长利，专隆教诲。训经宣达，远近毕理，咸承圣志。贵贱分明，男女体顺，慎遵职事。昭隔内外，靡不清净，施于昆嗣，化及无穷，遵奉遗诏，永承重戒。

皇帝曰："金石刻尽始皇帝所为也。今袭号而金石刻辞不称始皇帝，其于久远也如后嗣为之者，不称成功盛德。"丞相臣斯、臣去疾、御史大夫臣德昧死言："臣请具刻诏书金石刻，因明白矣。"制曰："可。"

琅琊台刻石仅存二世元年所加刻辞。

泰山刻石与琅琊台刻石文字书体略同，世传为秦丞相李斯所书。二石用笔劲秀圆健，结构谨严，是标准的秦代小篆。

其余刻石皆已毁灭，《峄山刻石》《会稽刻石》有宋人复刻本。

四、竹简、木牍文字

（一）放马滩木牍与竹简

1986年，甘肃天水市放马滩秦墓M1出土绘在木牍上的7幅地图、560支竹简，时代在秦统一之前[39]。

地图绘有山、水系、沟谿、关隘、道路等，并多注有地名如“邽丘”“杨里”“苦谷”等40余处。“邽丘”即邽县，秦统一后称上邽，属陇西郡。邽咸释邸，以为是氐道。其他地名则多无考。

竹简有《日书》甲、乙两种[40]，包括《建除》《亡盗》《门忌》《日忌》《月忌》《五行》《占卦》等内容，与云梦睡虎地秦墓竹简《日书》内容接近。

有8支竹简记述一名丹的男子因伤人而被弃于市，后又死而复活的事，类似于后世的志怪小说[41]。

（二）云梦竹简与木牍

湖北云梦睡虎地秦墓发现的竹简，约1100余支，内容有《编年记》《语书》《秦律十八种》《效律》《秦律杂抄》《法律答问》《封诊式》《为吏之道》及《日书》甲、乙两种，是迄今秦简最重要的发现[42]（图11-13）。

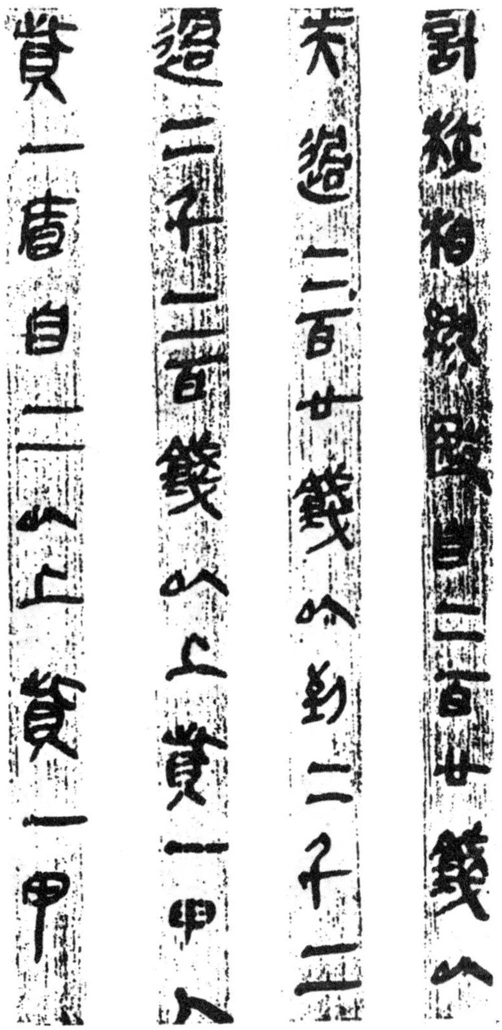

图11-13　秦简文字选

（云梦睡虎地秦墓）

《编年记》逐年记述秦昭王元年（公元前306年）到始皇三十年（公元前217年）秦统一全国的战争过程等大事，以及墓主喜的生平有关事项，与后世的年谱相似。

《编年记》所记史事与《史记》对校，多相符合，亦有抵触的地方，如《史记·六国年表》记秦昭王元年“秦击皮氏，未拔而解”，简文则为“二年，攻皮氏”。《年表》材料来源主要是《秦记》，而《秦记》“不载日月，其文略不具”，因之《史记》有关战国后期史实，便有某些不足。《编年记》的发现，对补充和校正《史记》，有一定意义。

《语书》是秦王政二十年（公元前227）年四月初二日南郡守腾颁发给本郡各县、道的一篇文告。文告的内容，反映了当时军事、政治斗争的激烈和复杂，是一篇珍贵的史料。文告说：

今法律令已具矣，而吏民莫

用，乡俗淫失（泆）之民不止，是即法（废）主之明法殹（也），而长邪避（僻）淫失（泆）之民，甚害于邦，不便于民。故腾为是而修法律令、田令及为间私方而下之，令吏明布，令吏民皆明智（知）之，毋巨（距）于罪。

当时秦已统治南郡半个世纪，但当地吏民仍不遵守秦的法令，腾将法律令、惩办奸私的法规整理出来，公布于众，使之不要违法犯罪。

《秦律十八种》内容相当广泛，有《田律》《厩苑律》《仓律》《金布律》《徭律》《司空律》《置吏律》《军爵律》《效律》《内史杂》《尉杂》《属邦》《均工》《工人程》《关市》《工律》等，涉及农田水利、山林保护、牛马饲养、徭役征发、工程兴建、货币流通、市场交易、官吏任免、军爵赏赐等方面。通过这些法律条文，可以看见秦封建国家的某些基本政策，可以看出秦封建地主阶级为了维护自己的政治统治和经济剥削，在广泛的领域使用刑罚手段对劳动人民实行压榨。

《效律》是核验官府物资财产的法律条文。对军事上有重要意义的物品如兵器、铠甲和皮革等，规定尤为具体。如：

官府藏皮革，数炀风之。有蠹突者，赀官啬夫一甲……殳、戟、弩，相易殹，勿以为赢不备，以识耳不当之律论之。

对度量衡器，律文明确规定了误差的限度，如：

衡石不正，十六两以上，赀官啬夫一甲：不盈十六两到八两，赀一盾。桶不正，二升以上，赀一甲；不盈二升到一升，赀一盾。

这是贯彻统一度量衡政策的法律保证。

《秦律杂抄》是抄者根据需要摘录的法律条文，有《除吏律》《游士律》《除弟子律》《中劳律》《藏律》《公车司马猎律》《牛羊课》《傅律》《敦表律》《捕盗律》《戍律》等11种。律文多与军事有关，其中关于军官任免、军队训练、战场纪律、战勤供应及战后赏罚奖惩的条文，是研究秦兵制的重要材料。例如，“徒卒不上宿，署君子、屯长、仆射不告，赀各一盾”。是说徒卒不到岗位值宿警卫，署君子（防守岗位的负责人）、屯长、仆射不报告，各罚一盾。

《法律答问》共187条，采用问答形式，对秦律条文、术语进行解释，如：

司寇盗百一十钱，先自告，何论?当耐为隶臣，或曰赀二甲。

此条问吏盗钱自首，应如何处置。

府中公金钱私贷用之，与盗同法。何谓“府中”?唯县少内为“府中”，其他不为。

此条解释什么叫“府中”，是对术语的说明。

甲杀人，不觉，今甲病死已葬，人乃后告甲，甲杀人审，问甲当论及收不当?告不听。

杀人者当时未察觉，死后有人控告，问应否对杀人者论罪及没收其家属？回答是不予受理。此条涉及在法律允许的范围内，对犯人的宽大处理。

告人盗百一十，问盗百，告者何论?当赀二甲。盗百，即端盗驾（加）十钱，问告者何论？当赀一盾。赀一盾应律，虽然，廷行事以不审论，赀二甲。

告人盗一百一十钱，审问结果只盗一百钱。可见控告不实。对控告者按律应罚一盾，但以往判处的成例（廷行事）是罚二甲，即按成例论处。此条证明秦律有其伸缩性，有某种需要时，可不按规定，依成例判案。

《法律答问》还有一部分是关于诉讼程序的说明，如“辞者辞廷”“州告”“公室告”“非公室告”等，是研究秦诉讼制度的重要材料。

《封诊式》内容之一为对官吏审理案件的要求，如《治狱》：

治狱，能以书从迹其言，毋治（笞）谅（掠）而得人请（情）为上；治谅为下；有恐为败。

“毋笞掠”即不要拷打逼供。“有恐”是恐吓犯人。对犯人不恐吓拷打，是为了获得案情真相。

其余所收均为治狱案例，大部分是关于盗牛、盗马、盗钱、盗衣物、逃亡、逃避徭设及杀伤等方面的内容，反映了当时社会的阶级矛盾。案例每每提到“爰书”，可以了解当时判案程序。

案例中有两例是父亲控告亲子“不孝”，请求政府将其杀死和断足流放，政府予以照办。可见当时法律维护封建父权。

案例中还有两例是关于惩罚奴隶的。一例因男奴“骄悍，不田作，不听甲令”，主人请求将其卖给政府并罚为城旦。另一例因女奴“悍”，主人请求政府将其处以酷刑。这是以法律手段保护奴隶制残余的例子。

有一例提到一男子逃避修筑宫室劳役，后来自首，可见秦时劳役的残酷已达到劳动人民不能忍受的程度。

《为吏之道》是供官吏和学习作吏的人使用的识字课本。其中提到为吏要“精（清）絜（洁）正直”“宽俗（容）忠信”“临财见利，不取苟富；临难见死，不取苟免”。很多语句有浓厚的儒家意味。秦在后期推行法家路线，但法家学说是其治民工具，儒家学说仍是官吏立身处世之道。

《为吏之道》中有八首韵文，与《荀子·成相篇》的形式相同，如：

凡戾人，表以身，民将望表以戾真。表若不正，民心将移乃难亲。

操邦柄，慎度量，来者有稽莫敢忘。贤鄙既辥，禄位有续孰鄙上？

相是平民的曲调，之所以采用这种形式，大概是为了扩大宣传效果。

《为吏之道》末尾附抄《魏户律》《魏奔命律》等两条魏国法律。这两条魏律颁布于魏安厘王二十五年（公元前252年），内容是限制“假门逆旅，赘婿后父”和“率民不作，不治室屋”的人，精神与秦法相近，故抄以为参考。

睡虎地秦墓竹简字体，多属隶书。

云梦睡虎地秦墓竹简有《日书》甲、乙两种。甲种主要内容是选择日之吉凶，如“作事，二月利兴土西方，八月东方，三月南方，九月北方。毋以申出入马牛货材；是……”（简839）。简文还有秦楚月名对照表，如“正月，楚刑夷”“三月，楚纺

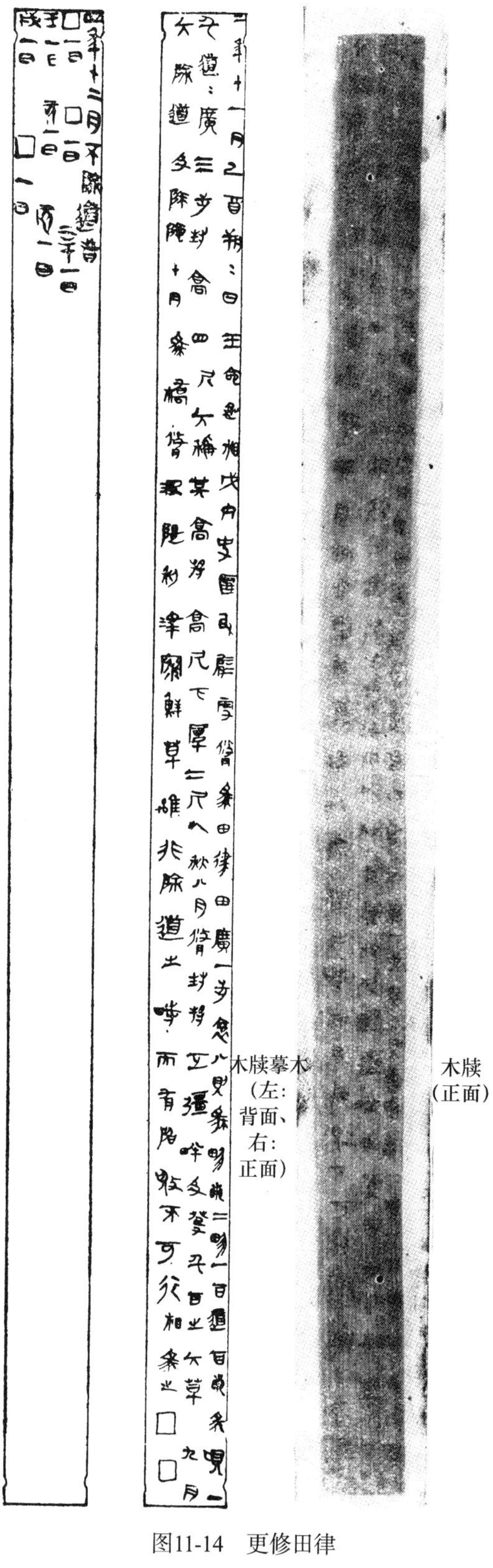

图11-14　更修田律

月”“十月，楚冬夕”之类。乙种主要也是选择日之吉凶。

云梦睡虎地秦墓还出有两件木牍（《云梦睡虎地秦墓》图版一六七、一六八），是士兵从前线写给家中的书信，为我国最早的家书实物。信中士兵向家里要衣服、布和钱，可见秦兵士需自备衣服和费用。信也谈到秦统一六国战争的一些情形，如11号牍谈到“直佐淮阳，攻反城”；6号牍记有“以惊居反城中故”，可能同秦灭楚的战争有关。木牍文字草率，亦属古隶。

（三）青川更修田律木牍

1979年，四川青川县秦墓出土秦更修田律木牍[43]，正面有铭文121字（图11-14）：

二年十一月己酉朔朔日，王命丞相戊（茂）、内史匽，□□更修为田律：田广一步、袤八，则为畛。田二畛，一百（陌）道。百亩为顷，一千（阡）道，道广三步。封高四尺，大称其高。捋（埒）高尺，下厚二尺。以秋八月修封捋（埒），正疆畔，及登（发）千（阡）百（陌）之大草。九月，大除道及除澮（浍）。十月为桥，修陂堤，利津梁。鲜草离（莱），虽非除道之时，而有陷败不可行，辄除之。

“二年”为秦武王二年（公元前309年）。律文提到田间必须修建阡陌，并且规定每年八月必须修治阡陌。律文对研究先秦土地制度，大有裨益。

牍文为墨书，用笔精细，书法流畅，没有“点画俯仰之势”，是迄今所见最早的古隶。

（四）龙岗竹简与木牍

1989年，湖北云梦县龙岗秦墓出土竹简200余支，文字多有残缺。有《禁苑》《驰道》《马牛羊》《田赢》等，篇题多为整理者据内容所拟，如：

诸禁苑为耎（壖），去苑（四十）里禁，毋敢取耎（壖）中兽，取者□罪盗禁中□□/禁苑啬夫、吏数循行，垣有坏决兽道出及见兽出在外，亟告县。

河（呵）禁所杀犬皆完入公，其他禁苑〔杀者〕，食其肉而入其皮。

敢行驰道中者，皆迁之[44]。

龙岗竹简的时代，刘信芳、梁柱先生断为秦始皇二十七年至二世三年的14年间。理由：①龙岗简屡见“黔首”，不见“百姓”，睡虎地简则只见“百姓”，不见“黔首”，《史记·秦始皇本纪》：“二十六年，更名民曰黔首。”②简文中有不少关于驰道管理的律文，《秦始皇本纪》：“（二十七年）治驰道。”此类律文应是秦始皇统一天下后颁行。③第26 号简有“从皇帝而行及舍禁苑”的记载，秦始皇统一天下后，出巡频繁，其中二十八年到过南郡，三十七年“行至云梦”，“此类律文应为秦始皇出行而特别颁发”。王辉的《秦出土文献编年》认为“黔首”一词已见于《吕氏春秋》之《振乱》《怀宠》《大乐》诸篇及李斯《逐客书》，说明在秦统一之前已产生了，又简有廿四年（180简），因将时代上限提前三年（秦王政二十四年，公元前223年）。

龙岗墓出有一块木牍，铭文正面2行35字，背面一行3字：

鞫之，辟死论不当为城旦，吏论失者已坐以论。九月丙申，沙羡丞甲、史丙免辟死为庶人。令（正面）自尚（常）也。（背面）

“辟死”刘国胜在《云梦龙岗简牍考释补证及相关问题探讨》一文中认为是人名。《龙岗秦简》云：“牍文应是乞鞫免罪的判决书。墓主生前曾被误判有罪而为城旦，乞鞫复审，冤案得以昭雪，由沙羡丞甲、史丙‘免辟死为庶人’，且被安排在禁苑这种不易为常人所见的地方为隐官，故此墓无疑为庶人墓葬。”沙羡《汉书·地理志》属江夏郡，今湖北武昌县西金口。

（五）里耶简牍

2002年，湖南省龙山县里耶镇一秦代古井内发现简牍37000余支，是迄今秦简出土最多的一次。这批简牍至今并未全部刊发。《湖南龙山里耶战国——秦代古城一号井发掘简报》公布了35支，《湘西里耶秦代简牍选释》公布了37支，二文去掉重复者，实际上公布了38支。2007年，《里耶发掘报告》又公布了89支[45]，除去与前二文重复者，实际公布仅46支（图11-15）。

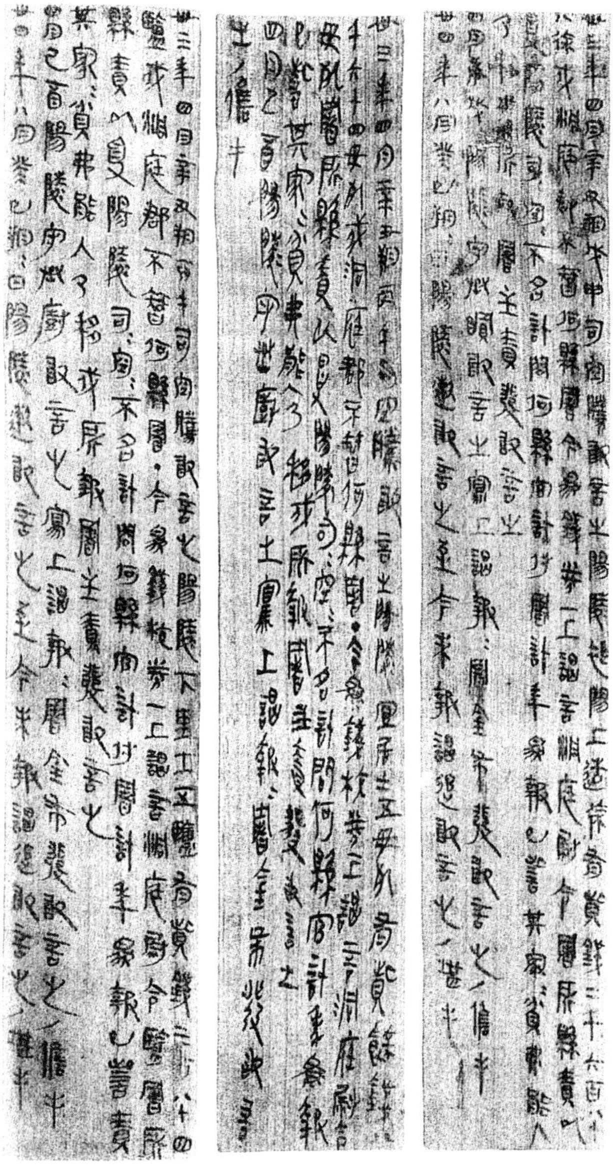

图11-15　里耶秦简：赎债文书

里耶简多为文书。赀赎文书是追讨债务类公文，如：

J1（9）4正面：卅（三十）三年四月辛丑朔丙午，司空腾敢言之：阳陵宜居士五（伍）毋死有赀余钱八千六十四。毋死戍洞庭郡，不智（知）何县署。今为钱校券一，上谒言洞庭尉，令毋死署所县责，以受（授）阳陵司空。〔司空〕不名计，问何县官计，年为报。已訾其家，〔家〕贫弗能入，乃移戍所。报署主责发，敢言之。四月己酉，阳陵守丞厨敢言之；写上，谒报，〔报〕署金布发，敢言之，儋手。

J1（9）4反面：卅（三十）五年四月己未朔乙丑，洞庭叚（假）尉觿谓迁陵丞：阳陵卒署迁陵，以律令从事。报之。嘉手。以洞庭司马印行事。敬手。

简言阳陵县人毋死在洞庭郡辖县服役，阳陵司空发现其在当地拖欠赀赎钱款，乃发文书追讨，开始仅知“戍洞庭郡，不知何县署”，经查实，最后确知在迁陵县服役，于是洞庭叚尉告知迁陵尉，“以律令从事”，文书方完结。

又有乘法口诀表：

〔九九〕八十一　八九七十二　七九六十三　六九五十四

五九卌（四十）五　四九三十六　三九廿（二十）七　二九十八

八八六十四　七八五十六　六八（四十）八　四八　三十二

三八廿（二十）四　二八十六　七七（四十）九　六七（四十）二

五七卅（三十）五　四七廿（二十）八　三七廿（二十）一　五七卅（三十）五

四七廿（二十）八　三七廿（二十）一　二七十四　六〔六〕三十六

五六卅（三十）　四六廿（二十）四　三六十八　二六十二　五五廿（二十）五

四五廿（二十）　三五十五　二五而十　四〔四〕十六　三四十二

二四而八　三〔三〕而九　二三而六　二〔二〕而四　一二而二

二半而一　凡一千一百一十三字

又有祠先农简：

J1（14）639、762：卅（三十）二年三月丁丑朔丙申，仓是佐狗出羘一以祠先农

J1（14）650、652：卅（三十）二年三月丁丑朔丙申，仓是佐狗出祠〔先〕农，余彻豚肉一斗半斗，卖于城旦赫所，取钱四。令史尚视平，狗手。

又有地名、里程木牍：

J1（17）14正面第一栏：□阳到顿丘百八十四里，顿丘到虚百（四十）六里；虚到衍氏百九十五里；衍氏到启封三百五里；启封到长武九十三里；长武到傿陵八十七里；傿陵到许九十八里。

又有户籍简：

J1（K27）：南阳户人荆不更蛮强；妻曰嗛；子孙上造□；子孙女子驼；臣曰聚，伍长。

里耶简的纪年由二十五年至三十七年，二世元年、二年，因此，这批简牍当是秦始皇后期至二世时的遗物。

（六）青河竹简

1993年6月，湖北省荆州沙市区关沮乡清河村周家台发掘了30号秦墓，出土甲、

乙、丙三组竹简389支、木牍一件，内容有《历谱》《日书》《病方及其他》[46]。

《历谱》有秦始皇三十四年、三十六年、三十七年及秦二世元年几种。如始皇三十四年：

二月丙申宿竞（竟）陵。

丁酉宿井韩乡。

戊戌宿江陵。

己亥庚子辛丑壬寅癸卯甲辰乙巳丙午

丁未起江陵。

戊申宿黄邮。

己酉宿竞（竟）陵。

……

《日书》有“二十八宿”占、“五时段”占、“戎磨日”占、“五行”占等。如“二十八宿”占：

角，斗乘角，门有客，所言者急事也。狱讼，不吉；约结，成；逐盗，追亡人，得；占病者，已；占行者，未发；占来者，未至；占〔市旅〕者，不吉；占物，黄，白；占斵（鬭），不合。

文中“斗乘角”指天盘上北斗柄指向二十八宿的角位，这是式占法则所要求遵循的。《史记·龟策列传》：“命日首仰足肣，有内无外。占病，病甚不死……行者不行，来者不来；击盗，不见……请谒、追亡人，不得。”其占项多与本条占辞类同。

《病方》包括医药病方、祝由术、择吉避凶占卜，农事等。如：

·去黑子方：取稾（藁）本小弱者，齐约大如小指。取东〈柬〉灰一升，渍之。沐（和）稾本东〈柬〉灰中，以靡（摩）之，令血欲出。因多食葱，令汗出。桓（恒）多取㮯桑木，燔以为炭火，而取牛肉剥（劙）之，小大如黑子，而炙之炭火，令温勿令焦，即以傅黑子，寒辄更之。

·马心：禹步三，乡（向）马祝曰：“高山高郭，某马心天，某为我已之，并□侍之。”即午画地，而最（撮）其土，以靡（摩）其鼻中。

·甲子亡马牛，求西北方；甲戌旬，求西方；甲申旬，求南方；甲午旬，求东南方；甲辰旬，求东方；甲寅旬，求北方。

·“今日庚午利浴蚕，女毋辟（避）暮＝（瞙瞙）者，目毋辟（避）胡者，腹毋辟（避）男女牝牡者。”以修（滫）清桮（杯），赤叔（菽）各二七，并之，用水多少次（恣）殹。浴必以日毚（纔）始出时浴之，十五日乃已。

末条“浴”是育蚕选种的一种方法，见北魏贾思勰《齐民要术·种桑柘》，而由关沮简，我们知道秦代已懂得育选种的重要。

荆州沙市关沮周家台秦墓竹简，已有专著《关沮秦汉墓简牍》出版。与文字相配合有四幅线图，其中二十八宿占是以26支竹简排列成一个平面，上面绘有圆形线图，以两个大小不等的同心圆构成。大圆外侧的上、下、左、右标有东、南、西、北四方，其内侧与东、南、西、北相应的则标有木、火、金、水。大圆与小圆之间用二十八条直线分割成二十八块扇面，每个扇面记有一个时辰，如“夜半”“夜过半”“鸡未鸣”等，共计一天二十八个时辰。这种“一日分时制”是迄今为止关于一天分为二十八个时辰的最早记载。在二十八时辰的下面分别写有相对应的二十八宿名。小圆的里面分别记《淮南子·天文》记载的“二绳”“四钩”等天干、地支。这种列有十天干、十地支、二十八宿及东、北、西、南四个方向的秦代式占地盘与汉式地盘的基本内容相同，与《淮南子·天文》等古代文献中的有关记载也大致相吻合，它是目前发现的秦式地盘图样。

（七）岳麓书院回购竹简

2007年末，湖南大学岳麓书院回购一批秦代竹简，约2098支[47]。这批简的主要内容包括《质日》《为吏治官及黔首》《占梦书》《数书》《奏谳制》《律令杂抄》等。2010年，《岳麓书院藏秦简（壹）》由上海辞书出版社出版，收入前三种。

《质日》包括《二十七年质日》《三十四年质日》《三十五年质日》三种。质日或称历日，是一种历日表，兼有记事，质与视通。质日有择日出行之意。

0602简背有“⧄七年质日”，0575简：“■十月戊寅，■十二月丁丑，■二月丙子，■四月乙亥，■六月甲戌，■八月癸酉。”0627简：“■十一月戊申，■端月丁未，■三月丙午，■五月乙巳宿户竈，■七月甲辰，九月癸卯。”各月名号后的干支为该日朔日。端月即正月，据《史记·秦楚之际月表》索隐说，秦讳正，故改端。但也有不讳之例，《三十四年质日》中即称正月，不称端月。以上二简据张培瑜《中国先秦史历表》，应为秦始皇二十七年历表。

《二十七年质日》记有一名“野”之人的活动。四月“癸未野之醜夫所”，“甲申视事”，“乙丑夕行”，“丙戌宿沮阳”，“丁亥到介”，“癸卯起江陵”，“甲辰宿阴娶（？）”，“五月乙巳宿户竈”，“丙午宿户谿”，“己酉宿下雋”，“庚戌到州陵”。

《三十四年质日》记一名“腾”的人的活动。十日“戊午腾居右史”，“丁巳腾之安陆”，十一月“腾道安陆来”，十二月“戊戌腾归休”，“庚子腾视事”，正月“辛巳腾会逮监府”，二月“辛丑腾去监府视事”，“丙辰腾之益阳具事”，“戊午腾不行视事”，五月“戊辰腾与廷史”。腾的身份可能是廷尉监，是中央派出的监察奏谳事务的官员。

“三十五年私质日”几字见简背，为标题，是私人历日记事。此年记由南郡往返阳的经历：四月“己未宿当阳，庚申宿销，辛丑宿箬（鄀）乡”……“乙亥宿戏，丙子宿咸阳……乙酉归宿丽邑，丙辰宿戏”……五月“辛卯宿商街邮”……此人可能名爽。简2034：十二月“辛未爽行廷史”，其身份为廷尉史。

《为吏治官及黔首》与云梦睡虎地秦简《为吏之道》同类，包括为吏、治官、治黔首三个部分。二者内容有的段落基本相同，只是个别用语不同，如《为吏治官及黔首》“吏有五善：一曰忠信敬上，二曰精廉无旁（谤），三曰举吏审当，四曰喜为善行，五曰龏（恭）敬多让。五者毕至，必有天当”。《为吏之道》吏作事，“举吏”，荐举官吏，知“事”为“吏”之误；“天当”《为吏之道》作“大赏”，后者是。又如《为吏治官及黔首》：“吏有五过：一曰夸（誇）而史，二曰贵而企，三曰亶（擅）折割，四曰犯上不智（知）其害，五曰间（贱）士贵货贝”。《为吏之道》“五失”有并列的三类，《为吏治官及黔首》则分作“五失”“五过”“五则（贼）”三种，此外，又有“六殆”。“夸而史”《为吏之道》作“诧以泄”，史、泄义近；“企”或为“大”之讹误；“间”读为“贱”。也有一些“治官”的内容不见《为吏之道》而见于《为吏治官及黔首》，如“行者质（滞）留，啬夫弗行，部佐行田，度稼得租，奴婢莫之田，黔首不田作不孝，小男女渡（度）量，其能田作，举苗□不□……”当与农业有关。

《占梦书》是有关梦占的记录，有对梦的占语式的解读，也有关于梦占的理论阐述。

3/0 102～5/1526简：

“其类，毋失四时之所宜，五分日，三分日夕，吉凶有节，善羛（義）有节。甲梦开臧（藏）事也，丙丁梦忧也，戊己梦语言也，庚辛梦喜也，壬癸梦生事也。甲乙梦伐木，吉。丙丁梦失火高阳，吉。戊己［梦］宫事，吉。庚辛梦□山铸（？）钟，吉。壬癸梦行川为桥，吉。晦日梦三年至，夜半梦者二年而至，鸡鸣梦者……”

“甲乙”“丙丁”“戊己”“庚辛”“壬癸”或指干支，或指季节，如《礼记·月令》：“孟春之月，日在营室，昏参中，旦尾中，其日甲乙。”孟春梦伐取树木，自是吉事。

又26/1499简：

“梦亡其钩带备（佩）掇（缀）好器，必去其所爱。梦引肠，必兄弟相去也。”

又31/J53～32/1506简：

“梦以弱（溺）洒人，得亓（其）亡奴婢。梦见桃，为有苛忧。梦以泣洒人，得亓（其）亡子。梦见李，为复故吏。”

《数》有220余简，内容涉及土地面积计算，谷物体积重量换算、配分比例、少广术、体积、行程、佣工及徭役分派、盈亏、勾股等，与张家山汉简《算数术》内容相近，是《九章算术》的编纂蓝本。

0942简：

“少广，下有半，以为二，半为一，同之三，以为法。赤（亦）直二百卌（四十）步，亦以为二，为四百八十步。除，如法得一步，为纵百六十［步］。”

“少广”，田地的宽度小于长度。本文是已知矩形面积及一条较短的边（少广）求另一条纵边之长。

又有乘分术，0778简：

“三分乘四分，三四十二，十二分一也；三分乘三分，三三而九，［九］分一也；小半乘广，三有少半也；五分乘六分，五六卅（三十），三十分一也。”

0766简：

“员（圆）亭上周五丈，下［八］丈，高二丈，为积尺七千一百六十六尺大半尺。其术曰：耤上周各自下之后而各自益。”

这是一则圆台体积计算题。

岳麓简有奏谳书。1219简：

“廿五年五月丁亥朔壬寅，州陵守绾、丞越敢谳之：乃二月甲戌走马塞告曰盗，盗杀伤走马……”

又有各种律令。

0993简：

“田律曰：黔首居田舍者，毋敢醢酒，有不从令者迁之。田啬夫、工吏、吏部弗得，赀二甲。”

1104简：

“官府及券书它不可封闭者，财，令人谨守卫，须其官自请报，到，乃以从事。十八”

（八）王家台秦简

王家台秦简，1995年3月出土于湖北江陵荆州镇邱北村王家台第15号秦墓，共计813支。简文内容有《归藏》《效律》《政事之常》《日书》《灾异占》。《归藏》简394支，约4000余字。它的出现，使《归藏》这部亡佚已久的上古易书重见天日；《效律》简96支，与云梦睡虎地秦简《效律》基本相同，对校定后者顺序有重要参价值；《政事之常》简65支，采用图表形式诠释，对校订、理解云梦睡虎地秦简《为吏之道》有关文字，以及探索秦代政治思想与五行学说之间的关系都具有直接的意义；《日书》简数量最多，大部分与云梦睡虎地秦简相同；《灾异占》简不见其他《日书》资料，与京房《易传》和《易飞候》的文字有相似之处。

王家台秦简至今没有完整公布。今据王明钦先生《王家台秦墓竹简概述》一文，对王家台简的《归藏》《政事之常》稍加介绍[48]。

《礼记·礼运》“孔子曰：我欲观夏道，是故之杞，而不足征也，吾得《夏时》焉。我欲观殷道，是故之宋，而不足征焉，吾得《乾坤》焉。《乾坤》之义，《夏时》之等，吾是以观之”。郑玄注：“得殷阴阳之书也，其书存者有《归藏》。”

182 + 189简：

"☰同人曰：昔者黄啻（帝）与炎啻（帝）战☐［涿鹿之野，而枚占］巫咸，［巫］咸占之曰：果哉而有吝☐☐。"

《太平御览》卷79引《归藏》佚文："昔黄帝与炎神争斗涿鹿之野，将占，筮于巫咸。曰：果哉而有咎。"语意相近。

194简：

"☰节曰：昔者武王卜伐殷而枚占老〈耆？〉考（老），老考占曰：吉。"

《博物志》卷九引《归藏》："武王伐纣枚占耆老。耆老∧曰：吉。"《路史·后纪五》引《归藏》："武王伐商枚占耆老。曰不吉。"二者与简文应为同条，而一曰"吉"，一曰"不吉"。《论衡·卜筮篇》："周武王伐纣，卜筮之，逆。占曰：大凶。太公推蓍蹈龟而曰：枯骨朽草，何知吉凶。"可见武王伐纣前确曾占卜。至于结果，《论衡》说"逆""大凶"，与《路史》说同。

《政事之常》与云梦睡虎地秦简《为吏之道》内容接近。其文字分四圈书写。中间部分写："员（圆）以生枋（方），政（正）事之常。"点明主题。其余3圈分12部分书写。第2圈内容与云梦睡虎地秦简《为吏之道》中"处如资（斋），言如盟……不时怒，民将姚（逃）去"一段相同。如B1组："处知梁，言如盟，出则敬，毋褫（弛）张，炤（昭）如有光。"第3圈文字是对第2圈文字的解释与说明，位于其下方。C1组云："处如梁以告静，……"梁为桥梁，屋梁，大木自能安静。

王家台秦简《日书》有建陆、稷辰、启门、户闭、置室门、生子、病、疾、死、宜忌等，如《稷辰》：

"正阳，是：（此是）番（蕃）昌，小事果成，大事有庆，它事毋（无）小大皆吉。可以为啬夫，三昌。偣（佸）时以战，命曰三胜。以祠，吉，以有为殹。美恶自成殹。以生子，吉。可以葬（葬）貍（埋）。以雨，霝（霁）。亡人不得。正月以朔，毋（无）兵。"

（九）岳山《日书》木牍

湖北江陵岳山秦墓M36出土木牍两枚，有文字400余字，主要记载了水、土、牛、马等良日，及祀大父、门、灶等的良日。目前整理资料尚未公布，只在《考古学报》2000年第4期上发表了释文及部分照片。皆为《日书》，如M36·43背"五服忌：甲申冠，丙申弁，戊申带，庚申裳，壬申屦（屦）"。这是制五种服饰的忌日。

五、玺印、封泥

秦印文字与秦金文、秦陶文风格相同，多为标准小篆，也有的有隶书意味。秦印明显有别于六国文字，因为秦用小篆，六国多用古文。前人玺印着隶书，如陈介祺《十钟山房印举》有所谓“周秦印”，今天能肯定为春秋以前的玺印很少，故所谓“周秦印”，绝大多数应为秦印。

汉初文字与秦文字有因袭关系，故秦与汉初印不很容易区分。但从典章制度、避讳等考虑，秦汉印并不是完全不能区分。例如，秦有官印“颤里典”，里典即里正，之所以不叫里正，是因避讳始皇名“正”。另外秦印古朴自然，汉中期以后印字形略长，笔画粗壮，又刻意讲求结构布局。仔细推敲，二者并非毫无差别。

（一）玺　　印

秦印从内容分，有官印、姓名私印与吉语印三类（图11-16）。

1. 官印

秦官印种类繁多，大体上有“皇帝信玺”[49]。

《史记·高祖本纪》：“秦王子婴素车白马，系颈以组，封皇帝玺符节，降轵道旁。”可见秦帝有玺。蔡邕《独断》：“玺者印也，印者信也，古者尊卑共之……秦以来天子独以印称玺，群臣莫敢用也。”

1968年咸阳北原采集“皇后之玺”印，印面较大，笔道较粗，不用田字格，乃汉印，与此有别。

封君印，有“昌武君印”[50]“广□君印”等，皆田字格印。秦封君有的有特立之号，如张仪封武信君，二印与此同例。

工官之印有“右司空印”（《征存》0018）、“闻阳司空”（《征存》0020）、《南海司空》（《征存》0022），司空为少府属官，主管工程，见云梦睡虎地秦简《徭律》《司空》。六国古玺称司工而不称司空。

又有“工师之印”[51]，师字作師，与昭王二十年相邦冉戈相同。

（1）府、库印

战国及秦时府库兼有制造、储藏、经营商业、征收赋税、借贷等功能，名目很多。有“右褐府印”（《征存》0007）、“芷阳少内”（《征存》0004）、“御府丞印”（《古官印集存》）、“信宫车府”（《封泥汇编》11.5），“北宫宦者”（《封泥江编》14.5）、“南宫尚浴”（《征存》0009）、“中行羞府”（《征存》0005）、“中官徒府”（《征存》0006）、“西宫中官”（《政存》0010）、“北私库印”（《征存》0033）、“私府”（《征存》0076）、“修武库印”（《征存》0042）、“寺从市府”（《征存》0008）等。“修武库印”“芷阳少内”是地方府库机构之印，其余均为中央府库。“褐府”是制作、管理褐衣（刑徒所用之衣）的机构。“车府”为秦府，赵高曾任车府令，“南宫”“北宫”为秦宫名，“宦者”见《史记·李斯列传》。“西宫”为后妃所居之宫。“中”指宫中，“私府”“私库”也是宫内府库。

图11-16　秦玺印文字

1. 皇帝信玺　2. 昌武君印　3. 工师之印　4. 属印　5. 右褐府印　6. 少内　7. 莒阳少内　8. 私府　9. 寺从市府　10. 绖将粟印　11. 小厩南田　12. 仓吏　13. 宜阳津印　14. 邦司马印　15. 发弩　16. 章厩将马　17. 杜阳左尉　18. 曲阳左尉　19. 高陵右尉　20. 军假司马　21. 南卢　22. 长夷泾桥　23. 栒邑尉印　24. 潘可　25. 宋𧀹　26. 黄腾　27. 李骀　28. 中精外诚　29. 忠仁思士　30. 交仁必可

（2）田仓之印

田仓之印有“铚将粟印”（《征存》0017），是铚地（属泗水郡）管理米粟之官印。“泰上（寝）左田”（《征存》0015）。《史记·秦始皇本纪》：“二十六年，追尊庄襄王为太上皇。”汉高祖也尊其父为太上皇。但前者为死谥，后者为生称，此印有寝，是死谥而非生称，故此印为秦印而非汉印。

“小厩南田”（《征存》0030），“小厩”亦见临潼上焦村出土陶盆、陶罐。“小厩南田”是“小厩”附近的公田。

（3）厩苑之印

厩苑之印有“章厩将马”（《征存》0023）、“左厩将马”（《征存》0024）、“右厩将马”（《征存》0026）、“左中将马”（《征存》0028）、“小厩将马”（《征存》0029》）。“左厩”亦见上焦村陶盆腹部刻文。“章厩”是“章台厩”之省称，章台为秦宫名，见《史记·苏秦列传》及《廉颇蔺相如列传》。“章厩”为宫厩之一，“宫厩”见秦律《厩苑律》。“将马”之“将”意为监督、管理，汉以后称监，如“未央厩监”，《汉书·百官表》太仆属官有龙马、闲驹、橐泉等“五监长丞”，秦称将、汉称监，此秦汉印区别之一。

（4）交通

秦简《为吏之道》提到的“兴利除害”之事有“阡陌津桥”，阡陌是道路，津是渡口，加上桥，均有关交通之事，交通与经济、军事密切相关，须设官管理。

“长夷泾桥”（《征存》0031）。“长”字与秦封宗邑瓦书“庶长”之“长”同。夷训平，“长夷”即“长平”。《三辅黄图》：“长平观，在池阳宫，临泾水。”陈直按语：“即本书池阳宫之长平阪。”长夷泾桥即长平阪附近之泾桥。

又有“宜阳津印”（《征存》0032），宜阳是洛水上通往东方的门户，亦于此设官。

（5）武官之印

有“邦司马印”（《征存》0057），汉避高祖刘邦讳，称国而不称邦，故此为秦印。

又有“军假司马”（《封泥汇编》5·3），为代理司马军职者之印。

地方官吏之印有“栒邑尉印”（《征存》0034），“栒邑”见秦陶文。“灋丘左尉”（《征存》0036），“灋丘”见秦简《封诊式》，较晚的写法作废。又有“曲阳左尉”印（《征存》0037）、“高陵右尉”（《征存》0039），以上均为县尉之印。“咸阳右乡”（《征存》0043），“颤里典”则为乡、里地方官之印。

官印的特点：多数用田字格、日字格，有边栏；仍保留一些战国古玺的特殊读法，可按右上—左下—左上—右下的顺序读，也可按右上—左上—右下—左下的顺序读；除皇帝外，称印不称玺，也有很多直称官名，不用印字；印面一般都不太大，1~2厘米见方，不像六国古玺有大到六七厘米的。

2. 姓名私印

考古发现的秦人姓名私印极少，但传世秦姓名私印还是可以根据文字特点及形制加以判断的（图11-17）。

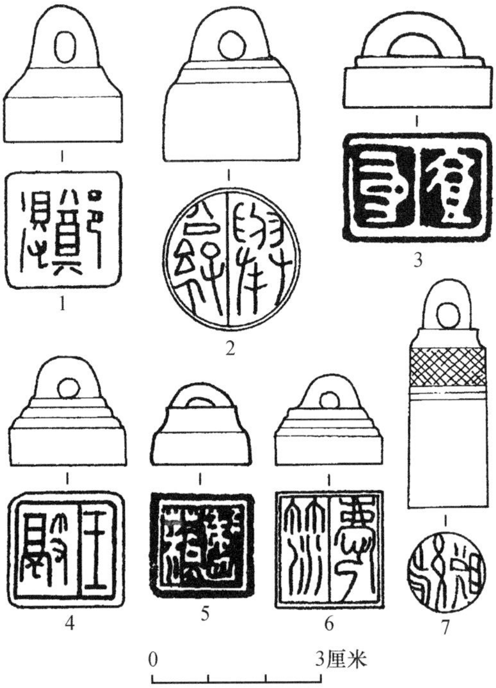

图11-17 咸阳黄家沟秦代墓出土铜印

1. “郑得”印（M70：2） 2. “公孙举”印（M51：2） 3. “中壹”印（M41：7） 4. “王敲”印（M73：1） 5. “苏建”印（M48：7） 6. “范庆”印（M27：6） 7. “姚脱”印（M32：2）

“南卢”（《故宫博物院藏古玺印选》，以下简称《故宫》402），南字与《秦陶》1251“汧南”南字同。

“潘可”（《故宫》405），有日字界格，字体方正。

“李骀”（《故宫》405）、“李骋”（《故宫》449）、“骆洋”（《十钟》3.47）、“赵骚”（《十钟》3.46）、“黄腾”（《十钟》3.51），诸例马旁有战国文字特点，而与汉印不同，形制多二层台、三层台。

“史市”（《故宫》407），“市”字与《秦陶》1283“平市”之市同。

“江去疾、江迲疾”（《故宫》423），《秦陶》483“博昌去疾”，“去疾”二字与此印同。

“赵相如印”（《故宫》438），印为田字格，字体简率，“如”字与《秦陶》571“左如”、1216“新城如步”如字同，“相”字与秦诏版“丞相”之相同。

姓名私印的特点：有方形、长方形、圆形，多为白文，有界格、边栏，个别无界格；多为多层台形，鼻纽或桥纽，少数为两面印，中有一孔，为穿带印；多直称人名，个别的加印字，绝不见称玺者，也未见称某某之印；文字多为小篆，亦有隶书。官印比较严肃，均用小篆，私印特别是社会地位较低者之私印，比较随便，故时用隶体。

3. 吉语印

在秦印中，有不少吉语印。所谓吉语印，或者表示印主的某种祈求，或者近似于某种格言、警句，以作为印主行事的准则或修身的理想。很多吉语印与秦简《为吏之道》的内容接近，大概是官吏随身携带以作座右铭的。

“中精外诚”（《故宫》477），精应读清。《为吏之道》：“凡为吏之道，必精絜（洁）正直，谨慎坚固，审息毋（无）私。”“中清”即本身廉洁无私，“诚”即忠诚正直。

“日敬毋治（怠）”（《十钟》3.2.3）。此印自戒随时敬重吏事或公务，毋有懈怠。《语书》说恶吏“偷惰疾事”，从反面说明日敬毋怠是良吏的标准。

“思言敬事”（《故宫》479）。《为吏之道》要求为吏者“戒之戒之，言不可追；思之思之，谋不可遗”。此印要求为吏者谨慎言论，必思之而后言，同时敬其吏事，忠于职守。

“忠仁思士”（《十钟》3·1）、“交仁必可”（《十钟》3·2）二印反映了秦对仁与忠的重视，可见仁与忠是士庶的理想道德。《为吏之道》：“宽谷（容）忠信，”“吏有五善，一曰忠信敬上。”琅琊台刻石：“圣智仁义，显白道理。”

秦吉语印与汉吉语印有所不同，后者多祈求官秩地位、财富享受，吉祥如意，如“长宜子孙”“长乐未央”“大吉祥”“心思勿忘”等皆此类。而秦印重品德修养，不过分贪图享受。秦汉两代社会风气不同，于此可见[52]。

（二）封　泥

1995年，西安市相家巷村村民发现大批秦封泥。这批封泥迅即流向市场，1995年夏，北京古陶文明博物馆馆长路东之首先收藏一批。1996年，路东之曾举办瓦当封泥展，并捐赠部分藏品给西北大学文博学院博物馆。1997年1期《考古与文物》、1997年1期《西北大学学报（哲社版）》率先公布了这批资料约2000枚，以及李学勤、周晓陆等人的研究文章。路东之封泥后结集为《秦封泥集》，收录1360枚。1997年春，傅嘉仪及西安市中国书法艺术博物馆又从民间获得一批相家巷出土的秦封泥。傅嘉仪封泥初发表于《收藏》1997年6期，后结集为《历代印匋封泥印风》《新出秦代封泥印集》《秦封泥汇考》。稍后，西安市文物保护考古研究院对相家巷出土秦封泥的遗址做了“抢救性发掘”，所得资料甚丰，但至今未完整发表。2000年，中国社会科学院考古研究所汉长安城工作队又对相家巷秦封泥遗址进行了考古发掘，获封泥325枚，这批资料后发表于《考古学报》2001年4期。除以上4批外，上海博物馆、北京文雅堂及西安、东京个别藏家也收有少量秦封泥[53]（图11-18）。

2003年1期《文物》发表了《湖南龙山里耶战国——秦代古城一号井发掘简报》，公布了随同大量竹简出土的数百封泥匣及数十枚残碎封泥[54]。

截至目前，秦封泥已发现2400余枚，900余种。

图11-18　秦封泥（西安相家巷出土）

秦封泥种类与玺印同，但其所见职官名要远多于玺印（图11-19）。主要有以下几种。

“左丞相印”“右丞相印”，可见秦丞相分左、右。《史记·樗里子甘茂列传》：“秦使甘茂定蜀，还而以甘茂为左丞相，以樗里子为右丞相。”与封泥所见相合。

宗庙礼仪官封泥有“奉常丞印”“泰医丞印”“祝印”“祠祀”。

宫廷事务官封泥有“宗正”“少府”“永巷丞印”“谒者之印”“宦者丞印”“北宫弋丞”“佐弋丞印”“内者府印”“中羞丞印”“少府”“上家马丞”“泾下家马”“乐府丞印”“中谒者”等。《汉书·礼乐志》：“至武帝定郊祀之礼……乃立乐府，采诗夜诵。”颜师古注：“始置之也。乐府之名，盖起于此。”但秦始皇陵出有“乐府”钟，封泥又有“乐府丞”，足证秦代已有乐府。

宫廷宿卫侍从官封泥有“郎中丞印”“南宫郎丞”“卫尉之印”“宫车司马印”“寺从丞印”“寺车丞印”等。寺与侍通，侍从指宦者。

民族事务官封泥有“属印”“属邦工室”“郡左邸印”“泰行”等。“属邦”即汉代的“典属国”“主蛮夷降者”。“泰行”即《周礼·秋官》的大行人。

谷货之官封泥有“泰仓丞印”“采司空印”“西盐”“西采金印”。云梦睡虎地

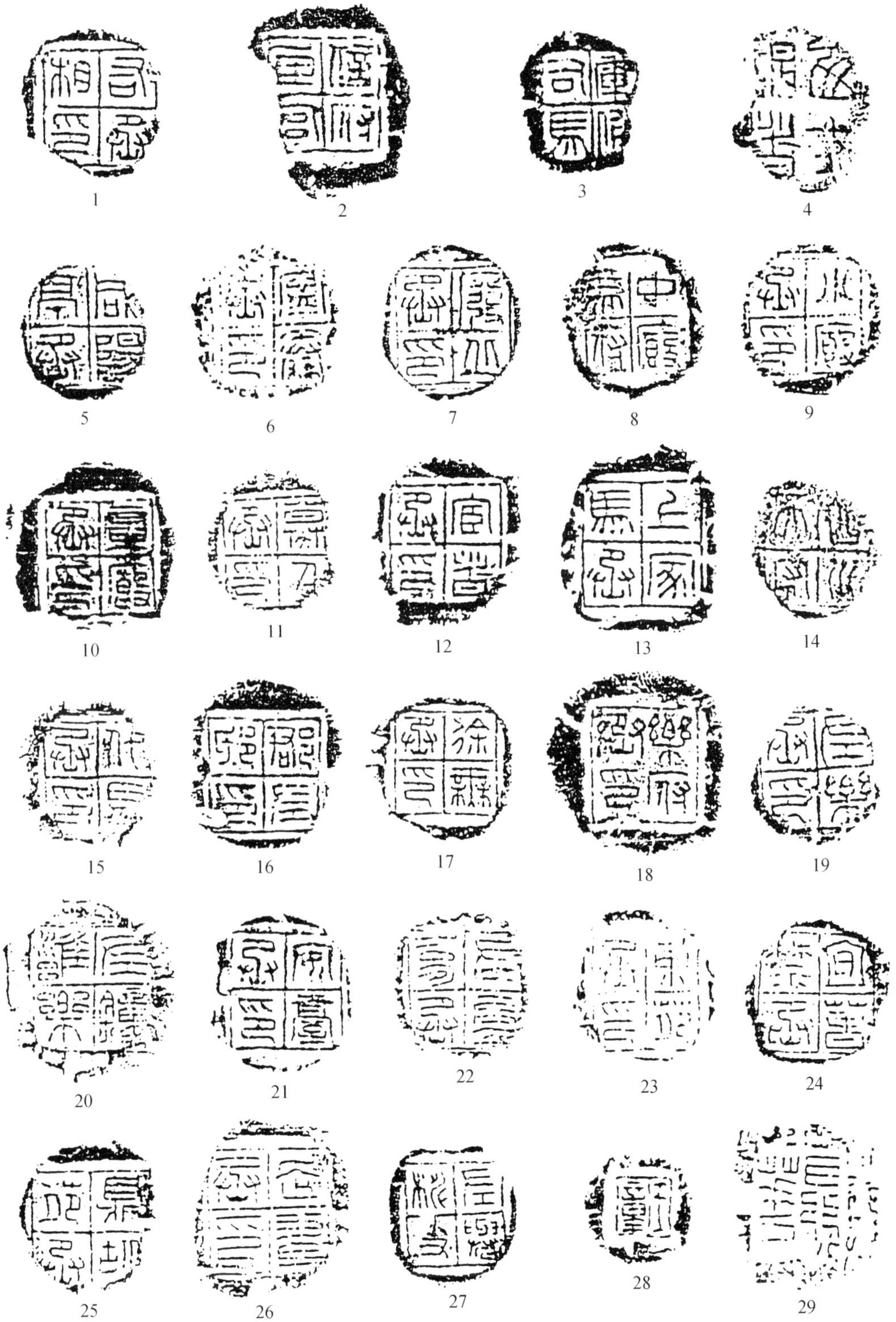

图11-19　秦封泥印文（部分）

秦简《秦律杂抄》："采山重殿，赀啬夫一甲……大官、右府、左府、右采铁、左采铁课殿，赀啬夫一盾。""采司空"主采矿物，与"采山""采铁"相类。"西盐"是西县（今礼县）盐官。

工官封泥有"左司空丞""咸阳工室丞""栎阳右工室丞""寺工之印""铁兵工丞"等。"司空"主管工程。"工室"殆即《周礼·冬官·考工记》之"考工"，主作器械。"寺工""诏事"铜器铭文屡见。

武官封泥有"中尉之印""都船丞印"等。《汉书·百官公卿表》："中尉秦官，掌徼循京师。"颜印古注："所谓游徼循禁备盗贼也。"

府库官封泥有"御府丞印""私府丞印""车府""中车府丞""中府丞印""泰内丞印""武库丞印""特库丞印"等，与传世府库官印可互为补充。

厩苑官封泥有"章厩丞印""中厩将马""右厩将马""下厩丞印""骑马丞印""上林郎池""章壹""东苑丞印""杜南苑丞""白水之苑""白水弋丞""左云梦丞""阳陵禁丞""东苑丞印""平阿禁丞""圻禁丞印"等。秦在战国晚期及统一后，大筑苑囿，其数量、规模，非商周所能比拟。其苑囿职官、制度，亦远较前代完备。"阳陵"是芷阳陵的省称，即庄襄王之陵，"阳陵苑"应是我国最早的陵墓园林。云梦禁苑分左右，足见规模很大。《史记·秦始皇本纪》："三十七年十月癸丑，始皇出游……十一月，行至云梦。""圻禁丞印"，圻读为斥，斥即斥山，见于《尔雅》，在今山东荣成县。《史记·秦始皇本纪》："二十八年，始皇东行郡县……于是乃并渤海以东，过黄腄，穷成山，登之罘。"白水在今四川省广元市附近，是蜀地通往关中的咽喉，风景佳丽，又临近富人聚居的葭萌，秦贵族常去游猎。《史记·货殖列传》："秦破赵……诸迁虏少有余财，争与吏，求近处，处葭萌。"

田官封泥有"左田之印""郎中左田"等。

地方郡级官吏封泥有"内史之印""四川大守"等。内史掌治京师，汉京兆尹、左冯翊、右扶风地秦皆属内史。"四川"即"泗川"。《汉书·高祖本纪》："项氏起吴，秦泗川监平，将兵围丰二日……引兵之薛，泗川守壮败于薛，走至戚。沛公左司马得泗川守壮，杀之。""四川"境内有淮、沭、沂、泗四水，故名。

县、道官封泥极多，如"宁秦丞印""杜丞之印""翟道丞印""重泉丞印""雍丞之印""商丞之印""叶丞之印""相丞之印""代马丞印""邯郸之丞""般阳丞印""卢丞之印"等。很多封泥县道名是对《汉书·地理志》的重要补充。封泥有"兰干丞印"，《汉书·地理志》有"兰干"县，未说明始置年，后人皆以为汉置，由此封泥可证明秦时已有。

乡、里封泥有"栎阳乡印""隧夫"。栎阳为秦旧都，秦徙都咸阳后栎阳为县，"栎阳乡"为栎阳县之属乡。"隧夫"殆即《周礼·地官》之"遂人"，"掌邦之野"，可能是主管咸阳远郊区徒役的官员。

市、亭封泥有"咸阳亭印""铁市丞印"等。铁市可能是主管铁的买卖的。

还有一些职官封泥文献失载，无法归类，如“左礜桃支”“走翟丞印”“吴炊之印”“奴卢之印”等。

姓名封泥有“司马歇”“桓段”“聂华”等。

六、货币及砝码文字

《史记·秦始皇本纪》载秦惠文王“立二年，初行钱”，因此公元前336年应是秦铸钱币的年代上限。今所见秦有圜形砝码，铭文有：“珠重一两十二”、“珠重一两十三”、“珠重一两十四”（《古钱》P383）、“重十朱”[55]、“半圜”（《古钱》P227）（图Ⅷ-17）。亦有圜形货币“两甾（锱）”（《古钱》P253）、“半两”。钱币单位为“锱”“两”，而不记铸造地，反映了秦钱均是中央专铸。另外，个别贵族、高官也铸私钱，如相邦吕不韦铸有“文信”钱（《古钱》P217）、始皇弟长安君铸有“长安”钱（《古钱》P251）。秦统一后，“半两”钱成为通行货币。

七、木器、漆器文字

秦木器文字有云梦睡虎地秦墓椁室门楣刻文[56]：

五十一年，曲阳士五（伍）邦。

铭文粗壮有力，比较罕见。

秦漆器文字有20世纪30年代长沙出土的漆奁[57]：

二十九年，大（太）后詹事丞向，右工帀（师）象，工大人台。

“工大人”之称又见相邦义戈，故此应是秦器。“帀”字昭王以后作“师”，因知作于昭王二十九年（公元前278年）。

云梦睡虎地秦墓漆器上多有烙印或针刻文字[58]，一般1～4字，有“咸亭”“咸里”“路里”等，皆制造地。又有“李”“张”“大女子婓”等，皆制造人（图11-20）。

第二节　秦文字的特点及其发展变化

以上我们简略地叙述了秦文字的现存资料，下面我们谈谈秦文字的特点及其发展变化。

一、特　　点

秦文字的特点之一是继承西周文字传统，变化较小，比较稳定。

秦人从春秋以降，政治中心东移，直到战国中期以前，秦人一直居于西周故土。

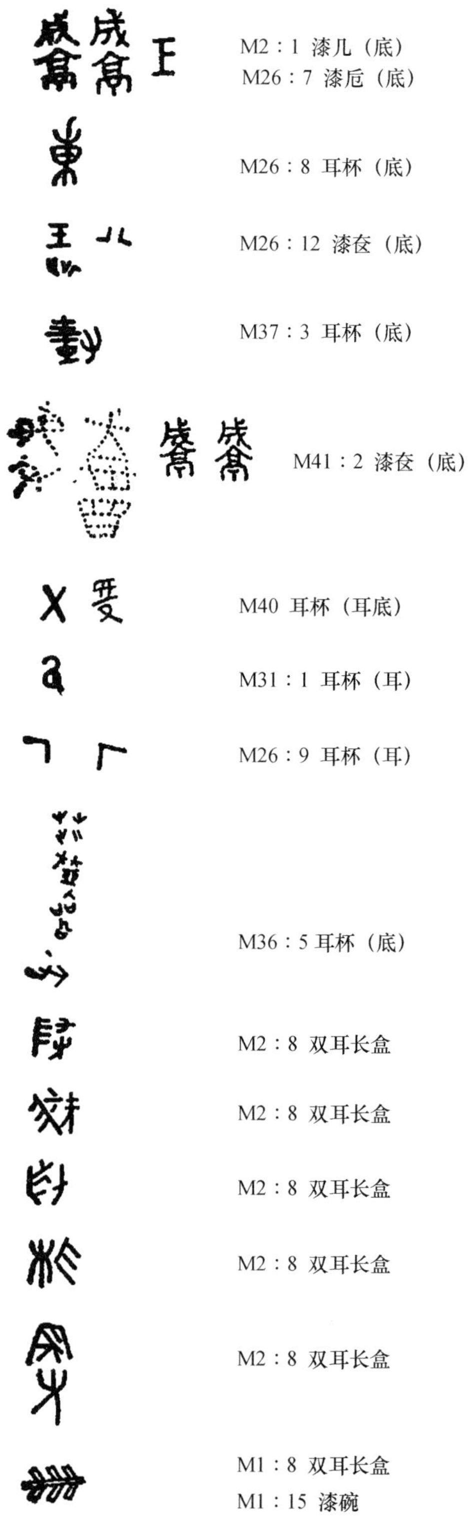

图11-20　青川郝家坪战国墓漆器上针刻文字和符号

另外，秦人僻处西土，同关东六国交往较少。因为这两个原因，便促成秦文字与西周文字一脉相承，变化较小，同西周金文自不用说，即已形成秦文字风格的秦公钟、镈，铭文同虢季子白盘之类比较规整的西周金文仍接近。战国中期之后的商鞅方升、诅楚文、瓦书、兵器刻铭虽然有的整饬，有的草率，但仍是承袭秦公簋字体余绪。相反，战国以降，六国文字却急剧变化，异形的现象相当普遍，如“两”字，西周及秦皆作“”，赵作“”；“贤”字周金文作“”，秦石鼓作“”，中山器则作“”。

当然，秦文字由于时代早晚不同，也有异形的问题，如“师”字昭王以前用“帀”，以后用“师”，“草”字石鼓文作“”，青川木牍作“”。甚至同时一字，也有异形，如江陵凤凰山秦墓出土两枚玉印，一人之名“冷贤”，一作“”，一作“”。但是比起六国文字来，秦文字的异形现象并不严重。

秦文字的特点之二，是不断向规整化和匀称化的方向发展。

从秦金石文字来看，整个春秋战国时期，秦文字一直向规整匀称化的方向发展，而在六国文字中，这种倾向不明显。例如，“虎”字，周金文师酉簋作“”，秦武公镈作“”，秦公镈作“”，《诅楚文》作“”。

二、发展变化

秦文字虽然发展变化较慢，但变化一直未停止。除了规整匀称的变化之外，秦文字一直处在不断简化的过程之中，如“吾”字石鼓文作“”，小篆作“”；“道”字石鼓作“”，小篆作“”；“中”字籀文作“”，篆文作“”。

在秦文字中，一直有正体、俗体之分。正体是比较庄重的写法，俗体则是草率的写法，如商鞅方升铭文比较规整，而大量的兵器铭文、漆器铭文、木牍，竹简、陶文则多俗体。例如，“羊”字篆文作“”，而惠文君十三年（前325年）的相邦义戈却作“”。

因为规整匀称的变化，秦文字在战国时形成小篆，今所见泰山刻石等就是这种标本之一。秦始皇统一全国后，以小篆作为正规字体，统一文字。《说文·叙》云：

> 其后……分为七国……文字异形。秦始皇帝初兼天下，丞相李斯乃奏同之，罢其不与秦文合者。斯作《仓颉篇》，中车府令赵高作《爰历篇》，太史令胡毋敬作《博学篇》，皆取史籀大篆，或颇省改，所谓小篆者也。

《说文·叙》肯定了秦始皇统一文字的历史功绩，这是对的。但籀文是西周晚期及东周初年的文字，并不是秦统一六国前夕所用的文字。小篆是由春秋战国时的秦文字逐渐演变而成的，不是由李斯等“省改”籀文而成的。

秦文字中草率的俗体虽然不用在庄重的场合，但在民间广泛流传，由此产生了中国最早的隶书。从现存资料看，青川木牍和云梦秦简是比较典型的隶书，如青川木牍“相”作“”，“广”作“”。又如云梦秦简“州”作“”，“明”作“”，

“者”作“者”，“皆”作“皆”。正规篆文的圆转笔道多数在隶书中分解成方折、平直的笔画。

《说文·叙》云：

> 是时秦烧灭经书，涤除旧典，大发隶卒，兴役戍，官狱职务繁，初有隶书，以趣约易。

《汉书·艺文志》云：

> 是时（秦始皇）始造隶书矣，起于官狱多事，苟趋省易，施之于徒隶也。

二书均谓隶书产生于秦代，未免把时间拉得晚了，隶书其实在战国时就出现在秦国。不过，二书说官狱职务繁，采用隶书，却未必全无道理。汉代以来，还广泛流传程邈为秦始皇造隶书的传说。《太平广记》引张怀权《书断》云：

> 程邈者，下杜人也。始为县吏，以罪系云阳狱中。得令后，覃思十年，益小篆方圆而为隶书，凡三千字。奏之，始皇善之，用为御史。以其书为可施诸徒隶，最便者也，故谓之隶书云。

说隶书是某一个人造的，显非事实。但隶书形成过程中，经常使用文字的官府书吏一类人一定起过重要作用，程邈也许曾对隶书作过一些整理工作。

西汉初，隶书取代小篆，成为全国通用的字体。由此可见，秦文字及其发展演变过程，对中国文字产生过极其巨大的影响。

第三节　秦文字的书法

一、今古文之争源自字体

西汉经学的今古文之争，从章句、字数到内容势同水火，多因立五经博士的政治利益有关。而最初的缘起，却在于书写的字体。这当然与那段书的厄运有关，在此不能不做一简单的回顾。

商鞅变法，曾“燔《诗》《书》而明令”（《韩非子·和氏》）、“禁私学而相与非法教”（《史记·秦始皇本纪》）。李斯奏请“非博士官所职，天下敢有藏《诗》《书》、百家语者，悉请守、尉杂烧之”，得到秦始皇的批准，在全国又来了一次比前更猛烈的焚书运动。秦末，项羽入咸阳，烧秦宫室，火三月不灭，对博士官所职的先秦典籍再次来了个摧毁性的扫荡。汉惠帝始除“挟书律”，广搜图书，令民间献书，群经尽出。又建立学官，征辟贤良，用汉时已经通行的隶书来隶定群经。设置五经博士，秦故博士授学，口述群经，转成文字即用隶书，这就是后世所称的今文经。而从文景之时起，北平侯张苍所献、河间献王（《汉书·景十三王传》）、鲁淹中（《汉书·艺文志》）、鲁孔壁中（《汉书·刘歆传》）、淮南王所收集，得古书的数量不少，这些全用先秦大篆写成，时人谓之“籀书”，或曰“蝌蚪文”，其经谓之“古文”。以字体而言，人们得出的认识自然是“古文”最早，属先秦；“今文”的时间最近，属秦统一后的文字。

其实文字与书法是一体的两种表现形式。书法依附文字而存在，是外在的美，同时也随文字的发展而变化。由于我国幅员辽阔，文字在长期的书写过程中渐渐产生了差别。特别是在春秋以降，到战国时期，因为封建割据状态的存在，使汉字在演化中逐渐形成“文字异形”的局面；另外，随着经济、文化的发展，各地商品交换和交通的畅达，公务往来频繁，使文字得以广泛的应用，特别是下层公务人员和民间为了书写方便常使文字趋向简化、草率，于是，就产生出区域性的不同。这时，不但各国间的文字书写按文化区域有所区别，就是同一字往往在同一国家之内也会有不同的写法。统而言之，从书法角度讲，统一而工整严谨的“正体”与多形而急就简化的“俗体”并行。

按照王国维先生的研究，将之分成籀文与古文两大派系，实际上秦国用的是籀文，六国用的是古文。据他考证：“古文、籀文者，乃战国时东西二土文字之异名，其源皆出于殷周古文。而秦居宗周故地，其文字犹有丰、镐之遗风，故籀文与自籀文出之篆文，其去殷周古文反较东土文字（即汉世所谓‘古文’）为近”[59]。他这个以潼关为界分东土和西土两大系统的文字，除西土的秦系文字较为稳定外，东土文字在繁衍中仍有新的分化，像以齐、晋为代表的北方大国（包括燕、中山、两周和卫）就同以楚为代表的南方大国（包括吴、越、徐等）分道扬镳。所以，当时在我国至少就存在着“黄河流域/江淮流域/渭河流域”这三大文字地区。即使处于同一地区的各大国之间的文字也是有差异的，甚至一国之内的同一字的写法也多种多样，像“马”字在齐国有三种写法，在楚、燕和三晋也各有两种写法；“安”字在三晋有四种写法，而在齐、楚、燕各国又不尽相同[60]。容庚先生在其《金文编》一书中所收录的“宝”字竟有194种形态，“眉”字也有104种之多。

既然古文与籀文同源于“殷周古文”，二者的区别何在?看来“古文”实际是春秋战国之间的六国文字，而“籀文”在古文字学界仍是个众说纷纭尚未取得一致看法的字体。《汉书·艺文志》小学载《史籀》十五篇注作“周宣王太史作大篆十五篇，建武时亡六篇矣”。叙录又说：“史籀篇者，周时史官教学童书也，与孔氏壁中古文异体。”由此可见，所谓《史籀》十五篇实际上是经过太史整理后用以教授学童的大篆字书，从时间上又被后世称之为“古文”。在这里，有一点可以肯定：秦人早就接受了周文化，春秋时期确实用的是大篆书体。秦公钟、镈钟铭文及石鼓文，也就是以大篆为基础所形成的秦系文字。显然，西土的古文（籀文）比东土的古文还要“古”。

无论怎样，文字异形的结果对社会经济发展和文化交流所产生的阻滞作用是异常明显的。统一文字，成了社会前进的要求。实际上，不但大篆文字在不停地演化，出现了秦式的“小篆”，而且民间也早已采用了“隶书”。齐国有“临淄人发古冢，得铜棺，前和外隐起为隶字，言齐太公世孙胡公之棺也。惟三字是古隶，同今书。证知隶自出古，非始于秦”（《水经·谷水注》）。秦“大发吏卒，兴戍役，官狱职务繁，初有隶书，以趋约易，而古文由此绝矣”（《许慎〈说文解字·叙〉》）。高奴铜石权的“奴”字、云梦秦简上的“好”字，其“女”旁都不是篆体，而可称之为“草篆”，也就是早期的隶书，很早有人就管它叫“古隶”。同样，在简牍上凡是从“水”的偏旁都作三点。有意思的是江陵秦墓两枚玉印，都刻“冷贤”二字，却一印用小篆，一印用草篆，其中的“三滴水”“令”“又”等偏旁迥然不同，风格异趣。由此可见，早在秦昭王时期，篆与隶两种书体已同时存在。况且比起东土多形的文字来，秦系文字要简单得多。

二、书同文与八体

（一）“书同文”的政治基础

当秦始皇进行“书同文”改革时，与其说含有“秦本位”的思想，毋宁说是历史优选的结果。因此，秦统一文字是以西土的秦文字为基础，“罢其不与秦合者”，把原来已比大篆有所简化的小篆作为官书用来书写庄重的石刻铭文，同时在官府文书中大量采用更为简化的隶书，并以法令的形式把官方统一的标准文字推向全国，从而取代了“东土文字”（《说文解字·叙》）。

要达到“书同文”的目的，当时采取了一项积极的措施，就是颁发了统一文字与书法的范本。秦始皇令丞相李斯，中车府令赵高、太史令胡毋敬三人对长期来已经在演化着的大篆字形结构、笔画走向等做以省改，削繁就简，分别写出《仓颉篇》七章、《爰历篇》六章和《博学篇》七章三个小篆样本——字书，做到字形规矩（大小、位置笔数）、走向匀称（书写次序）、偏旁部首统一（形体、位置、神态和性质），得到结构紧凑、笔画整饬的总体效果[61]。我们现在从泰山、琅琊的刻石残字上，仍能看到李斯书法古朴秀逸的神韵。据载，西汉初曾将李斯的《仓颉》同《爰历》《博学》合并为五十五章，仍称《仓颉篇》，但以后失传了。1977年，在安徽省阜阳的西汉汝阳侯夏侯灶墓中出土了《仓颉篇》竹简，虽然残缺严重，仍清理出360多个字，比前见两次汉简中保留的要丰富。这些字运笔苍劲，是研究秦汉书法的重要资料。

《说文解字·叙》：“秦书有八体，一曰大篆，二曰小篆，三曰刻符，四曰虫书，五曰摹印，六曰署书，七曰殳书，八曰隶书。”这些当然指的是书体，绝不是异形的字。虽然其中明显地还包括李斯等人规范化了的书体之前的秦文字，但毕竟属于秦系文字，表现的是秦之书体。我们再从秦都咸阳范围出土的文字资料看，所谓“八体”未必那么多，但那不过是在遵循篆、隶的前提下，或保留大篆书体之美，或创意美术体，再加之受到书写、刻划对象材质的限制，也同用途、施书工具和方法的不同，就形成效果各异的“八体”[62]。

（二）“秦书八体”对号入座

1. 大篆

许慎说秦文字“皆取史籀大篆，或颇省改，所谓小篆者也”。可见大篆是小篆的前身，犹如父子关系。

秦人开始接受周文化是亦步亦趋的，应该说大篆是秦人早已熟悉的字体，其吸收、改进顺理成章。早已享名的“石鼓文”，书体整齐，体态长方，布局严谨而骨肉停匀，书法上笔画圆润凝重而雍容大雅（图11-21）。明显地继承了西周金文大篆体（图11-22）或“玉箸体”某些传统，是由大篆向小篆过渡并为秦篆的普及奠定了规范化的基础。春秋时期的“秦公钟”“秦公镈”“秦公簋”，其笔画细如游丝，但精神劲健，字体近似“石鼓文”，已开小篆之先河，章法也多严整宽裕（图11-23）。例如，“商鞅量”“大良造鞅镦”上的铭文，是纯粹西土的秦系文字，但已流露了走出大篆的倾向。

图11-21　石鼓文字选

在秦始皇统一文字之后，大篆虽不再是通用字体，但从秦人的书写习惯与书法艺术角度考虑，却保留了一定的合法性。

2. 小篆

秦始皇五次出巡中的七次刻石，其文多是出自丞相李斯的手笔。从泰山刻石、琅琊刻石的残铭可以看到，虽然原来是先书写在石上再刀刻，对书写风味有所降低，不露锋芒波磔，不显徐疾弹动，但形态稳定、沉厚大度、笔画整齐，转折圆润，布局上字体端正、间架结构疏朗有致，毕竟是标准化了的小篆。如果溯源的话，显然上同石鼓文的风格都存在着继承的关系。

小篆字体的秦代作品还有符刻、权量、钚印等（图11-24）。新郪虎符与阳陵虎符的铭文虽然笔画前瘦后肥，但笔道圆融，结体严密，犹如出自一人之手的小篆书体。秦12字砖上文作“海内皆臣，岁登成熟，道毋饥人”（中国历史博物馆藏），书体小篆，布局饱满，笔画圆润有力（图11-25）。同杜虎符、商鞅方升书体风格显有区别，同秦俑坑出土吕不韦戟内上“寺工”二字的铸铭接近。陶量上的始皇诏文、陶俑身上的印戳及陶器上模印“咸亭”章，规正娟秀，风格一致。而铜诏版上的刻铭，虽属小篆，但因系錾凿之故，在笔画转折处往往坚挺趋方，走刀涩滞，留有明显的痕迹。至于二世诏版，其刀法散乱，浮浅潦草，则是些缺乏小篆精神的败笔。

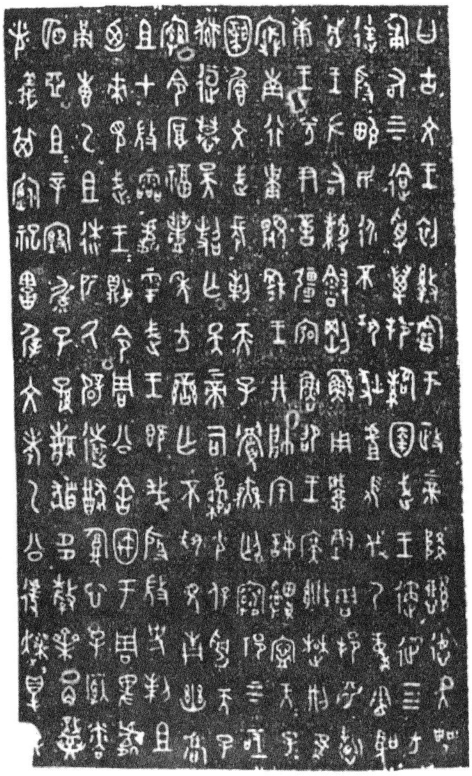

图11-22　周“墙盘”用大篆书体

图11-23　秦公簋及铭文

图11-24　大魏铜权两诏文（南京博物馆藏）

图11-25　秦12字文砖拓片

小篆是秦代的一种标准字体，常用于皇帝刻石、符玺等庄重严肃的环境之中。

3. 刻符

“刻符”是指兵符车节上的书体，但“兵符”只见到如杜虎符、新郪虎符和阳陵虎符等铜质错金文字，未见金、玉、竹木制作者，还不能具体说清刻符书体的情况。若按秦虎符上的篆书言“刻”，是没多大意义的，必另有所指。或说像楚鄂君启节一样，但似乎也不尽恰切。

4. 虫书

春秋战国的兵器上，出自装饰美化，有时会刻意使笔画流动盘回，或粗细变化如飘带，或趋锐尖似麦芒。把字端增饰鸟、虫、鱼形象的一种称作“鸟书”“虫书”，或合称“鸟虫书”。这种很抽象的动物形态被注入书法，在南方诸国的铜器上也常可见到。汉代还有错以金银的，繁缛至极。有一种“永寿嘉福”的汉瓦，其文也属于虫书。

秦的“虫书”文字实物未见到，但可以断定，它必是小篆的美术字体（图11-26）。

1　2

图11-26　虫书

1. 灶　2. 莽胥

5. 摹印

摹印体实际是稍加变化了的小篆。因为战国以来的秦印质地以青铜为主，并有少量的金、玉印，陶工多用陶印戳，而印面又有方形、半通、曲尺的不同，先围边栏（秦代又加界格）。于是，在治印前对印面的布局就不能不有疏密、简繁的考虑，字形也不能不有屈曲缠绕的变形，再加之印文用篆又参以隶意，从而就形成了“摹印篆”。所以，古人把这种书体专列，另命名称之。

江陵秦墓出土的两枚“冷贤”印章，属昭王时的玉印，字体分为小篆和隶意的草篆。虽刻文只有两字，但印面方正，围以边栏，阴文笔画变化灵活，既有厚重沉稳的一面，也有起落弹性之感。充分体现了战国秦印的特点（图11-27）。

在秦都咸阳出土的私印，如“彭祖”“徒唯”“荣禄”“阴嫂”都系半通铜印，用“日”字界格。字用阴文草篆体，比较方正，唯“阴嫂”笔画拉长，但都是印面布满，很少露白（图11-28）。有些印用“田”字界格，只有“咸新安盼”的陶文铜印用反阳文篆体，是很少有的印例，这些都是典型的秦印风格。

咸阳的戳印陶文无论是六字章或四字章，都呈长方形，字形也同印面保持一致。文字雄浑严整，笔画宽博有力，布局疏朗有致。“咸亭右里道器”“咸亭当柳昌器”等印文规正，笔画光洁而转折徐缓，是具有更多隶意的草篆。“咸鄗里驵”“咸蒲里奇”一类四字章，印面宽大、字体粗犷，在规矩中透漏出更多的奔放，隶意甚浓。兵

图11-27　江陵墓出土的“冷贤”印章

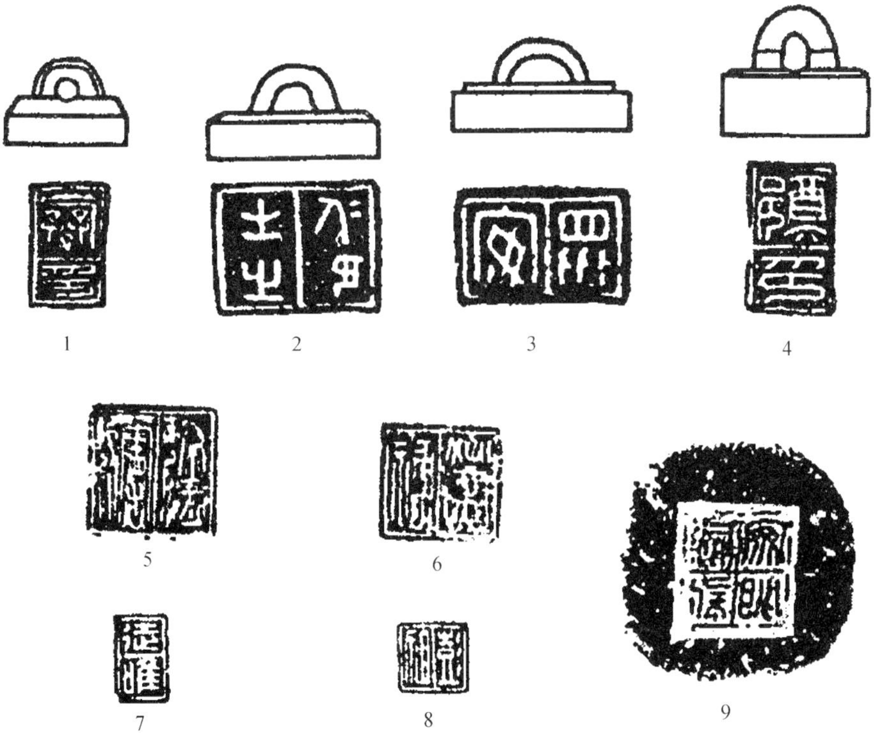

图11-28　秦都咸阳出土的私印

1～4. 塔儿坡墓出土　5、6. 始皇陵葬墓出土　7、8. 长陵车站沙坑铜器群　10. 滩毛村南

印文：1. 孱印　2. 士仁之印　3. 安众　4. 郑印　5. 阴嫂　6. 荣禄　7. 徒唯　8. 彭祖　9. 咸新安盼

马俑身上的戳印多为阳文，如“宫係”“宫彊”“係”等，不讲对称、均衡，显得自由、拙朴；“得”还用反字，知其为陶工所作。看来戳印陶文作为“摹印”的一种补充，也许是出乎许慎意外的。

汉长安故城内出土的秦封泥都是钤封的印记，印面多有田字界格（方印）、日字界格（半通印）、横日字界格。文字疾浅纤劲，凸起不高，是接近小篆体的“摹印篆”风格（图11-29）。印面尺码：方印16.2×1.6–2.2×2.2厘米，半通印1.6×0.9–2.1×1.2厘米，接近传世的秦代玺印。这批秦公用玺印封泥在于护封呈送给皇帝的物品，钤印的是官印，专物专印。其印文书体风格同白文秦印俨然有别。

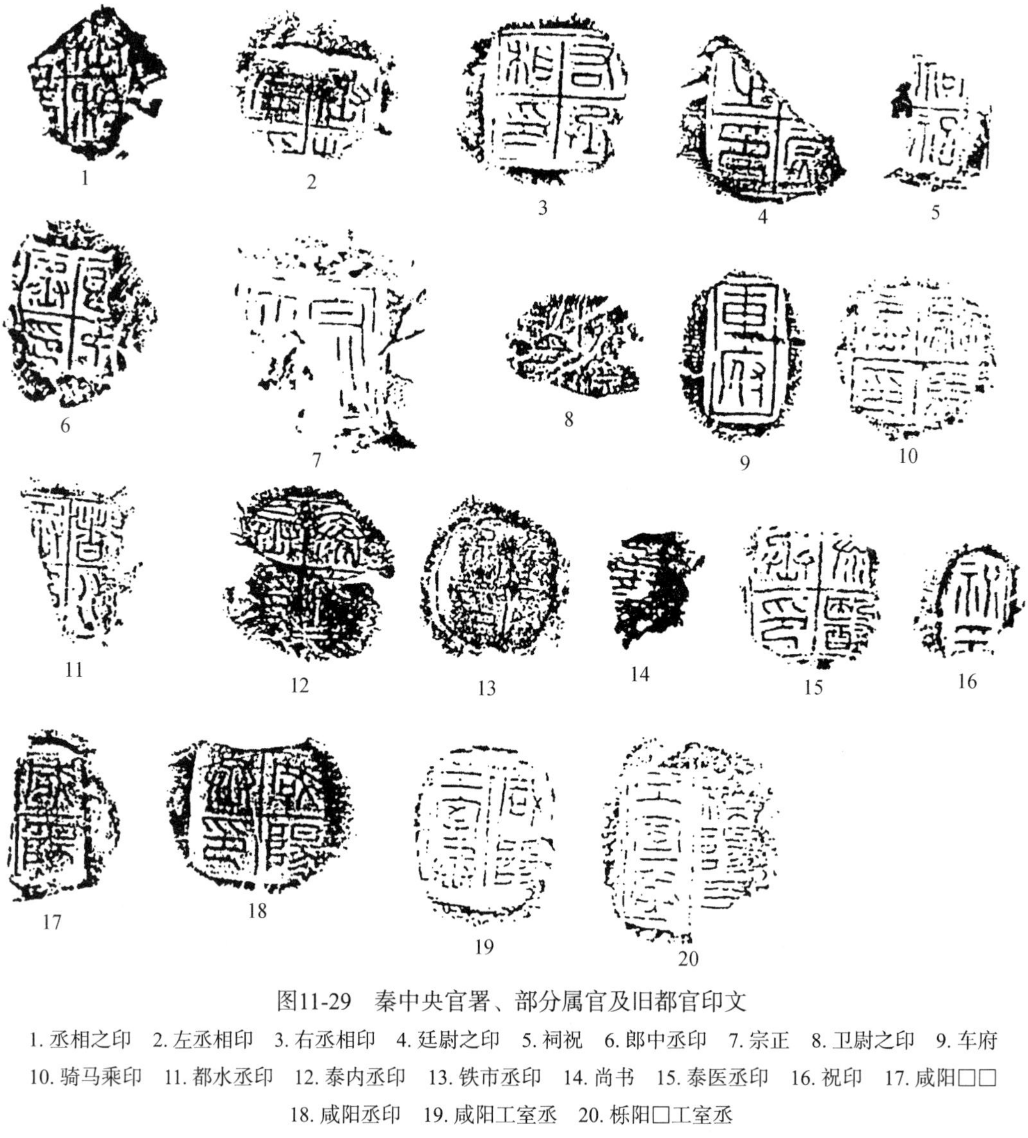

图11-29　秦中央官署、部分属官及旧都官印文

1. 丞相之印　2. 左丞相印　3. 右丞相印　4. 廷尉之印　5. 祠祝　6. 郎中丞印　7. 宗正　8. 卫尉之印　9. 车府　10. 骑马乘印　11. 都水丞印　12. 泰内丞印　13. 铁市丞印　14. 尚书　15. 泰医丞印　16. 祝印　17. 咸阳□□　18. 咸阳丞印　19. 咸阳工室丞　20. 栎阳□工室丞

6. 署书

段玉裁在《说文解字注》中说：“凡一切封检题字皆曰署，题榜亦曰署。”既是题字，必然用毛笔，无论是用之于封检或是榜木之上，也无论书体用篆用隶或是其他，都不应该脱离秦统一规范了的文字，当不会有太大的区别。退言之，“署书”既已专列为一种书体，可见有其特殊之处，但可惜的是秦署书材料，至今还未确知。

7. 殳书

殳是古代一种撞击性长柄兵器，虽有“殳书”一名，但在秦俑坑出土的22支青铜殳头上未发现刻铭或书写文字。如果字体笔画状若由粗趋锐的殳头，显然有点近似于公元前3世纪苏美尔人、巴比伦人及亚述人写在软泥板上的楔形文字，但这在中国历史上是没有过的事。相反，在我国青铜兵器的戈、戟、矛、铍、剑、刀、弩机上多有铭刻文字，所以笔者认为：“殳”只是作为兵器的代称，“殳书”实际是指刻在兵器上文字的书体（图11-30）。

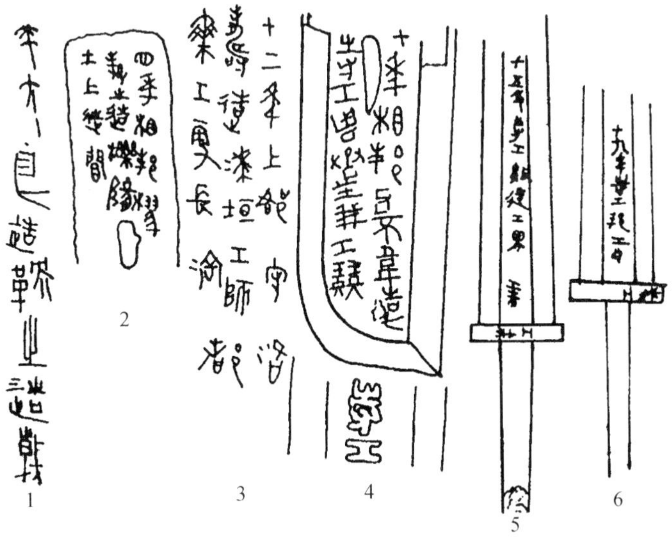

图11-30　铜戈与长铍铭文草本

1. 大良造鞅戟　2. 相邦樛斿戈　3. 上郡守寿戈　4. 七年相邦吕不韦戟　5. 十五年寺工铍　6. 十九年寺工铍

秦俑坑所出与传世的吕不韦戈（戟）、“寺工”铍、郡铸兵器上的铭文，除戈内上“寺工”“诏事”等铸铭的笔画宽博粗深又较规整外，刻铭都纤细如毫发，字体草率急就，甚或笔画艰涩阻滞，通体大小、行距不一，篆隶兼有，别具一格。这，应该就是秦的“殳书”。

8. 隶书

篆书的笔画要求书写时圆转勾连，力度均匀。反之，潦草急就的结果就会使圆转变为方折，均衡变成散开，整个字形和笔法就成了“以趋约易”的隶书。

秦用隶体书写带有普遍性。

秦简的书体是典型的早期隶书——“古隶”。如果说青川秦武王二年（公元前309年）更修田律木牍的“古隶”还遗留有较浓重的小篆气息的话，那么，时在统一前夕的天水放马滩秦简的隶意就明显地加重了。要真正认识秦“古隶”的真实面目，那当推的代表就应当是云梦秦简了（图11-31）。其字“书写较重倚斜，率意多变，使字具有飞扬的动感，笔画多以藏锋，亦有露锋，少见波磔，在稚朴间见秀丽。这批秦简章法不一，既有端庄齐整的，也有灵动而随活的。例如，《效律》《秦律杂抄》体态端庄，或圆笔藏锋，或稍露锋芒；《封诊式》用笔疾厉沉着，表现了沉雄的气势，每字向左上耸起的倾斜之姿，为前所罕见；《法律答问》则向右上耸起，笔势精严；这些都是为后世书法创作横竖正倚轻重的笔法、章法变化，提供了最早的范例”[63]。

始皇陵陶俑身上的刻划陶文，虽然同运笔书写的简牍文字在书法风格上迥异，但能使我们充分体味到“草篆”急就的真谛。如“六”字不作“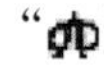”而作“”；“咸”字的“口”竟用三道竖划代替，成了“”；“马”字同楷书繁体的“”相同，只是把下面的四点拉成四竖划；“咸阳赐”的“耳”旁之折，竟是一笔飞快地“扭”出来的。这些如果再同陵西居赀役人墓的瓦志刻文联系起来，约易简从的书写方式是可以想见的。因为出自工师或小吏之手，风格与书法与大家比，犹如山野村姑，同样具有天然质朴之美。宁夏头营乡坪乐出土的战国秦鼎口沿錾刻“咸阳一斗三升”六字，整体隶书，而“阳”字把“日”变作“口”，下部又少一横划[64]，同秦俑刻字全同，足见由篆而隶的趋势与写法的普遍性，故而笔者称其为“黔首的书法”[65]（图11-32）。

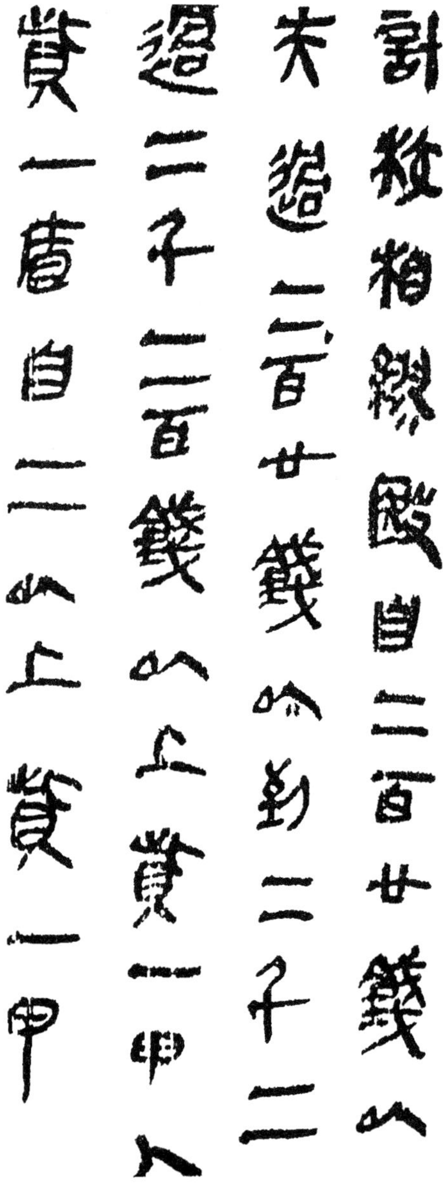

图11-31　秦简文字选（云梦睡虎地秦墓）

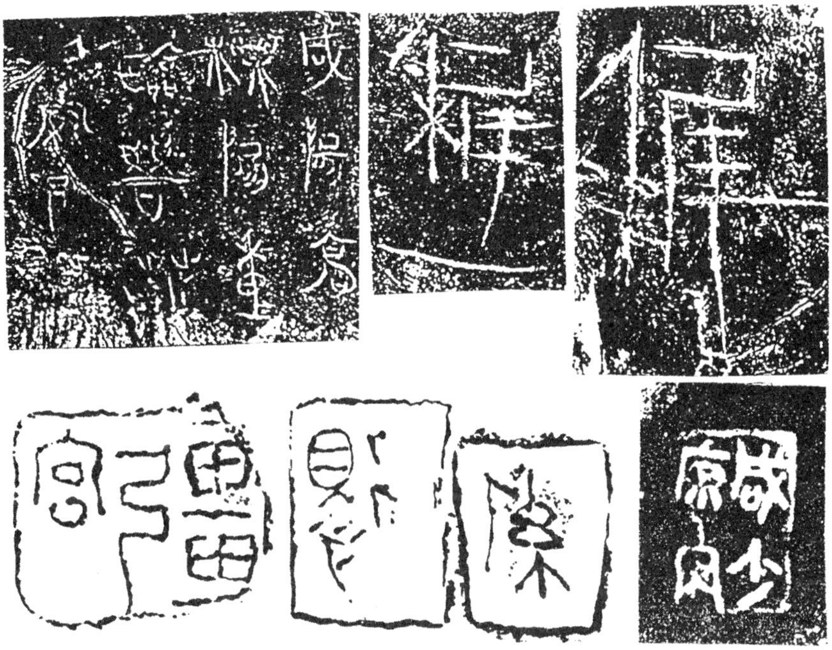

图11-32　秦俑刻文、印文与印戳文字的书法风格

三、秦通行文字书法之美的归纳

秦“书同文”的真正内容，不仅是小篆的统一，而且是隶书的统一。因为篆与隶早在各国已经发生，只不过因地区不同而发生了“异形”的情况。秦始皇统一文字，实际是以秦人习用的小篆和古隶为基础，吸收了“古文字系统”中的合理成分，统一篆和隶的字形、笔画和书体，再推行全国。

统一后的文字，书体仅用小篆和古隶。从“秦书八体”的排比看，总的形体不外乎“大篆”（小篆的前身，即古篆或说是小篆的古体）、“小篆”（统一后的正体）和“古隶”（“以趋约易”的俗体）三种。此外，还有一个美术字的“虫书”（即“花体”），那不过是篆或隶体的变态或说是装饰体而已。至于刻符、摹印、署书和殳书，只是小篆用在不同场合因材质、工具不同而形成不同的风格而已。从许慎排列书体的次序看，大篆最前，表明它是秦通行文字之前的字体，如同今在汉字简化后仍有人在某种场合用繁体字的情况一样，给予合法的存在正是行将过去的必然。隶书列在最后，也正是它最具文字社会基础的表现。那么，“秦书八体”实际只有篆、隶两种。由于二者早已萌发于西土文字之中，篆书又是“书同文”的基础，隶书最具实用性，两者都成为并行的官书。只不过前者是用在记功刻石、兵符印信、权量诏书一些更为庄重的场合，属于标准的官书；而后者因草率急就，容易辨识，方便书写，就广泛地用在书写公文、简犊和日常记事上，故而定之为常用文字。

秦书法从字体由大篆（籀文）而小篆，其形体之美，结构之美，达到中国文字的顶峰，成为历代书法家终生模仿的典范。秦隶与小篆二者并行，至汉方称成熟，登堂入室，取得正统地位，在中国书法史上竟成了一代之尊。这是汉字演进史上一次最大而又深刻的变革。因为它彻底地改变了小篆及其以前古文的面貌，使汉字由形象化改变为笔画化，并为以后楷书的诞生奠定了基础。

四、秦书法家及其遗事辨识

秦的书法大家首推丞相李斯，其贡献之一是帮助秦始皇统一文字，同赵高、胡毋敬一起省改大篆整理小篆，并写出了习字的范本《仓颉篇》七章。随始皇巡行刻石、销兵铸造铜人上的铭文，都是出自李斯之手。他说："上古作大篆，颇行于世，但为古远，人多不能详。今删略繁者，取其合体，参为小篆。"他删略大篆，取其合体的认识和参与小篆的行动，有益于文化的发展。另外，他总结自己的书法经验，论用笔之法是"先急回，后疾下，如鹰望雕逝，信之自然，不得重改。送脚若游鱼得水，舞笔如景山兴云，或卷或舒，乍轻乍重。善深思之，理当自然矣"（《蒙恬笔法》）。这一理论，对后人学习书法具有参考价值。

说到秦的书法家，还有一个受历史唾弃并为正直人所不齿的卑鄙小人，那就是靠阴谋奸诈、玩权术、制造血腥恐怖的中车府令赵高。他靠一手好字，其作之《爰历篇》六章，竟成为当时人学"小篆"的范本!原来这位生于"隐官"（相当于今之劳教所）的孽种也犯了死罪，本该交秦三代忠良的上卿蒙毅依法惩治，但秦始皇被赵高"强力，通于狱法""私事公子胡亥，教之决狱""敦于事"的表面现象所蒙蔽，而赦免了他（《史记·蒙恬列传》）。懂法、知道而"决狱"，就能钻法律的空子；私通皇帝的小儿子，就有政治后台和保护伞；"敦于事"就是工作勤恳、态度谦和，很能得到领导赏识和群众称赞。这条钻营谋权的投机之道，赵高创之于前，其子孙行之于后。其结果是坏人当政，好人挨整，毁了事业，古今的教训也是一脉相承的。学赵高的书法，当然也使人的良心受到折磨。庆幸的是历史没有留下他的真迹，这大概是因他缺德又挟势而被正直人所唾弃的原因。

参与"省改大篆"的第三位小篆书法家胡毋敬，曾写出《博学篇》七章。据说他原来是栎阳狱的官吏，因为"博识古今文字"，后官至太史令[66]。可惜他的字书到西汉就失传了。

变革文字，力图从籀文、古文的书写繁难中跳出来，创出一种急速便写的隶书、草书，早在战国时期的各国民间已经开始。面对千百万人长期书写实践中约定俗成的新体字，从搜集、整理，加以规范化，配合流行着的正体字再推广开来，就成为"书同文"前后汉字发展的必然趋势。这时候涌现出两个功不可没的文字学家：王次仲和程邈。

王次仲，秦上谷郡（治今河北怀柔县南）人。年少好学，对天文、术数、哲学的研究都有很深的造诣。但“隐居庸山中，不为禄仕”。鉴于仓颉所造的“古文”难于掌握，年次弱冠（20岁）时就立意改造，“更为隶法，简略径直，急速即可成章。时秦方燔书，废古训，官狱多事。得次仲所易书，大喜。遣使三召，次仲皆辞不至。始皇怒，因令程邈增损其书行之”[67]。

程邈，字元岑，下杜人（今西安市南郊杜城村）[68]。据《书断》载：程“始为县吏，以罪系云阳狱中。得令后，覃思十年，益小篆方圆而为隶书，凡三千字。奏之，始皇善之，用为御史。以其书为可施诸徒隶，最便者也，故谓之隶书云”（《太平广记》引）。

从王次仲、程邈事迹中，我们可以得到这些认识：第一，王次仲着手规范隶书在前、程邈完成在后，只因为王次仲不愿做官、不赴召，随之程邈得到始皇的召令后拿到王稿，“增损其书”，再参考小篆，终于完成隶书的通用本3000字；第二，他们既不是凭空“创造”隶书，也不是简单的搜罗散字，而是花费了“覃思十年”的创造性劳动，可说是一次文字改革活动；第三，秦尚严刑峻法，公务繁忙，在处理众多的民事问题上或刑事问题上，因为这种字体书写方便，才取“隶书”。

小篆，或小篆走样急就的隶书，以至隶书走样带草的情况，在秦俑身上的刻划中都可找到例证，如四、八、九及耳旁等。可见下层社会的这些劳动者，既是文字改革的参与者，也是书法活动的推动者。最后才由程邈等知识分子做了搜集、研究和加工整理，形成书写体字——初期的隶书，也称“古隶”或“秦隶”。

注 释

[1] 张懋镕、刘栋：《卜淦□高戈考释》，《考古与文物》1990年第3期。

[2] 王辉：《关于秦子戈、矛的几个问题》，《考古与文物》1986年第6期。

[3] 卢连成、杨满仓：《陕西宝鸡县太公庙村发现秦公钟、秦公镈》，《文物》1978年第11期。

[4] 秦公簋见罗振玉《贞松堂集古遗文》96.130；秦公镈钟见宋吕大临《考古图》7.9。

[5] 马承源：《商鞅方升和战国量制》，《文物》1972年第6期。

[6] 李光军、宋蕊：《咸阳博物馆收藏的两件带铭铜壶》，《考古与文物》1983年第6期。

[7] 同［6］。

[8] 咸阳市博物馆：《陕西咸阳塔儿坡出土的铜器》，《文物》1975年第6期。

[9] 程长新、张先得：《历尽沧桑，重放光华——北京市拣选古代青铜器的几件珍品》，《文物》1982年第9期。

[10] 《三代》14.11.3。

[11] 陕西省博物馆：《西安市西郊高窑村出土秦高奴铜石权》，《文物》1964年第9期。

[12] 陈梦东：《陕西发现一件两诏铜椭量》，《文博》1987年第2期。

[13] 容庚：《秦金文录》28后。

［14］《三代》20.26.2～27.1。
［15］于省吾：《商周金文录遗》584，又铭文《文物》1964年第2期有陈邦怀摹本。
［16］《贞松堂集古遗文》续编下22.2。
［17］陕西省考古研究所：《秦始皇陵兵马俑坑一号坑发掘报告》258页图一五三，2。
［18］田凤岭、陈雍；《新发现的"十七年丞相启状"戈》，《文物》1986年第3期。
［19］李三：《内蒙古准格尔旗出土一件上郡青铜戈》，《文物》1982年11期。
［20］江西省博物馆、遂川县文化馆：《记江西遂川出土的几件秦代铜兵器》，《考古》1978年第1期。
［21］四川省博物馆、重庆市博物馆、涪陵县文化馆：《四川涪陵地区小田溪战国土坑墓清理简报》，《文物》1974年第5期。
［22］黑光：（西安市郊发现杜虎符），《文物》1979年第1期。
［23］《秦金文录》41前。
［24］《秦金文录》40后。
［25］雍城考古队吴镇烽、尚志儒：《陕西凤翔高庄秦国墓地发掘简报》，《考古与文物》1981年第1期。
［26］咸阳市文物考古研究所：《咸阳石油钢管钢绳厂秦墓清理简报》，《考古与文物》1996年第5期。
［27］岳起：《咸阳塔儿坡秦墓新出陶文》，《文博》1998年第1期。
［28］王辉：《秦文字集证》，台北艺文印书馆，1999年。
［29］陕西省考古研究所等：《秦始皇帝陵园考古报告2000》，文物出版社，2006年。
［30］王学理：《秦始皇陵研究》，上海人民出版社，1994年。
［31］王望生：《西安临潼新丰南杜秦遗址陶文》，《考古与文物》2000年第1期。
［32］陈晓捷：《临潼新丰镇刘寨村秦遗址出土陶文》，《考古与文物》1996年第4期。
［33］袁仲一：《秦代陶文》，三秦出版社，1987年。此书依陶文的内容和性质不同，分为三大类，8小类。又：《秦陶文新编》，文物出版社，2009年。
［34］郭子直：《战国秦封宗邑瓦书铭文新释》，《古文字研究》第14辑。
［35］王辉：《论秦景公》，《史学月刊》1989年第3期；《秦公大墓石磬残铭考释》，《中央研究院历史语言研究所集刊》第67本2分册，台北，1996年。
［36］杨宗兵：《石鼓文及其时代研究评述》，《考古与文物》2003年第3期。
［37］郭沫若：《诅楚文研究》，《考古与文物》2003年第3期。
［38］李零：《秦骃祷病玉版的研究》，《国学研究》第6卷，北京大学，1999年。
［39］甘肃省文物考古研究所、天水市北道区文化馆：《甘肃天水放马滩秦汉墓群的发掘》；何双全：《天水放马滩秦墓出土地图初探》，《文物》1989年第2期。
［40］何双全：《天水放马滩秦简综述》，《文物》1989年第2期。
［41］李学勤：《放马滩简中的志怪故事》，《文物》1990年第4期。
［42］睡虎地秦墓竹简整理小组：《睡虎地秦墓竹简》，文物出版社，1978年。

[43] 四川省博物馆、青川县文化馆：《青川县出土秦更修田律木牍——四川青川县战国墓发掘简报》，《文物》1982年第1期。
[44] 刘信芳、梁柱：《云梦龙岗秦简》，科学出版社，1997年。
[45] 湖南省考古研究所等：《湖南龙山里耶战国——秦代古城一号井发掘简报》，《文物》2003年第1期；湖南省文物考古研究所、湘西土家族苗族自治州文物局：《湘西里耶秦代简牍选释》，《中国历史文物》2003年第1期；湖南省文物考古研究所编：《里耶发掘报告》，岳麓书社，2007年。
[46] 湖北省荆州市周梁玉桥博物馆：《关沮秦汉墓简牍》，中华书局，2001年。
[47] 陈松长：《岳麓书院所藏秦简介绍》，《文物》2009年第3期。
[48] 王家台秦墓简报发表后，国内有多位学者对比进行了研究，但因秦简出现霉菌，难于清除，影响了拍照与释读。我们也只能根据湖北荆州博物馆王明钦先生的《王家台秦墓竹简概述》一文对王家台简的《归藏》《政事之常》的资料做了介绍。
[49] 吴幼潜：《封泥汇编》2.6，上海古籍书店，1984年。
[50] 罗福颐：《秦汉魏晋南北朝官印征存》0001，以下简称《征存》。
[51] 故宫博物院：《古玺汇编》0151，文物出版社，1981年。
[52] 王辉：《秦印探述》，《文博》1990年第5期。
[53] 相家巷出土秦封泥，结集出版的见有周晓陆、路东之：《秦封泥集》，三秦出版社，2000年；傅嘉仪：《历代印匋封泥印风》，重庆出版社，1999年；又《新出秦代封泥印集》，西泠印社，2002年；又《秦封泥汇考》，上海书店出版社，2007年；中国社会科学院考古研究所汉长安城工作队张建峰：《西安相家巷秦封泥遗址的发掘》，《考古学报》2001年第4期。
[54] 湖南省文物考古研究所：《湖南龙山里耶战国—秦代古城一号井发掘简报》，《文物》2003年第1期。
[55] 王毓铨：《我国古代货币的起源和发展》图版肆贰，十二，科学出版社，1957年。
[56] 《云梦睡虎地秦墓》6页图7，拓本，文物出版社，1981年。
[57] 商承祚：《长沙古物闻见记》一，图版玖；又，李学勤：《海外访古记》，《文博》1986年第5期。
[58] 《云梦睡虎地秦墓》P104附录二：《漆器上的针刻、烙印文字与符号》。
[59] 王国维：《观堂集林·战国时秦用籀文六国用古文说》，中华书局，1959年。
[60] 参见马非百《秦始皇帝传》第526～529页附：《统一前六国文字异形情况举例表》。

附　统一前六国文字异形情况举例表

今字	国别	对本字的不同写法	出　处
马	齐		《古陶文舂录》10.1； 《尊古斋古鉩集林》一集1.27“右闻司马”印； 《簠斋古印集》1.17“闻司马鉩”
	楚 燕	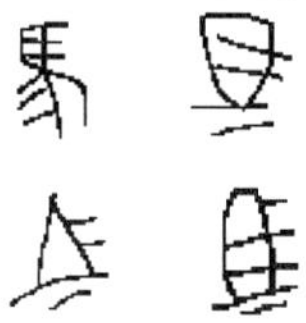	鄂君启节（《文物参考资料》1958年第4期）； 仰天湖楚简第6号（《考古学报》1957年第2期）； 《两周金文辞大系》郾侯载簋； 辽宁北票新出郾王职戈
	晋		《古钱大辞典》“马雍”布 《集古印谱》6.27“萦易氏马”印
襄字偏旁	齐		《古陶文舂录》附36
	楚		《尊古斋古鉨集林》一集1.3“下蔡戠□”印； 楚信阳楚简212号襄字偏旁（《文物参考资料》1957年第9期）
	燕	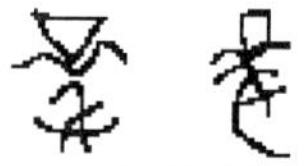	《古钱大辞典》“襄平”布“纕”字偏旁； 燕《燕陶馆藏印》“□纕”印“纕”字旁
	晋		《古钱大辞典》“襄垣”布纕安君饼“纕”字偏旁；《三代吉金文存》18.15； 《古钱大辞典》“襄城”布“襄”字偏旁
安	齐		《两周金文辞大系》陈猷釜； 《古陶文舂录》7.2
	楚		《西周金文辞大系》曾姬无恤壶
	燕		《古钱大辞典》“安阳”布； 《簠斋古印集》1.10“文安都司徒”印
	晋		《古钱大辞典》“武安”布； 《古钱大辞典》“安阳”布； 《古钱大辞典》“安邑一釿”布； 《古钱大辞典》“安臧”布

续表

今字	国别	对本字的不同写法	出　处
乘	齐		《古陶文舂录》
	楚		《两周金文辞大系》鄂君启节
	燕		《三代吉金文存》廿年距末
	晋		《三代吉金文存》十三年鼎“乘力”字偏旁

［61］　《汉书·艺文志》：“文字多取《史籀篇》，而篆体复颇异，所谓秦篆者也。”

［62］　王学理：《咸阳帝都记》，三秦出版社，1999年。

［63］　周晓陆：《汉字艺术——结构体系与历史演进》，贵州人民出版社，1997年。

［64］　宁夏铜鼎材料见钟侃：《宁夏固原出土文物》，《文物》1978年第12期。论书法文参见王学理。

［65］　王学理：《秦俑专题研究·篆隶混用异乎其妙——论秦俑文字的书法艺术》，三秦出版社，1994年。

［66］　马非百：《秦集史》引自张怀瓘《书断》。

［67］　《秦集史》引自《水经·漯水注》《古今图书集成·职方典》162引《镇志》。

［68］　汉宣帝“杜陵”位于秦汉杜县之东9千米的杜东原上（今西安市南郊三兆镇东伍村），故名。并在陵傍设立杜陵邑，杜县改名杜陵县，把县治迁至杜陵邑。因原来的杜县城较杜陵邑地势低下，遂改称“下杜城”，故《汉书·宣帝纪》颜师古注：“下杜即今之杜城。”

第十二章　造型艺术与声乐

秦人在甘肃生活的商周时期，其艺术是质朴的、粗犷的。表现在器物的形态与装饰上，更多地带有晚商期先周的作风。甘肃毛家坪遗址一期出土的筒状罐、深腹盆，在陕西扶风壹家堡、武功郑家坡等商代遗存中都可以找到相似的类型。至于它不同于邻近的宝鸡斗鸡台、凤翔西村等遗址文化面貌而远和周原地区相近的这一“跨地区”、具有跳跃式的现象，有专家认为是一支人群“迁徙”的结果[1]。毛家坪西周期的联裆鬲、绳纹深腹盆、折肩盂、带鋬手的绳纹罐，又同沣镐地区典型的西周器物也极为相似，甚至被认为是“西周文化的一支地方类型”。文化上的这一延续现象，就很直观地告诉人们：秦人早期就同周人保持着密切的关系，文化面貌的相近，反映在族群间也具有一种认同心理。

从毛家坪的早期秦文化生产工具用石斧、石刀和纺轮可知，他们已经过上了农耕的定居生活。当襄公被封为诸侯，秦作为一个封国，越过陇东高原进入关中之后，尽管统治者的高层直接受着周人文化的熏陶，但在相当长的时间之内，秦人还不曾形成自己独立的造型艺术。陇县边家庄一号春秋秦墓出土有一组青铜礼器，除反映出采用周代大夫级贵族的制度[2]之外，鼎、簋之形仍是周制。宝鸡县太公庙出土的秦武公时铜编钟、编镈，其器形、纹饰和铭刻的部位，同样是周器特征的延续[3]。

春秋战国时期，社会激荡。随着新兴地主阶级登上政治舞台，在上层领域也出现了“诸子蜂起，百家争鸣”的局面。一个生机勃勃的美术思潮，也不期而至。尽管地处关中的秦国受到商鞅一派法家思想的牵制“物以工为上”，但随着以后同东方交往的频繁，受着多种地区性文化艺术浪潮的冲击，终于使狭隘的土著秦人艺术在汲取了“外来”的养料之后，逐渐地改变着自己，并以一种新的姿态呈现在世人面前。

新的美学理论犹如一盏指路明灯，照亮了艺术发展的前程。而造型艺术活动，也必然由此而推动着自己的实践行为。孔子说过“绘事后素”的话（《论语·八佾》），《考工记》一书也有“凡画绘之事，后素功”的记载。虽然这些说的是在白底打稿之后作画的一般性常识，但它毕竟反映了人们长期以来摸索到的绘画过程这一规律。那么，统一后秦帝国的建立同样也为造型艺术的总汇、融合、发展创造了有利的条件。事实上，有秦一代的造型艺术尽管受“法家思想”的支配，但在服从实用的前提之下，毕竟呈现着兼收并蓄、异彩纷杂的局面。

第一节　建筑艺术

公元前677年，秦德公把都城迁到了今日的凤翔县。经过20代秦公，294年时间的经营，使雍城成了一座远近闻名，很有历史影响的名都。经探测知，秦大郑宫、橐泉宫、蕲年宫、棫阳宫等10多处建筑群基址的发现，为揭开这座雄伟都城存在过的秘密提供了考古学根据。据载，秦穆公利用天然良材广造宫殿，其壮丽奢华的程度，竟让戎使由余发出了“使鬼为之，则劳神矣。使人为之，亦苦民矣”（《史记·秦本纪》）的惊叹。由此不难看出，秦的建筑艺术在春秋时期即已取得了很高的成就。

秦孝公十二年（公元前350年），“作为咸阳，筑冀阙。秦徙都之”（《史记·秦本纪》），从此开始了秦都咸阳的创建工程。中间经几代国君的努力，随着秦统一战争的胜利展开，首都范围不断地在扩大规模。在渭北区，有“营如鲁卫”（《史记·商君列传》）的冀阙宫廷、有“因北陵营殿，端门四达，以则紫宫，象帝居”（《三辅黄图》）的咸阳宫，有“引渭水为池，东西二百里，南北二十里，筑土为蓬莱”（《三秦论》）、使人工和天然巧妙结合而风光绮丽的兰池宫，还有“南临渭，自雍门以东至泾渭，殿屋复道，周阁相属，所得诸侯美人，钟鼓以充入之”、仿六国宫室的咸阳北阪宫殿群（《史记·秦始皇本纪》）；而在渭河南岸扩建、改建、新建，发展成了新区，宫殿建筑重重复重重，更具铺陈张扬的态势。这里除早年的兴乐宫、诸先王庙、章台之外，在周灵囿（在今西安市长安区灵沼乡一带）之东，隔沣河辟上林苑，大兴土木。接着，又开始建造举世闻名的阿房宫。纵观整个都城的平面布局，首都呈现出“渭水贯都以象天汉，横桥南渡以法牵牛”（《三辅黄图》）的艺术格调。这在当时的东方以至于全世界的范围内，也是绝无仅有的大都会。

“六王毕，四海一。蜀山兀，阿房出”（杜牧《阿房宫赋》）。诗人的佳句、久负的盛名，正是阿房宫总体规划的美丽蓝图。据《史记·秦始皇本纪》载：“乃营作朝宫渭南上林苑中，先作前殿阿房。东西五百步。南北五十丈。上可以坐万人，下可以建五丈旗，周驰为阁道，自殿下直抵南山，表南山之巅以为阙。为复道，自阿房渡渭，属之咸阳，以象天极阁道，绝汉抵营室也。”阿房宫作为一处群体建筑，需要在一个广阔的地域上展开。“表南山之巅以为阙。为复道，自阿房渡渭，属之咸阳，以象天极阁道，绝汉抵营室也”一语，已是付诸实施的工程项目。不可否认的历史事实是，自惠文王以来，就在上林苑中建造宫殿，而秦始皇时在新的总体规划中又进行了改建、整修和新建的工程。在今阿房宫遗址上，人们不应该把战国时期的建筑遗存同阿房宫割裂开来，不应简单地只说一句“阿房宫没有建成”的话来概括。如果看看阿房前殿遗址的大夯土台基（东西长1270、南北宽426米，面积达541020平方米）、台基上三面均有墙而南面独无的“阿城”、北墙上的“前殿阿房”（东西广近300、进深15米），就会明白“前殿阿房”是朝宫的主体工程、“前殿阿房”只是正建中的附属工程[4]。如果不是秦的灭亡，阿房宫和前殿阿房在中国乃至世界建筑史上都将是宏伟而奇特的一项工程。

唐诗人李商隐在《咸阳宫》一诗中写道："咸阳宫阙郁嵯峨，六国楼台艳绮罗。自是当时天帝醉，不关秦地有山河。"那么，咸阳在其鼎盛时期，宫殿楼台究竟有多少?

《史记·秦始皇本纪》载："关中计宫三百，关外四百。"《正义》引《庙记》做了笼统的描述："北至九嵕、甘泉，南至长杨、五柞，东至河。西至汧渭之交，东西八百里，离宫别馆相望属也。木衣绨绣，土被朱紫，宫人不徙，穷年忘归，犹不能遍也。"这显然是就关内外的离宫别馆而言的。

说到首都范围里的宫殿数，《史记》作"咸阳之旁二百里内，宫观二百七十，复道甬道相连，帷帐钟鼓美人充入之，各案署不移徙"。"咸阳之旁二百里"一语，其里数折合83 504米。这绝不是"雍门（秦咸阳渭北西区雍门宫之门）到泾渭之交（今陕西高陵县西南）"的直线距离。如果换成北起今咸阳原，南至"兴乐—阿房"二宫遗址一线。那么，这个包括秦都咸阳遗址在内的地域范围周长恰是80多千米。由此可见，这"二百里内"就是指"宫观二百七十"的分布范围[5]。所以，秦惠文王之后"取岐雍巨材"（《三辅黄图·序》）在咸阳附近建造三百离宫的话，绝不是无据之言。经考古调查，除今陕西咸阳市渭城区窑店镇北原上有集中的秦宫殿遗址区之外，渭河南岸的秦宫殿遗址也有多处分布。汉长安城就是在秦都咸阳渭南新区的基础上建起来的，秦兴乐宫、甘泉宫、章台、极庙等都可从汉宫遗址上找到它们的影子。

关中东部自貌宫、步高宫、步寿宫起，西至平阳宫、蕲年宫，重重叠叠，不可胜数。在兴平、武功、杨陵一线的渭河之滨，曾发现六处秦的宫殿遗址；在乾县北梁山上有"梁山宫"、县城西的"鳖盖"有"梁宫"遗址，就使人第一次认识到"梁山宫"与"梁宫"的并存。同样，在其他省也有秦宫殿遗址的发现与发掘。像辽宁省绥中县与河北省秦皇岛市北戴河海滨，发掘出秦始皇父子行宫遗址；宁夏回族自治区泾源县果家山也探明了秦回中宫遗址。从关内外秦离宫、别馆和行宫遗址揭示的情况来看，都是些大型的高台建筑。遗址中的龙绕壁、龙凤纹空心砖、各式图案精美的瓦当、排水陶管道、排列有序的石础，都反映出它当年巍峨辉煌的雄姿。

高大的建筑同高超的建筑技术是分不开的。不但战国铜器上的楼阁图形为我们提供了重楼广宇的实例，而且秦地凭着优越的地理条件——优美的自然环境和历史传统，同样也给人发挥创造的余地。经发掘的秦咸阳一号宫殿遗址，夯台高起，周环回廊，上设露台，具有四阿屋顶。对室内的排水、储藏、取暖、采光、通风等都有周到的安排。由高台底部四围设居室，自下而上，到顶部，分为三级。空间大小、坐落位置，显得疏密有致、安排灵活。特别是在凌空飞檐上施以朱绘的各式瓦当，突出华丽高耸的气势，同样给人以出临世界的体验。秦的建筑艺术，表现在实用和艺术完整的结合上，产生出的是一种动静合一的美感（图3-29）。

有秦一代的宫殿建筑，在极尽富丽堂皇之能事的同时，充分运用土木工程自身的优势，人为地赋予建筑本身以博大峥嵘的气魄。秦始皇陵墓，暴露在地面上的陵冢是“筑土为山”的，似乎没有什么特别的地方。但是，把黄土堆成“坟高五十余丈，周回五里”（《史记·秦始皇本纪·集解》引《皇览》），一下子就使得一个高55.7米、底边周长2167米的四棱台体土山突起于骊山之侧，大有傲挺苍穹之势。至于地宫幽深，是通过“穿三泉，下铜而致椁”而实现的（《史记·秦始皇本纪》）。地宫下深33.18米，用石材砌筑墓圹，旁及侧室。仿照京都制度模作宫观建筑、安排百官座次，“上具天文，下具地理”，再加之随葬的“奇器、珍怪，徙臧满之”，就无异于人间世界的再现！如果单就秦始皇陵墓的土方量一项而言，据粗略计算在1064万立方米以上，简直不啻是“东方的金字塔”！如果加上陵园围墙、秦俑坑、陵园从葬坑、护陵堤等项目，总量达到1424万立方米[6]。

秦始皇二十六年（公元前221年），在最后攻灭齐国、完成统一之后，为解除北方边患，立即开始了北逐匈奴和修筑长城。据载：“使蒙恬将三十万众，北逐戎狄，收河南，筑长城，因地形，用险制塞，起临洮。至辽东，延袤万余里，于是渡河据阴山，逶迤西北”（《史记·蒙恬列传》）。这条被誉为“万里长城”的边墙，跨山越谷，蜿蜒起伏，经过两千多年的风吹雨打和人为的破坏，至今依然可以看到它的雄姿。长城建筑的魅力，就在于给人展示的是一种意志和力量，而成为民族自信心的象征。

第二节　绘画与壁画

王嘉（字子年）在《拾遗记》中说，一位名烈裔的人于秦始皇元年（公元前246年）来自骞消国（或作“謇涓国”）[7]。他是位画家，还是个雕刻能手和地理学家。其绘画的绝技表现在，能够“含丹青以漱地，即成魑魍及鬼怪群物之象。刻玉为百兽之形，毛发若真，皆铭其臆前，论以日月。以指画地，长百丈，直如绳墨。方寸之内，画以四渎五岳、列国之图。又画为龙凤，骞举若飞。皆不可点睛，或点之必飞走也。始皇叹曰：‘刻画之形，何得飞走?’使以淳漆各点两玉虎一眼睛。旬日则失之，不知所在。山泽之人曰：‘见二白虎，各无一目，相随而行。毛色相似，异于常见者。’至明年，西方献两白虎，各无一目。始皇发栏视之，疑是先所失者，乃刺杀之，检其胸前，果是元年所刻玉虎。”在这里，我们只要剔除那些传奇虚拟的成分，似乎看到烈裔的艺术成就是那个时代的代表。他的指画，也应该是中国记载里见到最早者。

秦时的绘画作品，目前还未见到成形之物，但咸阳北原上的秦建筑壁画残块和器物上的装饰却使我们能够窥豹之一斑（彩版一〇，2）。那些彩色壁画，如果作为装饰性的边饰，一类是以粉白墙为地，先墨绘出条带，再在上面以粉白的连珠组成几何纹样或两色套绘作成卷云纹；另一类是以黑、褐、朱红、湖蓝、橘黄等彩色绘成流云纹，组成菱形图案，并以二方连续和四方连续向外展开。图案的母体富于变化，线条的宽窄也疏密不同，既相似又相异，有动有静有节奏。总体结构规整、色彩鲜艳，给人以庄严、典雅又华丽纷繁的感觉。这种图案带除见于一号遗址第九室东北角下部外，在三号建筑中还出土有由八色组成的边饰，即在黑色细线勾边的红色宽带上，由大小菱形相套。组成二方连续图案。那么，这种多色并置与红绿互补的处理手法，其成功地运用，就大大提高了色阶的丰富性，从而得到稳重又艳丽的装饰效果。

真正写景状物的壁画，要算是三号建筑遗址的南北向长廊了。在这条长达32.4米的廊道两侧壁面上，绘制出车马出行、仪仗人物、建筑台榭、动物、植物、神怪杂画和装饰图案七类彩画。

“车马出行图”，具连续性画面的有7幅。每幅为驰骋的驷车一乘，路边以树木作为衬景，实际是作为参照物而突出了车马奔驰的艺术效果。

“仪仗图”可辨识的只有11人，均身着长袍，分上下两列站立。

在一黑色宽带纹中，还画着一位着戎装的武士，乘棕红马，左手执弓，右手控弦，作侧身欲射之状。

“建筑图像”作庑殿式的大屋顶结构，有檐柱，挂帐幔，阶下似乎有卫士。

“动物画”见有猪、马、虎、凤鸟等；植物见有麦穗、竹、梅和柳枝等。

从这些壁画残块中，可以看出：秦代壁画突破了前此那种神秘诡谲的程式化，从而兴起了一种面目全新的现实主义题材；其表现手法、形象的刻划及色彩的运用上，都是在继承了春秋战国以来绘画传统的基础上，又有了较大的发展。如所绘人物各具形态，直立者或作正面或以背面，似在观看；有跪姿舞者，或侧或正，左顾右盼，不显雷同。而衣饰各别，色彩不一，也大大显示出形象逼真而各具神韵。

秦宫壁画的表现技法，已采用了晕染法和凹凸画法（如画动物）。同色有深浅之别，两色并施，富有立体感。着色用平涂敷彩，或细线勾勒，或直接点染。颜料用朱砂、石青、石黄、赭石、白、黑、紫红等。

第三节　雕　　塑

秦代的大型石雕，确实是异乎寻常的大。据文献记载，在兰池中“刻石为鲸，长二百丈”（《后汉书》注引《三秦记》）。这“二百丈”长的石鱼雕刻，恐怕是不可信的。在汉代昆明池中，也雕刻有石鲸鱼。那只有“三丈”（《三辅故事》），约折合近7米。秦皇汉武都有好大喜功的气概，秦始皇在东巡郡县时也曾于芝罘海上用弩射过大鱼，所以刻石为鲸放入咸阳的兰池中以增加可视的景观，当属事实，但不可能离谱到46.2米长！

汉五柞宫的青梧观前有三棵梧桐树，树下有石麒麟二枚。刊其肋为文字，被认为属于秦始皇骊山墓上之物。头高一丈三尺，东边左脚折，折处有赤如血。父老谓有神，皆含血属筋焉（《西京杂记》）。这对巨型石麒麟，仰首或作嘶鸣，光“头高一丈三尺”，即可折合3米多，可见是一对巨型的石雕艺术品。

《华阳国志》记载：“江水又历都安县，李冰作大堰于此，壅江作堋，堋有左右□……于玉女房下白沙邮，作三石人，立之水中，与江神约：水竭不至足，盛不没肩。”都安县，即今四川灌县。石人腰刻“水竭不至足，盛不没肩”等字，虽然没有讲明高低，但作为测量江水涨落的“水则”（旧称“誓水碑”）——观测水位、掌握水情的标志物，肯定不会太矮。有人从岷江洪枯水位进行过分析，紫坪铺最大洪水在1964年，最高洪水位748.37米，相应流量为5480立方米/秒。当年最枯水位743.18米，相应流量132立方米/秒。水位差5.19米，由此可以推测此石人的高度应比这个数字再高一些。有意思的是，虽然蜀守李冰雕造的石人水则没有留传下来，反倒是李冰父子作为水则的石雕像却出土了。1974年迁建安澜索桥时，从河中发掘出来东汉建宁元年（168年）的李冰石像，通高2.9米，重4.5吨。造型简朴，形态持重，袖手胸前，微露笑容。胸前刻文为“故蜀郡李府君讳冰”，右袖上刻“尹龙长陈壹造三神石人于万世焉”。另一尊残缺的持锸人石像，腰间勒一根短短的绶带，手持铁铲，可能就是李冰之子李二郎。李冰这位真正为民的地方官，无论是为官，或是被刻作石像，都是“人则”和“水则”的标准，永远值得纪念（图1-2）。

《三辅黄图》和《水经注》两书，还记载秦始皇造渭桥时，曾刻有力士孟贲等人的石像。经过祭祀，竟然搬动了人力所不胜的铁镦。这虽然是神话色彩太浓的故事，但同样曲折地反映出秦代在渭水岸边立有大型石雕像的史实。

青铜铸像闻名者，莫过于众所周知的“销兵铸鐻”一事了。据说，这12个大铜人是仿照临洮出现“狄人”的形象而制作的。其坐高5丈（合今11.55米），足迹6尺（合今1.39米）、重12万斤（约合今15.375吨）。可惜原来安放在咸阳宫前的这些金光灿然、赫然无朋的巨型艺术品，历经沧桑而终遭毁灭，留给我们的只能是对于彼时美的追念罢了。

现在我们能看到秦的青铜铸像还有些珍品。像咸阳长陵车站南沙坑中出土的铜人头像高仅11厘米，但塑造得相当真切：头戴平顶高冠，五官端正，面庞丰润，姿态安闲而表情冷峻，大概是恭谨唯命、忠于职守的侍卫形象（图12-1；彩版六，2）。

而秦始皇陵西侧出土两乘彩绘铜车马中的铜御俑，身高比例合度，年轻英俊，目视前方，表情严肃又略含喜色，把驭术娴熟、恭谨唯命的御手刻划得惟妙惟肖，简直是精美绝伦的艺术之作[8]。

驷马立车的立姿铜俑，通高92厘米，重70.6千克。头正腿直，身稍前倾。双脚分开，重心适中，符合“站如松”的艺术要求。两臂向前斜伸，四指并拢，半握拳，执有六条辔绳。头梳扁髻，戴“切云之冠”，有似两只卷筒状的“羊角”，颤颤巍巍，缨带系结于颌下，飘逸自然。身穿右衽重袍，垂至膝下，红色的内袍长于外面的淡绿色袍。两重袍摆绕体，显现出同心圆的层次。穿粉白色长裤，足登履。腰际左侧挎长剑，右侧佩带流苏的玉璧（彩版五，1）。

驷马安车的御俑，通高51厘米，重51.95千克。其冠带衣着和立车的铜俑相同。唯

图12-1　铜侍俑头像（秦咸阳遗址）

作跽坐姿式，位在车厢前的“育室”之中。体态庄重、沉稳，凝神前视，专注驾驭，面露喜色，表现出御术娴熟的神情。挎长剑，未佩玉（彩版六，2）。

铜马8件，体躯基本相同，最大者通高93.2、通尾长114厘米，重212.97千克。计四服四骖，均取昂首挺胸的静态立姿，但双耳前耸，目似铜铃，神骏欲驰之态跃然可见。剪鬃缚尾，额前吊“人”字形文髦，表涂白色，其体态可能取自河曲马种（彩版五，5；彩版六，3）。

秦陵彩绘铜车马尽管高及原物之半，但比例合度，形象准确，用彩细腻，当是秦宫廷用车实际的艺术再现，从中不难看出秦代雕塑艺术所表现的写实主义已经达到很高的水平。如果把这作为立体艺术的两尊铜俑和四匹铜马连同系驾起来的彩绘铜车联系起来看，显然就是青铜铸造和组装件的雕塑艺术极品。

作为人体造型艺术品的实物，我们看到秦俑有五种材质，即木俑、泥俑、石俑、陶俑和铜俑。木俑目前仅见两处：一处是出于河南泌阳县官庄北岗三号墓中[9]，时代当属于战国晚期。4件俑为木胎，经过彩绘，表面还留有红黑色及麻织物的痕迹。俑头因木质腐朽之故，虽然面庞丰满，五官却是漫漶不清。立姿、穿长袍，曲肘，双手抱在胸前。最高的俑高只有16厘米。另一处是出于湖北云梦睡虎地的九号秦墓中，计4件，其中立俑3件、半身俑1件。第36号木俑，曲肘，双手置胸前作捧物状，两脚分开，上穿宽袖的交领衣，白地绘红彩，下着裾裙，绘黑地红彩，高22.3厘米。第37号俑半身。一手作勒绳样，一手似执鞭，五官及发辫均圆雕，高8.7厘米[10]。

石俑见于秦公陵园几件，整形如方柱，面目具轮廓而已，显得原始粗犷（图12-2）。

铜川市枣庙春秋秦墓中出土的8件彩塑泥俑，是被当做秦俑的雏形来对待的[11]。这几件小泥俑最高的只有16.5厘米，但整形捏塑，赋以色彩，对推想秦人审美意识时留下余地。当然，泥塑的俑，经窑烧就会变成陶俑。但从“泥”到“陶”这“半步之差”，大约经过了250年的摸索历程，才终于转型。

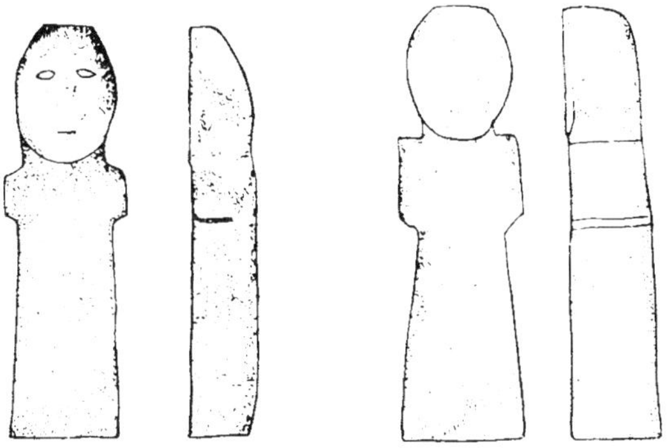

图12-2　秦雍城石人

秦始皇陵园东侧马厩坑出土的跽坐陶俑，是人们最早看到的秦俑（图9-43）。其敦厚的面形、着袍作跪坐姿势的结实体躯，梳椎髻于脑后，比起“喇叭式”的汉俑来显示的是另一种风韵。20世纪60年代，考古工作者一般认定这高70厘米的秦俑是俑类中的“高个子”。但在1974年发现秦始皇陵兵马俑从葬坑之后，全世界为这大同真人、塑造如实的形象而震撼。其蕴含着丰富的文化内容及艺术技法的成熟，很自然地就形成了一门独立的所谓“秦俑艺术”。

秦始皇陵园东侧的秦俑从葬坑，是以一组大型的群雕形式出现的（彩版一，2；彩版二）。除其中的四号坑仅具坑形而没有构架也未置俑之外，其他三坑估计有步、骑、车、弩四个兵种的武士俑在7000左右。由这一件件的艺术个体按矩阵、驻营、示战和幕府四种形式构成了壮阔的军事生活图画。这种形象鲜活、主题明确、数量巨大的空间立体艺术，气势宏伟，蔚为壮观，在世界雕塑艺术之林中是独一无二的。

始皇陵秦兵马俑以其多、大、真、神四个直观的形象，构成了自己的艺术特色。一号坑表现的矩阵规正，前端三列横队，计由204尊穿战袍、持强弓的武士组成前锋部队，两侧有“翼吾左右”的翼队，后有卫队，共同组成阵之“表”。而在被阵表围绕的中心部分，则是车、步相间排列、用多种兵器装备而担负决战的主力构成阵之“本”。那么，阵中这近50乘的驷马战车和5000多尊将卒俑，就是矩阵的精锐所在了。二号坑由多兵种组成驻营的形式，既有列队待命的住守之“位”，又有教射的演练场地。寓动于静的这一安排，预示着“招之即来，来之能战”的秦军风貌。三号坑，不但象征性地反映出秦军事指挥机关内部的设置，而且也有着战前策划部署的程序。秦俑四坑联系起来观察，整体部署井然有序，气势磅礴，表现了秦军兵强马壮、争胜必得的时代精神。这一军事部署的严整、均衡就体现出群雕在布置上的空间艺术。

秦代雕塑艺术家呈现给我们的一尊尊塑像，是既有共性又有个性的“活物”（彩版三）。像步兵俑，个个虎背熊腰，是些轻足善走的勇猛之士；骑兵俑，穿着紧身，显得机警干练，符合机动灵活、快速奔驰、百里为期、千里而赴的战术要求；车兵俑，三士为乘，个个沉稳壮健，步履轻捷，无论在驰敌致师、列阵突袭，或驰援掩护、作战防御中，都会呈现出新型兵种——“轻车”的优越性；车御俑擐穿长甲，双手握辔，目视前方，显然是驭术娴熟、忠于职守的形象；弩兵俑，或立射，或蹲姿，凝神专注，都是些免胄束发、箭无虚发的练达之勇士；各级指挥俑，披挂齐全、威武严肃，表现着指挥若定的善将本色。审视整个兵马俑艺术群像，一个“精兵良将、训练有素”的印象大概是留下很多联想中最为明晰之点。

秦俑阵容固然雄壮异常，但并非是干戈交错、厮杀拼搏的战斗场面。那么，秦俑的设计者和制作者为突破这一肃穆静态容易给人带来的视觉疲劳，就运用了灵活的艺术手法，在展示宽阔高大的艺术境界的同时，尽量使艺术个体在形态、神情、小动作上“化静为动”。像秦武士俑严守队列要求，站立不动，但约束头发的朱红色发带不是自然下垂，而是作翻卷起翘的样子，显然在表现着风动之状。他们虽静寂无声、没有左顾右盼，但眉棱骨突起，胡须或弯或平，就能表现出心态牵动面部肌肉的变化。军吏俑左手挟剑而两指微曲，或右手紧握拄剑的左腕，再加之他们伫立如松的稳定，就给人以内在的力度感。即使作蹲姿的射兵俑，虽然手中没有弓弩，但右臂自然下垂、作半握拳，左臂曲肘而手微伸，一上一下，十分清楚地现显着紧握弓、轻护弦的内劲。像这种形神兼备又静中见动的手法，运用在战马的刻划上，同样也是相当成功的。比如，马腿如柱、筋肉坚实而服驾静立，但昂首挺胸，双耳前倾，口裂张大，双目如炬，鼻孔翕张，使人体察到牠们有着一种急驰疆场的灵动。在这里，我们也不难看出艺术家对战马的刻划，实际上是对勇于公战的武士们精神的一种补充、一种有力的陪衬。同时，我们还应看到：秦俑艺术的成就不仅在于形态上的逼真如实，而在体表成功地涂绘颜色，就大大他增加了秦俑的活力。灰质的陶俑，只能视作一尊泥胎。但经过赋彩，眸子闪亮，一下子就有了生气地“活”起来。在施彩上，手法也是相当灵活的。颜面、冠服、武器，均取平涂设色，但却是交叉而富有对比性的。如果一尊俑的战袍是粉红色的，其擐穿的铠甲必然是黑褐色的。为突破在对比强烈中的单调，就在甲札上再用一条条朱红色的络组，从而收到有如点点繁星的效果。红袍下用粉绿色膝缚、赭色行縢（朱红色带缠札）、曲领和袖口又采取同一的粉绿色。这样一来，就使得一袭军服在上下、内外都有了区别。再如一领将服，深紫袍、粉红袭、粉绿跗注、赭履，再配上由土黄、粉紫，湖蓝、玫红、朱红、深赭等多种单色或复色组成华丽图案的细札长甲，就更增加了他那几分威严和矜持。所以说，多种鲜明的色彩，强烈的对比又互相补充，不但增添了阵列中俑群热烈壮丽的气氛，而且反差极大的搭配也大大增强了陶俑的艺术感染力[12]。

第四节　工艺品和工艺美术

一、器物造型特征和工艺精品举例

为适应生活的需要，秦人日常用具也是丰富的。诸如铜器有鼎、簋、鍪、壶、蒜头壶、釜、盂、盆、盘、匜、勺、舟、削、戈、矛、戟、铍、弩、镞、剑、带钩、货币、车马器等，铁器有锸、锛、凿、斧、锯、钻、钩、削、镬、锤、环、釜等，陶器有鼎、簋、甗、盆、盂、盒、钫、盘、瓮、甑、灶、钵、镀、囷、仓，以及建筑材料的砖瓦，等等。此外，还有以金、银、玉、蚌、骨、竹、木料作成各式各样的器具。漆器属于又一种特殊门类的工艺品，更是异彩纷呈。作为实用品，这些既包括了礼器、餐饮具、炊器、农具、手工工具和兵器，也包括了货币、车马器，可以说是应有尽有，五花八门。若从造型角度而言，都是在服从于实用的前提之下，予以美的变化。

不过，纵观秦人器物，无论从造型、表面装饰，还是质料，我们不难看出它有如下一些特征。

首先，具有农业民族用具的实用性，少有游牧族的器具。鼎、壶、钫、罐、盆等日常用具大量存在，正是定居生活的必需物。固然陶茧形壶、蒜头壶和铜鍪，都是秦人自己独有的容器，具有实用于牧人生活的品格，分类上前二者系酒具，游牧中随处可置，铜鍪则是野炊中的煮器。秦人进入关中后沿渭河也曾作过多次播迁依然长期保留使用而不曾废弃。但这些习惯性的沿用，都不能成为秦人还过着游牧生活的证据。汉代的茧形壶都具有圈足，正是它融入人们的日常生活而发展的结果。

其次，秦人早期受周文化的影响，以礼器而论，有些本来就是接收周人的，如宝鸡西高泉村一号春秋秦墓的铜壶、"琱生"（周宣王时人）铜豆，都是西周晚期的遗物[13]；有些秦器物则是周人礼器的翻版，如秦公钟、秦公镈除铭文外，其器形同周器并不见得有太大的区别。秦秋中后期，可说是周秦文化的交替期，如陶器既有仿铜礼器的鼎、簋、豆，又更多地出现了罐、盆、壶一类生活用具。进入战国时期，器物划一，完全成了秦人习见的风格。及至秦统一，则更多地受到东方文化的影响。

再次，从总体而言，秦器物具有朴素简洁、明快、敦实的风格。在这里实用同艺术是统一的，而实用是第一性的，艺术则以实用为自己存在的前提。

秦的工艺品确有精巧之作，也实实在在地达到了很高的艺术水平。今试举例如下：

（一）铜　　镜

铜镜除作为照面的实用功能外，人们还总是把它当成装扮生活的艺术品，因而在镜背上就赋予其多彩多姿的纹饰。秦镜的使用，就目前掌握的材料，还只限于战国中期之后[14]。其形状一般说来，较之汉镜为轻薄，形小，花纹简单，甚至也有不少数量的素镜。还不曾见到菱弧、方正、抹角之类的异形镜。

据不完全统计，陕西地区出土秦镜达150多面，占全国出土秦镜（大约201面）的80%。秦镜形式见有以下八种，参见本书图8-32。

1. 素镜

一般作桥形纽，背面光平无文。在秦都咸阳北区和南区的尤家庄秦墓里，均有出土。陕西咸阳黄家沟M41出土的一面铜镜作扁纽，体薄质脆，直径8.8、厚0.1厘米；任家嘴M90出土一面素镜，作双弦纽，前面饰两周弦纹，直径8.5、厚0.1厘米。这些都属于战国中期之物。

2. 弦纹镜

黄家沟M45出土的弦纹镜直径9、厚0.1厘米，是在双弦纽之外，饰细弦纹两周作为同心圆；西安尤家庄秦墓地，还出土过同类铜镜3面；湖北云梦睡虎地秦墓出土三面弦纹镜，形制相同，直径7、缘厚0.1厘米。而秦始皇陵东侧杀殉墓M11出土的铜镜为三弦纽，有宽1厘米凸起的三道宽带弦纹作同心圆，直径18.6厘米，可说是属于此式镜中的佼佼者。

3. 卷云纹镜

陕西凤翔高庄M1、M39、M46出土的三面铜镜，均作三弦纽，虽无纽座，但留有圆面的"空白地"。镜边缘已翘起，留出宽带一圈。花纹繁密而布满，以水波纹作地，再饰以主体花纹的卷云纹。这三面铜镜的面径都在10厘米左右，属于战国晚期到秦的代表之物。

4. 连弧镜

凤翔高庄M32出土一面铜镜系三弦纽，外周宽边起缘，内区绕纽座有六弧，直径7厘米。

5. 夔龙纹镜

凤翔西村M163出土的一面铜镜作桥形纽，外周饰两道凸起的宽带阳弦纹。内区以回纹为地，有四条夔龙作等分布置。龙姿作屈体、伏卧、卷尾、回首相望，甚为生动。直径8厘米。时代属战国中期。

黄家沟M49出土的一面铜镜，其外周作宽边，内套细弦纹一周，纽外又有宽边弦纹一道。以云纹作底，夔纹变形作勾连状，直径14.5厘米。当是战国晚期的艺术品。

云梦睡虎地M45出土的一面铜镜，和黄家沟镜有相似之处，也是以云纹为地，但主纹饰是由三组陀螺菱和夔纹勾连而成。直径14.1厘米；M34出土的一面铜镜，纹饰简洁，由变形夔凤纹勾连而成，直径12.8厘米。

6. 兽纹镜

咸阳任家嘴M182出土的桥形纽镜，直径8.4厘米。在内区有三头回首卷尾的怪兽，外区又有五头长尾怪兽，均作同一方向的匍匐追逐，甚富动感之美，当属于战国晚期之物[15]。

7. 画像镜

云梦睡虎地第9号墓出土的一面铜镜作三弦纽，纽座方形，外周宽带一周，起缘，内套细弦纹一道。以联珠相勾连为地，平雕两个武士，各自手中持盾和剑，同虎豹展开搏斗，画面极其生动。直径10.4、缘厚0.2厘米。看来，1928年洛阳金村古墓中出土的骑士刺虎纹铜镜，也当是一面秦镜[16]。

8. 山字纹镜

仅见两面，分别为西安尤家庄与江陵扬家山135号秦墓所出。尤家庄山字镜直径12.4厘米。纽座外有五个斜向的“山”字，在纹间满布羽状纹[17]。

（二）带钩和襟钩

秦带钩虽是束衣的构件，但精巧绝伦的装饰性往往成了使用者身份的标志。凤翔高庄第10号墓出土的金带钩和玉带钩表明了这样一个重要的事实：秦人使用带钩的时间，至少可以上溯到春秋晚期，而流行开来则在战国中期以后了。

关于带钩的使用。长期流行着这样一种说法：中原地区的带钩是由北方草原民族地区传入的，具体的时间被认为是从战国中期赵武灵王“胡服骑射”开始。实际上，在此之前300多年就发生过齐管仲射公子小白中钩的故事（《左传》僖公二十四年，《国语·齐语》《管子·大匡篇》）。而山东蓬莱村第7号西周晚到春秋早期墓里出土的铜带钩，则提供了最早的实物。事实雄辩地说明，华夏族的革带和带钩都早于北方草原民族。它是文化先进的表示，说不定草原民族的带钩之源还在中原。

著法服（上衣下裳）时，腰间需束以大带或革带。革带则是以钩相扣的，也许这带钩本身就是由襟钩的延续、改进和发展而来。襟钩一般形体较小，长在3厘米以下。质料有金、玉、铜三种。这些情况，确实同秦人早期接受周文化、与周人冠带同制的历史相吻合。

《淮南子·说林训》有“满堂之座、视钩各异，于环带一也”的话。秦带钩的形状、纹饰也是多种多样的。集中出土、数量较多而又重要者有以下三个地点：

第一地点是旧都雍地。据高庄和西村秦墓出土物看，钩头多作鸭嘴状，另外还有鸟形及兽首的。钩身呈棒形、扁条、竹节、琵琶、簸箕、企鹅、怪兽、铲、匙等多种形状。

第二地点是秦都咸阳故地。黄家沟是秦咸阳的平民墓葬区，这里发掘的中小型战国墓葬有50座，出土铜带钩25件。一般较为朴素，钩头作鸭嘴状，钩身除竹节、蜜蜂、勺形外，还有空心琵琶状、表饰云纹图案的。

1962年在长陵车站南沙坑中出土的一批铜器中，有26件铜带钩，其中除素面的条带状和云纹琵琶状外，拟动物的有象、雏鹿、兔、鸭、龟蛇斗、猴豹斗等。做工惟妙惟肖，如象首铜带钩的象耳张大，眼前视，鼻翘起作钩头，长仅4.2厘米。另一件带钩雕成3只猿猴攀援在树干上，正同一只长尾豹搏斗，区区画面上表现生死之争扣人心弦。残长虽然只有9.4厘米，但把树干作为钩身使搏斗场面成为钩体，可以说是设计者的匠心独运。还有一只带钩尽管已经残破，但见一武士躬身、披铠甲，持长柄兵器作前刺的姿态，也可谓是件巧夺天工的工艺小品[18]（图12-3）。

任家嘴秦墓地出土铜带钩39件，可分为琵琶形、水禽形、曲棒形、长牌形和异形五类，最长的可达到10.5厘米。而塔儿坡墓地竟出土了108件铜带钩！其制作工艺具有极高的水平，可以做到包金错金银、错金银、错银。有一包金错金银的带钩，长仅6.8厘米，而其造型特别，钩首作马头形，眼、鼻、嘴用错银线勾出，钩面之侧包以金箔，尾错金银作多种图案，极其华贵。塔儿坡墓地带钩多种多样，图案华美，最长达到19.5厘米。另外，还出铁带钩67件，虽然残朽，但都异常珍贵[19]（图12-4）。

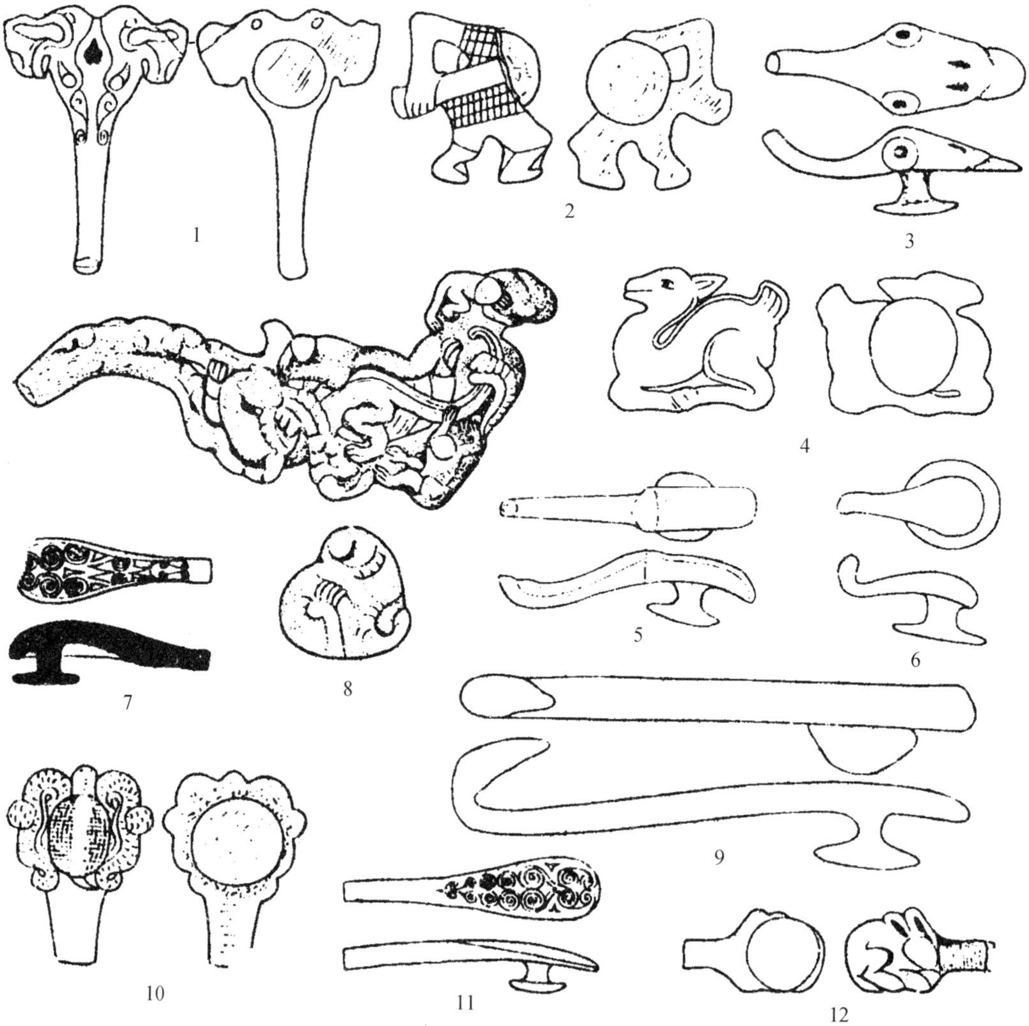

图12-3　长陵车站沙坑出土带钩

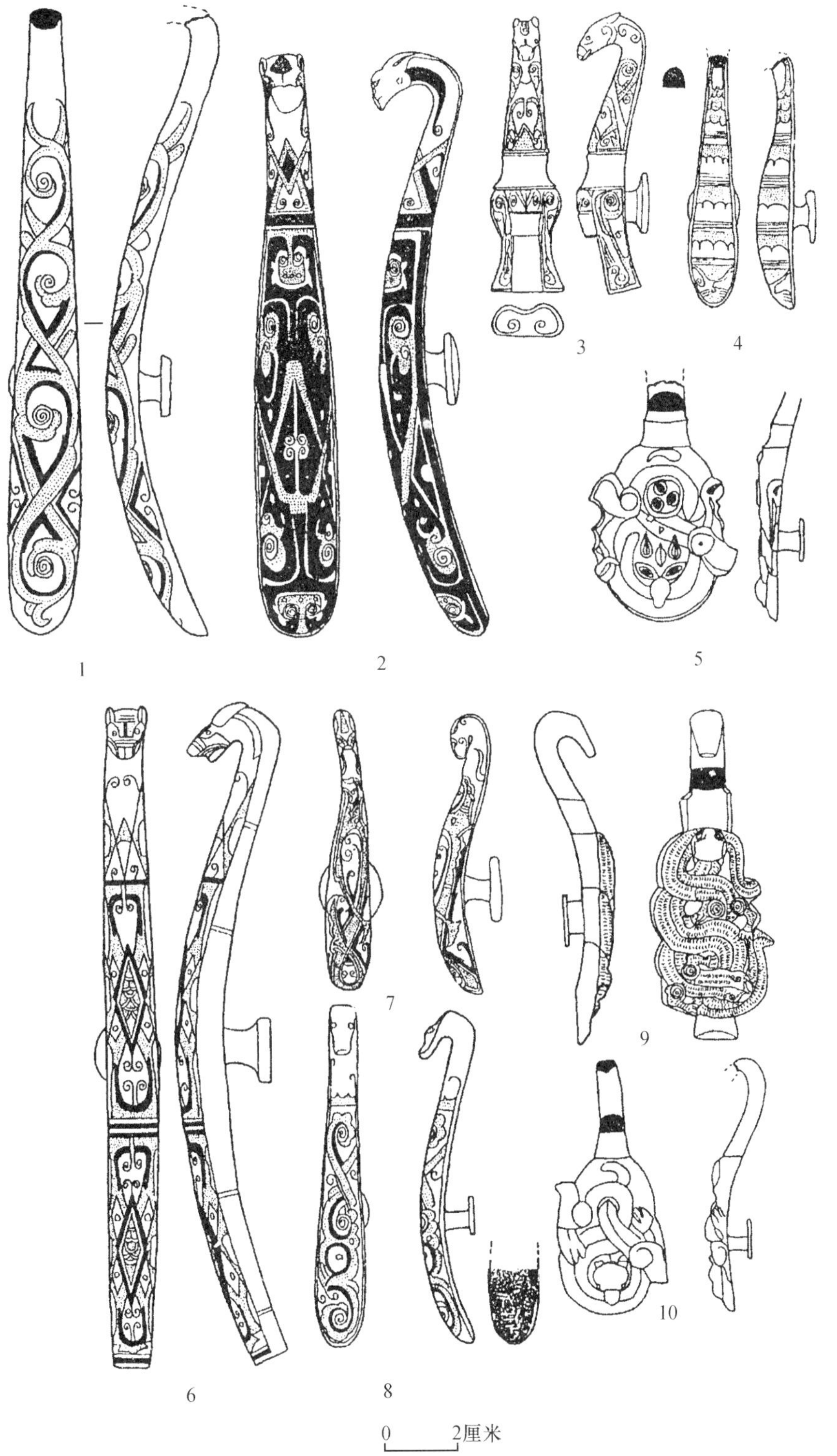

图12-4　塔儿坡墓出土带钩

1、2、6～8. 错银　3. 包金错金银　4. 包金银　5、9、10. 铜带钩

第三地点是秦始皇陵区。上焦村秦墓曾出土3件小而精的铜带钩，作琵琶形、长嘴形和双龙形，均饰以云纹；秦俑战袍上雕刻的陶带钩，形状见有夔龙、飞鸟、武士奋刺、琵琶、钉盖、斧、棒、铲、琴等，当是铜带钩的模拟品。

二、器物的装饰性附件和刻纹装饰画

（一）容　器　类

铜器上的附件，往往铸成精巧的鸟、兽或人的形象，可说是殷周以来的一个艺术传统。秦人一开始，同样也是接受着这一文化的影响。边家庄一号春秋秦墓的铜簋、方壶的双耳、扁壶的把手上铸有兽头，竖双耳、瞪双目，形象奇谲。铜盘上立的鸠鸟也极其生动。至于铜鼎上的窃曲纹与波状环带纹，簋、壶等器物上的窃曲纹、重环纹、瓦纹等都是西周晚期至春秋早期的流行纹饰。

凤翔高王寺出土的战国早期的提梁盉，流为兽头，而又以兽身和四足为提梁，造型优美（图12-5）。两件镶嵌宴射纹铜壶，上面有三个鸭形纽的盖，是高浮雕的小品之作。而壶身从上至下分四层，镶嵌有飞射、弋射、宴乐、狩猎纹图像。同一题材的作品，过去见有洛阳中州路M2712、辉县山彪镇M1、成都百花潭中学M10的出土物和故宫博物院的藏品。所以，这类数量不多的宴射纹铜壶，不仅具有很高的学术研究价值，而且也是一批珍贵的镶嵌工艺品。

咸阳市任家嘴秦墓出土一批铜器，可以说是战国中期秦的作风之代表。铜鼎盖上三只卧虎、敦盖上三只鸟都凸出于绹索纹之上；短颈铜壶的两肩上，附有铺首衔环，表饰阴刻纤细的卷云纹外，还采取了错金、嵌绿松石的工艺；两件高柄钫，不但造型别致，而且纹饰也奇特。铜钫作口敞、短颈、鼓腹形状，顶有盖。而底部是带细长柄的喇叭座，通高25.1厘米。钫颈饰变形凤纹，肩饰对望的两朱雀，腹饰夔凤纹。基部的画面更趋复杂，神话色彩甚浓：中间有一羽人，头顶两蛇，执三支羽状物在起舞。羽人两侧有两只大鸟相背站立，鸟长颈而曲，长嘴，昂首欲鸣，身虽短，但腿长而粗；鸟上空还各有一圆饼物。钫是一次浇铸的，但表面的装饰采用剪地平雕手法[20]（图12-6）。

秦陶器上的装饰性附件，雕塑成一些动物形象，也往往是学铜器而来。像铺首衔环，陶囷顶上饰一立鸟等。

（二）建筑材料类

建筑的刻纹装饰画，以各种瓦当和空心砖为其大宗。以秦的故都雍、栎阳、咸阳及始皇陵出土的各类砖瓦数量为最多。例如，咸阳至武功一带滨渭的诸宫，乾县的梁山宫、甘泉宫，淳化的林光宫，周至的长杨宫，宝鸡的羽阳宫，北戴河秦皇父子行宫，宁夏泾源等处的建筑基址，都留下了丰富的建筑文化遗存[21]。就连从甘肃岷山、

图12-5　铜提梁盉

图12-6　高柄钫纹饰（咸阳出土）

临洮、渭源、环县，宁夏固原，陕西的吴旗、靖边，内蒙古的十二连城等长城一线的内侧，也都有云纹瓦当、绳纹板瓦、几何纹方砖的发现。

建筑遗物往往是当时建筑艺术风格的反映。秦的建筑艺术内容广博，其瓦当题材相当丰富：早期的多见葵纹、叶纹和辐射纹，后期则变为各式云纹、几何纹和动植物纹。动物纹有鹿纹（雍城有单鹿、子母鹿，阿房宫有四鹿）、豹纹（西安北郊徐家湾出土）、奔虎逐雁纹、猎人斗兽纹、鹿雁犬蟾蜍合璧纹、鹿鱼纹、双獾纹、獾纹、夔凤纹、四兽纹、蟾蜍纹、房屋人物纹（以上均为凤翔出土）、鹿龟雁四区纹、鸟、昆虫、蜻蜓、青蛙纹、蝴蝶、蝉纹（咸阳宫殿遗址出土）、鱼纹（阿房宫遗址）、双鸟戏水倒影纹、子母凤鸟纹等图像。植物纹有莲花纹、伞树、树纹（以上凤翔）、四叶纹、花苞（以上芷阳）、菊花纹（咸阳）及多种葵纹（凤翔、栎阳、咸阳等地）。（图12-7～图12-9）。

云气虎纹和夔纹，既写实又神秘。秦始皇陵和北戴河秦行宫都出土一种特大的夔纹瓦当，直径62厘米。过去有称之为“大瓦当”“瓦当王”“遮朽”，虽有趣，但不恰切。它是施之于建筑山墙面的梁、檩两端的，应称之为“檩当”或“梁当”。这种主题图案清晰、装饰性特强的大当，悬空在歇山顶、硬山顶或悬山顶的横梁两端，对显示建筑宏丽、高大、庄严的气势，绝对是有力的陪衬（彩版九，4）。

几何纹样中则以云纹为主，约占90%以上。但瓦心极富变化，既有动物纹，也有几何纹。前者中如仙鹤、凤鸟，后者则见有米格纹、网纹、联珠纹、三角纹等。混合纹样的有云鹤涡纹。这些瓦当图案的构成，既重现了匀齐均衡的原则，使瓦心和外周两区的纹样相呼应，有主有次，有疏有密，保持着平衡均齐的结构；又善于运用“等量同形”的对称方法造型，以中轴线或中心点向两侧或四面八方配置单元纹样，灵活地占有空间，显得富有生气和节奏感。同时，以运动状态向左右旋转的形式组织图案，也使得画面生动，灵活而富于朴素美观的韵律。

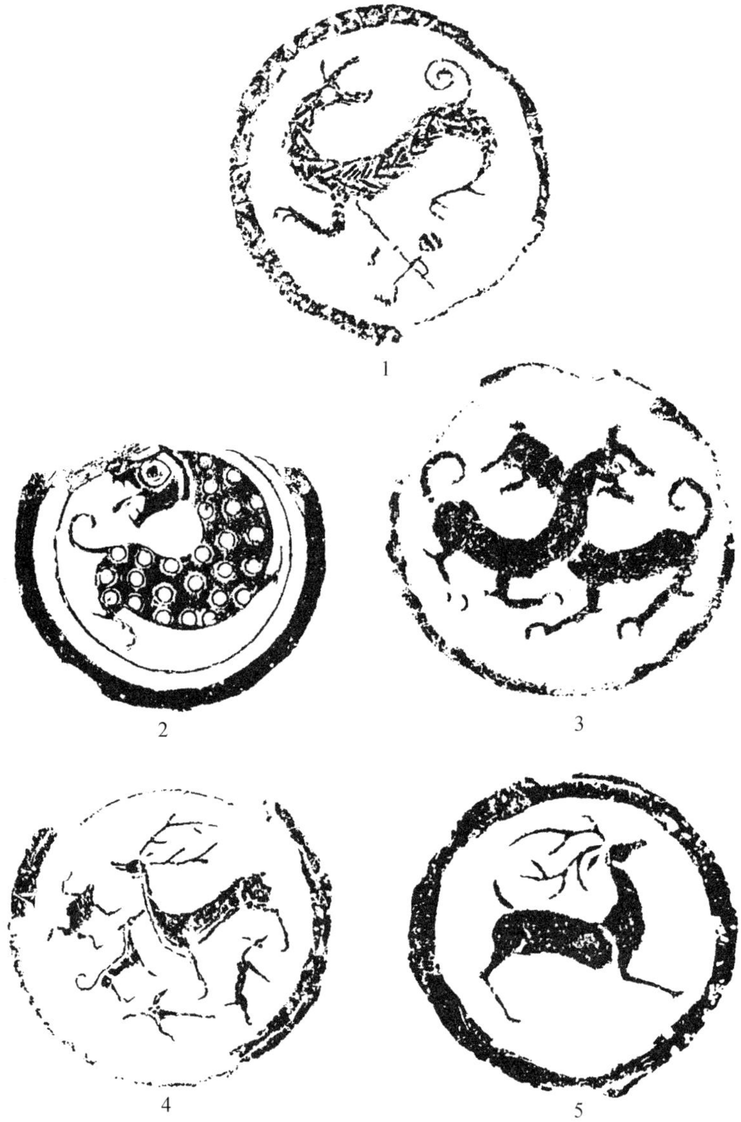

图12-7　动物纹瓦当

1. 刺虎（凤翔东社，径15厘米）　2. 豹纹（西安徐家湾，径14.5厘米）　3. 双貜（凤翔铁沟，径14.2厘米）
4. 鹿雁犬蟾（铁沟，径14.7厘米）　5. 奔鹿（南古城，径14厘米）

薄型的花纹方砖用于贴砌墙壁和地面，其图案纹样有回纹、菱纹、米格纹、圆圈、方格、平行线、三角、卷云、S、X、花卉等。在砖面的构图上，既有单体纹样的装饰，也有复合纹样的组合。其中规正、定型化了的云纹、柿蒂纹和曲形纹又多是组成复合纹样的基本形态（图12-10）。

花纹空心砖，一般是用来砌垒踏步或壁面的。其画面的构成和技法的运用，尤为讲究。秦咸阳遗址出土的几何纹空心砖，是五面模印回纹和菱形纹的四方连续形式。珥蛇的“水神骑凤”空心砖，用线刻作绘画的形式，是较为特殊的一种（图12-11）。

图12-8 植物纹瓦当

1. 花蕊纹（芷阳遗址14.2厘米） 2. 鹿兔雁（咸阳一号宫17.4厘米） 3. 莲瓣纹（凤翔豆腐村14.3厘米）
4. 四叶纹（西安洪庆堡14厘米） 5. 云纹（咸阳一号遗址16.6厘米） 6. 葵纹（临潼栎阳15.2厘米）

至于龙纹空心砖的画面，不但极其生动，还富有政治性寓意。像咸阳遗地的苍龙抱璧（龙有单双之别）纹，是线条流畅的阴刻，而阿房宫遗址的双龙拱璧则为浅浮雕，可说是各具千秋。但在布局上，前者只见于空心砖的正面，而后者则分别在空心砖体的五个面上。龙数不等，姿态各异，加之陪衬有背景，无疑是“飞龙在天”思想的艺术性反映（图12-12、图12-13）。

图12-9　云纹瓦当

1. 旬邑（当家，径16.5厘米）　2. 咸阳牛羊村（径15厘米）　3. 西安洪庆堡（径14.6厘米）
4. 咸阳一号遗址（径14.8厘米）　5. 咸阳一号遗址（径14.8厘米）

秦建筑的华丽，同样在一些铜构件上也反映出来。1973～1974年，在凤翔姚家岗先后发现三批春秋时期秦宫殿的青铜建筑构件64件，总重224千克[22]。这些被汉代人称之为之“釭”或“金釭”[23]的青铜铸造物，是由铜版和框架构成的箍套状。同使用的部位相套，其大件的形制可分为内转角、外转角、尽端和中段四个类型。此外，还有少数小型转角及全由铜版构成的箍套。“铜版”正面除周边留出空白之外，内心全饰以盘虺勾连纹，其顶端多为三齿形。所谓“框架”，实际是由铜条连接镂空的三维结构状态。这种金釭施之于宫殿壁柱（束拢承重墙的竖向杆件）或壁带（联系各壁柱的横向杆件）的木构上，使彼此连接成一个牢固的网状系统，不但是解决大型建筑荷载的重大措施之一，而且无论从室内到室外都具有一种特殊的装饰美感（图12-14）。

西安市临潼区，于20世纪60年代修零河水库时，曾出土过一段残断的青铜门楣。

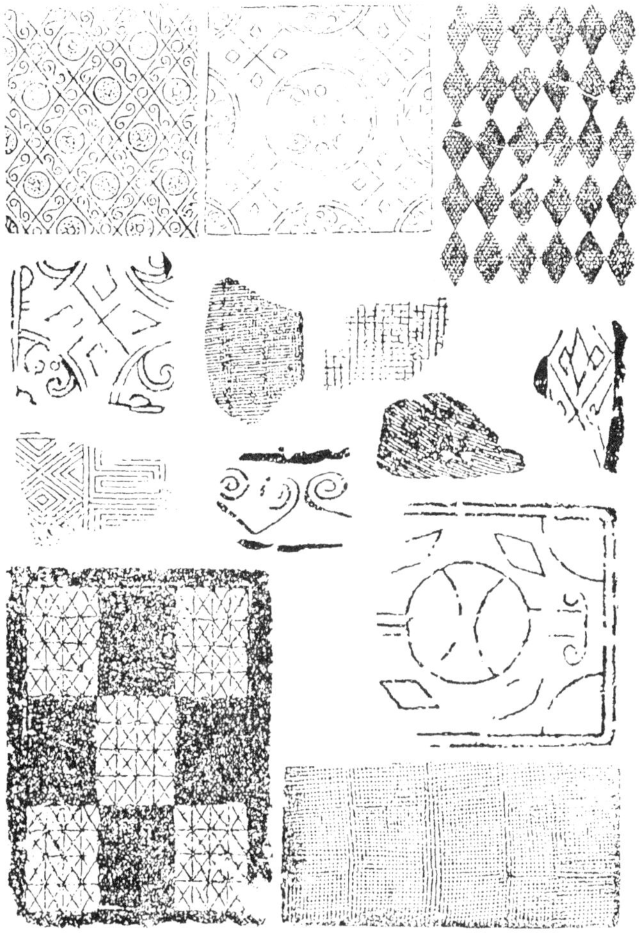

图12-10　花纹砖

图12-11　凤鸟纹空心砖（咸阳一号遗址）

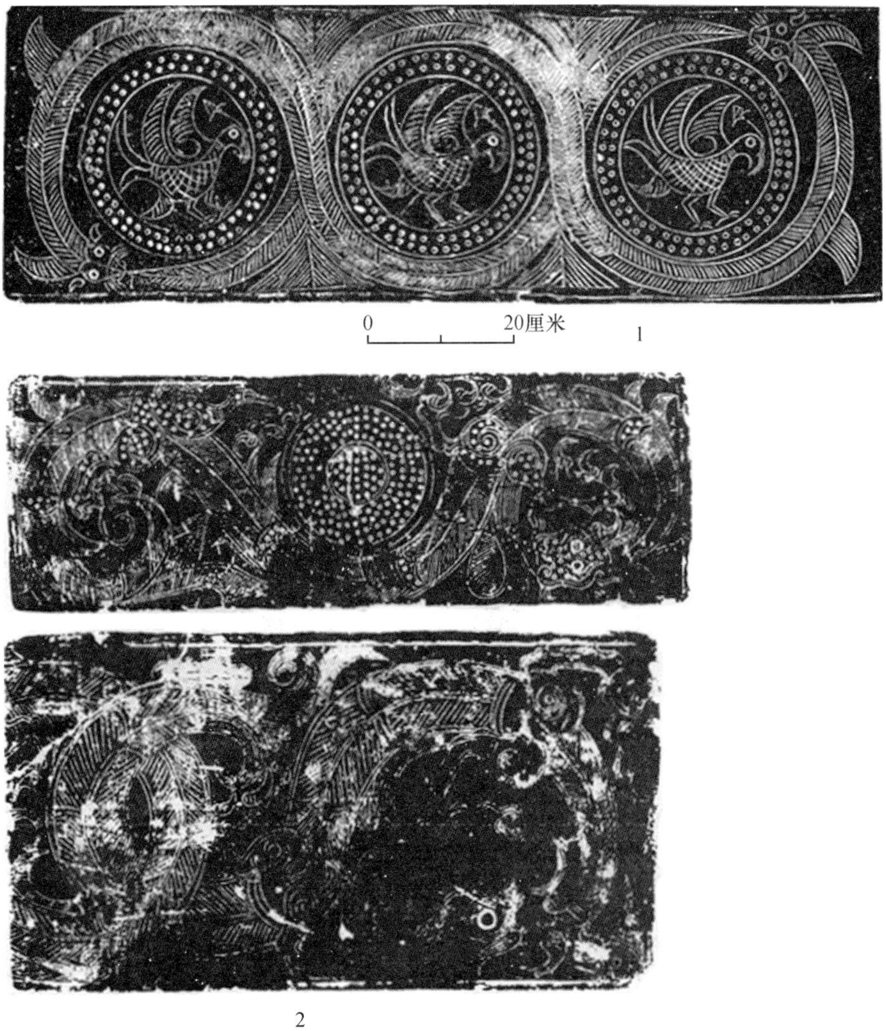

图12-12　龙凤纹空心砖拓本（秦都咸阳宫殿遗址出）

1. 龙凤纹空心砖拓片（秦咸阳3号宫殿遗址）　2. 龙绕璧空心砖拓片（秦咸阳宫殿区遗址）

图12-13　龙纹空心砖（阿房宫遗址出）

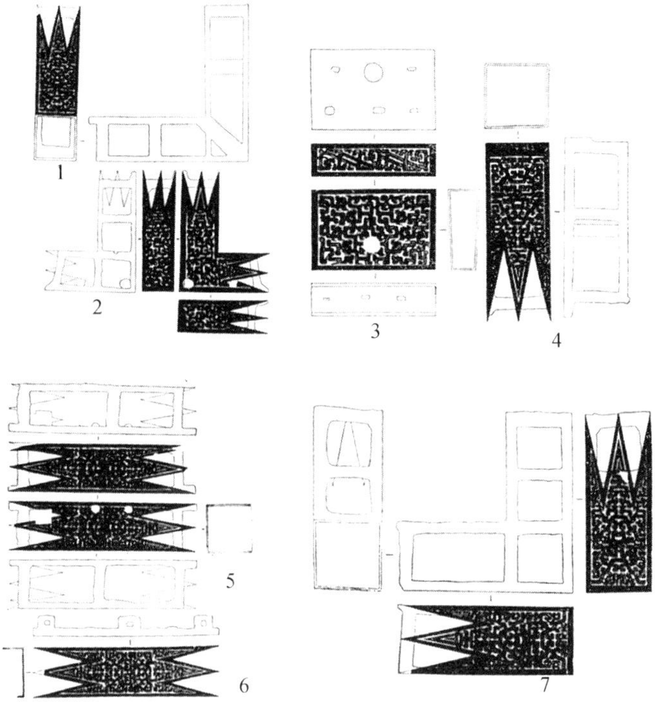

图12-14　金釭

楣上的画面构成，是先在棱边部留出一条宽带来，然后于大片的内心部铸有盘曲纠结的勾连纹。这一段建筑装饰画，同样反映出秦建筑物之宠大与装饰之考究。

（三）用　具　类

秦人爱马、养马、驭马，是早负盛名的，《诗经·秦风》中就为我们留下了描绘秦公车马盛况的一些句子：

“有车邻邻，有马白颠。”

“驷驖孔阜。六辔在手。……游于北园，四马既闲，輶车鸾镳，载猃歇骄。”

“小戎俴收，五楘梁辀。游环胁驱，阴靷鋈续。文茵畅毂，驾我骐馵。……骐骝是中，騧骊是骖。”

“我送舅氏，曰至渭阳。何以赠之？路车乘黄。”

秦人对于车马器用的讲究，同样也表现着他们的审美观点和制作工艺水平。春秋时期秦国的车马器还保留着较多的殷周作风，以户县宋村秦墓为例，出土的120件车马器全系青铜制品。一号墓的车辖、軎、衡末及马镳、络头之泡、节约和管件可以说是朴素无华的。仅仅在軎、衡的表面饰以蟠虺纹，个别铜泡才做成简单的兽面形状。二号墓的銮铃和兽头车饰，也仍然属于“周式”。把辖作成奴隶或兽头形状，同样还是带着奴隶制时代的烙印[24]。

秦始皇陵侧出土的两乘彩绘铜车马，提供给人们的是秦代宫廷用车的实例。而其华丽气魄的程度，则堪称铜铸、装饰艺术中的一绝。主车在后，名曰“安车”（也称“辒辌车”）。前面的一乘属于导引之车，名曰“立车”（又称“轺车”）。两车前后相随，成为出行时最起码的一个单元编组，总长5.4米，总重量在3000千克以上。每车配备四匹白色的马（称“白驷”）和一名御手，其体量约为真人、真马、真车的一半高。均由青铜铸造，并以金银饰件相配，通体彩绘，栩栩如生（彩版四~彩版六）。

秦陵铜俑、马造型准确，手法写实，已不再是贴附于器物作装饰性的小件，而是用作从葬的模拟之物。但它是我们能见到的、已经独立出来的、大型完整的圆雕艺术品。固然铜车是仿秦代宫廷乘车的偶物，但制作精巧，都具有原物的质感。像乘载、转动、牵引诸部分无一处含混的地方。马具如络头是由119节金银细管穿缀的。当卢纯系金制，右骖马之纛和马颈下的繁缨都是铜丝束札的穗子，骖马的项圈则由84个金银管焊接而成。挽具如轭、靷，鞁具如衔、橛、镝、胁驱、联索、韅、辔等活动部分多是万向节、铰链和销钉固定而成。这两乘铜车马同出一坑，结合其他四坑的铜车马和木车马来看，应是属于“五时副车”中的一种。以艺术的角度而言，可让人们窥见秦代宫廷车舆制度的一斑。

由于春秋战国以来秦人金银细作技术的精进，在一些小件器物上也能看出当时人对美的追求。凤翔西村秦墓车上的铜连环，是用四条透雕的蛇纹相互纠结的形状作成环纽，很有艺术趣味。而方环铜络饰上附着四条交龙，下附兽首。而圆环铜络，则是贴附着三个图案化了的兽头。还有一些铜泡不但泡面隆起，而且蟠虺纹、蟠螭纹、涡纹也都带有多样性的变化（图12-15）。M127出土的版状铜带饰，其版面虽然只有13.5厘米×6.3厘米，但刻纹纤细，线条流畅，图案是由条带纹、凹带纹、变形蟠虺纹、卷云刻地纹等多种纹样间隔组合而成，甚为美观。这种长方形铜带饰，在任家嘴秦墓地中出土了32件，大小有差，形式各别[25]（图12-16）。秦咸阳窖藏铜器中的戈镦，表面作错金银的勾连兽纹和云纹，也耐人寻味[26]（图12-17）。西安出土的秦鎏金卧虎作为纸镇，虽然虎形塑出的是静态，但它目视前方、张口喘息，却具有随机猛扑的动势。秦始皇陪葬墓出土的银蟾蜍（上刻“少府”二字）、铜剑、铜带钩、铜铃、铜镜、玉璜、玉璧等，都相当精巧。而陵园食官遗址中出土一只“乐府”铜编钟，虽然通高仅13.2厘米，但内外却是纤细如丝、线条流畅的金银错纹饰。钲鼓部饰错金的蟠螭纹，篆间为流云纹，钟带饰错银纹，舞部则饰满纤细的云雷纹。令人惊异的是钟内壁竟铸满阳线云雷和蟠螭纠结的四方连续图案（图12-18）。

三、绘画图案

（一）彩绘陶器

秦的日用陶器多系素面抹光，一些暗纹也多半属于施工过程中的遗留，如暗弦

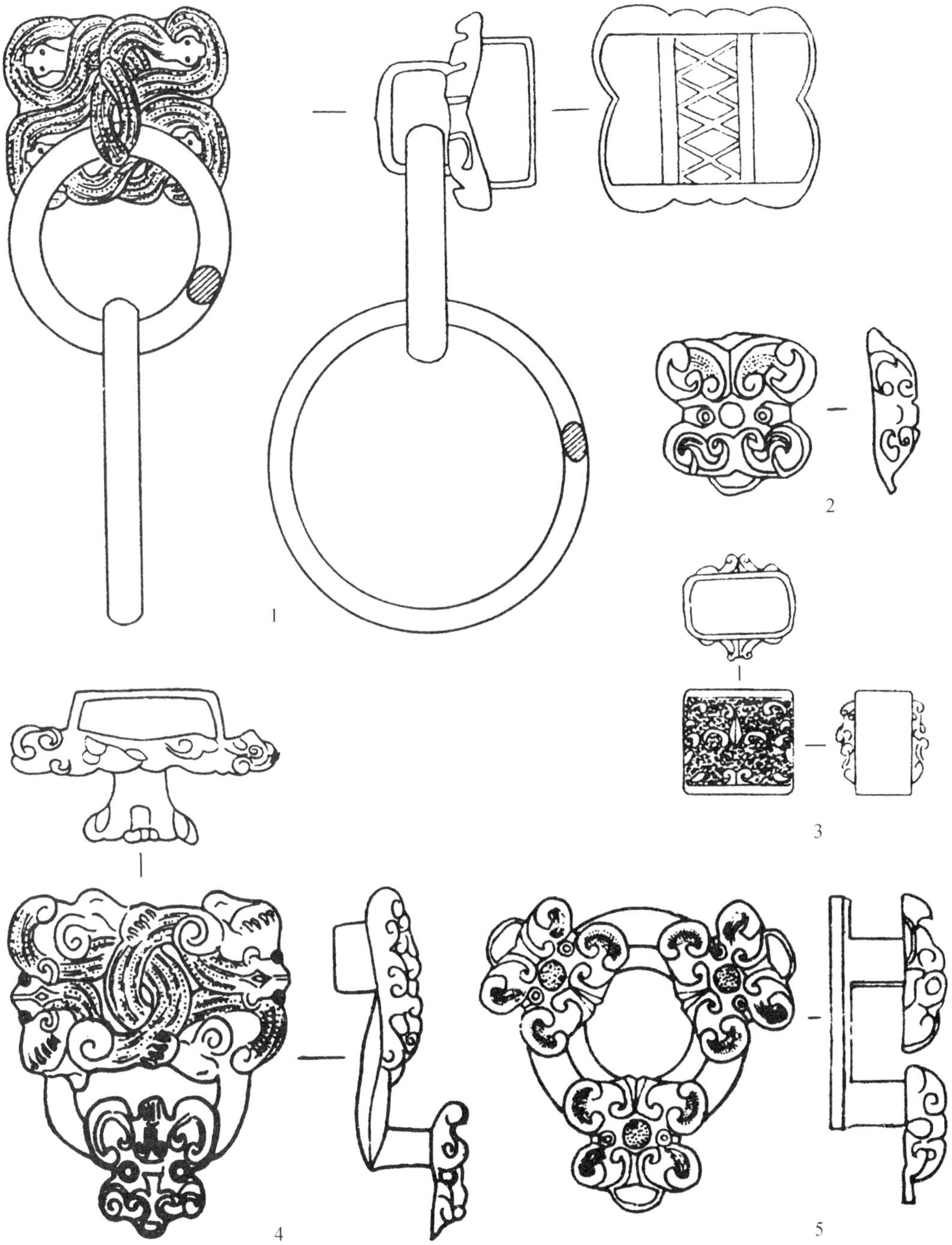

图12-15　凤翔西村出土车马饰

1. 铜连环（80M118：48）　2. 金兽面饰（80M162：04）　3. 铜箍（80M118：49）　4. 铜方环络饰（80M118：47）　5. 铜环形络饰（8M118：38）

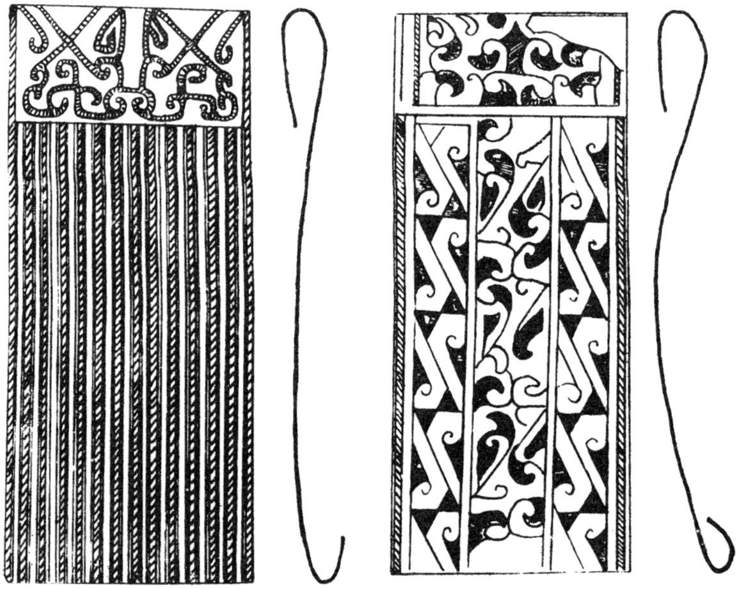

图12-16　铜带饰

图12-17　错金银戈镦图案（咸阳出土）

纹。有些显系有意所为，如在器物的肩、腹、圈足上饰以稍稍凸起的横弦纹、方格纹、篮纹。炊具的鬲、釜，表饰斜绳纹，底饰深麻点纹。只有茧形壶才饰竖弦纹，较为特殊。

彩绘陶器较为少见，而以凤翔高庄的一批最为珍贵[27]。彩绘器物见有簋、壶、钫、镀、盒等，用色为朱或朱红与白色相间绘画。

陶簋的形状，不但是秦秋晚期到战国早期铜簋的仿制品，而且花纹也是当时铜器上流行的纹饰，如标本M12：6，在中腹、盖和圈足上用朱红和白色绘勾连雷纹，下腹绘折线纹，在“三沿”（器沿、盖沿、圈足）上绘三角云纹，捉手上绘折线及三角云纹。M10：12，腹绘勾连雷纹和十字纹。盖绘勾连雷纹和三角云纹，捉手绘七角形，圈足绘宽带条。

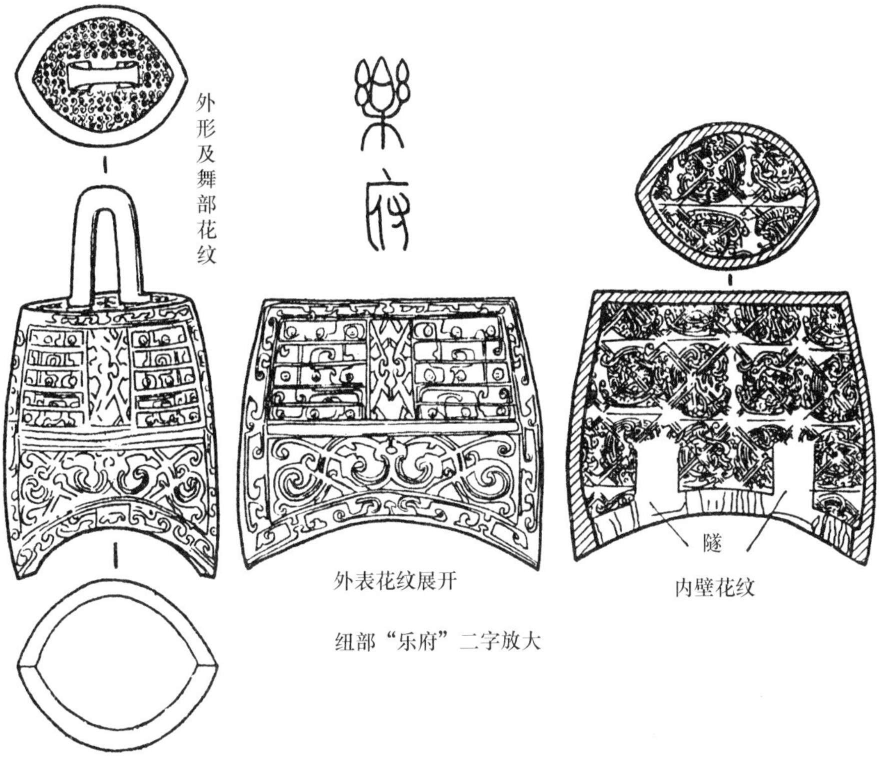

图12-18　铜乐府编钟花纹

彩绘陶壶，也是同期铜壶的仿制品。标本M12：4，长条形附耳用朱红和白色彩绘、耳绘以折线及宽带纹，盖绘三角云纹及圆圈、宽带纹，腹绘勾连纹，圈足绘三角云纹。M10：8，颈、腹绘勾连云纹，圈足绘三角云纹。方壶上一般的绘麦穗图案，捉手绘七角星，填饰云纹。M48：12，器形高大、装饰华丽，上下双折腹，颈细长而圆，大方口有盖，两侧兽首衔环的大耳高出口沿，在口沿前后的中部又各有一环耳。在壶颈和壶体绘勾连雷纹。口沿绘三角云纹，盖绘勾连云纹，圈足绘水波纹（图12-19）。

彩绘陶钫仅见Ⅵ式，通体用红、白色绘卷云纹。像M39：13，用朱红和白色在腹部绘卷云纹，口沿下绘三角纹。

陶鍑肩饰铺首衔环纹样，上体绘卷云纹。

陶盒通体彩绘，盖顶绘流云纹，口沿部饰带纹。

（二）衣饰图案

考古工作者在秦都咸阳一号宫殿遗址发掘时，在一窖穴中出土了一包已经炭化了的丝绸衣服，其中的禅衣质地非常细密，属于单纹绢。夹衣和丝绵衣的面是平纹绢或绢地锁绣锦，而里子属平纹绢。即使包裹衣服的包袱也是上好的质料，面系平纹绢，里为麻布。这些衣物丝绸已炭化，颜色和图案不清，仅可从锦和绢地锁绣上辨识处几

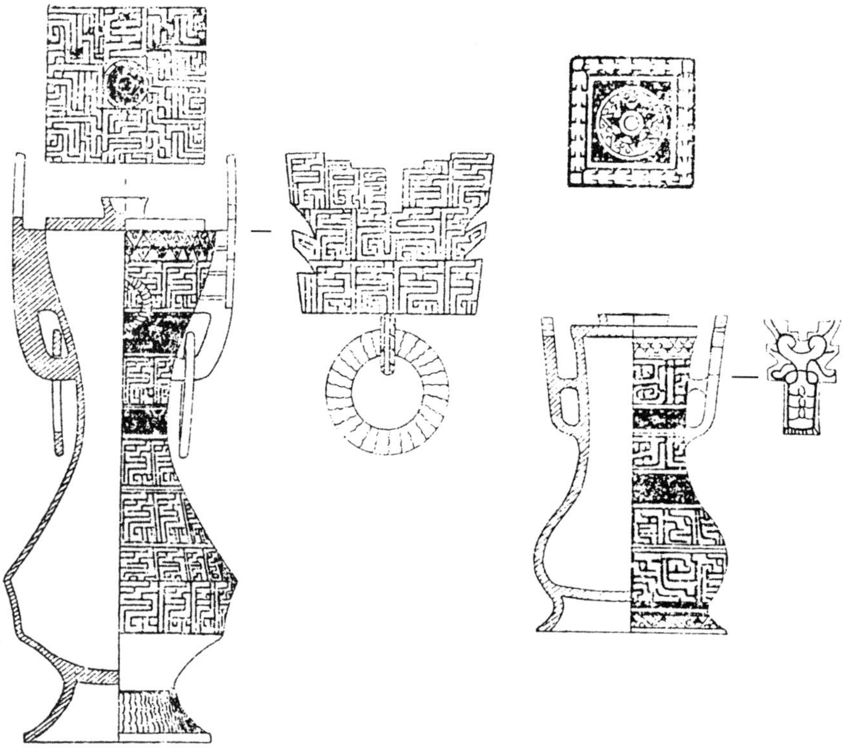

图12-19　凤翔高庄秦墓彩绘陶壶

何纹和动植物纹样组成的二方连续图案[28]。

衣纹绣绘图案者，最直观的莫过于秦指挥俑的甲衣了。对此，王学理最先著文做了专门研究[29]。从将、佐铠甲的皮质边缘上可以看出，这些华丽的图案是由品种繁多的几何纹样（如菱形、双破菱、杯文、轭菱、回纹、八齿星、对己、三角形、多边形、细腰、三圆点、圆圈等）、植物纹样（主要是总状花序、伞状花序、篮状花序及穗状花序）和自然纹样（如规矩化了的三角云掣电、涡旋、雨丝等）等三种为单元纹样，再由它们化生出一些复合纹样（如四菱格、盾形图案、仰轭、菱形带）来进行组合安排。其构图法基本有两种：一种是菱形网格的四方连续，即先用粗线打成十分规矩的菱网，再在每一格中绘细线而形成“回”字框，最后按总体排列纹样组的设计在每个框内填绘单元纹样；另一种是单体纹样作的二方连续，可分段组合、自由组合，也可以是单元纹样的展开。

秦俑甲衣图案用彩，也很特别，是通过对比设色的手法来陪衬主题的。以指挥俑甲衣为例，在赭色的小片甲札上缀以朱红色“甲钉”（即络组在甲片表面上的外露部分），犹若满天繁星；再施粉白和粉紫相间的络组，有似编贝般的整齐，使红、白、紫三色的“点”“线”突出于赭地之上。为了避免混淆，在甲衣周缘用粉红底的菱网图案，使大块的赭色同粉红色很明显地区别开来。菱网的线条粗黑，异常显眼。而在格内填绘的纹样施彩时，平涂的四菱格分别用粉白、朱红、深赫和金黄四色；陀螺菱用红心白边，或黄线红边；双破菱用红线白点，或白线红点，或红线红点，或黄线白点，或白线黄点。至于皮质的披膊为线赭色，而掣电、陀螺菱和涡旋等纹样无一例外地是用朱红色。例如，背带上的花纹图案，同样也是五彩缤纷的（图12-20）。

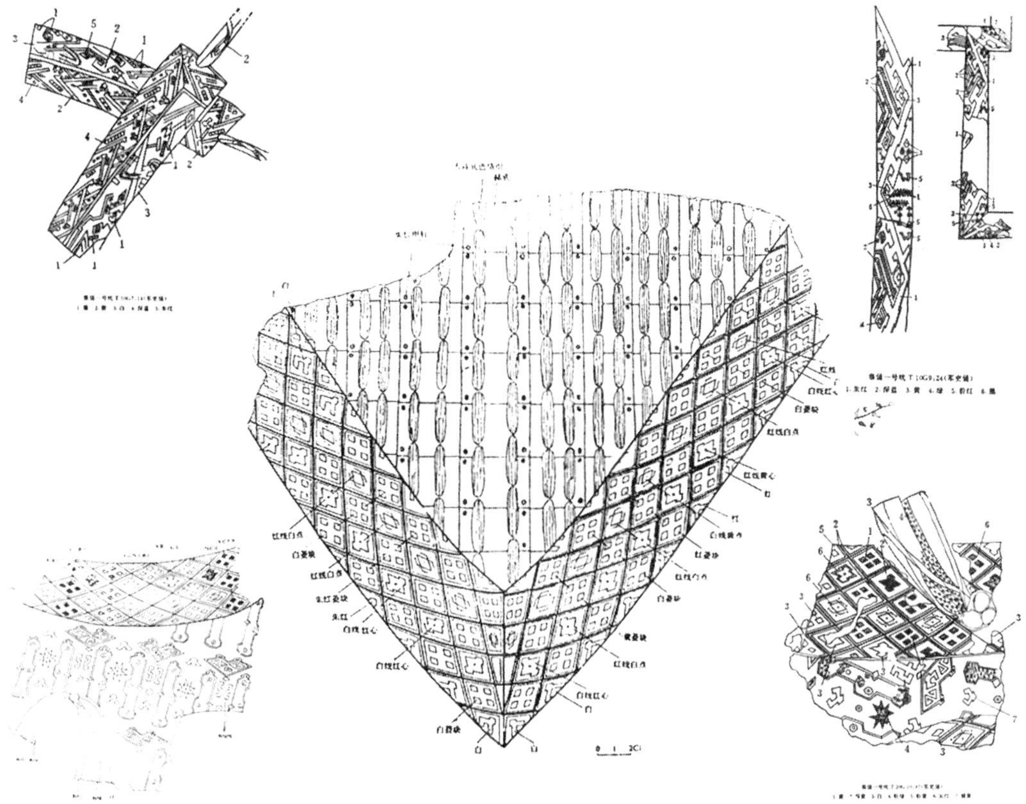

图12-20　秦军吏俑甲衣图案花纹

（三）车器图案

花纹图案在秦俑战车上者，只见于绘画在车轼、车厢和麻质的车幕残片之上。尽管这些部件上的图案斑驳陆离，但仍可看出这么几种表现：

一是先用两组平行线，按50°相交作成菱格网，再隔行在相交的菱格中填绘菱形的“回”纹，然后在隔行“回”纹造成的空缺菱格中画上“十”字科植物纹样的云朵。

二是由“回”字的四菱格、变形轭菱和轭菱形方向，作四方连续排列。

秦始皇陵西侧铜车上的彩绘图案绚丽多彩，弥足珍贵。以铜安车为例，在车厢板内侧以白色为底，上部绘变体夔龙戏凤图案，下部绘二方连续的菱形图案。两夔一蓝一绿，鳞甲用朱红。夔凤则墨黑，同夔纠结，组成一个单元纹样。夔凤纹呈散点排列，形成一区大的画面，其上下边部又用蓝底红花的条带夹住，使整体色彩对比度相当强烈。车厢外部的图案色彩更为鲜艳明朗，线条更趋流畅刚劲（图12-21）。

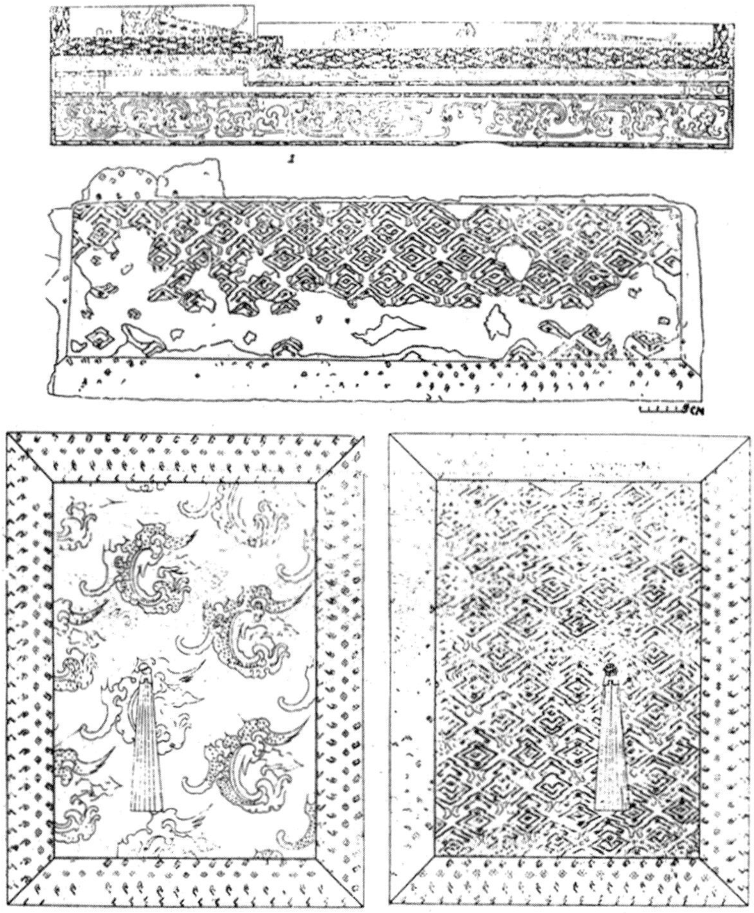

图12-21　铜安车上的图案花纹

在铜安车篷盖上彩画，象征原来有覆盖着的丝织品“幪”。里面的彩绘图案分三重：外圈是深蓝色的边框，上面绘朱红色的几何图案；中圈是在深蓝色底上，绘一组组蓝绿两色双夔纠结的图案；里圈则是在白地上绘双夔。

御座（育）多为装饰性图案。上下分成四层，绘有云气纹样和菱格网似的图案，流畅生动而严正不繁。

车前窗和侧窗中心部位是镂孔的，一组组菱形孔作四方连续排列，边框用蓝底，上绘几何纹样。

车门内外的四周绘红色几何图案。内侧为夔龙图案和夔凤图案，它是在白底上作散点分布的；外侧是以杯文和轭菱纹为单元纹样的，作四方连续排列。

彩绘铜车固然绮丽多姿，但并非浓妆般的刺眼。像蓬盖上绘以冷色的夔龙纹（蓝、黄两色），显得典雅高洁。车厢四围白色的流云纹和杯文，则显得沉凝稳重。总之，铜车从上到下都具有一种平淡素雅的美，“白马素车”是其基本的构成格调[30]。

车上配备的盾牌、弩与匣，都彩绘有图案，使整体华贵超常（图12-22）。

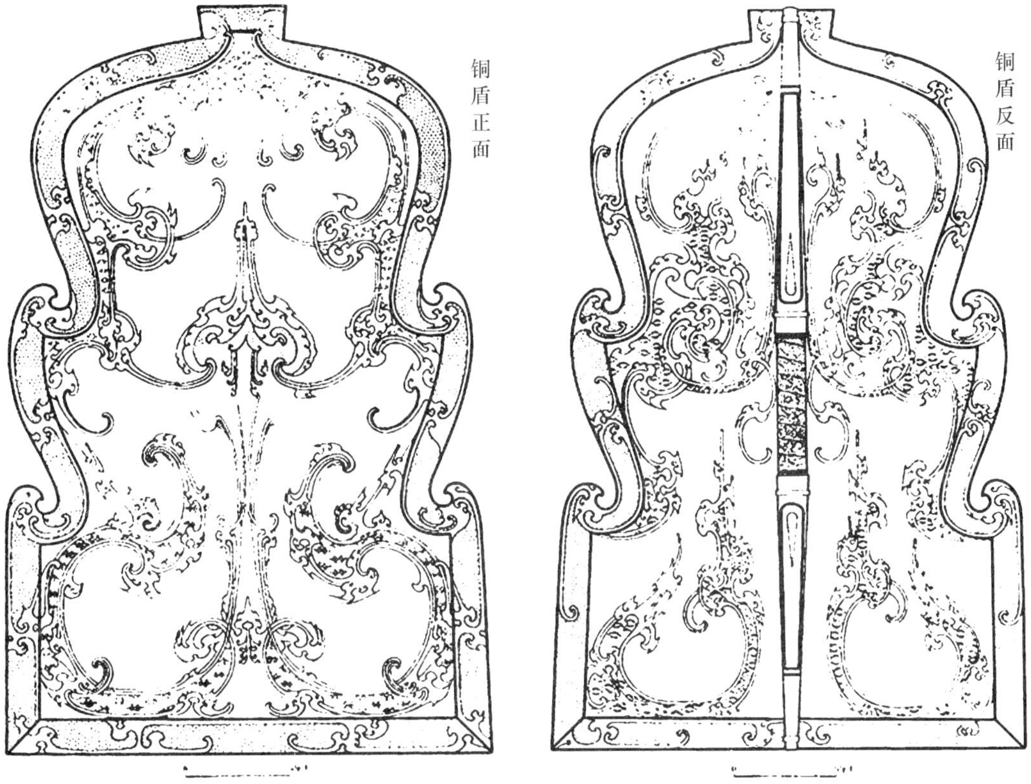

图12-22　铜盾表面的图案

（四）漆器图案

彩绘图案的漆器保存完整者，主要出自两个地区。一个是湖北云梦睡虎地的一批秦墓[31]，另一个是河南泌阳的三号秦墓[32]。另外，在巴蜀的秦墓中也有漆器的出土。

云梦睡虎地出土的漆器，除有两件竹质的之外，绝大多数胎骨为木胎，是由挖、卷、削而制成。髹彩漆的位置颇具共通性，即多在容器内壁涂红漆，外壁涂黑漆。只有少数的漆器，是内外皆黑的。彩绘用色以红、褐漆为主，少数用金色。在黑漆地上绘凤纹、鸟纹、变形凤鸟纹、鱼纹、梅花纹、云气纹、卷云纹、波折纹和柿蒂纹、点纹等多种纹样。色彩艳丽如新，线条勾连交错而流畅，花纹图案优美（图12-23）。构图巧妙，可以说是这批彩绘漆器的最大特色。彩绘的器物见有盒、盂、樽、奁、卮、勺、仓、耳杯等，今选取典型者做一简略介绍。

漆盂：M11：16、M33：26漆盂，在口沿内外的黑底上朱绘波折、圆点、几何纹和变形鸟头纹，内底的黑漆地上朱绘二鱼和一鹭鸟。鹭鸟单足伫立，披毛后翘，似在追逐两鱼，形象生动。外底还烙印一“亭”字。

双耳长漆盒：在盖顶、盖与盒相合的对口一周的黑漆上，用红、褐色漆彩绘圆

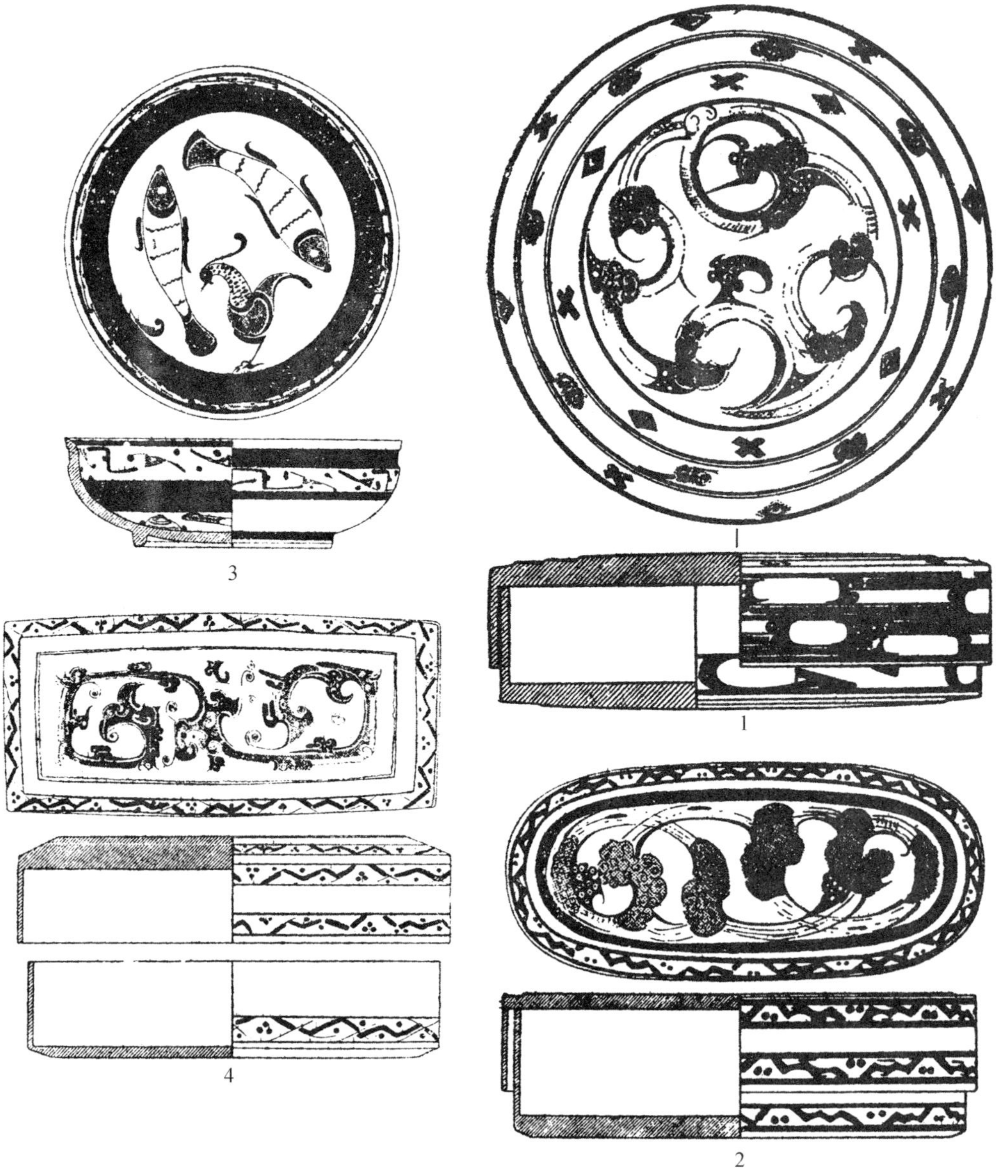

图12-23　云梦睡虎地秦墓漆器花纹图案

1. 漆圆奁（M34：60）　2. 漆椭圆奁（M31：7）　3. 漆盂（M33：26）　4. 漆长方盒（M36：25）

圈、变形鸟纹等花纹图案。M36：25长方漆盒，虽无双耳，用盝顶，在盖面中部用红褐漆绘云鸟纹组成相背的夔纹图案，甚美。

圆奁：在M7：12漆圆奁的黑顶上，先用红漆细线画四个同心圆。又在盖和奁帮上画平行线。再于空档间用红、褐漆绘凤纹、变形凤纹、荷花纹及圆圈、点等几何花纹。

椭圆奁：在M31：7的椭圆奁表面，用红、褐漆和金色在盖上绘云鸟纹，在盖外与器身上绘波折纹和点纹。

扁壶：M3：19漆扁壶的两腹上，朱绘昂首单足而立的双凤，中有如花蕾状物，腹侧朱绘几何花纹。

泌阳秦墓出土彩绘漆器的器壁稍厚，并多加银扣或铜扣，线条粗壮，花纹图案较云梦睡虎地秦墓的略显规矩庄重，绘画也多具平拓效果（图12-24）。器物内壁涂红漆、外表髹黑漆。在黑漆地上用红或褐色漆彩绘图案，所见器物有圆盒、樽、奁、舟和耳杯。器形、色彩和图案均甚精美。例如，三号圆盒的器身和盖的图案，是先以红

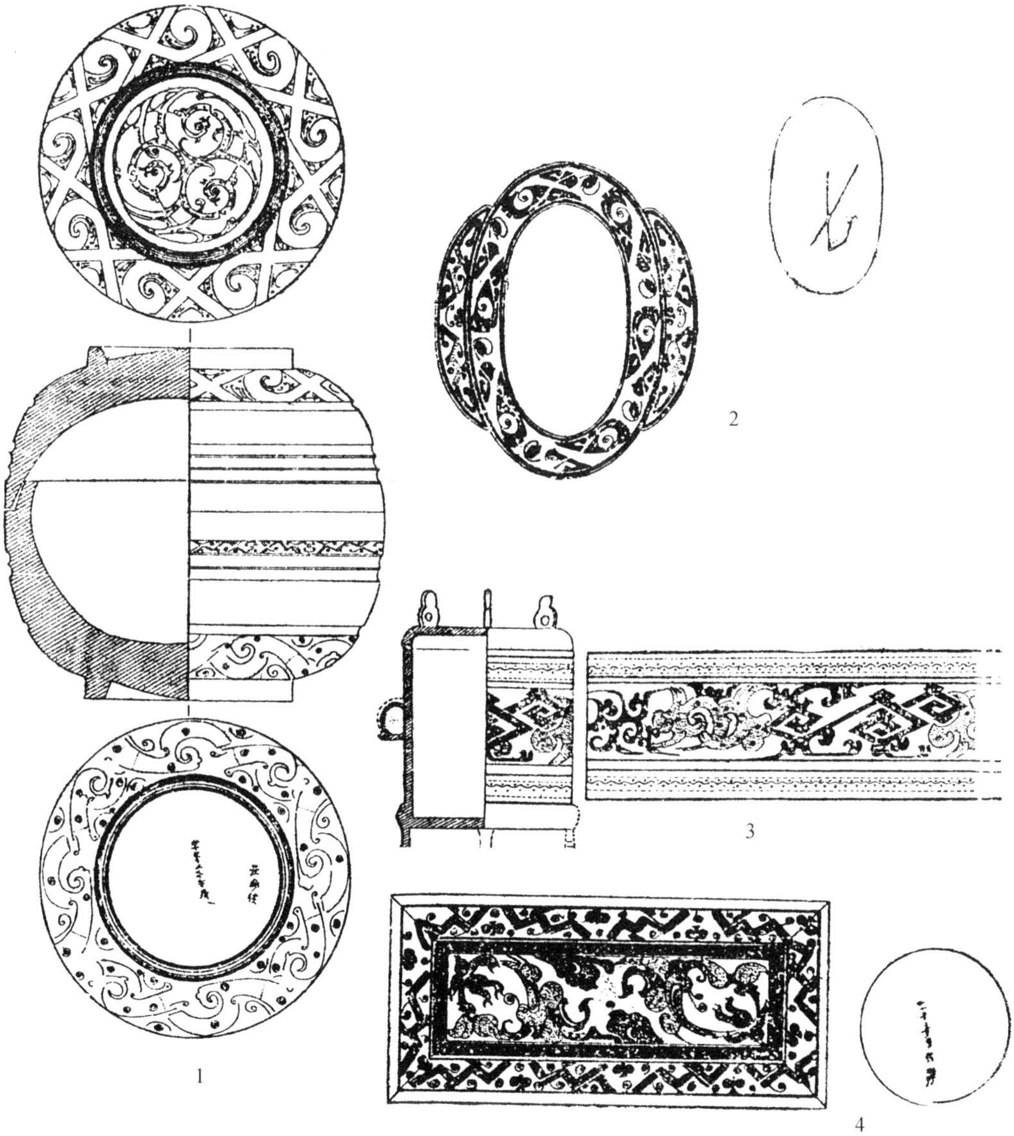

图12-24　泌阳秦墓漆器花纹

1. 圆盒　2. 耳杯　3. 樽　4. 方奁盖

漆作几道平行的宽条带，在器下壁和盖肩部用红、棕、黄漆绘出流畅翻滚的云气纹，在腹部绘粗折线纹，再于空间填花朵纹，加盖后具有上下对称之美。25号圆盒用镀银的红铜镶边和制作，足、身、盖各饰凹弦纹三周，器内壁髹褐中带黄的漆，表涂黑中透灰的色漆。在黑漆地上用红、褐、金黄漆彩绘云气、蟠虺、勾连等纹饰。29号漆樽，在器身上下用金黄色和棕色漆彩绘水波纹加圆点，作成边栏；画心则为流畅的云纹和变形夔纹相勾连，同规矩粗壮的回纹作二方连续展开。例如，方衣盖和耳杯，用金黄和褐色漆彩画变形的夔风纹、雷纹、花朵纹，构图也很别致。

第五节　音乐、乐器

一、音　　乐

秦人生活在西周故土，受周文化的熏陶，对音乐的爱好也表现出这种影响来。秦穆公曾对戎王使者由余说：“中国以礼乐诗书为政”（《史记·秦本纪》）。他显然把秦早已放在“中国—华夏”这文化圈之中，就很自豪地标榜“诗书礼乐”是秦施政立国的根本。

《史记·秦本纪》上还有这么一段故事：

> 穆公问内史廖：“孤闻邻国有圣人，敌国之忧也。今由余贤，寡人之害，将奈之何？”
>
> 内史廖说：“戎王处辟匿，未闻中国之声。君试遗其女乐，以夺其志；为由余请，以疏其闲；留而莫遣，以失其期。戎王怪之，必疑由余。君臣有闲，乃可虏也。且戎王好乐，必怠于政。”

于是，一场政治游戏就这么展开了。

秦穆公一方面以好客的姿态，同“由余曲席而坐，传器而食，问其地形与其兵势尽察”，另一方面“令内史廖以女乐二八遗戎王。戎王受而说之，终年不还”。

这“离间计”终于挑起了戎王同由余之间的猜忌。在得不到信任的情况下，由余还是投降了秦国。

“中国之声”在僻远的戎人那里是没有的，只有秦国才拥有相当规模和高水平的音乐舞蹈。

李斯《谏逐客书》说战国晚期秦人仅会“击瓮叩缶，弹筝搏髀，而歌呼呜呜”。好像秦音乐远远落后于东方六国，其实不然。对《谏逐客书》，我们必须有分析地对待。它是李斯为求秦王重用客卿，故意以别国音乐胜于秦乐为喻，多少带有贬损的意思在内。当然，里边也有真实的一面，否则是不会打动秦始皇的。在“渑池之会”时，秦王不是也为赵王击过缶吗？对此，我们只能这样的理解：第一，李斯说的是商鞅变法之后的情形。其时，秦国急于摆脱积弱的国势，实行法家路线，重视耕战，鄙弃东方的靡靡之音——“异国之乐”（郑卫桑间、韶虞武象），因而高雅艺术的形式受到一定的抑制；第二，“击瓮叩缶，弹筝搏髀，而歌呼呜呜”，是下层劳动者的民间音乐——“秦之声”，当“曲高和寡”的、提供给上层少数人的音乐受到限制时，原来相当普及的民间音乐就一下子突现了出来。但这绝不意味着秦国本来就不存在高雅艺术。

宝鸡太公庙出土的秦武公及王姬编钟、镈钟铭文提到“作氒龢钟，霝音锗锗雍雍”。“龢”指乐声和谐，“锗”即端，与肃义近。《诗·召南·何彼浓矣》有“曷不肃雍，王姬之车”的句子。端雍即肃雍，毛传：“肃，敬；雍，和。”钟铭形容秦乐端直、严正、敬和，这正是秦乐粗犷、厚重的同义语。直至今日的秦乐，西北风，仍保持着它的余韵。

石磬是我国最古老的乐器之一，河南安阳商代晚期的武官村大墓就出土过矩形云板状虎纹磬，湖北随县曾侯乙墓也出土了32件编磬；河南淅川春秋墓出编磬3套，每套3枚，该墓为楚庄王子午墓[33]；凤翔八旗屯春秋战国秦墓地，还出土过陶制编磬，有4套共48枚。

在秦汉以前编磬和编钟是帝王宫廷乐队最主要的乐器，它们以庄严肃穆、典雅纯正的“金石之声”在宫廷礼乐、宗庙祭祀、朝会宴飨、婚丧冠射等重要典礼仪式上都有奏鸣。儒家学说中将礼乐并重，乐中自然有磬。孔子听了用编磬演奏的《韶乐》后，高兴得“三月不知肉味”。他周游列国时，在车子的前面还要悬挂着石磬。正因为磬在古代有如此崇高的地位，所以帝王陵墓中都有磬的随葬。

1985年，凤翔南指挥出土石磬数十枚，其中部分已残缺（图12-25）。磬多有铭文，且有几枚铭文相同。但字体有大有小，我们估计原先最少有两套。形制巨大的石磬，为前此所有出土物中所未见者，堪称“磬中之王”，而小者又小巧玲珑。85凤南M1：300磬铭与1982年同墓所出另一残磬铭比对，根据断茬可以缀合，现存铭文二行，共38字：

图12-25　秦雍城遗址出土的石磬

> 滳滳（汤）氒（厥）商。百乐咸奏，允乐孔〈孔〉煌。𣪘虎（鉏铻）𢼄（载）入，又（有）𢦏（戬）载羕（漾）。天子匽（燕）喜，龏（共）逗（桓）是嗣。高阳又（有）灵，四方以鼏（宓）平……

磬铭有“百乐咸奏”句，说明秦乐器种类繁多。或独奏，或合奏，其场面之大，气氛之热烈，足见一斑。“奏”字作为音乐术语，意为演奏。殷墟卜辞的形象字，有如双手持有枝叶、有根的植物在舞蹈。那么，“百乐咸奏”，不纯是乐器演奏，恐怕还包括舞蹈在内。

“铵虎载入，有䜩载溓”，据孙常叙先生《“段虎”考释》一文，“䜩虎”当音假为“钼铻”。文意是：“以敌入乐发声，致使那正在演奏的‘讫事之乐，戛然而止（余音在溓）’。”从中也可看出春秋晚期秦国乐器种类很齐备，演奏程序也已相当的复杂，可知当时的秦乐已发展到相当的高度。

1976年2月6日，在秦始皇陵封土西北约110米处一地面建筑遗址内，发现秦乐府钟。这里紧靠内城西墙外侧，由于历年来的平整土地，在遗址的北侧已形成断崖。乐府钟就隐蔽在断崖的瓦砾中，放在一个残破的带三矮足的案内，陶案置于原来房内的地面上。钟，青铜质，鼻纽，通高13.3厘米，钲和鼓部饰错金的蟠螭纹，篆部饰错金流云纹，钟内侧为纤细的阳线云纹。钟纽一侧有篆书“乐府”二字。

寇效信首先根据钟铭对秦代乐府官署的设置情况，做了讨论[35]。《汉书·礼乐志》：“房中乐，楚声也。孝惠二年使乐府令夏侯宽备其箫管，更名曰安世乐。”寇文引了上述两段话，说：“始皇陵出土的乐府编钟，提供了最权威的证据，证明秦代确有乐府的设置，地下资料与史书记载，互相印证，完全驳倒了汉武始立乐府的臆断。”《汉书·礼乐志》：“至武帝定郊祀之礼……乃立乐府，采诗夜诵。”师古注：“始置之也，乐府之名，盖起于此。”寇文指出：“早在秦代，就有乐府了。”《汉书·百官公卿表》少府属官有“乐府令丞”，而少府是“秦官”。汉初，乐府一职继续设立，《史记·乐书》云：“高祖沛诗三侯之章，令小儿歌之。高祖崩，令沛得以四时歌舞宗庙。孝惠、孝文、孝景无所更增，于乐府司常肄旧而已。”寇文认为，所谓“乃立”绝非始立，“而是设立、扩充的意思”。其扩充包括扩大编制，用俗乐配祭，由乐府职掌采诗等。

“府”的大量出现在战国时代，其职能之一是储藏，所以“乐府”最早有可能是储藏乐器之所。秦公大墓编磬铭提到秦春秋晚期已有“百乐”，到了秦代，经过几百年，秦乐器的种类当更有所增多。设立一个专门机构来管理乐器。实属必要。《汉书·霍光传》载，光与群臣联名上奏太后。请废昌邑王，奏中列举昌邑王的罪状之一就是“大行在前殿，发乐府乐器，引内昌邑乐人击鼓歌吹作俳倡”。可见汉时的乐府仍有储藏乐器的职能。

秦始皇陵西侧内外城垣之间有“丽山食官”遗址，已进行过部分发掘。据《汉书·百官公卿表》知：食官是奉常的属官，其主要任务是掌握“日常的祭祀”。那么，丽山食官既是丽山寝园的食官，在其附近设立乐府，储藏乐器，以供陵寝祭祀时奏乐之用。可见秦“乐府”铜编钟的发现，为这一史实提供了强有力的支持。

二、乐器与舞蹈

秦公大墓残磬有“百乐咸奏”的铭文，表明秦乐器种类之繁多。

关于秦的乐器，文献记载颇多。《吕氏春秋·仲夏纪》：“是月也，命乐师修鼗、鞞、鼓，均琴、瑟、管、箫，调竽、笙、埙、篪，饬锺，磬、柷、敔。”高诱注：“鼗、鞞，所以节乐也，故修之。琴、瑟、管、箫，所以宣音也，故均平之。管，六孔，似篪。箫，今之歌竹箫也。竽，笙之大者，古者以瓠为之。竽，三十六簧。埙，以土为之。大如雁子，其上为六孔。篪，以竹，大二寸，长尺二寸，七孔。一孔上伏，横吹之。声音上和，故言调。诗云‘伯氏吹埙，仲氏吹篪，此之谓也’。锺，金。磬，石。柷如漆桶，中有木椎，左右击以节乐。敔，木虎，脊上有鉏铻，以杖栎之，以止乐。乐以合成，故饬整之也。”

琴的记载，最早见于《尚书》，认为是“舜弹五弦之琴，歌南国之诗，而天下治”。周代增加为七弦，成为定制的弹弦乐器。湖北曾侯乙墓有琴出土，是距今2400余年的遗物。伯牙弹琴，子期听出“高山流水”的故事，人尽皆知。琴成了文化艺术修养高超的标志，位列于“琴棋书画”之首，故长时间流传于士大夫阶层。明人张岱在《夜航船》中记了很多有名的古琴，其中秦惠文王就有“宣和”“闲邪”，始皇有“秦琴”，连李斯也有“龙腮”。

筝，是一种古老的乐器。《世本》上说：“瑟庖牺所作，先是五十弦，皇帝使素女鼓之，其声太悲，故破为二十五弦。”秦朝名师婉无义，以一瑟传二女。二女争弹，破为二器，取名曰“筝”。《玉篇》说：“筝似瑟，十三弦。”或许这相近的两种乐器，正是源自于一则美丽的历史故事。《隋书·乐志》《宋书·乐志》却说“筝十三弦，所谓秦声，蒙恬所作者也”。朱骏声在其《说文通训定声》中又说是“古筝五弦，施于竹如筑，秦蒙恬改为十二弦，变形如瑟，易竹以木，唐以后加为十三弦”。筝的起源与弦数的增减，我们不好肯定，但秦处于这一改进的关键时刻则是应予肯定的。而丝弦13根古筝流传时间长，朱说“唐以后加为十三弦”正是这一事实的注脚。而改制的18、21、25弦，以致44弦筝，出现的时间都非常晚，这足以说明久传的“秦筝”之称呼便是由历史久远而来。

《西京杂记》：“秦咸阳宫中，有铸铜人十二枚，坐皆高三尺，列在一筵上。琴、筑、笙、竽，各有所执，皆组绶华采，俨若生人。筵下有二铜管，上口高数尺，出筵后，其一管空，一管内有绳，大如指。使一人吹空管，一人纽绳，则琴、竽、筑皆作，与真乐不异。有琴长六尺，安十三弦，二十六征，皆用七宝饰之，名曰‘璠玙之乐’。”这种联奏的乐器，是否也属于秦始皇陵墓里的那种“奇器珍怪”？

《史记·刺客列传》记“始皇使高渐离击筑，未尝不称善”。

《史记·廉颇蔺相如列传》记渑池之会，秦王为赵王击缶。李斯也说：“夫击瓮叩缶，弹筝搏髀，而歌乎呜呜，快耳者，真秦声也。”应该说，秦人有过高档的乐器之外，还能以日用器具的缶、瓮作为乐器助兴。

考古发现的秦乐器有钟、镈、磬，大多为宗庙或陵墓祭祀之器。从磬铭看，秦还有柷敔。

秦时乐舞，据《汉书·礼乐志》所记有“五行舞”“寿人”舞。宗庙乐有《嘉至》《永至》《登歌》《休成》《永安》。汉高祖时，“叔孙通因秦乐人制宗庙乐”。可知秦的朝堂之歌是专有机构和人员的，其乐歌在《史记·秦始皇本纪》中只做了这样的记载：“始皇三十六年，使博士为《仙真人诗》，及行所游天下，传令乐人歌弦之。”

可惜《仙真人诗》留下的仅是一个篇名，而《水经·河水注》则为我们记下了一首《长城歌》：“生男慎勿举、生女哺用铺。不见长城下，白骨相撑拄。”中国最早的这首“长城诗”，正是劳动者对苦役发出冤痛的呼声。

秦有一个颇具规模的乐人队伍。秦乐人姓名见于记载者，有萧史、秦青、薛谭、魏勃父、高渐离、屠门高等。萧史善吹箫，能致孔雀、白鹤舞于庭，从而引起了穆公女儿弄玉的好感，于是穆公终于嫁女与他。秦青、薛谭的事迹，见于《列子·汤问》：“薛谭学讴于秦青，未穷青之技，自谓尽之。遂辞归，秦青弗止，饯于郊衢。抗节悲歌，声振林木，响遏行云。薛谭乃谢，求反，终身不敢言归。”这故事流传久远，成了虚心好学者的榜样。

秦人在音乐理论上也颇有建树。秦相吕不韦使门人作《吕氏春秋》，其中的《大乐》《侈乐》《适音》《古乐》《音律》《音初》《制乐》《明理》八篇，对音乐的起源、沿革、理论与方法，无不涉及。他们认为，音乐的兴衰与一个时代的政治状况有关，并能对政治产生反作用，因此统治者尤其须重视。《适音》篇说：“故治世之音安以乐，其政平也。乱世之音怨以怒，其政乖也。亡国之音悲以哀，其政险也。凡音乐通乎政，而移风平俗者矣，俗定而音乐化之矣。故先王必托于音乐以论其教。”又说：“故先王之制礼乐也，非特以欢耳目、极口腹之欲也。将以教民平好恶，行礼义也。”《音初》篇说：“凡音者产乎人心者也。感于心则荡乎音，音成于外而化于内。是故闻其声而知其风，察其风而知其志，观其志而知其德。盛、衰、贤、不肖、君子、小人，皆形于乐，不可隐匿。乐之为观者深。”对于“郑卫之声、桑间之音”，吕不韦有点绝对化，以为是“乱国之所好，衰德之所说（悦）”。但他们特别强调音乐的移风

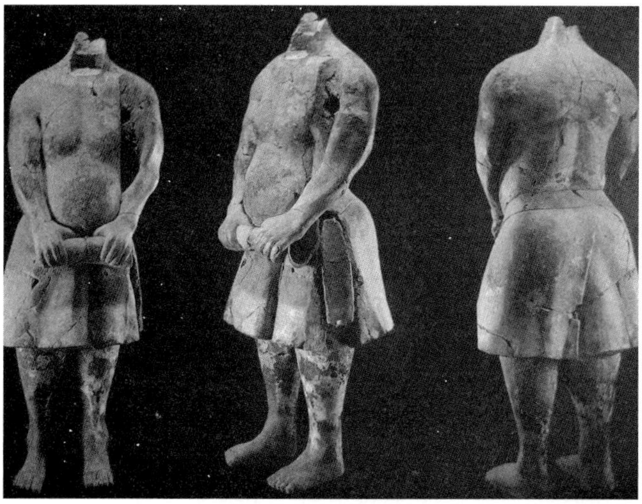

图12-26　秦百戏俑

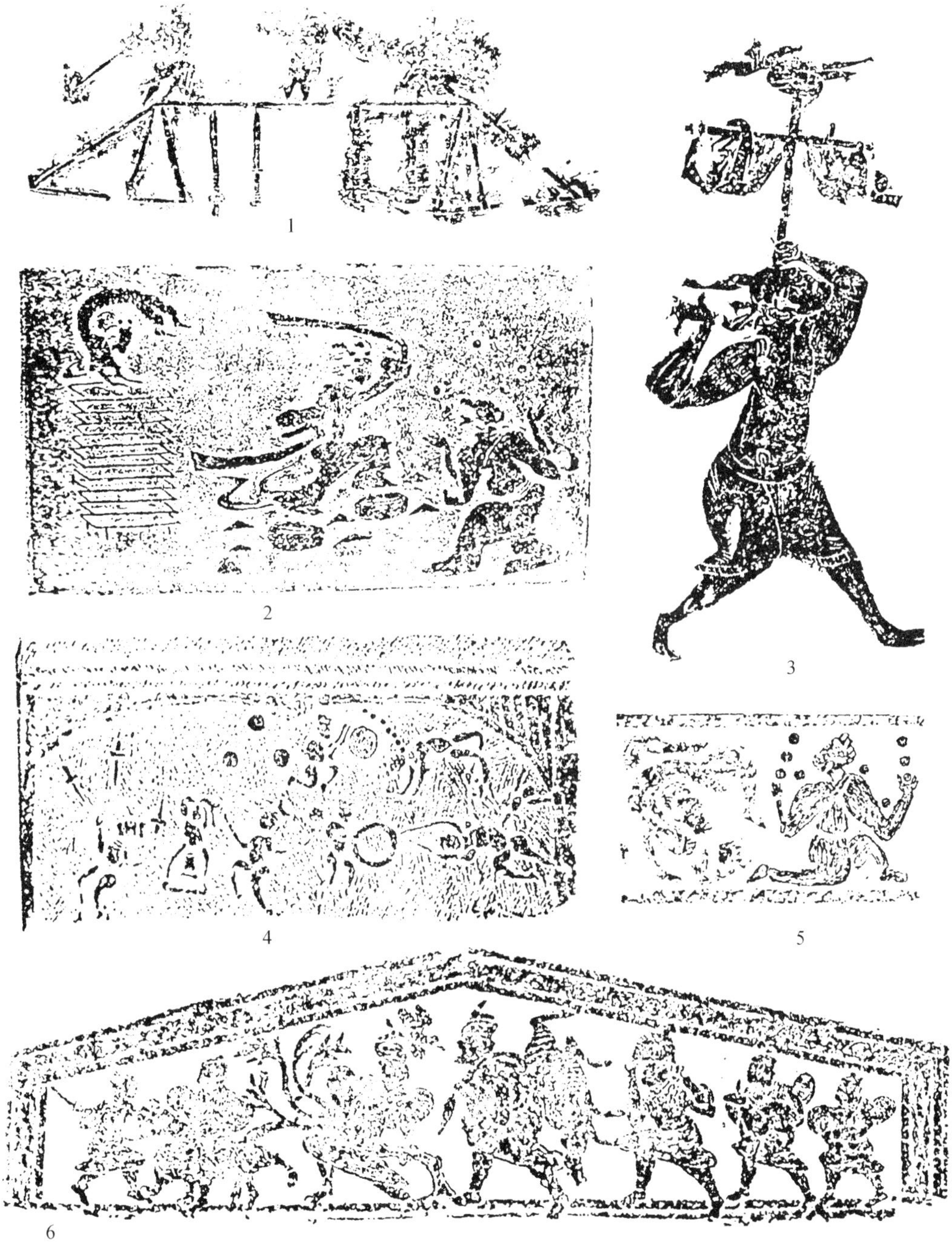

图12-27　杂技百戏画像石

1. 高绖（沂南画像石）　2. 安息五案（汉画像石）　3. 都卢寻橦　4. 反弓丸剑（宜宾石棺画像石）　5. 跳丸
6. 乌获扛鼎（铜山汉墓画像石）

易俗作用，提倡健康音乐，反对庸俗音乐，这在今天看来还是非常对的。

综上所述，可见秦音乐无论在乐器、音乐机构、人员、节目，还是音乐理论方面都有相当的发展，比起东方六国来，是有过之而无不及的。

秦代的舞蹈资料，在考古中很少见到，但从乐器种类之多、西汉舞蹈之盛，足见秦的舞蹈、百戏有着丰富的内容（图12-26、图12-27）。

注　释

［1］ 滕铭予：《秦文化：从封国到帝国的考古学观察》，学苑出版社，2003年。

［2］ 陇县边家庄M1的礼器组合除镬鼎之外，有列鼎5、簋4、壶2、盘1，计15件，同西周晚期的铜器墓接近。这些铜器不但器形与之相当，就连铜鼎上的窃曲纹与波状环带纹相配，簋、壶的窃曲纹、重环纹、瓦棱纹也都是西周晚至春秋早期流行的纹饰。材料见尹盛平、张天恩：《陕西陇县边家庄一号春秋秦墓》，《考古与文物》1986年第6期。

［3］ 宝鸡市博物馆等：《陕西宝鸡县太公庙村发现秦公钟、秦公镈》，《文物》1978年第11期。

［4］ 王学理：《“阿房宫”“阿房前殿”和“前殿阿房”的考古学解读》，《周秦汉唐文明》，三秦出版社，2006年；又刊《文博》2007年第1期。

［5］ 王学理：《秦都咸阳》，陕西人民出版社，1985年；又，《咸阳帝都记》，三秦出版社，1999年。

［6］ 王学理：《秦始皇陵研究》，上海人民出版社，1994年。

［7］ 马非百《秦集史》：“骞消一作骞涓。当是由霄讹消。再由消讹涓耳。《庄子》一书有建德之国。《汉书·地理志》谓之黄支，《大唐西域记》谓之建志补罗国（kanchipura），若骞霄者岂谓是耶?”

［8］ 王学理：《秦陵彩绘铜车马》，陕西人民出版社，1988年。

［9］ 驻马店地区文管会、泌阳县文教局：《河南泌阳秦墓》，《文物》1980年第9期。

［10］ 湖北孝感地区第二期亦工亦农文物考古训练班：《湖北云梦睡虎地十一座秦墓发掘简报》，《文物》1976年第9期。

［11］ 陕西省考古研究所：《陕西铜川枣庙秦墓发掘简报》，《考古与文物》1986年第2期。

［12］ 王学理：《秦俑军服考》，《解读秦俑——考古亲历者的视角》，学苑出版社，2011年。

［13］ 宝鸡市博物馆等：《宝鸡县西高泉村春秋秦墓发掘记》，《文物》1980年第9期。

［14］ 铜镜、铜带钩的考古材料，见吴镇烽、尚志儒：《陕西凤翔高庄秦墓地发掘简报》，《考古与文物》1981年第1期；秦都咸阳考古队：《咸阳市黄家沟战国墓发掘简报》，《考古与文物》1982年第6期；李自治、尚志儒：《陕西凤翔西村战国秦墓发掘简报》，《考古与文物》1986年第1期；秦俑考古队：《临潼上焦村秦墓清理简报》，《考古与文物》1980年第2期；湖北孝感地区第二期亦工亦农文物考古训练班：《云梦睡虎地十一座秦墓发掘简报》，《文物》1976年第9期；云梦县文物工作组：《湖北云梦睡虎地秦汉墓发掘简报》，《考古》1981年第1期。

[15] 咸阳市文物考古研究所：《任家咀秦墓》，科学出版社，2005年。
[16] 梅原末治：《洛阳金村古墓聚英》。
[17] 陕西省考古研究院：《西安尤家庄秦墓》，陕西科学技术出版社，2008年。
[18] 陕西省博物馆、文管会勘查小组（王学理）：《秦都咸咸阳城遗址发现的窑址和铜器》，《考古》1974年第1期。
[19] 咸阳市文物考古研究所：《塔儿坡秦墓》，三秦出版社，1998年。
[20] 咸阳市博物馆：《咸阳任家嘴殉人秦墓清理简报》，《考古与文物》1986年第6期。
[21] 王学理：《秦都咸阳》，陕西人民出版社，1985年；又，《咸阳帝都记》，三秦出版社，1999年。
[22] 凤翔县文化馆、陕西省文管会：《凤翔先秦宫殿试掘及其铜质构件》，《考古》1976年第2期。
[23] 《三辅黄图》说未央宫中“黄金为壁带”。《汉书》颜注：“壁带，壁之横木露出如带者也。于壁带之中，往往以金为……”《说文》段注：“凡空中可受者，皆曰釭。”《广雅·释器》“凡铁之中空而受枘者，谓之釭。”
[24] 陕西省文管会秦墓发掘小组：《陕西户县宋村春秋秦墓发掘简报》，《文物》1975年第10期。
[25] 咸阳市文物考古研究所：《任家咀秦墓》，科学出版社，2005年。
[26] 陕西省博物馆、文管会勘查小组（王学理）：《秦都咸咸阳城遗址发现的窑址和铜器》，《考古》1974年第1期。
[27] 雍城考古队吴镇烽、尚志儒：《陕西凤翔高庄秦墓地发掘简报》，《考古与文物》1981年第1期。
[28] 秦都考古工作站：《秦都咸阳第一号宫殿建筑遗址简报》，《文物》1976年第11期。
[29] 王学理：《秦俑军服考》，《解读秦俑——考古亲历者的视角》，学苑出版社，2011年。
[30] 王学理：《秦陵彩绘铜车马》，陕西人民出版社，1988年。
[31] 湖北孝感地区第二期亦工亦农考古训练班：《湖北云梦睡虎地十一座秦墓发掘简极》，《文物》1976年第9期；又，《湖北云梦睡虎地第十一号秦墓发掘简报》，《文物》1976年第6期；云梦县文物工作组：《湖北云梦睡虎地秦汉墓发掘简报》，《考古》1981年第1期。
[32] 驻马店地区文管会、泌阳县文教局：《河南泌阳秦墓》，《文物》1980年第9期。
[33] 赵世纲、刘笑春：《王子午鼎铭文试释》，《文物》1980年第10期。
[34] 寇效信：《秦汉乐府考略——由秦始皇陵出土的秦乐府编钟谈起》，《陕西师大学报（哲社版）》1978年第1期。

附　秦文化考古大事记

（1928～2016年）

1928年

▲洛阳金村秦墓

1928年在洛阳金村发现8座秦墓，出有秦印、秦镜和加刻秦始皇三十七年年号铭文的银器足。

1933年

▲秦汉犬邱遗址调查

由前国立北平研究院陕西考古调查队进行调查，查知犬邱遗址在今陕西兴平县城东南5千米之南佐村附近，发现有秦汉建筑遗迹和遗物。

▲秦雍城遗址调查

前国立北平研究院于上半年勘查，查知遗址在今凤翔南约2.5千米之南古城及其附近，发现部分城址及遗物。

▲秦阿房宫遗址调查

由前国立北平研究院调查。遗址在今长安城西10多千米之阿房宫村附近，有前殿遗址存留。

1934～1937年

▲宝鸡斗鸡台沟东区秦墓发掘

前国立北平研究院为了考察周、秦文化的渊源，苏秉琦先生等人发掘了一批周、秦、汉古墓。其中有11座是秦墓，发现铲形袋足鬲、洞式墓、屈肢葬。这是第一次把秦考古学文化由周文化中分离了出来，并第一次将其分为早、中、晚三期。

1947年

▲甘谷的最早调查

著名考古学者裴文中先生在渭河流域调查时，在甘谷磐安镇一带发现了内涵丰富的周秦文化遗存——毛家坪遗址。

1950～1951年

▲对甘谷的再次调查

20世纪50年代，甘肃省文物管理委员会对渭河上游天水、甘谷两县进行考古调查，再次复查了毛家坪遗址。

▲长安客省庄秦墓发掘

由中国科学院考古研究所沣西队发掘，共发掘了71座秦墓，除个别墓圹不清外，全部是较小的竖穴墓。随葬陶器的基本组合为鬲、盆、罐、壶，出鼎的极少。

1951～1953年

▲西安附近考古调查

1951年和1953年，中国科学院考古研究所先后在西安附近做了古文化遗存的调查和试掘，发现了三种不同文化类型，其中在马王村一带，发现了属于秦文化的遗物。

▲成都羊子山M172号秦墓发掘

由四川省文管会发掘。该墓位于成都市北部，是一座长方形竖穴土坑墓，墓口大于墓底，有木椁。出土有铜鼎、铜鍪、铜矛、铜剑等。陶器中有茧形壶等重要遗物。

1954年

▲宝鸡李家崖秦墓发掘

4～6月，由陕西考古调查发掘队发掘，共发掘10座土坑竖穴洞室墓。葬式为屈肢葬，墓室内有小龛，器物放在龛内。随葬器物中陶器有鬲、釜、壶、罐、鼎、盒等。少数墓有铜镜、带钩等。发现有带耳铲形袋足鬲。

1954～1955年

▲河南郑州岗杜秦墓发掘

1954年年底至1955年4月，为配合郑州市岗杜附近的基本建设工程，由河南省文物工作一队对此发掘，在相隔不远的5个工地上共发掘出47座墓葬，时代从春秋末年或战国初年至汉代中叶稍后。墓葬分为两类，第一类第四组和第二类即是秦人墓。墓葬有竖穴和洞室两种，葬式有屈肢和直肢两种，陶器有罐、壶、盒等。

1954～1957年3月

▲西安半坡秦墓发掘

中国科学院考古研究所在此共发掘112座墓葬，绝大多数是洞室墓，多为东西向，葬式以蜷曲特甚为主。随葬品以陶釜为常见，另有盂、罐和壶；其次有鬲、盉、茧形壶。个别墓还出土铁质农具。在这批墓中，有的墓主身上有箭射入留下的铁铤铜镞。

1955年

▲长安洪庆村秦墓

春天，陕西省文管会在此发掘两座墓。两座墓系长方形竖穴墓道，土洞墓室，墓葬东西向。其中一座是使用瓮棺葬具。发掘时发现有一双布鞋痕迹。出土有环首刀和陶釜等。

1956年

▲山西左云发现秦铁权

山西左云县出土秦代铁权，权重36.5千克，上有廿六年始皇诏文。

1956～1957年

▲广西秦灵渠遗址调查

灵渠是秦始皇统一岭南时开凿。由广西博物馆调查知：它由铧堤、大小天平截江分水、引湘入漓等工程组成。南北渠总长34千米，南渠接漓江，是一个规模宏大的水利工程。

▲长沙左家塘秦墓发掘

由湖南省文管会于1957年发掘。是一座竖穴土坑墓，用木质棺椁。出土有陶鼎、盒、壶，以及铜矛、戈等大批文物。其中长胡四穿铜戈的内上有铭文“四年，相邦吕不韦（造），寺工聋，丞□”。

▲陕县秦墓

1956～1958年，中国科学院考古研究所在陕县发掘了200余座古墓，其中有92座属于战国晚期至西汉初期的秦墓。

1957年

▲西安市郊发现“错金卧虎”

10月26日，西安市东郊史家湾村东浐河边挖沙时，发现一“错金卧虎”，重6斤2两，身长20、高10.8厘米。全身饰错金花纹，项上涂金项圈，底有铭文云“邓市臣，九斤四两”7个字。

▲长沙左家塘竖穴土坑木椁墓出土四年相邦戈

左家塘1号竖穴土坑木椁墓，有左右两个边厢。随葬铜戈，刻“四年相邦吕不韦（造），寺工聋造，丞□”铭文，该墓应是战国末年或秦代初年。

1958年

▲咸阳发现秦车铜零件泥范

咸阳市西南北安村平地时，发现大量泥范。完好无损，制作精良。范内刻有花纹、几何纹样等。是作车铜零件的泥范。

1959年

▲宝鸡福临堡东周墓葬发掘

1959年12月至1960年1月，由中国科学院考古研究所宝鸡队发掘。共发掘11座墓葬、1座车马坑。墓葬分布比较集中，均为东西向竖穴土坑，有二层台。葬式多为屈肢葬。出土了一批青铜礼器和陶礼器。

▲秦都咸阳遗址调查和试掘

陕西省考古研究所于1958年成立，在1959年秋天和1960年春天，在吴梓林主持下展开了对秦都咸阳遗址的调查。

▲山西乔村古墓群

山西省文管会、山西省考古研究所等单位，从1959年起在此发现很多古墓，至1969年共清理1000座墓葬，其中有战国至秦的墓葬200多座，内有8座带围沟墓。山西省考古研究所编有《侯马乔村墓地（1959—1996年）》一书（科学出版社，2004年）。

1960年

▲“公朱左以”铜鼎

临潼县文化馆收藏。铜鼎通高16、口径15厘米。鼎盖面近边处刻“公朱左以”4字，腹外一侧横刻铭文五行“十一年十一月乙巳朔左□冶大夫□（？）冶嘉（？）铸贞鼎（？），容一斛”。

▲丽山园铜锺

出土于秦始皇陵园东北的安沟村，为临潼县文化馆收藏。铜锺通高44、口径19、底径19厘米，肩部有4耳，底下有铭文两行“丽山园容十二斗三升，重二钧十三斤八两”。

▲零河铜门楣构件

临潼在修零河水库时发现，为县文化馆收藏。铜构件残长90、宽19厘米，重150多千克，上饰夔凤花纹。

1961年

▲凤翔南古城遗址钻探和试掘

由陕西省考古研究所主持，继1959年工作以来，又在凤翔南古城进行了钻探和试掘，获得了一批瓦当、陶器、砖瓦等，另外还发现一件铜锛。

▲秦都咸阳调查成果

1961年，王学理进入陕西省考古研究所渭水考古队。经过几年的考古调查，在今咸阳市东北约10千米的长陵车站一带做的考古调查和试掘，共发现了上百个灰坑、70

余眼水井、1座陶窑、两处夯土墙、11处水道、12处建筑基址。随后，发表了关于秦都咸阳调查的第一篇简报。

▲秦宫殿遗址第一次试掘

秋天，陕西省考古研究所渭水考古队吴梓林和王学理两位业务骨干，在田野调查的同时，对窑店镇牛羊村北的咸阳原第六号建筑遗址（1973年后改编为第一号）进行试掘，在顶上西北部清理出房基地面、倾水池、壁画残块。出土的建筑铜构件，虽经大火烧熘，但残留花纹相当精美。也使秦代壁画第一次面世，发现了大量的砖瓦残片、陶器、铜器和陶文。

▲秦都咸阳第一批沙坑铜器

11月，在长陵火车站西的沙坑中，陕西省考古研究所渭水考古队吴梓林、王学理二人清理出一批铜铁料块1000余斤，其中有一块完整的秦始皇铜诏版。过去所见秦始皇统一度量衡的诏文，出之于著录，而这块诏版实物是第一次出土于秦故城遗址，显得极其珍贵。

1962年

▲广州罗岗秦墓发掘

由广州市文管会主持，1月份在广州市东郊罗岗发掘了两座长方形竖穴土洞木椁墓，编号为M3和M4。其中M4出土铜戈一件，刻有“十四年属邦工”等铭文。同时还出土有陶瓮、罐、壶、盒、釜、鼎等陶器。

▲秦始皇陵调查

2月，由陕西省文管会王玉清、雒忠如主持，经地面和钻探调查，发现了陵园的内外城和门址，测绘了陵园平面图，在陵园内发现了三处建筑遗址，并发现了一批建筑遗物，同时在园内获得一尊秦跽坐陶俑及特大瓦当等零散文物。

▲秦都咸阳第二批沙坑铜器

3月14日，王学理在长陵火车站南沙坑的西南方向，又清理了一批窖藏。总共出土铜器280多件，其中生活用具有鉴、罐、鼎、盒、鍪、提勺等；兵器有弩、镞、矛、戈等；货币中除秦“半两”铜钱外，齐、燕、魏、楚等诸侯国的铜币就有15种，计达136枚之多。另有铜诏版、车马器、印章和各式铜带钩，等等。写出的简报，经过“文化大革命”10年后，才以“陕西省博物馆、文管会勘查小组”的名义发表。

▲秦都雍城遗址勘查

5月，由陕西省考古研究所徐夕台主持，对风翔县城关以南秦汉遗址进行了勘查，获得了一批陶器、砖瓦等建筑用品。在南古城和马家庄以北发现“年宫”和“棫阳宫”瓦当。

1963年

▲兴平发现嵌金铜犀牛

陕西省考古研究所于1月在兴平县豆马村的一处陶瓮中发现一站立的犀牛铜尊。犀牛重13.3千克，高34.4、长57.8厘米，造型特别生动，眼睛用黑色料石嵌成，全身遍饰错金流云纹，工艺水平极高。背上有盖，可以启闭。

▲秦都咸阳陶窑作坊遗址试掘

陕西省考古研究所王学理同郭长江在咸阳市东的滩毛村南渭河北岸，发掘了3座陶窑，出土了大量的陶器和制陶工具，基本确立了秦都咸阳渭北区的制陶作坊区框架。

▲宝鸡阳平镇秦家沟秦墓

1963年10月至1964年1月，由陕西省文管会屈鸿钧主持，共清理发掘5座墓葬，为长方形竖穴土坑墓，有二层台。墓口略大于墓底，有木质棺椁葬具，葬式采用屈肢葬。个别墓内有殉狗。有的棺椁上有铜质饰件和小铜铃。出土器物有铜簋、鼎、壶、盘、匜；陶器有鬲、壶、甗、豆、罐；石圭等。时代在春秋中晚期。

1964年

▲秦都栎阳遗址勘探

秦都栎阳遗址位于今临潼县武家屯以东，经吴梓林、王学理首次勘查，确认在东西长1.8、南北2.2千米的范围之内。后由陕西省文管会派员钻探，称城有六门，城内有东西街道两条，南北街道一条。城内发现大量瓦砾堆积，出土有大量金属、砖瓦和陶制品。

▲阿房宫遗址出土秦高奴铜石权

3月，西安市西郊三桥镇南高窑村农民在村北发现秦代铜权一枚，由陕西省博物馆所获取。该权出于秦阿房宫遗址北侧，权通高17.2、底经23.6、腹围76厘米，重30.75千克（即61.5市斤）。正面铸凸起阳文铭文，秦始皇统一度量衡时在权上加刻二十六年诏文，二世再加刻二世元年诏书。

▲秦始皇陵附近发现一件秦跽坐陶俑

4月，秦始皇陵园东侧的焦家村西南约150米处，发现一件跽坐的秦代陶俑，高65厘米，由临潼县文化馆收藏。

▲河南南阳发现秦汉窖藏铜钱

5月，南阳明家营公社杨新庄发现一完整陶罐内盛铜钱20余千克，有秦半两和吕后二年铸的八铢半两、汉初半两等。

▲临潼发现秦墓

该墓位于临潼县北，7月，临潼县文化馆对此进行了发掘。系一竖穴墓，南北向，墓室为单砖砌成，出土有陶釜2件，砖上有铭文“登宫水”“大水”“白章”等11种。其中“登宫水”砖文在秦始皇陵附近也有发现。

1966年

▲咸阳塔儿坡出土秦青铜器

4月，咸阳市博物馆在咸阳塔儿坡发掘，出土青铜器20多件，其中有鼎9件，锺1件，钫3件，蒜头壶1件。由铭文定名的有“私官鼎”“中敃鼎”“平鼎”“半斗鼎”“安邑下官锺”等。

1967年

▲宝鸡茹家庄秦墓发掘

3月，宝鸡市博物馆在渭滨区茹家庄清理发掘了7座墓葬。1座为瓮棺葬，6座为长方形竖穴土坑，墓口略大于墓底，墓葬呈东西向，有木质棺椁。葬式为屈肢葬。器物以陶器为主，有鬲、鼎、甗、盆、罐等。

▲宝鸡姜城堡秦墓发掘

12月，宝鸡市博物馆发掘一座东周秦墓，墓葬已遭破坏，出土有铜器、石器、骨器等77件。礼器有铜鼎3件，大小有差，但形制相同，制作粗糙，形体甚小。另有铜簋2件、方壶2件、盂1件。兵器有戈、矛等。

1969年

▲山西侯马乔村秦墓发掘

春天，由山西省文管会等单位共同发掘了20余座墓葬。这批墓以墓主人夫妇的两个墓室为中心，四周围一圈狭窄而较浅、内埋殉葬奴隶的围墓沟。墓葬分为早晚两期，早期墓呈方形或略呈方形，主墓室口大底小，土圹竖穴较深。有棺椁葬具，围墓沟中埋有奴隶。最多者上下共埋三层，计有18具青壮年男女奴隶尸骨，少者一二具；晚期主墓室为有棺椁的洞室墓，围墓沟又浅又窄，成了象征性的东西，也不再有奴隶殉葬，墓主人葬式全为屈肢特甚状。

1970年

▲临潼焦家村发现跽坐秦俑

临潼县文管会赵康民在秦始皇陵附近的焦家村北100米处，发现一件跽坐的陶俑，无头，残高54厘米。

▲秦始皇陵园内发现秦代文物

毛家村社员平整土地时，在临潼秦始皇陵园内城北门外200米处，发现秦代大铁铧一件，长25、翅距25厘米，呈“V”字形。同时还出土了石杵一件和其他文物。

1971年

▲山西榆次猫儿岭秦墓

山西榆次猫儿岭发掘了一批秦墓，出土了大批文物，有彩绘陶器、玉器、铜弩机和石印、墨书木片等。

▲江陵宜昌前坪和葛洲坝发掘战国两汉墓

考古工作者于1971～1972年年初，在宜昌前坪和葛洲坝发掘了战国两汉墓43座。其中战国晚期墓4座（葛洲坝M1、M2和前坪M23、M39），都是竖穴土（岩）坑墓。

1972年

▲秦始皇陵园发现大型夔凤纹瓦当

春季，临潼县秦始皇陵园内城西门外，发现几何纹瓦当（面径19厘米）和大型夔凤纹瓦当残片。

▲四川涪陵小田溪秦墓发掘

四川省文管会等单位在涪陵小田溪清理了一批土坑墓，出土了一批重要文物，主要分为容器、兵器和乐器几大类。其中一件铜戈刻有细如毫发的铭文，文为“武二十六年皋月武造。东工师官，丞业，工□”字体类似小篆。

▲秦始皇陵东侧发现5座马厩坑

临潼县博物馆赵康民在上焦村、杜家村清理出5座马厩坑，其中跽坐俑坑3座、俑马同坑2座。发现5件跽坐俑。出土铁斧3件，同时发现陶灯、罐、盆等器物。

▲湖北襄阳山湾十八号秦墓发掘

由湖北省博物馆发掘，该墓为一长方形竖穴土坑墓，木质葬具，一棺一椁出土铜鼎3件、蒜头壶1件、茧形壶1件。时代为战国晚期至秦代。

1973年

▲秦始皇陵园新出土瓦当和陶文

3月，考古工作者在临潼秦始皇陵园内城西墙外发现一批有“云虎夔龙”“云纹”的瓦当。另外还有“左水”陶文的板瓦，并且在一橘黄色釉陶壶盖上发现铭文“丽山飤官”“右”等5字。

▲山东文登发现秦铁权

夏，考古工作者在山东文登县北约30里的简山公社铁权村发现一枚秦铁权，权呈扁圆形平底，顶上铸半圆的纽。权旁镶一块铜诏版，刻有秦始皇廿六年诏文。通高19.4、腹围80、底径25厘米，重32.257千克。

▲咸阳发现两件秦青铜壶

由咸阳市博物馆收藏的两件铜壶均刻有铭文。一件是“雍工敃”铜壶，腹部竖刻铭文三行：“雍工敃，三斗，北寝”。圈足处横刻2字，似为“莤府”2字。另一件是

“工师初”铜壶，腹刻铭云：“二年寺工师初，丞拑，禀人莽，三斗，北寝”15字，圈足处亦刻铭“莤府”2字。二壶均属秦庄襄王时器。

▲秦郑国水渠渠首遗址调查

6月，由陕西省文管会等单位主持调查郑国渠首遗址。陕西泾阳县西北的谷口古干渠，宽24.5、渠堤高3、深约10米。临泾河断崖上暴露的渠口宽13.5、渠底距今地表7米，横剖面呈梯形。

▲西安发现秦杜虎符

西安市南郊区山门口公社发现秦杜虎符。符长9.5、高4.4、厚0.7厘米。符上有铭文九行，文作“兵甲之符。右才（在）君，左在杜。凡兴土被甲，用兵五十人以上，必会君符，乃敢行之。燔燧之事，虽母（毋）会符，行殹（也）”共40字。

▲春秋秦铜质建筑构件

在秦都雍城遗址上的凤翔姚家岗，先后三次发现春秋时期宫殿建筑上的大批铜构件——金釭。均由陕西省博物馆收藏。

▲吉林沙巴营出土秦始皇诏量器

经过吉林省博物馆对沙巴营子古城的考古发掘，获得了大批文物，其中发现了5件陶量器，3件的容量都恰好相当于商鞅升容量的10倍。可以认为是秦斗。有一件器形稍大，上刻有秦始皇统一度量衡的诏文残段。

▲甘肃灵台发掘秦墓

秦墓群位于灵台县百里乡洞山村东侧山的北坡上，计有46座墓冢。1973年，甘肃省博物馆组织发掘了其中的8座，排列整齐，有一定的秩序。墓葬呈长方形土坑竖穴墓，有木质的棺椁葬具。葬具外施黑红二色彩绘图案。葬式为仰身屈肢。随葬品61件，大部分为陶、玉石等器物。有仿铜陶礼器的陶鬲、盆等，唯其中两个墓出土有铜带钩和铜饰残片。属春秋时代中期秦墓。

▲湖北襄阳发掘战国墓

1973～1974年，考古工作者在襄阳蔡坡发掘了11座战国墓，其中有4座墓葬是长方形竖穴土坑墓，葬具已朽，葬式不明。

1974年

▲长安小苏村出土秦代铜质建筑构件

1月，考古工作者在长安县纪阳公社小苏村，秦代阿房宫遗址北1千米处出土铜质的建筑构件6件。其中有柱础、门砧、户枢各1件，其余可能是铜釭。

▲秦始皇陵东侧第一号兵马俑坑试掘

3月，陕西临潼县晏寨公社西杨生产队社员在村南约160米处打井时，发现陶俑残片，经公社水保员房树民报告，才使秦代这一珍奇得以保存。陕西省组成“秦俑考古队”，由省文管会负责人杭德洲兼任主持，经过一年的试掘，揭示出了一个规模宏大的秦代兵马俑从葬坑。俑坑位于始皇陵园之东，相距1225米。一号坑主体东西长约210、南北宽62、深为4.5～6.6米，总面积约12 600平方米。先试掘了东部约960平方米，发现了形体高大的陶质武士俑500余件，拉有战车的大型陶马24件，铜兵器及金、铜、石等装饰品7000余件，还有众多的建筑遗迹。一号坑埋藏的是一个排列有序的大型军事长方阵，据计算该坑有大型陶兵马俑7000左右。

▲大荔朝邑战国墓

1974年10月至1975年4月，由陕西省文管会徐夕台发掘，分为两期进行。第一期发掘战国墓26座。墓葬形制有竖穴墓、竖穴小龛墓和洞室小龛墓（包括洞室墓）三种。葬式均为蜷曲特甚的屈肢葬。死者多是头西足东。随葬品有铜鼎、铜壶、带钩，也有陶盆、釜、甑、壶，另外还有匕首、农具等。这批墓葬分为早、中、晚三期，时间约为战国早期至晚期。

▲户县宋村春秋秦墓发掘

由陕西省文管会发掘。这是一座春秋早期的长方形竖穴土坑秦墓，口小底大。有木制棺椁葬具，东西向。死者为仰身直肢，墓内殉葬8个奴隶。有铜礼器的鼎、簋、壶、盘、匜等。附有车马坑，坑内有12匹马和1个御奴，并有车马器和矛、盾等兵器。

▲平凉庙庄战国墓发掘

平凉地区文化馆在平凉庙庄发掘两座战国墓（M6、M7）。车马坑与墓室连接在一起，平面呈“甲”字形。车马坑位于凸出部位，随葬品有铜器、车马器和陶器。

▲内蒙古东胜县发现秦“直道”残迹，揭开调查秦直道的序幕

内蒙古博物馆在东胜县二顷半村南发现了秦代的“直道”残迹，路面宽达22米。在鄂尔多斯的丘陵山区还可找到一些残迹，是南达咸阳，北抵五原（今包头市西南乌拉特前旗三顶帐房古城）的直道在内蒙古段的重要发现。

▲发掘秦都咸阳1号宫殿遗址——“冀阙”的西阙

1号宫殿遗址位于窑店乡牛羊村北原上，夯土台东西长60、南北宽45、高出地面6米。陕西省考古研究所吴梓林、王学理曾在1961年对此做过部分清理，当时编为6号建筑遗址。此次发掘，由省文物管理委员会、咸阳博物馆组成的“秦都咸阳工作站”主持，有马建熙、王学理、孙德润、陈国英等参加，发掘了100平方米，揭示出一座平面呈长方曲尺形多层夯土的高台基础，发现有壁画残块、瓦当、下水管道等遗物。台顶中部有两层楼堂构成主体宫室，周围有小房间，底部有回廊环绕。

1975年

▲内蒙古准格尔旗瓦尔吐沟秦汉墓发掘

内蒙古语言历史研究所在准格尔旗瓦尔吐沟发掘了一批秦汉墓，初步了解了内蒙古地区秦墓的埋葬制度。同时这次发掘还证实了1956年在同一地区的发掘墓葬中也有的属于秦墓。这里出土的双耳圈底铜釜和双耳圜底铁釜，都是典型的秦代文物。

▲秦鱼池遗址调查

鱼池遗址在临潼县东7.5千米处的鱼池村西北，村西南与始皇陵封土相距2.5千米，是因建造秦始皇陵时取其地土形成水池而得名。秦俑考古队在这里发现夯土墙垣、房基、排水设备、灰坑等遗迹。另外，发现铜器544件，有刀、戈、矛、盂、钱等，还有大量铁质工具、陶器等物。这个遗址的发现为探索研究修建秦始皇陵时的官邸建筑提供了重要的线索。

▲辽宁宽甸发现秦窖藏

宽甸县太平哨乡桂房大队小桂房队东300米的山脚下发现秦代窖藏。出土铜戈2件及刀币等。戈内及阑部有三处铭文，内正面刻铭“元年丞相斯造栎阳左去疾工上□□”，内背面刻“武库”二字，阑下刻铭为“石邑”二字，故取名“石邑戈”。

▲湖北云梦睡虎地秦墓发掘

冬，湖北省博物馆等单位发掘了睡虎地11座秦墓，均有木质棺椁葬具。出土了一批包括铜、漆、陶、竹在内的珍贵文物。其中M11出土1100余支竹简，近4万字。内容可分为《编年纪》《语书》《秦律十八种》《效律》《秦律杂抄》《法律答问》《封珍式》《为吏之道》《日书》甲种和乙种等十种书籍。另外M4还出土了木牍两种，共300余字，内容为士卒写给家里的“家书”。

▲广州发现秦代造船遗址并试掘

位于广州市老城区中山四路、五路交汇处。1974年年底施工中挖深5米发现。1975年试掘，清理出一段船台长29米，其东已到尽头，往西88米处钻探，未尽。

▲秦直道子午岭段的实地考察

这段秦直道由陕西师范大学史念海先生进行考察。

▲长沙南塘13号秦墓发掘

长沙南塘冲13号墓是个竖穴土坑墓，随葬器物有铜鼎、蒜头壶、盆，陶鼎、钫等。

1976年

▲河北围场发现秦权

河北围场县大兴永台子，在小锥山城址先后发现刻有秦始皇二十六年诏文的铁石权3件，同时还发现瓦当等建筑用材。小锥山1号权重32.65千克，据此推测秦的一斤为272.1克。

▲秦陵发现秦“乐府”铜钟

秦始皇陵封土西北约110米处，紧靠陵园内城西墙外侧，是食官建筑遗址。在该遗址发掘之前，在断崖上采集到此钟。钟为青铜质，错金银。钲和鼓部饰蟠螭纹，篆间饰流云纹。钟纽上一侧小篆体“乐府”二字，通高13.3厘米。

▲江苏盱眙东阳故城勘查

该城建于秦，汉时延用，土筑城垣保存完好。内外城东西并列，总面积达1.5平方千米。城内出土有秦始皇廿六年诏书铜权，作扁圆形，重30.43千克。另外，还发现秦汉“半两”钱币及建筑材料。

▲江西遂川出土一批秦兵器

遂川县藻林公社鹅溪大队的左溪河边出土一批青铜兵器，有戈、矛等。戈上铭文“廿二年临汾守曋。库系（？）工邬造”。

▲广州秦汉造船厂遗址发掘

由广东博物馆等单位发掘。船场建在当时的海滩上，距今地表深约5米。在船场的中心部位发现三个平行并列的造船台，船台滑道长度在88米以上，船台之侧有木料加工厂。从发掘揭示的结果看，我国在二千一二百年前造船工业的规模和水平已相当高。

▲凤翔八旗屯秦墓发掘

由陕西省文管会吴镇烽、尚志儒发掘墓葬40座、车马坑4座。墓葬形制为长方形竖穴土坑，口大底小。仅发现一座洞室墓。部分墓葬有脚窝和壁龛。葬具多为木质棺椁。葬式以屈肢葬为主，直肢葬次之。部分墓葬有人殉。人殉多置于壁龛之中。出土器物共计1100余件，器物多放置于头厢内。铜器有鼎、簋、壶、盘、甗、豆、敦、盂、剑等，陶器有鼎、簋、鬲、豆等。个别车马坑内发现有御手埋葬。墓葬共分为六期，时代由春秋早期至战国中晚期。

▲钻探发掘凤翔秦公陵园大墓

位于凤翔雍城遗址以南5千米、雍水南岸三畤原上，经钻探发现春秋秦公陵园。同年，陕西省雍城考古队对其中的一号大墓开始发掘。该墓为一东西向的“中”字形大墓，主墓道在东侧，规模宏大。在填土中发现有屈肢葬的殉奴，另外还发现金、铜、铁、陶质的各种器物和动物骨骼等。

▲赤峰县三眼井秦权

赤峰县三眼井公社发现一件秦权，呈扁平状，平底，底径23.8、通高17.1厘米，重31.431千克。通体铸有秦始皇廿六年诏书铭文。

▲湖北楚皇城发掘秦汉墓

楚皇城考古队在楚皇城附近发掘了4座战国秦汉墓，其中3座为秦代及汉初墓葬。墓葬为长方形竖穴土坑。出土有鼎、钫、鍪、壶、蒜头壶、半两钱，陶盆、豆、盂等器物。同时还发现有楚式、越式铜鼎。

▲咸阳黄家沟秦墓

秦都咸阳工作站郑洪春、孙德润，在黄家沟共清理发掘48座战国至秦代墓葬。墓葬形制分为竖穴墓和洞室墓两种，有木质的棺、椁葬具。以头向西者为主，葬式分为屈肢和直肢两种。随葬器物共200余件。

▲钻探试掘秦陵二号兵马俑坑

由秦俑考古队程学华领民工试掘、王学理测绘。二号坑在一号坑东端之北，相距20米，总面积约6000平方米。在试掘方内清理出木质战车11辆。高大的陶质车士28

件，将军俑1件，拉车的陶马67匹，骑兵俑32件，鞍马29匹，步兵俑163件，其他各类文物包括金属兵器等，共1929件。这是一个向东的，以战车、骑兵和步兵混合编组的大型军营模拟坑。

▲临潼上焦村陪葬墓发掘

秦俑考古队在秦始皇陵东边偏南处，共发现17座东西向的墓葬，呈南北单行排列。秦俑考古队发掘了其中的8座，其平面基本呈“甲”字形。出土物中有刻书“少府”铭文的银蟾、剑、印章等物，也有生产工具和陶器。由其位置选择、出土物性质等分析，秦俑考古队推测这批墓可能与秦二世所杀的诸公子、公主有关。

▲凤翔发掘春秋秦凌阴遗址

雍城考古队在凤翔县姚家岗西边，发现春秋秦都雍城内的凌阴遗址。平面呈方形，四周有回廊，底及四壁有为了防止腐朽而作过的处理痕迹。这是目前发现较早的一处古代凌阴遗址。

▲广衍故城清理秦至西汉中期的墓葬

内蒙古准噶尔旗广衍故城附近，考古工作者于1975～1976年共清理了18座秦至西汉中期的墓葬。

▲甘肃秦安县上袁家村清理秦代墓葬两座

考古工作者在秦安县上袁家村清理秦汉墓6座，其中有秦代的2座，东西并列，分别编号为M6和M7。两墓均为竖穴土坑，相距3米，M6在西为女性，M7在东为男性。

1977年

▲甘肃灵台景家庄春秋秦墓发掘

景家庄墓群，位于灵台县梁原乡景家庄周家坪黑河岸边台地上。东西宽300、南北长360米。1977年修农田时发现，1978年3月由灵台县文化馆发掘，共发现4座。其中1号墓坑系梯形竖穴，墓底距地表9米，棺椁上覆有厚厚的苇席，棺正中有一圆形腰坑，内有兽骨一具。2号墓葬坑内有2具马骨。3号墓内葬有马骨一具。4号墓内葬人骨一具，疑为殉葬奴隶。发现随葬遗物有铜鼎、铜戈、铜铃各3件，还有铜柄铁剑、铜矛、铜锛等，另有石戈、石圭等6件，陶罐、陶鬲等4件，蚌壳、蚌泡各1件。显属春秋早期秦墓葬群——1号为奴隶主墓、4号是奴隶墓，2号和3号是马坑。

▲秦始皇陵东侧三号俑坑的发掘

由秦俑考古队程学华发掘、王学理测绘。其平面呈“凸”字形，东西长17.6、南北宽21.4、深5.2～5.4米。面积约520平方米，仅为一号坑的1/27。坑内有陶武士俑68件，但大部分无头。坑前部正中有驾驷马的木质战车一乘，后随武士俑4个。第三号坑和第一、二号坑建筑布局设计上是一个整体，象征着第一、二号坑的指挥部。

▲秦始皇陵北侧二、三、四号建筑遗址发掘

由临潼县博物馆赵康民发掘。遗址位于陵墓北侧150米左右。在陵园内城之内，位置基本适中。三座遗址两两互用一夯土公墙。建筑规模宏大，发现有大型夔纹瓦当，高48、直径61厘米。另外还发现鸱尾等建筑用材。出土有陶文的陶片，见有“右司空”“左司空”“大水”“左司”等。这一发现为研究秦陵的陵寝制度提供了有价值的实物资料。

▲云梦睡虎地秦墓第二次清理

发掘了秦汉墓10座，其中有秦代墓4座（M31、M33、M34和M36），时间跨越战国晚期、秦代、西汉初期及西汉中期，清晰地显示出该地区的漆器、铜器和陶器在100年间的变化脉络。

▲凤翔高庄秦墓地发掘

由陕西省文管会尚志儒、吴镇烽发掘墓葬46座，头向大多朝西，时间稍晚的墓有的头向北。墓葬分为竖穴和洞室两类。葬具为木质棺椁，葬式有直肢和屈肢，个别墓还有殉奴。出土陶器282件，其中有鼎、壶、豆、盘、甗、匜、鬲、囷、盆、钫、缶等器物。铜器701件，有礼器、兵器及生活用品等。另外还发现金器、玉器等文物。这批墓葬由春秋晚期至秦代统一，可分为五期。

▲渭南发现秦半两钱范

钱范出土于周家村东南壕沟内，该处散布大量战国陶片和红烧土块及炉渣。钱范为石质，残长40、宽14.7厘米，浇口通道分为两枝，中间有三行钱模，两边各两行，每行10枚，直径2.3，方孔边长0.7厘米。

▲凤翔秦公陵园钻探试掘

雍城考古队对雍城秦公陵区进行了钻探，发现了13座陵园，共32座墓葬。同时还发现并试掘了两座陵园的隍壕设施。发现每座陵园都由不同数目的大墓组成。

▲四川荥经县第一次发掘秦代墓

考古工作者在城关镇清理了3座长方形竖穴土坑墓葬。其中M1出土漆盒、耳杯、奁、匕等，还朱书“王邦”，下刻成都市亭简称“成亭”二字，知该墓年代在战国晚期至秦代。

1978年

▲宝鸡太公庙发现秦公钟、镈

考古工作者卢连成等在太公庙一青铜器窖藏出土铜钟5件、镈3件。铜钟形制一致，唯大小有所区别。5件钟镈均有铭文，记载了秦武公以上的十二代先世，意义重大。现由宝鸡博物馆收藏。

▲宝鸡西高泉春秋秦墓发掘

由宝鸡市博物馆等单位共同发掘了3座长方形竖穴墓，有木质葬具。其中M3为一棺一椁。葬式以屈肢为主，共出铜器22件，其中有甬钟、壶、豆、斧、剑（上有铭文）、戈、铜削刀、车马器等。出土仿铜陶礼器有陶鼎、簋、甗等。铜豆为“琱生”之器。

▲宝鸡凤阁岭秦墓清理

宝鸡市博物馆发掘。有洞室墓两座，出土了一批重要文物。其中M1出铜戈一件。内的两面刻有铭文，一面刻有“廿六年，□栖守□告（造），西工宰，工□”等字，另一面刻“武库”二字。另外，铜弩机上还刻有“丞广”二字。

▲宝鸡检选出吕不韦戈

宝鸡市文物部门由废铜中检选出铜戈一件。戈内的正面有铭文，刻作“八年相邦吕不韦造，诏事图丞□工奭”15字；戈内背面铸“诏事”二字，又刻“属邦”二字。

▲岳阳东湖畔出土秦兵器

湖南岳阳市文管所收藏出土秦铜兵器1件，铜矛长15.3厘米，在骹部的正反两侧均刻有小篆铭文，一侧为“廿六年寺工□攻（？）□丞□□工目”，另一侧刻有“□郡武库”刻纹极浅，纤细如发。系战国晚期秦物。

▲河南泌阳秦墓清理

由驻马店地区文管会发掘。共清理发掘了4座，均竖穴土坑墓，M1出土有铜鼎、蒜头壶、铜勺。M2出土有铜鼎、壶、鍪等器物。M3墓室内有同穴而葬的两椁室南北并列，明显是夫妇合葬墓。该墓出土了大量的漆器、铜器和陶器。个别器物上有珍贵的文字。

▲长武上孟村秦墓发掘

由咸阳地区文管会发掘。共发掘28座墓葬，车马坑1座。墓葬方向以西为主，墓葬结构以长方形土坑竖穴为主。葬具为木质的单棺，一棺一椁。出土器物有铜鼎、甗，陶器有鼎、罐、壶、鬲、豆、仓等。在其中一座墓中还发现泥人、泥牛等。车为单辕的两马一车。时代有春秋晚期和战国时期之分。

▲秦俑一号坑正式发掘

陕西省文化局下文，正式成立“秦俑考古队”，任命队长杭德洲、副队长柴中言二人。8月5日，秦俑一号坑正式发掘。

▲云梦睡虎地秦墓第三次发掘

在睡虎地和大坟头进行，共清理27座秦汉墓，其中属于秦代的有15座，余为战国秦墓和汉墓。

▲湖北鄂城多年发掘的古墓

考古工作者于1958～1978年在鄂城发掘了34座墓葬，其中有15座属秦汉之际或西汉初年的墓葬。

▲湖南溆浦县马田坪发掘秦墓24号

溆浦县马田坪发掘的24号，是个带斜坡道的竖穴土坑墓，两级台阶，用一椁一棺，有头箱和右边箱，随葬物有13件。

1979年

▲陕西陇县边家庄春秋墓

1979年春，边家庄村民取土时，挖出残墓一座，出土青铜礼器列鼎五、簋四、壶二、盘一、盉一，还有兵器和车马器、石器等一百余件。1982年冬，村民又发现残墓一座，出土铜铃、马衔、镳、车马器等。

▲山西天马—曲村遗址秦墓

自1979年以后，此处发现很多秦汉墓葬，已发掘94座。

▲四川青川县秦墓清理

由四川博物馆等单位主持发掘。发掘72座战国墓，均为土坑竖穴的木椁墓。出土了一批重要文物。其中有刻铭“成亭”等字的铜鼎、有彩绘雕刻的小木俑、又有两件木牍。内容是国王命令丞相甘茂等更修田律的事情，反映了秦国商鞅变法以后一次重大的律令修改和执行情况。

▲凤翔高庄野狐沟秦墓清理

雍城考古队在南指挥高庄野狐沟发现两座墓葬，东西向，竖穴洞室墓。洞内设龛，器物置龛内，用木板封门。出土陶器12件、铜器17件、石器2件，陶器上有“亭”字戳记。铜鼎上有铭文，时代属战国晚期。

▲秦都咸阳第三号宫殿遗址

咸阳地区文管会串通咸阳市文管会、博物馆，绕开“咸阳考古工作站”，单独发掘了位于一号宫殿西南100米所谓的“三号宫殿基址”。实际上，两处建筑互相连接。在带有回廊的殿堂一侧，发现一道30多米长的走廊，廊道两侧的坎墙上，绘有彩色壁画。内容有车马仪仗、植物纹饰和几何图案等。

▲临潼赵背户秦居赀役人墓地

在秦始皇陵封土之西1.5千米处，作三行排列。秦俑考古队清理发掘了342座墓葬。在一个大墓坑内，往往又分成若干个小墓坑，小坑之间有约0.1米的隔墙。在这些竖穴土圹里，有100具骨架，葬式以侧身屈肢为主，另见有俯身屈肢、仰身屈肢、仰身直肢。出土物以工具为主，有少量的半两钱，还有少数陶器、瓦片等。在身边的瓦片上刻有文字，记载着死者的姓名、身份、所属郡县、刑名等，由此知其为修秦始皇陵墓的“居赀役人”。

▲凤翔西村战国秦墓发掘

西村秦墓紧傍23号秦公大墓。雍城考古队在这里共发掘了42座墓、2座车马坑。墓形以长方形竖穴为主，仅一座土洞墓。葬具均为木质棺椁。方向以东西向为主，南北向仅7座。墓主人葬式除不清楚者外，余皆是屈肢葬。器物大多放在棺椁之间的头箱中，个别墓葬中发现有殉人。出土器物有陶鬲、罐、壶、盆、釜等，铜器多为小件饰品等。车马坑内发现有御手和生产工具等。

▲专家持异，秦俑一号坑发掘中止

中国考古学会成立暨全国考古规划会议于西安召开。夏鼐偕宿白、安志敏、陈滋德、谢辰生、黄景略等人于4月7日到秦俑参观。夏先生在《夏鼐日记》中写道："发掘现场，由杭德洲同志陪同参观。我看了大吃一惊，这是一场全面破坏的挖宝工作。至于修复工作更是糟糕。……我忍不住发了一顿脾气。"4月11日，又率会议代表参观秦俑，夏鼐又对着接待的同志把考古队"批评了一顿"。唯独对王学理的发掘纪录深表满意。

国家文物局鉴于考古发掘与修复中存在的问题，令秦俑发掘工作停止。9月27日，考古队宣布放假。

▲秦俑博物馆建成开放

秦俑博物馆建成，并于10月1日正式开放。

▲三门峡上村岭发掘秦墓

1979年春季和冬季，考古工作者在三门峡市西上村岭清理发掘了75座秦墓。

1980年

▲洛宁故县秦墓发掘

洛阳文管会在洛宁故县水库工程附近清理了一座秦墓，墓形呈长方形土圹竖穴，葬具为木质棺椁，随葬品放于头前棺椁之间和头龛内，出土有铜器、铁器、陶器和漆器等，另外还发现有兽骨。

▲宜阳发现铜鍪

1980年冬，洛阳市宜阳县韩城乡秦王寨村农民在村南修水渠时，发现1件秦国铜鍪，现藏宜阳县文化馆。撇口、束颈、圆腹、圜底，颈肩交接处有一绳索纹的竖环耳，耳下有一圈凸棱。口径9.4、腹径13.5、通高12.2厘米。在上腹部刻有"府，二斤十一两，（半）斗"的铭文，标明了自身的重量和容量。经过实测，容水1000毫升，恰合当时的五升，可容小米920毫升，米重750克。战国时期每斤约合今250克，所容的小米正好折合当时的三斤。时代推断为秦武王、昭王时期。

▲临潼发现秦鎏金铜凤凰

临潼晏家寨公社至王大队岳芋村东出土秦鎏金铜凤凰。该村邻鱼池，南距始皇陵北外城约1千米。凤凰通高9厘米，它昂首长鸣，奋翅翘尾，冠尾相接，原嵌有绿色宝石。临潼县博物馆征得。

▲秦始皇陵西侧发现铜车马

秦俑考古队在秦始皇陵西侧约20米处的一座御府从葬坑内，发掘出土了两乘大型彩绘铜车马。每辆车各驾4匹铜马，车上各有一件御官俑。铜车、铜马、铜俑的大小约相当于真车、真马、真人的1/2。

▲秦汉栎阳故城址钻探发掘

秦汉栎阳故城遗址位于临潼县武家屯公社关庄、玉宝屯和南丁村一带，原来省文管会对此做过钻探。这次由中国社会科学院考古研究所主持，已探出南、西边两城墙，三个城门，东西横贯全城的三条干线和六条主要南北向道路。城东西2400、南北宽1500米。在城内外发现15处秦汉遗址。在城外东南1500米处，有大范围墓葬群，时代由战国晚期至东汉。西汉以前墓葬，均作蜷曲特甚的屈肢葬。出土器物中有“栎市”陶文。

原陕西省文管会测绘的城址是规矩的南北向长方形，而中国社会科学院考古研究所测绘的图呈斜向，仅见西墙和南墙，北墙和东墙残缺。

▲四川青川县郝家坪清理战国墓

青川县郝家坪经过1979～1980年的三次发掘，在双坟梁山坡上共清理了72座战国墓。未出兵器，铜器甚少。早期的陶器组合为鼎、豆、壶，晚期为鼎、盒、壶。壶为蒜头壶。铜器见有鼎、镜及带钩。其中M50出土有秦武王二年（公元前309年）命丞相甘茂更修田律的木牍。

1981年

▲凤翔八旗屯秦墓发掘

由雍城考古队发掘，共发掘春秋战国时期秦墓10座。墓形呈长方形竖穴土坑，口大于底。葬具为一棺一椁。葬式为屈肢葬，头向西。器物放置于头箱内。出土器物100余件。其中陶器有鼎、簋、壶、茧形壶、豆、匜、盘、盆、甗、囷等。铜器有鼎等。

▲咸阳长陵车站考古调查和清理

由陕西省考古研究所主持。发现水井18口，井内或有陶制井圈。陶窑一座、灰坑13、瓦瓮葬1座、瓮棺葬1座，瓦棺葬一座，还发现有瓦鬲葬、陶釜葬、板瓦葬等。出土器物有陶缸、盆、盒、铜矛、陶井圈等。

▲河南淅川发掘秦墓

8月，考古工作者在淅川县西南约50千米的宋湾乡马川村北发掘了1座秦墓。

▲湖北黄冈发掘6座秦汉墓

1981年冬，考古工作者在湖北黄冈县黄州公社群英大队太平寺附近发现。1982年共清理岩坑墓6座，除M5是秦代墓外，其他的都属西汉初年。

▲益阳发掘8座秦墓

1979～1981年，考古工作者在益阳市郊发掘楚墓93座，其中天成垸的M22、M23，桃花仑的M8～M10，赫山镇M40，羊午岭M19、M20等8座墓，时代为战国末年，可能晚至秦代。

1982年

▲毛家坪遗址正式发掘

1982年和1983年，甘肃省文物工作队和北京大学考古系对毛家坪遗址进行了两次发掘。发现西周早期的秦房址2处，灰坑37个，鬲棺葬4组，土坑墓22座。陶器以绳纹灰陶为代表。

▲北京拣选出秦诏吏鼎

鼎通高16.3厘米，扁球形体，子母口，附耳蹄足，口沿下横刻有一行字，“三年诏事，容一斗二升，朱候（？）□官，十一斤四两，廿廿四”。

▲山西朔县秦墓

1982～1983年，国家博物馆的考古工作者信立祥在此发掘秦汉墓葬1285座，其中秦至汉初的小型墓葬7座。

▲淳化发现春秋秦文物

淳化夕阳乡秋社村发现春秋秦文物，有铜壶、铜镜、陶鼎、陶簋、陶罐、石圭等。其中铜壶高11厘米，上刻有60余种禽兽图形，可谓先秦的一幅“百兽图”。这一发现对研究古气候等有重要意义，由淳化文化馆征收。

▲凤翔雍城秦汉遗址调查

雍城考古队通过对东纸坊公社瓦窑头，西至南指挥公社的高家沟，北起纸坊公社铁沟，南到南指挥公社东社及汧河东岸的孙家南头、瓦王寺等地进行了大面积的考古调查。先后采集到瓦当、铜、陶、玉制品百余件，其中有“蕲年宫当”“年宫”“棫阳”文字瓦当及“奔兽逐雁”“猎人斗兽”“鹿纹”图案瓦当。探明了雍城郊外的离宫建筑分布情况。

▲芷阳遗址试掘

遗址位于西安市临潼区韩峪乡洞北大队油王村西，陕西省文管会对此进行了试掘。发现地面建筑1处，水池1座和一些夯土基址。出土物有陶鬲、盆、砖、瓦、瓦当等。同时发现“芷”字陶文陶片。

▲秦都雍城钻探试掘

雍城考古队田亚岐对雍城遗址的钻探和试掘，进一步弄清了城垣城门及城河。钻探了传说中的“穆公冢”，知其为一建筑基址。更为重要的是发现了四大宫殿区：一是姚家岗春秋秦宫殿遗址，二是马家庄宗庙遗址，三是铁沟、高王寺一带建筑遗址，四是城郊宫殿。出土了大量的板瓦、筒瓦和瓦当等重要文物。

▲秦两诏铜椭量

陕西礼泉县药王洞乡南晏村农民取土时，发现一件秦两诏铜椭量。实测容水980毫升。柄面刻字三行“右”“北私府”“半斗一”。柄的左侧还刻一“私”字。器左右两壁为相同内容的秦始皇诏文，底为二世诏。

▲四川涪陵小田溪墓葬第二次清理

涪陵小田溪第二次清理秦代墓葬有4座，均为竖穴土坑墓。

▲四川荥经县第二次发掘秦代墓

第二次发掘是1981～1982年，地在曾家沟，清理了不少战国墓，但报道的6座墓出土有大量漆器，器形有扁壶、双耳长盒、圆盒、奁、耳杯等，以扁壶和双耳长盒最具代表性。有些漆耳杯上刻划“成”字显系“成亭”之省。有些器物具有秦代特征，所以这批墓中有个别的下限年代当在战国中晚期至秦代。

▲汉中发掘的第一座秦代墓

考古工作者在汉中市沙沿乡杨家山村清理了一座秦代墓。形制为长方形竖穴土坑，有棺椁。随葬扁球状铜鼎、蒜头壶、钫、鍪、盘、甑、弩机。有半两铜钱1246枚，最大径2.7厘米，重3.92克。陶器有茧形壶、圜底罐、彩绘钫。玉印白文“赵衷”。

1983年

▲1982年4月，辽宁锦州市文物普查时，在山海关外15千米的“姜女石”附近海岸发现了石碑地、黑山头、瓦子地、大金丝屯等遗址。1983年12月，辽宁省文化厅、博物馆组织人复查，确认石碑地遗址为秦汉时期的高台建筑，与“碣石”有一定关系。

▲山西运城发现秦铜鍪量

青铜鍪，通高9.4、口径6.9、腹围28.3、腹深9.2厘米，重425.5克，实测容量为339毫升。腹上部阴刻5字“瓮、一升□（大）、半升”。时代约秦昭王晚期。

▲陕西省凤翔八旗屯西沟道秦墓发掘

由雍城考古队发掘，共26座，分为五期。

▲凤翔春秋秦朝寝建筑

陕西省考古研究所对秦都雍城第三号遗址进行了钻探试掘，南北全长326.5、宽86～59.6米。四周有围墙，建筑布局严谨规整。由南至北分5座院落，5个门庭，据考证这是一处春秋秦的朝寝建筑。

▲湖南汨罗县永青秦墓36号发掘

汨罗县永青村发掘的36号墓是带斜坡道的竖穴土坑墓。有左右边箱和足箱。随葬陶鼎15、盒13、豆14、壶14、罐4、勺10、匕10件，铜器有短剑、矛、戈、镈、素镜、带钩、蒜头扁壶各1件，“半两”钱若干，玻璃璧1件。

1984年

▲秦东陵勘察

陕西省考古研究所等单位，在临潼县韩峪乡骊山西麓发现几座大型墓葬。据考证是战国秦先王芷阳陵区（也称秦东陵）。已发现“亚”字形大墓2座，“中”字形大墓3座，从葬坑3座，陪葬墓区4处，地面建筑7处。

▲绥中县姜女石秦汉宫殿遗址

4月，辽宁省考古研究所发掘绥中县姜女石秦汉宫殿遗址。这组建筑基址，被认为可能是秦始皇东巡的行宫，即秦“东门”之所在。

▲秦望夷宫遗址

陕西考古研究所在泾阳余家堡发现一处秦代宫殿遗址，发现一座基址东西长98、南北宽34米的高台建筑基址。出土有葵纹、云纹瓦当等建筑材料。据考证是秦时的望夷宫遗址。

▲任家嘴秦墓

咸阳市博物馆，在咸阳市东任家嘴村发掘一座战国中期秦墓，一棺一椁，有2个殉人。出土铜鼎3、敦1、甗2、壶3、高座钫2件等重要文物。

▲丹凤县古城村战国秦商邑遗址

由陕西省考古研究所勘察，古城遗址南北长约1500、东西宽约1000米。遗址中心在今古城的北半部。遗物有百余件之多，其中青铜剑10把，还有“商”字、鹿纹、葵纹、凤鸟云纹等各种瓦当及生活器皿。这处遗址是战国秦的改革家——商鞅的封邑。

▲铜川枣庙春秋战国秦墓

陕西省考古研究所共发掘墓葬25座。墓葬排列密集，分布规则。除两座南北向外，余皆东西向。全部采取屈肢葬。墓室均为长方形竖穴土坑墓，有熟土二层台，葬具均为木质，大多为一棺一椁，个别为二椁一棺。出土器物以生活器皿为主，部分用明器。最重要的是发现有彩塑的狗、鸟、牛、羊和5件比较完整的泥俑，高14～17厘米。

▲对秦直道的全程考察

5月，靳之林、孙相武先生徒步考察了全程，随后于1988年在第4期《文博》上刊布了考察成果。

▲四川大邑县清理两座秦墓葬

考古工作者在大邑县五龙乡清理了两座墓葬，均呈长方形竖穴土坑，为东南—西北向，无葬具。

1985年

▲宝鸡市谭家村春秋秦墓

1985年1月，宝鸡市考古队在该村清理春秋秦墓13座，均长方形土坑竖穴，有熟土二层台，无腰坑。出土器物主要是陶器，有鬲、罐、豆、盉、壶、釜、盆，铜器均为兵器，有戈、剑、矛，玉石器见有璜、圭、玦等。

▲秦景公大墓完成10年发掘

春秋时的秦公一号大墓在凤翔县南指挥村，历经陕西省考古研究所10年发掘后，终于5月2日至9月11日最后清理完毕。这座“中”字形、东西向的大墓，墓室为“黄肠题凑”。墓道填土中和墓室二层台上有众多的箱殉墓，殉人是青年男女。出土大量金、铜、铁、陶、玉、石等精致文物，特别重要的是出土了一批刻字石磬，说明一号秦公大墓的主人是秦景公。

▲里耶古城遗址初现

这年6月份湖南省湘西土家苗族自治州龙山县里耶镇，有一批制作砖瓦的泥水匠在挖泥巴制作土坯时，挖出了一些陶器、兵器，自此揭开考古界对里耶时断时续的考古发掘。

▲河南新乡秦墓

考古工作者在新乡县五陵时发现战国至两汉墓葬137座，其中有战国末至西汉初年的秦墓22座。

▲三门峡刚玉砂厂秦墓

1985~1993年，考古工作者在司法局与刚玉砂厂共发掘秦人墓76座。

▲撤销“秦俑考古队”，重新组建“秦陵考古队”

陕西省考古文物机构在“理顺关系”的思路下进行了一次大的调整，改变了田野考古发掘、文物管理保护、陈列展览纠缠在一起的体制。陕西省文物局撤销了由陕西省文管会领导的“秦俑考古队”，责成陕西省考古研究所重新组建“秦陵考古队”。新的考古队队长由石兴邦所长兼任，由秦汉研究室主任王学理兼任“秦陵考古队”常务副队长，主持秦始皇陵园考古与一号坑的发掘工作。

1986年

▲凤翔凹里秦汉遗址

陕西省考古研究所在秦都雍城之东20千米的横水乡凹里村，发现秦汉遗址一处。据考证，有可能是秦时的五畤之一。

▲秦俑一号坑第二次发掘

3月24日开始了对秦俑一号坑的第二次发掘。因为经过有效整顿和科学发掘，得到国家文物局和中国社会科学院的肯定。陕西省文物局多次给予表彰，秦俑博物馆对配合默契深表满意。此次开五个探方（T11、T12、T13、T21和T22），只用了8个月时间，工作量相当于“秦俑考古队”过去四年半的总合。发掘2000平方米，取掉了位于一号坑正前方妨碍观瞻的大土台子。出土陶俑706尊、战车遗迹11处、陶车马44匹、战鼓遗迹3处、铜铎3件、长兵器13件、青铜残剑4把、弩迹24处、束箭遗迹49处、器柄12根，还有多个手工工具等文物。此时，把车步协同作战、兵器配备原则、金鼓兼有的指挥系统等军事学术问题，一下子很清晰地呈现在世人面前。特别是“双车编组”这“有前有后”的关系，更是增进了人们的新认识。

▲陕西境内的秦直道复考

6月起，陕西省交通史编写办公室王开先生用了23天时间，行程1300多千米，对陕西境内的秦直道遗迹做了考察。写出《“秦直道”新探》一文，于《西北地理》1987年第2期上发表。

▲江陵荆州岳山发掘古墓得木牍

考古工作者在荆州城的岳山发掘了古墓46座，其中有秦墓10座。均是无墓道的长方形竖穴木椁墓，方向不一，随葬品多置于椁室的前室，少数放在棺的一侧，陶器居多，见有双耳铁釜、两周弦纹铜镜、单耳铜鍪、半两钱等。M36出土两件《日书》木牍和一柄削刀。木牍两面墨书，一件长23、宽5.8、厚0.55厘米，一件长19、宽5、厚0.55厘米。

▲洛阳孙家屯秦墓

洛阳市文物工作二队，在洛阳王城西南3千米的孙旗屯发掘战国末期秦墓3座。可同秦庄襄王公元前249年“灭东周，东、西周皆入秦”的记载相印证（《史记·周本纪》）。

▲天水放马滩秦墓

3月，考古工作者在天水市放马滩探出墓葬100余座，清理了秦汉墓14座，其中有秦墓13座。墓室均为圆角长方形竖穴土坑，出土器物共400余件，M1有毛笔、算筹、木板画和木板地图7幅、竹简460支。竹简《墓主记》和《日书》，同湖北云梦睡虎地M11有同有异。

▲北戴河金山嘴秦汉宫殿

1986～1989年，河北省文物研究所对秦皇岛市北戴河金山嘴秦汉时期的建筑遗址进行了大面积的揭露和发掘，发现了多处宫殿遗址，揭露出大小院落6座，宫殿和建筑基址10余座。出土了大型的夔纹瓦当，形态同秦始皇陵所见“檩当”相同。据考证，这是一处秦始皇和汉武帝东巡时的行宫建筑。

1987年

▲洛阳磁涧秦墓

元月，考古工作者在洛阳市新安县磁涧西4千米八徒山发现1座秦墓。

▲青川县秦兵器

9月，考古工作者在四川青川县白和乡白杨村发现1件“蜀东工”铭文铜戈，内的另一面细线刻“九年相邦吕不韦造蜀守□东工守□□戈成都”等20字。是一件重要的秦兵器。

▲临潼刘庄战国秦墓

陕西省考古研究所等单位，在临潼县城刘庄砖厂发现战国秦墓37座，发掘了其中战国早期的5座墓。墓葬形制有竖穴土洞和砖室两种，这是比较早的砖室秦墓。砖上发现很多的陶文。出土物中还有一件三眼的陶灶，这是关中秦墓随葬品中较早出现的一件。

▲“将军俑头”失窃，秦俑科学发掘遭腰斩

当撤销“秦俑考古队”、重新组建“秦陵考古队”时，陕西省文物局下达（85）66号文件规定：“一号坑内已展出的五个方内全部出土文物（包括南北展室的全部文物），由原考古队移交给秦俑馆，未修复的秦俑由秦俑馆负责修复、复位及五个方的安全、卫生工作。该项工作由杭德洲牵头交，马秀青接，限年底以前完成。”但时跨一年后，2月17日晚，“秦俑考古队”把该交而未交的“将军俑头”被盗。陕西省文物局王文清，为包庇已经当上局文物处长的原队长杭德洲，利用上级与社会不明两个考古队的变动关系，便移花接木地使“秦陵考古队”一帮人当了替罪羊，向上级交差，保住自己的乌纱帽，秦俑一号坑的科学考古也从此停止。常务副队长王学理愤然离开了秦陵考古队。

1988年

▲凤翔邓家崖秦墓

4月，陕西省考古研究所在凤翔邓家崖村发掘7座土圹竖穴秦墓，属战国时期。墓葬都有木质葬具，出土器物有陶器37件，铜器24件，石器49件。这是秦都雍城南郊的又一处国人墓地。

▲秦东陵四号陵园

9月，陕西省考古研究所在临潼县韩峪乡秦东陵一号陵园西南，又发现一处秦王陵园，编为四号。它由隍壕、“亚”字形主墓、“甲”字形陪葬墓及陵园地面建筑遗址组成。至此，秦东陵的勘察基本结束。四号陵园主墓东西长278、南北宽181米，规模非常宏大。

▲对黄陵、富县、甘泉三县境内秦直道的考察

1988年延安地区文物普查队对黄陵、富县、甘泉三县境内的秦直道进行了考察。在甘泉县桥镇乡安家沟村发现一处秦汉建筑遗址，同河北岸的“圣马桥”引桥遗址相对。总面积12 000平方米，多见绳纹板瓦、筒瓦、云纹瓦当和罐、盆、甑等生活用陶器残片。

▲泌阳第二批秦墓

1988年3月，泌阳县花园乡大曹庄发现泌阳第五号秦墓，东距官庄秦墓3千米，是夫妻双棺同穴合葬的长方形竖穴土坑墓。

▲三门峡市三里桥秦墓

1988～1989年，考古工作者在三里桥清理秦人墓67座。

▲襄樊市余岗墓葬清理

1988～1993年，考古工作者在襄樊市余岗清理战国至东汉墓葬20座。其中属于秦汉之际的墓有3座（M51、M55和M57），均是竖穴土坑墓。

▲广东乐昌对面山古墓葬发掘

1987～1988年，考古工作者在广东乐昌对面山发掘古墓葬207座，其中秦至西汉前期的墓53座。

1989年

▲湖北云梦县发现龙岗简牍

1989年和1991年考古工作者又在云梦县城东龙岗清理了两批秦汉墓，其中有秦墓10座，M6竹简与木牍上出现“皇帝”的称谓。另外，在睡虎地之北的木匠坟也发掘过两座秦代墓。

1990年

▲临潼县东街秦墓

4月，临潼县博物馆等单位在县东街抢救清理4座秦墓，墓葬为砖室。最为重要的是发现大量的数十个不同个体的秦代陶文，还首次发现了秦的子母砖。

▲咸阳任家嘴秦墓群

冬季，陕西省考古研究所领队，由咸阳市文物考古研究所实施，在市东任家嘴的长庆油田助剂厂新址，发掘清理了243座秦秋到秦代的墓葬。这是多年来咸阳地区秦墓发掘中数量最大的一次发现。发现打破关系多组，出土物以陶器为主，可分为六期，对研究秦物质文化史和秦墓编年是很有价值的。

▲江陵杨家山135号秦墓出土竹简

1990年，考古工作者在江陵杨家山发现古墓178座，其中大多数为秦汉墓，其中的秦墓M135是座保存完好的长方形竖穴土坑秦墓，南与M136秦墓并列。地面有椭圆形封土，直径30、高4.5米。出土竹简75支，内容为遣策。

1991年

▲陇县店子上秦墓群

陕西省考古研究所为配合宝（鸡）—中（卫）铁路建设，由田亚岐领队，于1991年4月至1992年12月，在陇县店子上发掘300余座墓葬，时代由春秋早期至秦代，可分七期。发现打破关系多组，出土物有铜、陶、玉、石等器，以陶器为主，有仿铜陶礼器和日用陶器。这是近年陕西秦墓发掘中数量比较大、时代延续时间长的一次发掘，对秦墓编年研究有很高的学术意义。

▲祝原村秦宫殿遗址调查

8～10月，陕西省文物保护技术中心和商洛地区文物管理委员会联合对传为“李密冢”的祝原秦宫殿遗址进行了调查，原是一处大型的秦离宫建筑。

▲江陵擂鼓台清理秦墓

考古工作者在荆州区岳山擂鼓台清理了两座长方形竖穴土坑墓葬。

1992年

▲宝鸡益门堡秦墓

5月，宝鸡市考古工作队田仁孝等在市南的益门堡，抢救发掘了一座春秋中期的秦墓。出土器物以金器、玉器为最多，还有铁器、铜器和原始玻璃（料器）等，共计200余件（组）。重要的如金柄铁剑、金柄铁刀等，具有很高的学术研究价值。

▲秦芷阳陶窑作坊

4～12月，陕西省考古研究所秦陵工作站与临潼县文物工作队，为配合工程建设，清理了秦芷阳地区制陶作坊遗址一处。主要遗存包括陶窑3组8座、陶泥储藏坊2处、沙坑2处及制坯房与水井各1个。同时出土了一批重要文物。

1993年

▲秦皇岛市北戴河秦行宫遗址

北戴河秦行宫遗址位于北戴河区金山嘴，又称“金山嘴古城遗址”，总面积约6万平方米。于1985年发现，1986年开始调查发掘，经过6年，截至1993年7月15日已发掘面积15 836平方米，揭露出建筑遗址4组16个单元，以及陶井、水井、灶、水管道、窑穴等遗迹。出土了大量板瓦、筒瓦、柱础石、菱形纹空心砖、巨形夔纹半瓦当、云纹瓦当等建筑构件和少量的陶盆、陶甑、罐、瓮等生活用具。遗址时代的主体是秦代，同秦始皇东巡有关，可能沿用到西汉初年。国务院于1996年公布其为全国重点文物保护单位。

▲甘肃省礼县秦公大墓遭到盗掘

1992～1993年，甘肃省礼县大堡子山秦公大墓遭到众多盗墓团伙的数月疯狂盗掘，大量珍贵文物走私，流落到纽约、伦敦、巴黎、日本及我国香港、台湾等地。10月，一批秦公重器由上海博物馆马承源馆长在香港重金收回，其中有秦公器6件。

▲洛阳铜厂秦墓

9月，洛阳市文物工作队在洛阳钢厂发掘战国晚期墓葬10座，其中洞室墓6座。

▲江陵王家台秦墓出土竹简

江陵荆州镇邱北村王家台秦墓M15，出土竹简813支。内容包括《归藏》（佚书）《效律》《政事之常》《日书》《灾异占》等。

▲四川郫县发掘秦墓

考古工作者于1992～1993年在郫县清理了27座战国至西汉时期的墓葬，其中有长方形竖穴土坑秦代墓6座。

1994年

▲对甘肃礼县秦公大墓的劫后清理

3～11月，甘肃省文物考古研究所对大堡子山秦公大墓进行了劫后清理，发掘2座中字形大墓、2座车马坑（其中1座未清理）和九座中、小型墓葬。

这年夏天，一对秦公壶在纽约拉利行古董店出现，李学勤、艾兰作《最近出现的秦公壶》一文，发表于同年10月30日《中国文物报》。同年，又一批秦公大墓金饰片出现在法国巴黎。

▲扶风县城关镇飞凤山秦墓地的发掘

4月，宝鸡市考古队和县博物馆联合，对扶风县城关镇千佛寺村飞凤山墓地进行抢救性发掘。清理出秦人墓葬5座。这5座墓和同处一阶台地上的西周墓穿插错落，但无打破关系，均未遭盗扰，组合完整。葬具皆一棺一椁，带头箱，棺椁板皆腐朽成灰，板灰较厚。头箱内置随葬器物。葬式皆为侧身或仰身屈肢，全为头西足东。这批随葬品组合虽极为规律，全为三组合放置于头箱内，但随葬品又十分简单，全是生活实用器。每个墓中都有罐和盆，凡是出鬲的墓则不出釜，出釜的墓则不出鬲，与秦人早期墓葬不大一样。

▲临潼零口战国墓地的发掘

10月至1995年12月，陕西省考古研究所对临潼零口战国墓葬进行了发掘。共发掘了10座战国墓葬。这些墓葬分布相对集中，极少打破。墓主人的头向多朝西北，次为东北，个别朝西南。墓葬形制可分为竖穴墓和洞室墓两类。竖穴墓6座，均为土圹墓，竖穴，直壁，平底，个别墓壁略带收分。洞室墓4座。由一个墓道和一个墓室组成，均为形状规整的土圹土洞墓，墓室开口朝西南。墓道的口、底均呈长方形，四壁为直壁或斜壁下收，平底。墓室为圆弧顶，直壁，底呈长方形平底。在5座墓葬中发现有随葬品。随葬品的摆放位置似有一定规律，带壁龛者放在壁龛之内，无壁龛者放在头部右侧或足部左侧的木棺之外。此次发掘的战国秦墓，均属小型墓葬，半数未见随葬品，即便有，也仅一两件生活用品。

▲秦始皇陵园出土建筑陶文

新丰南杜遗址位于秦始皇陵园之北3千米，当新丰镇刘家寨东。夏天，西安泰普克食品有限公司搞基建时，由陕西省考古研究所对此进行了考古钻探并随工清理。在秦代文化层（第3层）出土的陶文，按性质可分三类。第一类为中央官署制陶作坊类，此类陶文共12种。第二类为官营徭役性制陶作坊类，此类陶文可分35种。第三类为市亭类陶文，共2种。总计为3类49种。所见中央官署机构的，有“大匠”“都船”“居室”“北司”“右歇”。其中“大匠”属于将作大匠，“都船”属中尉，“居室”“北司”“右司空”均属少府。将作大匠掌治居室，中尉、少府又主管烧造砖瓦。由此可见，此遗址和秦始皇陵有着密不可分的关系。

▲广州秦造船遗址第二次发掘

1994年在1号船台40米处横向揭出3个船台的一段。

1995年

▲甘肃大堡子山盗墓回潮

1995年年底至1996年年初，甘肃大堡子山地区大规模的盗墓活动有所回潮。

▲襄阳古城继续清理战国至秦汉墓葬

1995～1996年，在襄阳古城共清理战国至秦汉墓葬44座。其中属于秦至西汉初的墓有12座，形制分长方形竖穴土坑墓和长方竖穴岩坑墓两种。

1996年

▲秦公墓地被列为甘肃省级文物保护单位

1996年4月，礼县大堡子山秦公墓地被甘肃省政府公布为省级文物保护单位。5月30日，礼县人民政府制定并下发了《关于加强对省级文物保护单位大堡子山秦公墓地文物保护管理的通告》，在全县广泛宣传，影响很大，同时，公安机关又加大了打击盗掘大堡子山秦公陵园文物的力度。1997年以后，较大规模的陵园被盗挖活动基本得到遏制。

▲雍都发现第14号分陵园

1995年6月，经田亚岐考古钻探发现，至1996年搞清范围与内涵。

▲湖北襄樊余岗清理秦汉墓葬

在襄樊余岗清理了32座秦汉墓葬。其中秦统一至秦汉之际的墓有18座。

1997年

▲临潼区第五砂轮厂郦山徒墓地勘探

在该厂东侧的南北向台原上，1990年发现23座秦墓，1997年又勘探出墓葬220座。在这些长方形竖穴土圹墓里，有砖棺、瓦棺和木棺等几种。只是在个别墓中用陶器随葬。

▲陇县韦家庄秦墓地发掘

4月，宝鸡市考古工作队与陇县博物馆共同对陇县韦家庄秦墓地进行了抢救性发掘。共清理春秋晚期到战国时的秦墓8座，分竖穴和偏洞式两大类，其共同特点：葬式全是屈肢，且屈肢较甚，骨骼基本保存完好。竖穴墓二层台以下特深，多在1.8米左右；偏洞室墓只有M16一座，由天井（墓道）、洞室（墓室）与壁龛三部分构成。天井与洞室分界处有一宽6厘米的木板槽，是用木板竖立封洞门的痕迹。一棺一椁，死者头西足东，侧身屈肢，双手交叉于腹部。紧靠洞室底部西端有一壁龛，置放随葬器物。竖穴墓均为长方形土圹，分为东西向和南北向两种。这批墓葬出土器物，质地比较单一，几乎全是陶器，然而组合特点却比较突出。春秋墓以壶、鼎、簋、豆为基本组合，数量和器种几乎相同；战国墓又以盆、罐为基本组合，鬲和釜及壶和罐相互替代出现，与前期相比，葬俗礼制已发生了较大变化，数量减少，器种趋于简单且不规范，组合随意性较大。出土的一件铲足鬲未见相同报道者，如不是与其他随葬物的组合及墓葬特点综合观察，很难认清它们是秦人之物。这批墓葬的时代跨度从春秋晚期到战国中期。

▲秦广州秦代造船遗址

1997年，考古工作者对船台南边的造船木料加工场地进行了发掘，发掘了3600平方米，发现了南越国宫苑遗址，直接压在场地之上。出自对宫苑遗迹的保护，没有再往下发掘。

通过三次的局部发掘（前两次：1975年试掘、1994年在1号船台发掘）得知：造船工场是由3个长逾百米呈东西走向、平行排列的木质造船台，以及南侧的木料加工厂组成，规模大、结构完备。

3个船台均由枕木（用杉及簟树）、滑板（用樟木）与墩木（用格木）三者组成。2号船台居中，中宽2.8米，1、3号船台中宽同为1.8米，据推算可建造身宽5～8米，载重25～30吨的平底木船。出土的造船工具有铁凿、铁锛、铁凿、木垂球和磨刀石。

船台及余木经^{14}C测定，距今2190年±90年；距今2360～2150年；距今2750～2480年。应是秦五军统一岭南时“一军处番禺之都”的造船工场遗址。

覆盖在1号船台上的一层灰土，含生活垃圾、秦半两、汉四铢半两和“万岁”瓦当等建筑残件，表明到赵佗建立南越国时这个工场才被废弃，被填埋后作为扩建宫苑的用地。

有学者认为，这处木构建筑不是造船台，而是南越国宫苑建筑的基础部分。

1996年12月，国务院将其公布为全国重点文物保护单位。

1998年

▲宝鸡南阳秦墓发掘

4月，宝鸡市考古工作队在陈仓区南阳村发掘春秋早期秦墓4座，其中5鼎铜器墓1座，3鼎铜器墓2座。这批墓葬形制均为东西向竖穴、口小底大、有熟土二层台，二层台以上的填土中均发现有殉狗和肢解的兽骨；葬具均一棺一椁；葬式均直肢，并有腰坑，坑内有殉狗和石圭；随葬器物均置于棺椁之间，铜器器形小且较粗糙，仿铜陶礼器制作精致。这批墓葬的东西向、直肢葬和腰坑殉狗特征明显，和后来发掘的甘肃礼县大堡子山秦公墓有许多相似之处，被有的学者贯以南阳模式，在秦墓葬研究中具有重要意义。（2004年4月，该村村民郭明贤等人挖土时，又在村子挖出春秋秦墓一座，出土青铜鼎3件）。

▲秦始皇陵园发现铠甲坑

8～12月，陕西省考古研究所始皇陵考古队对秦始皇陵园的一处编号为“XLQK9801”的大型从葬坑进行了试掘。试掘面积153平方米。发掘结果表明，XLQK9801应当是秦始皇陵园的一处从葬坑。和兵马俑一号坑相同，XLQK9801已被彻底焚毁。其结构是地下坑道式的土木结构建筑，但不用青砖而用方木铺设坑底，隔墙窄而高，夯筑更坚实平整，棚木均为方木且只跨一个过洞，等等。更值得注意的是，该坑封土顶部踩踏面保存较好，为澄清当时从葬坑顶与周边地表高低关系提供了证据。

试掘出土了一大批形态精美、工艺高超、分布密集、种类繁多、保存比较完好的以扁铜丝连缀的石质甲胄，均是非常宝贵的考古学资料。

▲甘肃礼县圆顶山秦贵族墓地发掘

2月，礼县公安部门在大堡子山现场抓获一群盗墓的犯罪分子。此后，公安部门派专人24小时守护墓地，并请求省考古研究所的专家赴礼县主持考古工作。4月初，省考古研究所赶赴礼县。经过两个月的奋战，清理出3个大墓和7个小墓，共发掘出簋、壶、剑、车等珍贵文物100余件。铜柄宝剑在国内非常罕见，对于研究秦代的冶金、兵器有重要意义。

是年冬，礼县博物馆在省考古研究所的指导下发掘了位于秦公墓东南向赵坪村的一座车马坑、两座中型墓及一座小型墓。发掘的两座中型墓葬当为秦贵族夫妇的同茔异穴合葬墓。秦贵族墓的发掘，为进一步研究秦人葬制提供了新的实物资料。

▲洛阳于家营秦墓

3月，于家营村东一砖瓦厂在取土中发现古墓6座。

1999年

▲宝鸡西山晁峪秦墓地发掘

7~8月，为配合310国道建设工程，陕西省考古研究所对晁峪墓地进行了抢救性发掘。共清理发掘6座秦墓，在形制上有竖穴土坑墓和洞室墓之分。6座秦墓的葬具均为木质结构的棺、椁。棺与椁的使用形式可以分为一椁一棺、一椁和一棺3种。6座秦墓的葬式可分为仰身屈肢、侧身屈肢和蜷曲特甚屈肢葬。6座秦墓中，共出土各类随葬器物31件，陶器、铜器、石器、骨器、玉器等类，其中最多的为陶器。出土的陶甗，下半部釜形，其形态与甘青地区发现的圜底炊器有相似的风格。这批墓葬的时代从春秋早期到战国中期，是目前为止在陕西境内渭河沿岸有关秦人踪迹的重要发现，这无疑对今后寻找秦人自西向东逐渐迁徙的足迹，乃至对秦文化的研究提供了新的实物资料。

▲铸铜工匠墓

陕西省考古研究所发掘西安北郊一座战国晚期墓，出土有铸造鄂尔多斯式青铜牌饰及其他器物构件的陶模具25件，墓主应是铸铜工匠。

▲秦始皇陵园发现从葬坑K9901

于3月发现，位于陵冢东南部下内外城垣之间，北距甲库坑K9801约39米。平面呈“凸”字形，东、西两端各有一条斜坡道，总面积约700平方米。坑体东西长约40米，坑内有东西向的两道隔墙、三条过洞。

2000年

▲秦始皇陵园城垣探测

陕西省考古研究所段清波在1999年的考古勘探中，在内城南墙的南北两侧发现连续“廊房”建筑和石散水遗迹。5月下旬，在内城南墙西南角和内城南门东西两侧三处地点布方试掘，由东向西编号为NN00T1、NN00T2、NN00T3。

内城南垣的宽度，确认其宽度为3.5米。而并非以前资料表明的8米。

城垣两侧修建廊房之类附属建筑宽1.4米，地面上有一层踩踏面，壁面涂有彩绘，外侧设有石散水。所用的板瓦规格巨大，长者达94厘米，短者为59厘米。

带脊筒瓦和带脊有当筒瓦不仅用在屋脊上，而且还被相对广泛地用在屋面上，扣合在板瓦上，所起作用和筒瓦一样。

▲秦始皇陵园发现K0006从葬坑

年初，秦始皇陵园考古勘探进入全面普探阶段。5月，在秦陵封土西南角发现，经过两个多月的考古钻探，对这个被编号为K0006从葬坑的基本形制已经摸清，其平面略呈“中”字形，东西走向，由斜坡道和前后室组成的地下坑道式土木结构从葬坑，总面积144平方米。出土12件陶俑，4件铜钺。

▲秦始皇陵园2000年度的勘探成果

2000年度发现性质及内涵各异的从葬坑7座；发现位于秦始皇陵东、西、南三侧规模惊人的深层地下阻、排水系统；勘探清楚外城南门的位置及规模；确认了内、外城西门遗址的位置及形状；在内外城西门之间发现一组独立存在、相互对应的三出阙；对所谓的陵园外城“北门遗址”进行了探查和讨论；对陵园外、骊山脚下“五岭”遗址进行了全面的考古调查；确认了位于陵园南侧和西侧的“霸王沟”即岳家沟的形成原因及时代。

▲礼县圆顶山贵族墓再发掘

是年春，在北侧发掘了一座中型墓。在男性墓主坑内出土有7鼎6簋等，女性墓主坑内出土有四轮车形方盒等。

5座墓葬均坐落在西汉水南岸挨近山麓的平川内，发掘至距地表两米多时即有大量地下水蓄积，被群众称为“水墓”。经过抽排水之后，继续下挖3米多才到墓室底部。

▲高陵县张卜战国秦墓

为配合西安至阎良高速公路建设，陕西省考古研究院在该路段共勘探出古墓72座，清理出其中的战国小型秦墓14座。墓葬结构分为竖穴和竖穴洞室墓两种，前者二层台或有或无，后者均为直线洞室。随葬品以陶器数量最多，次为铜器，有少量铁器，放置位置在壁龛中，或头箱，或棺前与墓口间，或棺内人头前。典型陶器有小口广肩罐、折壁盆、长颈圆壶、涡纹釜、圈足钵、盖盒、扁球鼎等。桥形纽铜印，“日”字界格，阴刻“许义”二字。

▲河南南阳秦墓

在南阳发现一批古墓，能确认为秦墓的是M76和M208两座。

▲湖北襄樊市王坡墓地发掘

2000～2002年，考古工作者在襄樊市襄阳区王坡墓地发掘了东周至秦汉时期墓葬173座，其中属于秦代墓葬的有57座。

2001年

▲西安北郊尤家庄南墓地

1998年7月至2001年5月，陕西省考古研究所在尤家庄南的青海军区后勤部、纬四小区、豪盛花园、福临门公司、西北有色金属研究院，村东南的陕西省一号公寓、进出口公司，村东北的中山房地产公司，村西的向阳丰田公司及西南的大基公司军12处发掘点，共清理战国至统一秦的小型秦墓197座。其中明珠花园59座秦墓形制多样，有竖穴土坑、偏洞室、直线形洞室等。葬式特殊，有单人葬、多人葬，也有乱葬墓。陶器以常见的小口广肩罐、深腹釜、折壁盂最典型。

▲西安北郊张家堡南墓地

1998年5月至2001年12月，陕西省考古研究所在张家堡办事处所辖的尤家庄、北康村、翁家庄等三个行政村周围，发掘了战国至统一时期的秦墓葬123座。形制可分为竖穴土圹、竖穴墓道土洞、斜坡墓道土洞和瓮棺葬四大类。出土器物以陶器为大宗，仿铜陶礼器的基本组合是鼎、盒、壶，或鼎、盒、罐，或鼎、壶、罐，或鼎、罐、盂；日用陶器组合主要是罐、盆，或罐、缶，或罐、壶，或罐、釜等。

▲陕西华县东阳墓地

考古工作者在陕西省华县东阳墓地，勘探出由商朝末年至秦朝时期的各类墓葬138座，可划分为A、B、C三区，已发掘60余座。有竖穴土圹墓、洞室墓，大中型墓葬内多随葬马匹和蚌质、青铜等络饰件，但被严重盗扰，椁室几近掠夺一空，小型墓葬内则有殉人。

由于这一墓地延续时间长，在A区内的绝大多数墓葬带有浓郁的秦文化特征，其出土的陶器多为春秋战国至秦朝的典型器物，而C区的墓葬则呈现出明显的商周文化色彩。

▲秦始皇陵园廊房建筑与从葬坑

近年来，陕西省考古研究所在陵园内城垣一周，均发现连绵不断的内外廊房建筑遗址，总长度达3860米。经发掘，内城城墙宽度为3.5米，墙基的宽度为8.2米，校正了原来的内城墙宽度为8米的认识。

在封土东、西、南三侧发现总长度为1203米的大型地下阻排水系统，其中阻水渠778米，排水渠长525米，最深处达39.4米，上口宽84、底宽9米。

在东、西内外城之间各发现一组南北对称的三出阙，通长44～45.9、宽4.6～15.5米，二组三出阙是迄今为止国内发现最早的三出阙。

新发现各种类型的从葬坑17座，出土了石质铠甲、石胄、百戏陶俑、文官俑、青铜鼎、青铜禽类等大体量的珍贵文物。

▲对秦始皇陵K0007从葬坑的发掘

发掘出土13件原大青铜水禽，其中有仙鹤5件。

▲凤阁岭建河墓地

为配合陇海铁路“宝—兰”复线的工程，陕西省考古研究所对宝鸡段的凤阁岭墓地（建河村、毛家庄墓葬）进行了清理。经发掘的39座秦墓，有竖穴土坑和洞室（分偏洞和直线洞）的区别，东西向。均单人葬，屈肢或侧身，或仰身。随葬陶器有罐、壶、釜、盆、鬲、鍪、甑等，其中罐占72.41%。铜器见有带钩、双耳鍪、铃、环。铁器成残片，有铁带钩一件。墓地年代上可到战国中期晚段，下至秦代。

2002年

▲秦始皇陵园K0007从葬坑又出土青铜仙鹤等珍稀文物

K0007从葬坑内，又发现16件原大彩绘陶俑和27件原大青铜水禽，其中天鹅10件，青铜鹤1件，鸿雁16件，推测这应是模仿水禽生活的场景。

▲湘西里耶古城与秦简

战国秦汉期的里耶古城位于湖南湘西龙山县，发现于1996年。2002年正式发掘，大规模地清理了里耶古遗址、麦茶战国墓地、清水坪西汉墓地、大板汉代墓地、魏家寨西汉城址和大板东汉遗址。特别是在一号井里，发现简牍总数达37 000支，10余万字，内容包括社会生活如邮递、军备、算术、记事的很多方面。地域涉及秦的内史、南郡、巴郡、洞庭郡、苍梧郡等。其中洞庭郡等的资料从未见诸文献记载，可补史籍之缺。

▲高陵县发掘秦墓51座

1月，陕西省考古研究所阳陵考古队在配合高陵县益尔公司基建考古工作中，发掘秦墓51座，其中有随葬器物的墓45座，共出土各类随葬器物205件（组），其中陶器的数量最多，有鬲、盂、罐、釜、壶、甗、豆、钵、囷等。无随葬器物的墓有6座。51座秦墓分为三期，第一期墓葬共15座。时代为战国早期，有的时代甚至可早到春秋晚期。第二期墓葬共19座。出土器物与陇县店子秦墓战国中期的同类器相似，其时代处于战国中期。第三期墓葬共17座。出土器物与西安半坡战国秦墓、咸阳黄家沟秦墓、塔儿坡秦墓战国晚期同类器物相似，其时代为战国晚期前段。益尔秦墓早期墓葬的时代早于关中中部地区已发现的其他秦墓的时代，为研究秦人东迁的时代、关中中部地区秦墓及秦文化的发展提供了珍贵的资料。尤其是大量彩绘泥质器物、人物俑、动物俑及车等雕塑造型的普遍出现。这些雕塑作品种类繁多，造型古朴、简单，烧制温度低，表面施有红、黑、白三色彩绘，为秦兵马俑的产生提供了艺术、技术基础。

▲四川什邡市清理秦代墓

1988～2002年，考古工作者在什邡市城关墓地先后23次抢救性清理战国秦汉时期的墓葬98座，其中有秦代墓5座。

2003年

▲凤翔长青墓地

墓地位于凤翔县西南约15千米处的汧河东岸的台地上，当蕲年宫遗址附近的孙家南头村西南侧。陕西省考古研究院对宝鸡东岭集团1000亩征地进行钻探，发现墓葬200余座。发掘31座秦墓，均屈肢葬，时代当春秋早、中期，应早于雍城建都的年代。此外还有春秋早、中期秦人的窑址和古井等。多数为小型墓葬，少数墓有腰坑，随葬陶器均为典型的秦人风格，说明墓主人都是正宗的秦人。有一座墓葬形制较大，属“中”字形墓，墓圹深达11米。为二椁一棺，墓圹5个洞龛内各有一个殉人，墓室头箱内放置数量可观的随葬器物，其中铜器有5鼎4簋和壶、盘等，以及陶器和其他小件，有车马坑从葬，坑内有两车，分别以两马和四马栓套。墓主当属大夫一级。

▲凤翔秦公大墓东侧车马坑发掘

凤翔秦公大墓东侧车马坑平面呈“凸”字形，陕西省考古研究院从4月开始发掘。坑上无建筑遗迹，长87、宽24.6、深14.5米。已发掘8米，全系夯土，出土大量马骨。

▲秦俑博物馆前的“丽山徒墓坑”

秦俑馆正门之东500米处有一处秦代窑场，东为三任村，南临庞沟村，北侧为临马公路。2～3月，陕西省考古研究院秦始皇陵考古队在秦俑馆前清理窑址时，发现窑址旁边有一个距地表约10米深的大坑，其中人骨自上而下层层叠压，十分密集。葬式杂乱没有规律，知其多数人为死后很快地被随意扔弃此处；仅上层有个别骨架似乎表现出比较明显的、有意识采取的屈肢葬式，包括仰身屈肢、侧身屈肢和蹲踞葬式。估计有百余具人骨。

这是秦陵地区继赵背户修陵人墓地、姚池头刑徒墓地和东五小区修陵人墓地以后发现的又一处修陵人墓地。

▲秦始皇陵考古遥感地球物理综合探测技术通过评审

“秦始皇陵考古遥感地球物理综合探测技术” 课题，自2001年列入国家重大科技攻关项目——963计划，先后有100多位科学家、专家参与。他们运用遥感和地球物理探测技术进行无损勘查，探测秦始皇陵区的文物分布情况，提供判断秦陵地宫存在与否的科学依据，并为地基层地球物理详察勘探技术提供进一步的服务。11月27日由科技部组织专家组在内的10余位专家对该项目进行了评审。验收委员会认为：该项目是地球物理综合探测技术成功应用于考古的范例，对秦始皇陵园考古具有重大价值。

▲秦始皇陵K0007从葬坑Ⅲ区发掘

2001年和2002年分别发掘Ⅰ区、Ⅱ区。2003年发掘了Ⅲ区。该坑共出土青铜水禽46件、陶俑15尊及其他小件。

▲巩义市秦墓

考古工作者在河南省巩义市站街镇清理了6座秦代长方形竖穴墓道的洞式墓葬，墓道都大于墓室，部分墓带壁龛。

2004年

▲凤翔长青墓地继续发掘

共发掘冬时期的墓葬153座，其中有先周至早周时期的2座、西周墓34座、秦墓103座，宋元以后墓葬5座。

在汧河东岸，还发现了一座西汉时期的汧河码头仓储遗址。

▲西安神禾原秦陵园

7月，在西安财经学院长安新区建设工程中，经陕西省考古研究院张天恩、丁岩考古勘探，确认为一座大型战国秦陵园遗址。陵园位于长安区贾里村东，神禾原西北部的原头上。陵园整体呈长方形，南北长550、东西宽310米，占地面积约17.05万平方米。外设兆沟、内筑夯土陵墙，四面中部各置一门，并建有门阙。另有夯土隔墙将园内分为南、北区，隔墙中部亦开设一门。北区中间偏南有一座带4个斜坡墓道的“亚”字形大墓，12座长条形从葬坑分布在墓道旁。大墓口东西长29、南北宽28米。在4个斜坡墓道中，东墓道最长约67米。墓室填土均经过夯筑。在墓道、墓室四壁上有间距一致的水平刻槽，似为控制夯层水平和工程进度之留；南区发现夯土建筑基址。推测可能是秦始皇祖母夏太后的陵园。

▲西汉水上游早期秦文化遗存的调查

自3月28日开始，至4月20日，甘肃省文物考古研究所、陕西省考古研究院、中国国家博物馆考古部、北京大学考古文博学院、西北大学考古系协商成立了“早期秦文化研究的课题组”，并组建了联合考古队，对西汉水上游东起天水市天水乡、西至礼县江口乡约60千米的干流两岸及其支流红河、永坪河、燕子河等河流两岸每一个台地逐个踏查。通过对该流域内周秦遗址的调查和初步分析，发现了数十处面积超过20万平方米的大遗址。这些遗址内涵丰富，延续时间长，而且在其周围还分布着不少文化内涵相同的中、小型遗址，构成了“六八图—费家庄”“大堡子山—赵坪”“雷神庙—石沟坪”三个文化活动中心区。这三个文化中心区地理位置重要，战略意义显著，很可能是在秦人早期历史发展中起到了相对有别的，但又同样重要的作用，为进一步确认秦人早期都邑——西犬丘，探索秦人早期的历史文化特征和秦人早期迁徙路线等方面提供了重要的线索。

▲泌阳秦将士墓群

2004年，河南省文物考古工作者在驻马店市泌阳县发现28座竖穴土坑墓，可能是秦在统一战争中牺牲的将士墓。

2005年

▲甘肃礼县鸾亭山汉代祭祀遗址发掘

汉代祭祀遗址位于县城城西海拔1700米的鸾亭山上，其发现是早期秦文化考古工作中的又一个重要成果。由鸾亭山山顶的祭祀台和山腰的东西夯土台组成。附近发现有周代祭祀坑、战国—汉代墓葬80多座。发掘出土了祭祀用玉、“长乐未央”瓦当和兽骨等，该遗址在周代就有人类居住、活动。在一条东西长约20米的汉代半月形浅沟内清理出11套组合完整的玉器，共51件；器类有圭、璧、玉人三种。组合方式有圭压璧的，有璧压圭的，也有多件玉璧上下叠压的。玉圭最大的直径长约15、宽约10厘米；玉璧最大的直径约22厘米。圭多青玉，璧多白玉。玉人两件，一男一女，与圭、璧共出。《周礼》：“四圭尺寸有二，以祀天。”又曰：“以苍璧礼天，以黄琮礼地。”该遗址应是汉代一个专门祭天祭祀的场所，为研究汉代郊祀用玉及相关礼制提供了重要的考古学资料。

▲发掘礼县城西西山坪遗址

西山坪是早期秦人的聚落遗址，联合考古队对其进行了勘察与发掘。

▲咸阳西尔秦墓群

西尔秦墓地在咸阳市塔儿坡东，经陕西省考古研究院发掘战国至秦代的墓葬57

座。墓葬形制除常见的竖穴土坑墓、洞室墓外，出现两种特殊的形式，即在长方形竖穴土坑墓道两端，各有一个洞室内葬一人，两头向东西相对；在长方形竖穴土坑墓道西壁上有两个洞室相并，每一洞室内葬一人，作屈肢。

2006年

▲甘肃礼县大堡子山遗址的重大考古成果

2006年，已在大堡子山勘探面积近130万平方米，城内外发现各类遗迹近699 处。大堡子遗址总面积约50万平方米以上，除少量的齐家文化遗存外，包括夯土城墙、建筑基址、墓葬、车马坑、灰坑等。

主体为周代城址，城外有墓葬和居址，东城外是中小型墓地，中心区系秦公大墓、大型建筑基址、祭祀坑、车马坑、灰坑及中小型墓等几部分。城址总面积约25万平方米，呈不规则的长方形，夯土城墙东、西两道长1000米，北城墙长约250米，南墙尚未发现。

探出夯土建筑基址26处，其中最大的21号建筑基址，南北长102、东西宽17米，建筑基址四周为夯土围墙，中间有17个大型柱础石，该建筑规模宏大，当为大型宫殿类建筑。大约始建于西周晚期春秋初，战国时期废弃，汉代遭到严重破坏。

东北城墙外为中小型墓地，分布密集，钻探出400余座。已发掘墓葬6座、车马坑1座，4座为人祭坑，1座为器物坑。

乐器坑位于被盗大墓（M2）西南方20米处，坑呈东西向，长8.8、宽2.1、深1.52米。原有木质钟架，已朽。出土3件秦子镈、3件铜虎（附于镈）、8件甬钟、10件石磬，这些乐器保存完好。11件镈钟一字排开，整齐地摆放在坑道里。青铜镈一大二小，最大的一件通高65厘米，鼓部有铭文26字“秦子乍宝和钟厥气三镈其音潍潍秦子（君令音）在位万寿万年无疆”。这个时间段能称秦子的只有静公和出子两人，但静公未能享国在位，与铭文“在位”不符，说明这套编钟非出子莫属，年代为春秋早期，与大墓的年代一致。当为大墓的从葬坑。

与乐器坑同时发现的还有人祭坑4座，每坑埋人骨架1～2具，肢体屈曲，其性质当为杀人祭祀。

通过调查发现，在10平方千米的范围内分布有大堡子山城址和山坪城址。西汉水对岸的山坪城址，与大堡子城址隔河相望。夯土城墙断续残存约400米，并发现早期秦文化堆积，初步判断这里也是一座早期秦文化遗址。

圆顶山、盐土崖两处贵族墓地。发掘中小型墓葬10座，其中3座未被盗扰。最大的ⅠM25位于东北城墙外的墓地，长4.8、宽2.7、深10.1米。出土青铜器9件（鼎3、甗1、盂1、短剑1），石圭130余件，陶器6件，年代为春秋中期偏晚。

▲甘肃张家川桃园坪墓地的发掘

考古工作者发掘了张家川桃园坪被盗的墓葬3座。随葬品中发现了鎏金铜鼎、鎏金铜壶及银杯、玻璃杯、铜茧形壶等。这对早期秦文化、战国时期冶金工艺、中西文化交流有着重要的研究作用。

▲秦雍城发现大型制陶作坊遗址

陕西省考古研究院、宝鸡市考古工作队和凤翔县博物馆联合组队，对凤翔秦都雍城内西北部的作坊区进行了抢救性发掘。在东侧和南侧，发现夯墙遗迹，判断它可能分别与雍城西城墙和北城墙连接，以此形成“雍城内城作坊区”。陶窑群间相对密集，相邻窑距较小，东西呈“一”字形排列，发掘出的2000多件遗物中，主要有方砖、槽形板瓦、弧形板瓦、筒瓦、瓦当、贴面墙砖、陶鸽、陶俑，以及制作和烧制时所需的各类工具。此外，还发现尚未焙烧的泥坯。在出土文物中，最具特征的是一批动物纹瓦当，有鹿蛇纹、凤鸟纹、蟾蜍纹、獾纹、虎雁纹、鹿纹、虎鹿兽纹和虎纹等，另外还有一批云纹和素面瓦当。

▲秦直道遗址考古调查

属国家大遗址保护项目“秦直道调查、测绘、保护”的基础工作，由陕西省考古研究院执行。张在明工作侧重在子午岭支脉的富县坡根底段，全长5.3千米。通过GPS测量，现存路面宽23～26米，最宽达47米。上山段坡度2.6%，山脊段为10.4%，相当于今天的二级公路标准。由试掘得知，路面宽10米，中部高凸，两侧有路肩，靠山一侧有排水沟。路面最高点比路肩上部高15～65厘米。路上的踩踏面，厚20～30厘米。

▲旬邑县沟老头秦汉宫殿遗址

4月，咸阳市文物考古研究所、咸阳市文物钻探管理处和旬邑县博物馆联合，对旬邑县沟老头秦汉宫殿遗址进行了为期10天的抢救性钻探、发掘清理。遗址面积约150万平方米，中有廊庑式建筑基址。见有柱石、多种规格的成组的五角形排水管道、大量的“长乐未央”文字瓦当。该遗址东距西汉武帝甘泉宫15千米，东北距石门19千米，位于甘泉宫直通西方的要道上，应属于汉甘泉苑中比较重要的一个宫观。

▲丹江口莲花池墓地出土秦巴文物

考古工作者于2006年11月10日至2007年1月18日在秦巴风格交融的莲花池墓地发掘清理墓葬66座，出土随葬品332件，有陶器、瓷器、石器、铜器和铁器等。这里不仅出土了体现巴文化特点的“双耳”铜鍪，还出土了200多件秦人风格的带钩。

▲《里耶发掘报告》出版

《里耶发掘报告》是研究武陵山区战国至汉代历史文化的珍贵资料，篇幅浩大、内容重要、资料详明、图表齐全。该书包括了2002～2006年在里耶盆地的田野考古成果，内容包括里耶城址发掘报告；麦茶墓地发掘报告；清水坪墓地发掘报告；大板墓地发掘报告。报告中重点介绍了各遗迹的发掘情况和战国、秦、汉的出土遗物。特别是对一次性发现数量3万多支的里耶秦简，介绍更为重要。此考古报告由湖南省文物考古研究所编著，岳麓书社出版。

2007年

▲雍都秦公一号大墓西南侧一号祭祀坑的考古发掘

7～10月，陕西省考古研究院和宝鸡市考古工作队对凤翔南指挥村秦公一号大墓西南侧的一号祭祀坑进行了考古发掘。车马坑位于秦公一号大墓的西墓道南12米处，为东西向长方形竖穴土坑，长17.5、南北宽3.1、距地表深12.5米。坑北壁距秦公一号大墓的西墓道南壁12米。方向287°。口大底小，略有收分。坑底东西向依次摆设五组车，每组车前部分别有挽马两具，马头和车辕向东，马匹上部原铺设有植物秸秆和木板，车的厢部经过彩绘，而且饰有小玉片，1、2号车的厢部保存相对较好，3～5号车的厢部保存要差些。车体结构均为木制单辕结构，由辕、衡、轴、舆等组成，不见车轮，出土有车马器，装饰用的小方形玉饰、骨器小件等。每组车马都有一个长方形的殉葬坑。3号车下的殉葬坑，内有人骨骸一具，葬具为棺，侧身屈肢葬式，头西面东。从发掘结果看，一号坑可能是秦公一号大墓的祭祀坑，有车无轮，应是专门用于祭祀的禺车。

▲秦直道马莲沟行宫遗址

4～5月，陕西省考古研究院对富县段秦直道继续调查，在沿线发现行宫遗址一处，其他秦汉遗址三处，并发现直道路面及车辙遗迹。

▲岳麓书院藏秦简（壹）面世

湖南大学岳麓书院从香港收购了一批秦简，较完整的有1300余支。次年，香港一收藏家又将其购藏的少量竹简捐赠给岳麓书院，经过技术处理这批捐赠简有30余支完整简。后经专家考证二者的形制、书体和内容都较为相近，属同一批出土简，所以将两者合并，称为“岳麓书院藏秦简”。经过初步整理，这批秦简主要内容分为七大类：《质日》《为吏治官及黔首》《占梦书》《数书》《奏谳书》《秦律杂抄》《秦令杂抄》。这批秦简极大地补充了研究秦代文明的材料，是继云梦睡虎地秦简和里耶秦简后的又一次重大发现。

2008年

▲雍城六号陵园新探

是年，陕西省考古研究院对秦雍城六号陵园进行了全面的考古勘探和测绘。总面积7.5万平方米，除原来探出的2座“中”字形大墓和2座车马坑外，新发现六号分陵园的中兆、在其外侧还有700余座中小型秦墓。还发现15号大墓的内兆和2座“目”字形大墓。

中小型墓中，除有一小部分呈南北向，时代可能为先周或西周外，大部分是竖穴、偏洞或直线洞式秦墓，时代为战国至秦。

▲“穆公冢”实为一处高台建筑基址

据传的“穆公冢”位于凤翔县城内毡匠巷，经陕西省考古研究院雍城考古队勘探，实为一处战国时期的高台建筑基址。土台夯筑，呈四棱台体，底边长38米。经长期风雨剥蚀，台阶与高度不清。

▲秦始皇陵园外城垣外侧的文物遗存

发现扰土坑51个，近现代墓葬51座，古墓葬6座，秦窑址1处。在东墙、西墙都有陶质的五角形排水管道。

▲秦直道堙谷垫方路段

陕西省考古研究院在是年11～12月，在黄陵县南桂花的子午岭主脉上发现。经局部解剖，断面呈梯形，南北长214、底宽50～60、顶宽10～16、高约30～35米。其东坡较陡，约50°；西侧较缓，约30°。路基上部、中部是黄色夯土，夯层8～10厘米，下部层厚12～16厘米。夯土中夹有直径20～30厘米的姜石。据测算，这段垫方路基的土方量约为17万立方米。

▲神木县西沟乡瓜地渠战国秦长城

此段长城被沙层覆盖，经陕西省考古研究院发掘，墙体长50、宽3.3～3.7、残高0.1～0.2米。沙层之上的墙基宽约18米，最深约1米。

经调查，在西南—东北走向的一段长城，长约14千米，墩台遗址33处。墩台夯筑，周围多有背面带麻点纹的板瓦、筒瓦。

2009年

▲对雍都一号秦公陵园的全面勘探

一号秦公陵园总面积34万平方米，内有8座分别为秦公墓葬、车马坑和祭祀坑。在中兆沟外侧的北、东、东南，新发现446座同期或晚于陵园的中小型墓葬与车马坑。

▲对秦直道盘山道的首次发掘

3月，陕西省考古研究院对富县张家湾镇五里铺村桦沟口秦直道进行了发掘。发掘面积1200平方米，直道遗存50米。这段直道自南而北，沿盘山道下子午岭支脉后过葫芦河前的一段，呈西北东南走向。路面有23道车辙，路面上叠压有秦汉时期的绳纹筒瓦、板瓦，一处路面上还发现“大泉五十”铜钱一枚。在路面靠葫芦河的一侧（北），发现厚达5米的夯土护坡。靠河一侧有多处同期的夯土建筑基址，最大者面积达200余平方米。在建筑基址中，有石柱础和大量的秦汉瓦片及生活用陶器片。

▲历代对秦昭王长城的利用

4～11月，陕西省考古研究院联合西北大学文博学院对延安、榆林和渭南三市16个县的早期长城资源进行了野外调查。共调查战国秦、汉、隋的长城1700千米，新发现战国秦昭王长城200余千米，在榆林市的榆阳、神木、横山、靖边、定边等五区县新发现隋长城约500千米，其大部分段落是沿用了秦昭王长城或被明长城所沿用。汉故塞城也是利用秦昭王长城修补的。而富县、黄陵、宜君等地的长城，均属于战国魏长城。

▲秦俑一号从葬坑第三次发掘

"陕西省秦陵考古队"于1986年第二次发掘一号坑次5个探方（T11、T12、T13、T21和T22），所获甚丰。后来成了"秦俑考古队"丢失"将军俑头"的替罪羊，使发掘工作停顿。过了22年，秦俑博物馆于2009年7月，单独对秦俑一号坑的T23进行发掘。

▲范季融夫妇捐赠秦公铜器

美籍华人收藏家范季融、胡盈莹夫妇，将其收藏的9件秦公墓、晋侯墓出土的青铜器捐赠给国家。11月23日，在北京孔庙和国子监博物馆彝伦堂内举行了捐赠仪式。在所捐9器中，有春秋早期秦公器6件，分别是鼎3件，铭文作"秦公乍宝用鼎"6字。簋2件，铭作"秦公乍铸用簋"。另有垂鳞纹铜鍑1件。

▲内蒙古广衍故城发掘秦汉墓群

自2009年6月12日起，准格尔旗纳日松镇已初步探明，在秦汉广衍故城的墓葬共计270余座，分布在纳日松镇勿尔图沟以南的二阶台地和丁家渠附近。已发掘墓葬45座。

2010年

▲对关中地区秦汉离宫别馆的调查

3～12月，由中国国家博物馆和陕西省考古研究院联合，对陕西西安、咸阳、宝鸡和渭南30个市区县重新进行田野调查。计有42处秦汉宫殿遗址，分布在乾县的西关（梁山宫）、瓦子岗、南孔头（甘泉宫），礼泉县的石坡村，兴平的侯村（黄山宫）、汤房、豆马，武功县的瓦子缸、阎家村、文家台，岐山县的王家村，旬邑县的沟垴头，咸阳市渭城区的毛王，渭南市临渭区的薪尚（步寿宫）、张胡（步高宫）、澄县的良周、韩城县的扶荔宫、白水县的武庄，西安市未央区的建章宫、秦阿房宫前殿、上天台、后围寨、好汉庙、阎新寺，长安区的纪阳寨、"磁石门"、"烽火台"、东马坊、豫章观、南丰镐、大原村、贾里村、长里村、客省庄（宣曲宫），灞桥区的新市，临潼区的椿树，阎良区的冉村，周至县的竹园头（长杨宫）、西临（五柞宫）、西峪，户县的丈八寺（萯阳宫），蓝田县的焦岱（鼎湖宫）等地。

▲尚家岭秦汉建筑遗址

尚家岭秦汉建筑遗址位于陕西千阳县南寨镇冯家堡村的南寨原，东为汧河支流涧口河，南临蜿蜒开阔的汧河河湾台地。遗址总面积约22 000平方米。1～6月，陕西省考古研究院与宝鸡市考古研究所联合对此进行了发掘，发掘面积1350平方米，揭露出两处建筑基址、局部外围墙。出土了大量的砖瓦、瓦当等建筑材料。

▲《岳麓书院藏秦简（壹）》出版

朱汉民、陈松长主编的《岳麓书院藏秦简（壹）》一书，由上海辞书出版社于2010年12月出版。内收《质日》《为吏治官及黔首》《占梦书》三种，分别刊出彩色图版和红外线图版，每一支简释文随图，一一对应。书中附录有《释文连读本》《检测报告》和《竹简揭取时的原始照片及简序示意图》。

▲秦始皇陵园内城10进式建筑群

经陕西省考古研究院勘探，该建筑群在内城西北部，南北长610、东西宽250米，占地面积约15万平方米。在这一范围内，有一南北向通道把建筑群分东西对称的两部分。而东西两部分的建筑，又由9条东西向的通道分割成单体院落。从而形成南北10进的整体建筑群。

2011年

▲对陕西雍城秦公一号和六号陵园考古复探，取得重大成果

一号陵园总面积为340 988平方米，有秦公大墓、陪葬墓、车马坑与祭祀坑8座。本次勘探，在陵园中兆沟紧邻外侧东北方向，在占地239 000平方米的范围之内，新发现与陵园年代同期或稍晚的中小型墓葬446座，其中除“目”字形中型墓葬9座外，其余437座均为小型秦墓葬。

六号陵园总面积为312 000平方米，过去曾勘探出秦公大墓、陪葬墓、车马坑与祭祀坑6座，但没有发现中兆沟。本次勘探，既发现了中兆沟的范围、走向与门的结构，还发现了在兆沟的四角各有一段长5～10米的缺口。另外，还在该陵园内新发现了2座“目”字形祭祀坑，在15号“中”字形大墓上有夯土建筑遗迹与遗物，还在中兆沟西南角外侧新发现703座同期或晚于该陵园年代的中小型墓葬区，面积为159 500平方米。

对六号陵园中兆沟外侧的5座中小型墓葬进行了考古发掘。M598，为贵族墓。形制结构为长方形深竖穴土坑墓，时代属战国早期。墓内早年遭严重盗掘，重要随葬物被洗劫，仅存部分陶器，有茧形壶、陶盂、陶罐等。

▲秦东陵四号园发现新发现一座“甲”字形墓小墓群

新发现的“甲”字形墓位于陵园东南部。小墓有123座，位于西南部。

▲秦都咸阳重新勘探

按秦都咸阳城大遗址保护考古工作计划，8～12月，陕西省考古研究院把工作区放在11号公路与聂家沟村规划的秦汉大道之间。

在聂家沟村以北至汉惠帝安陵以东，发现一条南北向大道——L1，目前已知长1300、宽50米。

2012年

▲对米仓道的第八次考古调查

自2005年起，四川省文物考古研究院对米仓道进行了考古调查。2012年3月，由四川省文物考古研究院、中国国家博物馆、中国社会科学院考古研究所、中国人民大学、陕西省考古研究院、四川大学、暨南大学、西北大学、联合国教科文组织驻北京代表处、西安市文物保护修复中心、西南大学等多家机构组成“米仓道考察队”，涉及考古学、历史学、交通史、历史地理、文化遗产保护等学科的18位学者，进行了为

期12天的考察。分两组，行程6000余千米，考察了陕西汉中市、南郑县、四川南江、巴中市和平昌县的文物点230余处，其中100个文物点和古道遗存相关，15个点是本次新发现的。

▲凤翔发现秦大郑宫中的“雍太寝”遗址

在雍都故城内东南角瓦窑头，发现了大型宫室建筑遗址，南北残长186米，作五门、五院、前朝后寝的格局。从地层和建筑文物判断，可能是大郑宫中的“雍太寝”遗址。

▲凤翔雍城遗址东郊的“国人墓地”——六道村战国秦墓

发掘23座墓葬，其中22座为偏洞室墓，头向西，洞式在左侧。采用屈肢葬式者，有20座。随葬品只有带钩，其中铜质的22件、铁质的10件。

▲汉长安城北发现5座秦汉渭河木桥遗址

4月，群众在汉长安城遗址北侧、渭河南岸取沙中，有古桥木柱露出。随即有中国社会科学院考古研究所与陕西省考古研究院联合调查，西席村有4座古桥，按编号暂定名为“厨城门一号桥、二号桥、三号桥、四号桥”，高庙村北的一座定名为“洛城门桥”。

▲对秦始皇陵园从葬坑K9901（百戏俑坑）的全面发掘

该坑于1999年3月发现，平面呈“凸”字状，东西长40、西端宽16、东端宽122.3米，总面积约800平方米，有东西向呈南北并列的过洞3条。2012年全面发掘，第一、二过洞西端有封门木，第三过洞内放置各种姿态的陶俑，已出土30余尊，其中28尊上身裸露，最高者无头达2.2米。

▲秦东陵发现一号陵园围沟

陕西省考古研究院继续复探秦东陵，在一号陵园发现南北向的长方形内外围沟，目前正勘探围墙。

▲咸阳周陵镇贺家村秦墓

9～11月，陕西省考古研究院在此发掘秦墓70座。

▲甘谷毛家坪遗址全面勘探与发掘

7月经国家文物局批准，“早期秦文化联合考古队”再次对毛家坪遗址进行全面勘探与发掘，取得了重要收获。发掘地点共3处，即工作区居址区的A、C点共发掘灰坑210余个，多数属东周时期，也有西周遗存；在沟东墓葬区的B点上发掘墓葬21座，车马坑两座。墓葬分洞室墓和竖穴土坑墓两类，年代从春秋早期延续到战国中晚期。

2013年

▲陕西秦雍城发现“城堑河濒”实景

陕西省考古研究院与宝鸡市考古研究所等单位，联合对秦雍城遗址城址区整个幅面进行了“微观”性考古调查与勘探工作，取得了重要发现，确认了雍城东城墙与南城墙东部的走向、结构与构筑年代。考古调查发现，初期的雍城分别以四周的雍水河、纸坊河、塔寺河及凤凰泉河环围。由于当时的河水丰沛，河谷纵深，自然河流便成为“以水御敌于城外”的主要城防设施。这种情形与礼县大堡子山、圆顶山秦西犬丘城的防御体系相似，这也是对文献所载“城堑河濒”的实景解读。

▲宝鸡发掘雍城秦大郑宫遗址

陕西省宝鸡市凤翔县雍城考古队在凤翔县城关镇纸坊河西岸，居雍城东城墙遗址内发现一处建筑遗址。该建筑遗址残长186米，由5座院落组成，可与1976年在岐山县京当乡凤雏村发现的西周大型宗庙建筑遗址相媲美，前有照壁、门房，两侧有厢房，中有前殿、大殿，后有寝殿，建筑错落有致，生活功能完备，其布局与现今的四合院建筑类同。从地层、出土物及建筑结构分析表明，考古人员推断这就是文献中所说的“雍太寝”，即“德公元年，初居雍城大郑宫”所在。该遗址显示出秦早期的宫室完全遵循周代礼制，集办公、居住和宗庙于一体，后来演变成宗庙和居住分离，在秦王朝迁都咸阳之后，王宫与宗庙才完全分开。这表明了秦人对祖宗的祭祀有了专门场所，祭祀规格有了新的提高。

▲宝鸡太公庙村又发现秦公大墓与车马坑

4月，由陕西省考古研究院以20世纪发现秦公钟镈的祭祀坑为基点进行钻研，在其东北约100米处很快就发现了第一座秦公大墓和车马坑，另外在其东西两侧还分别发现了南北向、疑似陵园兆沟的设施。大墓因部分被民宅下压，从已探知信息表明该墓为“中”字形，总长约106米，其中墓室宽20、长46、深12.5米。“凸”字形车马坑在大墓的东南侧，全长72.5米，其体坑长54.5、宽20米。

▲秦都咸阳西阙遗址西侧探测出新的建筑基址

秦都咸阳西阙遗址西侧勘探60余万平方米，发现新的建筑基址117处、活土坑145个、墓葬296座、踩踏面7处、古道路2条、窑址22座。

▲秦东陵考古确定“一号陵园”范围

经过2012年度的大规模考古勘探确认，秦东陵“一号陵园”内除20世纪80年代勘探发现的2座“亚”字形大墓、2座从葬坑、2处陪葬墓区有11座小型墓葬及4处建筑遗址外，勘探新发现了陵园四面壕沟，从葬坑12座，小型陪葬墓区3处共计161座，建筑遗址11处。

秦东陵“一号陵园”位于西安市临潼区斜口街道办事处韩峪乡东北，东起范庄及武家坡村，西到马庄及东门村西，南起范家村，北到枣园武三队。以陵园壕沟为标志，平面呈南北向长方形，南北长1180、东西宽695米，陵园面积约82.4万平方米。陕西省考古研究院表示，从勘探结果可以看出，秦东陵“一号陵园”既具有凤翔雍城秦公陵园有壕沟无陵墙的陵园特点，也有秦统一后直至汉代帝陵南北向长方形的形制特征，补充了20世纪80年代秦东陵“一号陵园”考古工作的不足，也更正了学术界对秦东陵陵园范围、形制结构等方面的误解。

▲西安长安区发现古墓群

西安市文物保护考古研究院在对长安区西甘河村南侧的考古勘探中，发掘了35座古墓葬及1座陶窑，其中东周墓葬3座，西汉墓14座，唐、宋、清墓5座，还有13座墓葬没有出土器物，无法断定年代。所有墓葬都没有墓志，墓主人都无从考证。东周墓专家推断3座都是秦人墓。在其中一座四壁光滑的墓葬中发现了一个腰坑，坑里有殉葬动物。

▲考古学家确认秦直道在陕境内存留498千米

8月17日，由考古学、历史学、历史地理学、交通史学专业的专家学者组成的秦直道考察团结束了5天的野外考察后，在陕西师范大学召开专题研讨会。陕西省考古研究院秦直道考古队队长张在明教授介绍，秦直道起于陕西咸阳市，止于内蒙古包头市，在陕西境内共498千米，占总长的3/4。其中，陕西富县段保存最完整，平均宽度30～40米，最宽处58米。

▲咸阳周陵镇发现163座战国及秦代平民墓

2012年9月至2013年2月，陕西省考古研究院对周陵镇163座保存完整的战国秦墓进行了发掘。根据墓葬的形制特点，考古专家初步判定，该墓群的年代为战国晚期偏晚至秦代，墓葬主人的身份应属于平民阶层，这为研究当时秦人社会的结构提供了珍贵资料。墓群以小型墓葬为主，大部分为竖穴墓道直线洞室墓。一些墓葬中还出土了包括鼎、盒、壶和釜、盆、罐等常见的陶器，部分陶器上还戳印有文字，可见的有“咸□里□”“咸亭□里□”等，在一座墓中的墓主人髌骨和骶骨处嵌有箭镞，或死于箭伤，也可能是为国家服兵役的平民。

▲秦始皇帝陵百戏俑坑考古又有重要发现

截至2013年，K9901从葬坑完成了全部发掘清理工作，G3共出土28件陶俑个体，球形青铜器1件，本次发掘对该坑的形制、结构与组成等有了更为明确的认识。俑坑平面呈东西向长方形，由主体及东、西两条门道构成，两道东西向隔梁将主体分成3个过洞；首次发现3件着衣俑（泡钉俑2件、铠甲俑1件）和1件坐姿俑；外侧两列陶俑背对墙壁成面对面状排列。G4还出土数个长方体铅块和鹅蛋形石块。

▲湖南益阳出土秦二世简牍

湖南益阳兔子山遗址于6月发现简牍，已发掘1100平方米，发现古井15处，其中10处有简牍，已出土上万枚，还有大批陶器、铜镜等。在9号古井中，发现的简牍有秦二世胡亥继位的第一个月发布的“奉诏登基”文告。文告原文：“天下失始皇帝，皆遽恐悲哀甚，朕奉遗诏，今宗庙吏及箸以明至治大功德者具矣，律令当除定者毕矣。元年与黔首更始，尽为解除流罪，今皆已下矣，朕将自抚天下。吏、黔首，其具行事已，分县赋援黔首，毋以细物苛劾县吏，亟布。”此事在国内考古界受到广泛关注。

▲甘谷毛家坪遗址发掘

本年共发掘地点6处，发掘面积2700平方米，墓葬、房址、灶址、灰坑、灰沟等类遗迹735处，其中墓葬153座，出土铜器、陶器、玉石器、骨角器、铁器等各类遗物1000余件。

▲宝鸡市陈仓区洪原发现秦墓

2013年12月，洪原村村民罗红社建房时发现一座春秋秦墓，出土三件青铜鼎与一件青铜方甗及陶器。

2014年

▲澄城县“居安墓地”

2013年3～12月，考古工作者在澄城县冯原镇居安村，发现春秋中晚期的秦人墓葬1157座。截至2014年4月，已探明墓葬3211座。按照分布范围与密度推算，“居安墓地”墓葬的总数量应超过4000座。

▲内蒙古发现56座战国大型墓葬群

2014年2月，考古工作者在北魏时期的重要都城——内蒙古盛乐古城（呼和浩特南30千米）发现了不同历史时期的墓葬76座，其中战国大型墓葬56座，出土有各类质地的随葬器物百余件。本次考古发现，为进一步揭示和林格尔盛乐古城的历史沿革，以及文化分期、文化因素和变迁等相关问题提供了一批翔实可靠的实物资料。

▲秦始皇帝陵秦俑一号坑发现完整秦代弓弩

在秦俑一号坑第三次发掘中，考古人员从T23G11的中部清理出一件较为完整的弓弩，弓弩为木质，长约1.4米，形状完整，表面暗红；其弓弦清晰可见，直径约0.8厘米，表面光滑圆润，非编织物，推测材质应是动物的筋。与弓弩匹配的箭头也成束发现，台箭杆只有些许痕迹。

▲秦兵马俑一号坑箭箙木炭分析的收获

在秦俑一号坑第三次发掘中，在G9内发现3处箭箙遗存，通过对G9车2箭箙和G9车1箭箙两份木炭样品的分析，知箭箙的木炭为梓树属木材炭化而成。梓树属为落叶乔木，在我国分布有6种，但因其特征差异微小，所以统称梓，是制作器具之良材；在箭箙器壁的朽迹中发现有丝织品遗存。纺织物由清晰交织的丝线织成，呈平纹组织，每平方厘米约有30根经线和30根纬线。丝线由几十根茧丝合成一股，平均直径约0.38毫米。木炭夹层的丝织品应该是夹纻胎质的组成部分。这一重大发现对研究秦代漆器工艺弥足珍贵。

▲昭化古城发现战国晚期至西汉墓葬群

截至6月13日，考古工作者在四川省广元市昭化区大坪子墓地已发现墓葬79座，其中以战国晚期至西汉时期的土坑木椁墓为主，完成清理70座，清理出各类随葬品1100余件（套）。

▲甘谷毛家坪遗址

在沟东B点发掘墓葬2座，在沟东J点发掘4座；继续去年，在沟西B点发掘墓葬12座、灰坑26个、车马坑2座。发掘总面积500平方米。

▲甘泉宫外围墙调查

2014年考古调查集中于甘泉宫外墙（2015年的勘探否定了东城城墙）以外，目的是界定甘泉宫遗址的最远四至，为遗址的航拍、航测做准备，同时了解外墙外遗址的公布与内涵。通过调查确定了同时期遗迹12处，包含陶窑遗迹两处、夯土墙遗迹一处、墓葬封土或建筑台基42座。目前观察最早可到秦末汉初。此次调查发现最多的是圆形或者不规则土丘，数量达42座，最高者10米，皆位于甘泉宫遗址南部距核心区域2～9千米范围内，有的夯层明显，有的不明显，依据采集陶片断定当为西汉时期。初步勘探未发现墓道，也未发现被盗扰迹象，但是上世纪90年代在铁王村北的土丘附近发现一件西汉塑衣式陶俑，所以不排除其中有部分为西汉墓葬。甘泉宫外墙外遗址的调查，不仅明确了甘泉宫遗址的最远四至、墙外遗址分布规律，证实了遗址范围超过1000万平方米，也为探讨秦直道与甘泉宫的关系、山前宫殿建筑的防洪设施等提供了有益线索，对甘泉宫遗址本身内涵的判断也有帮助。

▲辽宁姜女石遗址水下现疑似秦皇东巡海中甬道

辽宁姜女石遗址于日前开展的水下考古调查中，发现有石块遗迹疑似文献记载中的海中“甬道”，并在姜女石海蚀柱基座发现了人为加工的迹象。

有考古专家认为，海中“甬道”可能是为迎秦始皇东巡而修的一条从岸边到礁石由石块铺成的道路，海水落潮时就会显现出来。当时秦始皇东巡时，全国都要修筑驰道，方便皇帝出行。

此前，从姜女石遗址出土的“千秋万岁瓦当”等秦代皇家专用的建筑构件上看，这里就是秦始皇东巡时的行宫。

▲陕西宝鸡发现秦汉时期祭祀遗址

今年10月，宝鸡市陈仓区贾村镇南湾村村民在平整土地时，发现了大量古代建筑遗物，秦始皇陵博物院与陈仓区博物馆联合组队对该地进行考古调查。发现是一处秦汉时期的祭祀建筑遗址，建筑材料上出现的一些陶文，与在秦始皇陵陵园内发现的相似。此次调查共发现廊道、便道、夯墙各两段，夯土台基一处，以及包括瓦当、板瓦、筒瓦、排水管、砖等在内的151件陶制文物。时代上限可至战国中期，有鲜明的秦文化特征。而到了汉代，又在秦代基础上对此处建筑进行修缮、并继续使用。最为重要的是，考古队员在这些建筑材料上发现了一批陶文，其中很多在秦始皇陵陵园内也有发现。比如“宫臧”这个陶文，两地发现的陶文字形相似。

▲河南三门峡火电厂工地发现大规模秦人墓地

在过去一、二期基建时，曾发掘墓葬2000余座，证实为一处以战国秦汉墓葬为主的大型墓地。2014年发掘秦人墓751座，保存完好，分布密集、排列有序，几乎没有打破现象，时代从战国晚期至西汉早期。

▲秦都咸阳胡家沟宫城建筑

胡家沟遗址发现各类遗迹252个。在8组建筑遗址中，最大的一组南北长217米，东西宽约63米。两处墙墙址东西分布，分别长325米和467米，宽约2～3米，可能是建筑基址的外围墙。

2015年

▲秦东陵发现的第一座战国时代秦国陵寝礼制建筑

5月4日，陕西省考古研究院对外公布了2014年度秦东陵考古工作成果。在四号陵园内东南部发现了一座礼制性建筑，平面呈“凹”字形，当为“中”字形墓的享堂类建筑。这是考古发现的第一座战国时代秦国陵寝礼制建筑，为研究秦公帝王陵园礼制建筑的发展演变提供了极其重要的参考资料。

▲毛家坪遗址

在车马坑西北方发掘两座长度在4.5米以上的大墓。四壁各出现一壁龛，龛中所置木棺一半在壁龛内，一半在椁室二层台上。 出土青铜礼器五鼎、四簋、一方甗、一敦、两方壶、一盘、一匜，共十五件铜容器，在外棺盖板上发现了短剑、铜戈，戈柲虽朽，但仍保存了相当一部分红地黑彩蟠虺纹漆皮。内棺是髹漆的皮质棺。墓主头部有一对绿松石制耳玦，双手合于胸前。左侧胳膊下压着一块玉璧，而右侧胸部则发现了一堆各色珠子，有金质、玛瑙质、青铜质、绿松石质，还发现有青铜小动物、马鞍状玉饰等。

▲秦雍城马家庄三号建筑遗址的附属建筑发掘

马家庄宫区是两条东西向河流与南北向人工壕沟包围而成，外侧又有一重环壕，形成内外两重的“重城”。马家庄一号建筑（宗庙）位于内城之内，三号建筑（朝寝）位于内外城之间。在三号建筑西侧发掘1500平方米，发现灰坑40个，出土小件文物800余件组。在底层发现春秋时期建筑基址，对认识宫区的分布和沿革都有重要意义。

▲陕西咸阳发现千余座战国秦墓

从2014年3月至今，考古人员在咸阳渭城区渭城街道办附近共发现1100余座属于战国秦墓，是目前了解到咸阳周边最大一处秦平民墓地。向东500米处的胡家沟发现遗迹252处，包括建筑基址5组，夯土基址3处，墙址5段。最大一组建筑基址长约217米，宽约63米，墙体都是东西向分布，最长467米，宽2～3米，推测是建筑基址的外围墙。在胡家沟发现竖穴墓48座，时代不晚于战国晚期。

▲陕西淳化甘泉宫遗址发现12处同时代遗址

包含陶窑遗迹两处、夯土墙遗迹一处、墓葬封土或建筑台基42座。考古发现，甘泉宫遗址的外墙由夯土筑成，残高5米，周长约5668米。外墙内及附近地表存有8处夯土台基和西汉石熊、石质柱础、宋代石鼓，在西墙西南还发现石砌排水管道。

▲乌鲁木齐达坂城区白水涧古镇旁存有春秋战国遗址

考古专家在达坂城区白水涧古镇遗址城墙中采集到了多枚彩陶残片，以此推测，白水涧古镇附近存在春秋战国时代遗址。

▲宁夏甘肃发现9段秦长城

3月至4月，宁夏博物馆原馆长周兴华等在宁夏、甘肃交界地段黄河内岸新发现了9段长城，有石头垒砌的，有黄土夯筑的，有劈山为墙的，还有若干高山烽燧。中卫南长滩喜鹊沟至靖远县大庙地区现遗存秦长城有6段。靖远县大庙地区黄河洪漫地上的秦长城现存遗迹有3段。此九段长城的发现，使临洮段、榆中段、并河以东段、阳山段、辽东段连为一体，使西起临洮东抵辽东的秦始皇万里长城终于整体面世。

▲湖南益阳发现战国古墓群

2014年11月底，益阳市龙州路原红旗化工厂发现一处战国古墓群。4月，益阳市文物管理处对该墓群的发掘工作结束，共出土铜镜、陶壶、鼎等30余件文物。

▲湖南岳阳汨罗市友谊河边发现战国古墓群

6月，考古工作者在湖南岳阳汨罗市友谊河边发现战国古墓葬群。属于典型的土坑竖穴墓。一个墓宽3.1、长4、残深5.8米，为带墓道的中型墓葬，一棺一椁。出土了陶鼎、陶敦、陶壶、玉璧、青铜盆、青铜车辖等随葬品。一尊“四不像”兽形陶器极为独特，兽身红色、白色漆彩依稀可见，其眉头紧锁，眼睛睁大似乎在怒视某物。岳阳市文物管理所所长赵磐介绍，“这是一尊镇墓兽”。

▲湖南湘乡三眼井古文化遗址发现简牍

三眼井古文化遗址出土填充物为淤泥夹杂筒瓦、板瓦、陶器、竹木质物品等。其中极为重要的是一批竹简，数量1000枚左右，竹简长度23厘米，文字形态则是典型的战国楚文字。陶器、简牍均表明J1是战国时期的遗留。湖南省考古研究所领队张春龙认为，此三眼井遗址东北3000米是牛形山战国古墓群，而相对应的楚国城邑则一直未被发现。现在可以肯定地说，三眼井一带即是楚国县邑所在，具体范围有待下一步工作探明。

▲秦兵马俑一号坑内首次清理出最完整的弓弩

该弩保存状况良好，形制完整，弓弯曲长145厘米，直线长125厘米，通体用藤条和皮条缠扎，藤条缠扎在外层，皮条缠扎在内层，藤条和皮条上髹褐色漆。弓弦，通长130厘米，通体光滑圆润，材质拟为动物的筋。弦与弓稍以何种方式衔接，体现不甚明显。弩臂表面下凹。关位于弩臂末端，已挤压变形，表面存褐色漆皮，弩机仅有悬刀部分露出。在弩臂的两侧，各有一长方体的木条，通长46.5、宽3、厚4厘米。在木条上均匀分布有3个直径为0.6厘米的圆孔。经测量，两侧的孔距离木条的两端为1.5厘米，而中孔距离两端两孔的距离不一。在南侧的长方体的木条上方，弓与长方体木条之间还有一小长方形木块。在北侧的长方体的木条上也有一小长方形木块。只是这个小木块的位置发生了移位，掉落在长方体木条的下方，压在北侧的弦上，另外，在弓上藤条缠扎层外还发现有绳子缠扎的痕迹，推测是和长方形木条上的小孔配合用来固定木条。

▲河南省周口市项城发现战国至东汉时期的墓葬群

周口市文物考古部门在配合项城某基建工地进行文物勘探时，发现一处战国至东汉时期的墓葬群，抢救性发掘出古墓21座，其中19座为竖穴土坑墓，两座为砖室墓，年代为战国至东汉晚期。发掘出土了4件青铜器，青铜矛两件，青铜戈一件，青铜剑一把。

▲新疆发现战国到秦汉时期的古墓葬

5月21日至24日，新疆文物考古研究所在玛纳斯县包家店镇黑梁湾村发现距今2000多年前的战国到秦汉时期的古墓葬，对古墓葬进行了抢救性发掘，出土了山字纹铜镜、金帛、陶罐、骨制脚链、石器等器物，其年代为战国到秦汉时期。

▲甘肃漳县墩坪遗址发现春秋战国戎人墓地。

自2014年8月至2015年1月，甘肃省文物考古研究所对该墓地开展了勘探和发掘。发现墓葬150余座，发掘墓葬27座，从墓葬形制可分两类。一类为竖穴土坑墓，一类为竖穴土坑偏室墓。葬式均为单人仰身直肢葬，头向朝东。大多数墓葬内发现有棺、椁葬具，多为一棺一椁，个别墓葬仅有一棺。出土各类随葬器物数百件。有铜器、铁器、金器、骨器、皮革、陶器及料珠等。铜器包括剑、戈、矛、镞等兵器及车马器；铁器有刀、剑、锥等；金器有珠、管、半月形项饰等；骨器有节约、牌饰、纺轮、镞等。另外还发现木车构件轮、舆、毂等和戈柲、权杖等的柄部。暂将墩坪墓地的年代判定为春秋中期至战国早期。属西戎文化。墩坪墓地的整体年代早于秦安王洼、马家塬墓地，为完善东周时期甘宁地区戎人文化序列和部族的相互迁移提供了新的资料。

▲发现秦雍城第14号陵园

陕西省考古研究院与凤翔县博物馆于6月至10月对秦公陵园进行第三次考古勘探，在凤翔县城东南约4千米处的三岔村发现第14号陵园。中兆沟呈梯形，东西最长520米，南北宽490米。M45有内兆的东侧一段。陵园内有5座大墓，主墓M45呈“丰”字形，M49呈“中”字形。

▲发现“栎阳”陶文，首次确认“商鞅变法”发生地的“秦都”栎阳

中国社会科学院考古研究所等单位，在前期考古勘探的基础上，2015年重点开展栎阳城三号古城、二号古城路网、栎阳城北大型沟渠的勘探工作。其中三号古城，其存在时间跟战国到汉初的栎阳城（秦都栎阳）的时间相当。在一件新出土的残陶器的肩部清晰地刻着“栎阳”两字，是“栎市”刻字之后的又一发现，为栎阳城的内涵提供了证据。

此外，考古人员在栎阳城遗址的勘探中，在石川河西侧发现东西向两条大型沟渠，初步认定应于秦汉时期著名的水利工程——郑国渠和白渠有关，为研究栎阳城的整体空间、历史格局等提供了新思路。

▲西安阿房宫考古成果

2015年10月—11月，考古队在阿房宫前殿遗址南侧广场建设中，勘探面积约68415平方米，发现遗迹122处，分别为墓葬、灰坑和杂土坑、井16眼、花土及淤积坑、沟槽、踩踏或路面。在阿房宫前殿台基南侧发现一条花土带，宽约30米左右。发现一古代河沟在西北部延伸进入前殿夯土之下，时代早于秦阿房宫兴建，为渭南上林苑水网的新发现。

阿房宫遗址南侧沣东广场项目，地处全国重点文物保护单位秦阿房宫遗址的一类和二类建控地带内。10月9日至11月9日对已勘探遗迹开展考古发掘面积约320平方米，

清理各类遗迹10个，确认L1上限在明清时期。从近现代地图资料看，该路在1930年代仍在使用，为寺门上（今和平村）通往王寺村的村间道路，1960年代道路大体废弃。

▲西安昆明池考古成果

昆明池遗址位于西安西南今西安市长安区细柳街办与西咸新区沣东新城斗门街办一带。2013年以来，陕西省计划建设引汉济渭项目中有“斗门水库”工程。中国社会科学院考古研究所、西安市文物保护考古研究院组成阿房宫与上林苑考古队制订了《陕西省斗门水库（昆明池遗址）考古工作实施方案》。从2015年7月至12月底，对斗门水库设计范围内地块开展考古勘探，勘探并确认昆明池进水口、进水渠、池岸线、周围沟渠等遗存。

▲渭桥遗址考古成果

汉长安城渭桥遗址位于汉长安城北城墙遗址以北的渭河故道。2015年在汉长安城横门外勘探面积约9000平方米，在古渭河河道内未发现渭桥遗存。在厨城门二号桥南向延伸线上勘探面积约4000平方米，发现个别立木和少量横木。在厨城门一号桥北端发掘出一艘汉代木船，为目前我国发现最早木板船，其用木榫板、木钉并联船板的技术为国内首见，是罗马地中海区域广泛使用的造船技术，为长安—罗马“丝绸之路”文化交流新资料。在四号桥发掘中，发现一保存近乎完整的桥桩顶端榫卯，是3年来渭桥发掘的首次发现。在五号桥卵石层下发现“大清道光年制”青花瓷片，进一步确定至迟在道光时期这里仍属渭河的主河道。

▲陕西富县、甘泉县秦直道考古调查成果

直道是秦代修建的重要军事道路，陕西省富县、甘泉县秦直道是秦直道线路中保存最好的部分。陕西省考古研究院对陕西省境内的秦直道进行了考古调查。调查覆盖范围为道路两侧各一千米；总计调查直道路线约150千米，绘制道路柱状剖图143张，发现秦汉建筑遗址6处，墓葬群5处，采集文物标本100余件。

2009年，对富县五里铺镇桦树沟口的秦直道发掘。从桦树沟口向北，秦直道被分为车路梁、望火楼、水磨坪、寨子山四段；葫芦河以南的直道被分为五里铺、大麦秸与槐树庄三段，总计7段。南起槐树庄段第十勘探点，北至寨子山段第五勘探点，主体线路曲折北行，长约125千米。此段秦直道穿越南村沟、葫芦河、埝沟，皆行经山脊之上，地表植被为低草或密林。最宽处61米，最窄处12米，部分路段被完全冲毁。其中车路梁段长4.4千米，地表为疏草，迹象明显，保存最好。

甘泉县秦直道从墩梁（位于富县、甘泉交界处）西北再转东北行走于山脊之上，在安家沟下山，过洛河后，从方家河龙咀沟上山，北至志丹县永宁公社柏板村附近，以安家沟为界被分为两段，全长34千米。道路呈西南东北走向，除在方家河附近下山、上山外，基本行走于山脊之上，堑山、堙谷、凿石开路迹象明显。修建方式为铲削山体的一侧以开辟道路，同时在路面上回填活土以平整路面。山体一侧有沟谷的用夯土填平以增加路面宽度。保存基本完整，有一小部分被冲断，另有2处路面被冲去三分之二。地表植被为树木、低草或庄稼。经考古勘探地层堆积与富县直道相同。在直道两侧还发现墩台1处，建筑遗址3处，墓葬区3处。

对延安市富县、甘泉县秦直道考古调查，首次获得了详细的直道走向线路图。

▲甘泉宫遗址范围超千万平方米

甘泉宫是秦直道的起点，也是秦汉的离宫，地表保存多处大型夯土台基、西城城墙、西城门址、西汉石熊等，历年来遗址本体及周围发现多件石柱础、石砌散水（暂名）、空心砖、文字瓦当有“甘林”、“卫”、“长生未央”、“长生无极”、“樱桃轉舍”等，其他有饕餮纹半瓦当、素面半瓦当、葵纹、云气纹瓦当多种，以及圆形、五角形陶质排水管道、外粗细绳纹、内大小麻点纹筒瓦、板瓦、五铢铜钱等遗物。2006年被公布为第四批国家重点文物保护单位。

2015年完成了甘泉宫遗址8平方千米范围的无人驾驶机拍摄及2平方千米1：2000地形图测量，目前完成普探面积40万平方米、重点勘探面积10万平方米。发现围绕一号、二号墩台（通天台）分布的5处大型建筑遗址以及多处遗迹现象，包含夯土基址150处、柱础石177个、石砌基址6处、踩踏面4处、鹅卵石散水3处等。F1，位于2号墩台南部约250 米处，长方形，方向89°，东西长约110米，南北残宽36米。

在南侧发现疑似墙址与道路。通过重点勘探，首次明确了二号墩台为高约15 米的三层夯土台基结构。《汉书·武帝记》载武帝元封二年“起甘泉宫通天台”，根据位置、形制推测一、二号墩台为通天台遗址。

探明西城城址平面近方形，方向2°，东西残长637米，南北宽639米。首次在西城发现马面。调查中在西城内曾发现长生未央、未字、云纹残瓦当，外细绳纹、内布纹、中麻点纹板瓦、筒瓦、回字纹铺地砖残片，推测西城为西汉时期。

外围调查发现20世纪70、80 年代在淳化县十里塬乡马家山、梁家庄、润镇寨子村采集陶鼎、陶釜、茧形壶、喇叭口罐、陶缶等30余件，时代为春秋晚期至战国晚期。出土地点皆位于小池村夯墙遗址的西北、西南、正南，直线距离不超过10 千米。在10余件陶器上，戳印“云市”“云亭”文字，进一步确证秦汉云阳县城位于甘泉宫遗址附近。

▲秦兵马俑二号坑第2次发掘

秦始皇帝陵博物院考古队自2015年4月开始，对秦俑二号坑进行第二次发掘，发掘面积为200平方米。由于目前对棚木之下的具体内涵，掌握的信息量有限。因此，此次新发掘将采用高科技手段，完成多学科的综合分析，让未来的兵马俑考古走向更准确，更有利于遗址的保护。

2016年

▲秦东陵四号陵园的祭祀从葬坑

2015年考古工作者在东陵陵园的四号陵园内，发现的一座“中”字形墓葬所属的建筑遗址与府藏坑。府藏坑位于东墓道南侧，经发掘知，坑为口大底小的敞口形，无二层台，埋藏三辆木车，每车配驾两匹马。

建筑遗址有三面墙围护，在区域内有直径1.5～2米的坑洞遗存，成三排分布，每排7个，总共有21个坑洞。内部填土分三层，没有任何遗物，经取样分析，内涵植物种子遗存和蛋白质成分。2016年，考古队负责人孙伟刚说：古人用牲肉、牲血和生的牲肉，向地下灌注，或用黍稷做的饭祭祀先王，因此这21个坑洞的发现首次以实物印证了血祭、肉祭、粮食祭方式的存在。

▲秦雍都祭祀遗址

今年4～11月，由陕西省考古研究院、中国国家博物馆、凤翔县文物旅游局、宝鸡市考古研究所和凤翔县博物馆联合组队，对凤翔雍山血池秦汉祭祀遗址进行考古发掘工作。该遗址总面积470万平方米，目前共确认相关遗迹包括各类建筑、场地、道路、祭祀坑等3200余处。

▲阿房宫前殿下发现河沟——秦始皇咸阳城中轴线显现

考古队对阿房宫前殿遗址南侧进行全面考古勘探，勘探面积66570平方米。发现遗迹122处，其中古墓7座、灰坑和杂土坑39处、井16眼、花土及淤积坑13处、沟槽两条等。确认了阿房宫遗址的范围，并在阿房宫台基南侧发现一条花土带，宽约30米左右。为遗址的保护和展示提供了基础资料。还在地势较高的阿房宫前殿西南侧以东，发现一条古代河沟，并延伸进入前殿的夯土之下，时代早于秦阿房宫兴建。说明阿房宫前殿下并不是一片完整的高地。为修建宫殿，就意味着打断了原有的水网，使流水改道，再深挖淤泥、回填夯土。河沟一带的阿房宫基础深达5.8米，可见当时工程量之大。领队刘瑞认为，由阿房宫中心线一直向南，正对着秦岭北麓的“沣峪口”，北至渭河，而阿房宫所在地正是这条轴线上的最高处。说明阿房宫是当时人为的、具有强烈轴线意识的选址，应该是秦始皇给统一后的秦帝国都城咸阳所定的轴线。

▲甘肃宁县西头村石家墓群发现春秋秦墓

甘肃省文物考古研究所于2016年初开始，在宁县西头村石家共发掘东周时期墓葬8座、祭祀坑1座、车马坑1座。墓葬均为南北向竖穴土坑墓，墓圹方向介于348°～20°之间，平面大致呈长方形，四壁斜直，或口小底大，或口大底小。其中A、B 两型即贵族墓，墓室底部多设棺椁，椁盖以木板横向搭建于东西侧壁或东西二层台上。丧葬中的铜翣成对出现，多置于椁盖之上墓圹东西两侧。车马器中的铜马衔镳、铜车辖軎、铜横末饰、铜节约组成的络饰、铜带扣等多置于椁盖之上墓圹填土内。青铜礼器的铜鼎、铜敦和漆器的漆盒、漆耳杯、漆盘等置于椁室北壁侧。其他的随葬品则以陶（石）磬为主，辅以石（泥）贝、陶珠、铜铃、（铜鱼）等。棺饰遗存分布于木棺周围。个别墓葬椁室南壁置青铜兵器［铜戈、铜矛、髹漆木盾、铜（骨）镞等］。棺盖板之上多发现石（陶）圭，棺内人骨颈部、腰部位置多发现玉器残件、绿松石玦等。殉狗习俗也仅出在贵族墓葬中。

C型墓即平民阶层，未构建棺椁，不曾出现棺饰遗存、铜翣、车马器、青铜礼（容）器等。人骨周围或身上仅随葬青铜戈、石圭等。

祭祀坑1座，东西向，平面呈长方形，四壁斜直，口大于底。坑底仅在西南侧发现一截动物骨骼，可能是盟誓或祭祀用牲。

车马坑1座，东西向，车、马同坑。车五辆，均为单辕，由东至西，第1辆车无马。第2、3、4、5辆车均为一车二马。马坑底部最西端由北至南挖东西向两小坑，内各设一棺罩，腐朽严重，南北两侧板紧贴墓两壁，未发现底板，棺内各殉一人，侧身屈肢，头朝东，面向北，下肢弯曲，双手绑缚于头端前侧。南侧殉人仰身屈肢，下肢大腿与小腿骨折成一线。此外，车马坑内有殉狗现象，置于车舆之下。

▲河南伊川徐阳墓地最新发掘贵族墓将整体搬迁

从2013年至今，洛阳市文物考古研究院在徐阳墓地共发现古代城址1座，车马坑15座，古代墓葬200余座，初步认定此墓地为春秋战国时期陆浑戎迁入中原后的一处贵族墓地。M6为其中一高规格的贵族墓葬，为长方形竖穴土坑墓，口小底大，口部长5.44米，宽3.6米至3.95米，底部长5.4米，宽4.1米，距地表深6.1米。墓葬内有一棺一椁，椁顶板已腐朽坍塌，有青膏泥。棺椁之间有盖鼎、簋（guǐ）、豆、鬲、壶、戈等青铜器，还有軎、辖等车马器。更重要的是，在墓主人的喉部，还发现了带有显著戎人特征的金耳环等配饰，腹部以下发现了玉琮、玉铲、玉片等。

该墓葬的地理位置十分偏僻，交通不便，地下水位高，为避免考古学信息丢失，将墓葬整体“打包”，搬迁至实验室，进行考古学清理、研究和保护。

▲河南洛阳伊川考古发掘一座高规格墓葬

继2015年在洛阳市伊川县发现陆浑戎贵族墓后，2016年6月，洛阳市文物考古研究院又在墓旁发掘了另一座墓葬。该墓葬东西长5.6米、南北宽4.4米，一棺一椁，侧板腐朽，底板尚存，棺放置在椁底中部。随葬品有铜鼎、簋、壶、鬲、豆、戈、盘、舟、匜、玉佩、琮等，还有部分金器。在东北角还散乱放置有大量马、牛、羊的头和蹄。

▲辽宁姜女石遗址水下考古发现人工建构平台

姜女石秦汉遗址位于辽宁省绥中县万家镇南部的海滨地带，是迄今发现罕见的保存较好的秦汉行宫遗址。由国家文物局水下文化遗产保护中心与辽宁省文物考古研究所共同组队实施的姜女石遗址水下考古调查，在水下发现的一个长宽约60米的工建构平台。

遗址出土了夔纹大瓦当、变形夔纹半瓦当和巨型空心砖，并发现有规模宏伟的高台多级建筑，以及工程浩大的地下版筑夯基，或与秦始皇东临碣石祭祀有关。

▲湖南桃源杨家山发现战国墓

2015年12月湖南省文物考古研究所展开对杨家山墓群的抢救性考古发掘工作，共清理15座墓葬，均为长方形土坑竖穴墓。其中大型墓，墓室覆斗形，带斜坡墓道，墓道方向不一致；中型墓，墓室覆斗形，无斜坡墓道；小型墓，墓壁较直，或呈口小底大状，无墓道。墓葬方向近南北向或东西向。葬具多为一棺一椁，部分墓葬葬具腐朽严重，M1棺椁保存状况较好，棺盖上保存有较好的竹帘和棺束。随葬品放于椁室边厢或尾厢内，多为陶器，少量铜器、漆木器等。陶器多为泥质灰陶或黑陶，少量彩绘陶，器型有鼎、豆、壶、敦、盒、勺、匕等。出土铜器均为兵器，器型有剑、矛和戈三种。从墓葬形制和随葬品特征初步判断墓群年代从战国延续至西汉早期。

▲湖南汨罗发现东周古墓群

4月1日，岳阳市考古研究所在汨罗市友谊河西岸，高泉山水泥厂现场发现东周时期墓葬35座，分布特点是聚族而葬，既有贵族墓，也有平民奴隶墓。出土的文物有青铜剑、铜镜、陶罐、带钩、滑石壁等文物10余件。青铜剑身锋利依旧，长约52厘米。市所罗仁林介绍，汨罗是春秋战国古墓葬埋藏非常密集的一个区域，以楚文化特征为主，展示了战国时期的丧葬风俗，也看到当时社会的物质、文化生活等多个方面，对研究汨罗、岳阳乃至湖南的历史具有重要的价值。

▲湖北荆州刘家台与夏家台墓地发现大批战国墓葬

2014年8月16日至2015年8月13日，荆州博物馆对位于荆州区郢城镇荆北村与郢南村交界处的刘家台与夏家台墓地进行了抢救性考古发掘。两墓地东西相邻，有明显空白区相分隔，时代及葬制葬俗与文化特征基本相同。共发掘战国墓葬350座，出土随葬器物3058件（套），其中陶器1797件，铜器398件，竹简400余枚，漆木器375件，玉石制品30件，丝织品3件（套）、皮革制品3件（套），其他有文物、标本32件（鹿角17件、腌制鲤鱼15尾）等。其中战国竹简《诗经》《尚书》与牛皮铠甲、腌制鲤鱼等为首次出土。

这批墓葬可分为A、B两大类，其差异主要表现在墓坑、棺椁形制与随葬器物三个方面。A类是典型的楚文化墓葬，B类是以赵文化为主，兼有中原、齐文化因素的墓葬。

夏家台M106出土战国楚简400 余枚（残），内容为《诗经·邶风》十四篇、《尚书·吕刑》篇和《日书》。其中《诗经》与《尚书》在楚墓田野考古中为首次发现。M258出土墓主下葬时包裹的衣衾，通过CT 扫描发现有7 层丝织物，是继1982 年马山1号楚墓发掘以来，出土保存最完好、数量最多的战国丝织品。夏家台M258出土了一套完整的攻防武器及食物装备，其中1件保存完好的战国牛皮铠甲，色彩鲜艳，编连丝线清晰可辨。M258出土保存完好的腌制鲤鱼15 尾，形态完整，历经千年而不腐，是田野考古中的首次发现。

两种文化风格迥异的墓葬共处同一墓地内，为研究战国时期楚国与其他国家与民族的融合、社会文化以及葬制葬俗等提供了珍贵的考古学材料。

▲“安大简”是先秦文献又一重大发现

安徽大学藏战国竹简“安大简”经清洗整理，共有1167个编号。整简居多，品相上乘，字迹清晰，保存状况总体良好。北京大学文物鉴定中心的碳14检测认定，竹简年代约在公元前400年至公元前350年之间，为战国时期楚国之物。记载的内容涉及经学、史学、哲学、文学等多个学科领域，包括《诗经》、孔子语录和儒家著作、楚史、楚辞以及相术等方面的作品。《诗经》简有100多支，保存诗作60篇，是目前所见时代最早、数量最多、保存最好的《诗经》文本。与现在流传于世的《毛诗》相比，在排序、章次上有诸多不同之处，异文大量存在。5月15日，来自北京大学、复旦大学、中国文化遗产研究院、中国钱币博物馆等单位的国内一流古文字、出土文献、古代史研究专家，对安徽大学藏战国竹简进行实物鉴定与学术座谈。他们一致认为："安大简"是继"郭店简""上博简"和"清华简"之后，出土先秦珍稀文献的又一次重大发现，提供的大量新的学术信息将会给《诗经》研究带来重大影响。

▲河北黄骅发现罕见战国时期成人瓮棺葬

5月、6月，河北黄骅市先后两次在郛堤城遗址附近发现瓮棺葬共6处，经抢救性发掘认为，出土瓮棺为战国时期专用于葬具的筒形釜，器底都有小孔。

▲重庆巫山县高唐观遗址发现西周、战国、西汉墓葬

7月，在重庆巫山县高唐观遗址发掘面积3420平方米，先后清理灰坑32个、灰沟4条、池2座、墓葬77座、房址7座，时代分属西周、战国、西汉、东汉至南朝、唐宋和明清等多个时期。其中，战国时期墓葬12座，均为长宽比较大的竖穴窄土坑墓，出土遗物以陶鬲、盆、豆、罐组合为典型，另有少量楚式青铜剑、铜镞等兵器；两汉至南朝时期墓葬48座，形制以土坑墓居绝对多数，共发现43座，均为宽坑竖穴，出土遗物以陶制釜甑灶组合、罐、仓、钵、盖豆、鼎为主，另有少量青铜鍪、鼎、勺、印章、带钩、蒜头壶、钱币和铁刀等遗物。

▲安徽阜阳市文物局抢救性发掘战国时期一古墓葬

近日，安徽省阜阳市文物局派出专业人员对天章水岸国际二期工程项目的一处战国古墓葬进行抢救性发掘。该古墓是一座外椁内棺的竖穴土坑墓葬，四周有椁木侧板，由于年代久远，墓主人尸骨已经不复存在。经过挖掘清理，出土青铜鼎、青铜剑、箭头、陶器等器物30余件。阜阳历史悠久，在春秋战国时属楚地，从目前此墓出土的器物形制及纹饰来判定，应该是战国时期的墓葬，墓主人应该是男性。此墓葬群的发掘，对研究战国时期楚国北部军事分界的划定，以及周边地区所发生的重大历史事件的深入研究有重要价值。

▲浙江安吉发现保存完好的早期龙山古城遗址和龙山越国贵族墓群

龙山古城遗址历经东周、秦朝、两汉、两晋，跨度长达六七百年，已考古出土印纹陶器、原始瓷及建筑构件板瓦、铜瓦、瓦当等大量春秋战国至两晋时期的珍贵文物，文化更迭频繁、内涵丰富。龙山古城遗址分两部分：古城遗址和龙山越国贵族墓群。

城址位于安吉县城以北约15千米的递铺镇古城村，背靠龙山山脉，面向笔架山山脉之间的平川之上。城址平面近方形，四周有底宽20多米、残高3米至6米的土筑城墙；城墙外一周有护城河；城内东西600米、南北550米，城内部分面积33万平方米。遗址处于东有苕溪，西北有沙河的优越地理环境中，是早期越国的重镇和秦鄣郡郡治，系长江下游地区的政治、经济、文化中心之一，也是迄今已知太湖南岸及浙江地区同时期保存最好的越国城址。如今，城址地表尚能清晰地辨认出城址、城墙、护城河等遗迹。

龙山越国贵族墓群位于城址南侧。在9.2平方千米范围内，现存明显隆起的土墩268座，其中土墩底径在30米以上的大型墓20余座。根据区域内部分遭盗挖的古墓及抢救性发掘情况显示，该墓葬群的年代为春秋战国至两汉时期。

秦世系表

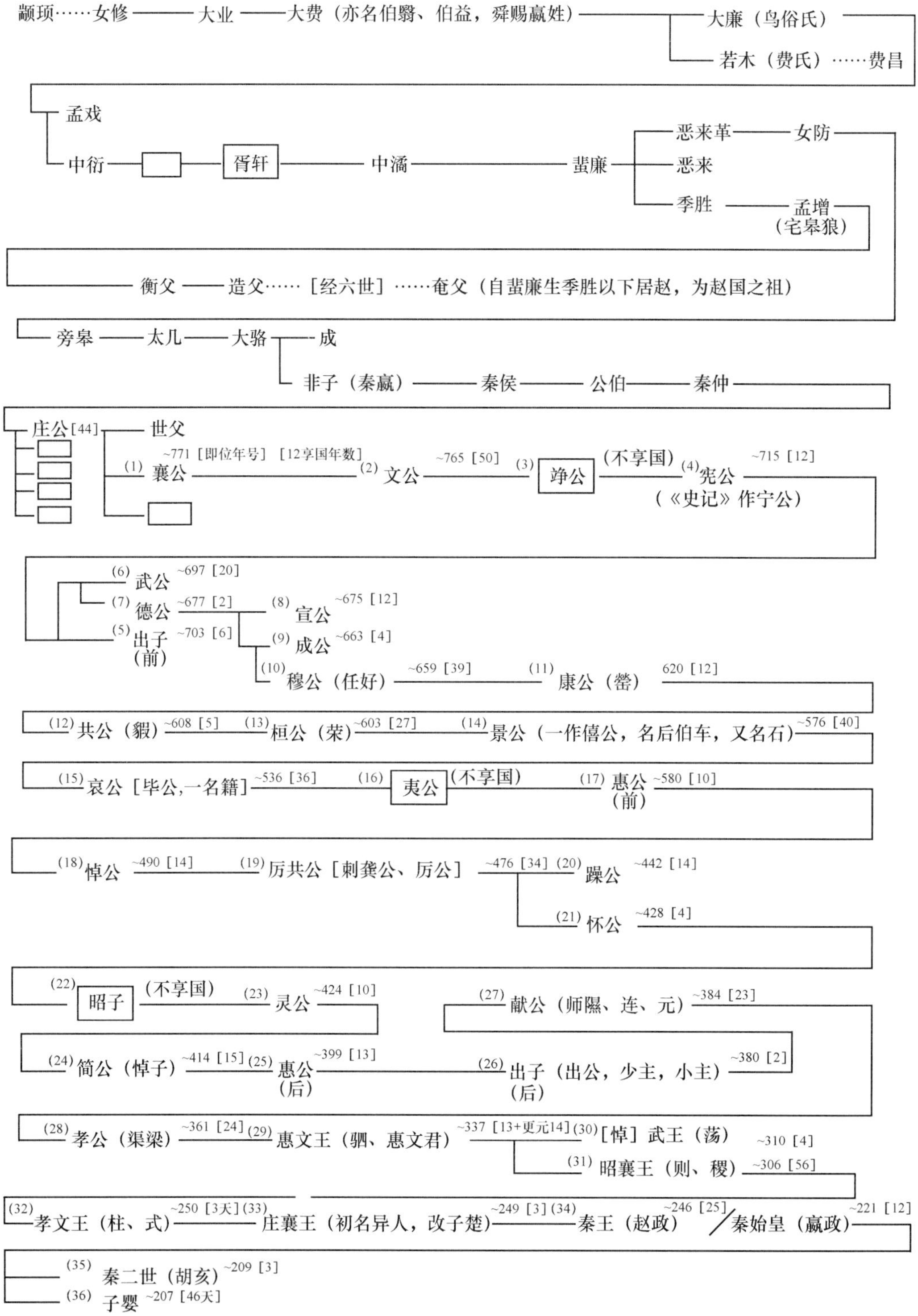
颛顼……女修
大业
大费（亦名伯翳、伯益，舜赐嬴姓）
大廉（鸟俗氏）
若木（费氏）……费昌
孟戏
中衍
胥轩
中潏
蜚廉
恶来革
女防
恶来
季胜
孟增（宅皋狼）
衡父
造父……［经六世］……奄父（自蜚廉生季胜以下居赵，为赵国之祖）
旁皋
太几
大骆
成
非子（秦嬴）
秦侯
公伯
秦仲
庄公［44］
世父
~771［即位年号］［12享国年数］
(1) 襄公
(2) 文公 ~765［50］
(3) 竫公（不享国）
(4) 宪公 ~715［12］
（《史记》作宁公）
(6) 武公 ~697［20］
(7) 德公 ~677［2］
(5) 出子（前）~703［6］
(8) 宣公 ~675［12］
(9) 成公 ~663［4］
(10) 穆公（任好）~659［39］
(11) 康公（罃）620［12］
(12) 共公（貑）~608［5］
(13) 桓公（荣）~603［27］
(14) 景公（一作僖公，名后伯车，又名石）~576［40］
(15) 哀公［毕公,一名籍］~536［36］
(16) 夷公（不享国）
(17) 惠公（前）~580［10］
(18) 悼公 ~490［14］
(19) 厉共公［剌龚公、厉公］~476［34］
(20) 躁公 ~442［14］
(21) 怀公 ~428［4］
(22) 昭子（不享国）
(23) 灵公 ~424［10］
(27) 献公（师隰、连、元）~384［23］
(24) 简公（悼子）~414［15］
(25) 惠公（后）~399［13］
(26) 出子（出公，少主，小主）（后）~380［2］
(28) 孝公（渠梁）~361［24］
(29) 惠文王（驷、惠文君）~337［13+更元14］
(30)［悼］武王（荡）~310［4］
(31) 昭襄王（则、稷）~306［56］
(32) 孝文王（柱、式）~250［3天］
(33) 庄襄王（初名异人，改子楚）~249［3］
(34) 秦王（赵政）~246［25］
秦始皇（嬴政）~221［12］
(35) 秦二世（胡亥）~209［3］
(36) 子婴 ~207［46天］

说　明

（一）谥后数字为即位年，～表示公元前。括号内数字系在位之年。如：孝公（渠梁）～361［24］，即是渠梁谥秦孝公，于公元前361年即位，执政24年。圆括号（）数字为秦立国后世系代数。

（二）横线后按辈份垂直继承，拉通为计；同辈相承者，则并列，横线中折。

（三）万国鼎（中国历史纪年表》、陈梦家《六国纪年》中，均在秦简公之后有秦敬公（公元前405～前493年），但不见《史记·秦始皇本纪》《史记·秦本纪》。

（四）秦襄公至二世总年不同，如：

610年（《史记·秦始皇本纪》后秦世系）；

576年（《史记·秦始皇本纪·正义》引《秦本纪》）；

617年（《史记·秦本纪·索隐》）；

571年（《中国历史纪年表》）。

（五）我在《咸阳帝都记》书后排列“秦世系表”时，固然把“女防”以下作为“恶来革”的后裔，但把周武王杀掉的“恶来”漏掉。《史记·秦本纪》明确记载：“蜚廉生恶来。……蜚廉復有子曰季胜。……恶来革者，蜚廉子也，早死。”可知蜚廉有子三人，过去表中漏掉的“恶来”，今予补上。今后引用者以此为准，对过去之误，我表歉意。

后　　记

我任陕西省考古研究所秦汉研究室主任时，于1990年2月16日就把编写《秦物质文化史》列为“秦汉考古研究系列丛书”之一，并拟出编写大纲和组织人力进行编写。1993年2月8日，这项工作才得重新启动。6位研究人员经过一年时间的努力，在各自承担田野考古和其他研究任务之外，终于完成《秦物质文化史》初稿，并在1994年出版。

《秦物质文化史》出版后，社会反响尚佳，并获得首届夏鼐考古学研究成果鼓励奖。鉴于是书早已告罄，而且15年来由于秦物质文化的考古资料大量增加、学术研究成果迭出、研究者对秦物质文化也有新的认识，因此重新出版一部《秦物质文化通览》实有必要。于是，我在2005年就有了向田亚岐同志提起的动议。2006年2月，我身在美国，通过电子邮件两人多次商讨一些具体问题。2007年2月，我先后列出提纲、人员分工意见。2008年2月，各执笔人正式进入工作；7月之后，才陆续收到一些执笔人的初稿。

按照体例要求、内容重点，我对文稿进行了详审。除核对资料（考古和文献）、统一行文格式之外，对文字做了修改，并对部分文章进行了改写，对有些章节我得重新改写。特别是随时间的流逝，近几年新资料的涌现，我不得不对好多章节一遍又一遍的改写，甚或“推倒重来”。统稿过程颇费周折，尽管如此，疏漏之处总是在所难免，这只能由我负责，俟日后再作补正。

本书各章节的撰稿过程，按人依次是：

绪论：王学理；

第一章　农业与养殖业：王学理；

第二章　手工业：由王学理对田亚岐原稿补改；

第三章　都邑：由刘明科、王学理对尚志儒原稿作增改和补正，田亚岐提供了雍都考古的最新资料；

第四章　郡县城与城市商业：王学理；

第五章　离宫别馆和行宫：王学理；

第六章　军事：王学理；

第七章　交通与邮传：由王学理对呼林贵原稿进行了增改，曹龙再做补充；

第八章　生活用器：由刘明科、王学理对田亚岐原稿进行了补充与增改；

第九章　君主陵园：由刘明科、王学理对尚志儒原稿进行了增改和补充，孙伟刚补正了“东陵”的最新资料；

第十章　士民墓葬：由王学理、刘明科对尚志儒原稿进行了大的增改，孙伟刚又作了补充；

第十一章 文字与书法：王辉、王学理；

第十二章 造型艺术与声乐：王学理；

秦文化考古大事记：在呼林贵原稿的基础上，由刘明科、王学理补充与增改。2014年、2015年的信息由彭文补充，2016年由刘明科补充；

朱学文对全书文字进行了详审。

对于各位先生的文稿，由我本人长时间在进行查对、补充，甚或重写，统一配图，最后总算完成统编。

《秦物质文化通览》的出版，从动议到付印，时跨10年，这主要是各执笔人多半承担着研究院的田野考古任务，他们甚或是某一部门或某一课题的负责人。工作繁忙，留给他们在组织任务外的时间并不多。尽管个别部分因某种原因多所延宕，但他们毕竟承担了分给自己的任务。这种认真的态度、克服困难的精神，还是令人感激不尽的。

陕西省考古研究院对本书的出版问题颇费周折，但最后还是由原院长王炜林先生做了安排。

《秦物质文化通览》一书的编写和出版，受到各方的关心，提供照片资料的先生还有张在明、张天恩、肖健一、丁岩、王志友等。

另外，秦始皇陵博物院原院长曹玮先生对此书的出版也给予诚挚的关心，并派出有关业务干部参与此项目的修订。

科学出版社编辑张亚娜女士看到了《秦物质文化通览》的学术价值，积极筹划有关事宜，在审稿过程中，认真负责、一丝不苟的精神也感人至深。

十多年来，我对《秦物质文化通览》不厌其烦地进行增改、补正，以至于出版经费等，夙兴夜寐，耗费时间和精力，无暇他顾，又有谁知？而我的夫人孟庆美女士承担了全部家务劳动，全力以赴给我以支持，并对设计或安排会不时地提出一些建设性意见。如果没有这位贤内助的理解与配合，我要完成这一烦杂的编写恐怕还存在有不少困难呢。

在此，对关心此书出版的同事与朋友们不再一一署名。当大著付梓之际，我总算有了机会向大家说一句："太感谢你们了！"

《秦物质文化通览》一书，是一个多人参与的文化工程。它和拟编中的《陕西重大考古的发现与研究》并不等同，如果没有大家的齐心协力，要完成秦物质文化这一专题研究是相当困难的。今后，也希望学术界的朋友们继续多多关注，以便做好下一次的修订工作。

王学理

2015年6月13日于陕西省考古研究院

2016年3月30日再改，12月12日又改